Jean-Pierre Cartier · Der Erste Weltkrieg

Jean-Pierre Cartier

Der Erste Weltkrieg

1914–1918

Mit 101 Abbildungen, 10 Karten, Zeittafel, Bibliographie, Personen- und Sachregister

Aus dem Französischen
von Ulrich Friedrich Müller

Piper
München Zürich

Der Wortlaut der aus dem Französischen rückübersetzten Zitate wurde anhand der Originalquellen überprüft und gegebenenfalls korrigiert.
Zeichnung der Karten: Jutta Winter
Redaktion und Bildauswahl: Ulrich Wank

ISBN 3-492-02788-1
Die französische Ausgabe erschien in zwei Bänden unter dem Titel
La première guerre mondiale, 1914–1915
La première guerre mondiale, 1916–1918
bei Presses de la Cité 1982, 1984

Gesetzt aus der Garamond Antiqua
Gesamtherstellung Clausen & Bosse, Leck
Printed in Germany

Inhaltsverzeichnis

Vorwort 7

I. Kapitel Wieso eigentlich Krieg? 13

II. Kapitel Der lange Vorabend des Krieges 37

III. Kapitel »Mobilmachung ist nicht Krieg« 60

IV. Kapitel Lothringen, Charleroi, Gumbinnen: der erste Zusammenprall .. 88

V. Kapitel Tannenberg und die Verfolgung an die Marne: Deutschland gewinnt die erste Runde 127

VI. Kapitel Wende an der Marne 161

VII. Kapitel Wettlauf zum Meer, Feldzug in Galizien, Coronel und die Falklands: Der Krieg wird nicht zu Ende sein, ehe das Laub fällt 191

VIII. Kapitel Antwerpen, die Yser und Ypern: das verbissene Ringen im flandrischen Schlamm 223

IX. Kapitel Große Leiden und kleine Nöte der Soldaten 238

X. Kapitel Ein böser erster Winter. Im Westen entsteht der Mythos vom Durchbruch. Im Osten ist der russische Koloß zwar angeschlagen, aber er bleibt bedrohlich 256

XI. Kapitel Frühjahr 1915. Rückschläge für die Entente an den Dardanellen, in Nordfrankreich und an der Ostfront 275

XII. Kapitel Sommer und Herbst 1915. Dardanellen, Champagne, Italien 310

XIII. Kapitel Winter 1915/16. Serbien liegt in den letzten Zügen, die Türkei triumphiert an den Dardanellen, und Falkenhayn bereitet bei Verdun die größte Schlacht aller Zeiten vor, die ihm endlich den Sieg bringen soll 334

XIV. Kapitel Die Knochenmühle von Verdun 355

XV. Kapitel Frühjahr 1916. Die Skagerrak-Schlacht 373

XVI. Kapitel Sommer 1916: Immer noch Verdun 404

XVII. Kapitel Die Entscheidung soll erzwungen werden 427

XVIII. Kapitel Rückschläge für die Mittelmächte 448

XIX. Kapitel Ein folgenschwerer Entschluß:
Jetzt sollen die U-Boote den Krieg gewinnen 481

XX. Kapitel Frühjahr 1917: Die »Wahnsinnsoffensive« General Nivelles
und der Kriegseintritt Amerikas 503

XXI. Kapitel Stehen die Mittelmächte vor dem Sieg? 539

XXII. Kapitel Herbst 1917: Revolutionswirren in Rußland 572

XXIII. Kapitel Der Tiger kommt an die Regierung.
Der Friede von Brest-Litowsk 592

XXIV. Kapitel Deutschlands letzter Versuch: Die »Ludendorff-Offensive« .. 608

XXV. Kapitel »Ich schlag mich vor Paris, in Paris, hinter Paris ...« 624

XXVI. Kapitel Die Wende des Krieges 637

XXVII. Kapitel Der schwarze 8. August des deutschen Heeres 654

XXVIII. Kapitel September 1918: Die Lage wird hoffnungslos,
sogar Ludendorff drängt auf Frieden 668

XXIX. Kapitel Das Ende 679

Zeittafel 701

Bibliographie 714

Register 716

Bildnachweis 739

Vorwort

Es war an einem unfreundlich kühlen Februarnachmittag. Von der Kuppe des »Toten Mannes« blickte man über das in Dunstschleier gehüllte Schlachtfeld. Welch ein schauerliches Land! Fünfzig Jahre waren vergangen, und doch hatte die Erde erst eine kränkliche Vegetation hervorgebracht, so gräßlich war sie von Tausenden von Granaten aufgewühlt, zermalmt, verbrannt und immer wieder umgepflügt worden.
Ich versuchte mich zurechtzufinden, die berühmten Schauplätze der gigantischen Schlacht von Verdun zu identifizieren. Ich wollte unbedingt nachvollziehen, was hier geschehen war. Ich war noch ein junger Journalist, und mein Vater, der mein leidenschaftliches Interesse für den Ersten Weltkrieg kannte, hatte mich gebeten, eine umfassende Dokumentation zusammenzutragen für eine Artikelserie, die er schreiben wollte.
Motorengeräusch störte mich in meinen Gedanken. Ein Autobus war in den Parkplatz eingefahren, eines der chromglänzenden Fahrzeuge, in denen sich die Touristen durch ganz Europa kutschieren lassen. Seltsame Touristen waren das, die da zu mir heraufgestiegen kamen. Alte Männer, fast alle trugen eine Kopfbedeckung, die meisten eine Baskenmütze. Alle im Sonntagsstaat, alle mit Ehrenzeichen. Alle ehemalige Verdunkämpfer.
Einer trat auf mich zu. Er hatte den harten Akzent der Leute aus der Gegend von Carcassonne. »Sie sind noch jung«, sagte er. »Verdun, für Sie bedeutet das nichts mehr. Dabei ... Wenn alle, die hier gefallen sind, Franzosen und Deutsche, am Jüngsten Tag zugleich aufstehen würden, hätten sie nicht genug Platz nebeneinander.«
Um uns herum redeten seine Gefährten aufeinander ein, riefen laut, erinnerten an Vorgänge von »damals«. Einige machten die heranheulenden Granaten nach, andere scharrten im Boden und brachten beklemmende Erinnerungsstücke zum Vorschein: Bajonetthalterungen, verrostete Drahtenden, Teile von Blechbechern oder Kochgeschirren.
»Man müßte gar nicht tief graben«, sagte der alte Mann zu mir, »um die Gebeine unserer Kameraden zu finden.«
Da hielt ein zweiter Autobus auf dem Parkplatz, und andere Männer kamen die Anhöhe herauf. Auch sie waren alt und gingen mühsam. Aber sie sprachen deutsch.
Ein seltsames Zusammentreffen. Fünfzig Jahre danach begegneten einander die Gegner auf dem Gelände, wo sie sich mit so wildem Ingrimm zerfleischt hatten. Ich verfolgte den Vorgang erregt und mit Neugier. Würden sie so tun, als sähen sie einander nicht? Würden sie sich beschimpfen? Einen Augenblick lang herrschte Befangenheit, bedrükkendes Schweigen, bis ein Deutscher mit ausgestreckter Hand vortrat. Als hätten sie

nur darauf gewartet, gingen die Männer aufeinander zu und begannen zu reden oder, weil sie die Sprache der anderen nicht verstanden, zu gestikulieren.
Alle diese Veteranen, die der Zufall da zusammengeführt hatte, traf ich später in einem Restaurant in der Stadt wieder. Sie hatten ihre Tische zusammengerückt, schienen schon unzertrennlich zu sein.
Als betroffener, aber diskreter Ohrenzeuge habe ich an diesem Abend die beeindrukkendsten Stunden meines Lebens verbracht. Ich brauchte keine Frage zu stellen. Es genügte, sie reden zu lassen, um das wahre Gesicht des Krieges vor mir entstehen zu sehen. Wie weit war ich plötzlich weg von den Schulbüchern meiner Kindheit, von den dicken Wälzern der offiziellen Militärgeschichtsschreibung, von den fast immer geschönten Memoiren der Generäle und Politiker!
Die Wahrheit, nach der ich suchte, habe ich bei diesen Männern gefunden. Männer von eisernem Willen, deren Heldentum unübertroffen geblieben ist. Männer von Fleisch und Blut, die gelitten haben, was niemand vor ihnen durchgemacht hatte. Der Haß war verflogen an diesem Abend im Restaurant in Verdun. Deutsche und Franzosen empfanden sich als Brüder. Brüder in Elend und Not. Alle hatten die gleichen Schrecken erlebt, hatten sich durch den gleichen blutgetränkten Schlamm gekämpft. Alle waren dem gleichen Verwesungsgeruch ausgesetzt gewesen. Sie alle hatten hundertmal erlebt, wie Kameraden von den Granaten zerrissen wurden.
Auf diesem unmenschlichen Schlachtfeld hatten sie das Gefühl gehabt, in einer Welt für sich zu leben, die keine Verbindung mit der anderen Welt hatte. Sie mordeten, massakrierten einander mit wütender Entschlossenheit. Doch sie waren sich immer bewußt, das sagten sie mir an diesem Abend, daß sie Schlachtopfer waren, arme Frontschweine, oder wie die Franzosen bitter meinten, PCDF, *pauvres couillons du front.*
Im Laufe des Krieges war eine seltsame Solidarität zwischen ihnen entstanden, eine Art Verbundenheit. Die Solidarität aller, die vorne kämpften, gegenüber denen in der Etappe, den Zivilisten, den Drückebergern, den Kriegsgewinnlern, gegenüber allen, die weiter ihren Geschäften nachgingen und mehr oder weniger, jedenfalls im Vergleich zu ihnen, so weiterlebten, wie sie im Frieden gelebt hatten.
Auch die Verbitterung war ihnen gemein, daß sie daheim selbst den liebsten und nächsten Menschen nicht verständlich machen konnten, was sie erlebt hatten. Arme Kriegsteilnehmer von 1914/18! Wie oft hat man ihnen vorgeworfen, sie erzählten immer wieder die gleichen alten Geschichten und störten damit jedes vernünftige Gespräch! Aber kann man denn schweigen, wenn man aus der Hölle kommt? Ich habe Männer gekannt, die noch nach fünfzig Jahren mehrmals im Monat aus dem Schlaf hochfuhren, weil sie wieder einmal in gräßlichen Alpträumen den Schrecken der Schlachtfelder durchlebt hatten.
Deutsche, Franzosen, Engländer, Österreicher, Russen, Türken, Italiener, Serben,

Rumänen, Bulgaren ... Noch nie hatten so viele Männer so lange und so tapfer so unsäglich gelitten.
Ich habe etliche erzählen lassen, habe viele Berichte gelesen, habe mir Briefe und Fronttagebücher geben lassen, habe mehrere Schlachtfelder besucht. Mit dieser schweren, ergreifenden Ernte bin ich nach Paris zurückgekehrt.
Ich hatte meine Nachforschungen beendet. Mein Vater hat seine Artikel geschrieben, ich tauchte wieder in mein Journalistendasein ein. Aber ich konnte den Abend in Verdun nicht vergessen, konnte nicht loskommen von diesem Krieg, der uns noch so nah und doch schon so fern ist.
»Erzähl ihn, schreib ein Buch«, sagte mein Vater immer wieder. »Ich habe keine Zeit, und du kannst mir glauben, daß ich es bedauere. Oder, wenn es dir lieber ist, können wir das Buch auch zusammen machen. Du brauchst dir nur meine Artikel noch einmal vorzunehmen und alle Texte zu verwenden, die ich schon geschrieben habe über die Marneschlacht, über die Kämpfe im Artois und in der Champagne, über Verdun oder die große Ludendorff-Offensive von 1918.«
Die Zeit ist darüber hingegangen, mein Vater ist gestorben. Ich habe seine Texte noch einmal gelesen, habe unsere vielen Gespräche über den unerschöpflichen Gegenstand noch einmal an mir vorüberziehen lassen und bin an die Arbeit gegangen.
Sehr bald habe ich gemerkt, daß ich diesen Krieg unmöglich kühl und distanziert schildern konnte wie die Strategen, die große Verbände wie Bauern auf einem riesigen Schachbrett bewegen. Gewiß, ich habe die Generäle zu Wort kommen lassen, habe versucht, ihre Gedanken, das Zustandekommen und die Durchführung ihrer Pläne nachzuvollziehen. Doch vor allem war es mir leidenschaftlich darum zu tun, die Männer an der Front lebendig werden zu lassen, ihren Alltag, ihre Ängste, ihre großen und kleinen Leiden zu schildern. An allen Fronten: Frankreich, Ostpreußen, Galizien, Dardanellen, Rumänien, Serbien, Mesopotamien ... Zu Lande, auf und unter dem Wasser, in der Luft.
Je weiter meine Arbeit fortschritt, um so deutlicher wurde mir die Wirklichkeit dieses Krieges, und um so mehr lag mir daran, laut die Wahrheit zu sagen, die Tabus beiseite zu lassen, die den Historikern so lange im Wege gestanden haben. Mein Vater hatte es oft gesagt: Niemals ist die Kriegskunst so tief gesunken. Niemals sind die »großen Feldherren« so unbedeutend gewesen, niemals das Leben der einfachen Menschen so geringgeschätzt worden, von allen. Niemals haben sich hinter so schönen Reden, so eindrucksvollen patriotischen Phrasen Machtgier und engstirniger Nationalismus der Politiker so meisterhaft getarnt.
Mit dem Ersten Weltkrieg entstanden Umwälzungen, die nicht nur das Leben der Nationen, sondern den Alltag der Europäer von Grund auf verändert haben.
1914 war die Luftfahrt noch eine etwas verrückte Liebhaberei; die Flugapparate waren seltsam geformte, rührende Kisten, die von Klavierdraht zusammengehalten wurden.

1918 ist das Flugzeug zu einer zuverlässigen Maschine geworden, die Leistungen vollbringt, mit denen man nicht im Traum gerechnet hat. In den Jahren darauf purzeln die Rekorde in rascher Folge. Und ebenso spektakulär sind die Neuerungen auf dem Gebiet des Straßenverkehrs, des Nachrichtenwesens, der Unterseeboote, der Navigation, der Metallurgie, der Chemie. Panzerwagen und Flugzeugträger, die in den künftigen Konflikten eine so große Rolle spielen werden, sind schon in diesem Krieg entstanden.

Ungeheure Summen sind ausgegeben, verschleudert worden; zu Abertausenden von Tonnen liegen kostbare Güter auf dem Meeresgrund. Die Währungen, im Kriege künstlich gestützt, brechen bald nach dem Waffenstillstand zusammen. Der Franken verliert in kurzer Frist über die Hälfte seines Werts, die Mark ist bald ganz am Ende. Ein völlig unbekanntes, schreckliches Übel bricht mit den Finanzkalamitäten über die Menschen herein: die Inflation. Ihre Opfer wissen nicht, wie ihnen geschieht. Sie erschüttert alle Gewohnheiten und Gewißheiten, läßt jede noch so fest erscheinende Sicherheit zerbrechen. Die Bezieher fester Kapitalerträge, eben noch beneidet, finden sich im Elend wieder, aber auch die Löhne können mit der Preisentwicklung nicht Schritt halten. Die Inflation und ihre Folge, die Unsicherheit, schaffen eine andere Lebenseinstellung, tragen die Angst in die moderne Welt.

Der große Aderlaß, das zeigt sich sehr bald, hat in allen Ländern einen unerhörten Wandel der Sitten und Anschauungen bewirkt. Auffallend ist vor allem, mit was für Riesenschritten die Selbständigkeit der Frauen vorangekommen ist. Da alle gesunden Männer eingezogen waren, mußten ihre Frauen Aufgaben übernehmen, die ihnen fremd waren. Auf dem Lande haben sie die Verantwortung für den Hof getragen, in den Städten Berufe ausgeübt, die bislang Männersache waren: Postzusteller, Busfahrer, Verkehrspolizist, Rüstungs-, Metall- und Chemiearbeiter zum Beispiel. Vor allem aber haben sie in diesen vier Jahren gelernt, allein zurechtzukommen, und für Millionen von Witwen bleibt es dabei. Sie pochen nun auf ihr Mitwirkungsrecht. Die Frauenbewegung ist mit Macht in Bewegung gekommen und läßt sich nicht mehr aufhalten.

Gleichzeitig kennzeichnet eine Art müder Skepsis die westliche Gesellschaft, äußert sich in Literatur und Musik, belastet das politische Leben. Ein Patriotismus alter Art wird nie wieder aufkommen.

Die Revolution in Rußland wühlt die Gemüter mit einer neuen Ideologie auf, während der Aufstieg der Vereinigten Staaten zur Großmacht den Anfang vom Ende der europäischen Vorrangstellung bezeichnet.

Bei den Friedensverhandlungen entsteht eine neue Landkarte von Europa. Ein seltsamer Frieden! Wilson, sein großer Urheber, ist überzeugt, daß er vortrefflich sei. Er hat sich getäuscht.

»Dieser Frieden war so ungefähr der schlechtestmögliche«, hat Raymond Cartier geschrieben. »Er beruht auf einem Urteilsspruch ohne Verfahren, daß nämlich Deutsch-

land die alleinige Schuld am Kriege trage. Die Wunden, die er schlägt, schwächen das Reich nicht genug, um sein Wiedererstarken zu verhindern, sind aber so tief, daß bleibende Verbitterung die Folge sein muß.
Frankreich ist der Sieger, aber es hat Angst, sinnt nur auf einschränkende Bestimmungen und läßt eine klägliche Elite in seinem Namen Haß säen, statt Versöhnung zu suchen. Der Grundsatz des Selbstbestimmungsrechts der Völker wird rücksichtslos mit Füßen getreten. Der Danziger Korridor springt einem aus der Karte geradezu erschrekkend entgegen, und das neue Polen mit seinen aufsässigen Minderheiten ist eine bloße Machtfassade. Die drei aus dem Untergang Österreich-Ungarns entstandenen Staaten Tschechoslowakei, Rumänien und Jugoslawien sind künstliche, von gefährlichen inneren Konflikten geschüttelte Gebilde und dabei wie Polen von kindischem Nationalismus und Militarismus.«
Die Demütigung Deutschlands, die Auflösung der staatlichen Formen in Mitteleuropa, die Revolution in Rußland – all dies trägt den nächsten Krieg schon in sich. Um ihn zu vermeiden, hätten Deutschland und Frankreich den Weg zur Versöhnung finden müssen. Die Härte der Verträge, die Willkür der Grenzziehungen, die Absurdität der finanziellen Forderungen, Frankreichs mangelndes Vertrauen in die deutsche Demokratie konnten nur in die Katastrophe von 1939 führen.
Das ist die Bilanz dieses furchtbaren Krieges. Die eigentliche Tragik liegt darin, daß die Mächtigen jener Zeit nicht begriffen haben, daß er für das eben entstehende Europa schierer Selbstmord war. Nicht ein Krieg der Nationen, sondern ein törichter europäischer Bürgerkrieg.
Der letzte Schuß ist vor über fünfundsechzig Jahren abgefeuert worden, und doch haben wir noch immer an den Folgen dieses ersten weltweiten Konflikts zu tragen, der trotz allem, was seither geschehen ist, *la Grande Guerre* bleibt.

I. Kapitel Wieso eigentlich Krieg?

Seit Bismarcks Abtreten hat sich das Zarenreich mit der Französischen Republik verbündet. England, von Deutschlands Flottenrüstung getrieben, vollendet die »Einkreisung« des Reiches. Doch trotz Tanger und Agadir, trotz der Tiraden Wilhelms II., trotz der blutigen Auseinandersetzungen auf dem Balkan – niemand denkt an den großen Krieg, als aus Sarajewo das Attentat auf den österreichischen Thronfolger gemeldet wird.

Ein heißer Sommer ... Gleich in den ersten Augusttagen geht eine Welle der Begeisterung über Europa hin und reißt jedermann mit. Nie zuvor in der langen, an Tragödien so reichen Weltgeschichte haben sich so viele Jünglinge so selbstlos und siegessicher in den Feuerofen gestürzt. Ganz gleich auf welcher Seite, ganz gleich in welcher Sprache, sie rufen es wie aus einem Munde: Schluß mit dem Hickhack, ein kurzer, heftiger Krieg, und ehe das Laub fällt, sind sie wieder daheim, ganz bestimmt, und die alten Rechnungen zwischen den Völkern sind ein für allemal beglichen.

Begeisterung in Berlin, wo die Menschen trotz des Regens zusammenströmen und das Deutschlandlied anstimmen. Eine freudig bewegte Menge, wo sie vor dem Schloß dem Kaiser zujubelt, eine ergrimmte Menge, wo sie sich in die Wilhelmstraße drängt, um die Fensterscheiben der Britischen Botschaft einzuwerfen.

Begeisterung in Paris, wo ein wahres Menschenmeer überall, wo die »Rothosen« ausmarschieren, Plätze und Straßen überschwemmt und mit den Soldaten im Takt die verlorenen Ostprovinzen zurückfordert:

C'est l'Alsace et la Lorraine,
c'est l'Alsace qu'il nous faut,
Oh! Oh! Oh! Oh!

Auch hier macht sich der Haß Luft; Steine fliegen auf die deutschen Geschäfte, irrtümlich auch auf die Milchläden der Schweizer Firma Maggi.

Begeisterung in St. Petersburg, wo es zu Ausbrüchen eines regelrechten Massenwahns kommt und die Deutsche Botschaft völlig zerstört wird. Als sich der Zar auf dem Balkon des Winterpalais zeigt, knien Tausende von Männern und Frauen nieder und stimmen die Nationalhymne an. Am 6. August nimmt die ganze kaiserliche Familie an einem pompösen Gottesdienst in der Uspenski-Kathedrale im Kreml teil. Die Menge umjauchzt den kleinen Zarewitsch, der sich am Bein verletzt hat und von einem hünenhaften Kosaken hereingetragen wird. Von allen Türmen läuten die Glocken.

»Der Gottesdienst, der dann begann«, berichtet der englische Botschafter George Buchanan, »war von unbeschreiblicher Schönheit. Der lange Zug der Erzbischöfe und

Bischöfe in ihren goldgewirkten Gewändern und edelsteinfunkelnden Mitren, die Fresken mit dem leuchtenden Goldgrund, alles trug Glanz und Farbe zu dem Schauspiel in der altberühmten Kathedrale bei.«

Begeisterung in London: in Whitehall, auf dem Trafalgar Square, vor dem Buckinghampalast und Downing Street 10. Überall reagiert die Menge mit Jubel auf die Kriegserklärung. Auch in London wird die Deutsche Botschaft mit Steinen beworfen. Bis weit nach Mitternacht herrscht Jahrmarktsstimmung in der Hauptstadt. Hier kennt man keine Militärdienstpflicht, doch die Freiwilligen strömen nur so herbei, schon im ersten Monat sind es 500000 und schließlich sage und schreibe 3 Millionen. Die meisten müssen erst einmal wieder abziehen, weil nicht genügend Gewehre da sind.

Ja, Europas Jugend stürzt sich in diesen Krieg wie in ein Fest.

Von allen Rednertribünen tönen anfeuernde Tiraden. Noch nie ist so viel und so pathetisch von Recht, Gerechtigkeit, Vernunft und Freiheit gesprochen worden, und Reichskanzler Theobald von Bethmann Hollweg geht sogar so weit, vor dem Reichstag auszurufen: »Der 4. August 1914 wird bis in alle Ewigkeit einer der größten Tage Deutschlands sein.«

Liest man nach, was die Großen der Welt in jenen Tagen gesagt haben, so ist man erschüttert von der Gleichartigkeit der Äußerungen, und Romain Rolland hat sicherlich recht, wenn er schreibt: »Man konnte meinen, die Welt hätte sich bei der Auswahl ihrer Regierenden nur an die Mittelmäßigen gehalten.«

Alle sind sie sich mit hochmütiger Selbstverständlichkeit darin einig, daß der Krieg eine kurze, erfrischende, fröhliche Angelegenheit sein wird. Und alle verkünden, ihr Land kämpfe nur für sein gutes Recht ... Dabei kann niemand eindeutig und sicher sagen, wer eigentlich das Recht auf seiner Seite hat; ja, und das ist das erste große Paradox dieses ersten weltweiten Krieges: Die Soldaten, die da singend zur Grenze ziehen, wissen im Grunde nicht, wofür sie kämpfen werden.

Gewiß, zwischen Frankreich und Deutschland steht das Problem Elsaß-Lothringen, das von den Franzosen auch nach über vierzig Jahren noch als eine schwärende Wunde empfunden wird. Die französischen Militärs brennen auf Revanche, sie starren auf die »blauen Höhen der Vogesen«. Das Wort »Nie davon sprechen, immer daran denken« ist Teil des französischen Geschichtsbewußtseins. Die beiden annektierten Provinzen sind für den Haß der Nachbarnationen der gegebene Kristallisationspunkt.

Außerdem ist bei jeder Wahlkundgebung in Frankreich durchaus davon gesprochen worden, die »Vergewaltigung des Elsaß« gehört zum Standardrepertoire; aber es ist zu spüren, daß die Politiker vor allem einen billigen rhetorischen Effekt suchen.

»Mit Elsaß-Lothringen ist es wie mit dem Blutwunder des heiligen Januarius in Neapel«, schreibt ein italienischer Beobachter. »Wenn es den Einpeitschern in Paris in den

Kram paßt, lassen sie die Wunde Elsaß-Lothringen bluten. Aber im Grunde wünscht die französische Nation Frieden.«

Das gleiche läßt sich ohne weiteres von der großen Mehrheit der Deutschen sagen, und eben das ist das Drama: Dieser Krieg, den keiner will, bricht jetzt trotzdem aus, und er wird das alte Europa in Strömen von Blut untergehen lassen.

Wenn die Geschichte eines lehrt, so ist es die Tatsache, daß sich Kriege selten aus tagespolitischen Gründen erklären lassen. Das gilt auch für den von 1914. Seit 1871 waren sich alle Staatsmänner darin einig, daß die Abtretung von Elsaß-Lothringen im Frieden von Frankfurt irgendwann zu einem weiteren Waffengang führen mußte, aber man kann nicht oft genug wiederholen, daß dies eine durchaus zweitrangige Rolle gespielt hat.

Jetzt, da uns die Memoiren aller Politiker und aller Generäle zur Verfügung stehen, können wir mit Sicherheit feststellen, daß Frankreich und Deutschland niemals übereinander hergefallen wären, nur um den alten Streit um Elsaß-Lothringen, so wichtig er ihnen sein mochte, endgültig auszutragen.

Die eigentlichen Probleme liegen woanders.

Sie sind zwischen 1905 und 1914 zwar vor allem aus den immer schärferen Gegensätzen zwischen Deutschen und Franzosen, aber eben auch zwischen Deutschen und Engländern, und nicht zuletzt auch aus den Gegensätzen zwischen den germanischen und slawischen Völkern entstanden. Diese Gegensätze haben ihren bösen Niederschlag in Marokko, auf dem Balkan und auf den deutschen und britischen Werften gefunden.

Die Probleme haben ihren Nährboden in dem in jedem Land ständig neu angefachten Nationalismus gehabt und sind jetzt so miteinander verknüpft, daß man sie einzeln betrachten muß, um eine Vorstellung von ihnen zu bekommen.

In Marokko beginnt der Konflikt mit lautem Theaterdonner.

Es herrscht starker Seegang, als die kaiserliche Jacht am 31. März 1905 vor Tanger ankert. Die alsbald ausgesetzte große Staatspinasse wird von den Wellen so hergenommen, daß die Besatzung jeden Augenblick fürchten muß, der Kaiser könnte durchnäßt werden. Beim Anlegen durchbricht die Menge alle Absperrungen. In dem Durcheinander gelingt es dem zuständigen Mann des Gefolges nur mit Mühe, dem Monarchen das Pferd, einen aufgeregt tänzelnden Berberhengst, zuzuführen. Dabei hat Reichskanzler Bernhard Fürst von Bülow ausdrücklich noch vor dem Einlaufen in Tanger gekabelt, es müsse sich unbedingt um ein ruhiges Pferd handeln.

Wilhelm II., von der unruhigen Bootsfahrt noch angegriffen, gelangt mühsam in den Sattel. Später hat er zugegeben, er habe während des ganzen Rittes durch die engen Gassen, die sich durch das weiße Häusermeer schlängeln, nur den einen Gedanken gehabt, sich nicht abwerfen zu lassen, Deutschland nicht zu blamieren vor den Tausenden von Müßiggängern, die da im Burnus mit lautem »Juju!«-Geschrei um ihn wimmelten.

Das hinderte ihn aber nicht, gleich darauf eine höchst selbstbewußte Rede zu halten, von der in den Kanzleien der europäischen Hauptstädte vor allem eine Passage Aufmerksamkeit erregt. Wilhelm sagt darin, daß sein Besuch zeigen solle, daß er alles in seiner Macht Stehende tun werde, um Deutschlands Interessen in Marokko zu wahren.

Deutschlands Interessen in Marokko ... Das ist wahrlich ein Blitz aus einem Himmel, der allen heiter schien.

Mehrfach hatte Deutschland erklärt, es sei an Marokko nicht interessiert; offensichtlich hielt man sich an Bismarcks alte Maxime, es sei besser, Frankreich beschäftigte sich mit Kolonialunternehmungen, als daß es auf Elsaß-Lothringen starre.

Bislang war in Marokko alles ohne Deutschlands Zutun geschehen, und zwar auf nachdrückliches Betreiben des französischen Außenministers Delcassé, eines Mannes von grimmigem Patriotismus, in dem die Nationalisten den Vorkämpfer der Revanche erblickten.

Um in Marokko freie Hand zu bekommen, hatte er erst einmal die europäischen Mächte, denen dort seit der Madrider Konferenz von 1880 wirtschaftliche Sonderrechte zustanden, hinausgedrängt.

Schon 1901 hatte Italien verzichtet und sich dafür freie Hand in Tripolis zusichern lassen.

Am 6. April 1904 war England an der Reihe, das in Ägypten ungestört zu herrschen wünschte und dafür Frankreich das Recht auf die Errichtung eines Protektorats in Marokko gewährte.

Schon am 3. Oktober desselben Jahres hatte Spanien in einem Geheimvertrag der britisch-französischen Vereinbarung zugestimmt und als Gegenleistung die Rifregion, Melilla, Larache, El Ksar, einen Teil des Gharb und die Hafenstadt Tanger zugesprochen bekommen.

Und Deutschland? Es war von Théophile Delcassé bewußt nicht beteiligt worden, ja, der französische Minister hatte hochmütig erklärt: »Mit Deutschland verhandele ich nicht.«

Das war zumindest taktlos und jedenfalls eine überflüssige Provokation.

Sofort hatte Bülow den Fehdehandschuh aufgenommen und Wilhelm II. zu dem Besuch in Tanger gedrängt.

Die Kraftprobe ist da.

Im Zentrum der Auseinandersetzung steht Delcassé. Für die Deutschen ist er der Herausforderer, der Schuldige, dessen Rücktritt Vorbedingung für jede Verhandlung ist. Selbst in Frankreich wird er nicht nur von dem Sozialisten Jean Jaurès im Parlament angegriffen, auch sein Gegenspieler Joseph Caillaux geißelt seine hochfahrende Eitelkeit und schreibt höhnisch: »Die Natur ist bei Herrn Delcassé mit ihren Gaben sparsam umgegangen. Der Mann ist einfach zu kurz gekommen.« Und Georges Clemenceau prägt auf ihn eine seiner geradezu mörderisch spitzen Definitionen: »Delcassé? Das ist Poincaré in dumm.«

Angegriffen von den einen, im Stich gelassen von den anderen, bleibt ihm nur der Verzicht auf sein Amt. Er ist also nicht mehr Außenminister, als am 16. Januar 1906 die Konferenz von Algeciras beginnt. Volle hundert Tage dauert die ermüdende Folge von Sitzungen in dem verschlafenen Hafenstädtchen der Provinz Cadix. Nicht nur Vertreter aus Deutschland und Frankreich müssen sich einigen, sondern auch aus Rußland, Italien, Österreich, Spanien, den Vereinigten Staaten, den Niederlanden, Schweden, Belgien und Portugal.

Der am 7. April 1907 endlich zustande gekommene Vertrag erkennt die Interessen Frankreichs und Spaniens insofern an, als diese beiden Mächte für die Aufrechterhaltung von Ruhe und Ordnung zuständig sind. Aber es werden feierlich drei Grundsätze niedergelegt: die Souveränität des Sultans, die ungeschmälerte Erhaltung seines Territoriums und freier Zugang zum marokkanischen Markt für alle Signatarstaaten des Vertrages.

Die Ehre der Beteiligten ist gerettet, die Kriegsgefahr noch einmal abgewendet. Es scheint alles geregelt, aber bei näherer Betrachtung hat die Konferenz von Algeciras nur noch mehr Verbitterung geschaffen.

Verbitterung bei den Franzosen, die eben doch nicht ganz freie Hand haben in Marokko und sich gedemütigt fühlen, daß sie ihren Außenminister haben opfern müssen. Sie sind mehr denn je überzeugt, daß Nietzsche recht hat: »Die Deutschen sind ein gefährliches Volk: Sie verstehen sich auf das Berauschen.«

Verbitterung auch bei den Deutschen, die erlebt haben, daß England zu Frankreich hält.

Schon der kleinste Funken könnte jetzt das Pulverfaß hochgehen lassen. Und an Funken mangelt es nicht.

Wie sollte es auch? Nach den Bestimmungen von Algeciras sind Deutsche und Franzosen zur Zusammenarbeit gezwungen. Kein Geringerer als Bismarck hat einmal die sarkastische Frage gestellt, ob es jemals ein friedlich ausgehendes Kondominium gegeben habe.

1909 kommt es zum ersten Streit. Es geht um die marokkanischen Eisenbahnen, weil Deutschland nicht nur an ihrem Bau, sondern auch an ihrem Betrieb beteiligt sein will. Frankreich lehnt ab. Die Sache verläuft im Sande, aber das Verhältnis ist noch gespannter geworden.

Es wird aber noch gefährlicher. Im Mai 1911 feiern alle französischen Blätter die Heldentat ihrer Kolonialtruppen, die unter der Führung von Liautey in der Stadt Fes die Europäer freigekämpft haben, die während eines Aufstands gegen den Sultan in höchster Gefahr gewesen sind. Deutschland betrachtet das als Provokation, weil Frankreich eigenmächtig gehandelt habe, ohne die Mitunterzeichner des Algeciras-Vertrages zu konsultieren, ja, ohne auch nur den Versuch zu einem gemeinsamen Vorgehen zu machen.

Und dann kommt Agadir.

Am Samstag, 1. Juli 1911, erscheint Baron von Schoen, der deutsche Botschafter in Paris, im Außenministerium am Quai d'Orsay. Er teilt mit, das Kanonenboot *Panther* sei heute vor Agadir eingetroffen, um, wie er sagt, den in Südmarokko von der Anarchie bedrohten deutschen Staatsangehörigen Schutz zu gewähren.

Damit ist alles wieder in Frage gestellt, das Marokkoproblem spektakulärer noch als sechs Jahre zuvor in Tanger dramatisiert. Hinzu kommt, daß ein Stützpunkt in Agadir der deutschen Flotte die Möglichkeit geben würde, die Schiffahrtswege über den Südatlantik zu stören.

»In ganz Europa«, schreibt Churchill, »begannen die Alarmglocken zu schrillen.«

Wieder einmal muß verhandelt werden, um das Schlimmste zu verhüten.

Schon am 17. Juni spielt Deutschland die Angelegenheit noch höher. Alfred Kiderlen-Waechter, Staatssekretär des Auswärtigen Amtes, also Außenminister des Reiches, erklärt: »Wir müssen den ganzen französischen Kongo haben; es ist die letzte Gelegenheit, ohne zu fechten, etwas Brauchbares in Afrika zu erhalten. Noch so schöne Stücke des Kongo mit Kautschuk und Elfenbein nutzen uns nicht ...«

Der Kongo, eine der Perlen in Frankreichs Kolonialreich! Für Paris kommt das gar nicht in Frage.

Aus dieser Sackgasse ist nicht herauszukommen, solange keine der beiden Seiten nachgibt. Bleibt Deutschland bei seinen Ansprüchen, ist der Krieg unvermeidlich.

Die französischen Nationalisten ereifern sich in ihrer Presse und fordern die sofortige Entsendung von Kriegsschiffen nach Agadir. Die leidenschaftliche Erregung ist so groß, daß sie Joseph Caillaux, der erst seit dem 30. Juni Ministerpräsident ist, wegzufegen droht.

Am 17. August bittet er General Joseph Joffre, den er eben zum Generalissimus hat ernennen lassen, zu sich und stellt ihm die Gewissensfrage: »General, es heißt, Napoleon habe eine Schlacht nur dann angenommen, wenn er sich mindestens 70 Prozent Erfolgsaussichten ausrechnete. Haben wir 70 Prozent Siegesaussichten, wenn die Situation uns zum Kriege zwingt?« Joffre zögert und erklärt dann: »Nein, ich bin der Auffassung, daß wir sie nicht haben.« Darauf Caillaux seufzend: »Na schön, also verhandeln wir.«

Verhandeln ... So einfach ist das nicht. Man hat den Eindruck, daß die beiden Völker dabei sind, sich aus dem Grunde ihres Wesens gegeneinander zu stellen.

Auf einen aggressiven Artikel in der *Kölnischen Volkszeitung* hin, schreibt Wilhelm II.: »Das ist aber ein Beweis, daß unserem Volk die Geduld ausgeht, und daß es

höchste Zeit ist, die Kakelei zu Ende zu bringen ... Einmal muß den Galliern doch scharf der Ernst gezeigt werden! ... Sie bieten jetzt sofort etwas Annehmbares an, oder wir nehmen uns noch mehr, und das gleich!«
Und Kiderlen kabelt seinem Botschafter nach Paris: »Geht frz. Regierung auf obige Vorschläge (...) nicht ein, so wird Abbruch der Verhandlungen unvermeidlich werden.«
Trotzdem werden die Verhandlungen nicht abgebrochen.
Am 4. November wird das deutsch-französische Abkommen schließlich unterzeichnet. Frankreich bleibt in Marokko, Deutschland bekommt dafür das 250000 Quadratkilometer große Sanga-Becken im Kongogebiet mit Zugang zu den Flüssen Ubangi und Kongo im Tausch gegen einen Zipfel von Kamerun, den berühmten »Entenschnabel«.
Die Gefahr ist abgewendet. Doch jetzt fühlt sich Deutschland betrogen, weil es für Marokko nur ein Stück Land bekommen hat, das es als wertlos bezeichnet, vor allem aber, weil während der gesamten Verhandlungen England wiederum zu Frankreich gehalten hat. In seinen »Denkwürdigkeiten« schreibt Bülow: »Agadir mißlang. Es glich jenem Vorgang, der sich gelegentlich bei Feuerwerken ereignet: Statt gerade in die Luft zu steigen, fährt die Rakete den Umstehenden zwischen die Beine und richtet Verwirrung und Schaden an.« Eine kluge Beurteilung, die in den nächsten Jahren ihre Bestätigung finden wird.
Tatsächlich verschafft der »Panthersprung nach Agadir« dem englischen General Henry Wilson die Möglichkeit, seine Vorstellungen durchzusetzen. Der hochbeinige, aristokratisch hagere Ire, von dem seine Soldaten sagen, er habe ein Pferdegesicht, verwendet seit 1909 seine ganze Kraft unermüdlich nur noch auf ein Ziel: Frankreich und England zu festen Bundesgenossen zu machen, um Deutschlands Expansionsdrang zu stoppen.
Als persönlicher Freund von Ferdinand Foch hat er dem französischen General, der damals noch Dozent an der Kriegsschule ist, im Januar 1910 die Frage gestellt: »Wenn wir Ihnen helfen wollten, wie viele Soldaten müßten wir Ihnen schicken?« Worauf Foch erwidert hat: »Einer genügt, wir müssen dann nur dafür sorgen, daß er fällt.«
Ein halbes Jahr später wird Wilson zum Chef der Operationsabteilung ernannt, und ohne einen Tag zu verlieren, startet er unter völliger Geheimhaltung das Projekt einer umfassenden britisch-französischen Zusammenarbeit. Er ist längst überzeugt, daß der Krieg nicht zu vermeiden ist, und daß die Deutschen durch Belgien vorstoßen werden. Als begeisterter Sportsmann erkundet er das zukünftige Schlachtfeld mehrmals mit dem Fahrrad.
Nach Agadir kann er jubeln. Dem französischen Kriegsminister Adólphe Messimy gegenüber erklärt er: »Endlich klare Verhältnisse! Die Deutschen zeigen die Zähne! Das hilft uns ein großes Stück weiter. Sie wissen, daß ich den Auftrag bekommen habe, mit Ihnen festzulegen, unter welchen Bedingungen wir ihnen zeigen könnten, daß sie nicht

die Herren der Welt sind. Seit Jahren arbeiten wir an den Einzelheiten der Ausschiffung von Divisionen in Frankreich, ihres Weitertransports und ihres Nachschubs. Jetzt wird es Zeit, unsere gemeinsamen Vorstellungen zu präzisieren.«
Unauffällig nimmt die militärische Zusammenarbeit konkrete Formen an, auch wenn man das Wort »Allianz« noch nicht in den Mund zu nehmen wagt. Schon 1911 stellt Wilson ein Expeditionskorps von sechs Infanterie- und einer Kavalleriedivision zusammen, das Frankreich sofort zu Hilfe eilen soll: 150000 Mann und 67000 Pferde, die in Le Havre und Boulogne an Land gehen und bereits am 13. Tag nach Bekanntgabe der Mobilmachung in der Gegend von Maubeuge stehen sollen.
Wilsons Einfluß ist so bestimmend, daß das britische Expeditionskorps den Decknamen *W-Corps* bekommt. W wie Wilson.
So sind England und Frankreich bald nach Agadir dabei, diskret, aber entschlossen eine gemeinsame Front gegen Deutschland aufzubauen. Das klingt wie ein Märchen.
Denn wenn in den Hauptstädten Europas etwas als felsenfeste Überzeugung verankert ist, so ist es die unversöhnliche Erbfeindschaft zwischen Frankreich und England. Von Jeanne d'Arc bis Napoleon hat die Geschichte das ein für allemal gelehrt, und der Konflikt am Oberen Nil hat es eben noch einmal bestätigt, als der Ruf »Rache für Faschoda« durch Frankreich ging und die öffentliche Meinung beider Länder kriegslüstern aufgeheizt worden war. Sollten wirklich wenige Jahre genügt haben, um aus diesen rivalisierenden Nationen befreundete, schon so gut wie alliierte Mächte zu machen? Was war da geschehen?

Um auf diese Frage eine Antwort zu finden, müssen wir uns mit Wilhelm II. beschäftigen, dem strahlend auftretenden Kaiser, der dank der wirtschaftlichen und militärischen Stärke seines Landes einer der Herren über das Schicksal Europas geworden ist.
Eine seltsame, faszinierende Persönlichkeit! Etliche Psychoanalytiker haben sich seinen Fall vorgenommen und sind sich darin einig, daß seine hochtrabenden Reden und Taten aus einer angeborenen Behinderung zu erklären sind. Wie alle gar zu schlichten Erklärungen mag auch diese eine Vereinfachung sein, aber sie ist hilfreich für die Betrachtung der außerordentlich schillernden Eigenschaften dieser widersprüchlichen Gestalt.
Am 27. Januar 1859 bringt Prinzessin Viktoria, Tochter der Queen Victoria und Gemahlin von Kronprinz Friedrich Wilhelm, einen Sohn zur Welt. Die Entbindung verläuft kompliziert, das Kind zeigt eine Lähmung des linkens Arms. Den konsultierten Spezialisten bleibt nur die traurige Feststellung, daß Wilhelms Arm unwiderruflich zurückbleiben wird.
Seine Mutter findet sich mit dieser Behinderung nicht ab, ist auch nicht bereit, mit ihren Gefühlen hinter dem Berg zu halten. Einem österreichischen Gesprächspartner erklärt

sie: »Sie glauben gar nicht, wie sehr ich Ihren schönen, geistvollen und eleganten Kronprinzen bewundere, wenn ich daneben meinen ungeschlachten, vierschrötigen Sohn Wilhelm betrachte!«

Schreckliche Worte, die mit vielen ähnlichen Wilhelm hintertragen werden und ihn gegen seine Mutter einnehmen. Er, der sich ungeliebt fühlt, wirft nun ihr vor, sie sei Engländerin geblieben; ja, mehrfach sogar, sie arbeite für England gegen Deutschland.

Noch schlimmer aber ist es, daß er sich seines Gebrechens schämt, sich als schwach, verletzlich empfindet. Um jeden Preis muß er diesen Minderwertigkeitskomplex überspielen, indem er sich als Held, als preußischen Offizier ohne Furcht und Tadel darstellt. Vor allem ohne Furcht.

Um diese Selbstdarstellung bemüht er sich schon am Tage seiner Thronbesteigung. Nach nur 99 Tagen als Kaiser und König ist sein Vater an Kehlkopfkrebs gestorben. So ist er mit 29 Jahren zum Herrn des Reiches geworden. Er trumpft sogleich kräftig auf und erklärt der Armee in einem Aufruf:

»So gehören wir zusammen – Ich und die Armee – so sind wir füreinander geboren, und so wollen wir unauflöslich fest zusammenhalten, möge nach Gottes Willen Friede oder Sturm sein. Ihr werdet Mir jetzt den Eid der Treue und des Gehorsams schwören, und Ich gelobe, stets eingedenk zu sein, daß die Augen Meiner Vorfahren aus jener Welt auf Mich herniedersehen, und daß Ich ihnen dermaleinst Rechenschaft über den Ruhm und die Ehre der Armee abzulegen haben werde.«

Damit ist der Ton angeschlagen. Deutschland hat einen Herrn und Meister, einen jungen, schwungvollen Menschen, der aller Welt fortan zeigt, was Kraftmeierei heißt. Um seinen gelähmten Arm vergessen zu machen, bemüht er sich um den Ruf eines stets erfolgreichen Sportmanns. Er will einer der besten Jachtsegler seines Reiches sein, ein schneidiger Reiter, ein unfehlbarer Nimrod. Als er 43 Jahre alt ist, läßt er in goldenen Lettern in einen Granitblock meißeln: »Hier erlegte S.M. Kaiser Wilhelm II. Allerhöchst seine 50000. Kreatur, einen weißen Fasanenhahn.«

Vor allem aber ist er der unermüdlichste aller Redner. In 17 Jahren hält er 577 öffentliche Ansprachen, durchschnittlich alle elf Tage eine.

Diese Reden sind und bleiben vor der Geschichte die greifbaren Beweise seiner Großmannssucht. Die berühmte »Hunnenrede« zum Beispiel; am 27. Juni 1900 spricht, besser brüllt er in Bremerhaven vor den angetretenen Soldaten, die er nach China entsendet, um den Boxeraufstand niederzuschlagen:

»Die Aufgabe, zu der Ich euch hinaussende, ist eine große. Ihr sollt schweres Unrecht sühnen ... Kommt ihr vor den Feind, so wird derselbe geschlagen. Pardon wird nicht gegeben! Gefangene werden nicht gemacht! Wer euch in die Hände fällt, sei euch verfallen! Wie vor tausend Jahren die Hunnen unter ihrem König Etzel sich einen Namen gemacht, der sie noch jetzt in Überlieferung und Märchen gewaltig erscheinen läßt, so möge der Name Deutscher in China auf tausend Jahre durch euch in einer Weise bestätigt werden, daß niemals wieder ein Chinese es wagt, einen Deutschen auch nur scheel anzusehen!«

Um hinter diese schneidigen Sprüche zu schauen, muß man in Bülows Erinnerungen nachlesen. Dort wird das Wagnerdrama nur zu oft zur Boulevardkomödie. Jedesmal, wenn Wilhelm II. die Lehren seiner Berater vergißt und sich so gehenläßt, daß er die Weltöffentlichkeit gegen sich aufbringt oder einen diplomatischen Zwischenfall provoziert, macht er sich prompt vor seinem Reichskanzler ganz klein. Er schluckt alle Vorwürfe und verspricht, es nicht wieder zu tun. Ja, er gerät mehrfach in schwere Depressionen und spricht davon, er wolle auf den Thron verzichten.

Besonders leidet er darunter, daß er vor seiner Umgebung den Bruch, den er in sich spürt, nicht verbergen kann. Er weiß, daß sie wissen. Und daß sie über ihn spotten, weidlich sogar. Bülow schreibt, daß sich »hinter den Prahlereien Wilhelms II. echte Friedenssehnsucht verstecke. Er sei wie der Irenjunge, der beim Gang über den Kirchhof pfeift, um seine Angst zu verbergen.«

Und Albert Ballin, der mächtige Generaldirektor der Hamburg-Amerika-Linie, sagt es jedem, der es hören will: »Wenn ich zum Kaiser gehen muß, pflege ich immer zu fragen, wer zuletzt mit ihm gesprochen hat. Dann weiß ich auch, was er denkt.«

Damit haben wir den Schlüssel zum Verständnis seiner Großspurigkeit und solch starker Worte wie seiner berühmten Äußerung: »Ich kenne nur zwei politische Parteien: die für Mich sind und die gegen Mich sind!«

Zum Unglück für Deutschland hat Wilhelm II. bald nach der Thronbesteigung den greisen Bismarck unter seine Feinde eingereiht. Oder, wenn das übertrieben klingt, zumindest als einen lästigen und gar zu angesehenen Mentor empfunden, der ihn am ungestörten Regieren nach eigenen Vorstellungen hindert. Wie Nektar schlürft er deshalb die perfiden Worte seines Generals Alfred von Waldersee: »... daß Friedrich der Große nie der Große geworden wäre, wenn er bei seinem Regierungsantritt einen Minister von der Bedeutung und Machtstellung Bismarcks vorgefunden und behalten hätte.«

Für seinen Ehrgeiz und seine Unrast konnte er erst Ruhe finden, wenn er diese bedrükkende Last abgeschüttelt hatte.

Schon 1890 hat er es erreicht. Er ist frei in seinen Entscheidungen, und um das zu beweisen, handelt er, wo immer sich eine Gelegenheit dazu bietet, konträr zu dem, was auf Bismarcks Linie gelegen hätte; wie ein zu lange unterdrückter Schüler, der mit dem Tage, da er die Schultür hinter sich zumacht, alle Ermahnungen seiner Lehrer über Bord wirft.

Bismarck hatte gewußt, daß Frankreich sich mit dem Verlust Elsaß-Lothringens niemals abfinden würde, daß man es in einem eisernen Ring halten mußte, wenn es sich

ruhig verhalten sollte. Erleichtert wurde diese Politik durch den ängstlichen Abscheu, den die neue Republik den absoluten Herrschern einflößte, die man nur in festen Bündnissen zusammenhalten mußte. Naheliegend war ein solcher Zusammenhalt zwischen den drei Kaiserreichen, also Deutschland, Österreich und Rußland, aber ebenso mit England, das mit Deutschland durch Familienbande eng verknüpft war. Es mußte auch dafür gesorgt werden, daß Italien sich zu diesem Dreikaiserbund nicht feindlich verhielt, was es im Dreibund mit Deutschland und Österreich tatsächlich versprach.
Das System war so perfekt, daß es selbst in Bismarcks Augen nur eine schwache Stelle hatte: den tief verwurzelten Antagonismus zwischen Germanen und Slawen, konkret also zwischen Österreich und Rußland. Deshalb mußten die völkischen Leidenschaften um jeden Preis auf Sparflamme gehalten werden, vor allem aber mußten die Großmächte sich aus den Balkanstreitereien heraushalten.
Der greise Reichskanzler hatte den prophetischen Rat hinterlassen: »Bulgarien, das Ländchen zwischen Donau und Balkan, ist überhaupt kein Subjekt von hinreichender Größe, um daran die Konsequenzen zu knüpfen, um seinetwillen Europa von Moskau bis an die Pyrenäen und von der Nordsee bis Palermo in einen Krieg zu stürzen, dessen Ausgang kein Mensch voraussehen kann; man würde am Ende nach dem Krieg kaum mehr wissen, warum man sich geschlagen hat.«
Vorsicht also und noch einmal Vorsicht. Solide Bündnisse, an die man nicht rühren darf. Das ist Bismarcks Erbe.
Mit unglaublicher Starrköpfigkeit bemüht sich der junge Kaiser, dieses schöne Gebäude zum Einsturz zu bringen.
Schon im Mai 1890 weigert sich die Reichsregierung, den geheimen »Rückversicherungsvertrag« mit Rußland zu erneuern, der 1887 auf zunächst drei Jahre abgeschlossen worden ist und im Falle eines Angriffs auf eine der beiden Mächte die andere zu »wohlwollender Neutralität« verpflichtet. Dabei hat dieser Vertrag für Deutschland die Befreiung von dem Alpdruck eines Zweifrontenkrieges bedeutet. Sehr bald ergreift Wilhelm II. in den Balkanfragen offen für Österreich Partei. Er erklärt seinen Generälen: »Rußland will Bulgarien besetzen und fordert dafür unsere Neutralität. Ich aber habe dem Kaiser von Österreich Treue gelobt und dem Zaren erwidert, ich könnte Österreich nicht im Stich lassen.«
Die Folgen lassen nicht auf sich warten, das Ungeheuerliche geschieht: Das russische Reich, Inbegriff von Absolutismus und Despotismus, nimmt freundschaftliche Beziehungen mit der Republik Frankreich auf. »Der Bruch unserer Vereinbarung«, erklärt der russische Außenminister dem deutschen Botschafter, »hat die Schranke zwischen Rußland und Frankreich niedergerissen.«
Die Franzosen jubeln. Endlich ist die Isolierung doch durchbrochen, die sie zur Ohnmacht verdammt hat.
Jetzt geht alles ganz schnell. Schon im August 1890 bereiten die Generalstäbe einen Plan

für die Koordinierung der Verteidigungsbemühungen vor. Im Jahr darauf wird ein französisches Geschwader unter Admiral Gervais in Kronstadt mit überwältigender Begeisterung empfangen. Ein unglaubliches Schauspiel: Der Zar lauscht, militärisch grüßend, der »Marseillaise«. Beim Gegenbesuch einer russischen Flotte in Toulon am 27. April 1893 erhebt Präsident Carnot sein Glas auf »die Freundschaft zwischen den beiden großen Nationen und, dank ihrer, auf den Weltfrieden«.
Unterdessen haben die Generalstäbe die berühmte »Militärkonvention« ausgearbeitet, die in einem Tresor verwahrt wird, um die Geheimhaltung sicherzustellen.
Man braucht nur die drei ersten Absätze dieses entscheidenden Dokuments zu lesen, um zu erkennen, daß damit eine uneingeschränkte Allianz begründet wird:
»1. Wird Frankreich von Deutschland oder von Italien mit Unterstützung Deutschlands angegriffen, wird Rußland alle verfügbaren Kräfte einsetzen, um seinerseits Deutschland anzugreifen. Wird Rußland von Deutschland oder von Österreich mit Unterstützung Deutschlands angegriffen, wird Frankreich alle verfügbaren Kräfte für den Kampf gegen Deutschland einsetzen.
2. Sollten die Dreibundmächte oder eine von ihnen zur Mobilmachung ihrer Streitkräfte schreiten, so werden Frankreich und Rußland bei der ersten Ankündigung dieses Ereignisses ohne vorherige Abstimmung unverzüglich und gleichzeitig ihre gesamten Streitkräfte mobilmachen und so nahe wie möglich an die Grenze verlegen.
3. Die gegen Deutschland einzusetzenden Streitkräfte werden auf französischer Seite 1 300 000 Mann, auf russischer Seite 700 000 bis 800 000 Mann stark sein. Diese Streitkräfte werden vollständig und so rasch wie möglich eingesetzt, damit Deutschland zum gleichzeitigen Kampf im Osten und im Westen gezwungen ist ...«
In seiner Begeisterung, die Politik selber zu bestimmen, spürt Wilhelm II. den Abgrund nicht, den er selber gegraben hat. Er ist überzeugt, die Trümpfe in der Hand zu haben. Da er seinen Vetter Nikolaj II. nicht ernst nimmt, glaubt er ihn leicht an sich binden zu können. In einem Brief an den Zaren sagt er von Frankreich: »Glaube mir, Nicky, auf diesem Volk ruht auf ewig Gottes Fluch! Uns, den christlichen Königen und Kaisern, ist von Gott die heilige Pflicht auferlegt, den Grundsatz des Gottesgnadentums hochzuhalten.«
Schöne Worte, die aber den Felsen des französisch-russischen Bündnisses nicht unterspülen können. Der tief enttäuschte Wilhelm versucht es mit einer spektakulären Initiative: Er wird sich mit dem Zaren treffen, der eben von den Japanern in demütigender Weise besiegt worden, also in der Position des Schwächeren ist. Er wird von Mann zu Mann mit ihm sprechen, ihm klarmachen, wie perfide Frankreich und England sind, ihn wieder auf seine Seite ziehen und einen Nichtangriffspakt mit ihm schließen. Er geht in dieses Unternehmen wie auf einen Kreuzzug. An Bülow schreibt er: »Schließlich habe Ich Meine Hände zum Herrn über uns alle erhoben, und Ihm Alles anheimgestellt und gebeten, Er wolle doch Mich leiten und führen, wie Er wolle, Ich sei nur ein

einfach Werkzeug in Seinen Händen und werde thun, was Er Mir eingeben werde, möge die Aufgabe noch so schwer sein.«

Das Treffen findet am 22. Juli 1905 im Bottnischen Meerbusen bei der kleinen Insel Björkoe statt. Die beiden kaiserlichen Jachten, die *Polnarnaja Swjesda* und die *Hohenzollern,* dümpeln nebeneinander auf der See. Wilhelm umgarnt seinen Vetter mit allem Charme, den er aufbringen kann, gewinnt ihn für seine Absicht und erreicht, daß er in einer operettenwürdigen Szene den Vertrag unterschreibt.

Er hat gesiegt. Er ist außer sich vor Freude.

»Mir stand das helle Wasser der Freude in den Augen«, berichtet er Bülow in einem Brief. »Allerdings rieselte es Mir auch von Stirn und Rücken herab. Und Ich dachte, Friedrich Wilhelm III., Königin Louise, Großpapa und Nikolaus I., die sind in dem Augenblick wohl nahe gewesen? Herabgeschaut haben sie jedenfalls, und gefreut werden sie sich alle haben!«

Doch politische Realitäten lassen sich nicht so einfach aus der Welt schaffen. Das Bündnis mit Frankreich ist inzwischen zum Eckstein der russischen Politik geworden. Kaum ist Nikolaj II. wieder in St. Petersburg, macht ihn sein Außenminister Graf Lamsdorf untertänigst darauf aufmerksam, daß er zu weit gegangen ist: »Das Bündnis würde bedeuten, daß Rußland Deutschland in einem Krieg gegen Frankreich beistehen müßte, obwohl Rußland eben dies seit fünfzehn Jahren Frankreich gegen Deutschland verspricht ... Diese Einzelheiten«, setzt er boshaft hinzu, »sind Ew. Majestät in der Betäubung durch das Gerede von Kaiser Wilhelm entgangen.«

Der arme Nikolaj muß zugeben, daß er hereingelegt worden ist. Er greift zur Feder und schreibt seinem kaiserlichen Vetter zerknirscht, er habe nicht alle Unterlagen bei sich gehabt, als sie sich in Björkoe trafen, und habe schlicht vergessen, daß er vor Vertragsunterzeichnung die Zustimmung Frankreichs hätte einholen müssen.

Wilhelm II. schäumt, doch am französisch-russischen Bündnis ist einfach nicht mehr zu rütteln.

Wird es jedenfalls bei den guten Beziehungen zwischen Deutschland und England bleiben? Die sind doch wohl wirklich unerschütterlich! Auch sie zerstört Wilhelm, und zwar zunächst, indem er seinen insgeheim von ihm verachteten Onkel, König Eduard VII., falsch behandelt.

Der Schriftsteller Emil Ludwig hat von Eduard VII. gesagt: »Der Prinz von Wales, gegen zwanzig Jahre älter als sein Neffe, unterschied sich von ihm wie die Platte vom Abdruck, überall war er hell, wo jener dunkel war und umgekehrt (...) Schon in der Jugend hatte aber der Prinz den Haß von der Mutter auf ihren Bruder übertragen, zunächst wohl nur, weil er ihr Bruder war.«

Diese krankhafte Abneigung führt dazu, daß der Kaiser jede Gelegenheit benutzt, um die britische Politik nach Kräften zu stören.

So schickt er mitten im Burenkrieg, als England von den Farmern in Transvaal an den Rand einer demütigenden Niederlage gedrängt worden ist, ein begeistertes Telegramm an den Präsidenten der Burenrepublik, Ohm Krüger:
»Ich spreche Ihnen Meinen aufrichtigen Glückwunsch aus, daß es Ihnen, ohne an die Hülfe befreundeter Mächte zu appellieren, mit Ihrem Volke gelungen ist, in eigener Tatkraft gegenüber den bewaffneten Scharen, welche als Friedensstörer in Ihr Land eingebrochen sind, den Frieden wieder herzustellen und die Unabhängigkeit des Landes gegen Angriffe von außen zu wahren.«
Auf England wirkt dieses Telegramm wie eine Ohrfeige. In London werden Deutsche belästigt, verprügelt, aus Hotels und Clubs hinausgewiesen.
Als der Burenkrieg vorbei ist, will der Kaiser die Lage retten und bedient sich dafür eines eindrucksvollen Mittels: Ohne seine Minister zu konsultieren, gibt er dem *Daily Telegraph* ein Interview, in dem er verkündet:
»Ihr Engländer ... seid verrückt, verrückt, verrückt wie Märzhasen. Was ist über euch gekommen, daß ihr euch so völlig einem Argwohn überlassen habt, der einer großen Nation ganz unwürdig ist? ... Gerade während ihrer schwarzen Woche, im Dezember 1899, als ein Unglück nach dem anderen in rascher Folge kam ..., ließ ich mir durch einen meiner Offiziere einen möglichst genauen Bericht über die Zahl der Kämpfer auf beiden Seiten in Südafrika und über die momentane Stellung der einander gegenüberstehenden Streitkräfte beschaffen. Mit den Zeichnungen vor mir arbeitete ich den Plan aus, der mir unter diesen Umständen der beste schien, und legte ihn meinem Generalstab zur Kritik vor. Dann sandte ich ihn eiligst nach England, und auch dieses Dokument liegt in Windsor unter den Staatspapieren und erwartet den ruhigen und unparteiischen Spruch der Geschichte. Als merkwürdiges Zusammentreffen lassen Sie mich hinzufügen, daß der von mir aufgestellte Plan dem sehr nahe kam, der wirklich von Lord Roberts angenommen und von ihm erfolgreich ausgeführt wurde.«
Wilhelm II. hat also die Stirn, anzudeuten, daß die Buren dank seines Eingreifens geschlagen worden sind.
Angesichts dieser Großspurigkeit verliert das eigene Volk das Vertrauen in seinen Kaiser. »Er soll doch den Mund halten!« ist in Deutschland die beinahe einhellige Meinung.
Die Engländer lachen lieber über den Vorfall. In den Zeitungen erscheinen manchmal komische, immer aber höhnische Karikaturen.
Den Humor zu behalten angesichts eines Kaisers, der ihnen immer weniger zurechnungsfähig vorkommt, das ist eine typisch britische Reaktion. Doch die Engländer, und auch das ist typisch britisch, werden hellwach, wenn sie ihre Lebensinteressen bedroht sehen. Und das ist der Fall mit dem Tage, da Wilhelm II. beschlossen hat, auch Kaiser der Meere zu werden und sich zu diesem Zweck eine mächtige Flotte zu schaffen.
Diese starke Marine will er um jeden Preis und verkündet das bei jeder Gelegenheit:

»Und wie Mein Großvater für Sein Landheer, so werde auch Ich für Meine Marine unbeirrt in gleicher Weise das Werk der Reorganisation fort- und durchführen, damit auch sie gleichberechtigt an der Seite Meiner Streitkräfte zu Lande stehen möge und durch sie das Deutsche Reich auch im Auslande in der Lage sei, den noch nicht erreichten Platz zu erringen.«

Und in diesem Falle bleibt es nicht bei den starken Worten. Schon 1896 läßt der Kaiser eine 300-Millionen-Anleihe auflegen, um die Modernisierung der Werften zu finanzieren. Im Jahr darauf ernennt er Admiral Alfred von Tirpitz, den unermüdlichen Verfechter einer starken Flotte, zum Staatssekretär des Reichsmarineamtes. Am 28. März 1898 nimmt der Reichstag das erste große Flottengesetz an, dem 1900 ein zweites, 1906 ein drittes und 1908 ein viertes folgen. Die Werften arbeiten mit Hochdruck, und England beginnt, sich Sorgen zu machen.

Kann man nicht wenigstens verhandeln, einen Vertrag schließen, in dem sich Deutschland zu einer Reduzierung seines allzu ehrgeizigen Programms verpflichtet?

Wilhelm II. sagt nein. Er erklärt: »Das Gesetz wird ins letzte Tüttelchen ausgeführt; ob es den Briten paßt oder nicht, ist egal. Wollen sie den Krieg, so sollen sie ihn anfangen, wir fürchten ihn nicht!«

Damit stellt er England vor eine ungeheuerliche Herausforderung, und zwar im ungünstigsten Augenblick.

Bis zum Ende des 19. Jahrhunderts hat England mit gelassenem Stolz die Weltmeere beherrscht. Seine Panzerschiffe und Kreuzer machten es unangreifbar. England brauchte diese Schiffe so lebensnotwendig, wie ein Forscher für den Weg durch die Wüste Wasser braucht. Die Versorgung der Insel und die Verbindungen mit dem riesigen Empire waren an die Verfügung über eine starke Flotte gebunden. Und gerade eben, im Jahre 1905, hat England beschlossen, alle diese eindrucksvollen Schiffe, die seine Größe begründet und ihm Sicherheit gegeben haben, zu verschrotten.

Das Land setzt jetzt ausschließlich auf einen Linienschifftyp, wie er noch nie dagewesen ist, die *Dreadnought*-Klasse, die mit keinem Kriegsschiff der Welt mehr vergleichbar ist.

Nun sind die Dreadnoughts zwar die stärksten Schlachtschiffe der Welt, aber gerade damit könnten sie die Überlegenheit der Engländer zur See gefährden. Wenn andere Nationen, vor allem das erstarkende und ehrgeizige Deutschland, auch solche Schiffe bauen, und zwar mehr als nur einige wenige, so können sie Englands Vormacht auf den Weltmeeren gefährden, eben weil die alten Schiffe über Nacht so hoffnungslos veraltet sind wie die Galeeren nach dem Auftauchen der Galeonen.

Die Dreadnoughts sind der Vorstellungskraft und Beharrlichkeit eines genialen Seemanns entsprungen: John Arbuthnot Fisher. Mit Recht hat man von ihm gesagt, er sei eine der faszinierendsten und umstrittensten Gestalten der Seekriegsgeschichte. Er ist am 25. Januar 1841 auf Ceylon geboren und schon als Dreizehnjähriger in den Dienst der Royal Navy getreten. Rückblickend hat er festgestellt: »Ich bin ohne einen Penny, ohne Freund, ohne Hoffnung zur Marine gegangen. Ich mußte kämpfen wie der Teufel, und dieser Kampf hat mich zu dem gemacht, was ich bin.«

Seine Karriere ist ohne Beispiel. Den Krimkrieg macht er als Midshipman mit; er ist erst achtzehn Jahre alt, als er bei der Einnahme von Kanton eingesetzt wird. Mit Dreiunddreißig ist er, inzwischen ein anerkannter Artilleriefachmann, schon Korvettenkapitän; 1882 führt er das Linienschiff *Inflexible* bei der Beschießung von Alexandria. Mit Neunundvierzig wird er Admiral, dann Dritter Lord der Admiralität, Inspektor der Marine, Baron, Oberbefehlshaber der Antillenflotte und anschließend der Streitkräfte im Mittelmeer. 1902 hat er es zum Zweiten, 1904 zum Ersten Lord der Admiralität gebracht.

Jede Stufe auf der Leiter des Erfolges bringt ihm neue Feinde, aber er bezwingt sie alle, mit Gerissenheit oder Naivität. Den »Machiavelli mit dem Kindergemüt« nennen sie ihn.

Sein Leben lang hat er gegen jede blinde Pflichterfüllung gekämpft und sich damit durchgesetzt. Seine Mitarbeiter sind die brillantesten Seeoffiziere; die anderen hat er vergrault. Er verlangt neue Gedanken. Als Erster Lord geht er schonungslos mit der englischen Flotte ins Gericht, die sich an eine seit Trafalgar kaum veränderte Routine hält. Gnadenlos bricht er den Stab über die alten Einheiten: »Die gehören alle abgewrackt«, verkündet er.

Er träumt von einem ganz neuen Schlachtschiff mit ungeheurer Feuerkraft, das allein ganze Flotten in den Grund bohren kann und sämtliche derzeit auf den Werften der Welt in Bau befindlichen Schiffe deklassiert.

Schon 1905 befiehlt er trotz aller Anfeindungen die Stapellegung dieses Schiffes seiner Träume, des Dreadnought. Als Mann der Artillerie liegt ihm vor allem daran, eine Plattform für unerhört viele und großkalibrige Geschütze zu bekommen. Er steht ganz unter dem Eindruck der Schlacht von Tsushima, wo die Japaner auf 12000 Meter Entfernung Treffer auf den russischen Schiffen erzielt haben, und ist überzeugt, daß diese Entfernung noch zunehmen wird; nicht zuletzt wegen der Entwicklung der Torpedos, die einen Nahkampf immer gefährlicher machen. Vor Fisher hatte man auf den Großkampfschiffen ziemlich wahllos Geschütze aller möglichen Kaliber untergebracht. Das soll jetzt alles vereinheitlicht werden, besonders auf die schwere Hauptartillerie kommt es ihm an. Während die zuletzt gebauten Linienschiffe 4 schwere Geschütze hatten, verlangt er jetzt nicht weniger als 10 30,5-cm-Geschütze in 5 Türmen. Außerdem sollen 5 Torpedorohre untergebracht werden und 24 Kanonen vom Kaliber 7,6cm für die Torpedobootabwehr.

Doch Artillerie und Torpedos allein genügen nicht. Hinzukommen muß eine möglichst hohe Geschwindigkeit. Fisher setzt durch, daß sein Dreadnought mit Turbinen ausgerüstet wird, mindestens 23000PS entwickelt und über vier Schrauben 21 Knoten

erreicht. Stark gepanzert soll das Schiff sein, 150 Meter lang, 25 Meter breit mit 18 200 t Wasserverdrängung.
Vor allem aber soll das erste Schiff dieser Klasse bald zur Verfügung stehen. Er drängt die Staatswerft Portsmouth so, daß die Gesamtbauzeit schließlich nur 17 Monate beträgt, ein Rekord, der nie mehr gebrochen werden wird.
Und das reicht ihm nicht. Er verlangt Schlachtkreuzer. Im Grunde handelt es sich dabei um Dreadnoughts, die auf Geschwindigkeit getrimmt sind. Sie sind ungefähr gleich lang, tragen nur 8 30,5-cm-Geschütze, entwickeln aber über 40 000 PS und können 26,5 Knoten laufen. Sie sollen Kampf- und Aufklärungsschiffe zugleich und jedem anderen Schiff an Geschwindigkeit überlegen sein. Natürlich geht das auf Kosten der Panzerung, die nicht so viel wiegen darf wie bei den Dreadnoughts, aber Fisher bringt die Kritiker mit seinem berühmten Satz zum Schweigen: »Geschwindigkeit ist auch ein Panzer.«
Die Artillerie ist zu einer furchtbaren Waffe geworden. Nicht nur wegen des Kalibers, sondern auch wegen der erschreckenden Treffgenauigkeit.
Bis zu Fisher schoß jedes Rohr selbständig, und jeder Geschützführer suchte sich am Doppelglas die Augen aus dem Kopf, um die Einschläge beim Gegner zu beobachten und entsprechend nachzurichten. Jetzt gibt es nur noch einen Beobachter ganz oben auf dem Gefechtsmast, der die Einschläge verfolgt und seine Beobachtungen an eine Feuerleitzentrale weitergibt, die in gepanzerten Räumen arbeitet und unverzüglich die entsprechenden Befehle an die Geschütztürme erteilt.
Die Deutschen schaffen sich mit ihren neuen Zeiss-Entfernungsmessern ein noch leistungsfähigeres System. Außerdem haben sie sich auch sogleich an den Bau von Dreadnoughts gemacht. Dank der Leistungsfähigkeit ihrer erstarkten Industrie können sie bei der Zahl der Einheiten durchaus mithalten, so daß Fishers Gegner nicht unrecht hatten, als sie ihm vorwarfen, das Schicksal der englischen Marine zum Gegenstand eines Pokers gemacht zu haben. Als der Krieg da ist, verfügt Deutschland über 17 Dreadnoughts, England über 24.
Dieses kräftezehrende, unsinnige Wettrüsten zur See versucht Kriegsminister Lord Haldane im Februar 1912 zu bremsen. Er geht sogar so weit, Deutschland weitere Kolonien in Afrika anzubieten für den Fall, daß es das neueste, bis 1920 reichende Flottenbauprogramm kürzt. Aber einmal mehr spricht Wilhelm II. ein kategorisches »Nein«.
Er fühlte sich schon jetzt als Sieger: Er verfügt über die Flotte seiner Träume, die zweitstärkste der Welt.
Ist ihm klar, daß er England mit diesem unverhohlen demonstrierten Machtanspruch endgültig seinen Feinden in die Arme treibt? Erstaunlicherweise nicht, denn bald wird er bei der Nachricht von der englischen Kriegserklärung gänzlich konsterniert sein. Offenbar hat er gemeint, die Flottenfrage sei ein bloßer Prestigestreit, den man im letzten Augenblick immer noch beilegen könne.

Bülow hat sich im übrigen auch nicht als scharfblickender erwiesen; er schreibt über die Reaktion Eduards VII. auf die Ambitionen seines Neffen: »Die mächtige Entfaltung unserer Industrie, unseres Handels und unserer Schiffahrt erweckte gerade in ihm die Gefühle, die der Eigentümer eines großen alten Bankhauses empfindet, wenn sich ihm gegenüber ein junger, weniger vornehmer, ihm antipathischer, sehr rühriger Konkurrent auftut.«
Das hieß die Besorgnisse und den Zorn Englands zumindest unterschätzen.
Was ist in den Krisentagen, als die *Panther* herausfordernd vor Agadir aufkreuzt, von der klug abwägenden Politik des »Eisernen Kanzlers« geblieben? Das Bündnis mit Rußland ist längst dahin. Von guten Beziehungen mit England darf man nicht einmal mehr träumen. Selbst Italien, das doch pro forma noch dem Dreibund angehört, zeigt sich immer lauer. Die Einkreisung, Deutschlands Alptraum, von Bismarck nach Kräften hintangehalten, ist so gut wie vollzogen.
Wilhelm II. kann nur noch auf einen Verbündeten zählen, auf Österreich-Ungarn, das alte, an allen Ecken und Enden Auflösungserscheinungen zeigende Kaiserreich. Österreich-Ungarn, auf das er sein ganzes Vertrauen setzt und das, wie sich zeigen wird, Deutschland erst in den Krieg ziehen und sich dann während der Kampfhandlungen als eine immer schwerere Belastung erweisen wird.

Sonntag, 28. Juni 1914. Ein strahlender Frühsommertag. Auf der Avenue du Bois im vornehmen Pariser Westen wetteifern die Equipagen an Eleganz. Alle fahren sie hinaus nach Longchamp zum Großen Preis.
Die Ehrentribüne des Rennplatzes ist mit Trikoloren und leuchtenden Blumen geschmückt. Staatspräsident Poincaré ist da, seine Gattin und das ganze diplomatische Korps. Bunte Uniformen, schmeichelnde Toiletten – dies ist das Fest der feinen Lebensart und Lebensfreude.
Zwischen dem dritten und vierten Rennen überbringt ein Offizier seines militärischen Stabes dem Präsidenten eine Depesche, die dieser zur Kenntnis nimmt und dann Graf Szécsen, dem österreichisch-ungarischen Botschafter, hinüberreicht. Die Zuschauer, denen dieser ungewohnte Vorgang nicht entgangen ist, sehen, wie der Diplomat um Fassung ringt, einen Augenblick zögert und dann hinauseilt.
Die Nachricht spricht sich auf der Tribüne herum: In Sarajevo ist der österreichische Thronfolger, Erzherzog Franz Ferdinand, zusammen mit seiner morganatischen Gemahlin, der Herzogin von Hohenberg, von einem Terroristen, wahrscheinlich einem Serben, ermordet worden.
Am selben Sonntag findet in Kiel, auch bei »Kaiserwetter«, die große Regatta statt. Auf der Reede liegen die massigen deutschen und englischen Kriegsschiffe, dazwischen kreuzen unzählige Sport- und Vergnügungssegler. Die Fahnen knattern im Wind.

Von der Brücke der *Hohenzollern* aus verfolgt Wilhelm II. den Stand der Regatta so völlig hingegeben wie stets, wenn es um Schiffe und Seefahrt geht.
Er vermag eine unwirsche Geste nicht zu unterdrücken, als er eine Barkasse in Höchstfahrt auf die Jacht zufahren und mit Flaggensignalen um die Erlaubnis zum Längsseitsgehen nachsuchen sieht. Er lehnt rundweg ab: Er wünscht nicht gestört zu werden. Doch der Offizier im Boot läßt sich nicht abweisen. Er schwenkt eine Depesche, schiebt sie schließlich in ein Zigarettenetui und wirft es auf das Deck der kaiserlichen Jacht. Ein Matrose springt zu und überreicht es dem Kaiser, der einen Blick auf die Nachricht wirft und mit gerunzelten Brauen zu dem neben ihm stehenden Fürsten von Monaco sagt: »Jetzt muß ich wieder von vorn anfangen!«
Ohne sich zu einer Erklärung herbeizulassen, ordnet er an, daß alle Flaggen auf halbmast zu setzen seien, trennt sich widerwillig von der Regatta und läßt sich an Land bringen.
Er fühlt sich persönlich getroffen. Die Ermordung Franz Ferdinands ist in seinen Augen ein Schlag gegen das dynastische Prinzip, ein Sieg der Mächte des Chaos gegen die heilige Allianz der souveränen Herrscher. Die Mörder müssen exemplarisch bestraft und ihre Hintermänner unschädlich gemacht werden.
Am Tag darauf bringen alle europäischen Zeitungen die Meldung auf der ersten Seite, zumeist über alle fünf Spalten. Die Leitartikler kommentieren das Ereignis mit düsteren Prognosen, ja etliche erklären wörtlich, die Ermordung Franz Ferdinands könne innerhalb weniger Wochen zum Ausbruch eines weltweiten Krieges führen.
Die Öffentlichkeit läßt sich von diesen Unheilspropheten allerdings nicht beeindrukken. Der Sommer ist doch so schön und die Ferienzeit steht vor der Tür. Außerdem – sagen die vernünftigen Leute – wird doch nicht ganz Europa dafür bluten wollen, daß ein österreichischer Erzherzog in einer kleinen Stadt, von der man vorher nie gehört hat, erschossen worden ist! Das muß schließlich jedem einleuchten.
Besorgt sind nur die Eingeweihten. Sie wissen, was es bedeutet, daß Sarajevo in Bosnien-Herzegowina liegt, der Provinz, die sich seit 1908 als eine Büchse der Pandora erwiesen hat, aus der alle zerstörenden Stürme ihren Ursprung genommen haben, die seither über den Balkan gefegt sind.
Seit 1908 muß man die Ereignisse genau verfolgt haben, wenn man jetzt, 1914, jedenfalls eine annähernde Vorstellung von den Ursachen und Wirkungen haben will, die so miteinander verknüpft sind, daß sie Europa wirklich in einen mörderischen Krieg stürzen könnten.
Als erfahrener Beobachter ahnte man jedenfalls etwas von der Rolle eines vor zwei Jahren verstorbenen Mannes, des k.u.k. Außenministers Aloys Graf Lexa von Aehrenthal. Ein typischer Berufsdiplomat, groß, leicht gebeugt, von gewinnender Gelassenheit, seine kurzsichtigen Augen hinter halb geschlossenen Lidern verdeckt. Der Enkel eines jüdischen, im 19. Jahrhundert geadelten Kornhändlers aus Prag war mit vielen

hochgestellten Familien Österreichs verschwägert. Seine Karriere im auswärtigen Dienst hatte er als Attaché, Sekretär, Botschaftsrat und Botschafter fast ausschließlich in Rußland absolviert; die Skandalchronik von St. Petersburg hatte er um eine Liaison mit einer jungen Schönheit aus besten Kreisen bereichert. Damals bezeichnete er sich als den besten Freund der Russen und behauptete gern: »Die Russen? Die habe ich in der Tasche.« Eine Überheblichkeit, die sich bei den unglücklichen Verwicklungen in den folgenden Jahren rächen sollte.
1906 wird er österreichisch-ungarischer Außenminister. Sehr bald nimmt er sich der türkischen Provinz Bosnien-Herzegowina an, die nach Artikel 25 des Berliner Vertrages von 1878 unter österreichischer Verwaltung steht, zum größten Verdruß der Serben, die dieses Gebiet als Bestandteil eines erträumten »Großserbien« betrachten.
Um diesen serbischen Ansprüchen ein für allemal die Grundlage zu entziehen, beschließt Aehrenthal, Bosnien-Herzegowina schlankweg zu annektieren. Schon am 5. Oktober 1908 ist es soweit. Der russische Außenminister Iswolski hat zwar nach längeren Verhandlungen und Tauschgeschäften zugestimmt, protestiert aber bald lauthals, er sei hereingelegt worden.
Die Nachricht schlägt bei allen europäischen Regierungen wie eine Bombe ein. In Belgrad kommt es zu Demonstrationen, die der serbische Kronprinz selber anführt. Die Österreichische Botschaft büßt ihre Fensterscheiben ein, die diplomatischen Vertreter Rußlands, Frankreichs und Englands werden bejubelt. Die Sache wird für die Leser der Weltpresse noch verwirrender durch die Tatsache, daß an eben diesem 5. Oktober 1908 Fürst Ferdinand von Bulgarien sich zum Zaren eines unabhängigen Königreiches Bulgarien erklärt.
Die Menschen in Europa haben das dumpfe Gefühl, daß hier eine unmittelbare Gefahr droht. Das Wort vom »Pulverfaß Balkan« kommt in Schwang.
Rußland protestiert nachdrücklich. Es kann sich gar nicht heraushalten, denn in Bosnien-Herzegowina wohnen Serben, also ein slawischer Volksstamm, für den es die traditionelle Beschützerrolle zu spielen hat. Es erklärt, die Annexion sei eine Überrumpelungsaktion; für eine Änderung des Status von Bosnien-Herzegowina bedürfe es der vorherigen Zustimmung aller Unterzeichnerstaaten des Berliner Vertrages.
Schon bilden sich die Fronten: Deutschland stellt sich auf die Seite Österreichs, England hält sich betont zu Rußland. Doch Aehrenthal rührt das nicht. Wenn es sein muß, äußert er, geht er bis zum Krieg. Allerdings fällt ihm die Unbeugsamkeit leicht: Die Russen, eben von Japan geschlagen und um Haaresbreite einer Revolution entgangen, operieren aus einer Position der Schwäche. Tatsächlich nehmen sie, ihren Grimm nach lautstarken Protesten herunterschluckend, die vollendete Tatsache schließlich hin.
Das Problem scheint aus der Welt zu sein. Die Kriegsgefahr ist abgewendet; die Europäer fühlen sich erleichtert und meinen, in Ruhe wieder ihren Geschäften nachgehen zu

dürfen. Doch damit zeigen sie nur, daß sie den Balkan nicht kennen, von dem Poincaré später sagt: »Man brauchte nur ein Stückchen des Puzzles zu bewegen, schon geriet alles durcheinander.« Vor allem unterschätzen sie die leidenschaftliche Entschlossenheit der Beteiligten. Schon zu Anfang des vorigen Jahrhunderts hatte der französische Philosoph Joseph de Maistre aus St. Petersburg geschrieben: »Und wenn sie einen Herzenswunsch der Slawen unter einer ganzen Burg begraben, sie wird doch in die Luft gesprengt.«

Prophetische Worte. Die Annexion von Bosnien-Herzegowina hat unabsehbare Folgen: einen Krieg zwischen Italien und der Türkei, die Vereinnahmung von Tripolis durch Italien und vor allem die Eroberung von Makedonien durch die Balkanländer, die entscheidend zum Konflikt zwischen Österreich und Serbien und damit zum Ausbruch des Weltkriegs beiträgt.

Die Ereignisse laufen jetzt so schnell, so unvermittelt, so miteinander verquickt ab, daß man sie nur in starker Verkürzung wiedergeben kann.

Da ist zunächst der Italienisch-Türkische Krieg.

Längst schon träumen die Italiener davon, an der afrikanischen Mittelmeerküste Kolonialgebiete zu erwerben. England hat Ägypten, Frankreich das westliche Nordafrika, also meint Italien, es habe auch Anspruch auf ein Stück vom Kuchen, auf Tripolis nämlich, das noch zu den von der Hohen Pforte beherrschten Ländern gehört. Man muß nur auf den richtigen Augenblick warten.

Der scheint 1911 gekommen zu sein. Die Türkei ist wirklich der »kranke Mann am Bosporus«. Im Gefolge der jungtürkischen Revolution geht im Lande erst einmal alles drunter und drüber, und wie schwach das Osmanische Reich geworden ist, hat es eben erst bewiesen, indem es ohne großen Protest den Gewaltstreich Aehrenthals hingenommen hat, die offene Annexion einer Provinz, die zwar von Österreich verwaltet worden ist, aber dem Buchstaben nach türkisches Staatsgebiet war.

Im September hat Italien der Türkei den Krieg erklärt. Jetzt nimmt es sich binnen eines knappen Jahres den größten Teil von Tripolis, dazu Rhodos und die meisten türkischen Inseln in der Ägäis.

Dieser Blitzfeldzug versetzt die Balkanvölker in helle Aufregung. Offenbar ist die Zeit gekommen, die christlichen Bewohner Makedoniens vom türkischen Joch endlich zu befreien.

Allerdings muß man sich erst einigen, bevor man losschlägt. Schon im Oktober 1911 schließen Serbien und Bulgarien einen Bündnisvertrag, und bald stößt Griechenland zu ihnen, dann Montenegro, dessen König den Nachteil, daß er über ein winziges Land herrscht, durch um so forschere Hetzreden ausgleicht. Der neue russische Außenminister Sergej Sasonow sagt von ihm: »Er benimmt sich, als träume er davon, die ganze Welt in Brand zu setzen, um sein Spiegelei zu braten.«

Natürlich ist Rußland eingeweiht. Natürlich kommt es erst einmal zu Zwischenfällen in

Makedonien; die Bevölkerung, der man klargemacht hat, daß die Stunde der Befreiung naht, führt geradezu einen Guerillakrieg gegen die Türken.
Die Auseinandersetzungen werden immer heftiger. Als erster macht Ferdinand, der selbsternannte Zar von Bulgarien, seine Streitkräfte mobil, und Serbien, Griechenland und Montenegro folgen seinem Beispiel.
Jetzt verkündet auch die Türkei die Mobilmachung. Die Regierung versucht noch Zeit zu gewinnen, indem sie Reformen in Makedonien verspricht, doch in Konstantinopel ziehen die Studenten schon durch die Straßen: »Es lebe der Krieg! Keine Konzessionen unter Druck von außen!«
Während der Krisenmonate haben sich Deutschland und Österreich auffallend zurückgehalten. Ohne weiteres hätten sie den Krieg verhindern können, indem sie mit der Faust auf den Tisch geschlagen und das unverzügliche Zusammentreten einer internationalen Konferenz verlangt hätten. Sie haben sich wohlweislich gehütet, das zu tun, und zwar einfach deshalb, weil sie, wie Reichskanzler Bethmann Hollweg später zugegeben hat, überzeugt waren, daß die türkische Armee die »Hammeldiebe von der unteren Donau« in ein paar Tagen besiegen und damit für einige Zeit die gefährlichsten Forderungen der Slawen aus der Welt schaffen würde.
Statt dessen werden die Türken auf allen Schlachtfeldern vernichtend geschlagen. Gleich zu Beginn der Kampfhandlungen fallen eine nach der anderen die makedonischen Städte, die Soldaten vom Balkan dringen in Thrakien vor und stehen bald an der Tschataldscha-Stellung, der letzten Befestigungslinie vor Konstantinopel.
Jetzt gerät Europa in Aufregung. Selbst die Russen werden besorgt. Sie vermögen dem Gedanken, daß Zar Ferdinand von Bulgarien als Sieger in Konstantinopel einziehen könnte, durchaus keinen Geschmack abzugewinnen. Am 3. November 1912 bittet die Hohe Pforte die Großmächte um Vermittlung. Die Verhandlungen beginnen, als die Bulgaren schon Adrianopel, das heutige Edirne, belagern.
Schwierige Verhandlungen sind das. Die siegestrunkenen Verbündeten sind sich bald uneins, als es um die Verteilung der Beute geht. Die Bulgaren sind wütend, daß König Georg von Griechenland feierlich in Saloniki eingezogen ist. Die Griechen erbost es, daß die Serben vor ihnen in Monastir einmarschiert sind. Serbien besteht darauf, einen Adriahafen zu bekommen, was die Österreicher in helle Aufregung versetzt.
Was beim Waffenstillstand von Tschataldscha am 4. Dezember 1912 herauskommt, macht alles nur noch schlimmer. Schon beklagen sich die Bulgaren laut über die griechischen Ansprüche und über die »Großspurigkeit der Hellenen«.
Die Großmächte bemühen sich, die Dinge in den Griff zu bekommen, und zwingen die Parteien an den Verhandlungstisch. Am 16. Dezember beginnt in London die Friedenskonferenz.
Statt geordneter Sitzungen kommt es zu einer allgemeinen Streiterei. Zu viele Interessen prallen aufeinander. Um alle Beteiligten zufriedenzustellen, verfallen die Diplomaten

auf die abwegigsten Lösungen. Wochenlang diskutieren sie allein über das Schicksal Albaniens und beschließen, das Land solle selbständig werden, jedoch gleichzeitig dem Schutz der Großmächte und der Souveränität des Sultans unterstehen.
Die Verhandlungen ziehen sich hin und fahren sich fest; die Sitzungen der Botschafter einerseits, der türkischen und balkanischen Bevollmächtigten andererseits laufen nebeneinander her. Rumänien mischt sich ein und droht, in Bulgarien einzufallen, um sich die Dobrudscha zu holen. Endlose Wortgefechte entspinnen sich um ein paar armselige Dörfer. Italiener und Griechen wollen zu den Waffen greifen, weil beide Anspruch auf die Inseln in der Ägäis erheben. Der König von Montenegro ist um keinen Preis bereit, auf Skutari zu verzichten. Jeder droht immer wieder damit, die Verhandlungen abzubrechen, und in Konstantinopel fordern die Jungtürken die Wiederaufnahme der Kampfhandlungen.
Nach fünf Monaten Palaver wissen die Diplomaten nicht mehr ein noch aus. Zwischen den Mitgliedern des Balkanvierbundes scheint keine Verständigung mehr möglich. Griechen und Bulgaren sind drauf und dran, gegeneinander Krieg zu führen, und die Serben erklären schon jetzt, dann würden sie auf der Seite der Griechen kämpfen.
Schließlich wird am 30. Mai 1913 doch ein Frieden unterzeichnet. Der Sultan tritt alle seine europäischen Gebiete westlich einer Linie von Enos an der Ägäis nach Midia am Schwarzen Meer an die Balkanstaaten ab. Nur Albanien bekommt seinen höchst sonderbaren Status. Alle nicht gelösten Fragen, und an denen fehlt es wahrhaftig nicht, sollen anschließend die Großmächte entscheiden.
Dieser mühsam ausgehandelte Vertrag hält nicht einmal einen Monat. Schon in der Nacht vom 24. auf den 25. Juni fallen die Bulgaren in Serbien ein. Ferdinand zweifelt keinen Augenblick an seinem Erfolg, denn er hat sich insgeheim der Unterstützung Österreichs versichert, das ja im Grunde nichts sehnlicher wünscht, als so rasch wie möglich und mit allen Mitteln dem serbischen Expansionsdrang Einhalt zu gebieten.
Wieder einmal hat Wien auf das falsche Pferd gesetzt. Bulgarien, von Rumänien im Rücken bedroht, muß nach wenigen Wochen um Frieden bitten, der bereits am 10. August 1913 in Bukarest geschlossen wird. Das besiegte, kleinlaut gewordene Bulgarien muß seine Pläne begraben und außerdem den Südteil der Dobrudscha an Rumänien abtreten.
Nur: Das Balkanpuzzle, von dem Poincaré gesprochen hat, ist dadurch nicht gelöst. Die Ansprüche, Haßgefühle und Rachegelüste haben sich eher noch verstärkt. Der Balkan bleibt das Pulverfaß, das Europa jeden Augenblick in die Luft sprengen kann.
Serbien steht als der große Sieger da, was wiederum für Österreich eine unerträgliche Vorstellung ist. Schon am 15. August 1913 teilt Wien den Russen mit, Bulgarien sei zu sehr gedemütigt worden, und deutet an, daß die Verträge irgendwann zu revidieren sein werden.
Tatsächlich müssen die Österreicher befürchten, daß Serbien, wenn es nicht bald

geschwächt wird, mit seinem Tatendrang das wurmstichige Kaiserreich zum Einsturz bringen könnte.

Deutschland, das ja nicht unmittelbar betroffen gewesen ist, zieht seine eigenen Schlüsse aus der Balkankrise.

Es ist überrascht gewesen von dem vorsichtigen Taktieren Rußlands, das während der ganzen Dauer des Konflikts sorgfältig darauf geachtet hat, kein Öl ins Feuer zu gießen, und das sogar mehrfach Serbien zur Mäßigung ermahnt hat. Für Wilhelm II. bedeutet das, daß die Russen auf keinen Fall kämpfen werden, was auch geschehen mag. Eine höchst gefährliche Überzeugung am Vorabend der großen Auseinandersetzung.

Schlimmer noch: Die Türkei ist zutiefst verbittert und enttäuscht. Verbittert, daß sie von Völkern besiegt worden ist, die so lange unter ihrer Herrschaft gelebt haben; enttäuscht, weil England, das sie traditionell als ihren Bundesgenossen angesehen hat, ihr nicht zu Hilfe gekommen ist. Mit großem Geschick nutzt Wilhelm II. die Gelegenheit und setzt ganz auf die Türkei.

Kaum ist der Krieg vorbei, schickt er General Otto Liman von Sanders nach Konstantinopel. Der Deutsche wird zum Generalinspekteur der türkischen Truppen ernannt: Ein begabter Organisator, der die osmanische Armee wieder aufbaut und damit Deutschland im Lande außerordentlich starken Einfluß verschafft.

Das ist ein Meisterstück des Kaisers, denn als der große Krieg ausbricht, hält die Türkei nolens volens zu den Mittelmächten. Die Russen sind damit im Schwarzen Meer eingeschlossen, von ihren Alliierten abgeschnitten: Waffen und Munition, die ihnen auf diese Weise vorenthalten bleiben, werden ihnen bald schrecklich fehlen.

Als die Kanonen auf dem Balkan endlich schweigen, atmet Europa wieder einmal auf. Auch die Diplomaten, die es eigentlich besser wissen müßten, verfallen der allgemeinen Euphorie, bis ganz zuletzt.

»Auf meine Rückkehr von Kiel nach Berlin folgte eine friedliche Zeit«, schreibt James W. Gerard, Botschafter der Vereinigten Staaten in Berlin. »Niemand kam auch nur auf den Gedanken, der Doppelmord von Sarajevo könnte irgendeinen Einfluß auf das Schicksal der Welt haben. Der Kaiser war an Bord seiner Jacht auf Nordlandfahrt gegangen ... Die meisten Diplomaten waren in die Ferien abgereist. Sir Edward Goschen, der britische Botschafter, verließ Berlin, ebenso der russische Botschafter. Das zeigt doch, daß man in diplomatischen Kreisen nicht im entferntesten an Krieg dachte.«

Die »Einkreisung« Deutschlands. – *1* Bei einem Zusammentreffen mit Zar Nikolaj II. (vorne) in Bjorkoe 1905 versucht Kaiser Wilhelm II. (dahinter) vergeblich, Rußland als Bundesgenossen des Deutschen Reiches zu gewinnen. – *2* Wenige Tage vor Kriegsbeginn: Der französische Staatspräsident Poincaré (links) bei Zar Nikolaj II. in Kronstadt.

3/4 Begeistert zieht Europa in den Krieg, in Berlin (oben) genauso wie in London (unten), Paris, St. Petersburg oder Wien.

II. Kapitel Der lange Vorabend des Krieges

Die österreichische Regierung stellt ein Ultimatum, um mit Serbien abzurechnen. Deutschland und Frankreich haben seit Jahren gegeneinander gerüstet, zum Marsch auf Paris und auf Berlin. Die russische Dampfwalze steht bereit. Aber kommt der Krieg wirklich?

Freitag, 24. Juli 1914. Nach dem Erreichen der freien Gewässer des Finnischen Meerbusens geht das Linienschiff *France* auf die Reisegeschwindigkeit von 15 Knoten. In ihrem Kielwasser läuft die *Jean Bart*, ebenso wie die *France* ein eindrucksvoller Vertreter der neuesten Dreadnought-Entwicklung, und eine ganze Flottille russischer Torpedoboote tanzt auf den grauen Fluten. Dahinter, im Norden, zieht eine düstere Wolkenwand auf.

Präsident Poincaré läßt sich in seiner Kabine genüßlich von der Dünung einlullen. Diese Ruhestunden sind ihm hochwillkommen. Im Grunde sind die Pausen zu kurz zwischen den Staatsbesuchen, die er derzeit bei den gekrönten Häuptern Nordeuropas absolviert. Rußland hat er eben verlassen, schon geht die Fahrt nach Schweden; bevor er in seiner Heimat Lothringen den wohlverdienten Urlaub antreten kann, muß er noch in Dänemark und Norwegen Visite machen.

Nun, der anstrengendste Teil liegt hinter ihm, und dieser Besuch in Rußland ist zweifellos ein Erfolg gewesen.

Vom Augenblick des feierlichen Einlaufens in Kronstadt an ist er in einen Strudel von Festlichkeiten, politischen Gesprächen und Galadiners gezogen worden, der ihm keinen Augenblick Erholung gelassen hat: Bankett in der französischen Botschaft, Besuch im französischen Krankenhaus, der unvermeidliche Abend in der Oper mit »Lakmé« von Léo Delibes, und dann das Abschiedsessen an Bord der *France* zu Ehren des Zaren und der ganzen kaiserlichen Familie.

In Krasnoje Selo hat sich am 22. und 23. Juli das ewige Rußland in seinem ganzen Glanz gezeigt. 60000 Mann aller Truppengattungen sind an dem unglaublich bunten Schauspiel beteiligt gewesen: die Garde, die Kriegshochschule, die Grenadiere, Kürassiere, Ulanen, Kosaken ... Bilder aus einer versunkenen Zeit, als die Kavallerie noch die Königin der Schlachten war. Aber so eindrucksvoll, daß man gar nicht kühl bleiben konnte, sondern den Eindruck gewinnen mußte, daß Rußland mit solchen Kriegern unbesiegbar sei.

Alles hat beigetragen zur Hochstimmung: Der Fackelzug, das tausendfach erklingende »Hurra!«, das ungeheure Feuerwerk und dann, am 23., der Vorbeimarsch der 60000

Mann zu den Klängen der französischen Militärmärsche »Sambre et Meuse« und »Marche Lorraine«.
Angesichts dieser Menschenmassen, die da »Hoch Frankreich!« brüllten, haben alle ausländischen Beobachter, auch die Deutschen und Österreicher, zur Kenntnis nehmen müssen, daß die französisch-russische Allianz nicht fester sein könnte.
Mit tiefer Bewegung sind die Toasts ausgebracht worden, auf die Freundschaft zwischen den beiden großen Nationen und besonders, ganz besonders, auf den Frieden.
Der Frieden ... Um den hat man ja nach dem Attentat von Sarajevo erst einmal gezittert.

Seit dem Ende der Balkankriege war es jedermann klar, daß Österreich in seiner Enttäuschung über die serbischen Erfolge nur auf einen Anlaß wartete, um alles wieder in Frage zu stellen. Mit dieser Absicht hielt es auch gar nicht hinter dem Berge; Franz Joseph hatte Wilhelm II. in einem Schreiben sogar einen fertigen Plan unterbreitet. Danach wollte man zunächst die Annäherung an Bulgarien suchen, dann Griechenland und die Türkei sowie Rumänien und Bulgarien miteinander aussöhnen und schließlich aus allen diesen Ländern eine gemeinsame übermächtige Balkanfront gegen das isolierte Serbien bilden.
Das war ein Vorhaben auf lange Sicht, und die Manöver mußten sehr diskret und geduldig geführt werden, damit die zweifellos mißtrauischen Großmächte nicht eingriffen.
Doch nun hatte der tragische Tod Franz Ferdinands der Doppelmonarchie die einzigartige Chance geboten, mit bestem Gewissen eine Strafexpedition gegen Serbien zu organisieren.
Graf Berchtold, der neue k.u.k. Außenminister, war sofort der Ansicht, man müsse das Verbrechen von Sarajevo dazu benutzen, mit Serbien abzurechnen.
Jeden Tag konnte es zur Explosion kommen. Schon behauptete Österreich, die Mörder hätten in Serbien Komplizen gehabt, sie hätten sich in Belgrad aufgehalten, und die Handgranaten, die sie bei ihrer Verhaftung noch bei sich trugen, stammten aus dem Zeughaus von Kragujevac. Es war nicht mehr weit zu der Beschuldigung, die serbische Regierung habe das Attentat zu verantworten, und tatsächlich wurde auch dieser letzte Schritt getan.
In den ersten Julitagen hatte Europa den Atem angehalten. Man sah die Katastrophe kommen. Die österreichische Diplomatie pflegte allerdings umständlich zu denken und bedächtig zu handeln. Statt sofort zu reagieren und Belgrad zu besetzen, womit man die Welt vor die vollendete Tatsache gestellt hätte, hatte man diskret sondiert und sich vor allem erst einmal der Unterstützung des deutschen Verbündeten versichert.
In Potsdam hatten mysteriöse Gespräche stattgefunden zwischen dem österreichischen

Botschafter in Berlin, Graf Szögyény, und Wilhelm II., und wie man hörte, hatte der Kaiser geäußert, mit den Serben müsse jetzt Schluß gemacht werden, je eher je besser: »Jetzt oder nie!« Die deutsche Haltung war auch deshalb so fest, weil Rußland offenbar nicht kriegsbereit war, und Frankreich auch nicht.

Es kam also nur noch darauf an, einen günstigen Zeitpunkt zu finden, um Serbien ein unannehmbares Ultimatum zu stellen.

Davon allerdings wußten die Menschen in Europa nichts. Sie hatten erleichtert festgestellt, daß Tag um Tag verging, ohne daß Österreich mit der Faust auf den Tisch schlug. Die Kommentatoren verkündeten in ihrer Weisheit: »Der Konflikt ist am Abklingen. Österreich will nicht bis zum Äußersten gehen.« Und da die Menschen immer dazu neigen, sich beruhigende Argumente zu suchen, redete man sich ein, Wilhelm II. habe offenbar zur Mäßigung gemahnt. Er sollte ja selber einmal zu Franz Ferdinand gesagt haben: »Du rasselst ein bißchen viel mit *meinem* Säbel!«

Die Erleichterung ist so groß wie die Angst, die man ausgestanden hat. Diesmal ist es also noch einmal gutgegangen, um so mehr gilt es, Frieden und Ferien zu genießen. Die Diplomaten sind nach und nach wieder in die Seebäder gefahren, und Poincaré hat keinen Anlaß gesehen, seine Besuchsreise in die ferne Ostsee zu verschieben.

Jetzt blättert er in den Pariser Zeitungen, die gerade vor seiner Abfahrt in St. Petersburg mit der Diplomatenpost eingetroffen sind. Die Schlagzeilen gelten dem Prozeß von Frau Caillaux, der Gattin des Altministerpräsidenten, die mit dem Revolver auf Gaston Calmette, den Direktor des *Figaro*, geschossen hat, weil er Dokumente veröffentlichte, die ihren Mann bloßstellten. Ganz Frankreich verfolgt genüßlich diese hochdramatische Angelegenheit.

Im übrigen muß der Präsident feststellen, daß Georges Clemenceau ihn im *Homme Libre* wieder einmal heftig angreift, und daß Ernest Judet im »Eclair« erfreut das Abnehmen seiner Popularität feststellt. In seinen Erinnerungen schreibt Poincaré: »Diese Pfeile kamen aus weiter Ferne, um mich zu verletzen, aber sie bewiesen mir, daß sich in Paris in meiner Abwesenheit nichts geändert hatte.«

Gegen 17 Uhr geht er an Deck, um der Verabschiedung der russischen Torpedoboote beizuwohnen. Die letzten Signale werden gewechselt: »Wünsche gute Reise!« – »Danke.« Eines der Boote kommt längsseits, um den russischen Lotsen an Bord zu nehmen. Eine plötzliche seitliche Welle läßt die Schiffe so hart aneinanderprallen, daß das Fallreep und die Visiereinrichtung an einem der Geschütze der *France* beschädigt werden.

Ein unglücklicher Zwischenfall, zumal das französische Linienschiff schon beim Einlaufen in Kronstadt mit einem russischen Schlepper kollidiert und ihn beschädigt hat.

»Wären wir abergläubisch gewesen«, schreibt Poincaré, »hätten wir in diesen Zusammenstößen ein böses Vorzeichen erblicken können.«

Anlaß dazu hätte allerdings bestanden: In dieser Nacht treffen die ersten wirklich be-

unruhigenden Funksprüche ein. Offenbar hat Österreich in Belgrad eine Note bisher unbekannten Inhalts übergeben.
Bis in die Morgenstunden beschäftigen sich Poincaré und sein Ministerpräsiden René Viviani mit den Texten, die nach und nach durchkommen und immer alarmierender klingen. Es stellt sich heraus, daß Österreich nicht eine einfache Note an Serbien gerichtet hat, sondern ein so scharfes Ultimatum, daß sich kein souveräner Staat ihm beugen könnte, ohne seine Würde zu verlieren.
Wien verlangt:
1. Die serbische Regierung soll die gegen Österreich-Ungarn gerichtete panserbische Propaganda verurteilen.
2. Sie soll eine gerichtliche Untersuchung gegen die Komplizen des Attentats von Sarajevo einleiten; »von der k.u.k. Regierung hierzu delegierte Organe werden an den bezüglichen Erhebungen teilnehmen«.
3. Sie soll alle Fürsprecher der panserbischen Bewegung maßregeln.
Und die Ohrfeige am Ende: Die österreichische Regierung erwartet die Antwort binnen achtundvierzig Stunden, einer Frist, die »nicht einmal als genügend anzusehen wäre für einen Gast, der seine Hotelrechnung bezahlen soll«, wie es G.B. Shaw ausdrückte.
Poincaré ist verzweifelt. Warum muß diese Nachricht ausgerechnet eintreffen, während er auf hoher See und damit am Handeln gehindert ist? Er kann nicht wissen, daß eben dies von Graf Berchtold beabsichtigt war. Er hat seinen Gesandten in Belgrad das Ultimatum am 23. Juli um 18 Uhr Ortszeit überreichen lassen, damit Präsident und Regierungschef Frankreichs keine Möglichkeit zu Absprachen mit ihren russischen Alliierten hätten.
Eine schwierige Entscheidung für Poincaré: Soll er mit Volldampf Richtung Heimat weiterlaufen, um die Geschäfte wieder in die Hand zu nehmen, und auf die so lange vorbereiteten Besuche in Stockholm, Kopenhagen und Christiania verzichten?
Nachdem er die ganze Nacht hin und her überlegt hat, beschließt er, die Reise wie geplant fortzusetzen; und sei es nur, um die Kriegsfurcht und die internationalen Spannungen nicht noch mehr anzuheizen.
Er ist schlecht informiert und glaubt, die Angelegenheit werde sich einrenken lassen. So telegraphiert er nur nach St. Petersburg, London und Paris und beschränkt sich auf die Aufforderung, man solle in Österreich auf eine Fristverlängerung drängen. Außerdem sei zu erwägen, an Stelle der österreichisch-serbischen Untersuchung, die ihm für Serbien zu demütigend erscheint, eine internationale vorzusehen.
Am Morgen des 25. Juli läuft die *France* unter großem Flaggenschmuck in die schwedischen Hoheitsgewässer ein.
Ein aufreibender Besuch, an den sich Poincaré wie an einen Alptraum erinnert. Der Horizont verdüstert sich von Stunde zu Stunde. Man weiß jetzt, daß Deutschland be-

dingungslos zu Österreich hält, und daß Wien jede Abschwächung des Ultimatums von sich weist.

In Begleitung von Gustav V. Adolf besichtigt der bedauernswerte Präsident mit großem Gefolge Schloß Drottningholm, tauscht Geschenke aus, läßt den Blick gleichgültig über die Rüstungen im Königlichen Museum und die Tiere im Zoo schweifen, hält seine Reden, zwingt sich ein Lächeln für die jubelnde Menge ab. Seine Gedanken sind nicht bei der Sache. Er hat erfahren, daß der österreichische Gesandte soeben Belgrad verlassen hat.

Das ist besorgniserregend. Es beweist, daß Österreich in jedem Falle die Angelegenheit auf die Spitze treiben will. Dabei hat Serbien seinen guten Willen gezeigt. Es hat am 25. Juli, kurz vor Ablauf des Ultimatums, seine Antwort übergeben. Die königlich serbische Regierung akzeptiert alles. Sie ist bereit, in den offiziellen Organen die gewünschten Erklärungen zu veröffentlichen. Sie ist einverstanden, die Geheimgesellschaften aufzulösen, die Schuldigen zu verhaften und zu bestrafen, die Pressegesetze zu ändern ... Um einen Rest von Selbstachtung zu wahren, bittet sie die Wiener Regierung um nähere Angaben zu der gewünschten österreichischen Beteiligung an der Untersuchung. Und sie erklärt abschließend, sie sei bereit, »falls sich die k. u. k. Regierung durch diese Antwort nicht für befriedigt erachten sollte«, die Entscheidung dem Haager Gerichtshof oder den Großmächten zu überlassen.

Das ist eine förmliche Kapitulation, und sogar Wilhelm II. ruft aus: »Das ist mehr, als man erwarten konnte! Ein großer moralischer Erfolg für Wien, aber damit fällt jeder Kriegsgrund fort.«

Österreich ist anderer Meinung; deshalb hat es seinen Gesandten aus Belgrad abberufen.

Jetzt steht Europa wirklich am Rande des Abgrunds. Poincaré verzichtet auf die Staatsbesuche in Dänemark und Norwegen und befiehlt, die *France* 18 Knoten laufen zu lassen.

Frankreich, das er so friedlich hinterlassen hat, findet er jetzt, am 29. Juli, schon in Kriegsstimmung vor. Die Begeisterung ist unbeschreiblich. In Paris drängen sich die Leute am Straßenrand, um ihm bei seiner Fahrt vom Nordbahnhof zum Elysée-Palast zuzujubeln. Auf allen Bürgersteigen, an allen Fenstern herrscht ein einziges Geschrei: »Vive la France! Vive la République! Vive le Président!«

Rückblickend stellt er fest: »Ich habe noch nie etwas so Bewegendes erlebt. Es hat mich noch nie etwas so erschüttert. Niemals ist es mir innerlich und äußerlich schwerer gefallen, einen möglichst gefaßten Eindruck zu machen. Größe, Begeisterung, Ernst, alles lag in diesem unerwarteten Empfang, der dadurch unvorstellbar und unbeschreiblich schön war. Frankreich war sich einig. Der politische Zank war vergessen.«

Am 28. Juli hat Österreich den Krieg erklärt. Als Poincaré nach Paris zurückkehrt, haben österreichische Kanonen schon die serbische Hauptstadt Belgrad beschossen.
General Joffre erscheint bei seinem Kriegsminister, Adolphe Messimy. Nie ist der ruhige Mann so düsterer Stimmung gewesen. Er bringt böse Nachrichten. Die Deutschen, meldet er, haben schon einzelne Reservisten einberufen, sie haben in Metz und Straßburg Getreidelager beschlagnahmt und lassen die Schienenwege im Umkreis der Bahnhöfe und an den Brücken bewachen. Für ihn, Joffre, gibt es keinen Zweifel mehr: Sie sind insgeheim dabei, einen Überraschungsangriff auf Frankreich vorzubereiten.
Um dieser Lage gewachsen zu sein, verlangt er, an allen bedrohten Abschnitten die Grenzsicherungstruppen in die vorgesehenen Stellungen verlegen zu dürfen.
Er muß sich noch einen Tag gedulden. Politiker und Militärs haben in diesen erregenden Stunden alle Mühe, ihre Aktionen aufeinander abzustimmen. Einige glauben, daß sich noch alles in Ordnung bringen läßt, andere sind überzeugt, daß der Krieg nicht mehr zu vermeiden ist, daß er im Grunde schon angefangen hat und es ihre Pflicht ist, die Truppen möglichst rasch mobilzumachen, um nicht gegenüber dem Feind in Rückstand zu geraten. Hat Erich von Falkenhayn, der preußische Kriegsminister, dem Kaiser nicht schon am 21. Juli versichert, die deutsche Armee sei bereit?
Der Brite Lloyd George gibt in seiner Autobiographie unumwunden den Generälen beider Seiten die Schuld am Kriege. Er schreibt: »Die Generäle waren tatendurstig und hatten keine Mühe, die Politiker, die nicht wußten, was sie wollten, in eine Lage zu treiben, in der es nur noch den Bruch geben konnte. So hat die Rüstung zum Kriege geführt.«
Überlassen wir dem späteren Premierminister die Verantwortung für diese kategorische Feststellung; er, der temperamentvolle Pazifist, ist sicherlich nicht ganz unparteiisch.

Wahr ist, daß in allen großen europäischen Staaten, vor allem jedoch in Deutschland und Frankreich, die Militärs sich intensiv auf den Krieg vorbereitet haben. Auf beiden Seiten glaubten sie an den Sieg und konnten gute Gründe dafür anführen, denn niemals zuvor in der Menschheitsgeschichte hatten zwei Länder einen so großen Anteil ihres Volkseinkommens für ihre Armeen verwendet.
Schon seit der Jahrhundertwende, vor allem aber seit 1911 hatte das Wettrüsten geradezu aberwitzige Formen angenommen.
In Deutschland war ein Militärgesetz nach dem anderen mit immer neuen Verstärkungen herausgekommen:
Das Gesetz von 1911 bestimmt die Schaffung von 122 Maschinengewehrkompanien, 18 Feldartilleriebataillonen, 9 Bataillonen Fußartillerie sowie von Ballon-, Automobil-, Telegraphie- und Feldeisenbahneinheiten.
Das Gesetz von 1912 erhöht den Mannschaftsbestand um 37000; es schafft neue

Armeekorps, 17 Infanteriebataillone, 106 Maschinengewehrkompanien, 6 Kavallerieschwadronen und 30 Feldartilleriebataillone.
Das Gesetz von 1913 gibt dem Heer 4000 weitere Offiziere, 15000 Unteroffiziere, 117000 Soldaten und 27000 Pferde.
Frankreich hat sich ebenso angestrengt. Jahr für Jahr hat es seine Armee moderner ausgerüstet, neue Waffen eingeführt, Dienstanweisungen überarbeitet und die Manövertätigkeit intensiviert. Trotzdem ist es dem Nachbarland beträchtlich unterlegen, und zwar einzig und allein, weil es weniger volkreich ist.
Bei der Volkszählung von 1911 hatte es 39601599 Einwohner, Deutschland dagegen 64925993. Trotz aller Bemühungen hat Frankreich deshalb den 870000 deutschen Soldaten nur gut 500000 Mann entgegenzustellen.
Seit langem haben die Militärs immer nachdrücklicher gewarnt: Diese Unterlegenheit muß beseitigt werden, wenn das Land nicht im ersten Anlauf überrannt werden soll. Aber erst 1913 hat sich das Parlament dazu durchgerungen, die Dienstzeit der Wehrpflichtigen von zwei auf drei Jahre zu verlängern.
Die Generäle haben aufgeatmet, als das Gesetz endlich herauskam, und sind ans Rechnen gegangen. Deutschland, so unterstellten sie, werde mindestens 175000 Mann gegen die Russen einsetzen müssen, so daß ihm ungefähr 700000 Mann für die Westfront blieben. Diesen 700000 Deutschen würden jetzt 700000 Franzosen gegenüberstehen. »Das Gleichgewicht ist hergestellt«, hat Joffre verkündet.
Auf dem Papier mochte das stimmen, doch die Tatsachen bewiesen dann, daß sich der französische Generalstab zumindest zu früh gefreut hatte. Krieg ist etwas anderes als Buchführung, zahlenmäßig starke Bataillone genügen nicht immer für den Sieg. Mindestens ebenso sehr kommt es auf die oberste Führung, den Operationsplan, eine feste und in sich logische Strategie an. Kurz, auf geniale Kriegskunst. Und die hatten am Vorabend des großen Krieges offensichtlich die Deutschen.

4. Januar 1913. Alfred Graf von Schlieffen liegt im Sterben. Der Generalfeldmarschall, trotz seiner 80 Jahre noch ein passionierter Reiter, ist vor einigen Tagen vom Pferd gefallen. Er dämmert jetzt hinüber, aber in lichten Augenblicken hört man ihn flüstern: »Macht mir den rechten Flügel stark!«
Diese überlieferten letzten Worte sind das Resümee seines grandiosen Planes, den er seit fünfzehn Jahren vertreten hat und Deutschland als sein teuerstes Vermächtnis hinterläßt. Der Plan ist so genial einfach und so genau berechnet, daß er, davon ist der alte Mann überzeugt, den sicheren Sieg bedeutet.
Schlieffens Bewunderer, die oft geradezu seine Beweihräucherer gewesen sind, haben ihn ein für allemal in das Klischee des steifen, hochfahrenden preußischen Offiziers gepreßt, selbstsicher, das Monokel herrisch ins Auge geklemmt. Ein Mann also aus einem Guß mit unerschütterlich feststehenden Überzeugungen.

Diese Vereinfachung läßt die menschlich viel ansprechenderen Züge dieses Mannes außer acht.
Nichts schien Schlieffen für die Militärlaufbahn zu prädestinieren. 1833 als Kind einer Beamtenfamilie geboren, hat er zunächst Jura studiert. Erst mit 21 Jahren, 1854, ändert er über Nacht seinen Lebensplan und tritt als Leutnant beim 2. Garde-Ulanenregiment in die preußische Armee ein.
Lange ist er seiner Sache nicht ganz sicher. Er fürchtet, seine Kurzsichtigkeit könnte ihn am Aufstieg in die hohen Ränge hindern, von denen er träumt, und macht schwere Krisen durch, in denen er an seiner Berufung zweifelt.
Tatsächlich läßt sich seine Laufbahn nicht besonders glänzend an. 1864, als er um die Ehre nachsucht, am Krieg gegen Dänemark teilnehmen zu dürfen, schickt man ihn statt dessen als Kartographieoffizier nach Ostpreußen. Er ist verzweifelt, spricht von einer verpfuschten Karriere.
Aber er hält durch, und 1865 schickt man ihn auf die Kriegsakademie. Im Jahr darauf wird er dem Stab des 1. Kavalleriekorps zugeteilt und wohnt von einem Hügel aus der Schlacht von Sadowa bei. Kaum ist der Krieg gegen Österreich vorbei, wird er an die preußische Vertretung nach Paris entsandt, wo er anderthalb Jahre bleibt.
Der Krieg von 1870 bringt ihm neue Enttäuschungen. Er möchte mitkämpfen und muß sich statt dessen im Stab des Großherzogs von Mecklenburg mit Fragen der Küstenverteidigung beschäftigen. Er fühlte sich abgeschoben; erst im Winter 1870/71 wird er bei den Gefechten an der Loire in Frankreich eingesetzt.
Dieser abweisend wirkende Mann ist durchaus ein sensibler Mensch. Seit 1866 ist er mit seiner Kusine Anna von Schlieffen verlobt, zweieinhalb Jahre später heiratet er sie und läßt sich nach dem Kriege mit ihr in Wendenheim bei Straßburg nieder. Dort stirbt seine junge Frau vier Tage nach der Geburt der zweiten Tochter am Kindbettfieber.
Der Schlag stürzt ihn in finstere Verzweiflung. Er entsagt den Freuden des Lebens und widmet sich fortan nur noch der Armee.
Seine Arbeitskraft ist unglaublich. Oft brennt bis 3 Uhr früh das Licht in seinem Dienstzimmer, aber schon im Morgengrauen geht er wieder ans Werk. Bei den Manövern entfaltet er eine unermüdliche Tätigkeit.
Er, der so lange in den unteren Dienstgraden steckengeblieben ist, beginnt jetzt, mit 43 Jahren, seine eigentliche Karriere. 1876 wird er zum Kommandeur des 1. Garde-Ulanenregiments in Potsdam ernannt. Acht Jahre später ist er Chef der Operationsabteilung im Großen Generalstab unter Graf Waldersee, den er am 7. Februar 1891 ablöst. Damit ist er Chef des Generalstabes. Jetzt kann er zeigen, was in ihm steckt.

Er ist überzeugt, daß Deutschland früher oder später gegen Frankreich und Rußland zugleich Krieg führen muß, und für diese erschreckende Möglichkeit will er sein Land gerüstet sehen.

Als er die Leitung des Generalstabes übernimmt, findet er den Plan von Generalfeldmarschall Helmuth Graf von Moltke vor, des berühmtesten seiner Vorgänger.
Der Unterstützung durch Österreich sicher und in der Überzeugung, daß die französischen Befestigungen im Frontalangriff kaum zu überwinden sein werden, hat Moltke, ausgehend von der zu erwartenden Langsamkeit des russischen Aufmarsches, die Entscheidung getroffen, daß die Hälfte des deutschen Heeres sich gegenüber Frankreich passiv verhalten soll. Die andere Hälfte soll zusammen mit den Österreichern gegen Rußland operieren, und zwar in einer Zangenbewegung durch gleichzeitigen Vorstoß aus Ostpreußen und Galizien. So würde die Armee des Zaren noch in der Bereitstellungsphase zerschlagen, Rußland wäre binnen weniger Wochen zur Aufgabe des Kampfes veranlaßt, und nichts wäre einfacher, als mit nunmehr geballter Kraft Frankreich in die Knie zu zwingen.
Schlieffens kühner Entschluß, Moltkes Plan in den Papierkorb zu werfen, ist um so bewundernswerter, als dieser Plan wegen des Ansehens seines Urhebers für die deutschen Militärs sakrosankt ist.
Der neue Generalstabschef erklärt seinen Mitarbeitern, die Dinge hätten sich geändert, seit Generalfeldmarschall von Moltke seinen Plan entworfen habe, und diese Änderungen müßten berücksichtigt werden.
Ja, die Dinge haben sich wirklich geändert. Rußland hat enorme Anstrengungen unternommen, hat strategische Eisenbahnlinien in die Bereitstellungsräume seiner Truppen gebaut und damit die Aufmarschzeit erheblich verkürzt. Die Marewlinie an der Grenze zu Ostpreußen ist stark befestigt worden. Ein Blitzsieg im Osten ist also höchst problematisch geworden. Selbst wenn es gelänge, die Russen zu schlagen, würde ihnen die Möglichkeit bleiben, sich in die Tiefe ihres riesigen Raumes zurückzuziehen und die deutschen und österreichischen Truppen zu binden. Unterdessen könnten die Franzosen eine große Offensive in Gang setzen, und Deutschland wäre zwischen zwei Fronten in höchster Bedrängnis.
Diese düsteren Aussichten veranlassen Schlieffen trotz aller Proteste derer, die sich von den alten Vorstellungen nicht lösen mögen, den Plan seines Vorgängers völlig auf den Kopf zu stellen.
Frankreich muß als erstes geschlagen werden, verkündet er. Die Russen sind fähig, sich zäh zu verteidigen, aber sie sind nicht in der Lage, die konzentrierte Offensive vorzutragen, die allein ihnen den Sieg bringen könnte. Man muß sie also hinhalten, unter Umständen Gelände aufgeben, ja, notfalls einen Teil von Ostpreußen räumen und so lange ausharren, bis Frankreich besiegt ist; dann kann man die vereinten Kräfte Deutschlands und Österreichs gegen die Russen werfen.
Wichtigster Leitgedanke des Schlieffenplans ist demnach die Niederringung Frankreichs binnen weniger Wochen.
Dabei darf man allerdings nicht aufgehalten werden von den starken Befestigungen, die

Frankreich zwischen Meurthe und Mosel geschaffen hat, nämlich durch Verdun, Toul, Epinal und Belfort, die mit eingeschobenen Sperrforts ein Hindernis bilden, an dem man sich die Zähne ausbeißen würde.

Um jeden Preis muß ein zäher Belagerungskrieg vermieden werden. Nur die Bewegung bringt den Sieg, predigt Schlieffen unermüdlich. Also keine Frontalangriffe, sondern gewaltige Umfassungsmanöver.

Von Jahr zu Jahr werden seine Vorstellungen deutlicher. Er schreibt: »Dadurch wird die moderne Schlacht noch mehr als die frühere zum Ringen um die Flanken ... In diesem Ringen um die Flanken siegt derjenige, dessen letzte Reserven sich nicht hinter der Mitte der Front, sondern auf dem äußersten Flügel befinden.«

Der vordringende Flügel, der den Feind umgeht und ihn endlich einschließt, ist der Schlüssel zum Sieg. Er muß außerordentlich stark sein und aus mehreren Armeen bestehen, die sich rasch genug entwickeln, um die Rückzugslinien des Gegners abzuschneiden.

Dafür ist Raum, ein weites, offenes Gelände erforderlich. Will man vermeiden, sich an den französischen Festungen festzubeißen, muß man sie umgehen. Schon 1898 erwägt Schlieffen den Vorstoß durch Belgien, für ihn die einzige Möglichkeit, den französischen linken Flügel im Rücken zu fassen. Damit die Umfassung vollständig wird, darf man nicht zögern, bis westlich der Maas vorzustoßen: »Der rechte Flügelmann muß den Kanal mit seinem Ärmel streifen!«

Natürlich setzt das ein gewaltiges Aufgebot voraus: Mindestens 63 Infanterie- und 7 Kavalleriedivisionen in drei mächtigen Armeen, die mit Verdun als Drehpunkt nach Südwesten vordringen, den linken französischen Flügel zu umfassen drohen und ihn damit zwingen, bis Paris zurückzuweichen, das man dann von allen Seiten einschließen müßte. Selbst wenn die französische Armee bei diesem Rückzug nicht aufgerieben sein sollte, würde sie spätestens im Raum Troyes–Chaumont–Auxerre–Langres zerschlagen.

Der linke deutsche Flügel, viel schwächer und aus weniger leistungsfähigen Truppen bestehend, müßte sich in Elsaß-Lothringen nur halten und könnte notfalls bis zum Rhein zurückweichen. Ob dort Gelände verlorenginge oder nicht, wäre nebensächlich, denn nur der Angriffsflügel soll den Sieg erzwingen.

So ist zu verstehen, warum Schlieffen gemahnt hat: »Macht mir den rechten Flügel stark!«

Zu Frankreichs Glück ist Schlieffen nicht mehr am Leben, als es ernst wird. Statt des stahlharten ist ein wachsweicher Mann Chef des Großen Generalstabes.

Man kann sich keinen größeren Gegensatz vorstellen als den zwischen Schlieffen und seinem Nachfolger Helmuth von Moltke, einem Neffen des Siegers von 1870/71. Nach dem entschlossenen Mann kommt ein Zögerer.

Bülow schreibt in seinen »Denkwürdigkeiten« herablassend: »Unser Verhängnis hat gewollt, daß bei Beginn des größten aller Kriege die beiden wichtigsten Posten (Reichskanzler und Generalstabschef, Anm.) nicht mit tatenfreudigen und tatkräftigen, nicht mit klugen, gewandten, geschickten Männern besetzt waren, sondern mit Philosophen.«

General Erich Ludendorff drückt sich präziser aus: »Er (Moltke, Anm.) besaß einen scharfen militärischen Verstand und wußte große Kriegslagen ungemein klar zu behandeln. Er war aber keine durchgreifende Natur, mehr pazifistisch als kriegerisch gesonnen (...)«

Gewiß ein vernichtendes Urteil, aber es klingt überzeugend.

Man hat den Eindruck, daß nur der Druck einer ehrwürdigen Familientradition Moltke in den Militärdienst gedrängt hat. Es fehlt ihm durchaus nicht an persönlichem Mut: 1870 ist er seinen Leuten beim Sturm vorangeritten. Er ist ein kenntnisreicher Stratege, bewährt sich glänzend als Generalstäbler, aber es fehlt ihm das ansteckende Feuer, das den Feldherrn auszeichnet. Er ist Aristokrat bis in die Fingerspitzen, ein Mann des Raffinement und der Gefühle, ein Freund der Kunst.

Auf diesem Gebiet ist ihm nichts fremd. Er spielt Cello, diskutiert sachkundig über Malerei, erwägt sogar aus Liebhaberei, Maeterlincks »Pelleas und Melisande« zu übersetzen.

Er beschäftigt sich intensiv mit Philosophie, grübelt dem tieferen Daseinszweck des Menschen nach, malt sich das Jenseits als eine ideale Welt aus, wo die fortgeschritteneren Seelen sich der Neuankömmlinge annehmen, um sie von Sphäre zu Sphäre zur höchsten Erkenntnisstufe zu führen. Er sehnt sich nach einer allumfassenden Liebe und durchleidet Stunden tiefster Verzweiflung, in denen er sich, wie er sagt, wie vor einer »schwarzen Wand« fühlt.

Von seiner sanften Frau, der schönen und klugen Eliza, läßt er sich sogar zu spiritistischen Sitzungen überreden.

Außerdem steht es um seine Gesundheit nicht zum besten. Schon 1909 leidet er an Niereninsuffizienz, Arteriosklerose und Herzschwäche. Die drohende Kriegsgefahr zwingt ihn zur Unterbrechung einer Kur in Karlsbad.

Ganz sicher ist ihm seit langem klar, wo seine Schwächen liegen. Er hat lange mit sich gerungen, bevor er die erdrückende Verantwortung übernommen hat, die ihm von Wilhelm II. deshalb angetragen worden ist, weil der Kaiser offensichtlich das Schicksal des deutschen Heeres noch einmal mit dem Namen Moltke verbinden wollte. Der so Geehrte hat damals zu Bülow gesagt: »Für die Aufgabe des Feldherrn im Kriege bin ich zu schwerblütig, zu bedächtig und bedenklich, zu gewissenhaft, wenn Sie wollen. Es geht mir die Fähigkeit ab, unter Umständen alles auf eine Karte zu setzen, was die eigentliche Größe des wahren und geborenen Feldherrn, die Größe von Napoleon, von unserem Alten Fritz und meinem Onkel ausmachte.«

Diese klare Selbsterkenntnis hätte ihn veranlassen sollen, das ehrenvolle, aber gefährli-

che Amt nicht zu übernehmen, das ihm da angetragen wurde. Er ist wohl zu schwach gewesen, nein zu sagen.
Um den Schlieffenplan rigoros durchzuführen, brauchte man den Schuß Spielerblut, der ihm nach eigenem Bekunden abging. Man mußte es hinnehmen können, daß eine Zeitlang Teile Ostpreußens und Lothringens verlorengingen. Für den unsicheren Moltke, der niemanden vor den Kopf stoßen wollte, war das zuviel verlangt.
So ändert er den in seinen Augen zu riskanten Plan, macht den rechten Flügel schwächer, indem er 11 Divisionen auf den linken Flügel hinübernimmt. Das bedeutet eine Doppeloffensive im Norden und Süden mit nachfolgender Zangenbewegung, und dafür ist sein Heer trotz des Einsatzes der Reserveverbände in vorderster Linie nicht stark genug.

Es bleibt aber dabei, daß Frankreich dem ersten Ansturm ausgesetzt sein wird.
Bebend vor patriotischer Entschlossenheit, die Niederlage von 1870/71 zu rächen, die es so tief in seiner Selbstachtung getroffen hat, bereitet sich das Land seit 40 Jahren auf diesen historischen Augenblick vor.
Trotz aller dramatischen Auseinandersetzungen im Zusammenhang mit der Dreyfus-Affäre, trotz der lautstarken, aber nur von einer Minderheit getragenen pazifistischen Kampagnen ist die Armee nach wie vor das Lieblingskind der Nation.
Eine brillante, heitere, bunte Armee ist das, die bei jeder Parade eine begeisterte Menschenmenge anlockt.
Nur: So brillant sie ist, sie ist um einen Krieg hinter ihrer Zeit zurück. Sie lebt noch anno 1870. Nie wieder will sie sich vom Gegner das Gesetz des Handelns vorschreiben, sich in die Verteidigung drängen, Zehntausende von Soldaten in Festungen einschließen lassen, die irgendwann doch ruhmlos kapitulieren müssen.

Damit Frankreich nicht noch einmal eine solche Demütigung widerfährt, haben die führenden Militärs eine Doktrin entwickelt, die nur das eine Wort kennt, das mit magischer Gewalt alle Kräfte wecken soll: Offensive.
Dieser Kult des »élan vital«, des unwiderstehlichen Angriffsschwungs, hat seinen Hohepriester in der Person eines glühend patriotischen Offiziers, des Obersten Louis de Grandmaison, Chef der Operationsabteilung im Generalstab. 1911 hält er an der Kriegsschule zwei Vorträge, die geradezu rauschhafte Begeisterung wecken.
Vor allem müsse rasch gehandelt werden, erklärt er. Der Feind müsse überall angegriffen werden, wo man auf ihn treffe, an allen Fronten, in tiefgestaffelter Masse, mit aufgepflanztem Bajonett und geschwungenem Säbel.
»Ein Mann, den man an der Kehle gepackt hat«, ruft der temperamentvolle Oberst in den Saal, »und der damit beschäftigt ist, sich seiner Haut zu wehren, kann einen nicht in der Flanke oder im Rücken angreifen. Die Methode steht und fällt mit der Schnelligkeit,

mit der Sie ihn anspringen, und der Kraft, mit der Sie ihn packen ... Man darf dem Gegner nicht die Zeit lassen, sich zur Schlacht aufzustellen ... Unsere vorgeschobenen Verbände und unmittelbar dahinter das Gros unseres Heeres werden unverzüglich in Richtung auf ihre vorbestimmten Ziele zum Angriff antreten.«

Und der Oberst schließt mit dem schneidigen Satz: »Gehen wir zu weit! Vielleicht ist das immer noch nicht weit genug!«

Gegen einen solchen Schwung kommen die Bedenklicheren mit ihren Einwänden nicht an. Kunstvolle Manöver sind nicht mehr gefragt. Überhaupt kein vorsichtiges Abwägen mehr. Keine Halbheiten! Die ganze Armee ist wie elektrisiert, und der gute Armand Fallières, der Kleinbürgerlichste aller Staatspräsidenten, erklärt in der Kabinettssitzung: »Wir sind entschlossen, ohne Bedenken geradewegs gegen den Feind zu marschieren. Die Offensive entspricht dem Temperament unserer Soldaten und wird uns unfehlbar den Sieg bringen, wenn wir wirklich alle unsere Kräfte in den Kampf werfen.«

Militärs und Zivilisten, alle haben den Eindruck, daß in Frankreich und bei seiner Armee ein neuer Wind weht. Zu Recht spricht man vom »Mythos der Offensive«.

Nun muß diese Doktrin in Worte gefaßt werden, damit sie sich konkretisieren kann.

Das erste Schriftstück wird am 28. Oktober 1913 vom Generalstab herausgebracht unter dem nüchternen Titel: »Anweisungen für die Führung großer Verbände.« Die Lehren von Oberst de Grandmaison sind darin fast wörtlich übernommen. Es lohnt sich, einen Augenblick dabei zu verweilen und sich manches einzuprägen, denn hier findet sich die Erklärung für alle Fehler des französischen Oberkommandos nicht nur im August 1914, sondern während des ganzen Krieges. Wenn heute selbst im kleinsten französischen Dorf so viele Namen auf den Kriegerdenkmälern stehen, so sind daran zu einem erheblichen Teil diese Anweisungen schuld.

»Bei der derzeitigen Form der Kriegsführung«, liest man da, »kommt es in jeder Hinsicht darauf an, die Entscheidung möglichst rasch zu suchen, um den Kampf bald zu Ende zu bringen ... Die mit allem Nachdruck genutzte Entscheidungsschlacht ist das wichtigste Element des Krieges. Nur die Offensive kann positive Ergebnisse bringen ... Für den militärischen Führer ist das beste Mittel, seine Handlungsfreiheit zu sichern, dem Gegner seinen Willen aufzuzwingen durch eine nach eindeutigen Zielvorstellungen geführte kräftige Offensive ...«

Ob man über einen der Flügel oder frontal angreift, ist nebensächlich; Hauptsache, man greift überhaupt an.

Und die wohlklingenden Phrasen gehen weiter:

»Ist die Schlacht einmal begonnen, muß sie unter Aufbietung aller Kräfte bis zum Äußersten durchgehalten werden ... Eine nachdrückliche Offensive zwingt den Gegner, Abwehrmaßnahmen zu treffen, und ist dadurch der beste Schutz des Oberkommandos und der Verbände selber vor Überraschungen ... Der einzelne Soldat muß den

Angriff stets mit aller Kraft führen und mit der festen Entschlossenheit, den Gegner zu erreichen, um ihn zu vernichten ...«
Eine herrliche Doktrin. Kraftvoll, stark und männlich. Und damit niemand sich noch Täuschungen hingeben kann, kommen am 2. Dezember 1913 die »Anweisungen für den Einsatz der Einheiten im Felde« heraus, ein Neuaufguß der bereits zitierten, jetzt für die Divisionsebene.
Es sind allerdings nicht alle Generäle einverstanden. Einige wenige protestieren sogar heftig; Lanrezac zum Beispiel grollt: »Angreifen, immer nur angreifen! Stupider geht's nicht mehr.«
Andere weisen darauf hin, daß in Transvaal, in der Mandschurei und auf dem Balkan die Feuerkraft der modernen Waffen auch die schwungvollsten Angriffe zum Stehen gebracht hat. Doch sie predigen tauben Ohren.
Man erinnert sie daran, daß bei den letzten großen Manövern der Sieg immer dem entschlossensten Angreifer geblieben ist. Nur wird bei Manövern mit Platzpatronen und ohne scharfe Granaten geschossen.
Jedenfalls kennt die französische Armee zu Jahresbeginn 1914 nur eines: Angreifen, mit aufgepflanztem Bajonett angreifen. Den Feind die *furia francese* spüren lassen wie zu den Zeiten der großen Siege Napoleons.
Diese Begeisterung ist auf eine leichtfertige Weise selbstlos, ja selbstmörderisch, weil sie ein schrecklich unnötiges Blutvergießen zur Folge gehabt hat. Major Müller vom deutschen Generalstab hat recht, wenn er schreibt: »Alle Ideen des Obersten de Grandmaison werden von der Gewalt der deutschen Granaten weggefegt werden.«
Man könnte Bände mit der Darstellung des Unheils füllen, das dieser Kult der »Offensive um jeden Preis« angerichtet hat. Er ist schuld am Tod unendlich vieler Franzosen. Er ist schuld an der schlechten Strategie in den ersten Kriegswochen. Er ist schuld an der ungenügenden Vorbereitung des französischen Heeres auf die Erfordernisse des modernen Krieges.
Wozu, fragen seine Anhänger von oben herab, benötigt man überhaupt noch schwere Artillerie? Die hemmt doch nur den Angriffsschwung und verstopft die Vormarschstraßen! Frankreich hat doch die berühmte »7,5«, das beste Feldgeschütz der Welt. Das genügt. »Schwere Artillerie«, schreibt General de Cherfils im *Gaulois* vom 15. Januar 1914, »würde unser Heer beschweren wie Bleigewichte an den Füßen.«
Ergebnis: Bei Beginn der Kampfhandlungen ist die französische Artillerie an allen Frontabschnitten unterlegen. Joffre muß das in seinen Memoiren selber zugeben: »So hatte Anfang August 1914 ein französisches Armeekorps 120 Geschütze vom Kaliber 7,5 cm, Geschoßgewicht 7,3 kg, und das war alles. Ein deutsches Armeekorps hatte 108 Geschütze vom Kaliber 7,7 cm und 36 Feldhaubitzen vom Kaliber 10,5 cm, Geschoßgewicht 15 kg. An schwerer Artillerie hatten wir insgesamt nur 104 Rimailho-15,5-cm-Kurzrohrgeschütze in 26 Batterien, 96 Baquet-12-cm-Geschütze und 20 Batterien 12-

cm-Langrohr auf Radgürtellafette, teils motorisiert, teils bespannt. Deutschland dagegen führte 360 Geschütze vom Kaliber 10cm, 360 Langrohrgeschütze vom Kaliber 30cm und 128 Mörser vom Kaliber 21 cm ins Feld, insgesamt also 848.«
Die fanatischen Vertreter der Offensive um jeden Preis meinen, das sei unerheblich. Sie brauchen keine solchen Geschütze.
Sie brauchen auch keine Festungen. Das verkünden sie besonders laut: Was soll man mit Festungen in einem Bewegungskrieg anfangen?
Dabei hatte sich Frankreich schon seit 1879 unter der Leitung von General Séré de Rivière eine Reihe starker Verteidigungsbauwerke geschaffen. Im Süden bestand sie aus Forts auf dem linken Moselufer und stützte sich auf Epinal und Belfort. Im Norden, zwischen Toul und Verdun, waren alle Höhen über der Maas stark befestigt worden. Nur zwei Korridore blieben frei, durch die sich die deutsche Armee drängen mußte: bei Charmes zwischen Epinal und Toul und bei Stenay zwischen Verdun und der luxemburgischen Grenze.
Es wird sich noch erweisen, daß diese Befestigungslinien eine große Rolle zu spielen haben. Jetzt, 1914, passen sie nicht zur Tagesmode. Schon die Sicherheit, sich darauf zurückziehen zu können, würde den französischen Soldaten ihren Angriffsschwung nehmen, und die Besatzungen wären in offener Feldschlacht besser eingesetzt ... So wurde Lille kampflos geräumt, und noch 1916 konnten die Deutschen zunächst ohne Gegenwehr der Verteidiger in Fort Douaumont eindringen.
Warum sollte man sich auch in Forts verkriechen und wie die Maulwürfe leben, wenn es doch soviel schöner ist, mit blankem Bajonett gegen den Feind zu stürmen?

Ganz absurd wurde es mit dem Streit um die roten Hosen.
In den Jahren vor dem Kriege hatte Frankreich auf jeden Kriegsschauplatz Beobachter entsandt, um die neuen Kampftechniken an Ort und Stelle zu prüfen. Bei der Rückkehr erklärten sie einhellig, ganz gleich, wo sie gewesen waren, die sicherste Methode, nicht getötet zu werden, sei die, nicht gesehen zu werden. Diese Binsenweisheit war so einleuchtend, daß Kriegsminister Messimy Anweisung gab, die französische Armee mit einer »resedagrünen« Uniform auszustatten, weil die Fachleute diese Farbe als die unauffälligste bezeichneten.
Das hieß die Rechnung ohne den geifernden Patriotismus der Abgeordneten und Journalisten machen. Nie in der Geschichte der Republik hat ein Vorhaben solche Wutausbrüche provoziert wie der »Plan Messimy«.
Es ist unfaßlich, was man da zu lesen bekommt, wenn man die französische Presse jener Wochen durchblättert:
Im *Echo de Paris* vom 20. Oktober 1911 schreibt der zuständige Redakteur entrüstet: »Die Einheitsuniform, die den Offizier bei der Parade aussehen läßt, als käme er eben vom Pferdestriegeln, scheint dazu bestimmt, sein ohnehin bedrohtes Ansehen noch

mehr zu schmälern. So wird denn das Ziel erreicht, das sich die Freimaurerzirkel, diese Konzile für die Dogmen unserer Republik, gesetzt haben: Die Verächtlichmachung des moralischen Einflusses und des Ansehens des Offiziers, den man auf das Niveau seiner Soldaten herabziehen will.«

Im *Eclair* vom 5. November 1911 heulen die Herren Detaille und Scott auf: »Wir alle tragen eine Bärenfellmütze im Herzen, aber mehr noch, obwohl sie jüngeren Datums sind, die roten Hosen.«

In der *Illustration* vom 9. Dezember 1911 wird das für das Kriegsministerium zuständige Mitglied des Haushaltsausschusses der Abgeordnetenkammer, Clémentel, grundsätzlich: »Alles Bunte abschaffen, alles, was dem Soldaten sein fröhliches, mitreißendes Aussehen gibt, nach trüben, unauffälligen Farbtönen suchen – das ist ein Verstoß gegen den französischen Geschmack und gegen militärische Erfordernisse ... Die Verwandlung unserer kecken kleinen Infanteristen in plumpe ›Resedas‹ wäre eine Amputation ... Die roten Hosen gehören zu unseren Nationaleigenschaften.«

In einem weiteren Artikel meint die *Illustration* mit einem Schuß verkrampften Humors: »Wenn man die Bemühung um die Abstimmung der Uniform auf die so verschiedenen und wechselnden Farben der Natur ad absurdum führen wollte, könnte man unseren Soldaten nur empfehlen, sich eine Chamäleonuniform zuzulegen.«

Adolphe Messimy will trotzdem um jeden Preis sein Resedagrün durchdrücken. Aber er muß sich beugen nach einer Parlamentsdebatte, in der ausgerechnet Etienne, einer seiner Vorgänger als Kriegsminister, das Hohe Haus mit der Äußerung überzeugt: »Die roten Hosen abschaffen? Nein! Die roten Hosen, das ist Frankreich!«

Genug der lächerlichen und beschämenden Blütenlese. Festzuhalten bleibt, daß die französischen Infanteristen 1914 in den ruhmreichen roten Hosen vor die deutschen Gewehre gezogen sind.

Und, um es noch einmal zu sagen, weil man es gar nicht oft genug wiederholen kann: Viele, unzählig viele fallen, weil ihre Generäle alles dem Kult der Offensive um jeden Preis geopfert haben.

Alles, einschließlich des Operationsplanes.

Es gibt heute kaum noch jemanden, der etwas von General Michel gehört hat. Vergeblich sucht man seinen Namen im »Petit Larousse« oder in der »Encyclopedia Britannica«. Dabei ist er bis 1911 Generalstabschef, also der eigentliche Führer der französischen Armee gewesen.

Eine höchst umstrittene Führungspersönlichkeit. Die Offiziere der neuen Schule sagten von ihm, er sei nicht aus dem Holz, aus dem man Krieger schnitzt, habe nicht genug Standfestigkeit und Autorität. Das mochte zutreffen, aber eines spricht für ihn: Er sah, was kommen würde, und niemand konnte ihn in seiner Überzeugung irre machen.

Man glaubt zu träumen, wenn man aus den staubigen Archiven den kurzlebigen

Operationsplan hervorholt, der seinen Namen trägt. Dieser Mann hat mit einer geradezu hellseherischen Begabung den Schlieffenplan ernst genommen und berücksichtigt.

Im gleichen Jahr 1911, in dem Oberst de Grandmaison seine gefährlich eindrucksvollen Vorträge hielt, erklärte General Michel kategorisch, die Deutschen würden gleich in den ersten Kriegswochen einen entscheidenden Sieg zu erringen versuchen und es deshalb vermeiden, die ostfranzösischen Befestigungen zu berennen. Im Gegenteil, sie würden durch Belgien marschieren. Nicht nur auf dem Ostufer der Maas, sondern viel weiter nördlich mit Stoßrichtung auf Antwerpen und Lille.

Um diese mörderische Bedrohung abzuwenden, wollte Michel ein Heer von einer Million Mann in den Abschnitt Verdun–Namur–Antwerpen vorrücken lassen. Als man ihm entgegenhielt, man müsse schließlich auch die Ostgrenze halten und habe dafür nicht genügend Soldaten, schlug er eine revolutionäre Lösung vor: Die Anzahl der kämpfenden Verbände ließe sich verdoppeln, wenn man jedem aktiven Regiment sein Reserveregiment beigeben würde, das mit ihm zusammen zu kämpfen hätte.

Damit versündigte er sich an einem besonders unverrückbaren Glaubenssatz des Generalstabs. »Die Reserven? Die können Sie vergessen!« antworteten ihm die französischen Generäle wie ein Mann. Wie sollte man Familienvätern, Dreiundzwanzig- bis Vierzigjährigen, die gleichen Anstrengungen und Opfer abverlangen wie den jungen Jahrgängen? Die Reservisten brauchte man als Besatzung für die Festungen und zum Einsatz im Hinterland, auf den Nachschubwegen. In vorderster Linie konnten sie den »vitalen Elan« der aktiven Truppe nur bremsen. Außerdem, das war ja allgemein bekannt, dachten die Deutschen genauso. Hatte Wilhelm II. nicht erklärt, er werde keine Familienväter an der Front einsetzen?

Seine Generalstabskollegen waren also nicht seiner Meinung, und es fehlte ihm tatsächlich die nötige Autorität, um sich gegen sie durchzusetzen. Trotzdem blieb der unglückliche Michel mit dem Mute der Verzweiflung bei seiner Auffassung und verlangte, bevor er seinen erzwungenen Abschied nahm, seinen Plan dem Obersten Kriegsrat vortragen zu dürfen.

Das war ein sinnloser Opfergang. Die Mitglieder des Rates entschieden sich entrüstet gegen ihn.

Ein Generalstäbler faßte die Gründe für die Kaltstellung Michels so zusammen: »General Michel hat dem Kriegsminister einen Bericht vorgelegt, der an Wahnsinn grenzt.« So mußte er in den Ruhestand abtreten und seinen Plan aufgeben, der in der entscheidenden Anfangsphase dem deutschen Ansturm vielleicht Einhalt geboten hätte.

Wer sollte sein Nachfolger werden? Das war keine einfache Sache: Gefragt war ein Mann, der für die neuen Ideen war, eine untadelig republikanische Gesinnung aufzuweisen hatte und trotzdem tolerant genug war, mit Offizieren zu arbeiten, die zu einem großen Teil stramm rechts standen. Da die Generäle Pau und Gallieni nicht in Frage

kamen, weil sie zu nah an der Altersgrenze waren, einigte man sich auf Joseph Joffre, der mit seinen 58 Jahren geradezu erstaunlich jung war.
Kriegsminister Caillaux, der ihn ernannt hatte, sagte später von ihm: »Er war von allenfalls mittlerer Intelligenz, aber von bemerkenswerter Abgewogenheit, Ruhe und Kaltblütigkeit.«
Alle, die Joffre damals kennenlernten, haben den gleichen Eindruck gewonnen: Den wirft nichts um. Massig wirkte dieser stiernackige Mann mit dem großflächigen Gesicht und dem mächtigen weißen Schnurrbart. Unter den buschigen Brauen blickten einen leuchtend blaue Augen an, in denen man – sehr zu Unrecht – einen Anflug von Naivität zu erkennen meinte.
Jedenfalls hatte er eine Eigenschaft, die bei großen Feldherren sehr selten ist: Er konnte zuhören.
»Er war stets bereit, zuzuhören«, sagte der englische General Spears später von ihm, »und erstaunlicherweise hatte er auch so gut wie immer Zeit dazu. Selbst wenn dringende Angelegenheiten auf ihn warteten, trieb er seinen Gesprächspartner nie zur Eile an oder verwirrte ihn durch Zwischenfragen. Wenn ihn die Wut packte, so brach es wie eine Naturgewalt aus ihm heraus, und jeder Widerstand war zwecklos. Er machte dann kleine schroffe Armbewegungen, die leise Stimme wurde einen Halbton höher, der Kopf ging eine Winzigkeit nach hinten. Die Worte, die dann unter dem dicken Schnurrbart herauskamen, vergaß man nie mehr.«
Seinen Soldaten gegenüber zeigte er sich umgänglich, ohne je an Autorität einzubüßen; sie nannten ihn denn auch »Papa Joffre« oder »Opa« und waren bereit, die Opfer zu bringen, die er von ihnen verlangte. Vor allem aber war er für sie der Mann aus dem Volke.
Er gehörte eben nicht zu den Aristokraten mit Kasinoton und Monokel, die so lange die Zielscheibe der antimilitaristischen Blätter gewesen waren. Man konnte harmlose Witze machen über seinen schwarzen Waffenrock, den er grundsätzlich trug, seine roten Hosen, seine wildledernen Gamaschen und seinen sackartigen schwarzen Mantel, der gegen alle Vorschriften verstieß und völlig ohne Rangabzeichen war. Niemand hatte ihn je mit Handschuhen oder Sporen gesehen, die doch zur Grundausstattung jedes Generals gehörten, der auf sich hielt. Er erhob denn auch keinen Anspruch auf Vornehmheit und erklärte jedem, der es hören wollte, sein Vater sei Küfer gewesen.
In Rivesaltes, einem Winzerort in den Pyrenäen, war er am 12. Januar 1852 zur Welt gekommen. Sein ehrgeiziger Vater hatte ihn mit acht Jahren ins Internat gegeben in der geheimen Hoffnung, er werde es eines Tages bis zur Ecole Polytechnique bringen.
1869 hatte sich der Traum des Vaters erfüllt. Der junge Nachwuchsoffizier wählt als Waffengattung die Pioniere und hat ein Jahr später schon bei der Verteidigung der Pari-

ser Forts seinen Mann zu stehen. Nach dem Kriege gehört er eine Zeitlang zu den jungen Militäringenieuren, die unter General Séré de Rivière beim Bau der Festungslinien in Ostfrankreich mitwirken.
Die französische Armee hat Abenteuer und Bewährung damals nur in den Kolonien zu bieten. Joffre stürzt sich auf diese Aufgabe. Erst ist er auf Formosa, dann in den entlegensten Winkeln des französischen Weltreichs, im Tonkingdelta, im Tschad, in Timbuktu und schließlich auf Madagaskar, wo er unter Gallieni an der Befestigung des Hafens Diego Suarez arbeitet.
1906 wird er nach Frankreich zurückgerufen und übernimmt das Kommando über die 6. Division, die in Paris in Garnison liegt, und nach einem Zwischenspiel an der Spitze des XXVII. Korps in Amiens wird er 1909 zum Leiter des Nachschubwesens beim Obersten Kriegsrat ernannt.
Jetzt hat er es mit den höchsten Autoritäten des Landes zu tun. Alle, die ihm begegnen, gewinnen von ihm den Eindruck absoluter Zuverlässigkeit.
Major Müller, sein Ordonnanzoffizier, notiert: »Wenn er geht, tut er es mit ungleichmäßigen Trippelschritten, mit geballten Fäusten und steifen Armen, den Oberkörper ein wenig nach links zusammengekrümmt, als habe er einen fünfzehnstöckigen Wolkenkratzer am Einfallen zu hindern: Atlas, der das Himmelsgewölbe trägt und beinahe darunter zusammenbricht.«
Jedenfalls fehlt es ihm nicht an Selbstsicherheit. Kurz nach seiner Ernennung zum Generalstabschef sagt er zu einem Freund: »Der Krieg, an den denke ich ständig. Er wird kommen, ich werde ihn führen, ich werde ihn gewinnen. Ich habe immer Erfolg gehabt, im Sudan zum Beispiel. Sie werden ja sehen.«
Im Sudan zum Beispiel ... Die Worte sind aufschlußreich, denn die Laufbahn in den Kolonien hat für das Entstehen von Joffres strategischen Vorstellungen eine erhebliche Rolle gespielt. Überall hat er gekämpft. In Timbuktu hat er an einer Strafexpedition gegen die Aufständischen teilgenommen, die eine ganze Marschkolonne unter Bonnier aufgerieben hatten. Das war ein Krieg der raschen Überfälle und Gegenüberfälle, in dem es vor allem auf Schnelligkeit ankam. Vor einer mutig und entschlossen angreifenden Truppe hatten große Eingeborenenmassen Reißaus genommen.
Zahlreiche Offiziere haben wie Joffre in Afrika und Asien den Kult der Offensive um jeden Preis übernommen.
Foch schreibt später: »Viele unserer Offiziere hatten an Eroberungsfeldzügen in den Kolonien teilgenommen, aber dort waren ihnen keine modernen Waffen und kein gut ausgebildeter Gegner entgegengetreten. So hatte man aus den großen Manövern und den Kolonialexpeditionen als Erfolgsrezept, als Doktrin für den Kampf die Überzeugung von der Unwiderstehlichkeit der Offensive mitgebracht, wenn sie nur entschlossen genug darauf gerichtet war, auf den Feind loszugehen und rasch an ihn heranzukommen.«

Aus welchen Gründen auch immer, Joffre schiebt den »Plan Michel« gleich bei der Übernahme der höchsten militärischen Verantwortung beiseite. Ein solch defensiver Plan paßt nicht zu dem neuen Geist des französischen Heeres. Vor allem wird er undurchführbar, sobald man nicht bereit ist, die Reserven von Anfang an vorne einzusetzen. Eine durchgehende Front von der Schweiz bis zur Nordsee, nur aus den aktiven Truppen gebildet, wäre lächerlich dünn und würde vom ersten starken Angriff durchstoßen werden.

Was für Frankreich gilt, muß auch für Deutschland gelten, davon ist Joffre überzeugt. Er schätzt die Angriffsmasse der Deutschen auf 22 Armeekorps. Das ist nach seinen Berechnungen zu wenig, um eine gewaltige Umfassungsbewegung durch Belgien zu wagen. Kein General würde sich mit so wenigen Soldaten auf ein solches Abenteuer einlassen.

Es geht über seine Vorstellungskraft, daß die Deutschen die Kühnheit haben werden, nur einen dünnen Truppenschleier der russischen Armee gegenüber stehenzulassen. Vor allem aber rechnet er nicht damit, daß Moltke, den Gedanken Schlieffens aufnehmend, seine Reserven vom ersten Tage an in vorderster Front einzusetzen beabsichtigt. Hat Michel für diesen Vorschlag nicht genügend Hohn und Spott geerntet?

Er rechnet mit 22 Armeekorps und wird es mit 34 zu tun bekommen, eine Fehlkalkulation, für die das französische Heer teuer zu zahlen haben wird. Sie allein schon genügt, wie sich bald erweisen wird, um die Niederlagen im August 1914 zu erklären.

Jetzt arbeitet er erst einmal, ohne sich wegen Belgien Sorgen zu machen, seinen Operationsplan aus. Dieser Plan XVII soll à la Grandmaison entschlossen offensiv sein. Auf dem Papier macht er sich tatsächlich außerordentlich eindrucksvoll.

Mit den 23 von Anfang an zur Verfügung stehenden Korps kann er die Grenzen Frankreichs nicht in voller Länge schützen. Ebensowenig kommt es in Frage, das Heer weit im voraus festzulegen, bestimmte Manöver schon jetzt vorzuschreiben. Im Krieg muß man sich der jeweiligen Lage anpassen können.

»Ich entschied mich demnach«, schreibt Joffre, »die Entscheidung über die großen Truppenbewegungen in die ersten Kriegstage zu verlegen: Keine vorgefaße Meinung, außer der festen Entschlossenheit zur Offensive mit geballter Kraft ...«

Die feste Entschlossenheit zur Offensive – das ist der springende Punkt.

Es soll auf Berlin marschiert werden, und dafür muß überall angegriffen werden, von der Maas im Norden bis zum Rhein im Süden. Zwei Hauptstöße sind vorgesehen, der eine auf dem rechten Flügel zwischen Vogesen und Mosel, der andere nördlich der Linie Verdun–Metz, wobei die Verbindung durch die Befestigungsanlagen der Woëvre-Ebene und auf den Höhen über der Maas sicherzustellen wäre.

Dafür verfügt Frankreich über fünf Armeen.

Die 1. Armee unter General Augustin Dubail umfaßt fünf Korps und wird von Epinal auf Saarburg vorstoßen. Ihr rechtes Korps, das VII., soll ins Elsaß in Richtung auf Straßburg und Kolmar eindringen.

Die 2. Armee unter General Edouard de Castelnau, ebenfalls aus fünf Korps bestehend, marschiert aus dem Raum Nancy auf Château-Salins und Morhange (Mörchingen). Ihre zwei linken Korps decken die Festung Metz.

Die beiden Armeen bilden die Speersitze der großen Offensive.

Die 3., 4. und 5. Armee auf dem linken Flügel unter den Generälen Ruffey, de Langle de Cary und Lanrezac werden ihre Bewegungen danach bestimmen, ob die Deutschen in Belgien einfallen oder nicht.

Wenn ja, sollen die 1. und 2. Armee ihren Angriff fortsetzen; die 4. Armee wird den linken Flügel verstärken, indem sie sich zwischen die 3. und und 5. schiebt. Diese drei Armeen wenden sich dann nach Nordosten und bilden eine Front zwischen Thionville (Diedenhofen) und Mézières.

Respektieren die Deutschen die belgische Neutralität, so hält sich die 5. Armee weiter rechts und rückt zwischen Verdun und der belgischen Grenze in den Raum Thionville vor. Die 3. Armee schließt sich von Verdun aus an den rechten Flügel der 5. an, während die 4. vorläufig als Reserve zurückgehalten wird.

Ein gewaltiger Unterschied zu der majestätischen Gewalt und mathematischen Präzision des Schlieffenplans. Warum soll man sich auch komplizierte Operationen überlegen, wenn es allein darum geht, überall anzugreifen, dreinzuschlagen, mit blitzenden Bajonetten sich auf den Feind zu stürzen, wo er sich zeigt – wie der Stier auf das rote Tuch!

Was macht es da, daß zwei Drittel der belgischen Grenze gänzlich ungeschützt bleiben. Die Deutschen, davon ist Joffre überzeugt, werden das Spiel nicht so weit treiben. Und tun sie es doch, so bieten sie ihre Flanke einer starken Gegenoffensive des linken französischen Flügels dar.

Es macht auch nichts, daß die 1. und 2. Armee ihre Offensive in seit langem stark befestigtes Gebiet tragen sollen. Die *furia francese* wird mit mörderischem Schwung alle Hindernisse überwinden!

Das ist der Plan XVII in seiner trügerischen Schlichtheit.

Natürlich macht man es sich zu einfach, wenn man Joffre die Schuld gibt. Er könnte zu seiner Entschuldigung Napoleons Marschall Jourdan zitieren: »Die Ungewißheit, in der die Generäle fast immer hinsichtlich der Bewegungen und Stellungen ihres Gegners sind, macht die Führung einer Armee so schwierig, und die Kenntnis, welche die später darüber Schreibenden davon haben, macht die Kritik so einfach.«

Zusammenfassend kann man also sagen: Joffre hat nicht vorausgesehen und konnte nicht voraussehen, daß Deutschland mit Beginn der Kampfhandlungen seine Reserveverbände in vorderster Front einsetzen würde.

Er hat nicht vorausgesehen und konnte nicht voraussehen, daß Deutschland sich mit so schwachen Kräften gegenüber Rußland begnügen würde, wie das dann wirklich geschah.

Denn an Rußland glaubte er.

Ende August 1911 war General Dubail nach St. Petersburg gereist und hatte nach der Rückkehr einen über die Maßen begeisterten Bericht vorgelegt.

Gewiß, schrieb er, die russische Armee war noch nicht ganz kriegsbereit. Es fehlte ihr an Artillerie, vor allem an schwerer Artillerie. Ihre Reservedivisionen waren schlecht ausgerüstet. Aber die Regierung des Zaren unternahm gigantische Anstrengungen, um möglichst bald fertig gerüstet zu sein.

Vor allem hatte der russische Generalstab zugesagt, die Kampfhandlungen bereits »nach dem 15., also am Morgen des 16. Mobilmachungstages« zu beginnen.

Das war eine hocherfreuliche Nachricht. Die Deutschen würden also schon nach wenigen Tagen zwischen zwei Feuern stehen.

Im Osten würden sie gegen ungeheure Kräfte anzutreten haben, mindestens 6500000 Mann, eine gar nicht vorstellbare Menschenmasse, die alles auf ihrem Wege zermalmen mußte. Noch im letzten französischen Dorf setzte man alle Hoffnung auf diese »russische Dampfwalze«, die unaufhaltsam bis nach Berlin rollen würde.

Doch das war Wunschdenken. Man vergaß, daß die Russen eben erst von den Japanern in der Mandschurei geschlagen worden waren. Man vergaß die Schwerfälligkeit ihres Aufmarsches, das längst noch nicht hinlänglich dichte Netz der strategischen Bahnlinien, den Routinebetrieb ihres Oberkommandos und nicht zuletzt die Unfähigkeit ihres Kriegsministers, des eitlen und bequemen Salongenerals Wladimir Suchomlinow, der sich rühmte, seit 25 Jahren kein militärisches Fachbuch mehr gelesen zu haben, und nicht einmal bedachte, daß sein Heer Munition brauchen würde.

Heute wissen wir, daß Rußland mit 850 Schuß je Kanone in den Krieg gegangen ist, während die westlichen Armeen mit einem Bedarf von 2000 bis 3000 Schuß rechneten und selbst das sich als völlig unzureichend erwies. Wir wissen, daß die russische Divisionsartillerie nur 7 Feldbatterien stark war gegenüber 14 Batterien bei den Deutschen, und daß die ganze Armee nur über 60 Batterien schwere Artillerie verfügte, während die Deutschen 380 hatten.

Das alles wissen wir heute – aber Joffre wußte es nicht.

Tatsächlich, und das sollte Frankreichs Rettung bedeuten, unternehmen die Russen bei Kriegsausbruch alles, was in ihren Kräften steht, um ihre Zusage einzuhalten. Sie greifen zum vorgesehenen Zeitpunkt in Ostpreußen an; es wird noch zu schildern sein, wie der verschreckte Moltke zur Abwehr dieser Offensive am Vorabend der Marneschlacht zwei Armeekorps von der französischen Front abzieht, die ihm dann bitter fehlen.

In den letzten Julitagen ist alles bereit für die bislang schrecklichste Tragödie der Menschheit. Auf beiden Seiten haben die Generäle ihre Vorbereitungen abgeschlossen. Sie vertrauen ihren Feldzugsplänen.
Jetzt überstürzen sich die Ereignisse, die man Tag für Tag verfolgen muß.
Bevor wir jedoch in diese atemberaubende Zeit einsteigen, wollen wir uns die Muße gönnen, den französischen Staatspräsidenten Poincaré durch den gepflegten Park des Elysée-Palastes zu begleiten. Am 31. Juli sinnt er zwischen zwei Kabinettssitzungen über die Torheit der Menschen nach. Die Fragen, die er sich unter den mächtigen Bäumen des Gartens stellt, stellen sich so oder ähnlich in diesen Stunden alle Europäer. Er schreibt:
»Ich bin allein mit meiner stillen Sorge, ohne Zeugen außer den Platanen und Ulmen, den Blüten des Rosenbeets, den grauen Tauben, die auf dem Rasen picken. Einmal, zweimal pro Tag gehe ich in Begleitung meiner Frau mit raschen Schritten durch die Alleen. Babette, die Langhaarschäferhündin aus der Brie, die am Ende des Gartens bei einem der Wärter lebt, kommt uns übermütig entgegengesprungen und begleitet uns. Während sie mit der kleinen Miette hinter uns herläuft oder die Amseln in den Büschen verbellt, frage ich mich beklommen, ob Europa sich wirklich in einen großen Krieg stürzen wird, nur weil sich Österreich darauf versteift, mit dem Säbel Wilhelms II. zu rasseln.«

III. Kapitel »Mobilmachung ist nicht Krieg«

Überall drängen die Generäle, dem Feind nur ja keinen Vorsprung zu lassen: Eine teuflische Automatik des Mißtrauens, die geradewegs zur Kriegserklärung führt. Das deutsche Heer fällt in das neutrale Belgien ein und macht sich dessen Schutzmacht, England, zum dritten großen Gegner.

Erregende Stunden, voller Befürchtungen und gleich wieder enttäuschter Hoffnungen.

Nie hätten Staatsmänner, Militärs und Diplomaten mehr Gelassenheit und ruhiges Blut bewahren müssen als gerade jetzt – und nie haben sie in einer derart nervenzehrenden Anspannung gelebt. Bleiche Gesichter, vom Schlafmangel verquollene Augen, rasch zwischen zwei Sitzungen in rauchgeschwängerten Räumen heruntergeschlungene belegte Brote ... Es wird geredet, konferiert, telephoniert. Ein entsetzliches Spiel, bei dem jeder blufft, um als der Unschuldige dazustehen, und bei dem jeder den Einsatz immer höher treibt, weil er hofft, der andere werde im letzten Augenblick vor dem entscheidenden Schritt zurückschrecken.

Von der österreichischen Kriegserklärung an Serbien bis zum Ausbruch des großen Konflikts sind es nur sechs Tage. Diese kurze Zeitspanne genügt, um Europa in das Grauen des modernen Krieges geraten zu lassen.

Die Geschichte dieser sechs Tage ist exemplarisch: Sie zeigt, wie Männer, von denen keiner den Krieg wirklich will, in völliger Verwirrung die Kontrolle über die immer schneller aufeinanderfolgenden Ereignisse verlieren.

Sie sind fest davon überzeugt gewesen, daß sie die Herren über die Politik seien. Jetzt müssen sie feststellen, daß sie nur die Hampelmänner in der Hand eines blinden, grausamen Schicksals sind.

Rückblickend gewinnt man den Eindruck, daß sie das große Morden, das da auf Europa zukam, ziemlich leichtfertig in Kauf genommen haben. Das liegt ohne Zweifel daran, daß nicht ein einziger sich eine Vorstellung davon machte, wie schrecklich es werden würde.

Alle meinten sie, das werde ein Krieg wie im 19. Jahrhundert, ein fulminanter Zusammenstoß, nach dem dann sehr bald wieder die Diplomaten das Wort hätten.

Ja, »sehr bald«, denn wenn sich Freund und Feind in etwas einig waren, dann darin, daß der Krieg kurz sein würde.

Poincaré sagte Anfang August zu Viviani: »Es geht nicht lange, lieber Freund. Spätestens zu Allerheiligen sind die Russen in Berlin.«

Und Wilhelm II. verkündete seinen ausziehenden Truppen: »Ihr werdet wieder zu Hause sein, ehe noch das Laub von den Bäumen fällt!«
Beide gaben nur die allgemeine Auffassung der »Eingeweihten« wieder.
Die von Schlieffen zum Beispiel, der meinte, der Krieg werde nur so lange dauern wie die erste Schlacht, weil es zu teuer sei, Millionen Menschen länger bei den Fahnen zu halten.
Und die der Finanzfachleute: Sie legten überzeugend dar, daß die europäischen Volkswirtschaften so eng miteinander verknüpft seien, daß eine Unterbrechung des Außenhandels eine Krise auslösen würde, die unbedingt nach wenigen Monaten zu Friedensgesprächen führen müsse.
Oder die von Foch, der schrieb: »Die Heere, die wir in Bewegung setzen, werden Heere von Zivilisten sein, die aus ihren Familien herausgerissen worden sind. Der Krieg wird eine allgemeine Not mit sich bringen; schon deshalb kann er nicht lange währen.«
Nur Lord Horatio Kitchener, der ruhmreiche englische General, ließ sich nicht davon abbringen, den Unglückspropheten zu spielen. Er blieb dabei, daß die Deutschen durch die französische Armee hindurchspazieren würden »wie durch einen Schwarm Rebhühner«; daß England demnach lange kämpfen und alle seine Ressourcen erschöpfen müsse, um den Sieg zu erringen. »Lange«, das bedeutete nach seiner Schätzung zwei, vielleicht auch drei Jahre. Diese Voraussage war in England auf allgemeine Ungläubigkeit gestoßen und hatte Kitchener viele sarkastische Bemerkungen eingetragen.
Nie zuvor haben so viele Verantwortliche, die auch wegen ihres Weitblicks Ansehen genossen, in der gleichen Sache so sehr geirrt. Wahrscheinlich deshalb, weil sie nicht einmal die Realitäten, die ihnen vor Augen standen, richtig sahen und einschätzten.
Das darf allerdings wiederum nicht allzu sehr überraschen: Es ist eine in der Geschichte immer wieder zu beobachtende Tatsache, daß lange Friedenszeiten dem Auftreten großer Männer nicht günstig sind. Damit sie ans Licht kommen, müssen die Ereignisse Blut und Tränen gebracht haben.
»Hätte es in Deutschland einen Bismarck gegeben«, schreibt Lloyd George, »in England einen Palmerston, in Amerika einen Roosevelt, in Paris einen Regierungschef Clemenceau – die Katastrophe hätte vermieden werden können, und ich glaube, sie wäre vermieden worden. Aber bei keiner der Großmächte stand ein Mann dieses Formats auf der Kommandobrücke. Bethmann Hollweg, Poincaré, Viviani, Berchtold, Sasonow und Grey waren gute Steuerleute, erfahren, gewissenhaft und durchaus respektabel, aber es fehlte ihnen ersichtlich an der Kraft, der raschen Auffassung, der Phantasie und dem Geschick, mit denen allein aus dieser Lage noch herauszukommen war. Bei ruhiger See waren sie gut für ihr Staatsschiff, doch im Taifun waren sie verloren.«
Wenn sie jedenfalls geahnt hätten, was wirklich kommen würde ... Sie hätten in diesen

sechs Tagen sicherlich ihre Selbstachtung hintangesetzt, hätten alles getan, um dem rasenden Lauf des Schicksals Einhalt zu gebieten, statt sich einfach mitreißen zu lassen.

Schon am 29. Juli waren die ersten Schüsse gefallen. Belgrad war heftig beschossen worden, aber noch ließ sich der Konflikt eindämmen. Österreich selber, das hat Graf Berchtold bestätigt, war durchaus nicht darauf aus, wegen Serbien in einen allgemeinen, totalen Krieg zu ziehen. Man wollte den Serben eine Lektion erteilen und ihren Expansionsdrang dämpfen. Nach ein paar Tagen würde man mit ihnen verhandeln können.

Wie eine Art Polizeiaktion sich zu einem ungeheuren, weltweiten Krieg auswachsen kann, muß man fast Stunde für Stunde verfolgen.

Donnerstag, 30. Juli

Schon in den frühen Morgenstunden muß sich der russische Außenminister Sergej Dmitrijewitsch Sasonow mit verzwickten diplomatischen und militärischen Problemen auseinandersetzen.

An der galizischen Grenze wird der Lärm aufmarschierender Truppen immer vernehmlicher. Gleichzeitig mit dem Angriff auf Serbien hat Österreich acht Armeekorps gegenüber Rußland mobilgemacht, um »auf alle Eventualitäten vorbereitet zu sein«, wie es bekanntgegeben hat. Ebenfalls, um vorbereitet zu sein, haben die Russen daraufhin die Teilmobilisierung in ihren vier südlichen Militärbezirken Kiew, Odessa, Moskau und Kasan befohlen.

In beiden Ländern handelt es sich also nur um eine partielle Mobilisierung. Man könnte es dabei belassen, wenn jetzt niemand Öl ins Feuer gießt. Sasonow jedenfalls unterrichtet die Botschafter Englands und Frankreichs, er werde bis zur letzten Minuten verhandeln.

So stehen die Dinge, als sich der deutsche Botschafter, Friedrich Graf von Pourtalès, bei Sasonow melden läßt. Er hat zwei Fragen vorzubringen:

1. Würde Ihnen eine erneute Versicherung Österreich-Ungarns, die territoriale Integrität Serbiens nicht antasten zu wollen, genügen?

2. Können Sie mir sagen, unter welchen Bedingungen Sie bereit wären, Ihre militärischen Vorbereitungen einzustellen?

Sasonow nimmt einen Bogen Papier und schreibt ohne zu zögern folgende Erklärung nieder:

»Wenn Österreich erklärt, daß es in Anerkennung des Umstandes, daß sein Streitfall mit Serbien den Charakter einer Frage von europäischem Interesse angenommen hat, sich bereit erklärt, aus seinem Ultimatum die Punkte zu entfernen, die den Souveränitätsrechten Serbiens zu nahe treten, so verpflichtet sich Rußland, alle militärischen Vorbereitungen einzustellen.«

Das ist allerdings kein besonderes Entgegenkommen, weil die Russen doch sehr genau wissen, daß Österreich sein Ultimatum nicht zurücknehmen kann, ohne das Gesicht zu verlieren. Die Deutschen teilen denn auch sehr bald durch Gottlieb von Jagow, ihren Außenminister, mit, daß dieser Vorschlag für Österreich unannehmbar sei. Die Bemühung ist also vergeblich gewesen.
Am Nachmittag gerät das russische Außenministerium noch einmal in Erregung. Sergej Swerbejew, der Botschafter in Berlin, hat telegraphiert, der Kaiser habe soeben die allgemeine Mobilmachung angeordnet. Er bezieht sich dabei auf eine Meldung im *Berliner Lokalanzeiger*. Doch das ist eine Zeitungsente, wie Jagow sogleich durch eine telephonische Mitteilung an Sasonow richtigstellen läßt.
Man weiß noch heute nicht, ob diese Falschmeldung durch eine gezielte Indiskretion gewollt war oder nicht; jedenfalls heizt sie die gespannte Erregung noch mehr an.
Die Militärs werden jetzt ernsthaft besorgt.
Um 14 Uhr meldet sich Generalstabschef Nikolaj Januschkewitsch am Telephon. Er beschwört Sasonow, in seinen Diensträumen mit Kriegsminister General Suchomlinow zu konferieren. Es sind nur fünf Minuten zu Fuß; Sasonow eilt unverzüglich hin.
Die beiden Generäle reden leidenschaftlich auf ihn ein: »Es ist keine Zeit zu verlieren. Die Mobilmachungsvorbereitungen der Deutschen sind viel weiter fortgeschritten, als Sie glauben. Außerdem ist Deutschland dank seiner vorzüglichen strategischen Eisenbahnen zweifellos vor Rußland kampfbereit. Es ist Zeit, höchste Zeit, daß der Zar, der sich noch sträubt, zum Erlaß des Generalmobilmachungsbefehls bewogen wird.«
Sasonow greift zum Telephon.
»Ich bitte Ew. Majestät, mich noch vor dem Diner zu empfangen.«
Schweigen am andern Ende der Leitung. Offensichtlich zögert der Zar. Dann erwidert er: »Ich werde Sie um drei Uhr empfangen.«
Um 15.10 Uhr beginnt der Minister in Anwesenheit von General Ilja Tatischtschew, dem russischen Militärbevollmächtigten beim deutschen Kaiser, seinen Vortrag. Er berichtet dem Monarchen von seinem Gespräch mit den beiden Generälen und von den letzten im Außenministerium eingegangenen Meldungen.
Nikolaj II. zeigt ihm eine Depesche, die er soeben erhalten hat; Wilhelm II. teilt ihm darin mit, wenn Rußland weiter gegen Österreich mobilmache, werde seine Vermittlerrolle, die er auf ausdrücklichen Wunsch Nikolajs übernommen habe, gefährdet, wenn nicht gar unmöglich gemacht.
»Er verlangt Unmögliches von mir«, sagt der Zar mit müder Stimme. »Er hat offenbar vergessen oder will nicht wahrhaben, daß Österreich vor uns mobilgemacht hat. Jetzt verlangt er, ich soll unsere Mobilmachung widerrufen, aber von Österreich sagt er nichts. Sie wissen, daß ich mit meinen Vorbereitungen gewartet und dann nur einer Teilmobilmachung zugestimmt habe. Wenn ich jetzt die deutschen Forderungen annehme, stehen wir Österreich wehrlos gegenüber. Das wäre Wahnsinn.«

Nach einem langen, bedrückten Schweigen fährt der Zar in resigniertem Ton fort: »Sie haben recht. Es bleibt uns nichts übrig, als uns auf eine Aggression vorzubereiten. Geben Sie dem Generalstabschef meinen Befehl zur Mobilmachung durch.«
Es ist 16 Uhr.
Nikolaj II., Sasonow, Suchomlinow, alle hohen Würdenträger des Russischen Reiches sind überzeugt, daß sich Wilhelm II. zum Vabanquespiel entschlossen hat, daß er das Feuer schürt, daß er um jeden Preis den Krieg will.
Heute weiß man, daß die Wahrheit vielschichtiger war. An diesem 30. Juli hat Bethmann Hollweg mit Zustimmung des Kaisers ein Telegramm an seinen Botschafter in Wien gesandt, das beweist, daß Deutschland vor dem Abgrund noch einmal zurückschreckt. Er bedauert, daß Wien »jedes Einlenken, insonderheit den letzten Greyschen Vorschlag ablehnt«, und erklärt: »Wir können deshalb nur dringend empfehlen, daß Österreich den Greyschen Vorschlag annimmt, der seine Position in jeder Beziehung wahrt.« Sir Edward Grey ist so weit gegangen, wie er das als britischer Außenminister nur tun konnte. Er hat vorgeschlagen, Österreich solle nach der Besetzung Belgrads und eines kleinen Teils des serbischen Hoheitsgebiets seine Truppen nicht weiter vorrücken lassen und sich dem Urteil der europäischen Mächte unterwerfen. So hätte es Faustpfänder, die es bis zum Abschluß der Verhandlungen behalten könne.
Das ist wirklich die letzte Chance, und Wilhelm II. drängt darauf, sie wahrzunehmen. Er greift am selben Abend noch persönlich ein und erklärt, daß Deutschland selbstverständlich seinen Bündnisverpflichtungen nachkommen werde, aber nicht bereit sei, sich in einen Weltkrieg hineinziehen zu lassen, wenn seine Ratschläge in Wien nicht berücksichtigt würden.
In diesem entscheidenden Augenblick würde ein Quentchen guten Willens, ein Funke Einsicht genügen, um die Verhandlungen in Gang zu bringen.
Doch die Militärs sind auf der Hut. Alle, in Deutschland, Österreich, Frankreich und Rußland, haben vor nichts mehr Angst, als daß der Gegner einen zeitlichen Vorsprung gewinnen könnte. »Erst mobilmachen, dann miteinander sprechen«, erklären sie unisono. »Mobilmachung ist schließlich nicht Krieg.«
Diese Angst ist die Erklärung schlechthin, und sie ist schuld, daß am späten Abend dieses Tages, an dem so viele Bemühungen, Falschmeldungen und Mißverständnisse verwirrend rasch aufeinander gefolgt sind, Deutschland und Rußland sich anschicken, einander an die Gurgel zu gehen.

Paris
Besorgnis herrscht jetzt auch in Paris.
Als Adolphe Messimy ins Kriegsministerium in der Rue Dominique kommt, findet er einen Stoß von Telegrammen vor, eines beunruhigender als das andere.
Da wird ihm gemeldet, deutsche Verbände seien an der luxemburgischen Grenze auf-

marschiert, gewaltige Truppentransporte seien nach Aachen unterwegs, die deutschen Bahnhöfe seien vom Militär besetzt, die nach Frankreich führenden Straßen gesperrt, in immer größerer Anzahl würden Reservisten eingezogen ...

Höchst beunruhigende Gerüchte, die sich nicht so schnell nachprüfen lassen.

Um 7 Uhr läßt sich Generalstabschef Joffre melden. Er spricht mit ungewohnter Heftigkeit. Er verlangt das sofortige Einrücken der Grenzsicherungstruppen in ihre Stellungen und erklärt düster: »Wenn das, was wir von den deutschen Absichten erfahren haben, stimmt, marschiert der Feind demnächst bei uns ein, ohne einen Schuß abgeben zu müssen.«

Messimy weiß, daß die Deutschen die Maßnahme, die Joffre von ihm verlangt, als den Beginn der Mobilmachung betrachten werden, und daß damit der Augenblick in greifbare Nähe rückt, an dem es kein Zurück mehr gibt. Deshalb zögert er; und, obwohl Joffre seine Ungeduld kaum mehr zügeln kann, schlägt Messimy dem Kabinett bei der anschließenden Sitzung nur halbherzige Maßnahmen vor, und es wird noch zwei Stunden lang diskutiert, bevor auch nur diese Maßnahmen beschlossen sind.

Es sollen demnach nur diejenigen Grenzsicherungstruppen in ihre Stellungen einrücken, die zu Fuß oder zu Pferde dorthin gelangen können. Im übrigen werden nur die Eisenbahngesellschaften alarmiert und der Ankauf von Pferden, Wagen und Automobilen angeordnet. Vor allem aber dürfen die Truppen sich der Grenze nicht auf weniger als 10 Kilometer nähern, um jeden Zwischenfall auszuschließen.

Der Befehl wird um 16.55 Uhr unterzeichnet, zugleich mit der Verkündung des Alarmzustandes für die Festungsartillerie.

Am späten Nachmittag kommt der deutsche Botschafter, Baron von Schoen, und protestiert bei Viviani gegen die von Frankreich getroffenen Maßnahmen.

Die Spannungen verschärfen sich jetzt mit jeder Stunde, jeder Minute.

Freitag, 31. Juli

Überstürzte Besprechungen und Verhandlungen, sich kreuzende Depeschen, Erregung, Verwirrung – so stellt sich dieser Tag dar.

Noch nie haben Militärs und Zivilisten so aneinander vorbeigeredet. Für die Militärs ist schon jetzt kein Zurück mehr vorstellbar, und zwar in allen Ländern. Sie sind samt und sonders überzeugt, daß der Krieg unvermeidlich ist. Deshalb decken sie die Politiker mit dramatischen Warnungen vor den stets viel weiter fortgeschrittenen Vorbereitungen des jeweiligen Gegners ein.

Die Staatsoberhäupter und ihre Minister hoffen noch, oder sie tun jedenfalls so. Zumindest lassen sie nichts unversucht, die Schuld an dem Konflikt rechtzeitig der anderen Seite zuzuschieben. Sie denken an die Geschichte, vor der sie sich zu rechtfertigen haben werden, während die Generäle nur darauf bedacht sind, als erste bereit zu sein und eine strategische Überraschung auszuschließen.

Am Nachmittag kommt die Meldung, daß der Kaiser den »Zustand drohender Kriegsgefahr« erklärt hat. Das ist eine Art verschleierter Mobilmachung, jedenfalls ein außerordentlich schwerwiegender Schritt, mit dem die Regierung das Recht bekommt, nach Notstandsgesetz vorzugehen, bestimmte öffentliche Dienste einzustellen, Beschlagnahmen vorzunehmen und die Grenzen zu schließen.
Joffre reagiert sofort und übergibt dem Kriegsminister die dringende schriftliche Aufforderung, die Korps in Ostfrankreich zu mobilisieren.
»Es ist unbedingt erforderlich«, schreibt er in seiner Note, »daß die Regierung sich vergegenwärtigt, daß von heute an jede Verzögerung um vierundzwanzig Stunden bei der Einberufung der Reservisten und der Herausgabe des Telegramms über die Grenzsicherung eine Verzögerung unseres Aufmarsches bedeutet, das heißt die anfängliche Preisgabe von französischem Hoheitsgebiet in einer Tiefe von 15 bis 20 Kilometer je Tag der Verzögerung. Der Oberkommandierende kann diese Verantwortung nicht auf sich nehmen.«
Das Kabinett, das sich um 17 Uhr mit dieser Aufforderung zu beschäftigen hat, gibt seine Zustimmung dazu, daß die Grenzsicherungstruppen in Stellung gehen, lehnt aber die Einberufung der Reservisten ab.
Das Telegramm geht um 17.40 Uhr hinaus. Es lautet: »Grenzsicherungstruppen ausrücken lassen. Zeitpunkt 21 Uhr.«
Joffre zeigt sich erleichtert, aber nicht befriedigt. Er hat die allgemeine Mobilmachung erreichen wollen. Man verspricht sie ihm für morgen, wenn sich die Lage weiter verschlechtern sollte.
Damit haben Deutschland und Frankreich hinsichtlich der Vorbereitung ihrer Heere gleichgezogen. Da am selben Abend die österreichische Generalmobilmachung bekannt wird und die Russen ihre Vorbereitungen intensivieren, sieht alles danach aus, als sei der Zug in den Krieg nun abgefahren und könne nicht mehr angehalten werden.
Alle Blicke richten sich nach England. Seit Tagen bitten Frankreich und Rußland dringend um eine klare Stellungnahme. Wilhelm II., sagen ihre Botschafter immer wieder, sei überzeugt, daß sich England aus dem Konflikt heraushalten wolle; deshalb zeige er sich so selbstsicher. Nur die Gewißheit, auch gegen England kämpfen zu müssen, könne ihn veranlassen, von Österreich nachdrücklich zu verlangen, seinen Angriffskrieg gegen Serbien einzustellen und der Teilnahme an einer internationalen Konferenz zuzustimmen.
Doch England schweigt, und zwar aus gutem Grund. Premierminister Herbert Henry Asquith und sein Außenminister Edward Grey wissen, daß Parlament und öffentliche Meinung ihnen nicht folgen würden, wenn sie Partei ergreifen würden, bevor Deutschland einen unerträglichen Akt der Provokation begeht. Zum Beispiel, indem es in Belgien einmarschiert.
Man nimmt heute an, daß die Lagebeurteilung durch die russischen und französischen

Alliierten richtig war: Eine nachdrückliche Stellungnahme Englands hätte den Kaiser höchstwahrscheinlich zum Einlenken bewogen. Englands tagelanges Schweigen auf dem Höhepunkt der Krise bleibt vor der Geschichte eine besonders tragische verpaßte Gelegenheit.
Am Abend überstürzen sich dann die Ereignisse.
Gegen 19 Uhr läßt sich Baron von Schoen bei Ministerpräsident Viviani melden. Er stellt die eindeutige Frage: »Was würde Frankreich unternehmen, wenn es zu einem Krieg zwischen Deutschland und Rußland kommen sollte? Würde es neutral bleiben?«
Trotzdem versucht Viviani auszuweichen, um nichts zu sagen, was nicht wiedergutzumachen wäre:
»Ich hoffe doch, daß extreme Entscheidungen noch vermieden werden können. Geben Sie mir Bedenkzeit.«
Schoen erklärt, er werde morgen am frühen Nachmittag kommen, um die Entscheidung zu erfahren. Er wirkt unentschlossen und verlegen. Er geht zu dem Möbel, auf das er seinen Hut abgelegt hat, wendet sich noch einmal um und sagt: »Wenn ich Paris verlassen muß, rechne ich darauf, daß Sie so freundlich sind, mir die Abreise zu erleichtern.«
»Gewiß, aber davon ist doch keine Rede. Die Mächte sind noch miteinander im Gespräch, und ich hoffe sehr, daß ich noch häufig das Vergnügen haben werde, Sie zu sehen.«
»Ganz meinerseits ... Darf ich Sie bitten, Herr Ministerpräsident, dem Herrn Präsidenten der Republik meine ergebensten Empfehlungen zu übermitteln und mir meine Pässe auszuhändigen.«
»Nein, Herr Botschafter, nein, ich werde Ihre Empfehlungen nicht übermitteln. Warum sollten Sie uns verlassen? Herr von Pourtalès ist noch auf seinem Posten in St. Petersburg, der Botschafter Österreichs ist hier. Warum das Zeichen zum Aufbruch geben und ohne ausdrückliche Anweisung eine solche Verantwortung auf sich nehmen?«
Schoen zögert noch einen Augenblick, dann geht er, indem er wiederholt, er werde morgen kommen, um die französische Antwort entgegenzunehmen.
Diese Verlegenheit des Barons von Schoen ist erklärlich: Er ringt mit seinem Gewissen. Gegen alle Üblichkeit hat er nur einen Teil seiner Botschaft überbracht. Da er die französische Empfindlichkeit kennt, hat er den zweiten Teil der geheimen Instruktion, die er soeben bekommen hat, nicht weiterzugeben gewagt:
»Wenn, wie nicht anzunehmen, französische Regierung erklärt, neutral zu bleiben, wollen Ew. Exz. französischer Regierung erklären, daß wir als Pfand für Neutralität Überlassung der Festungen Toul und Verdun fordern müssen, die wir besetzen und nach Beendigung des Krieges mit Rußland zurückgeben würden. Antwort auf letztere Frage müßte bis morgen nachmittag 16 Uhr hier sein. Gez. Bethmann Hollweg.«

Zweifellos hat der Botschafter richtig gehandelt, indem er diesen Passus nicht erwähnt hat. Viviani hätte die Forderung nur bekanntzumachen brauchen, um in Frankreich einen Sturm der Entrüstung zu entfesseln und zugleich das Recht auf seiner Seite zu haben. Herrn von Schoen war das klar, deshalb hat er geschwiegen.
Um 21 Uhr tritt im Elysée das Kabinett zusammen, zum drittenmal an diesem Tage. Es ist die Nachricht eingetroffen, daß Belgien mobilmacht. Um seine Neutralität zu wahren, sagt es nicht, gegen wen. Es will nur auf alle Eventualitäten vorbereitet sein.
Aber auch eine erfreuliche Meldung ist gekommen: Der italienische Außenminister, Marchese di San Giuliano, hat dem französischen Botschafter unter dem Siegel der Verschwiegenheit mitgeteilt, daß Italien das Vorgehen Österreichs gegen Serbien als Aggression betrachte und sich deshalb seiner Verpflichtungen gegenüber dem Dreibund enthoben sehe. Damit kann Frankreich sicher sein, nicht an zwei Fronten kämpfen zu müssen.
Um 21.30 Uhr verschafft sich ein Offizier Zutritt zum Kabinettssaal und meldet: Jean Jaurès ist ermordet worden. Die Nachricht wird gleich darauf von Polizeipräfekt Hennion bestätigt.
Jaurès ermordet! Ein symbolträchtiges Ereignis.
Seit Wochen hatte der Sozialistenführer mit aller Kraft gegen den Krieg gekämpft. Er hatte davon geträumt, alle Proletarier Europas sich gegen das große Morden erheben zu sehen; er war überzeugt, sie würden sich auf beiden Seiten des Rheins weigern, ein Gewehr in die Hand zu nehmen, und so die Berechnungen der Generalstäbe und der Rüstungsindustriellen zunichte machen. Mit jedem Tag war ihm diese rührende Zuversicht mehr geschwunden: Die dumpfen Instinkte der Menschen waren zu stark.
In seiner Verzweiflung sah Jaurès die Menschen hilflos in Tod und Verderben rennen. Am Tag vor seinem Tode sagte er: »Dieser Krieg wird allen animalischen Leidenschaften freien Lauf verschaffen, die im Herzen der Menschheit schlummern. Wir müssen darauf gefaßt sein, an der nächsten Straßenecke ermordet zu werden.«
Nachdem er für die *Humanité* seinen letzten Artikel (»Jetzt brauchen wir kühlen Kopf«) geschrieben hat, ist er noch im Café du Croissant mit ein paar Freunden sitzengeblieben. Dort hat ein Geistesgestörter, Raoul Villain, zwei Revolverschüsse auf ihn abgegeben.
Die Minister diskutieren endlos darüber, was nun geschehen soll. Sie fürchten Straßenunruhen und beschließen, eine für die Grenzsicherung vorgesehene Kürassierbrigade vorläufig in Paris zurückzubehalten. Doch ihre Befürchtungen sind grundlos. Die viel beschworene *Union sacrée,* die »heilige Eintracht« der Franzosen, ist kein leeres Wort. Auf den Straßen bleibt es ruhig.
Die wichtigste Entscheidung des Dramas fällt am späten Abend in St. Petersburg. Graf von Pourtalès sucht um eine Audienz bei Nikolaj II. nach, der ihn unverzüglich nach Petershof hinausbittet.

Der deutsche Botschafter soll Wilhelms II. letztes Telegramm an seinen Vetter bestätigen, eine abwiegelnde Depesche, in der es heißt: »Noch kann der Friede Europas erhalten bleiben, wenn Rußland einwilligt, die militärischen Maßnahmen einzustellen, die Deutschland und Österreich-Ungarn bedrohen müssen.«
Jetzt zögert der Zar nicht mehr. Den ganzen Tag über haben seine Generäle ihm immer wieder versichert, es sei technisch unmöglich, die Mobilmachung anzuhalten. Gegenbefehle würden umgehend zu einem furchtbaren Durcheinander führen, die ganze Armee werde desorganisiert und Rußland damit wehrlos einer österreichischen Invasion ausgeliefert.
So läßt der Zar dem Kaiser nur ausrichten, was er schon am frühen Nachmittag gekabelt hat: »So lange, als noch Aussicht besteht, die russisch-österreichische Differenz wegen Serbien beizulegen, werden meine Truppen keinerlei herausfordernde Handlung unternehmen. Ich gebe Dir mein feierliches Wort darauf.«
Aber es ist schon zu spät. Aus Deutschland ist inzwischen eine weitere Depesche an Pourtalès gekommen, und zwar von Bethmann Hollweg: »Durch die russischen Maßnahmen sind wir gezwungen worden, zur Sicherung des Reiches die drohende Kriegsgefahr auszusprechen. Die Mobilisierung muß aber folgen, falls nicht Rußland binnen zwölf Stunden jede Kriegsmaßnahme gegen uns und Österreich-Ungarn einstellt und uns hierüber bestimmte Erklärung abgibt.«
Das ist ein Ultimatum.
Der letzte Glockenschlag der Mitternacht ist noch nicht verhallt, als der deutsche Botschafter es Außenminister Sasonow vorträgt.
Die letzte Chance ist vertan.
Jetzt kann nichts mehr das Blutbad aufhalten.

Samstag, 1. August
Paris, 9 Uhr. Auch an diesem Morgen kommt Generalstabschef Joffre zu Adolphe Messimy. Wieder verlangt er die Mobilmachung, aber diesmal bringt er seine Forderung mit pathetischem Nachdruck vor. Die Deutschen, versichert er, sind insgeheim mitten in der Phase der Kriegsvorbereitung. Schon sind fünf Reservistenjahrgänge für den 2. August einberufen worden, Pferde requiriert bzw. gekauft. Spätestens am 4. August, auch ohne amtliche Mobilmachung, wird die deutsche Armee voll kriegsbereit sein und damit zwei oder drei Tage Vorsprung vor der französischen haben.
Um jeden Preis, drängt Joffre, muß die Regierung jetzt dazu veranlaßt werden, den Befehl zur allgemeinen Mobilmachung zu erteilen, und zwar bis spätestens 16 Uhr, damit die bereitliegenden Telegramme noch heute bis in die entlegensten Gemeinden gelangen.
Diesmal bleibt keine Zeit für lange Debatten. Gleich bei Eröffnung der Kabinettssitzung bittet Messimy um das Wort. Er verliest das von Joffre vorbereitete Schrift-

stück Um 12 Uhr wird schließlich einstimmig die Generalmobilmachung angeordnet, nur mit der Einschränkung, daß sie bis zur letzten Minute geheimzuhalten ist und daß die Grenzsicherungstruppen nach wie vor den Zehnkilometerabstand einzuhalten haben.

Noch während der Sitzung, um 11 Uhr, hat sich Viviani eilends zum Quai d'Orsay begeben müssen, um Baron von Schoen zu empfangen.

Der deutsche Botschafter wiederholt seine gestern gestellte Frage: »Was gedenkt Frankreich zu tun, falls es zwischen Deutschland und Rußland zum Kriege kommt?«

Viviani weicht aus: »Frankreich wird nach Maßgabe seiner Interessen handeln.«

»Ich gebe zu, daß meine Frage etwas naiv ist«, sagt der Botschafter. »Sie haben einen Bündnisvertrag.«

»Sehr richtig«, erwidert Viviani. Aber er erklärt auch, warum er auf die gestellte Frage keine eindeutige Antwort zu geben wünscht. Vielleicht könnte die Lage sich doch noch zum Guten wenden. Österreich hat erklärt, es werde die Integrität des serbischen Staatsgebietes nicht antasten, und Edward Grey ist dabei, sich um das Zustandekommen einer Viererkonferenz zu bemühen.

»Was bezweckt das deutsche Ultimatum?« verlangt der Ministerpräsident zu wissen. »Es kann alles zerstören. Rußland und Österreich einigen sich vielleicht doch noch. Seit acht Tagen bemühen wir uns darum.«

Der Botschafter verabschiedet sich, diesmal sogar ohne seine Pässe zu verlangen: ein winziger Hoffnungsschimmer.

Natürlich ist er zu winzig, als daß man deswegen die Generalmobilmachung hinauszögern dürfte. Schon arbeiten Poincaré und Viviani an der Regierungserklärung, die den Journalisten vorgelesen werden soll. Darin steht der berühmt gewordene Satz: »Mobilmachung ist nicht Krieg.«

Um 15.45 Uhr, eine Viertelstunde vor Ablauf der Frist, kommt General Ebener in Joffres Auftrag zu Messimy, um den verhängnisvollen Befehl zu holen. Er ist in Begleitung von zwei Offizieren.

»Alle vier«, berichtet Messimy, »sind wir uns über die unendliche, furchtbare Tragweite des Schrittes im klaren, zu dem wir von den Ereignissen unausweichlich gedrängt worden sind. Die Herzen sind beklommen, das Sprechen fällt schwer. Schweigend drücke ich den drei Offizieren die Hand.«

Um 15.55 Uhr erhält das Zentraltelegraphenamt in der Rue de Grenelle das Telegramm.

Um Punkt 16 Uhr wird das erste Plakat an der Ecke Place de la Concorde/Rue Royale angeschlagen:

»Heer und Marine!

Allgemeiner Mobilmachungsbefehl

Durch Rechtsverordnung des Präsidenten der Republik wird die Mobilmachung von

Heer und Marine sowie die Requisition der für die Vervollständigung ihrer Ausrüstung erforderlichen Pferde, Wagen und Geschirre befohlen.
Erster Mobilmachungstag ist Sonntag, der 2. August 1914.
Jeder militärdienstpflichtige Franzose hat, bei Anordnung strengster Bestrafung nach Maßgabe der Gesetze, den Vorschriften der Mobilisierungsbeilage (farbige Seiten im Soldbuch) Folge zu leisten ...«
Es herrscht strahlendes Wetter. Schon bald sieht man die ersten Grüppchen von Reservisten blumengeschmückt und die »Marseillaise« singend dem Ostbahnhof zustreben. Auf der Place de la Concorde wird der Trauerflor entfernt, der seit 1871 die Straßburg-Statue bedeckt. »Es lebe das Elsaß!« wird gerufen, und vielen der Umstehenden kommen die Tränen. Auf den Terrassen der Restaurants und Konzertcafés spielen die Kapellen abwechselnd die französische, russische und englische Nationalhymne. In allen französischen Dörfern sind sogleich nach dem Eintreffen des schicksalsschweren Telegramms die Sturmglocken geläutet worden. In dem bedrückenden Klang schwingt vor allem die Mahnung mit, daß Krieg immer eine Katastrophe ist.
Sir Francis Bertie, der britische Botschafter, läßt die schmiedeeisernen Tore vor dem Botschaftsgebäude verschließen. Er murmelt: »Heute schreien sie: ›Hoch lebe England!‹ Morgen heißt es vielleicht schon: ›Nieder mit dem perfiden Albion!‹«
Denn noch weiß niemand, wie sich Großbritannien entscheiden wird. Auch in London nicht.

Berlin
In den Vormittagsstunden drängen sich die Berliner zu Tausenden vor dem Schloß. Sie wissen, daß Deutschland ein Ultimatum an Rußland gerichtet hat und meinen, wenn sie hier ausharren, werden sie als erste erfahren, wie es weitergeht. Gerüchte gibt es ja wirklich genug. Manche wollen gehört haben, daß Rußland um Fristverlängerung gebeten hat ...
Um 17 Uhr tritt ein Offizier auf die Stufen vor dem Schloß. Er ruft der Menge zu, die Mobilmachung sei angeordnet. Die Menschen stimmen das Deutschlandlied an. Autos fahren durch die Stadt, auf den Trittbrettern stehen Offiziere, die mit den Armen fuchteln und »Mobilmachung!« brüllen. Die Leute klatschen und jubeln ihnen zu.
Moltke befindet sich in diesem Augenblick im Wagen unterwegs zum Generalstab, als ihn ein Adjutant einholt und den Befehl überbringt, sofort ins Schloß zurückzukehren.
Dort findet er den Kaiser mit dem Reichskanzler, dem Kriegsminister und etlichen anderen hohen Herren in größter Erregung vor. Eine Depesche ist gekommen vom Fürsten Lichnowsky, dem deutschen Botschafter in London. Danach hat ihm Grey soeben über Dritte sagen lassen, falls Deutschland Frankreich nicht angreife, würde England neutral bleiben und sich für die Passivität Frankreichs verbürgen.

Wilhelm II. ist tief aufgewühlt. Er sieht in dieser Nachricht einen Fingerzeig des Schicksals, die Chance, in allerletzter Minute den Zweifrontenkrieg zu vermeiden. Während die deutschen Truppen schon zur französischen Grenze rollen und eine Division bereits Befehl zum Einmarsch nach Luxemburg bekommen hat, will der Kaiser alles umwerfen: »Wir marschieren einfach mit der ganzen Armee im Osten auf!«
Der Generalstabschef ist wie vor den Kopf geschlagen. Seit über einem Jahr hat er seinen Aufmarschplan bis in die letzten Einzelheiten ausarbeiten lassen. Was jetzt angelaufen ist, bildet eine gigantische Operation mit unzähligen aufeinander abgestimmten Detailmaßnahmen. Um auch nur ein einziges Armeekorps – und davon gibt es vierzig! – zu transportieren, sind 140 Eisenbahnzüge erforderlich, insgesamt 6010 Waggons: 170 für die Offiziere, 965 für die Infanterie, 2000 für die Kavallerie, 1915 für Artillerie und Munition, der Rest für Ausrüstung und Verpflegung.
Die ungeheure Maschinerie ist in Bewegung gesetzt, und jetzt will der täppische Wilhelm II. alles anhalten und in die entgegengesetzte Richtung schicken. Mit allem Nachdruck, dessen er fähig ist, macht Moltke dem Kaiser die Unmöglichkeit eines solchen Vorhabens klar: Wenn Seine Majestät darauf bestehen sollten, das gesamte Heer nach Osten zu führen, so werde Höchstdieselbe kein schlagfertiges Heer, sondern einen wüsten Haufen ungeordneter Bewaffneter ohne Verpflegung haben. Außerdem, so setzt er hinzu, sei Frankreich in voller Mobilmachung begriffen, und niemand, nicht einmal England, könne es daran hindern, sich auf Deutschland zu stürzen.
Wilhelm II. bleibt bei seiner Meinung, und als ihm die Argumente ausgehen, sagt er bitter: »Ihr Onkel hätte mir da eine andere Antwort gegeben.«
So tief ihn dieser Tadel trifft, Moltke läßt sich nicht umstimmen.
Der Kaiser gibt schließlich nach, besteht aber darauf, daß ein Telegramm an Georg V. abgeht, in dem er dem englischen König versichert, die deutsche Mobilmachung könne aus technischen Gründen jetzt nicht mehr widerrufen werden, er werde jedoch von einem Angriff auf Frankreich absehen, wenn dieses sich unter der Garantie Englands neutral verhalte.
Ja, er befiehlt, ohne Moltke zu konsultieren, der 16. Division, die um 19 Uhr in Luxemburg einrücken soll, zu warten.
Moltke schreibt in seinen Erinnerungen: »In diesem Augenblick dachte ich, das Herz müsse mir brechen.« Er braucht von Anfang an das luxemburgische Eisenbahnnetz. Doch trotz aller seiner Vorstellungen läßt sich der Kaiser nicht umstimmen; er muß unverrichteter Dinge gehen.
Kaum ist er in den Generalstab zurückgekehrt, legt ihm Oberstleutnant Tappen das Telegramm Seiner Majestät an die 16. Division zur Unterzeichnung vor. In seiner wütenden Verzweiflung sagt er zu ihm: »Machen Sie, was Sie wollen mit diesem Telegramm, ich werde es nicht unterzeichnen.«

Den ganzen Abend bleibt er vor sich hinbrütend sitzen, ohne sich zu einer Entscheidung durchzuringen. Um 23 Uhr wird er wieder ins Schloß gerufen.
Wilhelm II. wartet schon ungeduldig. Er hat einen Militärmantel übers Nachthemd gezogen und geht erregt auf und ab.
Es ist ein weiteres Telegramm von Lichnowsky eingetroffen. Grey hat ihm erklärt, es sei ihm nicht möglich, eine bestimmte Erklärung über die Neutralität Großbritanniens abzugeben. Lichnowsky, anglophil bis in die Fingerspitzen und um jeden Preis darauf bedacht, einen Krieg mit Großbritannien zu vermeiden, hat offenbar seine Wünsche für die Wirklichkeit genommen und eine unklare Äußerung von Grey falsch interpretiert.
»Jetzt können Sie machen, was Sie wollen«, erklärt Wilhelm II. entrüstet.
Moltke gibt der 16. Division sofort den Befehl zum Vorrücken. Allerdings hätte er sich die Mühe sparen können, weil das Telegramm des Kaisers zu spät gekommen ist: Die Grenze nach Luxemburg war bereits überschritten.
»Ich bin nie über den Schrecken weggekommen, den mir der Vorfall einjagte«, schreibt Moltke. »Irgend etwas in mir zerbrach; ich war seit damals nicht mehr derselbe.«

St. Petersburg
Um 19 Uhr wird Graf von Pourtalès in Sasonows Diensträume geführt. Der deutsche Botschafter ist ein würdiger alter Herr mit weißem Spitzbart.
Er stellt sofort die entscheidende Frage: »Ist die russische Regierung bereit, auf das deutsche Ultimatum eine zufriedenstellende Antwort zu geben?«
»Nein«, erwidert Sasonow. »Die Generalmobilmachung läßt sich nicht rückgängig machen, aber Rußland ist nach wie vor zu Verhandlungen bereit, um in extremis noch eine friedliche Lösung zu finden.«
Der Botschafter läuft rot an und stellt sehr erregt und feierlich seine Frage noch einmal. Er bekommt die gleiche Antwort.
Darauf zieht er ein Blatt aus der Tasche, wiederholt seine Frage ein drittes Mal und fährt dann mit gebrochener Stimme fort: »Unter diesen Umständen habe ich den Auftrag meiner Regierung, Ihnen diese Note zu übergeben.«
Es ist die Kriegserklärung.
Sasonow nimmt sie entgegen, überfliegt sie und explodiert:
»Sie treiben eine verbrecherische Politik. Der Fluch der Völker wird über Sie kommen.«
»Wir verteidigen unsere Ehre.«
»Ihre Ehre stand nicht auf dem Spiel. Sie konnten mit einem Wort den Krieg abwenden. Bei allen meinen Bemühungen, den Frieden zu retten, habe ich bei Ihnen nicht die geringste Unterstützung gefunden. Aber es gibt noch eine göttliche Gerechtigkeit.«

»Das ist wahr ... Es gibt eine göttliche Gerechtigkeit ... Eine göttliche Gerechtigkeit ...«
Es folgt, wenn man Sasonow glauben darf, eine erstaunliche Szene.
Pourtalès scheint zu schwanken. Er geht zum Fenster, lehnt sich an den Rahmen und bricht in Schluchzen aus.
»Wer hätte geglaubt«, stöhnt er, »daß ich St. Petersburg unter solchen Umständen verlassen müßte?«
»Trotz meiner eigenen Erschütterung, die zu beherrschen mir gelang«, berichtet der russische Außenminister in seinen Memoiren, »empfand ich aufrichtiges Mitleid mit ihm, und wir umarmten uns, bevor er unsicheren Schrittes meine Amtsräume verließ.«
Der Auftritt ist erhebend, vielleicht zu erhebend, um wahr zu sein. Pourtalès schildert ihn denn auch anders. Er habe dreimal die Frage gestellt, sodann die Note überreicht und sich zurückgezogen.

London
Paul Cambon, der französische Botschafter, sitzt jetzt wie auf glühenden Kohlen. Gestern hat er mit Grey eine, gelinde gesagt, enttäuschende Unterredung gehabt. In der Stunde, da Europa mit großspuriger Leichtfertigkeit in den Krieg taumelt, behält England sein ganzes Phlegma. Es weigert sich, Partei zu ergreifen. Es wartet, ob die Sachlage sich durch ein gänzlich neues Ereignis verändert. Grey hat Cambon erklärt, daß die Auseinandersetzungen zwischen Rußland, Österreich und Deutschland »eine Frage betreffen, die Großbritanniens Interessen in keiner Weise berühren«.
In Wirklichkeit sind Grey und Asquith persönlich für eine britische Intervention. Grey hat in seiner vorsichtigen Art immerhin geäußert: »Wenn Deutschland den Kontinent beherrschen sollte, so wäre das für uns ebenso unangenehm wie für die anderen.« Auch er möchte handeln, doch die Lage verbietet es ihm, das offen auszusprechen.
Bei der letzten Kabinettssitzung haben zwölf der achtzehn Minister sich geweigert, Frankreich die gewünschte Garantieerklärung zu geben.
Am Nachmittag des 1. August versucht Cambon es noch einmal. Mit dem Mut der Verzweiflung weist er offen darauf hin, daß die französische Flotte entsprechend den britisch-französischen Vereinbarungen ganz im Mittelmeer konzentriert sei, so daß die französische Nordsee- und Ärmelkanalküste völlig schutzlos seien. Aber er redet in den Wind. Grey bleibt ungerührt.
Bei dieser denkwürdigen Unterredung hat sich der unglückliche Botschafter mit letzter Kraft beherrscht, um die diplomatischen Gepflogenheiten zu wahren und nicht loszubrüllen, aber gleich darauf kann er sich vor Unterhausabgeordneten der Opposition nicht mehr zügeln: »Und die Ehre? Weiß England denn überhaupt, was Ehre ist?«

Bis zum Abend hat er nur erreicht, daß England der deutschen Flotte den Zugang zum Ärmelkanal verwehren wird.
Tief enttäuscht muß er einsehen, daß die Lage nur dann schlagartig eine andere würde, wenn Deutschland die belgische Neutralität verletzt. Grey hat ihm nicht ausdrücklich gesagt, daß er damit rechnet, aber der britische Außenminister weiß mehr, als er ausspricht.
Über seine Botschafter hat er nämlich in Paris und Berlin anfragen lassen, ob man gewillt sei, die belgische Neutralität zu respektieren. Viviani hat das sofort bejaht, von Jagow ist ausgewichen.
Er hat Sir Edward Goschen erklärt: »Ich muß erst den Kaiser und den Kanzler befragen. Doch ich bezweifle, daß die deutsche Regierung überhaupt eine Antwort erteilen kann, da eigentlich jeder Bescheid bis zu einem gewissen Grade Teile ihres Feldzugsplans enthüllen würde.«

Paris
Am Abend dieses tragisch ereignisreichen Tages trifft bei Joffre ein Schreiben von General Charles Lanrezac ein, dem Befehlshaber der 5. Armee. Ein prophetisches Dokument. Lanrezac erklärt, er sei überzeugt, daß die Deutschen nach Belgien einmarschieren werden, und zwar nicht nur östlich der Maas, sondern auch westlich, bis über Givet hinaus, vielleicht sogar noch weiter nördlich. Und er fügt hinzu: »Es ist klar, daß die 5. Armee, wenn sie einmal in Richtung Neufchâteau vorstößt, einer solchen Bewegung nichts entgegensetzen kann.«
Joffre findet die Mitteilung »nicht sachdienlich« und sagt auch im Rückblick noch: »Das Schreiben von General Lanrezac, das meine Aufmerksamkeit offenbar auf eine Frage lenken wollte, deren Bedeutung mir durchaus nicht entgangen war, blieb demzufolge unbeantwortet.«

Nacht vom 1. auf den 2. August
Paris, 23 Uhr. Alexander Iswolski, der russische Botschafter, läßt sich in höchster Erregung im Elysée-Palast melden und verlangt unverzüglich den Präsidenten der Republik persönlich zu sprechen.
Poincaré, erschöpft von den Ereignissen des Tages, seufzt. Er mag diesen Iswolski nicht. Ohne so weit zu gehen wie Jaurès, der von ihm gesagt hat, er sei der gefährlichste Mann Europas, sieht er in ihm einen Elefanten im Porzellanladen, der nur allzu leicht seine eigenen Vorstellungen als die seiner Regierung ausgibt. Später schreibt er: »Die französischen Minister mußten die Fehler dieses Botschafters mit stoischer Fassung ertragen.«
Iswolski ist wirklich eine seltsame Gestalt, eifrig und geschwätzig, geradezu die Karikatur eines Diplomaten des Zaren; groß, äußerst aufwendig gekleidet, natürlich stets mit Monokel, aber nach den Worten von Caillaux trotzdem eher wie ein Kalmücke als wie

ein Europäer aussehend. Schön ist er jedenfalls nicht, und der scharfzüngige Bülow zitiert mit Genuß die Antwort einer Dame, die man fragt, ob sie es nicht bedaure, seine Hand ausgeschlagen zu haben: »Ich habe es jeden Tag bedauert, aber ich habe mich jede Nacht dazu beglückwünscht.«
In dieser Nacht allerdings, als Poincaré ihn hereinführen läßt, hat er viel von seinem Hochmut verloren. Mit zitternder Stimme teilt er mit, daß Deutschland Rußland den Krieg erklärt habe, und setzt feierlich hinzu: »In dieser so tragischen Stunde habe ich es für meine Pflicht gehalten, Herr Präsident, mich an das Oberhaupt des befreundeten Staates zu wenden und die Frage zu stellen: Was wird Frankreich tun?«
Poincaré ist kein Mann eindeutiger Antworten. Er sagt nur, er werde sofort die Minister zu einer Kabinettssitzung zusammenrufen. Doch sei es vorzuziehen, nichts zu überstürzen, mit der Mobilmachung einstweilen fortzufahren und Deutschland »die traurige Ehre zu überlassen, den Krieg erklärt zu haben«.
Während der Botschafter in einem Nebenzimmer wartet, treffen nach und nach die völlig übernächtigten Minister ein. Sie billigen Poincarés Stellungnahme und beauftragen Viviani, sie Iswolski zu bestätigen, der sich unzufrieden und besorgt zurückzieht.

Sonntag, 2. August
Paris. Schon seit den frühen Morgenstunden sind die Telephon- und Telegraphenverbindungen zwischen Frankreich und Deutschland unterbrochen. Joffre ist verzweifelt, weil er nichts mehr erfährt. Er weiß aus amtlicher Quelle nicht einmal, ob Deutschland denn nun wirklich den Mobilmachungsbefehl herausgegeben hat.
Dagegen weiß er, daß noch vor einer Kriegserklärung die ersten Schüsse gefallen sind. In Delle bei Belfort ist eine französische Zollstreife angegriffen worden. Etwas weiter nördlich sind zwei deutsche Patrouillen des 5. Jägerregiments zu Pferde in das Dorf Jonchéry eingedrungen, das mehr als zehn Kilometer diesseits der Grenze liegt. Ein Franzose, der Gefreite Peugeot, ist gefallen. Er hat die zweifelhafte Ehre, der erste Kriegstote zu sein.
Baron von Schoen, dem man die Übergriffe vorhält, gibt beschwichtigende Erklärungen ab, doch Joffre tobt. Er verlangt nachdrücklich, daß er seine Truppen endlich bis an die Grenze vorverlegen darf. Um 14 Uhr hat er es endlich durchgesetzt.
Jetzt stehen Franzosen und Deutsche einander wirklich von Angesicht zu Angesicht gegenüber. Aus dem kleinsten Zwischenfall, aus der Begegnung von zwei Patrouillen oder der nervösen Reaktion eines Postens kann jetzt der Krieg entstehen. Das ist um so bedrohlicher, als jetzt das Eindringen der deutschen 16. Division über die Brücken von Wasserbillig und Remich ins Großherzogtum Luxemburg gemeldet wird.
Baron von Schoen gibt den Sachverhalt zu, versichert aber, dieser Einmarsch sei kein feindlicher Akt, weil er nur dem Schutz der luxemburgischen Eisenbahnen diene, die der militärischen Kontrolle Deutschlands unterstellt seien.

London

Überall nimmt die Erregung mit jeder Stunde zu. Überall, außer in London.

Daß Paul Cambon mit einiger Schärfe darauf hinweist, England garantiere nach dem Londoner Vertrag von 1867 die luxemburgische Neutralität ebenso wie die Belgiens, reicht durchaus noch nicht, um den britischen Löwen aus der Ruhe zu bringen.

Grey, von den verzweifelten Beschwörungen des französischen Botschafters in die Ecke getrieben, wiederholt nur noch einmal seine Zusicherung, daß die englische Flotte die französische Küste decken werde.

»Und das Heer?« fragt Cambon.

»Gegenwärtig kann keine Rede davon sein, es nach Frankreich zu entsenden.«

»Nicht einmal eine symbolische Streitkraft von zwei Divisionen?«

»Nicht einmal das. Das würde ein maximales Risiko für die Erreichung eines minimalen Erfolges bedeuten.«

Tatsächlich ist der Entscheidungsspielraum des Ministers außerordentlich gering. Schon sein Versprechen eines Schutzes zur See hat das Kabinett in Bedrängnis gebracht. Zwei Minister, Lord Morley und John Burns, sind zurückgetreten; David Lloyd George hat sich noch nicht entschieden.

In Paris sind die Pessimisten jetzt überzeugt, daß England sich herauszuhalten versucht.

Brüssel

Am Nachmittag ist in Belgien alles ruhig. Die Mobilmachung geht planmäßig weiter, ohne daß die Menschen daran erkennbar Anteil nehmen.

Um so besorgter ist der König der Belgier. Eben hat er erfahren, daß von Jagow sich geweigert hat, dem britischen Botschafter die formelle Zusicherung zu geben, daß Deutschland die belgische Neutralität respektieren werde. Albert I. schreibt an den Kaiser und verlangt Aufklärung, während der deutsche Gesandte, Herr von Below-Saleske, ständig neue beschwichtigende Erklärungen abgibt.

Der Diplomat ist ein lässig auftretender »Gentleman«: groß, sehr steif, mit dem bei den Diplomaten derzeit üblichen Schnurrbärtchen. Ohne seine schöne Jade-Zigarettenspitze ist er kaum vorstellbar.

»Beruhigen Sie sich doch«, sagt er zu allen Besuchern. »Bislang bin ich ein Pechvogel gewesen. Als man mich in die Türkei schickte, brach die Revolution aus, als ich in China eintraf, der Boxeraufstand. Aber jetzt ruhe ich mich aus. In Brüssel passiert nie etwas.«

Als Außenminister Davignon eine Erklärung für den Einmarsch in Luxemburg von ihm verlangt, antwortet er mit einer schnoddrigen Redensart: »Das Dach Ihres Nachbarn wird vielleicht Feuer fangen, aber Ihr Haus ist in Sicherheit.«

Bei aller zur Schau getragenen Zuversicht macht er sich allerdings durchaus seine Gedanken. Schon am 29. Juli hat er aus Berlin einen versiegelten Umschlag erhalten, den er nur auf telegraphische Anweisung öffnen darf. Er hat das Schriftstück in seinen Safe geschlossen und sich bemüht, nicht mehr daran zu denken.

Jetzt, am Abend des 2. August, trifft der Befehl ein. Um 19 Uhr fährt Below-Saleske in die Rue de la Loi und läßt sich bei Davignon melden.

Dem belgischen Außenminister erklärt er: »Ich habe Ihnen eine höchst geheime Mitteilung meiner Regierung zu überbringen.«

Er zieht die Note aus der Tasche und reicht sie dem Hausherrn.

Der liest und flüstert entsetzt: »Nein, nicht wahr, das ist doch nicht möglich?«

»Doch. Deutschland ist friedliebend, aber es muß sich gegen die bevorstehende Offensive der Franzosen durch das Maastal wehren.«

Davignon protestiert heftig; dann bezwingt er sich, spricht wieder in diplomatischem Ton und erklärt, die deutsche Note werde unverzüglich vom Kabinett geprüft werden.

Kaum ist der Gesandte aus dem Hause, lesen die wichtigsten Minister die Note, immer wieder. Was da steht, ist unfaßlich, so eindeutig es ausgedrückt ist: den Deutschen lägen »zuverlässige Nachrichten vor über den beabsichtigten Aufmarsch französischer Streitkräfte an der Maasstrecke Givet–Namur«. Deutschland sei überzeugt, daß Belgien diesen Vormarsch nicht abwehren kann; es sehe sich also bedroht und müsse zur Gegenwehr seinerseits belgisches Gebiet betreten.

Hält Belgien »wohlwollende Neutralität«, so verpflichte sich die deutsche Regierung, beim Friedensschluß Belgiens Unabhängigkeit zu garantieren und sein Hoheitsgebiet wieder zu räumen. Sie biete an, alles bar zu bezahlen, was ihre Truppen aus dem Lande benötigen sollten, und jeden verursachten Schaden zu ersetzen.

Hierauf folgen die Drohungen: »Sollte Belgien den deutschen Truppen feindlich entgegentreten, insbesondere ihrem Vorgehen durch Widerstand der Maasbefestigungen oder durch Zerstören von Eisenbahnen, Straßen, Tunnels oder sonstigen Kunstbauten Schwierigkeiten bereiten, so wird Deutschland zu seinem Bedauern gezwungen sein, das Königreich als Feind zu betrachten ...«

Um eine »unzweideutige« Antwort wird binnen zwölf Stunden ersucht.

Um 21 Uhr eröffnet Albert I. die Kabinettssitzung; er hat dafür die Felduniform eines Generalleutnants angelegt.

Er verliest noch einmal laut das Ultimatum.

Kaum hat er geendet, ruft Premierminister de Brocqueville aus: »Wenn wir schon so oder so sterben sollen, dann jedenfalls in Ehren. Wir haben nur die Wahl zwischen zwei Todesarten. Unsere Unterwerfung würde uns nichts helfen. In dem Kampf, den Deutschland begonnen hat, geht es um die Freiheit Europas. Machen wir uns doch nichts vor: Wenn Deutschland siegt, wird Belgien, ganz gleich, wie es sich verhält, annektiert.«

Der König nickt düster und erteilt der Reihe nach jedem Minister das Wort. Einstimmig entscheiden sie sich für die Zurückweisung des Ultimatums.
Um diese nächtliche Stunde unternimmt der deutsche Gesandte Below-Saleske noch eine letzte Bemühung. Er kommt ins Außenministerium und versichert Davignons Mitarbeiter, Baron van der Elst, Frankreich habe die deutschen Grenzen verletzt und Luftschiffe zur Bombardierung mehrerer Städte eingesetzt.
»Wo hat sich das abgespielt?« fragt van der Elst.
»In Deutschland.«
»Dann sehe ich nicht, wieso uns das betrifft.«
Ende des Gesprächs.

Berlin
In der gleichen Nacht findet in der Reichskanzlei eine Besprechung zwischen Bethmann Hollweg, Generalstabschef Moltke und Großadmiral von Tirpitz statt. Es geht um die Vorbereitung der Kriegserklärung an Frankreich. Tirpitz protestiert mit Nachdruck: Eine solche Kriegserklärung ist überflüssig, sie würde die Deutschen als Aggressoren brandmarken. Das Heer kann ohne weiteres auch so marschieren.
Bethmann Hollweg ist legalistischer gesonnen. Er sagt, es müsse schon deshalb unbedingt eine Kriegserklärung erfolgen, weil man in Belgien einrücken wolle. Tirpitz ist entsetzt. Ihm ist klar, daß die Verletzung der belgischen Neutralität den Kriegseintritt Englands bedeutet.
Er fragt, ob sich diese Operation nicht wenigstens aufschieben lasse.
Moltke zuckt geradezu zusammen und erklärt kategorisch, das sei ganz unmöglich.
Er hat recht. Zu dieser Stunde stehen schon 34 deutsche Divisionen einmarschbereit an der belgischen Grenze.

Montag, 3. August
Brüssel, 2.30 Uhr. Die Minister sind wieder um den König versammelt, um jetzt die von ihren Kollegen de Wiart, van der Heuvel und Hymans abgefaßte Antwort auf das deutsche Ultimatum zur Kenntnis zu nehmen.
In tiefem Schweigen hören sie zu.
»... Die belgische Regierung würde durch die Annahme der ihr übermittelten Vorschläge die Ehre der Nation opfern und gleichzeitig ihre Pflichten gegenüber Europa verletzen ... Sie weigert sich zu glauben, daß die Unabhängigkeit Belgiens nur um den Preis einer Verletzung seiner Neutralität erhalten werden kann ... Sollte diese Hoffnung enttäuscht werden, ist die belgische Regierung fest entschlossen, mit allen ihr zur Verfügung stehenden Mitteln jeden Angriff auf ihre Rechte zurückzuweisen ...«
Mit allen ihr zur Verfügung stehenden Mitteln ... Leider sind die sehr bescheiden.

Belgien hat auf seine Neutralität vertraut, und das zutiefst antimilitaristisch gesonnene Land hat in den letzten Jahren nichts getan, was zur Verteidigung seiner Unabhängigkeit erforderlich gewesen wäre. Erst vor einem knappen Jahr ist die Militärdienstpflicht eingeführt worden, was eine Welle heftiger Proteste zur Folge gehabt hat. Die Festungsanlagen sind nicht hinreichend instand gehalten, die Soldaten schlecht ausgebildet, und im Oberkommando streiten die Generäle über die richtige Strategie.
Zum Zeitpunkt des Ultimatums kann Belgien den 34 deutschen Divisionen, die über das Land hereinbrechen werden, ganze 6 Infanteriedivisionen und eine Kavalleriedivision entgegenstellen.
Angesichts einer so tragisch eindeutigen Unterlegenheit wäre ein Zögern oder eine verklausulierte Annahme der deutschen Forderungen durchaus verständlich gewesen. Wilhelm II. und Moltke rechneten auch damit. Aber sie hatten sich getäuscht. Die Minister, und zwar wiederum einstimmig, billigen die energische Antwort, ohne ein Wort zu ändern. Einige schlagen vor, der König solle unverzüglich ein Beistandsersuchen an Frankreich richten, aber Albert I. erklärt, erst müsse die belgische Grenze von den Deutschen überschritten worden sein.

London
Millionen Europäer fragen sich an diesem Morgen vor allem eines: Wird England jetzt endlich seine schweigende Zurückhaltung aufgeben?
Im Laufe der Nacht hat man in London vom deutschen Ultimatum an Belgien erfahren. Es ist Feiertag, »Bank holiday«. Schon bald nach Tagesanbruch ziehen lärmende Menschenmassen nach Whitehall und vor Downing Street 10. Doch die Minister beraten und beraten.
Um 11 Uhr werden sie über die belgische Antwort informiert. Viscount Haldane, dem man soeben wieder das Kriegsministerium anvertraut hat, läßt die Einberufungstelegramme für die Reservisten und die Angehörigen der Territorialarmee hinausgehen. Die Konservativen erklären, es wäre verhängnisvoll für Englands Ehre, wenn es zögern würde, Frankreich und Rußland beizustehen. Lloyd George entscheidet sich dafür, in der Regierung zu bleiben.
Der Wind beginnt sich zu drehen.
Um 15 Uhr nimmt Außenminister Grey im Unterhaus das Wort. Die Abgeordneten sind so zahlreich erschienen, daß Stühle im Gang aufgestellt werden müssen. Auf der Diplomatentribüne fehlen nur die Botschafter von Deutschland und Österreich.
Allen fällt auf, wie blaß Grey ist, als er das Wort ergreift. Zum erstenmal in seiner politischen Laufbahn kann der außerordentlich beherrschte Mann seine Erregung nicht ganz verbergen.
Er betont zunächst, daß England sich seine Entscheidungsfreiheit erhalten habe und

weder an Frankreich noch an Rußland durch eine Allianz gebunden sei. Ausführlich legt er dar, warum er sich verpflichtet gefühlt habe, Frankreich den Beistand der britischen Flotte zuzusagen. Er gibt einen Rückblick auf die Geschichte der belgischen Neutralität und betont, wie bedrohlich die Lage durch das deutsche Ultimatum geworden sei.

Langsam fängt er Feuer. Er entwirft ein düsteres Bild von den Zukunft für den Fall, daß Frankreich in die Knie gezwungen werden sollte, Belgien annektiert, so wie zweifellos später Holland und Dänemark ... Ganz Europa würde unter die Herrschaft einer einzigen Macht geraten ...

Eine und eine Viertelstunde lang spricht er. Als er geendet hat, bricht der Saal in ungeheuren Beifall aus. Selbst die Liberalen lassen sich von der Begeisterung anstecken. Die Nation, eben noch zutiefst gespalten, rückt fest zusammen. Lord Morley und John Burns treten wieder in die Regierung ein.

Am Ausgang geht Churchill auf Grey zu und fragt: »Was soll jetzt geschehen?«

»Jetzt schicken wir den Deutschen ein Ultimatum, in dem wir die Räumung Belgiens binnen vierundzwanzig Stunden fordern.«

»Und wenn sie ablehnen?«

»Wenn sie ablehnen, ist der Krieg da.«

Paris

Um 18.15 Uhr wird René Viviani ans Telephon gerufen. US-Botschafter Myron T. Herrick informiert ihn, daß Baron von Schoen ihn soeben gebeten habe, die Vertretung der deutschen Interessen in Frankreich zu übernehmen und auf dem deutschen Botschaftsgebäude das Sternenbanner zu hissen. Der ersten Bitte habe er entsprochen, die zweite abgelehnt.

So ist Viviani nicht überrascht, als kurz darauf der deutsche Botschafter zu ihm hereingeführt wird.

Schoen ist rot vor Entrüstung und Erregung.

»Herr Ministerpräsident«, erklärt er, »man hat soeben meinen Kaiser und mich beleidigt. Eine Dame hat mich durchs Wagenfenster beschimpft.«

»Auf der Fahrt hierher?«

»Ja.«

»Also ist dieser Zwischenfall nicht der Grund Ihres Besuchs?«

»Nein.«

»Ich spreche Ihnen mein Bedauern und meine Entschuldigung aus.«

Schoen, sichtlich verlegen, reicht Viviani ein Schriftstück, das dieser hastig überfliegt.

Die deutschen Verwaltungs- und Militärbehörden hätten, so heißt es darin, mehrere Akte organisierter Feindseligkeit festgestellt, die von französischen Militärfliegern auf deutschem Staatsgebiet begangen worden seien. Mehrere Flieger hätten offensichtlich die belgische Neutralität verletzt, indem sie das Staatsgebiet Belgiens überflogen hätten; einer habe versucht, Bauwerke bei Wesel zu zerstören, andere seien über der Eifel beobachtet worden, ein weiterer habe Bomben auf Eisenbahnlinien bei Karlsruhe und bei Nürnberg abgeworfen. Er sei beauftragt und beehre sich, Seiner Exzellenz mitzuteilen, daß sich das Deutsche Reich angesichts dieser Aggressionen im Kriegszustande mit Frankreich betrachte, und zwar durch die Schuld Frankreichs.

Viviani ist ein temperamentvoller Mann. Er protestiert leidenschaftlich, erinnert daran, daß Frankreich, weit von jeder aggressiven Absicht entfernt, seine Truppen zehn Kilometer diesseits der Grenze zurückgehalten hat, daß dagegen deutsche Patrouillen in das Gebiet von Belfort eingedrungen sind ...

Baron von Schoen erklärt, von alledem wisse er nichts.

Beide erkennen, daß sie tauben Ohren predigen. Ohne weiter miteinander zu sprechen, gehen die zwei Männer nebeneinander in den Hof des Ministeriums hinunter, und Viviani wartet, bis der Botschafter in seinen Wagen gestiegen ist.

Eine letzte Verbeugung. Jetzt ist alles vorbei.

Drei Stunden vorher schon hat Joffre im Kriegsministerium seine Armeebefehlshaber versammelt. Noch sei es zu früh, sagt er, um im Hinblick auf Belgien Entschlüsse zu fassen. Noch sind zu viele Unbekannte im Spiel. Also muß das französische Heer ganz auf die beiden geplanten Offensiven in Lothringen und nördlich der Linie Verdun–Toul setzen.

Dubail, Führer der 1. Armee, unterbricht Joffres Monolog mit einem Einwand: »Während der linke Flügel meiner Armee auf Saarburg vorgeht, dringt das VII. Korps von Belfort aus ins Elsaß ein. Es wird ohne Mühe bis Kolmar gelangen, aber weiter kann es erst vorrücken, wenn es das ganze Rheinufer von Hüningen bis auf die Höhe von Kolmar besetzt hat. Es wird also erhebliche Verstärkungen benötigen, die ich ihm nicht geben kann.«

Joffre blickt den General, der ihm ins Wort zu fallen gewagt hat, kühl an und sagt: »Das ist Ihr Plan, nicht meiner.«

Dubail glaubt, er sei falsch verstanden worden, und setzt noch einmal an. Der Generalissimus lächelt unter seinem Schnurrbart und wiederholt, jedes Wort betonend: »Das ist Ihr Plan, nicht meiner.«

Man geht über den Zwischenfall hinweg, aber am Ende der Sitzung empfindet Lanrezac, der Befehlshaber der 5. Armee, ein deutliches Unbehagen.

Und er ist nicht der einzige.

»Einer meiner Kollegen«, schreibt er, »fragt mich sichtlich erregt, ob ich meine, daß General Joffre ›eine Idee hat‹. Ich bejahe das ohne Zögern, aber es bleiben doch erhebliche Zweifel.«

Dienstag, 4. August
Ein tragisches Datum. Heute zieht Europa in den Krieg. Alles Hoffen war vergeblich. Die Diplomaten verlassen ihre Posten; von nun an entscheiden die Militärs. Joffre erklärt geradezu erleichtert: »Jetzt haben die Ausführenden das Wort.« Und auch Moltke kann frei atmen. Die Würfel sind gefallen. Nichts und niemand kann seinen Plan noch durchkreuzen.
Am Rande des Abgrunds lauschen die von ihrer Leidenschaft verblendeten Massen in allen kriegführenden Ländern voller Begeisterung den Erklärungen ihrer Großen. Die Männer in Uniform, die sich an der Grenze drängen und in den Tod ziehen, sind voller Siegeszuversicht.
In allen Hauptstädten schlägt der Patriotismus hohe Wellen.

Brüssel
Um 6 Uhr früh macht der deutsche Gesandte Below-Saleske seinen letzten Besuch im Außenministerium. Da die »wohlmeinenden Vorschläge« seiner Regierung nicht angenommen worden seien, sähe sich Deutschland zu seiner eigenen Sicherheit gezwungen, Maßnahmen zu ergreifen, »notfalls mit Waffengewalt«.
Um 8.02 Uhr eröffnen belgische Zöllner das Feuer auf die einrückenden Nachbarn. Die deutsche Vorhut unter General von Emmich besteht aus sechs Infanteriebrigaden und einer Kavalleriebrigade. Sie sollen Lüttich, den Sperriegel im Maastal, aus dem Wege räumen.
Um 9 Uhr reitet König Albert in seiner Generalleutnantsuniform unter den Hochrufen der begeisterten Menge zum Parlament. Stehend erwarten ihn die Abgeordneten. Er gibt einen kurzen Rückblick auf die Geschichte des neutralen Belgien. Am Ende der Rede stellt er den Mitgliedern des Hohen Hauses die Frage, ob sie bereit seien, alles zu tun, das heilige Erbe ihrer Vorfahren unverletzt zu erhalten. Wie aus einem Munde rufen alle: »Ja! Ja! Ja!«
Um die Mittagsstunde, als der Einmarsch der deutschen Truppen eindeutig feststeht, richtet der König einen feierlichen Beistandsappell an Frankreich und England.

Paris
Zwei Ereignisse beherrschen diesen Tag in Frankreichs Hauptstadt.
Jaurès wird zu Grabe getragen, der Vorkämpfer des Friedens. Für alle ist das ein Symbol.
Um den Katafalk drängen sich Abgeordnete, Minister und unzählige Sozialisten, die noch vor gar nicht so langer Zeit die dreijährige Militärdienstpflicht abgelehnt und davon geträumt haben, daß sich alle Proletarier Europas gegen den Krieg der Rüstungsindustriellen erheben würden.
Jetzt sieht alles anders aus. Die Pazifisten von gestern sind Prediger des Krieges gewor-

den, und selbst Léon Jouhaux, der Vorsitzende der CGT, verkündet: »Im Namen der Gewerkschaften, im Namen aller Arbeiter, die schon zu ihrem Regiment gestoßen sind oder sich wie ich morgen auf den Weg machen, erkläre ich, daß wir auf das Schlachtfeld ziehen in der festen Entschlossenheit, den Aggressor zurückzuschlagen.«
Nach der Eröffnung der Parlamentssitzung um 15 Uhr kommt es zu unvergeßlichen Szenen. Von der Linken bis zur Rechten des Hauses erreicht die Begeisterung ihren Höhepunkt, als René Viviani ans Rednerpult tritt und eine Erklärung des Präsidenten der Republik verliest.
Rasender Beifall folgt auf den letzten Absatz: »In dem jetzt beginnenden Kriege hat Frankreich das Recht auf seiner Seite, dessen ewige moralische Kraft die Völker ebensowenig wie der einzelne ungestraft mißachten dürfen. Es wird heldenhaft verteidigt werden von allen Söhnen Frankreichs, deren heilige Eintracht angesichts des Feindes von nichts zerbrochen werden wird, und die sich brüderlich vereinen in der gleichen Entrüstung über die Aggression und im gleichen Glauben an das Vaterland.
Hoch die Herzen! Es lebe Frankreich!«
Am Abend macht Joffre seine Abschiedsvisite bei Poincaré.
»Ich umarme ihn«, schreibt der Staatspräsident. »Er ist ruhig und zuversichtlich.«

Berlin
Seit dem frühen Morgen ziehen Kavallerieschwadronen durch die Straßen, und auch hier ist es ein Tag flammender Reden, in denen die Eintracht aller Deutschen beschworen wird.
Um 13 Uhr erklärt Wilhelm II., den Helm auf dem Kopf, die Hand auf den Säbel gestützt, im Schloß vor den Mitgliedern des Reichstags: »Mit reinem Gewissen und reiner Hand ergreifen wir das Schwert ... Ich kenne keine Parteien mehr, ich kenne nur noch Deutsche!«
Die Abgeordneten antworten mit stürmischer Begeisterung.
Um 15 Uhr tritt Kanzler Bethmann Hollweg im Reichstagsgebäude vor das Parlament. Ihm fällt die schwierige Aufgabe zu, den Überfall auf Belgien zu rechtfertigen, und das mißlingt ihm so gründlich, daß er sich harte Vorwürfe von allen Parteien gefallen lassen muß.
»Unsere Truppen«, sagt er mit seiner wenig ausdrucksvollen Stimme, »haben Luxemburg besetzt und vielleicht schon belgisches Gebiet betreten. Das widerspricht den Geboten des Völkerrechtes. Die französische Regierung hat zwar in Brüssel erklärt, die Neutralität Belgiens respektieren zu wollen, solange der Gegner sie respektiert; wir wußten aber, daß Frankreich zum Einfall bereitstand. Frankreich konnte warten, wir nicht. Ein französischer Einfall in unsere Flanke am Unterrhein hätte verhängnisvoll werden können. So waren wir gezwungen, uns über den berechtigten Protest der luxemburgischen und der belgischen Regierung hinwegzusetzen. Das Unrecht, das wir

damit tun, werden wir wiedergutmachen, sobald unser militärisches Ziel erreicht ist.«

Der arme Bethmann Hollweg macht heute den schlimmsten Tag seines Lebens durch. Der Sproß einer Bankiersfamilie, hochgewachsen, steif, streng, unglaublich humorlos, mag ein glänzender Jurist und ein untadeliger Beamter sein, aber er ist nicht geschaffen für die Stürme, die jetzt über Europa brausen.

Lloyd George, der ihn vor dem Kriege kennengelernt hat, nennt ihn »eine anziehende, aber keine faszinierende Persönlichkeit«, einen geschickten Schreibtischpolitiker, der nur in der Furcht vor der Einkreisung Deutschlands lebe. Denn von einem ist Bethmann Hollweg überzeugt: ganz Europa haßt Deutschland.

Daß Wilhelm II. diesen Mann zum Nachfolger des eindrucksvollen Fürsten von Bülow gemacht hat, ist für niemanden eine Überraschung gewesen. Der Kaiser hat in ihm ein willfähriges Werkzeug, einen endlich nicht widersprechenden Kanzler gesehen, der ohne Einschränkung loyal zu ihm stehen und seinen phantastischen Projekten nichts entgegensetzen würde.

Vor allem aber ist Bethmann Hollweg ein Zauderer. Und weil einen niemand besser kennt als die allernächsten Menschen, hören wir, was seine Frau über ihn sagt. Am Tage nach seiner Ernennung hat sie sich Frau von Bülow anvertraut, die es sich natürlich nicht hat nehmen lassen, diese Äußerungen weiterzugeben:

»Das ist ein Unglück für meinen armen Mann! Ich liebe meinen Mann, und gerade deshalb hätte ich gewünscht, daß dieser Kelch an ihm vorüberginge. Er ist bei aller seiner Pflichttreue, seiner Gewissenhaftigkeit und mit so vielen schönen Gaben dieser Stellung nicht gewachsen. Er ist so unentschlossen, so schwankend, so ängstlich, und dann wieder verrennt er sich. Wir machen in unserem Familienkreise darüber unsere kleinen Witzchen. Wir sagen manchmal: ›Heute hat Papa seine Ansichten schon zum drittenmal geändert‹ oder: ›Seit drei Tagen kann der Papa nicht zu einem Entschluß kommen.‹«

Dieser Mann führt das Ruder des deutschen Staatsschiffes auf der stürmischen See dieser Tage.

Kaum ist die Reichstagssitzung beendet, muß er sich mit dem britischen Ultimatum beschäftigen. Der Text ist eindeutig: Wenn Deutschland nicht sofort Belgien räumt, wird England ihm den Krieg erklären. Die Antwort muß vor Mitternacht gegeben werden.

Vor dem eisig zurückhaltenden Sir Edward Goschen läßt sich der Reichskanzler von seiner Entrüstung hinreißen: »England tut etwas Unerhörtes, indem es Krieg gegen eine verwandte Nation führt. Es handelt wie jemand, der einen Menschen von hinten anfällt, während dieser gegen zwei Angreifer um sein Leben kämpft. England wird für alle furchtbaren Ereignisse verantwortlich sein, die noch folgen könnten, und das alles für ein Wort: Neutralität. Für einen Fetzen Papier!«

»For a scrap of paper!« Diese unglücklichen Worte werden Bethmann Hollweg bis ins Grab anhängen.
Der britische Botschafter bleibt ruhig. Das ist ihm um so höher anzurechnen, als am Nachmittag nach einer voreiligen Meldung des *Berliner Tageblatts*, England habe den Krieg erklärt, die Menge zum Botschaftsgebäude gestürmt ist und die Scheiben eingeworfen hat.
Was tun? Selbstverständlich ist nicht daran zu denken, den Vormarsch der deutschen Truppen aufzuhalten, die bereits Visé auf halbem Wege nach Lüttich erreicht haben. Man kann nur noch abwarten.

London
Abwarten ... Eben das tun auch die englischen Minister, die in Downing Street 10 zusammengekommen sind.
Alle sind sie in dem großen staubigen Raum versammelt, der schon so viele für das Schicksal Großbritanniens entscheidende Beschlüsse erlebt hat. Sie sitzen um den grün bespannten Tisch und wissen nicht, wie die Dinge stehen.
Die Verbindungen mit Deutschland sind unterbrochen, von Sir Edward Goschen nichts Neues. Sie wissen nicht einmal, wie die Überreichung des Ultimatums vor sich gegangen ist. Sie haben nur ein von der Zensur abgefangenes Telegramm aus Berlin in der Hand, in dem der deutsche Botschafter die Information bekommen hat: »Der englische Botschafter hat soeben, kurz nach 7 Uhr, seine Pässe verlangt und den Krieg erklärt.«
Einige Minister wollen daraufhin unverzüglich die Kriegserklärung bekanntgeben, aber andere weisen darauf hin, das Telegramm sei schließlich kein amtliches Dokument. Vielleicht darf man noch hoffen. So beschließt man, den Ablauf des Ultimatums abzuwarten: Mitternacht in Europa, das bedeutet 23 Uhr englischer Zeit.
Sie sitzen da, als hielten sie Totenwache. Der Raum liegt im Halbdunkel, weil nur einige der Lampen brennen. Der Lärm der Menge dringt herein, einer gewaltigen Menschenmasse, die auch wartet; kompakt zusammengedrängt vom Trafalgar Square bis zum Parlamentsgebäude. Manchmal hört man, wie sie draußen die Marseillaise singen.
Keiner hat diesen Abend besser beschrieben als Lloyd George:
»Als die Stunde heranrückte, war der Raum in eine Stimmung erregender, tiefer Feierlichkeit getaucht. Niemand sprach ein Wort. Es war, als warte man auf das Signal, um den Hebel zu drücken, der Millionen Menschen in ihr tödliches Los schleudern sollte, und die Chance wurde immer geringer, daß die Begnadigung noch rechtzeitig kommen konnte. Unsere Blicke schweiften erregt von der Wanduhr zur Tür und von der Tür zur Wanduhr, und auch die Privatgespräche verstummten so gut wie ganz.
›Bäng!‹ Die dumpfen Glocken von Big Ben tönten durch die Nacht und schlugen die schicksalsschwerste Stunde, die England seit seiner Gründung erlebt hatte. Jetzt

herrschte völlige angstvolle Stille im Raum, alle Gesichter schienen sich in starkem Schmerz zusammenzuziehen. Gleichmäßig erklang die Glocke: ›Bäng! Bäng! Bäng!‹ Der letzte Schlag der elften Stunde hallte uns in den Ohren wie der Hammer des Weltgerichts.

Als ich wegging, kam ich mir vor, als bewegte ich mich auf einem Planeten, der von der Hand eines Dämons plötzlich aus seiner Bahn gerissen und im Aberwitz ins Unbekannte geschleudert worden war.«

IV. Kapitel Lothringen, Charleroi, Gumbinnen: Der erste Zusammenprall

Zwei deutsche Kreuzer, in Konstantinopel begeistert empfangen, bringen Deutschland einen Bundesgenossen und sperren Rußlands wichtigsten Versorgungsweg über See. Bei den Truppen geht es überall »frisch voran«; bei den Franzosen zwischen Sambre und Vogesen, bei den Deutschen in Belgien, bei den Russen in Ostpreußen.

Noch sind die Generäle mit den letzten Änderungen ihrer Pläne beschäftigt, noch schreiben die Politiker an ihren mitreißenden Reden, noch sind die Millionen mit dem Ruf »À Berlin!« oder »Nach Paris!« unterwegs zur Grenze, da spielt sich im Mittelmeer ein dramatischer Vorgang ab, von dem die Zeitungen allerdings nicht auf der ersten Seite berichten, und der im Trubel der Mobilmachung so gut wie unbemerkt bleibt. Dabei ist seine Auswirkung auf Franzosen, Engländer und Russen tragischer als der Verlust einer großen Schlacht.

Ein deutsches Kriegsschiff verursacht mit seinem Einlaufen in die Dardanellen, nach Winston Churchills Worten, »mehr Blutvergießen, mehr Elend, mehr Zerstörung, als je ein anderes Schiff«.

Das Schiff heißt *Goeben.* Dieser moderne Schlachtkreuzer, erst 1911 vom Stapel gelaufen, ist eine der stärksten Einheiten der deutschen Flotte: 23000t, 10 28-cm- und 12 15-cm-Geschütze, und dazu eine für jene Zeit phantastische Höchstgeschwindigkeit von 28,6 Knoten. Begleitet wird die *Goeben* vom Kleinen Kreuzer *Breslau,* der 4550t verdrängt, mit 12 10,5-cm-Geschützen bestückt ist und fast ebenso schnell läuft. Geschwaderchef des kleinen Verbandes ist Admiral Souchon, ein erfahrener Seemann von 50 Jahren, vital, energisch, ja, manchmal geradezu stur.

Souchon kennt sein Einsatzgebiet wie seine Westentasche. Seit er 1913 an Bord der *Goeben* gegangen ist, hat er das Mittelmeer nach allen Richtungen abgefahren, ist in türkische, österreichische, italienische und französische Häfen eingelaufen und hat sehr genau Ausschau gehalten nach einsamen Buchten, in denen er unbeobachtet Kohlen übernehmen könnte.

Die Meldung vom Attentat in Sarajevo, die ihn im Hafen von Haifa erreicht, erschreckt ihn zutiefst: Die *Goeben* ist nicht in bester Verfassung. Die beiden Kessel sind nicht dicht und die Dampflecks könnten die Geschwindigkeit gerade um den entscheidenden Vorsprung reduzieren. Souchon ist sofort nach Pola gegangen und hat dort, in dem großen österreichischen Adriahafen, alle Mann zur Kesselreparatur eingesetzt. Innerhalb von achtzehn Tagen wechseln sie 4000 Rohre aus. Die Arbeiten sind noch nicht beendet, als Souchon in aller Eile auslaufen muß, um nicht in der Adria abgeschnitten zu werden.

Am 1. August liegt die *Goeben* in Brindisi, jederzeit bereit, ins Mittelmeer vorzustoßen. Das bedeutet höchste Alarmstufe für das französische Marineministerium, denn die *Goeben* stellt eine furchtbare Bedrohung dar.

Schon während der ersten Mobilmachungstage sind laut Plan 80000 Mann Kolonialtruppen über das Mittelmeer auf den europäischen Kriegsschauplatz zu bringen. 80000 Mann mit Waffen, Munition und Ausrüstung: Dafür braucht man eine ganze Flotte von Truppentransportern, die unbedingt geschützt werden müssen. Und kein einziges französisches Kriegsschiff ist der *Goeben* an Geschwindigkeit und in Kaliber und Reichweite der Hauptartillerie ebenbürtig. So könnte die *Goeben* die französischen Begleitgeschwader abhängen und die wehrlosen Transportschiffe nacheinander versenken. Ein ganzes Armeekorps könnte auf den Meeresgrund geschickt werden, bevor auf dem Festland der erste Kanonenschuß gefallen ist. Eine schauerliche Vorstellung.

Anstelle der Franzosen könnten es nur die Engländer mit dem deutschen Großkampfschiff aufnehmen. Sie haben drei moderne Schlachtkreuzer im Mittelmeer stationiert, die Schwesterschiffe *Indomitable* und *Inflexible* und die *Indefatigable*. Nur müssen sie schnell genug dort sein, wo die *Goeben* erscheint.

Winston Churchill, Erster Lord der Admiralität, starrt zitternd vor Erregung auf die riesigen Karten, in die der jeweilige Standort der britischen Schiffe eingetragen ist. Wie er später sagte, habe er in den folgenden Tagen der Jagd auf die *Goeben* Tantalusqualen ausgestanden.

Schon am 2. August gibt er Sir Berkeley Milne, dem Befehlshaber der Mittelmeerflotte, die Anweisung, die *Goeben* aufzuspüren und nicht mehr aus den Augen zu lassen.

Am 3. August erteilt er ihm sogar aus eigener Machtvollkommenheit den Befehl, den Gegner anzugreifen, falls dieser die französischen Truppentransporte zu behindern versuche.

Das geht der buchstabenfrommen britischen Regierung zu weit. Der Krieg ist noch nicht offiziell erklärt, und das Kabinett ist nicht bereit, seinen allzu draufgängerischen Ersten Lord der Admiralität gewähren zu lassen. Zähneknirschend muß er am 4. August einen berichtigenden Funkspruch senden:

»Britisches Ultimatum endet um Mitternacht Greenwichzeit am 4. August. Keine kriegerische Handlung darf vor diesem Zeitpunkt erfolgen. Eröffnung der Feindseligkeiten wird durch Funkspruch der Admiralität angeordnet ... Dieser Befehl hebt vorhergehenden mit Anweisung Angriff *Inflexible* und *Indomitable* auf *Goeben* bei Behinderung Truppentransporter auf.«

Um diese Zeit steuert Souchon, der in Messina Kohlen gebunkert hat, mit voller Fahrt auf die algerische Küste zu. Er handelt damit einem Funkspruch, den er von Tirpitz bekommen hat (»Unverzüglich Kurs auf Konstantinopel nehmen«), strikt zuwider. Später hat er geschrieben, »so dicht vor der von uns allen mit heißer Sehnsucht erwarteten Feuereröffnung« habe er nicht umkehren wollen.

Im Morgengrauen des 4. August, um 4.01 Uhr, gibt die *Breslau* die erste Salve auf die Hafenstadt Bône ab, wo eben das 37. Afrikaschützenregiment an Bord geht. Um 5 Uhr eröffnet die *Goeben* das Feuer auf Philippeville; ein Munitionslager fliegt in die Luft. Es gibt viele Tote und Verletzte.

Der sofort alarmierte Admiral Boué de Lapeyrère zieht seine Flotte vor Algier zusammen, wo die meisten Truppen verladen werden. So können die beiden deutschen Schiffe unbehelligt mit Kurs auf Messina wieder ablaufen.

Um 10 Uhr meldet der Ausguck der *Goeben* verdächtige Rauchfahnen. Bald darauf erkennt Souchon die Aufbauten der *Indomitable* und der *Indefatigable*. Er glaubt sich in der Falle, befiehlt alle Mann auf Gefechtsstationen, doch zu seiner Erleichterung zeigen die bedrohlichen Gegner keine kriegerischen Absichten.

Das Ultimatum ist noch nicht abgelaufen, und blutenden Herzens müssen die Engländer diese herrliche Gelegenheit vorübergehen lassen, kurzen Prozeß zu machen. Die Schiffe laufen in knapp 7 Kilometer Abstand aneinander vorbei. Die beiden Admiräle beobachten einander durchs Glas. Nur Gruß und Salut unterbleiben.

Admiral Milne hat klare Anweisung, den Gegner nicht anzugreifen, ihn aber zu verfolgen. Er ändert also seinen Kurs, und es kommt zu einer phantastischen Wettfahrt. Souchon macht vollen Dampf auf, die Heizer schuften zum Umfallen, vier sterben im Laufe des Tages an Erschöpfung. Die *Goeben* kommt auf 24 Knoten und hält dieses Tempo, weil Souchon seine Leute erbarmungslos antreibt. Und tatsächlich fallen die englischen Schiffe allmählich zurück. Um 15 Uhr sind *Indomitable* und *Indefatigable* außer Schußweite.

Souchon braust mit kaum verminderter Fahrt nach Messina. Bevor er die weite Reise nach Konstantinopel antreten kann, muß er Kohlen genommen haben. Zu seinem Unglück hat sich Italien für neutral erklärt und versagt ihm jede Hilfe. Er muß sich mit Bordmitteln begnügen. Im Hafen liegt ein deutsches Schiff, die *General*. Souchon läßt die Passagiere mit einer Fahrkarte nach Neapel von Bord schaffen und macht sich sofort an die Übernahme der Kohlen.

Admiral Milne steht vor einer schwierigen Entscheidung. Natürlich müßte er sich vor den Hafen von Messina legen und den Gegner angreifen, sobald er ausläuft. Aber er hat strenge Anweisung, die italienische Neutralität und damit die Sechsmeilenzone zu respektieren. Er kann also nicht in die Straße von Messina hinein.

Er ist überzeugt, daß die Deutschen nach Westen steuern werden, um die französischen Truppentransporte anzugreifen oder den Durchbruch durch die Straße von Gibraltar zu erzwingen. Also entläßt er *Indomitable* zum Kohlebunkern nach Biserta und läßt *Inflexible* und *Indefatigable* bei der Insel Pantelleria zwischen Tunesien und Sizilien in Abwarteposition. Den Ostausgang der Straße von Messina bewacht nur der Kleine Kreuzer *Gloucester*.

Souchons Matrosen arbeiten wie die Besessenen. Das Deck der *General* und etlicher kleinerer deutscher Dampfer wird aufgerissen, damit man schnelle an die Kohlen gelangt. Um die Männer aufzumuntern, spielt die Kapelle flotte Märsche. Am 6. August gegen Mittag sind 1500 Tonnen übernommen. Das reicht nicht bis Konstantinopel, doch ein Verbleiben ist unmöglich, weil die italienische Regierung keine Verlängerung der Liegezeit gewährt.

Souchon weiß, daß er sich auf eine Verzweiflungsaktion einläßt. Ihm stehen die drei englischen Schlachtkreuzer gegenüber, die gesamte französische Flotte, die jeden Augenblick auftauchen kann, und dazu das am Eingang zur Adria postierte englische Geschwader von Admiral Troubridge mit vier Großkampfschiffen: *Defence, Black Prince, Warrior* und *Duke of Edinburgh*. Hinzu kommt, daß ein Telegramm von Tirpitz eingetroffen ist: »Einlaufen Konstantinopel zur Zeit noch nicht möglich aus politischen Gründen.« Die türkische Regierung hat sich nicht zu einer Genehmigung durchringen können. Was bleibt Souchon zu tun? An den Durchbruch nach Gibraltar ist ebenso wenig zu denken wie an einen Rückzug in die Adria. Im Mittelmeer herumirren, das bedeutet früher oder später das Zusammentreffen mit weit überlegenen gegnerischen Kräften. Also handelt er gegen den Befehl. Er entscheidet sich für die Fahrt nach Konstantinopel, um, wie er es ausdrückt, »im Notfall gegen den Willen der Türkei den Krieg ins Schwarze Meer zu tragen gegen ihren Erzfeind, den ›Moskow‹.«

Die Ausfahrt wird zu einem dramatischen Schauspiel. Zu Tausenden drängen sich die Sizilianer am Hafen, rufen den Matrosen zu, sie seien verloren und sollten sich doch lieber hier internieren lassen. Souchon verliest einen Tagesbefehl des Kaisers, die Kapelle spielt das Deutschlandlied. Die Besatzung ist fest davon überzeugt, daß sie in den Tod fährt; etliche Offiziere hinterlegen beim deutschen Konsul in Messina ihr Testament.

Um 17 Uhr dampfen *Goeben* und *Breslau* nach Süden, dann nach Nordosten mit für jedermann erkennbarem Kurs auf die Adria. Damit will Souchon den Eindruck erwecken, daß er in Pola Zuflucht sucht. Bei Dunkelwerden geht er auf Kurs Ostsüdost; er hat einen seiner Kohlendampfer an die Südspitze des Peloponnes bestellt.

Er ist darauf gefaßt, jeden Augenblick auf die britischen Schlachtkreuzer zu treffen. In Sicht kommt jedoch nur die winzige *Gloucester*, die sich geschickt außerhalb der Reichweite der deutschen Geschütze hält.

Selbst als er um 22 Uhr seine Kursänderung vornimmt, gelingt es der *Gloucester* dank des Mondlichts, mit ihm Fühlung zu halten.

Jetzt ist der große Augenblick für Admiral Troubridge gekommen. Dieser Nachfahre eines der tapfersten Mitkämpfer Nelsons steht ja mit seinen vier Panzerkreuzern am Adriaausgang und kann Souchon abfangen. Er weiß, daß er bis 6 Uhr früh am Feind

stehen muß, um durch die günstigeren Lichtverhältnisse den Nachteil seiner weniger weit tragenden Hauptartillerie auszugleichen.
Um 4 Uhr früh hat er noch keine Feindberührung. Inzwischen hat aber auch seine Entschlossenheit nachgelassen. Ihm liegt der ausdrückliche Befehl der Admiralität vor, seine Schiffe nicht gegen »überlegene Kräfte« einzusetzen. Jeder einzelne seiner Panzerkreuzer ist der *Goeben* unterlegen, die seine Schiffe also nacheinander erledigen könnte. Soll er die Jagd überhaupt fortsetzen? Er weiß ja nicht, daß Souchon nach Konstantinopel will. Im Gegenteil, er ist überzeugt, daß der Deutsche irgendwann wieder nach Westen muß, und dann kann er ihn zusammen mit den Schlachtkreuzern erledigen.
Ein Funkspruch macht seinem Zögern ein Ende: Österreich hat England den Krieg erklärt. Das ist zwar eine Ente, aber für Troubridge ist die Sache jetzt klar: Er muß die Adria sperren, damit die österreichische Flotte nicht ins Mittelmeer auslaufen kann. Er stellt die Verfolgung ein und läßt damit die letzte Gelegenheit vorübergehen, die *Goeben* noch aufzuhalten. Später stellt man ihn vor ein Kriegsgericht, und trotz des Freispruchs bekommt er kein Geschwader mehr.
Nur die *Gloucester* läßt nicht locker. Ihr Kommandant, W. A. Howard Kelly, den die Engländer wegen dieser Zähigkeit denn auch zum Nationalhelden hochloben, weigert sich aufzugeben. Souchon wird unruhig. Er weiß, daß er keine Kohlen übernehmen kann, solange dieser Quälgeist in der Nähe ist. Er befiehlt *Breslau,* abzufallen und den Kreuzer zu bedrohen. Kelly läßt sich nicht einschüchtern, sondern eröffnet das Feuer, das *Breslau* erwidert. Jetzt muß *Goeben* wenden, um ihrem Kreuzer beizustehen. Die *Gloucester* dreht ab, doch kaum sind die Deutschen wieder auf ihrem alten Kurs, hängt sich Kelly wieder an. Erst um 16.30 Uhr gibt er auf ausdrücklichen Befehl von Admiral Milne die Verfolgung auf.
Damit sind die beiden hervorragend geführten deutschen Schiffe dem Netz entkommen. Sie können in aller Ruhe vor Kap Matapan bunkern und die Fahrt nach Konstantinopel fortsetzen. Am 10. August passieren sie, von einem türkischen Zerstörer durch die Minenfelder geleitet, die Dardanellen.
In Konstantinopel weckt ihr Einlaufen stürmische Begeisterung. Die Türken nämlich sind verbittert wegen des Verhaltens Großbritanniens. Sie haben 1911 bei nordenglischen Werften zwei Dreadnoughts bestellt, die den mächtigsten britischen Linienschiffen in nichts nachstehen. Das erforderliche Geld ist durch eine Volksspende aufgebracht worden, zu der auch viele arme Leute beigetragen haben. Die Besatzung hat schon in England bereitgestanden, um die *Sultan Oman* und *Reschad V.* zu übernehmen, als Winston Churchill die grauen Riesen beschlagnahmen ließ. Natürlich hatte er gute Gründe: Die Türkei war ein unsicherer Partner, und am Vorabend des gewaltigen Ringens, das alle auf sich zukommen sahen, brauchte England jedes Schiff. Doch so gerechtfertigt die Maßnahme gewesen sein mochte, die Türken sind wütend. Daß da jetzt

Goeben und *Breslau* am Goldenen Horn auftauchen, muß wie ein Wink des Himmels wirken.
Trotzdem wollen die Türken den britischen Löwen nicht unnötig reizen. Mit Bauernschläue geben sie bekannt, sie hätten die Schiffe käuflich erworben und auf *Yawuz Sultan Selim* und *Midilli* umgetauft. In Wirklichkeit ist Souchon, obwohl er die Komödie so weit getrieben hat, die Mannschaft mit Türkenfezen auszustatten, nach wie vor alleiniger Herr an Bord und damit von Konstantinopel, das vor seinen Kanonen liegt, so daß die Freunde der Entente oder die Befürworter der Neutralität keinen leichten Stand haben.
Mit so vielen Trümpfen in der Hand mag er nicht untätig bleiben. Am 28. Oktober läuft er aus und beschießt die russischen Schwarzmeerhäfen Odessa, Sewastopol und Noworossisk. Damit ist Rußland, wenn es sein Gesicht wahren will, zur Kriegserklärung an die Türkei gezwungen, die denn auch prompt am 4. November erfolgt, und einen Tag später ziehen England und Frankreich nach.
Ja, das Einlaufen der *Goeben* und der *Breslau* in den Bosporus ist für die Entente wirklich gleichbedeutend mit dem Verlust einer großen Schlacht. Plötzlich sieht sich Rußland von allen Versorgungswegen über See abgeschnitten; es bleibt ihm nur der bestenfalls während der Hälfte des Jahres eisfreie Hafen Archangelsk und, Welten entfernt, Wladiwostok. Damit entfallen nach den letzten Vorkriegszahlen 98 Prozent seiner Exporte und 95 Prozent seiner Importe. Vor allem aber kann die vorgesehene Lieferung von Kriegsmaterial durch die Alliierten nicht erfolgen, was sich schon bald schrecklich auswirken wird.
Der Kampf gegen die Türkei wird beim tragischen Sturm auf die Dardanellen im Jahre 1915 und in den Wüsten Mesopotamiens und Palästinas von den Alliierten einen hohen Blutzoll fordern.
Und das alles, weil im entscheidenden Augenblick ein willensstarker Seeoffizier den Mut zum Ungehorsam gehabt hat.

Am Mittwoch, 5. August, trifft Joffre in Vitry-le-François ein. Schwüle Hitze liegt über dem verschlafenen Städtchen an der träge fließenden Marne.
Das *Grand Quartier Général*, das französische Große Hauptquartier, ist in einem Schulhaus untergebracht. Eine absurde Vorstellung, aus diesem muffig nach Staub und Kreide riechenden Bauwerk könnten die Befehle kommen, die der Welt vielleicht ein neues Gesicht geben werden.
Gleich nach der Ankunft richtet sich der Generalissimus in einem der Säle ein, in dem eben noch die Schüler am Nachmittag unter Aufsicht ihre Aufgaben erledigt haben. Die Offiziere des *Troisième Bureau*, der Operationsabteilung, sitzen in den Klassenzimmern an den tintenverschmierten, mit Schnitzereien verunzierten Pulten. Der größte Raum, die Turnhalle, dient dem *Deuxième Bureau*, der Abteilung Sicherheit und

Feindnachrichten. Die Ringe sind an die Decke gezogen, eine Wand ist mit einer riesigen, Tag und Nacht auf den letzten Stand gebrachten Karte bedeckt.
In dieser kleinstädtischen Abgeschiedenheit durchlebt Joffre die dramatischen Stunden dieses Entscheidungsmonats; und von Anfang an sorgt er für einen Tagesablauf, bei dem er von nun an immer und überall bleiben wird.
Er will vor allem klaren Kopf behalten, sich nicht nervös machen lassen, Zeit haben, um alle Entscheidungen reifen zu lassen, und zwar gerade dann, wenn die Ereignisse sich überstürzen und jedes gelassene Abwägen unmöglich zu werden scheint. In der Ruhe liegt seine Kraft. Er gönnt sich acht Stunden tiefen Schlafes, der um keinen Preis gestört werden darf, und ausgedehnte Mahlzeiten im nahen Haus von Monsieur Capron, einem ehemaligen Pionieroffizier. Zweimal am Tag, um 7 und um 20 Uhr, erörtert Joffre mit seinen wichtigsten Offizieren die Lage. Während dieser *rapports* ist ihm alles zur Entscheidung vorzutragen: wer ihn außerhalb dieser Besprechungstermine stört, muß darauf gefaßt sein, unwirsch behandelt zu werden.
Von Anfang an macht er allen, vor allem den zivilen Behörden, eindeutig klar, daß er der absolute Herr und Meister zu sein wünscht. Deshalb hält er es auch nicht wie Moltke, der wie eine Spinne in der Mitte ihres Netzes in seinem Hauptquartier bleibt, sondern macht sich immer wieder zu seinen Generälen auf. Diese Blitzbesuche liebt er, nicht zuletzt wegen der rasenden Fahrt über die staubigen Landstraßen; sein Fahrer Georges Bouillot, der dreimal einen Grand Prix gewonnen hat, muß den Wagen möglichst auf 100 Stundenkilometer treiben.
In Vitry-le-François sind schon bei seinem Eintreffen die ersten Fähnchen auf der Riesenkarte umgesteckt worden, oben rechts an der belgisch-deutschen Grenze. Doch diese Alarmzeichen für eine Lage, die sich bald dramatisch zuspitzen wird, lassen Joffre kalt. Den Belgiern zu Hilfe zu eilen, kommt überhaupt nicht in Frage. Damit würde er von Anfang an die Initiative dem Gegner überlassen und dort kämpfen, wo er es nicht vorgehabt hat.
Getreu der Lehre, für die er sich so nachdrücklich eingesetzt hat, will er angreifen, mit aller Kraft nach Osten stürmen, seine 1. und 2. Armee auf Elsaß-Lothringen werfen und die von den Deutschen annektierten Provinzen zurückerobern.
Im *Grand Quartier Général* wird mit Vorliebe Napoleon zitiert: »Es gibt Augenblicke, da nichts den Vorteil aufwiegt, dem Feinde zuvorzukommen und als erster anzugreifen.«
Als erster angreifen! Das paßt herrlich zu dem unantastbaren Mythos von der Offensive um jeden Preis. Es gilt also, schnell zu handeln, und weil der Aufmarsch vor dem 14. August nicht ganz abgeschlossen sein kann, die 1. und 2. Armee bis dahin also Gewehr bei Fuß abwarten müssen, macht man am 7. August schon einmal einen kühnen Vorstoß.
Dafür nimmt man das VII. Korps und die 8. Kavalleriedivision von der 1. Armee weg,

deren rechten Flügel sie eben noch gebildet haben, und unterstellt sie als eigenen Verband General Bonneau mit dem herrlich einfachen Auftrag: Geradewegs angreifen, Mülhausen erobern, bis Huningue (Hüningen) durchstoßen und dann, rheinabwärts einschwenkend, die Brücken zerstören. Wenn alles gut geht, kann die Offensive bis Kolmar vorgetragen werden.

So verlockend die Aufgabe ist, Bonneau zögert. Er hat ganze 19000 Mann und fürchtet, dem Gegner in die Falle zu gehen. Er verlangt Aufschub, doch Joffre läßt sich nicht umstimmen. Er will seine Offensive haben, und sei es nur um des Ruhmes willen.

Am 7. August um 5 Uhr früh überschreitet das VII. Korps die Grenze. Die Begeisterung ist ungeheuer. Die Grenzpfähle werden herausgerissen und im Triumph mitgeführt. Der rechte Flügel greift entschlossen an, überrennt Dannemarie (Dammerkirch) und steht am Abend vor Altkirch, das mit aufgepflanztem Bajonett erobert wird. Am selben Tage fallen Thann und Cernay (Sennheim). Ein überwältigender Erfolg auf der ganzen Linie, unwiderstehlicher Angriffsschwung getreu der Lehre von Oberst de Grandmaison. Am 8. August ist Mülhausen erobert; Deimlings Nachhut zieht sich zurück, nachdem sie die Versorgungslager angezündet hat.

Herzbewegende Stunden sind das. Mit blitzendem Küraß sprengen die französischen Kavalleristen durch die Straßen, während die Infanterieregimenter zu den Klängen der Marseillaise und des Marsches »Sambre et Meuse« einmarschieren. Die Gewehre sind mit blauen, weißen und roten Blumen bekränzt. Ein Teil der Bevölkerung, vorne stehen malerisch die Mädchen in elsässischer Tracht, kommt und hört sich die Verlesung von Joffres Proklamation an:

»Kinder des Elsaß!

Nach vierzig Jahren schmerzlichen Wartens betreten wieder französische Soldaten den Boden Eures edlen Landes. Sie sind die Vorkämpfer des großen Werkes der Revanche! Welch ein stolzer, bewegender Tag für sie!

Für dieses Werk haben sie ihr Leben eingesetzt, die ganze französische Nation steht einhellig hinter ihnen, und ihre Fahnen sind die Feldzeichen von Recht und Freiheit.

Es lebe das Elsaß!

Es lebe Frankreich!«

Mulhouse befreit! Frankreich bebt vor Genugtuung.

Doch schon zieht bei den Deutschen Josias von Heeringen, der Führer der VII. Armee, seine Truppen zusammen. Das 14. und 15. Armeekorps eilen von Straßburg zum Gegenangriff herbei. In der Nacht vom 9. auf den 10. August ist Mülhausen schon bedroht, und in Eilmärschen müssen die Franzosen eine Reservedivision heranführen. Das reicht nicht. Der Druck der Deutschen wird immer stärker. Die Stadt muß aufgegeben werden, auch Thann, und bald ist der Rückzug unvermeidlich. Trotz erbitterten Widerstandes müssen das VII. Korps und die 8. Kavalleriedivision sich über die Grenze zurückziehen und vor Belfort Aufstellung nehmen.

In ganz Frankreich herrscht tiefe Niedergeschlagenheit nach der flammenden Begeisterung, und weil dem Lande ein Sündenbock vorgeführt werden muß, wird Bonneau abgelöst – als erster einer langen Reihe von erfolglosen Generälen.
Doch Joffre gibt sich nicht geschlagen. Das ist nicht seine Art. Er ist entschlossen, den Angriff zu wiederholen, und zur Durchführung versichert er sich der Dienste des pensionierten Generals Paul Marie Pau, der schon 1870 mitgekämpft und dabei seinen rechten Unterarm hier im Elsaß verloren hat. Nach den bösen Erfahrungen wird jetzt an Kräften nicht gespart. Außer dem VII. Korps und der 8. Kavalleriedivision und der 66. Reservedivision bilden die 44. Infanteriedivision, Gebirgsartillerie und drei weitere Reservedivisionen, zusammen 115000 Mann, die »Elsaß-Armee«. Am 14. August soll sie angreifen, am selben Tage wie die 1. und 2. Armee.

14. August. Endlich ist der ersehnte Tag da. Die 1. und 2. Armee unter Dubail und Castelnau sind voller Siegeszuversicht. Sie wissen, daß sie die Speerspitze des französischen Heeres sind. Sie müssen vorstoßen, koste es was es wolle, die einen in Richtung Saarburg, die anderen in Richtung Château-Salins. Wenn diese Ziele erreicht sind und man dem Gegner das Gesetz des Handelns aufgezwungen hat, wird man weitersehen. Vielleicht kann man zum Rhein durchbrechen, Straßburg befreien. Jedenfalls werden die Deutschen, von starken Kräften angegriffen, in einem Raum, den sie um jeden Preis zu halten versuchen werden, ihre Truppen zurücknehmen müssen. Ihre große Offensive die sie im Norden zu beabsichtigen scheinen, ist dann in Frage gestellt.
So sieht man die Lage im *Grand Quartier Général.*
Auf der Gegenseite ist Kronprinz Rupprecht von Bayern in seinem tristen Armeehauptquartier in St. Avold höchst unzufrieden. Er befehligt die VI. und VII. Armee, die der französischen 1. und 2. Armee gegenüberstehen. Seine Bayern brennen darauf, sich mit dem Feind zu messen, ihre Überlegenheit zu beweisen. Aber entsprechend dem Schlieffenplan hat er strenge Order, langsam zurückzuweichen und die Franzosen nachzuziehen auf eine vorbereitete Befestigungslinie, wo er so lange ausharren soll, bis der rechte Flügel des deutschen Heeres den erwarteten großen Sieg errungen hat.
Zurückweichen ... Ausharren ... Für einen auf Bewährung und Ruhm sinnenden Prinzen ist das nicht besonders verlockend.
Der Ruhm wird, wenn alles nach Plan geht, den Armeen im Norden und ihren Generälen zufallen: Kluck, Bülow, Hausen.
Der Ruhm ... Auch Dubail ist wohl darauf aus, als er am Morgen des 14. August seine Truppen zum Angriff antreten läßt. Sein Plan ist sehr einfach: Das XXI. und XIV. Korps erobern und halten die Vogesenpässe, das VIII. und XIII. stoßen auf Saarburg vor und halten nach links mit der 2. Armee Fühlung, die im gleichen Tempo auf Château-Salins marschiert.
Tatsächlich läuft alles wie am Schnürchen. Die Franzosen, von hochtrabenden Tagesbe-

fehlen aufgeputscht, dringen schwungvoll vor, hinein nach Lothringen und ins Elsaß. Überall geht es voran. Das XIV. und XXI. Korps erobern das Donon-Massiv, nehmen Saint-Blaise (St. Blasien) im Tal der Bruche (Breusch). Eine Fahne und 500 Gefangene fallen ihnen in die Hände, Sainte-Marie-aux-Mines (Markirch) wird besetzt. Im Süden rückt die Elsaß-Armee zum zweitenmal in Thann ein. Das XIV. Korps gelangt sogar bis Schirmeck, wo 12 Kanonen und 8 Maschinengewehre intakt erobert werden.

Das VIII. und XIII. Korps tragen ihren Angriff nach Nordosten vor, über Cirey und Blâmont hinaus, am 15. und 16. August drängen sie das bayerische 1. Armeekorps um jeweils 8 bis 10 Kilometer zurück. Am 18. stehen ihre Vorhuten bei Waldscheid, das VIII. Korps ist in Saarburg einmarschiert.

Jetzt triumphiert Joffre. Er schreibt an Messimy: »Wir haben den größen Teil der Vogesenpässe auf dem elsässischen Hang erobert und werden demnächst südlich von Saarburg die Ebene erreichen. Der Gegner hatte eine stark ausgebaute und mit schwerer Artillerie gut bestückte Verteidigungslinie geschaffen. Gestern nachmittag haben sich die Deutschen überstürzt daraus zurückgezogen. Gegenwärtig werden sie von unserer Kavallerie verfolgt.«

Die Soldaten sind wie von Sinnen. Ein Offizier des 95. Infanterieregiments schreibt: »Die Jagd ist auf! Die Bayern fliehen vor uns, und diese Flucht elektrisiert unsere Männer, die mit verdoppelten Kräften nachsetzen. Wohin man blickt, Jubel und Begeisterung.«

Die wildesten Gerüchte gehen bei der Truppe um. In acht Tagen wird man bestimmt in Straßburg sein.

Kronprinz Rupprecht ist außer sich. Er bedrängt Moltke am Telephon. Wie weit soll er denn noch zurückweichen? Wenn man die Franzosen gewähren läßt, muß man damit rechnen, daß sie einen Keil zwischen die V. und VI. Armee treiben. Sie sind doch jetzt im »Sack«, auf den befestigten Höhen um Saarburg steht genug schwere Artillerie, um sie zurückzuschlagen. Jetzt muß man zum Gegenangriff übergehen, und wenn das nachdrücklich genug geschieht, könnte man den rechten französischen Flügel umfassen, so wie die Armeen im Norden den linken Flügel des Gegners packen. Diese doppelte Zangenbewegung würde das Ende des Krieges bedeuten, einen überwältigenden Sieg wie Hannibals Triumph bei Cannae.

Moltke zögert. Er weiß, daß Schlieffen nicht nachgegeben, sondern alles, auch den Ehrgeiz eines Kronprinzen von Bayern, der gewaltigen Bewegung des rechten Flügels aufgeopfert hätte. Aber er hat nicht die Willenskraft eines Schlieffen. Er bringt es nicht über sich, Geländeverluste hinzunehmen. Er versucht, einen Kompromiß zu finden.

Am 18. August, als die Franzosen schon in Saarburg einmarschieren, ruft Rupprecht wieder bei ihm an. Man spürt, wie ergrimmt er ist. Bekommt er nun endlich den Befehl zum Angriff? Man läßt ihm erwidern, nachdem man Moltkes Anweisungen eingeholt

hat: »Sie müssen ja die Verantwortung tragen. Fassen Sie also Ihren Entschluß, wie Sie es nach Ihrem Gewissen für richtig halten.«
»Er ist schon gefaßt. Wir greifen an.«
»Na, dann schlagen Sie mit Gott.«
Er schlägt hart und mit aller Kraft zu. Seine schwere Artillerie eröffnet das Feuer, seine Maschinengewehre mähen ganze Reihen von »Rothosen« nieder, die über den Kranz der Hügel um Saarburg vorzudringen versuchen. Das 14. und 15. Armeekorps stürzen sich auf den Feind. Die französische 7,5-cm-Feldartillerie wird überrannt, ehe sie zum Schuß gekommen ist. Die Wirkung der schweren Kaliber, von denen der französische Generalstab nichts wissen wollte, weil sie den Angriffsschwung der Infanterie lähmen würden, ist erschreckend.
Bei Gosselming halten das 56. und das 134. Regiment dem massierten Feuer nicht stand. Die vorgeschobenen Einheiten des 29. Regiments, die bis an die Saar gelangt sind, können nur mühsam ihre Position halten.
Saarburg, im Zentrum der Kämpfe, wird vom 95. Infanterieregiment zäh verteidigt. Der Befehl lautet: »Durchhalten bis 13 Uhr.« Die Soldaten harren bis 17 Uhr aus und verlassen die Stadt mit aufgepflanztem Bajonett zu den Klängen von »Sambre et Meuse«.
Jetzt ist der Krieg wirklich mit all seinen Schrecken losgebrochen.
Am Abend des 20. August kommt der Rückzug der 1. Armee am Rhein-Marne-Kanal zum Stehen. Dubail hat die Hoffnung noch nicht aufgegeben. Er ist sogar entschlossen, wieder Front zu machen und anzugreifen, als er den Befehl erhält, weiter zurückzugehen: Sein linker Flügel ist bedroht, weil die 2. Armee eine schwere Niederlage erlitten hat.

Dabei hatte bei der 2. Armee alles gut angefangen. Am Morgen des 14. August war die Moral der Truppe hervorragend gewesen. Nur Castelnau selber hatte sich Gedanken gemacht. Joffre, beunruhigt wegen der Bedrohung, die sich im Norden zusammenzog, hatte ihm mitgeteilt, daß er ihm das XVIII. Korps weggenommen hatte und auch noch das IX. nehmen würde. Vergebens hatte Castelnau protestiert. In einem Brief an einen guten Bekannten hatte er seinem Unmut Luft gemacht: »Das ist gegen allen gesunden Menschenverstand. Ich sehe voraus, daß wir Schwierigkeiten bekommen werden.«
Es bleiben ihm nur noch 130000 Mann, etwas mehr als die Hälfte der vorgesehenen Kräfte, aber er soll nach wie vor nach Osten angreifen und von seiner Bereitstellung im Raum Baccarat–Lunéville aus erst die Linie Avricour–Château-Salins, später Bernsdorff–Morhange erreichen. Dabei hat er dafür zu sorgen, daß Nancy gedeckt bleibt und ein etwaiger deutscher Angriff aus Richtung Metz abgewiesen wird.
Ein schwieriger Auftrag, für den Castelnau von rechts nach links nur über das XVI.,

XV. und XX. Korps verfügt, das letztere unter dem Befehl von Ferdinand Foch, der sich als brillanter Lehrer an der Kriegsschule einen Namen gemacht hat.
Am ersten Tag der Offensive weiß die 2. Armee nicht wirklich, wie stark ihr Gegner ist. Abgesehen von der Garnison der Festung Metz, die jeden Augenblick eingreifen kann, bestehen die deutschen Kräfte in diesem Abschnitt aus drei aktiven Armeekorps (dem 3., 21. und bayerischen 1.) sowie einem Reservekorps (dem bayerischen 1.).
Am 14. August tritt die gesamte 2. Armee mit wehenden Fahnen zum Angriff an. Das XVI. Korps auf dem rechten Flügel dringt auf Igney und Moussey vor, das XV. im Zentrum auf Mouacourt, Parey und Serres, das XX. links auf Xanrey und Chambrey. Die Festung Metz wird nur durch Reservedivisionen abgeriegelt.
Die begeistert vorstürmenden Soldaten wissen ebensowenig wie ihre Generäle, daß der Gegner deshalb zurückweicht, weil Kronprinz Rupprecht Anweisung hat, dem Feind nur hinhaltenden Widerstand zu leisten. Die Franzosen kommen voran und empfinden sich als die strahlenden Sieger. Schon am 17. August dringt das XX. Korps in Château-Salins ein, wo Foch sein Hauptquartier aufschlägt.
Am 18. August versteift sich der Widerstand der Deutschen plötzlich. Das XVI. Korps bleibt im gegnerischen Feuer liegen; das XV. schafft es nicht, in das Städtchen Dieuze einzudringen. Nur das XX. kommt noch voran und bildet einen Brückenkopf auf dem rechten Ufer der Seille.
Am 19. August soll die Offensive auf der ganzen Front fortgesetzt werden. Aber inzwischen hat Kronprinz Rupprecht von Moltke freie Hand bekommen. So kommt das XVI. Korps gar nicht erst in Gang, und das XV. rennt sich an stark ausgebauten Stellungen mit betonierten Gräben, Maschinengewehrnestern und Stacheldraht fest; außerdem wird es von schwerer Artillerie mit intensivem Feuer eingedeckt. Die bedauernswerten Regimenter können weder vor noch zurück. Am gleichen Tage stoßen gegen 13 Uhr auch die Vorausabteilungen des XX. Korps auf Widerstand.
In seinem Hauptquartier in Maizières bleibt Castelnau, der zur Offensive verurteilt ist, trotz aller Bedenken nur die Flucht nach vorn. Er diktiert seine Befehle für den nächsten Tag: Das XVI. Korps soll den Kanal von Salins überschreiten, das XV. nördlich der Seille Geländegewinne erzielen und das XX. in der erreichten Stellung bleiben, um die Flanke zu decken.
Im Morgengrauen des 20. August tritt das XVI. Korps eben zum Sturm an, als es unter heftiges Artilleriefeuer genommen und kurz darauf vom bayerischen 1. Korps angegriffen wird. Stellenweise kommt es zum Nahkampf.
Beim XV. Korps sieht es noch bedrohlicher aus. Bereits um 10 Uhr liegen die Männer unter höllischem Feuer, um 11 Uhr fliehen sie, von den Bayern verfolgt, auf Dieuze. Die Regimenter geraten durcheinander, zwischen den Soldaten flieht die Zivilbevölkerung mit ihren Habseligkeiten. Und es beginnt zu regnen. Verwundetentransporte können sich ihren Weg nicht mehr bahnen, völlig verstörte Männer stürzen sich auf die

Wagen, um schneller nach hinten zu kommen. Die Kutscher müssen sich mit der Peitsche wehren.

Foch hat für diesen Tag Befehl, nicht weiter vorzudringen, sondern sich zur Unterstützung des XV. Korps bereitzuhalten und einen Ausfall der Garnison von Metz zurückzuschlagen, wenn es dazu kommen sollte. Aber er bringt es nicht fertig, untätig zu bleiben. Schon um 4 Uhr früh befiehlt er Einheiten seines XX. Korps, die Höhen von Morhange zu erstürmen. Später rechtfertigt er sich damit, er habe Castelnaus Befehle nicht erhalten, was zu einem peinlichen Streit ausartet.

Jedenfalls setzt sich das XX. Korps, kaum daß sich der Morgennebel lichtet, in Bewegung. Es kommt nicht weit. Sehr bald wird die 39. Division auf dem linken Flügel unter schweres Artilleriefeuer genommen und gleich darauf vom bayerischen 3. Korps angegriffen, einer Eliteeinheit, deren Soldaten sich stolz die »Bayerischen Löwen« nennen. Bei diesem Zusammenstoß wird Oberst de Grandmaison, der Verkünder der Offensive um jeden Preis, durch zwei Kopfschüsse verwundet.

Sehr schnell wird die Lage für die Franzosen kritisch. Die »Bayerischen Löwen« stürzen sich auf die Kanonen und erobern im Bajonettangriff zwei Divisionsartillerie-Abteilungen.

Schon um 8 Uhr beginnt die 39. Division zu weichen. Rings brennen die zerschossenen Dörfer.

Die 11. Division, auf der linken Flanke bedroht und frontal vom bayerischen 21. Armeekorps bedrängt, muß die Bewegung mitmachen. Sie zieht sich auf Château-Salins zurück, das Foch überstürzt verlassen muß.

Verschlimmert wird die Lage noch durch den tatsächlich erfolgenden Angriff von Truppen aus Metz auf die gegen sie gestellten Reservedivisionen; das Städtchen Momeny wird von der Artillerie völlig zerstört.

Castelnau durchlebt in Maizières furchtbare Stunden. Seine drei Korps sind in völliger Auflösung und zudem in Gefahr, eingeschlossen zu werden. Er beginnt gerade mit dem Diktieren seiner Befehle, als ihm gemeldet wird, daß soeben sein Sohn Xavier gefallen ist. Er starrt einen Augenblick vor sich hin und sagt dann zu seinen Offizieren: »Weitermachen, meine Herren.«

Er muß sich im Schutze der Nacht vom Gegner lösen, Nancy und das breite Einfalltor bei Charmes um jeden Preis decken. Er kennt das Gelände gut und weiß, daß er dafür einen festen Rückhalt hat in dem Grand Couronné, der Hügelkette vor Nancy, die von den Deutschen auf keinen Fall umgangen werden kann. Doch wird er sich dort halten können?

Kronprinz Rupprecht in seiner Begeisterung und seinem Stolz, gegen alle Neunmalklugen recht behalten zu haben, erklärt, es sei noch nicht alles vorbei. Man müsse die Kräfte noch voll einsetzen, um den Feind zu zerschlagen.

Der deutsche Heeresbericht meldet triumphierend: »Der Feind wurde auf der ganzen

Linie mit schweren Verlusten geworfen. Viele Tausende von Gefangenen und zahlreiche Geschütze sind ihm abgenommen (...) Unsere Truppen, beseelt vom unaufhaltsamen Drang nach vorwärts, folgen dem Feind und setzen den Kampf auch fort.«
Tatsächlich kommt der deutsche Vormarsch erst am Grand Couronné zum Stehen. Dort beginnt am 25. August eine andere, erbitterte Schlacht.
In beiden Generalstäben versucht man erste Lehren aus den bisherigen Kämpfen zu ziehen. Erstaunlicherweise gelangen beide Seiten zu falschen Folgerungen.
Moltke ist überzeugt, daß sich die 1. und 2. Armee nicht von ihrer Niederlage erholen werden und er sie umfassen kann, so wie er gerade im Norden den linken Flügel der Franzosen zu umfassen versucht. Anstatt also seinen rechten Flügel stark zu machen und dort, und nur dort, das Kriegsglück zu suchen, wie Schlieffen es gepredigt hat, läßt er die Armeen des Kronprinzen Rupprecht in Richtung Epinal marschieren. Sie beißen sich die Zähne am Grand Couronné aus und werden ihm in den Tagen der Entscheidung an der Marne bitter fehlen.
Die Franzosen wiederum hätten seit Morhange allen Anlaß gehabt, ihr Offensivdogma in Frage zu stellen und zu begreifen, daß beim derzeitigen Stand der Waffentechnik Truppen in tiefen Gräben mit Maschinengewehren und Artillerieunterstützung unbesiegbar sind. Die Kämpfe in Lothringen haben doch bewiesen, daß blankes Seitengewehr, Schwung und Begeisterung gegen schwere Artillerie nichts ausrichten können. Leider, leider haben die französischen Generalstäbler diese Lehre nicht begriffen. Sonst hätten Hunderttausende ihr Leben nicht verlieren müssen.
Jedenfalls ist es vorbei mit den roten Hosen. Sehr schnell werden sie in Erwartung der neuen horizontblauen Uniform mit blauen Baumwollüberzügen verdeckt.

Dienstag, 4. August. »Schau mal, Ulanen!« In der Gegend von Herve halten die belgischen Bauern auf den sonnenwarmen Feldern bei der Erntearbeit inne. Sie stützen sich auf ihre Gabeln und betrachten das unglaubliche Schauspiel: Von weitem sieht es aus wie ein Wald von Lanzen, der sich in einer Staubwolke vorwärtswälzt und überallhin ausbreitet. Jedesmal, wenn sie in ein Dorf einreiten oder auf eine Gruppe Zivilisten treffen, zügeln die Offiziere ihre Pferde und verteilen einen Aufruf: Die deutsche Armee bedauert, in Belgien einmarschieren zu müssen, sie verlangt »freie Bahn« und weist die Bevölkerung darauf hin, daß die Zerstörung von Brücken, Tunnels und Bahnlinien als feindseliger Akt betrachtet werden wird.
Kaum sind die Reiter der Marwitzschen Kavallerie weitergesprengt, bewegt sich eine graue Flut heran: Die deutsche Infanterie, sechs als »Stoßarmee« unter General von Emmich zusammengezogene Brigaden der II. Armee, marschiert auf Lüttich. Pickelhelme, Knobelbecher, Soldatenlieder. Sie wirken frisch trotz ihres schweren Tornisters mit Konserven, Tabak, Schokolade, Verbandszeug und einer Flasche Branntwein; die »Eiserne Ration« darf nur auf ausdrücklichen Befehl angebrochen werden und wird

von den Unteroffizieren täglich überprüft. Radfahrerkompanien fahren den Truppen voraus und legen schon Fernsprechleitungen.

Alle Augenzeugen haben den gleichen Eindruck von dieser Invasion behalten: Eine erdrückende, selbstsichere und vor allem arglos vorrückende Armee.

Das ist kein Wunder. Weil man es ihnen oft genug gesagt hat, sind die Männer überzeugt davon, daß sich die Belgier nicht wehren werden. Hat nicht Wilhelm II., mit der Hand durch die Luft fahrend, selber gesagt: »So leicht werde ich Belgien durchqueren«?

Die armen Belgier! Wie sollten sie sich auch verteidigen? Sie können mit Mühe 170000 Mann aktiver Truppen zusammenbringen. Und von den Reservisten weiß jeder, daß sie schlecht ausgebildet sind und allenfalls dazu taugen, die Festungen zu bewachen.

Doch siehe da, sie setzen sich mutig zur Wehr. Als Emmich die Maas erreicht, sind die Brücken gesprengt. Die Truppen, die auf Pontons überzusetzen versuchen, werden mit heftigem Gewehrfeuer empfangen. Bis zum ersten Abend sind nur wenige Einheiten bei Visé über den Fluß gelangt.

Von Emmich muß feststellen, daß sein Auftrag nicht so leicht auszuführen sein wird, wie man sich das höheren Ortes vorgestellt hat. Aber er muß unter allen Umständen Lüttich und den Kranz seiner Forts erobert haben, bevor die drei Armeen des deutschen Nordflügels fertig aufmarschiert sind.

Für Schlieffen war Lüttich nebensächlich, eine von mehreren Festungen, die man in Schach halten mußte, während die Invasionsarmee an ihnen vorbeizog – durch Holland. Aber Moltke, der die Zahl der Feindnationen nicht unnötig vergrößern wollte, hat beschlossen, die holländische Neutralität zu respektieren. So muß er, bevor er sein Heer auf breiter Front vormarschieren lassen kann, die Sperrfeste Lüttich knacken.

Diese Sperre haben die Belgier nach allen Regeln der Kunst ausgebaut. Die Stadt ist umgeben von 12 Panzerforts auf beiden Ufern der Maas. Diese zwischen 1888 und 1891 unter Generalingenieur Henri Brialmont errichteten unterirdischen Forts mit dicken Betondecken und gepanzerten Kuppeln sind mit 12-cm- und 21-cm-Geschützen bestückt, außerdem mit 5,7-cm-Schnellfeuerkanonen. Ihre einzige Schwäche ist die fehlende Befestigung der Zwischenräume, die von den friedensverwöhnten Belgiern versäumt worden ist. Erst seit die Lage sich bedrohlich zugespitzt hat, sind sie mit Nachdruck, aber zu spät, an diese Aufgabe gegangen.

Noch hofft Emmich, daß er den Kampf vermeiden kann. In den Morgenstunden des 5. August schickt er einen Parlamentär zu General Leman, dem Festungskommandanten, und fordert zur sofortigen Übergabe auf. Andernfalls würde vom nächsten Tage an die Stadt mit Zeppelinen von Köln aus bombardiert. Leman lehnt ab; aber nicht aus Hochmut oder um noch ein Gefecht für die Ehre zu liefern. Er vertraut auf seine Forts und ist überzeugt, daß sie Wochen, vielleicht Monate Widerstand leisten können, auch wenn der Gegner durch die Zwischenräume vordringt. Die Stadt selber wird von der 3. Division, einer der besten der belgischen Armee, verteidigt.

Da die Zeit drängt, beschließt Emmich, nicht lange zu fackeln. Kaum ist sein Parlamentär mit der Ablehnung wieder da, läßt er seine Truppe gegen die Forts Chaudfontaine, Fléron, Evagnée, Barchon und Pontisse anrennen. Der Anprall ist fürchterlich. Die deutschen Infanteristen, in dichten Reihen stürmend, werden von den Schnellfeuerkanonen und Maschinengewehren niedergemäht. Immer wieder versuchen sie es. Ein belgischer Offizier berichtet: »Im Glied, fast Schulter an Schulter, kommen sie auf uns zu, bis wir sie zusammenschießen. Die Toten liegen so hoch übereinander, daß diese schrecklichen Barrikaden uns das Schußfeld zu nehmen beginnen.«
Mit der bloßen Brust gegen Kanonen, das ist ein zu ungleicher Kampf. Um den Preis schrecklicher Verluste muß Emmich das einsehen. Jetzt versucht er es mit einem Husarenstreich. Im Schutze der Dunkelheit schickt er einen Trupp von dreißig Mann und sechs Offizieren in Phantasieuniformen, die eine entfernte Ähnlichkeit mit englischen haben, durch den Zwischenraum zweier Forts in die Stadt. Sie gelangen unbehelligt in die Rue Sainte Foy zum Hauptquartier und verlangen General Leman zu sprechen. Major Marchand, der Adjutant des Generals, kommt an die Tür und ruft: »Das sind keine Engländer! Das sind Deutsche!« Er wird sofort niedergeschossen, aber die Deutschen sind verloren. Immerhin wird Leman deutlich, daß die Stadt jeden Augenblick erobert werden kann. Er beschließt, die 3. Division zum Gros der belgischen Armee an der Gette zwischen Namur und Antwerpen abmarschieren zu lassen, und zieht sich selber ins Fort Loncin zurück.
In derselben Nacht vom 5. auf den 6. August bahnt sich die 14. Infanteriebrigade der Deutschen unter General von Wussow einen Weg am Fort Fléron vorbei. In der Dunkelheit stoßen die Männer gegeneinander, wissen nicht weiter, werden beim Durchqueren des Dorfes Retinne beschossen, haben Verluste, kriechen zurück. Dieser Krieg, diese Nacht sind alles andere als frischfröhlich. Während sich die Männer ausruhen, führt eine Ordonnanz das Pferd des Generals von Wussow vorbei, der weiter vorn gefallen ist. Ohne ihren Kommandeur und in dem dumpfen Gefühl, in eine Falle geraten zu sein, sind die Infanteristen drauf und dran, sich aus dem Staub zu machen.
Der Mann, der die Lage rettet, heißt Erich Ludendorff. Er ist nicht irgendwer. Der massige General mit dem blonden Schnurrbart ist so hochfahrend, daß er nur wenige Freunde hat, aber er hat einen Ruf als unermüdliches Arbeitstier. Deshalb wohl ist er, der Bürgerliche, 1895 als Dreißigjähriger in den Generalstab berufen worden. Der leidenschaftliche Bewunderer Schlieffens ist von 1906 bis 1912 Chef der Aufmarschabteilung im Großen Generalstab gewesen.
In dieser Nacht ist er nach seinen eigenen Worten »als Spaziergänger« unterwegs, als Beobachter, der sich als Oberquartiermeister der II. Armee selber ein Bild von den Vorgängen in Lüttich machen will. Da er an der Spitze der Marschkolonne mitgeht, erfährt er als einer der ersten vom Tod von Wussows. Da er spürt, daß die Truppe unschlüssig wird, übernimmt er das Kommando der führerlosen Brigade.

Immer wieder fallen Schüsse in der Nacht. Die Brigade hat Verluste. Ludendorff schreibt später, er werde nie den »hörbaren Einschlag der Geschosse in menschliche Körper« vergessen.

Er rafft eine Anzahl Freiwillige zusammen, die den Weg freikämpfen, und als sie merken, daß klare Befehle kommen, nehmen die Männer ihren Marsch wieder auf. Sie gelangen in das Dorf Queue-du-Bois, und nachdem sie die Häuser, aus denen das Feuer gekommen ist, zusammengeschossen haben, rücken sie weiter ins Unbekannte vor. Ludendorff berichtet, er habe die zögernden Soldaten immer wieder ermahnen müssen, ihn nicht im Stich zu lassen.

Als im Morgengrauen auch die Versprengten zu ihnen gestoßen sind, stellen die Männer fest, daß sie weit ins Innere des Befestigungsgürtels gelang sind. Sie erblicken die Hügel westlich der alten Kartause. Unter ihnen liegt Lüttich. Jenseits der Maas ist deutlich die Zitadelle zu erkennen. Sofort richten sie ihre mitgeführten Kanonen auf dieses Ziel.

Aber sie befinden sich in einer dramatischen Lage, allein im Innern des Festungsgürtels, ohne Meldungen von den Truppen, die ihnen folgen sollen, und mit Tausenden von belgischen Gefangenen, die sie unterwegs gemacht haben. Die Feldküchen sind nicht nachgekommen, die Soldaten sind erschöpft.

Am Nachmittag des 6. August läßt Ludendorff die Stadt beschießen, weil er jeden Augenblick mit einem Gegenangriff rechnet und Eindruck machen will, doch er hat zu wenig Munition und kann nur alle halbe Stunde einen Schuß abgeben. Er sieht aus nächster Nähe zu, wie der angedrohte Zeppelin erscheint und einzelne Bomben abwirft. Später erfährt er, daß bei diesem ersten Luftangriff der Geschichte neun Zivilisten ums Leben gekommen sind.

Als kühl und feindlich die Nacht kommt, geht er von Mann zu Mann und hält ihre Hoffnung aufrecht: »Morgen sind wir in Lüttich.« Am frühen Morgen beschließt er nach Rücksprache mit Emmich, alles auf eine Karte zu setzen und in die Stadt einzudringen. Er weiß nicht, daß sie seit dem Abzug der belgischen 3. Division wehrlos daliegt. Er stellt seine Marschkolonne auf und schickt Oberst von Oven zur Vorhut mit dem Auftrag, die Zitadelle zu besetzen. Die Stadt ist wie ausgestorben. Er steigt in ein belgisches Auto und fährt zur Zitadelle hinauf, überzeugt, daß von Oven längst dort ist. Mit dem Degengriff klopft er ans Tor und wird eingelassen. Die wenigen zurückgebliebenen belgischen Soldaten ergeben sich. Die Stadt ist erobert.

»Meine selbstübernommene Aufgabe war damit beendet«, stellt Ludendorff nüchtern fest. Er fährt sofort zurück nach Aachen zur II. Armee.

Lüttich gefallen, am vierten Tage nach Beginn der Kampfhandlungen! Die Meldung von dieser Waffentat weckt in Berlin wilde Begeisterung. Selbst Wilhelm II., der Moltke noch am Tag zuvor mürrisch behandelt hat, nennt ihn jetzt »liebster Julius« und umarmt ihn. Doch mit dem Jubeln ist es gleich wieder vorbei, als man erfährt, daß die Forts unbezwungen sind, daß die Maasübergänge nach wie vor unter ihren schweren Kano-

nen liegen. Solange die Forts nicht aus dem Wege geräumt sind, kann der rechte Flügel des deutschen Heeres seinen gewaltigen Marsch nicht antreten.
In Brüssel allerdings wächst jetzt die Angst. Alle stellen sich die gleiche Frage: »Wo bleiben die Franzosen?« Schon am 6. August hat sich König Albert gleich zweimal dringlich an Poincaré gewendet. Seine Truppen stehen zwischen Namur und Antwerpen, und er hofft ausharren zu können, vorausgesetzt, daß bald Unterstützung kommt.
Poincaré und Messimy wollen Belgien nicht im Stich lassen und verlangen die Entsendung von mindestens fünf Korps, doch Joffre läßt sich nicht erweichen. Er will an Plan XVII nichts ändern. Für ihn liegt der entscheidende Frontabschnitt in Lothringen. Daß die Deutschen Lüttich angegriffen haben, beeindruckt ihn nicht. Er bleibt dabei, daß sie nicht stark genug sind, um eine große Umfassungsbewegung durch Belgien machen zu können. Allenfalls werden sie durch die Ardennen vorzudringen versuchen, und das wird ihnen schlecht bekommen. Immerhin beschließt er, weil man sich doch wohl solidarisch zeigen muß, das Korps Sordet zu entsenden: drei Kavalleriedivisionen, die dem *Grand Quartier Général* unmittelbar unterstellt sind.
Mit funkelndem Küraß machen sich die schweren Reiter in Richtung Neufchâteau auf den Weg. Nach ihrer hehren Tradition träumen sie von schneidigen Attacken mit geschwungenem Säbel, von wilden Gefechten wie unter Murat, zu Napoleons Zeiten. Doch sie stoßen ins Leere, weil das Gros des deutschen Heeres sich noch nicht entwikkelt hat. Sie gelangen bis Malmédy und fast bis Lüttich, reiten 200 Kilometer kreuz und quer, ohne auf nachdrücklichen Widerstand zu stoßen. Sordets Bericht bestätigt Joffre in seiner Gewißheit, daß die Deutschen keinen massiven Vormarsch planen.
Mindestens zwei Männer sind anderer Meinung: König Albert, der damit rechnet, von übermächtigen Kräften angegriffen zu werden, und General Charles Lanrezac, der Befehlshaber der 5. Armee.
Alle, die Lanrezac kennen, sagen von ihm, er sei eine »eindrucksvolle Persönlichkeit«, ein »richtiger Löwe«. Er wirkt tatsächlich imposant mit seiner großen, massigen Gestalt, dem vorgewölbten Bauch, der betont uneleganten Kleidung; Haar und Schnurrbart sind graumeliert und sein Kneifer hängt ihm ständig über das rechte Ohr.
Mit zweiundsechzig Jahren hat er sich mit seiner ironischen, unbeherrscht verletzenden Art schon viele Feinde gemacht. In Pointe-à-Pitre auf Guadeloupe geboren, mit siebzehn Jahren 1869 in die Militärschule Saint-Cyr gesteckt, hat er gleich im Jahr darauf an den Kämpfen an der Loire teilgenommen. Seitdem hat er eine fulminante Karriere gemacht: Dozent in Saint-Cyr, Generalstäbler, Professor an der Kriegsschule, wo seine Kurse nach dem Bericht eines Augenzeugen »breit, mächtig und laut« gewesen sind. Die höchste Ehre ist ihm soeben, 1914, mit der Berufung in den Obersten Kriegsrat widerfahren.
Als Joffre ihm die 5. Armee anvertraut hat, hat er seine »hervorragende Intelligenz,

Arbeitskraft, Eigeninitiative und seinen Sinn für Truppenbewegungen« hervorgehoben, doch jetzt empfindet der Generalissimus ihn eher als lästig.
Denn Lanrezac hat die deutschen Absichten tatsächlich durchschaut und ist überzeugt, daß Joffre ins Verderben rennt. Der Angriff auf Lüttich bestätigt ihn in seiner Überzeugung. Nach Plan XVII soll er seine Armee durch die Ardennen führen und sieht voraus, daß sie in diesem bewaldeten Hügelland nicht rasch genug vorankommen wird, um das von ihm erwartete Umfassungsmanöver der Deutschen aufzuhalten.
Er ist nicht der Mann, der mit seinen Ansichten hinter dem Berg hält. Schon vor Beginn der Kampfhandlungen hat er Joffre ja gewarnt und ist bei ihm schlecht angekommen.
Am 7. August, als die Gefahr sich deutlicher abzeichnet, versucht er es noch einmal. Er schickt seinen Stabschef, General Hély d'Oisel, zum Generalissimus, um seine Bedenken vorzutragen.
Diese Hartnäckigkeit erbost Joffre, der mehr denn je der unumschränkte Herr seiner Armeen sein will. Er fertigt den Besucher kurz und trocken ab mit der Bemerkung, die Befürchtungen von General Lanrezac seien voreilig.
Noch am 10. August, als Emmich vor den Forts von Lüttich steht, bleibt Joffre bei seiner Meinung; rückblickend schreibt er: »Eine ganze Reihe von Meldungen bestätigten uns in unserer Überzeugung, daß die Hauptstoßrichtung der Deutschen nicht durch Belgien führe.«
Die Tatsachen scheinen ihm recht zu geben, weil sich die Forts als uneinnehmbar erweisen. Wilhelm II. bebt vor Ungeduld. Er deckt Moltke mit dringenden Anfragen ein, die um so überflüssiger sind, als Moltke selber zum Einsatz aller zur Verfügung stehenden Mittel entschlossen ist.
In Essen arbeiten sie seit Monaten in Tag- und Nachtschicht zu Hunderten an der Fertigstellung der ungeheuerlichsten Kanone in der Geschichte der Artillerie: dem 42-cm-Mörser, einem 18 Tonnen schweren Monstrum, das eine Granate von knapp einer Tonne Gewicht 15 Kilometer weit schleudern kann. Auf dem Schießplatz sind alle Versuche zufriedenstellend verlaufen. Die Kanone des Sieges steht bereit, aber sie ist so schwer und groß, daß sie sich als beinahe untransportierbar erweist.
Trotzdem muß sie so schnell wie möglich nach Lüttich gebracht werden, vor dem die deutschen Nordarmeen hilflos auf der Stelle treten.
In der Nacht vom 9. auf den 10. August werden zwei Mörser in jeweils zwei Teilen auf vielrädrige flache Waggons geladen. Der schwere Zug wird langsam zur belgischen Grenze geführt, wo er am 11. August vor dem gesprengten Tunnel von Herbesthal eintrifft. Die Artilleristen müssen zu ihrem Entsetzen ohne die schweren Hebezeuge der Fabrik auskommen; das Umladen der Ungetüme auf Straßenroller ist eine Meisterleistung. Mühsam geht es weiter, aber schließlich ist man doch in Schußweite von Fort Pontisse angelangt.

Jetzt muß der Mörser aufgestellt werden, was die 200 Mann trotz aller Eile sechs Stunden kostet. Am 12. August aber ruht die Lafette fest auf einer schon vorher gegossenen Betonbettung.

Um 18.30 Uhr ist die Bedienungsmannschaft in 300 Meter Entfernung in Deckung gegangen. Der Geschützführer zündet elektrisch. Die ungeheure Granate steigt gen Himmel, und eine Minute später sehen die fassungslosen Augenzeugen, wie von Fort Pontisse eine mehrere hundert Meter hohe Staub- und Trümmerwolke aufschießt. Schon am Tag darauf können die Sieger mit umgehängtem Gewehr in das zerschlagene Fort einziehen.

Die Verteidiger des Festungsgürtels merken, daß sie verloren sind. Einer berichtet: »Der Flug jedes dieser Geschosse verursachte ein Geräusch wie von einem wütenden Sturm und endete in gräßlichem Blitz und Donner; von der zitternden Erde erhoben sich riesige Staub- und Rauchschwaden.«

Dieser apokalyptischen Waffe ist nichts gewachsen. Eines nach dem andern zerbrechen die Forts unter den Schlägen der 42-cm-Mörser und der von Österreich geliehenen 30,5-cm-Skoda-Mörser. Evagnée und Chaudfontaine sind am 13. an der Reihe, Liers und Fléron am 14. Am 16. hält sich nur noch Fort Loncin, in dessen Tiefen General Leman Zuflucht gesucht hat. Um 17 Uhr schlägt eine Granate ins Munitionslager durch. Bei der Explosion finden 80 Prozent der Besatzung den Tod. Die Überlebenden sind keiner Reaktion mehr fähig. Als die Deutschen in die rauchenden Trümmer eindringen, finden sie General Leman bewußtlos unter Steinbrokken eingeklemmt. Er wird gefangengenommen, ohne sich ergeben zu haben. Seinen Degen darf er behalten.

Das letzte Hindernis ist gefallen. Schon am 17. August kann sich der rechte deutsche Flügel in Marsch setzen. Nach dem Operationsplan sollte das am 15. August geschehen. Die Forts von Lüttich, von denen man meinte, sie könnten monatelang widerstehen, haben den Invasionsstrom nur zwei Tage aufgehalten.

Für Joffre ist das noch kein Grund zur Beunruhigung. Er denkt nur an die große Offensive, die er eben in Lothringen gestartet hat.

Geradezu gekränkt ist er, als Lanrezac am 14. August um 15 Uhr selber bei ihm vorspricht. Der Verantwortliche für die 5. Armee will noch einmal seine schweren Bedenken anmelden. Aber einmal mehr sieht er sich abgewiesen.

Joffre läßt sich seine Ansicht von seinen beiden Stellvertretern, Belin und Berthelot, ausdrücklich bestätigen und sagt begütigend:

»Wir haben den Eindruck, daß die Deutschen da wirklich nichts bereitgestellt haben.«

»Ich verließ ihn zutiefst entsetzt«, berichtet Lanrezac.

Vollends innerlich zerrissen ist er nach der Rückkehr in sein Armeehauptquartier in Rethel. Die Feindaufklärung meldet, daß inzwischen acht deutsche Armeekorps zwischen der Nordspitze von Luxemburg und Lüttich konzentriert sind. Lanrezac schreibt sofort an Joffre: »Ich könnte es vor meinem Gewissen nicht verantworten, wenn ich Ihnen nicht angesichts der Eindeutigkeit der letzten Meldungen noch einmal erklären würde, daß die ins Auge gefaßte Verlegung der 5. Armee in den Raum Maubeuge–Givet meines Erachtens unverzüglich geprüft und vorbereitet werden sollte. Ungeachtet des Vorstehenden bin ich bereit, jeden Ihrer Befehle auszuführen.«

Man hat den Eindruck, daß Joffre so auf seine Schlacht in Lothringen fixiert ist, daß er einfach nicht wahrhaben will, was sich da auf seinem linken Flügel zusammenbraut. Die Gefahr ist näher, als irgend jemand auf französischer Seite es sich ausmalt. Schon sind die drei deutschen Armeen des rechten Flügels in voller Entfaltung. Sie bilden die stärkste Stoßmacht, die je auf ein Schlachtfeld marschiert ist: 34 Divisionen, geführt von drei Achtundsechzigjährigen, den Generälen von Kluck, von Bülow und von Hausen. Weil Kluck mit seiner I. Armee am nördlichsten steht, muß er bei der weiten Linksschwenkung den längsten Weg zurücklegen. Nach dem Tempo seines Vorrückens müssen sich die südlicheren Verbände richten.

Am 14. August setzt er entschlossen über die Maas. Am 15. abends liegt der Fluß schon 20 Kilometer hinter seiner Spitze.

Jetzt wird Joffre doch unruhig. Er gestattet Lanrezac, eine Linksschwenkung »vorzubereiten«, hält allerdings seinen Angriffsbefehl Richtung Neufchâteau aufrecht. Dem unglücklichen General bleibt angesichts seiner dergestalt auseinandergerissenen Armee nur der Stoßseufzer: »Wie soll ich denn zwei Bewegungen, eine nach Nordosten, eine nach Nordwesten, in der Praxis ausführen?«

Aber es steht ihm noch eine weitere Aufgabe bevor. Ebenfalls an diesem Tage greifen mehrere deutsche Bataillone Dinant an, beschießen die Stadt und versuchen sich der Brücken zu bemächtigen. Sie werden zurückgeschlagen, doch der Schreck sitzt tief.

Joffre, inzwischen zweifellos besorgter, als er es sich anmerken lassen will, entschließt sich endlich zum Handeln. Zwischen 23 Uhr und Mitternacht erteilt er Lanrezac den Befehl, sein rechtes Flügelkorps zur Verteidigung der Maaslinie stehen zu lassen, das Gros seiner Armee dagegen nach links in den Raum Mariembourg–Philippeville zu führen und Anschluß an die englischen und belgischen Verbände zu suchen. Drei Ersatzdivisionen unter General d'Amade werden neben Lanrezacs linken Flügel eingeschoben, um den Deutschen zwischen Maubeuge und dem Meer den Weg zu versperren.

Am Sonntag, 16. August, trifft pünktlich zur Mittagsstunde ein hoher Besuch im *Grand Quartier Général* ein: Sir John French, der Befehlshaber des britischen Expeditionskorps. Der Marschall ist ein ruhiger, untersetzter Mann mit rosigem Gesicht; Poincaré, der ihn tags zuvor kennengelernt hat, meint, er wirke eher wie ein Ingenieur als wie ein schneidiger Reitersmann. Der Eindruck täuscht, denn während seiner langen Laufbahn hat sich Sir John den Ruf eines bedenkenlosen Draufgängers erworben. Für die Engländer ist er zum Nationalhelden geworden, als er im Burenkrieg durch einen Handstreich die Stadt Kimberley befreit hat. »Ich halte ihn nicht für besonders intelligent«, hat König Georg V. von ihm gesagt, »aber er hat ein verfluchtes Temperament.«

Und er kommt nicht mit leeren Händen. Nach endlosen Auseinandersetzungen hat sich das britische Kabinett schließlich dazu durchgerungen, alle verfügbaren aktiven Truppen aufs Festland zu schicken: Sechs Infanteriedivisionen und eine Kavalleriedivision, insgesamt 80000 Mann, 30000 Pferde, 315 Stücke Feldartillerie und 125 Maschinengewehre.

In Rouen, Le Havre und Boulogne ist beim Eintreffen der Tommys eine Welle frenetischer Begeisterung aufgebrandet. Tatsächlich ist dies ja ein historisches Ereignis: Zum erstenmal in der Geschichte landen englische Truppen als Freunde auf französischem Boden. Allerdings ist Frankreich für viele puritanische Engländer nach wie vor ein Greuel. Jeder Soldat hat bei der Einschiffung ein Exemplar des Tagesbefehls von Kriegsminister Kitchener bekommen:

»Soldaten des Königs! Ihr seid ins Ausland geschickt worden, um Euren französischen Kameraden beizustehen, deren Heimat von unserem gemeinsamen Feinde verwüstet wird ... Bedenkt, daß von der Haltung eines jeden einzelnen von Euch die Ehre der britischen Armee abhängt ... Seid in jeder Lage höflich, zuvorkommend und nachsichtig ... Ihr könnt Eure Pflicht nur tun, wenn Ihr bei guter Gesundheit seid; hütet Euch deshalb vor jeder Ausschweifung. Bei der neuen Lebensweise, die vor Euch liegt, werdet Ihr zweifellos Versuchungen, Wein und Frauen, begegnen; beiden Versuchungen müßt Ihr ohne Schwäche widerstehen, und bei untadelig höflichem Umgang mit allen Frauen müßt Ihr Euch vor jeder Intimität hüten.

Tut Eure Pflicht als tapfere Männer.

Fürchtet Gott.

Und Ehre dem König!«

Sir John erklärt Joffre, daß er nach seinen Anweisungen unabhängig zu bleiben hat. Er ist zur Unterstützung, nicht zur Unterordnung da. Davon abgesehen aber erklärt er sich bereit, schon ab 24. August einzugreifen, und auf Drängen Joffres verspricht er, alles zu tun, um seinen Aufmarsch zu beschleunigen. Seine Truppen sollen im Raum Maubeuge die linke Flanke der 5. Armee decken.

Am andern Morgen erscheint er in Rethel im Armeehauptquartier von Lanrezac, und da verläuft die Begegnung anders.

Die beiden Männer sind grundverschieden. Der Engländer, glänzender Reiter, eingeführt bei Hofe, elegant, selbstsicher, Gentleman bis in die Fingerspitzen, sieht sich einem lauten, dickköpfigen, schmuddeligen und gelegentlich bewußt vulgären Plebejer gegenüber. Außerdem bringt French nur mühsam ein paar französische Sätze heraus, Lanrezac dagegen spricht nicht ein Wort Englisch.

Niemand hat dieses Gespräch, das komisch wirken könnte, wenn es nicht so entsetzliche Folgen gehabt hätte, besser geschildert als der zukünftige General Spears, der damals als Verbindungsoffizier zwischen dem Expeditionskorps und der 5. Armee fungierte:

»Sir John marschierte geradewegs auf eine Karte in der Operationsabteilung zu, legte seinen Finger auf eine Stelle und sagte zu Lanrezac: ›Herr General, werden ...‹ Hier ließ ihn sein Französisch im Stich, und er wendete sich zu einem seiner Offiziere um und fragte: ›Was heißt Flußüberqueren auf französisch?‹ Man sagte es ihm, und er fuhr fort: ›Werden die Deutschen die Maas bei ...‹ Er sprach den Ortsnamen völlig falsch aus. Er lautete ›Huy‹, leider ein besonders schwieriges Wort, weil das ›u‹ nur gehaucht wird. Das ging weit über die Fähigkeiten von Sir John hinaus. Schließlich verkündete er triumphierend: ›Juei.‹ ›Was sagt er? Was sagt er?‹ rief Lanrezac. Jemand erklärte ihm, der Herr Marschall wünsche zu erfahren, ob seiner Meinung nach die Deutschen bei Huy über die Maas gehen würden. Lanrezac zuckte mit einer ungeduldigen Gebärde die Achseln und erklärte trocken: ›Sagen Sie dem Herrn Marschall, die Deutschen seien nur zum Angeln an die Maas gekommen.‹

Verständlich, daß unter diesen Umständen die Unterredung bald ein Ende nahm. Eine halbe Stunde nach seiner Ankunft verließ French das Armeehauptquartier. Beide Generäle waren wütend aufeinander – ein tragischer Sachverhalt, wenn man bedenkt, daß ihre Armeen in den nächsten Tagen auf dem Kriegsschauplatz eng zusammenarbeiten sollten.«

Am selben 17. August trifft König Albert eine schwere Entscheidung: Angesichts der übermächtigen Bedrohung und der Unmöglichkeit, daß ihm die Franzosen rechtzeitig beistehen, gibt er bekannt, er ziehe sich zurück und führe sein Heer unter den Schutz der Kanonen von Antwerpen. So können die Belgier die Rolle, die ihnen Joffre zugedacht hat, nicht spielen.

Doch optimistisch bleibt Joffre trotzdem. Noch über den 18. August schreibt er:

»Zu diesem Zeitpunkt bestand bei ganz nüchterner Betrachtung, unter Ausschaltung aller Phantasie und im Lichte der Meldungen, die uns bis dahin vorlagen, keine Möglichkeit, die vom Gegner geplante Bewegung vorauszusehen.«

Ein wenig unheimlich ist ihm allerdings offenbar doch, denn er zieht Truppen im Osten ab und bildet unter Maunoury die »Lothringen-Armee«; sie soll die rechte Flanke der 3. Armee decken.

Im Grunde versteht er nicht, was ihm da widerfährt. Er schätzt die seinen drei Armeen auf dem linken Flügel gegenüberstehenden deutschen Kräfte auf 15 Armeekorps, während in Wirklichkeit 28 Armeekorps dabei sind, sich zum Angriff zu entwickeln.

Seine Selbstsicherheit wird allerdings nicht lange vorhalten.

Donnerstag, 20. August, in Brüssel.
Das bedrückende Schweigen, das in der zur offenen Stadt erklärten Kapitale herrscht, wird gegen 11 Uhr durch das erste Hufgeklapper gebrochen. Eine Abteilung deutscher Husaren sprengt zum Rathaus – die Vorreiter eines nie dagewesenen Zuges.
Um 13 Uhr beginnt der Durchmarsch, eine beeindruckende Darstellung der deutschen militärischen Stärke. Kompanie auf Kompanie läßt das Pflaster erdröhnen. Die Infanteristen sind tadellos sauber, frisch rasiert leuchten die Gesichter unter den Pickelhauben. Ihre Bajonette blitzen im Sonnenlicht, und auf die gleiche Melodie wie »God save the King« singen sie »Heil dir im Siegerkranz«. Unzählige Trommeln schlagen den Takt. Die Kavallerie reitet majestätisch im Schritt, von den Lanzen flattern die Fähnchen. Beim Vorbeirollen der schweren Geschütze zittern die Häuser. Die Feldküchen, etwas ganz Neues, fahren dampfend mit. Und das geht den ganzen Tag so weiter, dann die ganze Nacht und den ganzen nächsten Tag.
Die 320000 Mann der Armee Kluck sind auf dem Marsch.
Das belgische Heer ist schon weit weg. Es hat sich rechtzeitig aus der Falle zurückgezogen und steht vor Antwerpen. Trotz seiner Passivität ist ihm eine wichtige Rolle vorbehalten, denn Kluck muß es durch zwei Armeekorps in Schach halten lassen, die ihm in den entscheidenden Tagen an der Marne sehr fehlen werden.
Als Joffre die Berichte von diesem unglaublichen Strom von Männern und Material erhalten hat, ist er nicht etwa besorgt, sondern reibt sich die Hände. Gewiß, er hat die Möglichkeiten der Deutschen unterschätzt, was er auch in Maßen zuzugeben bereit ist, aber sein Sieg steht für ihn fest.
Das strategische Vorgehen ist jetzt klar: Während die Engländer und die 5. Armee den deutschen Stoß frontal auffangen, läßt er seine 4. und 3. Armee gegen das deutsche Zentrum antreten und den entscheidenden Durchbruch erzielen. Gelingt es, bis nördlich der Maas vorzudringen, ist der gesamte Nordflügel der Deutschen in Belgien abgeschnitten.
Wieder trifft Joffre die falsche Entscheidung, und wieder aus Unkenntnis der wahren Kräfteverhältnisse. Er sieht die ungeheuren Massen durch Belgien nach Westen ziehen und stellt fest, daß in Lothringen die VI. und VII. Armee zum Gegenangriff angetreten sind. Daraus folgert er, daß die deutsche Front in den Ardennen stark auseinandergezogen sein muß; hier wird er durchbrechen.
Er weiß, daß die 4. und 3. Armee, die er angreifen lassen will, auf die IV. und V. Armee des Herzogs Albrecht von Württemberg und des Kronprinzen Wilhelm von Preußen stoßen werden. Er weiß nicht, daß es sich dabei um zwei starke Armeen handelt, die sich nur deshalb so zurückgehalten haben, weil sie bei der großen Umfassungsbewegung den Drehpunkt für den starken rechten Flügel bilden. Beide Armeen haben aber ihre Vormarschbefehle: Die IV. soll durch die nördlichen Ardennen auf Neufchâteau vorstoßen, die V. auf Virton, Longwy und Montmédy.

Anstatt also auf ein nach Joffres Worten »unstabiles und gefährlich auseinandergezogenes Zentrum« zu treffen, stoßen die 4. und 3. Armee in den Ardennen auf die ebenfalls zur Offensive gerüsteten Deutschen.
Der Kronprinz, der in Esch in Luxemburg, also unmittelbar vor der französischen Festung Longwy, sein Armeehauptquartier aufgeschlagen hat, ist längst ungeduldig. Er will auch seinen Anteil am Ruhm haben, so wie der Kronprinz von Bayern ihn sich gerade in Lothringen holt. Er drängt auf baldiges Losschlagen.
Joffre ahnt nichts von dieser Gefahr und feilt an seinem Plan. Schon am 20. August gibt er der 4. Armee Befehl, im Schutze der Dunkelheit auf 60 Kilometer Frontbreite zum Angriff überzugehen. Nach dem Durchbruch sollen die französischen Truppen die links von ihnen stehenden deutschen Verbände einschließen. Die Durchführung liegt bei dem vierundsechzigjährigen General de Langle de Cary, einem temperamentvollen Veteranen des Krieges von 1870/71, der in dem Rufe steht, ein Mann des entschlossenen Angriffs zu sein.
Die 3. Armee wird von General Ruffey geführt, der seit langem so wortreich für mehr schwere Artillerie plädiert, daß er den Spitznamen *le poète du canon* bekommen hat. Er hat mehr Phantasie als Generäle sie zu haben pflegen; vor einiger Zeit hat er, natürlich vergebens, den Bau von 3000 Flugzeugen gefordert. Bei etlichen seiner Kollegen gilt er als nicht recht ernst zu nehmender Spinner. Sein Auftrag lautet, die Deutschen auf die Linie Metz–Thionville zurückzuwerfen, die feindlichen Kräfte auf seiner Rechten einzuschließen und Briey zurückzuerobern.
Demnach plant Joffre ein strategisches Meisterstück: Die 4. und die 3. Armee soll nach geschafftem Durchbruch nach rechts bzw. links einschwenken und die »schwachen Kräfte«, die ihnen gegenüberstehen, einschließen. Dadurch würde der durch Belgien vorrückende deutsche Nordflügel »in der Luft hängen« und könnte ans Meer abgedrängt werden. Am Ende winkt der totale, absolute Sieg. Die Rache für Sedan.
Die 5. Armee hat je nach entstandener Lage die Wahl zwischen der engen Zusammenarbeit mit den Engländern, um den Anprall im Norden abzufangen, oder dem Unterstützen des Vordringens der 4. Armee durch die Ardennen.
Am Abend des Donnerstag, 20. August, herrscht die Ruhe vor dem Sturm. Alle Beteiligten erinnern sich an die tiefe Stille, die dem Kampf vorausging. Nur ganz aus der Ferne hörte man von Namur her Kanonendonner.
Die Nacht vergeht ohne Zwischenfall. Joffre kann ruhig schlafen: Seine große Offensive wird nach Plan anlaufen.
Weiter im Norden, auf einem Hügel über Charleroi, unterhält sich in derselben Nacht Spears mit einem französischen Offizier. Er berichtet: »Ohne Vorankündigung, so plötzlich, daß wir uns erschrocken aufrichteten und unseren Augen nicht trauten, sahen wir den Horizont aufflammen. Im Norden loderten bald unzählige Brände. Man

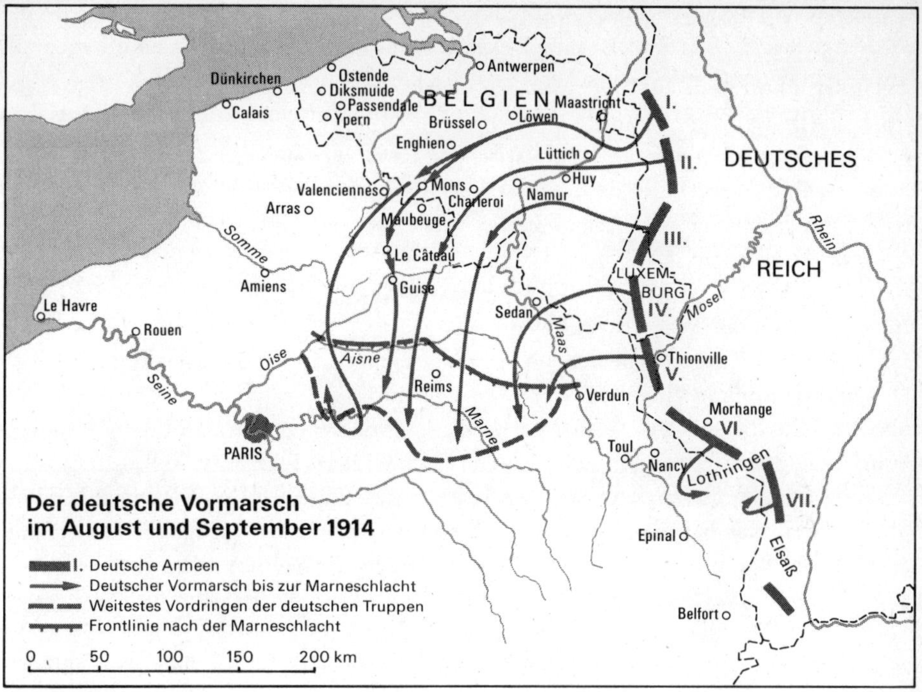

konnte meinen, es seien plötzlich Scharen von Dämonen losgelassen worden, die sich auf die ferne Ebene stürzten und alle Städte, alle Dörfer anzündeten.«
Bülow ist auf dem Schlachtfeld erschienen. Westlich von ihm ist Kluck weiter vorgedrungen und greift die kleine englische Armee an.

Freitag, 21. August. Heute werden Hunderttausende junger Männer ihre Feuertaufe erfahren. Bis jetzt haben sie allenfalls fernen Kanonendonner erlebt. Nun ist es soweit: Granaten werden auf sie heruntergehen. Sie werden die zerfetzten Leiber ihrer Kameraden sehen, werden das Pfeifen und Summen der Kugeln über ihre Köpfe hinweggehen hören. Der Krieg, ein mehr oder weniger begeisternder Mythos, wird für sie zur schrecklichen Wirklichkeit werden – für einige von ihnen auf vier lange Jahre.
Plötzlich gibt es ein Gegenüber, den Feind …
Hauptmann Lachaussée berichtet: »Jetzt sieht man einzelne feindliche Infanteristen zwischen den Häusern am Dorfrand auftauchen. Zum erstenmal sehe ich deutsche Soldaten. Welch ein Eindruck! Alle tragen sie Helm und Tornister … Ich lasse durchladen und gebe die ersten Befehle.«
Als wollte es sich dem Trauerspiel anpassen, verschlechtert sich das bis dahin strahlende Wetter. Das Schlachtfeld hüllt sich in Regen und Nebel.

In Koblenz wartet Moltke gespannt auf die Meldungen. Er verfolgt auf der Karte den Vormarsch der Armee Kluck, er sieht schon vor sich, wie der starke Nordflügel die Engländer überrennt, die 5. Armee wegdrückt und den ganzen linken Flügel der Franzosen in die Zange nimmt.

Joffre zeigt sich nicht weniger optimistisch. Wir wissen, warum.

Langle de Cary, der Führer der 4. Armee, erklärt herablassend: »Der Feind wird angegriffen, wo immer er sich zeigt.« Es ist ja alles so einfach, man braucht nur tapfer geradeaus zu stürmen.

Ruffey und seine 3. Armee haben eine ebenso klare Aufgabe: Auf Arlon marschieren, offensiv bleiben und sehen, wie es weitergeht.

Dabei spielen sich die entscheidenden Vorgänge nicht bei den Franzosen, sondern westlich von ihrem linken Flügel ab.

Um 8.30 Uhr hat Lanrezac sein Armeehauptquartier in der kleinen Oberschule von Chimay eingerichtet, knapp hinter der belgischen Grenze. Er tobt. Er soll nach Norden angreifen und damit zugleich den Vormarsch der Engländer in Richtung Nivelles decken. Vor seinen betreten verstummenden Offizieren hält er ein regelrechtes Referat. Tenor: Es ist Wahnsinn, anzugreifen, wenn man an der Sambre noch über hervorragende Stellungen verfügt.

Der General spürt die Gefahr, er hat ja oft genug höheren Ortes darauf hingewiesen. Er möchte mit dem vollen offensiven Einsatz seiner Truppen jedenfalls warten, bis der Angriff bei der 3. und 4. Armee spürbare Geländegewinne gebracht hat und die Engländer mit ihrem Aufmarsch ganz fertig sind.

Ab 9.30 Uhr treffen immer beunruhigendere Meldungen ein: Bei Saint-Martin sind 1500 Reiter beobachtet worden, starke Artilleriekolonnen befinden sich auf dem Marsch nach Jemeppe. Gleich darauf berichten verstörte Bauern, mindestens 100000 Mann seien Richtung Charleroi unterwegs. Um 10 Uhr greifen Ulanen die Sambre-Brücke in Thuin an und bedrohen den Übergang in Auvelais. Schon liegt der Oberlauf des Flusses unter Artilleriefeuer. Um 14.30 Uhr erobern die Deutschen die Brücke von Auvelais, dringen weiter vor und überflügeln das 70. Regiment. Der überstürzte Gegenangriff bleibt im Feuer liegen. Das 71. Regiment verliert 16 Offiziere und 560 Mann.

Am Abend wird der Verlust von Arsimont und Roselies gemeldet. Im Westen sind deutsche Patrouillen bis vor Charleroi gelangt.

Bevor Lanrezac seine Korps auch nur ganz zusammengezogen hat, ist die deutsche Sichelbewegung schon in mächtigem Schwung. Kluck marschiert gegen die Engländer, Bülow ist drauf und dran, die Sambre zu überschreiten.

Joffre bleibt ungerührt. Er schreibt: »Der Verlauf des 21. August ließ mir gute Hoffnung; die Schlacht in Belgien schien sich strategisch günstig zu entwickeln.«

Am Samstag, 22. August, beschleunigt sich der Ablauf des dramatischen Films. Das Wetter ist nach wie vor schlecht; zeitweise ist der Nebel so dicht, daß die Kutscher gerade noch die Köpfe ihrer Pferde sehen können.
Die 4. Armee rückt im ersten Morgengrauen geschlossen vor. Während der Nebel sich hebt und eine dumpfe Gewitterschwüle sich über das Land legt, marschieren die Soldaten voller Siegeszuversicht gegen den Feind.
Das 19. Regiment nähert sich ahnungslos dem belgischen Dorf Maissin, als es plötzlich aus Gräben und ausgebauten Maschinengewehrstellungen beschossen wird. Jetzt oder nie muß sich erweisen, ob der Angriff um jeden Preis mehr ist als eine Theorie. Zu Trompetensignalen stürzen die Männer mit aufgepflanztem Bajonett vor. Sie werden von den Maschinengewehren niedergemäht, finden sich wieder zusammen, stürmen Bataillon um Bataillon zu den Klängen der Marseillaise. Endlich dringen sie in den Ort ein, erobern ihn und zwingen die hessische 21. Division zum Rückzug.
Doch im Laufe der Nacht muß Oberst Chapès im ruhmreich eroberten Maissin erkennen, daß er in Gefahr ist, abgeschnitten zu werden. Die Deutschen sind überall zum Gegenangriff übergegangen, und die gesamte 22. Division hat sich zurückdrängen lassen. Voll ingrimmiger Wut muß Chapès den Befehl zur Räumung geben.
Dieses Gefecht ist exemplarisch für viele. Überall haben gut eingegrabene Männer den Angreifern furchtbare Verluste zugefügt. Überall haben die Franzosen schwungvoll und tapfer gestürmt, aber sie haben sich nicht ihrerseits eingegraben, um das eroberte Gelände zu halten. In diesen ersten Kriegstagen empfinden sie den Umgang mit Spaten und Spitzhacke als eines rechten Soldaten unwürdig.
Im Abschnitt Paliseul–Bertrix, wo nach Süden anschließend ebenfalls die 4. Armee angreift, nimmt das XVII. Korps das kleine Dorf Offagne, doch beim weiteren Vormarsch stößt es auf entschlossenen Widerstand. Die Marschkolonnen geraten unter heftigen Artilleriebeschuß. Vor den Einschlägen der großkalibrigen Granaten fliehen die Männer kopflos in alle Richtungen, die Kanoniere lassen ihre Geschütze im Stich. Im Wald von Luchy wird eine ganze Brigade aufgerieben. Zwischen XII. und XVII. Korps entsteht eine Lücke.
Das XII. Korps und das Kolonialkorps sind ihrerseits in Schwierigkeiten geraten. Bei ihrem Vormarsch auf Neufchâteau verlieren sie durch die sich überall einschiebenden deutschen Verbände den Zusammenhalt, und wo sie geschlossen vorgehen, werden sie von der Artillerie des 18. und 6. Armeekorps unter Feuer genommen. Die 1. Kolonialbrigade wird völlig zerschlagen und verliert alle Geschütze.
Im Laufe des Tages löst sich die Schlacht in verlustreiche Einzelgefechte auf.
Am Abend halten das XII. und XVII. Korps mit Mühe die erreichten Positionen, während das XI. und das Kolonialkorps zurückgehen.
Joffre zeigt seine Unzufriedenheit: »Alle eingegangenen Meldungen beweisen, daß in

Ihrem Frontabschnitt nur ungefähr drei feindliche Armeekorps stehen. Demzufolge haben Sie so rasch wie möglich die Offensive wiederaufzunehmen.«
Langle de Cary ist entschlossen, dem Befehl nachzukommen. Doch das ist nicht möglich, weil es der rechts anschließenden 3. Armee nicht besser ergangen ist.
Dabei hatte sich alles so gut angelassen. General Ruffey war schon deshalb voller Zuversicht, weil man ihm das Gebiet, in das er eindringen sollte, als »praktisch feindfrei« dargestellt hatte. Das hieß die Armee des Kronprinzen Wilhelm völlig unterschätzen. Ruffeys Auftrag lautet, auf Arlon zu marschieren, die Flanke der 4. Armee zu decken und einen etwaigen Angriff von Osten her zurückzuschlagen. Dafür verfügt Ruffey über das IV., V. und VI. Korps, die 7. Kavalleriedivision und zwei Reservedivisionen.
Eine schöne Armee, die an einem einzigen Tag ihrem Chef zwischen den Fingern zerrinnt.
Schon am frühen Morgen stößt das IV. Korps, das nach links Anschluß an die 4. Armee halten soll, auf die Deutschen, der Kampf gegen deren 13. Armeekorps beginnt im Nebel, die schwere Artillerie versperrt den Franzosen die Vormarschwege. Mit Mühe wird Ethe genommen und gehalten, aber weiter geht es nicht. Um 13 Uhr müssen die Spitzen sogar zurückgenommen werden. Beim 14. Husarenregiment sind von 620 Pferden nur noch 80 einsatzfähig.
Das V. Korps, in zwei Marschsäulen vorrückend, soll den Wald von Les Monts erobern. Schon bald stößt es auf Gräben mit Stacheldraht und auf Sperrfeuer. Die Franzosen haben nichts anderes gelernt, also stürmen sie aufrecht laufend auch gegen den so verschanzten Feind und lassen sich zusammenschießen.
General Malleterre berichtet: »Plötzlich sank den Leuten der Mut, als seien ihre Beine gelähmt. Nur mit Mühe konnte man sie zurücknehmen. Ganze Einheiten waren dem Oberst zeitweilig aus der Hand geraten. Vor uns waren keine Infanteristen zu sehen: ein menschenleeres Schlachtfeld! Nur die deutschen Granaten schufen eine undurchdringliche Sperre.«
Das VI. Korps unter General Sarrail soll die Offensive des IV. und V. Korps unterstützen und gegen Thionville und Metz abschirmen. Seinerseits von Verbänden der deutschen V. Armee angegriffen, muß es Gelände preisgeben und bei Arrancy eine Verteidigungslinie aufbauen.
Am Abend ist die ganze 3. Armee in der Defensive. Ruffey tobt. Kurz vor dem Angriff hat ihm Joffre drei Reservedivisionen weggenommen. Er brauche diese 50000 Mann ja nicht, hat man ihm erklärt, da er schließlich in einen so gut wie leeren Raum vorstoße.
Ruffey brüllt einen Generalstäbler an: »Ihr im Hauptquartier lest ja nie die Meldungen, die wir euch schicken.«
Wenn man einen Vorgesetzten hat, der Joffre heißt, ist es nicht ratsam, solche Töne anzuschlagen: Ein paar Tage später wird Ruffey abgelöst.

Am selben 22. August, an dem sich in den Ardennen die Armeen in Einzelgefechten verbeißen, wird die Lage auf dem linken Flügel der Alliierten kritisch. Die deutsche I. und II. Armee stoßen aus dem Raum Brüssel–Namur vor, und zwar wie geplant nach Südwesten einschwenkend, also gegen die Engländer und die französische 5. Armee.
Die Engländer sind völlig ahnungslos. Sir John French schreibt noch an diesem Tage, während seine Truppen auf Soignies marschieren, an Kitchener: »Ich glaube, ich habe die Lage klar erkannt. Ich beurteile sie als günstig.«
Diese Zuversicht ist nicht von Dauer. Im Laufe des Vormittags wird ihm von einer vorgeschobenen Kavallerieeinheit gemeldet, daß ein Armeekorps direkt gegen ihn vorstößt. Bald darauf beobachtet ein Flieger ein weiteres Armeekorps, das nach Westen marschiert und ihn links zu überflügeln droht.
Sir John läßt sich davon nicht beeindrucken. Er hat soeben erfahren, daß seine kaum gelandete 4. Division bald zu ihm stoßen wird. Also setzt er die Vorwärtsbewegung fort. Als seine als Vorhut einreitende Kavallerie bei Mons auf Ulanen trifft, verfolgt sie die feindlichen Reiter bis Soignies und kehrt, nachdem sie drei Gegner getötet hat, im Triumph zurück.
Kluck, der zur gleichen Zeit von dem Gefecht hört, bekommt plötzlich Bedenken. Er hat nicht damit gerechnet, daß die Engländer schon im Felde stehen; im Gegenteil, er ist überzeugt gewesen, sie seien noch in Calais oder Dünkirchen, allenfalls in Ostende. Trotzdem will er nur um so rascher vordringen und fragt bei Bülow, dem er unterstellt ist, um die Genehmigung an, nach Westen vordringen zu dürfen, um seinen neuen Gegner zu umfassen. Bülow, der keine Lücke in seiner Marschfront entstehen lassen will, lehnt ab. Kluck ist wütend: Er wird jetzt frontal auf die Engländer stoßen, was seinen Grundsätzen völlig widerspricht.
Den ganzen Tag lang ziehen Engländer und Deutsche in Eilmärschen einander entgegen.
Bei der französischen 5. Armee beginnt der 22. August mit einem Akt militärischen Ungehorsams. Lanrezac, der unbedingt vermeiden will, daß seine Truppen zum Angriff übergehen, bevor alle die vorgesehenen Ausgangsstellungen erreicht haben, hat seinem X. und III. Korps ausdrücklich verboten, an der Sambre anzugreifen, um das am Vortag verlorene Gelände zurückzuerobern. Sein Befehl wird nicht befolgt. Der Mythos vom Angriff um jeden Preis ist bei seinen Generälen offenbar zu stark.
Schon im Morgengrauen wirft sich die linke Division des X. Korps auf die Sambre, wo die Deutschen während der Nacht Zeit gehabt haben, sich einzugraben. Welle auf Welle werden die Angreifer zusammengeschossen. Die rechte Division greift ein und erleidet das gleiche Schicksal. Aus einem Gefecht wird eine regelrechte Schlacht, und die eilends herangeführten Reserven halten der Belastung nicht stand.
Unter diesem Eindruck beschließt Lanrezac, der von vornherein nicht besonders an-

griffslustig gewesen ist, seine Offensive zu verschieben. Es bleibt ihm allerdings auch gar nichts anderes übrig, denn gegen 11 Uhr ist das ganze X. Korps schon auf dem Rückzug.

Um 13 Uhr stürmen Bülows Divisionen nach heftiger Artillerievorbereitung. Das III. Korps muß daraufhin ebenfalls zurückweichen.

Um Charleroi entbrennt ein verbissener Kampf. Das 1. Afrikaschützenregiment verliert 70 Prozent seines Mannschaftsbestandes und zieht andere Einheiten in seine Flucht mit. Am frühen Nachmittag muß Lanrezac Charleroi und Umgebung räumen.

Das Kavalleriekorps Sordet, das eigentlich die linke Flanke des III. Korps decken soll, ist von seinem sinnlosen Vorstoß nach Belgien so erschöpft, daß es nicht nachdrücklich in das Kampfgeschehen eingreifen kann. Die Männer schlafen auf ihren Pferden ein und ziehen sich planlos zurück. Sie hinterlassen eine Lücke zwischen der 5. Armee und den Engländern, die sich bald auf 16 Kilometer Luftlinie verbreitert.

Die Bilanz dieses Tages für das französische Heer ist tragisch. Die geschlagene 4. und 3. Armee sind auf dem Rückzug, die eine Richtung Stenay und Sedan, die andere Richtung Verdun. Die 5. Armee beginnt zu weichen, während Klucks Armee sich wie ein verheerender Sturm auf das schwache englische Expeditionskorps stürzt.

Der Krieg zeigt sein wahres Gesicht. Alle Straßen sind voller Flüchtlinge, die zwischen den marschierenden Kolonnen mitziehen. Ein Augenzeuge berichtet:

»Ein endloser Zug fliehender Menschen bahnt sich langsam seinen Weg. Als wir kommen, werden sie auf die Seite gedrängt, und wir sehen die großen Fuhrwerke, auf denen jeweils eine ganze Familie hockt. Petroleumlampen baumeln daran, und jeder Wagen ist hoch beladen mit Möbelstücken, Matratzen, Decken, Federbetten. Überall schauen Kinderköpfe heraus. Noch jämmerlicher ist der Anblick derer, die zu Fuß unterwegs sind. Die Kinder sitzen auf den Schultern ihrer Väter oder hängen auf dem Rücken der Mütter, die Kleinsten weinen und zittern vor Kälte in der Nacht. Zehn-, zwölfjährige Jungen schleppen sich mit unförmigen Bündeln ab, ein kleines Mädchen von zwölf Jahren schiebt einen Kinderwagen voller Nippes und Bücher.«

Der Sonntag, 23. August, wird zum Trauertag für Frankreich und zum Tag des größten Triumphes für das deutsche Heer. Die Belgier sind zwar der Falle entkommen, aber der Schlieffenplan wird mit gnadenloser Folgerichtigkeit verwirklicht.

Kluck, der seinem Gegner keine Besinnung gönnen will, befiehlt seinen Leuten, den Mons-Kanal nördlich der Stadt zu überschreiten, die Engländer nach Maubeuge abzudrängen und westlich zu überflügeln.

Bülow ist überzeugt, daß der Sieg zum Greifen nahe ist. Links von ihm ist General von Hausen mit seiner III. Armee an der Maas eingetroffen und hat 340 Geschütze in Stellung gebracht. Der General aus Sachsen hat ehrgeizige Pläne: Er möchte in Richtung Givet vorstoßen und Lanrezac in den Rücken fallen, doch Bülow, dem es vor allem auf einen festen Zusammenhalt ankommt, verweigert seine Zustimmung. So wird auch Hausen frontal anzugreifen haben und auf das in guten Stellungen abwartende I. Korps unter Franchet d'Esperey stoßen.

Auf dem rechten französischen Flügel ziehen sich die 4. und 3. Armee weiter vor der nachdrängenden deutschen IV. und V. Armee zurück.

In der Frühe steht Lanrezac auf dem Marktplatz von Philippeville. In dunkelblauem Waffenrock und roten Hosen, die Hände auf dem Rücken zusammengelegt, betrachtet er nachdenklich das deprimierende Schauspiel, das da im Dunst des schon herbstlich kühlen Morgens vor ihm abrollt.

Er sieht das unglaubliche Durcheinander auf dem Platz und in allen Straßen des belgischen Festungsstädtchens: Zu Tausenden schleppen sich die staubgrauen Flüchtlinge langsam dahin, die Kinder mit blutigen Füßen; alte Leute sind dabei, die in Wägelchen gezogen werden. So erschöpft sie sind, dürfen die Ärmsten doch nicht haltmachen, weil die Armee sonst an jeder Bewegung gehindert wäre.

Für einen General, der schon den Boden unter seinen Füßen schwanken fühlt, ist der Anblick besonders erschütternd. Er nimmt ihn mit in einen Tag, der eine Hiobsbotschaft nach der anderen bringt. Der Rückzug der 4. Armee entblößt seinen rechten Flügel, und die Forts von Namur müssen unter den Hammerschlägen der 42-cm-Granaten aufgegeben werden.

Nur auf der Rechten hält sich Franchet d'Esperey wacker und sucht sogar um die Genehmigung nach, eine deutsche Marschkolonne angreifen zu dürfen, die ihm bei der Verfolgung des weichenden X. Korps die Flanke bietet. Das wäre eine einzigartige Gelegenheit, beim Gegner Verwirrung zu stiften, doch Lanrezac lehnt ab. Franchet d'Esperey schickt voll wilder Entrüstung seinen Adjutanten zu ihm, der sich zu der respektlosen Äußerung hinreißen läßt: »Wenn wir jetzt zurückweichen, kommen wir vor der Seine nicht mehr zum Stehen. Greifen Sie jetzt nicht an, Herr General, so ist das Selbstmord.«

Lanrezac zuckt die Achseln und bleibt bei seiner Weigerung, was man ihm wieder und wieder vorwerfen wird.

Am Abend bricht die Front zusammen. Vorgeschobene Verbände der Armee Hausen haben südlich von Dinant die Maas überschritten und stehen in Onhaye. Mangin drängt sie mit seiner Brigade zurück, aber das bedeutet nur eine kurze Atempause.

Nach der Rückkehr in sein Hauptquartier in Chimay vertieft sich Lanrezac in seine Karten. Seit gestern ist seine linke Flanke bedroht. Jetzt, das wird ihm klar, ist Hausen dabei, seinen rechten Flügel zu umfassen und seine rückwärtigen Verbindungen abzuschneiden. Das würde den Untergang seiner Armee, die unwiderrufliche Niederlage bedeuten. Ein neues Sedan.

Die Entscheidung, die er jetzt treffen muß, fällt ihm deshalb so schwer, weil er weiß, daß Joffre sie nicht billigen wird. Man wird ihm vorwerfen, er habe in Panik gehandelt.

Aber er weiß auch, daß er seine Armee um jeden Preis aus der Zange herausziehen muß, in der sie sonst zermalmt wird.
Noch kann er den Befehl zum allgemeinen Rückzug geben, und er tut es. Um 2.30 Uhr geht die Meldung an das *Grand Quartier Général*:
»Das III. Korps ist um 4 Uhr angegriffen worden und hat nicht standgehalten. Es ist auf Walcourt zurückgegangen. Der Feind bedroht meinen rechten Flügel an der Maas: Infanterieeinheiten haben den Fluß bei Hastière überschritten und Onhaye besetzt. Givet ist bedroht, Namur besetzt. Angesichts dieser Lage und des verspäteten Eingreifens der 4. Armee habe ich beschlossen, die Armee morgen auf die Frontlinie Beaumont–Givet zurückzunehmen.«
Eine historische Entscheidung, die von den Salonstrategen ausgiebig kommentiert worden ist. Die einen sehen in Lanrezac einen *paniquard*, der kopflos zurückwich, als er noch angreifen konnte. Andere vertreten mit der gleichen Leidenschaft die Ansicht, durch das Entweichen aus der Falle, die hinter ihm zuzuschnappen drohte, habe er seine Armee und damit Frankreich gerettet.
Seine Armee hat er gerettet, aber dafür hängt jetzt das englische Expeditionskorps in der Luft. Als French von dem Rückzug erfährt, ist er empört, daß man ihn so im Stich läßt. Allein steht er der I. Armee und dem rechten Flügel der II. Armee gegenüber. Mit ganzen zwei Armeekorps (Smith-Dorrien und Haig) und einer Kavalleriedivision (Allenby) soll er dieser Übermacht standhalten.
Er verzichtet auf jedes weitere Vorrücken und befiehlt, unbedingt den Kanal von Mons zu verteidigen. Das ist ein Ding der Unmöglichkeit: Kluck verfügt über 160000 Mann und 600 Geschütze, denen die Engländer nur 70000 Mann und 300 Geschütze entgegenzustellen haben.
Um 9 Uhr beginnt die deutsche Artillerievorbereitung. Als das Feuer vorverlegt wird, stürmen die deutschen Soldaten in tiefgestaffeltem Massenangriff bei der Brücke von Nimy vor. Reihenweise werden sie abgeknallt. Um 10.30 Uhr wirft Kluck, um ein Ende zu machen, sein 3. und 4. Armeekorps in die Schlacht gegen den schwachen Gegner.
Um 15 Uhr sprengen die Engländer die Brücke von Nimy und ziehen sich auf eine fünf Kilometer weiter hinten vorbereitete Stellung zurück. Sie sind entschlossen, nicht zu weichen.
Der Zusammenprall ist so furchtbar gewesen, daß die erschöpften Deutschen nicht besonders nachdrücklich weiter angreifen. Morgen wird Sir John mit dem geordneten Rückzug beginnen können.
Daß die kleine englische Armee sich der Umklammerung durch so überlegene Kräfte entzogen hat, ist immer wieder als ein Wunder bezeichnet worden. Doch im Krieg gibt es keine Wunder. Die Engländer sind davongekommen, weil sie hervorragend ausgebildet waren und die legendäre sture Gelassenheit des britischen Soldaten mitbrachten.

Am Morgen des 24. August beginnt für die alliierten Armeen der große Rückzug. Es ist wieder glühend heiß geworden. Von den Marschkolonnen steigen hohe Staubwolken zur unerbittlich sengenden Sonne auf. Unzählige verzweifelte Flüchtlinge, die am Ende ihrer Kräfte sind, verstopfen die Landstraßen. In den Dörfern beschimpfen immer wieder Zivilisten, vor allem Frauen, die besiegten Soldaten: »Wo wollt ihr denn hin, ihr Feiglinge? Die Grenze ist hinter euch!«

Die Grenzschlachten haben mit einem überwältigenden Sieg der Deutschen geendet. »Nach Paris!« Nie in den Tagen zuvor ist dieser Ruf so begeistert ausgestoßen worden, hat er eine solche Aussicht auf Verwirklichung gehabt. Gewiß, auch die deutschen Infanteristen stöhnen beim endlosen Marsch durch das sonnenglühende Land, aber sie werden getragen von der Hoffnung, daß der Krieg bald gewonnen sein wird, daß sie, wie der Kaiser es ihnen versprochen hat, wieder zu Hause sein werden, ehe das Laub fällt.

»Worte fehlen«, schreibt Franz Joseph an Wilhelm II., »um auszudrücken, was Mich und mit Mir Meine Wehrmacht in diesen weltgeschichtlichen Tagen bewegt. Herzlichst drückt Deine starke Hand Franz Joseph.«

Joffre allerdings ahnt in der Stunde der Niederlage erst dumpf, warum er besiegt worden ist. Er schreibt: »So hatte sich die ganze Gefahr vor der englischen Armee zusammengeballt, und sie schien um so bedrohlicher, als wir zum erstenmal darüber informiert wurden, daß den Armeekorps der deutschen II. Armee wahrscheinlich unmittelbar Reserveformationen unter derselben Nummer wie die der aktiven Korps folgten: ein erster Hinweis auf die Beteiligung von Reserveeinheiten an den aktiven Operationen. Diese Information erklärte mir die außerordentliche Entwicklung der gegnerischen Front.«

Am Mittwoch, 16. August, erreicht der Zug des Großfürsten Nikolaj Nikolajewitsch die Station Baranowitschi an der Strecke Warschau–Moskau und wird auf eine Lichtung gefahren, wo bereits acht weitere Züge fischgrätförmig angeordnet stehen.

Es ist strahlendes Wetter. Überall sind Gärtner an der Arbeit, pflanzen Büsche und legen Wege an. Eine leichte Brise streicht über die Wipfel der hohen Kiefern. Hier, bei richtigem Vogelgezwitscher, so hat es der Oberbefehlshaber der Armeen des Zaren beschlossen, soll sein *Stawka*, sein Großes Hauptquartier, arbeiten.

Sogleich nach der Ankunft macht er sich ans Kartenstudium. Nikolaj Nikolajewitsch ist ein Hüne; Poincaré hat von ihm gesagt, er sei »mager wie ein Skelett, groß wie ein amerikanischer Wolkenkratzer, dabei lebhaft, beweglich, geschmeidig und mit den männlich schönen Zügen einer echten Führerpersönlichkeit«.

Der Großfürst ist der Onkel des Zaren, und böse Zungen sagen, er sei der einzige Mann in der Familie. Jedenfalls ist er mit 58 Jahren der beliebteste General; die Truppe verehrt ihn um seiner körperlichen Leistungen willen. Er ist autoritär und kanzelt seine Generalstabsoffiziere zuweilen hochfahrend ab, ohne daß sie es ihm übelnehmen. Er will vor allem Soldat sein, und sogar die Deutschen schätzen ihn als »ernstzunehmenden Gegner« ein. Im Anfang seiner Laufbahn hat er gegen die Türken gekämpft, im Russisch-Japanischen Krieg ist er Generalinspekteur der Kavallerie gewesen. Seitdem hat er unablässig an der Vervollkommnung seiner Kenntnisse gearbeitet, hat sich nach Möglichkeit durch eigenen Augenschein überzeugt. Mehrmals ist er zu den großen französischen Manövern gefahren und hat dabei erklärt, Deutschland müsse ein für allemal zerschlagen und in Kleinstaaten aufgeteilt werden, die jeder seinen kleinen Duodezfürstenhof haben dürften.

Das ist der Mann, der jetzt den Oberbefehl über alle russischen Streitkräfte übernimmt, der die berühmte »Dampfwalze« in Gang setzen und nach Berlin rollen lassen soll.

Vor allem will er schnell machen, das feierliche Versprechen einlösen, das Rußland der französischen Regierung gemacht hat: Beginn der Offensive am 14. Mobilmachungstag. Er muß damit das gefährliche Risiko auf sich nehmen, anzugreifen, bevor seine Riesenarmee vollständig aufmarschiert ist.

Das Schlachtfeld ist unendlich groß. Es erstreckt sich von der Ostsee zu den Karpaten, umfaßt Ostpreußen, Polen und die österreichisch-ungarische Provinz Galizien.

Der Großfürst verfügt gegen Deutsche und Österreicher über zwei Heeresgruppen, eine vier Armeen starke im Süden unter General Iwanow, die bald die ihr zugedachte Rolle spielen wird. Im Augenblick konzentriert sich das Interesse auf Ostpreußen, wo die andere Heeresgruppe unter General Jilinski mit der 1. und 2. Armee antritt.

An diesem 16. August sind beide Armeen schon auf dem Marsch. Sie bilden die Speerspitze des russischen Heeres, denn es gilt ja, die Deutschen als erste vernichtend zu schlagen. Die Armeen rücken auf beiden Seiten der Masurischen Seenplatte vor, um die deutsche VIII. Armee in eine gewaltige Zange zu nehmen. Später sollen sie die Weichsel überschreiten und auf Berlin marschieren. In schwüler Sommerhitze ziehen 515000 Mann auf bald staubigen, bald schlammigen Landstraßen nach Westen.

Dieser Menschenflut, die da auf ihn einbrandet, hat General von Prittwitz und Gaffron nur knapp 250000 Mann entgegenzustellen, also höchstens 170000 Kämpfer. Das ist die zwingende Voraussetzung des Schlieffenplans. In den ersten Kriegswochen ist die russische Front für die Oberste Heeresleitung ein Nebenkriegsschauplatz. Nur auf Frankreich kommt es an. Die VIII. Armee hat einen einzigen Auftrag: ausharren, nur schrittweise weichen, bis sich nach der Niederringung Frankreichs das ganze deutsche Heer zum krönenden Endsieg auf Rußland werfen kann.

Prittwitz sieht sich in der Rolle des Opfers, seine Aufgabe ist schwer und kann ihm keinen Ruhm bringen. Er hat nur drei aktive Armeekorps (das 1., 17. und 20.), dazu ein Reservekorps (das 1.), eine Kavalleriedivision, die 70. Brigade und drei Reservedivisionen. Noch mehr Sorgen machen sich aber seine Korpskommandeure, weil sie kein Vertrauen auf ihn setzen und fürchten, daß er einer so dramatischen Situation nicht gewachsen sein wird. Prittwitz ist ein rundlicher Bonvivant, bei dessen Anblick man unwillkürlich an Shakespeares Falstaff denken muß, ein gewandter Höfling, von dem es heißt, er verdanke sein Kommando nur der Tatsache, daß er Wilhelm II. mit zweideutigen Anekdoten zu unterhalten gewußt habe.

Der russische Feldzugsplan ist ihm in großen Zügen bekannt. Er weiß, daß die beiden feindlichen Armeen getrennt nördlich und südlich der Seen einfallen werden. Die hohe Strategie, der napoleonische große Wurf würde darin bestehen, sie einzeln zu schlagen, ehe sie sich vereinen können. Aber Prittwitz, das zeigt sich bald, ist zutiefst überzeugt, daß dies angesichts der schwachen Verbände, die man ihm gegeben hat, außerhalb seiner Möglichkeiten liegt. Deshalb klammert er sich wie an einen Rettungsring an Moltkes Anweisungen, die selbst eine Räumung ganz Ostpreußens nicht ausschließen: »Erhalten Sie mir die Armee. Geben Sie im äußersten Notfall das Gebiet östlich der Weichsel preis.«

Vorläufig hat er seine Truppen im Raum westlich von Gumbinnen aufgestellt, dort, wo er den Einbruch der russischen 1. Armee erwartet. Gegen die 2. Armee im Süden Ostpreußens stellt er nur das 20. Armeekorps unter General von Scholtz. So will er abwarten und den Russen die Initiative überlassen.

Ein Kommandeur ist bei der VIII. Armee mit den Absichten seines Chefs nicht einverstanden: General von François, der Führer des 1. Armeekorps, ein Nachfahre eingewanderter französischer Hugenotten. Seine Leute sagen von ihm, er habe Quecksilber in den Adern, und tatsächlich sprüht er vor Energie und mühsam gezügeltem Temperament. Moltkes Instruktion empfindet er als ebenso schmählich wie die Untätigkeit, in der Prittwitz verharren will. Auf gar keinen Fall will er ostpreußischen Boden preisgeben; »kein Russe dürfe den Boden des deutschen Vaterlandes betreten, nicht ein preußisches Dorf die Schrecken des Krieges erleben«.

Prittwitz hat ihm befohlen, sein 1. Armeekorps bei Gumbinnen aufzustellen. François ignoriert den Befehl. Schon am 16. August marschiert er weiter nach Osten Richtung Grenze, seine 1. Division erreicht Stallupönen, die 2. Goldap. So steht er weit vor der deutschen Front, und wenn die Russen kommen, muß er den ersten Anprall allein aufhalten.

Darauf braucht er nicht lange zu warten.

Schon am 17. August überschreitet General Gurko mit seiner Kavalleriedivision die Grenze. Sie bildet die Vorhut der 1. Armee mit ihren drei Korps und fünfeinhalb Kavalleriedivisionen. Ihr Chef, General Rennenkampf, ist eine eindrucksvolle, massige Persönlichkeit mit dickem, aufgezwirbeltem weißen Schnurrbart. Trotz seiner deutschen Abstammung und seines Rufes als Lebemann hält man am Zarenhof große Stücke auf den General.

Seine Aufgabe ist klar: Er muß so rasch wie möglich vordringen, alle Kräfte binden, auf die er stößt, sie umfassen und nach Südwesten hinter die Masurischen Seen drängen, wo sie von der inzwischen vorgerückten 2. Armee unter General Alexander Samsonow im Rücken gefaßt werden können. Rennenkampf ist der Amboß, Samsonow der Hammer. Wenn sich die deutsche VIII. Armee nicht schnell genug zurückzieht, wird sie gnadenlos zerschlagen.

Alles läuft wie geplant. Die schwer bepackten Truppen, von der Kavallerie gedeckt, marschieren leidlich geschlossen auf den schlechten Wegen. Nachdem sie die Grenze überschnitten haben, sehen die Männer zu ihrer Überraschung überall Rauch aufsteigen. Zuerst meinen sie, die Deutschen zögen sich zurück und zündeten die Dörfer an. In Wirklichkeit brennen überall Strohhaufen, um den Vormarsch des Gegners anzuzeigen.

Vom ersten Augenblick an sind die Russen von einer panischen Furcht vor Spionen besessen. Überall sehen sie welche; sie heben den Bäuerinnen die Röcke hoch, um sich zu vergewissern, ob es sich nicht um verkleidete deutsche Offiziere handelt.

Plötzlich schon an diesem 17. August um 8 Uhr früh Gewehrfeuer: Bei Stallupönen ist das russische II. Korps auf die 1. Division des Armeekorps François gestoßen. Um nicht überrannt zu werden, wirft der deutsche General alle Reserven in den Kampf und ruft seine 2. Division aus Goldap zu Hilfe.

Getreu seinem Beschluß bleibt er dabei, keinen Fußbreit zu weichen. Er hält sich unmittelbar hinter der Truppe auf, als ein Generalstabsoffizier mit dem Befehl von Prittwitz kommt, das Gefecht sofort abzubrechen und bei Gumbinnen die Stellung zu beziehen, die er niemals hätte verlassen dürfen. Wieder handelt er gegen den ausdrücklichen Befehl, und die Ereignisse scheinen ihm recht zu geben, denn seine 2. Division trifft ein und wirft die russische 27. Division zurück.

Als der Abend kommt, fühlt er sich als Sieger, allerdings nur, weil er nicht überall zugleich sein kann. Im Norden marschiert das russische II. Korps unbehelligt weiter, und die 1. Kavalleriedivision hält dem Kavalleriekorps von General Nachitschewan nicht stand. Vielleicht könnte François die Lage noch retten, aber ein weiterer nachdrücklicher Befehl zwingt ihn, zähneknirschend zurückzugehen.

Zu seinem Glück setzen die Russen nicht nach. Den ganzen 18. August bleiben sie untätig.

Erst am 19. August kommt es bei Gumbinnen wieder zum Kampf. Als erstes reitet das Kavalleriekorps Nachitschewan nach alter Tradition zur Attacke an. Bei Kauschen wird die 2. Landwehrbrigade überrannt, der errungene Vorteil von den Russen aber wiederum nicht ausgenutzt.

Am 20. August entbrennt schon um 4.30 Uhr auf der ganzen Front die Schlacht. François in seinem Ungestüm stürmt mit seinem Armeekorps, doch seine Angriffswellen werden von der russischen Artillerie zerschmettert, bis das Feuer der Geschütze plötzlich verstummt: sie haben sich verschossen. Jetzt tritt Rennenkampfs Infanterie zum Bajonettangriff an. Erbittert wird gekämpft. Die russische 28. Divi-

sion wird aufgerieben, aber gegen 16 Uhr muß François seinen erschöpften Truppen Ruhe gönnen.
Das 17. Armeekorps unter Mackensen gerät in Schwierigkeiten, als es beim Vorrücken gegen 11 Uhr auf die russische 27. und bald darauf die 40. Division stößt. Die Deutschen können nicht vor und nicht zurück, verlieren 8000 Mann und 200 Offiziere und müssen sich an Ort und Stelle eingraben.
Den ganzen Vormittag lang hat sich Prittwitz in seinem Hauptquartier in Nordenburg als Sieger gefühlt. Laufend sind begeisterte Erfolgsmeldungen eingetroffen, überall sind seine Truppen im Vormarsch. Da kommen gegen 16.30 Uhr die Hiobsbotschaften vom 1. und 17. Armeekorps und lassen das Schlimmste befürchten.
Er erwägt die nächsten Schritte, um das Schlachtenglück noch zu wenden, als sein Stabschef, General Waldersee, ein Telegramm bringt: Soeben hat die russische 2. Armee die Grenze überschritten. Mit ihren fünf Korps kann sie jeden Augenblick über das 20. Armeekorps hereinbrechen, das allein die Deckung nach Süden bildet.
Prittwitz sieht sich zwischen zwei Feuern und verliert die Nerven. Er berät sich sogleich mit seinen Generalstäblern, mit Waldersee, General Grünert und dem stellvertretenden Operationschef, Oberstleutnant Hoffmann. Er erklärt ihnen, er werde sich hinter die Weichsel zurückziehen. Grünert protestiert heftig: Ein Rückzug hinter die Weichsel heißt ganz Ostpreußen preisgeben und der Welt gleich zu Anfang das Schauspiel einer unerhörten Niederlage bieten. Außerdem ist ein solcher Rückzug nicht notwendig, weil die VIII. Armee nicht besiegt ist, sondern den Anprall bei Gumbinnen aufgefangen hat, und weil General von Scholtz vom 20. Armeekorps eben noch versichert hat, er sei zuversichtlich, es werde schon alles gutgehen.
Prittwitz unterbricht zornig diese Darlegungen. Seine Entscheidung sei gefallen. Wenn er seine Armee retten wolle, müsse er sie hinter die Weichsel in Sicherheit bringen. Er allein trage schließlich die Verantwortung. Er macht sich schon an die Vorbereitung der entsprechenden Befehle für den nächsten Tag.
In der Nacht informiert er Moltke über seine Absichten. Der entsetzte Generalstabschef läßt Wilhelm II. wecken. Beide wollen die Niederlage nicht wahrhaben. Gewiß, der Schlieffenplan sieht für den äußersten Notfall die Räumung Ostpreußens vor, aber das ist eine Hypothese am grünen Tisch gewesen. In der Wirklichkeit sieht alles anders aus. Eine solche Maßnahme hätte unvorstellbare Folgen.
Wieder greift François in die Speichen des Schicksalsrades. Unter bewußter Umgehung des Dienstweges telegraphiert er direkt an Moltke und beschwert sich, daß er sich zurückziehen soll, obwohl er sich als Sieger betrachtet.
Der ein wenig erleichterte Generalstabschef schlägt Prittwitz vor, sich mit allen Kräften der von Süden anrückenden russischen 2. Armee entgegenzuwerfen und Rennenkampf nur durch einen dünnen Schleier schwacher Verbände aufzuhalten. Doch der unglückliche Prittwitz will davon nichts hören. Er ist nicht einmal sicher, ob er es schaffen wird,

die Weichsellinie zu verteidigen: »Wie soll ich denn mit einer Handvoll Leute diesen Fluß halten, der jetzt, zur Zeit des niedrigsten Wasserstandes, überall durchwatet werden kann?«

Aus der Ferne bedrängen ihn Moltke und Wilhelm II., in seinem Armeehauptquartier die eigenen Mitarbeiter bis an die Grenze der Insubordination. Seine Offiziere sind jetzt überzeugt, daß ihr Chef nicht mehr voll zurechnungsfähig ist. Grünert nimmt einen Zirkel und versucht ihm klarzumachen, daß der geplante Rückzug undurchführbar sei, daß der Weg an die Weichsel für Samsonows Armee kürzer sei als für die Deutschen, daß die Russen vorher da sein und man dann in eine hoffnungslose Lage geraten würde. Hoffmann trägt den Plan vor, der noch alles retten kann: das 1. Armeekorps mit der Eisenbahn zur Unterstützung des 20. Armeekorps nach Süden schaffen und Rennenkampf nur mit dem 17. Armeekorps und einer Reservedivision in Schach halten.

Der Plan wäre deshalb realistisch, weil die 1. Armee der Russen im Norden untätig zu verharren scheint. Man muß sich nur beeilen, um diese unbegreifliche Trägheit zu nutzen.

Prittwitz, von allen Seiten mit Argumenten eingedeckt, zögert noch. Er entschließt sich zunächst nur zur Verlegung seines Hauptquartiers nach Marienburg. Dort erfährt er am 22. August, daß er von seinem Posten abgelöst worden ist.

Die VIII. Armee wird energischeren Händen anvertraut.

5 Der Prozeß gegen die Attentäter von Sarajevo (oben). – *6* Der österreichische Generalstabschef Conrad von Hötzendorff (unten links) tritt für eine »Bestrafung« Serbiens ein. – *7* Reichskanzler von Bethmann Hollweg (unten rechts) war nicht imstande, die Ausweitung der »Polizeiaktion« gegen Serbien zum europäischen Krieg zu verhindern.

Die Schlacht bei Tannenberg, die erste Entscheidung des Krieges. – *8* Die Bajonette gefallener russischer Soldaten wurden in die Erde gesteckt, um die Toten für die Beerdigungskommandos leichter auffindbar zu machen. – *9* Bei Tannenberg gefangengenommene russische Soldaten im Kriegsgefangenenlager Crossen.

V. Kapitel Tannenberg und die Verfolgung an die Marne: Deutschland gewinnt die erste Runde

Hindenburg und Ludendorff betreten die Bühne; ihre Armee vernichtet die nach Masuren hereingeströmten Russen. Und im Westen stehen die Deutschen schon vor den Toren von Paris: In aller Eile müssen die Franzosen die Verteidigung ihrer Hauptstadt organisieren.

Samstag, 22. August. Das Hauptquartier der deutschen II. Armee auf halbem Wege zwischen Wavre und Namur ist schon am frühen Morgen in voller Betriebsamkeit; es herrscht unterdrückte Erregung wie vor einer großen Schlacht. Am Abend zuvor hat die 2. Gardedivision die Sambre überschritten, die unmittelbar folgende Armee Bülow schickt sich an, zum Angriff gegen Lanrezac anzutreten.

Um 9 Uhr fährt Hauptmann von Rochow im staubbedeckten Automobil vor. Er überbringt ein Schreiben aus dem Großen Hauptquartier. Es trägt die Unterschrift Moltkes und ist an Erich Ludendorff gerichtet:

»Sie werden vor eine neue schwere Aufgabe gestellt, vielleicht noch schwerer als die Erstürmung Lüttichs ... Ich weiß keinen anderen Mann, zu dem ich so unbedingtes Vertrauen hätte als wie zu Ihnen. Vielleicht retten Sie im Osten noch die Lage. Seien Sie mir nicht böse, daß ich Sie von einem Posten abberufe, auf dem Sie vielleicht dicht vor einer entscheidenden Aktion stehen, die, so Gott will, durchschlagend sein wird. Sie müssen auch dies Opfer dem Vaterlande bringen.«

Vor dem Kriege ein Unbekannter, über Nacht in ganz Deutschland berühmt durch seinen Handstreich auf Lüttich, tritt Erich Ludendorff an diesem Tage in die Weltgeschichte ein.

Nicht allein allerdings. Er ist erst 49 Jahre alt, und nach den strengen Regeln der Beförderungen und Kommandierungen kommt es nicht in Frage, daß er selber den Befehl über die Truppen übernimmt, die er jetzt führen soll. Man gibt ihm also einen Vorgesetzten, der ihn sicherlich nicht sehr stören wird, einen altgedienten, längst pensionierten General, der deshalb geeignet erscheint, weil er lange die Verteidigungsmöglichkeiten für die Masurische Seenplatte untersucht hat: Paul von Beneckendorff und von Hindenburg.

»Retten Sie im Osten die Lage!« Dieser Satz in Moltkes Brief zeigt Ludendorff überdeutlich, daß man ihm eine alles andere als leichte Aufgabe zugedacht hat.

Er zögert nicht einen Augenblick. Eine Viertelstunde nach dem Empfang des Schrei-

bens sitzt er schon im Wagen. Um 18 Uhr trifft er in Koblenz ein und wird sogleich in Moltkes Arbeitszimmer geführt.
Der Generalstabschef, der sehr abgespannt wirkt, führt ihn vor die Karte und weist ihn in die Lage ein, wie sie sich im Osten darstellt: die VIII. Armee tödlich bedroht, ganz Ostpreußen in Gefahr, Prittwitz nicht mehr Herr der Situation, seine Offiziere am Rande der Revolte.
Ludendorff reagiert entschlossen. Er bittet Moltke um die Erlaubnis, per Telegramm seine ersten Befehle zu erteilen.
Vor allem muß er den für morgen vorgesehenen Rückzug verhindern, fürs erste vor Rennenkampfs Nordarmee nur das 1. Reservekorps, das 17. Armeekorps und die Reserve der Königsberger Garnison stehenlassen, François mit seinem 1. Armeekorps in den Raum Deutsch-Eylau schaffen lassen, unmittelbar neben Scholtz und sein 20. Armeekorps, die Garnisonen von Thorn, Kulm, Graudenz und Marienburg in Gefechtsbereitschaft versetzen lassen.
So hat Ludendorff auf den ersten Blick die Lage erfaßt. Bevor er noch mit der Truppe, die er führen soll, Kontakt aufgenommen hat, gibt er die Anweisungen, die ihm, wenn alles gutgeht, die Möglichkeit eröffnen werden, Samsonows 2. Armee zu schlagen, bevor sie sich mit Rennenkampf vereinigen kann.
Nach dem Aufenthalt in Moltkes Arbeitszimmer macht er Wilhelm II. seine Aufwartung, der ihn in höchster Erregung und Besorgnis beschwört, Ostpreußen zu retten, und ihm für seine Leistung von Lüttich den Pour le Mérite verleiht.
Um 21 Uhr besteigt er den Sonderzug (eine Lokomotive und zwei Wagen), der am 23. August in Hannover hält, damit Hindenburg zusteigen kann.
Ein historischer Augenblick. Die beiden Männer sind einander nie begegnet, aber von heute an werden sie das eiserne Zweigespann bilden, das ohne überflüssige Reibungen oder Rivalitäten das Schicksal des deutschen Heeres bestimmt.
In einer knappen halben Stunde setzt Ludendorff seinen nach der militärischen Hierarchie Vorgesetzten über Lage und erteilte Befehle ins Bild, bevor sich die beiden Generäle in ihre Schlafwagenbetten zurückziehen.
Um 14 Uhr ist Marienburg erreicht.
»Der Empfang war alles andere als freundlich«, hat Ludendorff später berichtet. Kein Wunder. Die Berichte über die Waffentat von Lüttich haben die Generäle der VIII. Armee sicher nicht sehr beeindruckt, und von Hindenburg hat man allenfalls einmal den Namen gehört. Besonders gut Informierte wissen zu erzählen, er habe schon 1866 bei Königgrätz mitgekämpft, was ihn in den Augen der Jüngeren zu einer Art Fossil macht, und er habe vor der Pensionierung zuletzt das 4. Armeekorps geführt.
Der alte Mann verschafft sich bald Respekt, vor allem durch seine unerschütterliche Ruhe auch in den dramatischsten Augenblicken. Bei Übernahme seines Kommandos fordert er seine Truppen nur auf, Vertrauen zu haben und ihre Pflicht zu tun.

Als Hindenburg und Ludendorff den Schauplatz betreten, ist Samsonows 2. Armee, nach dem nordpolnischen Fluß auch »Narew-Armee« genannt, schon seit fünf Tagen in Eilmärschen unterwegs.

Die Soldaten kämpfen sich unter der unbarmherzigen Sonne verzweifelt über die ausgetretenen Wege, die schweren Wagen und Karren sinken im Sand ein, immer wieder müssen die Kanonen aus Schlammlöchern herausgewuchtet werden.

Schon in den ersten Tagen haben die unendlich langen Kolonnen jeden Zusammenhalt verloren. Sie ziehen ungeordnet durch das unwirtliche Land, quälen sich auf eigene Faust durch die Sumpfgebiete. Das Durcheinander wird täglich schlimmer. Die 2. Division hat ihren gesamten Troß verloren, das XXIII. Korps hat irgendwo alle Munitionswagen zurückgelassen, so daß man die Granaten in Stroh wickeln und auf rasch requirierten Bauernwagen transportieren muß. Schlimmer noch: Bei Tagesmärschen von mehr als 20 Kilometern mit schwerem Gepäck hungern die Männer, weil die Verpflegung nicht nachkommt.

Kavalleriegeneral Alexander Wassiljewitsch Samsonow weiß nicht mehr, wo ihm der Kopf steht. Er hat das Gefühl, alles habe sich gegen ihn verschworen. Am Tage der Kriegserklärung ist er im Kaukasus zur Kur gewesen; gleichsam über Nacht hat man ihn an die Spitze dieser Armee gestellt, die er nicht kennt. Jetzt soll er sie in einer Gegend, in der er noch nie an einem Manöver teilgenommen hat, in die Schlacht führen.

Warum gerade Samsonow? Offenbar hat man sich von seinem Ruf als energisch zupackender Mann blenden lassen. Schon als Achtzehnjähriger hat er gegen die Türken gekämpft, und nach Absolvierung der Stabsakademie das Kommando über eine in Sibirien stationierte Kosakendivision bekommen, mit der er im Russisch-Japanischen Krieg hervorragend gekämpft hat, draufgängerisch, aber zugleich taktisch klug. Mehrfach hat er die Armee aus äußerst bedrohlicher Lage gerettet. Danach ist er für den Militärbezirk Warschau und anschließend für die Streitkräfte in Turkestan verantwortlich gewesen. Der Fünfundfünfzigjährige mit dem dunklen Vollbart ist ein einnehmender Mann, höflich, ritterlich, sehr auf das Wohl seiner Soldaten bedacht.

Um so verzweifelter ist er über diesen kräftezehrenden Vormarsch. Er hat den Eindruck, daß ihm seine Armee zwischen den Fingern zerrinnt. Er möchte ihr ein paar Stunden Ruhe gönnen und jedenfalls abwarten, bis der Proviant nachgeführt worden ist, doch jedesmal, wenn er diese Absicht äußert, stößt er auf die strikte Ablehnung seines unmittelbaren Vorgesetzten General Jilinski, der ihn zu allem Überfluß auch persönlich nicht schätzt.

Jilinski steht allerdings in dem Ruf, überhaupt niemanden zu schätzen. Er ist distanziert, kühl sarkastisch, besteht nur aus Haut und Knochen, so daß er den Spitznamen »der wandelnde Leichnam« bekommen hat. Außerdem will er alles selber tun, duldet keine Eigeninitiative seiner Untergebenen, was sich bei den Ereignissen der nächsten Tage bitter rächen wird.

Allerdings steht er selber unter Druck. Großfürst Nikolaj deckt ihn aus dem *Stawka* in Baranowitschi mit Telegrammen ein, warum seine zwei Armeen nicht schneller vorrücken. Jilinski gibt diese Forderungen genüßlich an Samsonow weiter, ohne dessen Schwierigkeiten zur Kenntnis zu nehmen. Der Depeschenwechsel grenzt ans Absurde:
»Beschleunigen Sie den Vormarsch Ihrer Armee«, kabelt Jilinski. »Führen Sie Ihre Operationen energischer durch.«
Samsonow antwortet: »Die Armee marschiert ohne Rast. Sie leistet Tagesetappen von zwanzig Werst auf Sandwegen. Sie kann nicht schneller vorankommen.«
»Ich empfinde Ihre Anweisungen als nicht energisch genug. Ich befehle hiermit noch einmal schnelles, durchgreifendes Vorgehen.«
Am 18. August wird Jilinski zornig. Er hat die Meldung bekommen, daß Rennenkampf auf die Deutschen gestoßen ist, und glaubt ihn in Gefahr. Die Narew-Armee muß ihm zu Hilfe eilen, koste es, was es wolle.
Schneller, noch schneller. Die Infanteristen sind so überfordert, daß sie ihr Gepäck wegwerfen – bei der gnadenlosen Disziplin des Zarenheeres ein ungeheuerlicher Vorgang.
Am 21. August, als sie eben die Grenze überschreiten wollen, erfüllt sie eine seltsame Erscheinung mit abergläubischer Furcht. Plötzlich, ohne daß irgend etwas darauf hingedeutet hätte, wird es mitten am Tag dunkel. Die meisten Soldaten haben noch nie etwas von einer Sonnenfinsternis gehört und sehen darin ein böses Vorzeichen.
Ein Offizier schreibt: »Man hatte den Eindruck, selbst die Natur sei entsetzt von der bevorstehenden Schlacht und lege ein dämmergraues Trauergewand an.«
Die Männer haben sich von ihrem Schrecken noch nicht erholt, als sie am Abend auf einer Frontbreite von 70 Kilometern in Deutschland einmarschieren.
Noch steht Scholtz mit seinem verstärkten 20. Armeekorps dieser russischen Südarmee allein gegenüber. Er weiß, auf ihn kommt alles an, er muß sich um jeden Preis halten, bis Verstärkung kommt. Er läßt seine Leute Gräben ausheben und erwartet den Angriff.
Am 22. August nähert sich General Martos mit der Spitze des XV. Korps der ostpreußischen Kleinstadt Neidenburg, die er von einem Hügel aus in Augenschein nimmt. Fahnen mit dem Roten Kreuz wehen über mehreren großen Steingebäuden. Martos läßt sofort seine Artillerie auffahren und feuern. Häuser geraten in Brand, die Barrikaden werden zerschossen. Planmäßig, ohne in Panik zu geraten, ziehen sich die deutschen Truppen zurück. Die Stadt wird genommen.
Martos berichtet: »Ich ließ Mehl aus den Vorräten der Stadt entnehmen und sofort Brot für das ganze Korps backen. Im Rathaus wurde uns ein gutes Essen aufgetragen.«
Am Abend stehen auch die anderen Korps der 2. Armee in den vorgesehenen Aufmarschräumen: das VI. Korps in Ortelsburg, das XIII. in Willenberg, das I. in Soldau. Man wartet nur noch auf das II. und XXIII. Korps.

Samsonow, der nach den schrecklichen Tagen des Vormarsches aufzuatmen beginnt, erfährt zu seiner Bestürzung, daß ihm Jilinski das ganze II. und eine Division des XXIII. Korps genommen und Rennenkampf unterstellt hat.

Am 23. August kommt es zu ernsthaften Gefechten. Am Nachmittag stößt das XV. Korps auf das deutsche 20. Armeekorps, das auf der Linie Frankenau–Lahna–Orlau Stellung bezogen hat. Die Orenburger Kosaken sprengen nach vorn. Sie zerstreuen sich im Abwehrfeuer und verschwinden vom Schlachtfeld; erst der Infanterie gelingt es bei Dunkelwerden, wenigstens Lahna zu erstürmen.

Scholtz bereitet den Gegenangriff vor, als er erfährt, daß das XIII. Korps den linken Flügel seiner 37. Division schon fast umgangen hat. Darauf gibt er den Rückzugsbefehl.

Am 24. August greifen die Russen schon um 3.45 Uhr wieder an. Nach erbittertem Ringen fällt die kleine Ortschaft Frankenau.

Darauf schickt General Martos ein triumphierendes Telegramm ans Hauptquartier: »Unser Angriff hat die Deutschen überrascht. Sie mußten ihre Verwundeten zurücklassen. Das ganze Schlachtfeld ist übersät mit Menschen und Pferden, Ausrüstungsgegenständen, Gewehren, Wagen, und es sind uns sogar mehrere beschädigte Automobile in die Hände gefallen. Wir haben zwei Geschütze und einige Maschinengewehre erobert; mehrere Offiziere und etwa 100 Mann sind gefangengenommen worden.«

Samsonow läßt sich von der Begeisterung nicht anstecken. Nach Spähtruppmeldungen befinden sich starke feindliche Verbände in seiner linken Flanke auf dem Marsch.

Es ist ihm klar, daß er diese Umfassungsgefahr nur abwehren kann, wenn er seine Vormarschbreite nach links in Richtung Allenstein–Osterode vergrößert. Anstatt umgangen zu werden, stößt er dann den neuen Angreifern in den Rücken. Aber er kann nicht allein entscheiden. Er braucht Jilinskis Zustimmung. Das Gespräch wird zur heftigen Auseinandersetzung. Der »lebende Leichnam« ist schlecht gelaunt. Er ist überzeugt, daß Rennenkampf siegreich vorrückt und die geschlagene VIII. Armee vor sich her treibt. Also kommt es jetzt nur noch darauf an, mit Nachdruck anzugreifen, um sie einzuschließen und den großen, endgültigen Sieg zu erringen. Schließlich läßt er sich von Samsonow überreden, allerdings unter einer verhängnisvollen Bedingung: Samsonow darf nach Westen ausholen, aber zugleich soll er auf dem rechten Flügel sein VI. Korps und seine 4. Kavalleriedivision vormarschieren lassen, damit sie sich, wenn es so weit ist, mit Rennenkampf vereinigen können.

Samsonow versucht zwar noch einmal, mit seiner Ansicht durchzudringen, aber am Ende muß er gehorchen. Damit ist die große Narew-Armee auseinandergerissen, sie stößt auf mehr als 110 Kilometer Frontbreite in zwei Richtungen schräg auseinander.

In dieser prekären Lage trifft sie der Anprall der deutschen VIII. Armee.

»Der Gedanke über die Führung der Schlacht formte sich in seinen Einzelheiten allmählich in der Zeit vom 24. bis 26. August«, schreibt Ludendorff in seinen Erinnerungen.
Bei seinem Eintreffen ist die Lage äußerst bedrohlich. Die Rennenkampf gegenüberstehende VIII. Armee kann jeden Augenblick von Samsonow, vor dem Scholtz schon zurückweichen muß, im Rücken gefaßt werden.
Hart und massiv muß zugeschlagen werden, und zwar zunächst auf eine der beiden feindlichen Armeen mit der geballten Kraft der VIII. Armee und aller verfügbaren Verbände.
Auffällig ist die unbegreifliche Trägheit der russischen Nordarmee, Rennenkampfs »Njemen-Armee«. Seit ihren ersten Erfolgen bei Gumbinnen ist sie so gut wie nicht vorgerückt. Diese »Passivität Rennenkampfs« ist lange eine heiß umstrittene Frage geblieben; von einem Geheimnis, von Verrat ist die Rede gewesen. Tatsächlich glaubt der Führer der 1. Armee allen Anlaß zu haben, sich nicht allzu sehr zu beeilen. Seine Männer sind ermattet, der Nachschub kommt nicht nach. Außerdem will er das Eintreffen Samsonows abwarten, das ja offenbar unmittelbar bevorsteht.
Jedenfalls läßt er sich Zeit. So beschließt Ludendorff, alles auf eine Karte zu setzen und seine Truppen ganz auf Samsonow zu konzentrieren. Schon am 27. August stehen nur noch zwei Kavalleriebrigaden Rennenkampf gegenüber, ein dünner Schleier von Männern und Pferden gegen 24 Infanterie- und mehrere Kavalleriedivisionen.
Er weiß, wie ungeheuer groß das Risiko ist, daß er im Kampf um den Osten vabanque spielt. Rückblickend gibt er es selber zu: »Rennenkampfs gewaltige Armee stand wie eine drohende Gewitterwolke im Nordosten.«
Für ein solches Spiel braucht man eiserne Nerven. Vor allem muß man schnell handeln. Die Schnelligkeit ist jetzt der Trumpf der Deutschen, verbunden mit dem erbitterten Widerstand des 20. Armeekorps, das nach Ludendorffs Befehl »wie ein umbrandeter Fels« so lange aushalten muß, bis die große Truppenverschiebung geschafft ist.
Im Kriege noch mehr als im Alltag ist das Glück mit dem Mutigen. Schon in den frühen Morgenstunden des 25. August kommen gute Nachrichten: Die Landwehrdivision Von der Goltz ist aus Schleswig-Holstein eingetroffen. Und als Ludendorff kurz darauf seinen Wagen besteigt, überbringt ihm ein Nachrichtenoffizier soeben abgefangene russische Funksprüche. So unglaublich es klingt, die Meldungen sind unverschlüsselt abgesetzt worden. Es handelt sich um Rennenkampfs Anweisungen an seine Korpsbefehlshaber für den 26. August: Sie sollen bis zur Linie Gerdauen–Allenburg–Wehlau vordringen. Anstatt sich Samsonow zu nähern, entfernt sich die Nordarmee also von ihm. Ein außerordentlich wertvoller Aufschub.
Außerdem erkennen die Deutschen durch ihre Fliegeraufklärung, daß die russische 2. Armee im Süden sich geteilt hat. Das VI. Korps steht unbegreiflicherweise völlig isoliert bei Bischofsburg.

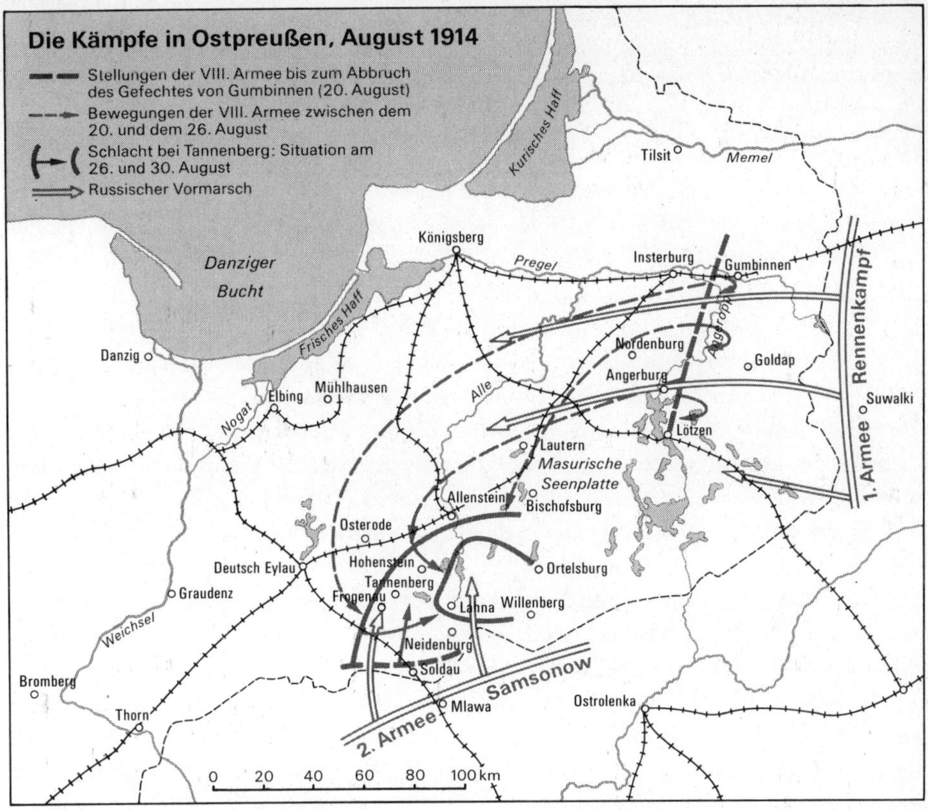

Stunde um Stunde steht der Plan den beiden Generälen deutlicher vor Augen. Alles läuft auf eine ungeheure Umfassungsbewegung in der besten Tradition strategischer Sandkastenspiele hinaus.

Nur: Was wird Samsonow tun in den entscheidenden Stunden, während die deutschen Truppen nach Süden verlegt werden?

Der schwere Wagen, in dem Hindenburg und Ludendorff Platz genommen haben, braust in einer Staubwolke nach Tannenberg. Sie haben höchste Geschwindigkeit befohlen, um noch im Laufe des Tages mit den Führern der Armeekorps Kontakt aufnehmen zu können. Beim Eintreffen in Riesenburg holt ein anderer Wagen sie mit lautem Hupkonzert ein. Sie erkennen Oberstleutnant Hoffmann, der erregt mit Papieren winkt. Ludendorff nimmt sie entgegen, während die Autos nebeneinander herfahren.

Schon nach dem ersten Blick auf die Dokumente stößt er einen Seufzer der Erleichterung aus. Auch diese Mitteilung von Samsonow an seine Generäle ist in Klartext durchgegeben worden. Die abenteuerliche Unvorsichtigkeit der Russen erklärt sich aus dem

heillosen Durcheinander in ihrem Nachrichtenwesen; anstatt die Befehle durch Telephon zu übermitteln, müssen sie unverschlüsselt funken.
»Gott mit uns« – an diesem Morgen dürfen die Deutschen wirklich daran glauben.
Vor Beginn der Schlacht kennen Hindenburg und Ludendorff also die Absichten des Gegners bis ins letzte Detail. Sie wissen, daß sich Rennenkampf vom Kampfplatz entfernt, daß die 2., die Südarmee, den Auftrag hat, in Richtung Allenstein–Osterode weiter vorzudringen, daß das XIII. Korps auf Gimmendorf–Kurken marschiert, das XV. auf Nadrau–Paulsgat, das XXIII. auf Michalken–Groß Gardiennen, während das I. als linke Flankendeckung im Raum Soldau bleiben soll. Auf dem rechten Flügel soll das VI. Korps zwischen Bischofsburg und Rothfließ operieren.
Die Lage ist so verlockend, daß die beiden Generäle ohne langes Zögern beschließen, daß die Schlacht schon morgen, am 26. August, beginnen soll.
Samsonow weiß nur, daß seine Männer hungrig und erschöpft sind, daß sie in zwölf Tagen 220 bis 250 Kilometer marschiert sind, nur für einen Tag Munition haben und um jeden Preis Ruhe brauchen.
Er versucht, das Jilinski klarzumachen, doch der winkt ab: Der Vormarsch muß weitergehen.
Samsonow läßt sich nicht beirren. Er schickt seinen Generalquartiermeister ins Hauptquartier, um dem Befehlshaber klarzumachen, daß sein linker Flügel von starken deutschen Truppenverbänden bedroht zu sein scheint, so daß er jedenfalls solange haltmachen müsse, bis er sich durch Aufklärungsvorstöße Gewißheit verschafft habe. Doch Jilinski gerät in Wut und brüllt: »Feinde sehen, wo keine sind, das ist Feigheit. Ich werde nicht zulassen, daß General Samsonow als Feigling dasteht. Ich bestehe auf der Fortsetzung des Vormarsches.«
Für Samsonow ist das eine Ohrfeige. Nie im Leben hat ihn jemand so beleidigt. Er weiß, daß er recht hat, daß seine Armee gefährlich auseinandergezogen ist, daß sein VI. und sein I. Korps auf dem äußersten rechten und linken Flügel viel zu weit vom Zentrum entfernt sind. Gegen Jilinskis ausdrückliche Anweisung gibt er erste Befehle, die Einheiten näher zusammenzuführen.
Zu spät. Der Blitz schlägt schon ein.

Oberst Argueyrolles, dem wir eine besonders einleuchtende Darstellung der Schlacht von Tannenberg verdanken, hat seine Leser aufgefordert, die rechte Hand flach auf ein Blatt Papier zu legen, »die Finger weit gespreizt, den Daumen längs der Unterkante des Blattes, den kleinen Finger parallel zum rechten Rand«.
An der Daumenspitze steht das I. Korps unter General Artamanow. Zeige-, Mittel- und Ringfinger geben die Marschrichtung des XXIII., XV. und XIII. Korps an. Das VI. Korps operiert vor der Spitze des kleinen Fingers.
»Am 26. und 27. August«, erklärt Argueyrolles, »werden Ihr Daumen und Ihr kleiner

Finger erst gequetscht, dann abgehackt. Die Deutschen marschieren sofort über die beiden freigewordenen Routen in Richtung auf Ihr Handgelenk.«

Am 28. August kämpfen die drei Korps im Zentrum der Aufstellung aufopfernd, um ihrerseits die Deutschen einzuschließen. Das gelingt ihnen nicht, und als sie zurückgehen müssen, sehen sie sich selber in der Zange. »Die völlig durcheinandergeratenen Truppen strömen in Ihrer hohlen Hand zusammen. Es braucht jetzt nur noch jemand diese Hand kräftig zu drücken, und die russische Südarmee ist vernichtet.«

Schauen wir zuerst, was am Daumen geschieht. Dort stehen sich bei Usdau das I. Korps unter Artamanow und das deutsche 1. Armeekorps unter François gegenüber.

Der 26. August beginnt mit einer Überraschung: Dem Draufgänger François eilt es diesmal nicht mit dem Losschlagen. Schon am Vortag hat er nachdrücklich widersprochen, als ihm Ludendorff befohlen hat, um 5 Uhr früh zum Angriff auf Usdau anzutreten. Er hat Aufschub verlangt, hat darauf hingewiesen, daß seine Truppen nach langem Marsch eben erst auf dem neuen Kriegsschauplatz eingetroffen sind, die Artillerie überhaupt noch nicht ausgeladen ist. Auch die Stoßrichtung paßt ihm nicht. Er hat an eine Umfassungsbewegung gedacht und soll jetzt frontal angreifen. Aber Ludendorff ist nicht Prittwitz; François hat nachgeben müssen.

Immerhin zeigt er gleich am Morgen des 26. August, daß er nur widerstrebend gehorcht. Wirklich in Gang kommen seine Truppen erst am frühen Nachmittag. Er begnügt sich damit, die vorgeschobenen Stellungen der Russen zu erobern; den eigentlichen Angriff verschiebt er damit auf den nächsten Tag.

Scholtz, seinem linken Nachbarn, ist es trotz aller Erschöpfung gelungen, zwei Brigaden des XXIII. Korps nach Osten abzudrängen.

Auf dem rechten Flügel der Deutschen ist es in dieser ersten Runde also bei einem vorsichtigen Abtasten geblieben. Die erste Vorentscheidung fällt an der anderen Seite der langen Front, beim kleinen Finger.

General Blagoweschtschensky, der Kommandeur des VI. Korps, macht sich am Morgen des 26. August keine besonderen Sorgen. Er rechnet mit einem ruhigen Tag. Als rechte Flankensicherung für die Südarmee gegen Lötzen zu hat er den Befehl bekommen, sich nach Westen, Richtung Allenstein, zu orientieren. Das ist Samsonows Versuch, im letzten Augenblick seine Kräfte zusammenzuziehen.

Bei Tagesanbruch erfährt Blagoweschtschensky, daß seine 4. Division angegriffen wird. Das kann ihn nicht erschüttern. Es dürfte sich um eine eher zufällige Berührung mit schwachen Kräften handeln. Also läßt er seine 16. Division weiter Richtung Allenstein marschieren und gibt der 4. den Befehl, nachzukommen, sobald sie sich vom Gegner gelöst hat.

Er kann nicht ahnen, daß ihn das 17. Armeekorps unter Mackensen und das 1. Reservekorps unter Below angreifen, nachdem sie in einer gewaltigen Kraftanstrengung von der Front vor Rennenkampfs Nordarmee in aller Eile hierher verlegt worden sind.

Gegen 11 Uhr meldet die 4. Division, sie stehe im Kampf mit erheblichen Kräften. Sie könne sich vom Gegner nicht lösen, sondern brauche dringend Verstärkung. Blagoweschtschensky läßt seine 16. Division kehrtmachen, aber noch bevor sie ihre neue Gefechtsaufstellung finden kann, wird sie vom 1. Reservekorps angegriffen. Der unverhoffte Anprall führt zu völligem Chaos, die Soldaten fliehen, und damit ist Blagoweschtschenskys Schicksal besiegelt, denn die 4. Division, vom 17. Armeekorps und vom 1. Reservekorps bedrängt, kann alleine nicht standhalten.
So liegt die rechte Flanke der Südarmee offen da. Die dramatischen Folgen werden nicht auf sich warten lassen.
Ludendorff allerdings, so ermutigend dieser Erfolg ist, macht schreckliche Stunden durch. Er hat aus Lötzen die Meldung erhalten, daß das russische II. Korps, das Jilinski von Samsonows Armee abgezogen hat, um es Rennenkampf zu unterstellen, auf Rastenburg marschiert. Behält es diese Richtung bei, so besteht die Gefahr, daß es dem ahnungslosen 17. Armeekorps in den Rücken fällt.
Zum erstenmal erweckt Ludendorff den Eindruck, daß seine Nerven der Anspannung nicht gewachsen sind. Wie soll er auf die Meldung reagieren? Bedeutet sie, daß Rennenkampf sich in Bewegung gesetzt hat? Daß er jetzt nachdrücklich die Schlacht sucht? Daß seine Truppen viel weiter vorgedrungen sind, als der aufgefangene Funkspruch ihres Befehlshabers es ihnen befahl? Daß der unverschlüsselte Funkspruch überhaupt nur eine Kriegslist war? Dann könnte die Lage in kürzester Frist verzweifelt werden.
Er beugt sich über seine Karten, sieht sich schon zwischen zwei Feuern. In seiner Besorgnis ist er drauf und dran, den sorgfältig ausgearbeiteten Schlachtplan fallenzulassen. Vielleicht sollte er doch mit allen verfügbaren Kräften Rennenkampf entgegenziehen? Das wäre eine letzte Notlösung; sie würde seine VIII. Armee heillos durcheinanderbringen.
Dies ist der Augenblick, in dem sich Hindenburg bewährt. Er behält seine unerschütterliche Ruhe. Vielleicht hat er damit die VIII. Armee gerettet. Er selber stellt später nur nüchtern fest: »Wir überwinden die Krisis in uns, bleiben dem gefaßten Beschlusse treu und suchen die Lösung mit allen Kräften im Angriff.«
Und er behält recht, weil das russische II. Korps nicht auf dem Schlachtfeld erscheint.
Die Unsicherheit ist überwunden, die Befehle für den 27. August bleiben unverändert. Jetzt ist die Stunde des Generals von François gekommen.

Der Tag beginnt wieder mit einer Falschmeldung. Hindenburg und Ludendorff haben sich eben auf ihrem Feldherrnhügel bei Gilgenburg eingefunden, als sie erfahren, daß das 1. Armeekorps Usdau erobert habe und auf Neidenburg marschiere. Ludendorff, trunken vor Begeisterung, ruft aus: »Die Schlacht ist gewonnen!«
Er hat sich zu früh gefreut. Usdau hält sich noch. Vom Hügel aus gesehen bietet das

Städtchen den Anblick eines Vulkanausbruchs. Es brennt lichterloh, und überall zukken die Einschläge des konzentrierten Beschusses durch die 112 Geschütze der deutschen Korpsartillerie. Um 11 Uhr beginnt der Sturm. Die Russen, vom Trommelfeuer zermürbt, fliehen.

Jetzt ist Usdau wirklich gefallen, der erste Riegel gesprengt. François befiehlt, auf Neidenburg vorzustoßen und damit die Einschließung zu beginnen, doch er kommt nicht weit. Zu seiner Rechten sind die 5. Landwehrbrigade und eine seiner eigenen Brigaden von zwei Infanterie- und einer Kavalleriedivision angegriffen und zum Rückzug gezwungen worden. Das ist eine böse Nachricht: Das 1. Armeekorps, das den Gegner umfassen sollte, ist nun selber in Gefahr, umgangen zu werden. Hindenburg muß entsetzt mit ansehen, daß in den deutschen Stäben geradezu Panik ausbricht. Auf der ganzen Front verbreitet sich das Gerücht, das 1. Armeekorps sei völlig geschlagen.

Wäre Artamanow ein echter Soldat, würde er jetzt alles daransetzen, diesen ersten Erfolg mit seinem I. Korps auszunützen. Er braucht nur frische Kräfte gegen François zu führen. Statt dessen gerät er in Panik, als er hört, daß Usdau gefallen sei. Er telephoniert mit Samsonow, der ihn beschwört, jedenfalls Soldau um jeden Preis zu verteidigen.

Als er den Hörer auflegt, scheint er ein anderer Mann geworden zu sein, ja, er schickt ein hochtrabendes Telegramm: »Ich widerstehe wie ein Fels in der Brandung.«

Doch die Zuversicht ist nur von kurzer Dauer. Bald gibt er, ohne wirklich bedroht zu sein, den Befehl zum Rückzug auf Mlawa, über 20 Kilometer südöstlich von Soldau. Damit entblößt er die ganze linke Flanke der Armee.

Samsonow ist außer sich. »Soll er sich doch davonscheren!« brüllt er und läßt Artamanow mitten in der Schlacht ablösen.

So spielt das Kriegsglück. Hätte das russische I. Korps einen entschlossenen Führer gehabt, wäre der Ausgang des Ringens vielleicht ein anderer gewesen, und zwar um so mehr, als an diesem 27. August die Lage für die Deutschen im Zentrum alles andere als rosig aussieht.

Die Infanteristen des 20. Armeekorps haben ganz auf sich gestellt den Ansturm von Samsonows Hauptstreitmacht über sich ergehen lassen müssen. Sie sind mit ihrer Kraft am Ende. Scholtz macht sich Sorgen. Bei Mühlen hat das mit Todesverachtung angreifende russische XV. Korps seine Linien durchbrochen. Zwar gelingt es ihm, die Lücke zu schließen, aber das kostet ihn seine letzten Reserven. Und das XIII. Korps ist unterwegs; bald wird es zum XV. stoßen. Scholtz weiß, daß seine Männer das letzte geben und entschlossen sind, nicht zu weichen. Werden sie durchhalten?

Samsonow ist sich bewußt, daß ihn François wegen Artamanows unnötiger Flucht schon morgen umgehen kann. Er hat auch erfahren, daß sein VI. Korps im Norden geschlagen worden ist und die Zange dabei ist, sich zu schließen. Die Vernunft gebietet den Rückzug, ehe es zu spät ist. Aber Jilinski hat ihm Feigheit vorgeworfen. Was würde er erst sagen, wenn er hört, daß Samsonow zurückgeht?

Er sieht nur eine Möglichkeit: Im Zentrum angreifen, um den Ring aus Feuer und Stahl zu zerbrechen, der ihn zu erwürgen droht.
Wenn doch Rennenkampf endlich käme ...

In der Nacht vom 27. auf den 28. August liegt dicker Nebel über dem Land. Noch in der Dunkelheit ist die 41. Division unter General Sontag abmarschbereit. Auf sie setzt Ludendorff seine ganze Hoffnung. Sie soll gegen die Flanke des XV. Korps vorstoßen und versuchen, es einzuschließen.
General Sontag ist zutiefst beunruhigt. Um die befohlene Bewegung auszuführen, muß er seine Truppen vor der Front des russischen XXIII. Korps vorbei und dann mit dem Rücken zum Gegner nach Norden Richtung Waplitz marschieren lassen.
In Nacht und Nebel verlieren die Truppen bald die Fühlung untereinander, manche Verbände wissen nicht, wo sie sind. Um 4 Uhr früh sollten sie nach Plan Waplitz umgangen haben, aber sie sehen nichts von einem Dorf. Um 6 Uhr ist es noch zu keiner Feindberührung gekommen.
Da, um 7 Uhr, lichtet sich der Nebel sehr rasch. Die Artillerie des XXIII. Korps nimmt die 41. Division unter mörderisches Feuer, während die Infanterie des XV. Korps bei Waplitz angreift. Die Deutschen weichen. Sontag versucht die Fliehenden zu sammeln. Es gelingt ihnen mit knapper Not, sich im Nahkampf auf ihre Ausgangsstellung zurückzuziehen, aber sie lassen auf dem Schlachtfeld 13 Geschütze und 1000 Gefangene zurück.
Gegen 9 Uhr erfahren Hindenburg und Ludendorff von der Katastrophe, und weil ein Unglück nie allein kommt, wird ihnen gleich darauf gemeldet, das russische XIII. Korps sei im raschen Vormarsch auf Hohenstein; wenn es sich beeilt, trifft es ein, bevor es vom 1. Reservekorps aufgehalten werden kann. Die Lage wäre vollkommen verändert.
Tatsächlich ist das XIII. Korps aber zu langsam, es erscheint erst, nachdem das XV. Korps, von der Landwehrdivision Goltz bedrängt, Hohenstein geräumt hat.
Das weiß Ludendorff noch nicht. Deshalb befiehlt er François, nicht weiter in Richtung Neidenburg vorzustoßen, sondern der 41. Division zu Hilfe zu kommen.
François behält kühlen Kopf: Er befolgt den Befehl nicht. Er hat die feindlichen Linien durchstoßen und ist dabei, Samsonows linken Flügel zu umfassen. Er denkt nicht daran, diese Absicht aufzugeben. Neidenburg nehmen und die Russen im Rücken zu packen, das erscheint ihm wichtiger, als einer bedrängten Division beizustehen.
Hindenburg selber wiederholt Ludendorffs Befehl, doch François rückt nur um so schneller vor. Um 15 Uhr steht seine 2. Division schon vor Neidenburg.
Samsonow hat die Stadt verlassen. Als er sah, daß seine Flügelkorps vernichtet waren und erfuhr, daß François auf der einen, Mackensen auf der anderen Seite ihm den Rückweg abschnitten, hatte er nur noch einen Gedanken: Das Zentrum, vor allem das

XV. Korps unter General Martos zum verzweifelten Ausbruch aus der Umklammerung zu treiben.
Er will heute möglichst nahe bei Martos sein. Schon am frühen Morgen hat er seinen Wagen bestiegen, nachdem er Jilinski gemeldet hat, er könne in den nächsten Stunden keine Nachricht geben.
Die Fahrt zur Front geht an endlosen Kolonnen verwundeter Soldaten vorbei. Um schneller voranzukommen, setzt Samsonow seinen Weg, von 150 Kosaken eskortiert, zu Pferde fort. In Lahna erfährt er, daß sein VI. Korps völlig zerschlagen ist und Mackensen rasch in seinem Rücken vorstößt. Die Offiziere bestürmen ihn, den Rückzug zu befehlen, bevor es zu spät ist. Er zögert und beschließt, weiter vorzugehen; offenbar ist ihm nicht klar, daß er mit jeder Stunde tiefer in die Falle gerät. In Nadrau trifft er Martos, der sein Hauptquartier auf einem Hügel aufgeschlagen hat.
Der Befehlshaber des XV. Korps steht noch unter dem Eindruck seines morgendlichen Sieges über die 41. Division und ist entsetzt, als er hört, daß die beiden Flügel geschlagen sind und Neidenburg nur von einer schwachen Nachhut gehalten wird. Er schlägt vor, sofort den Rückzug anzutreten, aber Samsonow kann sich dazu nicht durchringen. Er wirkt wie gelähmt. Er klammert sich an die Hoffnung, das XIII. Korps werde eintreffen und die Lage wenden wie Napoleons General Desaix in der Schlacht von Marengo. Und er erwartet jeden Augenblick Rennenkampf, weil er nicht weiß, daß der noch gut 100 Kilometer entfernt ist.
Immer wieder hält Samsonow mit dem Feldstecher nach Norden Ausschau. Doch was er da auf dem rechten Flügel kommen sieht, sind fliehende Truppenteile, die dem deutschen Artilleriefeuer nicht standgehalten haben. Noch einmal bäumt er sich gegen das Schicksal auf. Er sprengt mitten unter die Mutlosen, richtet sich in den Steigbügeln auf und ruft: »Ihr habt den Fahneneid geschworen. Jetzt haltet euer Wort!« Die beeindruckten Männer gehen zurück in den Kampf, aber kaum geraten sie in die Feuerzone, suchen sie wieder das Heil in kopfloser Flucht.
Bei Einbruch der Dunkelheit muß sich der unglückliche General eingestehen, daß dem XV. Korps der Durchbruch nicht gelingen und das XIII. Korps nicht rechtzeitig eintreffen wird.
Martos kommt und sagt: »Exzellenz, es ist kein Augenblick mehr zu verlieren. Wir müssen sofort zurück. In der Dunkelheit können wir uns vom Feind lösen. Vielleicht gelingt es uns, noch aus dem Sack herauszukommen.«
Samsonow schwankt immer noch. Widerstrebend nur gibt er schließlich den Befehl zum Rückzug auf Neidenburg.
Wiederum weiß er nicht, daß es bereits zu spät ist, daß François die Stadt erobert hat und schon auf Willenberg marschiert. Bald wird er mit Mackensen zusammentreffen, so daß die 2. Armee rings eingeschlossen ist.
Die Schlacht als geplanter Ablauf ist vorbei. Von jetzt an ist sie für die Russen nur noch

eine Folge verzweifelter, erfolgloser Durchbruchsversuche, bei denen sich die Korps in immer kleinere Verbände zersplittern und jeder Zusammenhalt, alle Übersicht verlorengeht, so daß die Einheiten einzeln die Waffen strecken, um nicht bis zum letzten Mann vernichtet zu werden.
Am 29. August, als sich schon alles um ihn herum auflöst, gibt Samsonow von Orlau aus seinen letzten Befehl, der den Empfänger nicht mehr erreicht: Das I. Korps soll um jeden Preis Neidenburg zurückerobern, um der Armee den Rückzug zu ermöglichen.
Er ist ein gebrochener Mann. Am frühen Nachmittag setzt er sich in sein Automobil, mit dem er zwischen Muschaken und Willenberg noch durchzukommen hofft. Die Straße ist so schlecht und derart mit fliehenden Soldaten verstopft, daß er um 17 Uhr erst 20 Kilometer weit gekommen ist.
Die Grenze ist ganz nah. Gleich hinter dem Dorf Saddek läßt er halten. Er will eben seiner Eskorte Befehl geben, die Straße freizumachen, als deutsche Maschinengewehre zu hören sind.
Der Weg ist abgeschnitten. Aber vielleicht könnte man doch noch durchkommen? Die Kosaken reiten an, im Galopp. Sie werden zusammengeschossen und zerstreuen sich in alle Winde. Der General hat nur noch ein paar Mann und vier Generalstabsoffiziere um sich.
Der unerschütterliche Oberst Wlanow ruft: »Wenn wir es nach Süden nicht schaffen, versuchen wir es doch nach Osten. Vielleicht stoßen wir bei Willenberg auf das VI. Korps.«
Das ist die letzte Chance. Der kleine Trupp macht sich auf den Weg, doch bald begegnet ihnen ein polnischer Bauer, der aus Willenberg kommt und versichert, da seien starke deutsche Truppenverbände.
Samsonow will aufgeben: »Genug jetzt! Jeder rette sich, wie er kann! Ich entscheide allein über mein Schicksal. Ich habe vom Leben nichts mehr zu erwarten.«
Doch er nimmt sich noch einmal zusammen. Sie ziehen weiter. Es bleibt immerhin die schwache Hoffnung, in den Wäldern durch die deutschen Linien zu gelangen. Man beschließt, die Pferde laufenzulassen. Die Offiziere reißen sich die Schulterstücke und alle Rangabzeichen ab. Samsonow behält nur seinen Degen und seine goldene Uhr und die Kette, an der ein Medaillon mit dem Porträt seiner Frau hängt. Immer wieder bedenkt er, daß er Neidenburg preisgegeben hat, und murmelt: »Wie konnte mir ein solcher Fehler passieren?«
Die Nacht ist dunkel, ohne Mondlicht und Sternenschimmer. Wlanow, der mit dem Leuchtkompaß vorweggeht, stellt beim Kartenstudium fest, daß sie in der falschen Richtung unterwegs sind. In der Ferne hört man die Feuerstöße eines Maschinengewehrs. Sie irren aufs Geratewohl weiter, als plötzlich das helle Band einer Landstraße vor ihnen liegt. Die Männer lassen sich in den Chausseegraben fallen, warten, bis ein

Reitertrupp vorbeigezogen ist, gehen hinüber, queren auch noch eine Bahnlinie, die an der Straße entlangführt, und tauchen wieder in den Schutz der Bäume ein.
Um 3 Uhr früh haben sie den Eindruck, daß sie es jeden Augenblick geschafft haben müssen. Irgendwo hier muß die Grenze verlaufen. Sie rasten einen Augenblick. General Potowski zählt durch. Einer fehlt: Samsonow.
Sie kehren um, suchen im Wald. Auf der nahen Straße hört man eine Kolonne vorbeirollen. Die Männer verhoffen einen Augenblick, als sie aus dem Unterholz einen Schuß hören. Samsonows Bursche Kuptschik, der Schreckliches ahnt, trennt sich von der Gruppe und macht sich auf die Suche. Als er schon aufgeben will, taucht Samsonow vor ihm auf und fragt leise: »Wo sind die anderen?«
Woher soll Kuptschik das wissen? Im finsteren dichten Wald kann man sie lange suchen. Samsonow ist am Ende seiner Kräfte. Bei Tagesanbruch befiehlt er seinem Burschen: »Geh jetzt. Ich muß alleine weiter. Einzeln kommt man leichter durch.«
Kuptschik weigert sich, seinen Herrn zu verlassen, doch der wird zornig: »Geh«, schreit er, »und zwar sofort! Das ist ein Befehl.«
Niemand hat General Samsonow danach lebend gesehen.
Nur klägliche Reste seiner 2. Armee retten sich aus der Umklammerung.
Drei Korpskommandeure und 90000 Mann gehen in die Gefangenschaft, 350 Kanonen fallen den Siegern in die Hände.
Der Krieg ist noch nicht einen Monat alt, und schon hat die vielgepriesene russische Dampfwalze irreparablen Schaden genommen. Rußland erholt sich von dieser Niederlage nicht mehr, und keiner der Siege, die das russische Heer noch erringen wird, kann mehr zum großen Erfolg führen. Der Weg nach Berlin ist ein für allemal versperrt.
Ludendorff schreibt: »In der protestantischen Kirche zu Allenstein sagten der General Hindenburg und ich Gott dem Allmächtigen tiefbewegt Dank.«
Die beiden Generäle, die da nebeneinander in der Kirche der kleinen Stadt beten, sind noch vor einer Woche weit von Ostpreußen entfernt gewesen, im Ruhestand in Hannover und im Hauptquartier der II. Armee in Belgien.
Rennenkampf hat sich nicht gerührt. Er hat die Schlacht nicht gesucht. Er hat tatenlos zugesehen, wie die 2. Armee vernichtet wurde.
Ludendorff hat später klipp und klar gesagt: »Er brauchte nur anzutreten, und wir waren geschlagen.«

Tragische Bilder der Niederlage:
Pferde, Wagen, Karren, Flüchtlinge zu Tausenden, dazwischen die Infanteristen mit den schweren Tornistern – ein einziges Durcheinander. Wut und Verzweiflung sind allgemein. Jeder Schritt nach Süden bedeutet ein Stück preisgegebenen Heimatbodens. In jedes Dorf, das man hinter sich läßt, wird morgen der Feind einrücken. Wird die Bewegung überhaupt einmal zum Stehen kommen?

Alle, die diese Tage der *grande retraite* miterlebt haben, erinnern sich, wie verbittert sie waren. Viele hatten das Gefühl, es sei ihnen die Chance vorenthalten worden, wirklich zu kämpfen. Andere hatten überhaupt keinen Gegner zu Gesicht bekommen, sondern nur aus weiter Ferne den Kanonendonner gehört. Warum ließ man sie immer weiter vor den Deutschen zurückweichen?
Ermattete, staubweiße Infanteristen, die sich beim Marschieren auf ihr Gewehr stützten, Reiter, die schlaftrunken auf ihren Pferden schwankten, Mütter mit aufgelösten Haaren, die ihre Kinder am Rockzipfel mitschleppten, alte Männer, denen die Erinnerungen an 1870 hochkommen – alle stellten sich in diesen Stunden der Hoffnungslosigkeit die gleiche Frage: Was, um Himmels willen, tut denn Papa Joffre?
Er harrt seelenruhig in seinem *Grand Quartier Général* in Vitry-le-François aus. Seine Umgebung hat es längst aufgegeben, diese Gelassenheit begreifen zu wollen.
Binnen weniger Tage sind seine Offensiven eine nach der anderen gescheitert. Alle seine Armeen sind geschlagen. Im Osten klammert sich Castelnau verzweifelt an den Grand Couronné vor Nancy. Im Norden gehen die 3. und 4. Armee zurück, während die 5. Armee, von rechts und links durch die deutsche III. und II. Armee bedroht, sich dieser verhängnisvollen Umklammerung mit letzter Kraft zu entziehen versucht. Die kleine englische Armee, von Kluck ungestüm bedrängt, ist abgeschnitten und in äußerster Gefahr; soeben, am Morgen des 24. August, hat sie gemeldet, sie ziehe sich auf Longueville und Valenciennes zurück.
Doch auch unter diesen Keulenschlägen wankt Joffre nicht.
»Die geplante Strategie ist gescheitert«, stellt er nüchtern fest. »Es gilt jetzt eine andere auszuarbeiten.«
Dafür muß er erst einmal Raum gewinnen, sich dem drängenden Gegner entziehen, Ruhe und Übersicht in seine erschütterten Armeen bringen, wieder eine Schlachtordnung herstellen. Er braucht Zeit, und Zeit läßt sich nur durch die Preisgabe von Raum gewinnen. Eine grausame Notwendigkeit.
Vor allem aber müssen die Soldaten durchhalten. Das ist für den Generalissimus die größte Sorge. Er weiß und betont es immer wieder, daß der französische Soldat »leicht zu beeindrucken« ist, daß er »begeisterungsfähig ist, aber schnell den Mut verliert«.
Und die Zivilisten, werden die denn durchhalten? Joffre denkt an die Politiker und Journalisten in Paris, die zu panischen Überreaktionen neigen. Eben erst hat er von Messimy ein aufgeregtes Schreiben bekommen, in dem ihm der Kriegsminister empfiehlt, jeden General zu erschießen, der vor dem Feind versagt.
Wenn die Leute in der Hauptstadt ihn jedenfalls in Ruhe lassen würden! Sollen sich die Minister doch um die eben aufgebrochene Regierungskrise kümmern und ihm in der Abgeschiedenheit von Vitry die ernsten Probleme überlassen.
Am Morgen des 25. August sieht er schon klarer. Während um ihn herum alles zusammenzubrechen scheint, beschäftigt er sich mit dem Vorgehen, das die Rettung bringen

soll. Um die Engländer zu stützen und um ihre Einschließung zu verhindern, wirft er auf ihren linken Flügel von Amiens aus eine rasch zusammengeraffte Streitmacht: das VII. Korps, eine Division aus dem Elsaß, zwei aus dem Festungsbezirk Paris und zwei von der Lothringen-Armee. Die so gebildete neue 6. Armee, 60000 Mann stark, unterstellt er General Maunoury, einem Offizier, von dem er einmal gesagt hat, er sei ein »echter Soldat«. Maunoury ist 67 Jahre alt, hat am Krieg 1870/71 teilgenommen und ist Militärgouverneur von Paris und Mitglied des Obersten Kriegsrats gewesen.

Die Frage ist nur, ob die Engländer bis zum Eintreffen dieser nachdrücklichen Verstärkung überhaupt weiterkämpfen können. Für den 26. August vormittags beruft Joffre Marschall French und die Generäle Lanrezac und d'Amade zu einer Besprechung nach St. Quentin ein.

Die Begegnung findet in einem stillen Haus in klassizistischem Stil statt. Im Sitzungszimmer herrscht Halbdunkel, weil Vorhänge und Fensterläden geschlossen sind, und unwillkürlich sprechen die Generäle leise, »als läge im Nebenzimmer ein Toter«, wie der spätere General Spears notiert.

Lanrezac, als letzter eingetroffen, erhebt sogleich heftige Einwendungen gegen die »Generalinstruktion 2«, die ihm am Vortag zugegangen ist. Er erklärt, daß er sich unmöglich mit dem linken Flügel auf St. Quentin stützen könne, denn da seien ihm die Engländer im Wege. Joffre befiehlt ihm, sich auf La Fère zurückzuziehen, und wendet sich Sir John zu.

Der britische Marschall macht aus seiner Entrüstung kein Hehl. Seine Armee sei noch nicht richtig in Stellung gegangen, als sie schon heftigen Angriffen ausgesetzt gewesen sei, jetzt sei er dem Druck der Armee Kluck nicht mehr gewachsen, und anstatt ihm zu helfen, informiere ihn Lanrezac nicht einmal über seine Rückzugsbewegungen. Er spricht immer erregter, bis er merkt, daß ihn niemand versteht, und er General Wilson erst einmal übersetzen läßt.

Lanrezac, der nicht ein einziges Mal das Wort an den Marschall richtet, zuckt nur gleichgültig mit den Schultern.

Als merke er nicht, wie es um ihn knistert, legt Joffre in aller Ruhe seinen Plan dar. Noch kann alles gutgehen, wenn sich die einzelnen Armeen strikt an ihre Operationsbefehle halten. Er erläutert in allen Einzelheiten die Generalinstruktion vom Vortage, muß aber enttäuscht feststellen, daß der Engländer von einer solchen Instruktion überhaupt noch nichts gehört hat. Aus dem Konzept gebracht, erklärt er alles noch einmal von Anfang an, wobei er besonders die Rolle der neuen 6. Armee auf dem linken Flügel der Engländer betont. Er hat den Eindruck, tauben Ohren zu predigen, weil Sir John offenbar nur darauf bedacht ist, zurückzugehen, um seine Armee vor der Vernichtung zu bewahren.

Die Zeit verrinnt, die Stimmung wird immer bedrückender. Peinliche Gesprächspausen entstehen. French und Lanrezac tun weiterhin so, als sei der andere Luft. Die Sitzung endet ohne formelle Einigung.

»Als ich am frühen Nachmittag das britische Hauptquartier verließ«, schreibt Joffre später, »stand ich unter dem Eindruck, daß unser äußerster linker Flügel sehr gefährdet sei, und ich fragte mich besorgt, ob er lange genug halten werde, um mir eine Umgruppierung meiner Streitkräfte zu ermöglichen.«

Seine Besorgnis ist durchaus berechtigt: Der linke Flügel wird nicht halten.

Marschall French hat einfach kein Vertrauen mehr. Er ist entsetzt angesichts der tödlichen Bedrohung seiner Armee und der Erschöpfung seiner Männer. Am liebsten würde er sich sofort vom Gegner lösen, obwohl ihm General Smith-Dorrien klarzumachen versucht, daß ein Rückzug am hellichten Tage rasch zu einer allgemeinen Flucht führen würde. Die Engländer liegen unter ständigem Artilleriefeuer, werden vom 4. Armeekorps und vom Kavalleriekorps Marwitz unablässig bedrängt und weichen überall zurück. Le Cateau haben sie schon geräumt. Am Nachmittag stoßen die Deutschen so ungestüm nach, daß es stellenweise zum Nahkampf kommt. Erst gegen Abend setzen heftige Regenfälle dem Kampf ein Ende. Viele Engländer lassen sich einfach in den nächsten Straßengraben fallen und schlafen trotz des anhaltenden Artilleriefeuers sofort ein.

Unterdessen geht Lanrezac schon auf Laon zurück.

Kluck jubelt. Am Abend der Schlacht von Le Cateau gibt er selbstsicher bekannt, daß die britische Armee sich in voller Flucht befindet. Sieben Batterien Feldartillerie, eine Batterie schwere Artillerie und Tausende von Gefangenen hat sie verloren. Morgen, so Kluck, wird sie abgeschnitten, vielleicht schon vernichtet.

Er übersieht, daß auch seine Männer erschöpft sind, weil sie seit Beginn des Feldzugs Tag für Tag über 30 Kilometer marschieren mußten. Sie haben Hunger, weil die Verpflegung nicht nachkommt, und auch sie hauen sich irgendwo hin, weil sie nicht mehr die Kraft haben, noch lange bessere Unterkünfte zu suchen. Am nächsten Tage setzen sie nur zögernd nach, so daß sich die Engländer dem Druck entziehen können.

Bei der Rückkehr von Vitry findet Joffre eine Meldung von Oberst Huguet, dem Verbindungsoffizier zur britischen Armee, vor:

»Schlacht für die englische Armee verloren, jeder Zusammenhalt scheint zu fehlen. Sie wird für Neuaufstellung starke Unterstützung anfordern. Hauptquartier ab heute abend Noyon. Einzelheiten folgen.«

Offenbar hat sich Huguet von der Panik anstecken lassen. Die tapfere kleine englische Armee hat sich durchaus nicht aufgelöst, sondern beschleunigt nur ihren Rückzug, um die Umfassung durch Klucks Verbände zu vermeiden.

Joffre stellt fest, daß er zu optimistisch gewesen ist, daß Maunoury auf keinen Fall rechtzeitig zum Eingreifen von Amiens aus dasein kann, daß also weiter südlich etwas geschehen muß. Das bedeutet zurück, immer weiter zurück ... Bis Paris vielleicht.

Es ist nicht zu fassen: Keine vier Tage nach dem Einmarsch der Deutschen in Frankreich ist schon die Hauptstadt bedroht. Und sie liegt offen da.

Es ist naheliegend, daß die Regierung den Parisern Mut machen will, indem sie am 26. August die Verteidigung der Stadt einem der ruhmreichsten Generäle der französischen Armee anvertraut: Joseph Gallieni. Er gilt als ein »großer Soldat«, und tatsächlich hat er ein Leben lang dazu beigetragen, Frankreich ein Kolonialreich zu erkämpfen.
Mit 21 Jahren hat er bei Sedan gefochten und ist mit der ganzen Armee in die Gefangenschaft gegangen. Später hat er sich im Niger, im Sudan, in Indochina und vor allem auf Madagaskar ausgezeichnet, wo ihm bei den »Befriedungsaktionen« ein Pionieroffizier namens Joffre unterstellt gewesen ist.
Als Mitglied des Obersten Kriegsrats ist er zu Beginn der Kampfhandlungen zum »möglichen Nachfolger des Oberbefehlshabers« ernannt worden, was seinem damaligen Untergebenen durchaus nicht gefallen hat; Joffre hat sich strikt geweigert, ihn nach Vitry-le-François kommen zu lassen.
Jetzt ist er Militärgouverneur des Festungsbezirks Paris.
Festungsbezirk … Das ist nichts als eine hochtrabende Bezeichnung. Gallieni übernimmt etwas, das es gar nicht gibt.
»Eine ungeheure Aufgabe«, ruft er aus, als ihm das Kommando übertragen wird. »Alles bleibt zu tun, es ist ja nichts da, nichts, nichts, nichts.«
Die Forts sind nicht bestückt, die Zwischenräume nicht zur Verteidigung hergerichtet, geschützte Munitionslager gibt es nicht.
Eine Metropole wie Paris kann man nicht im Stadtbereich verteidigen. Man muß weit draußen kämpfen, in einem Umkreis, der eine Linie von mindestens 200 Kilometern bildet.
Aber womit soll Gallieni kämpfen? Er hat ganze vier Divisionen und zwei Brigaden, knapp 100000 Mann, die man irgendwo zusammengekratzt hat und die so schlecht ausgebildet sind, daß die meisten Soldaten nicht einmal ernsthafte Schießübungen absolviert haben.
Er fordert nachdrücklich eine Armee von mindestens drei Korps, aber Joffre stellt sich taub. Er hat andere Sorgen als die Rettung von Paris.

Auch am 27. August läßt der Druck der Deutschen auf dem unendlich großen Schlachtfeld nicht nach.
Castelnau hält den Grand Couronné vor Nancy, doch die 3. Armee weicht bis an die Aisne zurück. Die 4. Armee gerät bei ihren Absetzbewegungen in einen immer mehr anschwellenden Flüchtlingsstrom. Das Kavalleriekorps Sordet, das die linke Flanke decken soll, ist außerstande, dem Gegner ein Gefecht zu liefern. Ein Reiter schreibt an diesem Tag: »Ich habe keine Hufeisen mehr, und die Rücken unserer Pferde sind so

durchgeritten, daß wir unter dem Eitergestank leiden.« Péronne muß geräumt werden. Auf dem äußersten linken Flügel halten die Territorialtruppen unter General d'Amade nicht stand.

Joffre merkt, daß er etwas unternehmen muß, um den Rückzug nicht zur Flucht ausarten zu lassen. Vor allem muß er den Druck auf die britische Armee mildern. Das kann nur Aufgabe der 5. Armee sein.

Lanrezac zeigt sich alles andere als begeistert. Seine Soldaten sind erschöpft, und die Engländer haben durch die Räumung von St. Quentin seine linke Flanke entblößt.

Am 28. August um 11 Uhr trifft Joffre in Marle, dem Hauptquartier der 5. Armee, ein. Da sich Lanrezac widerspenstig zeigt, gerät Joffre so in Wut, daß er ihm mit der Entziehung seines Kommandos droht. »Sie sollen entschlossen auf St. Quentin marschieren«, brüllt er, »und sich nicht von unangebrachten Befürchtungen wegen Ihres rechten Flügels nervös machen lassen. Dort sind Sie durch das X. Korps ausreichend gedeckt.«

Wieder hat Joffre die Lage zu rosig eingeschätzt. Der rechte Flügel der 5. Armee ist tatsächlich bedroht, und zwar durch Hausen, dessen III. Armee von Rocroi her nach Südwesten vordringt. Und links ist Bülow inzwischen mit fünf Infanterie- und zwei Kavalleriedivisionen in St. Quentin einmarschiert.

Wenn die Engländer doch jedenfalls hinter der Oise ausharren würden! Doch sie scheinen nur noch aufs Entkommen bedacht zu sein. Ein Augenzeuge, der sie beim Rückzug durch Noyon gesehen hat, berichtet: »Ein wildes Durcheinander, Pferde ohne Reiter, Kavalleristen zu Fuß, einzelne Highlanders mit hellen Knien unter dem Rock, Infanteristen, Leichtverletzte auf Karren, alle streben sie in fieberhafter Eile davon.«

French erklärt Joffre, er könne seinen Truppen nichts mehr abverlangen, sie müßten mindestens einen Ruhetag bekommen. Er bedauert, die geplante Offensive der 5. Armee in keiner Weise unterstützen zu können.

Seit Beginn des Rückzugs ist die Lage noch nicht so düster gewesen. Die III. Armee der Deutschen braucht nur in die Lücke hineinzustoßen, die sich zwischen der 4. und 5. Armee auftut, und die gesamte französische Front bricht zusammen.

Joffre zögert nicht. Um die Lücke zu stopfen, zieht er Truppen von der 3. und 4. Armee ab und stellt einen Verband zusammen, der wenige Tage später die 9. Armee bildet. Den Befehl überträgt er Foch, den er in aller Eile von der Front in Lothringen herbeizitiert hat.

Um 9 Uhr schon ist Joffre am 29. August wieder bei Lanrezac, der sein Armeehauptquartier inzwischen in Laon aufgeschlagen hat. Er will an Ort und Stelle den Verlauf der Gegenoffensive beobachten.

Er berichtet: »Zu meiner Genugtuung zeigte General Lanrezac unendlich viel mehr Ruhe als am Vortag und vor allem mehr Selbstbeherrschung. Ich wohnte den ganzen Vormittag in seinem Dienstzimmer dem Diktat der Befehle bei und hatte den Eindruck, daß er seine Schlacht nachdrücklich und methodisch führte.«

Das ist durchaus nicht selbstverständlich. Denn eine Armee zum Angriff zu führen, die weder auf dem linken noch auf dem rechten Flügel gedeckt ist, das kann man nur als Verzweiflungsaktion bezeichnen.
Und tatsächlich läßt sich die Sache nicht gut an. Schon in der Frühe wird das X. Korps der Franzosen von drei Armeekorps der II. Armee angegriffen. Lanrezac schickt erst das III., dann das I. Korps zur Unterstützung. Endlich weichen die Deutschen. Sogar die berühmte preußische Garde muß Gelände preisgeben.
Doch bei St. Quentin bleibt der Angriff des XVIII. Korps und der Abteilung Valabrègue im Feuer liegen. So konzentrieren sich die Kämpfe auf den Raum Guise im Zentrum. Zum erstenmal haben die Franzosen den Eindruck, daß sie die Initiative ergriffen haben. Sie stürmen schneidig, erobern mehrere Dörfer zurück und zwingen Bülows Soldaten gegen Abend zum Rückzug über die Oise.
Das ist ein Erfolg, ein Befreiungsschlag, ein Atemholen. Aber es ist kein Sieg. Lanrezac behält kühlen Kopf. Jetzt nachsetzen, während rings um ihn her der Rückzug weitergeht, das würde ihn schnell in eine hoffnungslose Lage bringen.
Selbst Joffre muß das zugeben. Um 22.30 Uhr schickt er den Soldaten der 5. Armee seine Anordnung: »Trotz des Schmerzes, den ich euch damit zufüge, befehle ich euch, aus übergeordneten strategischen Gründen kämpfend zurückzugehen.«
Die Männer verstehen das nicht. Sie wissen nicht, wie es bei den Nachbararmeen aussieht, sie fühlen sich endlich einmal als Sieger.
Wie sollten sie wissen, daß sich Joffre den ganzen Tag lang vergeblich bemüht hat, French zum Widerstand zu veranlassen, und zumindest den Crozat-Kanal zu halten, bis die 6. Armee an seinem linken Flügel eingreifen kann.
Er ist gegen eine Wand angerannt.
Joffre: »French hörte nicht auf meine nachdrücklichen Vorstellungen. Außerdem sah ich ganz deutlich, wie sein Stabschef, Sir Archibald Murray, während ich sprach, den Marschall an den Rockschößen zupfte, damit er nur ja nicht auf meine Bitte einging.«
Sir John verlangt jetzt für seine Truppen 48 Stunden absoluter Ruhe. Erst dann ist er zur Zusammenarbeit bereit.
Joffre: »Damit war mir klar, daß nichts mehr den Marschall von seinem Beschluß abbringen würde.«
Noch am gleichen Tage befiehlt er, das *Grand Quartier Général* nach Bar-sur-Aube zu verlegen, 60 Kilometer südlich von Vitry.

Sonntag, 30. August. In Luxemburg hat sich die Oberste Heeresleitung in einem rasch hergerichteten kleinen Schulgebäude installiert; noch kann nur beim Scheine von Kerzen und Petroleumlampen gearbeitet werden. Schon am Vormittag zieht General Helmuth von Moltke die Bilanz des ersten Kriegsmonats.
Eine gloriose Bilanz ist das, eine einzige Folge großer Siege. Lüttich erobert, die Belgier

in Antwerpen eingeschlossen, die Franzosen bei Charleroi, die Engländer bei Mons und Le Cateau geschlagen. Paris zum Greifen nahe!
Moltke müßte strahlen, aber ist nun einmal ein Mann der Bedenken. Während ihm seine Generäle schildern, wie die feindlichen Armeen in völliger Auflösung vor ihnen fliehen, macht er sich Sorgen, daß nur ein paar Tausend Gefangene und wenige Geschütze eingebracht worden sind. Das ist für ihn der beste Beweis, daß die französische Armee zwar angeschlagen, aber nicht wirklich niedergerungen ist.
Überhaupt ist das Verhalten dieser Armee schwer zu begreifen. Man hätte doch meinen sollen, daß sie sich von Anfang an instinktiv auf Paris zurückziehen würde. So war ja auch der deutsche Vormarsch geplant: Die I. Armee sollte zwischen Rouen und Paris die Seine erreichen, die II. den Festungsbezirk nach Norden abriegeln, die III. im Osten an der Hauptstadt vorbeistoßen. So würde Paris fallen und zugleich der linke Flügel der französischen Front eingeschlossen werden.
Joffre hat sich nicht herbeigelassen, Schlieffens Vorstellungen vom Gang der Dinge ganz zu folgen. Er hat sich nicht auf Paris zurückgezogen, sondern nach Süden auf die Aisne, die Marne und den Oberlauf der Seine. Den Deutschen ist nichts übriggeblieben, als diese Bewegung mitzumachen und damit zwischen zwei Festungsbereiche zu geraten: Verdun und Paris. Die Hauptstadt aber ist jetzt schon nicht mehr das Ziel. Die ganze Schlacht ist nach Osten gerutscht, an die Ufer der Oise und an den Rand der flachen Champagne. Anstatt die Flügel zu umfassen, muß Moltke nun notgedrungen das Zentrum durchstoßen. Trotz aller glänzenden Waffentaten ist der Schlieffenplan schon gescheitert. Die Schlacht muß neu begonnen werden. Deshalb sieht sich Moltke heute vor schweren Entscheidungen.
Auch an diesem Schicksalstag stapeln sich die Meldungen auf dem Schülerpult, das Moltke als Schreibtisch dient.
Um 8 Uhr meldet Ludendorff telephonisch, daß der Sieg von Tannenberg errungen ist. Aber seine Soldaten haben schwere Tage hinter sich, und er muß noch Rennenkampfs Armee schlagen. Moltke beschließt die sofortige Entsendung des Gardereservekorps und des 11. Armeekorps nach Ostpreußen.
Nicht lange darauf berichtet Bülow reichlich spät von seinem Sieg bei St. Quentin. Nach seinen Worten ist es ein vollständiger Sieg geworden. Die Franzosen, vier Korps und drei Reservedivisionen, befinden sich allesamt auf dem Rückzug.
Alle deutschen Armeen sind auf dem Vormarsch. Alle außer der V. Armee. Der Kronprinz verharrt weisungsgemäß hinter der Maas. Doch gerade seine Armee, so entscheidet Moltke, soll jetzt zum Dreh- und Angelpunkt der deutschen Offensive werden. Die große Umfassungsbewegung westlich an Paris vorbei wird aufgegeben. Der Herzog von Württemberg (IV. Armee) hat direkt nach Süden vorzustoßen, Bülow (II. Armee) soll Anschluß an Hausen suchen, und Kluck (I. Armee) soll sich, an die Nachbararmee angelehnt, nach Osten hin entwickeln.

Jetzt bestimmt nicht mehr der rechte Flügel, also Kluck und Bülow, das Marschtempo für das Zentrum. Im Gegenteil, der rechte Flügel bleibt fast stehen, während die Armeen im Zentrum frontal gegen das französische Heer vorstoßen und es zersprengen sollen.
Keiner der Generalstäbler, die sich mit Moltke über die Karte beugen, erhebt den leisesten Einwand. Keiner weist darauf hin, daß die I. Armee, indem sie nach Osten einschwenkt, am Festungsbezirk Paris vorbeimarschieren muß und damit im Rücken bedroht ist. Alle sind fest davon überzeugt, daß der linke Flügel der Franzosen völlig zerschlagen ist und sich zu keiner Reaktion aufraffen wird. Die Engländer kann man ohnehin vergessen.
Wirklich ist die 5. Armee, die rechts und links in der Luft hängt, in tödlicher Gefahr. Und die Engländer sind am Ende ihrer Kraft.
French zeigt sich immer widerstrebender. Gerade heute, am 30. August, teilt er dem *Grand Quartier Général* mit, daß er den Raum zwischen der 5. und 6. Armee nicht mehr halten kann, weil seine Truppen mindestens zehn Tage Ruhe brauchen. Mit anderen Worten: Er will sie aus dem Kampf nehmen.
Sir John glaubt einfach nicht mehr an den Sieg. Der Beweis ist sein kleinmütiges Schreiben an Kitchener: »Ich kann nicht behaupten, daß ich viel Vertrauen in die Entwicklung und die Zukunft des Feldzugs in Frankreich setze. Mein Vertrauen in die Fähigkeit der Führer des französischen Heeres, diesen Feldzug bis zum Siege fortzusetzen, schwindet rasch, und das ist der eigentliche Grund für meine Entscheidung, die britischen Streitkräfte so weit zurückzunehmen.«
Ein düsterer Tag für Frankreich. Auch Joffre bekommt die Meldung von der Katastrophe bei Tannenberg und muß seine Hoffnung auf die russische Dampfwalze begraben.
Er weiß, daß Paris binnen weniger Tage verlorengehen kann und empfiehlt noch am selben Tage der Regierung, die Stadt zu verlassen.
Gallieni ist mit ihm einer Meinung. Er erklärt Poincaré lakonisch: »Paris ist nicht zu halten. Die Regierung muß unverzüglich abreisen.«
Nach wie vor und ebenso nachdrücklich verlangt er drei Korps, die ihm Joffre weiterhin vorenthält.
Er bekommt sie erst etwas später. Die 6. Armee unter General Maunoury ist für das geplante Eingreifen bei Amiens zu spät gekommen und auf ihrem Rückzug schon fast an den Toren der Hauptstadt angelangt. Joffre unterstellt sie schließlich dem Befehl Gallienis.

Montag, 31. August. Bei brütender Hitze hat Rittmeister Lepic mit seiner zur Aufklärung detachierten Schwadron hinter Strohhaufen auf einer kleinen Anhöhe südlich des aus einer Kapelle und drei Häusern bestehenden Weilers Saint Maur einen halben

Kilometer von der Gabelung der Nationalstraßen nach Paris über Senlis und ins Marnetal über Compiègne Stellung bezogen.
Lepic notiert eifrig auf seinem Meldeblock. Neun Schwadronen beobachtet er, die deutschen Kavalleristen tragen keine Helme, sondern die runde Mütze, die eigentlich im Gefechtseinsatz nicht üblich ist ... Dann folgen zwei Maschinengewehrabteilungen ... Acht Geschütze ... Nach einer Viertelstunde kommt Infanterie, acht Kompanien, dann vier weitere Geschütze und ein Gefechtstrain ... Noch einmal zehn Minuten Pause, und jetzt bedeckt, so weit das Auge reicht, eine grüngraue Masse von Infanterie die Straße. Inzwischen haben die Deutschen aber die feindliche Schwadron ausgemacht und versuchen sie mit Reiterei und Fahrradtruppen abzuschneiden. Lepic weicht in gestrecktem Galopp ins Arondetal aus, er hat einige Verwundete, die sich alle im Sattel halten. Um 15.30 Uhr trifft er bei der Zuckerfabrik von Francières bei seinem Vorgesetzten ein und erstattet seinen Bericht. Er betont, daß das Gros der beobachteten Truppen die linke Straße nach Südosten in Richtung Compiègne eingeschlagen hat ... Wenige Stunden später, also für die Nachrichtentechnik des Jahres 1914 erstaunlich schnell, liegt die Meldung bei der Abteilung Feindaufklärung der 5. Armee in Jonchery vor.
Eine einzelne Meldung hat nur relative Bedeutung. Aber schon kommen Bestätigungen. Britische Flieger haben sogar schon gegen 12 Uhr von »zahlreichen Marschkolonnen auf dem Wege nach Südosten« berichtet.
Lanrezac begnügt sich damit, die Nachricht an die nächsthöhere Instanz weiterzugeben. Er hat im Augenblick andere Sorgen. Zwischen dem rechten Flügel seiner 5. Armee und der Armeeabteilung Foch klafft eine Lücke von 30 Kilometern. Er hat keine Truppen, um sie zu stopfen, und gleichzeitig bleibt es dabei, daß er sich in Eilmärschen bei Tag und Nacht nach Süden bis an die Aisne zurückziehen soll.
Die Engländer an seinem linken Flügel scheinen sich ohnehin in Luft aufgelöst zu haben. French hat noch ein dramatisches Schreiben und gleich darauf ein Telegramm an Kitchener geschickt: »Ich halte es für absolut notwendig, mir vollständige Bewegungsfreiheit zu erhalten und mich auf meine Basis zurückziehen zu können, wenn die Umstände dies erfordern.«
Kitchener reagiert sofort und kabelt Sir John, er solle eng mit Joffre zusammenarbeiten und sich so weit wie möglich nach dessen Plänen richten. Darauf bekommt er die hochfahrende Antwort: »Wenn die Franzosen bei ihrer Taktik bleiben, rechts und links von mir, meistens ohne mich zu informieren, zurückzuweichen und jeden Gedanken an ein offensives Vorgehen aufzugeben, so wird die Lücke in der französischen Front notwendigerweise bestehen bleiben. Die Folgen haben die Franzosen selber zu tragen.«
Kitchener, von dieser pessimistischen Einstellung aufgebracht, beschließt, sofort nach Frankreich zu reisen.
Auf breiter Front geht der Rückzug weiter. Böse Zungen sagen, man werde zurück-

gehen bis an die Pyrenäen, bis in Joffres Geburtsdorf Rivesaltes ... Und böse Zungen gibt es inzwischen mehr als genug.
In der Sonnenglut sinken die Soldaten von Hunger und Durst ermattet an den Straßenrand. Immer mehr Nachzügler verstecken sich in den Strohhaufen vor den Feldgendarmen.
Der spätere General Spears hat als Verbindungsoffizier zur französischen 5. Armee diese schrecklichen Rückzugstage miterlebt: »Die Männer der 5. Armee wirkten wie Gespenster, die durch diesen furchtbaren Marsch die Sünden der Welt büßten. Mit gesenktem Kopf, die roten Hosen und blauen Uniformröcke vom Staub längst in ein unterschiedsloses Grau umgefärbt, stießen sie sich immer wieder an Flüchtlingskolonnen, aufgegebenen Wagen und oft genug aneinander. Und doch schleppten sie sich weiter auf den nicht enden wollenden Straßen ...
Tote Pferde, die an schierer Erschöpfung eingegangen waren, lagen am Rande der Chaussee. Schlimmer noch war der Anblick der sterbenden Pferde, die ums Leben rangen mit seltsam flehentlichem Blick auf die Marschierenden, die sie doch nur noch mehr in schmutzige Wolken hüllten und ihre trockenen Lippen und Nüstern einstaubten.
Während die Hitze zunahm und die Luft unter dem gelbkupfernen Himmel tanzte, brachen viele Männer, von Entkräftung und Sonnenstich niedergestreckt, zusammen und blieben einfach liegen ...«
Am Abend des 1. September gerät ein deutscher Wagen in rascher Fahrt in einen Spähtrupp des französischen 310. Infanterieregiments. Der Offizier am Steuer findet den Tod. Zufällig ist Hauptmann Fagalde von der Abteilung Ic des Stabes der 5. Armee in der Nähe. Er untersucht die Tasche des Deutschen. Er findet Proviant, Kleidung, vor allem aber eine blutbefleckte Karte mit Zahlen und Bleistifteintragungen. Er erkennt, daß er die Marschrouten der verschiedenen Korps der I. Armee mit den bis zum Abend zu erreichenden Zielen vor sich hat. Fagalde begibt sich schleunigst nach Jonchery ins Hauptquartier der 5. Armee. Diesmal ist kein Zweifel mehr möglich: Die I. Armee hat tatsächlich ihre Marschrichtung geändert. Sie ist nach Osten eingeschwenkt.
Joffre, der sofort benachrichtigt worden ist, begreift die Chance, die sich ihm bietet. Er schreibt:
»Der Feind schien die Armee Lanrezac zu bedrohen, aber zugleich hatte Kluck offenbar darauf verzichtet, auf Paris zu marschieren. Nichts konnte vorteilhafter für uns sein, denn wenn er in dieser Bewegung fortfuhr, stand unsere 6. Armee in einer ganz ähnlichen Position, wie ich sie für den 25. August im Hinblick auf eine Schlacht im Raum Amiens–Laon–Verdun vorgesehen hatte. Es läßt sich denken, mit welchem Interesse wir von nun an Klucks Operationen verfolgten.«
Auch Maunoury hat verstanden. Obwohl seine Armee noch nicht fertig aufmarschiert

ist, schlägt er noch am 1. September vor, der I. Armee in die Flanke zu fallen. Doch Joffre wartet ab. Er hält die Stunde noch nicht für gekommen und will Kluck tiefer in das Netz hineingeraten lassen. Deshalb befiehlt er den weiteren Rückzug bis an die Aube und die Seine.
Mit der Generalinstruktion 4 gibt er seine Entscheidung den Armeen bekannt.

Den ganzen 2. September geht die Verfolgung weiter. Moltke präzisiert seine Anweisungen. Er hat den Eindruck, daß der linke Flügel der Alliierten völlig geschlagen ist, die Engländer sogar so gut wie erledigt sind, die 6. Armee noch nicht zu einem Angriff in der Lage ist und die Pariser Garnison mit ihren Territorialsoldaten keine Bedrohung darstellt. Immerhin will er kein unnötiges Risiko eingehen und schickt um 21.30 Uhr einen Funkspruch an Kluck und Bülow:
»Absicht Oberster Heeresleitung, Franzosen in südöstlicher Richtung von Paris abzudrängen. I. Armee folgt gestaffelt der II. Armee und übernimmt weiterhin den Flankenschutz des Heeres.«
Auf Kluck wirkt diese Mitteilung wie eine kalte Dusche. Bis jetzt ist er ganz vorn marschiert, hat seine Truppen mit einem Schwung vorangetrieben, für den es in der Geschichte der preußischen Waffen nur einen Vergleich gibt: Blücher, den »Marschall Vorwärts«.
Er ist an der Spitze von Sieg zu Sieg geflogen, und jetzt soll alles anders sein. Die I. Armee rückt ins zweite Glied. Sie soll nicht mehr marschieren, sondern auf der Stelle treten. Sie ist vorangegangen, jetzt soll sie folgen. Sie hat den Weg geöffnet, jetzt soll sie decken, sichern, hinter Bülow zurücktreten.
In einem zweiten Funkspruch wird festgelegt, daß die I. Armee zwischen Oise und Marne ihre Front gegen Paris richten soll, während die II. Armee weiter südlich zwischen Marne und Seine ebenfalls nach Westen Front macht. Um den Durchbruch in der Champagne zu erzwingen, braucht die Oberste Heeresleitung die unbedingte Sicherheit gegen eine Bedrohung vom Festungsbezirk Paris her. Deshalb dürfen die beiden Flügelarmeen nicht mehr Speer, sondern müssen Schild sein.
Aber ein so selbstsicherer Mann wie Kluck läßt sich so etwas nicht bieten. Die Entscheidung hat schließlich nicht der Kaiser getroffen, sondern Moltke, der blasse Aristokrat, den der glänzende General im Glanze seiner frischen Siege nicht ernst zu nehmen bereit ist. Luxemburg ist weit, die Funkverbindungen sind störanfällig. Es liegt doch auf der Hand, daß der Generalstabschef des Kaisers nicht weiß, wie es vorn wirklich aussieht. Er, Kluck, soll sich einen Tagesmarsch hinter Bülow aufstellen, obwohl er einen Tagesmarsch voraus ist? Er soll untätig verharren oder gar zurückgehen?
Das kann er nicht akzeptieren. Er telegraphiert kühl nach Luxemburg, er marschiere weiter, die I. Armee überschreite die Marne in Château-Thierry und westlich davon.

10/11 Die Verlierer von Tannenberg: General Rennenkampf (links) und General Samsonow (rechts). – *12* Entsprechend des Schlieffenplanes war Ostpreußen nur schwach verteidigt. Hier zieht Ende 1914 eine Landsturmeinheit bei Gumbinnen ins Feld.

Die Schlacht an der Marne. – *13* Sturmtruppen der I. Armee vor dem Angriff aus einem provisorischen Graben. – *14* Durch sein allzu rasches Vorgehen entstand die verhängnisvolle Lücke zwischen I. und II. Armee: General von Kluck, Oberbefehlshaber der I. Armee (unten links). *15* General von Bülow, Oberbefehlshaber der II. Armee (unten rechts).

Die Nachrichtenverbindungen sind so schlecht, daß Moltke diese Depesche erst am Tag darauf bekommt.
Die Franzosen dagegen wissen, was gespielt wird. Sie erkennen Klucks Eigenmächtigkeit vor Moltke, und sie handeln entsprechend.
In Paris hat sich die Regierung diskret aus dem Staube gemacht und ist nach Bordeaux gezogen. Als die Pariser hören, daß ihre Führer ihnen den Rücken gekehrt haben, sprechen sie von den *Tournedos à la bordelaise.*
Gallieni, der jetzt freie Bahn hat, nimmt die Sache in die Hand und läßt seinen berühmten Aufruf anschlagen:
»Armee von Paris!
Einwohner von Paris!
Die Mitglieder der Regierung der Republik haben Paris verlassen, um der nationalen Verteidigung neue Impulse zu geben.
Ich habe den Auftrag, Paris gegen die Invasoren zu verteidigen.
Diesen Auftrag werde ich bis zum Letzten ausführen.«
Am selben 3. September kommt Joffre am Nachmittag nach Sézanne in das neue Hauptquartier der 5. Armee. Er tritt in Lanrezacs Dienstzimmer.
»Mein Freund, Sie wissen, daß ich immer zu Ihnen gehalten und Ihre Karriere gefördert habe. Aber Sie sind müde und unentschlossen; Sie müssen das Kommando der 5. Armee abgeben. Es ist mir unangenehm, Ihnen das eröffnen zu müssen, aber es ist meine Pflicht.«
Von diesem Augenblick an weichen die Darstellungen der beiden Männer voneinander ab. Lanrezac behauptet, er habe heftig protestiert und nur nachgegeben, weil man nach einer Niederlage nun einmal einen Sündenbock gebraucht habe. Joffre versichert: »Lanrezac dachte einen Moment nach, dann sagte er: ›Sie haben recht, Herr General.‹ Und wider Erwarten schien es mir, als fühle er sich von einer schweren Last befreit; sein Gesicht strahlte geradezu.«
Der Nachfolger ist schon ernannt: Franchet d'Esperey, ein brillanter Offizier, 58 Jahre alt, der im Tonkingdelta und in China gekämpft und zuletzt das I. Korps geführt hat. Eine unbändige Stiernatur; die Fama will wissen, daß er seinem Wagen auf verstopfter Straße mit Pistolenschüssen aus der Tür einen Weg bahnt. Er ist klein und gedrungen, trägt einen Bürstenhaarschnitt, seine Bewegungen sind heftig, sein Blick durchdringend. Daß er keine Zweifel an den eigenen Fähigkeiten hat, ist noch milde ausgedrückt. Bevor Joffre seinen Vorgänger Lanrezac in die Wüste geschickt hat, hat er Franchet d'Esperey kommen lassen und ihn gefragt, ob er sich dem Kommando über eine Armee gewachsen fühle. »So gut wie jeder andere bestimmt«, hat er zur Antwort gegeben.
Bei der Rückkehr ins *Grand Quartier Général* findet Joffre etliche übereinstimmende Meldungen vor. Maunoury hat telegraphisch mitgeteilt, daß die deutschen Kräfte in

seinem Abschnitt nach Südosten eingeschwenkt seien. Gallieni bestätigt diese Nachricht auf Grund von Fliegerbeobachtungen. Huguet meldet, die Engländer hätten keine Feindberührung mehr.
Die Lage ist so klar, daß für Joffre nur ein Vorgehen in Frage kommt: Er muß die 6. Armee und die Engländer gegen Klucks offene Flanke vorrücken lassen.
Gallieni hat den gleichen Gedanken gehabt. Er ist der erste gewesen, dem Klucks gewagtes Manöver aufgefallen ist. Für ihn ist das eine Art persönlicher Beleidigung gewesen, »eine hochmütige Mißachtung des Festungsbezirks und seines Befehlshabers.«

In Luxemburg ist am Donnerstag, 4. September, Besorgnis an die Stelle der Siegeszuversicht getreten. Um 2 Uhr früh ist endlich die Depesche eingetroffen, mit der Kluck seinen Übergang über die Marne meldet. Aber es fehlt an Detailmeldungen. Hausen teilt mit, Reims sei gefallen. Um 17.30 Uhr kommt eine weitere Meldung von der I. Armee, datiert vom Vortage um 14.30 Uhr: 27 Stunden ist sie unterwegs gewesen! Sie bestätigt das eigenmächtige Vorgehen des Generals. Zehn Minuten später trifft ein drittes Telegramm ein: Die I. Armee soll am 4. weiter über Rebais–Montmirail vorrücken.
Jetzt ist Moltke wirklich entsetzt. Wenn Kluck so weitermacht, liegt die ganze Flanke des deutschen Heeres offen da. Die I. Armee muß auf jeden Fall zum Anhalten veranlaßt werden. So schickt Moltke um 19.20 Uhr das Telegramm der letzten Chance:
»I. und II. Armee verbleiben gegenüber Ostfront von Paris: I. Armee zwischen Oise und Marne, Marneübergänge westlich Château-Thierry besetzend, II. Armee zwischen Marne und Seine, Seineübergänge zwischen Nogent und Méry einschließlich besetzend. III. Armee hat Marschrichtung Troyes und östlich.«
Kluck weigert sich, nachzugeben. Der Befehl erscheint ihm unsinnig. Diesen Marnefluß, den er als Südgrenze seines Bereichs betrachten soll, hat sein 2. Armeekorps schon am 2. September bei Château-Thierry überschritten. Sein 3. und 4. Korps sind am 3. bei Nogent l'Arthaud und La Ferté-sous-Jouarre auf das andere Ufer gelangt, und heute, am 4. abends, steht das Gros der I. Armee bereits zwischen den Flüßchen Petit Morin und Grand Morin im Raum Rebais–Montolivet–Montmirail, also nur noch einen Tagesmarsch von der Seine entfernt. Vor ihr klafft eine breite Lücke zwischen dem englischen Expeditionskorps und der französischen 5. Armee. Und jetzt verlangt Moltke, er soll auf das Nordufer der Marne zurückgehen und als Flankenschutz gegen eine imaginäre Gefahr untätig auf der Stelle treten? Weiß er denn nicht, daß die Franzosen vor ihm weglaufen wie die Hasen?
Kluck weigert sich einmal mehr, dem Befehl zu gehorchen. Mehr noch, er macht seinen Ungehorsam in der Antwort an Moltke ganz deutlich:
»Anweisung Oberster Heeresleitung, I. Armee solle der II. Armee gestaffelt folgen, war in dieser Lage nicht zu befolgen.«

Eine unerhörte Sprache? Ja und nein. Diese preußisch-deutsche Armee, in der die Welt die Verkörperung des Kadavergehorsams erblickt, hat Führungsgrundsätze, die anders aussehen als in jedem anderen Land. Der kaiserliche Generalstab arbeitet den Feldzugsplan aus. Den Armeebefehlshabern steht es dann weitgehend frei, wie sie ihren Auftrag erfüllen. Sie sind nur in Maßen Rechenschaft über ihr Vorgehen schuldig und bekommen nur knappe, allgemeine Anweisungen. Der Oberbefehlshaber vermeidet es grundsätzlich, sie im Felde aufzusuchen. Es gebe keinen Grund zum Eingreifen, erklärt der Chef der Operationsabteilung, nachdem sich Kluck geweigert hat, den Anweisungen nachzukommen.
Viele hundert Kilometer von der Hauptstadt entfernt lebt die Oberste Heeresleitung in ihrer Mädchenschule in Luxemburg wie in einem Dornröschenschloß. Die Fernsprecher funktionieren nicht. Die Funksprüche laufen über Köln auf Verbindungen, die schon durch die privaten Mitteilungen der Prinzen und Fürsten überlastet sind, und brauchen vier- bis fünfmal länger als ein Verbindungsoffizier im Automobil. Der kranke Moltke achtet auf seine Gesundheit, langweilt sich, schreibt an seine Frau lange Briefe, in denen er das Blutvergießen beklagt: »Mich überkommt oft ein Grauen, wenn ich daran denke, und mir ist zu Mute, als müßte ich dieses Entsetzliche verantworten.« Eine edle Regung, doch ein Feldherr muß eiserne Nerven haben.
Aus dieser Obersten Heeresleitung, die nicht weiß, was an der Front geschieht, kommt keine Zurechtweisung für Kluck. Und der, statt stehenzubleiben, marschiert nur um so schneller nach Süden.

Den Franzosen erscheint das zu schön, um wahr zu sein.
Schon im Morgengrauen des 4. September schickt Gallieni Aufklärungstruppen vor. Die Straße nach Norden Richtung Senlis ist frei.
»Der Augenblick der Entscheidung ist gekommen«, erklärt er.
Er ist nicht einverstanden mit Joffre, der sich hinter der Seine neu formieren will. »Wenn er über die Seine zurückgeht, kommt er nie wieder hinüber«, meint er. Und weil ihm die 6. Armee unterstellt ist, beschließt er, sie sofort einzusetzen. Inzwischen ist sie dank etlicher Verstärkungen eine ansehnliche Armee von 150000 Mann geworden.
Um 9.01 Uhr befiehlt er Maunoury, für den Nachmittag den Vormarsch vorzubereiten, und informiert das *Grand Quartier Général* von seiner Anweisung.
Wissen muß er noch, welche Hilfe er von den Engländern erwarten darf. Um 13.40 Uhr besteigt er mit Maunoury einen Wagen, um zu French zu fahren. Gegen 15 Uhr sind sie in Melun und finden das britische Hauptquartier in einer Schule an der Straße nach Meaux. Doch French ist nicht da, und seine Stabsoffiziere machen keinen besonders aufgeschlossenen Eindruck.
Bei der Rückkehr nach Paris liegt die erwartete Nachricht von Joffre vor. Der Genera-

lissimus ist auch für eine Offensive, aber sie soll nicht nördlich der Marne, sondern südlich von Lagny aus vorgetragen werden.
Am selben Tage gegen 15 Uhr wird Franchet d'Esperey ungeduldig. Er ist mit Sir John French verabredet, aber der kommt nicht. Der aufs Losschlagen brennende französische General empfindet diese Unpünktlichkeit geradezu als Beleidigung.
Er hat das Kommando über die 5. Armee am Tag zuvor in der erklärten Absicht übernommen, zu zeigen, was in ihm steckt. Seinen Offizieren hat er gesagt, er werde keine Schwäche dulden und nicht zögern, unfähige Leute erschießen zu lassen. Er will jetzt um jeden Preis mit Sir John sprechen, dessen Zögern ihm mißfällt und auf den er etwas von seinem Schwung übertragen möchte.
Mit mühsam gebändigtem Zorn steht er inzwischen auf dem Marktplatz von Bray-sur-Seine. Da kommt ein Wagen, doch ihm entsteigt ein staubbedeckter Offizier mit einer Mitteilung aus dem *Grand Quartier Général:* »Umstände lassen es als vorteilhaft erscheinen, morgen oder übermorgen Schlacht zu liefern mit allen Kräften 5. Armee in Zusammenarbeit mit englischer Armee und beweglichen Verbänden Paris gegen deutsche I. und II. Armee.
Erbitte Nachricht ob Sie Ansicht, daß Ihre Armee dies mit Erfolgsaussicht ausführen kann. Sofortige Antwort.
Joffre.«
Franchet d'Esperey weiß, daß er keine Sekunde mehr verlieren darf. Deshalb erstickt er fast vor Wut, als aus dem endlich eintreffenden Rolls-Royce nicht Sir John, sondern General Wilson mit Oberst Macdonough zum Vorschein kommt.
Er führt die beiden ins Rathaus, bedrängt sie mit Fragen, liest ihnen die Mitteilung von Joffre vor und besteht darauf, daß sie sich an der Offensive beteiligen, die er klar vor sich sieht: Während die 6. Armee und die Pariser Verbände am Ourcq Klucks offene Flanke angreifen, wird er seine Armee auf die Linie Sézanne–Provins führen. Aber die Engländer müssen die Lücke zwischen der 6. und der 5. Armee schließen.
»Ich werde dem Oberbefehlshaber melden«, erklärt er, »daß meine Armee angriffsbereit ist und ich sicher bin, daß Sie mich nicht im Stich lassen werden.« Wilson ist sich dessen durchaus nicht sicher. Alles hängt davon ab, ob Sir John weiterhin seine Truppen zurückhalten will.
Als wolle er das Schicksal in die Schranken fordern, wendet sich Franchet d'Esperey an Major Maurin, einen Offizier der Operationsabteilung, und ordnet an: »Nehmen Sie Ihren Wagen. Melden Sie dem Oberbefehlshaber, daß die Engländer bereit sind, zum Angriff überzugehen.«
Dann diktiert er seinen Plan, der fast wörtlich mit dem übereinstimmt, den Joffre zur gleichen Stunde mit aller Sorgfalt ausarbeitet.
Ein eigenartiger Mann, dieser Joffre. Die Stürme, die ihn seit dem 20. August umtoben, haben weder seinen Appetit noch seinen Schlaf im geringsten beeinträchtigt.

In Bar-sur-Aube ist der Stab an diesem heißen Nachmittag des 4. September aus den stickigen Klassenräumen geflohen und hat sich in den Schatten einer Traueresche verzogen, die als einziger Schmuck im Schulhof steht. Die Karte ist auf einem Wandtafelgestell befestigt. Es gibt eigentlich nichts mehr zu besprechen, aber Rede und Gegenrede gehen weiter, nicht zuletzt, weil Berthelot, der Stellvertretende Chef des Stabes, nach wie vor den Rückzug an die Seine befürwortet. Alle warten auf Franchets Reaktion. Das Mittagessen ist wie üblich in einem hübschen efeubewachsenen Landsitz eingenommen worden, der einem Pionieroffizier namens Tassin gehört. Dann hat General Joffre seinen Mittagsschlaf gehalten; von dieser Gewohnheit aus der Kolonialzeit kann ihn nichts abbringen.
Doch zwischen Mahlzeit und Siesta ist etwas Wichtiges geschehen: Joffre hat Gallieni mitgeteilt, er billige das für morgen, 5. September, vorgesehene Manöver der Armee Maunoury. Später hat er erklärt: »Mit diesem Augenblick stand der Entschluß, an der Marne zu kämpfen, bei mir fest.« Er wartet nur noch auf die Lagebeurteilung der 5. Armee durch Franchet d'Esperey.
Um 18.30 Uhr wird zu gutbürgerlicher Zeit zum Abendessen gebeten. Joffre bewirtet einen Major Clive von der britischen Armee und zwei japanische Verbindungsoffiziere, die soeben bei ihm akkreditiert worden sind. Bei Tisch fällt kein Wort über diesen Krieg, der so nahe gerückt ist, daß das *Grand Quartier Général* morgen umziehen wird. Den Gästen fällt kaum auf, daß ein Ordonnanzoffizier General Gamelin herausbittet, und daß dieser bei der Rückkehr dem Generalissimus etwas zuflüstert. Hauptmann de Galbert hat telephonisch das Eintreffen einer wichtigen Nachricht angekündigt. Schön, also muß man mit dem Dessert zu Ende kommen und den Engländer und die Japaner hinauskomplimentieren. Es ist 20 Uhr. Draußen wird es schon dunkel, als Joffre sich an seinen Schreibtisch setzt.
Die wichtige Nachricht ist die von Major Maurin überbrachte Antwort von Franchet d'Esperey. Der Kernsatz lautet: »Meine Armee ist nicht besonders großartig, aber sie kann kämpfen.« Die Sache ist klar: Der Sieg, dem das Vaterland seine Rettung verdanken soll, wird seinen Namen nicht von der Seine, sondern von der Marne bekommen.
Der Befehl liegt bereit. Gamelin hat ihn schon vor dem Abendessen formuliert. Ein bemerkenswertes Dokument: eine Schreibmaschinenseite, drei Absätze. Im ersten heißt es, daß es die gewagte Bewegung der deutschen I. Armee zu nutzen gilt, indem man alle alliierten Kräfte auf dem äußersten linken Flügel gegen sie zusammenfaßt. Der zweite nennt die Angriffsabschnitte der 6. Armee, des britischen Expeditionskorps sowie der 5. und 9. Armee. Der dritte besteht nur aus einer Zeile: »Die Offensive beginnt am 6. September bei Tagesanbruch.«
Bei diesem Datum, dem 6. September, hat Joffres Hand noch einmal gezögert. Man erkennt das an den Ausstreichungen im Original, das im Pariser Armeemuseum ver-

wahrt ist. Joffre würde den Gegner lieber noch einen Tag länger ins Verderben marschieren lassen. Doch Gallieni hat die Aktion schon in Gang gesetzt, und außer Berthelot sind alle in Joffres Umgebung überzeugt, die Kehrtwendung müsse unverzüglich erfolgen. Joffre gibt nach.

Nicht ganz ohne Bedauern. Er verübelt es Gallieni, daß er ihn zum sofortigen Losschlagen gezwungen hat, und betont das ausdrücklich in seinen Memoiren:

»Ich muß gestehen, daß ich diese Änderung des Termins für den Anfang der Offensive widerstrebend vorgenommen habe. Ich war und bin überzeugt, daß bei einem Beginn der Schlacht am 7. September die Ergebnisse erheblich besser gewesen wären, denn wir hätten den Feind in einer für ihn noch ungünstigeren Lage gepackt, als es wirklich geschah. Die Eile, mit der die 6. Armee in Aktion trat, hat mich zu dieser bedauerlichen Änderung meines ursprünglichen Vorhabens gezwungen.«

Noch heute streiten sich die Historiker erbittert, wer nun recht hatte, Joffre oder Gallieni. Wer hat die Marneschlacht gewonnen? »Gallieni«, sagen die einen, »weil er als erster erkannt hat, was sich aus der gegebenen Lage machen ließ.« Joffre selber hat mit philosophischem Gleichmut erklärt: »Die Marneschlacht, ich weiß nicht, wer sie gewonnen hat, aber ich weiß genau, wer sie verloren hätte.«

Am Morgen des 5. September wird die Oberste Heeresleitung in Luxemburg immer nervöser. Kluck, dieser Satansbraten, will offensichtlich nicht parieren. Im Gegenteil, er erklärt ja ganz offen, er werde seinen Marsch nach Süden fortsetzen und den Feind überall angreifen, wo er ihn treffe. Er hat im Norden nur das 4. Reservekorps unter General von Gronau und eine Kavalleriedivision zurückgelassen.

Was geht da vor? Hat er den Befehl, aufgestaffelt hinter Bülow gegen die Pariser Armee Front zu machen, vielleicht nicht bekommen?

Nur: Was kann man denn überhaupt tun? Die Gewohnheit, die Armeebefehlshaber am lockeren Zügel zu führen, ist so stark, daß Moltke lieber weiter abwartet.

Und die Zeit verrinnt...

Gegen 10.30 Uhr kommt eine weitere Meldung von der I. Armee. Ein Wunder – Klucks Meldung hat ganze zwei Stunden gebraucht. Allerdings ist sie alles andere als beruhigend: Kluck dringt weiter energisch nach Süden vor. Er will den Feind bis an die Seine verfolgen.

Jetzt muß etwas geschehen, um so mehr, als ab 11 Uhr Meldungen eingehen, daß im Osten abgezogene frische französische Kräfte nach Paris unterwegs sind. Kluck muß unter allen Umständen aufgehalten und zum Rückzug in den Raum nördlich der Marne veranlaßt werden. Da er auf Funksprüche offenbar nicht reagiert, schickt man einen Generalstabsoffizier, Oberstleutnant Hentsch, zu ihm.

Dieser 5. September hätte im *Grand Quartier Général* eigentlich ein Tag ruhigen Abwartens sein sollen, doch die Unsicherheit, wie sich die Engländer verhalten würden, ist allzu bedrohend.
Am Tag zuvor ist Gallieni nicht zu French vorgedrungen. Er hat mit Generalstabschef Murray gesprochen und den Eindruck gewonnen, die Engländer hätten zugesagt, mit ihren Truppen an der unmittelbar bevorstehenden Schlacht teilzunehmen. Franchet d'Esperey hat nach seiner Unterredung mit Wilson das gleiche Gefühl. Bei beiden ist der Wunsch der Vater des Gedankens gewesen. In der Nacht nämlich sind die Engländer noch weiter zurückgegangen, bis nach Ozoir-la Ferrière und Tournan-en-Brie.
Die drei aus Berufssoldaten bestehenden englischen Korps, so deprimiert sie sein mögen, sind aber unbedingt erforderlich, um Maunourys Angriffsfront zu verlängern und die Armee Kluck, die von Franchet d'Esperey angegriffen werden soll, an der Flanke zu binden.
Joffre hat noch vor Tagesanbruch Hauptmann de Galbert als eine Art persönlichen Botschafter zu French geschickt. Galbert kommt geradezu verstört zurück: Er ist wie Gallieni von einem Wall unterer Chargen abgewimmelt worden, die ihn nicht zu ihrem Befehlshaber vorgelassen haben.
Die Verstörung der Franzosen ist durchaus berechtigt.
Inzwischen haben die Engländer über ihr weiteres Vorgehen entschieden. Sie werden sich zunächst drei Tagesmärsche hinter die Seine zurückziehen und dann versuchen, La Rochelle, die neue Basis des britischen Expeditionskorps, zu erreichen. Das gegenseitige Vertrauen, ja, die ganze Allianz steht auf dem Spiel. Schon vor ein paar Tagen hat der nach Paris geeilte Kitchener seine ganze Autorität in die Waagschale werfen müssen, um French daran zu hindern, zum nächstbesten Hafen zu marschieren. Die neuen Rückschläge haben die Wirkung dieses persönlichen Eingreifens des Kriegsministers ausgelöscht. Außer Wilson glaubt bei den Engländern niemand, weder French noch seine Mitarbeiter, an die Wiederherstellung der Lage, an eine Wende, wie man sie ihnen seit dem 25. August immer wieder angekündigt hat. Ihr Rückzug kennt nur noch ein Ziel: die Heimatinsel. Zum Meer wollen sie, wie einst Xenophons Zug der Zehntausend.
Jetzt hilft nur noch eines: Joffre muß sich selber zu French aufmachen.
Das Gespräch findet im Schloß Vaux-le-Pénil statt, in einem Louis-XV.-Salon mit galanten Wandbildern. Das Mobiliar allerdings ist durch einen ganz gewöhnlichen Holztisch ersetzt worden.
French hat Tag und Nacht Murray um sich, der die Franzosen nicht ausstehen kann, und Wilson, der sie über alle Maßen liebt. Joffre, der schweigende Götze, zeigt sich geradezu eloquent und legt eindringlich dar, warum die strategische Lage plötzlich günstig geworden ist, und wie er, wenn ihm die britische Unterstützung nicht vorenthalten bleibt, die Invasoren aufs Haupt schlagen wird.

Die schönen, ebenmäßigen, vielleicht ein wenig ausdrucksschwachen Züge von Sir John bleiben ungläubig starr. Plötzlich schlägt Joffre heftig auf den Tisch und erklärt: »Außerdem, Herr Marschall, geht es hier um Englands Ehre!« Die starre Maske fällt, das Gesicht des Briten läuft rot an und bringt den schlohweißen Schnurrbart noch mehr zur Geltung. Eine bange, lange Sekunde, dann bewegt French die Lippen: »I will do all my possible.« Joffre, der nicht verstanden hat, erkundigt sich bei Wilson: »Que dit-il?« Wilson, der sich zu seiner vollen beachtlichen Größe streckt, als könne er endlich wieder durchatmen, übersetzt frei: »Mon général, le maréchal a dit oui.« Und schon ertönt wieder die Stimme von Sir John, der die Herren zu einer Tasse Tee bittet.
Joffre ist von diesem erregenden Gespräch mit dem üblichen Gleichmut zurückgefahren. Nur kurz vor Châtillon-sur-Seine, wohin das *Grand Quartier Général* im Laufe des Tages umgezogen ist, hat er seine Limousine mit der hohen Messingverkleidung anhalten lassen. Ein solches Abendrot hat es noch nicht gegeben. Joffre hat nachdenklich auf dieses Meer von Blut geblickt und dann das Zeichen zum Weiterfahren gegeben.
In Châtillon ist das *Grand Quartier Général* in ein leerstehendes Franziskanerkloster gezogen; selbst der Gemüsegarten um das Haus ist verwahrlost. Das Dienstzimmer des Generals nimmt eine Seitenfront des alten Baus ein. Hauptmann de Galbert hat seine Karten ausgebreitet und die Meldungen von den Armeen eingetragen. Die Schwenkung des rechten deutschen Flügels östlich der Hauptstadt ist noch deutlicher geworden. Der Feind marschiert weiter in den Raum zwischen Paris und Verdun. Angesichts dieses Wettlaufs in einen Sack, dessen Öffnung er in der Hand hat, bedauert Joffre vielleicht ein letztes Mal, daß er sich hat umstimmen lassen, daß er die Kehrtwendung zu früh angeordnet hat. Aber er ist nicht der Mann, einem Beschluß nachzutrauern. Die Entscheidung ist gefallen, die Befehle sind hinausgegangen, am Ourcq haben die Kampfhandlungen schon begonnen.
Dem Oberbefehlshaber der französischen Streitkräfte bleibt nur noch, sich in das erfreulich komfortable Schloß des Obersten Maître zu begeben, wo der gedeckte Tisch und dann sein Bett mit der geblümten Überdecke auf ihn warten. Um 21 Uhr schläft der Generalissimus bereits fest in dem Zimmer, in dem Zar Alexander I. beim Feldzug gegen Napoleon 1814 übernachtet hat.

VI. Kapitel Wende an der Marne

Eine solch ungeheure Schlacht ist noch nie dagewesen. Die deutschen Armeen geben sie verloren und ziehen sich zurück. Zu früh? Und: Wie soll es weitergehen?

Ob Verfolger oder Verfolgte – zwei Millionen erschöpfte Männer haben sich auf den sommerharten Boden sinken lassen. Der Tag war trocken und heiß, um so kälter wirkt die mondhelle Nacht. In den Senken sammeln sich Nebelbänke. Feldscheunen mit ungedroschenem Korn und Dörfer brennen, dazwischen flackern Biwakfeuer. Auf den Landstraßen sind noch einzelne Trainkolonnen unterwegs; auch die Pferde ziehen nur noch mühsam ihre Last. Von den großen Gutshöfen, die massig wie Burgen im flachen Land liegen, weisen bunte Laternen den Weg zu den Stäben. Berittene Melder treffen ein oder sprengen davon, ihre blanken Helme blinken im schwachen Licht. Von irgendwoher ertönen Befehle und leiser Gesang.

Offiziere weisen Verbände ein, die sich gefechtsbereit zu halten haben, Unteroffiziere stellen Posten auf, einzelne Männer schleichen sich auf der Suche nach Lebensmitteln und Wein in die Dörfer. Bei den meisten allerdings ist das Schlafbedürfnis stärker als Hunger und Durst. Die Reiter haben den ganzen Tag im Sattel gesessen, nur noch bemüht, nicht vor Müdigkeit herunterzufallen. Die Infanteristen sind schwankend, mit letzter Kraft marschiert. Jetzt versinken sie in todesähnlichen Schlaf.

Gestern ist der Krieg einen Monat alt geworden. Aber die großen Truppenbewegungen haben erst am 20. August begonnen, so daß das französische Heer in nur zwei Wochen bis in das Herz des Landes, vor die Tore der Hauptstadt, zurückgewichen ist. Eine Ulanenstreife ist über Luzarches hinausgelangt, ganze 25 Kilometer vom Bezugspunkt aller französischen Straßen, dem Platz vor Notre-Dame de Paris, entfernt.

Verzweifelt lesen die Offiziere auf den Karten als Ziele der Rückzugsetappen ihrer erschöpften Männer Städtenamen wie Vitry-le-François, Provins, Coulommiers oder Meaux. Es ist beschämend, eine Niederlage hinnehmen zu müssen, die noch vernichtender ist als 1870. Die Soldaten Wilhelms I. haben drei Monate gebraucht, bis sie Paris belagern konnten. Den Soldaten Wilhelms II. genügen offenbar gut zwei Wochen.

Doch in der Nacht vom 5. auf den 6. September geht ein Gerücht um bei der ermatteten Armee. Es sollen Befehle eingetroffen sein, endlich soll Front gemacht, schon morgen soll angegriffen werden. Manche glauben das und richten sich daran auf; andere zweifeln, halten das für die üblichen Latrinenparolen. Die meisten wollen weder glauben noch zweifeln, sondern nur endlich schlafen.

Am einen Ende der langen Schlachtlinie, nördlich von Meaux in der Gegend der Dörfer Penchard, Monthyon, St. Soupplets, geht etwas vor bei den Deutschen.
Die Männer recken sich gähnend, wühlen sich aus den Garben, auf denen sie sich zur Ruhe gelegt haben. Ihre Unteroffiziere wecken sie mit Tritten und befehlen strengste Ruhe. Resigniert werfen die Ärmsten den Tornister über; nach und nach sammeln sie sich in der Dunkelheit zu Marschkolonnen, die auf Feldwegen den Pappelreihen am Flüßchen Thérouanne und den Dörfern Douy, La Ramée, Etrépilly zustreben.
Unter die Infanterie drängen sich Geschütze und Kavallerie, so daß der Marschtritt immer häufiger durch Hufgetrappel und Wiehern unterbrochen wird. Auf den Protzen der Artillerie liegen Verwundete. Andere rufen auf deutsch, französisch oder in der Berbersprache um Hilfe, aber es bleibt keine Zeit, ihnen beizustehen.
General von Gronau, der sein Hauptquartier in das Dorf Puisieux zurückverlegt hat, schickt Offizier auf Offizier, um die Bewegung der Truppe zu beschleunigen. Bis zum Morgengrauen muß das 4. Reservekorps sich um jeden Preis über die Thérouanne abgesetzt haben und auf den Osthängen des kleinen Tals in Stellung gegangen sein. Andere Offiziere sind zu Generaloberst Alexander von Kluck, dem Führer der I. Armee, unterwegs. Gronau bittet um Verstärkung und warnt seinen Chef: Es ist höchste Gefahr im Verzuge!
Doch Kluck ist ja am 5. September weiter in Eilmärschen nach Süden gezogen, ohne sich um die Befehle aus Luxemburg zu kümmern. Nördlich der Marne steht nur noch das 4. Reservekorps, dessen Kommandeur ihn jetzt zu Hilfe ruft.
Auch Gronau ist marschiert, weiter sogar als die aktiven Armeekorps, weil er aus größerer Entfernung gekommen ist. Er hat kaum Feindberührung gehabt, aber seine Truppe ist von Tag zu Tag zusammengeschmolzen: Seine Soldaten sind älter, weniger leistungsfähig; viele von ihnen sind erschöpft im Straßengraben zurückgeblieben. Eine ganze Brigade ist als Garnison in Brüssel stationiert, und auf den langen rückwärtigen Verbindungen mußten viele Truppen als Besatzung einquartiert werden; das Armeekorps ist nicht mehr 25, sondern nur noch 16 Bataillone stark.
Die ihm unterstellte Kavalleriedivision Garnier ist mindestens ebenso dezimiert. Die Regimenter sind nur noch gut hundert Säbel stark, und 7 der 12 Geschütze sind im Kampf gegen die Engländer verlorengegangen. So ist der Flankenschutz westlich des Ourcq für den fernen Kluck äußerst schwach.
Am Morgen des 5. September war das 4. Reservekorps noch selbstsicher von Nanteuil-le-Haudouin kommend auf Meaux marschiert. Doch Gronau machte sich schon bald Sorgen. Seine Kavallerieaufklärung meldete ihm ungewöhnliche Staubwolken in Richtung Dammartin-en-Goële und Mitry-Mory. Gronau spürte geradezu körperlich die Präsenz starker feindlicher Verbände auf seiner Rechten. Sein Chef verlangte, daß er weiter nach Süden vordrang, aber sein Instinkt sagte ihm, daß von Westen Gefahr

drohte ... Er ließ sein Armeekorps haltmachen, stellte es gegen die vermutete Bedrohung auf und fühlte nach Westen vor.
So begann die Marneschlacht für alle Beteiligten überraschend am 5. September 1914 zwischen Le Plessis-Belleville und Crégy-lès-Meaux. Gronaus Reservisten und Garniers Reiter erblickten beim Vormarsch auf den Höhen am Horizont bei den Dörfern Penchard, Monthyon, Montgé endlose Marschkolonnen von Rothosen, eine ganze Armee, von deren Existenz die Oberste Heeresleitung, nicht aber Kluck wußte, und die sich jetzt am Ourcq aufstellte, um an der französischen Gegenoffensive teilzunehmen.
Maunoury tauchte also, von Gallieni getrieben, 40 Kilometer im Rücken der deutschen I. Armee auf, und nur Gronau konnte noch im letzten Augenblick Alarm schlagen und Kluck, seinen draufgängerischen Chef, vor der völligen Überrumpelung bewahren.
Die ersten Schüsse wurden um 13 Uhr von einer deutschen 7,7-cm-Batterie abgegeben, die bei einem Steinbruch am Gipswerk südöstlich von St. Soupplets aufgefahren war. Die deutsche 7. Reservedivision stieß auf die französische 56. Division, die auch aus Reservisten bestand, und rasch weitete sich der Kampf nach rechts und links aus: Am Nachmittag lagen auf französischer Seite die marokkanische Brigade und die 55. Reservedivision und auf deutscher die 22. Reservedivision und die 4. Kavalleriedivision im Feuer.
Der Dichter Charles Péguy fiel als Oberleutnant im 246. Infanterieregiment gegen 17 Uhr durch einen Kopfschuß an der Böschung des Weges von Iverny nach Chauconin, mit Zwicker und Spitzbart neben seinen Leuten stehend und sie zum schnelleren Feuern auffordernd.
Allerdings wurde der Kampf von der französischen Führung nicht nachdrücklich genug aufgenommen. Das VII. Korps auf dem linken Flügel wurde gar nicht eingesetzt. Gronau, zahlenmäßig weit unterlegen, hätte vernichtend geschlagen werden müssen, anstatt daß man ihm die Initiative zu einem kühnen Angriff und dann zum nächtlichen Rückzug vom mondbeschienenen Schlachtfeld überließ, auf dem die verlassenen Verwundeten wimmerten. Trotzdem: Dies war der Anfang der deutschen Niederlage.

Auf den blutroten Sonnenuntergang des 5. ist der nebeltrübe Morgen des 6. September gefolgt. Eine scheußliche Nacht hat man hinter sich. Die müden Männer sind von der Kälte der Frühe geweckt worden. Und trotzdem geht das französische Heer mit einer Hochstimmung in diesen Tag, von der Briefe und Berichte zu Tausenden zeugen: Die Gerüchte von gestern sind keine bloßen Gerüchte gewesen! Es ist soweit, man wird wieder kämpfen!
Alle Müdigkeit ist vergessen. Der leere Magen soll getrost knurren, die wunden Füße schmerzen, der so oft verfluchte Tornister drücken. Pessimismus und ingrimmige Wut

verfliegen mit dem Nebel im Sonnenlicht. Von den Feldern der Ile-de-France bis zur Champagne, vom Wald von Ermenonville bis zu den Sümpfen von St. Gond wirft sich ein Volk in Waffen dem Feind entgegen.

Auf dem äußersten linken Flügel ist Maunoury aufmarschiert. Seine 6. Armee besteht bis jetzt nur aus dem VII. aktiven Korps und der 5. Reservedivision, aber erhebliche Verstärkungen sind zu ihm unterwegs: die algerische 45. Division unter General Drude, das IV. Korps unter General Boelle, die 6. Reservedivision unter General Ebener. Und vor ihm steht nach wie vor auf 10 Kilometer Frontbreite hinter der Thérouanne nur Gronaus 4. Armeekorps. Nirgends ist die Lage günstiger für die Franzosen, nirgends sind die Deutschen in größerer Gefahr, umfaßt und einfach weggefegt zu werden.

Rechts neben Maunoury hätte der Rückzug der drei kleinen englischen Armeekorps in der Nacht vom 4. auf den 5. September gar nicht ungelegener kommen können. Die 90000 Mann stehen jetzt hinter der Schlachtlinie. Sie müssen nach Osten vormarschieren in Richtung Changis-sur-Marne und Coulommiers am Grand Morin. Die Truppe hat den Befehl zum Kehrtmachen begeistert aufgenommen, aber die Führung des Expeditionskorps ist trotz der Begegnung zwischen French und Joffre sehr viel weniger entschlossen.

Törichter Chauvinismus, die ärgerlichste und verbreitetste aller Geisteskrankheiten, hat in England zu Berichten von der Marneschlacht geführt, aus denen eindeutig hervorgeht, daß sie von den Engländern gewonnen worden ist. »Dabei«, schreibt der Historiker Cyril Falls, »sind wir gekrochen wie die Kellerasseln. Die Schuld daran trug eindeutig Sir John French.« Der beteiligt sich nur widerwillig an dieser Gegenoffensive, weil er überzeugt ist, die Sache werde böse enden. Ihm kommt es nur darauf an, die Möglichkeit zu behalten, seine Truppen jederzeit aus dem zu erwartenden Schlamassel herauszuziehen.

Ganz anders ist die Einstellung seines Nachbarn zur Rechten, Franchet d'Esperey. Sein Angriffsbefehl endet mit der Drohung: »Jedes Versagen wird sofort mit der vollen Schärfe des Standrechts geahndet.« Und dann folgt ein moralischer Appell à la Nelson: »Das Vaterland verläßt sich darauf, daß jeder seine Pflicht tut.«

Die 5. Armee hat sehr gelitten, aber sie besteht aus hervorragenden Verbänden: dem II. Kavalleriekorps, der 4. Reservedivision und den XVIII., III., I. und X. aktiven Korps. Das Kommando führen fast überall besonders gute Leute. In den letzten Wochen hat Joffre beinahe die Hälfte der Generäle abgelöst und durch tüchtige Nachwuchskräfte ersetzt. Die beiden Divisionsgeneräle des III. Korps sind ein junger General namens Mangin und ein noch frischgebackenerer General, der vor einem Monat als Oberst aus dem Ruhestand geholt worden ist: Philippe Pétain. Die 5. Armee, reorganisiert, von neuem Geist beseelt und von der wilden Entschlossenheit ihres Chefs vorangetrieben, soll auf der Achse Esternay–Montmirail genau nordwärts angreifen.

Auf der Gegenseite ist der linke Flügel der I. Armee in voller Bewegung. Als er von der kritischen Lage seines 4. Reservekorps erfährt, erkennt Kluck seinen Fehler. Als glänzender Taktiker, der die Bewegung großer Truppenverbände vollendet beherrscht, unternimmt er sofort, was noch möglich ist. Er läßt sein linkes Armeekorps unter General von Linsingen mitten in der Nacht kehrtmachen und an die Marne zurückmarschieren, um Gronau zu Hilfe zu eilen. Den Männern ist der Sonntag als Ruhetag versprochen worden. Als man sie jetzt aus dem Schlaf reißt, glauben sie zunächst, sie sollen in Paris einmarschieren. Befehle und Landkarte zeigen ihnen, daß man einen Tagesmarsch von 60 Kilometern und unmittelbar darauf schweren Kampf von ihnen erwartet. Dumpf ziehen die Kolonnen über die Landstraßen, völlig ungeschützt in der Flanke. Aber die Engländer sind weit weg, machen sich mit Verspätung und auch dann nur langsam auf den Weg. Das 2. Armeekorps kann unbehindert marschieren.

Rechts von Franchet d'Esperey steht Foch. Der Lehrer von der Kriegsschule kann nun beweisen, ob er der Realität gewachsen ist. Er hat nicht unerheblich zur geltenden Doktrin der französischen Armee beigetragen; sein Strategiehandbuch *La manœuvre pour la bataille* macht sich zwar die übertriebenen Parolen von Oberst de Grandmaison noch nicht zu eigen, aber es ist durchaus nicht frei von den Irrtümern, die seit einem Monat von den »Rothosen« so teuer bezahlt werden.
Ihm, der zu Beginn der Kämpfe das XX. Korps in Lothringen führte, hat Joffre das Kommando über die 9. Armee anvertraut, die zwischen die 4. und 5. Armee eingeschoben worden ist. Sein Schlachtfeld ist das Land am Übergang von den lieblichen Hügeln des Pariser Beckens zur flachen, trockenen, staubigen Champagne. Im Westen stehen seine Truppen in den »Monts« mit Weilern wie Mondement, Montgivroux, Toulon-la-Montagne, im Osten in den »Sommes«, blaßweißen, kaum eingeschnittenen Wasserläufen zwischen schütteren Baumreihen. Hier gibt es nur wenige dürftige Orte mit Häusern aus weichem Naturstein, wie Sommesous oder Sompuis. Dazwischen erstreckt sich von Westen nach Osten ein grüner Streifen, die Sümpfe von St. Gond, die durch die Eintiefung und Vermoorung des Flüßchens Grand Morin entstanden sind.
Nach der Legende soll Attilas goldener Helm in diesem stillen Schlammland verborgen liegen. Auf der Ebene der Champagne, den »Katalaunischen Feldern«, hat der berüchtigte Hunnenkönig vor fünfzehn Jahrhunderten sein Ende gefunden, und seine langhaarigen Reiter sind beim letzten Sieg der römischen Ordnung in diese trügerischen Sümpfe zwischen die Weiden abgedrängt worden.
Wie ihre Nachbarin zur Linken soll auch die 9. Armee zum Angriff übergehen. Die deutschen Truppen, die ihr gegenüberstehen, haben den gleichen Auftrag. Moltke will nach wie vor das Zentrum des französischen Heeres durchstoßen und damit die ganze Front des Gegners aus den Angeln heben. Die II. Armee (Bülow) soll die Westausgänge der Sümpfe von St. Gond erobern und zur Seine und Yonne vordringen, die

III. Armee (Hausen) die Linie Troyes–Vendeuvre erreichen. So prallen zwei entschlossene Angriffe aufeinander. Im Gegensatz zur Lage im Norden sind hier in der »Läusechampagne« die Deutschen im Vorteil, ist die Gefahr für das französische Heer erschreckend groß.

Weiter östlich, jenseits einer bedrohlichen Frontlücke, die durch vier Reiterschwadronen mehr schlecht als recht ausgefüllt ist, stehen die 4. und 3. Armee (Langle de Cary und Sarrail) und der deutschen IV. und V. Armee (Herzog von Württemberg und deutscher Kronprinz) gegenüber. Während des ganzen folgenden Ringens verbeißen sie sich in erbitterten, verlustreichen Frontalangriffen ineinander, bis die Armeen Kluck und Bülow ihre Nachbararmeen in ihren Rückzug hineinziehen.

Noch weiter im Osten kämpfen die 2. und 1. Armee (Castelnau und Dubail) gegen die deutsche VI. und VII. Armee (Kronprinz von Bayern und Heeringen). Bis zum 14. September gelingt es Castelnau, den Grand Couronné vor Nancy gegen die Deutschen zu halten.

Eine solche Schlacht hat es in der langen Geschichte der kriegerischen Auseinandersetzungen zwischen den Menschen noch nicht gegeben. Die Deutschen haben 920000 Mann aufgeboten, 2929 Geschütze Feldartillerie und 436 schwere Kaliber. Die Franzosen, von 96000 Engländern unterstützt, sind 986000 Mann stark und verfügen über etwas mehr als 3000 leichte und 184 schwere Geschütze. Die Kräfte sind also annähernd gleich. Ein echtes Duell.

Aber andere Zahlen wollen bedacht sein. Beim Kampf um Charleroi standen am britisch-französischen linken Flügel 19 Infanteriedivisionen 30 deutsche Divisionen gegenüber. Jetzt, am 6. September, umfaßt dieser linke Flügel 35 Divisionen, der deutsche nur noch 19. Verstärkung auf der einen, Schwächung auf der anderen Seite. Joffre hat mit seinen Truppenverlegungen während der Kampfhandlungen, die bei den Sandkastenspielen vor dem Kriege niemand für möglich gehalten hätte, die Verteilung (generalstabsmäßig gesprochen: die »Ökonomie«) der Kräfte vollständig verändert. Er hat das Grundgesetz aller Strategie befolgt: im entscheidenden Augenblick und an der entscheidenden Stelle stark zu sein.

Darin liegt der Schlüssel zum Ausgang der Marneschlacht.

Joffre mit seiner Kaltblütigkeit hat recht behalten gegen seine ungeduldigen Offiziere und den hitzigen Gallieni. Die Schlacht beginnt vierundzwanzig Stunden zu früh. Das nicht vorgesehene Aufeinanderprallen am 5. September hat Kluck gezeigt, daß er drauf und dran ist, in die Falle zu gehen, und die von General Maunoury vorgeschickten Kräfte, die den rechten Flügel des Gegners umfassen sollen, sind noch nicht in ihren Aufmarschräumen angelangt.

Sosehr man sich beeilt, die Entfernungen und die technischen Schwierigkeiten lassen sich nicht aus der Welt schaffen. Die 45. Division, aus afrikanischen Soldaten be-

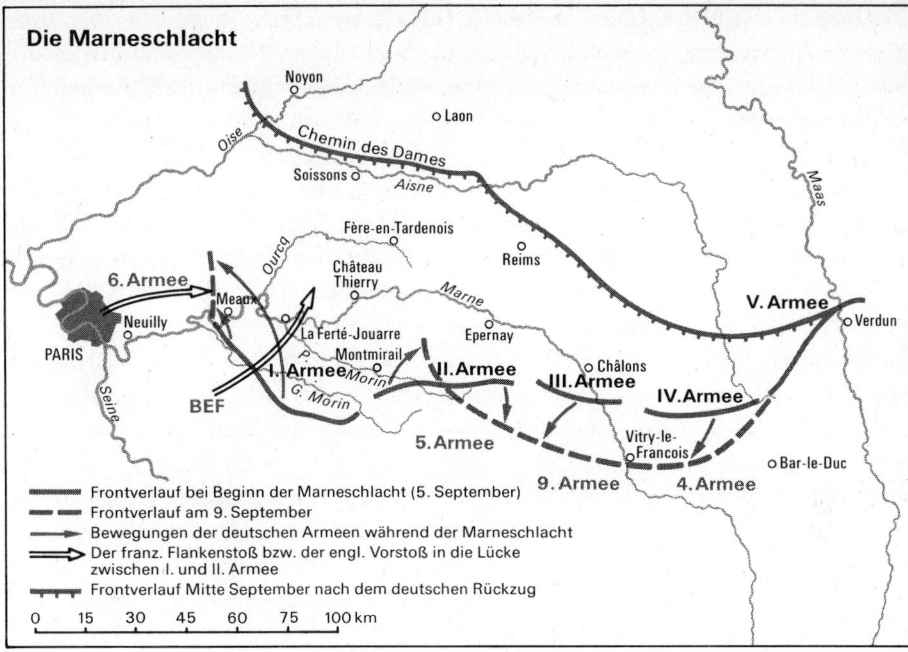

stehend, ist erst in Mesnil-Amelot eingetroffen, 20 Kilometer vom Schlachtfeld entfernt. Die 6. Reservedivision steht in Pontoise, und die 61. ist noch nicht über die Straße nach Chantilly hinausgelangt. Das IV. aktive Korps, das mit der Eisenbahn von Osten anrollt, verspätet sich wegen der Züge, mit denen Paris geräumt wird, durch Vorstöße der deutschen Kavallerie bis an die Bahnlinie, durch eine Entgleisung in Montereau und weitere Zwischenfälle. Eine seiner Divisionen wird schon heute auf der Seinehalbinsel Gennevilliers im Norden von Paris ausgeladen, doch sie kann erst im Laufe des 7. September an Noisy-le-Sec vorbei in die Nähe ihres vorgesehenen Einsatzortes gelangen.

Und nicht nur die Franzosen, auch die Deutschen beeilen sich. Die Entschlossenheit, mit der Kluck seinen Fehler durch die rasche Rückführung von zwei Armeekorps auf das nördliche Marneufer gutmacht, zwingt zur Bewunderung. Die Artillerie fährt voraus, Kanonen und Munitionswagen werden über die holprigen Straßen gejagt, daß sich die Bedienungen auf den Protzen festhalten müssen. Die Fahrer holen das Letzte aus den längst überforderten Gespannen heraus, so daß man meinen könnte, es ginge frisch ins Manöver.

Schon um 9.30 Uhr wissen die Franzosen, was ihnen bevorsteht: General Maunoury wird eine Meldung von Fliegerleutnant Hügel überbracht, daß feindliche Kolonnen über die intakten Marnebrücken in Vareddes und Isles-les-Meldeuses nach Norden zu-

rückmarschieren. Jetzt ist die 6. Armee, der die Unterstützung durch die Engländer fehlt, vom anrückenden Feind bedroht.
So ist die Lage gleich zu Beginn der Schlacht schon wieder völlig verändert. Die 6. Armee sollte den starken Überraschungsstoß führen und den gegnerischen Flügel aufrollen. Aus der Überraschung ist nichts geworden, und der Stoß ist nicht mehr stark genug. Die 6. Armee ist selber in Gefahr. Doch die Offensive ist nun angelaufen.
Zunächst geht es hinter dem deutschen Reservekorps her, das sich in der Nacht abgesetzt hat. Das Schauspiel des mit deutschem Gerät und toten Feinden übersäten Schlachtfeldes wirkt ermutigend. In der Kirche von Chauconin haben die Deutschen ein Feldlazarett zurückgelassen. In Monthyon beweisen mehrere zusammengeschossene 7,7-cm-Batterien die Wirkung der französischen Artillerie, und in einen Teich geworfene volle Munitionskisten sind ein Anzeichen für den überstürzten Abzug der Deutschen. Die Morgenstunden sind ein einziges ungehindertes Verfolgen. Die Begeisterung steigt.
Am Nachmittag allerdings zeigt sich, daß die Schlacht durchaus nicht gewonnen ist. Auf dem linken Flügel muß das VII. Korps heftige Gefechte liefern, bevor es in Bouillancy und Fosse-Martin eindringen kann, und die Rückeroberung von Acy-en-Multien erweist sich als unmöglich. Am Abend ist man 20 Kilometer weit vorgedrungen, aber das Tagesziel, der Ourcq, ist nicht erreicht worden.
Auf dem anderen Flügel der 6. Armee wird noch erbitterter und verlustreicher gekämpft. Neben einer marokkanischen Brigade bestehen die französischen Truppen hier aus der 55. und 56. Reservedivision unter General de Lamaze. Das 246. Regiment, bei dem gestern Charles Péguy gefallen ist, gehört zu ihnen. Die Reservisten werden ebenso wie die Territorialsoldaten von den aktiven Jahrgängen als Opas verlacht, und auch die Führung weiß nicht, ob sie sich auf sie verlassen darf. Tatsächlich haben einige Reserveregimenter im Feuer nicht standgehalten oder sind zu untrainiert oder zu schlecht geführt gewesen, um den unerhörten Strapazen dieses Feldzugs standzuhalten. Niemals hätte der Generalstab daran gedacht, diese »alten Herren«, von denen manche schon über dreißig sind, solchen Anforderungen auszusetzen. Aber es hilft alles nichts: Vor den beiden Reservedivisionen taucht die Spitze des von südlich der Marne eingetroffenen Armeekorps Linsingen auf, entschlossen, die Armee Kluck zu retten.
Um wenige Stunden zu früh sind die Deutschen da. Die Rothosen waren schon fast an der Marne, schickten sich an, die Steilhänge zu besetzen, die rings das Dorf Vareddes und seine Brücke beherrschen.
Der erste deutsche General, der noch vor seiner Artilleriebrigade mit einem Dragonerregiment eintrifft, ist Stanford. Als er den Gegenhang hinaufgeritten ist, sieht er das Schlachtfeld vor sich: Lange Linien feindlicher Infanterie rücken völlig ungedeckt über die Hochebene heran.

Hinter ihm kommen seine Kanonen. Er läßt sie in einer Senke bei Le Gué-à-Tresmes in Stellung gehen und gibt selber die Feuerverteilung. Ein Geschoßhagel bringt den Vormarsch der Franzosen ins Stocken und gibt der 3. Infanteriedivision die Möglichkeit, über die Marne zu ihm auf die Hänge zu kommen. Einige Einheiten versuchen sogar einen Gegenangriff, doch sobald sie sich auf der Ebene zeigen, werden sie zusammengeschossen.

Diese kahle Fläche soll nun die französische 55. Reservedivision überwinden. Die Armeeführung will, koste es, was es wolle, die beherrschenden Hänge über der Marne erobern, die ihr bei etwas mehr Beschleunigung des Vormarsches kampflos in die Hände gefallen wären.

General de Maimbray, Kommandeur der 110. Brigade, begibt sich an den Ortsrand von Barcy und betrachtet das Gelände, auf dem seine drei Regimenter stürmen sollen. Nicht die kleinste Vertiefung gibt es da, der Boden ist durchgehend flach, ein zwei Kilometer breiter Billardtisch erstreckt sich bis hinüber zum Ziel, den hohen Baumreihen an der Straße von Vareddes nach Etrépilly. Aber Befehl ist Befehl: Sturmangriff ...

Maimbray geht ins Dorf zurück, besteigt sein Pferd und reitet langsam auf die von Granaten zerpflügte Bodenwelle, über die seine Regimenter hinüber müssen, um in die Todeszone zu gelangen. Seinem Adjutanten, der ihm Vorhaltungen macht, erklärt er: »Das ist ja wohl das mindeste, daß ich mich ihnen in einem solchen Augenblick zeige.«

Bis zum Abend geht Glied auf Glied vor. Mit wehender Fahne und schmetternden Clairons versuchen die zwölf Regimenter der beiden Divisionen die gnadenlose Ebene zu überwinden. Die Männer rennen auf Tuchfühlung los, dann, als der Kugelhagel sie trifft, werfen sie sich hinter Strohhaufen nieder oder versuchen, sich so flach wie möglich hinzulegen und zu warten, bis das Feuer nachläßt, um zurückzugehen und sich neu zu formieren. Das 246. Regiment, das auf die Hälfte zusammenschmilzt, findet seine Fahne erst am anderen Tag unter einem Haufen toter Kameraden wieder.

Den Gnadenstoß geben die eigenen 7,5-cm-Geschütze. Einige Batterien haben die Infanterie hervorragend unterstützt und dem Feind furchtbare Verluste zugefügt, doch andere schießen zu kurz. Gegen 22 Uhr sieht es so aus, als gelinge der Angriff. Die 56. Reservedivision, die ein nicht ganz so ungünstiges Gelände zu überwinden hat, ist in Etrépilly eingedrungen. Die 109. Brigade, unermüdlich von den Sturmsignalen der Clairons angefeuert, erreicht die Höhen über Vareddes. Die Pommern vor ihnen beginnen zu weichen. Genau in diesem Augenblick fahren in rascher Folge die Salven der mit grellem Schlag detonierenden Melinitgranaten der französischen 7,5-cm-Feldartillerie zwischen die Anstürmenden. Das ist zuviel. Die blauroten Linien lösen sich auf und fluten zurück in die am frühen Nachmittag erreichten Positionen.

Der Angriff ist gescheitert. Die 6. Armee wird den Übergang über die Marne nicht erzwingen, wird nicht nach Château-Thierry vorstoßen, wird Kluck nicht den Rück-

zug abschneiden. Der Kampf um den Ourcq, der erste Teil des Dreiakters, als der sich die Marneschlacht darstellt, hat mit einem Fehlschlag begonnen.
Trotzdem macht sich die deutsche Führung schwere Sorgen. Der furiose Ansturm der Franzosen gibt ihr zu denken. Die Flieger melden neue starke Verbände im Anmarsch. Das Gerücht von einem französischen Durchbruch bei Acy-en-Multien verbreitet bei der Truppe panischen Schrecken.
Linsingen, der nördlich der Marne das Kommando übernommen hat, gibt Kluck eine alarmierende Darstellung der Lage. Die Truppen sind am Ende ihrer Kraft. Die Einheiten sind so durcheinandergewürfelt, daß das Schlachtfeld in drei Abschnitte geteilt werden muß, in denen jeweils ein General den Befehl über die gerade vorhandenen Kräfte übernimmt. Das stark geschwächte 4. Reservekorps kann dem feindlichen Druck nicht mehr standhalten. Der rechte Flügel droht zusammenzubrechen. Der linke Flügel ist von den Engländern bedroht, die zwar langsam und zögernd vorrükken, aber sich südlich der Marne doch schon bemerkbar machen. Die rasche Kehrtwendung, der Eilmarsch des 2. Armeekorps haben das Schlimmste verhütet, aber die Katastrophe, die sich gestern so plötzlich abgezeichnet hat, ist durchaus noch nicht abgewendet.
Kluck verschließt sich diesem Hilferuf nicht. Um 17.30 Uhr ergeht bereits der Befehl aus seinem Armeehauptquartier, daß ein weiteres Armeekorps, das 4. aktive unter General Sixt von Arnim, vom Petit Morin an den Ourcq marschieren soll. Es soll die Marne in La Ferté-sous-Jouarre überschreiten und sich an den äußersten nördlichen Flügel der deutschen Linie setzen, um die Umfassungsbewegung des französischen VII. Korps aufzuhalten.
Kluck selber will sich nicht länger um die Schlacht an den beiden Morin-Flüßchen kümmern. Er ersucht Bülow, bis auf weiteres den Befehl über die beiden südlich der Marne verbliebenen Armeekorps, das 2. und 9., mit zu übernehmen. Bülow, dessen II. Armee von Epernay in ziemlich loser Ordnung heranrückt, ist diese erhebliche Verstärkung mehr als lieb.
Bei diesen einschneidenden Maßnahmen wird die Oberste Heeresleitung nicht gefragt, ja, nicht einmal informiert. Es ist, als gäbe es Moltke überhaupt nicht. Er selbst verhält sich exemplarisch diskret, greift nicht ein, geschweige denn durch. Er weiß nicht einmal, daß wegen der beiden aufeinanderfolgenden Reaktionen Klucks, dem Vor- und dem Rückmarsch, eine 25 Kilometer breite Bresche in der deutschen Schlachtordnung klafft. Er beginnt allenfalls zu ahnen, daß nicht alles zum besten steht auf diesem Kriegsschauplatz, den er noch nicht einmal gesehen hat. Er schreibt an seine Frau: »Es wäre furchtbar, wenn all dies Blut vergossen sein sollte, ohne einen durchschlagenden Erfolg. Die schreckliche Spannung dieser Tage, das Ausbleiben von Nachrichten von den weit entfernten Armeen, das Bewußtsein dessen, was auf dem Spiel steht, geht fast über menschliche Kraft. Die furchtbare Schwierigkeit unserer Lage steht oft wie eine

schwarze Wand vor mir.« So herrscht im entscheidenden Augenblick dieses Krieges an der Spitze des deutschen Heeres ratloser Defätismus. Das wird bald erstaunliche Auswirkungen haben.

Der Abend des 6. September kommt, von allen herbeigesehnt. Auf 200 Kilometer Länge bezeichnet eine Kette brennender Dörfer den Frontverlauf. Die Sanitäter sammeln in der Dunkelheit die Verwundeten auf, die den Tag überlebt haben. Die dezimierten Einheiten finden wieder zusammen. Die Nacht verläuft ruhig, kaum daß ein paar Schüsse fallen, wo Spähtrupps aufeinanderstoßen. Der Himmel ist klar, hell funkeln die Sterne herab auf die Spuren des grauenhaften Ringens.

Die alliierten Armeen haben den ganzen Tag entsprechend Joffres Befehl angegriffen. Foch bei der 9. Armee hat sehr bald erkannt, daß er es mit überlegenen Kräften zu tun hat, so daß seine Rolle in der Schlacht eher defensiv als offensiv sein dürfte.

Franchet d'Esperey mit der 5. dagegen ist den ganzen Tag vorgerückt, tastend, als müßten die seit so langer Zeit zurückweichenden Truppen das Angreifen erst wieder lernen. Der Geländegewinn ist gering, vier bis fünf Kilometer, und das Tagesziel, der Lauf des Grand Morin, ist nicht erreicht worden.

Das Verhalten des Gegners ist erstaunlich ungleich gewesen. Der rechte deutsche Flügel hat sich erbittert gewehrt und heftige Gegenangriffe geführt: Das französische X. Korps ist aus dem Domänenforst von Le Gault geworfen worden, das III. hat Courgivaux nicht halten können, obwohl Mangin, die Pfeife im Mund, mit seiner Infanterie gestürmt ist. Auf ihrem linken Flügel dagegen beginnen die Deutschen am Nachmittag zu weichen. Das I. Korps trifft beim Nachsetzen nur noch auf eine Nachhut aus Radfahrern und Kavallerie. Noch deutlicher ist das im Abschnitt vor den Engländern, die den ganzen Tag lang so gut wie keinen Widerstand finden, allerdings trotzdem aus Angst vor einer Kriegslist nur Schritt für Schritt nachrücken.

Die Bresche hat sich geöffnet, sie wird rasch breiter werden.

Weiter rechts, im Zentrum der französischen Aufstellung, ist verbissen gekämpft worden. Die französische 4. und 3. Armee sind ebenso entschlossen zum Angriff angetreten wie die deutsche IV. und V.: Die Franzosen haben Befehl, ab heute wieder vorzudringen, bei den Deutschen hat Moltke die Hoffnung nicht aufgegeben, doch noch in der Mitte den Durchbruch zu erzwingen.

Schreckliche Kämpfe sind das, oft in wildem Handgemenge; für die Strategen steht dieses blutige Ringen, bei dem keiner der Gegner nennenswert an Boden gewinnt, allerdings im Schatten dessen, was im Norden, vor der Hauptstadt, zwischen dem Ourcq und den Sümpfen von St. Gond geschieht.

In Lothringen hält die 2. Armee unter Castelnau nach wie vor den Grand Couronné vor Nancy. 3000 Granaten aller Kaliber gehen binnen acht Stunden auf den Armance-Berg nieder. Jeden Augenblick rechnen die Franzosen mit dem Sturm, doch er bleibt aus.

Wenige Namen haben in der Staats- und Militärgeschichte Preußens einen Klang wie der Name Bülow. Ein General von Bülow war unter den Besiegten von Jena und Auerstedt und den Siegern von Waterloo. Ein Fürst von Bülow ist vor wenigen Jahren bei Wilhelm II. in Ungnade gefallen, nachdem er in höchster Gunst gestanden und in eher abenteuerlicher Weise die Außenpolitik des Reiches geleitet hat und Kanzler gewesen ist. Sein älterer Bruder, Generaloberst Karl von Bülow, hat darunter nicht zu leiden gehabt, im Gegenteil: Er führt die II. Armee und wird bald zum Generalfeldmarschall ernannt werden.
Im August hat Moltke versucht, Bülow noch mehr Verantwortung zu geben; er wollte ihm den Befehl über den ganzen rechten Flügel anvertrauen. Kluck hat sich mit äußerstem Nachdruck dagegen gewehrt, so daß aus der Sache nichts geworden ist.
Beide sind gleich alt, achtundsechzig, aber Kluck spricht vom »alten Bülow« und wirft seinem Kameraden vor, er führe seine Armee so langsam, wie er sich als beleibter und kranker Mann selber fortbewege, er lebe in Saus und Braus in seinem Hauptquartier und höre nur auf den Rat bestimmter Offiziere aus dem Hochadel wie Hauptmann de la Motte Fouqué. Vor allem beschwert er sich, Bülow handele eigennützig, fordere ständig Unterstützung an bei seinen Nachbarn, bei Hausen zur Linken und bei ihm, Kluck, zur Rechten, und zwar am gleichen Abend, an dem er triumphierende Meldungen erstattet habe, in denen von »Auflösung« und »Flucht« der französischen Armee die Rede gewesen sei. Er scheut auch nicht davor zurück, diese Vorwürfe nach Luxemburg gelangen zu lassen, wohl wissend, daß seine Depeschen Wilhelm II. vor Augen kommen, und daß dem Kaiser der Name Bülow nicht mehr besonders sympathisch ist.
Nun hat aber nicht Bülow die Unterstellung des 3. und 9. Armeekorps unter die II. Armee verlangt, nein, Kluck hat sie ihm von sich aus angeboten. Bülow zögert keinen Augenblick, diese unerwartete Gelegenheit zu nutzen, um seinen Stoß gegen das französische Zentrum um so kräftiger zu führen. Das 3. Armeekorps kann jetzt die Flanke decken, das 9. ist hoch willkommen, um zusammen mit dem 8. und 9. Reservekorps den Druck auf den rechten Flügel der 5. und auf die neue französische 9. Armee zu intensivieren, von deren Aufstellung man eben erfahren hat, ohne noch zu wissen, wie sie sich zusammensetzt und wie stark sie ist.
Die Sachsen der III. Armee unter dem soeben an Typhus erkrankten Hausen sind wie üblich etwas im Verzug, aber sie werden es schaffen, am 8. September das Schlachtfeld zu erreichen, und zwar in einer für den Angriff wie geschaffenen Gegend, von der die Flieger gemeldet haben, sie sei so gut wie frei von feindlichen Truppen.
Tatsächlich ist die strategische Lage für das deutsche Zentrum glänzend. An den Schlieffenplan kann man sich jetzt zwar nicht mehr halten, aber was zählt, ist der Sieg, auch wenn er anders errungen wird als vorgesehen.
So ist alles auf Hoffnung gestimmt, als es am 7. September gegen 11 Uhr wie der Blitz in

Bülows Armeehauptquartier einschlägt: Kluck unterstellt sich die eben abgetretenen Armeekorps wieder!

Diese dramatische Entscheidung, mit der die ganze Marneschlacht eine neue Wendung nimmt, ist Joffres Werk, genauer gesagt das von Hauptmann de Galbert, der für den Oberbefehlshaber die Feder geführt hat, und den Briefträger hat Moltke gespielt. Der Zufall als der eigentliche Schlachtengott hat dafür gesorgt, daß Joffres Tagesbefehl, mit dem alle französischen Armeen zur »Generaloffensive« aufgefordert werden, der Obersten Heeresleitung in Luxemburg zur Kenntnis gelangt ist, und mit einer bei ihr seltenen Eile hat sie alle deutschen Armeehauptquartiere durch Funkspruch davon informiert.

Kluck bekommt die Nachricht, als er gerade in seinem neuen Hauptquartier für die Schlacht am Ourcq eingetroffen ist. Die ziemlich kläglichen Räumlichkeiten befinden sich in Vendrest, einem Fünfhundertseelendorf, zu dem es noch keine zuverlässigen Nachrichtenverbindungen gibt.

Kluck ist müde und erschüttert. Er ist während der Nacht auf der Landstraße an den Soldaten des 4. Armeekorps vorbeigekommen, die wie in der Nacht zuvor ihre Kameraden vom 2. nach Norden zogen. Im Licht seiner Autoscheinwerfer hat er gesehen, wie die Männer mit hängenden Köpfen dahinwankten; manche Soldaten benutzten ihr Gewehr als Stock. Hin und wieder tauchte aus dem Dunkel eine Batterie Feldartillerie auf, schnell dahinrasselnd, aber die Pferde hatten Schaum vor den Nüstern und mehrere brachen vor Ermattung unvermittelt zusammen, als hätte sie ein unsichtbares Geschoß niedergestreckt. Der General weiß, daß die Lage durchaus noch nicht wiederhergestellt ist. Er kann das 2. Armeekorps nicht frei einsetzen, sondern muß es brigadeweise an den gefährdetsten Stellen der zum Zerreißen gespannten Front verwenden. Und jetzt liest er Joffres Tagesbefehl mit der pathetischen Ankündigung der entschlossenen Generaloffensive!

Die französischen Verbände im Anmarsch auf den Ourcq sind nicht etwa die Truppen des Festungsbezirks Paris, die einen Ausfall wagen, wie es zunächst schien. Nein, hier geht es um die große Schlacht, bei der die I. Armee von allen deutschen Verbänden am exponiertesten ist; es sieht ganz so aus, als müsse er, Kluck, jetzt für seine selbstherrlichen Entscheidungen während der berauschenden Tage des Vormarsches büßen.

Wieder handelt er rasch und entschlossen. Er diktiert einen Funkspruch an die II. Armee: »Eingreifen 3. und 9. Armeekorps am Ourcq dringend erforderlich. Feind verstärkt sich beträchtlich. Bitte Armeekorps in Richtung La Ferté-Milon und Crouy in Marsch zu setzen.« Zur Sicherheit gibt er seine Anordnungen auch unmittelbar an die beiden Korpskommandeure, von Lochow und von Quast. Eben haben sie von Bülow Befehl erhalten, nach Süden anzugreifen. Jetzt sollen sie nach Norden marschieren! Aber trotz der vorläufigen Unterstellung vom Vortage ist Kluck doch ihr eigentlicher Chef. Ihm gehorchen sie.

Hat Kluck nicht doch gezögert? Ein wenig wohl. Sein Stabschef, General von Kuhl, sagt später, sie seien sich bewußt gewesen, daß sie die Flanke der II. Armee entblößten.
Angesichts der Bedrohung von Westen hätten die Deutschen auch reagieren können, indem sie ihre Truppen zusammenzogen und über den Ourcq zurückgingen, um Bülow zu decken, während er Franchet d'Esperey den entscheidenden Stoß versetzte. Aber Kluck ist kein Mann des Zurück, nicht einmal aus strategischen Erwägungen. Er ist vor allem nicht der Mann, der einem anderen in der größten Schlacht der Geschichte die entscheidende Rolle überläßt. Nur seine Armee interessiert ihn, und er verdrängt seinen Egoismus, die erschreckende Verengung seiner Perspektive, indem er sich einredet, es werde ihm Zeit genug bleiben, die Franzosen zu schlagen und dann nach Süden zurückzukehren, um der Nachbararmee zu helfen. Bülow braucht ja nur so lange wie nötig durchzuhalten – wie Wellington bei Waterloo. Nicht umsonst heißt es schließlich, Kluck sei ein neuer Blücher!
Schon um 12.40 Uhr löst sich das 3. Armeekorps vom Gegner und marschiert zur Marne, die es in Nogent-l'Artaud überschreitet. Das 9. ist in heftige Kämpfe verwikkelt, und Bülow versucht es zurückzuhalten, doch von der I. Armee kommt Funkspruch auf Funkspruch, einer herrischer als der andere. Kluck sieht nur seine höchstpersönliche Schlacht und zieht alles heran, sogar das Kavalleriekorps von der Marwitz, das die entstehende Lücke wenigstens einigermaßen kaschieren könnte. Daß die beiden von Süden kommenden Armeekorps sich bei La Ferté-Milon vereinigen sollen, beweist, daß Kluck mit verdreifachter Kraft sein gestern aufgegebenes Vorhaben verwirklichen will, die Armee Maunoury mit seinem verlängerten rechten Flügel nördlich zu umfassen.
Er hält sich nicht bei der Erwägung auf, daß die aus dem Raum Montmirail heranbefohlenen Männer 60 bis 70 Kilometer Tag- und Nachtmarsch hinter sich bringen müssen, um das neue Feld der Ehre zu erreichen.
Soldaten haben unermüdbar zu sein wie Maschinen. Sie sind dazu da, zu marschieren, zu marschieren, noch einmal zu marschieren und dann tapfer zu sterben. Das ist nun einmal der Preis dafür, daß sich die siegreichen (und oft sogar die besiegten) Generäle von den Frauen und Müttern der im Felde Gebliebenen bejubeln lassen können.
Auf alliierter Seite hat die Schlacht auf zwei von drei Schauplätzen eine besorgniserregende Entwicklung genommen: auf den Flügeln bei Foch und bei Maunoury. Im Zentrum dagegen, bei Franchet d'Esperey und French, beginnen die Früchte der Tapferkeit und des strategischen Geschicks zu reifen.

Bei Foch ist die Schlacht um die Sümpfe von St. Gond noch nicht entbrannt. Die größte Gefahr, das Eintreffen der III. Armee in der schwachen Flanke der französischen

9. Armee, dräut erst: Die Sachsen sind noch nicht da. Noch wird nur frontal gekämpft. Die Sümpfe begünstigen die Verteidiger, weil die beiden deutschen Gardedivisionen und ein Teil des 10. Armeekorps sich nicht zum Angriff entwickeln können.
Viel schwieriger ist die Lage auf Fochs linkem Flügel in dem tiefen Einschnitt des Petit Morin und auf seinen bewaldeten Hängen. Gelingt es den Deutschen, die kleinen Erhebungen, die Wälder von Mondement, Châtaigneraie oder Allemant zu erobern, wäre das außerordentlich bedenklich: Die Deutschen hätten dann ungehinderten Zugang zu der weiten Ebene zwischen Seine und Aube, vor allem aber wäre die französische Front durchbrochen, Foch wäre von Franchet d'Esperey getrennt. Das französische Heer wäre verloren.
Foch handelt bewunderungswürdig. Der Strategielehrer besteht seine praktische Prüfung mit Auszeichnung. Seine Schwächen kommen ihm ebenso zustatten wie seine Stärken – die Vorbedingung für jeden großen Erfolg eines Menschen.
Er, der Mann der Doktrin, ist nie ein Mann der Truppe gewesen, der Mitgefühl mit dem einzelnen Soldaten hätte entwickeln können. Das bewahrt ihn vor der Erkenntnis, wie erschöpft, verdreckt, abgerissen, hungrig und mutlos die nur noch lose zusammenhängenden Verbände sind, die er da zu einer improvisierten Armee vereinigt hat.
Das IX. und XI. Korps, hervorragende Soldaten aus der Touraine, der Vendée und der Bretagne, sind für ihre Generäle ein Anblick zum Weinen. Foch interessiert das nicht. Die 42. Infanteriedivision, die mit der eisenharten Disziplin der östlichen Grenzgarnisonen gedrillt worden ist, hat allen Schwung verloren; eines ihrer Regimenter, das 151., läuft bei ein paar Granateinschlägen auseinander und muß von der Kavallerie wieder in den Kampf getrieben werden. Foch weigert sich, das als besorgniserregend zu empfinden.
Fragen der Organisation, Einzelheiten der eigentlichen Stabsarbeit haben seinen ganz auf strategische Abstraktion gerichteten Geist nie beschäftigt; er nimmt die fast unlösbaren Probleme, mit denen seine ebenso wie die ganze Armee von der Situation überraschten Mitarbeiter sich herumschlagen, einfach nicht zur Kenntnis. Oberstleutnant Weygand ist dafür da, die oft orakelhaften Aussprüche des Chefs in Befehle umzusetzen. Oberstleutnant Deveaux hat allen Papierkram übernommen. Ein schlichter Hauptmann kümmert sich um den gesamten Nachschub. Ein Zivilist, der Journalist und Abgeordnete André Tardieu, der als militärischen Rang nur den eines Leutnants der Reserve im Dolmetscherdienst aufzuweisen hat, wird mit Verbindungsaufgaben betraut, die ein anderer Armeeführer nur mit größten Bedenken einem Berufsoffizier ohne Generalstabserfahrung überlassen würde.
Foch schwebt über den Dingen, steht spät auf, geht spazieren, plaudert angeregt über Literatur und Philosophie, hält seinen Kopf klar, seine Willenskraft ungebrochen und seinen Schreibtisch frei von Dokumenten. Seine Kenntnisse und die persönlichen Schreiben von Joffre erlauben ihm, sich einen Gesamteindruck von der Schlacht zu

machen, von der gewaltigen Operation, die da angelaufen ist, und lassen ihn erkennen, daß er die undankbarste und gefährlichste Aufgabe dabei zu übernehmen hat.
Diese Aufgabe, die ihn sehr leicht in die Rolle eines Sündenbocks bringen kann, akzeptiert Foch ohne ein Wort der Widerrede. Er wiederholt unablässig, und läßt es auch nach Kräften verbreiten, daß sich alles bestens anläßt. Der Sieg ist nahe. Schade, aber nicht zu ändern, daß die 9. Armee das als letzte spüren wird. Krieg ist ein Mannschaftsspiel. Was die 9. Armee dem ganzen französischen Heer schuldet, ist Durchhalten, Durchhalten, Durchhalten ...

Der Gegensatz zu Kluck könnte nicht größer sein. Er ist eine Illustration für den unglaublichen Unterschied, der 1914 zwischen der deutschen und der französischen Führung besteht. Die Soldaten, die einander in diesem europäischen Bürgerkrieg mit Gewehren, Kanonen und Säbeln umbringen, sind ohne weiteres zu vergleichen. Vielleicht ist der deutsche Soldat, besser gedrillt, im Kampf sogar standfester und wirkungsvoller. Die Gesamtführung der Operationen dagegen ist bei den Deutschen erbärmlich schlecht. Das deutsche Heer hat alles, nur keinen Kopf. Es hat Köpfe, aber die arbeiten gegeneinander. Ein kaiserliches, nach außen so geschlossen wirkendes Regiment hat eine militärische Anarchie geschaffen. Eine Demokratie, immer wieder von Demagogie und mangelnder Einmütigkeit geschwächt, hat ein großartiges Bündel von Klarheit, Willenskraft und Zusammenhalt hervorgebracht. Vielleicht liegt darin das viel beschworene Marnewunder. Wobei gleich hinzugefügt werden muß, daß dieser Zustand durchaus nicht den ganzen Krieg hindurch anhält.

Im Norden des Schlachtfelds ist Gallienis selbstloser Einsatz nicht weniger vorbildlich. Am Vormittag hat Joffre die 6. Armee sich wieder unmittelbar unterstellt. Trotzdem bemüht sich Gallieni mit aller Kraft, diese ihm entgleitende Schlacht mit Menschen und Material zu versorgen.
Es besteht keine Aussicht mehr auf einen raschen und weiten Vorstoß; jetzt kommt es darauf an, an der Ourcq-Front das Gleichgewicht zu halten zwischen der in völliger Umstellung befindlichen I. Armee der Deutschen und der französischen 6. Armee, die noch nicht völlig aufmarschiert ist. Ein erregender Wettlauf von historischen Dimensionen um die Heranführung der Verstärkungen beginnt.
Die deutschen Absichten sind deutlich geworden: Kluck hat vor, Maunourys linken Flügel zu umfassen. Also schickt Gallieni die nicht besonders kampfkräftige 61. Reservedivision und das I. Kavalleriekorps, das durch seine ständige Verwendung seit Kriegsbeginn die Hälfte seines Bestandes verloren hat, gleich nach Nanteuil-le-Hardouin.
Doch sein Joker ist das IV. aktive Korps, dessen Verlegung durch das Durcheinander bei der Eisenbahn so gefährlich in Verzug geraten ist. Eine Division, die 8. unter Gene-

ral de Lartigue, steht endlich im Pariser Vorort Le Raincy-Villemomble marschbereit, um geschlossen zu dem bedrohten Flügel abzugehen. Ihr Eingreifen könnte das Kräfteverhältnis entscheidend verändern.

Aber jetzt meldet sich French. Er erklärt, er könne nicht weiter vordringen, wenn er nicht auf seinem linken Flügel von der französischen Armee zuverlässig gestützt werde. Die Engländer haben keinen Gegner vor sich, sie rücken langsam vor und beschränken sich darauf, das Ausbleiben des Widerstandes erstaunlich zu finden. Die strategische Lage gibt ihnen die Möglichkeit, die deutsche Front zu durchstoßen, vielleicht zu sprengen, doch statt diese einmalige Chance zu nutzen, machen sie ihren hart bedrängten Waffenbrüdern die Aufgabe noch schwerer!

Wenn die Marneschlacht verloren worden wäre, dann wegen French, und daß sie nicht ganz gewonnen worden ist, verdankt Deutschland jedenfalls zu einem Teil French.

Man muß ihn zufriedenstellen. Anstatt nach Nanteuil-le-Haudouin abzugehen, begibt sich die 8. Infanteriedivision zurück über die Marne und marschiert am Grand Morin neben den Engländern her, um sie mitzureißen. Eine frische Division kann über das Schicksal eines Landes entscheiden. Die 8. Infanteriedivision wird Maunoury bei dem Sturm, der bald gegen seine Flanke losbricht, bitter fehlen.

Die letzte Rettung ist die andere Division des IV. Korps, die 7. unter General de Trentinian. Sie wird gerade in Noisy-le-Sec am Rande der Hauptstadt ausgeladen. Doch wie soll man sie nach dem 60 Kilometer weit entfernten Nanteuil schaffen? Marschierend käme sie zu spät, außerdem brauchen die Soldaten ihre Kräfte für den Kampf. Der Weitertransport mit der Eisenbahn ist ausgeschlossen; höchstens eine Brigade je vierundzwanzig Stunden wäre zu schaffen. Natürlich transportiert man auch zu dieser Zeit schon auf der Straße, beide Seiten haben in diesem Kriege bereits Automobile eingesetzt, aber die meisten Pariser Lastwagen und Omnibusse sind ohnehin schon requiriert. Sie von den anderen Frontabschnitten heranzuziehen, würde viel zu lange dauern.

Da hat jemand, der bis heute unbekannt geblieben ist, den berühmt gewordenen Einfall: Wie wäre es mit den Pariser Taxis?

Die Episode bleibt mit der Marneschlacht untrennbar verbunden. Man holte die Taxis, deren Fahrer über das Militärdienstalter hinaus waren, von der Straße weg. Bereitwillig ließen sie sich (mit laufender Uhr) nach Gagny schicken, wo jeder von ihnen vier feldmarschmäßig ausgerüstete Infanteristen einlud. Fast 700 Wagen kamen so zusammen, die den größten Teil der 13. Brigade aufnahmen und bei Dunkelwerden an die Front fuhren.

Zu dieser Zeit kommt zum erstenmal das magische Wort »Verfolgung« in den Berichten vor. Außer dem X. Korps, das an die Armee Foch gebunden ist und östlich von Montmirail kämpft, strömt die ganze 5. Armee in die Bresche, die durch den Abzug der Armee Kluck nach Norden entstanden ist. Am Abend hat sie schon den Grand Morin überschritten und marschiert der Marne zu. Auf den Straßen hat sich der Staub der feindlichen Kolonnen noch kaum richtig gesetzt.

Bei den Armeen im Zentrum ist an diesem 7. September von Verfolgung nicht die Rede. Das furchtbare frontale Ringen zwischen den Armeen des deutschen Kronprinzen und des Herzogs von Württemberg und denen von Sarrail und Langle de Cary geht weiter.

In Lothringen erreicht die Schlacht um den Grand Couronné einen Höhepunkt. Die Deutschen stürmen, nachdem ihre Artillerie die französischen 7,5-cm-Geschütze zum Schweigen gebracht hat. Am Vormittag sieht es so aus, als sei der Weg nach Nancy frei, und schon bereitet man in der Umgebung Wilhelms II. den feierlichen Einzug des Kaisers in die Stadt vor. Doch als alles schon um ihn zusammenzubrechen scheint, rafft Castelnau unter General Ferry eine Eingreiftruppe zusammen, acht Bataillone, der Verband der letzten Chance, der in Richtung auf den Wald von Champenoux angreift.

Am Abend ist die Krise durchgestanden. Der Grand Couronné hält. Schon morgen früh um 5 Uhr wird die 2. Armee zum Gegenangriff vorgehen. Die Straße nach Nancy bleibt den Deutschen versperrt.

Krieg ist bei aller Dramatik auch ein monotoner Vorgang. Am 8. September wiederholt sich, was schon am 7. geschehen ist. Auf der langen Front zwischen La Ferté-Milon und Fère-Champenoise wird erbittert gekämpft, und niemand gewinnt die Oberhand.

Im Zentrum geht der englisch-französische Vormarsch weiter. Man zieht durch die inzwischen 40 Kilometer breit gewordene Frontlücke. Wackere deutsche Nachhuten halten den Gegner nur stellenweise auf. Alle, Deutsche und Franzosen, sind mit ihrer Kraft völlig am Ende. Auf freiem Felde, jedem Beschuß ausgesetzt, legen sich Schützenkompanien reihenweise zur Ruhe, nehmen ihre Umwelt nicht mehr zur Kenntnis, und manche Männer gehen unmittelbar vom Schlaf in den Tod. Die Schlachten werden gewonnen mit dem, was gerade noch bleibt: mit der letzten Munition, dem letzten Blut, der letzten Kraft, die Augen offenzuhalten.

So tapfer der deutsche Widerstand ist, viel kann er nicht bewirken. Vier Kavalleriedivisionen, ein paar Jägerbataillone und einige wenige Batterien Artillerie werden von 15 französischen und englischen Divisionen einfach weggedrückt.

Bülow nimmt seinen linken, durch den Abzug der 3. und 9. Armeekorps entblößten Flügel eilig zurück. Kluck läßt die Marneübergänge zur Verteidigung herrichten. Das Schicksal Europas hängt am Ausgang des Wettlaufs zwischen dem Vormarsch der Alliierten, der Schlacht am Grand und Petit Morin und in den Sümpfen von St. Gond.

Auf der äußersten Linken der Armee Maunoury ist dies der Tag der Bewährung für die französischen Reiter. Die drei erschöpften Divisionen des I. Kavalleriekorps haben den Auftrag, ihre wenigen Kanonen möglichst eindrucksvoll auf dem Ostufer des Ourcq hören zu lassen.

Ein märchenhafter Anachronismus sind sie, diese Zentauren, zu einer Zeit, da am Himmel die ersten Motorflugzeuge brummen: Die Jäger und Husaren in Azurblau und Purpur mit schweren Ledertschakos. Die Kürassiere im blendenden Sonnenglanz auf dem Konvexspiegel ihrer ehernen Brustpanzer. Die Dragoner am auffälligsten, als gelte es, gegen das Fabeltier ihrer Waffe, den Drachen, zu kämpfen: Die lange Lanze steckt im Steigbügel, eindrucksvoll der Helm mit Raupenkette und Federbusch, dazu der hohe weiße Kragen, der dunkelblaue Dolman, und um nur ja von weitem schon sichtbar zu sein, die roten Hosen in schwarzen Kanonenstiefeln.

Die so aufgeputzten Offiziere und Reiter aus längst entschwundenen Zeiten leben in einer eigenen Mystik vom Kriege nach der Parole von Napoleons Reitergeneral Lassalle: »Ein Husar, der mit Dreißig noch nicht gefallen ist, ist ein Hundsfott.«

Sie erwarten vom Krieg die gefährlichsten und abenteuerlichsten Aufgaben: schneidige Erkundungsritte, Kampf mit der blanken Waffe gegen die feindliche Kavallerie, wilde Attacken, um den Sieg zu erzwingen oder einen Rückzug zu decken, kühne Vorstöße hinter die Linien des Gegners. Klucks rückwärtige Verbindungen durcheinanderbringen, seine Korpshauptquartiere überfallen, das ist nun wirklich etwas für die Kavallerie. Aber welch ein Jammer, das unternehmen zu müssen mit Regimentern, die mehr als die Hälfte ihrer Männer verloren haben, und Pferden, denen man kaum noch einen kurzen Trab abverlangen kann!

Schwadron für Schwadron verschwindet die Division Cornulier-Lucinière im waldigen Hügelland zwischen Soissons und Oulchy-le-Château. Kluck hat Vendrest verlassen, um dem Schlachtfeld näher zu sein; er ist unterwegs nach La Ferté-Milon. Plötzlich Schreie, Schüsse, Artilleriefeuer ganz in der Nähe, aufgeregte Soldaten halten die Wagenkolonne des Armeebefehlshabers an.

Französische Reiter, die schon auf der Straße nach Villers-Cotterêts ein paar überraschte deutsche Offiziere gefangengenommen und bei Troësnes ein eben gelandetes Flugzeug erbeutet sowie eine beträchtliche Menge Material vernichtet haben, versperren weiter vorn die Straße. Brände vor dem düsteren Gewitterhimmel geben ein unheimlich blutrotes Licht. Der ganze Stab verläßt die Automobile, greift zu den Karabinern und bildet eine Schützenkette. Aber es muß erst das 90. Infanterieregiment eingreifen, um die kühn vorgedrungenen Gegner zu vertreiben, die um ein Haar den berühmtesten deutschen General eingebracht hätten.

Andere Kavallerieeinheiten sind noch weiter gelangt. Einer Schwadron des 16. Dragonerregiments unter Oberstleutnant Gaston de Gironde gelingt es, bis vor die Tore von Soissons durchzukommen, und als sie sieht, daß ihr der Rückweg abgeschnitten ist, beschließt sie einen gloriosen Schlußpunkt zu setzen, indem sie eine für die Nacht abgestellte Fliegerstaffel angreift.

Zwei Züge sitzen ab und bereiten unter Leutnant Henri de Kérillis den Angriff durch drei überraschende Salven vor. Die beiden anderen Züge, von Gironde geführt, reiten

mit eingelegter Lanze zur Attacke an. Die Flugzeuge gehen in Flammen auf, aber Gironde fällt, und auch Kérillis wird verwundet, nachdem er den hünenhaften Staffelkommandeur im Nahkampf niedergeschossen hat. Sein Bursche trägt ihn auf den Schultern aus dem Gefecht und gelangt mit ihm und ein paar weiteren Überlebenden bis in das Dorf Montigny-l'Engrain.
Die aus dem Schlaf geschreckten Bewohner verstecken die Dragoner, lassen Waffen und Sättel verschwinden, sorgen dafür, daß die Pferde in den Ställen ein ziviles Aussehen bekommen, und pflegen Kérillis. Als am Morgen die Deutschen kommen und den Ort durchsuchen, gibt ihn der Bauer Reynaud, der eben noch antimilitaristische Reden gehalten hat, als seinen auf den Tod an Schwindsucht darniederliegenden Sohn aus. Noch am Abend läßt sich der Pfarrer von dem fremden Kavallerieoffizier eine ausführliche Meldung diktieren, die drei Dragoner, von Ortskundigen geführt, durch die feindlichen Linien zu bringen versuchen. Das ist bezeichnend für die Franzosen von 1914: Sie sind sich einig in Haß und Einsatzbereitschaft gegen den Feind, der in ihrem Land steht.

Am Abend des 8. September geht ein schweres Gewitter nieder, der Donner übertönt die Kanonen, als wolle der Himmel dreinfahren angesichts des Gemetzels auf der Erde. Maunoury hat den ganzen Tag seine Angriffe fortgesetzt. Auf beiden Seiten sind die Verluste hoch gewesen, die deutsche Linie ist langsam gewichen. Nach dem 2. ist auch das deutsche 3. Armeekorps nach und nach in die Schlacht geworfen worden, trotzdem hat der linke Flügel der I. Armee nicht standhalten können. Doch Kluck, der selber die Führung übernommen hat, läßt sich von diesen bedrohlichen Anzeichen nicht beeindrucken. Er stellt sein 9. Armeekorps zum Kampf, das seine 60 Kilometer hinter sich gebracht und den Raum La Ferté-Milon erreicht hat. Sein Tagesbefehl am Abend, so nüchtern die Wortwahl ist, klingt nach Sieg: »Morgen soll die Entscheidung durch einen umfassenden Angriff des nördlichen Flügels (...) herbeigeführt werden.«

In den Sümpfen von St. Gond ist es nicht weniger heiß hergegangen. Foch leistet erbitterten Widerstand. Auf der Linken halten seine Truppen vor Schloß Mondement stand, nur der rechte Flügel muß zurückgehen, Fère-Champenoise wird von der preußischen Garde erobert, und die Sachsen des 12. Armeekorps drängen die Bretonen des II. Korps bei Normée und Lenharrée zurück.
Am Abend bietet sich ein düsteres Bild. Der Optimismus ihres Chefs, seine ständig wiederholte Feststellung, es sei schon eine Wende zum Besseren zu erkennen, genügen nicht, um den drohenden Zusammenbruch der 9. Armee zu kaschieren.
In dieser Situation wendet sich Foch an Franchet d'Esperey um Hilfe. Kann er ihm auf dem linken Flügel Entlastung verschaffen, einen Teil des Schlachtfelds übernehmen, während er, Foch, die Lage an der übrigen Front wiederherzustellen versucht?

Umgehend trifft die Antwort, ein weiteres Beispiel für eine großartige Solidarität, in dem kleinen Rathaus von Pleurs ein, wo Weygand das Armeehauptquartier eingerichtet hat: »Das X. Korps, also zwei aktive Divisionen und die Korpsartillerie, werden hiermit für den morgigen Tag General Foch zur Verfügung gestellt.«

Um 11 Uhr vormittags hat Oberstleutnant Hentsch Luxemburg verlassen. Im Wagen soll er sich mit Verbitterung gegenüber seinen beiden Reisebegleitern, den Hauptleuten im Generalstab Köppen und König geäußert haben: »Ich habe nicht einmal einen schriftlichen Befehl. Ich bin der Sündenbock, wenn es schiefgeht. Warum geht Moltke nicht selber? Warum hat er nicht Stein oder Tappen oder jedenfalls einen Offizier der Operationsabteilung geschickt? Warum mich?«

Auf diese Fragen hat die Geschichte bis heute keine Antwort bereit. Man hat nie genau erfahren, wie weit der Auftrag ging, mit dem der Generalstabschef des deutschen Heeres den Chef seines Nachrichtendienstes betraut hat, und auch nicht, warum Hentsch so viel bedeutenderen Stabsoffizieren vorgezogen wurde.

Hentsch selber ist überzeugt, absolute Vollmacht zu haben. Die ungeheure Gewalt des deutschen Kaisers und Königs von Preußen hat die ganze stolze und strenge Hierarchie übersprungen und ist auf die Schultern dieses jungen Oberstleutnants gelegt, eines Preußen von Geburt, Offizier in sächsischen Diensten, sehr intellektuell, eher kränklich und zum Pessimismus neigend. Vielleicht schätzt ihn Moltke, weil er sich in ihm wiedererkennt?

Vor der Abfahrt hat in Moltkes Arbeitszimmer eine Besprechung stattgefunden. Man ist die Depeschen von den Armeen noch einmal durchgegangen. Ihre lakonische Kürze und die allgemeine Ausdrucksweise, die in völligem Gegensatz zu den triumphalen Meldungen der Vorwoche stehen, sind beunruhigender als eindeutige schlechte Nachrichten.

Es steht fest, daß der Feind den Kampf mit erstaunlicher Umsicht und Kraft wiederaufgenommen hat. Das Siegesgeschrei aus den Armeeoberkommandos von Flucht und Auflösung des französischen Heeres hat sich auf der ganzen Linie als voreilig erwiesen. Im Osten und in der Mitte sind die deutschen Armeen steckengeblieben, auf dem rechten Flügel auseinander gerissen. Die II. ist offenbar von der I. getrennt, die jeden Augenblick eingeschlossen werden kann. Was geht da vor?

Die Aufgabe, mit der man Oberstleutnant Hentsch betraut hat, besteht einmal darin, sich Klarheit zu verschaffen, dann aber, falls der Rückzug schon begonnen haben sollte, dafür zu sorgen, daß er in Richtung auf den Flußlauf der Vesle und auf die Argonnen vonstatten geht. So haben in den Auseinandersetzungen nach der Niederlage sowohl Moltke als auch die beiden Generalstäbler, die an der Besprechung am 8. September teilgenommen haben, den Auftrag Hentschs definiert.

Hentsch dagegen, der 1918 gefallen ist, ist bis zuletzt dabei geblieben, daß er sehr viel umfassendere Vollmachten hatte. Im Namen der Obersten Heeresleitung sollte er, der kleine Oberstleutnant, an Ort und Stelle alle geeigneten Maßnahmen ergreifen und die entsprechenden Anweisungen geben. Die Wahrscheinlichkeit spricht mehr für Hentsch, so unglaublich seine Mission auch erscheint.

Die Rundreise von Armeehauptquartier zu Armeehauptquartier beginnt in Varenne und Courtisols, wo der deutsche Kronprinz und der Herzog von Württemberg kommandieren. Hentsch ist überzeugt, daß die Lage der V. und IV. Armee keinen Rückzug erforderlich macht, und nachdem er sich für die Fortsetzung des Angriffs ausgesprochen hat, fährt er weiter nach Châlons zu Hausens Hauptquartier.

Hier stellt sich der Schlachtverlauf günstiger dar, als er angenommen hat. Die Sachsen dringen in der ebenen Champagne rasch vor, und vor ihnen ist das Land wie leergefegt. Hentsch meldet befriedigt nach Luxemburg: »Lage und Auffassung bei der III. Armee durchaus günstig.«

Die nächste Station ist Montmort, ein 18 Kilometer südlich von Epernay gelegenes Städtchen. Hentsch kommt bei Dunkelwerden an, und nach der Siegeszuversicht in Châlons trifft er hier auf beklommene Spannung.

In Bülows Hauptquartier herrscht Aufbruchstimmung, der bereits gegebene Befehl zur Rückverlegung ist aber soeben widerrufen worden. Bülow selber, der Hentsch kennt, kommt müde und sorgenvoll von seinem Gefechtsstand in Fromentières zurück. Er hat miterlebt, wie das 10. Armeekorps in die Flucht geschlagen worden ist, und hat schon den Rückzug an die Marne oder über die Marne hinaus erwogen. Im Gespräch mit Hentsch äußert er sich verbittert über Kluck, der mit seiner Tollkühnheit, seinem Egoismus und seiner Starrköpfigkeit die ganze Flanke der II. Armee entblößt hat, wo jetzt eine breite Lücke klafft. Bülow hat ihm schon vorgeschlagen, sie zu schließen, indem beide Armeen zurückgehen und im Raume Château-Thierry wieder Fühlung aufnehmen, doch der hochmütige Kluck hat es nicht einmal für nötig befunden, darauf zu antworten. Jeden Augenblick können die Franzosen jetzt die Marne überschreiten. Dann ist die I. Armee in einer dramatischen Lage, und die II. Armee muß ihrerseits nach Norden ausweichen.

Es ist jetzt kurz vor 22 Uhr. Die letzten Meldungen des Tages gehen ein. Erschreckend ist vor allem, was vom 7. Armeekorps gemeldet wird. General von Einem, der gegenüber seinem Armeebefehlshaber noch am Nachmittag jeden Gedanken an Rückzug von sich gewiesen hat, teilt mit, daß er Montmirail räumt und hinter das Flüßchen Verdonnelle zurückgeht.

So wird Bülow morgen nicht auf seinen Gefechtsstand in Fromentières fahren können, das dem Feind überlassen worden ist. Das bedrohte Montmort kann nicht länger Armeehauptquartier bleiben. Schlimmer noch: Die Lücke zwischen den Armeen ist 15 Kilometer breiter geworden. Château-Thierry ist verloren. Die französisch-britischen Verbände, die den Tag über am Petit Morin mit letzter Kraft aufgehalten worden sind,

können jetzt auf 70 Kilometer Frontbreite die Marne überschreiten. Bülow erklärt, er habe nicht mehr ein einziges Bataillon, das er ihnen entgegenwerfen könnte.
Das Schloß von Montmort ist ein angenehmer Ort. Der geometrisch angelegte Park à la française liegt friedlich im Mondlicht. Die Ordonnanzen sorgen für eine Bewirtung wie in den besten Berliner Restaurants, doch der Champagner schmeckt nicht mehr nach Sieg wie in den Wochen des Vormarschs. Der Abend vergeht in tristen Betrachtungen. Bülow ist krank. Schlimmer noch geht es seinem Stabschef, Generalleutnant von Lauenstein, der apathisch dabeisitzt.
Es kommt zu keiner Entscheidung, doch ein Rückzug, jedenfalls bis an die Marne, wird von allen als notwendig unterstellt. Und bevor er in das Bett sinkt, das man für ihn gefunden hat, schickt der Sendbote der Obersten Heeresleitung an Moltke eine Depesche, die Lage bei der II. Armee sei ernst, aber nicht hoffnungslos.
Schon um 7 Uhr ist Hentsch wieder unterwegs. Er hat den schwierigsten Teil seiner Mission noch vor sich, das Gespräch mit dem selbstherrlichen, unbeugsamen Soldaten Kluck. In welchem Zustand wird er die I. Armee antreffen, in welcher Stimmung ihren Chef, dessen Eigenmächtigkeit und Disziplinlosigkeit so sehr zu der verworrenen Lage beigetragen haben?
Vor der Abfahrt hat Hentsch im Schloßpark noch kurz mit Lauenstein gesprochen, der nicht mehr ganz so geistesabwesend wirkt wie am Vorabend. Beide sind sich einig, daß die II. Armee auf jeden Fall zunächst einmal hinter die Marne zurückgenommen werden muß. Sie kann und will sich dann auf dem rechten Ufer halten, vorausgesetzt, die I. Armee weicht nach Osten aus, um Anschluß zu gewinnen.
Ist diese Bewegung nicht möglich, wovon Lauenstein überzeugt ist, und gehen die Franzosen mit starken Kräften über die Marne, wovon Lauenstein ebenfalls überzeugt ist, so muß der Rückzug weitergehen, um die Fühlungnahme sehr viel weiter im Norden zu ermöglichen. Für diesen mehr als wahrscheinlichen Fall wird Hentsch heute Kluck anweisen, in die Richtung auszuweichen, die dieser für die Zusammenführung als die günstigste ansieht.
Am Vorabend, auf der Fahrt nach Montmort, hat Hentsch die für die Etappe einer in schwerer Krise befindlichen Armee bezeichnende Atmosphäre mitbekommen. Doch das war harmlos im Vergleich zu dem, was er jetzt erlebt.
Die Straßen sind vom Gefechtstrain der Kavalleriedivisionen verstopft, die eilig über die Marne zurückgehen. Alle Anzeichen sprechen dafür, daß der Gegner nördlich des Flusses nachdrängt. Leichtverwundete, die in Scharen nach Norden ziehen, versichern, die Rückzugswege seien schon abgeschnitten.
Hentsch macht vorsichtshalber einen Umweg über Reims, Fismes und Fère-en-Tardenois, doch als er wieder nach Süden fährt, um Mareuil-sur-Ourcq zu erreichen, wohin Kluck soeben sein Hauptquartier verlegt hat, gerät er in zurückströmende Verbände. Neuilly-St. Front ist völlig verstopft. Hentsch steigt aus, weist sich als Generalstäbler

aus, bahnt sich mit lauter Kommandostimme einen Weg, doch bald erkennt er, daß er wohl schneller auf Nebenstraßen vorankommt.
Auch hier geht es nicht weiter. Schon in dem Dorf Brumetz wird ihm mitgeteilt, die englische Kavallerie sei im Anrücken. Er macht kehrt und erreicht erst um 12.30 Uhr Mareuil. Über fünf Stunden hat er gebraucht, um von einem Armeehauptquartier zum anderen zu gelangen, obwohl sie nur knapp 60 Kilometer Luftlinie voneinander entfernt sind. Wenn der Zustand der rückwärtigen Verbindungen den Zustand einer Armee erkennen läßt, so ist die Armee Kluck schlecht daran!
Eine der ersten Persönlichkeiten, der Moltkes Abgesandter in den Straßen von Mareuil begegnet, ist General von Kuhl, der Stabschef der I. Armee. Nachdem ihn Hentsch ins Bild gesetzt hat, meint er zustimmend: »Ja, wenn die II. Armee ihren Flügel zurückgezogen hat, dann können wir uns auf die Dauer nicht mehr halten.«
Natürlich zieht sich die II. Armee zurück! Um 10 Uhr hat Fliegeroberleutnant Berthold von der 23. Staffel aus Montmort eine Aufklärermeldung gebracht, daß vier starke feindliche Marschkolonnen zwischen La Ferté-sous-Jouarre und Château-Thierry die Marne überschreiten.
Um 10.40 Uhr trifft ein Funkspruch vom Kavalleriekorps Richthofen ein, der die Meldung bestätigt. Bülow zögert nicht länger: Um 11.45 Uhr unterzeichnet er den allgemeinen Rückzugsbefehl für die II. Armee. Oberstleutnant Hentsch hat an dieser Entscheidung keinen Anteil; sie wäre genauso getroffen worden, wenn er in Luxemburg geblieben wäre.
Über das, was vor und nach diesem historischen Augenblick geschehen ist, sind in Deutschland ganze Bibliotheken geschrieben worden, so wie in Frankreich von den Anhängern Joffres und den Bewunderern Gallienis. Immer wieder geht es dabei um das Gespräch zwischen Hentsch und Kuhl am frühen Nachmittag des 9. September, das sich nicht mit letzter Sicherheit rekonstruieren läßt. Nur nach der psychologischen Wahrscheinlichkeit ist die Version des Oberstleutnants überzeugender als die des Generals.
Kuhl erklärt, er habe mit allem Nachdruck gegen die Absicht zum Zurücknehmen der I. Armee protestiert. Sie habe sich in glänzender Lage befunden, der rechte Flügel sei drauf und dran gewesen, Maunourys linken Flügel zu umfassen, die Franzosen seien in voller Flucht befindlich gewesen, das eigene 9. Armeekorps im Vormarsch auf Nanteuil-le-Haudouin. Die vom 15. Armeekorps zunächst in Brüssel zurückgelassene Brigade sei soeben auf dem Schlachtfeld eingetroffen und habe bereitgestanden, dem Gegner in den Rücken zu fallen. Die Truppen seien in glänzender Verfassung gewesen, die Offiziere zuversichtlich, der Sieg so gut wie sicher. Unter diesen Umständen, eine Viertelstunde vor zwölf, den Rückzug anzutreten, sei ein ganz absurder Fehler von historischer Tragweite gewesen.
Doch Hentsch berief sich auf seine Vollmachten. Er nahm einen Stift und zog auf Kuhls

Karte einen Strich von Soissons nach Fismes: Bis dorthin habe sich die I. Armee zurückzuziehen.
Dieser Bleistiftstrich, diese ungeheure Geste eines bescheidenen Oberstleutnants, der die größte Schlacht der Weltgeschichte aufhält, ist das einzige Gemeinsame in den Berichten der beiden Kontrahenten.
Nach Hentsch hat sich Kuhl sehr viel weniger selbstsicher gezeigt. Die Lage der I. Armee war alles andere als glänzend. Maunourys beständigen Angriffe hatten die Deutschen ins Wanken gebracht, und die Überflügelungsbewegung der französisch-britischen Verbände nördlich der Marne brachte sie mit jeder Stunde in größere Gefahr.
Der linke Flügel befand sich schon auf dem Rückzug, gab Marne und Ourcq preis, räumte Etrépilly, Lizy, Vareddes und die vom Blut der französischen Reservisten getränkte Hochfläche, um 15 Kilometer weiter hinten eine günstigere Verteidigungsstellung zu finden.
Im Norden war die Situation tatsächlich besser, aber nach Hentsch betrachtete Kuhl selber seine dortige Offensive als ein Mittel, um sich vom Gegner zu lösen. So war bei der I. ebenso wie bei der II. Armee der Rückzug schon eingeleitet, und Oberstleutnant Hentsch führte seinen Auftrag nur in der engsten Interpretation aus: diesen Rückzug in die gewünschte Richtung zu lenken und zu koordinieren.
Aber noch hat sich Kluck, die Hauptperson, nicht geäußert. Befindet er sich vielleicht unerreichbar irgendwo auf dem Schlachtfeld? Nein, er hält sich in einem Nebenzimmer auf, denn Kuhl verläßt schließlich den Raum, um, wie er sagt, seinen Chef von der Entscheidung des Vertreters der Obersten Heeresleitung zu unterrichten. Nach einer Weile kehrt er zurück und erklärt, Seine Exzellenz sei einverstanden, die Befehle würden unverzüglich ausgeführt.
Eine unbegreifliche Folgsamkeit ist das für den Mann, der noch vier Tage zuvor so kühn und selbstsicher allen Anweisungen zuwidergehandelt hat. Er fordert keine Begründung, keinen Aufschub, verlangt diesen Oberstleutnant, der so rücksichtslos in die Operationen seiner Armee eingreift, nicht einmal selber zu sprechen. Befehle mit der Unterschrift Moltkes hat er in den Papierkorb geworfen, die Entscheidung von Hentsch akezptiert er ohne Widerrede. Diese unbegreifliche Wandlung hat noch kein deutscher Autor zu erklären vermocht.
Die ausgefertigten Befehle gehen unverzüglich hinaus. Als sie am rechten Flügel eintreffen, schlagen sie ebenso überraschend ein wie nach Charleroi die Anweisungen für die französischen Generäle. Warum soll man zurückgehen, wenn die Lage so günstig ist?
Der Kommandeur der 18. Infanteriedivision, General von Kluge, dessen Bataillone gerade Nanteuil angreifen, bekommt einen Wutanfall, meldet sich bei Quast, verlangt von ihm die Zurücknahme dieses absurden Befehls. Quast läßt einen Hauptmann in Mareuil anrufen, den Kuhl gar nicht erst ausreden läßt. Da fällt ihm ein, daß er eine Königliche

Hoheit à la suite in seinem Stabe hat, den Großherzog von Mecklenburg-Schwerin. Er bittet ihn, sich für die Fortsetzung des Angriffs zu verwenden. Kuhl erklärt dem Großherzog, die Anweisungen seien unmittelbar von der Obersten Heeresleitung gekommen, sie seien unwiderruflich und darüber hinaus auch sachlich gerechtfertigt, nicht nur durch die allgemeine Lage des Westheeres, sondern auch durch die besondere Situation der I. Armee, deren linker Flügel bedroht sei. Er hat Verständnis für die Enttäuschung beim 9. Armeekorps, aber es hilft nichts, Befehl ist Befehl.
Um 14 Uhr verläßt Hentsch zutiefst niedergeschlagen Mareuil und fährt, die Armeehauptquartiere in umgekehrter Reihenfolge noch einmal aufsuchend, nach Luxemburg zurück. Die Marneschlacht ist entschieden.
Nur die Hunderttausende, die da kämpfen, wissen es noch nicht.

Bei der Armee Maunoury wird mit letzter Kraft gerungen. Die französischen Truppen verlieren für einen Augenblick den Mut, als sie um Nanteuil-le-Haudouin in weitem Halbkreis die tiefgestaffelten feldgrauen Massen anrücken sehen.
Die 61. Reservedivision gibt ihre Stellungen auf, ein Regiment ergreift die Flucht, einer ruft es dem andern zu: »Wir sind geschlagen! Die Deutschen marschieren auf Paris!«
Dabei ist die Lage nicht so verzweifelt, wie es die offizielle deutsche Geschichtsschreibung später darstellt. Der Umfassungsangriff des rechten Flügels ist von Joffre einkalkuliert gewesen. Seine Anweisungen für den 9. September für Maunoury lauten: Alle schweren Kämpfe vermeiden, erforderlichenfalls den linken Flügel der 6. Armee in Richtung Paris zurücknehmen.
Natürlich kann jede Geländeaufgabe am vierten Tage einer Schlacht für die Truppe einen schweren moralischen Rückschlag bedeuten, doch für den Strategen sind Armeekorps Figuren auf dem Schachbrett. Zurückgehen hat den gleichen Wert wie Vorgehen, wenn die Bewegung nur zum Siege beiträgt. Maunoury muß es vermeiden, seinen linken Flügel in den Kampf zu verwickeln, damit er nicht vernichtet wird.
Das Gesamtbild der Schlacht hat sich völlig gewandelt. Die Entscheidung fällt nicht mehr hier im Norden. Bis am Spätnachmittag der Rückzugsbefehl durchgeführt wird, dringt Quast weiter vor. Lepel und seine Reservebataillone stoßen aus den Wäldern von Rosières auf die Felder von Nanteuil-le-Haudouin vor, wo mit breiten Rauchwalzen das brennende Korn die Gefallenen verbirgt, die Sterbenden erstickt.
Doch der deutsche Angriff ist schon weniger druckvoll. Das 9. Armeekorps ist nach einem Gewaltmarsch von 120 Kilometern in vierzig Stunden allenfalls noch in Divisionsstärke eingetroffen. Es kann den Anfangserfolg nicht ausnutzen, und schon stellt Joffre ihm neue Verstärkungen entgegen: die von French wieder abgezogene 8. und die Franchet d'Esperey genommene 37. Infanteriedivision.
So endet die Schlacht am Ourcq nicht mit einem deutschen Sieg, sondern unentschieden. Kluck hat seine Armee durch meisterhafte Taktik gerettet, aber er hat den Feldzug

verloren; die Deutschen müssen die Hoffnung auf den schnellen, den »frischfröhlichen« Krieg, zu dem sie ausgezogen sind, endgültig begraben.
Weiter östlich ist aus der Schlacht am Petit und Grand Morin schon die Marneschlacht geworden. Der Fluß ist von den Franzosen an zahlreichen Stellen kampflos überschritten worden.
Engländer und Franzosen stoßen immer häufiger auf Anzeichen eines überstürzten Rückzugs, sammeln Material und Ausrüstungsgegenstände ein, bergen Verwundete, nehmen Nachzügler gefangen, ja sogar Schlafende und Betrunkene. Doch auch ihrem Vordringen fehlt es an Kraft. Zwei englische Korps legen sich, kaum daß sie die Marne überquert haben, zum Nachmittagsschlaf an den Straßenrand. Das französische II. Kavalleriekorps schleppt sich im Schneckentempo vorwärts. Diese großartige, wildbewegte Schlacht, die letzte der klassischen Schlachten, verläuft im Sande. Die Deutschen ziehen sich zurück, die Franzosen marschieren hinterher – beide vor Erschöpfung schwankend und stolpernd.
Beide Armeen sind wie betäubt von den Strapazen der letzten Wochen. Der französische Soldat beurteilt die Lage so klar und ehrlich, wie es nach so harten Kämpfen nicht verwunderlich ist: Er hat nicht den Eindruck, einen wirklichen Sieg errungen zu haben. Erst ein paar Tage später, als die Deutschen ihren historischen großen Rückzug angetreten haben, merkt er, was für einen entscheidenden, glorreichen Sieg diese Wendung der Schlacht an der Marne eingeleitet hat.

Nur bei der Armee Foch hat der 9. September noch bis zum Abend seine Dramatik, das unentschiedene Hin und Her verbissenen Kampfes.
Auf das Gewitter vom 8. abends ist ein eisiger nächtlicher Regen gefolgt. Die tristen Wälder der Champagne bieten nur klägliche Biwakmöglichkeiten. Die afrikanischen Truppen, die das europäische Klima nicht gewohnt sind, haben besonders zu leiden. Die Senegalschützen der Division Humbert zittern vor Kälte in ihren Kaffeehausboleros und dünnen weißen Pluderhosen.
Die ganze Armee ist auch schwach vor Hunger. Ein paar Kompanieführer haben Schafe ausfindig gemacht oder tote Pferde zerteilen lassen, aber im strömenden Regen ist es schwer, Feuer zu machen, um das Fleisch zu braten.
Soldaten können auch ohne Verpflegung marschieren und sterben, aber Geschütze ohne Geschosse sind wertlos. Die vielgerühmte französische Feldartillerie hat der 9. Armee das Standhalten gegen die Deutschen überhaupt erst möglich gemacht. Jetzt sind die Munitionsvorräte erschöpft.
Foch weigert sich, solche Details zur Kenntnis zu nehmen. Er steht auf dem Standpunkt, daß sich jeder um seine Aufgaben kümmern soll. Tatsächlich entdeckt der unbezahlbare Hauptmann Audibert in St. Mesmin bei Troyes einen Munitionszug und schafft es, ihn durch lautstarke Drohungen bis Anglure durchzubringen, wohin die

Artilleriewagen zum Entladen beordert werden. Die 4. Armee findet sich bereit, der 9. einen Teil ihres Munitionsbestandes abzugeben. Foch im Glück! Franchet d'Esperey stellt ihm ein ganzes Korps zur Verfügung, und Langle de Cary gibt ihm seine kostbaren Granaten. Foch im Glück, Frankreich im Glück!

Durch die Regennacht stapfen die Truppen. Foch hat seine Entscheidung getroffen: Er wird den Feind, der ihn am rechten Flügel bedrängt, mit Truppen vom linken Flügel zurückwerfen, die er – natürlich zu Fuß – vom einen Ende zum andern seiner Front nach Osten verlegt. Die 42. Infanteriedivision soll zum Zünglein an der Waage des Schicksals werden.

Kommandeur der 42. Division ist der Haudegen Grossetti, ein wuchtiges Mannsbild, das gerade auf einem Strohbündel schläft, als der Verbindungsoffizier von der Armee, der spätere General Requin, ihm Fochs Befehl überbringt. Mitten in der Nacht muß er seine abgekämpften Leute wecken, sich marschbereit machen und parallel zur Front 18 Kilometer weit marschieren lassen, damit sie am frühen Morgen Fère-Champenoise zurückerobern und die Sachsen schlagen können. Grossetti flucht fünf Minuten lang, dann schreibt er beim Licht einer Stallaterne die Befehle aus.

Der Regen hat aufgehört, aber der Staub der Champagne ist zu weißlichem, klebrigem Schlamm geworden. Die Kompanien geraten in der Dunkelheit durcheinander, doch die Verlegung klappt wider alles Erwarten.

Als die Morgensonne den feuchten Nebel, der auf die Regenfälle gefolgt ist, zerstreut hat, beginnen die drei Regimenter und die Halbbrigade der 42. Division um das Dorf Linthes herum zum Angriff aufzumarschieren. Es wird wieder drückend heiß, die Schlacht beginnt wieder zu stinken nach verkohlendem Holz, süßlichem Pulverdampf und verwesendem Fleisch. Eine neue Prüfung steht den Soldaten bevor, und niemand kann ihnen sagen, daß es vorläufig die letzte sein könnte.

Hinter den Männern der 42. Division, auf den Höhen, über die sie eben gekommen sind, ist die Artillerie aufgewacht. Offiziere melden sich bei Grossetti und überbringen flehentliche Hilfsersuchen des IX. Korps. Ein schwerer Rückschlag ist eingetreten: Das Schloß von Mondement, in dem gestern abend noch die marokkanische Division ihr Hauptquartier hatte, ist von den Deutschen zurückerobert worden.

Die ganze Hügelkette, die den Zugang zur Aude-Ebene versperrt, ist durch den deutschen Gegenangriff in Gefahr. Könnte Grossetti mit seiner eben wieder zusammengeführten Division die Lage retten?

Doch gleichzeitig kommen andere Anforderungen. Eine zweite Bastion der Armee Foch, der Mont Août, ist verlorengegangen, verlassen von einer Reservedivision, die plötzlich den Mut verloren hat. Bis Pleurs ist die Ebene übersät mit fliehenden Soldaten, die vom 70. Husarenregiment mit dem flachen Säbel wieder in den Kampf getrieben werden. Und es kommen Verbindungsoffiziere vom XI. Korps und drängen Grossetti, zu dessen Entlastung sofort anzugreifen. Das XI. Korps sollte selber angreifen,

aber der Gegner ist ihm zuvorgekommen. Connantre und Gourgançon sind schon geräumt worden, und die Sachsen dringen auf Sézanne vor, wo sie den von Mondement kommenden Preußen die Hand reichen können. Die 9. Armee ist eingeschlossen, verloren, wenn Grossetti nicht unerzüglich den Kampf eröffnet.
Als guter Soldat und Kamerad tut Grossetti, was er kann. Da er nicht weiß, auf welchen Widerstand er stoßen und wie er zu kämpfen haben wird, stellt er seine Division im Karree auf wie ein napoleonischer General, er selber in der Mitte mit seinem Stab zu Pferde – eine eindrucksvolle Gestalt.
Geschlossen marschiert die 42. Division in einer Staubwolke ohne Nachzügler in langsamem Tritt los, hinauf und hinunter über die leicht gewellte Ebene der Champagne. Niemand könnte glauben, daß eines ihrer Regimenter gestern vor dem Feind gewichen ist. In der Militärgeschichte hat es seitdem einen Anblick wie diese prächtige, mit ruhiger Entschlossenheit den feindlichen Kugeln entgegenmarschierende Truppe nicht wieder gegeben.
Hinter ihr wird erbittert um Mondement gekämpft. Das Schloß muß um jeden Preis zurückerobert werden. Am Tag zuvor hat das IX. Korps sich eine Reserve geschaffen, indem es das 77. Infanterieregiment mit Männern aus der Vendée hinter die Hauptkampflinie zurückgenommen hat. Die Soldaten haben die Nacht im Regen verbracht. Feldküchen gibt es unverzeihlicherweise nicht bei der französischen Armee, die Korporalschaften bemühen sich, Stücke Hammelfleisch mit feuchtem Holz in den Gemeinschaftskesseln zum Kochen zu bringen. Jetzt müssen die Kessel ausgeleert werden, der Befehl zum Antreten ist da. Die Männer kauen im Gehen das fast rohe Fleisch. Über einen steilen Hang geht es hinunter in die tropfnassen Wälder.
Das Schloß ist ein großes graues Gebäude mit zwei verschieden hohen Ecktürmen, von denen längst der obere Teil weggerissen ist. Eine massive Mauer, in die mit der Feldartillerie nur mühsam Breschen geschossen werden können, umgibt Gesindehäuser, Gemüsegarten und Ehrenhof, so daß Schloß Mondement, beherrschend auf einer Anhöhe gelegen, wirklich so etwas wie eine Festung ist. Ein hannoversches Bataillon hat es den frierenden Marokkanern entrissen. Es muß zurückerobert werden, koste es, was es wolle. Das 77. Regiment tritt zum ersten Sturm an, begleitet von den anfeuernden Signalen der Clairons. Ein Maschinengewehr mäht ganze Reihen der Angreifer nieder. Um 14.30 Uhr erneuter Sturm, nachdem man ohne Pferde drei 7,5-cm-Geschütze herangeschafft hat, die auf weniger als 500 Meter Distanz im direkten Schuß die Umfassungsmauer und das schwere Gittertor des Ehrenhofs unter Feuer nehmen. Die Anstürmenden gelangen bis zur Mauer, gehen an sie geschmiegt in Deckung, aber jeder Versuch, hinüberzugelangen, scheitert unter furchtbaren Verlusten. Major de Beaufort, der für den Sturm weiße Handschuhe angelegt hat, springt in eine Bresche und bricht sofort tödlich getroffen zusammen. Mondement bleibt in den Händen der Hannoveraner.

Neuer Angriff um 17 Uhr. Oberst Eon geht mit drei Kompanien gegen die Hauptfassade vor, Oberst Lestoquoi mit drei weiteren nimmt den Weg durch den Gemüsegarten. Die 7,5-cm-Granaten reißen große Brocken aus der Mauer, aus dem Schloß, schießen den Heustadel in Brand. Der Gegner antwortet nicht, vielleicht muß er mit der Munition schon sparsam umgehen.
Ungeheure Erleichterung bei den Angreifern: Sie treffen auf keinerlei Widerstand. Die beiden Sturmkolonnen begegnen sich im Ehrenhof. Das Schloß ist voller Toter und Verwundeter, alle gehfähigen Verteidiger haben sich aus dem Staube gemacht.
Der eigentliche Urheber der Wiedereroberung von Mondement ist Oberstleutnant Hentsch. Die deutsche II. Armee hat ihren Rückzug durch die Sümpfe angetreten.
Ähnlich überrascht werden die Franzosen im Osten. Fochs Manöver, der großartige Vormarsch der 42. Division ist sinnlos und damit nur von Nachteil gewesen. Als Grossetti mit seinen Kohorten auf den Feind zu stoßen meint, findet er leeres Land vor sich. Der Rückzug der II. Armee bedingt den Rückzug der III. Armee. Aber Hausens Sachsen können mit Recht von sich sagen, daß sie auf siegreichem Vormarsch waren, als der Befehl zum Kehrtmachen kam.

Ein großartiger, aber ein unvollständiger Sieg. Er bedeutet Frankreichs Rettung, aber nicht das Ende für Deuschland. Das Heer Wilhelms II. zieht sich geschwächt und geschlagen zurück, doch es ist nicht vernichtet, ja, nicht einmal in seinen Strukturen erschüttert.
Auf französischer Seite war die strategische Vorbereitung der Schlacht bewundernswert. Die Durchführung ist weniger glücklich, die taktische Ausnutzung noch viel schwächer gewesen. Nach Lage der Dinge hätten die beiden deutschen Nordarmeen geschlagen und aufgerieben werden müssen. Doch weder das *Grand Quartier Général* noch die Truppenführer haben die Möglichkeit erkannt, die sich ihnen da bot.
Die Enttäuschungen des Monats August hatten einen Bruch bewirkt in dem Offensivgeist, den das französische Heer unsichtbar auf seine Fahnen geschrieben hatte. Als übertrieben mutig, geradezu tollkühn hatten sich die Franzosen bei Charleroi und Morhange erwiesen, jetzt fehlte es an dieser Kühnheit, als sie schon im September 1914 die Rache für Sedan hätte bringen können.

16 Helmut von Moltke, deutscher Generalstabschef bis zum Fiasko der Marneschlacht (oben links). – *17* Joseph Joffre, Generalissimus der französischen Armee (oben rechts). – *18* Kriegsrat im französischen Hauptquartier: (v.l.n.r.: General Castelnau, General Haig, General Willemans, General Pilinski, General Joffre, General Porro, Oberst Peschitz).

19 Der berühmte 42-cm-Mörser (»Dicke Berta«). – *20* Die riesige Feuerkraft der modernen Artillerie verwandelte umkämpfte Städte und Dörfer innerhalb von Tagen in Ruinenlandschaften. Hier das zusammengeschossene Soissons.

VII. Kapitel Wettlauf zum Meer, Feldzug in Galizien, Coronel und die Falklands: Der Krieg wird nicht zu Ende sein, ehe das Laub fällt

In Frankreich versuchen die Gegner einander zu überflügeln, bis die Küste erreicht ist. Keiner bleibt Sieger, und es entstehen die ersten Stellungen. Im Osten ist noch Bewegung: Die Russen werden aus Ostpreußen herausgedrängt, doch im Süden, zwischen Schlesien und den Karpaten, kämpfen sie sich tief nach Österreich hinein. England wahrt seine Herrschaft zur See, doch ein deutsches Unterseeboot versenkt in wenigen Minuten drei Panzerkreuzer.

In Châtillon herrscht Hochstimmung im *Grand Quartier Général.* Schon am späten Vormittag des 10. September erkennt Joffre, daß die Schlacht gewonnen ist. Alle Meldungen, die sich auf seinem Schreibtisch stapeln, sind Siegesnachrichten. Maunoury, French, Franchet d'Esperey, Foch, sie alle stoßen vor, und selbst General Berthelot, der am Vorabend der Schlacht noch so pessimistisch gewesen ist, erklärt jetzt, man brauche nur noch mit aller Kraft frontal anzugreifen, um den Feind aus dem Lande zu treiben.
Am Nachmittag berichtet Joffre dem Kriegsminister und faßt die Lage in die eindrucksvollen Worte zusammen: »Der Sieg liegt jetzt in den Beinen unserer Infanterie.«
Die Beine unserer Infanterie ... Eine schöne Formulierung, aber dahinter steht eine sehr viel weniger erfreuliche Wirklichkeit.
Wie sollen sich diese Männer, die da am Ende ihrer Kräfte über die Landstraßen torkeln, als Sieger fühlen?
Alle Augenzeugen berichten, sie seien zu Tode erschöpft nach mehr als einem Monat weiter Märsche, dem verzweiflungsvollen Rückzug und den mörderischen Kämpfen der letzten Tage.
Sie wollen nur eines: Atem schöpfen. Doch dazu läßt man ihnen nicht die Zeit. Im Gegenteil, schneller sollen sie marschieren, um die augenblickliche Verwirrung beim Gegner auszunutzen.
Den ganzen August über haben sie das Gefühl gehabt, durch einen Glutofen zu ziehen. Unbarmherzig hat die Sonne auf sie niedergebrannt. Jetzt sollen sie den Weg zurückerkämpfen unter bitter kalten Regengüssen, die kein Ende nehmen wollen. Sie schützen sich, so gut sie können, die einen mit großen leeren Säcken, die ihnen über den Rücken herunterhängen, andere mit Wachstuchbahnen, in die sie ein Loch für den Kopf geschnitten haben, wieder andere mit Bettvorlegern oder geblümten Vorhängen. Etliche

marschieren sogar zu zweit oder dritt unter großen schwarzen Bauernschirmen, die sie in verlassenen Höfen gefunden haben.
Die Deutschen sind nicht besser dran. Seit Feldzugsbeginn haben sie Tagesmärsche zu leisten gehabt, von denen niemand glaubte, daß man sie auf die Dauer durchhalten könne. Aber jedenfalls waren sie von dem begeisternden Gefühl getragen, dem Sieg entgegenzuziehen. Jetzt müssen sie zurück, jeder Schritt bedeutet die Aufgabe hart erkämpften Bodens, die Aufgabe der Hoffnung, im Triumph auf den Champs-Elysées in Paris einzumarschieren.
Ihre Front bricht in breiten Abschnitten zusammen. Die I. und II. Armee, zwischen denen nach wie vor eine Lücke von 30 Kilometern klafft, müssen zurück, ohne zu wissen, wann sie wieder Front machen dürfen. Sie lassen eine breite Spur von Überresten eines geschlagenen Heeres hinter sich: brennende Dörfer, unbrauchbar gemachte Geschütze, Tausende leerer Flaschen, und überall am Rande der ausgefahrenen Landstraßen die aufgeblähten, scheußlich stinkenden Kadaver der zusammengebrochenen Pferde.
Am selben 10. September, da Joffre seine siegessicheren Kommuniquès hinausgehen läßt, empfängt der von der Katastrophe gezeichnete Moltke den von seiner denkwürdigen Mission nach Luxemburg zurückgekehrten Oberstleutnant Hentsch. Von der Realität des Schlachtfeldes weit entfernt, ohne Informationen von seinen Armeeführern, die Wichtigeres zu tun haben, als ausführliche Lageberichte zu verfassen, ist der Chef des Generalstabes auf das Schlimmste gefaßt gewesen. »Gott sei Dank!« seufzt er erleichtert, als er hört, daß die V. und IV. Armee ihre Stellungen halten, die III. dabei ist, sich wieder zu fangen, und die II. und I. vielleicht hinter der Vesle wieder Anschluß aneinander finden werden.
In der beruhigenden Gewißheit, keine irreparable Niederlage hinnehmen zu müssen, beschließt er, sich an Ort und Stelle ein Bild zu verschaffen.
Am 11. September um 4 Uhr früh besteigt er seinen Wagen und läßt sich bei trübem Wetter über die aufgeweichten Landstraßen fahren. Um 8 Uhr erreicht er Varenne, das Hauptquartier der V. Armee. Die Niederlage hat dem Kronprinzen Schwung und Zuversicht nicht genommen. Er erklärt, er sei bereit, auf den Höhen über der Maas anzugreifen. Er verlangt Befehle, doch er bekommt keine, weil Moltke vorher einen genauen Überblick über die Lage gewinnen will.
Um 11 Uhr ist er im Hauptquartier der III. Armee in Suippes. Hier findet er ein Klima düsterer Entmutigung vor. Hausen, an Typhus erkrankt, muß das Bett hüten. Er hat alle Hoffnung aufgegeben. Er ist überzeugt, seine Front sei viel zu lang und verlangt daß ihm die Nachbararmeen zu Hilfe kommen.
In Courtisols bei der IV. Armee ist der Herzog von Württemberg ebenso siegessiche wie der Kronprinz. Seine Armee hält stand und könnte sogar die III. unterstützen Dieser Optimismus beflügelt Moltke, doch nicht für lange. Er will gerade wieder ir

Auto steigen, als ein Funkspruch von Bülow eintrifft, der die II. Armee in tödlicher Gefahr schildert. Sie ist schon auf dem rechten Flügel von Franchet d'Esperey bedroht gewesen, der wie ein Keil mit seinen Divisionen in die Lücke zwischen II. und I. Armee eindringt, und jetzt hängt auch der linke Flügel in der Luft. Bülow verlangt die Zustimmung der Obersten Heeresleitung zum Rückzug auf die Linie Sainte-Menehould–Suippes.

Die Offiziere in Moltkes Begleitung erleben, wie ihr Chef geradezu zusammenbricht. Von Stund an ist er der General von der traurigen Gestalt. Nachdem er noch einmal bei Hausen Station gemacht hat, dessen Zustand sich verschlechtert hat, ringt er sich zu der bitteren Erkenntnis durch, daß ihm nichts übrigbleibt, als den Befehl zum allgemeinen Rückzug zu geben und die Niederlage damit zu besiegeln. Nach dem rechten Flügel des Nordheeres wird jetzt auch der linke zu weichen haben. Eben noch schien der Einmarsch in Paris bevorzustehen, jetzt muß mühsam eine neue Front hinter der Aisne gebildet werden.

Um 3 Uhr früh kehrt Moltke bei nach wie vor strömendem Regen in die triste Mädchenschule in Luxemburg zurück, die ihm als Hauptquartier dient. Kaum ist er ausgestiegen, bekommt er den Gnadenstoß: Auch die VI. Armee geht in Richtung auf die Grenze zurück. So sind alle deutschen Armeen nördlich des Elsaß auf dem Rückzug, und er, Moltke, trägt die Verantwortung für diese Katastrophe.

Im Laufe des Vormittags dieses 12. September tritt in Châtillon Bedenklichkeit an die Stelle der Begeisterung vom Vortage. Sicher, der Sieg ist so gut wie gewiß. Man kann ihn auf der Karte schon deutlich ablesen: Breite Kohlestriche bezeichnen eindrucksvoll den Vormarsch der französischen Armeen. Doch das deutsche Heer ist durchaus nicht zerschlagen. »Verfolgung«, das magische Wort, das eben noch alle Herzen höher schlagen ließ, klingt schon nicht mehr so überzeugend. Die erschöpften Truppen stoßen immer wieder auf örtlichen Widerstand, den sie nicht mehr im ersten Ansturm zu überrennen vermögen. Es genügt nicht mehr, einfach geradeaus mit *cran* und *élan* anzugreifen, wie es Oberst de Grandmaison gepredigt hat. Angesichts der sich versteifenden Gegenwehr des Feindes muß man sich etwas Neues ausdenken.

Das französische Oberkommando hat die Wahl zwischen zwei Möglichkeiten: Entweder auf der ganzen Frontbreite angreifen in der Hoffnung, den Gegner noch einmal zum Weichen zu bringen und auf die Grenze zurückzudrängen, oder ihn zu umfassen und seine rückwärtigen Verbindungen zu bedrohen.

Diese Entscheidung zu treffen, bringt Joffre nicht fertig. Er will beides tun, und so bringt er sich selber um die Früchte »seines« Sieges.

Schon am 11. September abends hat er Maunourys 6. Armee einen Auftrag gegeben, den sie wegen der Erschöpfung der Soldaten nicht ausführen kann. Drei Dinge auf einmal werden ihr von Joffre zugemutet: am Ourcq Verbindung zu den Engländern

halten, an der Oise den Gegner umfassen und die Front gegen die zu erwartenden deutschen Verstärkungen aus Belgien und Maubeuge halten.
Maunoury hat Bedenken, seine Armee so auseinanderzureißen, doch als Mann von Disziplin erhebt er keine Einwände, sondern bemüht sich, die dreifache Aufgabe zu erfüllen. Die übrigen Armeen bekommen von Joffre den lakonischen Befehl, überall, wo sich die Deutschen zum Widerstand stellen, frontal anzugreifen.
Nach wie vor kommt es vor allem darauf an, die Zeit zu nutzen, zumal, wenn man von der 30 Kilometer breiten Lücke zwischen der deutschen I. und II. Armee profitieren will. Schon treffen beunruhigende Meldungen im *Grand Quartier Général* ein. Die VII. Armee soll sich zwischen Bülow und Kluck eingeschoben haben.
Am 12. September prallen die Heere frontal aufeinander, fest entschlossen, nicht nachzugeben. Die Deutschen haben neue Kraft und Zuversicht geschöpft und sind überzeugt, die neuen Stellungen halten zu können. Schon bei Tagesanbruch schickt Maunoury seine Männer ins Feuer, doch wolkenbruchartige Regenfälle reduzieren die Sicht so sehr, daß der Angriff nicht vorankommt; die ermatteten Truppen müssen beinahe aufs Geratewohl durch den Schlamm gegen den Feind ziehen. Kluck hat seine Regimenter auf allen beherrschenden Anhöhen aufgestellt, nicht zuletzt auf dem nördlich der Aisne von West nach Ost verlaufenden Chemin des Dames, der noch eine so schreckliche Rolle in diesem Kriege spielen wird.
Auch Bülow hat kehrtgemacht und stellt sich zum Kampf. Am frühen Nachmittag muß er noch zurückweichen vor dem wütenden Angriffsschwung des XVIII. Korps, das mit wehenden Fahnen stürmt, die »Marseillaise« auf den Lippen, doch sehr bald läuft sich auch diese Attacke fest, die Front stabilisiert sich, die Deutschen haben Verstärkungen herangeführt. Durch den Fall von Maubeuge sind die Rheinländer der 28. Division frei geworden und sind auf der Hochebene von Craonne zu ihren Kameraden gestoßen. Weitere Verbände sind unterwegs. Bald wird auch Heeringen da sein und sich in die Lücke zwischen der I. und II. Armee stellen.
Am 15. September sind die deutsche I., VII. und II. Armee auf ihrer gesamten Frontbreite schon zum Angriff übergegangen; sie erobern Craonne und die restlichen Höhen des Chemin des Dames. Foch treibt seine abgekämpften Soldaten nach vorn, doch sie kommen nicht weit. Die 4. und 3. Armee dringen nicht mehr vor.
Den ganzen 16. September geht das Ringen weiter, das viele Männer auf beiden Seiten das Leben kostet. Andere lassen sich vor schierer Erschöpfung in den Schlamm fallen. Beide Seiten müssen feststellen, daß frontale Angriffe die Entscheidung nicht bringen können.
Am 17. September marschiert die aus Lothringen herangeführte deutsche VI. Armee am rechten Flügel der I. auf. Maunoury, der diesen rechten Flügel des Gegners umfassen wollte, ist jetzt selber in Gefahr, überflügelt zu werden.
Daraufhin beschließt Joffre, seine Front ebenfalls nach Norden zu verlängern. Er bilde

»am linken Flügel unserer Schlachtordnung einen Verband, der in der Lage ist, die Umfassungsbewegung des Gegners zurückzuschlagen«: Die neue 2. Armee unter Castelnau, bestehend aus den IV., XIII. und XX. Korps sowie zwei Kavalleriekorps soll die Aufgabe übernehmen.

So beginnt der »Wettlauf zum Meer«.

Das Wort, laut Foch eine »hübsche Vorstellung«, täuscht etwas vor, das so nicht stattfand. Man könnte meinen, die beiden Gegner seien zur Nordsee gestürmt, um in kürzester Frist eine zusammenhängende Front zu bilden, hinter der sie möglichst große Gebiete beherrschten.

Nein, die Schlacht an der Aisne, die unentschieden ausgegangen ist, weil keiner der Gegner den anderen frontal zurückdrängen konnte, hat beide Seiten zum gleichen Zeitpunkt zu der Schlußfolgerung gebracht, daß aus dieser verfahrenen Lage nur die Überflügelung des Gegners im Nordwesten einen Ausweg bot.

Tag für Tag erfolgt jetzt volle zwei Monate lang diese Bewegung. Beide Heere verlängern ihre bedrohten Flügel quer durch das Pariser Becken und die Picardie bis nach Flandern hinauf. Um noch einmal Foch zu zitieren: Das Meer ist nicht das Ziel dieses Wettlaufs, es setzt ihm nur sein Ende.

So entsteht eine faszinierende Bewegungsschlacht, bei der nunmehr der Schienenstrang die entscheidende Rolle spielt. Die Bevölkerung betrachtet erstaunt diese bei Tag und Nacht rollenden Militärtransporte, die da nach Nordwesten rollen. In zwei Monaten befördern die französischen Eisenbahnen über 900000 Mann.

In dieser Phase wird das deutsche Heer schon nicht mehr von Moltke geführt. Er ist ein Opfer der Niederlage geworden. Unter der erdrückenden Verantwortung, gequält von den Schrecken des Krieges und dem entsetzlichen Blutzoll, gilt er den jüngeren Generalstäblern als ein müder, unsicherer Mann, der den schweren Entscheidungen, die es jetzt zu treffen gilt, nicht gewachsen ist. Es ist geradezu eine Verschwörung, was sich da gegen ihn zusammengefunden hat, und schließlich ist diese verbreitete Unzufriedenheit und Besorgnis bis zu Wilhelm II. gedrungen.

Die Krise ist am Morgen des 14. September zum Ausbruch gekommen, gerade in dem Augenblick, da sich das Blatt gewendet hat. Moltke hat dem Kaiser Bericht erstattet. Zum erstenmal seit langer Zeit hat er Zuversicht zeigen können: Die Front an der Aisne erweist sich als widerstandsfähig, von überall her sind Verstärkungen unterwegs ... Trotzdem hat er plötzlich das Gefühl, ins Leere zu sprechen. Die Stimmung ist eisig, und Wilhelm II. hört mit verschlossener Miene schweigend zu.

Die Entscheidung des obersten Kriegsherrn ist bereits gefallen. Noch am gleichen Tage schickt er seinen Generaladjutanten Plessen zu Moltke mit der Aufforderung, seinen Rücktritt anzubieten. Der alte Herr wehrt sich nicht, ist im Grunde seines Herzens wohl erleichtert. Er setzt nur durch, daß der Rücktritt nicht sofort bekanntgegeben wird, damit die Armee nicht demoralisiert wird. So bleibt er formell noch bis Novem-

ber im Amt, während sein Nachfolger die Geschäfte des Generalstabschefs übernimmt.
Dieser Nachfolger hat die kräftigen Schultern, um eine so schwere Last zu tragen. General Erich von Falkenhayn, ein entschlossener Mann, der in China 1900 mitgekämpft hat, ist ein Favorit des Kronprinzen. Mit seinen 53 Jahren hat er eine erstaunliche Karriere hinter sich. Seit 1913 ist er Kriegsminister, und er besteht darauf, dieses Amt zu behalten, auch nach der formellen Ernennung zum Chef des Generalstabs des Feldheeres. Er ist kein Zauderer, und damit sich niemand falschen Vorstellungen hingibt, ergeht schon am ersten Tage der Appell des Haudegens an seine Truppen; selbst die überzeugtesten Anhänger der Offensive um jeden Preis bei den Franzosen könnten sich seiner Forderung anschließen, das Feuer des Feindes müsse im Sturmschritt durchquert, seine Stellungen in raschem Angriff im Handstreich genommen werden.
Er glaubt noch an die Möglichkeit, die französische Front zu durchstoßen, und wirft die Truppen des Kronprinzen gegen den Festungsbezirk von Verdun. Einige Tage lang darf er sich bestätigt fühlen. Während das 5. Armeekorps bis vor Fort Troyon gelangt, aber dann nicht weiterkommt, erobert das bayerische 3. Armeekorps die Forts Camp des Romains und Saint-Mihiel. Auf dem Eparges-Hügel kommt es zu so erbitterten Kämpfen, daß sie schon einen Vorgeschmack auf die spätere Schlacht um Verdun geben.
Auf französischer Seite rafft General Dubail alle Kräfte zusammen, um den Feind zum Stehen zu bringen. Sarrail greift ein, und tatsächlich bleibt es beim einmal erreichten Frontverlauf. Verdun bleibt allerdings bedroht. Seine einzige Verbindung mit dem Hinterland ist jetzt der *Meusien,* die Schmalspurbahn nach Bar-le-Duc.
Falkenhayn muß erkennen, daß die Fronten von der Aisne bis an die Vogesen schon erstarrt sind. Operative Freiheit bleibt ihm nur in Richtung Meer, dort läßt sich der linke Flügel der Franzosen vielleicht doch noch entscheidend umfassen.
Inzwischen hat sich die Schlacht schon in die Picardie hinein entwickelt.
Am 20. September geht Castelnaus 2. Armee südlich der Somme vor. Nach links wird sie gedeckt durch die Territorialdivisionen von General Brugères und das Kavalleriekorps von General Conneau, das die Stadt Péronne sichert. Heftig umkämpft ist Lassigny, das die Deutschen nicht aufgeben. Jetzt, da ihre Verstärkungen eintreffen, konzentrieren sie alle entbehrlichen Truppen bei Saint-Quentin zwischen den Flüssen Somme und Oise.
Kaum ist ein Frontabschnitt nicht mehr mit vollem Einsatz umkämpft, werden Schaufel und Pickel wichtiger als Gewehre und Kanonen. Auf beiden Seiten graben sich die Truppen ein, schaffen immer raffinierter ausgebaute Stellungen und schützen sie mit Stacheldraht.
Am 22. wird dem *Grand Quartier Général* gemeldet, daß bei Cambrai starke deutsch

Verbände aufmarschieren. Joffre predigt unablässig: »Weiter nach Norden! Weiter nach Norden!«, doch Castelnau geht die Kraft aus. Sein Gegenüber ist der alte tapfere Widersacher aus Lothringen, die VI. Armee, und die greift ihn auf seinem rechten Flügel im Raum Lassigny heftig an. Er muß sich seiner Haut wehren und zugleich, um die Umfassungsbewegung führen zu können, bis zur Somme, also von Lassigny bis weit nach Nordwesten bei Amiens, in Angriffsposition bleiben. Diese allzu straff gespannte Front kann jeden Augenblick irgendwo reißen.
Brugères und seine Territorialtruppen im Norden sind bereits bedroht. Um jeden Preis muß die Front noch mehr verlängert werden.
Am 23. entbrennt bei dichtem Nebel der Kampf um Péronne, das die Deutschen unter schweren Verlusten erobern.
Noch nie ist die Lage so bedrohlich gewesen, und jetzt fehlt es zu allem Unglück auch noch an Munition.
Munitionsmangel, »verschossen« – für alle Soldaten eine Schreckensvision.
Das 7,5-cm-Geschütz frißt die Granaten nur so. Man hat gemeint, 8000 Schuß pro Tag für dieses Kaliber müßten reichlich genug sein. Jetzt verlangt die Front 100000 Schuß! Woher soll man sie nehmen? Benzol und Toluol, die zur Herstellung des Sprengstoffs Melinit erforderlich sind, werden schon knapp. Kein Wunder: Vor dem Krieg hat man sie aus Deutschland und Belgien bezogen. Jetzt muß man sie aus den USA importieren, aber das kostet Zeit, und gerade daran fehlt es.
Zunächst einmal muß also gespart werden. Schon Ende September betragen die Vorräte nur noch 400 Schuß je Geschütz. Die Zentrallager im Hinterland sind gähnend leer.
Joffre regt sich auf, tobt, schreibt an den Kriegsminister: »Wenn der Verbrauch so weitergeht, ist bald mangels Munition eine Fortsetzung des Kampfes unmöglich.«
Er organisiert, läßt Befehle hinausgehen. Den Kanonieren bleiben nur 200 Schuß je Geschütz, den Rest konzentriert er auf die Festungen, um im Notfall auf eine Reserve zurückgreifen zu können. Gleichzeitig weist er die Generäle der 5., 6. und 9. Armee an, »auf Großangriffe zu verzichten«. Alles wird dem Wettlauf zum Meer untergeordnet.
Der allerdings verschärft sich immer mehr.
Das XI. und X. Korps, die man der 9. und 5. Armee weggenommen hat, marschieren im Raum Amiens auf, bald darauf die Reservedivisionen Fayolle und Barbot, dann die 8. und 4. Kavalleriedivision und schließlich noch das XXI. Korps.
Das ist ein gewaltiges Aufgebot, doch es reicht immer noch nicht, denn kaum haben die frischen Truppen ihre Bereitstellungen erreicht, treten ihnen neue deutsche Verbände entgegen. Keiner der beiden Gegner ist in der Lage, den anderen zu umfassen.
Die Armee Castelnau, ständig verstärkt, aber auch ständig angegriffen, wird zu groß, um von einem Mann allein geführt zu werden. Am 28. September teilt Joffre sie und vertraut den äußersten linken Flügel General de Maud'huy an, einem »Brecher«, dem er

bedingungslos vertraut. Aus dieser Armeeabteilung entsteht in den folgenden Tagen die 10. Armee.

Am 1. Oktober greifen die Deutschen auf der gesamten Breite der nördlichen Front an; Maud'huy muß Lens räumen. Am 2. gibt er Castelnau telegraphisch durch: »Für morgen droht mir ein zweites Sedan.« Doch Castelnau kann ihm nicht mehr zu Hilfe kommen, weil er bei Roye selber in heftige Kämpfe verwickelt ist. Er erwägt sogar schon, sich flußabwärts von Amiens hinter die Somme zurückzuziehen.

Als er das hört, verliert Joffre sein berühmtes Phlegma. Eine Zurücknahme der Front hinter die Somme, das bedeutet die Preisgabe des nordfranzösischen Industriegebiets und aller Nordseehäfen. Zugleich überließe man die belgische Armee ihrem Schicksal. Das kommt überhaupt nicht in Frage. Joffre fährt sofort zu Castelnau in dessen Hauptquartier in Breteuil. Er befiehlt ihm, seine Stellungen zu halten, koste es, was es wolle, und jeden General, der sich dieser Aufgabe nicht gewachsen zeigt, in die Etappe abzuschieben.

Bei der Rückkehr ist er dennoch alles andere als beruhigt. Er hat das Gefühl, daß ihm die Schlacht entgleitet, daß sie nicht straff genug geführt wird. In dieser Situation fällt ihm Foch ein. Foch, das Energiebündel, der Mann des erfolgreichen Widerstands hinter den Sümpfen von St. Gond. Joffre macht ihn zu seinem Stellvertreter und betraut ihn mit der Koordinierung des Vorgehens von 2. und 10. Armee.

Es ist höchste Zeit, vielleicht sogar schon zu spät. Die französische Front ist an etlichen Stellen ins Wanken geraten. Am 3. Oktober muß Fayolle seine Division auf die Höhen bei Vimy zurücknehmen, und Barbot ist bei Arras so sehr in Bedrängnis, daß Maud'huy ihm seine Zustimmung zur Räumung der Stadt gibt. Barbot allerdings will davon nichts hören: »Ein Räumungsbefehl?« erklärt er. »Kommt überhaupt nicht in Frage. Solange ich lebe, wird nicht zurückgegangen! Arras darf nicht fallen!«

Er hält sich und rettet die Stadt, doch am nächsten Tag, dem 4. Oktober, treten die Deutschen weiter im Norden auf der Linie Cassel–Hazebrouck–Merville–Estaires–Lille zum Angriff an, und rund um Arras muß die 10. Armee noch einmal Gelände aufgeben.

Am 5. Oktober um 4 Uhr früh, beim gesamten linken Flügel der Franzosen herrscht Katastrophenstimmung, trifft Foch bei Castelnau in dessen Hauptquartier in Breteuil ein.

Zwei grundverschiedene Männer stehen einander gegenüber. Für Foch sind die großen Verbände strategische Einheiten, die man nach Belieben einsetzt und immer wieder in den Kampf schickt, ohne an die Verluste zu denken. Castelnau dagegen ist ein unbeirrbar zäher Arbeiter, dem nur die Leiden seiner Soldaten die Ruhe rauben können.

Die beiden mögen sich nicht, schon gar nicht mehr seit der Katastrophe von Morhange, bei der Foch, damals Castelnaus Untergebener, befehlswidrig gehandelt hat.

Foch eröffnet das Gespräch mit seiner bald sprichwörtlichen Frage:

»Also, wie ist die Lage?«

Castelnau gibt ruhig seinen Bericht, erklärt, daß die Truppen dem feindlichen Druck nicht mehr gewachsen seien, und weist darauf hin, daß eine Rückzugsbewegung unvermeidlich sein dürfte.

Foch, auf und ab marschierend, heftig mit dem rechten Arm rudernd, hakt sofort ein: »Rückzug? Kommt nicht in Frage. Die Front muß gehalten werden. Lieber den Tod als ein Zollbreit Landes aufgeben.«

Er ist taub für alle Einwände, läßt sich nicht einen Augenblick irremachen und brüllt schließlich: »Ich übernehme die volle Verantwortung. Meine Entscheidung ist unwiderruflich! Hier haben Sie den schriftlichen Befehl.«

»Gut«, sagt Castelnau seufzend, »wir werden also die Stellungen halten.«

Er hat seine Befehle noch nicht formuliert, da ist Foch schon wieder im Wagen und läßt sich im Eiltempo nach Aubigny fahren, wo Maud'huy sein Hauptquartier eingerichtet hat. Der Anblick der endlosen Flüchtlingskolonnen, durch die sich sein Fahrer hindurcharbeiten muß, kann Foch in seiner Überzeugung nicht einen Augenblick schwankend machen.

Um 7 Uhr bricht er über Maud'huy herein. Er umarmt ihn und ruft: »Maud'huy, ich drücke Sie an mein Herz für alles, was Sie getan haben und noch tun werden. Haben Sie gehört? Für das, was Sie tun werden.«

Die beiden Generäle schließen sich ein. Die Stabsoffiziere draußen hören durch die Tür nur Satzbrocken. Foch donnert: »Ich will nichts hören. Ich bin taub ... Ich kenne nur drei Arten zu kämpfen: Angreifen, Verteidigen, Abhauen. Die letzte Art verbiete ich Ihnen. Wählen Sie unter eins und zwei.«

Die Wahl ist rasch getroffen: Es wird angegriffen. Jeder muß das für Wahnsinn halten. Gestern noch hat Maud'huy lauthals den Rückzugsbefehl verlangt. Seine Front bröckelt an allen Ecken und Enden. Fayolle hat auch die Höhen bei Vimy räumen müssen, und Barbot hält sich verzweifelt in Arras, das fast ganz abgeschnitten ist, während die Territorialtruppen unter Brugères jeden Augenblick vom Ansturm der Deutschen weggefegt werden können.

Foch im Glück! Ausgerechnet an diesem Tage bleibt das preußische 4. Armeekorps, das in die Lücke bei Rensart gestoßen ist, ohne erkennbaren Grund auf seinen Positionen. Die 10. Armee ist jedenfalls zunächst einmal gerettet, und Joffre kann ihr einen aufmunternden Funkspruch schicken: »Bravo! Jetzt drauf!«

Castelnau hält sich ebenfalls, wenn auch nur mit Mühe, denn er wird südlich der Somme vom 18. und 21. aktiven Armeekorps und vom 18. Reservekorps heftig bedrängt. Mit der Kampfkraft der 2. Armee geht es zu Ende. Die Regimenter schmelzen zusehends dahin, die Verluste bei den Offizieren sind so hoch, daß etliche Regimenter von Bataillonskommandeuren geführt werden, manche Kompanien von Feldwebeln.

Foch weigert sich, solche Einzelheiten zur Kenntnis zu nehmen. Er ist so wild entschlossen wie nie zuvor. Als er wieder bei Maud'huy nach dem Rechten sieht, verkündet er mit dröhnender Stimme: »Lassen Sie sich zusammenschlagen, aber bleiben Sie, wo Sie sind, zäh wie die Läuse. Kein Zurück! Alle Mann nach vorn! Die Deutschen sind genauso am Ende wie Sie!«

Damit hat er recht. Die deutschen Armeekorps, rücksichtslos zum Angriff eingesetzt, verlieren erschreckend schnell an Mannschaftsstärke, und auch ihnen fehlt es jetzt an Munition. Am 6. Oktober hat sich die Lage stabilisiert, und den Franzosen gelingt es nach dem Eintreffen des XXI. Korps, den Feind vom bedrohten Arras abzudrängen.

Foch möchte die Gelegenheit benutzen, seine Truppen sofort zur Offensive übergehen zu lassen, aber die erschöpften Soldaten kommen nicht weit, so oft sie es auch versuchen. Das VII. Korps und das Kavalleriekorps Conneau werden auf der schon jetzt berüchtigten Lorettohöhe zwischen Béthune und Arras beim mörderischen Kampf um die Kapelle Notre-Dame-de-Lorette völlig aufgerieben. In einer letzten Gewaltanstrengung schaffen es die Deutschen, über die Bahnlinie Arras–Amiens vorzudringen, bis sie zum Stehen gebracht werden.

In der Picardie und im Artois erstarren die Fronten, wie sie inzwischen überall sonst erstarrt sind. Kavallerievorstöße führen jetzt schon ans Meer, wo das Eintreffen der frischen, von French angeforderten britischen Truppen, mit denen die letzte Lücke geschlossen werden soll, unmittelbar bevorsteht.

Die Zeit drängt, denn am Morgen des 9. Oktober trifft in Paris eine Brieftaube ein, die unter ihrem Flügel eine dramatische Meldung bringt: »Antwerpen besetzt.«

Der Wettlauf zum Meer geht dem Ende zu. Bald wird das Ringen um Flandern beginnen.

Kaum sind die Kanonen von Tannenberg verstummt, kaum hat sich der unter den Stiefeln Abertausender von Soldaten aufgewirbelte Staub gesetzt, bereitet Ludendorff seine zweite Schlacht vor.

Eine unvergleichliche Generalskarriere! Der Krieg ist noch nicht einen Monat alt, schon hat der Eroberer von Lüttich in einer knappen Woche eine der beiden Backen der gewaltigen Zange weggesprengt, in der die VIII. Armee zermalmt werden sollte.

Samsonows Armee existiert nicht mehr. Tagelang durchkämmen die Deutschen noch die Wälder und sammeln Tausende von versprengten russischen Soldaten ein. Welch eine Ernte! Ludendorff hat später gestanden, seine größte Sorge sei gewesen, wie er die 90 000 Gefangenen unter annehmbaren Bedingungen abtransportieren sollte.

Er sprüht vor Entschlossenheit und ist so selbstsicher, daß er ohne die von Moltke angebotenen Verstärkungen auszukommen glaubt. Sie treffen trotzdem ein: Das 11. Armeekorps, das man Kluck weggenommen hat, das Reservekorps der Garde, auf das Bülow verzichten muß, und die 8. Kavalleriedivision aus der Armee Hausen. Drei

Eliteeinheiten, die auf dem rechten Flügel in den dramatischen Tagen der Marneschlacht sehr gefehlt haben.

Nach Samsonows Ende bleibt Rennenkampf, der Geheimnisvolle.

Bis heute streiten sich die Historiker, warum er nicht in den Kampf gezogen ist, warum er untätig stehengeblieben ist, während sein Waffengefährte in höchste Not geriet. War er wirklich ein Verräter? Das sicherlich nicht, aber ganz gewiß allenfalls Mittelmaß.

Mittelmaß ... Das zeigt schon seine ganze Laufbahn. Daß ein solcher Mann so schnell avanciert ist, läßt sich nur durch eine unvorstellbare Fahrlässigkeit des Oberkommandos und durch die undurchschaubare Sprunghaftigkeit der Gunst des Zaren erklären.

Paul Karlowitz, Edler von Rennenkampf, tritt 1870 als Fahnenjunker in ein Infanterieregiment ein. Der ehrgeizige und von seinen Fähigkeiten überzeugte Jüngling bringt es zu einem Platz an der Junkerschule von Helsingfors und wird Generalstabsoffizier.

Er ist ein Mann nach dem Geschmack der Zeit, der die anderen unter den Tisch trinkt und bedenkenlos um hohe Summen spielt. Es gelingt ihm, sich in den Kreisen beliebt zu machen, die am Zarenhof den Ton angeben. Deshalb wundert es niemanden, daß er mit sechsundvierzig Jahren zum Brigadegeneral ernannt wird. Bei der Niederwerfung des Boxeraufstands kommandiert er ein Kavalleriekorps, und schon 1903 wird er Generalleutnant. Als Kommandeur der Transbaikalkosaken führt er Reiterattacken und wird verwundet.

Im Krieg gegen Japan befehligt er in der Schlacht von Schan-ho am 10. Oktober 1904 einen gemischten Verband, dem auch eine von General Samsonow geführte Kosakendivision unterstellt ist. Am 11. Oktober schickt er Samsonow nach Bensi-ho, den Japanern entgegen, und der stürmt auch los, schlägt sich tapfer, muß aber wegen der Überlegenheit des Gegners um Verstärkung bitten. Rennenkampf, der nicht von der Stelle gewichen ist, schickt sie ihm erst viel zu spät in der Nacht vom 12. auf den 13. Oktober. So seltsam wiederholt sich die Geschichte.

Ein paar Tage später prallen die beiden Generäle in Mukden auf dem Bahnsteig aufeinander. Samsonow kann seine Entrüstung nicht zügeln und beschuldigt vor einem kleinen Kreis verschreckter Offiziere seinen Vorgesetzten, er habe ihn im Stich gelassen. Die Auseinandersetzung wird so heftig, daß Rennenkampf für einen Augenblick den Kopf verliert und die Augenzeugen das Gefühl haben, er werde sich mit Samsonow prügeln.

Es ist ein offenes Geheimnis, daß die zwei sich seit diesem Zwischenfall spinnefeind sind. Daraus abzuleiten, daß Rennenkampf seinen Kameraden in voller Absicht ins Unglück laufen ließ, liegt nahe, und manche Historiker haben sich diese These auch zu eigen gemacht.

Wir können in diesem Streit nicht Stellung nehmen. Festzuhalten bleibt, daß Rennenkampf die Möglichkeit hatte, die 2. Armee zu retten, und daß er es nicht getan hat.
Jetzt steht er der siegestrunkenen VIII. Armee allein gegenüber. Als er von Samsonows katastrophaler Niederlage gehört hat, ist er sofort in eilig ausgebauten Stellungen auf der Linie Wehlau–Allenburg–Gerdauen–Angerburg stehengeblieben. Er denkt nicht einmal daran, seine herrliche Kavallerie einzusetzen, um die Bewegungen des Gegners zu erkunden. Er wartet ab, so wie in den Tagen der Schlacht von Tannenberg. Man könnte meinen, er habe nichts anderes gelernt.
Allerdings braucht er nicht lange zu warten, denn Ludendorff hat es eilig: Die Österreicher, in Galizien furchtbar geschlagen, brauchen dringend Hilfe. Man muß ihnen beistehen, doch erst darf kein Russe mehr in Ostpreußen stehen.
Der Ausgang des Kampfes ist durchaus offen. Seit Ludendorff seine unerbetenen Verstärkungen bekommen hat, sind die Kräfte annähernd gleich: 216 russische Bataillone und 720 Geschütze gegen 190 deutsche Bataillone und 1200 Geschütze. Allerdings sind die Sieger von Tannenberg erschöpft von den pausenlosen Anstrengungen vor und während der Schlacht, die Soldaten der Njemen-Armee dagegen in der langen Pause gut erholt und aufgestellt.
Schon am 4. September setzt Ludendorff seine Truppen in Marsch. Er hat den Plan für den angestrebten Sieg schon ausgearbeitet, einen Plan, von dem er selber sagt, er sei »von unerhörter Kühnheit«.
Er beabsichtigt, zu gleicher Zeit die befestigten feindlichen Linien frontal anzugreifen und den linken Flügel des Gegners bei Lötzen zu umgehen.
Den Angriff durch die Mitte soll die Garnisonsreserve von Königsberg zusammen mit vier Armeekorps führen (Gardereservekorps, 1. Reservekorps, 11. und 20. Korps). Die Umfassungsbewegung ist Sache der 1. und 8. Kavalleriedivision und vor allem des 1. und 13. Korps, die sich bei Tannenberg unter François und Mackensen besonders ruhmreich hervorgetan haben.
Die 3. Reservedivision und die Landwehrdivision Von der Goltz haben den Auftrag, den rechten Flügel der VIII. Armee gegen Vorausabteilungen der russischen 10. Armee zu decken, die sich in Aufstellung befindet und bereits bis in den Raum Bialla–Augustow Erkundungsstöße geführt hat.
Schon am 7. September stehen die Armeen einander gegenüber. Die Deutschen greifen an, aber sie merken bald, daß sie sich hier nur die Zähne ausbeißen können. In der Verteidigung sind die russischen Infanteristen ihrer Sache sicher, zeigen sich tapfer und unerschütterlich. Eine Angriffswelle nach der anderen zerbricht an ihrem Widerstand. Ein schwerer Rückschlag für Ludendorff, und zu allem Überfluß kommen die Umfassungstruppen trotz des zuversichtlichen Schwungs eines François nicht recht voran.
Die Kämpfe sind so heftig, daß Ludendorff schon am Sieg zweifelt, denn von Südosten

beginnt bei Bialla der Druck der russischen 10. Armee spürbar zu werden. Gelingt es ihr, die schwachen Verbände zu überrennen, die ihr gegenüberstehen, so bricht die ganze aufs äußerste angespannte deutsche Front zusammen.
Am 8. und 9. September dringen François und Mackensen zwar auf dem rechten Flügel ein Stück weit vor, doch noch ist die Lage höchst bedenklich.
Da treffen in der Nacht vom 9. zum 10. September ganz unglaubliche Meldungen bei Ludendorff ein. Seine Armeekorps, die frontal gegen die russischen Stellungen angerannt sind, teilen ihm mit, der Gegner mache sich aus dem Staube! Er wagt es zunächst nicht für bare Münze zu nehmen, doch es kommen immer mehr gleichlautende Meldungen. Das 1. Reservekorps berichtet sogar, nördlich von Gerdauen stehe ihm kein Feind mehr gegenüber.
»Man kann sich unsere Freude vorstellen!« ruft Ludendorff aus.
Rennenkampfs Nerven sind der Anspannung nicht gewachsen gewesen. Er hatte seine Schlacht gut in der Hand, konnte den Sieg erringen oder den Gegner jedenfalls entscheidend schwächen. Doch Mackensen und François haben ihm durch ihren Umfassungsversuch den Schneid abgekauft. Schon sah er sich in der Flanke gefaßt und hat sich gar nicht erst bemüht, die Gefahr durch eigene Truppenbewegungen abzuwenden. Kampflos läßt er die ausgebauten Stellungen räumen, die von seinen Männern mit so eindrucksvoller Entschlossenheit gehalten worden sind.
Kaum begonnen, wird der Rückzug zur wilden Flucht, zumal die Deutschen nicht zögern, die unverhoffte Chance zu nutzen und auf breiter Front nachzusetzen. Ludendorff gibt Befehl, »dem Feind pausenlos auf den Fersen zu bleiben und ihn sofort anzugreifen, wenn er sich anschickt, stehenzubleiben«.
Die VIII. Armee vergißt ihre Müdigkeit. In vier Tagen rückt sie 100 Kilometer weit vor. Den Russen gelingt es mit knapper Not, über die Memel zurückzugehen, doch sie lassen 45 000 Gefangene zurück und haben 70 000 Gefallene und Verwundete zu beklagen, die Deutschen dagegen ganze 9000.
Der ganze Vorgang ist so schnell abgelaufen, daß General Oranowski am 11. September an das russische Hauptquartier durchgibt: »Soeben erhalte ich ein Telegramm von Rennenkampf aus Kowno, in dem er mir mitteilt, er sei dort eingetroffen. Diese Meldung klingt unfaßlich, doch angesichts seines Verhaltens in den letzten zwei Tagen bin ich geneigt, ihr Glauben zu schenken.«
General Jilinski, sosehr er selber an der Verantwortung für das Debakel mitzutragen hat, gibt sich noch strenger. Er kabelt an den Großfürsten Nikolaj:
»Rennenkampf, dem alle kühle Überlegenheit abhanden gekommen ist, hat jeden Kontakt mit seinen Korps verloren. Auf meine Frage: ›Haben Sie den Rückzug angeordnet?‹ ist mir vom Stab der 1. Armee die Antwort gegeben worden, es sei keinerlei Befehl gegeben worden ... Rennenkampf ist wirklich in Panik geraten und nicht mehr in der Lage, sein Kommando zu führen.«

Der Zar allerdings ist anderer Meinung.
Als Großfürst Nikolaj ihn bald darauf ersucht, Rennenkampf nach Hause zu schicken, schlägt er sogar vor, ihm den Oberbefehl über die Heeresgruppe Nordwest zu übertragen. Das geschieht zwar nicht, aber das Kommando über die 1. Armee behält er.
Bald, im November, wird er Gelegenheit zum neuerlichen Versagen bekommen, als er während der Schlacht um Lodz aus schierer Trägheit starke deutsche Kräfte entkommen läßt, die vollständig eingeschlossen und der Vernichtung geweiht sind.
Erst viel später gibt man ihm endgültig den Laufpaß. Sein Leben endet 1918 unter den Kugeln der Bolschewiken.
Einmal mehr, so wie nach Tannenberg, dürfen Hindenburg und Ludendorff dem Herrn der Heerscharen für einen überwältigenden Sieg danken.
Sie würden jetzt nur allzu gern den Feind weit über die Memel hinweg mit aller Macht verfolgen und ihn vollends aufreiben. Doch dazu bleibt keine Zeit.
Sie müssen eiligst den Österreichern zu Hilfe eilen, die in Galizien von den Russen so vollständig geschlagen und zurückgetrieben worden sind, daß Schlesien bedroht ist.

Der erste Feldzug in Galizien hat unter den großen Schlachtenfolgen des Weltkriegs besonders wenig Beachtung gefunden. Es fehlt ihm die Dramatik des gewaltigen Aufeinanderprallens, wie es gleichzeitig in Frankreich und Ostpreußen stattfindet.
Hier im Norden Österreich-Ungarns gibt es keine plötzlichen schicksalsträchtigen Wendungen, wie sie die Historiker lieben, sondern ein verbissenes, mörderisches, ewig gleiches Ringen zwischen zwei unmittelbar aufeinander losgehenden Gegnern, die einander mit zäher Entschlossenheit zu Boden zwingen wollen. Die Männer, die auf diesem Schlachtfeld gekämpft haben, sind die Stiefkinder der Geschichte, obwohl sie besonders viel Leid und Entbehrung ertragen mußten.
Angefangen hat alles mit einer Überraschung. Die Österreicher sind so fest überzeugt gewesen, der russische Aufmarsch werde langsam vonstatten gehen, daß sie mit raschen Anfangserfolgen gerechnet haben. Doch schon in den ersten Tagen treten ihnen unter General Iwanow vier fest gefügte, kampfbereite Armeen entgegen: die 8. (Brussilow) zwischen Stanislau und Tarnopol, die 3. (Russky) im Raum Dubno, die 5. (Plewe) bei Cholm und die 4. (Ewert) in Lublin.
Der österreichische Generalstabschef, Feldmarschall Conrad von Hötzendorf, verfügt an dieser Front ebenfalls über vier Armeen, von rechts nach links die II. (Köveß) bei Stanislau, die III. (Brudermann) bei Lemberg, die IV. (Auffenberg) bei Przemysl und die I. (Dankl) in dem von San und Weichsel gebildeten Dreieck.
Conrad von Hötzendorf ist ein entschlossener Mann und dazu ein hervorragender Stratege, der sehr bald hohe Achtung bei den deutschen Generälen genießt. Nur: Er steht an der Spitze eines schwerfälligen, schlecht ausgebildeten Heeres, mit dem sich seine ehrgeizigen Ziele nicht verwirklichen lassen. Er hat versprochen, gleich in den ersten

Kriegstagen alle seine Kräfte in die Schlacht zu werfen, und er hat Wort gehalten. Schon am 25. August ist die I. Armee zum Angriff angetreten und hat bei Krasnik die Truppen von General Ewert geworfen. In den folgenden Tagen sind auch die drei anderen Armeen vorgerückt.

Sie marschierten schon auf Lublin und glaubten den Sieg zum Greifen nahe, als die Lage sich völlig veränderte. Iwanow, der fest entschlossen war, sich das Gesetz des Handelns nicht vorschreiben zu lassen, warf seine 8. und 3. Armee so rücksichtslos in die Schlacht, daß sie die III. Armee unter Brudermann in die Zange nahmen und den vom Eingeschlossenwerden bedrohten Feind zum Rückzug zwangen.

Die überraschten Österreicher kamen ins Schwimmen. Genau in diesem Augenblick setzte Großfürst Nikolaj auf Ewerts rechtem Flügel eine weitere Armee ein, die 9. unter Litschinski. Das war zuviel für die Österreicher. Ihr Vormarsch auf Lublin kam zum Stillstand, und Dankl wich auf den San zurück.

Damit war am 29. August die ganze österreichische Front bedroht. Am 3. September rückten die Russen bereits in Lemberg ein.

Hötzendorf hatte die Niederlage nicht hingenommen und eine neue Offensive mit allen zur Verfügung stehenden Kräften befohlen. Vom 6. bis 12. September wurde überall heftig gekämpft, doch der russische Druck war zu stark. Schon am 9. September war Dankl zum zweitenmal am Ende und mußte hinter den San ausweichen, und am 10. September begannen auch die Armeen des rechten Flügels zurückzugehen.

Jetzt mußte Hötzendorf, so bitter es ihn ankam, den Befehl zum allgemeinen Rückzug geben. Der größte Teil Galiziens war verloren. 40 österreichische Divisionen, die so sehr gelitten hatten, daß man an ihrer Einsatzfähigkeit zweifeln mußte, standen auf engem Raum zwischen den Karpaten und der Weichsel.

Gleichzeitig drängten die Russen vorwärts. Plötzlich war wieder von der »Dampfwalze« die Rede. Die Festung Przemysl war eingeschlossen, die Ungarische Tiefebene lag für den Gegner verlockend gleich hinter den Karpaten.

Jetzt hätten die Österreicher Verstärkungen heranführen müssen, aber sie hatten keine, weil sie auch in Serbien in Schwierigkeiten gekommen waren.

Großartig, diese Serben! Ganz Europa war überzeugt, Österreich werde das kleine Volk mit der linken Hand erledigen. Schließlich hatten die Serben schon die ganze Last der Balkankriege getragen, ihre Armee, 300000 Mann mit 600 Kanonen, war winzig, ihre Grenze schwer zu verteidigen, die Hauptstadt lag dem ersten Zugriff des Feindes zugänglich ganz im Norden und wurde auch seit den ersten Kriegstagen heftig von der österreichischen Artillerie beschossen.

So würde Wien nur eine Art Polizeiaktion durchzuführen haben, eine bald beendete Strafexpedition, und dann würden alle Kräfte gegen Rußland eingesetzt werden können.

Tapferkeit und Ausdauer der kleinen serbischen Armee haben alle Voraussagen der Salonstrategen Lügen gestraft.
Als die österreichische V. und VI. Armee an der Drina angriffen, haben die Serben nicht nur standgehalten, sondern sind am 17. August sogar zur Gegenoffensive angetreten. Schon am 18. hat das österreichische Oberkommando nach der völligen Vernichtung des 8. Armeekorps die V. Armee über die Drina zurücknehmen müssen, und am 24. August, zehn Tage nach Beginn der Schlacht, stand kein österreichischer Soldat mehr auf serbischem Boden.
Diese Niederlage hat die stolze Doppelmonarchie über die Maßen gedemütigt. Und, schlimmer noch, eine zweite, am 8. September gestartete Offensive ist schon am 15. steckengeblieben.
Österreich hat sich mit der Tatsache abzufinden, daß es ebenfalls einen Zweifrontenkrieg führen muß.

Am 14. September hält sich Ludendorff in Insterburg auf, »im Vollgefühl der Siege und großer Leistungen«, wie er schreibt, als der Befehl eintrifft, sich nach Breslau zu begeben. Dort erfährt er, daß er zum Stabschef einer unter General von Schubert zu bildenden Armee ernannt worden ist, zu der er mit zwei Korps seiner VIII. Armee aus Ostpreußen stoßen soll. Diese neue Armee ist dazu bestimmt, den bedrängten österreichischen Waffenbrüdern zu Hilfe zu kommen.
Ludendorff gehorcht nur widerwillig. Er ist zu berühmt geworden, als daß er sich zum bloßen ausführenden Organ machen lassen mag, das man nach Belieben versetzt. Er hat den Eindruck, daß man ihm ein Himmelfahrtskommando anvertraut, weil zwei Armeekorps nicht genügen, die Lage in Galizien zu wenden. Seiner Meinung nach müßten alle Kräfte eingesetzt, also fast die ganze VIII. Armee, mindestens vier Korps, an die österreichisch-russische Front geworfen werden, während Rennenkampf durch einen dünnen Truppenschleier in gut ausgebauten Stellungen in Schach zu halten wäre.
Wieder einmal also predigt er ein gewagtes Spiel. Er ruft sofort bei Moltke an und setzt ihm seinen Plan auseinander. Außerdem verlangt er, daß die neue IX. Armee Hindenburg unterstellt wird. So bliebe das eiserne Zweigespann von Tannenberg zusammen.
»General Hindenburg«, schreibt er später, »hatte meinen Vorschlägen stets zugestimmt und sie verantwortungsfreudig gutgeheißen. Es bildete sich ein schönes Vertrauensverhältnis zwischen uns beiden gleichdenkenden Männern heraus.«
Der arme Moltke weiß keine rechte Antwort, was nicht weiter erstaunlich ist: Ludendorff kommt mit seinen Forderungen genau an dem Tage, da der Chef des Generalstabes von seiner Aufgabe entbunden wird.
Sein Nachfolger Falkenhayn ist von anderem Schlage. Kaum hat er sein Amt angetre-

ten, gibt er voller Begeisterung über das kühne Vorhaben seine uneingeschränkte Zustimmung.
Schon am 16. September erteilt er die entsprechenden Anweisungen: Hindenburg wird zum Chef der IX. Armee ernannt, die aus der 8. Kavalleriedivision, dem Gardereservekorps, dem 11., 17. und 20. Korps, der 35. Reservedivision und der Landwehrdivision unter General von Bredow bestehen wird, vorzüglichen Truppen, die noch vom Schwung ihres eben errungenen Sieges erfüllt sind.
Am 17. September trifft Hindenburg in Breslau ein. Eile tut not, denn von den Österreichern kommen immer dringendere Appelle.
Der Aufmarsch der IX. Armee wird in einer guten Woche, vom 18. bis 27. September, geschafft. Die Landwehr und das 11. Korps gehen unmittelbar neben den Österreichern in Stellung, der Rest der Armee bildet in der Nähe der schlesischen Grenze zwischen Beuthen und Pleschen eine Front.
Am 28. beginnt der Vormarsch. Schon nach wenigen Tagen gerät er in den Schlamm, den berüchtigten polnischen Schlamm, durch den sich schon die Soldaten Napoleons gequält haben. Auf der großen Landstraße Krakau–Warschau sinken die Männer bis zu den Knien ein. Die schweren deutschen Troßwagen fahren sich in den breiigen Löchern fest. Mitten im Vormarsch muß auf leichte Panjewagen mit zähen Pferdchen umgeladen werden, die von den Österreichern gestellt werden. Als Kutscher fungieren polnische Bauern.
Die Nachrichtenverbindungen sind kläglich. Die Russen haben die Telephonleitungen zerstört und die Masten gefällt. Autos, die zur Befehlsübermittlung eingesetzt werden, bleiben immer wieder im Schlamm stecken.
Die Männer werden um so mehr beansprucht, als sie keinen Ruhetag bekommen können. Wenn sie die vorgesehenen Positionen erreicht haben sollen, bevor zu viele Russen über den San gekommen sind, müssen sie Tag für Tag 30 Kilometer zurücklegen.
Am 4. Oktober stürmen die österreichische II., III. und IV. Armee, die sich jetzt der deutschen Unterstützung sicher sind. Ihr Auftrag lautet, den San zu überschreiten und Przemysl zu entsetzen. Auch die Deutschen drängen voran; an der Spitze seines glorreichen 17. Armeekorps stößt Mackensen auf Warschau vor, doch am 9. Oktober trifft er auf frisch herangeführte sibirische Truppen.
An diesem Tage will es das Schlachtenglück, daß man bei einem gefallenen russischen Offizier bei Grójec, nur noch 40 Kilometer südlich von Warschau, den genauen Operationsplan des Großfürsten Nikolaj findet.
Ein entscheidendes Dokument! Die Russen sind entschlossen, alles auf eine Karte zu setzen. Schon bereiten sie den Einsatz von 30 Armeekorps, also 60 Divisionen, an der Weichsel zwischen Warschau und der Einmündung des San vor. Noch nie ist eine solch ungeheure Menschenmasse auf ein Schlachtfeld geführt worden. Weiter im Süden sollen starke Kräfte den San überschreiten. Allein gegen den linken Flügel der deutschen

Armee, also Mackensens 5 Divisionen, sollen 14 Divisionen anrennen und ihn zu umfassen versuchen.
»Ein zweifellos großartiger Plan des Großfürsten Nikolaj Nikolajewitsch«, schreibt Hindenburg, »ja der größte, den ich von ihm kennenlernte (...) Gelingt seine Operation, so droht nicht nur für die IX. Armee, sondern für die ganze Ostfront, für Schlesien, ja für die ganze Heimat eine Katastrophe.«
Ludendorff bietet alle verfügbaren Reserven auf, doch schon bittet Mackensen vor Warschau um Unterstützung. Die Russen branden mit der blinden Gewalt einer Sturmflut gegen den schwachen Deich seiner Truppen.
In diesen dramatischen Stunden rufen die Deutschen die Österreicher zu Hilfe. Deren Verbände stehen so dichtgedrängt, daß sie sich gegenseitig behindern. Sie könnten ohne weiteres ein paar Divisionen abgeben.
Doch der österreichische Generalstabschef Hötzendorf will davon nichts wissen. Er besteht darauf, daß die Führung der Deutschen und Österreicher getrennt bleibt. Er ist zwar bereit, seine Front nach links zu verlängern, um das 11. Armeekorps und das Gardereservekorps freizumachen, doch das ist auch schon alles.
Hindenburg tobt. Er erklärt kategorisch, die Ablösung werde zuviel Zeit in Anspruch nehmen, wendet sich an Wilhelm II., der bei Franz Joseph interveniert. Doch es ist nichts zu machen. Eine Unterstellung österreichischer Truppen unter deutsches Kommando kommt nicht in Frage. Dieser Haltung muß man sich um des Bündnisses willen beugen.
Am 20. Oktober beginnt die Ablösung, doch es ist zu spät: Schon am 17. hat Ludendorff die ersten Rückzugsbefehle geben müssen.
Er schreibt rückblickend: »Es trat eine gewaltige Hochspannung ein. Die Schlacht anzunehmen, wäre zu gefahrvoll gewesen. Jetzt wurde es klar, daß die Stunde kommen würde, in der General von Mackensen von Warschau zurückgenommen werden mußte. Das durfte nicht zu früh und nicht zu spät geschehen (...) Was würde die Heimat sagen.«
Am Abend des 17. befiehlt er Mackensen, von Warschau nach Westsüdwest auf eine Linie Rawa–Skierniewice–Lowicz zurückzugehen.
Ein schrecklicher Rückzug, bis über die Knie im Schlamm, dazu unter der ständigen Bedrohung des Eingeschlossenwerdens.
Am 25. und 26. Oktober wird das Landwehrkorps bis nach Lodz zurückgedrängt. Damit ist die IX. Armee zusätzlich in Gefahr, von Süden her in zwei Teile gesprengt zu werden.
Wie sieht es bei den Österreichern aus? Dringen die wenigstens vor? Nein, sie sind ebenfalls auf dem Rückzug, werden bei Iwangorod und Nowa Alexandria geschlagen.
Am 27. müssen Hindenburg und Ludendorff den allgemeinen Rückzug anordnen.

Um ihre Armee zu retten, vollbringen sie wahre Wunder. Ludendorff ist überzeugt, daß eine moderne Armee nicht weiter vorgehen kann, wenn sie 120 Kilometer vom letzten Bahnhof entfernt ist. Also läßt er systematisch alle Straßenkreuzungen, Eisenbahnen und Brücken sprengen. Und tatsächlich: Den Russen geht der Atem aus.
»Ich hatte die Genugtuung«, schreibt er, »daß der feindliche Vormarsch immer langsamer wurde und tatsächlich auf der oben erwähnten Entfernung zum Stehen kam (...)«
Es gibt Rückzüge, die so großartig sind wie Siege. Ludendorffs und Hindenburgs Rückzug ist noch jahrzehntelang in den Kriegsschulen studiert worden. Hier haben die beiden ihr Meisterstück geliefert.
Am 1. November wird Hindenburg zum Oberbefehlshaber Ost ernannt, Ludendorff bleibt an seiner Seite. Mackensen übernimmt die Führung der IX. Armee, François die der VIII. Armee.

Dies ist in allen kriegführenden Ländern die Stunde der Ernüchterung. In Flandern ebenso wie in Polen, in Galizien und Ostpreußen ertrinkt das Schlachtfeld in Regengüssen, die Soldaten verwandeln sich in wandelnde Schlammsäulen.
Alle, die noch im Sommer getönt haben, der Krieg werde kurz sein, sehen ihre Gewißheit ins Wanken geraten. Die ersten Schlachten, so haben sie verkündet, würden über den Ausgang des Krieges entscheiden. Jetzt sind ungeheure Schlachten geschlagen worden, ganze Provinzen sind verwüstet. Hunderttausende sind gefallen – und nichts ist entschieden.
Deutsche, Franzosen, Russen, Österreicher, Engländer, Serben: Alle wissen sie, daß jedenfalls das törichte Versprechen Wilhelms II. nicht zu halten ist, daß die Soldaten nicht zu Hause sein werden, ehe das Laub fällt.
Die letzten Blätter fallen ja schon. In Frankreich erstarrt die Front, nur an der Yser toben grimmige Kämpfe. Im Osten ist eine Folge gnadenloser und verlustreicher Einzelaktionen an die Stelle der großen Schlachten getreten.
Logik und Vernunft würden gebieten, wenigstens jetzt zuzugeben, daß dieser europäische Bürgerkrieg ein Aberwitz ist, daß er immer schrecklicher ausartet und erst dann zu Ende gehen wird, wenn die Beteiligten völlig ausgeblutet sind – daß es zwar Sieger und Besiegte, aber im Grunde nur Verlierer geben kann.
Doch in der komfortablen Umgebung ihrer Amtsstuben und Stabsräume denken Politiker und Heerführer gar nicht daran, von ihren selbstsicheren Tiraden abzulassen. Und mit der Erbitterung wächst der Chauvinismus, die furchtbare Geisteskrankheit der Völker.
Diese Völker geraten fast unmerklich von der Friedens- in die Kriegswirtschaft. Die Fabriken arbeiten bis an die äußerste Grenze ihrer Kapazität, um immer mehr Kanonen, immer mehr Granaten zu liefern, während seltsame »Wissenschaftler« immer

gräßlichere Waffen entwickeln. Das alleinige Ziel ist, zu Hunderttausenden die unglücklichen Soldaten umzubringen, die sich jetzt, längst resignierend, in den von den ersten Nachtfrösten hart gewordenen Boden eingraben.

Ende Oktober, als er seine Truppen in Ruhestellungen weiß, fährt Ludendorff nach Berlin, um Falkenhayn, dem neuen Chef, seine Aufwartung zu machen: »In Berlin kam ich mir vor wie in einer anderen Welt. Der Unterschied zwischen der ungeheuren Anspannung, die ich seit Kriegsbeginn durchlebt hatte, und dem Treiben in Berlin war zu gewaltig. Es herrschte Vergnügungs- und Genußsucht. (...) Ich gewann einen unangenehmen Eindruck und fühlte mich fremd. Als ich wieder nach Tschenstochau zurückkam und mich im Kameradenkreise befand, war ich zufrieden.«

Er ist in die Hauptstadt gefahren, um Verstärkungen zu fordern. Jetzt weiß er, daß er keine bekommt, und ist darüber verbittert.

Falkenhayn scheint vom französischen Kriegsschauplatz wie gebannt zu sein. Er will dort ein Ende machen und zu diesem Zweck alle verfügbaren Kräfte in den Glutofen Flandern werfen, auch die frisch eingezogenen Jahrgänge. Er erklärt, daß starke Verbände im Westen erst dann abgezogen werden könnten, wenn die Kräfte der französischen und englischen Armee so abgenutzt worden seien, daß sie keine Offensivkraft mehr besäßen.

Er will nicht einsehen, was ihm erst nach Verdun klar wird: daß der, der den Feind abnutzen will, sich selber ebenso schnell abnutzt.

Ludendorff muß sich also mit dem behelfen, was er hat, und er muß sofort handeln. Denn die Russen verharren zwar in Ermanglung funktionierender Transportverbindungen auf der Stelle, doch das kann nur eine kurze Atempause bedeuten. Mit jedem Tag wächst die Gefahr, daß sie weitermarschieren und Schlesien mit seinem unschätzbaren Industriepotential bedrohen. Man muß ihnen zuvorkommen, koste es, was es wolle.

Am 3. November legt Ludendorff seinen Plan Hindenburg vor und findet wie üblich dessen uneingeschränkte Zustimmung.

Einmal mehr soll die IX. Armee die Speerspitze der Offensive bilden, indem sie nach raschem Aufmarsch im Raum Thorn die Russen zwischen Bzura und Weichsel in der Flanke packt. Der an seiner schwächsten Stelle angegriffene Gegner wird Verstärkungen heranbringen müssen, sein Druck auf die VIII. Armee und die Österreicher wird nachlassen.

Ein gewagter Plan, der darauf hinausläuft, drei Millionen Mann mit nur einer Million einzuschließen. Jeder verfügbare Soldat muß so wirksam wie möglich eingesetzt werden, auch die Garnisonen von Thorn und Breslau.

Zugleich ist es ein Plan der letzten Chance. »Die russische Überlegenheit war gewaltig«, heißt es bei Ludendorff, »unsere Truppen waren stark mitgenommen, die Verbündeten wenig kampfkräftig.«

Mackensen führt jetzt die IX. Armee, fünfeinhalb Korps Infanterie (1. und 25. Gardereservekorps, 20., 17. und 9. aktives Korps) und zwei Kavalleriekorps (Richthofen und Frommel). Er hat nur eine Aufgabe, aber was für eine: Er soll die russischen Kräfte vernichten, die sich im Weichselbogen befinden.
Am 10. November ist der Aufmarsch beendet. Als am 11. der Angriff beginnt, ist der Überraschungseffekt über Erwarten groß. Der rechte Flügel der Russen wird bei Wlozlawek, Kutno und Dombe zurückgedrängt, bald sind die rückwärtigen Verbindungen der 2. und 5. Armee bedroht. Am 16. November ist die IX. Armee 80 Kilometer weit vorgedrungen und marschiert auf Lodz, die große Industriestadt mit ihren 400000 Einwohnern, die zum Angelpunkt der Schlacht wird. Doch schon nahen in Eilmärschen die russischen Verstärkungen. Großfürst Nikolaj hat Befehl gegeben, Lodz bis zum letzten Mann zu halten.
Am 20. November versuchen das 25. Gardereservekorps, die 3. Gardedivision und Verbände des 20. Armeekorps die Stadt einzuschließen. Die Kämpfe nehmen schaurige Formen an. Schließlich gelingt es den Russen, den Ring zu durchbrechen. Sie werfen die deutsche 38. Division zurück und dringen in den freien Raum am linken Flügel des 20. Korps vor.
So kommt es am 22. November zur dramatischen Wende. Jetzt sind die Deutschen eingeschlossen! Frisch aus Warschau eingetroffene russische Verbände haben das 25. Reservekorps, die 41. und die 3. Division und Richthofens Kavallerie völlig abgeschnitten. Sie kämpfen verzweifelt nach allen Seiten, um sich Luft zu verschaffen. Am 23. und 24. November wird ihre Lage immer hoffnungsloser.
In St. Petersburg weckt die Nachricht ungeheure Begeisterung. Schon stellt das russische Oberkommando über 60 Transportzüge für die zu erwartenden 150000 Gefangenen bereit.
Doch man soll das Fell des Bären nicht verteilen, ehe man ihn erlegt hat. Zumal wenn auf allerhöchsten Wunsch des Zaren Rennenkampf das Kommando hat. Er zögert, sorgt nicht für eine starke Front und einsatzbereite Reserven. So gelingt es den Eingeschlossenen in der Nacht vom 24. auf den 25., nach einer blutigen Straßenschlacht in Brzeziny, die sibirische 6. Division zu zersprengen und zum Gros der IX. Armee zu stoßen, und zwar unter Mitnahme von 16000 Gefangenen und vielen erbeuteten Kanonen. Die Russen sind überzeugt gewesen, die Rache für Tannenberg in der Tasche zu haben. Im letzten Augenblick haben sie ihre Opfer entkommen lassen.
Doch Ludendorff ist jetzt gewarnt. Er sieht ein, daß ihm die Mittel fehlen, um seine großen Ziele zu verwirklichen, und zwar um so mehr, als die Österreicher sich erneut als außerstande erwiesen haben, eine nachdrückliche Offensive durchzuhalten. Es hilft nichts, man muß erst einmal Verstärkungen abwarten.
Endlich kommen sie: das 3. Reservekorps, das 13. und 2. Armeekorps, furchtbar gezeichnet von Mühsal und Schrecken der Hölle von Flandern, aus der sie direkt

hergefahren worden sind. Trotzdem müssen sie sofort in die Schlacht und erobern am 6. Dezember das heiß umkämpfte Lodz.
Das ist ein Erfolg, aber nicht der erhoffte große Sieg.
Auf beiden Seiten sind die Überlebenden so sterbensmatt, daß man brillante Umfassungsmanöver, den Traum der Strategen, nicht mehr von ihnen verlangen kann. Im Weichselbogen zerfällt der Kampf in einzelne Gefechte, kleine frontale Angriffsunternehmen, »die besser unterblieben wären«, wie Ludendorff später selber sagt.
Auch hier verfestigt sich die Front mit jedem Tag mehr. Die Männer graben sich ein und lernen das schwierige Metier des Grabenkampfes.
Der Feldzug ist zu Ende.
Ein blutiger Feldzug, dessen Resümee Hindenburg selber zieht: »In dem Wechsel zwischen Angriff und Verteidigung, Umfassen und Umfaßtsein, Durchbrechen und Durchbrochenwerden zeigt dieses Ringen auf beiden Seiten ein geradezu verwirrendes Bild. Ein Bild, das in seiner erregenden Wildheit alle die Schlachten übertrifft, die bisher an der Ostfront getobt hatten!«

Die Augen vor Müdigkeit rot unterlaufen, das Gesicht von Bartstoppeln eingerahmt, schlingt Otto Weddigen an dem winzigen Tisch der Offiziersmesse sein Frühstück herunter.
So also sieht der Krieg aus! Keine kühnen Handstreiche, sondern lange, monotone Patrouillenfahrten, mal getaucht, mal an der Oberfläche eines feindseligen Meeres, das das kleine Unterseeboot von einer Seite auf die andere schlingern läßt.
Auch diesmal läßt sich das Unternehmen schlecht an: Seit achtundvierzig Stunden ist *U 9* schon unterwegs, um seinen Auftrag auszuführen: »Auf Station in Nähe Ymuiden-Leuchtturm gehen und alle feindlichen Kriegsschiffe und Truppentransporter angreifen.«
Nichts dergleichen ist geschehen. Im Gegenteil, die Schwierigkeiten haben sich gehäuft. Erst der Sturm, der *U 9* seit dem Auslaufen von Helgoland den ganzen 20. September 1914 bei der Fahrt entlang der deutschen Küste treu geblieben ist, dann der Kreiselkompaß, der verrückt spielt, so daß eine genaue Standortbestimmung nicht möglich war und mehrfach gelotet werden mußte, um sich mehr schlecht als recht nach der Seekarte durchzufranzen. Gewiß steht *U 9* jetzt zu weit nördlich, gefährlich nahe am Patrouillengebiet der britischen Torpedoboote.
Der 21. September vergeht vor der holländischen Küste, ein scheußlicher Tag bei kräftigem Seegang in der verpesteten Luft des Bootes. Die Nacht bringt das übliche Problem: An der Oberfläche bleiben? Dafür ist die See zu grob. Getaucht fahren? Das kostet Strom aus den Batterien. Am besten wäre es, sich auf Grund zu legen, aber mehrfach hat das kleine Boot unter dem Anprall der Grundseen aufgesetzt.
U 9 taucht auf. Nicht lange allerdings, denn gegen Mitternacht macht Weddigen, der

auf der Brücke geblieben ist, mehrere Schatten aus, offenbar Torpedobootszerstörer, die in Position Null auf ihn zuhalten. Nach dem Alarmtauchen hört er beklommen die kräftigen Schraubengeräusche über seinem Kopf. Es hilft nichts, er muß für die Nacht mit der unbequemsten Lage vorliebnehmen: fast ohne eigene Fahrt auf 15 Meter Tiefe. Die Männer können sich dabei nicht ausruhen. Ständig müssen sie aufgescheucht werden, um durch rasches Laufen zum Bug oder zum Heck das Boot wieder in die Horizontale zu bringen.

Endlich kommt oben der Morgen des 22. September. *U 9* begibt sich zurück an die Wasseroberfläche, und zwei Mann gehen auf das glitschige Deck, um den Schornstein aufzurichten; erst danach können die Petroleummotoren in Gang gesetzt werden. Um 6.10 Uhr klettert Weddigen hinunter, um zu frühstücken. Er ist noch bei den ersten Bissen, als eine vor Erregung überschnappende Stimme durch den Turm zu ihm dringt: »Kommandant! Kommandant auf Brücke!« Wie elektrisiert turnt er hinauf. Über dem grauen Meer heben sich in der Ferne Schornsteine ab. Sofort läßt er auf Sehrohrtiefe gehen. Er preßt die Augen ans Okular. Er allein sieht jetzt für sein ganzes Schiff. Schließlich dreht er sich zu seinem Wachoffizier um und flüstert: »Diesmal bin ich mir meiner Sache sicher. Ich sehe drei Kreuzer mit vier Schornsteinen, offenbar *Birmingham*-Klasse.«

Quälend langsam geht es weiter. Endlich sind die feindlichen Schiffe so nahe, daß sie das ganze Blickfeld des Sehrohrs ausfüllen. Sie fahren in Keilformation und werden nicht von einem einzigen Torpedobootszerstörer begleitet. Weddigen vermeidet es, das Sehrohr zu oft auszufahren, um sich nicht durch dessen Spur zu verraten, und berechnet fieberhaft den besten Angriffswinkel, den er ständig korrigieren muß. Der Jägerinstinkt ist in ihm erwacht, wobei dies eine besonders schwierige Jagd ist. Der Sturm hat zwar nachgelassen, doch die See ist noch ziemlich rauh und das kleine U-Boot nur mühsam zu halten. Unter diesen Umständen mit dem Torpedo auf Ziele zu schießen, die sich ihrerseits bewegen, ist so etwas wie der Versuch, von einem winzigen Ruderboot aus drei riesige, in voller Fahrt daherkommende Wale zu harpunieren.

Aber eine solche Beute darf man sich einfach nicht entgehen lassen. Weddigen ruft:

»Wir greifen an. Sofort nach dem Schuß auf mindestens fünfzig Fuß gehen und Boot halten. Achtung! Rohr los!«

Während der lange Torpedo davonrauscht, glatt und schnell wie ein angreifender Hai, versucht *U 9* so rasch wie möglich Tiefe zu gewinnen. Mit angehaltenem Atem zählt die Handvoll Männer an Bord die Sekunden. Der Schlag klingt dumpf und fern, fast rührend, doch die U-Boot-Fahrer brüllen begeistert auf. Der Schuß hat gesessen!

Als er wieder auf Sehrohrtiefe gegangen ist, erblickt Weddigen ein großes Schiff, das langsam kentert. Auf den Decks, aus denen Rauch schlägt, laufen Männer. Die Rettungsboote sind schon zu Wasser gelassen, als sich das Vorschiff steil aufrichtet und gleich darauf versinkt. Weddigen fährt vorsichtig Karussell mit seinem Sehrohr und sucht das Meer ab. Er traut seinen Augen nicht: Da kommt ein zweites Schiff und dreht am Ort der Tragödie bei, um die Überlebenden aufzunehmen. Was für eine Unvorsichtigkeit!

Um 7.55 Uhr zischen ein zweiter und ein dritter Torpedo hinaus, und alles wiederholt sich: das schnelle Tauchen, die Detonationen, das Aufsteigen auf Sehrohrtiefe und der Blick auf ein zweites, tödlich getroffenes Schiff, das rasch sinkt. Auf dem Meer wimmelt es jetzt von Rettungsbooten, die auf den Wellen tanzen.

Und das Unglaubliche geschieht! Das dritte Schiff kommt zurück und bietet sich, nur auf die Rettung der Kameraden bedacht, dem unsichtbaren Jäger zur Beute. Wieder werden zwei Torpedos losgemacht, die Detonation ist heftig zu verspüren, offenbar ist die Munitionskammer getroffen. Doch das Schiff muß eine Viertelstunde später noch einen weiteren Torpedo bekommen, ehe es sinkt.

Auf dem Meer sind nur noch ein paar Dutzend kleine Rettungsboote zu sehen. Für Kommandant Otto Weddigen ist dies der Höhepunkt seiner Laufbahn und seines Lebens: Sein kleines 400-t-Boot mit seinen 20 Mann Besatzung hat in wenigen Minuten drei große Panzerkreuzer auf den Grund geschickt, deren Namen drei ruhmreiche Schlachten Englands verherrlichen: *Aboukir*, *Hogue* und *Cressy*, zusammen über 35 000 t verdrängend. 1459 Mann, fast zwei Drittel ihrer Besatzungen, werden die Heimatinsel nicht wiedersehen.

Ein ungeheuerlicher Vorgang! Die Engländer sehen ihre seit Trafalgar liebgewonnene Überlegenheit schwinden, und Admiral Jellicoe stellt in aller Öffentlichkeit die Frage: Sollte die Royal Navy nicht mehr unbesiegbar sein? Wäre es nicht besser, die Home Fleet hinter dichten Netzen in ihren Häfen zu lassen?

Tatsächlich ist die Gefahr für England nicht von der Hand zu weisen. Mehr denn je hängt sein Überleben von seiner Kriegsflotte ab, und die hat viele Aufgaben: Sie soll das Mutterland vor einer Landung bewahren, soll die aus Indien, Kanada, Neuseeland zu transportierenden Truppen sicher zum europäischen Kriegsschauplatz geleiten, vor allem jedoch soll sie für die Sicherheit der Handelswege sorgen, damit die strategischen Güter, aber auch Fleisch und Getreide die Insel erreichen, die zwei Drittel ihres Lebensmittelbedarfs importieren muß.

Dabei sind die Unterseeboote nicht die einzige Bedrohung. Auf den Weltmeeren sind die deutschen Auslandskreuzer und die bewaffneten Handelsschiffe als Hilfskreuzer unterwegs. Und die deutsche Hochseeflotte, stark, ehrgeizig und hervorragend geführt, liegt in ihren Häfen bereit. Verläßt sie die Deutsche Bucht und versenkt in einer für sie glücklichen Stunde einen Teil der Home Fleet, so steht sofort das Gespenst von Hunger und Niederlage vor den Engländern.

Wilhelm II. hätte diesen Schlag sofort wagen können. Hat er dafür nicht in den Vorkriegsjahren seine Flotte mit aller Macht gerüstet, hat 17 moderne Linienschiffe und Schlachtkreuzer vom Stapel laufen lassen, während die Royal Navy über ganze sieben mehr verfügt, eine Überlegenheit, die binnen weniger Stunden in einer Seeschlacht dahin sein könnte? Hat er nicht um dieses großen Tages willen bis zuletzt jeden Vertrag über die Begrenzung des Wettrüstens zur See von sich gewiesen?

Viele Männer seiner Flotte wünschen die große Schlacht herbei. Schließlich kann Deutschland als Kontinentalmacht das Risiko eingehen, seine Flotte einzubüßen. England kann das nicht.

Doch der Kaiser ist unendlich stolz auf seine Schiffe. Man sagt, er liebe sie geradezu, und das ist wohl wahr. Unerträglich ist ihm der Gedanke, sie zu Schrott zerschießen zu lassen. Deshalb weigert er sich, Tirpitz und den kampfeslüsternen jungen Offizieren nachzugeben.

Er ist ja überzeugt, der Krieg werde nicht lange dauern, England werde gar nicht dazu kommen, sein ganzes Gewicht in die Waagschale zu werfen, und wenn Frankreich und Rußland erst einmal am Boden lägen, werde Albion sich schon zu Verhandlungen bereit finden und die Welt mit seinem jungen Rivalen teilen. Deshalb will der Kaiser seine Flotte intakt halten. Bei den Friedensverhandlungen wird sie ihm, das meint er sicher sagen zu können, bessere Bedingungen einbringen.

Das sind die Gründe, die er sich selber für sein Verhalten liefert. Aber ganz sicher hat er auch Angst. Im tiefsten Herzen glaubt er, daß die Engländer als Erben einer so langen Tradition auf dem Meere unbesiegbar sind.

Ein am 28. August geliefertes Seegefecht bei Helgoland kann ihn darin nur bestärken. An diesem Tage hat die britische Admiralität ein Geschwader in die Deutsche Bucht entsandt, das die ausfahrenden Torpedobootflottillen von ihren Basen abschneiden sollte. Das britische Aufgebot ist stark gewesen; es bestand aus Kreuzern, Zerstörern, U-Booten und wurde von zwei Schlachtkreuzern, der *Invincible* und der *New Zealand*, unter Admiral Beatty begleitet.

Weil Ebbe war, konnten die deutschen Großkampfschiffe nicht auslaufen, doch kleine Kreuzer und Torpedoboote sind sofort den bedrohten Flottillen zu Hilfe geeilt.

Im Laufe des Vormittags, von 5 Uhr bis zur Mittagsstunde, haben die Deutschen vier Einheiten verloren, das Große Torpedoboot *V 187* und die Kleinen Kreuzer *Mainz*, *Cöln* und *Ariadne*. Drei weitere sind beschädigt. Die Deutschen haben 712 Tote und 149 Verwundete zu beklagen; die Engländer machen 381 Gefangene, darunter ist der Sohn des Großadmirals von Tirpitz. Auf britischer Seite ist nur der Kleine Kreuzer *Arethusa* getroffen worden, wobei 32 Seeleute gefallen und 55 verwundet worden sind.

Als Wilhelm II. die Nachricht erhält, ist er außer sich und verbietet trotz aller Einwände von Tirpitz kategorisch jedes weitere Auslaufen seiner kostbaren Schiffe.

Nachdem die deutsche Hochseeflotte auf diese Weise neutralisiert ist, bleiben die Auslandskreuzer, die bei Kriegsbeginn auf den Weltmeeren stationiert sind.
Winston Churchill hat später zugegeben, bei der Betrachtung der Landkarte, die eine ganze Wand seines großen Arbeitszimmers bedeckte, habe er es oft mit der Angst bekommen bei der Vorstellung, welch gewaltigen Schaden dieser Kreuzerkrieg seinem Lande zufügen könnte.
Ein einziger Kreuzer, der überraschend auf Truppentransportschiffe stößt, kann Tausende von Soldaten auf den Meeresgrund schicken. Eine Handvoll Kriegsschiffe vor der amerikanischen Küste könnte den Transatlantikverkehr praktisch zum Erliegen bringen. Das ist keine Wahnvorstellung, denn die Schiffe gibt es.
Der gefährlichste Gegner ist Vizeadmiral Maximilian Reichsgraf von Spee, ein erfahrener, mutiger, ritterlicher Seemann. Er führt zu Kriegsbeginn das im deutschen Stützpunkt Tsingtau an der chinesischen Küste stationierte Fernostgeschwader mit den beiden 11600-t-Panzerkreuzern *Gneisenau* und *Scharnhorst*, die mit je 8 21-cm-, 6 15-cm- und 18 8,8-cm-Geschützen bewaffnet sind. Sie können kurzzeitig eine Spitzengeschwindigkeit von 23 Knoten entwickeln. Als Geleitschiffe sind ihnen die drei Kleinen Kreuzer *Emden*, *Nürnberg* und *Leipzig* beigegeben.
Was wird das Geschwader tun? Die Frage ist um so schwerer zu beantworten, als die Schiffe lange vor Kriegsbeginn ihren Hafen verlassen haben und in der Weite des Pazifischen Ozeans verschwunden sind.
Churchill leitet die Jagd von seinem Arbeitszimmer aus. Er ist überzeugt, daß ein Geschwader dieser Größe nicht lange unbemerkt bleiben kann, und er behält recht: Am 5. August werden die Deutschen bei den Salomoninseln gemeldet, am 7. vor Neuguinea. Am 9. übernehmen sie vor den Karolineninseln Kohlen. Dann hört man nichts mehr von ihnen.
Churchill versucht sich in Spees Lage zu versetzen: Zweifellos wird der Deutsche sich dahin begeben, wo er am meisten Schaden anrichten kann. An der Westküste Südamerikas befinden sich riesige Nitratlagerstätten; dieses Mineral ist für die Kriegsindustrie unentbehrlich. Von der Ostküste gehen die Lieferungen von Fleisch, Weizen und Kautschuk aus Argentinien und Brasilien ab.
Um jeden Preis gilt es die Hunderte von Frachtern zu schützen, die von allen diesen Häfen auslaufen und von jedem Gegner abgefangen werden können. Doch womit soll man sie schützen? Die Großkampfschiffe, die es mit Ungetümen wie *Scharnhorst* und *Gneisenau* aufnehmen können, sind in der Nordsee stationiert und müssen dort bleiben, um bei einem Auslaufen der deutschen Hochseeflotte zur Verfügung zu stehen.
In der bedrohten Gegend an den südamerikanischen Küsten befindet sich nur Konteradmiral Cradock mit einem höchst bescheidenen Geschwader aus zwei Panzerkreuzern, der *Good Hope* und der *Monmouth* (22 Knoten Höchstgeschwindigkeit, 2 23,4-cm- und 16 15-cm-Geschütze auf dem einen, 14 15-cm-Geschütze auf dem andern),

dem Leichten Kreuzer *Glasgow* (25 Knoten, 2 15,2-cm- und 10 10,2-cm-Geschütze) und der *Otranto*, einem mit 3 13-cm-Geschützen ausgerüsteten Handelsschiff, das nicht schneller als 17 Knoten läuft.
Cradock ist ein guter Seemann, aber seine alten Seelenverkäufer taugen nichts. Er weiß, daß er im Falle einer Begegnung mit den beiden deutschen Panzerkreuzern zusammengeschossen wird, ehe er eine einzige Salve ins Ziel bringen kann. Zu allem Überfluß sind seine Matrosen schlecht ausgebildet und seine Kanonen völlig veraltet.
Es ist zwar noch ein weiteres Schiff in der Nähe, die *Canopus*, ein uraltes Linienschiff, das stark gepanzert ist und mit mächtigen Geschützen dräut, aber es erreicht allenfalls noch 15,5 Knoten. Es könnte *Scharnhorst* und *Gneisenau* allein vernichten, aber nicht verfolgen, also zum Kampf zwingen.
Churchill kann auf kein Fahrzeug verzichten und unterstellt die *Canopus* ebenfalls dem Kommando Cradocks. Das Schiff kann jedenfalls als das dienen, wofür es gebaut worden ist, als Artillerieplattform, als schwerer Hammer. Wenn Cradock den Feind sichtet, braucht er ihn ja nur in die Reichweite der schweren Artillerie der *Canopus* zu ziehen.
Am 14. September, nach fünf Wochen vergeblicher Suche, wird das Geschwader Spee endlich bei den Samoa-Inseln gemeldet. Am 22. sind die Schiffe vor Tahiti und beschießen Papeete. Vom 12. bis 18. Oktober ankern sie vor der Osterinsel.
Damit sind sie den Nitratlagern gefährlich nahe gekommen. Es wird Zeit, ihnen entgegenzulaufen, doch die alte *Canopus* muß auf den Falklandinseln eine Reparaturpause einlegen.
Am 22. Oktober kann Cradock endlich die Falklands mit *Good Hope* und *Canopus* verlassen und sich mit seinen übrigen Schiffen an der Westküste des Subkontinents vereinigen. Er hat Befehl, sofort den Kampf aufzunehmen, wenn er Feindberührung bekommt.
Hinter ihm her keucht *Canopus*. Er hängt sie entschlossen ab. Es gibt keine andere Lösung für ihn, denn er hält nichts von Churchills Plan. Er sagt sich: Wenn er seine Geschwindigkeit nach der von *Canopus* richten muß, findet er den Gegner nie, und selbst wenn er ihn wie durch ein Wunder stellen sollte, würde sich Spee dank seiner Geschwindigkeit dem Feuer des alten Linienschiffs entziehen. Weil er aber angreifen soll, und daran läßt sein Befehl keinen Zweifel, kann er das nur mit *Good Hope* und *Monmouth* tun. Ein selbstmörderisches Unterfangen, denn er wird logischerweise zusammengeschossen werden; immerhin hofft er den Gegner so beschädigen zu können, daß der seine Aufgabe nicht mehr erfüllen kann.
Unterdessen läuft Admiral Spee mit hoher Fahrt auf die chilenische Küste zu. Am 1. November – inzwischen hat er die *Emden* zum unabhängigen Kreuzerkrieg in den Indischen Ozean detachiert, und der Kleine Kreuzer *Dresden* ist zu ihm gestoßen – erfährt er, das die *Glasgow* am Tag zuvor auf der Höhe des Hafens Coronel gesichtet worden ist.

Um 14 Uhr meldet *Glasgow* an diesem Allerheiligentage das Nahen des Feindes. Noch könnte Cradock die *Otranto* ihrem Schicksal überlassen und mit Volldampf auf *Canopus* zurücklaufen, um sich hinter deren Kanonen in Sicherheit zu bringen. Doch das erwägt er nicht einen Augenblick lang.
Um 16.30 Uhr erscheint die *Leipzig* am Horizont. Bei den Engländern wird Klarschiff zum Gefecht gegeben, und um 17.45 Uhr hat Cradock seine Schiffe in Gefechtslinie gebracht, *Good Hope* an der Spitze, dann *Monmouth*, *Glasgow* und *Otranto*.
Spee nimmt sofort die entsprechende Ordnung ein. Die Gegner laufen eine Zeitlang auf parallelen Kursen, doch bald gelingt es *Scharnhorst* und *Gneisenau* dank ihrer überlegenen Geschwindigkeit, sich zwischen das englische Geschwader und die neutrale Küste zu setzen, in die ideale Position: Die Sonne wird hinter den Engländern untergehen, so daß sich die Schiffe scharf vom Horizont abheben, während die deutschen Schiffe im grauen Abendlicht verschwimmen.
Erst um 19.03 Uhr eröffnen die deutschen Panzerkreuzer auf 10000 Meter Entfernung das Feuer. *Scharnhorst* schießt auf *Good Hope*, *Gneisenau* auf *Monmouth*. *Leipzig*, *Dresden* und *Nürnberg* bleiben weit zurück.
Um 19.05 Uhr erwidert *Good Hope* das Feuer. Was folgt, ist keine Schlacht, sondern ein Schlachten. Die Deutschen, hervorragende, mehrfach bei Preisschießen ausgezeichnete Artilleristen, geben alle 15 Sekunden eine Salve ab. Die Engländer, ungenügend ausgebildet und technisch überholte Geschütze bedienend, bringen es nur auf einen 45-Sekunden-Takt.
Schon die dritte Salve schlägt auf *Good Hope* ein. Sie setzt das vordere 23,4-cm-Geschütz außer Gefecht. Riesige Flammengarben schlagen in den Abendhimmel.
19.40 Uhr. Spee geht auf 9000 Meter heran. Die Panzerkuppel des vorderen Turms auf *Monmouth* wird weggerissen, die Stücke fliegen weit ins Meer, Brände breiten sich aus.
19.50 Uhr. Die beiden Geschwader sind nur noch 7000 Meter voneinander entfernt. *Good Hope* wird zwischen dem zweiten und dritten Schornstein getroffen, eine mächtige Feuersäule steigt bis über Masthöhe empor. Von der Brücke aus beobachtet der deutsche Admiral die Einschläge, die ihm vor dem Abendhimmel wie ein Prachtfeuerwerk erscheinen.
Sechs Minuten später versinkt die *Good Hope*, ihren Admiral und 900 Seeleute mit in die Tiefe nehmend.
Die praktisch schutzlose *Otranto* hat sich gleich zu Beginn des Gefechts aus dem Staube gemacht. Die *Glasgow*, gegen 20 Uhr schwer getroffen, läuft mit Volldampf ab und entkommt dank ihrer Geschwindigkeit.
Bleibt die *Monmouth*. Auch ihr ist es gelungen, sich erheblich beschädigt abzusetzen, doch gegen 21 Uhr wird sie von der *Nürnberg* entdeckt, angegriffen und versenkt.
Admiral Cradock und 1654 Seeleute sind umsonst in den Tod gegangen. Die *Gneisenau*

ist unbeschädigt, auf der *Scharnhorst* sind nur zwei Treffer zu verzeichnen, die einen Geschützturm für wenige Minuten bewegungsunfähig gemacht haben. Es hat nur drei Verwundete gegeben.

Am Morgen des 2. November meldet Graf Spee an Großadmiral Tirpitz im fernen Deutschland: »Mit Gottes Hilfe haben wir einen glänzenden Sieg errungen, für den ich meinen Besatzungen Dank und Glückwunsch ausspreche.«

In der Admiralität verbringen Winston Churchill und der dreiundsiebzigjährige Erste Seelord John Arbuthnot Fisher, der eben erst an die Spitze der Royal Navy zurückberufen worden ist, besorgte Stunden.

Spee ist jetzt frei, die Weltmeere abzugrasen. Er kann auftauchen, wo und wann er will, kann ungestraft britische Handelsschiffe und Truppentransporter angreifen. Er kann sich ungestört mit seinen Kohlenversorgungsschiffen treffen und wird damit so gut wie ungreifbar.

Beim Kartenstudium stellt Churchill fest, daß im Maßstab der Weltdarstellung an der Wand jedes Schiff, das er dem Geistergeschwader nachschickt, nur ein Sichtfeld von der Größe eines Stecknadelkopfes hat. Die Jagd geht also aufs Geratewohl, denn niemand kann sagen, wohin sich Spee wenden wird.

Churchill und Fisher müssen mit sechs Möglichkeiten rechnen:

1. Spee kann zurück durch den Pazifik steuern, um Truppentransporte aus Australien, Neuseeland oder Indien abzufangen. Auf dieser Route stehen ihm ein japanisches Linienschiff und zwei Schlachtkreuzer im Wege.
2. Er kann die Westküste Südamerikas entlang nach Norden gehen. Hier stößt er auf ein englisch-japanisches Geschwader.
3. Er kann Kurs auf das Kap der Guten Hoffnung nehmen. Dort sind der Panzerkreuzer *Defence*, das alte Linienschiff *Albion* und etliche Leichte Kreuzer stationiert.
4. Er kann durch den Panamakanal in die Karibik zu gelangen versuchen. In diesem Falle bekommt er es nur mit den überholten Panzerkreuzern *Berwick* und *Lancaster*, Schwesterschiffen der unglücklichen *Monmouth*, und dem ebenso betagten französischen Panzerkreuzer *Condé* zu tun, die er leicht zu versenken vermag.
5. Er kann direkt durch den Atlantik abdampfen, wo bei den Kapverdischen Inseln das starke Geschwader von Admiral Robeck auf ihn wartet.
6. Schließlich, und das ist in Churchills und Fishers Augen die wahrscheinlichste Hypothese, kann er die Ostküste Südamerikas entlangsteuern. Hier hätte er nur *Glasgow* und *Canopus* als Gegner und könnte durch seine bloße Anwesenheit Englands Südamerikahandel lahmlegen, auf den das Land unbedingt angewiesen ist.

Diese Lücke im Verteidigungssystem muß auf alle Fälle geschlossen werden, auch wenn das bedeutet, gegen die beiden Panzerkreuzer überlegene Schiffe auszusenden.

Das ist eine Schicksalsfrage, denn England hütet seine Großkampfschiffe wie seinen

Augapfel. Sie werden in der Nordsee gebraucht. Vielleicht läuft die deutsche Hochseeflotte ja doch einmal aus?

Fisher, seinem Temperament entsprechend, geht das Risiko ein und entsendet zwei seiner modernsten Schlachtkreuzer, die *Inflexible* und die *Invincible*, in den Südatlantik. Um ganz sicher zu gehen, postiert er einen weiteren, die *Princess Royal*, vor dem Panamakanal.

Später hat er gesagt, er habe »buchstäblich Blut geschwitzt« in diesen dramatischen Wochen. In der Nordsee bleiben ihm ganze drei Schlachtkreuzer: *Lion*, *Queen Mary* und *New Zealand*.

Insgesamt muß er, um fünf deutsche Schiffe zu vernichten, mehr als dreißig britische Kreuzer auf ihre Fährte setzen; hinzu kommen die japanischen und französischen Einheiten.

Inflexible und *Invincible* treffen unter dem Kommando von Admiral Sturdee in der Nacht vom 7. auf den 8. Dezember in Port Stanley, dem Hauptort der Falklands, ein und beginnen sofort Kohlen zu bunkern.

Sturdee glaubt viel Zeit vor sich zu haben. Er weiß nicht, daß Spee Befehl zur Rückkehr in die Nordsee erhalten und sich entschlossen hat, auf dem Wege die Falklandinseln anzulaufen, Port Stanley zu beschießen und alle Kohle, die er dort findet, zu übernehmen. Eine unglückliche Entscheidung, die Kapitän zur See Maerker, der Kommandant der *Gneisenau*, vergeblich rückgängig zu machen sucht.

Am 8. Dezember um 8.30 Uhr treffen *Gneisenau* und *Nürnberg* vor Port Stanley ein und laufen langsam auf die Insel zu, als aus dem Vormars gemeldet wird, daß Schiffe im Hafen liegen, und zwar mit Dreibeinmasten, dem Kennzeichen der britischen Schlachtkreuzer.

Das klingt so unwahrscheinlich, daß Maerker es für eine optische Täuschung hält. Er steuert seinen Kurs weiter und richtet seine Hauptartillerie, als um 9.25 Uhr rings um das Schiff schwere Granaten niedergehen. Das ist die Begrüßungssalve der *Canopus*. Im gleichen Augenblick erkennt nun auch Maerker durchs Glas die berühmten Dreibeinmasten und weiß, daß er verloren ist.

Er dreht scharf ab, um sich *Scharnhorst* anzuschließen.

Schon um 10 Uhr hat das britische Geschwader Dampf aufgemacht und läuft gefechtsklar aus. Um 10.30 Uhr gibt Sturdee das knappe Signal: »Jagd.« *Glasgow* als schnellstes Schiff übernimmt als Fühlungshalter die Spitze.

Spee flieht mit voller Kraft voraus, doch seine Maschinen sind von der langen Reise ohne Hafenwartung so mitgenommen, daß die Schiffe nicht mehr als 18 Knoten schaffen. Vergebens hat er auf eine Nebelbank gehofft, wie sie in diesen Breiten so häufig auftritt; wolkenlos und klar liegt der Himmel über der See.

Schon beginnt *Leipzig* achteraus zu sacken. Um 12.50 Uhr gibt *Invincible* die erste Salve auf den Kleinen Kreuzer ab.

Spee ist nicht der Mann, eines seiner Schiffe im Stich zu lassen. Er stellt sich zum Kampf. Sturdee ist kein blindwütiger Draufgänger. Er weiß, wie wertvoll seine beiden Schlachtkreuzer sind. Er muß sie unbedingt heil zurückbringen. Deshalb führt er das Gefecht auf die größtmögliche Entfernung und nutzt die enorme Reichweite seiner Geschütze. Das kostet ihn zwar viel Munition, verringert aber das Risiko.

Seine Vorsicht ist berechtigt, denn die deutschen Kanoniere arbeiten bemerkenswert gut. Um 13.44 Uhr erzielen sie auf 11000 Meter Entfernung Treffer auf *Invincible*. Sturdee geht mit der Fahrt herunter, läßt die Entfernung auf 14500 Meter anwachsen. Einen Augenblick lang schweigt das Feuer, und Spee benutzt die Gelegenheit, um auf Südkurs abzudrehen.

Doch das Ganze ist ein Katz-und-Maus-Spiel, und die Deutschen wissen, daß ihnen das gleiche Schicksal bevorsteht wie Cradock und seinen Leuten bei Coronel.

Um 14.50 Uhr sind die Engländer auf 13800 Meter heran und eröffnen wieder das Gefecht. Ein Stahlhagel geht auf *Scharnhorst* und *Gneisenau* nieder, die zu weit entfernt sind, um wirkungsvoll zu antworten. Sturdee beobachtet, daß *Gneisenau* an mehreren Stellen brennt und Schlagseite hat. Bald darauf werden auch an Bord von *Scharnhorst* große Brände sichtbar.

Die englischen Kanoniere feuern wie bei einer Schießübung und verbrauchen Unmengen Munition.

Um 15.23 Uhr ist die Entfernung auf 10800 Meter gefallen. *Scharnhorst*, schwer getroffen und tief im Wasser liegend, erwidert das Feuer immer noch.

Um 16 Uhr gibt Spee seinen letzten Befehl an Maerker auf *Gneisenau*: »Wenn Ihre Maschinen noch intakt, versuchen Sie zu entkommen.« Er selber dreht auf die Engländer zu in der Hoffnung, seine Torpedos noch einsetzen zu können. Dieser letzte verzweifelte Angriff, so tapfer er ist, bringt nichts mehr ein. *Scharnhorst* hat nur noch einen ihrer vier Schornsteine und schwere Backbordschlagseite. Das Achterschiff steht in Flammen.

Um 16.04 Uhr gibt der vordere Geschützturm, der als einziger noch intakt ist, den letzten Schuß ab. Dann legt sich das Schiff langsam auf die Seite, bleibt einen Augenblick lang liegen und sinkt dann über den Bug. Kein Mann des deutschen Flaggschiffs überlebt.

Jetzt konzentriert sich das Feuer auf die *Gneisenau*. Um 16.55 Uhr zerstört ein Treffer das Ruder, so daß sie eine Zeitlang im Kreis fährt. Doch sie schießt noch und löst um 17.25 Uhr sogar noch einen Torpedo.

Ein endloses, tapferes Sterben! Um 17.40 Uhr versammeln sich die 300 bis 350 Überlebenden auf dem Deck und bringen drei Hurras auf den Kaiser aus. Der Anblick ist so eindrucksvoll, daß die Engländer das Feuer einstellen.

Kurz vor 18 Uhr gibt Maerker seinen letzten Befehl: Öffnen der Flutventile und Sprengung des Schiffes.

Eindrucksvoll langsam und mit wehender Flagge kentert die *Gneisenau*, treibt einen Augenblick kieloben und verschwindet in der See. Tiefe Stille herrscht jetzt nach dem stundenlangen Kanonendonner, und aus dem eiskalten Wasser hört man einzelne Stimmen noch rufen: »Seine Majestät der Kaiser – Hurra!« 187 Mann werden gerettet.
Kaum ist das stolze Schiff gesunken, beginnt es zu nieseln. Das unsichtige Wetter, auf das Spee gehofft hat, ist da. Zu spät.
Zu spät auch für *Leipzig* und *Nürnberg*, die von den britischen Schlachtkreuzern und *Glasgow* versenkt werden. Nur der *Dresden* gelingt es zu entkommen; für sie endet die Jagd erst am 14. März 1915 vor der Insel Mas a Fuera im Pazifik.
1640 deutsche Seeleute sind in diesem hoffnungslosen Kampf gestorben. Die Engländer haben nur wenige Tote und Verwundete zu beklagen.
Good Hope und *Monmouth* sind gerächt, und die englischen Truppentransporter können wieder unbesorgt über die Meere nach Europa kommen.

VIII. Kapitel Antwerpen, die Yser und Ypern: das verbissene Ringen im flandrischen Schlamm

Im November erstarrt die Front. Aus dem Bewegungskrieg wird der Stellungskrieg. Belgiens größte Festung hält nicht stand, seine Armee flieht in den äußersten Westen des Landes. Winzige Orte wie Diksmuide, Langemark, Hollebeke, Ramskapelle werden zu Begriffen, »Flandern« zum Inbegriff für die Schrecken dieses Krieges.

Der 42-cm-Mörser verschießt ungeheure Granaten. Bevor sie auf die Panzerkuppel eines Antwerpener Forts niedergehen, donnern sie schreckenverbreitend durch die Lüfte wie eine Lokomotive in höchster Fahrt. An diesem 6. Oktober 1914 orgelt Geschoß auf Geschoß über die Köpfe der verzagten Menschen hinweg, die aus dem Stadtbereich drängen, weil sie der Katastrophe entgehen wollen.
Die Flüchtlinge, aus der Festung oder aus den Dörfern der Umgebung, strömen eilig den letzten noch freien Schlupflöchern zu. Männer und Frauen, Kinder und Greise, Reiche und Arme, Zivilisten und Soldaten, Kavalleristen, Infanteristen und Kanoniere – in völligem Durcheinander versuchen sie dem Ring aus Eisen und Feuer zu entkommen, der sich immer enger um Antwerpen schließt.
Vor allem die Kinder sind ein erbarmungswürdiger Anblick, wie sie von ihren Eltern auf dem Rücken getragen werden oder auf dem armseligen Hausrat hocken, mit dem die kläglichen Karren und Wagen überladen sind. Frauen im Pelz mit hochhackigen Schuhen klammern sich an die Sättel müder Pferde.
Die Kutscher versuchen verzweifelt, sich mit der Peitsche einen Weg zu bahnen. Auf manchen Wagen liegen eng gepackt Verwundete, die bei jedem Stoß aufschreien. In der Menge verloren sitzt ein steinalter Priester auf einem von zwei Seminaristen gezogenen Leiterwägelchen, und hier und da erblickt man die weißen Hauben von Nonnen, die sich bemühen, ihre Waisenkinder oder Taubstummen um sich zu halten.
Traurige Leidtragende des Untergangs sind diese Zivilisten, wie in jedem Krieg plötzlich alle auf einmal auf die Straßen geworfen, weitergetrieben von blinder Panik, von der Angst vor den Granaten und den schrecklichen, unnachprüfbaren Gerüchten, die über die Grausamkeit der Sieger im Umlauf sind. Wie es heißt, bringen sie alles um, was ihnen begegnet, vergewaltigen die Frauen, bevor sie ihnen die Kehle durchschneiden, hacken den Kindern die Hände ab – nichts, was nicht erzählt und geglaubt würde. Allerdings: Die Deutschen sind mit den Nerven am Ende, auch sie sind durch erlogene Parolen verhetzt, sehen überall Saboteure und Heckenschützen. Die angezündeten

Dörfer, die erschossenen Geiseln, die Brandschatzung von Löwen zeugen von der Unmenschlichkeit, die der Krieg weckt.
Denn der Krieg ist etwas Grausames, und er führt zu einer unentrinnbaren Kettenreaktion: Er läßt der Gewalt freien Lauf, und Gewalt schreit nach Rache. Eine gräßliche Logik, die man längst vergessen hat.
Die beklagenswerten Flüchtlinge sind deshalb so verstört, weil sie mit einem solchen Schicksal nie und nimmer gerechnet haben.
Wie oft hat man ihnen gesagt, ihre Stadt sei uneinnehmbar, sie werde das letzte Bollwerk des belgischen Widerstandes sein, an dem alle Angriffe zerschellen würden!
War Antwerpen nicht die stärkste Festung Europas, verteidigt von einem dreifachen Gürtel mächtiger Panzerforts, von breiten Streifen Landes, die jederzeit unter Wasser gesetzt werden konnten, von unzähligen schweren Geschützen und der ganzen belgischen Armee, die sich vor dem drohenden Eingeschlossenwerden hierher zurückgezogen hat? Bis vor ein paar Tagen ist das Gefühl vollkommener Sicherheit so stark gewesen, daß die Antwerpener ihr Leben mit ruhiger Werktagsarbeit und Familienspaziergängen am Sonntagnachmittag weitergeführt haben, als stehe kein Feind vor den Toren. Die Generäle fanden, wenn sie von der Inspektionsfahrt an die Front zurückkamen, mit Genuß die weichen Betten und die strenge Beflissenheit der Oberkellner in den Palasthotels vor.
Eine trügerische Sicherheit! Am Morgen des 28. September beginnen die furchtbaren 42-cm-Steilfeuergeschütze sich einzuschießen. Schon nach wenigen Stunden liegen die Forts Walem und Sint-Katelijne-Waver in Trümmern, am Tag darauf ist Breedouck an der Reihe. Ein Augenzeuge berichtet: »Der mächtige Betonklotz schien, als das Geschoß aufschlug, in den Boden zu versinken; die Erschütterung war so stark, daß die Geschützbedienungen in den Panzerkuppeln nur mit Mühe das Gleichgewicht hielten.«
Achtundvierzig Stunden nach Beginn der aktiven Belagerung müssen Regierung und Generalstab erkennen, daß die Festung nicht zu halten sein wird. Es kommt also darauf an, sie sofort zu räumen, die belgische Armee aus der Falle zu retten, in die sie gegangen ist. Das ist eine verzweifelte Entscheidung, denn um auf das linke Ufer der Schelde zu gelangen, müssen die Züge über die Eisenbahnbrücke bei Temse fahren, deren Rampen schon unter deutschem Artilleriefeuer liegen. Immerhin gelingt es, das Gros der Truppen vom 29. September bis zum 7. Oktober im Schutze der Nacht zu evakuieren.
Antwerpen verloren? Ein Mann zumindest will das nicht wahrhaben: Winston Churchill, Erster Lord der Admiralität. Schon zu Napoleons Zeiten hieß es bei den Engländern, Antwerpen in den Händen des Gegners sei eine auf die Insel gerichtete Pistole. Das ist jetzt, 1914, erst wirklich wahr. Die Deutschen in Antwerpen, das bedeutet die freie Verfügung über die westliche Nordsee, die Möglichkeit, an der Küste Flanderns Unterseeboot-Stützpunkte anzulegen und den unentbehrlichen Seeverkehr zwischen Frankreich und England zu behindern.

Am 3. Oktober, als die Belgier schon mitgeteilt haben, daß sie keine Hoffnung mehr sehen, trifft Churchill in der Stadt ein, fest entschlossen, den Widerstandsgeist anzufachen und dafür zu sorgen, daß sich Antwerpen jedenfalls noch so lange hält, bis die alliierten Armeen der Stadt zu Hilfe kommen können. Dann, so verkündet er, könne sich die Front auf die Festungsanlagen stützen, die Stadt werde gerettet, und die Nordsee bleibe frei. Er kommt auch nicht allein: In der Nacht vom 3. auf den 4. Oktober gehen 2000 Marinesoldaten an Land und sofort weiter in den Kampf. Churchill hätte gern stärkere Kräfte herangeführt, eine echte Armee, doch sie ist ihm abgeschlagen worden. Joffre und French fürchten nach wie vor, bei dem Wettlauf zum Meer überflügelt zu werden. Sie können keine Truppen entbehren, schon gar nicht, um sie in ein Abenteuer zu werfen, von dem sie überzeugt sind, daß es aussichtslos ist. Sie sagen das auch mit allem Nachdruck, damit dieser Zivilist, der sich da als Militär aufspielt, endlich einsieht, daß seine Vorstellungen unrealistisch sind.

Ihnen kommt es weniger darauf an, Antwerpen zu halten, als der belgischen Armee ihre Bewegungsfreiheit wiederzugeben, damit sie das gähnende Loch am linken Flügel der alliierten Schlachtordnung stopfen kann.

Wenn man diese Armee retten will, muß man ihr allerdings die Hand reichen, ihr entgegenmarschieren, um zu vermeiden, daß sie nach dem riskanten Ausbruch gleich wieder eingeschlossen wird. Kitchener entscheidet sich dafür, die 3. und 7. Kavalleriedivision (26 000 Mann) nach Gent zu entsenden. Joffre kratzt alles zusammen, was er findet, und schickt die 87. Territorialdivision unter General Roy (15 000 Mann) und die Marinefüselierbrigade unter Admiral Ronarc'h (8000 Mann).

Ein Vorstoß mit 49 000 Mann, das ist ein gewagtes Spiel, aber mehr lassen sich nicht auftreiben.

Am 6. Oktober wird die Lage in Antwerpen trotz der englischen Verstärkungen unhaltbar. Der äußere Festungsgürtel ist zerstört, Tag für Tag fällt eines der älteren Forts weiter innen. Binnen weniger Stunden wird die Stadt selber im Feuer der Belagerungsgeschütze liegen.

Um 20 Uhr gibt König Albert I. seinen Truppen den Befehl, sich über die Brücken von Temse, Hoboken und Burcht auf das linke Ufer der Schelde zurückzuziehen. Das ist für sie der gefährlichste Augenblick, weil manche Verbände über 100 Kilometer bei ständig bedrohter Flanke zurückzulegen haben.

Auch die Alliierten beeilen sich. Am selben 6. Oktober trifft die 7. Kavalleriedivision in Ostende und Zeebrugge ein. Am Tag darauf überschreitet Admiral Ronarc'h mit seinen Marinefüselieren die belgische Grenze.

Die Zivilbevölkerung ist weiter auf der Flucht. Ein großer Teil zieht nach Holland. Ein Städtchen wie Roosendaal mit seinen 10 000 Einwohnern nimmt allein 30 000 Antwerpener auf, die in Kirchen, Schulen und Schuppen Obdach finden.

Wie der Kapitän eines sinkenden Schiffes verläßt Albert I. die Stadt Antwerpen als einer

der letzten am 7. Oktober um 15 Uhr. Um Mitternacht fallen die ersten Granaten auf das Zentrum. Über 25 000 Gebäude werden noch zerstört oder beschädigt.
Am 8. Oktober, während die Franzosen in Gent einrücken, wird der Rückzug der belgischen Armee immer hektischer. An der Brücke über die Durme in Waasmunster kommt es beinahe zur Katastrophe, weil die Bauern, einige sogar mit ihrem Vieh, ebenso hinüber wollen wie die Soldaten. Die letzten Eisenbahnzüge sind völlig überfüllt. Männer und Frauen drängen sich auf den Puffern und Dächern. Die deutsche Artillerie hat leichtes Spiel.
Wohin soll diese schreckliche Flucht führen? Die Frage ist deshalb so bedrängend, weil auf jeden Fall die Nordsee- und Kanalhäfen gerettet werden müssen, Calais und Dünkirchen vor allem, obwohl die Deutschen sich anschicken, alle Kräfte in die Schlacht zu werfen, um sie zu erobern.
Foch setzt sich gegen alle divergierenden Ansichten durch: Neue Verteidigungslinie soll die Yser werden.
Das erscheint völlig unsinnig. Die Yser ist ein bescheidenes Flüßchen, das sich durch fette Weiden schlängelt, ein flacher Wasserlauf mit zum Verzweifeln flachen Ufern. Da ist nichts, woran man sich festhalten könnte, nicht die kleinste Geländeunebenheit, um in Deckung zu gehen. Und sobald man einen Graben ausheben will, stößt man nach einem halben Meter auf Grundwasser.
Ein lächerliches Hindernis, wenn man bedenkt, auf was für einen gewaltigen Anprall man gefaßt sein muß.
Denn Falkenhayn hat sich für den Durchbruch um jeden Preis entschieden. Er ist ja so weit gegangen, Ludendorff die dringend benötigten und verlangten Verstärkungen zur Abwehr der in Galizien durchgebrochenen Russen abzuschlagen.
Alle Kräfte für Flandern, das ist die neue Parole. Nicht nur die IV. Armee, die schon am 8. Oktober nach Belgien abgegangen ist, nicht nur die vor dem am 9. Oktober gefallenen Antwerpen freigewordenen Truppen, nein, auch die frischen Kämpfer, die der deutschen Armee nach Falkenhayns Überzeugung neuen Schwung geben werden.
Diese frischen Kämpfer sind in Scharen zu den Fahnen geströmt. Die Begeisterung in Deutschland ist so groß, daß sich seit Kriegsbeginn über eine Million Männer freiwillig gemeldet haben. Die meisten sind blutjunge, von Waffenruhm träumende, von den patriotischen Reden Wilhelms II. und seiner Minister entflammte Gymnasiasten und Studenten. Rasch ausgebildet, aber gut geführt, stehen sie jetzt schon bereit, an die Front geworfen zu werden, so daß fünf neue Armeekorps (22. bis 26.) zur Verfügung stehen, dazu eine bayerische Division und aus Sachsen und Württemberg genügend frische Truppen, um ein weiteres, das 27. Armeekorps zu bilden. Eine begeisterte, herrlich selbstlose Jugend. Deutschlands lebendige Kraft wirft sich in den Kampf, von dem alle glauben, er werde die Entscheidung bringen.
Bereits am 14. Oktober beteiligen sie sich an der Verfolgung der weichenden Belgier.

Die Bewohner der Dörfer, durch die sie singend marschieren, sind erschüttert von den Milchgesichtern dieser halben Kinder.
Die belgische Armee ist in äußerster Bedrängnis. Beim Auszug aus Antwerpen war sie noch 135 000 Mann stark, Mitte Oktober, an der Yser angekommen, sind es nur noch 82 000, davon 48 000 Infanteristen für den Einsatz in vorderster Linie. Sie sind ohne Pause unterwegs gewesen, haben heftige Artilleriebombardements hinter sich und verzweifelte Stunden angesichts ihrer fliehenden Landsleute, so daß auch den Tapfersten zeitweilig der Mut gesunken ist. Jetzt, von schwachen französischen und englischen Truppen unterstützt, sollen sie hinter einem rührenden Flüßchen im flachen Gelände ungedeckt den feindlichen Vormarsch aufhalten.
Werden sie es schaffen? Selbst ihre Generäle zweifeln daran, und Albert I. würde sie lieber weiter zurückführen, damit sie sich jedenfalls ein paar Tage erholen und neu aufstellen können.
Das hieße aber, die Rechnung ohne Ferdinand Foch machen. Am 16. Oktober eilt er nach Veurne, wo der König sein Hauptquartier aufgeschlagen hat.
»Sire«, erklärt er, »wenn Sie sich zurückziehen, verlieren Sie Belgien, und vielleicht finden Sie es nie wieder. Befehlen Sie Ihrer Armee, haltzumachen. Sie sind der Oberste Befehlshaber, Ihnen wird sie gehorchen. Ihre Soldaten müssen sich verzweifelt an den Boden des Vaterlandes klammern, sich eingraben und hinter Stacheldraht verschanzen. Halten Sie nur ein paar Tage, für die Zeit danach bürge ich Ihnen.«
Albert I. kann sich einer solchen Aufforderung gegenüber nicht taub stellen. Er läßt sich den Befehl abringen, die Yserlinie um jeden Preis zu halten.
So bildet sich hinter dem Fluß trotz des schon schwer lastenden deutschen Drucks eine Art durchgehender Front. Die Belgier halten Nieuwpoort und Umgebung, Ronarc'h und seine Marinefüseliere gehen in Diksmuide in Stellung. Diksmuide! Ein harmloses, heiteres Landstädtchen von 4000 Einwohnern, mit hübschen Klinkerhäusern, gemütlichen Kneipen, Beginenhöfen, langen Pappelalleen. Sein Name ist zu tragischer Berühmtheit bestimmt.
Kaum hat man ein paar Gräben ausgehoben, greifen die Deutschen schon an. Sie sind überzeugt, ihren Gegner überrennen zu können, von dem man ihnen immer wieder gesagt hat, er sei erschöpft, desorganisiert, zahlenmäßig weit unterlegen. Sie stürmen mit Gesang, in dichten Massen, sind voller Schwung und kennen keine Angst. Sie sind jung, begeistert – und werden Welle für Welle niedergemäht.
Sie kommen nicht durch, nicht am 16., nicht am 17., und am 18. Oktober treffen bei den Alliierten schon die ersten Verstärkungen ein. Die 42. Division unter General Grossetti ist da, die sich an der Marne unter dem Kommando von Foch so glänzend geschlagen hat, und das VII. Korps, das man der 9. Armee weggenommen hat, muß jeden Augenblick anrollen.
Die Belgier schöpfen Hoffnung. Albert I. inspiziert unermüdlich in seinem bald legen-

dären schwarzen Umhang die Front, besucht die französischen Marinefüseliere in Diksmuide. Bei Ypern hat Marschall French seine von der Insel gekommenen Truppen schon fast vollständig zusammengezogen und ist zu großen Taten entschlossen: Er beabsichtigt von Südosten auf Brügge und Gent vorzustoßen. Sein Tagesbefehl lautet: »Noch nie ist englischen Soldaten eine gewaltigere Aufgabe gestellt worden. In ihrer ganzen glänzenden Geschichte gibt es kein Beispiel, daß sie nicht großartig auf die verzweifelten Appelle der bitteren Notwendigkeit reagiert hätten.«

Kaum eine Schlacht in der Geschichte ist so sehr ein Aufeinanderprallen von zwei unbeugsamen Willen gewesen.

Am 20. Oktober beginnt das Ringen. Früh am Morgen greifen die Deutschen den Brückenkopf an, den die Belgier noch auf dem rechten Ufer der Yser halten. Sie erobern Lombardsijde, doch dann rennen sie sich fest.

In Diksmuide fallen um 16 Uhr die ersten Granaten auf die Stadt. Überall brechen Brände aus, die Kirche steht in Flammen, der Turm droht einzustürzen. Unmittelbar auf das Artilleriefeuer folgt der Ansturm. Die unerfahrenen Jünglinge wissen nicht, wie es in diesem Kriege zugeht, zu dem sie sich freiwillig gemeldet haben. Instinktiv laufen sie auf Tuchfühlung gegen den Feind, werden zusammengeschossen und müssen sich 300 Meter vor den französischen Gräben hinwerfen.

Die Engländer, zum gleichen Zeitpunkt angegriffen, weichen dem Anprall und räumen Gheir. Ein ganzes Bataillon der Royal Irish Fusiliers gerät in Gefangenschaft.

Falkenhayn ist fester denn je entschlossen, das Schicksal zu zwingen. Am 21. Oktober ist seine Bereitstellung beendet. Wie könnte er am Erfolg zweifeln? Vor Nieuwpoort steht die 4. Ersatzdivision, nördlich und südlich von Diksmuide das 3., 22. und 23. Armeekorps, im Wald von Houthulst das 26., vor Beselare das 27. Die Kampfgruppe Fabeck ist eben an der Lys in Stellung gegangen und hält in Richtung Lille Anschluß an die Armee des Kronprinzen von Bayern. Eine durchgehende Front.

Auch auf der Gegenseite ist sie durchgehend, aber noch gefährlich schwach. Die 42. Division hat sich eben erst neben die Belgier geworfen; Albert I. hat in Veurne ihre Parade abgenommen: Zu den Klängen des stolzen Jägermarsches »Sidi Brahim« ist sie an ihm vorbeimarschiert. Kaum hat sie ihre Stellungen erreicht, geht in der Nacht vom 21. auf den 22. Oktober ein Trommelfeuer aus 400 Geschützen auf die bisher von den Belgiern allein gehaltene Front nieder, Granaten aller Kaliber von 7,7 bis 28 cm. Die Belgier haben nur 350 7,5-cm-Kanonen und 24 15-cm-Haubitzen.

Trotzdem harren sie mit dem Gleichmut der Verzweiflung aus.

In Diksmuide, wo sich die Marinefüseliere eingegraben haben, schlagen 20, 30 Granaten je Minute ein. Brandbomben lassen überall Flammenmeere entstehen, von denen dicke, schwarze Rauchwolken aufsteigen. Die Luft ist kaum mehr zu atmen.

Um 18 Uhr beginnt der Infanterieangriff. Die vorderen Gräben werden überrannt, aber um 21 Uhr sind sie nach grimmigen Kämpfen Mann gegen Mann zurückerobert.

French, der sich bei Ypern heftig bedrängt sieht, hat jeden Gedanken an eine eigene Offensive aufgegeben und befiehlt »bis zum Äußersten durchzuhalten«.

Durchhalten ... Das predigt auch Albert I. seinen Truppen unermüdlich. Nur sind sie jetzt wirklich am Ende, verstört von dem Feuer- und Stahlgewitter, das seit Tagen auf sie heruntergeht. Ein Offizier beschreibt sie als »verbraucht, in ihrer Kampfmoral erschüttert und beim kleinsten Rückschlag zur Panik neigend«.

Am 22. Oktober ist es soweit. Nach ständig erneuerten, rücksichtslosen Angriffen beginnen die Deutschen in den Yserbogen einzudringen. Jeden Augenblick kann die Front unter der Sturmflut aufreißen. Es muß unbedingt ein neuer Deich errichtet werden.

Foch entscheidet, dieser neue Deich habe die Bahnlinie Nieuwpoort–Diksmuide zu sein. Wieder einmal verlangt er Unmögliches. Dieser Bahndamm »beherrscht« das ebene Land mit einer Höhe von einem Meter, stellenweise anderthalb Metern. Wie sollen mutlos gewordene, vor Schlafmangel schwankende Männer eine solche nicht existente Stellung halten?

Aber es gibt keine andere Möglichkeit, weder für die Belgier noch für die französische 42. Division. Jedenfalls ein paar Tage lang müssen sie standhalten, bis das flache Gelände zwischen der Yser und dem Bahndamm unter Wasser gesetzt sein kann. Foch zieht alle Register seiner Überredungskunst. In strömendem Regen zieht er mit seinem Hauptquartier von Doullens nach Cassel um, näher ans Kampfgeschehen. Er verspricht Verstärkungen, ohne zu wissen, woher er sie nehmen soll.

Die Deutschen spüren, daß der Sieg zum Greifen nahe ist. Sie kämpfen wie die Berserker, überschreiten die Yser und erobern Stuivekenskerke, drängen mit aller Macht gegen die Front bei Diksmuide, das jeden Augenblick eingeschlossen werden kann. Ronarc'h, der ein Drittel seiner Offiziere verloren hat und über keinen Mann Reserve mehr verfügt, läßt seinen Truppen den Aufruf ihres Befehlshabers, General d'Urbal, verlesen:

»Es ist von größter Bedeutung, daß die Yserlinie von den alliierten Armeen gehalten wird.

Den Belgiern bei dieser Aufgabe bis an die äußerste Grenze unserer Möglichkeiten zu helfen, muß uns Ehrensache sein.

Deshalb wird der Übergang bei Diksmuide von Euch gehalten, solange noch ein Marinefüselier am Leben ist, ganz gleich, was rechts und links von Euch geschieht. Werdet Ihr umgangen, hebt Ihr Gräben zur Umgehungsseite aus. Das einzige, was nicht in Frage kommt, ist Rückzug.«

Hochtönende Phrasen, die zu anderen Zeiten mit einem entrüsteten Achselzucken beantwortet worden wären, in diesen Stunden heißen Ringens jedoch tatsächlich die Entschlossenheit bestärken, die Stellung zu halten, koste es, was es wolle.

Admiral Ronarc'h schreibt nüchtern: »Seine Pflicht zu tun ist dann einfach, wenn diese

Pflicht eindeutig ist ... Wenn ich nur bis zum vollständigen Vernichtetwerden ausharren muß, erlange ich sofort meine Gelassenheit wieder.«
Sein Admiralsrang hindert ihn nicht, ins Feuer vorzugehen, wobei ihn einmal der Luftdruck eines Granateinschlags zu Boden schleudert. Er kümmert sich um das Los der Verwundeten, bemüht sich nach Kräften, Verpflegung nach vorne schaffen zu lassen, ißt selber nicht besser als seine Seesoldaten.
Am 24. Oktober entschließt er sich zum Gegenangriff, um nicht abgeschnitten zu werden. Er läßt seine Männer und die ihm unterstellten Belgier gegen Stuivekenskerke anrennen, aber der Versuch scheitert mit fürchterlichen Verlusten. Von den 900 eingesetzten Marinesoldaten sind ganze 50 am Abend des Angriffstages unverletzt.
Bis zum letzten Mann durchhalten, hat d'Urbal befohlen. Wenn es so weitergeht, ist dieser Augenblick nicht mehr fern. Nicht nur bei Diksmuide, sondern an der ganzen Front. »Ich weiß nicht, was von der 42. Division morgen noch geblieben sein wird«, erklärt deren Chef, General Grossetti, »aber so lange noch ein einziger Mann da ist, kommt der Deutsche nicht über die Bahnlinie.«
Die letzte Hoffnung ist die Überflutung. Am Abend des 25. Oktober meldet der belgische Generalstab Admiral Ronarc'h, es sei alles bereit, das linke Yserufer zwischen Fluß und Schienstrang unter Wasser zu setzen. Jetzt kommt es darauf an, daß die Flut nicht die eigenen Stellungen erreicht. Die zu Tode erschöpften Männer müssen die ganze Nacht arbeiten, um die Durchlässe im Bahndamm zu verstopfen.
In der Nacht vom 25. auf den 26. Oktober leuchtet Major von Oidtmann immer wieder nervös unter dem Mantel auf seine Taschenuhr. In Böen fährt der Südwestwind über das Land, heftiger Regen prasselt auf die Ebene. Oidtmann ist der Kommandeur des 3. Bataillons des deutschen 202. Reserveinfanterieregiments, das heute nacht an einem Generalangriff gegen die feindliche Front bei Diksmuide teilnehmen soll. Zur festgesetzten Zeit gibt er in stockdunkler Nacht seinen 300 Mann das Zeichen. Mehr sind ihm nicht geblieben.
Sie stolpern gegen Zäune, rutschen in Granattrichter, in denen eiskaltes Wasser steht, dringen aber vor. Der feindliche Graben ist verlassen. Bald merken sie, daß sie kampflos wie durch ein Wunder die Linien des Gegners durchstoßen haben. Sie beschleunigen das Tempo, gelangen an die ersten Häuser von Diksmuide, rennen zum Marktplatz. Die wenigen Marinefüseliere, auf die sie treffen, sind so überrascht, daß sie Hals über Kopf fliehen.
Oidtmann steht in Diksmuide, der so schrecklich umkämpften Stadt, und erst jetzt wird ihm klar, daß er allein ist mit seinen Leuten. Er weiß nicht und wird auch nie erfahren, daß der Angriffsbefehl wegen des schlechten Wetters widerrufen worden ist. Die Nachricht hat ihn nur nicht erreicht. Wahrscheinlich ist der Melder auf dem Weg zu ihm von einer Granate zerrissen worden.
Es ist Mitternacht. Oidtmann könnte sich auf die eigenen Linien zurückziehen, aber er

hat den Befehl, geradewegs vorzudringen, und genau das tut er. Er reißt seine Soldaten mit, läßt alle Gegner, auf die er trifft, belgische Infanteristen und französische Marinefüseliere, niedermachen.

Doch jetzt regt sich Widerstand. Erste Maschinengewehre tacken. Die ratlosen Angreifer flüchten durch die Straßen, suchen Deckung in den Ruinen, doch ungefähr sechzig rennen weiter durch die Nacht, dem Schall einer Trompete nach. Oidtmann ist bei ihnen.

Die kleine Schar ist jetzt auf der Straße nach Kaaskerke, schießt auf jedes Licht, nimmt einzelne Gegner gefangen, darunter den Fregattenkapitän Jeanniot, der nachsehen will, was eigentlich los ist. Gleich darauf ist der belgische Arzt Van der Ghinst in seinem Sanitätswagen an der Reihe. Die Männer dringen über die Bahnlinie vor, springen über Gräben und müssen feststellen, daß sie sich verirrt haben. Es ist so dunkel, der Regen fällt so dicht, daß Oidtmann nicht einmal seine Karte studieren kann.

So müssen sie den Morgen abwarten, und als er endlich trübe hinter ihnen aufzieht, sieht Oidtmann keine 500 Meter vor sich eine belgische Batteriestellung. Sofort läßt er sie angreifen, aber bevor er die Kanonen erreicht, nähern sich Marinefüseliere.

Jetzt heißt es sich schnell absetzen, schnurstracks zurück zu den deutschen Linien. Ganze 30 Mann ist die Gruppe noch stark, und sie hat ebenso viele Gefangene bei sich, die sich nicht beeilen, sondern im Gegenteil alles tun, um den Rückzug zu verlangsamen. Oidtmann entschließt sich, sie erschießen zu lassen. Fregattenkapitän Jeanniot fällt als einer der ersten.

Das ist ein grausames Vorgehen, ein eindeutiger Verstoß gegen das Kriegsrecht. Außerdem ist es überflüssig, denn als es ganz hell geworden ist, sehen sich die Deutschen rings eingeschlossen. Oidtmann fällt bei dem folgenden Gefecht, seine Leute ergeben sich. Drei von ihnen, die man als Gefangenenmörder identifiziert, werden an Ort und Stelle erschossen.

Ein erstaunlicher Vorgang! 300 tapfere Männer sind durch diese Front gestürmt, von der man gemeint hat, sie sei undurchdringlich, und zwar bis ins Stadtzentrum von Diksmuide hinein, wo viele von ihnen sich versteckt halten, bis sie im Laufe der nächsten Tage aufgespürt werden.

Admiral Ronarc'h erschauert nachträglich. Wäre der Generalangriff nicht abgeblasen worden, wären die Deutschen massiv vorgegangen – die Katastrophe wäre nicht abzuwenden gewesen.

So also sieht es aus. Die Linien werden nur noch von kleinen Gruppen abgestumpfter, vom ständigen Beschuß demoralisierter Männer gehalten, die beim geringsten Vorkommnis die Nerven verlieren können.

Verstärkungen müßten her, doch sie tröpfeln nur. Am Tag nach der Schreckensnacht bekommt Ronarc'h Senegalesen zugeteilt, die unter dem ungewohnten Klima leiden

und frierend in den Granattrichtern hocken. Dann wird die 51. Division in die Frontlinie geworfen, ohne daß die Einheiten richtig eingewiesen werden können.
Kronprinz Rupprecht von Bayern, der spürt, daß sein Gegner am Ende ist, erklärt: »Es gilt jetzt in den Kämpfen mit unserem verhaßtesten Feinde nicht zu erlahmen, seinen Hochmut endgültig zu brechen. Schon haben sich zahlreiche Offiziere und Mannschaften freiwillig ergeben. Aber der größte, entscheidende Schlag steht noch bevor.«
Ganz wie den französischen Generälen kommen dem Kronprinz von Bayern, der gemütlich in seinem Armeehauptquartier lebt, solche martialischen Aufrufe leicht von den Lippen.
Die Frage ist nur, ob seine Leute fähig sind, diesen berühmten entscheidenden Schlag zu führen.
Man braucht nur in den Tagebüchern der deutschen Infanteristen zu lesen, um zu spüren, daß sie mindestens ebenso abgekämpft sind wie ihre Gegner. Seit dem Beginn des Ringens sind sie immer und immer wieder vorgeschickt worden, bei jedem Wetter mußten sie durch das mörderische Sperrfeuer der 7,5-cm-Geschütze hindurch.
Längst ist ihnen klar, daß Angriff um jeden Preis sich nicht auszahlt, daß beim Gegeneinander von Mannesbrust und Maschinengewehr das Maschinengewehr immer das letzte Wort behält. Sie schreiben mit Tintenstift auf erdverkrusteten Blättern, schildern den Alptraum der Märsche durch den Schlamm, das endlose Warten in wasserschmatzenden Gräben, die kläglichen Rufe der liegengebliebenen verwundeten Kameraden, denen sie nicht helfen können, den Verwesungsgeruch der nicht begrabenen Toten, die ausbleibenden Essenträger.
»Unser Regiment«, schreibt einer, »ist völlig mit den anderen Regimentern vermischt. Kein Bataillon, keine Kompanie weiß, wo die anderen Einheiten der Truppe sind. Alles ist durcheinander geraten unter diesem schrecklichen Feuer, das uns von allen Seiten, auch aus der Flanke trifft. Ständig zusammenkartätscht werden, ohne zu wissen, wo der Feind und wo die eigenen Leute sind ... Im Morgengrauen habe ich einen ruhigen Augenblick benutzt, um die guten Wünsche von daheim zu lesen. Welch eine Freude! Aber die Illusion verfliegt schnell. Die Lage bleibt verworren. An Vorwärtskommen ist nicht zu denken ...« Hier bricht das Tagebuch des einfachen Soldaten ab; vermutlich hat eine Kugel oder ein Granatsplitter den Schlußpunkt gesetzt.
Noch nie hat es so furchtbare Kämpfe gegeben wie hier in Flandern. Unter dem unaufhörlich strömenden Regen, der an den Kräften zehrt, sind die Gräben an etlichen Stellen nur 50 bis 80 Meter voneinander entfernt. Im Grunde sind es weniger Gräben als ein System von Löchern mit einer Wasserpfütze am Boden, und ständig reißen die Granateinschläge neue Trichter. Es kommt vor, daß sich die Gegner in Kampfpausen mit erdgefüllten gebrauchten Konservendosen oder faulen Rüben bewerfen. Schimpfworte fliegen von Graben zu Graben. Verletzte und Tote kann man, wenn überhaupt, nur im Schutze der Dunkelheit bergen. Das ist jedesmal ein lebensgefährliches Unter-

nehmen, weil die Scharfschützen auf der Gegenseite auf jede Bewegung, jedes Geräusch feuern.
Es fehlt an Handgranaten; man behilft sich mit chedditgefüllten Sprengstoffflaschen. General d'Urbal hat sogar bei den Einwohnern alle Armbrüste beschlagnahmen lassen; man verwendet sie, um Grabengranaten zum Gegner hinüberzuschicken.
Aber schlimmer als alle diese Scheußlichkeiten ist der zähe Schlamm. Breiig, fließend naß ist er, und oft stehen die Männer darin bis zum Bauch. Es kommt sogar vor, daß sie wie in Treibsand darin versinken.
Den Generälen nimmt das nichts von ihrer Zuversicht. Joffre ist überzeugt, die letzte Runde sei gekommen. Als ihm General Pénelon im November vorschlägt, die Leute mit Stahlhelmen und Grabenschilden auszurüsten, gibt er zur Antwort: »Lieber Freund, es würde gar nicht die Zeit bleiben, sie herzustellen. Keine zwei Monate, und ich habe die Boches erledigt.«
General d'Urbal, der den Gang der Dinge an Ort und Stelle verfolgt, ist durchaus nicht weniger begeistert. Am Morgen des 29. Oktober befiehlt er dem IX. Korps, im Abschnitt Langemark das Dorf Poelkapelle zurückzuerobern: »Schwungvoller, unablässiger Angriff, überall mit voller Kraft. Die erste Kompanie, die in Poelkapelle eindringt, und die erste, die Passendale erreicht und sich dort hält, werden im Tagesbefehl erwähnt.«
Es muß schon mehr Anreiz als die ehrenvolle Erwähnung in dem vor der angetretenen Truppe verlesenen Tagesbefehl geboten werden, um die Männer in eine hoffnungslose Offensive zu treiben. Tatsächlich gewinnt das IX. Korps nur wenige hundert Meter und erleidet furchtbare Verluste.
So geht es überall. Nicht umsonst sprechen alle vom großen »Ringen« in Flandern, von der *mêlée*, in der die Menschen kämpfen und verzweifeln. Angriffe über Angriffe, schlecht oder gar nicht vorbereitet, die immer wieder in mörderischem Sperrfeuer liegenbleiben.
Am 27. Oktober abends werden die Schleusen von Nieuwpoort bei Flut geöffnet und bei Ebbe geschlossen. Die Überschwemmung, die auf lange Zeit die Front zwischen Nieuwpoort und Diksmuide fixiert, hat begonnen.
Zum Unglück für die Belgier steigt das Wasser nicht schnell genug. Als die Deutschen merken, daß ihnen in diesem Raum nur noch eine Galgenfrist bleibt, entschließen sie sich zu einer letzten großen Anstrengung. Sie ziehen ungefähr 100 Batterien schwerer Artillerie auf beiden Ufern der Yser zusammen und treten am 28. zu einer gewaltigen Offensive an, die sie bis nach Pervijze führt und erst vor dem Bahnwärterhäuschen von Ramskapelle zum Stehen kommt.
Am selben Tag verlieren die Engländer am anderen Ende der Front Nieuwkapelle. Am 29. Oktober wird der Frontbogen vor Ypern angegriffen, und French muß seine letzte Reserve, das London Scottish Battalion, in die verzehrende Schlacht werfen.

Der 30. Oktober ist für die Kämpfer auf beiden Seiten sicher der furchtbarste Tag. Wilhelm II. ist in Tielt eingetroffen. Er will aus der Nähe das Morden erleben, wie er so viele Jahre lang den großen Manövern beigewohnt hat. Er ist voller Hoffnung. Alle seine Generäle versichern es ihm ja immer wieder: Die Stunde der letzten, der siegentscheidenden Offensive ist gekommen.

Die Oberste Heeresleitung kann gegen die Belgier fünf Reservearmeekorps aufbieten (3., 22., 23., 26., 27.), dazu die 37. und 38. Ersatzbrigade und eine Division Marineinfanterie.

Schon am frühen Morgen brandet diese Menschenmasse auf engem Raum gegen die Stellungen vor Nieuwpoort an. Ramskapelle fällt. Doch der Durchbruch wird durch die steigenden Fluten im überschwemmten Landstrich gebremst und kommt ganz zum Stehen. Grossetti tritt an der Spitze seiner 42. Division zum Gegenangriff an, verspricht Ramskapelle zurückzuerobern – und hält sein Versprechen.

Das ist das letzte Aufflackern der Schlacht an der Yser gewesen. Das Kampffeld, das immer tiefer unter Wasser steht, wird von den Deutschen geräumt und trennt fortan die Gegner.

Jetzt gilt alle Anstrengung dem Raum Ypern, dem vorspringenden Frontbogen der Alliierten, gegen den das 15. und 13. Armeekorps und das bayerische 2. Korps anrennen. Wilhelm II. wird ungeduldig und läßt seinen Unmut spüren. Er möchte als strahlender Sieger in Ypern einziehen und verkündet, der Erfolg dieses Angriffs werde von entscheidender Bedeutung für den siegreichen Ausgang des Krieges sein.

Die ersten Meldungen am Vormittag dieses 30. Oktober steigern sein Hochgefühl. Die britische Front scheint unter dem übermächtigen Druck zu zerbröckeln. Mesen im Süden ist erobert, schon verbreiten die ersten fliehenden Soldaten Panik. Wenn es weitergeht und die Front ganz auseinanderfällt, sind die alliierten Truppen in und westlich von Ypern abgeschnitten. Die Nordsee- und Kanalhäfen fallen den Deutschen in den Schoß.

In der Nacht vom 30. auf den 31. Oktober läßt sich Foch nach Saint-Omer fahren und holt French aus dem Schlaf.

»Herr Marschall«, fragt er, »Ihre Linie ist durchstoßen?«

»Ja.«

»Haben Sie Eingreifreserven zur Verfügung?«

»Ich habe gar nichts.«

»Schön, dann gebe ich Ihnen meine. Wir müssen das Loch sofort stopfen. Wenn wir den Gegner an einer Stelle durchlassen, sind wir verloren. Ich habe acht Bataillone der 32. Division, die mir General Joffre gerade geschickt hat. Nehmen Sie sie und verlieren wir keine Zeit.«

Als am Morgen des 1. November die Sonne endlich durch den Dunst über der mit Regenwasser vollgesogenen Erde bricht, sieht Wilhelm II. darin ein Vorzeichen des

21 Sir John French, Oberbefehlshaber der britischen Truppen in Frankreich (oben links). – *22/23* Mit Beginn des Stellungskrieges werden aus eher provisorischen Gräben mit Sandsackbarrieren (unten) tief eingeschnittene Unterstände mit meterhohen Decken (oben rechts).

24 Ein Unterstand aus Beton wird gebaut, März 1917. – *25* Im Unterstand bei Trommelfeuer und in ständiger Erwartung eines nachfolgenden Angriffs: Die Gesichter der Soldaten sagen alles.

Sieges. Er läßt sich bis Hollebeke bringen, keine 10 Kilometer südlich von Ypern, und ist überzeugt, noch heute in die Stadt einziehen zu können.
Er hat Falkenhayns Plan gutgeheißen, sich mit fünf Armeekorps auf die Nahtstelle zwischen den französischen und den britischen Streitkräften zu stürzen.
Der mit aller Kraft geführte Stoß scheint zunächst unaufhaltsam zu sein. Die Bayern erobern Wijtschate und die Höhen über Mesen, stehen unmittelbar vor dem Kemmelberg. Die alliierte Front ist zum Zerreißen gespannt, aber noch hält sie.
Als Marschall French erfährt, daß der Kaiser in der Nähe ist, verlangt er von seinen Truppen, sie sollten ihm »deutlich zeigen, was die kümmerliche kleine britische Armee zu leisten vermag«.
Tatsächlich wehren sich die Tommys mit erbitterter Zähigkeit und fügen dem Gegner schwere Verluste zu. Ein deutscher Soldat aus dem 237. Infanterieregiment notiert, seine Kompanie sei statt 250 nur noch 87 Mann stark: »Wenn das noch eine Woche so weitergeht, ist kein einziger mehr übrig.«
So sieht es überall aus, und die große deutsche Offensive, der entscheidene Sturm, bricht in sich zusammen. Auf beiden Seiten sind die Kämpfer am Ende ihrer Kraft. Es wäre ein Gebot der Vernunft, mit diesem ergebnislosen mörderischen Ringen aufzuhören, in den Stellungen zu verharren und zu warten, bis die Truppen abgelöst werden können. Die Abwegigkeit des Stürmens um jeden Preis ist noch nie so klar geworden.
Doch General Grossetti ist anderer Meinung. Seit er an der Front eingetroffen ist, träumt dieser prahlerische Kerl von einem schneidigen Angriff unter seiner Führung. Er tobt, als er feststellen muß, daß sich die Soldaten eingraben, und verkündet lauthals, man müsse unbedingt zum Bewegungskrieg zurückfinden.
Schon sammelt er seine Truppen an den Ufern der Yser: ein Bataillon Marinefüseliere, ein Bataillon Jäger und zwei Bataillone Infanterie. Die müden, schlammverkrusteten Männer wissen genau, daß sie in den Tod gehen sollen, aber sie nehmen es hin.
Am 2. November um 11.30 Uhr stürzen sie aus den Gräben. Sofort werden sie vom flankierenden Feuer der deutschen Maschinengewehre zu Boden gezwungen. Grossetti ist außer sich. Auf seinem berühmten Klapphocker thront er an der Kreuzung der Straßen nach Oude Barreel und Oudekapelle und erklärt, eigenhändig werde er den ersten fliehenden Soldaten erschießen, dem er begegnet.
Er will sich nicht geschlagen geben. Schon am nächsten Tag schickt er die Truppe wieder vor. Und noch einmal kommt nichts dabei heraus als ein gräßliches Gemetzel. Tag für Tag macht er so weiter, und am Ende sind nur ein paar hundert Meter gewonnen.
Bei Ypern klammern sich die Engländer verzweifelt an jeden Zollbreit Gelände; ihre Regimenter schmelzen beängstigend schnell dahin.
»Als die 7. Division aus der Front genommen wurde«, berichtet General Rawlinson, »waren von 400 aus England ausgezogenen Offizieren nur 44 übrig, und von den 12000 Mann traten noch ganze 2236 an.«

Die Überlebenden haben jedenfalls den schwachen Trost, daß ihr Opfergang nicht vergebens war. Am 5. November verläßt Wilhelm II. Flandern, und die Alliierten sehen seine Abreise als den Beweis dafür an, daß die Deutschen ihre Durchbruchsversuche aufgeben. Foch ist sogar der Auffassung, die deutsche Offensive sei endgültig gescheitert.

Wie üblich ist er zu optimistisch. Während er schon an der Vorbereitung einer eigenen Offensive arbeitet, um auf beiden Seiten des Frontvorsprungs von Ypern bessere Positionen zu schaffen, führt Falkenhayn einen Überraschungsangriff gegen Diksmuide. Der Nahkampf tobt bis in den Friedhof hinein, wo die Grabsteine allerdings ohnehin schon vom Trommelfeuer zerstört sind. Die Deutschen stürmen mit einer Hartnäckigkeit, wie man sie selbst bei ihnen noch nicht erlebt hat.

Am 10. November geht ein intensiver Artilleriebeschuß auf die Stadt nieder, pflügt noch einmal die Ruinen um. Gegen 9 Uhr kommen die Wellen der Angreifer zum Vorschein. Sie erobern die vordersten Gräben und werden dann mit letzter Kraft aufgehalten. Sofort treten die Geschütze wieder in Aktion, decken die Verteidiger mit allen Kalibern ein. Gegen Mittag erfolgt der nächste Angriff. Diesmal halten Marinefüseliere und Senegalschützen nicht stand. In panischer Flucht laufen sie durch die Stadt nach Westen. Die französische 7,5-cm-Feldartillerie hat sich verschossen. Die Deutschen kommen in dichten Massen.

Überall in den Straßen wird um jede Ruine gekämpft, mit dem Gewehr, dem Bajonett, dem Dolch, mit geschwungenem Gewehrkolben, dem Spaten, ja, mit dem Kopf in den Gegner rennend.

Ronarc'h muß erkennen, daß die Stadt nicht zu halten ist. Widerstrebend gibt er den Befehl zur Räumung, aber er besteht darauf, daß die Yser gehalten wird, und tatsächlich bricht sich am Fluß gleich hinter der Stadt der deutsche Angriff.

Mit diesem wütenden Kampf um Diksmuide ist das Ringen um Flandern beendet. Vom 11. November an verfestigen sich die Fronten. Beide Seiten geben sich damit zufrieden, ihre Stellungen im Schlamm auszubauen und zu halten.

Foch zieht in seiner Art Bilanz, als er später seine Memoiren schreibt: »Das Ergebnis der Flandernschlacht war beträchtlich. Durch das endgültige Aufhalten des Gegners an der Yser und vor Ypern haben die alliierten Armeen die Absicht der Deutschen völlig zunichte gemacht, im Westen zu siegen und anschließend Rußland anzugreifen; die Flandernschlacht bedeutete die Rettung der besonders reichen Nordprovinzen Frankreichs sowie der Nordsee- und Kanalhäfen vor Invasion und Besetzung, also die Aufrechterhaltung der Verbindung zwischen Frankreich und England. England hatte keinen deutschen Angriff mehr zu befürchten, und Belgien blieb ein Stück seines Hoheitsgebietes erhalten.«

Zum Jahresende 1914 ist die Front von der Nordsee bis zur Schweizer Grenze erstarrt, unablässig werden die Grabensysteme verstärkt, so daß schon jetzt an ein Durchkom-

men nicht mehr zu denken ist. Auf den Bewegungskrieg folgt der Stellungskrieg. Von großen strategischen Manövern ist keine Rede mehr, jeder bemüht sich nur noch, dem Gegner ein kleines Stück Gelände zu entreißen. Was jetzt folgt, ist ein stupider, schrecklich monotoner Krieg, eine Folge von Offensiven, die schon zum Scheitern verurteilt sind, bevor der erste Mann zum Sturm aus dem Graben geklettert ist.
Niemals in der Menschheitsgeschichte sind die Feldherren so verschwenderisch mit dem Blut ihrer Soldaten umgegangen. Niemals war das, was man hochtrabend als »Kriegskunst« bezeichnet, eine so klägliche Angelegenheit.

IX. Kapitel Große Leiden und kleine Nöte der Soldaten

Das Leben im Graben hat nichts Heroisches. Schlamm, Wasser, Ratten, Wind und Wetter machen das Leben zur Hölle. Mit immer neuen, immer wirkungsvolleren, speziell für den Stellungskampf entwickelten Waffen halten die Gegner einander nieder und verhindern, daß der Krieg wieder in Bewegung kommt.

Die Gesichter grau vor Erschöpfung, die Lider schwer vor Müdigkeit, die Uniformen tropfnaß vom unaufhörlichen Nieselregen, die Gamaschenstiefel oder Knobelbecher mit zähem Schlick verklebt ... Ganz gleich, ob die Uniform grau, khaki oder blau ist, die Leiden sind die gleichen. Da stolpern und rutschen sie durch die Dunkelheit, stützen sich ab, so gut es geht, fallen in Granattrichter, rennen bei jeder Stockung gegen den Vordermann. Hunderte solcher Kolonnen sind jede Nacht unterwegs: eine Kompanie, die in die vorderste Linie einrückt.

Längst vergangen ist die Zeit, da die Infanterie Schlachten entschieden hat. Alexander, Caesar, Friedrich der Große, Napoleon verdankten ihre Siege den Beinen ihrer Soldaten. Joffre, French und Falkenhayn lassen ihre Leute auch marschieren, aber auf ruhmlosen Wegen, bei Nacht und Nebel, im monotonen Wechsel durch immer gleiche, geschändete Gegenden. Man zieht nicht mehr singend durch Feindesland, um den Gegner in Gewaltmärschen zu packen, sondern »geht nach vorn«, darf nach ein paar Tagen den gleichen Weg zurücktrotten und ist bald wieder an der Reihe. Ein höllischer Reigen, der mit seinen großen Leiden und kleinen Nöten vier volle Jahre dauern wird.

Der Wettlauf zum Meer ist vorbei, die Front liegt fest, jetzt wird Stellungskrieg geführt.

Die Männer, die da durch die Nacht stapfen, sind um 1 Uhr früh vom Strohlager ihres ein paar Kilometer hinter der vorderen Linie liegenden Ruhequartiers aufgescheucht worden. Sie marschieren erst seit einer Stunde, aber sie sind schon ermattet.

Die Tornisterriemen schneiden in die Schultern ein. Der Tornister ist Alptraum und Schatzkammer des Infanteristen. Sein Alptraum, weil er schwer an ihm zu schleppen hat, seine Schatzkammer, weil er alles darin oder daran verstaut hat, was er zum Leben braucht: die eiserne Ration für zwei Tage, die vorgeschriebenen 200 Schuß Munition, Zeltbahn, Decke, Schanzzeug und dazu die Leibwäsche, die Reste vom letzten Feldpostpaket von daheim, die Briefe und Photos, und manchmal ein paar Bücher. Natürlich hat man außer dem Tornister noch anderes zu tragen: Feldflasche, Gewehr, Seitengewehr, Brotbeutel. An die 30 Kilo schleppt der Infanterist mit sich herum wie ein Sträfling Kette und Kugel.

Die Front ist jetzt nicht mehr weit. Schon schweben die ersten Leuchtraketen leicht pendelnd an ihren Fallschirmen herunter, verbreiten ihr grelles Licht und verzischen am Boden. Die ganze Nacht hindurch ist an der ganzen langen Front großes oder kleines Feuerwerk, und die Soldaten haben rasch gelernt, was es jeweils bedeutet. Die Leuchtraketen sind dazu da, Licht zu schaffen auf dem Gefechtsfeld, einem im Niemandsland schleichenden Spähtrupp den bergenden Mantel der Nacht wegzureißen. Die Leuchtkugeln dagegen sind Hilferufe an die Artillerie hinter der Front, rot schreien sie nach Sperrfeuer, grün danach, das Feuer vorzuverlegen. Nachher, wenn es hell ist, werden die Grabenbewohner Ausschau halten nach den kleinen Fallschirmen, die sie ihren Frauen und Bräuten schicken, weil man daraus Blusen schneidern kann.
Jetzt wird auch der Kanonendonner schon beklemmend. Anfangs war er nur ein fernes Rollen, wie von einem Schnellzug, der irgendwo durch die Nacht braust. Jetzt kann man schon die Abschüsse von den Einschlägen unterscheiden.
Aus dieser infernalischen Lärmkulisse heraushören zu können, welches Kaliber die auf sie zufliegenden Granaten haben, ist überlebenswichtig für die Soldaten. Manche Geschosse sind so langsam, daß man sie bei Tage kommen sieht, sich hinwerfen, an die Erde pressen kann, hinter Schulterwehr oder auch nur Tornister Schutz suchen. Eben weil es ihnen an Erfahrung fehlt, zahlen die »Rotzlöffel«, die »Grünen«, die ahnungslosen Neuankömmlinge im Artilleriefeuer einen viel höheren Blutzoll als die alten Fronthasen.
Die Deutschen fürchten vor allem das wütende Heulen und den trockenen Knall der französischen 7,5-cm-Geschosse, die so schnell da sind, daß man nicht mehr in Deckung gehen kann. Die Granaten aus den 12-cm-Langrohrgeschützen kommen angedonnert wie eine Lokomotive unter Volldampf. Die »schweren Brocken« vom Kaliber 21 cm sind langsam, aber wehe, wo sie einschlagen.
Die Franzosen machen ihre Witze über das deutsche 7,7-cm-Geschütz, von dem sie sagen, »es furzt nicht besonders«; sie ziehen aber sofort den Kopf ein, wenn sie den Abschußknall der mächtigen 15,5-cm-Haubitze hören. Mehr noch allerdings fürchten sie die österreichischen 8,8-cm- und 13-cm-Kaliber, die ohne Voranmeldung einschlagen, und die Minen, die sie »Torpedos« nennen, und die ein scharf zischendes Geräusch machen, als zerreiße man eine Stoffbahn.
Jeder Soldat in den Gräben beider Seiten erkennt sofort die Schrapnells, die in der Luft zerplatzen und einen Regen von 200, 300 murmelgroßen Stahlkugeln niedergehen lassen, und die Aufschlagzündergranaten, die bei der ersten Berührung mit einem Gegenstand explodieren und dicken schwarzen Rauch hinterlassen.
Gerade kommt die Kompanie an einer solchen schreckenverbreitenden Artilleriestellung vorbei. Die vier Geschütze der Batterie sind halbwegs eingegraben, auch die Munitionsvorräte, und sorgfältig unter Zweigen verborgen.
Scherzworte gehen hin und her. Denn die Infanteristen aller Herren Länder haben ihre

erheblichen Vorbehalte gegenüber den Kanonieren. Bevorzugte Krieger sind das in ihren Augen, die nicht wirklich kämpfen und überhaupt nicht wissen, wie es vorne zugeht. Helle Jungens, die den richtigen Druckposten gefunden haben, nicht bis zum Umfallen marschieren müssen und niemals das Gewicht des Tornisters gespürt haben, weil sie mit Pferd und Wagen reisen. Sie leben in gemütlichen, sicher mit Rundhölzern versteiften Unterständen mit Möbeln, die sie sich aus den verlassenen Höfen besorgt haben, angeblich haben sie sogar Geschirr, jedenfalls die Offiziere, und Regale voller Bücher. Sie verbringen ihre Zeit mit Kartenspielen und Zeitunglesen. Zu ihnen kommen Verpflegung und Post immer pünktlich. Sie erhalten warmes Essen und können sich nach Herzenslust ausschlafen.
Das alles würden die Infanteristen noch schlucken, denn daß es allen anderen sowieso bessergeht, ist ja klar. Ihr eigentlicher Vorwurf ist, daß die Artillerie, wenn sie schon feuert, nicht aufpaßt, so daß der Segen oft auf die eigenen Leute heruntergeht, vor allem dann, wenn die Gräben der Gegner kurz vor den eigenen liegen. Nicht mehr zu zählen sind die Berichte der Männer aus der vordersten Linie, die mit ingrimmiger Wut von schrecklichen Stunden im Feuer der eigenen Geschütze erzählen. Als ob die feindliche Artillerie nicht ausreichte! Gewiß, man kann dann eine Leuchtkugel schießen, damit das Feuer vorverlegt wird, aber wenn man bedenkt, daß die 7,5-cm-Geschütze zum Beispiel 15 Schuß und mehr in der Minute abgeben, ist es leicht vorstellbar, daß ein Graben völlig zusammengeschossen sein kann, bevor die Batterien ihre Erhöhung korrigiert haben.
Die Batterie bleibt in der Dunkelheit hinter der klappernden, trampelnden Kolonne zurück. Ein paar hundert Meter weiter stocken die Männer. Hier beginnt die Gefahrenzone, wo man sich nicht einmal bei Nacht ungedeckt bewegen kann. Jetzt geht es im Gänsemarsch durch einen Laufgraben, der im Zickzack nach vorne führt, ein enger, feuchter Schlauch, in dem man ständig stehenbleiben und sich an die Böschung drücken muß, um Melder oder Verwundete in Gegenrichtung durchzulassen.
Ein gräßlicher Anblick, diese Verwundeten! Sie kommen humpelnd, mit verstörtem Gesichtsausdruck, Kopf oder Gliedmaßen in blutige Notverbände gewickelt. Andere werden auf Bahren getragen und stöhnen herzzerreißend bei jeder Erschütterung. Jeder der Männer, die da nach vorn gehen, fragt sich beklommen, ob nicht auch er, vielleicht schon in ein paar Stunden, in der Lage eines dieser armen Kerle sein wird.
Jetzt ist die Kompanie angekommen. Die Kameraden haben schon ungeduldig auf die Ablösung gewartet. Leise lassen sich die Vorgesetzten einweisen. Schon gehen Horchposten in ihre Löcher. Das lange Warten beginnt.
Der vorderste, der Kampfgraben, ist eine Welt für sich, in der alle Regeln des gewöhnlichen Lebens ihre Gültigkeit verloren haben. Es geht einzig und allein darum, zu überleben, irgendwie zu überleben, bis die Ablösung kommt.
Überleben, das heißt vor allem die bestmögliche Deckung finden, um nicht den feindli-

chen Geschossen zum Opfer zu fallen. Und: Stets bereit sein, einen feindllichen Angriff abzuwehren.
Dafür muß man in jedem Augenblick wissen, was der Gegner gerade tut. Das ist Aufgabe des Horchpostens, der eine Holzblende auf der Grabenkante hat, aus der er sehen kann, ohne gesehen zu werden. Wenn die Situation es zuläßt, treibt man einen schmalen Graben ins Vorgelände, der sich am Ende etwas erweitert und gerade zwei Mann Platz bietet, die dort, durch Sandsäcke notdürftig geschützt, ausharren müssen. Oft sind sie nur wenige Meter vom Feind entfernt, so nahe, daß sie ihn sprechen hören, jede verdächtige Bewegung sofort bemerken und melden können.
Eine gefürchtete Aufgabe ist das. Die beiden Horchposten sind völlig von ihren Kameraden abgeschnitten, jedem Stoßtrupp ausgeliefert. Ihre Rettung ist allein die Flucht durch den Graben, und auch die ist nur in aller Eile möglich, denn sobald ein feindlicher Angriff droht, wird der Zugang sofort mit Stacheldraht geschlossen, damit er nicht dem Gegner nützt.
Das Leben geht seinen verkehrten Gang. Am Tage ruhen sich die Männer aus, bis auf die Posten natürlich, aber sobald es dunkel wird, beginnt auf beiden Seiten rege Tätigkeit. Immer gibt es etwas zu tun: Stacheldrahthindernisse ausbringen, Abflüsse graben, Sandsäcke füllen und auftürmen, Lattenroste auf der schlammigen Grabensohle verlegen, Unterstände ausheben und mit Rundhölzern abdecken. Das Gebot aller Gebote lautet: leise arbeiten! Wenn Pfähle eingeschlagen werden müssen, umwickelt man die Hämmer mit Lumpen.
Oft beträgt die Entfernung zwischen den Feinden in ihren Gräben nur 50 Meter. Da kann man keine Drahtverhaue aufbauen, sondern rollt Stacheldrahtwalzen ins Niemandsland, stellt Spanische Reiter und Schanzkörbe vor den Gräben auf, um die Annäherung zu erschweren und zu verlangsamen.
In solchen Fällen kennt man bald die Gewohnheiten der anderen, ihre Ablösungszeiten, die Stunde der Essenholer. Man vermeidet jede Belästigung, damit die Gegenseite nicht zurückschießt. Man wirft lieber mit allen möglichen Gegenständen, mit alten Schuhen, leeren Flaschen, Kohlstrünken, Konservendosen, kieselgefüllten Socken.
So gehen die Tage und Nächte in vorderster Linie, solange kein Angriff erfolgt. Ein gleichförmiges Leben, nicht enden wollende Tage voller Routine, Furcht und knurrend getaner Arbeit.
Zwischen Nordsee und Schweizer Grenze sind Hunderttausende einander so konfrontiert, auf über 750 Kilometer Frontlänge! Die Statistiker haben genüßlich ausgerechnet, daß unter Berücksichtigung der zweiten und dritten Linie, der unzähligen Lauf-, Posten- und Annäherungsgräben auf jeder Seite über 10000 Kilometer ausgehoben worden sind.
Die Nacht geht ihrem Ende zu. Die Kompanie ist jetzt untergebracht. Sie wird drei, vier Tage bleiben, manchmal eine Woche und mehr, schutzlos der Witterung ausgesetzt.

Die Männer sind verkrampft, finden bei Tage keinen Schlaf, können sich von einer ständig lauernden Angst nicht freimachen. Sie wissen, daß der Gegner während ihres Aufenthalts hier alles tun wird, um sie zu töten. Das ist der Krieg, dies und nichts anderes.

So viele Menschen wie möglich töten, sie zerreißen, zermalmen, das zu organisieren, ist die besessen erfüllte Aufgabe aller Stäbe. Die Generäle hatten alles vorbereitet, damit der Krieg auf freiem Schlachtfelde so mörderisch wie möglich werde. Jetzt zwingt sie der Grabenkrieg zu ganz neuen Geistesanstrengungen.

Die Männer haben sich eingegraben, übermannstief. Sie verbinden sich so eng wie möglich mit der Erde. Sie vermeiden es, sich zu zeigen, und blicken nur mit Scherenfernrohren über die Grabenkante. Ständig vervollkommnen sie ihre Verteidigungsvorrichtungen, ziehen immer mehr Stacheldraht, stapeln immer mehr Sandsäcke vor sich hin. Gegen sie zeigt die klassische Feldartillerie mit der flachen Flugbahn ihrer Geschosse kaum mehr Wirkung. Sie kann noch unter ungeheurem Munitionsaufwand ganze Stellungen zusammenschießen, aber außerhalb solcher massiven Einsätze, im täglichen Kampfgeschehen, ist sie fast machtlos gegen gut eingegrabene Gegner.

Da heißt es improvisieren. Die Handgranate, die bei vielen Armeen als eine Waffe von vorgestern galt, ist plötzlich wieder gefragt. Hier haben die Deutschen etliche Längen Vorsprung. Sie sind mit der außerordentlich wirksamen Stielhandgranate schon in den Krieg gezogen.

Die überraschten Franzosen versuchen ihr Glück mit improvisierten Sprengkörpern aus Konservendosen und Flaschen, doch die Wirkung ist kläglich, und häufig trifft sie den Werfer. Bald kommt die Löffelgranate und endlich die Eierhandgranate, von den Franzosen »Zitrone« genannt, mit der das Gleichgewicht wiederhergestellt ist. Man wirft sie mit der Hand, später feuert man sie auch als Gewehrgranate ab, zum Beispiel mit dem berühmten Vivien-Boissière-Gewehr.

Mit jedem Monat wird die im Graben selber stehende Artillerie wichtiger. Auch hier sind die Deutschen die ersten. Sie haben den Minenwerfer mitgebracht, eine gefährliche Waffe, die in hoch gekrümmter Flugbahn längliche Granaten mit Stabilisierungsflossen verschießt, in der schwersten Version fast einen Zentner Sprengstoff enthaltend, die zwar langsam ankommen, so daß man sich noch hinwerfen kann, deren Sprengwirkung aber so stark ist, daß ganze Grabenstücke zugeworfen werden.

Die Franzosen lassen das zunächst über sich ergehen, dann reagieren sie, indem sie in den Zeughäusern Glattrohrmörser aus dem 18. Jahrhundert zusammensuchen und aus diesen Museumsstücken kegelförmige Granaten verschießen. Der Erfolg ist natürlich jämmerlich. Die Infanteristen denken sich alle möglichen Waffen aus, benutzen sogar Armbrüste, um Sprengkörper und Handgranaten zum Gegner zu befördern. Lauthals rufen sie nach einem Grabengeschütz, das dem Minenwerfer ebenbürtig ist. Schon am 1. Mai 1915 sind 120 in Verwendung, und Joffre bestellt befriedigt gleich 2000 weitere.

Aber viel mehr als Handgranaten und Minenwerfer ist das Maschinengewehr die große Entdeckung des Stellungskrieges, das ideale Mordinstrument. Gut plaziert, gut gedeckt und gut bedient, kann ein Maschinengewehr die Angreifer, die über das Niemandsland herangelaufen kommen, im wahrsten Sinne des Wortes in Schwaden niedermähen. Das Maschinengewehr ist der eigentliche Grund für die Unveränderbarkeit der jetzt entstandenen Front, und wenn der Stellungskrieg so lange gedauert hat, so liegt das vor allem an dieser Waffe.

Die Deutschen verfügen über ein vorzügliches wassergekühltes Modell, System Maxim, das 53 kg wiegt. Die Franzosen sind mit dem 58 kg schweren St.-Etienne-Maschinengewehr ausgerüstet, das sehr zielgenau ist, aber nach ungefähr zehn Schuß mit schöner Regelmäßigkeit Ladehemmung hat. So wird bald das robustere, zuverlässigere Hotchkiss-System eingeführt. Bei Kriegsbeginn haben die Franzosen 2000, die Deutschen 2400 Maschinengewehre, 1918 sind es auf beiden Seiten je 8000. Hinzu kommt bei den Franzosen das 9 kg schwere *fusil mitrailleur*, bei den Deutschen das leichte Maschinengewehr, das 17 kg wiegt.

Mit jedem Monat nimmt auf der ganzen Frontlänge die Feuerkraft zu. Man gewöhnt sich an die Monotonie des Schreckens, der sich langsam steigert. Verlangt wird von den Soldaten nur eines: Durchhalten.

Durchhalten, ausharren, nicht aufgeben – das sind die ständig wiederholten Beschwörungsworte. Bleiben, wo man ist, trotz Trommelfeuer, Stoßtruppunternehmen, Teilangriffen, und nicht zuletzt trotz Regen, Schlamm und Schnee.

In der ganzen tragischen Menschheitsgeschichte haben noch niemals so viele Männer so lange auf so langer Front so erbärmlich ihr Leben gefristet. Niemals ist Heldentum so anonym geblieben.

Unzählige Briefe aus dem Felde sind nach dem Kriege veröffentlich worden, und nur ganz selten ist in ihnen von einer dramatischen Aktion die Rede, um so mehr dafür von den tausendundeinen Alltagsnöten, die wohl nur der ganz ermessen kann, der sie erlebt hat.

Die ärgste der Plagen ist der Schlamm. Von den Granaten tief aufgerissen, ständig mit Pickel, Spaten und Schaufel umgewühlt, von den Stiefeln und Knobelbechern der Soldaten zertrampelt, zerkarrt von allen möglichen Transporten – so präsentiert sich die geschändete Erde. Längst hat sie ihren Bewuchs eingebüßt, und sie rächt sich, wird zur Falle.

Der Schriftsteller und Frontkämpfer Henri Barbusse schreibt: »Ich hatte gemeint, das Schlimmste in der Hölle des Krieges sei die Flamme der explodierenden Granaten … Nein, die schlimmste Höllenstufe ist das Wasser.«

Es rieselt überall, sammelt sich in den Gräben, läßt die Abläufe überquellen, verwandelt das Schlachtfeld in einen breiigen Sumpf.

Was soll man tun, wenn alles um einen herum zerläuft, wenn die Grabenwände einbrechen, die Unterstände einstürzen und unter einem Erdrutsch ein ganzer Trupp im Stollen verschüttet wird? Der Weg durch die Laufgräben wird für Ablösende und Abgelöste zum Alptraum. Man watet bis zu den Knien im Schlick, ja, bis an die Oberschenkel, und Lattenroste und Reisigbündel, die man auslegt, sind nur allzu rasch in der Brühe verschwunden.

Der Schlamm bahnt sich seinen Weg gnadenlos bis in den letzten Winkel. Er macht auch vor den Gewehrverschlüssen nicht halt, und mehr als einmal wird ein Grabenabschnitt erobert, weil die Verteidiger nicht schießen können. Er gelangt in noch so sorgfältig verschlossene Tornister und in die Lebensmittel. Die Schuhe werden bretthart, und die Soldaten ziehen sie gar nicht erst aus, weil sie nie wieder hineinkämen.

Nach zwei, drei Tagen in vorderster Linie haben sich die Männer in Schlammsäulen verwandelt. Einer hat es bei der Rückkehr in die Ruhestellung genau wissen wollen: Sein Mantel wog 32 Kilo.

Die Granattrichter, in denen das Wasser steht, werden zu mörderischen Fallgruben. Immer wieder kommt es vor, daß Soldaten, Verwundete zumal, in der Dunkelheit dahinkriechend in einen Trichter fallen. Sie sind verloren, weil sie nirgendwo Halt finden, und ertrinken nach gräßlichem Todeskampf.

Der Höhepunkt des Schreckens ist am Ende eines jeden Winters erreicht, wenn das Tauwetter einsetzt. Auf beiden Seiten kämpfen die Männer nur noch gegen den Matsch, nicht mehr gegen den Feind. Nicht einmal die Granaten explodieren mehr. Der Krieg versickert.

Während die Männer in ihren Unterständen hocken, gehen sie auf Läusejagd. Denn die Läuse sind allgegenwärtig, in jeder Größe, manche so dick wie Getreidekörner, andere so winzig, daß man sie kaum entdeckt. Es gibt schwarze, weiße und, besonders gefürchtet, graue »mit dem Eisernen Kreuz« auf dem Rücken, wie die Franzosen sagen. Gegen sie ist kein Kraut gewachsen. Sie widerstehen allen Abreibungen mit Benzin oder Petroleum, den Kampfersäckchen, die man unter dem Hemd trägt, und allen bekannten Insektenvertilgungsmitteln. Ein täglich neu begonnener, hoffnungsloser Kleinkrieg. »Für zehn, die man knackt«, heißt es im Graben, »kommen hundert nach.«

Wird es dann warm und trocken, kommt eine andere Plage über die Bewohner der endlosen Grabenstadt: die Fliegen.

Der Infanterist Louis Barthas schreibt: »Ach, diese Fliegen auf dem Schinderacker Lorettohöhe, die bis weit hinter die Front ausschwärmten, wie hat uns vor ihnen gegraust! Überall krabbelten sie herum, auf den Blechbechern, den Eßgeschirren, den Kochkesseln, ständig umsummten sie uns, krochen von den Toten zu den Lebenden und von den Lebenden zu den Toten!«

Louis Barthas hätte das gleiche von den Ratten sagen können, die vielleicht der schlimmste Feind sind. Für sie hat der Krieg den Tisch gedeckt, die Stellungen sind für

Die nominellen »Kriegsherren« auf Truppenbesuch. – *26* König Ludwig III. von Bayern in Metz, Juli 1917. – *27* Kaiser Wilhelm II. (links) im Hauptquartier seines Sohnes, des Kronprinzen Wilhelm (Mitte).

Im Grabenkampf kommt eine Waffe zur Geltung, die schon als überholt galt: die Handgranate. – *28* Ein Angriff aus dem Graben heraus wird mit Handgranaten vorbereitet (oben). – *29* Handgranateneinsatz gegen angreifenden Sturmtrupp (unten).

sie ein Schlaraffenland. Fett und strotzend vor Gesundheit sind die erschreckend großen Tiere.
In der Nacht machen sie im Niemandsland einen Heidenspektakel zwischen den Stacheldrähten und den hinausgeworfenen Konservendosen. Immer wieder gibt es blinden Alarm, weil Posten auf die verdächtigen Geräusche geschossen haben.
In den Unterständen machen sie den Menschen die Nahrung streitig. Kaum sind die Kerzen ausgeblasen, beginnt der Tanz. Sie laufen über die Schläfer, bahnen sich einen Weg bis in die Tornister und klettern sogar an den Drähten herunter, an denen die Männer vorsichtshalber ihren Brotlaib aufgehängt haben.
Vier Jahre lang ist der Kampf gegen die Ratten ein Krieg im Kriege gewesen, in dem die Menschen hoffnungslos unterlegen sind.
Das Problem wird so bedrängend, daß die französische Militärverwaltung eine Prämie von einem Sou, fünf Centimes, für jeden abgelieferten Rattenschwanz aussetzt. Daraufhin werden regelrechte Treibjagden veranstaltet. In den Unterständen bewaffnen sich die Soldaten mit Schaufeln, die Offiziere ziehen ihren Säbel, den sie bis dahin so gut wie nie benutzt haben. An einem freigeräumten Platz wird etwas Eßbares ausgelegt, dann werden die Lichter gelöscht. Lange brauchen die Männer nicht zu warten. Bald kann man auf einen Ruf die Taschenlampe einschalten, und das Gemetzel beginnt.
Als schwieriger stellt es sich heraus, die Prämie zu kassieren. Bei der fanatischen Liebe der französischen Armee zum Papierkrieg muß für jede Kollektion Rattenschwänze ein Meldeblatt in zwei oder drei Exemplaren ausgefüllt werden, und bis zur Auszahlung der Prämie vergeht so viel Zeit, daß die Männer die Lust verlieren.
Besonders widerwärtig ist es, daß die Leichen von den Ratten angefressen werden. Die Träger können keinen toten Kameraden aufnehmen, ohne daß welche zum Vorschein kommen.
Unter Tausenden von Augenzeugenberichten mag einer genügen: »Eines Abends hat Jacques auf Streife an den verbliebenen Uniformmänteln riesige, von Menschenfleisch fette Ratten gesehen. Nur mit Herzklopfen robbte er an einem Toten vorbei. Der Mann zeigte einen grinsenden Kopf, von allem Fleisch entblößt, das Schädeldach nackt, die Augen weggefressen. Ein Gebiß war auf das verschimmelte Hemd hinausgerutscht, und auch aus dem klaffenden Mund sprang so ein ekliges Tier.«
Damit sind wir beim Schrecklichsten angelangt: Die Soldaten an vorderster Front leben mit den Toten.
Überall liegen Leichen. Nicht nur im Vorgelände, wo die Opfer der letzten Angriffe in den Stacheldrahtverhauen hängen, sondern auch in den Gräben, wo sie von Artilleriefeuer zugeschüttet worden und mit der Erde zusammengebacken sind, bis der nächste Granateinschlag ihre Glieder wieder emporschleudert.
Oft ist der Anblick so furchtbar, daß selbst die Abgestumpftesten erbrechen müssen.

Von pergamentener Haut überzogen, würmerwimmelnd, von den Ratten angefressen, in grotesken Stellungen daliegend …

Ernst Jünger, der bei Les Eparges vor Verdun liegt, berichtet: »Ein süßlicher Geruch und ein im Drahtverhau hängendes Bündel weckten meine Aufmerksamkeit. Ich sprang im Morgennebel aus dem Graben und stand vor einer zusammengeschrumpften französischen Leiche. Fischartiges, verwestes Fleisch leuchtete grünlichweiß aus der zerfetzten Uniform. Mich umwendend, prallte ich entsetzt zurück: neben mir kauerte eine Gestalt an einem Baum. Sie trug das glänzende französische Lederzeug und auf dem Rücken noch den hochgepackten Tornister, von einem runden Kochgeschirr gekrönt. Leere Augenhöhlen und wenige Büschel Haar auf dem schwarzbraunen Schädel verrieten, daß ich es mit keinem Lebenden zu tun hatte. Ein anderer saß, den Oberkörper nach vorn über die Beine geklappt, als ob er eben zusammengebrochen wäre. Ringsumher lagen noch Dutzende von Leichen, verwest, verkalkt, zu Mumien gedörrt, in unheimlichem Totentanz erstarrt. Die Franzosen mußten monatelang neben den gefallenen Kameraden ausgehalten haben, ohne sie zu bestatten.«

Tatsächlich ist es nicht immer möglich, die Toten zu begraben. Oft müßte man dafür sein Leben aufs Spiel setzen, sich aus dem Graben in das Schreckensland hinauswagen, wo das kleinste Geräusch sofort die Schüsse der Gegenseite provoziert.

Also lebt man mit ihnen, stumpft ab, gewöhnt sich auch daran: an die grinsenden Gesichter, an den durchdringenden Geruch, der sich mit der Zeit auf alles überträgt.

Für alle, die den Weltkrieg nicht miterlebt haben, stellt sich die Frage: Wie konnten Millionen Männer so lange im unmittelbaren Angesicht des Todes in seiner gräßlichsten Form ausharren?

Sie haben selber die Antwort gegeben. Sie sahen die Toten, in manchen erkannten sie Kameraden, die an ihrer Seite gelebt und gekämpft hatten. Aber sie spürten eine ganz eigenartige Gewißheit: der Tod, der war den anderen bestimmt.

Ganz sicher hat diese Unfähigkeit, sich den eigenen Tod vorzustellen, ihnen die Kraft zum Durchhalten gegeben. Sie lebten mit den Toten, sie aßen in unmittelbarer Nähe verwesender Leichen.

Es half ja auch nichts, denn in vorderster Linie aß man, wo man war, ohne seinen Posten im Graben zu verlassen, ohne aufzuhören, auf alle Geräusche zu achten.

Offenbar ist das Essen ein unerschöpflicher Gesprächsgegenstand gewesen, und diese Gespräche waren oft bitter und höhnisch.

Jeder Soldat hat seine eiserne Ration, die er nur im Notfall anbrechen darf. Bei den Franzosen ist das der berühmte *singe*, den die Deutschen »gehackten Hund« nennen, eine fade, sehnige Rindfleischkonserve, dazu zwölf steinharte Kekse, Kaffeekompretten, Zuckertütchen, Suppenwürfel.

Für die tägliche Verpflegung haben die Köche zu sorgen. Die Deutschen haben ihre Truppen schon vor dem Kriege mit den berühmten »Gulaschkanonen« ausgerüstet, fahrbaren Feldküchen, die unmittelbar hinter der Front aufgestellt werden können. Die Franzosen müssen sich anfangs selber behelfen, gruppenweise mit den ausgeteilten Lebensmitteln in allen möglichen Töpfen kochen, und sie protestieren heftig. Sie wollen jedenfalls so gut versorgt werden wie die Deutschen, doch das geschieht erst im Laufe des Jahres 1915.

Doch auch von den Feldküchen muß die warme Verpflegung noch nach vorne gebracht werden. Das ist Sache der »Essenholer«, die von den Fronttruppen gestellt werden. An ruhigen Abschnitten ist das eine begehrte Aufgabe, weil man unauffällig seinen »Zoll« erheben kann, doch an den umkämpften Stellen ist sie hart und gefährlich.

Die Essenholer gehen gewöhnlich noch in der Dunkelheit mit den leeren Behältern und Säcken los. Sie müssen vor allem ein gutes Mundwerk haben, denn bei der Ausgabe gilt es, um die besten Stücke zu kämpfen. Dann machen sie sich auf den Rückweg, schwer bepackt, Töpfe und Eimer in der Hand, die Brotlaibe auf einen Stock gespießt, nach vorne zu den Kameraden durch enge Laufgräben, die Granattrichter umgehend, oft genug unter Beschuß.

Fallen sie hin, so ist die Suppe verschüttet, Fleisch und Gemüse voller Erde. In Neumondnächten seinen Weg durch das verwüstete Gelände zu finden, ist alles andere als einfach, und etliche Essenholer finden sich vor den feindlichen Linien wieder.

Diese von niemandem gerühmten Männer sind zugleich die Überbringer aller guten und schlechten Nachrichten, der berühmten »Küchenparolen«. Die Köche, die den Feldküchen fest zugeteilt sind, sitzen ja »an der Quelle«. Sie sind hinten, sie verfolgen die Truppenbewegungen, sie stellen sich gut mit den Burschen der höheren Offiziere, kriegen mit, was die Essenholer der anderen Einheiten berichten. So entwickeln sie eine Art sechsten Sinn. Wenn ein Angriff oder ein Stoßtruppunternehmen geplant ist, gehören sie zu den ersten, die davon erfahren, und geben ihr Wissen wichtigtuerisch in vielsagenden Andeutungen weiter. So gehen die Gerüchte, ob sie nun stimmen oder nicht, nach vorne, wo sie von den Männern im Graben bereitwillig aufgenommen werden.

Denn die Frontsoldaten lechzen nach Informationen. Sie fühlen sich abgeschnitten von der Welt, empfinden sich als Gefangene der vordersten Linie.

Und das sind sie ja wirklich. Solange nicht Ablösung kommt, darf man seinen Posten nur verlassen, wenn man verwundet oder schwerkrank ist. Feldgendarmen, die verhaßter sind als der Feind, sorgen für die Einhaltung dieser ehernen Regel. Jeder, der ohne Befehl oder Begründung angetroffen wird, gilt als Fahnenflüchtiger und muß mit der Todesstrafe rechnen. Das ist keine leere Drohung: Bei den Franzosen und bei den Deutschen sind zahlreiche Hinrichtungen erfolgt, häufig durch Erschießen vor der angetretenen Einheit. Zur Abschreckung.

So wissen die Schwachen und Ängstlichen, daß es keinen Sinn hat, dem Krieg entkommen zu wollen. Das ist das Gesetz der Front.

In dieser Gefangenensituation, unter der sie manchmal furchtbar leiden, müssen sie sich einrichten, um sie zu ertragen. Denn das Gefühl, das bei den Männern vorn überwiegt, ist weniger die Furcht als die Langeweile. Man hockt da, ein paar Schritt nur vom Feind entfernt, kann sich keine Bewegung machen, ist in Unterstände eingesperrt, die man nur verläßt, wenn man Wache hat oder als Melder oder Essenholer hinaus muß.
So wird stundenlang Karten gespielt auf einem schmutzstarrenden Tisch, beim Licht einer in eine Flasche gesteckten Kerze. Und die Bastler sind in ihrem Element.
An Material fehlt es ja nicht, Kartuschen, Granatsplitter, Leuchtraketenringe braucht man nur aufzulesen. Mit unendlicher Geduld und Phantasie wird gefeilt, gebördelt, werden Ringe für die Braut oder die Briefpartnerin, Kreuze für die Mutter, kleine Kupferdolche und Blumenvasen hergestellt, all dieser rührende Krimskrams, der noch nach Jahrzehnten auf manchen Kaminsimsen oder Nippesregalen in Deutschland und Frankreich herumliegen wird.
Auch die Jäger sind aktiv. Schlingen werden gelegt, um Hasen und Kaninchen zu fangen, in Flüssen und Bächen wird mit Handgranaten gefischt; wenn der Vorgesetzte nicht in der Nähe ist, kommt es auch auf eine Patrone nicht an, um ein Rebhuhn abzuschießen.
Endlich ist dann irgendwann die Ablösung da. Erst durch den Laufgraben, dann über offenes Feld gehen die Soldaten, die noch einmal davongekommen sind, in die rückwärtigen Stellungen oder, noch traumhafter, in ein Ruhequartier, wo sie sich wieder »menschlich machen« können, schlafen, ihre Wäsche waschen, die Läuse loswerden und die dicke Schmutzschicht, unter der sie kaum mehr zu erkennen waren.
Es wäre naiv zu glauben, daß diese Ruhetage für sie die reine Erholung wären. Zwar sind sie zumeist weit genug im Hinterland, daß die Granaten ihnen nichts anhaben können, aber dafür tritt der Drill wieder in seine Rechte.
Viele Vorgesetzte sind überzeugt, diese Pause nutzen zu müssen, um ihre Leute endlich wieder »auf Vordermann zu bringen«.
Es hagelt Aufträge. Es wird exerziert, es werden Übungsmärsche, Appelle, kleine Manöver abgehalten. Da heißt es laufen, in voller Ausrüstung marschieren und fingierte Gräben stürmen. Reichlich Gelegenheit, auf die Offiziere zu schimpfen, die sich auf Kosten der Soldaten wichtig tun.
»Wir sind gar nicht glücklich«, schreibt ein Oberleutnant Etevé an seine Mutter, »daß wir aus dem Graben heraus und nach hinten ins Ruhequartier gekommen sind: Wir werden nach allen Regeln der Kunst geschliffen. Jeden Vormittag Übungen, jeden Nachmittag, oft noch in der Nacht ... Gestern erst hat man, um irgendeinem hohen General einen guten Eindruck vom Regiment zu vermitteln, so ein lächerliches Übungsgefecht veranstaltet, einen richtigen Manöverzauber: Die Verwundeten, die auf der Straße in ihren Krankenwagen von der Front vorbeikamen, haben ihren Augen nicht getraut.«

Meistens befinden sich die Quartiere in halbzerstörten Dörfern, die aber von den meisten Bewohnern nicht verlassen worden sind.
Die wenigen Mädchen, die einem auf der Straße begegnen, wecken Wunschträume, aber sie sind sich zu schade für die »Frontschweine«, wie sich die einfachen Soldaten bei den Deutschen, die PCDF, die *pauvres couillons du front*, wie sie sich bei den Franzosen nennen. Sie sind schon in festen Händen, leben mehr oder weniger offen mit irgendwelchen Drückebergern, Leuten von der Artillerie, vom Nachschub oder den fest zur Quartierverwaltung eingeteilten Kameraden. Und die Zivilisten im Dorf, die profitieren.
Die Geschäftemacher in den Quartierorten! Unzählige Feldpostbriefe und Tagebücher haben über sie Klage geführt. Sie holen für alles den höchsten Preis heraus: für das Dach über'm Kopf, das sie ja eigentlich nicht hergeben wollen, für das Nähzeug, den offenen Wein, den sie auf Flaschen ziehen und zu 30 Sous den Liter verkaufen, für Eier, Butter, Käse ... Die Soldaten fluchen, aber am Ende zahlen sie doch.
Die Hölle vorn, die Hölle hinten. Der einzige Weg ins Freie, vom »Heimatschuß« abgesehen, ist der Urlaub.
Wie hat man diesen Urlaub gefordert! Wie haben sich die Franzosen aufgeregt, als sie von den Gefangenen erfuhren, daß die Deutschen hin und wieder auf zwei Wochen zu ihren Familien fahren durften!
Und bei ihnen? Nichts, gar nichts! Ein Jahr lang nicht einen Tag Urlaub. Immer wieder ist davon die Rede gewesen, geträumt hat man davon, doch die hohen Herren erklärten nur immer wieder, der Krieg sei ja bald vorbei, und dann würden alle nach Hause entlassen.
Im Frühsommer 1915 erst wird der Nation endgültig klar, daß der Krieg durchaus noch nicht so bald zu Ende ist. Also muß man jetzt wohl wirklich die verlangte *permission* gewähren, zur Erholung der Krieger, selbstverständlich, aber viel prosaischer auch zur Aufrechterhaltung der Geburtenrate, selbst wenn viele Urlauberkinder schon als Halbwaisen zur Welt kommen werden.
Am 1. Juli geht die Nachricht wie ein Lauffeuer durch die Gräben: Die Männer sollen alle vier Monate Anspruch auf sechs Tage Urlaub haben, und diese sechs Tage zählen erst vom Eintreffen in ihrem Heimatort an.
So dürfen sie nun in ihre Stadt, in ihr Dorf, die Urlauber. Welche Gefühle sie dabei bewegen, auch das haben sie in ihren Briefen und Tagebüchern festgehalten.
Kaum sind sie aus dem Kampfgebiet heraus, beginnen sie zu meckern. Tatsächlich sind die Urlauberzüge unbeschreiblich verwahrlost, vor allem aber von quälender Langsamkeit. Ständig werden sie auf ein Nebengleis rangiert, um Versorgungszüge oder fahrplanmäßige Züge durchzulassen, die unbedingte Vorfahrt haben. Ist das vielleicht eine Art, mit Helden umzugehen, die sich nach daheim sehnen?
Endlich sind sie da. Sie spazieren durch ihren Heimatort. Was ist das für ein Schock! Sie,

die seit einem Jahr unter den furchtbarsten Bedingungen leben, denen noch die unerträglichen Schreckensbilder des Krieges vor Augen stehen, müssen feststellen, daß sich im Lande nichts, aber auch gar nichts geändert hat.

Die Straßen sind belebt, die Frauen trippeln in dünnen Kleidchen, die Theater sind ausverkauft. Überall herrschen Sorglosigkeit und Leichtlebigkeit, und die Frontsoldaten haben das Gefühl, sich in einer irrealen Welt zu bewegen.

Auf dem Dorf ist es noch schlimmer. Das Leben geht unverändert seinen Gang. Ja, man möchte meinen, dem Land ist es noch nie so gutgegangen. Jedenfalls in Frankreich. Die Familien der Einberufenen und Kriegsfreiwilligen kommen gut mit der Unterstützung aus, die ihnen reichlich zugemessen wird, oft auch dann, wenn es gar nicht nötig wäre. Wegen des ständigen Anstiegs der Agrarpreise geht es den Bauern besser denn je. Von der Lebensmittelrationierung merkt man, jedenfalls in Frankreich, so gut wie gar nichts.

Der Soldat fühlt sich plötzlich fremd. Gewiß, man hat ihn gut empfangen, aber er hat den Eindruck, daß die Daheimgebliebenen sich gar nicht vorstellen können, was da an der Front geschieht. Er hat noch Glück, wenn nicht irgendwelche Stammtischstrategen im Gasthaus den letzten Heeresbericht diskutieren und ihm vorhalten, daß er sich gemütlich in seinem Graben versteckt, anstatt mit aufgepflanztem Bajonett, die Nationalhymne auf den Lippen, dem Sieg entgegenzustürmen.

Er ist randvoll mit erschütternden Erlebnissen, doch man hört ihm allenfalls mit höflicher Gleichgültigkeit zu. Immer die gleichen Geschichten!

Schlägt er die Zeitung auf, wird er noch grimmiger: Nichts als vollmundige patriotische Tiraden und Ammenmärchen.

»In den Gräben herrscht ein fröhlicher Geist«, schreibt Maurice Barrès im *Echo de Paris*, Barrès, der Barde des Sieges, der sich mit seinen 45 Jahren nicht einmal freiwillig gemeldet hat.

Und was soll man von Berichten halten, wie sie der freundlich harmlose René Boylesve, ein Mitglied der Académie française immerhin, veröffentlicht:

»Wir betreten den Laufgraben. Wieder können wir nur staunen: es herrscht vorbildliche Sauberkeit. Kein Schmutz, kein Kot, nicht ein Stückchen Papier ... Die Essenholer ziehen gegen den halbdunklen Himmel dahin wie die Krieger auf den Reliefs aus der Blütezeit Griechenlands. Und der Duft des Mahles unserer Kämpfer dringt durch die kühle Luft zu uns herüber.«

Nein, wirklich, die Zivilisten haben keine Ahnung vom Krieg. Sie machen sich eine Bilderbuchvorstellung: Der französische Soldat ist immer heiter und ritterlich, weiß sich in jeder Lage zu helfen; der deutsche Soldat ist finster, brutal, stets auf dem Sprung zur Flucht. Natürlich denken die deutschen Zivilisten das genaue Gegenteil. Auf beiden Seiten bekommen sie alles durch die rosa Brille gezeigt, und sie sehen die bittere Wirklichkeit nicht einmal, wenn sie ihnen ins Auge springen müßte.

Außerdem gewöhnen sie sich nach und nach an diesen Krieg, der ja offenbar endlos dauert. Sie warten ab, ohne allzu große Ungeduld, leben weiter vor sich hin, ziehen ihre Furche oder machen ihre Geschäfte, die oft einträglicher sind als früher.
Der Soldat schaut sich das achselzuckend an und kommt zu dem resignierten Schluß: Zivilisten bleiben nun mal Zivilisten; man kann wohl nicht von ihnen verlangen, daß sie das Unbegreifliche begreifen.
Wild werden könnte man nur, wenn man die Drückeberger sieht, vor allem die vom Dienst freigestellten Arbeiter. Zehntausende mehr oder weniger fachlich qualifizierte Leute hat man von der Front zurückgeholt, damit sie in den Rüstungsfabriken arbeiten. Während in Frankreich der Soldat ganze 25 Centimes pro Tag bekommt, verdienen sie 25 Francs und wagen es, mit Streik zu drohen, um noch mehr herauszuholen. Die Bauern, die drei Viertel der wirklich kämpfenden Truppe stellen, beginnen zu fragen, warum sie nicht auch freigestellt werden, um die Nahrung zu schaffen, die das Land braucht.
Außerdem sind da natürlich die Etappensoldaten. Von den acht Millionen Franzosen, die während des Krieges einberufen worden sind, haben vier Millionen nie im Feuer gestanden. Sie klammern sich hinten fest, bevölkern die überbesetzten Stäbe, Ausbildungszentren, Waffenämter, Abertausende von Dienststellen aller Art. Man erkennt sie sofort an ihrer gesunden Gesichtsfarbe und ihren schmucken, oft noch phantasievoll ergänzten Uniformen.
Im übrigen könnte man meinen, je weiter die Offiziere von der Front entfernt sind, um so mehr pochen sie auf Disziplin. Der Held in Remarques »Im Westen nichts Neues« erzählt, wie ihn sich in seiner Heimatstadt ein Unteroffizier vorknöpft, weil er versehentlich nicht gegrüßt hat. Er muß seine Wut herunterschlucken und sich vor dem Etappenhengst demütigen, wenn er seinen Urlaub nicht hinter Schloß und Riegel verbringen will. Viele französische, deutsche, englische Soldaten berichten von solchen Vorfällen, die sie zutiefst kränken müssen.
Ein Frontoffizier schreibt: »Es herrscht hier mehr Kameradschaft zwischen einem General und einem Leutnant als da hinten zwischen einem Oberleutnant und einem Hauptmann. Es gibt eben zwei Armeen: die eine spielt Soldat, die andere führt Krieg.«
Besonders herausfordernd wirken die Kraftfahrer. Elegant, hochmütig, fast immer durch Beziehungen zu ihren Posten gekommen, gehören diese Söhnchen aus guter Familie zum Train, die bevorzugtesten zur 19. Schwadron, die in Paris in Garnison liegt. Die einfachen Soldaten rächen sich, indem sie höhnische Geschichten über sie erzählen. Da ist der General, der in dem Kraftfahrzeugführer, der ihm die Tür aufreißt, den Sproß eines von Napoleon geadelten Marschalls erkennt und sagt: »Mein Glückwunsch, Monsieur. Ihr Großvater hat Soldaten geführt, Sie führen Generäle.«
Doch der Humor erleichtert nur für einen Augenblick, die Bitterkeit bleibt.

Bei den Deutschen sieht es ähnlich aus, aber es kommt etwas Entscheidendes hinzu. Mit der Zeit schnürt die Seeblockade dem Reich immer mehr die Versorgungsmöglichkeiten ab. Es kommt soweit, daß Urlauber aus einfachen Verhältnissen an ihrer Verpflegung sparen, um etwas mitbringen zu können. Sie gehen, zumal ab 1917, bedrückt von der Not daheim wieder an die Front, sie werden immer verbitterter und haben erhebliche Zweifel, wenn die Propaganda unermüdlich den nahen Endsieg prophezeit. Auch sie schimpfen auf die Drückeberger, die Reichen und die Mächtigen, die sich zu Lasten der Soldaten und der einfachen Leute immer schamloser bereichern.
So vertieft auf beiden Seiten der Fronturlaub den Abgrund nur noch mehr, der zwischen »vorne« und »hinten« klafft.
Es klingt unglaublich, aber die Zeugnisse sind zu zahlreich, als daß man daran zweifeln dürfte: Viele Männer gehen mit einem unbestimmten Gefühl der Erleichterung zurück an die Front. Jedenfalls sind sie wieder bei den gleichgesinnten Kameraden im Schützengraben und haben klare, einfache Pflichten. Im Urlaub sind sie sich wie Spielverderber vorgekommen in einer Welt, die sich an den Krieg gewöhnt hat und allenfalls Lippenbekenntnisse für die Soldaten übrig hat.
Mit jedem Monat wird der Krieg furchtbarer, und um so mehr prägt sich der Geist der Front aus, das bittere Gefühl der wirklich Betroffenen, ganz und gar unverstanden in einer Welt für sich zu leben. Das gilt, allenfalls mit graduellen Unterschieden, für Deutsche und Franzosen, und es wird noch überraschende Folgen haben.

Seit Tagen prasselt unablässig ein windgepeitschter Regen. Die Gräben sind zu scheußlichen Kloaken geworden, in denen das Wasser den Soldaten erst bis an die Knie, dann bis über die Oberschenkel, schließlich bis zum Bauch reicht. Das ist nicht übertrieben, wie man in zahlreichen Berichten nachlesen kann.
Eines Tages sind die Männer am Ende ihrer Widerstandskraft. Einer brüllt: »Lieber verrecken als weiter in diesem Matsch leben!« Er schwingt sich auf die Grabenkante, etliche Kameraden folgen seinem Beispiel. Sie trampeln sich warm, recken die Glieder, blicken hinüber zum Gegner. Was sie da sehen, läßt sie zusammenfahren: 30, 40 Meter von ihnen entfernt stehen menschliche Gestalten, die so mit Schlamm bedeckt sind, daß es unmöglich ist, die Farbe der Uniform zu erkennen. Auch der Feind ist aus seinem Graben gekommen.
Die Männer starren einander an. Plötzlich wird ihnen klar, daß sie alle die gleichen Leiden erdulden, daß die da drüben genauso arme, ausgehungerte, frostklappernde Kerle sind. Nach kurzem Zögern gehen die ersten aufeinander zu, reichen sich die Hände. Der Haß verfliegt und macht einer seltsamen Solidarität Platz. Man tauscht Geschenke aus, versucht miteinander zu sprechen, sich zu verständigen.
Ernst Jünger hat es mit Engländern erlebt: »Als ich am nächsten Morgen völlig durchnäßt den Stollen verließ, glaubte ich meinen Augen nicht trauen zu dürfen. Das Ge-

lände, dem bisher die Einsameit des Todes ihren Stempel aufgedrückt hatte, war nun wie ein Jahrmarkt belebt. Die Besatzung beider Gräben war von dem Schlamm auf die Brustwehren getrieben, und schon hatte sich zwischen den Drahtverhauen ein lebhafter Verkehr und Austausch von Schnaps, Zigaretten, Uniformknöpfen und anderen Dingen angebahnt. Die Menge khakifarbener Gestalten, die den bisher so öden englischen Gräben entquoll, wirkte verblüffend wie ein Spuk am hellen Vormittag.
Plötzlich fiel drüben ein Schuß, der einen unserer Leute tot im Schlamm versinken ließ, worauf beide Parteien maulwurfartig in den Gräben verschwanden. Ich begab mich in den Teil unserer Stellung, der der englischen Sappe gegenüberlag, und rief hinüber, daß ich einen Offizier sprechen möchte. Wirklich begaben sich einige Engländer zurück und brachten nach kurzer Zeit aus ihrem Hauptgraben einen jungen Mann mit, der sich, wie ich durch das Glas beobachten konnte, von ihnen durch eine zierlichere Mütze unterschied. Wir verhandelten zunächst in englischer, dann etwas fließender in französischer Sprache, während die Mannschaft rings umher zuhörte. Ich hielt ihm vor, daß einer von uns durch einen hinterlistigen Schuß getötet sei, worauf er antwortete, daß das nicht seine, sondern die Nachbarkompanie getan habe. ›Il y a des cochons aussi chez vous!‹ meinte er, als einige aus unserem Nebenabschnitt abgefeuerte Geschosse in der Nähe seines Kopfes einschlugen, worauf ich mich vorbereitete, volle Deckung zu nehmen. Wir erzählten uns jedoch noch viel in einer Weise, die eine fast sportsmännische Achtung ausdrückte, und hätten am Schluß zum Andenken gern ein Geschenk ausgetauscht.«
Das ist durchaus kein Einzelfall. Man kann ohne Übertreibung sagen, daß trotz strengster Verbote von oben während dieses langen Krieges Tausende von solchen Verbrüderungsszenen vorgekommen sind.
Der Soldat Louis Barthas, im Zivilberuf Böttcher, berichtet von einem Kameraden, der einen deutschen Hauptmann kennengelernt hatte und ihn oft in seinem Graben besuchte. Das ging lange gut, bis er eines Tages von einem französischen Oberleutnant erwischt wurde, der ihm mit dem Kriegsgericht drohte. Um dem zu entgehen, lief er zum deutschen Graben hinüber und blieb endgültig weg.
Manchen französischen Soldaten, die in den besetzten Gebieten daheim waren, gelang es, sich mit deutschen Posten anzufreunden und mit ihrer Hilfe durch die Linien auf Besuch zu ihrer Familie zu gelangen.
Oft lag das einzige Wasser, eine Quelle oder ein Teich, zwischen den Linien. Vielfach einigte man sich auf ein System, bei dem jede Seite zu einer bestimmten Zeit an der Reihe war, Wasser zu holen oder sich selber und Wäsche zu waschen. Wenn die Laufgräben so vollgelaufen waren, daß man nicht mehr durchkam, vermied man es, auf die Ablösung und die Essenholer zu schießen, damit sie ungedeckt gehen konnten.
Ein ganzes Buch könnte man allein über die tausenderlei Vorfälle dieser Art schreiben. Man würde zweifelsfrei feststellen, daß mit der Zeit der Haß, dieser wilde Haß der

Anfangszeit, bei den Frontsoldaten immer mehr schwand. Sie empfanden sich und ihr Gegenüber als Opfer eines Krieges, der nicht der ihre war, sondern der Krieg der Reichen, der Mächtigen, der Drückeberger aller Art, die ungestört im Namen einer hohlen Vaterlandsliebe gute Geschäfte machten.
Viele Deutsche und Franzosen hätten ohne weiteres den Satz eines französischen Offiziers, des Saint-Cyr-Absolventen Marie-Paul Rambault, unterschrieben: »Nichts ist einem deutschen Soldaten in seinem Graben so ähnlich wie ein französischer in seinem. Beide sind arme Schweine, das ist alles.«
Ja, arme Schweine, und ihr Leben ist nicht viel wert.
Sie tun schimpfend ihre Pflicht, und sie preisen sich glücklich, wenn ihr Aufenthalt in vorderster Linie ohne große Verluste abgegangen ist, mit ein, zwei Toten je Kompanie.
Denn so ist es ja nicht immer. Plötzlich bringen die Essenholer beunruhigende Nachrichten mit. Sie haben gesehen, daß große Mengen Särge abgeladen worden sind, es ist von einem Stoßtruppunternehmen, von einem Teilangriff die Rede, vielleicht sogar von einer großen Offensive.
Alle Stäbe sind sich ja darin einig, daß der Krieg nicht einschlafen darf. Die Männer dürfen nicht rosten, sie verfallen sonst in Routine.
An einer so langen Front mit so ineinander verschachtelten Stellungssystemen findet sich immer eine Gelegenheit, die Leute angreifen zu lassen. Da ist immer eine Grabennase zu erobern, ein Maschinengewehrnest auszuheben. Vor allem muß man Gefangene einbringen, um die Absichten des Gegners kennenzulernen.
So gibt es stets einen Anlaß, Spähtrupps auszuschicken, einen Handstreich zu versuchen oder einen auf einen Abschnitt beschränkten Angriff, wie ihn die Generäle lieben; und sei es nur, damit ihr Name im Heeresbericht genannt wird.
General Fayolle notiert nach einer Stabsbesprechung: »Mir wurde klar, daß es den hohen Herren vor allem darauf ankam, auf sich aufmerksam zu machen. Sobald ein Armeebefehlshaber einen Erfolg erringt – und oft geht es dabei nur um ein Gehöft, ein 50 Meter langes Grabenstück, eine Waldecke, was dann zunächst im Bericht aus dem Hauptquartier, später von den Zeitungen aufgebauscht wird –, wollen die Nachbarn auch ihren Erfolg und ordnen ohne Rücksicht auf Verluste törichte, sinnlose Angriffe an (...) Es ist immer das gleiche: Die Kleinen zahlen die Zeche, das arme Volk hat es auszubaden.«
Schrecklich ähnlich sind sich diese ruhmlosen Unternehmungen, wie sie in allen Fronttagebüchern geschildert werden. Eine unsinnige Vergeudung von Menschenleben, wie sie in der Geschichte noch nicht dagewesen ist. Hier ein solcher, zufällig herausgegriffener Bericht von einem Hauptmann La Chaussée, dessen glühender Patriotismus über jeden Zweifel erhaben ist: »Nachdem die Flieger einen feindlichen Graben als geräumt gemeldet hatten, war vom Major der Befehl gekommen, der Sache nachzugehen, und

zwar durch einen Spähtrupp unter Führung eines Offiziers. Der Kompanieführer hatte zurückgemeldet, das Unternehmen sei überflüssig, da seine Leute den ganzen Tag lang mit den Deutschen in dem betreffenden Graben Schüsse gewechselt hatten.
Doch der Bataillonskommandeur wiederholte den Befehl und kam selber, um sich von der Ausführung zu überzeugen. Da es noch taghell war und das Schicksal der Unglücklichen, die den Spähtrupp bilden sollten, besiegelt war, sah sich der Kompanieführer außerstande, von sich aus einen Truppführer zu bestimmen, und ließ losen. Das mörderische Los traf den Reserveoberleutnant. Er erbleichte, schrieb schnell noch ein paar Abschiedsworte an seine Familie, drückte die Hände, die sich ihm entgegenstreckten, und rief nach ein paar Freiwilligen, die ihn begleiten sollten. Kaum war er über den Grabenrand geklettert und ein paar Schritte weit gekommen, fiel er tödlich getroffen, ebenso die Männer, die ihm gefolgt waren.
Darauf baute sich der Kompaniechef vor dem Bataillonskommandeur auf und meldete: ›Befehl ausgeführt. Der feindliche Graben ist besetzt. Verluste: Mehrere Gefallene, darunter ein Offizier!‹
›Sie geben mir das noch schriftlich‹, sagte der Major im Weggehen.«
In den Militärarchiven stapeln sich solche Berichte, sorgfältig geordnet von den Schreibstubensoldaten – die Monotonie des Schreckens.
Nicht die Rede ist in diesen Berichten von den Toten, die nach jedem Stoßtruppunternehmen zwischen den Linien liegenbleiben, oft monatelang, in Sonne und Regen. Oder von dem kläglichen Zug der Verwundeten, die mit ihrem Evakuierungsschein um den Hals dumpf verstört durch die glitschigen Laufgräben nach hinten wanken.

X. Kapitel Ein böser erster Winter. Im Westen entsteht der Mythos vom Durchbruch. Im Osten ist der russische Koloß zwar angeschlagen, aber er bleibt bedrohlich

Immer wieder versuchen die Franzosen aus den Gräben heraus die deutschen Linien zu durchstoßen und erleiden furchtbare Verluste. Die österreichische Festung Przemysl fällt, die Russen drängen durch die Karpatentäler, doch im Norden schlägt die deutsche Armee die Soldaten des Zaren noch weiter zurück.

Ein großes schmiedeeisernes Einfahrtstor, ein weiter Innenhof, eine majestätische rosa Klinkerfassade, rund herum hohe kahle Bäume. Höchst beeindruckend ist der erste Blick auf das »Hôtel du Grand Condé« in Chantilly, 60 Kilometer nördlich von Paris, wo eben noch vermögende Touristen für die Saison abstiegen, um den großen Reitturnieren und vor allem dem Rennen um den Prix de Diane beizuwohnen.
Seit November 1914 hat Joffre das *Grand Quartier Général* in dieses Palasthotel verlegt. Bisher hat man sich in Vitry-le-François, Châtillon und Romilly jeweils mit geräumten kahlen Schulräumen zufriedengegeben. Jetzt richtet man sich ein, und zwar bequem. Ein offenkundiges Zeichen, daß der Krieg auf Dauer angelegt ist.
Die Bar, die Salons, die Zimmer: alle sind in Diensträume verwandelt. Die Betten hat man entfernt, aber das übrige Mobiliar ist geblieben: Mahagonikommoden, Nachttische, Frisiertoiletten, wuchtige Ledersessel ... Das alles läßt dieses Nervenzentrum der großen Operationen seltsam unwirklich erscheinen. Die Bäder funktionieren und werden eifrig benutzt, was in dieser Zeit, da sich die meisten Leute noch nicht sehr häufig waschen, skandalös wirkt und der Legende Vorschub leistet, die Generalstäbler führten ein ausschweifendes Luxusleben.
Die Zentralheizung verbreitet gleichmäßige Wärme in den beiden unteren Stockwerken. Weiter oben, wo früher die Abstellräume und die Personalzimmer waren, hat man Petroleumöfen aufgestellt.
Der Speisesaal ist unverändert, mit ausgezeichneter Küche; die Offiziere werden von weißbejackten Soldaten bedient.
Wahrscheinlich hat der unverbesserliche General Fayolle an diesen Komfort gedacht, als er den gleichmütig anklagenden Satz zu Papier gebracht hat: »Man braucht ja nur die gut untergebrachten und verpflegten Stäbe mit den Truppen zu vergleichen, denen man in ihrer elenden Lage solche Leistungen abverlangt ...«
Frontoffiziere, die nach Chantilly kommen, sind beeindruckt, aber auch erschrocken,

wenn sie in eine Welt geraten, wo alles wie in Watte gepackt erscheint und keine menschliche Regung Zutritt hat. Eine Welt, in der man sich nach Strich und Faden langweilt.

»Der stärkste Eindruck, den man in Chantilly gewinnt«, schreibt Jean de Pierrefeu, »ist die Langeweile, die amtliche Langeweile, die schlimmste, die es gibt. Alle Gesichter sind ernst, der Ausdruck stets abweisend und gesammelt. Die Offiziere blicken einander nicht in die Augen, sondern auf den Ärmel. Von einem flüchtigen Blick, der einen über den Dienstgrad des andern ins Bild setzt, hängt das Verhalten ab.«

Dabei wird aber hart gearbeitet. Selbst die heftigsten Kritiker des *Grand Quartier Général*, und deren gibt es viele, müssen anerkennen, daß der Apparat hervorragend läuft.

Im ersten Stockwerk residiert in sechs Räumen am Ende des Flurs das *Troisième Bureau*, die Führungsabteilung. Dort werden nach den Anweisungen des Generalissimus die großen Offensiven vorbereitet. Von dort gehen die berüchtigten »Sendgrafen«, wie sie bei den Stäben heißen, an die Armeen ab, um die Befehle zu überbringen und die Ausführung zu überwachen. Vor einem schlichten Hauptmann in dieser gefürchteten Rolle zittert sogar ein Armeebefehlshaber.

Oberst Gamelin, der ursprünglich bei den Jägern gestanden hat, ist der eigentliche Herr dieser Abteilung. Man munkelt, der kleine blonde Mann mit dem Babyteint sei Joffres graue Eminenz, der Vertrauensmann, an den man gelangen muß, wenn man irgend etwas erreichen will.

Das *Deuxième Bureau* befindet sich im zweiten Stock. Hier weiß man alles oder fast alles vom Gegner. Abgefangene Briefe, Berichte aus den neutralen Staaten, Protokolle der Gefangenenverhöre, Feindzeitungen: Zu Tausenden werden täglich die Informationen gesichtet, analysiert und überprüft. Sie sind der Rohstoff für den Bericht, der jeden Tag ans *Troisième Bureau* geht.

Das *Premier Bureau* ist für Material- und Personalangelegenheiten zuständig. Sein Chef, Oberstleutnant Bel, ist ohne jeden Zweifel der Offizier, vor dem man im französischen Heer am meisten Angst hat. Sie nennen ihn nach dem gnadenlosen Ankläger des Revolutionsgerichtshofs »Fouquier Tinville«, weil es bei ihm liegt, die Vorzugsbehandlung, die von oft sehr einflußreichen Leuten für irgendwelche Günstlinge erbeten wird, abzuschmettern. Er ist kalt, trägt ein verschlossenes Gesicht zur Schau, und es heißt, er habe siebenundvierzig in die Wüste geschickte Generäle auf dem Gewissen.

Mit fortdauerndem Krieg werden die Dienststellen des *Grand Quartier Général* immer zahlreicher und immer stärker besetzt.

Da ist die Abteilung für die alliierten Militärmissionen, die ständig wächst, weil immer weitere Staaten in den Krieg gegen Deutschland eintreten. Da ist die Poststelle, die monatlich über 70000 Sendungen zu bearbeiten hat, der Pressedienst, der den hoch-

heiligen Heeresbericht verfaßt, die Chiffrierabteilung und unter dem Dach die Brieftaubenstelle.
Eindrucksvoll sind die Räume des Kartendienstes. Dort muß man sich Zutritt verschaffen, wenn man wirklich verstehen will, was der Stellungskrieg eigentlich bedeutet.
Auf Hauptkarten im Maßstab 1:10000, die sorgfältig nachgeführt werden, kann man Meter für Meter die Front auf ihrer Länge von 750 Kilometern verfolgen. Da fehlt nicht ein Kampfgraben, nicht ein Laufgraben, nicht ein Stützpunkt. Selbst markante Bäume sind eingetragen und haben ihre Namen. Die deutschen Stellungen sind blau, die alliierten rot eingezeichnet. An den Tagen vor einer Offensive herrscht hier fieberhafte Tätigkeit, und dann wird selbst der kleinste Geländegewinn sofort verzeichnet.
Diese unglaubliche Präzision, so befriedigend sie wirken mag, hat ihre bedenkliche Seite. Denn was auf der Hauptkarte als Strich erscheint, bedeutet vorne an der Front Ströme von Blut. Die Karte mit ihren Zickzacklinien, ihren Vorsprüngen, Ausbeulungen und Einbuchtungen reizt dazu, Ordnung schaffen zu wollen. So erklären sich viele Stoßtruppunternehmen und Teilangriffe, die allzu oft leichthin befohlen werden.
Joffres Dienstzimmer liegt im ersten Stock rechts am Ende des Flurs. Es ist ein Zimmer wie alle anderen; aus dem Fenster blickt man auf eine weite Rasenfläche. Das Zimmer ist fast immer leer.
Die erste Sorge des Generalissimus hat wie immer der Sicherung seiner geheiligten Ruhe gegolten, ohne die er nicht leben und denken kann. Er fürchtet alle zeitraubenden Besuche, und um sie zu vermeiden, hat er sich 100 Meter vom Hotel entfernt in der Villa Poiret an der Rue d'Aumale seine Bleibe gesucht.
Dort herrscht die große Stille. Die wenigen ausdrücklich geladenen Besucher müssen durch das Vorzimmer, wo als strenge Wächter die beiden Adjutanten sitzen, die Majore de Galbert und Thouzelier, die trotz ihres bescheidenen Ranges mächtiger sind und mehr Neider haben als viele Generäle. Nur über sie führt der Weg zum Herrn und Meister.
Der aber schwebt mehr denn je in olympischen Höhen. Seit dem Sieg an der Marne ist seine Volkstümlichkeit ins unermeßliche gestiegen. Eine eigene Dienststelle mußte geschaffen werden, um die unfaßliche Menge der Briefe und Geschenksendungen zu öffnen und zu sichten, die jeden Tag eintrifft.
»Alles wurde ihm geschickt«, schreibt Jean de Pierrefeu, »Pralinenschachteln von den großen Confiseurs der Welt, Champagnerkisten, edle Weine aller Provenienzen, Obst, Wild, Kunst- und Gebrauchsgegenstände, Kleidungsstücke, Raucherutensilien, Tintenfässer, Briefbeschwerer. Jede Gegend sandte ihre Spezialitäten. Der Maler widmete ihm sein Gemälde, der Bildhauer seine Skulptur; das alte Mütterchen hatte einen Schal oder Socken gestrickt, der Hirte in seinem Karren eine Pfeife für ihn geschnitzt. Alle Fabrikanten der Deutschland feindlich gesonnenen Welt ließen ihm ihre Produkte

zugehen, Havanna seine Zigarren, Portugal seinen Portwein. Da war ein Friseur, der nichts Besseres gefunden hatte, als aus den Haaren seiner Lieben ein Porträt des Generals zu verfertigen, ein Schönschreiber, der die gleiche Idee gehabt hatte, aber die Gesichtszüge bestanden aus Tausenden von kurzen lobpreisenden Sätzen in winzigen Buchstaben. Bei den Briefen waren alle Schriften, alle Absendeorte, alle Stilarten vertreten: tief bewegte, dankbare, von Liebe und Bewunderung überströmende Schreiben. Man nannte ihn den Retter der Welt, den Vater der Nation, das Werkzeug Gottes, den Wohltäter der Menschheit und so weiter. Und zwar taten das nicht nur Franzosen, sondern auch Nordamerikaner, Argentinier oder Australier. Tausende von Schulkindern schrieben ihm hinter dem Rücken der Eltern, um ihm ihre Liebe auszudrücken; die meisten begannen ihren Brief mit ›Unser Vater‹.«

Joffre schnuppert genüßlich an diesem Weihrauch, ohne sich daran zu berauschen. Er weiß, daß er der große Mann der Stunde ist. Als General der Republik und erklärter Demokrat ist er doch so etwas wie ein Kaiser von Krieges Gnaden, in Wirklichkeit mächtiger als Wilhelm II. Er herrscht tatsächlich. Er bedient die Regierung nur mit sporadischen Informationen und meidet die Abgeordneten wie die Pest. Für ihn ist der Krieg eine zu ernsthafte Sache, um sie den Zivilisten zu überlassen.

Keine Militärakademie irgendwo auf der Erde hat die Lage vorausgesehen, die jetzt zu Beginn des Winters eingetreten ist: die völlige Blockierung.

Jede Bewegung ist erstorben. Die beiden Armeen stehen einander gegenüber und halten eine doppelte Grabenlinie, die lückenlos von der Nordsee bis zur Schweiz reicht. Eine endlose Front, die so dicht ist, daß an irgendeine Operation nicht mehr zu denken ist. Eine Front, die wegen der Feuerkraft der modernen Waffen unüberwindlich ist.

Joffre läßt sich davon nicht beeindrucken. Er wehrt sich mit aller Kraft gegen jeden Pessimismus. Was zu tun ist, das weiß er genau: Der Feind ist aus den besetzten Gebieten zu vertreiben, und zu diesem Zweck muß angegriffen werden, unablässig angegriffen, um die Front zu durchbrechen.

Der Durchbruch ... Er ist überzeugt, stark genug dafür zu sein. Die französische Armee ist gut eingespielt, abgehärtet, hat ihr Selbstvertrauen wiedergefunden; die Führung ist verjüngt worden, der Munitionsmangel ist schon beinahe behoben.

Die Lage ist um so günstiger, als die Deutschen ratlos zu sein scheinen. Schließlich sind sie mit ihrem Plan ja gescheitert. Sie wollten Frankreich in ein paar Wochen überrollen, statt dessen treten sie nun auf der Stelle und sind in einen ausweglosen Stellungskrieg geraten.

Auch sie müssen jetzt Munition sparen, in geradezu beängstigender Weise. Falkenhayn schreibt:

»Nur wer an verantwortungsvoller Stelle die Zeiten im Winter 1914/15 im deutschen G. H. Qu. durchlebt hat, während deren im Westheer fast jeder einzelne Schuß gezählt werden mußte, der Ausfall eines einzigen Munitionszuges, der Bruch einer Schiene oder sonst ein blöder Zufall ganze Frontteile wehrlos zu machen drohte, kann die Schwierigkeiten beurteilen, die damals überwunden werden mußten.«

Zu dieser Sorge tritt die bedenkliche Lage im Osten. Auch dort ist trotz aller großartigen Siege die Front dabei, sich zu verfestigen. Die Österreicher sind, wie sich gezeigt hat, von schlimmer Untüchtigkeit. Man muß ihnen Verstärkungen schicken, die man nur im Westen nehmen kann: zwei Divisionen im Februar, zehneinhalb Infanterie- und drei Kavalleriedivisionen im April.

Die neuen Verbände, die im Schwung der ersten Begeisterung aufgestellt worden sind, haben sich im flandrischen Schlamm verblutet. Schon müssen die Divisionen auf je drei Regimenter reduziert werden.

Auch Joffre stellt Berechnungen an. Während die Deutschen vor seiner Front Truppen abziehen, steigen die Zahlen auf seiner Seite ständig. Anfang 1915 stehen ihm 2250000 Franzosen, 110000 Belgier und 286000 Engländer zur Verfügung. Drüben auf der Insel ist Kitchener dabei, ganze Armeen aus dem Boden zu stampfen, die auch bald eintreffen müssen.

So kann Joffre vollkommen gelassen sein, er schreibt sogar: »Ende 1914 verpflichteten Interesse und Aufgabenstellung Engländer und Franzosen geradezu, unverzüglich wieder zur Offensive überzugehen. Es kam ja darauf an, die Deutschen daran zu hindern, sich uns gegenüber fest einzurichten, und sie statt dessen so bald wie möglich in den Krieg auf freiem Felde zurückzuzwingen, um sie aus den von ihnen besetzten französischen und belgischen Gebieten zu vertreiben.«

So entsteht der Mythos vom Durchbruch.

Einmal mehr wird man also wie zu Kriegsbeginn in Lothringen und in den Ardennen von den Infanteristen verlangen, ungeschützt gegen starke Abwehrstellungen anzurennen. Einmal mehr wird man die Tugenden der triumphalen Offensive, des alles niederreißenden Sturms preisen.

Was bleibt denn auch anderes übrig? Um den Gegner »in den Krieg auf freiem Felde zurückzuzwingen«, muß man natürlich den Durchbruch versuchen, immer wieder und um jeden Preis, ohne an die Verluste auch nur zu denken. Den Durchbruch muß man auch dann versuchen, wenn die Deutschen mit ihrer schweren Artillerie das Kampffeld beherrschen.

Als man ihm später den Fehlschlag seiner Angriffe und Offensiven vorwirft, entgegnet Joffre mit schöner Gelassenheit: »Ich knabbere sie an.« Es beeindruckt ihn wenig, daß er jedesmal zwei- oder dreimal mehr Männer verliert als der Gegner. Er glaubt an das Knabbern wie Napoleon an seinen Glücksstern. So berüchtigt wird dieses Knabbern, daß der englische Militärschriftsteller Liddell Hart später meint: »Joffres Versuche waren nicht erfolgreicher als das Beknabbern eines Geldschranks durch eine Maus, aber die Zähne, die sich dabei abnutzten, waren Frankreichs Lebenskräfte.«

Etliche Generäle sind mit ihrem Oberbefehlshaber nicht einverstanden. Gallieni, der

angesehenste von allen, erklärt ganz offen, die Lage sei ausweglos, weil an einer festen Front die Verteidigung gegenüber dem Angriff immer im Vorteil sei. Seiner Meinung nach muß man die Grabenlinie halten und die Entscheidung auf einem anderen Kriegsschauplatz suchen. Viele, vor allem Engländer, schlagen eine Operation gegen den weichen Unterleib der Mittelmächte vor, gegen Österreich oder Konstantinopel.
Allen gibt Joffre nur den einen, immer gleichen Satz zur Antwort: »Ich bin sicher, daß ich den Durchbruch schaffe und die Deutschen bis in ihr Land zurücktreibe.«
Er ist sich dessen so sicher, daß er schon am 10. November 1914 in der behüteten Stille seines Arbeitszimmers mit der Vorbereitung seiner »richtigen« Offensive begonnen hat. Er will rasch zuschlagen und sich nicht mit Halbheiten zufriedengeben. Bereits am 15. November rückt er mit seinem Plan heraus: Während die 1. und 3. Armee als Angelpunkt dienen, wird die gesamte alliierte Streitmacht eine große Schwenkung vollziehen, wobei der linke Flügel in Richtung Aachen vorauseilt. Nach diesem gewaltigen Vormarsch wird ganz Belgien befreit sein.
Am 8. Dezember geht die »Generalinstruktion 8« hinaus. Die Armeebefehlshaber erfahren, wie sie den Durchbruch bewerkstelligen sollen. Es lohnt sich, dieses Dokument kennenzulernen, denn solange er die alliierten Truppen führt, bleibt Joffre mit geringen Abwandlungen bei diesem Konzept:
»Die Auffüllung unserer Verbände und unserer Munitionsbestände«, schreibt er, »geht derzeit ihrem Abschluß entgegen. Andererseits deutet vieles darauf hin, daß die Deutschen begonnen haben, einen Teil ihrer Kräfte nach Polen zu verlegen.
Damit ist der Augenblick gekommen, wieder zur Offensive überzugehen, um den Gegner nach Nordosten zurückzudrängen und eine spätere Aktion gegen seine rückwärtigen Verbindungen vorzubereiten.
Diese Offensive wird in Form von zwei großen Angriffen durchgeführt, und zwar in den zwei bestgeeigneten Abschnitten.
Der eine aus dem Raum Arras wird auf Cambrai und Douai von der verstärkten 10. Armee vorgetragen.
Der andere findet in der Champagne in Richtung Attigny statt und wird von der verstarkten 4. Armee ausgeführt.«
Warum gerade im Artois und in der Champagne? Schon ein kurzer Blick auf die Karte erklärt diese Wahl: Zwischen den beiden Abschnitten bilden die deutschen Stellungen einen Vorsprung, und der soll an seiner Basis von Nordwesten und Südosten her abgeschnitten werden, um den Gegner zum Rückzug zu zwingen. Man darf also auf die große Wende hoffen.
Die Proklamation, die Joffre am 17. Dezember an seine Truppen richtet, klingt wie ein Trompetenstoß:
»Soldaten! Frankreich verläßt sich mehr denn je auf Euren beherzten Schwung, auf Euren Willen zum Erfolg um jeden Preis. Ihr habt an der Marne, an der Yser, in

Lothringen und in den Vogesen gesiegt. Ihr werdet auch bis zum endgültigen Triumph siegen.«

Eine glückliche Zeit! Zu Beginn dieses ersten Kriegswinters glauben Frankreich und seine Soldaten noch an große Worte. Alle sind begeistert und rechnen fest mit dem Sieg. Nicht morgen, sondern heute, in wenigen Stunden, sobald die tapferen Krieger ihre Gräben verlassen haben werden.

Im Artois befehligt Maud'huy die 10. Armee. Maud'huy ist der Günstling der Stunde, der Mann, der beim Wettlauf zum Meer gezeigt hat, wie er zupacken kann.

In der ersten Phase soll er bei Souchez die deutschen Linien durchstoßen und die beherrschenden Hänge über Givenchy sowie die berüchtigte Höhe vor Vimy erobern.

Noch nie ist eine Offensive besser vorbereitet worden. Alles ist genau geplant: Nicht nur Tagesziele, sondern Stundenziele sind festgelegt, ebenso die genaue Anzahl der von der Artillerie abzugebenden Schüsse. Man weiß, daß die Deutschen Ablain-Saint-Nazaire und Carency befestigt haben und das Gefechtsfeld vom Lorettoberg mit der zerschossenen Kapelle Notre-Dame-de-Loretto völlig überblicken. Das weiß man, aber man glaubt, daß der Angriffsschwung der Franzosen alle Hindernisse zu überwinden vermöge. Das I. Kavalleriekorps steht bereit, um gleich nach dem Durchbruch im Galopp die Ebene von Douai leerzufegen.

Am 17. Dezember um 13.30 Uhr stürmt das XXI. Korps auf die Lorettokapelle zu, erobert die erste deutsche Linie, bleibt aber vor der zweiten liegen. Es ist dabei, Atem zu schöpfen für den nächsten Anlauf, als das Feuer der französischen schweren Artillerie über die Männer hereinbricht. Nichts könnte demoralisierender wirken als die Granaten der eigenen Geschütze. Das XXI. Korps dringt nicht weiter vor.

Am 18. Dezember rennt das XXXIII. Korps gegen Carency an. Es wird von einem Mann geführt, der noch von sich reden machen wird: Philippe Pétain. Es regnet. Der Schlamm ist so tief, daß man bei Beginn des Angriffs den Männern über die Grabenböschung helfen muß. Sie werden zum Stehen gebracht, ehe sie sich nach vorne entwikkelt haben.

Maud'huy hat für den 19. Dezember einen weiteren Angriff angesetzt, doch Foch entscheidet sich angesichts der Erschöpfung der Truppe und des Geländezustands dafür, alles abzublasen.

Um ein paar Grabenstücke zu erobern, hat die 10. Armee 542 Offiziere und 7229 Mann geopfert. Eine erschreckende Bilanz, die Joffre zu der enttäuschten Reaktion veranlaßt: »Diese Offensive brachte magere Ergebnisse.«

Alle Hoffnungen richten sich jetzt auf die Champagne. In Chantilly zweifelt niemand am Erfolg. Gewiß, das Gelände ist schwierig, Kreideboden mit kleinen Wasserläufen und Sümpfen, doch das zur Verfügung stehende Material ist überwältigend.

Die 4. Armee unter dem Befehl von Langle de Cary kann 488 Geschütze von Kaliber

7,5 cm aufbieten, 144 vom Kaliber 9 cm, 30 12-cm-Langrohrgeschütze, 51 15,5-cm-Haubitzen und zwei 22-cm-Mörser. Joffre, der sonst so sparsame, hat ausdrücklich befohlen, die Munitionsbestände nicht zu schonen.
Die Deutschen wissen, daß ein Angriff bevorsteht, und haben sich darauf eingestellt. Die III. Armee unter Generaloberst von Einem umfaßt das 8. aktive Korps, das 8., 18. und 12. Reservekorps und als Armeereserve eine Kavalleriebrigade von sechs Regimentern.
Am Sonntag, 20. Dezember, laufen die Männer des XVII. Korps und des Kolonialkorps bei strahlender Sonne los. Sie sind voller Hoffnung und Entschlossenheit. Immer wieder hat man ihnen gesagt, daß es heute um die Befreiung der unter fremdem Joch schmachtenden Provinzen des Vaterlandes gehe, und daß die Artillerievorbereitung so furchtbar gewesen sei, daß sie mit umgehängtem Gewehr durch die feindlichen Stellungen vorgehen könnten. Um so bitterer ist die Enttäuschung: Nur mit Mühe gelingt es ihnen, in den ersten Tagen ein paar hundert Meter weit vorzudringen.
Unermüdlich stürmen sie auch in den nächsten Tagen tapfer weiter und besetzen einige Grabenstücke bei Beauséjour und Perthes-les-Hurlus.
Am 1. Weihnachtstag muß sich Langle eingestehen, daß er gegen eine Wand rennt. Er beschließt, direkt in Richtung Perthes und Massiges nach Norden anzugreifen.
Am 30. Dezember werden bei scheußlichem Wetter 300 Meter Graben erobert. Zwischen dem 8. und 13. Januar wechselt das kleine Festungswerk Beauséjour dreimal den Besitzer. Die französische Artillerie verschießt bis zu 100000 Granaten in vierundzwanzig Stunden, doch es hilft alles nichts. Die zweite deutsche Linie ist nicht zu durchbrechen.
Der Januar vergeht in Niedergeschlagenheit und Verbitterung. Die Deutschen haben schwer gelitten und fürchten neue Offensiven. Sie haben gelitten, aber sie haben standgehalten und den Angreifern viel schwerere Verluste zugefügt, als sie selber zu beklagen haben. Auch diese gewaltigen Rammstöße haben den Frontverlauf nicht verändert.
Eine teure, blutige Lektion! Man sah sich schon auf Aachen marschieren, statt dessen ist man nach fürchterlichen Kämpfen nur an wenigen Stellen ein paar hundert Meter weit gelangt.
An den französischen Soldaten liegt es nicht. Sie sind mit bewunderungswürdigem Opfermut gestürmt, haben sich tapfer, entschlossen und zäh geschlagen.
Jetzt könnte man sich wohl Fragen stellen. Manche tun das auch, General Fayolle zum Beispiel in seinem Tagebuch: »Einmal mehr soll Carency angegriffen werden. Sie lassen sich durch nichts davon abbringen. Das 3. Jägerbataillon hat nördlich von Ablain den mittleren Sporn der Anhöhe angegriffen, ist zerschlagen worden und hat zwei Gräben eingebüßt. Aber das bringt sie nicht zum Nachdenken. Ohne Zweifel bedeuten Angriffe nur sinnlose Verluste. Warum also weitermachen? Haltung! Haltung! Je mehr man diese herrlichen Truppen, die für die Entscheidungsschlachten sorgfältig geschont

werden sollten, zur Ader läßt, um so mehr Haltung wird einem attestiert. Ich glaube, ein Epileptiker, der herumlaufen und ständig ›Angreifen! Angreifen!‹ schreien würde, wäre heutzutage ein großer Mann.«

General Fayolle begreift, was da geschieht, aber er hütet sich wohlweislich, laut zu sagen, was er seinem privaten Tagebuch anvertraut. Er weiß, daß er dann schnell auf irgendeinen Posten in Südfrankreich abgeschoben wäre.

Niemand darf gegen die offizielle Lehrmeinung etwas einwenden. Und die offizielle Lehrmeinung, das ist Joffre, der sie dekretiert und durchsetzt. Was auch geschieht, sie bleibt unverändert, und weil man es im Dezember und Januar nicht geschafft hat, wird man eben im Februar siegen.

Angreifen wird man im selben Abschnitt in der Champagne. Unterstützt von 870 Geschützen, darunter 110 schweren, treten die Infanteristen am 16. Februar an. Das XVII. Korps erobert bei Perthes zwei Kilometer Schützengräben. Das I. Korps kommt nicht voran, weil Einems schwere Artillerie die Angreifer zu Boden zwingt; er verfügt über 86 Haubitzen, die zwei-, dreimal schneller schießen als die französischen.

Am Abend des Angriffs und an den folgenden Tagen bleiben die erschöpften Soldaten, wo sie sich hingeworfen haben. Am 22. Februar erobern die Deutschen im Gegenstoß das am ersten Tag verlorene Gelände zurück.

Man muß von vorne anfangen.

Joffre wird ungeduldig, verlangt einen »druckvollen, entschlossenen, energischen Angriff, eine sofortige Entscheidung«. Am Tage, an dem die Franzosen zurückmüssen, schreibt er an Langle: »Es wäre schlecht, wenn man nach Ihrem Angriff die Überzeugung gewinnen würde, es sei nicht möglich, die feindlichen Verteidigungslinien zu durchbrechen, ganz gleich wie stark die eingesetzten Mittel sind, und das ausgerechnet zu dem Zeitpunkt, da die Mittel des Feindes an seiner Westfront auf ein Minimum reduziert sind.«

In seiner Not ruft er, um endlich Ergebnisse zu erzielen, den starken Mann Grossetti, den großspurigen Helden von Marne und Yser.

Am 2. März wird die erste deutsche Linie überrannt, doch dann läuft sich der Angriff fest. Die Verbände sind heillos durcheinandergeraten. Auf die Hoffnung folgt die Verwirrung.

Am 12. März geht es weiter. Einmal mehr bleibt der Sturm im Feuer liegen. Grossetti kann lediglich feststellen: »Wir haben nur einen Spalt in die feindliche Front geschlagen.«

Diesen Spalt müßte man erweitern. Ein letztes Mal werden die Truppen am 16. März vorgeschickt. Ohne Ergebnis. Beide Seiten sind jetzt so abgekämpft, daß die Schlacht von selber einschläft.

Sie hat auf französischer Seite 1646 Offiziere und 91786 Mann gekostet.

Das *Grand Quartier Général* allerdings gibt sich völlig befriedigt. In der amtlichen

Veröffentlichung unter dem Titel »Ziele und Ergebnisse unseres Vorgehens in der Champagne« kann man nachlesen, daß die Operationen »eine ununterbrochene Kette lokaler Erfolge« gewesen seien, daß sie nur »vergleichsweise geringe Verluste und sehr wenige Gefangene« gekostet hätten, daß sie »dem Gegner sehr große Verluste beigebracht« und ihn gezwungen hätten, »an diesem Frontabschnitt fünf Armeekorps zusammenzuziehen und eine erhebliche Menge Munition zu verbrauchen«.

Staatspräsident Poincaré, dem dieses Dokument als einem der ersten vorgelegt wird, läßt sich nicht täuschen. Er äußert sich kritisch: »Diese schöne Zuversicht hindert leider nicht, daß das von unserem Oberkommando angestrebte und verkündete Ziel nicht erreicht worden ist. Wir haben die Höhe 196 erobert, aufgegeben, wiedererobert und verloren. Wir haben die deutsche Front nicht durchbrochen ... Nur wenige Kilometer weit sind wir vorgedrungen.«

Poincaré weiß nicht, daß er noch zu optimistisch ist. Nicht nach Kilometern, hundertmeterweise müßte man fortan rechnen.

Die dramatischen Ereignisse und die Notwendigkeit, den Gang der Handlung nicht zu unterbrechen, haben die kleineren »Teiloffensiven« in den Hintergrund treten lassen.

In diesem tragischen Winter ist nämlich während der Großoffensiven im Artois und in der Champagne so gut wie überall an der Front gekämpft worden, wobei man nicht vom Durchbruch träumte, sondern den Feind in Atem halten und die französischen Soldaten vor den Gefahren der Untätigkeit bewahren wollte.

In Flandern hat man an der belgischen Küste gekämpft. Herausgekommen ist ein kleiner Brückenkopf auf dem rechten Yserufer. Der Preis: 287 Offiziere und 13469 Mann.

Im Raum Soissons hat man um die Höhe 132 gekämpft, am Weihnachtstag sind Maunourys Leute gegen Seeckts Truppen angerannt, bei schlechtesten Wetterverhältnissen: Der Regen war so stark, daß die angeschwollene Aisne mehrere Brücken wegriß. Nachdem die Stellung am 8. Februar wirklich erobert worden ist, hat ein deutscher Gegenangriff sie am 12. Februar zurückgeholt. Dieses örtliche Hin und Zurück hat die Franzosen 161 Offiziere, 12550 Mann, 2 7,5-cm-Batterien, 2 9-cm-Batterien und 6 16,6-cm-Haubitzen gekostet.

In den Argonnen hat man gekämpft, und zwar haben hier die Deutschen die Initiative ergriffen. Der Kommandeur des 16. Armeekorps, Mudra, ist Ingenieur, der richtige Mann zur Vervollkommnung der Grabenkampftechnik. Er spezialisiert sich auf den Minenkrieg; Tag für Tag reißt er ein Stück aus den französischen Stellungen heraus, dringt im Handstreich vor und bedroht jetzt die Bahnlinie von Sainte-Menehould nach Verdun.

Eine schreckliche Variante der Kriegsführung! Die Verteidiger hocken im Graben und horchen, die Angst im Nacken, auf die dumpfen Schläge der Pioniere, die sich mehrere

Meter unter ihnen vorarbeiten. Sie wissen, daß sie dem Tod geweiht sind, denn in der Anfangszeit des Krieges gilt noch uneingeschränkt die mörderische Regel, daß eine Stellung auf gar keinen Fall geräumt werden darf.

Plötzlich hören die Geräusche auf. Jetzt beginnt das eigentliche verzweifelte Warten. Die Männer wissen, daß der Stollen fertig ist und die Pioniere die Sprengladung anbringen. Alles kann jeden Augenblick in die Luft fliegen, und sie müssen dableiben. Nach der gewaltigen Explosion, kaum daß die letzten hochgeschleuderten Brocken heruntergekommen sind, stehen die Angreifer schon am Rande des gähnenden Kraters und graben sich in dieser neuen Linie ein.

So kann man mit Minen Stellungssysteme aufbrechen, beherrschende Punkte erobern und schließlich die ganze gegnerische Front an dieser Stelle zum Zurückweichen zwingen.

Genau das tut Mudra seit einiger Zeit.

Sarrail, der Befehlshaber der 3. Armee, reagiert am 31. Januar, indem er sein V. Korps gegen die beherrschende Höhe von Vauquois stürmen läßt. Der Angriff scheitert vollständig. Am 28. Februar rennen die Franzosen wieder an. Das Dorf Vauquois wird erobert, doch die gut befestigte Kirche am Hang bleibt in der Hand der Deutschen. Und diesen Teilerfolg hat man mit 483 Offizieren und 26564 Mann bezahlt.

Im Südosten von Verdun liegt Les Eparges. Auch hier geht es um eine beherrschende Höhe, einen nierenförmigen Hügel, der von zwei ausgebauten Stellungen verteidigt wird. Joffre gibt General Roques, dem Befehlshaber der 1. Armee, höchstpersönlich seine Instruktionen: Er soll seinen Angriff so vorbereiten, »daß er geführt werden kann, sobald die Reserven eingetroffen sind; er ist dann derart überraschend und schnell vorzutragen, daß ihm nichts widerstehen kann«.

Allen, die in Les Eparges gekämpft haben, ist dieses Gefechtsfeld als ein Alptraum in Erinnerung. Das Gelände ist völlig aufgewühlt, durch den Schlamm und die zerschossenen Bäume ist kaum hindurchzukommen. Trotzdem gelingt es der 12. Division, am 17. Februar den größten Teil der Kammlinie zu besetzen. Doch bei den Deutschen gilt das gleiche Gesetz wie bei den Franzosen: Verlorenes Gelände muß sofort zurückerobert werden. Gegenangriff folgt auf Gegenangriff. Sechsmal gelingt es gerade noch, die Deutschen zurückzuwerfen. Man kämpft um ein paar Meter, mit Bajonett, Spaten, Grabenmesser. Bis zur Erschöpfung. Als wirklich die letzte Kraft verbraucht ist, graben sich beide Seiten ein, in Rufweite. Die Franzosen haben 274 Offiziere und 15545 Mann verloren.

Auch in den Vogesen ist gekämpft worden, um den Hartmannsweilerkopf. Mit mörderischer Hartnäckigkeit.

Dieser Berg, der bei den französischen Soldaten *le vieil Armand* heißt, liegt beherrschend 600 Meter über der Elsässischen Ebene. Über ein Jahr lang ringen Deutsche und Franzosen um seinen Besitz, Angriffe und Gegenangriffe wechseln ab auf nur 3 Kilometer Frontbreite, und am Ende sind auf beiden Seiten über 40000 Männer umgekommen.

Flandern, Artois, Champagne, Soissons, Argonnen, Vogesen ... Ein Beobachter, der mit einem Blick alle diese Schlachtfelder übersehen könnte, wäre überrascht, wie die Szenen einander vollkommen gleichen: Generalangriff oder örtliches Unternehmen, immer rennen Männer in roten Hosen mit aufgepflanztem Bajonett auf die feindlichen Linien zu und werden vom Feuer der Maschinengewehre und Gewehre niedergemäht, meistens, bevor auch nur einer von ihnen den ersten Graben des Gegners erreicht hat.

Dieses Spiel kostet die Franzosen das Mehrfache an Männern als die Deutschen. Was sie nicht hindert, immer wieder von neuem anzufangen.

Eine aberwitzige Starrköpfigkeit! Von »Kriegskunst« kann man hier wirklich nicht mehr sprechen. Ein trauriger Winter, der allein den Franzosen Gesamtverluste von 5000 Offizieren und 250000 Soldaten gebracht hat.

Und das ist das »Anknabbern«? Wer knabbert hier an wem?

Die Deutschen können auch nicht begreifen, warum die Franzosen ihre Leute so hemmungslos verschwenden. Sogar der Kronprinz fragt sich, wie die französische Nation solche Hekatomben jemals überwinden könne.

Im Westen macht der Schlamm den Soldaten das Leben zur Hölle. Im Osten ist es der Schnee. Das darf man nicht einen Augenblick vergessen, wenn man der Wirklichkeit der Kämpfe im Winter 1914/15 so nahekommen will, wie das heute noch möglich ist.

Der Historiker, der einen Feldzug darstellt, läßt sich von seiner Schilderung allzu leicht mitreißen. Er sieht die Schlachtfelder aus großer, oft zu großer Höhe. Die bunten Pfeile auf den Generalstabskarten können ihm zuweilen die gleiche abstrakte Befriedigung gewähren wie den Militärs bei ihren Stabsübungen. Diese Befriedigung ist gefährlich, weil sie es verführerisch nahelegt, zu vergessen, daß die Verbände, die sich da sauber numeriert bewegen, in der Realität aus Menschen bestehen, die unter tausend Mühen überleben und unter tausend Leiden sterben.

Die Kämpfe, um die es hier geht, sind von ungeheuerlicher Grausamkeit gewesen, auch wegen der verbissenen Entschlossenheit der Menschen, vor allem aber wegen der Kälte und des Schnees.

Es schneit in den Karpaten und in Ostpreußen. Stellenweise liegt der Schnee zwei Meter hoch. Die Straßen sind vereist, und an den ausgesetzten Stellen türmen sich die Schneewehen. Ein eisiger Wind fegt die Flocken so dicht vor sich her, daß man nicht weiß, wohin man marschiert. Die Gewehrschlösser blockieren, Füße und Hände sterben ab. Immer wieder kommt es vor, daß Männer im Straßengraben erfroren aufgefunden werden.

Auch hier ist jetzt, Ende 1914, die Front beinahe überall stabil geworden. Die Truppen, von der zweiten Schlacht um Galizien erschöpft, graben sich ein.

Österreicher und Deutsche haben eindrucksvolle Siege erfochten, doch ihre Hoffnungen sind nicht in Erfüllung gegangen. Sie haben gemeint, die russischen Armeen außer Gefecht setzen zu können, und haben ihnen doch ein kleines Stück Ostpreußen überlassen müssen. In den Karpaten haben die Österreicher den Uszoker-Paß, das Einfallstor zur Ungarischen Tiefebene, verloren.
Nachdrücklich, zuweilen geradezu von oben herab, verlangen Hindenburg und Ludendorff Verstärkungen. Die Westfront, erklären sie, habe sich festgefahren, der Ausgang des Krieges könne also nur im Osten aktiv beeinflußt werden.
Falkenhayn ist anderer Ansicht. Er hat Angst davor, sich in den Weiten des Zarenreiches zu verlieren, spricht ständig von Napoleons gescheitertem Rußlandfeldzug und gibt sich überzeugt, die Westfront sei nicht so unveränderbar, wie es den Anschein habe.
Jedenfalls will er in Frankreich einen gewaltigen Stoß führen. Er hat schon viele Menschen verbraucht, hat die Blüte des jungen Deutschland sich in Flandern verbluten lassen, aber zu diesem Zeitpunkt sieht es noch so aus, als seien Deutschlands Reserven unerschöpflich. Die neu eingezogenen Rekruten des Jahres 1914 stehen zur Verfügung, 400000 bis 450000 Mann, und hinzu kommen die genesenen Kranken und wieder kriegsverwendungsfähigen Verwundeten. 24 neue Regimenter, die Reservekorps 37 bis 41, kann man aufstellen.
Hindenburg und Ludendorff blicken begehrlich auf diese frischen Verbände und verhehlen das auch nicht, doch Falkenhayn sperrt sich. Er erklärt sinngemäß: »Gebe ich sie Ihnen, so muß ich damit auf jede Offensive an der Westfront verzichten. Dabei muß ich dort gerade jetzt zuschlagen, bevor die Engländer die massiven Verstärkungen herangeführt haben können, die Kitchener gegenwärtig aufstellt.«
Keiner hört auf die Argumente des anderen. Doch die Ereignisse sorgen für die Entscheidung.
Einmal mehr rufen die Österreicher um Hilfe. Die Russen bedrängen sie heftig, weil sie jetzt unter Aufbietung aller Kräfte die Karpaten überschreiten und nach Ungarn vordringen wollen. Sie belagern Przemysl, wo 120000 Österreicher, das entspricht einer ganzen Armee, eingeschlossen sind. Gelingt es ihnen, die Stadt zu erobern und die Karpatenbarriere zu überwinden, ist Österreich in höchster Gefahr, und bricht Österreich zusammen, so werden Italien und Rumänien nicht länger zögern, noch schleunigst an der Seite der siegreichen Entente in den Krieg einzutreten.
So bitter es ihn ankommt: Falkenhayn muß jetzt einsehen, daß ihm nichts übrigbleibt, als eine solche Katastrophe abzuwenden, und die kostbaren neu aufgestellten Verbände nach Osten in Marsch zu setzen; dazu das 21. Armeekorps, das aus Elsaß-Lothringern besteht, die sich nach seiner eigenen Aussage an der Westfront als nicht zuverlässig erwiesen haben. Die ganze Streitmacht wird als X. Armee nach Ostpreußen verlegt und Generaloberst von Eichhorn unterstellt.

Für die Karpatenfront zieht Falkenhayn aus Polen drei deutsche und vier österreichische Divisionen ab. Sie bilden unter General von Linsingen die Südarmee.
In beiden Abschnitten, Ostpreußen und Karpaten, geht es jetzt so dramatisch zu, daß man die Vorgänge nicht mehr chronologisch parallel darstellen kann, sondern nur nacheinander.
In den Karpaten, wo die Lage besonders kritisch ist, wächst die Bedrohung ständig. Trotz seiner furchtbaren Rückschläge in Ostpreußen und Galizien ist Großfürst Nikolaj entschlossen, mit ungeheurem Einsatz den Übergang über die Berge und das Eindringen in Ungarn mit der Möglichkeit zu großen Taten, ja, zum Marsch auf Wien zu erzwingen.
In diesen einzigen Abschnitt schickt er seine ganze 8. Armee, bestehend aus dem XXIV., XII., VII. und XXX. Korps, und zwar nur mit dem einen Befehl: Großoffensive.
Die Deutschen und Österreicher allerdings kennen zur gleichen Zeit auch nur diese Parole. Die österreichische III. Armee unter Boroević und die deutsche Südarmee sollen die Karpaten freikämpfen und den Ring um Przemysl aufbrechen.
Die beiden Offensiven prallen mit unerhörter Gewalt aufeinander, und sie kosten um so mehr Opfer, als die Kämpfe sich in einer apokalyptischen Umwelt abspielen. Das Gebirge ist abweisend: bewaldet, felsig, allerorten von tief eingeschnittenen Tälern durchzogen, und vor allem liegen seit Anfang Januar zwei Meter Schnee. Die Temperaturen schwanken zwischen minus 15 und minus 30 Grad.
Daß überhaupt Menschen in dieser weißen Hölle gekämpft haben, auf vereisten Hügeln gegen den Feind gestürmt sind und solcher sibirischen Kälte unter freiem Himmel standgehalten haben, ist ein geradezu erschreckendes Zeugnis menschlicher Leidensfähigkeit.
Österreicher und Deutsche greifen auf den beiden Flügeln an.
Auf dem rechten bekommt es die Armeeabteilung Pflanzer-Baltin von Anfang an mit eindrucksvoll starken russischen Kräften zu tun. Trotzdem gelingt es ihr, am 17. Februar Czernowitz einzunehmen. Die Bukowina ist befreit, das Ufer des Dnjestr erreicht.
Auf dem linken wird die Armee Linsingen, noch bevor sie sich zur Offensive bereitgestellt hat, am 25. Februar von finnischen Regimentern angegriffen. Bei schneidender Kälte und dichtem Schneefall kommt Linsingen nur mit Mühe voran und muß bald einsehen, daß er es nicht schaffen wird, bis Przemysl vorzudringen.

Die Enttäuschung in der belagerten Stadt ist bitter, gerade weil man gehofft hat, die Kameraden würden noch rechtzeitig kommen. Über 30000 Mann sind schon an Hunger und Krankheit gestorben. Die Überlebenden sind auf Viertelration gesetzt.
Seit dem 8. November sind sie abgeschnitten. Sie wissen es nicht, aber sie erleben die

letzte klassische Belagerung der Geschichte. Weil die Russen nicht über die Riesenmörser verfügen, mit denen die Deutschen Lüttich, Namur und Antwerpen zusammengeschossen haben, mußten sie die Stadt ganz einschließen und dafür ihre gesamte 11. Armee aufbieten.
Die Gegner bemühen sich, auch die alten Regeln ritterlicher Kriegsführung zu respektieren. Die Österreicher haben das russische Nikolausfest nicht gestört, und die Belagerer haben die Geste am Weihnachtstag erwidert, indem sie bei einem Wohltätigkeitskonzert auf dem großen Platz und einer Parade auf den Wällen nicht eingegriffen haben.
Anfang März muß der Festungskommandant, General Kusmanek, die Ausweglosigkeit seiner Lage erkennen. Hilfe, rechtzeitige Hilfe, ist nicht mehr zu erwarten. Er könnte einfach kapitulieren und mit kriegerischen Ehren abziehen. Doch er ist ein Haudegen alter Schule und entscheidet sich für den Versuch eines gewaltsamen Ausbruchs.
Am 19. März zieht er die 40000 einigermaßen kampffähigen Männer, die ihm geblieben sind, zusammen, setzt sich an ihre Spitze und befiehlt: »Vorwärts! Immer vorwärts, bis ihr jenseits aller Hindernisse die österreichischen Linien erreicht, die euch dort hinten erwarten!« Franz Joseph hat seine Segenswünsche geschickt.
Plötzlich eröffnen die 900 Kanonen der Festung das Feuer, die Trommeln werden gerührt, und die Offiziere, deren Pferde längst geschlachtet worden sind, setzen sich zu Fuß vor die Linie ihrer Männer, die zwar singend in den Kampf ziehen, aber bald langsamer werden. Viele stürzen vor Mattigkeit zu Boden, bevor sie die feindlichen Befestigungen erreicht haben.
Die Russen führen ihren sofortigen Gegenangriff so nachdrücklich, daß sie beinahe zusammen mit den fliehenden Österreichern an die Tore der Stadt gelangen.
Noch am selben Abend meldet Kusmanek dem Oberkommando, daß er sich nicht länger halten kann, und bekommt die lakonische Aufforderung zur Kapitulation.
Am 22. März läßt er die Festungswerke, die Geschütze, die Pulvermagazine und die drei Brücken über den San sprengen und läßt General Schuwalow mitteilen, daß er sich auf Gnade und Ungnade ergibt.
9 Generäle, 2500 Offiziere und 117000 Mann gehen in russische Gefangenschaft. Dies ist der größte Sieg der Russen.
Ludendorff stöhnt und beklagt sich, »todkranke Länder wie Österreich–Ungarn und die Türkei zu Verbündeten zu haben«.

Die von diesem Erfolg ermutigten und um die vor Przemysl freigewordene 11. Armee verstärkten Russen rennen gegen die Karpaten an.
Überall gehen sie zum Angriff über, und überall dringen sie langsam vor.
Österreich kämpft mit dem Rücken zur Wand. Es hat die serbische Front von allen irgend entbehrlichen Truppen entblößt, und an der Grenze zu Rumänien und Italien,

die jeden Augenblick in den Krieg eintreten können, stehen eher symbolische Verbände. Reserven sind überhaupt keine mehr da.
Die Russen spüren, daß sie die Entscheidung jetzt erzwingen können und schicken ihre Soldaten schonungslos nach vorn. Am 25. März stürmen sie in den Tälern von Ondava und Lavoretza, gelangen immer weiter nach Süden und haben die Front schon fast durchstoßen. Die Österreicher wehren sich tapfer, doch die Katastrophe scheint nicht mehr abzuwenden.
In dieser Lage wenden sie sich an Linsingen. Er soll einen breiteren Abschnitt übernehmen. Das tut er am 2. April, doch diese indirekte Hilfe reicht nicht. Falkenhayn muß seine letzten Reserven opfern und einen neuen Kampfverband von drei Divisionen bilden, das bald berühmte »Beskidenkorps« unter General von der Marwitz, das an der gefährdetsten Stelle zwischen die österreichische II. und III. Armee eingeschoben wird.
Die Russen, einmal in Schwung gekommen, setzen ihre Angriffe an der ganzen Front fort. Sie sind überzeugt, daß sie das Schlachtenglück zwingen können, daß eine letzte große Anstrengung alles vor ihnen zerbrechen lassen wird. Tatsächlich drängen sie den Gegner überall zurück, bei General Boroević sind die 2. und 24. Division jeweils gerade noch 2000 Mann stark, und Böhm-Ermolli muß zusehen, wie seine Leute die Kuppen aufgeben und über die diesseitigen Hänge fliehen.
Nur das Beskidenkorps steht wie ein Fels in der Brandung, mehr noch, es geht zum Angriff über, nachdem es seine Kanonen auf die Berge geschleppt hat. Unerhört verbissen wird hier gekämpft. Der Vorfrühling ist gekommen, das Gras kommt stellenweise unter den Schneemassen zum Vorschein. Um jeden Höhenzug wird gerungen, Eroberung und Rückeroberung wechseln einander ab. Die Front ändert ihren Verlauf, aber sie reißt nicht, und die Intensität der russischen Offensive läßt nach.
Auch Linsingens Leute setzen sich bewundernswert ein. Überall werden Gegenangriffe geführt und die Russen nach und nach aus ihren beherrschenden Stellungen geworfen.
Die Schlacht versickert wie das Tauwasser. Statt großer Angriffe sind nur noch unzählige Einzelaktionen zu vermelden.
Großfürst Nikolaj hat sein gigantisches Vorhaben nicht verwirklicht: Seine Truppen sind nicht über den natürlichen Wall der Karpaten vorgedrungen.

Der Plan ist beeindruckend. Er ist bis in die letzten Einzelheiten mit der Akribie ausgearbeitet, die Hindenburg und Ludendorff stets walten lassen. Einmal mehr sind die beiden entschlossen, erhebliche Risiken einzugehen, aber es müssen dann auch sorgfältig kalkulierte Risiken sein.
Sie wissen, daß sie ihren frischen Ruhm aufs Spiel setzen, aber sie wissen auch, daß dieser Ruhm ungeheuerlich anwachsen wird, wenn ihr Vorhaben gelingt, und daß alle Deutschen sie als Retter preisen werden.

Denn trotz aller Erfolge ist ein Teil des deutschen Reichsgebietes noch immer in russischer Hand, ein relativ kleines Stück von Ostpreußen. Für viele Deutsche ist selbst diese Besetzung so schmerzhaft wie ein Splitter in der Fingerspitze.
Ostpreußen ganz zu befreien, muß demnach für Hindenburg und Ludendorff das erste Ziel sein. Doch danach beginnt der eigentliche, der ehrgeizige Teil des Schlachtplans: Sind die Russen erst einmal geschlagen und auf ihr Territorium zurückgedrängt, muß man ihre Verwirrung nutzen, um auf Bialystok vorzustoßen und östlich davon noch weiter, um den feindlichen Armeen, die in Galizien und an der Weichsel kämpfen, die rückwärtigen Verbindungen abzuschneiden. Wenn alles nach Wunsch geht, könnte das der totale Sieg werden, die Einschließung mehrerer Armeen, der Zusammenbruch des russischen Kolosses und damit die Möglichkeit, alle freigewordenen Kräfte an die Front nach Frankreich zu verlegen.
Wieder sind Hindenburg und Ludendorff also in Ostpreußen, in dem sie zweimal gesiegt haben. Diesmal dürfen sie optimistisch sein, weil ihnen zum erstenmal die Kräfte zur Verfügung stehen, die sie brauchen. Falkenhayn hat ja nachgegeben und ihnen drei frische Armeekorps und außerdem die Elsaß-Lothringer des 21. Korps zugestanden.
Vor allem muß es jetzt schnell gehen, um den Großfürsten Nikolaj, von dem selbst Ludendorff sagt, er sei ein »ganzer Soldat und Feldherr«, zu überraschen. Auch er hat ja gezeigt, daß er zu grandiosen Operationen fähig ist.
Tatsächlich genügt es dem russischen Oberbefehlshaber nicht, die Österreicher an den Karpaten zu bedrohen. Er will auch in Ostpreußen angreifen, die deutschen Kräfte von der Nordflanke her aufrollen, sie in den Weichselbogen drängen und ihre Verbindungslinien abschneiden. Schon steht seine 10. Armee unter General Siewers in Ostpreußen bereit, und weitere Armeen befinden sich in vollem Aufmarsch. Das Menschenreservoir des heiligen Rußland ist offenbar wirklich unerschöpflich.
Das alles wissen Hindenburg und Ludendorff, weil sie wie üblich von ihrer Feindaufklärung über die russischen Pläne genau informiert worden sind. Sie sind entschlossen, als erste zuzuschlagen.
Sie wollen, daß diese Schlacht in Ostpreußen eine Neuauflage von Tannenberg wird, ein riesiges Umfassungsmanöver.
Die eine Hälfte der Zange, die X. Armee, steht bei Tilsit; ihr Chef Eichhorn verfügt über das 21., 39. und 28. Korps. Diese gewaltige Streitmacht soll nach Südosten auf Wirballen und weiter nach Suwalki und Sejny vordringen.
Der andere Teil der Zange ist die VIII. Armee unter Litzmann weiter im Süden. Sie besteht aus dem 11. Korps, der 2. Infanterie- und der 4. Kavalleriedivision und hat den Auftrag, ebenfalls nach Südosten zu marschieren, um dann im Augustower Forst der X. Armee die Hand zu reichen.
So würde General Siewers mit seiner 10. Armee eingeschlossen wie vor nicht einmal einem halben Jahr Samsonow bei Tannenberg.

Allerdings sind die Flanken dieser Stoßarmeen äußerst gefährdet. Ein Blick auf die Karte zeigt Ludendorff, daß die Russen aus dem Raum Ostroleka, Lomscha und Ossowietz, also von Süden her, seinen rechten Flügel bedrohen. So wird General von Gallwitz mit dem 20. Armeekorps und der 1. Reservedivision nach dieser Seite hin aufgestellt.

Nichts bleibt dem Zufall überlassen.

Um die Russen zu täuschen, ist für den 31. Januar ein Ablenkungsmanöver vorgesehen. Die IX. Armee, die im Weichselbogen steht, versucht dies mit Giftgasgranaten. Doch es wird ein völliger Fehlschlag: Die Deutschen wissen noch nicht, daß die Gasgranaten bei strenger Kälte kaum Wirkung zeigen.

Das Thermometer fällt weiter. In der Nacht vom 4. auf den 5. Februar fegt ein heftiger Schneesturm über Ostpreußen; Straßen und Bahnlinien werden durch hohe Schneewehen unpassierbar. Um einen einzigen Munitionswagen vorwärtszubringen, braucht man 10 bis 12 Pferde mit Eishufeisen.

Hindenburg und Ludendorff durchleben in ihrem Hauptquartier in Insterburg beklemmende Stunden. Sollen sie den Angriff verschieben? Damit wäre alles in Frage gestellt, der Großfürst könnte die Initiative an sich reißen. Andererseits stehen die Truppen bereit, und die Russen sind ganz offensichtlich noch ahnungslos.

Am 7. Februar machen sich die Männer von General von Litzmann auf den Weg, bis an den Bauch durch den Schnee stapfend. Am Abend stehen sie vor Johannisburg.

Am 8. schließt sich die X. Armee der Offensive an. Die völlig überraschten Russen lassen alles geschehen.

Am Tag darauf marschieren die beiden Backen der Zange weiter aufeinander zu. Während Litzmann Raigrod erreicht, geht es auch bei Eichhorn immer schneller. Am 10. und 11. erreicht er Wirballen und schneidet damit die Straße Insterburg–Kowno ab. Am 14. stehen die beiden Armeen unmittelbar vor der Vereinigung und beginnen den Augustower Forst einzuschließen. Die 10. Armee des Zaren ist in tödlicher Gefahr.

Tatsächlich gelingt die Operation so perfekt wie bei Tannenberg, und das Ergebnis ist noch eindrucksvoller: 110000 Mann gehen in Gefangenschaft, Hunderte von Geschützen werden erbeutet. Die ganze 10. russische Armee existiert nicht mehr.

Der erste Teil des deutschen Planes ist aufgegangen, Ostpreußen ist befreit. Jetzt muß der Sieg genutzt werden.

Die Befehle dafür liegen bereit: Die beiden Armeen marschieren gemeinsam nach Süden Richtung Ossowietz, überschreiten den Bobr und schneiden bei Bialystok den Russen die rückwärtigen Verbindungen ab.

Doch die geradezu unverschämte Begünstigung durch das Kriegsglück, die Hindenburg und Ludendorff bisher erfahren haben, hört nun auf. Sie hätten Frost gebraucht, um die Sümpfe zu beiden Seiten des Bobr zu überschreiten. Statt dessen setzt Regen ein, prasselnder Regen, der den Schnee wegtaut und alle Wasserläufe anschwellen läßt.

Die Deutschen versuchen trotzdem durchzukommen, doch sie stoßen auf so entschlossenen Widerstand, daß sie dem irrigen Eindruck unterliegen, gegen betonierte Verteidigungsanlagen anzurennen. Sie kommen nicht weiter und erleiden solche Verluste, daß Ludendorff ihnen zähneknirschend den Rückzugsbefehl geben muß.
In Ostpreußen kommt es noch zu lokalen Gefechten, die allerdings immer heftiger werden, weil die endlich aufgewachten Russen sich verzweifelt bemühen, das verlorene Gelände wiederzugewinnen. Überall greifen sie an: Am linken Ufer des Pissa-Flüßchens, bei Prassnytsch und zwischen Wkra und Weichsel.
Bei diesen Kämpfen gegen erhebliche Übermacht können die Deutschen nur mit Mühe das gewonnene Gelände verteidigen. Am 20. März beginnt die Front sich zu stabilisieren. Die Truppen graben sich ein. Es wird Zeit, Bilanz zu ziehen. Ludendorff schreibt:
»Die Hoffnungen, die ich auf eine unmittelbare strategische Ausnutzung der Winterschlacht gehegt hatte, mußte ich beiseite legen. Taktisch war sie geglückt, das erfüllte mich mit Genugtuung. Ich war befriedigt, daß die großen Angriffe des Großfürsten zusammengebrochen waren und wir überall auf feindlichem Gebiete standen.
Der Entscheidung gegen Rußland, und auf die kam es mir in meinem innersten Denken und Fühlen zunächst an, hatten wir uns aber doch nur um einen Schritt genähert.«
Also muß man neue Anstrengungen unternehmen, neue Operationen vorbereiten, dem russischen Koloß neue Schläge zufügen, weil er zwar wankt, aber nach wie vor eine tödliche Bedrohung darstellt.
Den Koloß zu fällen, das wird in gut einem Monat Generaloberst von Mackensen aufgetragen werden.

XI. Kapitel Frühjahr 1915. Rückschläge für die Entente an den Dardanellen, in Nordfrankreich und an der Ostfront

Mit Panzerschiffen ist der Durchbruch nach Konstantinopel nicht zu erzwingen, und auch die große Landung auf der Halbinsel Gallipoli bringt keinen Erfolg. Vor Arras werden »Trommelfeuer« und »Großangriff« zu vertrauten Vokabeln. Weit stoßen Österreicher und Deutsche durch Galizien vor. Zwei Millionen Mann haben die Russen schon verloren. Doch im Süden entsteht ein neuer Kriegsschauplatz. Italien hat sich von der Entente gewinnen lassen; es stürzt sich in die ersten Isonzoschlachten. Und mit dem torpedierten Passagierdampfer Lusitania *sinkt die Zuversicht, Amerika werde sich ein für allemal aus dem Krieg heraushalten.*

18. März 1915.
Ein ungeheuerlicher Anblick, eine unerhörte Machtentfaltung: 16 große Kriegsschiffe, 16 geschützrohrstarrende stählerne Riesen laufen in die Dardanellen ein.
Schweigen ringsum. An Land halten die türkischen Artilleriebeobachter in den Betonforts, die sich am ganzen europäischen und asiatischen Ufer hinziehen, den Atem an. Die Matrosen wiederum starren voller böser Ahnungen auf das abweisende, steile, von tiefen Rinnen durchzogene und von kahlen, sonnenverbrannten Kuppen gekrönte Land.
Von der Kraftprobe, die hier stattfinden soll, hängt vielleicht, ja, wahrscheinlich der Ausgang dieses Krieges ab. Eine Kraftprobe zwischen Meer und Land, zwischen dem Stahlpanzer der Schiffe und dem Beton der Befestigungsanlagen. Eine Kraftprobe, deren Ausgang niemand vorhersehen kann.
Die *Suffren* läuft an die Spitze, im Großtopp die Flagge von Admiral Guépratte, daneben *Gaulois, Bouvet, Charlemagne* und die britischen Linienschiffe *Prince George* und *Swiftsure*. Sie gehen damit vorbei an einigen der modernsten Großkampfschiffe der Home Fleet: *Inflexible, Agamemnon, Lord Nelson* und, besonders eindrucksvoll, der Schlachtkreuzer *Queen Elizabeth*, auf dem Admiral de Robeck seine Flagge gehißt hat. Eine dritte Dwarslinie bilden die britischen Linienschiffe *Vengeance, Irresistible, Albion, Ocean, Triumph* und *Majestic*.
Der Auftrag lautet, aus allen Rohren mit höchster Schußfolge zu feuern, die starken Sperrforts mit einem Hagel schwerster Granaten einzudecken und kampfunfähig zu machen. Sobald sie niedergekämpft sind, sollen Minensucher die Meerenge säubern,

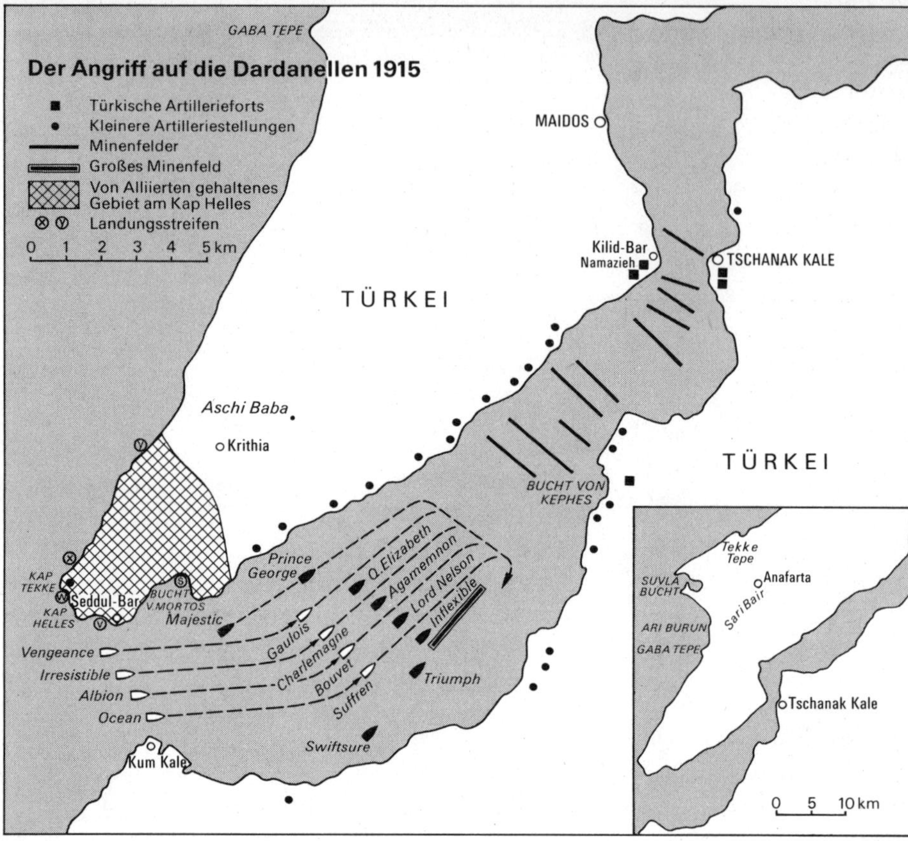

damit die großen Schiffe passieren und schon in wenigen Tagen Konstantinopel unter ihren mächtigen Geschützen haben.

Dann ist die Türkei am Ende. Dann sind die Mittelmächte von Südosten bedroht. Dann ist die Verbindung mit Rußland wiederhergestellt.

Ja, auf dieser Operation ruhen unendlich große Hoffnungen.

Guépratte läßt die Geschwindigkeit hinaufsetzen, und als die türkischen Geschütze das Feuer eröffnen, steht er schon unmittelbar vor dem Minenfeld von Kephez. Kaum hat er den Feuerbefehl gegeben, wird sein Schiff voll getroffen. Hohe Flammen und glühende Gaswolken dringen aus einem der Geschütztürme. Der Brand breitet sich aus, so daß die Munitionskammern geflutet werden müssen.

Die schwer angeschlagene *Suffren* muß den Ehrenplatz der *Bouvet* überlassen. Gestern noch hat man überlegt, ob man den bald zwanzig Jahre alten Veteranen nicht überhaupt vom Kampf fernhalten sollte, jetzt steht er an der exponiertesten Stelle, und jedesmal, wenn eines seiner beiden 30,5-cm-Geschütze feuert, erzittern der Schiffskörper und

alle Aufbauten bis zu den Mastspitzen. Von der Brücke verfolgt Kapitänleutnant Rageot de la Touche die Einschläge durchs Glas. Er will um jeden Preis das Fort Namazieh zerstören, das bei der Feuerverteilung der *Bouvet* zugefallen ist, und ist so auf diese Aufgabe konzentriert, daß er die immer näherrückenden Wasserfontänen der türkischen Granaten nicht beachtet und so tut, als sähe er das Signal zum Sammeln und Aufschließen nicht, das Guépratte auf *Suffren* gehißt hat. Er weigert sich, den Kampf abzubrechen; man könnte meinen, er wolle beweisen, daß sein altes Linienschiff noch würdig ist, seinen Platz unter den Giganten einzunehmen. Seine Kohlenvorräte und damit seine Reichweite sind lächerlich gering, seine Kessel undicht, die Schotten verrostet, aber seine Geschütze sind gut, das kann jeder sehen.
Um ihn zum Gehorsam zu veranlassen, muß Guépratte einen blinden Schuß in Richtung der *Bouvet* abgeben und schließlich bis auf Megaphonentfernung herangehen. Rageot de la Touche wendet sich ihm zu und ruft: »Guten Tag, Herr Admiral!«
»Sie sind ein wackerer Kerl«, erwidert Guépratte, »aber vielleicht könnten Sie sich doch entschließen, mir zu gehorchen. Seit zwanzig Minuten habe ich das Signal zum Sammeln gesetzt. Worauf warten Sie noch?«
»Bedaure, Herr Admiral. Dieses verdammte Fort Namazieh hat mich so beschäftigt, daß ich auf nichts anderes achten konnte. Lassen Sie mich nur noch meine Geschütze abfeuern, dann schließe ich zu Ihnen auf.«
Doch diese Zeit bekommt er nicht. Während die *Suffren* abdampft, erschüttert eine heftige Explosion die *Bouvet*. Eine Treibmine hat den Rumpf aufgerissen. In genau 45 Sekunden kentert das Schiff und versinkt. 20 Offiziere und 647 Matrosen gehen mit ihr unter.
Zur gleichen Zeit schlägt eine schwerkalibrige Granate auf der ebenso alten *Gaulois* ein. Offenbar muß auch dieses Schiff aufgegeben werden.
Ein schlechter Anfang.

Am gleichen 18. März 1915 befindet sich Winston Churchill auf Inspektionsreise an der Flandernfront. Er entfaltet eine emsige Tätigkeit, geht in die Schützengräben, besucht vorgeschobene Posten. Man könnte meinen, er wolle den Kampf vergessen, der da weit im Osten an den Dardanellen im Gange ist, denn wenn die Operation mißglückt, wird er die Verantwortung zu tragen haben.
Ja, die Dardanellenexpedition ist sein Kind. Seit über vier Monaten predigt er sie, ganz gleich, ob die Leute davon etwas hören wollen oder nicht, zieht über die Vorsichtigen und Ängstlichen her, bringt die Admiräle gegen sich auf, die um ihre Schiffe fürchten, und die Generäle, die eine zweite Front nur mit großen Bedenken ins Auge fassen.
Um sich in seiner Haut wirklich wohlzufühlen, braucht dieser Mann offenbar die Herausforderung durch viele und mächtige Feinde. Jedenfalls tut er nicht das geringste, um sie zu versöhnen.

Er zögert nicht, Joffre und French ins Gesicht zu sagen, daß ihre Durchbruchsträume unsinnig sind; auch mit der ungeheuerlichsten Kraftanstrengung werden sie die Westfront nicht wieder in Bewegung bringen. Die deutschen Stellungen werden immer stärker. Um sie aufzubrechen, müßte man eine erdrückende Artillerieüberlegenheit und mindestens dreimal mehr Soldaten als der Verteidiger haben. Da diese Vorbedingungen in absehbarer Zeit nicht gegeben sind, verkündet Churchill, es sei verbrecherisch, weiterhin Zehntausende zu opfern bei Offensiven, die letzten Endes nichts als ein großer kollektiver Selbstmord sind.

Für ihn steht fest: Nicht an seiner stärksten Stelle muß man den Feind packen, sondern an seiner schwächsten, und die befindet sich fraglos im Nahen Osten. Seit zwei Jahrhunderten gilt die Türkei als »der kranke Mann am Bosporus«, und in den letzten Jahren liegt sie offenbar im Sterben. Sie hat sich von dem Putsch der Jungtürken nur mühsam erholt, und eben ist sie von der Koalition der kleinen Balkanmächte, ihrer ehemaligen Vasallen, geschlagen worden.

Dort also muß man zuschlagen, indem man die Durchfahrt durch die Dardanellen erzwingt und Konstantinopel besetzt. Dann sind Ägypten und der Suezkanal außer Gefahr, vor allem aber ist die Verbindung mit den Russen wieder hergestellt, die verzweifelt um Hilfe rufen. In den letzten drei Monaten haben sie täglich über 45 000 Granaten verschossen, während ihre Fabriken monatlich ganze 35 000 liefern können. Man muß ihnen helfen, bevor die Munitionsbestände zur Neige gehen. Dafür aber, das hat Churchill in allen Tonarten unermüdlich verkündet, müssen die Dardanellen freigekämpft sein.

Schon in der Kabinettssitzung am 25. November hat er die Entsendung eines Expeditionskorps gefordert. Kitchener hat das kategorisch abgelehnt und erklärt, die in Aufstellung befindlichen Armeen seien für die Westfront bestimmt, und selbst wenn er Truppen übrig hätte, würde er sie lieber im Golf von Alexandrette an Land gehen und zur Bagdadbahn vorstoßen lassen.

Dann eben nicht, war Churchills Reaktion. Will das Heer nicht mitmachen, muß die Flotte allein handeln. Die schweren Kaliber der Linienschiffe werden die kleinen türkischen Forts, diese Ziegenställe, schon zusammenschießen.

Daraufhin ist Admiral Fisher ebenso vehement gegen das Vorhaben aufgetreten wie Kitchener. Am 25. Januar hat er dem Premierminister geschrieben: »Solange die deutsche Hochseeflotte ungeschmälert über ihre bedrohliche Stärke und die großartige Wirkung ihrer Feuerkraft verfügt, ist es von allergrößtem, um nicht zu sagen vitalem Interesse, daß die englische Flotte keinerlei Operation unternimmt, die ihrer gegenwärtigen, durchaus nicht zu großen Überlegenheit Abbruch tun könnte.«

Fisher, Kitchener, Joffre, French, die berühmten und einflußreichen Männer, waren gegen das Projekt, aber selbst wenn er zehnmal mehr und zehnmal mächtigere Gegner gehabt hätte, wäre das für Churchill kein Grund zum Aufgeben gewesen. Schließlich

U-Boot-Krieg. – *30* Ein aufgetauchtes deutsches U-Boot feuert einen Warnschuß ab, um ein Handelsschiff zu stoppen – angesichts der zunehmenden Bewaffnung der Handelsschiffe ein nicht ungefährliches Verfahren. – *31* Der englische Frachter »Falsba« brennt nach einem Torpedotreffer mittschiffs.

ADVERTISEMENT.

NOTICE!

TRAVELLERS intending to embark on the Atlantic voyage are reminded that a state of war exists between Germany and her allies and Great Britain and her allies; that the zone of war includes the waters adjacent to the British Isles; that, in accordance with formal notice given by the Imperial German Government, vessels flying the flag of Great Britain, or of any of her allies, are liable to destruction in those waters and that travellers sailing in the war zone on ships of Great Britain or her allies do so at their own risk.

IMPERIAL GERMAN EMBASSY

WASHINGTON, D. C., APRIL 22, 1915.

BANKRUPTCY NOTICES.

UNITED STATES DISTRICT COURT, the Southern District of New York.—In the matter of JOSEPH HANDELSMAN and HENRY C. HANDELSMAN individually and as members of a co-partnership ... COLUMBIAN CLOTHING COMPANY ...

32/33 Otto Weddigen (oben links) versenkte mit U 9 (unten) drei englische Kreuzer. – *34* Die Anzeige der Deutschen Botschaft in Washington, in der Passagiere vor einer Atlantiküberfahrt auf englischen Schiffen gewarnt werden. Sie erschien unmittelbar vor der Versenkung der *Lusitania*.

brauchte man für die Bezwingung der Dardanellen nur schwimmende Plattformen für möglichst viele und starke Geschütze. Die alten, demnächst abwrackreifen Linienschiffe waren dafür völlig ausreichend.
Aber Fisher hat nicht nachgegeben und argumentiert: »Selbst die veralteten Einheiten dürfen nicht willkürlich aufs Spiel gesetzt werden; verlieren wir sie, so verlieren wir damit Besatzungen, die für die Great Fleet die einzige Reserve darstellen.«
Mit jedem Tag ist die Auseinandersetzung schärfer geworden, und schließlich hat das Kabinett die Entscheidung an sich gezogen.
Bei der Sitzung am 28. Januar 1915 in dem berühmten Sitzungssaal in Downing Street 10 hat Churchill die Debatte eröffnet und seine Sache wie üblich höchst temperamentvoll vertreten, doch nach einiger Zeit ist Fisher aufgestanden und hat sich in eine Fensternische gesetzt. Allgemeines Schweigen.
Daraufhin hat sich Kitchener erhoben.
»Was soll das bedeuten?« hat er den Admiral gefragt.
»Ich reiche meinen Abschied ein.«
»Überdenken Sie das lieber noch einmal. Der Premierminister ist für die Expedition. Sie sind der einzige, der im Wege steht. Es ist Ihre Pflicht, nachzugeben.«
Fisher ist blaß geworden, hat einen Augenblick lang gezögert und hat dann seinen Platz in der Kabinettsrunde wieder eingenommen.
»Ich werde mein Möglichstes tun«, hat er nicht sehr überzeugt gemurmelt.
So ist die große Entscheidung getroffen worden: Der Durchbruch durch die Dardanellen soll versucht werden, und zwar von der Marine allein.
Eine schwerwiegende Entscheidung, von der man im Rückblick nur erstaunt feststellen kann, wie leichtfertig sie getroffen worden ist. Keiner der Männer, die da am 28. Januar um den Kabinettstisch sitzen, hat die geringste Vorstellung von der Stärke der türkischen Verteidigungsanlagen auf der Halbinsel Gallipoli. Sie sind ganz einfach überzeugt, daß die Forts rührende Ziegenställe sind, die den schweren Granaten der Schiffsgeschütze nicht widerstehen werden. Sie wissen nicht, daß die Deutschen einen hochqualifizierten Militäringenieur, Oberst Wehrle, in die Türkei geschickt haben, der sich sofort an die Arbeit gemacht hat: Die 10,5-cm-Geschütze der *Breslau* und die Mittelartillerie der *Goeben* sind herbeigeschafft, in den Geländeeinschnitten sind schwere Mörser aufgestellt worden, Geschützattrappen aus Baumstämmen sollen die Schiffsartillerie irreführen, Treibminenfelder erwarten den Angreifer, und gegen Unterseeboote sind Netze ausgelegt worden.
Von London aus gesehen ist die Halbinsel Gallipoli ein leicht zu beseitigendes Hindernis. In Wirklichkeit sind die Dardanellen schon nicht mehr zu bezwingen.
Diese Fehleinschätzung wird 210000 Männern das Leben kosten.

Am 19. Februar haben die Kampfhandlungen begonnen. An diesem Tage haben sechs Linienschiffe und zwei Schlachtkreuzer die beherrschenden Forts an der Zufahrt zur Meerenge unter Feuer genommen. Bei blauem Himmel und ölig stillem Wasser lief die Operation ab wie ein Manöver zu Friedenszeiten. Die Kanoniere schossen geradezu mit Genuß, zielten auf die Schießscharten der Bunker und begrüßten jede deckend liegende Salve mit lautem Hurra.
Am 25. Februar sind noch einmal zehn Großkampfschiffe aufgefahren. Zum erstenmal ist der Superdreadnought *Queen Elizabeth* in Aktion getreten und hat seine überschweren 38,1-cm-Granaten hinübergeschickt. Bei Dunkelwerden waren alle angegriffenen Befestigungsanlagen offensichtlich außer Gefecht gesetzt.
Jedenfalls war das die allgemeine Ansicht. An Bord der Schiffe war man optimistisch. Alles schien ganz einfach: Die Flotte würde in die Meerenge einlaufen und brauchte nur ein Fort nach dem anderen zusammenzuschießen, bis sich nichts mehr regte.
Schon in den ersten Märztagen hatte die ganze Armada die großen Sperrforts an der Engstelle bei Tschanak Kale beschossen. Eine Zeitlang hat man geglaubt, sie seien zum Schweigen gebracht, doch in den Tagen danach haben sie wieder gefeuert.
Für die Angreifer war das eine nachdenklich stimmende Enttäuschung. Trotz des Granathagels, der über sie niedergegangen war, kämpften die Forts noch, ja, sie schienen sich immer besser einzuschießen.
Am 11. März notierte Admiral Guépratte: »Ich hatte durchaus den Eindruck, daß die Halbinsel Gallipoli zur Verteidigung hergerichtet war. An etlichen Stellen war die Erde aufgeworfen, und es tauchten immer mehr Stacheldrahthindernisse auf.«
Am Tag darauf behaupten drei junge griechische Hirten, sie hätten auf der Halbinsel starke Truppenbewegungen beobachtet.
Am 14. läuft ein britischer Fischdampfer auf eine Mine und sinkt; der Kleine Kreuzer *Amethyst* verliert beim Einschlag einer 15-cm-Granate 60 Mann.
Die Beunruhigung im Geschwader wächst mit jedem Tag. Sie erreicht ihren Höhepunkt, als am 16. März die unglaubliche Meldung eingeht, daß Admiral Carden seinen Rücktritt eingereicht hat und schon an Bord des Kreuzers *Minerva* nach Malta abgereist ist.
Das hat es noch nicht gegeben, daß der für die Gesamtoperation verantwortliche Führer eines solchen Geschwaders am Vorabend des entscheidenden Tages zurücktritt.
Carden hat gesundheitliche Gründe genannt, doch die überzeugen niemanden. In Wirklichkeit hat er nicht mehr an den Erfolg geglaubt und wollte nicht die Schuld am Scheitern zugeschoben bekommen. Von Anfang an ist er mit Churchill verschiedener Meinung gewesen. Er war überzeugt und hat das auch offen gesagt, daß die Flotte nicht allein den Weg durch die Dardanellen freikämpfen könne, sondern nur im Zusammenspiel mit dem Heer. Und jetzt hat Churchills allerletzte Depesche eine Großaktion bereits für den 18. März verlangt. Da hat Carden lieber seinem Nachfolger, Admiral

John Michael de Robeck, den Vortritt gelassen. Der hat seinen Plan schon fertig in der Tasche.
Ein herrlich einfacher Plan: Alle Forts und Küstenbatterien, in deren Schutz die Minenfelder liegen, sind auf einen Schlag zu vernichten.
Dazu muß der ungeheuerlichste Beschuß entfesselt werden, der je dagewesen ist: Zehn Großkampfschiffe würden auf 14000 Meter Entfernung das Feuer aus allen Geschützen eröffnen. Nach schwerer Beschädigung der Verteidigungsanlagen würden die französischen Linienschiffe, unterstützt von *Prince George* und *Swiftsure*, nach vorne durchstoßen und auf 8000 Meter in den Beschuß eingreifen.
Ein solches Trommelfeuer müßte die Forts zum Schweigen bringen. Sodann würden die Minensucher die Minenfelder vor Kephez räumen, wenn es sein müßte, die ganze Nacht hindurch, während sich die Flotte in sichere Distanz zurückziehen würde.
Am nächsten Tag würde sie wieder aufkreuzen, möglichst weit in die Meerenge einfahren und den Beschuß fortsetzen. In zwei, höchstens drei Tagen würden die Forts erledigt und die Minen beseitigt sein. Dann brauchte man nur noch majestätisch durchs Marmarameer zu dampfen und die Geschütze der siegreichen Flotte auf das verzagte Konstantinopel zu richten.

So hat die Schlacht an diesem 18. März nach Plan begonnen.
Um 11.30 Uhr eröffnen *Queen Elizabeth, Agamemnon, Lord Nelson* und *Inflexible* aus 14 Kilometer Entfernung das Feuer. Sie befinden sich damit außerhalb der Reichweite der feindlichen Geschütze. Man sieht Fort 20 in die Luft gehen, die Forts 13 und 17 auf ihren Fundamenten schwanken. In der fremdartigen Landschaft ist das Schauspiel von einer unwirklichen, gräßlichen Schönheit.
Um 12.22 Uhr treten die französischen Schiffe in Aktion. Auf dem Deck der *Suffren* spielt die Kapelle wie besessen die Marseillaise, den »Chant du Départ«, den Lothringer Marsch und den »Marsch der Blaujacken«. Die 32 Matrosen des Chors singen aus voller Brust. Von beiden Seiten der Meerenge werfen die Hügel das Echo dieser martialischen Klänge zurück. Die Engländer brüllen Hurra.
Wenige Minuten später gibt Admiral Guépratte Feuerbefehl auf 8000 Meter. Gleich darauf wird *Suffren* getroffen und muß *Bouvet* vorlassen. Um 13.30 Uhr läßt das feindliche Feuer nach. Um 13.45 Uhr scheint es zu verstummen. Schon laufen die Minensucher an die Spitze.
Alles verläuft nach Plan, mit mathematischer Genauigkeit nach Admiral Robecks Vorstellungen. Gewiß, zu gleicher Zeit wie *Suffren* sind etliche andere Schiffe getroffen worden, doch die Verluste sind gering, so daß die Begeisterung keine Grenzen mehr kennt. Die Einheiten manövrieren nach Belieben, weil sie sicher sind, sich in von Minen sorgfältig geräumten Gewässern zu befinden.

Da geht um 13.54 Uhr die *Bouvet* in die Luft. Gewiß eine vergessene Mine. Das ist schlimm genug, kann aber die allgemeine Siegesgewißheit nicht beeinträchtigen.
Der Beschuß geht weiter. Die Forts versuchen noch Widerstand zu leisten, doch ihre Feuergeschwindigkeit läßt erheblich nach. Bevor es dunkel wird, werden sie zum Schweigen gebracht sein.
Um 16.11 Uhr erschüttert eine gewaltige Explosion den modernen Schlachtkreuzer *Inflexible*, der sofort Schlagseite bekommt. Um 16.14 Uhr ist das Linienschiff *Irresistible* an der Reihe.
Admiral de Robeck an Bord der *Queen Elizabeth* steht vor einer dramatischen Gewissensentscheidung. Er spürt, daß der Sieg zum Greifen nah ist, daß die beschossenen Forts so gut wie erledigt sind, daß die morgen anzugreifenden auch nicht länger Widerstand leisten werden, daß der Weg nach Konstantinopel sich also freischießen ließe. Doch er hat noch Fishers beschwörende Ermahnungen im Ohr: Vor allem muß die Flotte intakt bleiben, und zwar nicht nur die modernen Linienschiffe und Schlachtkreuzer. Auch die alten Kähne sind wertvoll, und sei es nur wegen der unersetzlichen Besatzungen.
Soll er die schon beinahe gewonnene Partie aufgeben?
Laufend treffen jetzt die Meldungen auf dem Flaggschiff ein. Sie sind bestürzend. *Bouvet, Inflexible* und *Irresistible* sind nicht von Granaten getroffen worden, sondern auf Minen gelaufen.
Minen – das ist die große Überraschung. Noch am Tag zuvor haben die Flugzeuge der *Ark Royal* die Meerenge abgesucht, ohne eine einzige Mine in dem kristallklaren Wasser zu entdecken. Und jetzt werden von überall her welche gemeldet, sie vermehren sich ganz plötzlich, offenbar von der Strömung herangetrieben. Alle Schiffe sind unmittelbar bedroht, auch die *Queen Elizabeth*, deren Verlust für England einer schweren Niederlage gleichkäme.
Um 17 Uhr gibt Admiral de Robeck den Befehl zum Abbruch der Schlacht. Im selben Augenblick geht *Ocean*, die der *Irresistible* zu Hilfe kommen will, in die Luft und versinkt.
Ein dramatischer Tag! Binnen weniger Stunden sind fünf Großkampfschiffe von Treibminen aufgerissen worden. Der *Inflexible* gelingt die Rückfahrt nach der Insel Tenedos, und auch *Gaulois* kann sich über Wasser halten, doch *Bouvet, Irresistible* und *Ocean* liegen auf dem Grund der Dardanellen.
Robeck weiß jetzt, daß seine Armada nicht unbesiegbar ist, daß die stolzen Schiffe, die bis dato auf allen Weltmeeren ihr ehernes Gesetz walten ließen, von unsichtbaren Gegnern, von Minen und Unterseebooten, bedroht sind.
Was tun? Am 22. März versammelt der Admiral an Bord der *Queen Elizabeth* eine Besprechungsrunde von historischer Bedeutung. Admiral Wemyss und die Generäle Ian Hamilton, Birdwood und Braithwaite sind auf sein Flaggschiff gekommen.

Robeck erklärt ihnen, seiner Ansicht nach könne die Marine die Dardanellen ohne die Unterstützung durch das Heer auf keinen Fall bezwingen. Kann er auf diese Unterstützung rechnen? Ian Hamilton bejaht die Frage ohne Zögern.
Der Bericht über diese Sitzung trifft am anderen Morgen um 6.30 Uhr in London ein. Churchill schäumt vor Entrüstung.
Sollte die britische Marine ihre Tradition des kühnen Angriffs über Bord geworfen haben? Gibt sie sich wirklich nach dem ersten Tag der Operation geschlagen? Gewiß, sie hat Verluste gehabt, aber das gehört zum Risiko im Kriege. Außerdem hat nur eines der betroffenen Schiffe, die *Inflexible*, echten Kampfwert, und gerade sie wird bald repariert sein. Die anderen sind alte »Badewannen« gewesen, die ohnehin demnächst abgewrackt worden wären. Die Besatzungen aber, außer den Männern der *Bouvet*, sind gerettet.
Churchill ist entschlossen, nicht aufzugeben. Er diktiert an Admiral Robeck eine seiner berühmten Blitz-und-Donner-Depeschen. Er befiehlt ihm, durchzuhalten, den Angriff baldmöglichst zu wiederholen. Nichts hat sich geändert. Die Marine, und zwar die Marine ganz allein, soll die Dardanellen aufbrechen. Bevor Churchill die Depesche absendet, muß er sie allerdings dem Admiralstab vorlegen.
Fishers Reaktion ist ganz außergewöhnlich scharf. Zum erstenmal seit Kriegsbeginn kommt es an dem ehrwürdigen ovalen Tisch der Admiralität zu lautstarken Auseinandersetzungen. Churchill gerät in Wut, kämpft verzweifelt um die Durchsetzung seiner Ansichten. Er weist immer wieder darauf hin, eine Landung des Heeres auf der Halbinsel Gallipoli sei ein gefährliches Unternehmen, doch man hört nicht auf ihn. Er gibt nicht auf, geht mit seiner Depesche zum Premierminister und bittet ihn um die letzte Entscheidung; der gibt sich zwar einverstanden, erklärt aber, er könne sich nicht gegen die so gut wie einstimmige Meinung der Admirale stellen.
So fällt die Entscheidung: Ein britisch-französisches Expeditionskorps wird an den Dardanellen landen und die Halbinsel Gallipoli besetzen.
Selbst Pessimisten unter den alliierten Militärexperten schätzen die zu erwartenden Verluste auf höchstens 5000 Mann. Ein solches Risiko scheint ihnen nach der gräßlichen Arithmetik des Krieges akzeptabel. Nur: Im Gegensatz zur wirklichen ist die Arithmetik des Krieges keine exakte Wissenschaft.

25. April 1915. Die *River Clyde* geht auf »volle Kraft voraus«. Von der gepanzerten Brücke aus beobachtet Kapitänleutnant Edward Unwin aufmerksam die Küste. Fort 1 auf Kap Helles und das alte Fort Seddul-Bar sind im Qualm der Einschläge verschwunden. Daß überhaupt noch etwas von ihnen übrig ist, muß wirklich wundernehmen nach dem Trommelfeuer, das über sie niedergegangen ist.
Entschlossen hält Unwin mit seinem alten Kohlendampfer auf den schmalen Strand zu, der genau zwischen den beiden Forts liegt. Ein seltsames Fahrzeug ist die *River Clyde*!

Damit die 2000 Mann, die in voller Ausrüstung an Bord warten, auf einen Schlag ausgeschifft werden können, hat man oberhalb der Wasserlinie große Tore in die Bordwände eingebaut, und seitlich ragen riesige Flöße heraus, die aussehen wie hochgeklappte mittelalterliche Zugbrücken.

Der Strand ist jetzt ganz nahe, ein Streifen Sand, rings eingeschlossen von den Höhen, auf denen in der Ferne die Forts thronen. Vor der *River Clyde* fahren acht Motorpinassen, die vollbesetzte Boote im Schlepp haben, auf das Ufer zu. Die Forts schweigen. Sollten alle Verteidiger vor dem furchtbaren Beschuß der Linienschiffe geflohen sein? Die Pinassen laufen auf, die Männer springen heraus, beginnen über den Strand zu stürmen ... Da bricht die Hölle los.

Die Türken sind weder zermalmt noch weggelaufen, sie sind da und haben sich genau auf diesen Augenblick vorbereitet. Nach wenigen Minuten liegen fast alle 1500 Angreifer der ersten Welle im Sand.

Von Bord des französischen Linienschiffs *Jauréguibarry* verfolgt General d'Amade die Kampfhandlungen. Er berichtet später: »Man sah die *River Clyde* und den Strand vor ihr, und auf diesem Strand die in Kolonnen geordneten Truppen. Sturmkolonnen, dachten wir, die auf den Angriffsbefehl nach Beendigung der Artillerievorbereitung warteten. Wir bewunderten die vorbildiche Disziplin, den tapferen Gleichmut dieser Infanteristen, die so stoisch im Abwehrfeuer aushielten. Doch unsere Bewunderung verwandelte sich erst in Erstaunen, dann in Entsetzen: Die Männer waren tot! Das war die Erklärung für ihr überraschendes Ausharren!«

Von der *River Clyde* aus haben die Landungstruppen, hinter den Stahlwänden geschützt, ihre Kameraden fallen gesehen. Sie blicken auf den schmalen Uferstreifen, auf dem jetzt sie vorgehen sollen. Sie erkennen, daß er, von allen Seiten überhöht, gut einzusehen ist und keine Deckung bietet.

Ein heftiger Stoß: Das Schiff ist auf Grund gelaufen. Etwas weiter von der Küste entfernt als vorgesehen. Damit die Männer an Land gelangen können, muß aus Leichtern eine Schiffsbrücke gebildet werden.

Das ist der entscheidende Augenblick. Die *River Clyde* ist ein dankbares Ziel. Zu Tausenden klatschen die Kugeln gegen die Bordwand. Die Offiziere drängen die Soldaten zu den seitlichen Öffnungen. Eine erste Kompanie Munster-Füsiliere aus Irland stürmt hinaus und wird sofort dezimiert. Die einen fallen noch an Deck, andere auf den Leichtern, etliche beim Versuch, durchs Meer an Land zu gelangen, nur wenige schaffen es überhaupt bis zum Strand, wo sie hinter einer niedrigen Bodenwelle Deckung suchen.

Wird die nächste Welle sich hinauswagen? Es wäre Wahnsinn. Sie tut es trotzdem, doch sie kommt nicht weit, weil der letzte Leichter, von dem man aufs Ufer springen kann, mit der Strömung abtreibt. Die Männer an Bord sind alle tot oder verwundet.

Da geschieht das Unglaubliche: Ein Seemann rennt über das Deck des alten Frachters,

springt auf den ersten Leichter und von dort aus ins Meer. Es ist Kapitän Unwin, der, gefolgt von fünf Kameraden, den sich entfernenden Leichter einfangen will. Bis zur Brust im Wasser stehend ziehen sie mit der Kraft der Verzweiflung an der Stahltrosse. Unwin wird dreimal von Schüssen getroffen, doch er läßt sich erst auf sein Schiff zurückbringen, als der Leichter wieder fest vertäut ist.
Jetzt könnte die Ausschiffung weitergehen, doch die Männer zögern. Verdenken kann man ihnen das wahrhaftig nicht. Als der Kommandeur der 86. Brigade, General Napier, gegen 10 Uhr die Gefahr eines Scheiterns des ganzen Unternehmens erkennen muß, springt er mit seinem Adjutanten, Hauptmann Costeker, in das nächstbeste Boot. Sie kommen nicht weit; beide fallen. Die Hälfte der Soldaten vom Hampshire-Regiment, die sich haben mitreißen lassen, ereilt die Kugel. Die übrigen rennen zur *River Clyde* zurück oder werfen sich hinter der kleinen Sandwall am Ufer neben die Überlebenden der ersten Welle.
Mehr ist an diesem ersten Tag nicht zu erreichen. Erst bei Dunkelwerden können die restlichen Truppen ans Ufer gehen und sich eingraben.
Auch an den anderen Landungsplätzen ist es heiß hergegangen. In dem großartigen Plan von General Ian Hamilton ist dieser schmale Uferstreifen, auf dem die toten Munsterfüsiliere liegen, ja nur der »Strand V« gewesen.
Überall haben sich die Türken heftig ihrer Haut gewehrt. Die Schiffsgeschütze haben zwar die meisten Kanonen der Forts außer Gefecht gesetzt, doch die in gut getarnten Gräben geschützte Infanterie mit ihren Maschinengewehren haben sie nicht vernichtet.
Schon am Tag zuvor haben das die Franzosen bei einer Ablenkungslandung am asiatischen Ufer bei Kum Kale erfahren: Binnen weniger Stunden haben sie 23 Offiziere und 850 Mann verloren, gut die Hälfte der eingesetzten Truppen.
Von den heute angegriffenen sechs Punkten liegen fünf am äußersten Südzipfel der Halbinsel Gallipoli zu beiden Seiten von Kap Helles: zwei, die Strände X und Y, an der Westküste, einer, Strand W, zwischen Kap Tekke und Kap Helles, die Landungsstelle der *River Clyde*, Strand V, zwischen Kap Helles und Fort Seddul-Bar, und Strand S östlich von Seddul-Bar.
Diese Kämpfe schildern, hieße fünfmal die gleichen Vorgänge darstellen. Überall sind die Soldaten im festen Vertrauen auf die verheerende Wirkung der Schiffsartillerie an Land gestürmt, überall sind sie sofort in konzentriertes Abwehrfeuer der türkischen Infanterie geraten, überall haben sie mühsam einen Uferstreifen von wenigen Metern gehalten und versuchen sich jetzt der Gegenangriffe zu erwehren.
Auf Strand Y gelingt den Schotten unter Oberst Koe nicht einmal das; die Überlebenden müssen zu den Schiffen zurück. Auf Strand X dringen die Marinefüsiliere unter dem Schutz des verheerenden Feuers von *Implacable* und *Swiftsure* 900 Meter weit vor. Auf Strand W geraten die Lancaster-Füsiliere in Stolperdrähte unter Wasser, doch als

sie das Land erreicht haben, nehmen sie im Sturm drei Grabenlinien und stehen am Abend auf den beherrschenden Höhen über dem Strand. Auf Strand S kommen die Waliser nur wenige hundert Meter weit.
»Weit« ist ein großes Wort. Selbst die besonders pessimistischen Generäle haben mit ganz anderen Tageszielen gerechnet. Da der Widerstand des Feindes ja vom Granathagel gebrochen sein würde, sind sie überzeugt gewesen, es werde mindestens Krithia oder, warum eigentlich nicht, Aschi Baba erobert sein.
Doch an vier von fünf Stränden ist an diesem 25. April nur ein winziger Geländestreifen besetzt worden, und der folgende Tag geht damit hin, ihn notdürftig zu befestigen und gegen die wütenden Gegenangriffe der Türken zu verteidigen. Über 40 Prozent der eingesetzten Truppen sind gefallen oder verwundet, und die Überlebenden fragen sich, wie sie durchhalten sollen.
Durchhalten, das ist auch die verzweifelte Parole bei den »Anzacs«, den australischen und neuseeländischen Freiwilligenverbänden, die bei Gaba Tepe an Land gegangen sind.
Auf der Karte ist das ein genial gewählter Platz. Gaba Tepe, weiter nördlich auf der europäischen Seite gelegen, eröffnet die Möglichkeit, die Halbinsel Gallipoli zu durchstoßen, die Verteidiger von Aschi Baba und Kilid-Bar im Rücken anzugreifen und dann am Ostufer die Sperrforts zu zerstören, deren Geschütze der Flotte den Weg nach Konstantinopel verlegen.
Für dieses spektakuläre Unternehmen hat Ian Hamilton bei Gaba Tepe die Soldaten von General Birdwood aufgeboten, durchtrainierte, selbstbewußte, schlaksige Männer aus den fernen Kolonien; von ihrem Mut werden wahre Wunderdinge erzählt.
Am 24. April um 5 Uhr früh haben die Transportschiffe *Triumph*, *Bacchante* und *Prince George*, lauter alte gepanzerte Kriegsschiffe, die Reede von Mudros verlassen, begleitet von den kaum jüngeren Linienschiffen *Queen*, *Prince of Wales* und *Majestic*.
Die ganze Operation ist auf die Minute genau geplant.
Um 2.30 Uhr an diesem 25. April früh klettern die 1500 Mann der ersten Welle, die noch ein warmes Frühstück bekommen haben, über Strickleitern die Bordwand hinunter und springen in Boote, die von Motorbarkassen zum Strand gezogen werden sollen.
Sehr bald verlieren die kleinen Schleppzüge die Fühlung untereinander. Es ist so dunkel, daß die Landung mehrere Seemeilen nördlich der eigentlich vorgesehenen Stelle erfolgt. Dieser Fehler rettet das ganze Unternehmen, denn am befohlenen Landungsplatz haben die Türken sich besonders stark zur Verteidigung gerüstet.
Doch auch hier, wo die Männer schließlich die letzten 50 Meter zum Strand waten, steigt sofort die erste Leuchtkugel auf, und das Abwehrfeuer beginnt.
Hinter dem Sandstreifen liegt schwieriges Gelände. Felsen sind zu überklettern, durch Einschnitte und Hohlwege muß man hinauf, und zwar mit der ganzen schweren Aus-

rüstung, während die Gegenwehr der Türken immer heftiger wird, weil ihre Verstärkungen herangekommen sind.

Um 8 Uhr kommen die 8000 Mann schon nicht mehr weiter. Sie sind ungefähr einen Kilometer vorgedrungen. Jetzt müssen sie um ihr Leben schaufeln, um Deckung zu finden; sie irren durch das trockene Gestrüpp, das die Türken unter geschickter Ausnutzung des Windes angezündet haben. Die hilflos daliegenden Verwundeten kommen in den Flammen um. Die Anzacs haben hier einen entschlossenen General vor sich, der seine Leute geschickt einsetzt: Mustafa Kemal, der spätere Atatürk.

Die Lage erscheint so aussichtslos, daß Birdwood noch am Abend die Erlaubnis zur Räumung von Gaba Tepe verlangt. Er ist sich darüber im klaren, daß das Unternehmen gescheitert ist und seine Leute bei aller Tapferkeit den Durchbruch nicht erzwingen, die Halbinsel nicht abschneiden werden. Warum soll man unter diesen Umständen so viele Menschenleben opfern?

Ian Hamilton hat dafür kein Verständnis: »Was Sie mir da mitteilen, klingt tatsächlich bedenklich. Aber es bleibt nur eines: sich eingraben und ausharren.«

Eine paradoxe Lage. Überall sind die Angreifer vom ersten Tage an zu Angegriffenen geworden. Selbst wenn sie zurück wollten, wäre das nicht möglich, weil ihre Stellungen von allen Seiten eingesehen sind. Also richten sie sich ein, so gut es geht, heben immer tiefere Gräben aus, schaffen zentrale Waffen- und Munitionslager, bauen Wege und primitiv befestigte Widerstandsnester.

Ian Hamilton findet sich mit dieser Lage nicht ab. In den folgenden Tagen befiehlt er nacheinander für alle Landungsstellen den Angriff. Am 27. April stürmen die Truppen am Kap Helles, besetzen die Höhe 326, dringen ein paar hundert Meter weit vor, erobern mehrere Wasserstellen. Am selben Tage werden die Franzosen, die von der verlustreichen Ablenkungsoperation bei Kum Kale zurückkommen, an Land gesetzt und gehen am rechten Flügel der Engländer in Stellung.

Die Kämpfe werden monoton, eine immer gleiche Folge von Angriffen und Gegenangriffen, von Artilleriebeschuß und Tag für Tag zu leistenden Arbeiten, unter denen die Bergung und Beisetzung der Toten die schlimmste ist.

Immer mehr Verstärkungen führen die Türken heran. Am 2. Mai greifen sie an, in drei Sturmwellen, ohne Rücksicht auf die furchtbaren Verluste. Sie werden im Nahkampf zurückgeschlagen, nur bei den Senegalschützen erzielen sie einen Geländegewinn.

Am 5. Mai wird die Lancaster-Division ausgeschifft. Am 6. wirft Hamilton alle seine Truppen gegen Krithia und Aschi Baba, die Ziele des ersten Landungstages. Zwei Tage lang tobt der Kampf. Am Abend des 7. Mai haben die Alliierten gerade ein paar hundert Meter erobert. Der Hügel von Aschi Baba, in Rauch gehüllt und von Granateinschlägen durchwühlt, bleibt in der Hand der Türken.

Am 8. verlangt Ian Hamilton eine letzte Anstrengung. Trotz der Unterstützung durch

die Kanonen der Flotte, trotz wütender Nahkämpfe, trotz enormer Verluste kommen die Soldaten der Entente aber wieder nur 200 Meter weiter.
Auf beiden Seiten sind die Männer mit ihrer Kraft am Ende. Sie gehen in Deckung und warten ab. Die Lage erscheint ausweglos.
Die Überraschung kommt vom Meer.
13. Mai abends. Es wird eben dunkel. An Bord der *Goliath* macht man sich für die lange Nachtwache bereit. Auftrag des englischen Linienschiffes ist die Sicherung des rechten Flügels der französischen Truppen in der Bucht von Mortos. Eine stupide, dabei nicht ungefährliche Aufgabe, zumal der Ausguck seit einiger Zeit immer wieder verdächtige Sehrohre gesehen haben will. Um Überraschungsangriffen kein Ziel zu bieten, wird vorsichtshalber jede Verwendung der Scheinwerfer verboten.
Im trügerischen Licht der Frühlingsnacht entdeckt der wachhabende Maat in wenigen Kabellängen Entfernung die Silhouette eines Schiffes. Er nimmt an, es handele sich um eines der Begleittorpedoboote. Um sicherzugehen, fragt er bei dem unbekannten Fahrzeug an und bekommt auf englisch Antwort.
Kurz darauf wird das Linienschiff von einer dumpfen Explosion erschüttert, der rasch zwei weitere folgen. In nicht einmal drei Minuten kentert die *Goliath* und sinkt. Sie ist von drei Torpedos des Geisterboots getroffen worden, das der Maat nicht identifizieren konnte.
Kaum ist die Mitteilung in London eingegangen, legt Fisher wütenden Protest ein. Nie hat er diese Dardanellenunternehmung wirklich akzeptiert. Nie ist er von seiner Ansicht abgegangen, daß die Flotte, mit oder ohne Hilfe des Heeres, unmöglich die Meerenge bezwingen, daß nur der Verlust vieler Schiffe dabei herauskommen könne. Für ihn bedeutet jedes gesunkene Schiff eine Einbuße kostbarster britischer Lebenskraft.
Er weiß, daß Churchill bis zum Äußersten und um jeden Preis weitermachen will, derselbe Churchill, der ihm ständig Verstärkungen abverlangt und eben erst, ohne ihn auch nur zu konsultieren, Italien im Falle seines Kriegseintritts die Entsendung von vier Kreuzern versprochen hat.
Dem Admiral reicht es jetzt. Er will nicht länger eine Strategie mit seinem Namen decken, die er aus tiefster Überzeugung mißbilligt.
Lloyd George schildert ihn zu dieser entscheidenden Stunde: »Am 15. Mai morgens begegnete ich beim Betreten von Downing Street 10 im Haupteingang Lord Fisher und war betroffen von seinem völlig veränderten Gebaren. Statt mich wie üblich freundschaftlich zu begrüßen, stellte er sich mir mit aggressiver Verbitterung in den Weg. Die Unterlippe seines willensstarken Mundes war tief heruntergezogen, die Falte im Mundwinkel auffallender als sonst.
Sein eigenartiges orientalisches Profil erinnerte mich mehr denn je an ein Götzenbild in einem Tempel Asiens. Mit gerunzelten Brauen und finsterem Blick erklärte er mir: ›Ich bin zurückgetreten!‹

Und als ich ihn nach dem Grund fragte, sagte er: ›Ich kann das nicht länger ertragen.‹«
England erzittert in seinen Grundfesten. Fisher, der große Mann, der Prophet, der Vater der Dreadnoughts, der unermüdliche Prediger britischer Seemacht ... Wenn der demonstrativ geht, muß es wirklich schlecht stehen, muß diese Dardanellenexpedition in die Katastrophe führen, und die Regierung hält nur mit der Wahrheit hinter dem Berge.
Die bedauernswerte Regierung! Sie ist in eine unerträgliche Zwangslage gekommen; und Schatzkanzler Lloyd George verkündet in aller Öffentlichkeit, er werde ebenfalls seinen Hut nehmen, wenn nicht sofort eine Allparteienregierung gebildet wird.
Das geschieht, und dabei verliert Churchill die Admiralität.
Am Tage der Regierungsumbildung, während auf der Halbinsel Gallipoli neue schwere Kämpfe entbrannt sind, wird auch die *Triumph* vor Gaba Tepe von einem Torpedo getroffen. Sie kentert sofort, treibt noch zwanzig Minuten lang kieloben und versinkt dann langsam in den Fluten.
Am Tag darauf um 6.40 Uhr wird auch die alte *Majestic* tödlich getroffen.
Panik entsteht bei der Flotte. Die abwegigsten Gerüchte gehen um, überall glaubt man deutsche Unterseeboote auszumachen. In Wirklichkeit sind erst wenige da, doch ihre Anwesenheit ist eine tödliche Bedrohung.
Den Großkampfschiffen bleibt nur die Flucht hinter die Netzsperren von Mudros.
So bewahrheitet sich die Prophezeiung von Admiral Percy Scott: »Das Unterseeboot wird die Schlachtschiffe vom Meer vertreiben wie das Automobil das Pferd von der Straße vertrieben hat.«

Die Männer an Land fühlen sich im Stich gelassen. Bis jetzt haben sie sich in ihren Gräben am Anblick der eindrucksvollen Linienschiffe und Kreuzer aufgerichtet.
Jetzt sind sie allein in der »Hölle von Gallipoli«, wie sie das schreckliche Schlachtfeld getauft haben, und sie haben allen Grund zur Verbitterung.
Es ist wirklich die Hölle.
Die Hölle der Fliegen, die zu Myriaden um sie schwirren.
Die Hölle der Granaten, die jede Geländefalte immer wieder umpflügen.
Die Hölle der Krankheiten, vor allem der Ruhr, die den Befallenen die letzte Kraft raubt.
Fast überall sind die alliierten Gräben eingesehen. Die Soldaten müssen sich ständig ducken, sich an den Boden schmiegen, um nicht sofort von Scharfschützen abgeknallt zu werden. Und das alles auf so engem Raum, daß jeder Geländeverlust die Gefahr mit sich bringt, ins Meer zurückgeworfen zu werden.
Sie müssen also die Stellung halten und immer wieder angreifen, um sich Luft zu schaffen. Jedesmal treten sie voller Hoffnung zum Sturm an, aber jedesmal bleiben sie vor

den feindlichen Gräben liegen; und haben sie einen erobert, muß er fast immer am Abend angesichts massiver türkischer Gegenangriffe wieder geräumt werden.
Wehe dem, der verwundet wird! Die gegnerischen Linien sind so nahe und die Scharfschützen so emsig, daß es meistens ein Ding der Unmöglichkeit ist, die Verwundeten zu holen. Sie sterben qualvoll und nach Wasser wimmernd im Niemandsland, jeder in einen Schwarm von Fliegen gehüllt, die sich auf die Wunden setzen. Die Toten verwesen in der Sonnenglut.
Gelegentlich vereinbaren die Gegner örtliche »Leichenbergungswaffenstillstände«, und weil man nicht alle gefallenen Kameraden begraben kann, trägt man sie zusammen, übergießt sie mit Benzin und verbrennt sie. Der Gestank dieser Scheiterhaufen ist ebenso scheußlich wie der von den sich auflösenden Toten, doch jedenfalls ist die Seuchengefahr etwas weniger groß.
Die Verluste sind deshalb besonders erschreckend, weil sie auf so winzigen Schlachtfeldern entstehen. Am Kap Helles fallen auf einem Dreieck, das 4 Kilometer breit und knapp 5 Kilometer hoch ist, in 260 Tagen 170000 Briten, 40000 Franzosen und 218000 Türken.
Sie alle sind sinnlos gestorben. Briten und Franzosen haben wie die Teufel gekämpft, weil man ihnen vor jedem Angriff versprochen hat, es sei der letzte, diesmal würden sie durchbrechen, den Feind im Rücken packen und mit einem Schlag die ganze Halbinsel aufrollen. Leere, immer wieder geweckte, immer wieder enttäuschte Hoffnungen. Man fragt sich, wie Generäle einen solchen Starrsinn aufbringen können. Joffre in Frankreich, Hamilton an den Dardanellen – die gleiche Tragödie: Hunderttausende werden dem Mythos vom Durchbruch geopfert.
»Noch nie«, schreibt der englische Kriegsberichterstatter Ashmead Bartlett als Augenzeuge, »ist eine tapfere Armee von ihren Generälen so kläglich geführt worden wie die Soldaten aus Großbritannien und den Dominions auf Gallipoli. Noch nie hat die fehlende Einsicht in die strategische Lage einen so hohen Preis gekostet.«

7. Mai 1915.
Vier hohe schwarze Schornsteine erscheinen im Sehrohr von *U 20*. Kapitänleutnant Walter Schwieger traut seinen Augen nicht: Noch nie ist ein solches Riesenschiff vor die Torpedorohre eines Unterseebootes gelaufen. Er zögert keinen Augenblick mit dem Angriff. Außerdem sind die Befehle, die er beim Verlassen der Emsmündung erhalten hat, eindeutig: »Große englische Truppentransporter zu erwarten, ausgehend von West- und Südküste Englands. Auf schnellstem Wege um Schottland den englischen Kanal ansteuern. Stellung nehmen vor Dartmouth. Transporte, Handelsschiffe, Kriegsschiffe angreifen. Position besetzt halten, solange Vorräte gestatten.«
14.20 Uhr. Der Passagierdampfer ist viel schneller als das kleine U-Boot, und Schwieger kann nur darauf hoffen, daß sein Opfer nach Osten abfällt und damit in seinen Schuß-

bereich kommt. Genau das geschieht. Die Schornsteine werden immer größer. Jetzt wird schon der Rumpf sichtbar.
15.10 Uhr. Der Torpedo verläßt das Bugrohr, läuft mit 22 Knoten auf das Ziel zu. Schwieger trägt ins Schiffstagebuch ein:
»Es erfolgt eine außergewöhnlich große Detonation mit einer sehr starken Sprengwolke. Es muß zur Explosion des Torpedos noch eine zweite hinzugekommen sein (Kessel oder Kohle oder Pulver). Die Aufbauten über dem Treffpunkt und die Brücke werden auseinandergerissen ... Das Schiff stoppt sofort und bekommt rasch Steuerbordschlagseite und schneidet mit dem Bug unter ... Am Bug kann ich in goldenen Lettern den Namen lesen: LUSITANIA.«
Ja, es ist die *Lusitania*, die da versinkt: 31 600 BRT, einer der stolzesten Ozeanriesen der Welt, versenkt durch einen einzigen Torpedo an diesem Nachmittag des 7. Mai 1915. Von den 1257 Menschen an Bord kommen 1198 ums Leben: 413 Besatzungsmitglieder und 785 Passagiere, darunter 120 amerikanische Staatsbürger.
Walter Schwieger verfolgt den Todeskampf des Schiffes, dann taucht er. Er weiß, daß ein zweiter Torpedo überflüssig wäre. Als er um 16.15 Uhr noch einmal durchs Seerohr zurückblickt, kann er auf dem Meer nur noch ein paar auf den Wellen tanzende Rettungsboote ausmachen.
In den nächsten Tagen gerät die Gerüchteküche ins Brodeln. Da ist die Rede von anonymen Briefen, die vor der Abfahrt etlichen prominenten Amerikanern zugegangen sind, deren Namen auf der Passagierliste standen. Der Milliardär Vanderbilt soll sogar ein Schreiben bekommen haben, in dem die Torpedierung der *Lusitania* angekündigt worden ist.
Was ist geschehen? War die Begegnung von *U 20* und der *Lusitania* Zufall oder eine genau vorbereitete Aktion? Wir wissen es noch heute nicht.
Noch heute kann man sich nur an die größte Wahrscheinlichkeit halten.
Es ist erwiesen, daß sich an Bord des Ozeanriesen ein Funker befand, der für die deutsche Sache gewonnen war. Und die Deutschen kannten die Sicherheitsvorschriften, die von den Schiffen bei der Annäherung an die Gewässer um Irland zu befolgen waren. Sie wußten, daß Kapitän Turner in dieser letzten Phase vor dem Anlaufen Instruktionen einzuholen hatte und sich den Treffpunkt mit Begleitschutzschiffen geben lassen mußte. Das hat er auch getan, doch sein Funkspruch ist wohl von einer deutschen Station aufgefangen und mit der Anweisung beantwortet worden:
»Steuern Sie Richtung Leuchtturm Old Head of Kinsale und laufen Sie sodann in den Georgskanal ein. Gegen Mitternacht werden Sie bei den Liverpool Banks erwartet.«
Der Georgskanal – genau an dessen Zufahrt hat *U 20* manövriert. Ein abgekartertes Spiel? Ein unglaublicher Zufall? Jedenfalls lassen die Reaktionen in aller Welt nicht auf sich warten. Von Barbarei ist die Rede, und die Amerikaner richten mehrere barsche Noten an die Reichsregierung, die nur ihr »tief empfundenes Mitgefühl« beteuern kann.

Wilhelm II. wird unruhig. Schließlich hat er im Jahr zuvor noch geschrieben: »Unser Schwert muß sauber bleiben. Wir führen keinen Krieg gegen Frauen und Kinder. Wir wollen den Krieg ehrlich führen, ganz gleich, was die anderen tun.«
Hehre Absichten, die der Realität weichen müssen, weil der Unterseebootkrieg mit zwingender Notwendigkeit wie der ganze Krieg von Monat zu Monat grausamer wird. Die Versenkung der *Lusitania* ist ein Ereignis von allergrößter Tragweite. Mit diesem Augenblick beginnt Amerika, das bis jetzt eindeutig isolationistisch gesonnen ist, sich auf den langen Weg zum Kriegseintritt zu machen.
So steht dieser eine Torpedo, den Walter Schwieger am 7. Mai 1915 abgeschossen hat, am Anfang der Niederlage Deutschlands.

Unter dem 21. April 1915 notiert General Fayolle in seinem Tagebuch: »Ganz offensichtlich wird wieder angegriffen. Trotz aller Lektionen von der Yser, aus der Champagne, von Neuve-Chapelle und Les Eparges wollen sie es noch einmal versuchen. Die Aufgabe ist immer die gleiche: Deutsche Truppen binden, damit sie nicht zur Verstärkung an die Ostfront geschafft werden. Außerdem hoffen sie die Front aufzubrechen. Sie machen sich große Illusionen ... 10000 Mann wird es kosten, einen Kilometer weit zu kommen.«
Das ist die nüchterne Einschätzung eines Erfahrenen, der sowohl das Gelände als auch die deutschen Verteidigungsvorkehrungen kennt. Doch solche Bedenken kommen in der Flut der amtlich verordneten Zuversicht nicht zur Geltung.
Alle sind überzeugt, daß der Sieg endlich nahe ist. Alle, vom Staatspräsidenten bis zum letzten Infanteristen.
Sie müssen einem leid tun, diese Infanteristen! Bis an die Grenzen ihrer Kraft von diesem ersten Kriegswinter mitgenommen, sind sie nur allzu bereit, denen zu glauben, die ihnen Hoffnung machen. Die ersten Knospen an den Bäumen gehen auf, und sie selber haben das Gefühl, wieder Leben und Schwung zu bekommen in der blassen Frühlingssonne. Sie sind bereit, wie ihre Briefe beweisen, alles zu geben, mit frischem Mut zu stürmen, damit der Krieg zu Ende geht, so schnell wie möglich zu Ende. Alles, nur nicht noch einen solchen Winter im Graben verbringen!
Sie lassen sich beeindrucken von den markigen Sätzen, die Foch ihnen zuruft: »Wir werden den Feind überrennen, ihn mit Schlägen eindecken, die seine Stellungen ebenso zerstören werden wie seine Kampfmoral, ihm so zusetzen, daß er die Nerven verliert, und ihn vernichten. Wir werden über Ruinen vormarschieren ... Wir haben jetzt eine ungeheuer starke Artillerie und Sprengstoffe von furchtbarer Wirkung ... Ihr werdet leergefegtes Gelände besetzen.«
Foch sagt das nicht etwa nur, um alle Kräfte zu mobilisieren. Er glaubt selber daran. Und auch Joffre glaubt daran, der am 21. März gegenüber Poincaré erklärt, er sei sicher, vor dem Sommer, spätestens aber zum Herbst den Sieg errungen zu haben. Vor ihm

35 Die *Lusitania* mit ihren typischen vier Schornsteinen. – *36* Deutsche Torpedoboote brechen quer durch die in voller Fahrt befindliche Hochseeflotte – ein oft geübtes Manöver, das in der Skagerrakschlacht entscheidende Bedeutung gewinnen sollte.

Die Skagerrakschlacht. – *37* 31. Mai 1916: Die Ausfahrt der deutschen Schlachtflotte. – *38/39* Die Admirale Hipper (links) und Scheer (rechts).

stünden zwar die besten deutschen Armeen, aber er sei in der Lage, sie zu zerschlagen, und dann sei ihm Deutschland auf Gnade und Ungnade ausgeliefert. Er versichert, die Deutschen seien schon »auf dem Weg in die Niederlage«, es würden immer mehr Gefangene eingebracht, sogar Offiziere liefen schon über ...
Er wirkt so überzeugend, daß sogar der eher skeptische Poincaré meint, sich Hoffnungen machen zu dürfen.
Mit den Vorbereitungen zur großen Frühjahrsoffensive hat Joffre begonnen, als ihm klar wurde, daß sich der Krieg im flandrischen Schlamm festlaufen würde. Die Ausführung hat er Foch übertragen, der im Hinblick darauf bereits am 5. Januar zum Befehlshaber der Armeegruppe Nord ernannt worden ist.
Foch ist die Aufgabe mit Nachdruck angegangen, und nach einer genauen Inspektion des gesamten Frontabschnitts hat er am 24. März mit dem Finger auf der Landkarte seinen Mitarbeitern den nach seiner Meinung schwächsten Punkt des Gegners gezeigt: die Höhen vor Vimy. Sie sind das letzte Hindernis, der Riegel, den man unbedingt sprengen muß, um in die Ebene von Douai vorstoßen zu können. Dann kann man wieder in freiem Felde operieren, den rechten Flügel der Deutschen zerschlagen und in einer großen Durchbruchsschlacht die rückwärtigen Verbindungen der übrigen deutschen Armeen so bedrohen, daß der Feind auf der ganzen Linie zurückweichen muß.
Ein grandioser und auf dem Papier überwältigend einfacher Plan. Gelingt er, so ist der Boden des Vaterlandes in wenigen Wochen befreit.
Einige unverbesserliche Pessimisten weisen darauf hin, daß die Vimy-Höhen durch ein gut gestaffeltes Grabensystem, beherrschende Maschinengewehrnester und starke Artillerie zu einer mächtigen Verteidigungsstellung ausgebaut worden ist. Foch tut solche Einwände mit einer Handbewegung ab. Wenn man auf die Schwarzseher hören wollte, würde man nie etwas wagen.
Was man braucht, um Erfolg zu haben, sind die entsprechenden Kräfte, gewaltige Kräfte. Foch fordert und erhält sie. Unter General d'Urbal, dem an der Yser bewährten Haudegen, steht ihm die auf sechs Korps verstärkte 10. Armee zur Verfügung, dazu zwei Kavalleriekorps, die nach erfolgtem Durchbruch sofort das Hinterland besetzen und den Feind verfolgen können. Außerdem hat er 780 Feldgeschütze, 293 schwere Haubitzen, 124 großkalibrige Mörser, jede Menge Munition und eine eindrucksvolle Anzahl von Flugzeugen.
Der Hauptstoß wird in der Mitte gegen die Vimy-Höhen geführt werden, aber zugleich sollen flankierende Angriffe im Norden auf die Lorettokapelle und im Süden auf Bailleul den Gegner binden.
Längst vor dem Angriffstag sind die Pioniere an die Arbeit gegangen. Im Abschnitt Carency treiben sie 17 Minenstollen vor, die mit jeweils 300 Kilogramm Sprengstoff geladen werden. Damit wird man die deutschen Stellungen an diesem entscheidenden Punkt in die Luft jagen.

Und dann braucht man eigentlich nur noch tapfer geradeaus zu stürmen.
Allerdings: Um ganz sicher Erfolg zu haben, müßte man überraschend angreifen können, aber das ist ausgeschlossen. Schon Anfang April hat Kronprinz Rupprecht von Bayern, der bei Arras die VI. Armee führt, die Bewegungen beim Gegner festgestellt. Aber er ist nicht sonderlich beunruhigt, weil das bayerische 2. Reservekorps zwischen Arras und der Lorettohöhe steht, daneben das um eine bayerische Division verstärkte 7. Armeekorps. Außerdem weiß er, daß er binnen kürzester Frist starke Reserven heranführen kann.
Und er weiß, wie gut seine Front befestigt ist. Das Massiv der Lorettohöhe ist schwer zugänglich. An den Ausläufern liegen die starken Stellungen bei den Dörfern Ablain-Saint-Nazaire und Carency, und auf halbem Wege nach Arras bildet das zwei Kilometer lange Straßendorf Neuville-Saint-Vaast eine gute Stütze. Südlich davon auf der kleinen Hochebene hat Rupprecht eine reichlich einen Quadratkilometer große Befestigungsanlage eingerichtet: Das Gewirr von Gräben, Hohlwegen, Unterständen und Maschinengewehrnestern ist so eindrucksvoll, daß die Franzosen bald nur noch vom »Labyrinth« sprechen.
Lange vor den Franzosen haben die Deutschen die ersten Lehren aus dem Stellungskrieg gezogen. Sie haben festgestellt, daß die vordersten Gräben nicht unbedingt ständig besetzt zu sein brauchen. Die Männer können während des Trommelfeuers in Stollen und Unterständen bleiben; wenn der Angriff beginnt, sind sie schnell genug im Graben. Alle Laufgräben sind mit Schützenauftritten versehen, können also verteidigt werden. In den Dörfern sind die Häuserwände und Mauern mit Schießscharten versehen und die Kellergewölbe mit Beton verstärkt worden.
Das alles wissen die französischen Generäle nicht; oder sie wollen es nicht wahrhaben, mit Ausnahme von Fayolle und wohl auch Castelnau, die sich nicht besonders begeistert zeigen.
D'Urbal jedenfalls macht sich keine überflüssigen Gedanken: Er soll angreifen und wird angreifen, wenn es soweit ist.
Seine Befehle am Vorabend der Offensive sind höchst bezeichnend: »Der einmal begonnene Infanterieangriff wird mit äußerster Kraft und größter Schnelligkeit durchgeführt und ohne Unterbrechung bei Tag und bei Nacht fortgesetzt, bis das Ziel erreicht ist.«

9. Mai, 6 Uhr. Auf den deutschen Linien liegt längst das Feuer der französischen Artillerie. Doch jetzt ducken sich selbst die Franzosen in ihren Gräben, als müßten sie sich in die Erde verkriechen.
1200 Geschütze aller Kaliber brüllen los, auf einen Schlag, 7,5 cm, 12 cm, 15,5 cm, 22 cm, dazu die schweren Mörser.
Die Veteranen, die diesen apokalyptischen Morgen erlebt haben, haben ihn nie mehr

vergessen. Es sei gewesen, sagen sie, als führen Dutzende von rasenden Schnellzügen direkt über ihre Köpfe weg.
Nach dem ersten Schrecken haben sie sich aufgerichtet und sind aus dem Graben geklettert, um zu sehen, wie es bei den Deutschen zugeht. Ein Vulkan scheint da ausgebrochen zu sein. Inmitten der feurigen Blitze und des Qualms werden Pfosten, Sandsäcke, Waffen, Leiber durch die Luft gewirbelt.
Diese entfesselte blindwütige Kraft ist so ungeheuerlich, daß die Soldaten ganz aus dem Häuschen geraten. Sie klatschen Beifall, feuern die Artillerie mit lautem Geschrei an, freuen sich, wie ihre Schicksalsgefährten auf der anderen Seite eingedeckt werden. Man hört Rufe: »Mehr! Stärker!« Die Nachbarn stoßen sich an und brüllen einander zu: »Mein lieber Mann, die kriegen aber ihr Fett, die Kollegen!«
Sie sind überzeugt, daß es diesmal wirklich so kommt, wie Foch es ihnen prophezeit hat: Mit umgehängtem Gewehr werden sie durch die zerstörten feindlichen Stellungen vorgehen, ohne daß sich etwas rührt.
Es ist ein herrlicher Morgen. Unzählige gelbe Blumen haben die Wiesen in einen Blütenteppich verwandelt, und ein Augenzeuge behauptet, so seltsam das klingt, er habe in dem Lärm Vögel singen hören.
Das Trommelfeuer geht weiter. Als wolle es nie mehr aufhören. Ja, es wird noch heftiger. Bei dieser Offensive sind 91 000 schwere Granten verbraucht worden, und die 7,5-cm-Feldartillerie hat 600 000 Schuß abgegeben. Eine solche Artillerievorbereitung hat es noch niemals gegeben. Bald wird es allerdings noch schlimmer werden.
9.30 Uhr. Der Befehl geht von Mann zu Mann: »In den Sturmausgangsgräben aufstellen!«
9.45 Uhr. Der nächste Befehl: »Bajonett aufpflanzen!«
9.55, 56, 57, 58, 59 ... 10 Uhr. Das Feuer wird vorverlegt. Der Krach ist nicht mehr ganz so ohrenbetäubend. Jetzt wühlen die Granaten sich ins Hinterland des Gegners. Offiziere und Unteroffiziere stürzen vor, um ihre Leute mitzureißen, die über die Grabenböschung auf das offene Niemandsland hinaus müssen, das ihnen plötzlich schaurig groß und weit vorkommt.
Eine wahre Sturzflut von Männern mit steil ragenden Bajonetten ergießt sich über das Feld.
Es ist nicht zu fassen: Die Walze aus Feuer und Stahl, die vier Stunden lang die erste und zweite Linie der Deutschen zermalmt hat, dieser ganze mörderische Aufwand hat nicht alles zerstört.
Kaum sind die Angreifer ein paar Meter weit gekommen, tacken die ersten Maschinengewehre, dann feuern Minenwerfer, Gewehre ...
Die beiden flankierenden Angriffe bleiben liegen, sowohl an den Hängen der Lorettohöhen als auch zwischen Bailleul und Le-Point-du-Jour. Nur im Zentrum scheint der Sturm des XXXIII. Korps unwiderstehlich voranzukommen.

Links gelangt Fayolle mit der 70. Division bis Carency und schließt das Dorf ein. Rechts sieht es so aus, als wollten die 77. Division (Barbot) und die marokkanische Division (Blondlat) geradezu einen Wettlauf veranstalten. Die Marokkaner überwinden die ersten Linien, dringen in Givenchy ein, erreichen Le-Petit-Vimy, stoßen an der Höhe 140 vorbei, während Barbots Leute die Straße nach Arras überschreiten und bis Souchez gelangen.
In anderthalb Stunden sind die tapferen Männer im Laufschritt 4 Kilometer tief in die deutsche Front eingedrungen.
Ganz rechts greift die 39. Division Neuville-Saint-Vaast an und erobert La Targette. Der Durchbruch ist also wirklich geschafft! Von den Höhen erblicken die Franzosen vor sich die Ebene von Douai, dieses ideale Manövergelände, auf dem die feindlichen Truppen eingeschlossen und vernichtet werden sollen. Tatsächlich sind die deutschen Truppen in völliger Auflösung begriffen. Sie ziehen sich eilig zurück, viele heben die Hände. »Ihre Artillerie«, berichtet Hauptmann Laffargue, »schien schon die Protzen herangeholt zu haben; das planlose Feuer war ein Zeichen für das Durcheinander beim Gegner.«
Der Führer des siegreichen XXXIII. Korps ist Philippe Pétain. Er hat den Eindruck, jetzt oder nie sei der flüchtige Augenblick gekommen, in dem alles möglich ist, wenn man das Glück zu schmieden weiß. Doch ihm ist auch klar, daß seine Leute ermattet sind von der Gewaltanstrengung, daß sie schwere Verluste erlitten haben, kurz, daß zur Ausnutzung des Sieges sofort erhebliche Verstärkungen nachkommen müssen, ehe die Deutschen sich besinnen und ihrerseits Reserven heranführen können.
Um 12.30 Uhr greifen schon die Korpsreserven in den Kampf ein, doch das ist nur ein Bach, wo ein gewaltiger Strom fließen müßte.
Barbot und Blondlat vergehen vor Ungeduld. Was ist denn mit den Armeereserven? Nun, die sind noch in Béthonsart, 12 Kilometer hinter den französischen Ausgangsstellungen. 12 Kilometer, die sie ohne klare Befehle und Ordnung zurückzulegen haben. Außerdem werden sie überhaupt erst am Nachmittag in Marsch gesetzt, so daß sie frühestens um 2 Uhr in der Nacht eintreffen können.
Und da ist es zu spät. Schon am Nachmittag haben sich die Deutschen gefangen. Der Kronprinz von Bayern hat alle erreichbaren Truppen aufgeboten, das bayerische 14. Korps, das bayerische 1. Reservekorps. Sie werfen sich, kaum daß sie ausgeladen sind, ins Gefecht, treten zum Gegenangriff an. Ihre Gegner sind abgekämpft und haben zu allem Unglück ihren Durchbruch so rasch und tief erzielt, daß sie von der eigenen Artillerie unter Feuer genommen worden sind.
Gegen Abend weichen die Franzosen zurück und verlieren fast das ganze eben eroberte Gelände.
Was ist da geschehen? Warum sind die Reserven zu spät gekommen?
Die Frage ist bis heute nicht geklärt. Viele Historiker geben d'Urbal die Schuld. Er habe einfach den eingehenden Meldungen nicht geglaubt. »Immer diese Infanteristen«, soll

er gesagt haben. »Nicht mal Kartenlesen können sie. Sie sind noch nicht einen Kilometer weit und bilden sich ein, sie seien schon auf der Höhe 140.«
Genau dort waren sie, die Unglücklichen, und wurden von der eigenen und der gegnerischen Artillerie beschossen. Genau dort warteten sie vergebens auf das Eintreffen der Reserven.
Das hindert General d'Urbal, den Mitverantwortlichen für diese Panne und großen Spezialisten für tönende Phrasen, allerdings nicht, noch am Abend dieses blutig gescheiterten Angriffstages zu verkünden:
»Jetzt ist der Augenblick gekommen, dem Feind den Gnadenstoß zu geben und unser Heimatland von der verhaßten Anwesenheit der Eindringlinge zu befreien.«
Neuerlicher Angriff also. Mit den gleichen Männern und, um das Maß der Starrköpfigkeit voll zu machen, an derselben Stelle.
Fayolle hat recht, wenn er sagt, daß keine Lektion, und sei sie noch so schrecklich, die hohen Herren beeindrucken kann. Mit gewaltigen frischen Verbänden und nach einer unerhörten, den Gegner in dieser massierten Form überraschenden Artillerievorbereitung hat man nur an einer Stelle die deutsche Front eindrücken können. Jetzt sollen ermattete Truppen gegen einen gewarnten Feind anrennen, der erhebliche Verstärkungen herangeführt hat.
Das Ergebnis ist leicht vorauszusehen.
Am 10. Mai dringt das XXXIII. Korps noch einige hundert Meter weit vor, doch schon bald melden die Flieger starke feindliche Verbände im Anmarsch auf die bedrohten Punkte. Auch d'Urbal merkt jetzt, daß er sich beeilen muß, ehe die Deutschen ihre neuen Stellungen befestigen können. Er befiehlt, unermüdlich anzugreifen, bis der Sieg errungen ist.
Also wird am 11. Mai wieder gestürmt. Ein Geländestreifen bei der Lorettokapelle wird gewonnen, 50 Gefangene werden gemacht.
Am 12. treten die Deutschen zum Gegenangriff an und werden zurückgeschlagen.
Am 13. unternehmen die Franzosen mit aller verbliebenen Kraft einen letzten Versuch. Sie erobern die Lorettokapelle und sichern das besetzte Carency. Die 70. Division macht 1027 Gefangene und nimmt Ablain Saint Nazaire, von dem am Abend allerdings ein Teil von den Deutschen zurückerobert wird. Die Division hat schon 2500 Mann verloren. Die schonungslos eingesetzte marokkanische Division hat 7000 Mann eingebüßt und ist nur noch ein Schatten ihrer selbst.
Am 14. versickert die Offensive, während die Feindaufklärung mitteilt, das 8. Armeekorps der Deutschen sei nach Westen in Marsch gesetzt worden.
Die französischen Heeresberichte bringen triumphierende Meldungen, doch an der Front herrschen Enttäuschung und Verbitterung. Allen ist klar, daß es eben auch diesmal nicht geklappt hat, und selbst Foch muß feststellen, daß jetzt erst einmal eine Ruhepause eintreten muß.

Die Truppe kann einfach nicht mehr. Manche Einheiten sind völlig ausgeblutet. In acht Kampftagen hat die französische Armee 2260 Offiziere und 100 240 Mann verloren. Die deutschen Verluste liegen unter 50 000.
So teuer ist Joffres »Anknabbern«.
Dabei ist von den »Operationen zweiter Ordnung« noch gar nicht die Rede gewesen. Man darf nicht vergessen, daß die Alliierten an allen möglichen Stellen der Front in kleinerem Maßstab angegriffen haben, um »die feindlichen Reserven zu binden«.
Im Elsaß ist es um die Höhen über Kolmar gegangen, und einmal mehr um den Hartmannsweilerkopf. Das waren Kämpfe auf engstem Raum, wo buchstäblich jeder Quadratmeter blutgetränkt ist. Allein die 129. Alpenjägerdivision hat dabei drei Viertel ihres Bestandes verloren: 7600 Verwundete, 100 Vermißte, 1152 Gefallene, davon 42 Offiziere.
In den Argonnen hat Sarrail die Armee des deutschen Kronprinzen angegriffen; sein XXXII. Korps hat 13 000 Gefallene, Verwundete und Vermißte zu beklagen, 4500 allein am 30. Mai, sein V. Korps in zwei Tagen 186 Offiziere und 8000 Mann.
Eine ewig gleiche makabre Buchführung. Die Zahlen verlieren schließlich ihre Aussagekraft, und allzu rasch vergißt man, wenn man nicht sehr aufpaßt, daß es hier um getötete oder verwundete junge Menschen geht.
Am 16. Juni um 12.15 Uhr läßt Joffre wieder im Artois stürmen. Es sind dieselben Verbände, die nach einer gewaltigen Artillerievorbereitung, bei der diesmal 300 000 Granaten verfeuert werden, gegen die wiederum durchaus nicht völlig zerstörten deutschen Stellungen anrennen. Und der Heeresbericht nennt dieselben Örtlichkeiten: Lorettokapelle, Souchez, Ablain-Saint-Nazaire ... Und wieder sterben die Männer zu Tausenden.
Schon am 17. Juni stellt Fayolle fest: »Der Generalangriff ist gescheitert.«
Er glaubt nicht mehr an den Durchbruch, und Pétain im Grunde auch nicht. Viele Korpskommandeure möchten mit dem unsinnigen Gemetzel aufhören, doch nur wenige wagen es laut zu sagen wie General Curé, der Führer des IX. Korps, der Poincaré persönlich anspricht: »Ich beschwöre Sie, Herr Präsident, lassen Sie solche lokalen Offensiven nicht mehr zu. Wir sind dabei, das Werkzeug unseres Sieges zu verschleißen.«
Joffre hat inzwischen in aller Gelassenheit den großen Fehlschlag analysiert: Die Offensive im Artois ist mißlungen, der große Durchbruch nicht geschafft worden, weil die Reserven zu weit vom Gefechtsfeld entfernt waren und weil der Angriff auf zu schmaler Front vorgetragen worden ist. Die Folgerung ist klar: Die nächste Offensive muß auf so breiter Front geführt werden, daß der Gegner den erzielten Einbruch nicht sogleich abriegeln kann.
»Auf diese entscheidenden Erkenntnisse«, schreibt er in seinen Memoiren, »baute ich die Pläne für meine zukünftigen Operationen auf.«

Glaubt er wirklich, daß er die feindliche Front zerschlagen wird? Trotz seiner ostentativen Zuversicht könnte man daran zweifeln.
Gallieni jedenfalls glaubt nicht daran; schon am 25. März 1915 notiert er in seinem Tagebuch: »Joffre soll vor dem Armeeausschuß der Abgeordnetenkammer erklärt haben, er könne nicht durchkommen, aber die Deutschen auch nicht, es werde noch eine Schlacht wie im Winter geben, für die er alle seine Truppen benötige. Eines Tages aber würden die Deutschen von selber vor Erschöpfung aufgeben und abziehen ... Herrlich. Wir haben dann wirklich nicht mit Initiative und Entschlossenheit geglänzt.«

Überall erwachen mit dem Frühling die Lebensgeister. In den Karpaten plätschert das Schmelzwasser in tausend Rinnsalen über die steilen Hänge. Im toten Weiß der Landschaft kommen erste grüne Flecken zum Vorschein.
Die Männer recken sich in der lang entbehrten Sonne. Den ganzen Winter über haben sie sich geschunden wie Tiere unter der Peitsche, haben unfaßliche Wegstrecken durch den tiefen Schnee hinter sich gebracht, sind auf spiegelblankem Eis zum Angriff vorgegangen, haben heulenden Stürmen die Stirn geboten und bei 20 Grad Kälte unter freiem Himmel geschlafen.
Die Russen, besser an Schnee und Frost gewöhnt, haben dabei den längeren Atem gehabt. Mit jedem Tag ist ihr Druck auf die österreichische Front stärker geworden. Mitte April haben sie die Armee von General Boroević schon über die Kammlinie zurückgedrängt. Von dort oben liegt die Ungarische Tiefebene wie das Gelobte Land vor ihnen.
Die Österreicher haben sich verzweifelt an den Gegenhang geklammert, doch auch hier ist ihre Front bald ins Wanken geraten. Schon hat ihnen Falkenhayn das »Beskidenkorps« unter Marwitz schicken müssen, doch diese Hilfe hat sich als unzureichend erwiesen.
Seit langem lesen die Deutschen die verschlüsselten Funksprüche der Russen mit, als seien sie in Klartext gegeben. Sie wissen deshalb, daß der Gegner alles auf die Karte des Karpatenübergangs setzt und ständig weitere Verbände dorthin abzieht.
Falkenhayn merkt, daß er unbedingt mit aller Kraft zuschlagen muß.
Er ist tief enttäuscht. Als er Deutschlands junge Kraft in Flandern aufgeboten hat, war er überzeugt, den Durchbruch erzwingen und Frankreich ein für allemal niederringen zu können. Jetzt weiß er, daß er nicht durchkommen wird, und daß Engländer und Franzosen in der gleichen Lage sind wie er.
Es bleibt ihm keine Wahl: Er muß seine Strategie vollkommen umstellen, alle Kräfte gegen Rußland werfen, um dort ein Ende zu machen.
So zieht er 11 Divisionen aus Frankreich ab. Die meisten unterstellt er als XI. Armee General von Mackensen; sie soll die Speerspitze der deutschen Offensive bilden und besteht aus dem 10. Korps (Emmich), dem Gardekorps (Plattenberg), dem Korps

von Kneussel, der 11. Kavalleriedivision und dem österreichisch-ungarischen 6. Korps.

Doch wo soll der Angriff geführt werden?

Hindenburg und Ludendorff wollen durch eine Großoffensive im Norden den rechten Flügel der Russen aufrollen und ihnen die Verbindungen abschneiden.

Falkenhayn setzt sich bescheidenere Ziele. Er will vor allem die Österreicher in den Karpaten entlasten. Dazu muß man die Russen in der Flanke packen, und der scharfe Frontvorsprung bei Gorlice bietet sich geradezu an, um den Stoß anzusetzen. Die russischen Truppen in den Karpaten werden ihre liebe Not haben, sich rechtzeitig abzusetzen und dem Vormarsch in ihren Rücken zuvorzukommen. Wenn alles gutgeht, droht ihnen die Vernichtung.

Gleichzeitig sollen die Kräfte des Gegners an den anderen Frontabschnitten gebunden bleiben. Die IX. und X. Armee werden in Polen aktiv werden, die Armeegruppe Lauenstein in Kurland angreifen. Diese Operationen führen allerdings, um das vorwegzunehmen, zu keinen greifbaren Erfolgen außer der Einnahme der baltischen Hafenstadt Libau.

1. Mai. Strahlende Sonne liegt über den blühenden Wiesenhängen. Völlig überraschend geht ein wahrer Feuerorkan über die russischen Linien nieder. Eine solche Artillerievorbereiung hat es an der Ostfront noch nicht gegeben. Mackensens Anforderungen sind vollständig erfüllt worden: 1410 Feldgeschütze und 1000 schwere Haubitzen mit genügend Munition.

Die Russen sind großartige Kämpfer, haben bewiesen, daß sie ihre Stellungen gegen Infanterieangriffe zäh verteidigen können, doch schon in Tannenberg hat sich gezeigt, daß sie schwerem Artilleriefeuer nicht standhalten.

Besonders schrecklich ist für sie, daß in der Frühe des 2. Mai das Trommelfeuer weitergeht. Um 10 Uhr erst wird es vorverlegt, und die ganze Armee Mackensen rückt vor. Sie trifft nur auf vereinzelten Widerstand, so daß die russische Front am Abend auf 16 Kilometer Breite 4 Kilometer tief durchbrochen ist. In langen Reihen lassen sich 17000 Gefangene willenlos abführen; sie sind völlig verstört von der ungeheuerlichen Kanonade.

Am 3. Mai fällt die zweite Stellung. Die siegestrunkenen Deutschen stoßen weiter vor und erobern noch am Abend die dritte und die vierte Verteidigungslinie.

In den folgenden Tagen geht es Schlag auf Schlag. Die ganze russische Front gerät ins Wanken. Der endlose Rückzug beginnt.

Am 6. Mai beschleunigt sich das Tempo des Vormarsches noch. Emmich dringt auf Dukla vor. Er steht schon beinahe im Rücken der Russen, die so durcheinander geraten sind, daß sie zwischen ihrem X. und IX. Korps eine Lücke entstehen lassen.

Am 7. Mai verschärft Emmich seinen Druck und schließt bei Dukla die ganze russische 48. Division ein, die mit allen Waffen und allem Material kapituliert. Der Komman-

deur dieser unglücklichen Einheit, Kornilow, wird 1917 noch eine besondere Rolle spielen.
Am 9. Mai ist die Katastrophe da. Radko Dimitrijew, Mackensens Gegenspieler, meldet dem Großfürsten, seine Armee habe »ihr ganzes Blut verloren«.
Tatsächlich hat sie 250000 Mann eingebüßt, 150000 davon sind in Gefangenschaft geraten. 160 Geschütze und 400 Maschinengewehre sind den Angreifern in die Hände gefallen. Die kläglichen Reste der Armee haben sich mit Mühe hinter den San retten können.
Ein ungeheurer Sieg, ein neues Tannenberg. Schon am 9. Mai läßt Falkenhayn, der sein Hauptquartier nach Pleß ins südliche Schlesien verlegt hat, seiner Freude freien Lauf. Er zählt die Verluste des Gegners auf und spricht von einer geradezu unvorstellbaren Kriegsbeute.
Wilhelm II. reagiert in der ihm gemäßen Weise. Er schreibt an seine Schwester, Königin Sophie von Griechenland: So werde es allen ergehen, die sich ihm entgegenstellten.
Über Nacht steigt Mackensens Stern am Firmament der Geschichte auf. In neun Tagen hat er alle Ziele der Offensive erreicht, eine mächtige Armee zerschlagen, die russische Bedrohung in den Karpaten abgewendet, die Österreicher von einem Alpdruck befreit, Ungarn gerettet.
Aber er ist wie eine Dogge, die den einmal gepackten Knochen nicht hergibt. Während die geschlagenen Feinde auf Stryj zurückweichen, stößt er geradewegs weiter vor, um ihnen keine Zeit zum Sammeln zu lassen.
Doch jetzt wenden die Russen die ihnen wohlvertraute Taktik der verbrannten Erde an. Sie brennen die Dörfer nieder, zerstören Straßen, Brücken und Eisenbahnlinien, töten das Vieh, soweit sie es nicht forttreiben können, und zwingen die Bevölkerung zur Flucht ins Landesinnere.
Die deutschen Truppen ziehen durch eine Wüste. Die frühsommerliche Hitze beginnt sie zu ermatten. Mit ihrem schweren Gepäck müssen sie durch eine menschenleere Landschaft ziehen. Wie lange soll das noch gehen? Viele schrecken instinktiv vor der Weite Rußlands zurück.
Sie marschieren und marschieren. Vor ihnen löst sich alles auf.
Am 3. Juni ist Przemysl in deutscher Hand. Am 13. beginnt Mackensen eine großangelegte Offensive auf Magierow, unterstützt von den Österreichern, die rechts von ihm ihre II., links ihre IV. Armee angreifen lassen. Vor sich hat er den rechten Flügel der russischen 8. und den linken der 3. Armee, gänzlich mutlos gewordene Truppen, die kaum mehr Artillerie, keine Granaten und oft nicht einmal genügend Gewehre haben. Die Verstärkungen, die der Großfürst in die Schlacht wirft, schmelzen wie Butter an der Sonne. Nikolaj Nikolajewitsch selber sagt von ihnen: »Es sind kaum ausgebildete Bauerntölpel; sie haben mangels Waffen nicht einmal richtig schießen gelernt.«
Die »Tölpel« leisten Widerstand, so gut sie können. Zuerst weichen sie nur schrittweise

zurück, dann allerdings immer schneller. Am 14. Juni ist die Front kilometerweit aufgerissen, mehr als 15000 Russen ergeben sich. Am 18. steht Mackensen vor Grodek, wo er es mit einer gut ausgebauten Verteidigungslinie zu tun hat auf einem bewaldeten Höhenzug, der durch versandete Flüsse und tiefe Einschnitte schwer zugänglich ist. Obwohl er mit 16 übermüdeten Divisionen 20 russischen Divisionen gegenübersteht, läßt er sofort stürmen. Am 19. Juni ist auch hier der Durchbruch geschafft. Und am 22. Juni ist die große Stadt Lemberg erobert.
Falkenhayn ist wie elektrisiert. Jetzt oder nie, das spürt er genau, kann er die Partie gewinnen, fast die ganze russische Armee vernichten und das Zarenreich zu dem Separatfrieden zwingen, von dem er träumt. Schon Ende Juni hat er den Plan fertig, der ihm nach seiner festen Überzeugung den Sieg bringen wird.

Posen, am 2. Juli 1915. Im Sitzungssaal des deutschen Hauptquartiers herrscht eine dräuend ernste Stimmung. Abweisende Gesichter, schroffe Bewegungen – die Widersacher beobachten einander. An der einen Seite des Tisches sitzt Generalstabschef Falkenhayn, auf der anderen Hindenburg und Ludendorff.
Die beiden sind inzwischen viel zu berühmte Feldherren geworden, als daß sie erhaltene Befehle einfach widerspruchslos auszuführen bereit wären.
Jetzt sind sie erbittert. Sie, die so große Siege erfochten und ein Jahr lang die Ostfront meisterhaft gehalten haben, sie, die in den entscheidenden Augenblicken vergebens um Verstärkungen gebeten haben, müssen erleben, daß sich Falkenhayn ihnen in den Weg stellt. Er hat die Armee Mackensen unter seinem Befehl behalten und den Oberbefehlshaber Ost und seinen Stabschef an den großen strategischen Entscheidungen nicht mitwirken lassen. Und nun lehnt er es ab, sich ihren Plan zu eigen zu machen, den sie unter allen Umständen verwirklichen möchten, weil sie, wie Ludendorff nachdrücklich erklärt, fest überzeugt sind, daß sie damit den Sommerfeldzug 1915 mit einem entscheidenden Sieg abschließen werden.
Diesen Plan tragen sie heute in Anwesenheit des Kaisers vor. Mit der Nordarmee und der verstärkten X. Armee wollen sie zwischen Minsk und Wilna die russische Front von Norden her durchbrechen und in einer weiten Umfassungsbewegung dem Feind in den Rücken fallen. Das würde Hunderttausende von Gefangenen, die Vernichtung ganzer Armeen bedeuten. Von einem solchen Schlag könnte sich Rußland nicht mehr erholen.
Wilhelm II. hat kommentarlos zugehört. Jetzt gibt er Falkenhayn das Wort.
Der Generalstabschef weist den Plan seiner Gegenspieler mit wenigen Sätzen zurück. Gewiß, das Vorhaben ist grandios, aber es ist zu gewagt. Man müßte dafür erheblich mehr Truppen einsetzen, als gegenwärtig an dieser Front stehen.
Außerdem ist er überzeugt, mit seinem eigenen, weniger riskanten Plan das gleiche Ergebnis zu erzielen.

Man braucht nur auf die Karte zu schauen, um zu sehen, daß die Russen bei ihrem Rückzug vor Mackensens Keulenschlägen ihre linke Flanke in Polen entblößt haben. Ihre Front springt jetzt westlich der Weichsel weit vor. Diesen in der Luft hängenden Bogen muß man angreifen, nicht frontal, sondern von beiden Flanken her. Im Norden soll die Armeeabteilung Gallwitz gegen die Narewlinie vorgehen, im Süden Mackensen mit der XI. Armee und der österreichischen IV. Armee zwischen Weichsel und Bug.

So wird die russische Front derart erschüttert, daß sie auch auseinanderbricht.

Hindenburg und Ludendorff versuchen, Einwände zu erheben; doch Wilhelm II. winkt ab. Er steht zu Falkenhayn: Offensive in Polen.

Mit mühsam hintangehaltenem Zorn müssen Hindenburg und Ludendorff die bereits gegebenen Befehle für den Vormarsch auf Kowno, das Vorspiel zu ihrer gigantischen Operation, widerrufen.

Falkenhayn hat sich auf der ganzen Linie durchgesetzt und geht seinerseits daran, die erforderlichen Anweisungen zu geben. Er weiß nicht, daß sein Triumph nur von kurzer Dauer sein wird und daß er sich zwei gefährliche Männer zu unversöhnlichen Gegnern gemacht hat.

Am 12. Juli beginnt die deutsche Front auf der ganzen Länge aktiv zu werden. Mackensen, der eine Pause eingelegt hat, um seine über 170 Kilometer verstreuten Verbände neu zu formieren, geht wieder zum Angriff über.

In Kurland dringt Below in weiten Tagesmärschen vor.

Die Armeegruppe Gallwitz, aus der bald die XII. Armee wird, rückt auf die Narewlinie zu. Die Russen wiegen sich in Sicherheit, weil vor ihnen ausgedehnte Sümpfe liegen und sie Tausende von Bäumen gefällt haben, die einen undurchdringlichen Verhau bilden. Doch einen entschlossenen Angreifer halten solche Hindernisse nicht auf. Am 12. Juli um 10 Uhr ist die vorgeschobene Linie der Russen überrannt, die zweite Linie müssen sie schon am Nachmittag räumen, ebenso wie die Stadt Prasnysz. Am ersten Tag kommt Gallwitz schon 6 Kilometer weit. Am 16. hat er die ganze Front aufgerissen, doch da lassen die Russen die Kosaken zur Attacke anreiten und dringen wieder über den Narew vor.

Am selben 16. Juli setzte Mackensen mit 40 Divisionen seine Offensive auf Iwangorod, Lublin und Cholm fort. Rechts stützt er sich auf eine neue, die »Bug-Armee« unter Linsingen.

Das Schlachtfeld bietet unerhörte Schwierigkeiten. Nur wenige schlechte Landstraßen führen durch die Wälder, überall ziehen sich Wasserläufe durch die Ebene, und jede Brücke ist zerstört. Alle Chausseen und Wege sind völlig aufgeweicht; um vorwärtszukommen, muß man Knüppeldämme bauen. Und der Dauerregen will nicht aufhören. Die Wagen rutschen ab oder fahren sich im Morast fest. Trotzdem geht es weiter, mühsam, aber mit Begeisterung. Irgendwann muß der endgültige Sieg doch erfochten werden.

Am 18. Juli setzt die österreichische I. Armee über den Bug, während Mackensen Krasnostow erobert. Die Russen raffen 10 Divisionen zusammen und werfen sie ihm entgegen. Russische und preußische Garde ringen miteinander. Ein Kampf der Giganten.

Falkenhayn triumphiert. Auch wenn Ludendorff sich grämen mag, sein Plan geht auf. Schon sind die Russen im Weichselbogen in höchster Gefahr, eingeschlossen zu werden. Mackensen steht unmittelbar vor der letzten starken Verteidigungslinie Iwangorod–Lublin–Cholm. Seit dem 2. Mai haben die Russen 700000 Gefangene und 400 Geschütze verloren.

Und es geht weiter. Am 29. Juli bringt der unermüdliche Mackensen seine Truppen wieder in Bewegung und reißt rechts die Armee Linsingen, links die österreichische IV. Armee unter Erzherzog Joseph Ferdinand mit.

Jetzt fallen die Städte wie reife Früchte: Lublin und Cholm am 30. und 31. Juli, und bald darauf, am 3. August, Warschau.

Die völlig überforderten Russen weichen zurück, ohne zu wissen, wo sie sich wieder fangen werden. Immerhin gelingt ihnen unter großen Opfern die Räumung des Weichselbogens, bevor es zu spät ist.

Am 17. August schlägt Gallwitz seine erste Brücke über den Bug. Am 18. zieht Below in Kowno ein: 20000 Gefangene, 1300 Kanonen fallen ihm in die Hände. Am 19. erobert der Belagerungsspezialist Beseler, der Bezwinger von Antwerpen, die angeblich uneinnehmbare, von General Alexejew mit 4 Divisionen verteidigte Festung Nowo Georgiewsk: 90000 Gefangene, 1600 erbeutete Geschütze.

Und am 26. August fällt Brest-Litowsk. Den Verteidigern gelingt die Flucht aus der brennenden Stadt.

In diesen dramatischen Stunden, da jeden Augenblick alles zusammenbrechen kann, zeigt Großfürst Nikolaj Nikolajewitsch eine geradezu übermenschliche Energie. Er rafft alle Verstärkungen zusammen und schließt die gefährlichsten Breschen, sorgt dafür, daß der Rückzug nicht zu wilder Flucht ausartet und bildet immer neue Widerstandslinien.

Am 20. August beschließt er, um jeden Preis die Linie Rowno–Minsk–Dwinsk zu halten.

Dort will er den Stoß auffangen.

Doch der kommt nicht.

Auch die Deutschen sind mit ihrer Kraft am Ende. Ihre Nachschublinien sind zu lang geworden, ihr Material kommt nicht nach. Die Männer leiden unter Ruhr und Typhus. Nach und nach klingen die Kämpfe ab.

Es ist Zeit, Bilanz zu ziehen. Für die Mittelmächte ist es ein überwältigender Sieg gewesen. Ostpreußen und Ungarn sind vor den Russen sicher, Polen und Kurland erobert, die Truppen stehen im Kernland des Zaren. Das russische Heer hat zwei Millionen Mann verloren. Es stellt für die Deutschen keine Bedrohung mehr dar, oder, wie Ludendorff es ausdrückt, die bloße Zahl hat ihre Schrecken verloren.

Ein triumphaler Sieg, ja, aber nur *ein* Sieg, nicht *der* Sieg.

Falkenhayn strahlt, doch Hindenburg grollt. Er ist überzeugt, daß nach seinem Plan jetzt Rußland endgültig außer Gefecht gesetzt wäre.

»Das Jahr 1915«, schreibt er rückblickend, »war in unserem Oberkommando nicht ausgeklungen unter hellen Fanfaren eines voll befriedigenden Triumphes. In dem Gesamtergebnis der Operationen und Kämpfe dieses Jahres lag für uns etwas Unbefriedigendes. Der russische Bär hatte sich unserer Umgarnung entzogen, zweifellos aus mehr als einer Wunde blutend, aber doch nicht zu Tode getroffen. Unter wilden Anfällen hatte er sich von uns verabschiedet.«

Ein außerordentlich bedeutsames Ereignis fällt in diese letzten Augusttage. General Poliwanow, der neue russische Kriegsminister, erscheint unangemeldet im Oberhauptquartier in Mogilow. Sein überraschender Besuch im *Stawka* schlägt ein wie eine Bombe: Der Minister überbringt den allerhöchsten Befehl des Zaren, daß der Großfürst, sein Onkel also, mit sofortiger Wirkung von seinem Kommando entbunden ist. Nikolaj II. übernimmt selber den Befehl über seine Armeen. Diese Entscheidung wird für Rußland katastrophale Folgen haben. Auf Stahl folgt Wachs.

Bei Hofe macht man Rasputin dafür verantwortlich, daß der Großfürst in Ungnade gefallen ist. Bei Kriegsbeginn hatte der Mönch Nikolaj Nikolajewitsch um die Erlaubnis gebeten, an die Front gehen und die Soldaten segnen zu dürfen. »Kommen Sie nur«, hatte der Oberbefehlshaber geantwortet, »ich lasse Sie sofort aufhängen.«

Die Russen sind zurückgeschlagen, doch in Deutschland tritt gerade in diesen Monaten Ernüchterung ein.

1914 hat man gemeint, Frankreich in wenigen Wochen erledigen zu können, aber Frankreich steht und kämpft. 1915 hat man alles versucht, Rußland in die Knie zu zwingen. Auch das ist nicht gelungen. Der Zweifrontenkrieg geht weiter.

Eigentlich ist es jetzt sogar ein Dreifrontenkrieg, denn nun hat sich auch Italien in die Phalanx der Feinde eingereiht.

Ein ganzes Buch könnte man über das peinliche Feilschen um den Kriegseintritt Italiens schreiben.

Bei Ausbruch des Konflikts gehörte das Land dem Dreibund mit Deutschland und Österreich an, doch in den Augen vieler Italiener war das eine widernatürliche Allianz. Der Erbfeind war doch nicht Frankreich, sondern Österreich, das zwei Gebiete nicht herauszugeben bereit war, die Italien als ihm zugehörig empfand: das Trentino und Triest.

Für Außenminister Sonnino bestand das eigentliche und einzige Problem darin, wie diese Gebiete am besten zu bekommen wären. Er konnte sie entweder von Österreich als Preis für die italienische Neutralität erhalten oder im Bunde mit der Entente erobern.

Schwierige Verhandlungen sind das, oft im Stil orientalischer Bazare. Doch Sonnino ist ihnen gewachsen und genießt seine Rolle sogar. Ein eigenartiger, verführerischer Mann ist dieser geborene Politiker aus Pisa, der Sohn eines Juden und einer Engländerin; glänzend im Auftreten, entschlossen seinen Vorteil suchend, dabei von warmer Überzeugungskraft.

Zunächst versucht er es mit Wien. Schon am 9. Dezember 1914, von vornherein mit hohen Forderungen operierend, verlangt er nicht nur das Trentino und Triest, sondern Selbstverwaltung für die in Istrien und Dalmatien lebenden italienischen Volksgruppen. Franz Joseph empfindet das als eine unerträgliche Zumutung und lehnt rundweg ab. Sogleich wendet sich Sonnino an die Entente, muß allerdings feststellen, daß man ihn da durchaus nicht mit offenen Armen empfängt. Vor allem die Russen zögern. Sie fürchten, daß sie es nach der Niederringung Österreichs auf dem Balkan mit einem zu starken Italien zu tun bekommen. Außerdem haben sie Dalmatien, das die Italiener langfristig zu vereinnahmen wünschen, schon den Serben versprochen.

Immer wieder gibt es einen Hoffnungsschimmer in den Verhandlungen mit den Ententemächten, doch gleich darauf verwirren sich die Fäden wieder. Wilhelm II. versucht, die Mittelmächte wieder ins Spiel zu bringen. Er macht seinen ganzen Einfluß bei Franz Joseph geltend, damit Österreich sich zu Konzessionen bereitfindet. Widerstrebend läßt sich der alte Kaiser schließlich dazu herbei, einen Teil des Trentino herzugeben und aus Triest einen Freihafen zu machen. Im letzten Augenblick allerdings erklärt er, die vorgesehene Abtretung könne erst nach Kriegsende erfolgen.

Sonnino ist zu schlau, um in eine solche offensichtliche Falle zu tappen. Er weiß, daß er von einem siegreichen Österreich die beanspruchten Gebiete niemals bekommen würde. Er verlangt also die sofortige Herausgabe, und Österreich weist ihn entrüstet ab. Hier ist offenbar nichts mehr zu machen.

Außerdem haben die Regierungen der Entente sich inzwischen auf einen Kompromiß geeinigt. Sie ergreifen jetzt die Initiative und erklären sich bereit, Italien alles zu geben, was es wünscht; nach den Worten Poincarés: »Das Trentino, Triest, einen großen Teil von Istrien und Dalmatien, Valona und sein Hinterland, Rhodos, den Dodekanes und was weiß ich noch.«

Sonnino merkt, daß die Gegenseite das Geschäft unbedingt machen will, und als guter Händler schraubt er seine Forderung noch rasch höher: Er verlangt so gut wie ganz Dalmatien, einschließlich der Gebiete, die von den Russen schon den Serben versprochen sind. Das ist zuviel. Die Russen weigern sich, und wieder schleppen sich die Verhandlungen hin.

Leben im Graben. – *40* Die »Strecke« nach einer nur fünfzehnminütigen Rattenjagd in einem englischen Graben. – *41* Schlafende Infanteristen in einem Graben im Bourrus-Wald.

Im Hinterland und in Gefechtspausen versuchen die Soldaten, ihre klägliche Lage zu verbessern. – *42* Eine Kompanie baut Kartoffeln an (oben links). – *43* Wohngraben bei St. Supplet (oben rechts). – *44* Die berühmte Gulaschkanone.

Am 13. April scheint die Angelegenheit trotzdem spruchreif zu sein. Doch am 19. April, als es nur noch um die Unterzeichnung geht, ist alles wieder offen. Sonnino verlangt plötzlich auch Südtirol bis zum Brenner, das Kronland Görz und Gradisca sowie eine Art Protektorat über Albanien. Und dazu ein Kolonialreich: Äthiopien, Eritrea, Somalien, Libyen ...

Poincaré reagiert ironisch: »Das ist jedenfalls eine Regierung, die weiß, was sie will.«

Sonnino setzt seine Forderungen durch. Mit seiner Hartnäckigkeit hat er alles erreicht.

Am 16. April wird der Vertrag in London unterzeichnet.

Am 5. Mai, dem Gedenktag an die Landung Garibaldis im Jahre 1860, hält der Dichter Gabriele d'Annunzio bei Genua eine flammende Rede. Er beschwört die Italiener, »ihr Leben für ein neubekröntes Italien zu opfern«. 200000 Patrioten jubeln ihm zu.

Auch Italien zieht in einem wahren Begeisterungstaumel in den Krieg.

Schon am 23. Juni, dem Tag der Kriegserklärung, beginnen die Kampfhandlungen an der 550 Kilometer langen Front zwischen Triest und Südtirol nördlich von Trient. Eine schwierige Front ist das, die durch Täler und über Berge verläuft, oft an steilen Hängen.

Schon bald sind auf italienischer Seite 600000 Mann aufmarschiert. Sie sind entschlossen, unablässig anzugreifen und nach Triest vorzudringen, das ja nur ein paar Kilometer vor ihren Stellungen liegt. Sie sind sich des Erfolges schon deshalb sicher, weil vor ihnen nur schwache, zum Teil eben erst zusammengeraffte Sicherungskräfte stehen: Polizeieinheiten, Zöllner, Veteranen des österreichischen Landsturms vor allem.

Es ist nicht zu fassen. Man möchte meinen, die italienischen Generäle und vor allem Generalissimus Cadorna hätten gelernt aus dem Krieg, der jetzt seit fast einem Jahre tobt. Offenbar haben sie aber tatsächlich die Wahrheit nicht begriffen, die uns rückblickend auf der Hand zu liegen scheint, daß nämlich beim erreichten Stand der Waffentechnik die Defensive in jedem Falle stärker ist als die Offensive.

Mit anderen Worten: Offenes Anstürmen gegen einen Gegner in gut ausgebauten Stellungen bedeutet mit hoher Wahrscheinlichkeit, daß die angreifende Armee verblutet. Das hat sich in Frankreich ebenso gezeigt wie an den Dardanellen. Mit schrecklichen Verlusten müssen jetzt die Italiener dafür bezahlen, daß ihre militärische Führung dieses einleuchtende Gesetz nicht wahrhaben will.

Also greifen am 23. Juni die 2. und 3. Armee am Isonzo mit grimmiger Entschlossenheit an, um Triest zu überrennen.

Sie werden zurückgeschlagen, doch Cadorna befiehlt die sofortige Wiederaufnahme der Artillerievorbereitung. Ein heftiges Trommelfeuer geht auf die österreichischen

Linien nieder, an vier Tagen, vom 27. bis zum 30. Juni, dem Angriffstag. Der Donner eines heftigen Gewitters mischt sich unter den Donner der Abschüsse und Einschläge, als die Italiener bei strömendem Regen losstürmen, fest überzeugt, jeder Widerstand vor ihnen sei ausgelöscht. Sie dringen in die vordersten Gräben ein, können sich aber nicht halten, als die Österreicher energische Gegenangriffe führen.
Am 1. Juli wird erneut angegriffen, dann am 2., dann am 3., dann am 4. Jedesmal ohne Erfolg.
Am 5. will Cadorna ein Ende machen. Er befiehlt eine Generaloffensive mit dem Ziel Görz. Das Gelände ist schwierig. Die zerklüfteten Kare und Hänge sind schwer zu überwinden, und die Österreicher liegen hinter Steinwällen, die nur im Bajonettangriff zu überwinden sind.
Die Italiener stürmen mit Schneid und bewundernswertem Opfermut. Aber sie gelangen nur bis vor die österreichischen Stellungen.
Am 6. Juli ist es überstanden. Der Frontverlauf hat sich nicht geändert, aber 19947 Italiener sind gefallen. Und an die 10000 Österreicher.
Für Cadorna und den Herzog von Aosta, der die 3. Armee führt, drängt die Zeit. Die österreichischen Verstärkungen sind schon unterwegs. Bald wird die Front vollends undurchdringlich werden.
Schon am 18. Juli rennen sie mit den gleichen Truppen an derselben Stelle wieder an. Dies ist der Beginn der zweiten Isonzoschlacht.
Abweichend vom üblichen Schema geht es am frühen Nachmittag los, und die ganze Nacht hindurch wird gekämpft, in einem furiosen Nahkampf, der kein Ergebnis bringt.
Am 19. und 20. wird weitergestürmt, immer verbissener. Mehrmals könnte man meinen, die gegnerische Front gebe nach, werde vielleicht sogar zerreißen. Die Österreicher leiden erbärmlich. Ganz benommen vom Trommelfeuer der ständig wiederholten Artillerievorbereitung, werden sie bei Tag und Nacht angegriffen, müssen jeden Augenblick damit rechnen, daß der Feind neben ihnen durchbricht und sie abschneidet. Es fehlt ihnen an Munition, und Wasser kommt nur in der Nacht. Außerdem leben sie jetzt seit Wochen mit dem Verwesungsgeruch der Leichen.
Trotzdem halten sie durch. Am 20. Juli geht der Monte San Michele verloren, doch unter Aufbietung ihrer letzten Kraft erobern sie ihn am 21. zurück.
Am 25. und 26. Juli läßt der Herzog von Aosta noch einmal auf der Hochfläche von Palazzo im Abschnitt San Martino–Redipuglia angreifen. Die Offensive kommt zunächst gut voran, die Österreicher räumen ihre vordersten Gräben, doch dann bleibt sie wiederum stecken.
Ein paar hundert Meter, die 41866 Italienern das Leben gekostet haben.
Die Österreicher haben 46638 Mann verloren, doch sie halten sich an allen Hängen. Triest bleibt unerreichbar.

Es ist immer der gleiche Vorgang, so schrecklich monoton, daß er ermüdend wirkt. Überall, in Frankreich, in Polen, an den Dardanellen und nun auch in Italien schicken Generäle tapfere junge Männer zu aussichtslosen Angriffen vor. Und weil ihnen nichts Besseres einfällt, beginnen sie wieder und wieder das gleiche Spiel.

XII. Kapitel Sommer und Herbst 1915. Dardanellen, Champagne, Italien …

… überall werden Männer zum offenen Sturm gegen Maschinengewehre und Kanonen geschickt und fallen zu Tausenden. Vergebens. Engländer und Franzosen rennen sich auf Gallipoli fest. An der Westfront toben die ersten Materialschlachten, doch die Linien verändern sich nicht. Man muß sich mit einem zweiten Winter in den Gräben abfinden.

Die türkischen Posten auf den Anhöhen über den Landungsstränden horchen auf die Geräusche, die zu ihnen dringen, doch sie können sich nicht erklären, was da geschieht. Seit einer knappen Stunde ist es dunkel, so dunkel, daß man nicht einmal die Mündung seines Gewehres sieht.

Vom Meer ist dumpfer Lärm zu hören. Offenbar sind da Schiffe gekommen, doch man weiß nicht, wo sie sind, weil sie keine Lichter führen. Manchmal vernimmt man gedämpfte Stimmen, das Quietschen von aneinander scheuernden Rümpfen, das Geräusch eines Falls. Aber vielleicht ist das alles nur Einbildung, weil man natürlich Angst hat so allein im vordersten Graben.

Gegen 22 Uhr ist es vorbei mit aller Ungewißheit. Da unten tut sich offenbar wirklich etwas. Man hört deutlich Motorengeräusche wie von Fischerbooten, nur stärker und gleichmäßiger. Es scheinen kleine Schiffe mit geringem Tiefgang zu sein, sonst könnten sie nicht so nahe an den Strand und die Steilküste herankommen.

Die Türken können nicht wissen, daß diese Fahrzeuge, die da in die Bucht von Suwla einlaufen, die *beetles* sind, die »Käfer«, ebenso wie die Dreadnoughts und die Schlachtkreuzer ein Produkt der unerschöpflichen Erfindungsgabe von Admiral Fisher. Diese extrem flachen Motorschiffe mit stark gepanzerten Seitenwänden können je 500 Mann aufnehmen und haben am Bug eine Art Zugbrücke, über die sich die Soldaten trockenen Fußes an Land begeben können.

In dieser Nacht vom 6. auf den 7. August spielt General Ian Hamilton seinen letzten Trumpf aus.

Er hat endlich eingesehen, daß die Lage an den Dardanellen aussichtslos ist, daß seine Truppen an den Landungsstellen, sowohl am Kap Helles wie am Strand der Anzacs, festgenagelt sind, weil die türkischen Stellungen inzwischen so gut ausgebaut sind, daß man sie nicht mehr erstürmen kann. Im Gegensatz zu Joffre in Frankreich darf er sich nicht auf kürzere oder längere Zeit mit dem Grabenkrieg abfinden. Die Türken können es sich erlauben, stellenweise etwas Gelände einzubüßen. Er nicht. Trotz aller Anstrengungen, trotz des in Strömen vergossenen Blutes sind seine Truppen nirgends wirklich in die Halbinsel Gallipoli eingedrungen. Sie halten mühsam ihre fast überall vom Gegner eingesehenen Stellungen. Bringen die Türken nennenswerte Verstärkungen heran, so können sie das Expeditionskorps ohne weiteres ins Meer zurücktreiben. Das wäre eine unerhörte Schlappe.

So muß Ian Hamilton, koste es, was es wolle, die Initiative wieder an sich reißen. Er muß ein neues Gefechtsfeld eröffnen, nach Möglichkeit an einem schlecht bewachten Punkt.

Diesen Punkt glaubt er in Suwla gefunden zu haben. Die weite Bucht liegt nördlich des Uferstreifens, den die Anzacs halten. Die Idee ist gut, denn die Türken haben in dieser Gegend ganze 2300 Brigadepolizisten stehen, eine Truppe, die einem entschlossenen und gut ausgerüsteten Gegner gewiß nicht standhalten wird.

Entscheidend ist der Zeitfaktor. In den ersten vierundzwanzig Stunden müssen die Anhöhen von Anafarta erobert sein, um dann gemeinsam mit den Anzacs das türkische Stellungssystem von Aschi Baba und Krithia von hinten aufrollen zu können. Anschließend wird man gemeinsam Richtung Maidos und Kilid-Bar an die Meerenge vorrükken. So wäre die Halbinsel durchschnitten, die türkische Dardanellenarmee vernichtet, der Weg nach Konstantinopel frei.

Gleichzeitig muß natürlich an allen anderen Landungsstellen angegriffen werden, damit die Türken von dort keine Verstärkungen abziehen.

Zum Zeitpunkt der Landung wird Birdwood mit seinen Anzacs die »Lone Pine Ridge« getaufte Höhe erstürmen. Schon seit Tagen sind ihm Reserven zugeführt worden, so daß er jetzt über 37000 Mann und 70 Geschütze verfügt. Hat er erst einmal Sari Bahir erobert, kann er sich den von der Suwlabucht kommenden Truppen anschließen und mit ihnen auf Maidos marschieren.

Der Plan ist großartig und von zwingender Logik. Er kann glücken, vorausgesetzt, alle Beteiligten bemühen sich um größte Schnelligkeit.

Um 22 Uhr sind die drei Brigaden der 11. Division schon auf ihren vorgesehenen Stränden A, B und C an Land gegangen. Alle Soldaten kennen die ersten Ziele: die Hügel mit den Bezeichnungen »Höhe 10« und »Lala Baba« rechts und links vom großen Salzsee. Es ist stockdunkle Nacht.

Die Männer der 11. Division sind blutjunge Rekruten, die eben aus England gekommen sind und noch nicht wissen, was Krieg ist. Sie sind auch an den schweren Tornister nicht gewöhnt. Sie haben nicht die ruhige Sicherheit, den sechsten Sinn der erfahrenen Frontsoldaten, wenn es darum geht, sich nachts in unbekanntem Gelände leise zu bewegen. Sie treten Steine los, verfangen sich im Gebüsch, können einen Fluch nicht unterdrücken. Sie kommen vorwärts, aber viel zu langsam. Lala Baba, das im ersten Anlauf besetzt werden sollte, fällt erst gegen 2 Uhr früh, die Höhe 10 erst nach Tagesanbruch. Da ist es schon zu spät. Die zwanzig Kanonen, über die der Gegner verfügt, treten mit

Sonnenaufgang in Aktion, und statt vorzudringen, müssen sich ducken die Männer oder sich flach hinlegen.
Um 8 Uhr geht unter General Hill die 10. Division an Land. Auch sie besteht aus »Grünschnäbeln«, die sich nicht entschlossen genug nach vorn entwickeln. Den ganzen Vormittag lang halten die 2300 türkischen Brigadepolizisten zwei britische Divisionen in Schach, die noch dazu von den Schiffsgeschützen der mächtigen Flotte unterstützt werden.
Aus der Ferne, von den Anzacs, ist Kanonendonner zu hören. Birdwood ist vereinbarungsgemäß zum Angriff angetreten. Seine Australier, Neuseeländer und Ghurkas sind keine unerfahrenen Neulinge. Sie erobern »Lone Pine Ridge« und halten die Anhöhe trotz wilder Gegenstöße. Sie kämpfen tapfer um Schanak Bahir und Kescha Schemen Tepe. Nur haben sie im Unterschied zu ihren linken Nachbarn nicht eine Handvoll Brigadepolizisten vor sich, sondern ihre vertrauten Gegner, die ihnen seit drei Monaten in hervorragend ausgebauten Stellungen Widerstand leisten. Sie kommen kaum voran.

Der deutsche General Liman von Sanders, seit 1913 Militärberater der Türken, ist von der plötzlichen Aktivität des Gegners auf Gallipoli überrascht worden. Seit Mitternacht erreicht ihn eine Hiobsbotschaft nach der anderen. Gegen die in der Suwlabucht gelandeten Truppen ist er machtlos, weil die Engländer an allen anderen Stellen auch angreifen.
Ihm bleiben nur seine beiden in Reserve gehaltenen Divisionen, die 7. und 12., doch sie stehen in Maidos, 50 Kilometer von Suwla entfernt. Er erscheint ausgeschlossen, daß die Polizeikräfte bis zu ihrem Eintreffen ausharren können, so daß Liman von Sanders jetzt die dramatischsten Stunden seines Lebens durchmacht. Er weiß: Wenn die Engländer durchbrechen, sind sie nicht mehr aufzuhalten; die Truppen im Süden der Halbinsel, die Verteidiger von Krithia und Aschi Baba, müssen dann kapitulieren, und er hat keine Möglichkeit mehr, den Marsch der Alliierten auf Konstantinopel zu verhindern.

Am Morgen des 7. August schickt General Stopford, der Befehlshaber des Landungsunternehmens in Suwla, dem Oberkommandierenden Ian Hamilton zuversichtliche Meldungen. Die Ausschiffung hat glänzend geklappt. Lala Baba und die Höhe 10 sind bereits besetzt, und daß der gefürchtete »Chocolate Hill« noch nicht erobert ist, erklärt sich aus dem schwierigen Gelände.
Stopford berichtet nur vom Hörensagen. Er befindet sich noch auf der *Jonquil*, seinem schwimmenden Befehlsstand. Er hat auch wirklich keine Bedenken. Als typischer Generalstäbler ist er ein vornehmer, toleranter, belesener Mann, der zwar noch nie ein Frontkommando gehabt hat, aber theoretisch hervorragend qualifiziert ist.
Er vertraut auf seine Soldaten, und das ist sein Fehler. Was er ihnen abverlangt, geht

über ihre Kräfte. Darf man Männer, die noch nie vor dem Feind gestanden haben, so zuversichtlich auf eines der schwierigsten Schlachtfelder dieses Krieges schicken? Ihre Unerfahrenheit wird sich sehr bald als eine schwere Hypothek herausstellen.

Die türkische Brigadepolizei macht möglichst viel Lärm, damit der Gegner sie überschätzt. Sie nutzen geschickt das Gelände aus, verbergen sich hinter dem Dornengestrüpp, schleichen sich in die Flanke des Gegners oder sogar in seinen Rücken, sobald er vorstößt. Gleichzeitig decken sie Liman von Sanders mit Funksprüchen ein, daß ihre Lage unhaltbar ist. Von den Höhen von Anafarta sehen sie die zwei Divisionen, die sie jeden Augenblick überrennen können. An den Landungsstellen wimmelt es von Soldaten, die unermüdlich Ausrüstung und Geschütze ausladen. Draußen hält eine imposante Armada ihre Rohre auf die türkischen Stellungen gerichtet.

Noch nie ist die Lage für die britischen Streitkräfte so günstig gewesen, nie haben sie eine solche Gelegenheit zum Durchbruch gehabt, vorausgesetzt, sie beeilen sich und vernichten das verlorene Häuflein, das ihnen da Widerstand leistet, bevor die türkischen Verstärkungen da sind.

General Stopford hat den Sieg in der Hand, aber offenbar merkt er das nicht. Dieser Bildungsbürger hat ein mitfühlendes Herz für seine Soldaten, die sich seiner Meinung nach erst einmal erholen müssen.

Der ganze 7. August ist Ruhetag bei den Engländern. Die Türken, die aus anderem Holz geschnitzt sind, trauen ihren Augen nicht. Sie sehen, wie die Marschkolonnen ein Stück vorrücken und sich dann häuslich niederlassen, ohne auch nur Gräben auszuheben. Sie sehen Hunderte von Männern, die mit der eigenen und den Feldflaschen ihrer Kameraden zum Strand zurückschlendern.

Am Strand selber geht es noch weniger kriegerisch zu. Die Soldaten der 10. und 11. Division stehen bunt durcheinander vor dem Wasserschiff brav Schlange, einige allerdings schneiden Löcher in die zum Strand führenden Schläuche, um schneller an das begehrte Naß zu kommen. Tausende von Infanteristen stolzieren herum, offensichtlich ohne zu wissen, was sie eigentlich tun sollen. Andere baden im Meer, ohne sich um die wenigen Granaten zu kümmern, mit der die türkische Artillerie auf das Feuer der Schiffsgeschütze antwortet. Ein schöner Ferientag.

Unterdessen sind die türkische 7. und 12. Division in Gewaltmärschen unterwegs, ohne die üblichen Rastpausen. Schon am Abend des 7. August haben die ersten Einheiten das Schlachtfeld erreicht.

Um diese Zeit beschließt General Stopford, vor Dunkelwerden noch einmal an Land zu gehen. Er inspiziert die Soldaten am Strand, läßt Gräben ausheben und Proviant verteilen. Er ist höchst befriedigt und fährt ganz beruhigt zu seiner *Jonquil* zurück, ohne irgendwelche präzisen Anweisungen gegeben zu haben.

Doch Ian Hamilton in seinem Hauptquartier auf der Insel Imbros beginnt sich Sorgen

zu machen. Er hat mit Siegesmeldungen gerechnet und bekommt nur beruhigende Berichte. Er beschließt, den Chef seiner Operationsabteilung, Oberst Aspinall, nach dem Rechten sehen zu lassen.
Aspinall trifft am Morgen des 8. August ein. Er traut seinen Augen nicht. Auf allen Landungsstränden herrscht munteres Treiben: Die Männer baden, gehen rauchend herum, haben Spiele organisiert. Vergebens sucht Aspinall nach Stopfords Hauptquartier. Da er nicht einen Schuß hört, sagt er sich, die Engländer hätten wohl längst ihre Ziele erreicht. Endlich trifft er auf einen höheren Offizier und erfährt, daß die Landungstruppen nur einen schmalen Uferstreifen besetzt haben und der Befehl zum weiteren Vordringen noch nicht eingetroffen sei. Sofort läßt er sich zur *Jonquil* hinüberfahren.
Stopford empfängt ihn in bester Laune und sagt: »Also Aspinall, die Leute waren wirklich großartig. Sie haben sich tadellos bewährt.«
»Aber sie haben noch nicht einmal die Hügel erreicht.«
»Nein, aber sie sind alle an Land.«
Und als Aspinall darauf drängt, daß sofort der Befehl zum Vormarsch gegeben wird, erklärt Stopford, er habe den Männern schließlich erst einmal Gelegenheit zum Ausruhen geben müssen. Morgen früh beginne der Angriff.
Der bedauernswerte Oberst widerspricht gar nicht erst lange. Er begibt sich aufs Flaggschiff und funkt nach Imbros:
»Am Land habe ich große Ruhe angetroffen. Kein Infanteriefeuer, kein Artilleriebeschuß, offenbar überhaupt keine Türken. Das IX. Korps ruht sich aus. Ich bin überzeugt, daß wir dabei sind, unsere beste Chance auszulassen, und daß wir uns bald in schwieriger Lage befinden werden.«
Jetzt hält es Ian Hamilton nicht länger. Er läßt sich mit Volldampf in die Suwlabucht fahren, wo General Stopford, nach wie vor die Gelassenheit in Person, sich gerade einen schönen betonierten Unterstand bauen läßt.
Er tobt, übernimmt selber das Kommando, läßt sofort die 32. Brigade auf Tekke Tepe stürmen. Ein Teil der Brigade hat inzwischen »Scimitar Hill« besetzt. Um den neuen Befehl auszuführen, muß der Hügel wieder geräumt werden. Die Türken besetzen ihn prompt und lassen ihn sich nicht mehr entreißen.
Schon sind die türkischen Verstärkungen da. Sie stürzen sich sofort in den Kampf. Das Kommando führt ein junger Offizier, dessen Schwung und Befähigung Liman von Sanders bei der Landung der Anzacs schon aufgefallen ist: Mustafa Kemal.
Ian Hamilton muß erkennen, daß der Augenblick für einen wirklichen Sieg verpaßt ist und auch nicht wiederkommen wird. Trotzdem versucht er, was in seinen Kräften steht, indem er die 53. und 54. Division nach Suwla in Marsch setzt.
Doch es ist zu spät. Die Türken graben und schaufeln wie besessen. Nach wenigen Stunden schon sind ihre Stellungen uneinnehmbar geworden.

Am 9. August bei Sonnenaufgang bricht der Kampf los. Mustafa Kemal hat Generalangriff befohlen, um die Engländer ins Meer zu werfen, und zum gleichen Zeitpunkt treten auch die Landungstruppen zum Sturm an. Der Zusammenprall ist fürchterlich. Zunächst sieht es so aus, als gewännen die Türken die Oberhand. Sie jagen die Engländer vor sich her. Doch dann setzt massives Feuer der Schiffsartillerie ein. Das Gestrüpp gerät in Brand, und der Wind treibt die Flammen immer weiter. Die Männer laufen um ihr Leben. Die Verwundeten verbrennen bei lebendigem Leibe.
Kriegskorrespondent Bartlett berichtet: »Ich sah, wie die Flammen näherkamen und die Soldaten in dichten schwarzen Rauchwolken verschwanden. Als sich der Qualm verzogen hatte, bezeichnete nur noch ein rötliches Häufchen den Ort, wo ein Soldat des Königs zu Mutter Erde zurückgekehrt war.«
Bis zum Abend wirft sich die 31. Brigade in immer neuen Angriffswellen gegen Scimitar Hill. Hunderte von Toten kosten die ergebnislosen Bemühungen.
Weiter im Süden kämpfen Birdwoods Neuseeländer, Australier und Ghurkas wie die Teufel. Am 8. August schon haben sie Schanak Bahir fast erreicht. Am 9. haben sie Befehl, die Höhe Q zu nehmen. Dies ist der entscheidende Augenblick der Sommeroffensive, alles erscheint noch möglich.
Oberst Cecil Allanson hat von diesem Ringen berichtet: »In der Nacht erhielt ich vom General über Funk den Befehl, um 5.15 Uhr den Punkt 971 anzugreifen. Von 4.52 bis 5.15 Uhr sollte die Flotte den Gipfel unter Beschuß nehmen. Ich sollte alle meine Truppen um mich sammeln. Ich bekam aber nur drei englische Kompanien und mußte mich damit zufriedengeben ...
Mir blieben nur noch fünfzehn Minuten. Die Artillerievorbereitung war eindrucksvoll. Man hätte meinen können, der fast senkrecht abfallende Hügel flöge in die Luft. Ich sagte mir, um die Höhe zu erobern, müßte ich bei Einstellung des Feuers schon am Feind sein. Ich sagte meinen Leuten, sie sollten losrennen, sobald sie mich mit einem roten Tuch vorgehen sähen.
5.15 Uhr. Ich blickte auf die Uhr. Die Artillerievorbereitung ging unvermindert heftig weiter. Ganze Grabenstücke wurden eingeebnet, so genau lagen die Salven. Um 5.18 Uhr war noch nicht Schluß, und ich fragte mich, ob meine Uhr nicht vorginge. Endlich, um 5.20 Uhr, schwiegen die Geschütze. Ich wartete drei Minuten, um ganz sicher zu sein, dann stürmten wir alle zusammen auf Tuchfühlung los. Das war ein herrlicher Anblick.
Auf dem Hügel standen wir Mann gegen Mann gegen die Türken. Neben mir fiel Le Marchand durch einen Bajonettstich ins Herz. Ich selber wurde am Bein verwundet. Ungefähr zehn Minuten lang tobte der Nahkampf mit Kopfstößen und Fausthieben; Gewehre und Revoler dienten als Schlagwaffen. Plötzlich begannen die Türken wegzulaufen, und ich fühlte mich sehr stolz.
Der Schlüssel zur ganzen Halbinsel war in unserer Hand, und angesichts dieses Ergeb-

nisses waren unsere Verluste relativ gering. Ganz unten sah ich die Meerenge und auf den Hängen die Transportautomobile, die nach Aschi Baba unterwegs waren.
Als ich mich umblickte, wurde mir klar, daß keine Kameraden uns nachkamen, und sagte mir, das beste wäre, die fliehenden Türken zu verfolgen.
Schon waren wir in Richtung Maidos unterwegs, als uns plötzlich von unserer eigenen Flotte eine Salve von sechs 12-Zoll-Granaten traf. Das war eine schlimme Verwechslung. Man hielt uns für Türken. Also mußten wir zurück. Ein Geschoß hatte einen Ghurka genau getroffen. An der Einschlagstelle sah man blutige Leiber und abgerissene Gliedmaßen. Alle Männer schrien. Wir gingen zurück auf die Höhe und hinunter in unsere Ausgangsstellung knapp darunter.
Ich bin mit ungefähr 15 Mann auf der Höhe geblieben. Die Aussicht war herrlich. Wir konnten die Meerenge sehen und die von Kleinasien anrückenden türkischen Verstärkungen. Von hier aus konnte man Kilid-Bar, das Hinterland von Aschi Baba und die Verbindungswege zu allen türkischen Forts überblicken.
Lange bin ich, vom Blutverlust erschöpft, dort oben allein zurückgeblieben. Nach Suwla hinüber sah ich, daß unsere Truppen nicht weiter vorgerückt waren, obwohl sie doch nur ungefähr 2000 Mann vor sich hatten, aber ich sah auch die in Eilmärschen nahenden türkischen Verstärkungen. Ich mußte dann rasch in den Graben zurück, den wir am Abend zuvor erobert hatten. Am Nachmittag zwischen 17 und 19 Uhr wurden wir fünfmal von starken türkischen Kräften angegriffen, doch wir konnten sie jeweils ungefähr 15 Meter vor unseren Linien zum Stehen bringen.«
Diese wütenden Gegenangriffe sind schon Mustafa Kemals Werk. Er weiß, daß die ganze türkische Gallipoli-Armee verloren ist, wenn die Anzacs durchkommen.
Am Abend des 9. August stürmt er selber mit. Eine Kugel zerschlägt seine Armbanduhr, doch er läßt sich nicht aufhalten. Erst jenseits der Uferhöhen geraten seine Leute ins Feuer der Schiffsgeschütze und kommen nicht weiter.
Einmal mehr müssen die erschöpften Gegner sich eingraben. Wieder verfestigt sich die Front. Man kann sich ausmalen, wie es weitergegangen wäre, wenn Oberst Allanson und seine Leute rechtzeitig unterstützt worden wären, anstatt von ihren eigenen Schiffen beschossen zu werden. Sicher ist, daß nur ein Haar die Anzacs vom Sieg trennte, und daß ihnen diese Chance kein zweitesmal geboten werden wird.
Ian Hamilton will das Schicksal zwingen. Am 10. August läßt er die 53. Division ausschiffen. Doch die Stellungen der Türken sind nicht mehr zu überwinden. Rings um Scimitar Hill kämpfen sie wie die Löwen, kriechen vor im Gestrüpp, schleichen sich nach ein paar Schüssen immer von neuem an. Trotzdem gelingt es den Engländern, bis zum Kamm vorzudringen, aber dort ist Schluß.
Am Tag darauf trifft die 54. Division ein. Das ist Hamiltons letzte Reserve. Auch sie greift an, kommt jedoch kaum hundert Meter weit.
Am 15. August wird der unfähige Stopford seines Kommandos enthoben. Am 21. ma-

chen alle Verbände gemeinsam einen letzten gewaltigen Versuch. Sie werden zurückgeschlagen. Auf die Hoffnung folgt Ernüchterung.
Seit dem 6. August sind 14000 Mann vergebens gefallen.
Bartlett stellt trocken fest: »Wir sind ein weiteres Mal gelandet und haben einen weiteren Friedhof angelegt. Das ist alles.«
Ja, das ist alles. Um sich aus der Umklammerung zu befreien, verlangt Hamilton lauthals Verstärkungen. Er brauche mindestens 95000 Mann, erklärt er: 50000 Mann zusätzlich und 45000 als Ersatz für die Ausfälle.
Doch Kitchener läßt sich nicht beeindrucken. Er hat andere Sorgen. Er schreibt: »In Frankreich ist eine große Offensive in Vorbereitung, und es dürfen keine nennenswerten Verstärkungen vom Hauptkriegsschauplatz abgezogen werden.«

Was Kitchener gesagt hat, trifft zu. In Frankreich plant man eine weitere Offensive. Diesmal allerdings, verkünden die Generalstäbe, wird es nicht eine der gewohnten Offensiven sein, sondern *die* große Offensive, die letzte, gewaltige, die den Feind aus den besetzten Ländern jagen und zum Friedensschluß zwingen wird.
Joffre, unverändert massig und selbstsicher, hat daran überhaupt keinen Zweifel.
Zunächst ist es gar nicht so einfach für ihn gewesen, Kitchener zu überzeugen, der erklärte, um eine Chance zum Durchbruch zu haben, müßten die Alliierten eine erdrückende Artillerieüberlegenheit besitzen, mindestens 1150 großkalibrige Geschütze einsetzen können, was vor dem Frühjahr 1916 nicht möglich sei. Er brachte immer wieder das Argument, die Deutschen hätten doppelt soviel schwere Artillerie als die Alliierten, und sie stellten Tag für Tag mehr schwere Granaten her als die Franzosen und Engländer zusammen.
Fayolle, der ewig Bedenkliche, hat Kitchener recht gegeben: »Foch denkt nur ans Angreifen: Minen, Gas und so weiter. Ich halte ihm entgegen, zunächst einmal müsse man die deutsche Artillerie niederkämpfen können. Er sagt, das sei ausgeschlossen. Warum redet er dann dauernd vom Angreifen? Im Grunde versucht er die feindliche Artillerie einfach zu vergessen. Immer die gleiche Methode: ›Angriff! Angriff!‹ Aber warum und wie? Das geht ihm nicht ein.«
Eine strenge Beurteilung, zu streng wohl, denn ungefähr zur gleichen Zeit erklärt Foch: »Auf einen Schlag läßt sich nur die erste Linie erobern. Das ist jetzt erwiesen.«
Darin ist er mit Pétain einer Meinung, der nicht an den Durchbruch glaubt, sondern Angriffe mit beschränkter Zielsetzung empfiehlt, also ständig wiederholte Vorstöße.
Franchet d'Esperey ist noch pessimistischer: »Wir verschwenden unsere Kräfte in Teiloffensiven. Es wäre besser, eine starke Reservearmee zu bilden und anderswo ein neues Operationsgebiet zu suchen.«
Und Castelnau zögert nicht, die Strategie des Generalissimus nachdrücklich zu kriti-

sieren. Er erklärt Poincaré: »Derzeit haben wir überhaupt keinen Plan. Wir verhalten uns wie ein Maikäfer in einem Glaskasten: Wir stoßen mit dem Kopf nach rechts und links aufs Geratewohl gegen die Wand.«

Die scharfe Mißbilligung durch seine Umgebung kann Joffre nichts anhaben. Er weiß, daß etliche seiner Generäle sich nicht scheuen, den Politikern zu erklären, daß sie einen Durchbruch für unmöglich halten. Er weiß auch, daß man sich im Lande nach der erfolglosen Offensive im Artois Fragen zu stellen beginnt. Er spürt eine dumpfe Abneigung bei den Abgeordneten. Die Gefallenenlisten werden immer länger. Auch im kleinsten und entlegensten Dorf hat man mehrere Tote zu beklagen. Sollte das bisher so glühend einsatzbereite Frankreich kriegsmüde werden?

Dieser Gefahr gilt es unbedingt zu begegnen, indem man wieder Bewegung in die Fronten bringt und einen entscheidenden Sieg erringt. Und dafür gibt es nur ein Rezept: die Offensive.

Bereits am 7. Juli findet unter Vorsitz von Kriegsminister Millerand eine von Joffre einberufene Sitzung aller alliierten Generäle statt.

Der Generalissimus läßt keine Bedenken aufkommen; er wirft sein ganzes Gewicht in die Waagschale. Die Russen, erklärt er, befinden sich auf dem Rückzug, und niemand weiß, wann und wo sie sich wieder zum Kampf stellen werden. Die Serben verhalten sich passiv, das Dardanellenunternehmen hat sich festgefahren, die Italiener sind dabei, von der Offensive zur Defensive überzugehen ...

Die Maschine muß um jeden Preis wieder in Gang gesetzt werden. Das ist Ehrensache. Die Russen haben Anspruch darauf, daß ihre Alliierten ihnen beistehen.

Selbst Kitchener, der als der Hauptgegenspieler Joffres gekommen ist, kann diesen Argumenten nichts entgegensetzen. Als die Sitzungsteilnehmer auseinandergehen, ist die Grundsatzentscheidung für die Offensive gefallen.

Jetzt geht alles sehr schnell.

Am 11. Juli findet bereits in Saint-Omer eine Besprechung zwischen Joffre und French statt. Sie beschließen, die Hauptoffensive solle in der Champagne vor sich gehen, während eine »Nebenoffensive« im Artois die Kräfte des Gegners zu binden habe.

Ein Tag später geht vom *Grand Quartier Général* folgende Instruktion an die Armeebefehlshaber hinaus:

»Die Armeegruppe Nord, deren Operationen mit der englischen und belgischen Offensive abzustimmen sind, wird im Raum Arras den Durchbruch durch die feindliche Front suchen. Für diesen Angriff stehen ihr voraussichtlich 12 Infanteriedivisionen, 2 Kavalleriedivisionen sowie bis zu 300 schwere Geschütze zur Verfügung.

Die Armeegruppe Mitte wird in derselben Absicht an der gegenwärtigen Front der 3. und 4. Armee [also in der Champagne] Angriffe vortragen mit starken Kräften, die sich auf 27 Infanteriedivisionen, 2 Kavalleriekorps und 550 schwere Geschütze belaufen.

Die Armeegruppe Ost verhält sich vorläufig defensiv, was Handstreichunternehmen und lokale Aktionen nicht ausschließt.«
Am selben Tag bekommt General de Castelnau als Befehlshaber der Armeen im Zentrum eine eigene Anweisung: Die Offensive soll zwischen Moronvilliers und der Aisne stattfinden.
»Selbstverständlich«, steht im fünften Absatz dieses Dokuments, »sind alle Vorkehrungen zu treffen, damit die Anfangserfolge unverzüglich und vollständig ausgenutzt werden. Die Schlacht, die Sie in der Champagne zu liefern haben, während General Foch und Marschall French im Norden angreifen, ist die wichtigste Operation des Jahres 1915. Sie wird das Signal zur Offensive auf der ganzen Front für die Armeen der Republik sein.«
Eine weitere Instruktion erreicht die Armeen am 12. September. Nach der Aufzählung aller eingesetzten Kräfte und Mittel sowie der zu erreichenden Ziele wird darin festgestellt: »Dieses Ergebnis kann nur durch eine unkomplizierte Bewegung mit ständigem schärfstem Vordringen auf die Verbindungen des Gegners erzielt werden, das von den Armeen geradewegs nach Osten bzw. Norden durchzuführen ist.
Jede Bemühung um seitliches Einschwenken würde nur dem Feind zugute kommen, weil er damit Zeit gewinnen würde, mit Reserven die vorbereiteten rückwärtigen Verteidigungsstellungen zu besetzen. Bei dieser Vorwärtsbewegung müssen sich die Ausführenden völlig darüber im klaren sein, daß sie nicht aufeinander warten und wegen entstehender Lücken nicht beunruhigt sein dürfen.«
Im Klartext heißt das: Augen zu und vorwärts, nicht links und nicht rechts geschaut, so weit wie möglich geradeaus stürmen. Das Nahziel sind die feindlichen Batteriestellungen. Sind die erst erobert, ist die Schlacht gewonnen.
Die Vorbereitungen sind gigantisch. Es geschieht alles, um die Sturmtruppen der ersten Welle möglichst nahe an die deutschen Linien heranzubringen. Unzählige Laufgräben werden ausgehoben, die vorhandenen verbreitert. Frontnahe Sammelplätze werden eingerichtet. Einer, der den Spitznamen »Place de l'Opéra« bekommt, kann hinter seinen Sandsackwällen ein ganzes Bataillon aufnehmen. Weiter hinten bauen die Territorialsoldaten neue Straßen und verlegen Feldeisenbahnen, damit Munition und Verstärkungen schnell nach vorne kommen.
Ein solcher Aufwand ist noch nicht dagewesen. So viele Kubikmeter Erde sind noch nie bewegt worden.
Der einzige Nachteil ist, daß diese Zurüstungen reichlich auffällig sind.

Schon Anfang August wird den Deutschen klar, daß da Anstalten zu einem großen Schlag getroffen werden. Überall melden die Männer aus der vordersten Linie eine ungewöhnlich intensive, Tag und Nacht anhaltende Aktivität beim Gegner. Französische und englische Flieger sperren systematisch den Luftraum.

General von Einem, der Führer der III. Armee, läßt sich davon nicht aus der Ruhe bringen. Er ist überzeugt, daß sich die Franzosen einmal mehr die Zähne ausbeißen werden, und für diese Überzeugung hat er gute Gründe. Er weiß, daß die Stellungen an seinem Abschnitt hervorragend ausgebaut sind. Die Kampfgräben sind mehrere Linien tief gestaffelt, weit übermannshoch ausgeschachtet, gut geschützt durch Stacheldrahtverhaue. Sie sind miteinander verbunden durch Laufgräben, die ebenfalls mit Schulterwehren, Schießscharten und Auftritten versehen und nach beiden Seiten mit Draht gesichert sind, so daß sie als Kampfgraben in jeder Richtung dienen können, um die Angreifer in Flanke und Rücken unter Feuer zu nehmen.

Die Front der III. Armee stützt sich auf fünf Widerstandszentren, provisorische Festungen mit betonierten Unterständen und Panzerplatten, gespickt mit Geschützen und Maschinengewehren.

Weiter hinten, in 3 bis 4 Kilometer Entfernung von den ersten Gräben, hat Einem ein zweites Stellungssystem anlegen lassen, das dem ersten kaum nachsteht und sich auf dem Gegenhang befindet, so daß es von der gegnerischen Artillerie nicht einzusehen ist.

Während sie den Angriff erwarten, vervollkommnen die Deutschen unablässig ihre Anlagen.

Schon am 12. August stellen sie fest, daß an bisher ruhigen Abschnitten einzelne Granaten einschlagen. Man braucht kein großes Licht zu sein, um darauf zu kommen, daß sich die feindliche Artillerie einschießt.

Am 25. August melden die vorgeschobenen Posten, daß die Franzosen ihre Laufgräben ins Vorgelände hinein verlängern. Sie tarnen ihr Vorhaben mit großen braunen Planen, doch manchmal weht der Wind sie hoch, und die Tätigkeit der Pioniere wird sichtbar.

In den folgenden Tagen herrscht rege Spähtrupptätigkeit. Am 31. kommt bei Auberive ein Überläufer und berichtet von immer massiveren Verstärkungen.

Am 5. September ordnet Einem angesichts der immer eindeutigeren Vorzeichen Urlaubssperre an.

Am 21. September meldet ein weiterer Überläufer, morgen solle der Angriff beginnen.

Das Warten wird fast unerträglich. Die Männer in ihren Gräben fühlen sich unbehaglich, wie in den schwülen Stunden vor einem Gewitter.

Was kommt, ist kein Gewitter, sondern ein Wirbelsturm, der am folgenden Tage über die ganze Angriffsfront hintobt. Alle Geschütze feuern gleichzeitig. Die Feldartillerie pflügt die vorderen Gräben um und um, die schweren Kaliber suchen sich ihre Ziele im Hinterland: Eisenbahnen, Befehlsstände, Batteriestellungen, Telephonvermittlungen. Die Mörser nehmen sich die verdeckten Stellungen vor. Über den deutschen Linien liegt eine dichte schwarze Wolkenwand.

Ein neuer Kriegsschauplatz: Italien. – *45* Das Isonzotal bei Görz, Ort vieler erbitterter Schlachten. – *46* Eroberte italienische Gebirgsstellung bei Flitsch.

47 Eine Maultierkolonne folgt im Isonzotal der Sturmtruppe. – *48* Alpini stürmen eine österreichische Höhenstellung (unten).

Und das Trommelfeuer geht weiter und immer weiter, als solle es nie aufhören. Es dauert den ganzen 22. September, die ganze Nacht vom 22. auf den 23., den ganzen 23. und die ganze Nacht vom 23. auf den 24. Am 24. früh verstummt es plötzlich. Die Deutschen stürzen aus ihren Unterständen, um zu besetzen, was von den Gräben übriggeblieben ist. Kaum sind sie alle bereit, setzt das mörderische Feuer voll wieder ein.

Was die Männer in diesen Tagen des rasenden Todes durchgemacht haben, davon haben die Überlebenden berichtet, wie man von seinen furchtbarsten Alpträumen erzählt. Auch die Tapfersten, auch die erfahrenen Frontkämpfer sind von einer schrecklichen animalischen Furcht ergriffen worden, von einer irrsinnigen Lust, einfach loszulaufen und die Angst herauszuschreien. Selbst die sichersten Unterstände und Stollen, bis zu fünf Meter tief, brachen unter den Einschlägen der überschweren Granaten zusammen, und niemand konnte den Männern, die zu Dutzenden darin verschüttet waren, mit Spaten und Schaufel zu Hilfe kommen. Viele Soldaten waren so am Ende, daß sie mitten im Trommelfeuer einschliefen. Andere verloren den Verstand. Andere mußten sich erbrechen, als seien sie seekrank geworden.

Man kann sich eine schlimmere Tortur kaum ausmalen. Viele Überlebende sind noch Jahrzehnte nach dem Krieg fast Woche für Woche schreiend aus dem immer gleichen Traum hochgefahren: Das Trommelfeuer tobt, und sie werden in ihrem Unterstand verschüttet.

Gegenüber, bei den Franzosen, herrscht Hochstimmung. Die deutsche Artillerie kann das Feuer nur schwach erwidern. Die Männer brüllen vor Begeisterung, daß die feindlichen Gräben zu Staub zermalmt werden.

Einer von ihnen ruft am Morgen des 24. September: »Das hört ja überhaupt nicht auf. Wenn die Kanoniere einigermaßen gezielt haben, ist vor uns nichts mehr da. Der Angriff wird ein Kinderspiel.«

Die ewig gleiche Illusion, die unausrottbare Hoffnung. Noch jedesmal sind die Männer in der Gewißheit losgerannt, daß sie die feindlichen Stellungen kampflos besetzen werden. Überall hört man den ständig wiederholten Satz: »Diesmal schaffen wir's!«

Joffres Tagesbefehl, der am Vorabend des Sturms allen Einheiten vorgelesen worden ist, stärkt diese Gewißheit noch:

»Soldaten der Republik!

Nach monatelangem Warten, das uns die Möglichkeit gab, Kräfte und Material zu sammeln, während der Gegner die seinen abnutzte, ist die Stunde gekommen, anzugreifen und nach der Marne und Flandern, nach den Vogesen und Arras neue glorreiche Waffentaten zu vollbringen.

Nach dem Sturm von Feuer und Stahl, den wir dank der Arbeit der französischen Fabriken entfesselt haben, in denen Eure Brüder Tag und Nacht für Euch tätig waren,

greift Ihr alle zusammen auf der ganzen Front an, in engem Zusammenwirken mit den Armeen der Verbündeten.
Euer Schwung wird unwiderstehlich sein.
Er wird Euch in einem ersten Satz bis zu den Batterien des Gegners führen, hinweg über die befestigten Linien, die er gegen uns errichtet hat.
Ihr werdet ihm nicht Ruhe noch Rast gönnen, bis der vollständige Sieg errungen ist.
Stürmt mit heißem Herzen, säubert den Boden des Vaterlandes, damit Recht und Freiheit das Feld behalten!«

25. September. Das Trommelfeuer geht weiter. Man könnte sogar meinen, es sei noch heftiger geworden. Auf den 30 Kilometer langen Frontabschnitt der geplanten Offensive sind über eine Million Granaten niedergegangen. Jetzt allerdings spielt das Wetter nicht mehr mit. Auf herrliche Spätsommertage folgt feiner, stetiger Nieselregen.
In den Sammelplätzen, Laufgräben und zusätzlich ausgehobenen Sturmausgangsgräben warten die Infanteristen auf die Stunde X. Sie sind neu eingekleidet. Sie tragen die neue horizontblaue Uniform und den Stahlhelm *à la bourguignotte* mit der Mittelnaht, dessen Herstellung Joffre nach langem Zögern genehmigt hat. Das Koppelzeug ist frisch gefettet, die Gewehre sorgfältig geputzt.
Um 9 Uhr wird von Mann zu Mann weitergegeben: »Angriffszeit 9.15 Uhr.«
Eine beklemmende Viertelstunde. Die meisten flüchten sich in forsche Redensarten, um die Angst, die sie alle haben, nicht hochkommen zu lassen. Hände werden gedrückt, alte Frontkameraden gehen zum erstenmal aus sich heraus: »Wenn's mich erwischt, sag meiner Frau ...« Die Offiziere blicken mit gespielter Ruhe auf ihre Uhren.
9.15 Uhr. Das Feuer wird vorverlegt, und gleich darauf entrollt sich das eindrucksvolle Schauspiel. Auf der ganzen Frontlänge quellen die Männer in Trauben aus den Gräben und beginnen zu laufen. An den Gewehren schimmern die Bajonette, und schmetternd erklingt erst die Marseillaise, dann ständig wiederholt das Angriffssignal. Trommler und Trompeter stürmen mit der Truppe vor.
Es ist nicht zu glauben: Dieses ungeheuerliche Trommelfeuer, das doch vor der Front jedes Fleckchen umgepflügt zu haben schien, hat ein paar Menschen am Leben gelassen. Sofort pfeifen die ersten Kugeln, und dann knattern auch schon Maschinengewehre. Reihen von Anstürmenden brechen zusammen, während ihre Kameraden um so rascher über das Niemandsland rennen.
Wie weit werden sie gelangen?
Im Osten des Gefechtsfeldes verfügt General Pétains 2. Armee über vier Korps. Am äußersten rechten Flügel stürmt das I. Kolonialkorps (General Berdoulat) mit wilder Kampfeslust auf die »Hand von Massiges« zu, eine der stärksten Stellungen der Deut-

schen; der Hügel ist so getauft worden, weil er wie eine nach Süden den Franzosen entgegengespreizte Hand daliegt. Die 2. und 3. Division erobern Zeige-, Mittel- und Ringfinger. Um den Daumen wird mit Handgranaten und im Nahkampf gerungen.
Das XX. Korps (General Balfourier) gelangt an den Höhen von Maison-de-Champagne und Le Mesnil vorbei, wird jedoch durch heftige Gegenangriffe auf die Ausgangspositionen zurückgeworfen.
Links anschließend stößt das XI. Korps (General Baumgarten) an dem Straßendorf Tahure entlang bis an die Quelle des Dormoise-Flüßchens vor.
Noch weiter links gelingt dem XIV. Korps (General Barot) in einem Zuge ein Geländegewinn von 4 Kilometern, das Verteidigungszentrum Trou Bricot wird abgeriegelt, und schon um 12 Uhr ist die zweite deutsche Linie erreicht. Doch weiter geht es nicht: Diese zweite Linie auf dem Gegenhang ist vom Trommelfeuer nicht zerdroschen worden.
Pétain hat den Eindruck, hier sei der Durchbruch am ehesten möglich. Er schickt sofort Verstärkungen nach. Bei der letzten Offensive haben die Reserven ja zu weit hinten gestanden, und nach Meinung der Experten vom *Grand Quartier Général* ist diese zu große Entfernung der Grund für das Scheitern gewesen. Diesmal sind sie zu nah, so nah nämlich, daß die Einheiten sich dicht zusammendrängen und von der deutschen Artillerie furchtbar zugerichtet werden. Die um 15.20 Uhr in Marsch gesetzte 106. Brigade erreicht erst gegen Mitternacht die neue Kampflinie. Die 105. bricht um 16.45 Uhr auf, bleibt aber stecken, so daß sie nicht hinter der 21. Division vorgehen kann. Das unbeschreibliche Durcheinander trägt erheblich dazu bei, daß der Angriff ins Stocken kommt.
Bei der 4. Armee sind die Ergebnisse des ersten Tages noch enttäuschender.
Das VII. und XXXII. Korps bleiben gleich im Abwehrfeuer liegen. Das II. Kavalleriekorps stößt geradewegs vor, 4 Kilometer weit, erobert die Ferme Navarin und will eben weiter vordringen, als ein Granathagel über die siegesgewissen Soldaten niedergeht. So unfaßlich es klingt: Es sind französische Granaten.
Dabei hat das Oberkommando alles Erdenkliche getan, damit so etwas nicht wieder passiert. Damit die eigene Artillerie weiß, wie weit die Angreifer gelangt sind, tragen einzelne Soldaten weiße Kreuze auf dem Rücken. Unzählige Signalwimpel sind verteilt worden, dazu große weiße Stoffrechtecke zum Auslegen. Die Flieger haben die Aufgabe, alle diese Signale zu beobachten, das Vordringen der Truppe genau zu verfolgen und ständig über Funk mit den Batterien in Verbindung zu bleiben. Das System, in großen Manövern geübt, scheint perfekt. Nur mit dem Landregen hat niemand gerechnet. Die Flieger können wegen der niedrigen Wolkendecke nichts ausrichten, die Maschinen sind in den Schuppen geblieben.
Doch Einem in seinem Armeehauptquartier in Vouziers wird jetzt doch unruhig. Er hat mit einer Offensive gerechnet, aber doch nicht in diesen Größenordnungen.

Mit jeder Stunde werden die Meldungen alarmierender an diesem furchtbaren 25. September. Seine Truppen geben fast überall Gelände preis, an mehreren Punkten ist die zweite Stellung bedroht, zwei seiner Armeekorps bitten um die Erlaubnis zum Rückzug. Am Abend wird dem Chef der III. Armee klar, daß er sich in tödlicher Gefahr befindet. Er hat nur 9 Divisionen, kann so schnell nicht mit nennenswerten Verstärkungen rechnen, und seine Feindaufklärung meldet ihm, daß mindestens 35 Divisionen seinen Abschnitt berennen. Das ist ein allzu krasses Mißverhältnis. Doch paradoxerweise rettet gerade diese übergroße Masse der Angreifer die III. Armee. 35 Divisionen, das ist für einen so relativ schmalen Frontabschnitt einfach zu viel. Die Einheiten behindern sich gegenseitig und bilden, zu dicht gedrängt, ein ideales Ziel für die gegnerische Artillerie.

Es wird Nacht. Schon posaunen die französischen Stäbe den Erfolg hinaus. Gewiß, der Durchbruch ist noch nicht erzielt, aber der größte Teil der ersten Linie erobert. Auf mehr als 12 Kilometer Breite stehen die Franzosen unmittelbar vor der zweiten. Die zweite Linie! Sie ist das letzte Bollwerk, das es zu überwinden gilt, bevor man frei in die Ebene vormarschieren kann.

Die durchnäßten, vor Kälte und Müdigkeit schlotternden Soldaten haben die Schrekkensbilder dieses Tages noch vor Augen und fühlen sich gar nicht als stolze Sieger. Heute abend würde auch die schönste Rede ihnen nicht mehr eine Spur von Begeisterung einflößen. Sie möchten schlafen, doch nirgends ist ein trockenes Fleckchen, um den Kopf darauf zu betten. Sie empfinden sich als verloren auf unbekanntem Gelände. Von woher mag morgen, wenn es hell wird, die Gefahr kommen?

Unterdessen wird die französische Artillerie im Schutze der Dunkelheit nach vorne verlegt. Durch die zerschossenen Laufgräben kommen flüsternd Verstärkungen.

Der neue Tag, der 26. September, wird von der Artillerie beider Seiten mit heftigem Feuer begrüßt. Die Schlacht bricht auf einen Schlag wieder los; heftiger, verbissener als gestern. Die ganze Nacht hindurch haben die Deutschen mit aller Kraft an der Instandsetzung der beschädigten Grabenstücke gearbeitet. Da ihre zweite Linie uneingesehen auf dem Gegenhang liegt, sind die Zerstörungen nicht groß. Auch die Drahtverhaue sind wieder völlig intakt.

Die Franzosen stürmen wie befohlen geradewegs nach Norden.

Bei der 2. Armee erobert das I. Kolonialkorps in einem einzigen Anlauf die Kuppe der »Hand von Massiges«, das XX. Korps nimmt zum zweitenmal Maison-de-Champagne. Doch an allen anderen Stellen rennt sich der Angriff fest. Das XIV. Korps bleibt vor dem Grabensystem liegen, das von den Franzosen *Vistule*, »Weichsel« getauft worden ist, und die Höhe 193 bleibt unerreichbar. Die Nachrichtenverbindungen klappen noch schlechter als am Vortag. In Pétains Hauptquartier geht die Falschmeldung ein, das XIV. Korps sei in die zweite Linie eingedrungen und habe dort die Höhe 201 erobert.

Die 4. Armee hat noch enttäuschendere Ergebnisse erzielt. Das II. Kolonialkorps hat »Trou Bricot« gesäubert, die 14. Division im heißumkämpften Graben »Tranchée des Tantes« Fuß gefaßt. Bescheidene Erfolge sind das.
Wieder verschafft die Dunkelheit den erschöpften Soldaten eine Ruhepause.
In den Stäben wird Bilanz gezogen. Einem ist nicht mehr ganz so besorgt. Seine zweite Linie hält, und die Verstärkungen, die seit Tagen aus Rußland unterwegs sind, werden schon ausgeladen.
Bei den französischen Generälen herrscht Hochstimmung. Man vergißt die Mißerfolge und hält sich lieber an die Gefangenenzahl: Es sind jetzt insgesamt schon über 16000.
Auf 12 Kilometer Breite wird um die zweite Linie gekämpft.
Selbst der sonst so vorsichtige Castelnau sieht schon den Sieg vor sich. Er telegraphiert am 26. September um 19 Uhr an Langle de Cary: »Der Feind ist völlig verstört. Jetzt muß ohne Rücksicht auf die Nachbarverbände angegriffen werden, sobald es möglich erscheint, am besten gleich frühmorgens, unmittelbar nach der Artillerievorbereitung.«
Pétain strahlt vor Zuversicht. So unglaublich es erscheint: Er ist nach wie vor überzeugt, die Höhe 201 sei genommen, die zweite deutsche Stellung also angeschlagen. Er gibt Befehl, »den Erfolg zu nutzen«, und beschließt die ganze Wucht des Stoßes auf den linken Flügel seiner Armee zu verlegen.
Langle de Cary ordnet an, morgen müsse »die Offensive mit allem Nachdruck fortgesetzt werden, um die zweite deutsche Linie zu erobern, koste es, was es wolle«.
Koste es, was es wolle. Um jeden Preis. Ohne Rücksicht auf Verluste ... Das ist die Sprache der Generäle.
Tatsächlich wird der 27. September ein besonders blutiger Tag. Zu Tausenden fallen die Männer. Um welcher Ergebnisse willen?
Bei der 2. Armee werden »leichte Fortschritte« erzielt auf der »Hand von Massiges«, jenseits von Maison-de-Champagne und bei Tahure. »Leichte Fortschritte« bedeutet in der Sprache der Stäbe, daß der Angriff steckengeblieben ist. Nur das XIV. Korps besetzt ein Stück des »Vistule«-Grabens.
An der Front der 4. Armee erobert das VI. Korps zum zweitenmal die Ferme Navarin, doch an den Grabensystemen »Lübeck« und »Vandalen« beißt es sich fest. Das XXXII. Korps kommt an der Geländewelle »Epine de Vedegrange« ein Stück voran. Beim VII. Korps kämpft sich die 14. Division in der »Tranchée des Tantes« vor. Langle ist begeistert, als er die Meldung bekommt. Die Einnahme dieses Grabensystems bedeutet, daß die zweite Linie der Deutschen hier aufgerissen ist, der Durchbruch ist geschafft! Auf dem Papier stimmt das. Die Schreibstubenhelden beim Generalstab können einen dicken roten Pfeil durch diese gefürchtete zweite Stellung malen. In Wirklichkeit sind die beiden Bataillone, die diese Leistung vollbracht haben, stark dezimiert und mit ihrer Kraft am Ende. Die Männer denken nicht daran, weiter vorzudringen, sondern versu-

chen, den Graben nach Norden hin auszubauen, um ihn gegen die zu erwartenden Gegenangriffe halten zu können. Mehr kann man doch wohl nicht von ihnen verlangen. Seit drei Tagen kämpfen sie im Regen, Granaten und Maschinengewehrfeuer haben schrecklich unter ihnen aufgeräumt. Elendere, mutlosere Sieger hat es wohl selten gegeben.

Langle de Cary kann sich das offenbar nicht vorstellen. Er bebt vor Ungeduld. Schon bei Dunkelwerden arbeitet er an einer neuerlichen Offensive in großem Stil, um die »Bresche«, wie er das nennt, zu nutzen und auszuweiten.

Pétain handelt nicht anders. Auch er sieht sich unmittelbar vor dem großen Durchbruch. Die Falschmeldung ist immer noch nicht berichtigt. Er ist nach wie vor überzeugt, daß sein XIV. Korps auf der Höhe 201 steht und von dort vorstoßend den Erfolg nutzen kann. Erst spät in der Nacht erfährt er die Wahrheit. Daraufhin hat er ein Einsehen und bläst die Offensive ab, was er Castelnau am nächsten Morgen gegen 9 Uhr mitteilt.

Der allerdings bleibt bei seinem Befehl: »Die zweite Linie muß um jeden Preis genommen werden.«

28. September. Das Drama erreicht seinen Höhepunkt. Alle Hoffnungen ruhen auf dem VII. Korps, das gestern die »Tranchée des Tantes« erobert hat. Ihm fällt jetzt die ehrenvolle Aufgabe zu, die Bresche zu verbreitern und den Weg freizukämpfen, damit die ganze Armee mit dem begeisterten Schwung des frischen Sieges vordringen kann.

Um 16.30 Uhr tritt die 314. Brigade zum Angriff an. Geradewegs nach vorn ... Sie rennt durch die »Tranchée des Tantes«, stürzt hinaus, den Hang hinunter. Doch kaum ist sie 20, 30 Meter weit gekommen, schlägt ihr massives Sperrfeuer der deutschen schweren Artillerie entgegen. Der Schwung ist gebrochen, und als dann noch Gaswolken über das Gefechtsfeld ziehen und von überall her flankierende Maschinengewehre zu tacken beginnen, scheint kein Vorankommen mehr möglich.

Doch der Traum vom Durchbruch ist zu stark. Die Männer der 314. Brigade klammern sich an ihre Hoffnung. Sie dringen weiter vor, mehrere hundert Meter nach Norden gewinnen sie noch. Dann aber sind ihrer wirklich zu wenige. Die Überlebenden rennen oder kriechen zurück zur »Tranchée des Tantes«. Sie konnten es wahrhaftig nicht schaffen. Einmal mehr hat sich der Durchbruch als unmöglich erwiesen.

Nur die Generäle wollen das nicht wahrhaben. Sie halten am Glauben an ein Wunder fest.

Um 23 Uhr, als das Hauptquartier von General de Castelnau in dem kleinen Dorf Pierry schon zur Ruhe gegangen ist, läutet das Telephon. Major de Marmiès nimmt ab. Am anderen Ende der Leitung ist General de Langle de Cary, der sehr erregt ist und sofort mit Castelnau persönlich verbunden zu werden verlangt. Marmiès erklärt, der übermüdete General schlafe bereits, doch Langle läßt nicht locker: Man müsse ihn unbedingt wecken. Ein Ereignis von größter Bedeutung sei eingetreten, der Durchbruch an der »Tranchée des Tantes« erzielt. Es müsse jetzt unverzüglich alles getan werden, um die »Bresche« zu vergrößern.

Marmiès informiert den Chef des Stabes, Oberstleutnant Jacquard, und die beiden gehen zu Castelnau ins Zimmer. Der, noch schlaftrunken auf der Bettkante sitzend, läßt sofort bei Langle zurückrufen und billigt alles, was dieser schon angeordnet hat.

Dann meldet er sich selber bei Pétain, teilt ihm mit, »die Bresche ist geschlagen«, verlangt, es müsse jetzt alles getan werden, um sie zu vergrößern.

Die ganze Nacht spielen immer fieberhafter die Telephone. Auf der Stelle wird eine große Operation improvisiert. Der Grundgedanke ist einfach: Auf beiden Seiten der »Bresche« müssen die Truppen vordringen und rechts das Grabensystem »Lübeck« und den »Vandalengraben«, links den Hauptkampfgraben am Chevronwald aus der Flanke angreifen, während im Zentrum ein kraftvoller Frontalangriff erfolgt.

Einige besonnene Generalstäbler weisen darauf hin, daß keine frischen Truppen zur Verfügung stehen. Macht nichts. Man muß eben eine letzte große Anstrengung verlangen von den Verbänden, die seit drei Tagen ununterbrochen im Kampf stehen, von den unglücklichen Männern, die mit Schlamm bedeckt und bis auf die Haut durchnäßt sind, von den Bataillonen, die nur noch dem Namen nach existieren; manche haben nicht einen einzigen Offizier mehr.

Eine seltsame Fata Morgana ist das, der man da nachläuft, indem man eine nur aus Falschmeldungen entstandene »Bresche« nutzen will.

Die Männer, die im eiskalten Regen liegen, werden geweckt. Man muß diese Soldaten bewundern, die ohne allzu lautes Murren nach vorne marschieren und sich trotz ihrer Erschöpfung zu einem Nachtangriff einsetzen lassen, vor dem es jeden von ihnen graut.

Um 3 Uhr früh dringt das 402. Infanterieregiment über die »Tranchée des Tantes« vor. In der Dunkelheit, von peitschenden Regenschauern empfangen, kommen die Männer ungefähr 500 Meter weit.

Um 5 Uhr treten die nichtberittenen Teile des II. Kavalleriekorps und Kolonialtruppen an und dringen nach Nordosten vor, ohne auf nennenswerten Widerstand zu stoßen.

Als es hell wird, ist schon die dritte Welle, von Einheiten der 248. und 314. Brigade gebildet, unterwegs. Ihr schlägt heftiges Maschinengewehrfeuer entgegen, so daß sie liegenbleibt.

Angesichts dieser unkoordinierten Teilangriffe entschließt sich Einem zum Zurückschlagen. Seine Truppen haben ja weniger gelitten. Schon um 9 Uhr beginnt ein furioser Gegenangriff. Das überraschte 402. Regiment gerät fast vollständig in Gefangenschaft. Die anderen Verbände, die vorgestürmt sind, werden in völliger Auflösung auf ihre Ausgangsstellungen zurückgeworfen.

Der Angriff ist ein völliger Fehlschlag gewesen.

Man fragt sich, wie es möglich war, daß die Nachrichtenverbindungen so schlecht waren, doch das Unglaubliche geschieht: Die Führung macht sich weiterhin ein falsches Bild. Am gleichen Morgen des 29. September »erfährt« Castelnau beim Aufstehen, daß der Angriff Erfolg gehabt hat, daß bereits drei Divisionen durch die Bresche vorgestoßen sind und »die ganze feindliche Front wankt«.
Er ist begeistert, sieht den Sieg schon vor sich, rafft alle erreichbaren Truppen zusammen und schickt sie nach vorne. Die Verwirrung in den Laufgräben ist unbeschreiblich, alle Einheiten sind durcheinandergeraten. Den ganzen Tag lang bleibt es bei dieser Unordnung, so daß die letzte Offensive, der »siegreiche Durchbruch«, erst gegen Mitternacht überhaupt in Gang kommt.
Natürlich scheitert sie kläglich. Hunderte fallen noch in dieser Nacht.
Jetzt sind die Männer mit ihrer Kraft wirklich am Ende. Sie schwanken vor Müdigkeit und sind keiner Anstrengung mehr fähig. Da es bei den Deutschen ähnlich aussieht, erlischt die Schlacht am frühen Morgen von selbst.
Der Traum ist zu schön gewesen.

Von einer endgültigen Einstellung der Offensive ist keine Rede, denn der Starrsinn des französischen Oberkommandos ist so leicht nicht zu erschöpfen. Trotz aller Mißerfolge, trotz des ohne Ergebnis vergossenen Blutes bleibt die Parole: Durchbruch um jeden Preis.
Durchbruch, das bedeutet die Erstürmung der furchtbaren zweiten deutschen Verteidigungslinie, die man bei der Septemberoffensive nicht hat überwinden können. Da sie auf dem Gegenhang liegt, muß man eben alle verfügbaren Steilfeuergeschütze heranziehen. Die gigantischen 37-cm-Mörser und eine Vielzahl schwerer Minenwerfer werden es schon schaffen.
Wieder bricht das Inferno über die Deutschen herein. Wieder schöpfen die Infanteristen Hoffnung. Sie stürmen mit echter Begeisterung, als sie am 6. Oktober von ihren Offizieren ins Feuer geschickt werden. Um so größer ist die Enttäuschung, daß die feindlichen Stellungen durchaus nicht kampfunfähig geschossen sind.
Einem hat Anweisung gegeben, die Gräben während des Trommelfeuers noch systematischer zu entblößen und die Männer in den Unterständen und Stollen abwarten zu lassen. Sobald der Granathagel nachläßt, stürzen sich die Verteidiger an die Böschung der zerstörten Gräben, um die Angreifer in Empfang zu nehmen. Und die Deutschen sind jetzt stärker als im September: Statt 100 Bataillonen sind es 150: das 18. Reservekorps und Teile des 10., 12., 13. und 14. Armeekorps.
Dichter Morgennebel, der sich nur zögernd auflöst, begünstigt die Entwicklung des Angriffs, verhindert allerdings die Beobachtung aus der Luft.
Schon im ersten Anprall wird die 2. Armee, die um 5.20 Uhr angetreten ist, zum Stehen gebracht. Es gelingt ihr nur, das Dorf Tahure zu erstürmen.

Die 4. Armee stößt lediglich aus ihrem Zentrum vor, weil den Flügeln zu starke Stellungen gegenüberliegen. Ein marokkanisches Schützenregiment der 96. Brigade dringt in den »Vandalengraben« ein. Diesmal ist der Durchbruch wirklich geschafft. Die Marokkaner stoßen weiter vor, und es folgen ihnen auf dem Fuße Truppen aus allen möglichen Einheiten. Um 7 Uhr haben sie die Höhe 103 erobert und erreichen den Bahnhof von Somme-Py.
Endlich dürfen sie den Siegesrausch kosten. Dort hinten in der Ebene fliehen die Feinde in panischem Schrecken, werfen ihre Gewehre weg, besteigen eilig die Züge nach hinten. Die Angreifer schreien vor Glück.
Nicht lange allerdings, denn als sie sich umdrehen, sehen sie, daß sie mit ihren Zufallsgefährten allein sind. Melder rennen zurück, um sofortige Verstärkung anzufordern. Diesmal, so lautet ihre Freudenbotschaft, ist die Bresche wirklich geschlagen, jetzt kann man sie erweitern. Doch niemand hört auf sie. Sie bleiben, wohin sie gelangt sind, und sehen mit Schrecken dem ersten Gegenangriff entgegen.
Sie warten noch auf Befehle, da werden sie mit Artilleriefeuer eingedeckt. Wieder feuern die französischen Geschütze auf die eigenen weit vorgedrungenen Truppen. Die »Sieger« machen, daß sie wegkommen.
Am Abend des 6. Oktober muß Pétain einsehen, daß »die Lage eine Einstellung der Angriffe auf beiden Flügeln der Armee erforderlich macht«. Nur das XVI. und das XI. Korps sollen einen Vorsprung der gegnerischen Stellungen begradigen.
Der unermüdliche Langle de Cary stoppt die Angriffe ebenfalls, aber nur für den heutigen Tag.
Die Entmutigung nimmt den Dienstweg, von unten nach oben. Am späten Abend erreicht sie Castelnau, der die gesamte Operation beendet und das Fazit zieht: »Sie kann erst wiederaufgenommen werden nach einer neuerlichen Artillerievorbereitung, die vollständiger sein muß als am 4. und 5. Oktober. Dazu ist Zeit und viel Munition erforderlich, vor allem großkalibrige, um die erheblich verstärkte Artillerie vor der Front der 2. und 4. Armee niederzukämpfen.«
Joffre nimmt das zur Kenntnis. Die Munitionsversorgung ist katastrophal, und er muß uberdies widerstrebend ein Expeditionskorps für Saloniki zusammenstellen. Er weiß, daß seine Truppen abgekämpft sind, Einem wird immer stärker, und er kann nicht mehr mit dem Überraschungseffekt rechnen.
Das ist das Ende der Herbstoffensive in der Champagne. Viele tausend Tote für ein höchst bescheidenes Ergebnis.

Das gleiche gilt für die Offensive im Artois, die ja den Kameraden in der Champagne Entlastung bringen sollte.
Trotz dieser Ablenkungsfunktion sind die ganze französische 10. und britische 1. Armee im Einsatz. Auch hier hat Joffre große Maßstäbe angelegt, weil er auch von dieser

Offensive, ohne es laut zu sagen, den Durchbruch mit anschließendem Vorstoß auf Cambrai und Valenciennes erhofft hat.

Die Artillerie ist höchst eindrucksvoll: 600 Feldgeschütze und 300 schwere Geschütze bei den Engländern, 670 und 374 bei den Franzosen. Munition liegt in gewaltigen Mengen bereit: 1 200 Schuß je 7,5-cm-Geschütz, 620 je schweres Geschütz.

Damit kann man ein Trommelfeuer entfesseln, wie es an dieser Front noch nicht dagewesen ist.

Es ist erstaunlich, wie in diesem Kriege die gleichen Illusionen immer wieder nachwachsen. Kaum sind sie von den Tatsachen widerlegt, sind sie in alter Frische wieder da.

Auch hier verkündet die französische Führung den Truppen im September 1915: »Es wird alles vor Euch zermalmt. Ihr braucht nur noch mit umgehängtem Gewehr über die zerstörten feindlichen Stellungen vorzurücken.« Und wieder haben die Soldaten dieses Versprechen für bare Münze genommen, bis die Wirklichkeit ihnen das Gesetz der Materialschlacht von neuem demonstriert hat: Selbst wenn es der Artillerie gelingt, die feindlichen Gräben zu vernichten, bleiben immer noch Verteidiger am Leben. Menschen halten das Trommelfeuer besser aus als Stein oder Beton.

»Die Artillerie erobert, die Infanterie besetzt«, lautet schon bald die Parole der Generäle. Selten hat sich eine so verbreitete Ansicht als so falsch erwiesen.

Die Engländer verlassen ihre Gräben als erste, am 25. September um 6.30 Uhr im grauen Morgenlicht eines trüben Herbsttages. Über den Stellungen vor ihnen liegt eine dichte Giftgaswolke.

In einem einzigen, großartigen Schwung überwinden sie zwei Gräben zwischen La Bassée und Lens, erobern Loos, dann die Höhe 70, den Bergarbeitervorort Saint-Augustin von Lens, erreichen Hulluch. Sie haben das Gefühl, durch zu sein. 1400 Gefangene haben sie gemacht, 13 Geschütze erbeutet. Die Spitze fordert dringend den Einsatz der drei Divisionen, die als Reserve bereitstehen. Doch French weiß die Gunst der Stunde nicht zu nutzen. Er zögert, überlegt hin und her, schickt die Verstärkung schließlich gegen 13.30 Uhr, als es schon zu spät ist. Die Deutschen haben sich gefangen. Dieses Zaudern kostet French bald darauf sein Kommando; er wird durch Douglas Haig ersetzt. Tatsächlich kommen die Engländer bei dieser Offensive so gut wie nirgends weiter als am ersten Tag.

Um 13.25 Uhr greift auch die französische 10. Armee an. Ihr Führer, General d'Urbal, hat ihr das gleiche Ziel gesteckt wie bei den vorhergehenden Offensiven: den Höhenrücken vor Vimy. Foch verlangt, er solle in einem einzigen Elan erstürmt werden. Schließlich kann nach der Artillerievorbereitung, die seit dem 20. September tobt, von den Verteidigern nichts mehr übrig sein.

In den ersten Stunden haben die französischen Infanteristen tatsächlich den Eindruck, sie könnten das lang ersehnte Wunder vollbringen. Trotz des kalten Dauerregens, der

das Schlachtfeld in eine einzige Schlammwüste verwandelt hat, greifen sie schwungvoll an und dringen auf 7 Kilometer Frontbreite in die vorderen Linien des Gegners ein. Einige Verbände erreichen die Straße von Angres nach Souchez, andere stoßen an Neuville-Saint-Vaast vorbei nach Osten vor. Im Zentrum erreicht das von Fayolle geführte XXXIII. Korps das Dorf Souchez, und zwar hinter dem ersten rollenden Sperrfeuer, der ersten »Feuerwalze« der Geschichte. Die Jäger schicken eine Brieftaube an das Korpskommando: »Stehen am Souchezfluß. Schwere Verluste, aber großartige Stimmung. Es lebe Frankreich!«
Am Abend des 25. September strahlt d'Urbal vor Optimismus. Seine Soldaten haben sich als außerordentlich zähe, mutige Kämpfer erwiesen.
Obwohl sie tropfnaß sind und in der Nacht keinen Schlaf gefunden haben, dringen sie am Tag darauf weiter vor. Nur ist der Gegner jetzt gewarnt. Falkenhayn hat die beiden Armeekorps, die er Hindenburg und Ludendorff so mühsam abgerungen hat, in Stellung gebracht. Bei den unglaublich heftigen Kämpfen, die jetzt entbrennen, gelingt dem XXXIII. Korps zwar noch die vollständige Einnahme von Souchez, aber weiter schaffen es die ermatteten Männer nicht.
Wie in der Champagne erregt am Abend dieses zweiten Tages der Offensive eine Falschmeldung bei den Stäben große Begeisterung. Gegen 19 Uhr teilt der Kommandeur des XII. Korps d'Urbal am Telephon mit, seine Männer hätten Les Tilleuls und den »Telegraphenhügel« erstürmt. Weit und breit sei kein Einschlag mehr zu sehen, kein Schuß zu hören. Offenbar habe der Feind die Flucht ergriffen.
Ist das endlich der Durchbruch? D'Urbal schickt sofort eine Brigade nordafrikanischer Spahis an den betreffenden Abschnitt, doch sie muß feststellen, daß der »Telegraphenhügel« fest in deutscher Hand ist.
Am 27. September will es nicht wirklich hell werden. Dichter Nebel liegt über dem Geschehen. Auch die Stimmung ist von Begeisterung in Melancholie umgeschlagen.
»Als der Tag gekommen war«, berichtet der Soldat Louis Barthas, »erblickten wir mit Schrecken vor und hinter dem eroberten Graben Hunderte von französischen Gefallenen: Ganze Reihen von Soldaten der Schützenregimenter lagen niedergestreckt nebeneinander. Das war der Preis für diesen Geländegewinn von 400 oder 500 Metern. Ungefähr ein Menschenleben für jeden Quadratmeter.«
Am 28. fällt die Anhöhe bei Givenchy. Das ist der letzte Erfolg, die letzte große Anstrengung gewesen, bevor die Offensive abklingt.
Die Soldaten richten sich, so gut es geht, in den eroberten Stellungen ein. Sie wissen jetzt, daß alle die schönen Träume, die man ihnen vor Augen gehalten hat, zerstoben sind.
Bei den Franzosen und den Engländern, aber auch bei den Deutschen herrscht tiefe Verbitterung. Allen ist klar, daß sie einen zweiten Kriegswinter hier draußen in den gräßlichen Massengräbern verbringen werden, die ihnen allein Schutz gewähren.

Das Wort ist nicht zu stark. Augenzeuge Louis Barthas schreibt: »Mit dem Regen begann die Erde abzurutschen, und es kamen zahlreiche französische Leichen am Grabenrand zum Vorschein. Unsere Stellung war am 25. September erobert worden, und danach hatte man die Gefallenen neben den Graben hinausgeworfen und mit etwas Erde abgedeckt. Es passierte einem nicht selten, daß man im Vorbeigehen an eine Hand oder einen Fuß stieß, die jetzt aus der Wand des Grabens herausragten; man war aber so abgestumpft, daß man darauf nicht mehr gab als auf eine Baumwurzel, an der man sich verhakte.«

Jetzt kann man Bilanz ziehen.

Natürlich sind die französischen und englischen Heeresberichte ein einziges Triumphgeschrei. Sie berichten von bemerkenswerten Erfolgen im Artois und von einem Vormarsch von 4 oder gar 5 Kilometern auf 20 Kilometer Frontbreite in der Champagne. Stolz werden die Trophäen aufgezählt: 25 000 Gefangene, darunter 300 Offiziere, 150 Geschütze und »Ausrüstung in bisher nicht zu überschauenden Mengen«. Da ist von Siegen die Rede, doch bei aller Emphase läßt sich nicht länger verheimlichen, daß die eigentliche Absicht nicht verwirklicht werden konnte. Denn erzielt werden sollte ja der Durchbruch und damit die Wiederaufnahme der freien Feldschlacht und die Befreiung des vaterländischen Bodens.

Um dieses minimale Ergebnis zu erzielen, haben allein die Franzosen 4 295 000 Granaten des Kalibers 7,5 cm, 229 100 des Kalibers 9 cm und 870 000 schwere Granaten verschossen.

Haben die Alliierten denn jedenfalls, wie Joffre es nach wie vor verkündet, den Gegner *grignoté*, »angeknabbert«?

Erbarmungslos widerlegen die Zahlen diese Behauptung.

Die Engländer haben 3883 Offiziere verloren, davon 1113 Gefallene, und 94 260 Mann, davon 14 687 Gefallene.

Die Franzosen haben 4993 Offiziere verloren, davon 1298 Gefallene, und 194 797 Mann, davon 29 088 Gefallene.

Damit sind insgesamt 297 933 Soldaten kampfunfähig, und 46 186 von ihnen sind tot.

Die deutschen Verluste belaufen sich auf 141 000 Soldaten, davon 30 300 Gefallene.

Wieder einmal beweist diese Arithmetik des Schreckens, daß der Angreifer der »Angeknabberte« ist.

In der Abgeschiedenheit seines Arbeitszimmers in Chantilly beschäftigt sich Joffre mit diesen Zahlen und den Berichten seiner Generäle. Sorgfältig zieht er seine Schlüsse.

So wie sich die Dinge ihm darstellen, scheint es unmöglich, zwei Verteidigungslinien in einem Anlauf zu überwinden. Man muß also anders vorgehen: Erst die vordere Linie nehmen und sofort auf die zweite mit der geballten Feuerkraft der Artillerie eintrommeln, um sie anschließend zu erobern. Um mit großer Sicherheit den Durchbruch zu

erzielen, wiederholt man dieses Verfahren so oft, bis die letzte Linie des Gegners gefallen ist.
In dieser Schlichtheit wirkt die Beschreibung der zukünftigen Angriffe wie eine Karikatur. Doch genau dies ist die Ansicht der meisten maßgebenden Generäle in diesem Herbst des Jahres 1915.
Joffre bleibt gelassen. Gewiß, diesmal ist er noch gescheitert, doch er ist fest davon überzeugt, daß es beim nächstenmal gelingen wird.
»Wir müssen die Überzeugung unbedingt hochhalten«, schreibt er, »daß wir bei reichlicherer Munitionsversorgung, besserer Materialorganisation und noch größer angelegten Angriffen die deutschen Linien aufbrechen werden, in die wir bei unserer letzten Operation schon so stark eingedrungen sind.«
Welch eine Verblendung! In Wahrheit ist beim derzeitigen Stand der Kriegstechnik die Defensive der Offensive eindeutig überlegen. Die immer stärker befestigten Fronten lassen sich nicht mehr grundlegend verändern. Im Grunde ist das eine Binsenweisheit.
Sie hat sich seit Kriegsbeginn überall bestätigt: Auf den Höhen von Morhange schon, dann im Schlamm Flanderns, in der Champagne, an den Dardanellen.
Eben erst hat es sich wieder am Hartmannsweilerkopf gezeigt, wo während der ganzen Monate September und Oktober verzweifelt gekämpft worden ist, ohne daß sich irgend etwas geändert hätte.
Und gerade erweist es sich in Italien, wo vom 18. Oktober bis 4. November die dritte Isonzoschlacht tobt. Wieder sind die Italiener mit selbstloser Tapferkeit gegen die befestigten Stellungen der Österreicher angerannt. Überall sind sie nach ersten Überraschungserfolgen auf ihre Ausgangsstellungen zurückgeworfen worden.
Der Herbst geht zu Ende. Verbitterung und Entmutigung herrschen an der Front. Doch schon erwacht fern im Osten ein lange vergessener Kriegsschauplatz wieder zum Leben.

XIII. Kapitel Winter 1915/16. Serbien liegt in den letzten Zügen, die Türkei triumphiert an den Dardanellen und Falkenhayn bereitet bei Verdun die größte Schlacht aller Zeiten vor, die ihm endlich den Sieg bringen soll

Der Krieg kehrt dahin zurück, wo er begonnen hat: auf den Balkan. Die Serben können der gemeinsamen Offensive von Deutschen und Österreichern nicht widerstehen, zu spät greift von Saloniki aus die alliierte »Orientarmee« ein. Die beeindruckten Bulgaren schließen sich den Mittelmächten an, um von ihrem Sieg zu profitieren. Gallipoli muß geräumt werden.

In seinen Kummer versunken, muß der greise König den Todeskampf seines Volkes mit ansehen. Rückzug, Flucht, Unglück, Katastrophe, Auflösung, Zusammenbruch – kein Wort ist stark genug, um das Schauspiel zu beschreiben, das sich seinen Augen darbietet. Unter rieselndem Eisregen ziehen die Reste der Armee vorbei: Hohlwangige Männer, von denen viele ihr Gewehr weggeworfen haben und mit abwesendem Blick durch den Matsch stolpern, so erschöpft, daß sie zu Auflehnung oder Verzweiflungsausbrüchen gar nicht mehr fähig sind. Die Einheiten sind unentwirrbar durcheinandergeraten, und die Offiziere können sich längst kein Gehör mehr verschaffen. Manchmal verschwinden die dünnen Kolonnen, als seien sie von der Masse der Zivilbevölkerung verschluckt worden. Denn hier flieht nicht nur eine Armee, hier flieht ein ganzes Land vor dem Erbfeind, den verfluchten Österreichern, die ihnen auf den Fersen sind, von den Deutschen und Bulgaren unterstützt.

Peter I. von Serbien zieht mit der Menge, straff aufgerichtet auf dem Sitz seines Karrens, der von vier großen, mageren Ochsen über die holprige Straße gezogen wird. Er hat seinen Soldaten versprochen, bei ihnen zu bleiben, und er hält sein Wort. Die Regenböen klatschen dem Einundsiebzigjährigen ins Gesicht, dicke Tropfen sitzen an den Enden seines langen weißen Schnurrbarts.

Ein trauriges Ende für eine so glorreiche Regierungszeit!

Als junger Mann war er nicht für den Thron bestimmt gewesen. Er lebte in Frankreich im Exil, war so sehr Franzose geworden, daß er die Offiziersschule von Saint-Cyr besucht, als »Oberleutnant Kara« 1870 unter dem Befehl von Bourbaki mitgekämpft und das Kreuz der Ehrenlegion für seine Tapferkeit vor dem Feind im Gefecht von Villersexel bekommen hatte. Als er in Gefangenschaft geraten war, hatte er sich mitten

Der Krieg fordert immer mehr Opfer. – *49* Rekrutenwerbung an einem Geschäftshaus in London. – *50* Georges Clemenceau, der »Tiger«, treibt die Franzosen zu immer größeren Anstrengungen (unten links). – *51* Admiral Tirpitz tritt zurück, weil er mit seinen Vorstellungen von einem offensiven Einsatz der Flotte nicht durchdringt (unten rechts).

52 Wenig Wirkung zeigen die Bombenangriffe der Luftschiffe auf Städte, auch wenn es hier einen Treffer im Boulevard de Belleville in Paris zu bestaunen gibt. – *53* Durch ihre Langsamkeit und ihre gefährliche Füllung waren die Zeppeline extrem verwundbar. Hier das Wrack des bei Saloniki niedergegangenen LZ 85.

im Winter durch die Loire schwimmend davongemacht, war sofort wieder zur Truppe gestoßen und verwundet worden.
Vielleicht wäre er französischer Offizier geblieben, wenn die jungen Offiziere in Belgrad ihm nicht den Thron angeboten hätten, nachdem sie den tyrannischen Alexander Obrenowitsch ermordet hatten. Warum wollten sie gerade ihn haben? Weil er der Nachfahre eines legendären Helden, des »schwarzen Georg« Karadjordje war, der 1804 die Türken vertrieben und den Janitscharen das Haupt vor die Füße gelegt hatte.
Bald nach seiner Ankunft in Serbien hatte Peter I. die Liebe seines so schwer zu lenkenden Volkes erworben. Als Rußlandfreund hatte er sich zum Vorkämpfer des Panslawismus gegen den zunehmenden Einfluß der westlichen Welt gemacht. Er hatte Österreich herausgefordert, bei seinen Landsleuten die Hoffnung auf ein großserbisches Reich geweckt, aus dem Nichts eine starke Armee geschaffen und mit den berühmten französischen 7,5-cm-Feldgeschützen ausgerüstet.
Diese junge Armee hatte sich sogleich ihre ersten Lorbeeren geholt. Erst gegen die Türkei, dann gegen Bulgarien. Das war die Zeit der Balkankriege gewesen. Im Sommer 1914 aber hatten seine Soldaten sogar gegen die übermächtigen Österreicher bestanden. In der ganzen Welt sprach man seither von den Serben als hervorragenden Soldaten, von ihrem Mut, ihrer Standhaftigkeit und Anspruchslosigkeit.
Und diese vielgepriesene Armee ist jetzt im November 1915 nur noch ein Haufen von Flüchtlingen, eine verstörte Horde, die mühsam durch das unwirtliche Albanien dem Meer zustrebt.
Der langsame Trott seiner Ochsen gibt dem alten Herrscher auf diesem bedrückenden Weg reichlich Gelegenheit, die Ereignisse noch einmal an sich vorüberziehen zu lassen, die zum Zusammenbruch seines Staates geführt haben. Daß es so weit kommen konnte, liegt an der diplomatischen Katastrophe, die der militärischen Niederlage vorausgegangen ist. Und die wiederum ist die Folge der Unfähigkeit, Gedankenlosigkeit und Machtgier der Großmächte gewesen.
Nach den Balkankriegen durfte Serbien stolz darauf sein, stark und sicher dazustehen. Es war mit Rußland, also auch mit Frankreich verbündet. Es unterhielt beste Beziehungen mit England. Es konnte auf die aktive Unterstützung Rumäniens zählen und hatte am 1. Juni 1913 mit Griechenland einen Beistandsvertrag geschlossen, in dem sich die Griechen zur Entsendung einer Armee von 150000 Mann verpflichteten, falls Serbien von Bulgarien angegriffen würde.
Die Siege des Jahres 1914 hatten die Lage jedenfalls auf den ersten Blick noch günstiger gestaltet. Daß dieses kleine Serbien Österreichs starke Armee gleich zweimal aus dem Lande geworfen hatte, gab ihm im Kreise der Nationen ein ungeheures Prestige. Seither waren die Österreicher an der serbischen Grenze Gewehr bei Fuß stehengeblieben – und die Alliierten hatten Serbien vergessen. So sehr vergessen, daß ihre Militärhilfe sich im ersten Kriegsjahr auf zwei Dutzend Kanonen und ein paar uralte Flugzeuge be-

schränkte. Die serbische Armee war rasch zusammengeschmolzen; schon Ende 1914 war sie nach einer Typhusepidemie nur noch 100000 Mann stark. Lediglich durch massive Aushebungen war sie im Sommer 1915 wieder auf knapp 200000 Mann gebracht worden.

Das war wenig, um einem großangelegten Angriff entgegenzutreten, doch die Serben machten sich keine Sorgen. Sie waren überzeugt, im Bedarfsfalle auf die Hilfe der Alliierten und auf das griechische Truppenkontingent rechnen zu können.

Doch leider waren sich die Alliierten durchaus nicht darüber einig, in welcher Form man gegebenenfalls eingreifen sollte.

Etliche Politiker und Generäle waren sich darüber klargeworden, daß die Situation an der französischen Front hoffnungslos verfahren war. Joffres Vorgehen erschien ihnen geradezu selbstmörderisch. Warum ließ man Zehntausende immer wieder gegen uneinnehmbare Stellungen anrennen? Eine andere Front mußte her.

Eine andere Front – aber wo?

Winston Churchill hatte sich ja früh auf die Dardanellen festgelegt und erklärt, sobald Konstantinopel gefallen sei, werde die Türkei zusammenbrechen.

Kitchener dagegen war nur auf die Sicherheit Ägyptens bedacht, wo er seine triumphalsten Siege errungen hatte. Er wollte in Alexandrette landen und durch einen kühnen Vorstoß die Bagdadbahn abschneiden.

Lloyd George, mindestens so temperamentvoll wie Churchill, schlug vor, eine ernstzunehmende Armee nach Saloniki zu schaffen und von dort aus die Österreicher an der Südostflanke zu packen. Eine solche Operation werde alle Gefahr von Serbien abwenden und Griechenland, Rumänien, wahrscheinlich sogar Bulgarien zum Kriegseintritt auf der Seite der Entente veranlassen. Die Mittelmächte würden von der Türkei abgeschnitten, die Einkreisung Rußlands aufgehoben. Dann sei der Krieg schon halb gewonnen. Natürlich müßte eine solche Operation mit starken Kräften durchgeführt werden. Lloyd George war nicht für halbe Sachen, sondern schlug vor, die gesamte Armee French aus Frankreich nach Griechenland zu schaffen. Er verkündete: »Daß Wellington nach Spanien geschickt wurde, geschah nicht, weil Castlereagh die Spanier lieber gewesen wären als die Preußen, sondern weil die Verantwortlichen in London einsichtig genug waren, zu erkennen, daß die Iberische Halbinsel die Flanke war, von der aus die englischen Truppen der Macht ihres großen Feindes am gefährlichsten werden konnten.«

Mit diesen Bemühungen stand Lloyd George nicht allein. In Frankreich warb Aristide Briand, Justizminister in der Regierung Viviani, um Verständnis für das Saloniki-Unternehmen. Er sprach auch Joffre darauf an, der ihn allerdings schroff abfertigte. Der Generalissimus war mehr denn je überzeugt, der Krieg müsse *in Frankreich* durch einen siegreichen Durchbruch gewonnen werden, und jede Operation auf anderen Schauplätzen könne den großen Augenblick nur hinauszögern.

Die meisten Generäle waren mit ihm einer Meinung. Franchet d'Esperey war einer der ganz wenigen, die sich gegen die offizielle Doktrin aufzulehnen wagten. Schon Ende Dezember 1914 hatte er einen seiner Stabsoffiziere namens Lardemelle zu Viviani geschickt, um ihm eine Landung in Saloniki vorzuschlagen, und zwar als massive Operation mit mindestens 120000 Mann. Die Griechen würden sich anschließen, die Rumänen mit einiger Wahrscheinlichkeit, und die Bulgaren wären zumindest eingeschüchtert. So würden es die Österreicher an ihrer verwundbarsten Stelle mit 330000, vielleicht sogar 500000 Mann zu tun bekommen und der Übermacht erliegen.
Als Joffre dieser »Lardemelle-Plan« zu Ohren gekommen war, hatte er mit äußerstem Nachdruck protestiert und erklärt, die Herren Generäle sollten sich lieber um ihren Frontabschnitt kümmern, anstatt sich Traumexpeditionen auszudenken. Außerdem sei es doch wohl sinnlos, ein aufwendiges Unternehmen in weiter Ferne zu veranstalten, wenn schon im Mai die in Vorbereitung befindliche Großoffensive die deutschen Linien zerbrechen, zum Bewegungskrieg und zum Friedensschluß führen werde?
Doch Joffre mochte sich noch so große Mühe geben: Die Idee lag in der Luft und fand immer mehr Anhänger. Schon im Februar 1915 mußte er erkennen, daß es ohne Abstellung von Truppen für ein »Ablenkungsmanöver« in Saloniki nicht abgehen würde. Er schlug sogar selber vor, das Kommando Gallieni zu übertragen, womit er ihn auf denkbar elegante Weise losgeworden wäre.
Das Vorhaben nahm langsam Formen an, doch dann waren die anfänglich ganz einverstandenen Engländer plötzlich nicht mehr dafür. Inzwischen hatte Churchill ja sein Dardanellenunternehmen durchgesetzt. So verschwand die Operation Saloniki eine Zeitlang in der Schublade. Zwar blieb Serbien allein, doch wen scherte Serbien?
Kaum war die Entscheidung für die Dardanellenoperation gefallen, hatten die von den dafür vorgesehenen Streitkräften beeindruckten Griechen ihre Dienste angeboten. Am 1. März 1915 hatten sie mitgeteilt, sie seien bereit, sich mit ihrer gesamten Flotte zu beteiligen und drei bis fünf ihrer besten Divisionen auf Gallipoli an Land gehen zu lassen.
Churchill hatte sich in die Brust geworfen. Der erste Anstoß war gegeben. Jetzt mußte man den Plan nur noch kraftvoll durchführen, schon würde sich der ganze Balkan hinter das Banner Englands scharen. Heute die Griechen, morgen die Rumänen, übermorgen die Bulgaren ... Das war der Weg zum Sieg.
Schon am 2. März allerdings war die kalte Dusche gekommen. Die Russen wollten von den Griechen nichts wissen. Außenminister Sasonow schrieb: »Wir können unter gar keinen Umständen die Beteiligung griechischer Truppen am Einmarsch der alliierten Armeen in Konstantinopel hinnehmen.«
Buchanan, der britische Botschafter, hatte in St. Petersburg für mehr Einsicht sorgen sollen mit der naheliegenden Argumentation: »Warum machen Sie denn einen solchen Wirbel? Daß Sie König Konstantin nicht in Konstantinopel einziehen lassen wollen,

müssen Sie doch nicht laut hinausposaunen! Lassen Sie die Griechen erst einmal an den Dardanellen kämpfen. Später können wir immer noch weitersehen.«

Doch Sasonow war zu keinem Entgegenkommen bereit gewesen und hatte seinen Standpunkt am 3. März sogar noch präzisiert: »Die russische Regierung kann ihre Zustimmung zu einer Beteiligung Griechenlands an der Dardanellenoffensive nicht geben, weil das mit Sicherheit zu Komplikationen führen würde.«

Warum diese schroffe Ablehnung?

Weil die Russen, sobald von Konstantinopel die Rede war, rot sahen. Von jeher waren sie auf den Bosporus erpicht, und von jeher waren sie auf den Widerstand Europas, vor allem Englands gestoßen. Jetzt sahen sie sich endlich ihrem Ziel nahe. Zum erstenmal ließ England erkennen, daß es sich dem russischen Zugriff auf Konstantinopel nicht länger widersetzen würde. Sofort hatten die Russen nachgefaßt und nicht nur Konstantinopel, sondern auch das Westufer des Bosporus, des Marmarameers und der Dardanellen für sich in Anspruch genommen, dazu Thrakien, jedenfalls bis zur Linie Enos–Midia, die Inseln Imbros, Tenedos und einen Teil der kleinasiatischen Küste.

Diese überzogenen Wünsche mußten, wenn erst einmal die Friedensverhandlungen begonnen hatten, auf den erbitterten Widerstand Griechenlands stoßen. Schließlich wohnten 300000 Griechen in Konstantinopel.

London hätte protestieren und seinen russischen Verbündeten darauf hinweisen können, daß er im Augenblick durchaus nicht in einer Lage sei, die ihm nachdrückliche Forderungen gestatten würde; die russischen Armeen waren überall auf dem Rückzug, es fehlte ihnen an Waffen und Munition, die wegen der Blockade auch nicht geliefert werden konnten. Doch London hatte es vorgezogen, zu schweigen und Griechenland fallenzulassen.

Konstantin I. hatte das tief gekränkt. Die britischen und französischen Historiker sind mit diesem Monarchen hart ins Gericht gegangen. Königin Sophie, der Schwester Wilhelms II., werfen sie vor, sie habe ihren Mann ins Lager der Mittelmächte gedrängt, und Konstantin stellen sie als einen verschlagenen, zu jedem Verrat bereiten Mann hin. Dabei lassen sie außer acht, daß er bereit war, sich den Alliierten anzuschließen, und von den Russen abgewiesen worden war, ohne daß Engländer oder Franzosen ihn in Schutz genommen hätten.

Jedenfalls überstürzten sich jetzt die Ereignisse. Schon am 6. März hatte Konstantin seinen Premierminister Venizelos, den er für allzu ententefreundlich hielt, zum Rücktritt veranlaßt. In den Tagen darauf hatte er, als schlüge ihm das Gewissen, den Ententemächten seine Dienste noch einmal angeboten, doch die Russen hatten ihm wieder die kalte Schulter gezeigt.

Außerdem waren den Alliierten zu dieser Zeit Griechenland und Serbien vollkommen gleichgültig. Sie waren nur darauf bedacht, Bulgarien auf ihre Seite zu ziehen.

Über keinen Herrscher dieser Zeit, nicht einmal über Konstantin, ist so vernichtend

geurteilt worden wie über Ferdinand I. von Bulgarien. Alle, die Gelegenheit hatten, ihn kennenzulernen, haben von seiner Klugheit, aber auch von seiner Hinterhältigkeit gesprochen, von seiner raschen Auffassungsgabe, aber auch von seinem ausweichenden Blick. An alledem mag etwas gewesen sein, doch im Jahre 1914 war er vor allem ein auf den Boden der Wirklichkeit unsanft zurückgeholter Traumtänzer.
Er hatte sich »Zar von Bulgarien« genannt, hatte davon geträumt, über ein großes Balkanreich zu herrschen, Konstantinopel zu vereinnahmen, ganz Makedonien, die Dobrudscha ... Zu diesem Zweck hatte er sich für den Balkanbund starkgemacht, im Kriege gegen die Türkei wäre er beinahe schon in Konstantinopel eingezogen – und jetzt waren alle seine Hoffnungen dahin, im zweiten Balkankrieg war er geschlagen worden und hatte Gebiete an Serbien, Griechenland und Rumänien abtreten müssen.
Seither sann er verbittert auf Rache. Doch da er überzeugt war, daß die Zeit für ihn arbeitete, wartete er auf seine Stunde.
Er wußte, welche Bedeutung Bulgarien auf dem europäischen Schachbrett hatte. Er wußte, daß alle kriegführenden Länder ihn zum Bundesgenossen haben wollten und bereit waren, sich das etwas kosten zu lassen.
Vorerst einmal ließ er sich den Hof machen, ohne seine Absichten preiszugeben.
Höchst entgegenkommend empfing er die englischen und französischen Abgesandten, wenn auch nur, um zu sehen, wie weit sie gehen würden, denn an ihre Aufrichtigkeit glaubte er ohnehin nicht. Tatsächlich hätten die Alliierten ihm ja die Zusage geben müssen, daß er die 1913 verlorenen, an Griechenland, Rumänien und vor allem Serbien abgetretenen Gebiete zurückbekommen werde. Undenkbar, daß Serbien, der treueste Verbündete der Entente, auf deren Druck etwas herzugeben haben sollte.
Im April 1915 begannen die Verhandlungen, und Ferdinand verlangte ständig mehr. Die Russen begingen gleich zu Beginn die Ungeschicklichkeit, ihre Forderungen auf Neutralität der Bulgaren mit Drohungen zu unterstreichen. Doch Ferdinand nahm daran offenbar keinen Anstoß, er protestierte jedenfalls nicht. Er wartete ab.
Unter der Hand war er schon mit den Deutschen und Österreichern im Gespräch, die ihm alle 1913 verlorenen Gebiete in Aussicht stellten, dazu eine Beistandsgarantie gegen einen eventuellen Angriff der Rumänen sowie eine erhebliche Finanzhilfe. Das war schon sehr verlockend, aber Ferdinand wartete auf ein noch besseres Angebot von den Engländern, das auch prompt kam. England offerierte Thrakien bis zur Linie Enos–Midia, den östlich des Wardar gelegenen Teil von Makedonien und natürlich auch eine kräftige Geldspritze.
Jetzt waren die Mittelmächte wieder an der Reihe. Schon am 23. Mai versprachen sie, falls Bulgarien in einen Krieg mit den anderen Balkanstaaten gezogen werden sollte, würde es das serbische Makedonien sowie die von Griechenland und Rumänien annektierten Gebiete bekommen.
Bereits zwei Tage später legte Delcassé Monastir und Kavalla dazu. Doch damit war der

französische Außenminister zu weit gegangen. Am 31. Mai erhob Griechenland feierlichen Protest. In Athen gingen Tausende von Demokraten mit dem Ruf »Es lebe Deutschland!« auf die Straße. Die Serben waren wie vor den Kopf geschlagen, und König Peter I. wies nachdrücklich darauf hin, daß er das kleine Stück Makedonien, das er 1913 annektiert hatte, auf gar keinen Fall hergeben werde.
Da war nichts mehr zu machen. Und Ferdinand wartete immer noch ab, doch er beobachtete, und was er sah, brachte ihn langsam aber sicher dem Lager der Mittelmächte immer näher. Er sah, daß die geschlagenen Russen tief in ihr Land zurückgedrängt wurden, daß die Franzosen nicht in der Lage waren, den Feind aus ihren Land zu werfen, daß die Engländer an den Dardanellen nicht weiterkamen und eben in der Suwlabucht besiegt worden waren. Mit jedem Tag wurde ihm klarer, daß Deutschland und Österreich auf dem besten Wege waren, den Krieg zu gewinnen.
Schon im Juli hatte er Berlin wissen lassen, daß er zu Verhandlungen über die Bedingungen eines Bündnisses bereit sei, und so traf in Sofia eine vom Fürsten zu Hohenlohe-Langenburg geleitete Delegation ein. Es begannen intensive Verhandlungen.
Am 6. September unterzeichnete Ferdinand im deutschen Hauptquartier in Pleß einen Freundschafts- und Bündnisvertrag und erklärte sich bereit, sein Heer dem Befehl Mackensens zu unterstellen. Der Vertrag war geheim, doch die Alliierten merkten bald, woher der Wind wehte. Poincaré versuchte zu retten, was noch zu retten war, indem er den Herzog von Guise, Ferdinands Neffen, nach Sofia schickte, doch Ferdinand hörte dessen Vortrag über Frankreichs gute Absichten zwar an, sagte dann aber zu ihm: »Jetzt, da du deinen Auftrag ausgeführt hast, sei wieder mein Neffe.«
Die Ereignisse überstürzten sich. Schon am 22. September trat die Türkei dem neuen Bündnis bei und legte die Eisenbahnlinie nach Dedeagatsch als Angebinde dazu. Am 25. September wurde die bulgarische Generalmobilmachung amtlich bekanntgegeben.
Falkenhayn triumphierte. Das Bündnis mit Bulgarien war für ihn so viel wert wie ein großer Sieg. Endlich würde er die Lage wenden können, ohne allzu viele Kräfte von den Hauptkriegsschauplätzen abziehen zu müssen.
Denn längst war ein neuer Erfolg notwendig. Gewiß, er hatte in Rußland überwältigende Siege errungen, doch viel weiter konnte er nicht vordringen, wenn er sich nicht in den gefürchteten Weiten des Zarenreiches verlieren wollte. In Frankreich lagen seine Truppen ebenso fest wie die der Alliierten. Er brauchte neue Siege auf einem neuen Schlachtfeld, und dafür kam Serbien höchst gelegen.
Man mußte nur vermeiden, daß Konstantin seine Beistandsverpflichtung gegenüber den Serben einhielt. Die Griechen sollten ihnen ja eine Armee zu Hilfe senden, falls sie von den Bulgaren angegriffen wurden. Doch dieser Vertrag galt nur für den Fall eines Krieges zwischen Balkanstaaten. Wenn die Großmächte eingriffen, waren die Griechen nicht verpflichtet, ihr Versprechen einzulösen.

Im Einverständnis mit Ferdinand beschloß Falkenhayn deshalb, daß Österreicher und Deutsche als erste angreifen und die Bulgaren erst zwei Tage später losschlagen sollten.
So standen die Serben allein da. Allein gegen eine übermächtige Koalition. Trotz aller Tapferkeit mußten sie zermalmt werden. Dann würde eine durchgehende Staatenfront von Berlin bis Konstantinopel Rußland endgültig isolieren und zum Aufgeben zwingen.
Daß es so weit gekommen war, lag ebenso sehr an der Verblendung und dem unangebrachten Hochmut Rußlands wie an dem Mangel an Entschiedenheit und Konsequenz der französischen und englischen Diplomatie.
Würden statt der Russen jetzt zumindest Franzosen, Engländer und Italiener ihrem kleinen Bundesgenossen helfen können? Nicht einmal das.
Dafür hätten der Lardemelle-Plan ernst genommen werden, Lloyd George und Briand Gehör finden müssen. Dann stünden jetzt starke Truppenverbände in Saloniki zum Vormarsch gegen die Angreifer bereit. Doch nichts dergleichen ist geschehen.
Bevor von dem neuen Kriegsschauplatz und dem Saloniki-Unternehmen die Rede ist, muß allerdings erst die Affäre Sarrail dargestellt werden.
Kein General hat so entschiedene Gegner gehabt. Man hat von ihm gesagt, er lebe wie ein Satrap in aufwendigem Luxus, handle nur nach eigenem Gutdünken, behandle seine Untergebenen wie Dreck, schere sich weder um das Wohlergehen noch um das Schicksal seiner Leute, ja, Menschenleben seien etwas, das für ihn nicht zähle. Man hat behauptet, er interessiere sich mehr für politische Intrigen als für den Krieg ... Besonders gut Informierte haben ihm hinter vorgehaltener Hand nachgesagt, er sei Freimaurer. Wir wissen heute, daß das nicht zutrifft. Joffre, der Freimaurer war, ohne daß ihm jemand daraus einen Vorwurf machte, hatte versucht, ihn für seine Loge zu werben, als beide noch junge Offiziere waren: »Sarrail, wenn du es zu etwas bringen willst, mußt du eintreten. Ich für mein Teil habe das schon getan und kann dir dabei behilflich sein.« Doch Sarrail hatte geantwortet: »Ich bin dir sehr dankbar, aber ich werde allein Karriere machen, ohne Protektion und Freimaurer.«
Tatsächlich ist bis zum Kriegsausbruch die Karriere dieses Nonkonformisten ganz unauffällig und normal verlaufen.
Maurice Paul Emmanuel Sarrail, 1856 in Carcassonne geboren, schafft 1875 den Aufnahmewettbewerb gleich bei zwei großen Schulen, Polytechnique und Saint-Cyr. Er wählt die Militärlaufbahn, dient in Algerien und im Süden Tunesiens, macht die Generalstabsausbildung, wird Leiter der Kriegsschule Saint-Maixent und 1907 Direktor der Infanterie im Kriegsministerium. Im August 1914 befehligt er das VI. Korps.
Nach dem katastrophalen Rückschlag bei Virton stellt ihn Joffre an die Spitze der 3. Armee, eine Entscheidung, die er bald zu bedauern haben wird.
Sarrail, der temperamentvolle Endfünfziger, ist eine eindrucksvolle Persönlichkeit:

groß, gut gewachsen, höchst gewinnend, wenn er es darauf anlegt. Immer wieder streicht er sich mit seiner schlanken Künstlerhand über den weißen Schnurrbart. Auffallend sind die strahlenden, wasserblauen Augen. Der Journalist Léon Daudet spricht von den »Porzellanaugen einer wunderschönen Puppe«.
Er will unbedingt etwas Besonderes sein. Schon mit sechzehn Jahren hat er seiner streng katholischen Mutter erklärt, er wolle nicht mehr zur Beichte gehen, weil es ihm unerträglich sei, daß ein Mensch ihm seine Sünden vergebe. Vergebens hat ihn sein Vater in den Ferien zu einem in dem Geruch der Heiligkeit stehenden Landpfarrer geschickt. Später heiratet er, um das Maß vollzumachen, ausgerechnet eine Protestantin, die bald nach Kriegsausbruch an einem Herzschlag stirbt, als sie einen anonymen Brief bekommt, ihr Mann sei wegen Hochverrats erschossen worden. Ein letztes Detail aus seinem Privatleben: In Saloniki heiratet er später eine junge Schwester aus dem Lazarett.
Jedenfalls legt er sich furchtlos mit Joffre an, kaum daß der ihm die 3. Armee anvertraut hat. Er mag den Generalissimus nicht und hält damit auch nicht hinter dem Berge. Er sieht in ihm einen zukünftigen Diktator, einen Ehrgeizling, der eines Tages die Republik stürzen könnte. Das sagt er auch den Abgeordneten, die ihn mit Vorliebe aufsuchen, weil sie ihn für einen lupenreinen Republikaner halten.
Auf dem Schlachtfeld operiert er in den tragischen Monaten August und September 1914 mit großer Kaltblütigkeit. Beim allgemeinen Rückzug hält er Verdun verbissen wie eine Bulldogge, die ihr Stück Fleisch um keinen Preis hergeben will. Er zögert nicht, Befehle zu ignorieren. Seine Freunde verkünden überall, er habe die Stadt gegen den Willen des Generalissimus gerettet.
Er behält das Kommando und bekommt zusätzlich den Auftrag, die Front in den Argonnen zu halten.
Als er sich am 22. Juli 1915 um 10 Uhr in seinem Armeehauptquartier in Sainte-Menehould an den Schreibtisch setzt, liegt vor ihm ein Schreiben:
»General Humbert übernimmt die Führung der 3. Armee. Er löst General Sarrail ab, für den die Regierung eine anderweitige Verwendung vorgesehen hat und der gebeten wird, sich im Kriegsministerium einzufinden.«
Der Coup ist gut vorbereitet. Angesichts der unbefriedigenden Ergebnisse der 3. Armee hat Joffre den Befehlshaber der Armeegruppe Ost, General Dubail, mit einer Untersuchung beauftragt.
Sie kommt zu dem Ergebnis: »General Sarrail hat sein Kommando beim Angriff am 30. Juni nicht und am 14. Juli nur teilweise ausgeübt.«
Tatsächlich hat das V. Korps vom 12. bis 14. Juli schwere Verluste gehabt: 185 Offiziere, 8000 Mann, 25 Maschinengewehre, 14 schwere Mörser und 8 6,5-cm-Geschütze. Gravierender noch ist die Tatsache, daß Gelände aufgegeben und nicht zurückerobert worden ist.

Für Joffre ist das unverzeihlich. Er verbeißt sich geradezu in Sarrail: »Der 3. Armee«, schreibt er später in seinen Memoiren, »gelang es nie, ihre Verteidigungsstellungen sicher zu halten. Die Truppe lebte in einem beunruhigend labilen Zustand ... Es blieb mir keine andere Wahl: Ich entband General Sarrail von seinem Kommando.«

Doch Sarrail ist nicht der Mann, sich widerstandslos abschieben zu lassen. Er wendet sich an seine politischen Freunde, deutet an, dies sei die erste Maßnahme einer Verschwörung gegen die Republik. Sozialisten, Radikale, unzufriedene Abgeordnete, linke Journalisten – alle beteiligen sich an der erregten Auseinandersetzung und verlangen lauthals Erklärungen.

Das Auswechseln eines Generals wird zur Staatsaffäre, zur »Affäre Sarrail«.

Die Regierung wird unruhig. Um die Gemüter zu besänftigen, empfängt Kriegsminister Millerand den General und bietet ihm das Kommando über das Dardanellen-Expeditionskorps an, doch Sarrail protestiert heftig: »Ich soll mich mit einem Armeekorps abspeisen lassen?« Er verläßt türenschlagend das Ministerium, läßt durchblicken, er werde sich auf seinen Landsitz bei Montauban zurückziehen, jedenfalls komme für ihn nur eine »Hinaufversetzung« in Frage.

Sofort entbrennt eine wilde Pressekampagne. Malvy, Caillaux, Viviani, Sembat sind die Wortführer, und sie werden von allen unterstützt, denen Joffres Diktatur schon zu lange dauert: Liautey, Gallieni, Doumer, Painlevé.

Um jeden Preis muß die »Union sacrée«, der Allparteienzusammenhalt in der Kriegssituation, gewahrt bleiben. Doch wo läßt sich für Sarrail ein Kommando finden, das für seinen Ehrgeiz akzeptabel ist, und bei dem er natürlich nicht Joffre unterstellt sein darf?

Gottlob ist da doch seit einiger Zeit von Saloniki die Rede. Das ist ein zukunftsträchtiges Unternehmen, und Sarrail wäre sein eigener Herr. Etliche Verantwortliche, die dem ganzen Vorhaben eben noch ablehnend gegenüberstanden, verwandeln sich jetzt in seine glühenden Befürworter.

Am 3. August läßt Millerand den General kommen und bietet ihm das Kommando an, doch Sarrail läßt sich bitten. Er verlangt, daß die Expeditionsstreitkräfte den Titel »Orientarmee« bekommen, er weigert sich, den Engländern unterstellt zu werden, und wünscht den Termin des Aufbruchs selber zu bestimmen. Zwei Monate lang wird verhandelt. Schließlich gibt die Regierung in allen Punkten nach, um sich den schwierigen Mann vom Halse zu schaffen.

Am 7. Oktober geht er in Marseille an Bord.

»Ich hatte so gut wie keine Truppen«, schreibt er später, »keinen Armee-Intendanten, weil man mir den von mir gewünschten abgeschlagen hatte, schlimmer noch, ich hatte keine Anweisungen. Doch *Grand Quartier Général* und Kriegsministerium hatten erreicht, worauf es ihnen ankam: Ich war aus Frankreich verbannt.«

Am 12. Oktober trifft er mit ein paar Kompanien der 57. Infanteriedivision in Saloniki

ein. Dort findet er nur die 15. Division vor, die unter Führung von General Bailloud eben von den Dardanellen abgezogen worden ist.
Doch er kommt ohnehin zu spät: Die serbische Armee ist schon in einer verzweifelten Lage.

Mackensen hat, als die bulgarische Kriegserklärung feststand, mit aller Wucht zugeschlagen. Vier Armeen, insgesamt 320000 Mann, hat er zur Verfügung.
Speerspitze der Offensive ist die deutsche XI. Armee, die unter Führung des ostfronterfahrenen Generals von Gallwitz den Übergang über die Donau erzwingen soll.
Rechts anschließend an der Save steht, vier Divisionen stark, die österreichisch-ungarische III. Armee unter General von Köveß. Zusammen mit einem Verstärkungskorps soll sie geradewegs in die Stadt Belgrad eindringen.
Den linken Flügel bilden die Bulgaren. Nach der aus diplomatischen Gründen erforderlichen Wartezeit sollen sie der serbischen Armee in die Flanke fallen mit ihren zwei Armeen, der I. unter General Bojadiew und der II. unter General Theodorow. Eine weitere Armeegruppe unter General Jekow steht bereit und sichert die Flanke nach Makedonien.
Gegen diese ungeheure Übermacht stehen die Serben mit drei stark geschwächten Armeen, der 1. hinter Drina und Save, der 3. an der Donau und der 2. vor den Bulgaren.
Alle Beobachter sind sich einig in ihrer Bewunderung für die Gelassenheit der Serben, die sich tatsächlich sehr selbstsicher geben. Schließlich haben sie in den letzten Jahren alle Schlachten siegreich bestanden. Sie fürchten die Österreicher nicht, und für die Bulgaren haben sie nur Verachtung übrig. Sie sind so selbstbewußt, daß sie sogar entschlossen waren, als erste anzugreifen und auf Sofia zu marschieren. Gerade wollten sie mit der Offensive beginnen, da hat Kitchener darauf hingewiesen, sie dürften die Bulgaren nicht unnötig provozieren. Die Russen sind sogar noch weiter gegangen und haben erklärt, ein solches Unternehmen wäre verbrecherisch.
So müssen die Serben nun warten, bis der Sturm über sie hereinbricht.
Lange brauchen sie nicht zu warten.
Am 5. Oktober schlagen die ersten Granaten in Belgrad ein. Das Feuer steigert sich von Stunde zu Stunde. Bis zum 9. fallen mehr als 5000 Menschen den 50000 Geschossen zum Opfer.
Die Deutschen greifen als erste an. Im Schutze der Dunkelheit gelingt es ihnen, über die Donau zu setzen, doch drüben geraten sie in konzentriertes Feuer der auf dem Hochufer aufgestellten Serben und müssen hinter einem Bahndamm Schutz suchen.
In der Nacht darauf überschreiten die Österreicher die Save. Ihre gepanzerten Flußkanonenboote beschießen die Inselbefestigungen. Vom ersten Augenblick an ist der Angriff ein einziger fürchterlicher Nahkampf. Vom 17. Reservekorps ertrinken 200,

vom 8. sogar 400 Soldaten in der Save. Doch Belgrad muß von den Serben schon am 9. Oktober aufgegeben werden.
Am 11. Oktober greifen auch die Bulgaren an.
Das Wetter ist verheerend. Fast überall müssen sich die Truppen durch Schlamm vorkämpfen. Die Sicht in den Bergen beträgt stellenweise nur ein paar Meter. Die Serben leisten erbitterten Widerstand, doch schon jetzt ist ihrem Oberkommando klar, daß die Lage hoffnungslos ist. Um sich der Umklammerung zu entziehen und die Truppen neu zum Kampf formieren zu können, müßte man das serbische Kernland preisgeben und in Richtung Saloniki bis an den Wardar ausweichen, damit die Alliierten zu Hilfe kommen könnten.
Doch zu einem solchen Opfer ist König Peter ebensowenig bereit wie seine Generäle. Er erklärt, jeder Quadratmeter Heimatboden müsse mit letzter Kraft verteidigt werden. Er glaubt noch an ein Wunder, doch das bleibt aus.
Die viel zu spät eingetroffene Armee Sarrail kann keine wirkungsvolle Unterstützung mehr gewähren. Außerdem geht alles furchtbar schnell, trotz des Schlamms. Mackensen, Gallwitz und Köveß treiben ihre Leute an, und auch die Bulgaren kommen rasch vorwärts.
Die Front ist zusammengebrochen, und die Städte fallen in rascher Folge, noch ehe der Feldzug einen Monat alt ist: Kriajevac, Kragujevac, schließlich Nisch.
Die hart bedrängte serbische Armee ist in völliger Auflösung begriffen. 12000 Mann haben die Deutschen, 3300 die Österreicher, 6000 die Bulgaren gefangengenommen. Über 100 Geschütze hat man zurücklassen müssen. Am 11. November beschließt die Führung, nach Süden in Richtung Üsküb durchzubrechen. Am 19. November scheitert bei einer wilden Schlacht auf dem Amselfeld auch dieser Versuch.
Es bleibt nur ein Weg: nach Westen durch das albanische Bergland an die Adria. Das sind 150 Kilometer Luftlinie, und in der Höhe ist schon Winter.
Ein Rückzug des Schreckens. Die 150000 Überlebenden der letzten Kämpfe ziehen in völliger Auflösung dahin, zwischen der fliehenden Zivilbevölkerung. Der Typhus wütet unter den geschwächten Menschen. Inmitten der frierenden Haufen schwankt ein Wagen mit einem schweren Schrein: die Gebeine des heiligen Stephanus. Es schneit, und in manchen Nächten sinkt das Thermometer auf minus 25 Grad. Versprengte Nachzügler werden von albanischen Räubern abgeknallt, über die Leichname, die niemand mehr begraben kann, machen sich die Wolfsrudel her.
Der Woiwode wird in einer Sänfte getragen, Ministerpräsident Paschitsch reitet auf einem Maultier. Die Botschafter der Ententemächte sind irgendwo in der Menge untergegangen und finden oft kein Nachtquartier. Überall an der Straße brennen Wagen und Protzen. Fast 100000 Menschen sterben auf diesem grauenvollen Marsch.
Nur 140000 Mann und 25000 Pferde erreichen das Mittelmeer, wo die italienische und die französische Flotte warten. Am 6. Januar sind sie auf die Insel Korfu gebracht.

Das ist alles, was von der stolzen serbischen Armee geblieben ist. Das Land Serbien aber ist von der Landkarte verschwunden.

Auch Sarrail hat den Rückzug antreten müssen. Obwohl er erst über geringe Kräfte verfügt, hat er doch versucht, den Serben zu Hilfe zu kommen, hat die 57. Division nach Krivalak in Marsch gesetzt und am Wardar die serbischen Einheiten durch General Baillouds Division ersetzen lassen. Am 31. Oktober wirft er eine Brigade der britischen 10. Division in den Kampf, wenige Tage später die 2. Division und Bataillone der französischen 122. Division.

Die Bulgaren weichen zwar zunächst zurück, doch ist die serbische Armee schon auf der Flucht zur Adria. Jetzt müssen sich auch die Alliierten zurückziehen. Baillouds Leute tragen bei Temperaturen bis minus 17 Grad noch ihre Drillichuniformen von den Dardanellen.

In der Nacht vom 3. auf den 4. Dezember hat man sich vom Gegner gelöst, und der Rückzug geht in aller Ordnung vonstatten, so daß die Orientarmee am 12. Dezember bei dichtem Nebel die griechische Grenze geschlossen überschreitet. Die Franzosen haben mehr als 6000 Mann, die Engländer über 1000 verloren.

Kaum hat Sarrail seine Truppen in Saloniki wieder versammelt, geht er an den festungsmäßigen Ausbau der Stadt. Gewaltige Erdbewegungen werden vorgenommen und Geschütze aller Kaliber, sobald sie im Hafen eintreffen, in Stellung gebracht.

Eile tut not, denn die Alliierten haben das Gefühl, sich auf gefährlich unsicherem Terrain zu bewegen. Die Besetzung von Saloniki ist von den Griechen hingenommen worden, als Venizelos noch Premierminister war. Griechenland, so hatte man es vereinbart, würde der Form halber protestieren, doch damit sollte es sein Bewenden haben. Inzwischen aber ist Venizelos gestürzt worden, und König Konstantin scheint seine deutschfreundlichen Neigungen wiederentdeckt zu haben.

Schon am 9. November hat der neue Premier Skuludis den französischen Botschafter Guillemin kommen lassen und ihm erklärt, Griechenland sei entschlossen, alle ausländischen Truppen auf seinem Hoheitsgebiet internieren zu lassen. Es mußte erst eine Flotte vor Milos auffahren, um ihn zum Einlenken zu bewegen.

Frankreich, England und Rußland haben sich entrüstet gezeigt und verkündet, Konstantin sei jetzt mit Wilhelm II. im Bunde. Die Gerechtigkeit gebietet, dazu den griechischen König selber zu hören. Seine Argumente haben durchaus Gewicht, vor allem angesichts der nach wie vor schwachen Orientarmee, für die Nachschub und Verstärkungen nur tröpfelten.

»Meine Entscheidung, neutral zu bleiben, ist unwiderruflich«, erklärte er dem französischen Botschafter. »Nach reiflicher Überlegung bin ich zu der unumstößlichen Überzeugung gelangt, daß sich Griechenland als kleiner Staat aus dem Streit der Großmächte heraushalten muß. Man sagt mir nach, ich hätte Angst vor den Pickelhauben. Warum

sollte ich das leugnen? Ja, ich fürchte den Krieg gegen die Deutschen und Österreicher, die Griechenland mühelos überrennen würden.«
Kein Wunder, daß die Stimmung in Saloniki immer gespannter wird, daß Sarrail abwechselnd mit Diplomatie und Gewaltandrohung operieren muß. Er ist ohnehin wütend, weil er weiß, wie seine Feinde in Frankreich gegen ihn arbeiten. Clemenceau spricht von den »Drückebergern in Saloniki« und von den »Gärtnern des Sarrail«, Joffre äußert vor dem Nationalen Verteidigungsrat: »Wäre ich da unten, hätte ich schon in Richtung Veles angegriffen. Er hat doch so gut wie keine gegnerischen Verbände vor sich. Untätigkeit im Kriege ist eine Schande.«
Dabei kann Sarrail gar nicht an eine Offensive denken. Er muß um hundert Kleinigkeiten gegen den mangelnden guten Willen der Griechen und ihres Generals Moschopulos kämpfen, der den Einwohnern jeden Kontakt mit den alliierten Truppen, die Vermietung von Räumen oder den Verkauf von Heu untersagt.
Man würde kein Ende finden, wollte man diese täglichen Scherereien schildern.
Saloniki, »Treffpunkt der Nationen«, schwirrt von Gerüchten, und die Spione haben ihre große Zeit. Jede Maßnahme des alliierten Oberkommandos führt sofort zu Proteststürmen oder höhnischen Kommentaren.
Am 30. Dezember bombardieren Flugzeuge die Stadt. Es kommt zwar nur ein Schäfer um, doch es herrscht panische Angst vor weiteren Angriffen der »Aviatiks«. Sarrail benutzt die Gelegenheit, um die vier Konsuln der Feindmächte mit ihrem Personal, insgesamt 53 Männer und 6 Frauen, verhaften und ausweisen zu lassen.
Er weiß, daß die Reede nicht sicher ist, daß Unterseeboote ungesehen eindringen können, solange das Fort an der Einfahrt in griechischer Hand bleibt. Er möchte es besetzen, doch Konstantin lehnt entrüstet ab: »Ich lasse mich nicht wie ein Negerhäuptling behandeln.« Wenige Tage später, am 12. Januar, wird der englische Truppentransporter *Norseman* auf der Reede torpediert. Sarrail läßt auf der Stelle seine Truppen in das Fort einrücken.
So geht es in Saloniki zu. Die Langeweile ist tödlich. Die Soldaten haben das Gefühl, die Zeit sei stehengeblieben und sie würden den engen Festungsbereich nie verlassen. Sie trösten sich damit, daß es ihnen hier bessergeht als in Frankreich unter dem Feuer der deutschen Artillerie irgendwo im Schützengraben.
Auf Monate schläft Saloniki Anfang 1916 ein, und wie alle, die große Hoffnungen auf das Unternehmen gesetzt haben, reagiert der ungeduldige Lloyd George entrüstet: »Hätte man die fatale Offensive in Frankreich sofort eingestellt, nachdem deutlich geworden war, daß sie ihr eigentliches Ziel nicht erreichen würde, und hätte unverzüglich so viele Soldaten ins Mittelmeer geschickt, wie bei den sinnlosen Angriffen noch gefallen sind, so wäre die Balkansperre von uns mit Hilfe der Reste der serbischen Armee gehalten worden. Weder Deutsche noch Österreicher noch Bulgaren hatten genügend Truppen, um die Balkanschluchten gegen eine so massive Verteidigung zu erobern.«

Doch Lloyd George predigt tauben Ohren.
Außerdem hat er derzeit seine eigene Regierung gegen sich.

Calais, 4. Dezember 1915. Sie sind alle gekommen und sitzen um den großen Tisch, steif und düster, verkrampft, als müßten sie für einen Photographen stillhalten: Joffre, Gallieni, Admiral Lacaze, Asquith, Balfour, Kitchener, Graziani ...
Von ihrem Treffen, von den hier zu fällenden Entscheidungen, wird das Leben von Tausenden und aber Tausenden abhängen.
Um 14.30 Uhr eröffnet Ministerpräsident Briand die Sitzung und beginnt die Tagesordnung vorzulesen: »Punkt 1. Entsendung von Verstärkungen zur Orientarmee.«
Eisiges Schweigen legt sich über die Versammlung. Asquith erhebt sich und erklärt mit Grabesstimme: »Ich bedaure dem Herrn Ministerpräsidenten mitteilen zu müssen, daß die Regierung Seiner Majestät beschlossen hat, sich der Auffassung des britischen Generalstabs anzuschließen. Lord Kitchener, mit Recht über die Bedrohung Ägyptens besorgt, ist zu der Meinung gelangt, nicht nur keinen einzigen Soldaten mehr nach Saloniki zu schicken, sondern unsere Truppen von dort abzuziehen.«
Briand berichtet später: »Ich hatte das Gefühl, mir schlüge jemand eine Gerade genau auf den Punkt.«
Er hätte auch allen Anlaß, k. o. zu gehen. Das Salonikiunternehmen ist gemeinsam beschlossen worden, und bislang sind die Engländer seine eifrigsten Verfechter gewesen. Jetzt beschließen sie ohne jede vorherige Konsultation, sich daraus zurückzuziehen. Kitchener ist offenbar überzeugt, nach der Vernichtung Serbiens sei von Saloniki aus nichts mehr zu holen, und will seine Truppen für die Verteidung Ägyptens einsetzen.
Briand weiß, daß eine Niederlage in der Salonikifrage den Sturz seines Kabinetts bedeuten würde, wahrscheinlich sogar die Übernahme der Regierung durch seinen Erzfeind Clemenceau, der gegen Poincaré, Sarrail und die Orientarmee ist.
Er steckt den Schlag weg und läßt sich seine Besorgnis nicht anmerken. Jeder weiß, daß er ein glänzender Redner ist, und hier kann er es wieder einmal beweisen. Er ruft aus: »Gemeinsam, Engländer und Franzosen, sind wir nach Saloniki gezogen. Wir haben 50000 Mann, die in Makedonien kämpfen, während Sie den Stützpunkt Saloniki halten. Sie ziehen Ihre Truppen ab. Unsere 50000, die sich wacker geschlagen haben, um den Serben, unseren gemeinsamen Verbündeten, beizustehen, werden bis zum letzten Mann weiterkämpfen. Das letzte Wort in dieser Angelegenheit wird die Geschichte sprechen.«
Jetzt sind die Engländer betroffen, so sehr, daß sie im Laufe der folgenden Tage ihren Beschluß zurücknehmen. Bei Kitchener allerdings bleibt ein dumpfer Groll zurück.
»Wenn wir den Krieg verlieren«, sagt er leise, »dann haben wir das diesem langmähnigen Advokaten zu verdanken.«

Jedenfalls können die Engländer andere Truppen nach Ägypten holen, denn sie haben sich zu einer schweren Entscheidung durchgerungen: Die Dardanellen werden geräumt.

An der Suwlabucht herrscht ein Gewimmel wie in einem Bienenkorb. Männer laufen hin und her, zu vieren aneinander gebundene Maultiere trappeln über den Strand und die Wege, daß der Staub nur so wirbelt. Gleichzeitig feuern die Geschütze, was die Rohre hergeben.

Dieses scheinbare Durcheinander, diese fieberhafte Tätigkeit sind der trügerische Mantel über einer Operation, wie sie so minutiös in der Kriegsgeschichte noch niemals vorbereitet worden ist. Eine ganze Armee soll abtransportiert werden, und zwar vor den Augen der Türken, die an etlichen Stellen nur 50 Meter vom vordersten englischen Graben entfernt sind. In Suwla sind an diesem kühlen Morgen des 19. Dezember von 33000 Mann schon nur noch 12000 an Land; in der nächsten Nacht sollen auch sie sich einschiffen, nachdem sie den Gegner durch möglichst gewaltiges Getöse abgelenkt haben.

Das ist ein Befehl nach ihrem Herzen. Selten hat wohl bei einer besiegten Armee eine solche Begeisterung geherrscht.

Die Männer sind wirklich am Ende. Monatelang haben sie sich am Kap Helles, am Strand der Anzacs und in Suwla in ständig bedrohten, fast immer vom Feind eingesehenen Stellungen gehalten. Monatelang haben sie das Artilleriefeuer über sich ergehen lassen. Sie haben angegriffen, sind angegriffen worden, haben Gegenangriffe geführt, haben winzige, taktisch bedeutungslose Geländestreifen erobert, verloren und zurückerobert. Sie haben längst gewußt, daß sie den Durchbruch nicht schaffen würden, daß sie sinnlos litten und starben.

Im Sommer haben sie in der Sonnenglut gelegen, haben Durst und oft genug Hunger durchgemacht, von Mückenschwärmen umschwirrt, von Myriaden Fliegen geplagt, vom Verwesungsgestank der Leichen gepeinigt.

Dann ist der Herbst gekommen, und ihr Elend ist eher noch schlimmer geworden.

Schon Anfang September hat der Regen eingesetzt, oft vom Wind vor sich her getrieben. Sehr bald ist es kalt geworden, und die bei Tag und Nacht durchnäßten Männer haben in ihrem Drillichzeug erbärmlich gefroren. Bei den Anzacs sind 78 Prozent der Soldaten an Ruhr, 64 Prozent an Ausschlägen erkrankt. Gegen Monatsende hat man bei der ganzen Armee täglich über 1000 Kranke abtransportieren müssen. Und dann kam die Angst vor Seuchen, weil die nur mit einer dünnen Schicht Erde bedeckten Toten vom Regen freigewaschen wurden.

Von den über den Engländern liegenden türkischen Gräben kamen unendlich viele Rinnsale herunter und brachten Kot und Urin mit.

Mit jedem Tage wurden die Männer mutloser. Sie hatten das Gefühl, sich selber über-

lassen zu sein, keine klare Führung zu haben. Sie begannen zu murren, schimpften auf die Generäle, die sie in diese Hölle geschickt und jetzt offenbar vergessen hatten.
Am 26. November brach ein furchtbarer Sturm über sie herein, mit Regen, Hagel und erstem Schnee. Der Wind erreichte mehr als 60 Stundenkilometer. Viele Schiffe rissen sich los und strandeten. Jeder kleine Bach wurde zu einem reißenden Gewässer, das krepierte Maultiere und menschliche Leichname zum Meer hinunterspülte.
In den Gräben war der äußerste Grad der Verzweiflung erreicht, der Augenblick, da man lieber stirbt als weiterleidet. Um dem Wasser zu entgehen, kletterten die Männer hinaus. Doch die Türken schossen nicht. Zwei Tage lang betrachteten die Gegner einander, wie sie sich da in ihrem Elend um klägliche Feuerstellen scharten. In den drei Tagen des großen Sturms ertranken 260 Engländer in ihren Schützengräben, viele weitere wurden ein Opfer der Kälte, 16000 mußten evakuiert werden: 12000 von Suwla, 2700 vom Anzac-Strand, 1300 von Kap Helles.
Manche nahmen sich lieber das Leben, als dem Winter unter solchen Umständen standhalten zu müssen. Andere, viele andere, schimpften, so könne es nicht weitergehen, man müsse abziehen, solange das noch möglich sei.
Abziehen? In London wird in Generalstab und Kabinett in aller Ruhe das Für und Wider abgewogen.
Gewiß, die Lage ist nicht besonders gut und droht sich sogar noch zu verschlechtern. Deutschland hat sich den Landweg über Serbien nach der Türkei geöffnet, so daß mit dem Eintreffen von schwerer Artillerie und reichlichem Munitionsnachschub auf der Halbinsel zu rechnen ist. Es ist sogar denkbar, daß die Bulgaren ihre alte Feindschaft hintanstellen und den Türken zu Hilfe kommen. Wenn das Gleichgewicht der Kräfte sich schlagartig ändert, besteht die Gefahr, daß Franzosen und Engländer ins Meer gedrängt werden und eine unerhört demütigende Schlappe hinnehmen müssen. Außerdem ist das Salonikiunternehmen inzwischen ziemlich weit gediehen; man könnte also die Männer von den Dardanellen dort in die nahe makedonische Hafenstadt hinüberschaffen.
Trotz so vieler guter Gründe hat Kitchener lange gezögert.
Am 11. Oktober hat er bei Ian Hamilton angefragt, mit welchen Verlusten er im Falle einer Räumung der Halbinsel rechne. »Die Hälfte unserer Truppen«, hat der General geantwortet. »Es sei denn, wir haben sehr viel Glück.«
Doch Hamilton ist ohnehin schon ein Mann auf Abruf. Am 14. Oktober wird er durch Monroe ersetzt, der am 30. an den Dardanellen an Land geht und einen Tag später über Funk den völligen Abzug empfiehlt. Außer dem unermüdlichen Birdwood, der aus Prestigegründen weiterkämpfen will, sind alle Generäle seiner Meinung.
Trotzdem zögert Kitchener noch. Er fürchtet vor allem die Reaktion der Moslems. Er begibt sich selbst an die Front und ist erschüttert über den Zustand fortgeschrittener

Auflösung. Um das Gesicht nicht zu verlieren, schlägt er London vor, die von den Dardanellen abgezogenen Truppen nach Ägypten zu schaffen, doch das Kabinett lehnt den Vorschlag rundweg ab.

Am 22. November fällt endlich die große Entscheidung: Suwla und der Strand der Anzacs sollen geräumt werden. Über Kap Helles soll später befunden werden.

Am 7. Dezember wird als Termin die Nacht vom 19. auf den 20. Dezember bestimmt. Wie durch ein Wunder wird es am 19. windstill. Das Meer liegt ölig glatt da. In der ersten Nacht werden zunächst die Kranken und Verwundeten, dann die Nichtkombattanten sowie 200 Geschütze, 2000 Wagen und 3000 Maultiere eingeschifft. Die ganze Nacht hindurch lodern Lagerfeuer, die leeren Zelte sind von innen beleuchtet, während die wenigen verbliebenen Geschütze wild schießen. Ja, an vielen Stellen werden im vordersten Graben Gewehre auf die türkischen Linien gerichtet und mit Fäden versehen, die den Abzug betätigen, sobald Kerzen auf eine bestimmte Höhe heruntergebrannt sind, so daß noch Schüsse aus der leeren Stellung abgegeben werden.

Am Ende sprengen und zerschlagen Pioniere alles, was sich nicht mitnehmen läßt. Ihr General Byng geht als letzter an Bord.

Kaum ist die Räumung beendet, kommt Sturm auf. 80000 Mann haben sich in der letzten Nacht davongemacht, und nicht einer ist gefallen.

Am 8. Januar gelingt trotz starken Seegangs das gleiche Kunststück am Kap Helles. Die Türken brauchen vierundzwanzig Stunden, bis sie merken, daß kein Gegner mehr da ist.

Eine großartige Leistung ist dieser Rückzug, doch natürlich kann er nicht vergessen machen, daß hier eine gewaltige Operation tragisch fehlgeschlagen ist.

Die Engländer haben 125000 Mann durch Feindeinwirkung, 100000 durch Krankheit verloren. Bei den Franzosen betragen die Verluste 40000 Tote, dazu 40000 Verwundete und evakuierte Kranke.

305000 Mann sind kampfunfähig, zahlreiche große und kleine Schiffe liegen auf dem Meeresgrund, eine große Menge Kriegsmaterial ist verloren. Vollkommen vergebens.

Die Kriegsgeschichte kennt wenige Beispiele für eine so leichtfertig unternommene und von Anfang bis Ende so schlecht geführte Expedition. Zehntausende sind auf die kargen Hänge von Gallipoli geschickt worden, ohne daß man überhaupt wußte, wie es dort aussah.

Kitchener hat es selber am 15. November mit entwaffnender Naivität zugegeben, als er vor dem Kabinett über seine Inspektionsreise berichtete: »Wir haben eine bemerkenswerte Leistung damit vollbracht, daß wir das eroberte Gelände so lange gehalten haben. Das Land ist viel schwieriger, als ich es mir vorgestellt hatte, und die türkischen Anlagen Aschi Baba und Kilid-Bar natürliche Festungen von außerordentlicher Stärke ...«

Man wird zumindest sagen dürfen, daß er zu dieser Erkenntnis früher hätte kommen müssen.

Wirklich, zum Jahresende 1915 sieht es nicht gut aus für die Ententemächte.
Mißerfolg in Serbien. Mißerfolg in der Champagne. Katastrophe in Rußland. Beschämende Niederlage an den Dardanellen.
Falkenhayn spürt, daß er die Oberhand gewinnt. Schon bereitet er die große Siegesoffensive vor. Er hat beschlossen, bei Verdun zuzuschlagen.

Von Verdun ist auch bei den Franzosen die Rede, im Dienstzimmer des Generalissimus sogar.
Man schreibt den 18. Dezember. Joffre hat gerade einen seiner Wutanfälle, vor denen seine Umgebung zittert. Er stampft im Raum auf und ab, daß die Parkettbretter ächzen. Seit zwei Tagen schon ist er schlechter Laune, seit dem Eintreffen des letzten Telegramms von Gallieni.
Gallieni, sein einstiger Vorgesetzter in Madagaskar, der Mann, der ihm den Ruhm der Marneschlacht streitig macht und jetzt Kriegsminister geworden ist.
Der frischgebackene Minister hat offenbar die Stirn, sich in seine, Joffres, ureigenen Zuständigkeiten einzumischen. In dem Telegramm jedenfalls teilt er mit, er sei von mehreren Seiten auf den beklagenswerten Zustand des Festungsbezirks Verdun hingewiesen worden. Nur die erste Linie sei einigermaßen ausgebaut. Die folgenden seien allenfalls andeutungsweise vorhanden. Gallieni möchte wissen, wie es wirklich aussieht, und schreckt tatsächlich nicht einmal vor Drohungen zurück: »Für jeden vom Feind erzielten Durchbruch würden unter diesen Umständen nicht nur Sie, sondern die Regierung als Ganzes verantwortlich gemacht werden.«
Joffre ist besonders gekränkt, weil er weiß, woher der Schuß kommt. Von einem einfachen Oberstleutnant, diesem Driant, der ihm von jeher verhaßt gewesen ist. Driant, der brillante Offizier, der talentierte Theoretiker, der es viel weiter gebracht hätte, wenn er nicht die Tochter des Putschgenerals Boulanger geheiratet hätte. Nach dem Scheitern seines Schwiegervaters hat er angesichts seiner verpfuschten Karriere als Major den Abschied genommen und ist in die Politik gegangen. Seit 1910 ist er Abgeordneter des Wahlkreises Nancy.
In der Armeekommision der Kammer hat er der Ernennung Joffres zum Generalissimus heftig widersprochen und mehrfach höhnisch seinen Freund Laperrine, einen berühmten Saharakämpfer und Freund des Paters Foucauld, zitiert: »Joffre? Der ist allenfalls als Bahnhofsvorsteher zu gebrauchen.«
Außerdem ist dieser Driant ein Erfolgsautor, der Jules Verne für Militärfragen. In einer beliebten Serie, die er unter dem Pseudonym Danrit im Verlag Flammarion veröffentlicht hat, ist er schon 1880 auf die zukünftige Rolle der Unterseeboote eingegangen. Er hat sogar lange vor dem Krieg die Torpedierung des englischen Kreuzers *Aboukir* und des französischen Kreuzers *Léon Gambetta* beschrieben, die inzwischen tatsächlich torpediert worden sind. Er hat vorausgesagt, daß im Krieg der Zukunft die Verteidi-

gung dem Angriff überlegen sein werde, und hat den Widerstand eines Fort Lionville auf den Maashöhen geschildert, und zwar mit Einzelheiten, die sich 1914 beklemmend bewahrheiteten, als die Armee des deutschen Kronprinzen am hartnäckigen Widerstand von Fort Troyon scheiterte.
Bei Kriegsbeginn hat er trotz seiner Abgeordneteneigenschaft seine Reaktivierung beantragt und kommandiert jetzt, Ende 1915, zwei Afrikaschützenbataillone im Caureswald, der vordersten Stellung des Festungsbezirks Verdun. Natürlich ist das ein Kommando, das den denkbar besten Einblick in die Verhältnisse gibt.
Driant behauptet, der Festungsbezirk sei vernachlässigt. Zugegeben, die Forts sind nicht mehr in gutem Zustand. Seit einem Jahr weiß man doch, daß sie nicht viel nützen. Lüttich, Namur, Antwerpen haben schließlich auch nicht standgehalten. Außerdem ist es vor Verdun seit Ende 1914 ruhig geblieben. Die Kampf- und Laufgräben sind denn auch nur an wenigen Stellen durch Stacheldrahtverhaue gesichert.
Driant drängt. Er ahnt, daß sich vor ihm etwas zusammenbraut. Bei einem Urlaub in Paris gelingt es ihm, von der Militärkommission, deren Mitglied er so lange gewesen ist, angehört zu werden. Natürlich schildert er den Zustand der Befestigungen von Verdun in düstersten Farben, so daß die aufgeschreckte Kommission eine Untersuchungsdelegation entsendet, und die wird, nachdem sie Driants Informationen bestätigt gefunden hat, bei Gallieni vorstellig, der prompt das Telegramm schickt, über das der Generalissimus so wütend ist.
Jetzt brütet er über der Antwort. Sie soll seinen Widersachern den Wind aus den Segeln nehmen. So behauptet er, der Festungsbezirk Verdun sei gut ausgebaut, oft »mit drei oder vier Verteidigungsstellungen hintereinander«.
Und er erklärt: »Demzufolge bin ich der Auffassung, daß die Befürchtungen, die Sie im Namen der Regierung in Ihrem Telegramm vom 16. Dezember zum Ausdruck bringen, durch nichts gerechtfertigt sind. Doch da diese Befürchtungen sich auf Berichte gründen, die Sie auf Nachlässigkeiten in der Herrichtung der Verteidigungsanlagen aufmerksam machen, bitte ich Sie, mir diese Berichte zugänglich zu machen und mir die Verfasser zu nennen.«
Er gibt sich entrüstet und verwahrt sich dagegen, daß man bei diesen Beschwerden den Dienstweg nicht eingehalten hat. Unter solchen Umständen lasse sich keine Disziplin aufrechterhalten. Die letzten Zeilen fügt er seinem Schreiben handschriftlich hinzu: »Ich kann eine Fortdauer dieses Zustands nicht hinnehmen. Ich brauche das uneingeschränkte Vertrauen der Regierung, die deshalb unmöglich Verhaltensweisen ermutigen kann, durch welche die moralische Autorität untergraben wird, die für die Ausübung meiner Befehlsgewalt unerläßlich ist und ohne die ich die Verantwortung nicht länger übernehmen könnte.«
»Joffre bietet schon wieder seinen Rücktritt an«, seufzt Gallieni nur, als er von diesen Zeilen Kenntnis nimmt.

Die Polemik bleibt in der Schwebe. Der Generalissimus ist, noch jedenfalls, zu mächtig und beim Volk zu beliebt. Die Regierung kann es sich nicht leisten, ihn scharf zurechtzuweisen. Gallieni muß sein fertiges Antwortschreiben in der Schublade lassen.
»Diese Entgegnung Joffres«, schreibt der englische Militärkritiker Liddell Hart später, »sollte gerahmt in den Amtsstuben aller Bürokraten in der ganzen Welt hängen, um ständig zur nachdrücklichen Warnung zu dienen.«
Doch Warnungen nützen ja selten etwas. Vor allem nicht bei Generälen, die auf ihre Rechte pochen.
Joffre jedenfalls fährt bis kurz vor der deutschen Offensive ungerührt fort, die Befestigungen von Verdun eher zu schwächen.
Und Falkenhayn? Er hat an der Yser die Blüte der deutschen Jugend sinnlos geopfert. Er hat während des ganzen Jahres 1915 erlebt, wie Franzosen und Engländer ihre frische Kraft bei der Bemühung um die Verwirklichung des Traums vom Durchbruch erschöpften. Er hat befriedigt feststellen können, daß die Verteidigung viel stärker war als der Angriff und seine Verluste während dieser ganzen Monate viel geringer als die seiner Gegner.
Trotzdem: Während sich Joffre und Gallieni böse Telegramme schicken, ist er schon mitten in der Vorbereitung einer Großoffensive. Er will ein Ende machen, die französische Armee soll verbluten. Dafür läßt er eine Schlacht entbrennen, wie sie so gigantisch noch niemals dagewesen ist. Und noch niemals sind so viele Menschen umgekommen: Auf einer wenige Kilometer breiten Front werden über 700000 fallen, mehr als 3000 pro Tag.
Ein furchtbarer Wahn. Falkenhayn hat damit gerechnet, das französische Heer zu zermalmen. Er hat nicht bedacht, daß auch das deutsche Heer zermalmt werden wird in dieser Schlacht, von der Hindenburg einmal sagen wird: »Sie erschöpfte unsere Kraft wie eine Wunde, die sich nicht schließt.«

Zum erstenmal in der Kriegsgeschichte wird auch in der Luft gekämpft. – *54* Englischer Jagdflieger im Angriff auf eine deutsche Jagdstaffel, die in den Wolken wegzutauchen versucht. – *55* Der »rote Baron« Manfred von Richthofen vor seinem Flugzeug.

56 Oberleutnant Immelmann, bis zu seinem Tod im Luftkampf neben Richthofen *das* deutsche Fliegeras (oben links). – *57* Bis 1917 trugen die Flieger keine Fallschirme, so daß jeder Abschuß den sicheren Tod bedeutete (oben rechts). – *58* Nach einer Außenlandung war das Transportproblem dank der geringen Größe der Flugzeuge leicht zu lösen.

XIV. Kapitel Die Knochenmühle von Verdun

21. Februar 1916: Vor Verdun beginnt die größte Vernichtungsschlacht aller Zeiten. Der deutsche Generalstabschef von Falkenhayn will die französische Armee ausbluten lassen.

Anfang Januar wurden die Anzeichen immer deutlicher. Am 10. teilte der französische Botschafter in Kopenhagen dem *Grand Quartier Général* mit, er habe von einem deutschen Angriffsvorhaben im Raum von Verdun gehört. Einen Tag später kam die gleiche Mitteilung aus der Schweiz. Am 14. erfuhr man von einer Äußerung des Kronprinzen: »Liebe Freunde, wir müssen Verdun erobern; bis Ende Februar muß alles beendet sein.« Seither haben die Außenstellen des Geheimdienstes den gleichen Sachverhalt aus allen neutralen Ländern gemeldet.

Allerdings war nach wie vor auch von Belfort, von der Champagne und dem Artois die Rede, wenn es um die zu erwartende deutschen Offensive ging. Ja, man mochte sich sogar fragen, ob die ständige Nennung von Verdun nicht eine Kriegslist des Gegners war.

Ausgerechnet das friedliche Verdun! Man konnte den Krieg dort vergessen. Der Schlachtenlärm der heftigen Kämpfe von Vauquois, den Maashöhen und Les Eparges, alle nicht sehr weit entfernt, war nicht bis zu der wuchtigen Zitadelle gedrungen, die mit ihren Kurtinen und Bastionen beherrschend über der Stadt lag. Das Garnisonsleben in den vielen Kasernen in den Vorstädten Pavé und Jardin-Fontaine ging seinen gewohnten Gang. Die Zivilbevölkerung war geblieben, und dank stärkerer Besatzung war man in Läden und Lokalen mit dem Geschäftsgang nicht unzufrieden.

Die Front verlief in achtungsvollem Abstand ungefähr 15 Kilometer entfernt in einem weiten Bogen um die Festung. Die Verwüstungen durch die Kampfhandlungen von 1914 und die wenigen Gefechte des Jahres 1915 waren nicht weiter schlimm. Truppen, die nach Verdun verlegt wurden, priesen sich glücklich, nicht an eine »echte« Front zu kommen, und stöhnten allenfalls über das naßkalte Klima der Maasniederung.

Eigentlich war diese Ruhe unbegreiflich. Verdun – was verband sich von jeher mit diesem Namen! Eine Stadt in Waffen, das Bollwerk der Nation gegen die Einfälle der deutschen Nachbarn. Als die Preußen 1792 in diese symbolträchtige Festung einmarschiert waren, hatte das in Paris zu allgemeiner Panik und zum endgültigen Sturz des Königtums geführt.

Der Festungsbezirk, der nach dem Krieg von 1870/71 ausgebaut worden war, stellte die stärkste Verteidigungsanlage Frankreichs dar: 20 Forts, 80 Batterien, 16 Infanteriestellungen ... Und jetzt, in diesem Kampf auf Leben und Tod, den Frankreich zu bestehen hatte, spielte Verdun überhaupt keine Rolle! Die Forts wurden nicht nur vernachlässigt, sondern ihrer Mittel entblößt. Die 800 Geschütze des Festungsbezirks waren auf die Feldarmeen verteilt worden. Mehr noch, Verdun hatte vor ein paar Monaten sogar den Status einer Festung verloren. Mit der Verordnung vom 5. August 1915 war die Verordnung vom 7. Oktober 1909 aufgehoben worden, die dem *gouverneur*, dem Kommandanten des Platzes, vollkommene Unabhängigkeit verliehen hatte, ohne Unterstellung unter den Oberbefehlshaber, einzig und allein damit beauftragt, die ihm anvertraute Festung mit allen Mitteln zu halten.

Jetzt waren Verdun, seine Forts, seine Magazine, seine Regimenter schlicht und einfach in die Gesamtfront eingegliedert. Der Festungsbezirk Verdun war eine Armeeabteilung, die der Armeegruppe Mitte, also General de Langle de Cary, unterstand. In den Anweisungen an den Festungskommandanten, General Herr, standen Sätze wie: »Die Festungen spielen keine Rolle mehr ... Ihr Festungsbezirk hat keinen Wert an sich und darf auf keinen Fall um seiner selbst willen verteidigt werden ...« Allenfalls wurde in diesen Instruktionen eingeräumt, daß »der moralische Wert, den Verdun darstellt, diese Betrachtungsweise bis zu einem gewissen Grade modifizieren könnte«. Daß Frankreich all sein Gut und Blut opfern sollte, um die Einnahme von Verdun zu verhindern, davon konnte wirklich keine Rede sein.

Außerdem erwog das auch niemand. Verdun war jetzt eine kleine Etappenstadt an einem besonders ruhigen, strategisch nicht weiter wichtigen Frontabschnitt.

Und doch wollen die Gerüchte nicht verstummen, ja, die Militärs machen selber erstaunliche Beobachtungen. Die Deutschen verstärken das Eisenbahnnetz nördlich von Verdun. Normalspurgleise, die auf die Heranführung überschwerer Artillerie schließen lassen, werden in die Wälder von Spincourt, Hingry, Damvillers und Consenvoye verlegt. In den Bahnhöfen von Nantillois, Vilosne, Romager und Conflans kommen dreimal mehr Züge durch als sonst. Von den Hauptlinien geht schon ein ganzes Spinnennetz von Schmalspurstrecken ab und führt bis fast an die Grabensysteme. Die markanten Kirchtürme, an denen sich die französische Artillerie orientiert, verschwinden einer nach dem anderen. Bei Nord- und Ostwind hört man nachts, daß hinter den deutschen Linien schwere Transporte unterwegs sind. Am Tage steigen die drei kümmerlichen Staffeln des Festungsbezirks auf, die Beobachter lehnen sich weit aus dem offenen Sitz im stoffbespannten Rumpf und belichten eine Platte nach der anderen mit ihrem unhandlichen Photoapparat. Doch es fehlt an Spezialisten für die Auswertung dieser kostbaren Aufnahmen, wochenlang kann wegen des schlechten Wetters in diesen Wintermonaten so gut wie überhaupt nicht photographiert werden. Immerhin ist das, was man auf den Luftbildern erkennt, höchst eindrucksvoll. Wenn man sich nur einen Reim darauf machen könnte!

Die Deutschen wühlen ungefähr einen Kilometer von den französischen Linien entfernt die Erde auf, und bald erfährt die Feindaufklärung auch, was da geschieht: Es entstehen riesige Stollen, zehn bis zwölf Meter tief unter der Erde, in denen die Männer eines ganzen Bataillons Platz finden. Wozu sollen diese Bauten dienen, wie sie in dem seit bald anderthalb Jahren geführten Maulwurfskrieg zwischen Franzosen und Deutschen noch nicht dagewesen sind?

Man könnte meinen, diese Stollen seien dazu bestimmt, die Truppen für eine Offensive vor Artillerieeinwirkung geschützt zusammenzuziehen. Etliche Generalstäbler sind dieser Meinung, die meisten allerdings sind nicht bereit, daran zu glauben. Angriff, das bedeutet im Stellungskrieg ebenso wie bei der Belagerung die Anlage von Sturmausgangsgräben: Die menschlichen Maulwürfe sollen tief im Erdreich im Zickzack möglichst nah an den Gegner herankommen können, ehe sie aufs freie Feld müssen. Angesichts der modernen Schnellfeuerwaffen muß man auf höchstens 150 Meter an den Gegner heran. Und im gesamten Festungsbezirk Verdun ist nicht ein einziger Sturmausgangsgraben zu finden! Die feindlichen Linien sind nach wie vor weit weg; 800, 1000, ja, 1200 Meter breit ist das Niemandsland, während an so vielen anderen Frontabschnitten die Gegner einander auf Handgranatenwurfweite gegenüberliegen. Wie wollen die Deutschen denn von ihren großen Stollen aus angreifen und das endlose Vorgelände überwinden?

Wenn die Stollen keine offensiven Anlagen sind, müssen sie zur Defensive bestimmt sein. Die Deutschen bauen ihre Stellungen aus, also rechnen sie mit einem französischen Großangriff. Worauf sie diese Überzeugung gründen, ist nicht recht ersichtlich, aber eine Tatsache bleibt bestehen: sie haben Angst!

Eine Aktennotiz des Festungsbezirkskommandos hält noch am 13. Februar 1916 fest, es handele sich um »defensive Einrichtungen«; es wird ein genauer Plan beigegeben von den zehn »Widerstandszentren« zwischen dem Forgesbach auf dem linken Maasufer und dem Städtchen Etain. Diese Deutschen sind manchmal wirklich schwer zu durchschauen. Sie wühlen mit aller Kraft im Erdreich und zwingen einen, sich den Kopf darüber zu zerbrechen, wofür sie so viel Schweiß vergießen.

Dabei häufen sich die Nachrichten und Hinweise, daß Verdun das Ziel ihrer großen Offensive sein soll. Joffre und Gallieni graben das Kriegsbeil wieder aus und streiten sich erneut wie schon vor ein paar Wochen um den Zustand der Befestigungsanlagen der Stadt. Die zivilen Minister haben die streitenden Militärs zwar so gut es ging besänftigt, doch zwischen dem Olymp im Chantilly und dem Kriegsministerium in der Rue Saint-Dominique knistert es vernehmlich.

Joffre hat im Hinblick auf die Befestigungen vor Verdun an Gallieni geschrieben: »Ihre Befürchtungen sind vollkommen unbegründet.« Aber er ist doch auch selber beunruhigt gewesen und hat seinen Adjutanten, General de Castelnau, auf Inspektionsreise geschickt. Was er gesehen oder zu sehen geglaubt hat, entsprach nicht gerade den alarmierendsten Darstellungen, doch auch ihm war aufgefallen, daß es an allen Ecken und Enden fehlte. Der Festungsbezirk Verdun litt darunter, daß man ihn nach Lage und

Operationsplan als einen passiven Abschnitt betrachtete. Die dazugehörige Front war über 100 Kilometer lang, von denen 67 von einem einzigen Korps gehalten wurden, so daß eine wirkungsvoll zu verteidigende Geländeverstärkung gar nicht möglich war. Castelnau empfahl einige Detailverbesserungen, den Ausbau einer weiteren Verteidigungslinie, und sorgte vor allem für die Heranführung von Verstärkungen. Vom 25. Januar bis 20. Februar 1916 wurden sechs Divisionen und vier Gruppen schwerer Artillerie nach Verdun geschickt.

Doch die getroffenen Maßnahmen brachten nichts Neues gegenüber dem phantasielosen Trott der »Kriegskunst« seit 1914. Man hätte dem deutschen Angriff einen Teil seines Schwungs nehmen können, indem man ihm eine elastische Verteidigung entgegengestellt hätte, aber auf diese Idee kommt man erst 1918, nachdem Ströme von Blut sinnlos vergossen worden sind. Derselbe Joffre, der vor anderthalb Jahren die innere Kraft aufgebracht hat, zehn Departements preiszugeben, der – mit Recht – sogar Paris zu opfern bereit gewesen ist, um sein Heer zu retten, verbietet jetzt die Räumung des kleinsten Grabenstücks, auch wenn sie das Zurückschlagen eines feindlichen Angriffs erleichtern würde. In der Instruktion für General Herr steht ausdrücklich, Verdun selber sei nicht von entscheidender Bedeutung, aber für die Truppenführer heißt der Befehl, jeden Fußbreit zu halten und jedes verlorene Fleckchen sofort zurückzuerobern. Das französische Heer ist wie ein Boxer, dem jedes Ausweichen vor den Schlägen des Gegners verwehrt ist.

Der Besuch von General de Castelnau bringt keine Unterbrechung des Abbaus der Festungseinrichtungen. Der Fall von Lüttich, Namur, Antwerpen und Maubeuge hat bewiesen, daß eine isolierte Festung keinen nachhaltigen Widerstand leisten kann, aber Verdun ist mit den Armeen verbunden, und seine Anlagen könnten der Front einen starken Rückhalt, ein unverwundbares Netz von Befehlsständen, Meldeköpfen, Beobachtungsstellen bieten. Das bedenkt niemand. Territorialverbände sind eifrig damit beschäftigt, die Geschütze der Forts auszubauen und überall Sprengladungen für den Fall der Räumung anzubringen.

Am 16. Januar kommt ein Überläufer vom 38. Reserveinfanterieregiment zu den französischen Linien; er bestätigt, daß die Stollen für die Sturmtruppen bestimmt sind und bis Anfang Februar fertiggestellt sein sollen. Am 6. Februar desertieren zwei lothringische Soldaten des 98. Infanterieregiments und berichten von ungeheuren Massen Artillerie; der Kronprinz sei bei den Regimentern erschienen und habe angekündigt, sein Vater, der Kaiser, werde vor Monatsende im eroberten Verdun die Siegesparade abnehmen.

Am 15. Februar melden sich drei Elsässer, die zum 15. Armeekorps gehören. Sie berichten, daß den Truppen der Angriffsbefehl verlesen worden sei. Das nach vorne geführte Material sei so schwer, daß die Straßen Tag und Nacht geflickt werden müßten. Am 18. trifft noch ein Fahnenflüchtiger ein, diesmal vom 99. Reserveinfanterieregiment, der es mit der Angst bekommen hat: Man höre zwar, daß in ein paar Wochen Frieden geschlossen werden solle, aber er sei überzeugt gewesen, die furchtbare Schlacht nicht zu überleben, deren Vorbereitungen er mit angesehen habe, und wolle sein Leben lieber beim Gegner in Sicherheit bringen.

Trotzdem bleiben die Franzosen skeptisch. Die wenigen Offiziere, die an die »Großoffensive« glauben, werden von ihren ungläubigen Kameraden aufgezogen. In Chantilly glaubt das *Deuxième Bureau* an den Angriff der Deutschen, das *Troisième Bureau* nicht. In Verdun läßt General Chrétien, dessen XXX. Korps zwischen der Maas und dem Städtchen Etain steht, im Tagesbefehl bekanntgeben, daß »der Feind jeden Augenblick zum Angriff übergehen kann«, doch der Chef der Operationsabteilung des Festungsbezirks, Major Dessoffy de Cserneck et Tarko, wartet immer noch darauf, daß man ihm die Sturmausgangsgräben zeigt. Nicht ein einziger ist zu sehen! Und noch niemals ist es so ruhig gewesen an dieser Front. Die Schußwechsel der Artillerie sind eher symbolisch, die Feldküchen können ungestört rauchen, und selbst wenn man im Vorgelände den Kopf aus dem Postenloch streckt, bekommt man nicht gleich seinen Schuß.

Außerdem ist das Wetter so scheußlich, daß die von der bevorstehenden Offensive Überzeugten ihre Meinung kaum mehr laut zu äußern wagen. Tiefhängende Wolken und Nebel machen jede Beobachtung unmöglich, die Flugzeuge können ohnehin nicht starten. Schnee und Schlamm verwandeln die Stiefel in schwere Klumpen. Die zur Verstärkung eingetroffene Artillerie muß ihre Geschütze in Dreck und Wasser aufbauen. Die Essenholer behängen sich mit allem, was ihnen unter die Hände kommt, sogar mit Deckbetten aus den verlassenen Bauernhöfen, und halten sich auf den rutschigen Trampelpfaden nur mit Mühe im Gleichgewicht. Wie sollten die Deutschen in einem solchen Matsch angreifen?

Am 19. Februar kommt Joffre nach Verdun. In seinen Memoiren erwähnt er diese Stippvisite nur beiläufig. Er spricht mit General Herr, dann mit General de Bazelaire, der auf dem linken Maasufer das VII. Korps befehligt, und mit General Chrétien. Den Parteigängern des Generalissimus genügt das, um später zu erklären, er habe die Lage erfaßt und alle vernünftigerweise zu treffenden Maßnahmen angeordnet. Doch das stimmt nicht. Nichts ist geschehen, um die voraussichtliche Methode und die annähernde Stärke des deutschen Angriffs zu erkennen. Niemand hat seine Phantasie angestrengt, um eine entsprechende Abwehr ins Werk zu setzen. Keinerlei Anstrengungen sind unternommen worden, um die nicht zu übersehenden und zu überhörenden Vorbereitungen der Deutschen zu stören. Man überläßt dem Feind die Initiative und stellt ihm nichts als einen dünnen Wall aus Menschenleibern entgegen.

In der Nacht vom 20. auf den 21. Februar schlägt das Wetter um. Die Wolken reißen auf, Frost macht den Boden fest. Vor den französischen Vorposten tauchen drei Gestalten aus der Dunkelheit auf. »Nicht schießen!« rufen sie. Wieder desertieren Elsässer aus

dem deutschen Heer. Einer, Emile Didier, sagt aus: »Um fünf Uhr früh beginnt die Offensive.« Selbst wenn man ihm glauben würde, es wäre zu spät.
Die Sonne geht über den mit dickem Rauhreif überzogenen Wäldern auf. Wie Lerchen, die den Morgen begrüßen, steigen die Farmans, Caudrons und Nieuports der Staffeln MF 63, C 18 und N 23 in den klaren Himmel, um ihre so lange unterbrochenen Photoflüge wiederaufzunehmen.
Vor seinem Gefechtsstand in dem Weiler Bras besteigt General Bapst, der Kommandeur der 72. Infanteriedivision, sein Pferd, um sich ein wenig Bewegung zu verschaffen und die stark gestiegene Maas zu betrachten. Zwei seiner Offiziere, die Hauptleute Pujo und Boireau, fahren zum Caureswald, wo sie den Stand der Arbeiten an neuen Gräben feststellen wollen. Sie lassen ihren Wagen bei einem Hof mit dem schönen Namen Joli-Coeur stehen und gehen plaudernd weiter durch das verschneite Strauchwerk zum Gefechtsstand von Oberstleutnant Driant.
Es ist genau 7 Uhr. Ein lautes Zischen und Rauschen läßt das Himmelsgewölbe erzittern.

Der Plan des deutschen Angriffs auf Verdun stammt von Erich von Falkenhayn.
Noch heute fragen sich die Historiker, wieso dieser preußische Offizier, der lange in den unteren Rängen steckengeblieben war, so rasch so hoch gestiegen ist. Erst 1902, mit 41 Jahren, hatte Falkenhayn es zum Bataillonskommandeur gebracht. Zehn Jahre später war er preußischer Kriegsminister und nach zwei weiteren Jahren Chef des Generalstabs, also Oberster Befehlshaber des Heeres des Kaisers und Königs.
Ein Mann hatte versucht, sich dieser letzten Rangerhöhung Falkenhayns zu widersetzen: sein Vorgänger, der Verlierer von der Marne, Helmuth von Moltke. Als er schon in Ungnade gefallen war, hatte er es gewagt, Wilhelm II. zu schreiben: »General v. Falkenhayn ist nach meiner festen Überzeugung weder nach seinem Charakter noch nach seiner Befähigung geeignet, der erste Ratgeber Ew. Majestät auf militärischem Gebiet in diesen schweren Zeiten zu sein. – Seine Person bildet eine ernste Gefahr für das Vaterland.« Man weiß nicht, worauf Moltke dieses furchtbare Urteil gründete. Wilhelm II. jedenfalls würdigte das Schreiben keiner Antwort, ermöglichte Falkenhayn die unerhörte Ämterhäufung eines Ministers und Oberbefehlshabers und überließ ihm die gesamte Kriegsplanung und Kriegsführung.
Man kann nicht behaupten, daß Falkenhayn sich im Jahre 1915 nicht bewährt hätte, im Gegenteil. Er ging im Osten zur Offensive über, schlug die Russen, entriß ihnen Polen, gab der Weltgeschichte eine andere Richtung, indem er das Zarenreich zutiefst erschütterte. Im Westen, wo die flache Flugbahn der Maschinenwehrgarben das Schlachtfeld beherrschte, wo sich von der Nordsee bis zur Schweiz eine auf absehbare Zeit unverrückbar verfestigte Front gebildet hatte, wo also von Strategie vorläufig keine Rede sein konnte, beließ er es bei der Verteidigung. Die unglücklichen Franzosen warfen sich in

dem Gefühl der heiligen Pflicht, das Vaterland zu befreien, immer wieder gegen unüberwindliche Stellungen. Ende 1915 hatten sie dreimal mehr Blut vergossen als die Invasoren, ohne ihnen mehr als winzige Stücke des Heimatbodens entrissen zu haben.

Jetzt war Falkenhayn überzeugt, der Augenblick für etwas Neues sei gekommen, nicht in der grundsätzlichen Aufgabenstellung, aber in der Methode. Er hatte die französische Armee als Verteidiger ausbluten lassen, jetzt meinte er, dies müsse er als Angreifer fortsetzen. Weiterhin lagen der gallische Stolz und die Liebe der Franzosen für ihr Land der deutschen Berechnung zugrunde, doch jetzt sollte Deutschland, statt abzuwarten, den Gegner ins Schlachthaus zwingen.

Die Denkschrift Falkenhayns aus den letzten Tages des Jahres 1915 ging von der Annahme aus, daß Frankreich am Rande der Erschöpfung stehe. Würde Deutschland eine der symbolträchtigen Städte des Landes angreifen, so bliebe Frankreich gar nichts übrig, als alle verbleibenden Kräfte in diese Schlacht zu werfen. Die Materialüberlegenheit würde diese verzweifelte Gegenwehr zu einem Blutbad werden lassen. Das ausgeblutete Frankreich würde zusammensacken wie eine Puppe, der das Sägemehl ausgelaufen ist. Und dann würde England, seines »Festlanddegens« beraubt, einlenken müssen.

»Hinter dem französischen Abschnitt der Westfront«, heißt es bei Falkenhayn, »gibt es in Reichweite Ziele, für deren Behauptung die französische Führung gezwungen ist, den letzten Mann einzusetzen (...) Die Ziele, von denen hier die Rede ist, sind Belfort und Verdun. Für beide gilt das oben Gesagte. Dennoch verdient Verdun den Vorzug. Noch immer liegen die französischen Linien dort in knapp 20 Kilometer Entfernung von den deutschen Bahnverbindungen. Noch ist Verdun die mächtigste Stütze für jeden feindlichen Versuch, mit verhältnismäßig geringem Kraftaufwand die ganze deutsche Front in Frankreich und Belgien unhaltbar zu machen.«

Tatsächlich, von Kriegskunst kann keine Rede mehr sein. Die Franzosen haben gegen ihre Lehren verstoßen, indem sie blind stürmen und starr verteidigen. Die Deutschen werfen sie über Bord, indem sie der Schlacht nur noch die Funktion einer Blutpumpe zuerkennen.

Der Besitz von Verdun ist für die einen sowenig wichtig wie für die anderen. Dieses strategisch wertlose Verdun dient nur als Köder, als eine Art Falle, in die der Patriotismus ein stolzes und gefühlsbetontes Volk führen soll. Falkenhayn will die Stadt nicht einmal einnehmen, jedenfalls nicht allzu schnell.

Der kürzeste Weg wäre ein Angriff von Osten her über die Maashöhen hinweg, der bequemste ein Angriff auf dem linken Maasufer. Die beste Methode wäre ein gleichzeitiger Angriff auf beiden Wegen, um die Stadt in die Zange zu nehmen. Falkenhayn verwirft diese naheliegenden Lösungen und konzentriert sich auf einen Abschnitt, den ungünstigsten, das rechte Maasufer.

Dem deutschen Kronprinz ist die Führung des Angriffs vorbehalten. Er ist kein Fried-

rich II., doch er hat genügend militärischen Sachverstand, um zu erkennen, daß die Operation auf beiden Ufern der Maas gleichzeitig ablaufen muß. Falkenhayn weist seine Vorschläge kühl zurück. Hier geht es nicht um Taktik, sondern um Metzgerarbeit. Die Schlacht um Verdun soll absichtlich auf einem keine 20 Kilometer breiten Abschnitt zwischen der Maas und der Orne stattfinden. Es darf auch nicht zu rasch vorgegangen werden, selbst wenn der Überraschungseffekt eine baldige Eroberung der Stadt ermöglichen sollte. Man muß der Versuchung widerstehen, die Front zu durchbrechen und zur freien Feldschlacht überzugehen, nach der sich die beiden im scheußlichen Schlamm der Gräben gefangenen Heere sehnen. Der französischen Armee muß Zeit bleiben, sich zu verbluten. Alles übrige kommt dann von selber.
Der Angriff ist auf den 12. Februar angesetzt gewesen, doch wegen des Schnees hat man ihn verschieben müssen. Zehn Tage lang haben die Truppen, vier Armeekorps, sturmbereit in den Wäldern von Flabas, Ecurey und Sivry gewartet. Mit Schokolade notdürftig bei Kräften gehalten, haben die Männer schrecklich unter Kälte und Enge gelitten. Unzählige sind in den Stollen ohnmächtig geworden, andere haben Tobsuchtsanfälle bekommen. Der französischen Artillerie hat sich noch nie ein derart lohnendes Ziel geboten. Doch sie schweigt, spart ihre Granaten für die Abwehr des Ansturms. Bald werden ihre Geschütze zerschossen, ihre Munitionslager in die Luft geflogen sein, von den Schlägen eines Gegners, dem man den Vortritt gelassen hat.

Das Zischen und Rauschen, als risse jemand das Himmelszelt entzwei, ist der Flug von tausend und aber tausend Granaten gewesen. Ein paar Sekunden lang können die Hauptleute Pujo und Boireau ihm lauschen. Dann schreit die Erde auf, sie raucht, brüllt, öffnet sich, wird selber zum Geschoß, fällt in unzählig vielen Springbrunnen zurück, als sei sie flüssig geworden. Die Bäume schwanken, stürzen übereinander oder reißen sich gleichsam vom Boden los in einer Wolke von Rinde und Mark. Die Männer, eher verblüfft als entsetzt, werfen sich hin, suchen nach irgendeinem Loch, in das sie sich verkriechen könnten. Im Caureswald sieht Driant die Bretter und Schanzkörbe seiner Stellungen durch die Luft wirbeln. »Meine Unterstände halten nicht«, sagt er mit stoischer Gelassenheit, »aber meine Jäger werden halten.«
Falkenhayn hat seine Schlacht auf den massierten Einsatz der Artillerie abgestellt, genauer gesagt, auf das Trommelfeuer mit schweren und schwersten Kalibern gegen die vordersten Linien. Neben der Korps- und Divisionsartillerie hat er auf der schmalen Front 160 Batterien in Stellung gebracht, 9-cm-, 10-cm-, 12-cm-, 13-cm- und 15-cm-Geschütze, schnellfeuernde 30,5-cm- und 38-cm-Schiffsgeschütze, 15-cm-, 21-cm-, 30,5-cm- und 42-cm-Mörser. 1300 Munitionszüge, also ein Bahnverkehr, den man auf jeden Fall hätte erkennen müssen, haben 2500000 Granaten aller Kaliber herangebracht. Das Feuer soll zehn Stunden währen, und für diese zehn Stunden steht den Gruppenkommandeuren so viel Munition zur Verfügung wie für sechs Tage heißer

Schlacht. Das Richten der Geschütze ist fast ausschließlich nach topographischen Angaben erfolgt, um den Gegner nicht durch das Einschießen zu warnen. Ein einziges 42-cm-Geschütz hat einige Tage vor dem Angriff versehentlich eine seiner übermannshohen Granaten abgefeuert. Die Franzosen haben sich interessiert gefragt, was für ein Geschoß wohl einen solchen Trichter reißen könne, aber irgendwelche Schlüsse haben sie daraus nicht gezogen.

Um 16.45 Uhr springt das Feuer vor. Die Überlebenden greifen zu den Waffen und sind auf den Ansturm der feindlichen Infaterie gefaßt, so wie sie selber in der Champagne und im Artois in dichten Massen angegriffen haben. Der Ansturm bleibt aus. Die deutsche Infanterie versucht gar nicht, die dezimierten und verstörten Verteidiger zu überrennen. Sie kommt langsam von weither, den Blicken der Franzosen durch die vom Trommelfeuer aufgewirbelten Staubwolken weitgehend entzogen.

Falkenhayn hat das Vorrücken genau geplant. An der Spitze gehen etwa 50 Mann starke Trupps, jeweils unter Führung eines Offiziers, in loser Ordnung vor. Ihnen folgen, kaum dichter, ausgesuchte Leute aus allen Einheiten, ungefähr in Bataillonsstärke je eingesetzter Brigade. Erst hinter ihnen kommt in drei weit auseinandergezogenen Wellen das Gros der Angreifer.

Die Männer tragen keine Tornister, sondern nur die gerollte Decke schräg um die Brust und im Brotbeutel drei oder vier eiserne Rationen. Noch sind keine Stahlhelme ausgegeben worden, doch damit sie sich im Unterholz nicht verhaken, haben sie die Spitzen von ihren harten Lederhelmen abgeschraubt; der Anblick deutscher Soldaten ohne Pickelhaube ist so ungewohnt, daß mancherorts das Gerücht aufkommt, sie trügen französische Uniformen. Das Gewehr haben sie umgehängt, um die Hände frei zu behalten, die Maschinengewehre werden fertig zusammengebaut auf Tragen mitgeführt. Die vordersten Trupps verfügen über Flammenwerfer, die einen 10 bis 15 Meter langen Feuerstrahl speien, Schweißbrenner, um Lücken in intakt gebliebene Hindernisse zu schneiden, und sie haben große Schilder, die an den Bäumen zu befestigen sind, um der Artillerie den Stand des Vordringens anzuzeigen. Diese Infanterie soll nicht erobern, sondern besetzen. Sie hat Befehl, bei jedem ernsthaften Widerstand haltzumachen, damit die Artillerie mit neuerlichem intensivem Beschuß die Entscheidung herbeiführt.

Am ersten Abend sind die Deutschen nicht weit gekommen. Nur der schlecht verteidigte Wald von Hautmont ist ihnen ganz in die Hände gefallen, das westlich davon an der Maas gelegene Dorf Brabant ist gar nicht angegriffen worden. Im Osten des Abschnitts sind die Deutschen in den Caureswald, den Wald von Ville und den Herbebois eingedrungen, aber die französische Stellung hält. Im Bericht des Festungsbezirks Verdun ist von »intensivem Beschuß« die Rede, doch »ohne daß man von Vernichtungsfeuern sprechen kann«. Der Infanterieangriff wird als »nicht sehr nachdrücklich« bezeichnet. In Chantilly herrscht Optimismus.

Glatteis und festgefahrener Schnee machen die Chaussee fast unpassierbar. Der Wagen gerät in Schneewehen, und der Fahrer muß sein ganzes Können aufbieten, damit General Pétain bei seinem Eintritt in den Ruhm nicht im Straßengraben landet. Er sitzt steif aufgerichtet da, doch sein Reisegefährte Major Serrigny kann am Zucken seines rechten Augenlids erkennen, wie es in ihm arbeitet. Dieser Mann wirkt nur gleichmütig; in Wirklichkeit verdeckt die steinerne Maske ein unbändiges Temperament.

Das Wort Temperament läßt allerdings verschiedene Deutungen zu. Als Joffres Befehl, Pétain solle sich sofort nach Chantilly begeben, gestern abend in Noailles, dem Ruhehauptquartier der 2. Armee, eingetroffen war, konnte sich Serrigny denken, wo sein Chef, der schöne Hagestolz, zu finden sein mochte. Er war nach Paris geeilt, hatte sich vom Portier des »Hôtel Terminus« im Nordbahnhof nicht aufhalten lassen und war bald vor einem Zimmer auf die Stiefel seines Chefs im trauten Verein mit Damenstiefeletten gestoßen. Pétain war in höchst unvollständiger Gewandung an die Tür gekommen, und Serrigny hatte erst die Proteste, dann das verzweifelte Schluchzen der Dame gehört.

Später flüsterte man in den Gängen der Hauptquartiere, der Führer der 2. Armee sei, bevor er sich zu Joffre begab, über Paris gefahren und habe hochgeheime nächtliche Gespräche mit bedeutenden Politikern geführt.

Jetzt, auf Glatteis und bei Schneesturm, nähert sich Pétain dem dramatischen Ziel seiner langen Fahrt: Verdun.

Die Unterredung mit Joffre ist kurz gewesen. Der Generalissimus hat wie ein alter bekümmerter Löwe gewirkt. Während um ihn herum von einem Durchbruch der Deutschen, von 800 verlorenen Geschützen die Rede gewesen ist, hat Joffre seine Ruhe bewahrt, ohne die Augen vor der besorgniserregenden und unübersichtlichen Lage zu verschließen. Castelnau war noch in der Nacht abgefahren mit Blankovollmacht, an Ort und Stelle alle erforderlichen Maßnahmen anzuordnen. Sollte Castelnau nicht eine ganz andere Lage melden, war Joffre entschlossen, Pétain mit dem Kommando auf dem linken Maasufer zu betrauen. Das konnte nur bedeuten, daß der Oberbefehlshaber davon ausging, daß das rechte Ufer, der ganze östliche Festungsbereich und die Hälfte der Stadt Verdun zu räumen wären, um wieder festen Fuß zu fassen.

Man fragt sich, wie Joffre für dieses hoffnungslose Kommando gerade auf Pétain verfallen ist. Warum hat er diesen unbekannten General ausgewählt, obwohl es doch um diese Zeit, Anfang 1916, wahrhaftig nicht an großen Namen fehlte, wie etwa Langle de Cary, der an der Front von Verdun den Befehl führte.

Eine ganz befriedigende Antwort darauf gibt es nicht. Allenfalls kann man festhalten, daß Pétain sich schon den Ruf eines Generals mit glücklicher Hand erworben hatte.

Am 24. April 1856 in Cauchy-à-la-Tour am Rande des nordfranzösischen Industriegebietes als Bauernsohn zur Welt gekommen, ist er so massig wie die Gehöfte seiner Heimat, aber auch so steif wie viele seiner Landsleute, was zweifellos dazu beigetragen hat, daß er so langsam vorangekommen ist. In die Offiziersschule von Saint-Cyr hat er

1876 mit dem Wettbewerbsrang 403 von 412 Zugelassenen gerade noch Aufnahme gefunden; er hat sich um 150 Ränge vorgearbeitet, doch dann ist er volle fünf Jahre Leutnant geblieben, sieben Jahre Oberleutnant und zehn Jahre Hauptmann, jedesmal nur per Regelbeförderung weiterkommend.
Erst mit dem neuen Jahrhundert geht es schneller mit seiner Karriere. Der wenig umgängliche Mann, dem nie Familienbeziehungen oder politische Protektion weitergeholfen haben, wird endlich von seinen Vorgesetzten, nicht zuletzt von General Foch, entdeckt. 1890 hat er das Generalstabspatent erworben. Jetzt, 1904, kehrt er an die Kriegsschule zurück, erst als Dozent, dann als Inhaber des Lehrstuhls für Infanterietaktik. Aber die zu langsam begonnene Laufbahn verwehrt ihm den Zugang zu den Generalsrängen. Die Brigade, die er in Saint-Omer, nicht weit von seinem Geburtsort, bekommt, bedeutet nach menschlichem Ermessen schon die Endstation. »Mein Federbusch als Oberst«, sagt er, »ist eben schon mein Marschallstab.«
Bei Kriegsausbruch steht er unmittelbar vor der Pensionierung.
Im August 1914 kämpft er unter Lanrezac bei der 5. Armee. Während des furchtbaren Rückzugs bildet seine Brigade die Nachhut des I. Korps. Dank der Erfahrung und Härte ihres Kommandeurs bleibt sie von Auflösungserscheinungen, wie sie andere Einheiten zeigen, verschont. Die Marschordnung wird rigoros aufrechterhalten. Durch die Ortschaften geht es im Gleichschritt mit übergelegtem Gewehr, die Trompeter vorneweg.
Bei der kurzen Gegenoffensive im Raum von Guise steht die Brigade Pétain ganz vorn. Sie vertreibt den Feind aus dem Wald und der Ferme Bertaigremont. Am 30. August hält sie die Höhen von Faucouzy und verschafft der 5. Armee die Möglichkeit, sich nach Süden abzusetzen.
Joffre, unzufrieden mit der 5. Armee, löst 22 ihrer Divisions- und Korpskommandeure ab, darunter Sauret, den Führer des III. Korps, und seine beiden Divisionsgeneräle Verrier und Bloch.
So wird Pétain eines Tages mit der Nachricht geweckt, er sei zum Brigadegeneral auf Widerruf und zum Nachfolger von Verrier an der Spitze der 6. Infanteriedivision ernannt.
Ein rasanter Aufstieg beginnt. Eben hat er noch 3000 Mann befehligt, und schon nach zehn Monaten übernimmt er das XXXIII. Korps, die Verantwortung für 45 000 Soldaten.
Das XXXIII. Korps hat sich bei der Offensive im Artois ausgezeichnet. Pétains Leute haben von der Höhe 125 aus die Ebene von Douai voller fliehender Deutscher erblickt. Sie, sie allein sind wirklich durchgebrochen, und es war nicht die Schuld ihres Chefs, daß sie nicht rechtzeitig Verstärkung bekommen haben, um ihren Erfolg zu nutzen.
Daß General Pétains Korps besser vorangekommen ist als die anderen, erklärt sich vor allem aus der außerordentlichen Akribie der Vorbereitung. Bei seinen Soldaten geht die

Legende, er habe die Geschütze selber gerichtet. Das stimmt natürlich nicht, aber immerhin hat er sich persönlich vom Stand des Einschießens jeder Batterie überzeugt. Der Stellungskrieg ist eine Kampfform, bei der das geringste Versäumnis blutige Rückschläge bringen kann. Pétain kümmert sich als erfahrener Mann der Praxis und als Generalstäbler um jede Kleinigkeit. Und er denkt dabei an die ihm anvertrauten Soldaten, auch wenn er das hinter einer eisig abweisenden Miene verbirgt; er ist sensibel genug, unter dem Blutvergießen zu leiden, das er organisieren und mit ansehen muß. Solche Eigenschaften machen zwar nicht unbedingt den großen Feldherrn aus, aber sie tragen ihm Vertrauen und Einsatzbereitschaft seiner Männer ein.

Bei der Offensive in der Champagne hat Pétain den Mut aufgebracht, als erster zu erklären, die Operation müsse abgebrochen werden.

»Angriffe in geschlossener Formation«, schreibt er in seinem Bericht, »gilt es zu vermeiden. Artillerie und Minenwerfer müssen in größtmöglicher Anzahl eingesetzt werden; das Geschütz, nicht der Infanterist muß die Hauptlast tragen.«

Ist er damit in Fettnäpfchen getreten? Man könnte es meinen. Am 5. Januar 1916 ist die Führung der 2. Armee auf einen Rumpfstab verkleinert und als Heeresreserve nach Noailles verlegt worden.

Plötzlich bekommt er nun einen ganz anderen Auftrag, an den er nicht im Traum gedacht hat: die Verteidigung, die Rettung der Festung Verdun.

Beim Eintreffen in Châlons ist Pétain hungrig und halb erfroren, so daß ihn Gouraud, der Führer der 4. Armee, erst einmal mit einem guten Essen wieder auf die Beine bringen muß. Die unverbesserlichen Kommißköpfe erzählen sich Kasinowitze, und am Ende ist von den gemeinsamen Erinnerungen an eine gewisse Nini in Amiens die Rede, deren offenbar überwältigenden Reizen die vier Herren – Pétain, Gouraud, Serrigny und Molinier – zu verschiedenen Zeiten Geschmack abgewonnen haben.

Erst bei Dunkelwerden ist Pétain weitergefahren. Der Wagen kommt manchmal kaum mit Schrittgeschwindigkeit vorwärts. Da die direkte Straße unter deutschem Beschuß liegt, muß der Fahrer einen Umweg über die schlechten Landwege der Argonnen suchen.

Endlich ist man in Dugny an der Maas eingetroffen, wo im Schloß von Senator Charles Humbert das Hauptquartier des Festungsbezirks Verdun eingerichtet worden ist. Vom Geschützfeuer klirren Fensterscheiben und Kronleuchter. Der Salon im ersten Stockwerk ist voller Generäle und hoher Offiziere, unter ihnen Castelnau, Langle de Cary und, mit bedrückter Miene, der Sündenbock Herr, den Chantilly am liebsten erschießen lassen würde.

Alle reden durcheinander, bis Claudel, ein großer kahlköpfiger Oberst der Kolonialtruppe, sich durchsetzt. Er ist erst gestern vom *Grand Quartier Général* gekommen, doch er hat einen guten Überblick über die Schlacht gewonnen. Aus seinem Vortrag wird Pétain die Aufgabe deutlich, die ihn hier erwartet.

Der 21. Februar hat nur ein offensives Vorfühlen der Deutschen gebracht. Als sie gemerkt haben, daß der Gegner noch nicht genügend zusammengeschossen war, hat das Artilleriefeuer mit aller Macht wieder eingesetzt.

Am 22. Februar ist die Infanterie bei Tagesanbruch wieder vorgegangen. Der gefrorene Boden hat sich in der Nacht mit einer dünnen Schneeschicht überzogen. Drei deutsche Armeekorps, das 18., das 3. und das 7. Reservekorps haben in mehreren Wellen angegriffen. Trotz tapferer Gegenwehr ist die erste Linie im Zentrum der Front überall verlorengegangen. Das Dorf Haumont und der Caureswald sind aufgegeben worden, Oberstleutnant Driant ist gefallen, nur knapp 100 seiner 1200 Jäger sind dem Inferno entkommen.

Am 23. sind auch die Flügel zurückgedrängt worden. Links, im Maastal, hat die 72. Infanteriedivision angesichts der drohenden Einschließung das Dorf Brabant geräumt; der Befehl des Korpskommandeurs, es zurückzuerobern, konnte nicht ausgeführt werden. Rechts hat die 51. Infanteriedivision den breiten Höhenrücken des Herbebois und den Wald von Wavrille, die schon zur zweiten Stellung gehören, verloren.

Am 24. sind die ersten Verstärkungen eingetroffen, doch ihr Einsatz ist kläglich versickert. Das XX. Korps ist, nach den Worten von General Balfourier, »ohne Marschverpflegung, mit zu wenigen Maschinengewehren, ganzen 120 Patronen je Mann, einer nicht ausreichenden Anzahl von Gasmasken und einem weit zurückgebliebenen Gefechtstrain« in den Kampf geworfen worden. Die 37. Infanteriedivision aus Nordafrika, die zum größten Teil aus Eingeborenen besteht, ist bataillonsweise eingeschoben worden; von der Kälte und vom Sperrfeuer auf den Anmarschwegen demoralisiert, haben sich nur einige Einheiten tapfer geschlagen, während andere kopflos davongelaufen sind.

Dieser Tag ist für Frankreich katastrophal verlaufen. Die Deutschen haben die Dörfer Ornes und Beaumont, die Chambrettesferme, den Fosses- und den Caurièreswald genommen. Erste Sturmtruppen sind schon in die bewaldeten Schluchten eingedrungen, die nach Douaumont hinaufführen, am anderen Flügel stehen sie an der Côte de Talou. Nach heldenhaftem Widerstand gegen den ersten Anprall fällt das XXX. Korps auseinander. Die Artillerie, die ohnedies wenig Wirkung erzielt hat, schießt mangels Verbindung mit der Infanterie nur noch schwach und aufs Geratewohl. Viele Geschütze sind zerstört oder dem Gegner in die Hände gefallen, die verbliebenen Batterien verlegen in aller Eile zurück, damit es ihnen nicht ebenso ergeht. Der deutsche Heeresbericht meldet 10000 Gefangene.

Am Abend dieses schwarzen 24. Februar ist eine schwerwiegende Entscheidung getroffen worden, die bezeichnend ist für die Lageeinschätzung auf französischer Seite: die Räumung der Woëvre. Diese lehmig-sumpfige Ebene im Südosten der Stadt, jenseits der Maashöhen, die im Süden von den eben noch heiß umkämpften Hügeln bei Les Eparges beherrscht wird, ist Anfang 1915 zurückerobert worden. Ihre freiwillige Preisgabe bedeutet einen Rückzug von 12 Kilometern, den Verzicht auf ein Gebiet, das dreimal größer ist als das Gelände, für das nördlich von Verdun so viel Blut vergossen wird. Ein Blick auf die Karte zeigt, daß dieses Zurückweichen, das so völlig im Widerspruch zur herrschenden Doktrin steht, nur das Vorspiel zur Aufgabe des ganzen rechten Maasufers sein kann. Wer diese Anweisung gegeben hat, glaubt nicht mehr an die Möglichkeit, Verdun zu halten.

»Darf ich fragen«, sagt Pétain, »wer diesen Befehl erteilt hat?«

Langle de Cary, der eindrucksvoll anzusehende Befehlshaber der Armeen des Frontabschnitts Mitte, läßt dem unglücklichen Sündenbock keine Zeit, selber zu antworten: »Der Rückzugsbefehl ist von General Herr unterzeichnet worden. Aber er hat nur einen mündlichen Befehl, den ich ihm erteilt habe, in Schriftform gebracht. Der Oberbefehlshaber ist informiert.«

Tatsächlich hat Joffre um 21 Uhr telephonisch seine Zustimmung gegeben:

»1. Ich billige im voraus jede Entscheidung, die Sie treffen, um die im Woëvrebogen stehenden Truppen auf die Maashöhen zurückzunehmen, wenn Ihnen dies zwingend erforderlich erscheint. Sie allein haben die Notwendigkeiten des Kampfgeschehens zu beurteilen.

2. Dagegen haben Sie im Norden an der Front zwischen Maas und Woëvre mit allen zur Verfügung stehenden Mitteln Widerstand zu leisten. Setzen Sie das XX. Korps unverzüglich ein. Es muß zweifellos in den Kampf geworfen werden, um die Verstärkungsdivisionen heranbringen zu können, deren Marsch an die Maas Sie nach Kräften zu beschleunigen haben.«

Der Lagevortrag geht weiter. Es sind zusätzliche Verstärkungen unterwegs. Das von Bar-le-Duc herangeführte XX. Korps, auf dem alle Hoffnungen ruhen, beginnt in die Front einzurücken. Doch es trifft auf völlige Auflösung. Die schweren Transporte aus der Woëvre, die den Maasbrücken zustreben, wirken wie beim Rückzug Napoleons aus Rußland. Aus dem Kampfgebiet strömen die Truppen ohne Ordnung nach Westen, viele Protzen ohne Geschütze sind darunter, in panischer Flucht weiterdrängende Haufen, dazu die Zivilbevölkerung, die aus der brennenden Stadt Verdun flüchtet.

Die Infanteristen des XX. Korps gehen im Gänsemarsch ohne ortskundige Führer durch diesiges Schneegestöber in die brüllende, rötlich glühende Schlacht. Die feindliche Artillerie deckt alle Annäherungswege mit Sperrfeuer ein, der Hagel der Brisanz- und Gasgranaten bricht über die Männer derart herein, daß sie das Gefühl haben: Nicht wir ziehen in die Hölle – die Hölle kommt uns entgegen!

Auf deutscher Seite ist es allerdings auch vorbei mit der überlegenen Ruhe und Ordnung, die am 21. Februar geherrscht hat. Der verbissene Widerstand einzelner Stellungen und die unermüdlichen Gegenstöße haben den Zusammenhalt zwischen den Angriffswellen der Infanterie zerstört. Die Artillerie hat immer größere Schwierigkeiten, in dem von ihrem eigenen Feuer zerwühlten Gelände voranzukommen und in Stellung

zu gehen. Die Verluste, die in den ersten Tagen unbedeutend gewesen sind, werden immer spürbarer.
Der Frost trifft ja auch die Deutschen, und die Nächte sind für Angreifer und Angegriffene gleich hart. Allerdings zweifelt niemand daran, daß die fünf Armeekorps des Kronprinzen Verdun erobert hätten, wenn sie am 24. Februar nachdrücklich weiter vorgerückt wären. Doch das von Falkenhayn vorgeschriebene Tempo erlaubt kein befreiendes Stürmen, sondern nur methodisches Einnehmen; so schneidig sich Kronprinz Wilhelm gibt, er ist nicht der Mann, seine Anweisungen in die Tasche zu stecken und mit aller Kraft geradewegs auf Verdun durchzubrechen.
Das können die französischen Offiziere, die an diesem Abend des 25. Februar im Schloß von Dugny versammelt sind, natürlich nicht wissen. Sie sind ohnehin über den Verlauf des Tages nur unvollständig unterrichtet. Das feindliche Artilleriefeuer hat gegen 8 Uhr wieder voll eingesetzt. Seit 15 Uhr wird der Pfefferrücken angegriffen, wo die zusammengewürfelten Reste von ungefähr zehn Bataillonen sich ihrer Haut wehren.
Im Gelände um Douaumont ist die Lage nicht zu überschauen. Immerhin hat General Chrétien, bevor er den Abschnitt an General Balfourier, den Chef des XX. Korps, übergeben hat, noch befohlen, eine Besatzung in die Forts zu legen. Fort Douaumont, ein riesiger Betonklotz, der die ganze Gegend beherrscht, hat schon 38-cm- und 42-cm-Treffer bekommen, von denen jedoch keiner durchgeschlagen hat. Als Einzelwerk mag man das Fort so negativ einschätzen, wie man das inzwischen bei jeder Festungsanlage tut, doch als Eckpfeiler einer Kampflinie ist es eine starke Stütze.
Die höchste Befehlsgewalt in Dugny übt General de Castelnau aus. Edel und fromm wie ein Kreuzritter stellt sich dieser Mann dar, der seine vier Söhne klaglos dem Vaterland geopfert hat. Er hat den schweren Schritt, die breiten Schultern und das rauhe Organ der Bauern aus dem Massif Central. Er hat seine Entscheidung getroffen und ist bereit, die Verantwortung dafür zu tragen: Verdun wird auf dem rechten Ufer der Maas verteidigt.
Das ist ein ungeheures Risiko. Castelnaus Entscheidung bedeutet, daß die französische Armee den furchtbaren Kampf in einem langen, schmalen Brückenkopf fortsetzt, der von den knapp 15 Kilometer entfernten Maashöhen beherrscht wird. Außerdem würde ein Durchbruch des Gegners westlich von Verdun Einschließung und Vernichtung bedeuten.
Nachschub und Verstärkungen können nur über die Straße von Süden aus Bar-le-Duc und mit einer Schmalspurbahn herangeführt werden; alle anderen Zufahrtswege sind entweder wie in Saint-Mihiel vom Gegner abgeschnitten oder liegen wie bei Auberive unter ständigem Beschluß. Noch nie ist eine Schlacht von solcher Bedeutung unter so ungünstigen Bedingungen angenommen worden. Das französische Heer muß damit rechnen, alle Divisionen und das gesamte Material zu verlieren, die es jetzt rücksichtslos auf dem Ostufer der Maas einsetzt. Der Mythos vom Boden des Vaterlandes muß

überwältigend stark sein im Frankreich von 1916, daß man bereit ist, ein solches Risiko einzugehen ...

Joffre hat sich allerdings nur widerstrebend ans Telephon holen lassen, als Castelnau darauf bestanden hat, ihn von seiner Entscheidung persönlich zu unterrichten. »Ich habe Ihnen meine Vollmacht gegeben; ich decke alles, was Sie tun.«

Daß auf dem rechten Maasufer gekämpft werden soll, hat eine logische Folge. Castelnau verkündet: »General Pétain leitet die Operationen auf beiden Ufern, nicht nur, wie von General Joffre zunächst vorgesehen, auf dem linken ... Er übernimmt sein Kommando um Mitternacht.«

Pétain wendet ein, sein Stab sei noch irgendwo auf den verschneiten Straßen unterwegs, und verlangt einen Aufschub von mehreren Stunden. Castelnau wiederholt nur: »Um Mitternacht.« Pétain gibt nach und erklärt, er werde sein Hauptquartier in Souilly aufschlagen. Das Dorf liegt an der Straße nach Bar-le-Duc, 20 Kilometer von Verdun entfernt, und es sieht ganz so aus, als werde man sich mit sehr bescheidenen Unterkunftsmöglichkeiten zufriedengeben müssen. Doch Pétain kommt es vor allem darauf an, der defätistischen Stimmung in Dugny zu entfliehen.

Noch allerdings muß er ausharren. Langle de Cary und Castelnau sind gegangen, Pétain wartet noch die Abendmeldungen der Verbände ab. Eine ist erschreckend: General de Bonneval, der Louvement und den Pfefferrücken hielt, hat aus der Besorgnis, abgeschnitten zu werden, seine Truppen auf den Froideterrerücken zurückgenommen, so daß der Gegner jetzt keine 10 Kilometer mehr von Verdun entfernt ist. Kaum ist der Befehl hinaus, das aufgegebene Gelände um jeden Preis zurückzuerobern, trifft eine weitere Hiobsbotschaft ein. Was viele schon angenommen hatten, was seit Stunden gemunkelt worden ist, stimmt: Fort Douaumont ist erobert worden!

Kampflos erobert! Der Befehl, die Forts mit genügend Verteidigern zu besetzen, ist im Zuge der Kommandoübergaben verlorengegangen.

Die gewaltige Anlage des Douaumont, die größte, beherrschende, am unmittelbarsten bedrohte vor dem Zugang zur Stadt, ist wie ein Wrack liegengeblieben. Die Einheiten, die auf der Fluchtseite des Forts kämpften, haben sich entsprechend dem Befehl von General Bonneval zurückgezogen, das 95. Infanterieregiment zum Beispiel, oder haben sich ergeben wie ein Bataillon des 208. Infanterieregiments, das im Wald von Hassoule eingeschlossen worden ist. Zwei Brigaden des XX. Korps, die an den oberirdischen Anlagen des Forts Verbindung halten sollten, haben sich davon gelöst, die eine auf ausdrücklichen Befehl ihres Kommandeurs, der im Douaumont nur eine bequeme Zielscheibe für die feindliche Artillerie erblickte.

Der deutsche Angriff sollte befehlsgemäß nur auf 600 Meter an das Fort vorgetragen werden, doch eine Handvoll Brandenburger vom 24. Infanterieregiment, von Oberleutnant von Brandis mitgerissen, sind tollkühn weitergestürmt, haben die Drahtverhaue am Nordglacis zerschnnitten, sind in den Wallgraben geklettert und durch eine

Bresche in den Hof des Kernwerks und von dort aus in die Kasematten gelangt, alles ohne einen Gewehrschuß.
Vier Territorialkanoniere sind fieberhaft damit beschäftigt gewesen, mit dem 15,5-cm-Geschützturm auf die vermuteten Vormarschwege der Deutschen zu feuern. Das war die einzige militärische Aktivität des Forts. Plötzlich standen deutsche Infanteristen da, und es blieb ihnen nichts übrig, als die Hände hochzunehmen. An die 60 andere alte Herren beschäftigten sich mit dem Abbau der Ausrüstung; den Befehl führte der »Batteriewärter« Chenot, ein Zivilbeamter also, an die 60 Jahre alt. Die wackeren Männer waren fast taub von den schweren Kalibern, die in die Aufbauten des Forts einschlugen, spürten das Beben des Betons, ließen sich vom dicken Staub berieseln, der von den Gewölben fiel, zündeten immer wieder ihre Kerzen an, aber sie wiegten sich doch in Sicherheit, weil sie nicht ahnen konnten, daß die Schlacht, die eben noch 6 Kilometer entfernt getobt hatte, schon bei ihnen angelangt war. Sie vermochten keinen Widerstand zu leisten. Douaumont kostete die Deutschen kein Blut.

Von Dugny nach Souilly geht es auf eine Hochfläche hinauf. Die schneehelle Nacht war voll wirrer Bewegungen eiliger Menschen und Gespanne. Souilly selber wimmelte von Trainwagen, Artillerieparks, Verwundeten und Versprengten. Pétain und Serrigny suchten nach dem Haus des Notars Janvier, von dem man ihnen gesagt hatte, es sei das komfortabelste am Platze. Es war dunkel, eiskalt und fast gänzlich ausgeplündert. In der Küche entdeckten sie einen Rest grüne Bohnen, den irgendwelche Soldaten stehengelassen hatten, und machten sich darüber her. Dann ließen sie im Salon, aus dem sie erst etliche Schläfer vertreiben mußten, Feuer machen, doch es lieferte mehr Rauch als Wärme. »Was tun wir jetzt?« fragte Pétain. – »Schlafen«, sagte Serrigny. »Morgen früh ist es jedenfalls hell.« – »Aber wozu gibt es denn das Telephon?« erklärte Pétain. Er ging hinaus und fand auf der anderen Straßenseite das Bürgermeisteramt, wo die Pioniere eine Feldvermittlung aufgebaut hatten.
Zunächst rief er bei Balfourier an, der auf dem rechten Ufer kämpfte. »Ach so, Sie haben jetzt das Kommando, *mon général*, dann ist ja alles gut.« Bazelaire, der auf dem linken Ufer den Angriff erwartete, reagierte ähnlich. Der Name des unbekannten Obersten von 1914 galt in der französischen Armee schon als Glücksbringer.
Inzwischen war es Mitternacht geworden. Pétains Stabschef, Oberst de Barescut, traf ein und entrollte im Trausaal seine Karten. Nach der Liebesnacht und dem historischen Tag war Pétain todmüde. Er raffte sich noch zum Diktieren einer Mitteilung an alle Verbände auf, daß er das Kommando übernommen habe, und ging hinüber ins Haus Janvier, wo man in einem feuchtkalten Zimmer ein Bett für ihn aufgeschlagen hatte.
Am Morgen hatte der neue Feldherr für die Schlacht um Verdun 40 Grad Fieber. Der Arzt stellte eine doppelseitige Lungenentzündung fest und erklärte, eigentlich sei es seine Pflicht, den General in ein Etappenlazarett einliefern zu lassen.

Pétains Krankheit wurde geheimgehalten. Er gab seine Befehle vom Bett aus über Barescut und Serrigny. Vor dem Kriege war er in einer offensivwütig gewordenen französischen Armee einer der wenigen gewesen, die klaren Kopf behalten hatten und die durch Maschinengewehre und Schnellfeuerkanonen auf das Mehrfache gestiegene Feuerkraft ins Kalkül einbezogen hatten. Diese Schlacht um Verdun, die man ihm da als fast schon eingetretene Niederlage anvertraute, wollte er in erster Linie mit Kanonen durchstehen. Er, der Infanterist, war entschlossen, der Artillerie die entscheidende Rolle zuzuweisen. »Wo sind Ihre Batterien?« war fortan seine erste Frage bei Besuchen in den Befehlsständen an der Front. »Von allem übrigen können wir später reden.«
Das ganze Geschehen vor Verdun ist eine Geschichte der Entwicklung der französischen Artillerie: erst zahlenmäßig, vor allem aber taktisch völlig unterlegen, dann langsam die Oberhand gewinnend bis zu den unwiderstehlichen Gegenoffensiven Ende 1916. Die Infanterie erwirbt sich dafür den bitteren Ruhm von Märtyrern.
Im Augenblick wird sie schrecklich hergenommen, doch sie hält stand.
Nach dem Fall von Fort Douaumont ist ein Wunder geschehen: ein Stillstand in der deutschen Offensive. Die Deutschen sind erschöpft, völlig desorganisiert, und ihre Angriffswellen brechen sich an den immer besser ausgebauten Stellungen und ständig zahlreicher werdenden Verteidigern. Die Verluste beginnen sich auszugleichen. Falkenhayn wird unruhig. Dieser frontale Kampf kostet viele Menschenleben, und zwar um so mehr, als die Franzosen auf dem linken Maasufer ihre Artillerie laufend verstärken und von den Höhen des Toten Mannes und des Gänserückens über die Flußniederung hinweg die Flanke und stellenweise sogar die rückwärtigen Verbindungen der Angriffstruppen unter Feuer nehmen.
Falkenhayn hat die französische Armee zusammenschießen wollen, jetzt werden seine eigenen Leute im Vernichtungsfeuer dezimiert.
Es wäre naheliegend, sich mit dem Geländegewinn zufriedenzugeben und die Schlacht zu beeenden, solange die Bilanz noch positiv ist. Doch Deutschland hat alles auf die Karte Verdun gesetzt. Jetzt aufgeben, das wäre eine katastrophale moralische Niederlage.
Schon lange fordert der Kronprinz die Ausweitung des Kampfes auf das linke Maasufer. Jetzt endlich darf er dort angreifen.
Eine zweite Schlacht beginnt.

XV. Kapitel Frühjahr 1916: Die Skagerrakschlacht

Vor Verdun wird auch auf dem linken Maasufer gerungen. An allen anderen Fronten erwachen die Kämpfe aus dem Winterschlaf: vom Schnee der Alpen bis zum Wüstensand Mesopotamiens. Am Skagerrak prallen die gepanzerten Riesen aufeinander.

Schnee und Nebel. Am 6. März beginnt die deutsche Offensive auf dem linken Ufer der Maas. Sie wird mit mindestens ebenso gewaltigem Materialeinsatz vorgetragen wie auf der anderen Seite des Flusses. Pétain verlangt, daß unbedingt die Linie über die zwei Kuppen des Mort-Homme (des tragisch berühmt gewordenen Toten Mannes) und die Höhe 304 gehalten wird und der Anschluß an die Argonnenfront beim Dorf Avocourt sichergestellt bleibt.

Die beiden Waldhügel, innerhalb weniger Tage völlig kahlgeschossen, rauchen wie Vulkane unter dem Granathagel, doch im Gegensatz zum Februar kommen die Deutschen nicht überraschend; jeden Schritt vorwärts müssen sie mit vielen Menschenleben bezahlen.

In sieben Angriffstagen dringt das sächsische Reservekorps nur 2,5 Kilometer weit in die Linien der Franzosen ein; das Hauptziel, die beiden Kuppen des Toten Mannes, wird nicht erreicht. Und dahinter folgen weitere Höhenzüge, weitere Hügel, die man um einen ebenso schrecklichen Preis erobern muß, um nach Verdun zu gelangen. Auf dem linken Ufer ist der Zugang zu der begehrten Stadt ebenso teuer wie auf dem rechten.

Diese Märzwoche bezeichnet die Wende der Schlacht um Verdun. Man kennt jetzt auf französischer Seite die Taktik der Deutschen, und durch ständige Verstärkungen sind die Verteidiger jetzt fast so zahlreich wie die Angreifer, die inzwischen etwa gleich hohe Verluste haben. Die Deutschen können die Franzosen nur bluten lassen, wenn sie selber ebenso stark bluten. Sie können Verdun vielleicht noch erobern, aber nur durch Kampf um jeden Meter, und der Gewinn ist den Einsatz nicht wert.

Der Kronprinz, kein sadistischer Henker, wie ihn die Franzosen in ihrem frischen Haß darstellen, sondern eher ein leichtherziger Lebemann, der lieber weiterhin eine schneidige Rolle beim großen Manöver gespielt hätte, ist entsetzt über das Blutvergießen und schlägt vor, die Offensive einzustellen. Falkenhayn lehnt ab, aus höchst einsichtigen Gründen. Es geht um seinen Posten als Führer des deutschen Feldheeres. Die Eroberung von Verdun, mit der er es im Februar nicht eilig gehabt hat, wird im März für ihn eine absolute Notwendigkeit. So beginnt jetzt das furchtbarste Drama, besser gesagt, der unsägliche Skandal: Eine Schlacht ohne strategische Notwendigkeit tobt noch viele

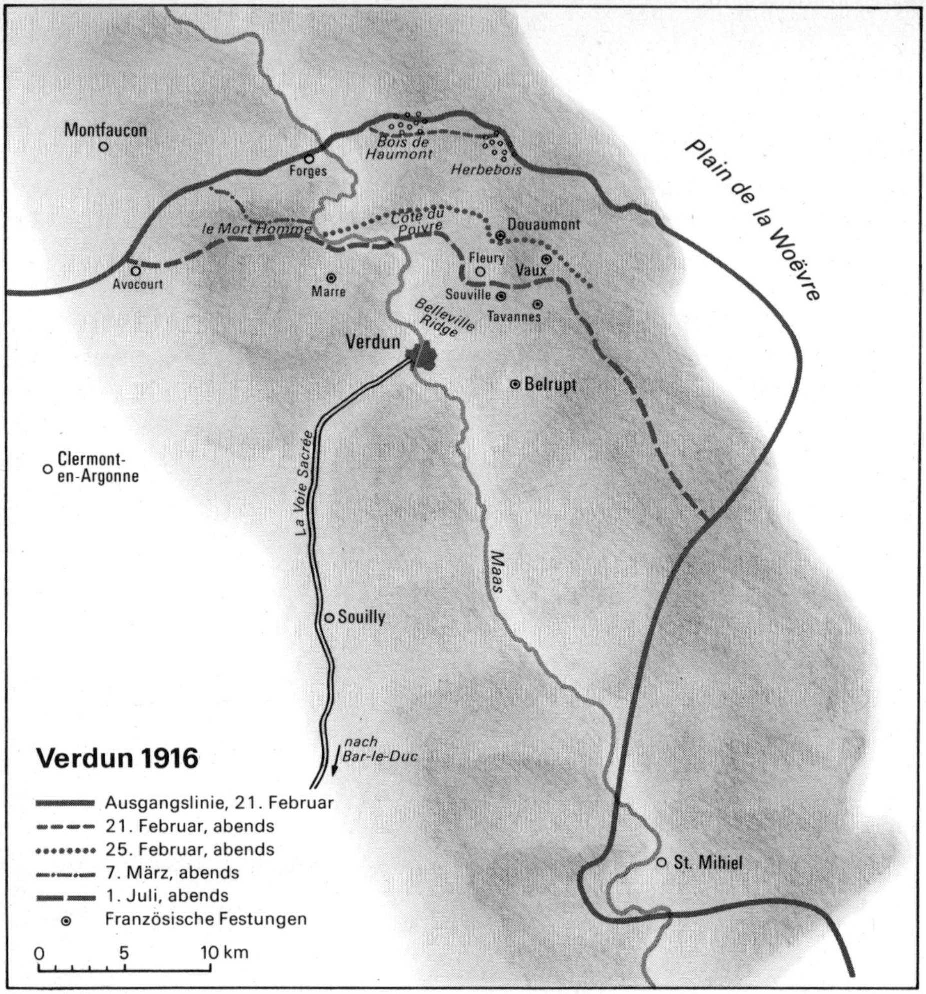

Wochen lang, weil ein mittelmäßiger General, den Hofintrigen in die höchste Verantwortung gestellt haben, nicht unrecht gehabt haben darf!

Um diese Zeit erreicht das Ringen den höchsten Grad an Vervollkommnung bürokratischer Organisation, die allerdings bei den Oberkommandos der beiden Seiten verschieden aussieht.

Bei den Deutschen wird die Schlacht aus großen Nachschubdepots gespeist. Divisionen und Armeekorps bleiben unbegrenzt im Einsatz, sie werden mit Menschen und Material aus anderen Abschnitten aufgefüllt.

Bei den Franzosen werden die Divisionen jeweils nach kurzer Zeit wieder herausgezo-

gen und durch andere abgelöst, nach besonders schweren Verlusten kommt es vor, daß eine Truppe nur acht Tage vor Verdun bleibt.
Während der *Meusien*, die Schmalspurbahn, nach Kräften für den Transport von Lebensmitteln und Material genutzt wird, kommen auf der einzigen, sakrosankten Straße von Bar-le-Duc, der *Voie Sacrée*, wie auf einem Förderband die frischen Truppen heran, während auf der anderen Seite der Chaussée die abgekämpften Soldaten und die kraftlosen Verwundeten davonrollen. 8000 Territorialsoldaten werfen in den zehn Monaten der Schlacht 700000 Tonnen Kies unter die Vollgummireifen von 4000 bis 5000 Lastwagen. Eben noch galten die Männer mit dem »A« am Mantelkragen, die Automobilfahrer, als Drückeberger. Auf dieser Straße werden sie zu rücksichtslos geforderten Zwangsarbeitern; es kommt vor, daß sie 24 Stunden ohne Pause hinterm Steuer verbringen.
Anhalten kommt nicht in Frage. Hat ein Lastwagen eine Panne, so wird er ohne Zögern in den Straßengraben gekippt. Nicht einen Augenblick lang, weder bei Tag noch bei Nacht, kommt das Förderband zum Stehen, so lange der gnadenlose Kampf währt.
In dem Dorf Regret vor den Toren von Verdun ist Endstation. Hier beginnt der eigentliche Leidensweg. In immer kleineren Formationen trotten die Soldaten erst auf Trampelpfaden, dann durch Laufgräben und am Ende von Trichter zu Trichter in den Kampf; ihre abgelösten Kameraden gehen noch in derselben Nacht den gleichen mühsamen Weg zurück.
Die Neuankömmlinge sind unglaublich beladen: Verpflegungsvorrat, Handgranaten, Leuchtkugeln, Schanzzeug, 250 Patronen ... In den halb eingestürzten Annäherungsgräben stolpern sie über unbrauchbar gewordene Ausrüstungsgegenstände. Die Landschaft verändert sich ständig. Selbst die beigegebenen Führer finden sich in dem zerwühlten Gelände nur mühsam zurecht und haben oft nur besonders markante Leichen als Anhaltspunkt. Der lose Stacheldraht verhakt sich in den Mänteln. Oft dauert es Stunden, bis alle nach vorn durchgekommen sind.
Die Artillerie beider Seiten hält systematisch alle Zugangswege zum Schlachtfeld unter Beschuß, jeden Hohlweg, jede Schlucht, jede Mulde. Die Verluste sind erschreckend, manchmal fällt die Hälfte der Männer schon unterwegs aus. So paradox es klingt: Erst in der vordersten Linie können sie sich ein wenig sicherer fühlen, dort sind sie weniger gefährdet als in dem Gebiet dahinter, weil der Beschuß die allzu nah an den eigenen Leuten liegenden und allzu unübersichtlichen ersten Gräben und Trichterstellungen ausspart, um nicht Feind und Freund zugleich zu treffen.
Das gilt natürlich nur für die Zeit relativer Ruhe. Nach einem harten Kampftag kann es vorkommen, daß die Ablösung nur ein paar vom Trommelfeuer halb wahnsinnig gewordene Kameraden vorfindet.
Oder es kommt noch schlimmer. Der Soldat Georges Deleye vom 33. Infanterieregiment berichtet: »Als wir in der Nacht vor dem Dorf Douaumont in die erste Linie ein-

rückten, fanden wir nur Andeutungen von Gräben vor. Und überrascht stellten wir fest, daß die Abzulösenden liegen blieben, ohne sich für uns zu interessieren. Wir sahen näher hin. Sie waren tot!«

Nirgends hat die Konzentration des Artilleriefeuers solch aberwitzige Ausmaße angenommen wie vor Verdun. Bis zum 15. Juli verschießen die Franzosen über 10 Millionen Granaten mit einem Kaliber von mehr als 7,7 cm, die Deutschen 21 Millionen. Die 7,5-cm- und 7,7-cm-Granaten hat niemand gezählt. Ein unvorstellbarer Stahlhagel geht auf eine oft nur wenige Kilometer breite Front nieder.

In den zehn Monaten sind auf ein paar Quadratkilometern über 700000 Männer beider Seiten ums Leben gekommen. Wie verbissen sie gekämpft haben, können wir uns kaum ausmalen. Allein das Dorf Fleury ist sechzehnmal erobert und zurückerobert worden, jedesmal mit hohen Verlusten.

Einen tragischen Anblick bietet dieses unvergleichliche Schlachtfeld. »Am nächsten kommt man der Wirklichkeit noch, wenn man an das matschige, von Tausenden von Tieren zertrampelte Feld vor einem Schlachthof denkt. Nur muß man sich statt Hufabdrücken Granattrichter vorstellen, in denen die Leichen schwimmen wie Fliegen in einem Napf.«

Alle ehemaligen Frontkämpfer werden bei diesen Worten eines ihrer Kameraden den Boden von Verdun wiedererkennen.

Zu Beginn der Schlacht konnten die Soldaten noch in den Trichtern Zuflucht suchen und sich mit dem Aberglauben trösten, daß niemals an derselben Stelle zwei Granaten nacheinander einschlagen. Darauf verläßt sich jetzt niemand mehr. Man hat berechnet, daß an den hart umkämpften Abschnitten vor Verdun mehr als ein Geschoß auf jeden Quadratzentimeter gefallen ist.

Die Kanoniere hatten eine diabolische Geschicklichkeit entwickelt. Sie gingen mehr und mehr dazu über, einen bestimmten Graben des Gegners »einzurahmen«: Hinter diesen Graben legten sie Sperrfeuer, damit sich die Besatzung nicht zurückziehen konnte, und gleichzeitig deckten sie den Graben selber mit großkalibrigen Granaten ein. Den Überlebenden blieb nur der Ausweg nach vorn, wo sie gefangengenommen oder von den Maschinengewehren niedergeschossen wurden.

Irgendwelche Bewegungen, Ablösungen oder Arbeiten waren überhaupt nur bei Nacht möglich, denn solange es hell war, wurde alles, was sich rührte, gnadenlos unter Beschuß genommen.

Dabei entstand ein neuer Typ des Kämpfers: der Gefechtsmelder. Er war die letzte Rettung, die letzte Verbindung mit den Befehlsständen und der Artillerie weiter hinten, wenn die Telephondrähte durchschossen waren, und das waren sie schon nach kurzem Trommelfeuer fast immer. Alle Ehemaligen berichten übereinstimmend, daß es niemals an Freiwilligen für diese Aufgabe gefehlt hat. Daran kann man die Tapferkeit der Männer von Verdun ablesen, denn diese Aufträge waren zumeist mit höchster Lebensgefahr verbunden. Ganz gleich, ob es galt, einen Befehl zu übermitteln, einen Bericht oder Lageskizzen zu überbringen oder Anweisungen einzuholen – es wurde nach einem Melder gerufen. Der mußte dann die relative Sicherheit des Unterstands und des Grabens oder dessen, was davon geblieben war, verlassen und in die Mondlandschaft hinaus, von Trichter zu Trichter springend. Die gegnerische Artillerie zögerte nicht, mit mehreren Geschützen das Feuer auf einen solchen einzelnen Mann zu eröffnen, von dem sie wußte, wie entscheidend seine Rolle sein konnte.

Hauptmann La Chaussée, der vor Verdun in Gefangenschaft geriet, hat den Leidensweg eines Melders verfolgt, der einen Lagebericht zum Bataillonsgefechtsstand bringen sollte.

»Einer aus der Meldergruppe, der Soldat Thiers, geht freiwillig. Ich sehe noch sein heiteres, aufgewecktes Gesicht vor mir, ein sympathischer Pariser Junge. Wir sehen zu, wie er losläuft. Schon bald schießt ein Maschinengewehr auf ihn, dann ein zweites, ein drittes. Er rennt, wirft sich hin, springt weiter, nimmt wieder Deckung. Wir halten den Atem an. Aber da ist er wieder. Jetzt verschwindet er in einem Trichter, hüpft dann in den nächsten. Die feindliche Artillerie erwacht und setzt ihre Granaten rings um ihn. Doch ständig taucht er wieder auf und versteckt sich sogleich im nächsten Loch. Nach einer Pause, die uns verdächtig lang vorkommt, ist er doch von neuem zu sehen. Wieder feuern die Geschütze. Jetzt suchen wir lange mit dem Feldstecher an der Stelle, wo er zuletzt verschwunden ist ... Schließlich gehen Sanitäter hinaus und bringen ihn in den Unterstand zurück. Er ist an Armen und Beinen schwer verwundet. Und am Abend, beim Rücktransport nach Verdun, wird er, wie man mir berichtet, mitsamt seinen Trägern von einem Volltreffer zerrissen.«

Auch die Sanitäter haben einen schweren Blutzoll entrichtet. Sie konnten fast überall nur im Schutze der Dunkelheit tätig werden. Oft mußten sie bis dicht vor die feindlichen Linien schleichen, den Rufen und Schmerzensschreien der Verwundeten nach. Wenn das Gelände es erlaubte, was oft nicht der Fall war, benutzten sie eine Bahre, die wie eine Schubkarre am Ende ein Rad hatte. Sonst mußten sie Tragbahren verwenden oder den Verwundeten auf den Rücken nehmen.

Die gehfähigen Verwundeten zogen bei den Franzosen mit einem leuchtend roten »Evakuierungszettel« am Knopfloch nach hinten. Ein kläglicher Anblick war dieser ständige Strom von menschlichen Wracks, die sich mühsam ihren Weg zum Verbandsplatz bahnten, der nur allzuoft überfüllt war, so daß sie stundenlang auf die erste notdürftige ärztliche Versorgung warten mußten. Von diesen Verbandsplätzen, die oft noch in der Feuerzone der feindlichen Artillerie lagen, haben Tausende von Überlebenden Schilderungen gegeben, die alle Vorstellungskraft übersteigen.

Am schlimmsten waren vielleicht die Gaskranken dran. Oft hatten sie das Augenlicht verloren, stolperten Hand in Hand oder die Hände auf dem Rücken des Vordermanns hinter einem verwundeten Kameraden her, der noch sehen konnte, und husteten sich

die Seele aus dem Leib. Viele blieben am Wege liegen. Und auf dem Verbandsplatz konnten die Ärzte ihnen zumeist noch nicht einmal helfen.
Der Einsatz von Gas war eine besonders schreckliche Neuerung dieses Krieges. Als die Schlacht um Verdun begann, hatte man sich zwar schon seit zehn Monaten an diese Technik gewöhnen müssen, doch hier kam es zur ersten wirklich massiven Verwendung. Allein am 22. Juni, als die Deutschen vor Souville unbedingt den Durchbruch erzwingen wollten, belegten sie das schmale französische Frontstück binnen weniger Stunden mit mehr als 20000 Gasgranaten.
Begonnen hatte der Gaskrieg am 22. April 1915 um 17.30 Uhr nach einem Tag ohne nennenswerte Kampftätigkeit. In den Gräben bei Ypern zwischen Steenstraete und Langemark warteten die französischen Kolonialtruppen des General Putz in ihren Gräben auf die Rückkehr der Essenholer. Plötzlich riefen die Posten an der Brüstung, über dem Niemandsland liege ein seltsamer grüngelber Rauch. Vom Ostwind getrieben, wälzte sich die dichte Wolke langsam auf sie zu. Unmittelbar hinter diesem Vorhang gingen die Deutschen vor. Als das Gas sie erreichte, begannen die ahnungslosen Verteidiger erst zu husten und um Atem zu ringen, dann zu erbrechen. Sie mußten zurück, ebenso wie einen Tag später ihre kanadischen Waffenbrüder im Nachbarabschnitt. Die Front war weit aufgerissen.
Foch, der hier kommandierte, schrieb später: »Zum Glück blieb der Gegner nach 4 oder 5 Kilometern stehen, statt nachzustoßen. Die einmalige Gelegenheit blieb ungenutzt.«
Bei den Alliierten waren keinerlei Vorbereitungen für diese 1889 durch die Haager Landkriegsordnung verbotene Kampfform getroffen worden.
So mußte man sich jetzt notdürftig damit behelfen, Reisig oder Stroh vor den Unterständen aufzuhäufen, um sie mit einem Kanister Petroleum bei Gasalarm anzuzünden; so hoffte man das Giftgas zu vertreiben. Später benutzte man Sprühgeräte mit Natriumbisulfit, bis man endlich aus Brillen und Wattebäuschen die ersten Gasmasken improvisierte. Da so schnell nicht genug Gummiband aufgetrieben werden konnte, verwendete man, so will es jedenfalls die Legende wissen, Damenstrumpfbänder. Ab dem 26. Juli 1915 wurden an die Truppe rizinusölgetränkte Wattebäusche ausgegeben, die gegen Chlor und Brommethyl schützen sollten.
Endlich kamen dann echte Gasmasken. Sie waren wirkungsvoll, aber viele Männer hielten es darunter nicht aus, vor allem, wenn sie durch die tödlichen Schwaden gehen oder gar laufen mußten. Sie bekamen nicht genügend Luft, und die Gläser beschlugen, so daß sie weder ihren Weg finden noch zielen konnten. Tausende starben, weil sie der Versuchung nicht widerstehen konnten, für einen Augenblick die Maske zu öffnen, um tief durchzuatmen.
Die deutschen Chemiker, jeweils mit geringem zeitlichem Abstand von ihren Kollegen auf alliierter Seite gefolgt, entwickelten immer neue Kampfstoffe. Tränengase, Stick-

gase, schließlich das gefürchtete, mit dem grünen Kreuz gekennzeichnete Phosgen, das in Granaten verschossen wurde, die zwar wie Explosivgeschosse herangeheult kamen, aber dann mit dumpfem Knall zerbarsten und ein sofort tödlich wirkendes Gas verströmten.
Später, 1917, kam das Lost oder Senfgas, bei den alliierten Truppen als Yperit, bei den deutschen als Gelbkreuz bezeichnet, von dem die Männer mit Entsetzen sprachen wie vom Leibhaftigen. Tagelang im Sommer, wochenlang im Winter blieben die Stellungen, die damit verseucht waren, gefährlich. Keinen Gegenstand konnte man anfassen, ohne daß er einem die Haut verätzte. Das Gelbkreuz schlug sich auf die Lungen, und Lebensmittel, die damit in Berührung gekommen waren, wirkten tödlich.

Kaum ist er von seiner Lungenentzündung genesen, hat Pétain einen Divisionsgefechtsstand nach dem andern aufgesucht, um überhaupt einen Begriff zu bekommen von der ungeheuren Schlacht, die er führen soll. Es ist ihm hoch anzurechnen, daß er auch wissen will, was seine Soldaten Tag für Tag durchzumachen haben.
In einem berühmt gewordenen Abschnitt seiner Erinnerungen schreibt er: »Das Herz zog sich mir zusammen, wenn ich sah, wie unsere Zwanzigjährigen nach Verdun ins Feuer zogen, weil ich bedachte, wie sie in ihrem rasch beeindruckbaren Alter nur allzu schnell von der Begeisterung des ersten Kampfes in die Stumpfheit nach allen durchgestandenen Leiden, vielleicht sogar in Mutlosigkeit angesichts der ungeheuren Aufgabe verfallen würden. Von der Treppe vor dem Bürgermeisteramt von Souilly, meinem so praktisch an der Kreuzung der zur Front führenden Straßen gelegenen Hauptquartier, sah ich mit liebevoller Anteilnahme, wie sie vorbeikamen im Verband ihrer Einheit auf den schüttelnden Lastwagen oder im Marschtritt unter der Bürde ihrer schweren Ausrüstung; sie wollten gleichmütig erscheinen, sangen oder machten Witze, und ich freute mich über den vertrauensvollen Blick, den sie mir zum Gruß zuwarfen. Aber wie erschüttert anders kamen sie zurück, einzeln schwankend als Verwundete oder im Verband ihrer zusammengeschmolzenen Kompanie! Sie starrten ins Leere, als sähen sie dort die Schreckensbilder noch vor sich, sie waren wie erschlagen von dem, was sie erlebt hatten. Wenn ich ihnen Fragen stellte, brachten sie nur mit Mühe eine Antwort zustande, und der aufmunternde Zuspruch der älteren Kameraden fand kein Echo bei ihnen.«
Joffre, weit weg von der Front und so gut wie nie mit einem aus dem Kampf kommenden Soldaten konfrontiert, kennt solche Skrupel nicht. Er hat genug damit zu tun, seine Schlacht mit dem angemessenen Aufwand zu führen.
»Es war klar«, schreibt er rückblickend, »daß wir uns bei diesem Spiel abnutzen mußten, doch der Feind würde sich auch abnutzen, und es kam nur darauf an, daß ich geschickt genug vorging, um länger durchzuhalten als er. Im Kriege bringen die letzten Bataillone den Sieg.«

Man wird zumindest sagen dürfen, daß eine solche Auffassung von der Kriegsführung nicht den genialen Strategen verrät.
Im Grunde interessiert ihn die Schlacht um Verdun ja auch nicht. Sie stört ihn nur. Sie hindert ihn daran, sich ganz auf die große, unvergleichliche Offensive zu konzentrieren, die er zusammen mit den Engländern auf beiden Ufern der Somme zu führen beabsichtigt.
Wie ein Ochse vor dem Pflug, der stur seine Furche zieht, arbeitet der Generalissimus weiter an seinem Plan.
Bei der großen Sitzung vom 6. bis 8. Dezember 1915 in seinem Hauptquartier in Chantilly haben alle Bündnispartner, Russen, Briten, Italiener, Belgier und Serben ja ausdrücklich zugestimmt, daß das Jahr 1916 das Jahr des konzertierten Generalangriffs auf die Mittelmächte werden soll.
Die Westfront bietet sich als Hauptkriegsschauplatz an. Joffre ist überzeugt, daß die Gesamtlage dort ausnehmend günstig ist. 105 französische, 56 englische, 6 belgische, also insgesamt 167 Divisionen stehen 124 deutschen Divisionen gegenüber, von denen viele nur noch drei Infanterieregimenter umfassen.
Der rasche Ausbau der Rüstungsindustrie in Frankreich und Großbritannien hat es möglich gemacht, die in der Champagne und im Artois verbrauchte Munition durch die dreifache Menge zu ersetzen; bis Jahresende ist mit der Schaffung eines Bestandes von 21 Millionen Granaten für die Feldgeschütze und 6,7 Millionen für die schwere Artillerie zu rechnen. Nach den tragischen Lehren der Offensiven von 1915 sollen diese Berge von Sprengstoff und Stahl den Alliierten Truppen die Möglichkeit verschaffen, die befestigten deutschen Stellungen zu zermalmen und den sicheren Durchbruch strategisch so zu nutzen, daß »ein vollständiger Sieg und die Zerschlagung der gegnerischen Kräfte« nicht ausbleiben können. Als spätester Termin für die große Offensive ist der 1. Juli 1916 festgesetzt worden.
Dieser Zeitplan ist durch den Paukenschlag von Verdun durcheinandergeraten. Immer mehr Divisionen müssen über die *Voie Sacrée* von Bar-le-Duc her in den Höllenofen an den Ufern der Maas geworfen werden. Sie bleiben ein paar Tage lang im Einsatz, kommen mit unterschiedlich schweren, oft furchtbaren Verlusten zurück, müssen in Ruhestellungen gebracht und mit Menschen und Material aufgefüllt werden. Joffre macht sich Sorgen. Die Schlacht um Verdun frißt seine Schlacht an der Somme, gefährdet seine Planung für den großen Sieg im Jahre 1916!
Schon am 9. März versucht er gegenzusteuern. Eine Anweisung aus Chantilly setzt Souilly davon in Kenntnis, daß die auf 24 Divisionen verstärkte 2. Armee fortan aus dem eigenen Bestand leben muß, ohne Ablösung der Einheiten durch zusätzliche Truppen. Pétain protestiert. Er besteht darauf, daß der Wechsel der Divisionen so weitergeht wie bisher, und er setzt sich durch. An dem Plan für die Sommeoffensive müssen erhebliche Abstriche gemacht werden; die Kräfte, die Foch dafür zur Verfügung gestellt

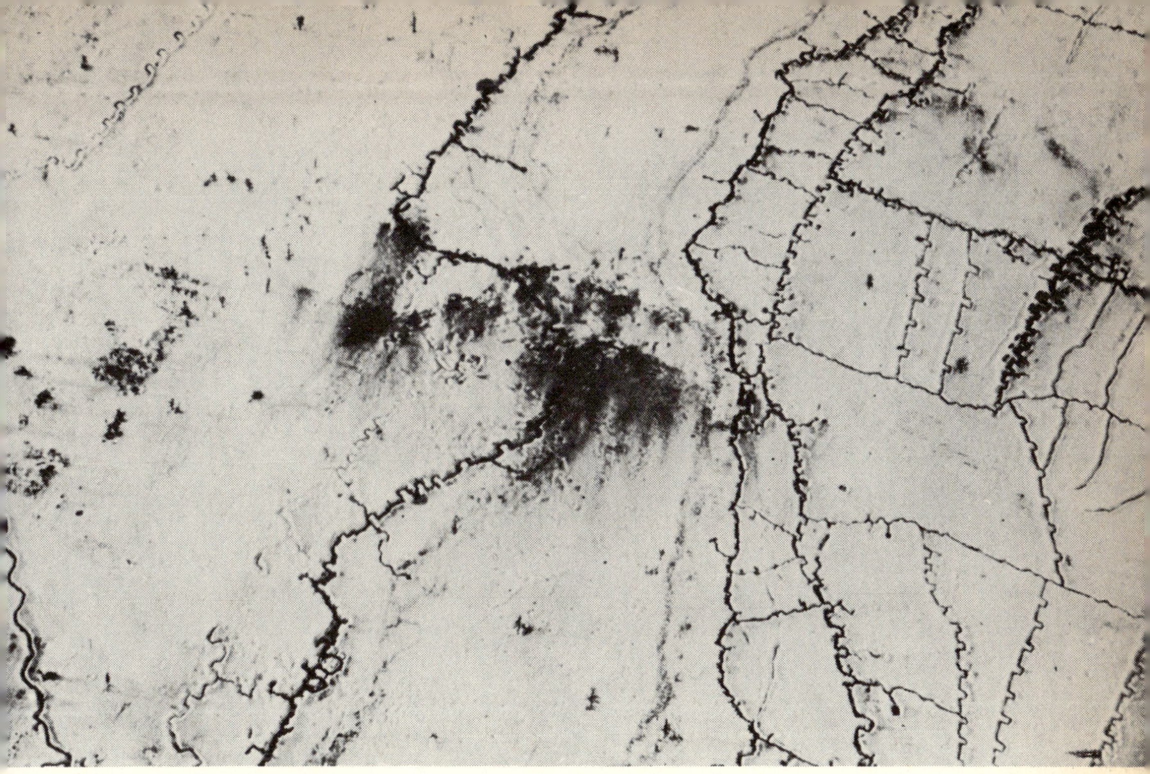

Die Flugzeuge wurden zur Beobachtung, manchmal auch als Bombenträger eingesetzt. – *59* Luftaufnahme der einander gegenüberliegenden Schützengräben der Österreicher (rechts im Bild) und der Italiener an der Isonzofront, auf der man sehr gut das weitverzweigte Grabensystem erkennen kann. – *60* Hier wird an einem veralteten russischen Flugzeug eine Bombe befestigt.

61 Gefangenenverhöre bildeten eine wichtige Informationsquelle über Vorhaben des Gegners. Hier werden französische Soldaten von einem deutschen Offizier befragt. – *62* Der deutsche Kronprinz Wilhelm (Bildmitte) unterhält sich mit französischen Kriegsgefangenen.

werden können, schrumpfen von 40 auf 26 Divisionen, von 1700 auf 700 Geschütze zusammen.
Ebenso hart ist die Auseinandersetzung um die Kampfführung vor Verdun. Joffre mahnt immer wieder: »Ergreifen Sie die Initiative. Wenn Sie sich weiter bedrängen lassen, stehen Sie am Ende vor den Mauern von Verdun. Gehen Sie zum Gegenangriff über! Erobern Sie wenigstens Douaumont zurück!« Pétain stellt sich taub. Er erklärt: »Der Augenblick für ein groß angelegtes Zurückschlagen ist noch nicht gekommen.«
Im April wird der Ton schärfer. Joffres Anweisungen klingen geradezu ultimativ: »Sie verfügen jetzt über stärkere Kräfte als der Gegner. Der Augenblick ist gekommen, die von Ihnen geschaffene günstige Lage zu nutzen. Sie müssen die Initiative zu offensivem Vorgehen mit eindeutigen Zielen ergreifen. Nur so können Sie die vom Feind vor Verdun in Gang gesetzte Operation zu dem unerläßlichen Erfolg unserer Waffen werden lassen.«
Pétain verschiebt den Angriff weiter und fordert zusätzliche Verstärkungen. »Hätte ich seinem Verlangen nachgegeben«, schreibt Joffre, »wäre das ganze französische Heer von der Schlacht um Verdun in Anspruch genommen worden. Wir hätten auf eine Beteiligung an der im Dezember in Chantilly beschlossenen Offensive verzichten müssen.«
Ein solcher Verzicht ist aber genau das, was Pétain wünscht. »Bei der gemeinsamen Anstrengung«, teilt er Joffre mit, »ist Verdun der Beitrag des französischen Heeres. Mehr kann man nicht von ihm verlangen.«
Die Standpunkte, aus dem verschiedenen Naturell zu erklären, stehen einander mit jener Härte und Eindeutigkeit gegenüber, wie sie bei Auseinandersetzungen zwischen bedeutenden Persönlichkeiten die Menschen von jeher fasziniert haben. Joffre, der wichtigste General, wenn auch nicht uneingeschränkte Oberbefehlshaber der alliierten Truppen, will alle Kräfte, die ihm zur Verfügung stehen, im Interesse der Ententemächte zum baldigen gemeinsamen Sieg führen. Der vorsichtigere Pétain denkt an die letzte Viertelstunde: »Wir müssen für die Schlußphase des Krieges eine letzte Reserve zurückbehalten.« Er besteht darauf, daß die Engländer so rasch und so nachdrücklich wie möglich an der Somme angreifen. Frankreich tut seine Schuldigkeit vor Verdun.
Etliche hohe Offiziere denken nicht wie ihr Chef Pétain. Sie teilen Joffres Auffassung. Einer ist der Mann, der als Artillerieoberst am 9. August 1914 durch den glänzenden Einsatz seiner 7,5-cm-Kanonen im Oberelsaß vier deutsche Batterien erledigt hat: Robert Nivelle. Ein weiterer ist der General, der bei Charleroi im gleichen Korps wie Pétain die Nachbarbrigade geführt hat: Charles Mangin. Trotz seines draufgängerischen Temperaments ist Mangin nicht weiter nach oben gekommen. An der Marne hat er 1914 die 5. Infanteriedivision geführt, vor Verdun ist er 1916 nach wie vor ihr Kommandeur.
Nivelle hat es schneller geschafft. Im September hat er an der Aisne Lorbeeren erwor-

ben, indem er seine Geschütze ungedeckt im Rücken der fliehenden Infanterie in Stellung gebracht und den deutschen Angriff zusammengeschossen hat. Seitdem ist er immer wieder befördert worden. Im April 1916 ist er als Führer des III. Korps vor Douaumont Mangins Vorgesetzter. Das wuchtige Fort in seiner Trichterlandschaft beherrscht den Chapitrewald, die Cailletteschlucht und den Froideterrerücken. Nivelle brennt darauf, es zurückzuerobern.

Am 10. April inspiziert Joffre den Abschnitt des III. Korps. Am Abend hat er seine Entscheidung getroffen: Statt Pétain wird er Nivelle an die Spitze der 2. Armee stellen.

Eine normale Ablösung kommt nicht in Frage, nur eine Hinaufversetzung: »Ich suchte nach einer Möglichkeit, General Pétain vom Schlachtfeld Verdun zu entfernen, weil ich hoffte, daß er aus größerem Abstand und mit der Verantwortung für einen größeren Frontabschnitt mehr Verständnis für die allgemeine Lage bekommen würde.«

Am 19. April trifft Joffres Adjutant Castelnau in Souilly ein und teilt Pétain mit, er sei zum Nachfolger von Langle de Cary als Befehlshaber der Armeegruppe Mitte bestimmt. Pétain geht sehr unfreundlich um mit dem Überbringer einer Beförderung, die ihn, der noch vor zwei Jahren gemeint hat, er werde als Oberst in Pension gehen, auf den zweithöchsten Rang der militärischen Hierarchie stellt. Auf Anweisung von Joffre ersucht ihn Castelnau, selber den Termin für die Übernahme des neuen Kommandos zu bestimmen. Antwort: »Ich bin täglich in meinem Hauptquartier. Der Oberbefehlshaber braucht nur zu befehlen; ich werde gehorchen.«

In seinen Memoiren schreibt Joffre: »Wenn die Geschichte mir das Recht zuerkennt, über die Generäle zu urteilen, die unter mir kommandiert haben, möchte ich nachdrücklich betonen, daß der eigentliche Retter von Verdun Nivelle gewesen ist, mit dankenswerter Unterstützung durch Mangin. General Pétain hat mit Hilfe eines gut besetzten Stabes und der herbeiströmenden frischen Truppen Ordnung geschaffen. Das ist sein Verdienst, dessen Bedeutung ich nicht verkenne. Doch bei der Führung der Schlacht hat Nivelle die Hauptrolle gespielt; er hat die seltene Fähigkeit bewiesen, über sein Schlachtfeld hinauszusehen und auch dann Kaltblütigkeit und Willenskraft zu behalten, als sein Vorsetzter [Pétain] ängstliche Berichte an das Kriegsministerium schickte.«

Die Geschichte hat sich nicht an dieses Urteil gehalten. Sie läßt Pétain den Ehrentitel des Siegers von Verdun.

Nivelle jedenfalls ist Feuer und Flamme für seine neue Aufgabe. Alles andere wäre auch erstaunlich, denn er ist sein Leben lang ein Draufgänger gewesen.

In Tulle am 15. Oktober 1858 geboren, hat er gleichzeitig die Aufnahmewettbewerbe für die Militärhochschule Saint-Cyr und für die *Ecole Polytechnique* geschafft. Er hat sich für die letztere und für das Fach Artillerie entschieden, hat später die Kriegsschule absolviert und ist in China beim Boxeraufstand eingesetzt worden.

Im August 1914 ist er als Kommandeur des 5. Artillerieregiments bei der improvisierten Offensive des VII. Korps ins Elsaß hincin beteiligt gewesen und hat sich als Meister seiner Waffe erwiesen. Am 9. August nimmt er eine, wie er sagt, »sträflich untätige« Artilleriekolonne unter Feuer und bringt 18 eroberte Geschütze nach Belfort mit.
Später, beim großen Rückzug des französischen Heeres und während der Marneschlacht, setzt er seine Batterien schonungslos ein, um Klucks Infanterie zurückzutreiben. Um diese Zeit braucht Joffre, der hart gegen seine Kommandeure durchgegriffen hat, neue Truppenführer. Am 27. Oktober wird Nivelle zum Brigadegeneral ernannt. Im Januar 1915 bekommt er eine Division, am 25. Dezember steht er an der Spitze eines Korps. Man kommt schnell voran, wenn man »Schneid« hat, wie ihn Joffre von seinen Leuten verlangt.
Schneid hat Nivelle tatsächlich mehr als genug. Er führt ständig das Wort Offensive im Mund und träumt vom Dreinschlagen: »Von zwei einander gegenüberstehenden Truppen nimmt die mit der größeren Kampfmoral die andere gefangen.« Das sind keine leeren Worte. Man hat den Eindruck, daß er alles glaubt, was er sagt. Jedenfalls ist er überzeugt, vor Verdun Sieger zu bleiben.
Doch Falkenhayn kommt ihm zuvor. Er weiß, daß die Alliierten eine Großoffensive vorbereiten, und will unbedingt die Initiative behalten. Am 16. Mai begibt er sich nach Stenay ins Hauptquartier des Kronprinzen, macht ihm Mut, stellt ihm frische Kräfte zur Verfügung und verlangt weitere Anstrengungen. Zwei hervorragende Generäle, Gallwitz und Mudra, werden mit dem Kommando auf dem West- und dem Ostufer der Maas betraut. Gallwitz erobert die Höhe 304 und den Toten Mann, von dem er in den Wald von Bourrus hinunter vordringen soll, den Schlüssel zur Stadt Verdun auf dem linken Maasufer. Mudra läßt in immer neuen Angriffen zwischen Douaumont und Vaux stürmen. Schrecklich tobt der Kampf um winzige Geländegewinne. Die Deutschen kommen lediglich zehnmeterweise voran, doch sie sind nur durch ständige Gegenangriffe zu bremsen, die den Verteidigern des Festungsbezirks furchtbare Verluste bringen. Die von Millionen Granaten durchpflügte Erde ist mit Leichenteilen durchsetzt. Die Lebenden drücken sich an die Toten, haben sich an ihren Gestank gewöhnt. Den Soldaten bleibt keine Qual erspart. Eben noch war es der Schlamm, jetzt sind es Staub, Fliegenschwärme und Durst.
Am 22. Mai wird die von Joffre so nachdrücklich verlangte Operation, die Zurückeroberung von Fort Douaumont, begonnen. Vorbereitet und ausgeführt wird sie von Mangin mit seiner 5. Infanteriedivision und 53 Batterien schwerer Artillerie. Pétain hat widerstrebend seine Zustimmung gegeben. »Ich sah mich gezwungen, die Pläne von General Mangin zu akzeptieren, ohne den Operationen den gewünschten Umfang zu geben.«
Mangin hat statt der geforderten vier nur eine Division zur Verfügung, doch das beein-

trächtigt seinen Optimismus nicht. »Das Fort«, erklärt er vor den hohen Offizieren seiner Division, »ist völlig zusammengeschossen. Sie können ohne einen Schuß eindringen.«

Kühne Worte. Bei strahlendem Sonnenschein stürmt die Fünfte am 22. Mai den Hügel hinauf, erreicht das Fort, besetzt die oberirdischen Bauten und verschafft sich Zutritt zu den Kasematten, doch in den unterirdischen Gängen leisten die Deutschen Widerstand, und massives Artilleriefeuer schneidet die Infanteristen und Pioniere ab, von denen man nach den Beobachtungen von Fort Souville aus gemeint hat, sie hätten das Fort schon fest in der Hand. 2000 Franzosen geraten in Gefangenschaft, und nach einer heftigen Auseinandersetzung mit seinem Vorgesetzten wird der aufmüpfige Mangin mitten im Kampf seines Kommandos enthoben.

Pétain hat recht behalten! Noch mehr wird er ein paar Monate später gegen die gleichen Hitzköpfe recht behalten.

Der ganze Vorgang hat tragische Folgen, von denen die Franzosen erst viel später erfahren. Die deutsche Führung hat schon daran gezweifelt, ob es sinnvoll sei, die Schlacht um Verdun fortzusetzen. Das französische Scheitern am Douaumont bestärkt sie jetzt darin, nicht aufzugeben.

Die deutschen Zweifel sind zuerst Ende März laut geworden, und zwar erstaunlicherweise zuerst aus dem Munde des Urhebers dieser Schlacht, der die französische Armee zwingen wollte, sich zu verbluten: Falkenhayn. Als sich der Kronprinz zuversichtlich äußert, erwidert er, die Abnutzung beim Gegner sei weniger stark als erwartet, und erklärt, er wolle sich nicht sinnlos auf Verdun festlegen. »Falkenhayns Gründe«, meint der Kronprinz später, »erschienen mir überzeugend, aber zu meiner Bestürzung hielt er sich nicht daran.«

Tatsächlich ändert sich die Einstellung der beiden bald. Das in Strömen vergossene Blut entsetzt den Hohenzollern. Die deutschen Verluste sind gleich hoch oder höher als die französischen. Gerade die besten Generäle graust es immer mehr vor dem Metzgerhandwerk, das sie hier ausüben.

Mudra wird die Führung der V. Armee entzogen, doch sein Nachfolger, General von Lochow, ist auch nicht überzeugter. Der Erste Generalstabsoffizier des Kronprinzen, der pessimistische Oberstleutnant Heymann, wird durch einen Befehl der Obersten Heeresleitung abberufen, doch Oberst von der Schulenburg, durch den man ihn ersetzt, ist noch eindeutiger gegen eine Fortsetzung der Offensive. Der einzige, der unbedingt weitermachen will, ist der Stabschef der Heeresgruppe, General Schmidt von Knobelsdorf. Der Kronprinz gerät mit ihm aneinander, doch Knobelsdorf weiß Falkenhayn hinter sich, und der hat nichts von seinem unbegreiflichen Einfluß auf Wilhelm II. verloren.

Die Schlacht um Verdun geht also weiter, von immer skeptischeren Befehlshabern geführt. Falkenhayn spielt hier seinen letzten Trumpf aus. Er weiß nur allzu genau, daß

Franzosen und Engländer an der Somme angreifen werden, und daß Brussilow für die Sommermonate eine gewaltige Offensive in Galizien vorbereitet.
Ebenso wie Joffre muß er die Schlacht um die Festung an der Maas möglichst sparsam führen, muß Divisionen zurückhalten und sogar schwere Artillerie abziehen, um sie zwischen Arras und Amiens auffahren zu lassen. Trotzdem besteht er darauf, daß der Kampf mit der Eroberung dieser Stadt endet, die er im Februar noch verschmäht hat. Gewiß, ein Ausnutzen des Erfolges ist völlig unmöglich. Doch der Symbolwert von Verdun ist inzwischen unermeßlich groß.
Vielleicht führt der Fall Verduns sogar zu dem Ereignis, dessen langes Ausbleiben in Deutschland schon längst ungläubiges Erstaunen hervorruft: zum Zusammenbruch der verweichlichten Nation, die man so selbstsicher im ersten Anlauf niederwerfen wollte.

Das Land ist von berückender Schönheit, zumal aus der Vogelperspektive, zu der den Beobachtern die unglaublichen fliegenden Kisten verhelfen, mit denen sie unablässig unterwegs sind. Die schroffen, blendend weißen Berge scheinen den Himmel stürmen zu wollen. Wasserfälle stürzen über Hunderte von Metern von Fels zu Fels, überall winden sich glitzernde Bäche im Grunde der tief eingeschnittenen Täler.
Das verlockende Ferienparadies täuscht. Geht das Aufklärungsflugzeug ein wenig hinunter, kann der Beobachter, indem er sich über den Rand seines Sitzlochs beugt, kleine Rauchwolken ausmachen, die hier und da graziös aufsteigen und sich im Himmelsblau auflösen. Es sind Granateinschläge, und bei näherem Hinsehen erkennt man zwischen den heiß begehrten Städten Trient und Triest, selbst in schwer zugänglichem Gelände, fast überall ein häßliches Geflecht von schmutzigbraunen Narben im Grün der Almen und dem Weiß der Schneefelder: die italienischen und österreichischen Grabensysteme.
Dieser Krieg, der nun schon fast ein Dreivierteljahr dauert, kommt in den Geschichtsbüchern fast immer zu kurz. Die Männer, die in dieser schrecklich großartigen Landschaft kämpfen, bleiben anonym.
Viermal sind die Italiener im Laufe des Jahres 1915 mit verzweifelter Selbstverleugnung gegen die unbezwingbaren Stellungen angerannt, und jedesmal sind sie zurückgeschlagen worden. Nur an wenigen Stellen hat sich der Frontverlauf um wenige hundert Meter verschoben. Ein klägliches Ergebnis, für das auf beiden Seiten eine halbe Million Menschen ihr Leben gelassen haben.
Dann ist der Winter gekommen, und mit ihm die mörderische Kälte auf Höhen bis zu 2000, ja, für einzelne Stellungen bis zu 3400 Metern. Das Aufgeben eines Grabens oder eines Widerstandszentrums kam nicht in Frage, so daß improvisiert werden mußte, um durchzuhalten. Noch tiefer wühlte man sich in den Boden, verstärkte die Unterstände mit Wellblech, Rundhölzern, Matten und Sandsäcken. Durch Schneesturm und heu-

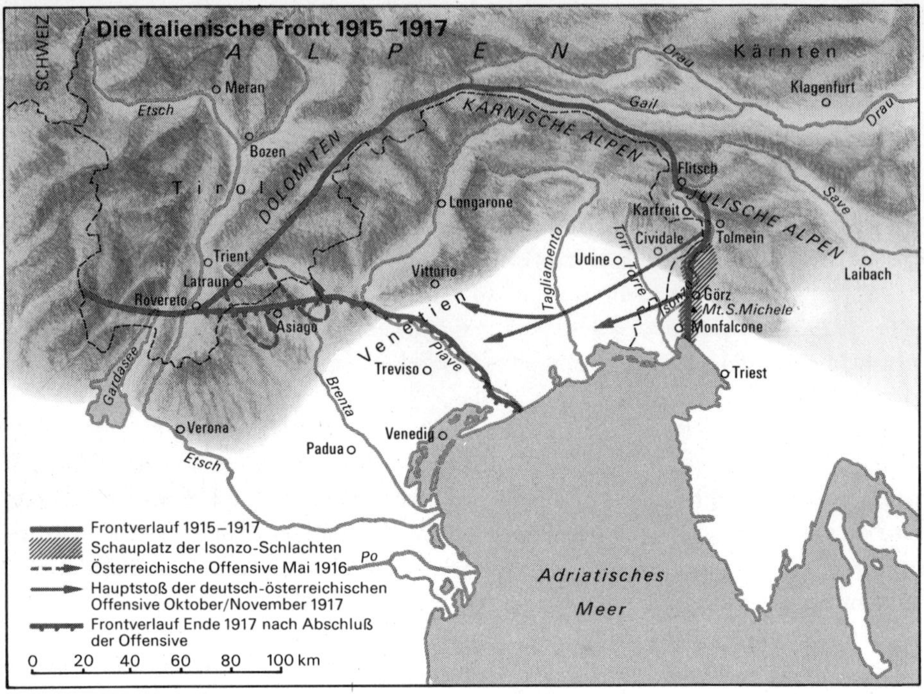

lenden Wind mußten Verpflegung und Munition auf Maultieren bis in die vordersten Linien gebracht werden.

Ein undankbarer, ruhmloser Krieg, eintönig und unmenschlich. Die Männer hatten das Gefühl, im Grunde überflüssig zu sein. Beide Armeen wurden immer schwächer. Zu Hunderten schleppten sich die Soldaten in die Ebene hinunter, krank, mit Erfrierungen der Gliedmaßen, verwundet, vom lebensfeindlichen Klima ans Ende ihrer Kraft gebracht.

Ende Februar beschloß das italienische Oberkommando, sich durch eine Offensive aus dieser verfahrenen Lage zu befreien. Man war überzeugt von der Grundregel, daß mangelnde Beschäftigung die Männer demoralisierte. Außerdem forderte das vor Verdun hart bedrängte Frankreich Unterstützung; die Italiener sollten jedenfalls die Truppen binden, die ihnen gegenüberlagen.

Die Italiener waren mit 18 gegen 10 Divisionen zahlenmäßig überlegen, doch bevor sie auf Tolmein und Görz marschieren konnten, mußten sie stark befestigte Stellungen überwinden.

Am 13. März kletterten sie bei strömendem Regen aus ihren Gräben, doch schon nach fünfzig, hundert Schritten preßten sie sich verzweifelt an den Boden. Wieder einmal hatte die Artillerievorbereitung nicht ausgereicht, die gegnerischen Gräben und Unterstände ganz zu vernichten.

Am 17. gingen die Österreicher zum Gegenangriff über, erzielten hier und da Geländegewinne, mußten sich aber im Laufe der folgenden Tage auf ihre alten Linien zurückdrängen lassen. Das monotone, verlustreiche Hin und Her ging noch bis zum Monatsende weiter.

Im April blieb es bei örtlichen Gefechten fast überall an der langen Front, aber ohne die entschlossene Absicht oder auch nur Hoffnung, wirklich etwas zu erreichen. Mancherorts wurde auf Höhen gekämpft, die man sich als Kriegsschauplatz niemals vorgestellt hatte; bis über 3000 Meter, im tiefen Schnee und auf eisigen Hängen. In Seilschaften ging man zum Angriff vor. Die Heeresberichte prahlten mit ein paar gewonnenen Metern oder mit einer Handvoll Gefangener.

Doch die Österreicher bereiteten sich inzwischen darauf vor, diese unbefriedigenden Kämpfe zu beenden, in denen sie stets die Verteidiger gewesen waren, und zwar durch eine Großoffensive: Im Trentino zwischen der Etsch und der Brenta wollten sie den Durchbruch erzielen und dann in einer gewaltigen Umfassungsbewegung die italienische Armee in die Ebene treiben und zum Rückzug auf Venedig zwingen.

Die österreichische Heeresführung setzte alle Mittel für diesen grandiosen Plan ein. Unauffällig wurden monatelang Verpflegung und Munition herangeschafft, bis eindrucksvolle Bestände angehäuft waren; die Zufahrtswege wurden verbessert, Wasserreservoirs angelegt, von anderen, ruhigeren Abschnitten, ja sogar von der Rußland- und Balkanfront Truppen herangeführt, neue Einheiten gebildet, und vor allem eine Artillerie zusammengezogen, die den Gegner wirklich zermalmen würde: 1500 Geschütze, darunter 336 schwere, einschließlich der Ungetüme vom Kaliber 30,5, 38 und 42 cm.

Die beiden österreichischen Armeen, die den Stoß führen sollten, die I. und II., waren zusammen 18 Divisionen stark und standen unter dem Befehl von zwei erfahrenen, an der Ostfront bewährten Generälen: Dankl und Köveß.

Die von den gewaltigen Zurüstungen beeindruckten Männer waren wild entschlossen. Man hatte ihnen versprochen, sie würden jetzt in die Entscheidungsschlacht gehen, der unausbleibliche Sieg werde das Ende der Kämpfe auf dem italienischen Kriegsschauplatz bringen, und sie glaubten es.

Auf der Gegenseite wußte General Cadorna seit Februar, daß eine Offensive gegen ihn vorbereitet wurde, aber er rechnete nicht mit den wirklichen Größenordnungen. Er schickte seiner 1. Armee Verstärkungen und befahl, den Ausbau der zweiten Verteidigungslinie zu beschleunigen.

Der Sturm brach am 14. Mai mit einem Trommelfeuer los, wie man es in den Tälern von Etsch und Brenta noch nicht erlebt hatte. Die Bewegung der Truppen war so gut mit den Schießanweisungen der Batterien abgestimmt, daß die Österreicher fast gleichzeitig mit der Verlegung des Feuers an der vordersten Linie der Italiener standen, die gar nicht die Zeit fanden, sich zu wehren. Viele wurden in ihren Unterständen gefangengenommen. Seit Anfang des Krieges waren die Österreicher in den Ruf geraten, keine besonders tüchtigen Soldaten zu sein. Hier waren sie wie entfesselt und drangen beherzt vor. Die Italiener wurden mit Bravour überrannt und wichen überall zurück. Nur mit Mühe gelang es ihnen, beim Rückzug wenigstens einigermaßen die Ordnung aufrechtzuerhalten.

Am 19. Mai mußten sie die Befestigungen am Monte Compomolon räumen und ihre ganze Stellungsartillerie zurücklassen. Am 21. brach auf der Hochebene der Sieben Gemeinden ihre Front nach sechs Tagen hartnäckigen Widerstands plötzlich zusammen.

Jetzt sahen die Österreicher den Sieg wirklich vor sich: Die Ebene von Vicenza lag vor ihnen. Nur ein letzter Gebirgszug blieb zu überwinden, auf dem die Italiener fieberhaft notdürftige Gräben aushoben. Diese Kraftanstrengung würden sie auch noch vollbringen, dessen waren sie ganz sicher, und es wurde ihnen ja auch unablässig eingeredet. Doch die Italiener verteidigten jede Anhöhe, jede Unebenheit des Geländes. Bis zum 10. Juni tobte die Schlacht, verbissen geführt von beiden Seiten, auf engem Raum, oft im Nahkampf. Die Italiener bekamen immer mehr Verstärkungen, während bei den erschöpften Österreichern langsam der Schwung nachließ. Am 15. Juni mußten sie sich eingestehen, daß der Durchbruch nicht zu schaffen war, und in den folgenden Monaten sahen sie sich sogar gezwungen, einen erheblichen Teil des eroberten Gebiets wieder aufzugeben.

Einmal mehr, schreckliches Leitmotiv dieses Krieges, sind Tausende gefallen, und nichts hat sich geändert.

Es ist zum Verzweifeln. Mit jedem Tag schwindet die Hoffnung, daß noch Entsatz kommen könnte. Die Männer suchen Schutz in Unterständen, die sie immer wieder aufbauen müssen, weil sie ständig zusammenrutschen. Es regnet unablässig, obwohl das Land doch für seine Trockenheit berüchtigt ist. Der Tigris wälzt braune Fluten und ist auf mehr als 250 Meter Breite angeschwollen.

Die kleine Armee von General Townshend ist mitten in der Wüste steckengeblieben wie ein Wagen im Sumpf. Vom Marsch auf Bagdad ist keine Rede mehr. Man kann nur noch ausharren, bis Hilfe kommt.

Ausharren trotz des heftigen Artilleriefeuers. Ausharren, obwohl man keinen trockenen Faden mehr am Leibe hat, die Kranken zu Hunderten in den Unterständen stöhnen, fast alle Soldaten die Ruhr haben, der Hunger alle Kraft aufzehrt und nicht einmal mehr genügend Munition da ist. Ausharren, bis endlich das Entsatzkorps unter General Aylmer kommt, das sich in Indien eingeschifft hat, am 6. Januar 1916 gelandet ist und in Eilmärschen heranrückt.

Es ist gegen jede britische Tradition, auf offenem Schlachtfeld zu kapitulieren. General

Townshend wiederholt das gegenüber allen Offizieren seiner Umgebung, die aufgeben wollen. Er tut alles, um den Widerstandswillen zu stärken, doch er ist seiner Sache selbst nicht sicher.
Seit über einem Jahr kämpft er jetzt in diesem verfluchten Land. Eingetroffen ist er im Spätherbst 1914 mit einem großartigen Auftrag: Nach der Ausschiffung am Schatt al-Arab in Richtung Bagdad marschieren und die Stadt, aus der Wilhelm II. durch den Bau einer Eisenbahnlinie einen äußersten Brückenkopf seines Reiches machen wollte, für die Entente erobern.
Am Schatt al-Arab stromaufwärts vorrückend, hat Townshend alle türkischen Verbände, die ihm nacheinander entgegengetreten sind, in die Flucht geschlagen. Am 22. November ist er in Basra eingezogen, am 9. Dezember hat er den Zusammenfluß von Euphrat und Tigris erreicht. Dann ging es nicht mehr weiter, Winter und Frühjahr waren in erschlaffender Untätigkeit vergangen. Erst im Juni 1915 hat sich die kleine Armee weiterbewegt. Am 3. hat sie Amara, am 29. Kut el-Amara erobert.
Der Sommer ist wieder mit Abwarten vergangen; erst Mitte November hat Townshend den großen Beschluß gefaßt, mit seinen verbliebenen 15000 Mann auf Bagdad vorzustoßen.
Ein tollkühnes Vorhaben! Die Türken sind ja nicht untätig geblieben. Während die Engländer im Sand verlorengegangen zu sein schienen, haben sie die von den Deutschen gebaute Bagdadbahn benutzt, um erhebliche Verstärkungen heranzuschaffen, darunter ihre ganze VI. Armee.
So haben es die Engländer, als sie am 22. November vor Ktesiphon angelangt sind, am Tigrisufer mit dem türkischen 12. und 13. Armeekorps zu tun bekommen. Den ganzen Tag lang ist der Kampf hin- und hergegangen, erst gegen Mitternacht ist eine Pause eingetreten. Am nächsten Morgen sind türkische Verstärkungen eingetroffen, die Verluste sind immer mehr gestiegen.
Angesichts der feindlichen Überlegenheit hat Townshend hier, fast vor den Toren von Bagdad, seinem erträumten Ziel, erkennen müssen, daß er Gefahr lief, seine ganze Armee zu verlieren. Schon am 24. hat er den Rückzugsbefehl gegeben. Am 27. ist er nach einem Marsch von 32 Kilometern in Azazia angelangt, doch die Türken haben ihm keine Pause gegönnt. Seine Nachhut ist ständig in Gefechte verwickelt worden. Immer wieder hat man weiter zurückgehen müssen, manchmal an die 40 Kilometer an einem Tag. Bei der Ankunft in Kut el-Amara sind Townshends Leute am Ende ihrer Kraft gewesen. Er hat sie dort ein befestigtes Lager aufschlagen lassen, und seither harrt er mit den knapp 10000 Mann, über die er noch verfügt, auf Entsatz.
Seit Wochen geht das Warten schon. Die armen Kerle wissen, daß die 35000 Mann unter General Aylmer im Anmarsch sind, daß sie alle türkischen Verbände, die ihnen entgegengetreten sind, zerschlagen haben. Doch das Korps Aylmer hat sich verzettelt auf der langen Wegstrecke; es muß erst einmal wieder sammeln.

Im befestigten Lager wird die Lage von Tag zu Tag schwieriger. Es regnet weiter, der Proviant geht zu Ende. Auch die Einwohner von Kut el-Amara werden von den Türken nicht mehr aus dem kleinen Ort gelassen. An manchen Tagen müssen sich die Männer mit einer Handvoll fauligem Reis begnügen. Längst ist das letzte Pferd geschlachtet worden. Als auch noch die Cholera ausbricht, bleibt nur noch die Hoffnung auf das baldige Eintreffen von Aylmer.

Am 13. Januar glauben sie, es sei soweit. Aus der Ferne hören sie Geschützdonner. Aylmer braucht nur noch 10 Kilometer zu schaffen. Doch zwischen ihm und den Eingeschlossenen stehen 60000 Türken. Er tut alles, was in seinen Kräften steht, doch er kommt nicht weiter. Am 21. muß er aufgeben und seinerseits einigermaßen feste Stellungen ausheben. Auch er muß jetzt warten; aus Ägypten und Indien sollen weitere Verstärkungen kommen.

Was Townshends Männer durchmachen müssen, übersteigt das Vorstellungsvermögen. Schließlich teilen sie Aylmer mit, daß sie unbedingt in den nächsten Tagen Hilfe bekommen müssen. Am 8. März unternimmt das Entsatzkorps einen weiteren Versuch, zu ihnen vorzudringen, doch der Angriff wird zurückgeschlagen. Ein anderer Befehlshaber, General Gorringe, löst Aylmer ab.

Am 5. April läßt er wieder stürmen, um 7 Uhr morgens schon, und seine Leute überrennen die vordersten Linien der Türken. Die Eingeschlossenen jubeln. Doch es regnet wie aus Kübeln, und der Sand wird zum Sumpf; die Türken fangen sich und tragen einen Gegenangriff nach dem andern vor. Zwei Wochen lang wird verbissen gekämpft. Kläglich scheitert am 24. April ein letzter Sturm. Der letzte, weil Gorringe jetzt weiß, daß er nicht durchkommen wird, ja, schlimmer noch: Versucht er es weiter, ist höchste Gefahr im Verzuge, weil die Türken laufend Verstärkungen bekommen und auch ihn einschließen könnten.

So bitter es ihn ankommt: Ihm bleibt nur der schwierige Rückzug.

Im befestigten Lager kann die Armee von ausgemergelten Gestalten ohne Nahrung und ohne Munition nur noch kapitulieren. Nach 143 Belagerungstagen muß General Townshend mit den 3000 Engländern und 6000 Indern, die ihm geblieben sind, die Waffen strecken.

Das sind nur eine Handvoll Männer in dem gigantischen Ringen, das zwischen den Karpaten und Mesopotamien die Völker gegeneinanderwirft. Eine Handvoll Männer nur, aber sie sind ein Symbol. Ganz England fühlt sich zutiefst gedemütigt durch diese Kapitulation von Kut el-Amara.

Die *N.J.Fjord* bahnt sich gemächlich ihren Weg durch die grauen Nordseewellen, ein kleiner dänischer Dampfer, so unbedeutend, daß die Geschichtsschreibung es nicht einmal für notwendig gehalten hat, seine Ladung und seinen Bestimmungshafen festzustellen. Es ist 14 Uhr, der Kalender zeigt Dienstag, 31. Mai 1916.

Der Kapitän des Schiffes geht auf der Brücke auf und ab, um das schöne Wetter zu genießen, als er eine Rauchwolke am Horizont entdeckt. Dieser Krieg, denkt er, ist wirklich eine scheußliche Sache, auch für uns Neutrale, denn daß dieses Fahrzeug mit seinen zwei Schornsteinen, daß da rasch näherkommt, ein Torpedoboot ist, daran besteht schon bald kein Zweifel mehr, und natürlich wird es den Frachter zum Stoppen auffordern und ein Kommando an Bord gehen lassen, um die Ladung zu kontrollieren. Ein ärgerlicher Zeitverlust! Jetzt ist das Torpedoboot fast heran. Ein Deutscher, die *B 109*. Er wird wohl gleich ein Boot aussetzen.

Genau in diesem Augenblick, um 14.40 Uhr, taucht eine weitere Rauchwolke auf, und kurz danach ist das Schiff zu erkennen, der Kleine Kreuzer *Galatea*, ein Engländer. Auch er will *N.J.Fjord* überprüfen, doch dann macht er das kleine Boot *B 109* aus. Sofort eröffnet er das Feuer, die Deutschen erwidern es. Die Leute auf der *N.J.Fjord* ziehen die Köpfe ein, als die Granaten über sie wegheulen.

Sofort beginnt der Funktelegraph zu spielen, denn *Galatea* und *B 109* sind nur die vorgeschobensten Aufklärungsschiffe der beiden stärksten Flotten der Welt. Um 14.20 Uhr meldet der Engländer seine Feindberührung an *Lion*, das Flaggschiff von Beatty. *B 109* unterrichtet *Lützow*, auf der Hipper seine Admiralsflagge gehißt hat.

So beginnt die Schlacht am Skagerrak.

Angefangen hat alles am Nachmittag des Montags, als die Admiralität einen deutschen Funkspruch aufgefangen hatte: »31 Gg 2490.« Im Coderoom war man sogleich an die Entschlüsselung gegangen, denn die Engländer besaßen, was die Deutschen nicht wußten, von Kriegsbeginn an den Code des Gegners. Die Dechiffrierung ergab: »Anweisung 2490 vom 1. Mai durchführen.« Das war nicht sehr klar, aber es bewies der Admiralität, daß die Deutschen etwas vorhatten.

Um 5.40 Uhr früh am 31. Mai waren Admiral Jellicoe, der Oberbefehlshaber der britischen Grand Fleet, und Vizeadmiral Beatty, Befehlshaber des Schlachtkreuzergeschwaders, bereits seit Stunden unterwegs, als die ersten Funkmeldungen deutscher Unterseeboote über das Auslaufen der Briten nach Deutschland gelangten.

Lange schon hatte Wilhelm II. ein ungutes Gefühl, weil seine herrlichen modernen Schiffe, von wenigen Vorstößen zur Beschießung der englischen Küste abgesehen, untätig im Hafen lagen. Die Öffentlichkeit, der man immer wieder erklärt hatte, die deutsche Flotte sei von ganz unvergleichlicher Stärke, hatte mehr und mehr den Eindruck, die Marine lasse es sich gutgehen, während das Heer vor Verdun durch die Hölle mußte.

Vizeadmiral Scheer, der deutsche Flottenchef, hatte Befehl bekommen, unbedingt etwas zu unternehmen. Er gab sich keinen Illusionen hin: Wenn er auf die komplette englische Flotte stieß, hatte er nicht die geringste Chance. Also wollte er seine Schlachtkreuzer als Köder vorausschicken, einen Teil, aber eben nur einen Teil der Grand Fleet auf sie ziehen und dann mit allen seinen Linienschiffen angreifen, bevor Jellicoe mit den

seinen zur Stelle sein konnte. Ab 2 Uhr früh hatten die deutschen Schiffe, die Schlachtkreuzer voran, Wilhelmshaven und die Jade verlassen.
Die englische Flotte war zwar schon unterwegs, aber sie hatte den etwas längeren Weg. Jellicoe, der von Scapa Flow auf den Orkney-Inseln ausgelaufen war, hatte dem in Rosyth bei Edinburgh liegenden Beatty befohlen, eine Position bei 56° 40′ nördlicher Breite / 5° 00′ östlicher Länge, also gut 100 Seemeilen vor der Westküste Jütlands, anzusteuern. Eine solche Flotte war noch nie in die Schlacht gezogen: 28 Schlachtschiffe, 9 Schlachtkreuzer, 8 Panzerkreuzer, 26 Kleine Kreuzer, 1 Seeflugzeugmutterschiff, 5 Flottillenführer und 76 Zerstörer.
Die Nacht vom 30. auf den 31. Mai ist ohne Zwischenfall vergangen. Am 31. um 14 Uhr befindet sich Beatty 10 Seemeilen vom Treffpunkt entfernt. Er sieht einen leeren Horizont. Für diesen Fall schreiben seine Anweisungen vor, eine Schwenkung nach Norden vorzunehmen, um sich vor die Grand Fleet zu setzen. Diese Kursänderung nimmt Beatty um 14.20 Uhr vor, als *Galatea* den dänischen Dampfer ausmacht.
Beatty auf seiner *Lion* muß in Minutenschnelle seine Entscheidung treffen. Sehr bald ist ein zweiter Funkspruch von der *Galatea* gekommen: »Dringend. Zwei Kreuzer, wahrscheinlich feindliche, in Sicht, Peilung OSO, Kurs unbekannt. Meine Position 56°48′ Nord, 5°21′ Ost.«
Zwei Kreuzer pflegen sich nicht allein auf hoher See zu befinden. Mit großer Wahrscheinlichkeit folgen ihnen stärkere Kräfte. Bevor er handelt, könnte Beatty abwarten, bis weitere Meldungen eingehen, damit er überhaupt weiß, mit wem er es zu tun hat. Er denkt nicht daran. Er gibt seinen Schiffen Befehl, mit hoher Fahrt Kurs auf den Gegner zu nehmen. Die Sicht ist schlecht, und Konteradmiral Evan-Thomas, der Befehlshaber des V. Schlachtgeschwaders, das zu dieser Zeit Beatty unterstellt und mit ihm ausgelaufen ist, sieht Beattys Signalflaggen nicht. Er vollzieht die Schwenkung erst sechs Minuten später, so daß seine vier schnellen modernen Schlachtschiffe, *Malaya*, *Warspite*, *Valiant* und *Barham*, 9 Seemeilen hinter den Schlachtkreuzern marschieren. Beatty ist das gleichgültig. Er geht nicht mit der Fahrt herunter, um sie aufschließen zu lassen. Er steuert geradewegs auf den Feind zu. Sein ganzes Leben lang ist er ein Draufgänger gewesen. Ein »schöner Mann« ist er, mit einem »großartigen Kopf«, ein »schneidiger Bursche«, der die Haare bis tief in den Nacken wachsen läßt, sein Bordjackett gegen die Vorschriften mit sechs statt acht Knöpfen und seine Mütze schwungvoll schief ins Gesicht gezogen trägt – der Liebling der Menge.
Kein Engländer, der nicht seinen Lebenslauf kennte, der nicht wüßte, wie er als Fünfundzwanzigjähriger auf dem Nil sein Kanonenboot im Krieg gegen die Truppen des Mahdi geführt hat. Mit 27 Jahren ist er zum Korvettenkapitän befördert und dabei 395 dienstälteren Kameraden vorgezogen worden. Er ist immer da, wo man sein muß, um sich hervortun zu können. Beim Boxeraufstand ist er in China, verantwortlich für 150 Marinesoldaten, worauf er mit 29 Jahren Fregattenkapitän wird.

Sein Privatleben entzückt die Damenwelt, denn er hat prickelnd skandalös die geschiedene Tochter des Chikagoer Filialládenmillionärs Marshall Field geheiratet und spielt den Salonlöwen. Auch jetzt noch ist das Beste für ihn gerade gut genug: Er hat ein Herrenhaus in Leicestershire, ein Schloß in Schottland, eine eindrucksvolle Dampfjacht. Er ist ein kühner Reiter und großer Jäger vor dem Herrn.

Am 1. Januar 1910, 38 Jahre ist er alt, wird er zum Konteradmiral befördert – der jüngste englische Admiral seit Nelson. Das schafft böses Blut bei vielen Kameraden, die sich zurückgesetzt fühlen. Verbittert über die Intrigen und Kabalen, die von allen Seiten gegen ihn ins Werk gesetzt werden, ist er drauf und dran, auf eine Fortsetzung seiner Laufbahn zu verzichten. Da wird Winston Churchill zum Ersten Lord der Admiralität ernannt, und ihn nimmt er sofort für sich ein. Der begeisterte Churchill sagt von ihm, er sei »ein Reitersmann zur See«, und vertraut ihm das Kommando über die Schlachtkreuzer an.

Auf diesem jetzt vierundvierzigjährigen David Beatty ruht an diesem Nachmittag das Schicksal der britischen Flotte.

Um 15.30 Uhr sichtet er Hippers fünf Schlachtkreuzer, die mit einer Geschwindigkeit von 25 Knoten schräg auf ihn zulaufen. Er greift sie an.

Hipper wirft seine Schiffe auf Gegenkurs herum. Er will Beatty auf Scheers Hochseeflotte ziehen, die mit höchster Fahrt naht. Und der deutsche Plan scheint aufzugehen: Beatty stürzt blindlings in die Falle.

Die beiden Schlachtkreuzergeschwader laufen jetzt auf parallelen Kursen nach Südosten, ungefähr 11 Kilometer voneinander entfernt. Auf der einen Seite in Kiellinie hintereinander *Lion, Princess Royal, Queen Mary, Tiger, New Zealand* und *Indefatigable*, auf der anderen Hippers Flaggschiff *Lützow*, dann *Derfflinger, Seydlitz, Moltke* und *Von der Tann*. Um 15.40 Uhr ordnet Hipper Feuerverteilung von links an, während Beatty um 15.46 Uhr das Feuer seiner ersten zwei Schiffe auf das feindliche Flaggschiff und das der übrigen auf die folgenden richten läßt. Um 15.48 Uhr geben die Gegner fast gleichzeitig die ersten Schüsse ab. Die Deutschen zielen besser: *Tiger* wird schwer getroffen, dann *Lion*. Bei den Engländern stehen die besten Kanoniere auf der *Queen Mary*; sie treffen zweimal die *Seydlitz*.

Eine Seeschlacht mit einer solchen Fahrtgeschwindigkeit hat es noch nie gegeben. Hipper holt alles aus den Maschinen heraus, um sobald wie möglich Scheer und seine Dreadnoughts ins Spiel zu bringen. Beatty hält Schritt, läßt über 20 Knoten laufen.

Gegen 16 Uhr haben sich die Gegner, vor allem die Deutschen, eingeschossen. Die Entfernung beträgt gut 11 Kilometer. *Princess Royal* wird dreimal getroffen, auf *Lion* schlägt eine Granate in den mittschiffs stehenden Geschützturm; die Explosion des Munitionsmagazins wird nur durch die Geistesgegenwart des Geschützkommandanten, Major Harvey, vermieden, der noch im Sterben den Befehl gibt, das Magazin zu fluten.

Beatty stürmt weiter.
Um 16.02 Uhr erzielt *Von der Tann* auf *Indefatigable* drei 28-cm-Treffer am Bugturm. Die Granaten dringen tief in den Schlachtkreuzer ein. Eine dicke schwarze Rauchwolke steigt auf. *Indefatigable* schert aus der Linie aus und beginnt sich um sich selber zu drehen, als zwei weitere Einschläge erfolgen. Eine ganze Weile, wohl eine halbe Minute lang, hat man den Eindruck, es sei nichts geschehen, doch dann bricht ein Flammensturm aus dem Vorschiff. Dichter Qualm hüllt alles ein, und als er sich träge verzogen hat, ist von der *Indefatigable* nichts mehr zu sehen. Von den mehr als 1000 Besatzungsmitgliedern werden nur zwei gerettet.
Die Gefechtsentfernung ist inzwischen auf 17 Kilometer gestiegen. Die Deutschen haben den Vorteil der besseren Lichtverhältnisse und nutzen ihn aus. Wieder wird *Lion* getroffen, ab 16.18 Uhr ist der Hauptsender der Funkstation außer Betrieb gesetzt. Hipper läuft mit höchster Fahrt, weil inzwischen auch Evan-Thomas mit seinen vier Großkampfschiffen zu sehen ist und bald in den Kampf eingreifen kann. Fünf gegen neun, das wäre bei aller Zielsicherheit seiner Artillerie eine mörderische Unterlegenheit.
Um 15.20 Uhr kämpfen *Derfflinger* und *Seydlitz* auf 13,5 Kilometer Distanz gegen *Queen Mary*, 18 gegen 8 Geschütze. Der Engländer feuert, was die Rohre hergeben, erzielt auch drei Treffer auf *Derfflinger*, doch dann schlagen mehrere Granaten zugleich auf dem Vorschiff des modernen Schlachtkreuzers ein, und es folgt das schaurig-schöne Schauspiel eines geradezu zerreißenden riesigen Schiffes: Masten und Schornsteine der *Queen Mary* werden weggeschleudert, eine gewaltige Rauchwolke schießt auf, die bald alles verdeckt. Trotzdem kommt an Bord durchaus keine Panik auf. Bootsmann Francis berichtet: »Im ganzen Schiff war es plötzlich still wie in einer Kirche. Der Boden unseres Turms hatte sich nach oben gebeult, die Geschütze waren völlig zerstört.«
Im Rumpf gähnt ein riesiges Loch, und die Männer starren auf das Wasser, das durch den Munitionsaufzug zu ihnen heraufsprudelt.
Das ungeheure Schiff bekommt rasch bedrohliche Schlagseite. Dutzende klettern zur hoch herausragenden Steuerbordseite hinauf. Nur wenigen gelingt es, außenbords zu gelangen und ins Meer zu springen. Noch einmal rütteln Detonationen die *Queen Mary* durch, dann versinkt sie in einem riesigen Schwall.
Beatty hat von der Brücke der *Lion* alles mit angesehen und knurrt, zu Captain Chatfield gewandt: »Mit unseren verdammten Schiffen stimmt doch heute was nicht.«
Aber er befiehlt, noch näher an den Feind heranzugehen. Ein Beatty läßt sich nicht unterkriegen. Zur Entlastung schickt er, wie ein Feldherr seine Kavallerie, die Zerstörer zum Angriff vor. Hipper sieht sie kommen und läßt ihnen unter der Führung des Kleinen Kreuzers *Regensburg* die deutsche IX. Torpedobootsflottille entgegenlaufen. In dem Raum zwischen den Linien der Schlachtkeruzer, die über die kleinen Einheiten

hinweg weiter aufeinander feuern, kommt es zu einem wirren Gefecht. Der Rauch der vielen Abschüsse über dem grauen Meer macht das Auffassen der kleinen Ziele schwierig. Immerhin gelingt es *Petard*, das deutsche Torpedoboot *V 29* zu versenken und mit einem Torpedo die *Seydlitz* zu treffen, in der zwar mehrere Abteilungen mit insgesamt 2000 t Wasser vollaufen, die aber in der Gefechtslinie verbleiben kann.
Beatty hat recht, daß er am Gegner bleibt, denn jetzt sind die vier gewaltigen Linienschiffe von Evan-Thomas heran und greifen in den Kampf ein. Beatty steht auf seinem brennenden Flaggschiff *Lion*, das große Lecks hat, um ihn herum liegen die Toten, doch er führt das Gefecht von der oberen Brücke aus. Er will siegen, um jeden Preis, und vielleicht wäre es ihm sogar gelungen, wenn nicht ein dramatischer Vorgang die Lage plötzlich von Grund auf verändert hätte.
Es ist 16.33 Uhr. Weit südöstlich vor den Schlachtkreuzern fühlt der Kleine Kreuzer *Southampton* auf dem voraussichtlichen Kurs vor. Da entdeckt der Ausguck einen Wald von Masten am Horizont und macht bald darauf graue Schiffsleiber aus. Sofort geht per Scheinwerfersignal die Meldung an Beatty: »Schlachtschiffe im Südosten gesichtet.« Schon fünf Minuten später werden die Angaben ergänzt: »Eilig. Vorrangig. Feindliche Schlachtflotte Peilung annähernd Südosten gesichtet, Kurs Nord. Meine Position: 56°54′ Nord, 6°20′ Ost.«
Die deutschen Linienschiffe nahen mit gut 15 Knoten Geschwindigkeit. Die Falle ist dabei, zuzuschnappen. In wenigen Minuten werden die britischen Schlachtkreuzer von Scheers schweren Kalibern zerschmettert werden.
Beatty verliert keinen Augenblick. Um 16.40 Uhr läßt er seine Schiffe nacheinander auf Gegenkurs gehen, und fünf Minuten später informiert er Jellicoe durch Funkspruch.
Alles sieht jetzt ganz anders aus. Bis jetzt hat Hipper mit seinen fünf Schlachtkreuzern den Köder gespielt und Beatty in die tödliche Reichweite des deutschen Gros gezogen. Jetzt lockt Beatty die ganze deutsche Hochseeflotte, Schlachtkreuzer und Linienschiffe, vor die Geschütze der 24 Dreadnoughts von Sir John Jellicoe.
Scheer geht mit der Fahrt noch hinauf. Er hat keine Ahnung von dem Schicksal, das ihn erwartet. Fest überzeugt, den Sieg in Händen zu haben, dem er seit zwei Jahren entgegenfiebert, fährt er in Wirklichkeit in eine Falle. Ein phantastischer Anblick, wie die beiden Flotten da mit über 20 Knoten, fast 40 Stundenkilometer, durch die See pflügen.
Dies ist Jellicoes Stunde. Von der Brücke der *Iron Duke* blickt er auf seine gewaltigen Schlachtschiffe. Er weiß, daß die deutsche Flotte nicht ahnt, daß er da ist. Jetzt oder nie kann er sie auf einen Schlag vernichten, und mit ihr alle Seegeltungsträume Wilhelms II. Wie dieser grausige Krieg, der inzwischen fast ganz Europa erfaßt hat, weitergeht, das hängt hier und heute wesentlich von ihm, Jellicoe, ab.
Sein Leben lang hat er sich auf diesen Augenblick vorbereitet. Seine Laufbahn ist gleichmäßig, geradezu methodisch verlaufen. 1905, mit 46 Jahren, hat er es zum Generalinspekteur für das Marineartilleriewesen gebracht, ist erst Dritter, dann Zweiter Seelord

gewesen. Am Tage der Kriegserklärung ist er zum Oberbefehlshaber der Grand Fleet ernannt worden. Er ist nicht so herausfordernd schneidig wie Beatty, selbstverständlich trägt seine Uniform die vorgeschriebenen acht Knöpfe. Diesem kleingewachsenen, ernsten Mann, einem Mathematiker zur See, hat die Admiralität ihre kostbaren Schiffe anvertraut, weil er die Zuverlässigkeit verkörpert.
Jetzt steht er vor der Notwendigkeit, eine Entscheidung zu treffen, die schon über den Sieg entscheiden kann. Noch läuft seine Flotte in Marschordnung, in sechs nebeneinander laufenden Kolonnen zu je vier Schiffen in Kiellinie. Nach den Regeln der Seekriegskunst ist das erforderlich, weil eine einzige Kiellinie, die fast sechs Seemeilen lang wäre, nicht einwandfrei geführt werden kann; es würde ungefähr acht Minuten dauern, bis ein Signal vom Flaggschiff zum letzten Riesen durch wäre. Andererseits muß die Flotte breitseits zum Gegner in Kiellinie kämpfen, damit möglichst viele Geschütze zugleich feuern können.
Das Problem der Entwicklung seiner in Marschordnung laufenden Flotte zur Kiellinie ist es, das Jellicoe in diesen Minuten beschäftigt. Es gibt eine ideale Stellung zum Gegner, *crossing the T*, daß man nämlich zum Zeitpunkt der Feuereröffnung wie der Querstrich des T quer zur Gefechtslinie des Gegners steht. So können die Breitseiten der eigenen Schiffe sich auf die feindlichen Führungsschiffe konzentrieren, die ihrerseits nur mit den Buggeschützen feuern können. Die achteraus fahrenden Einheiten des Gegners sind dabei durch den Rauch der eigenen Vorderleute und die größere Entfernung stark behindert.
Diese ideale Position will Jellicoe einnehmen. Doch er weiß nicht genau, von woher Scheer naht, und vorher kann er die Entwicklung nicht befehlen. Er darf aber auch nicht zu lange warten, denn kommt der Gegner in Sicht, ist es schon zu spät. Das Manöver kostet Zeit, bringt zunächst Unordnung, und während seiner Ausführung sollte die Schlacht noch nicht begonnen haben. Der Ausgang des Kampfes hängt also zu einem erheblichen Teil davon ab, was jetzt, bevor ein einziges feindliches Schiff am Horizont aufgetaucht ist, befohlen wird.
Um 18.01 sichtet Jellicoe die *Lion*, auf der noch Brände wüten. »Wo befindet sich die feindliche Schlachtflotte?« signalisiert er hinüber. Doch Beatty, noch unter schwerem Feuer, hat offenbar andere Sorgen. Die Antwort läßt auf sich warten. Erst um 18.15 Uhr blinkt auf *Lion* endlich ein Scheinwerfer auf: »Habe die feindliche Schlachtflotte in Südsüdwest gesichtet.«
Jellicoe wüßte gern Näheres, aber jetzt darf er nicht mehr abwarten. Um 18.16 Uhr gibt er seiner Flotte das Flaggensignal zur Entwicklung in Gefechtslinie. Das eindrucksvolle Manöver, durch einfallenden Dunst erschwert, beginnt.
Im gleichen Augenblick erscheint vom Osten kommend das Geschwader Hood mit den drei Schlachtkreuzern *Indomitable*, *Inflexible* und *Invincible* auf dem Schauplatz, vom begleitenden IV. Leichten Kreuzergeschwader sind *Canterbury* und *Chester* auszu-

machen. Scheer kann kommen: Die Falle ist bereit. Hood greift sofort die feindlichen Schlachtkreuzer an. Sein Flaggschiff, die *Invincible*, feuert auf 9 Kilometer Entfernung auf *Lützow* und *Derfflinger*. Hood verfolgt durchs Fernglas die Einschläge. Er kann seine Begeisterung nicht zügeln und ruft seinem Artillerieoffizier Dannreuther im Vormars zu: »Ihr Feuer liegt hervorragend. Äußerste Feuergeschwindigkeit! Jeder Schuß wirkt!«

Kaum hat er das gesagt, schlägt eine Granate bei Turm Q ein. Die Panzerdecke des Turms wird abgesprengt, von der gesamten Bedienung überlebt nur ein Mann. Das unglückliche Schiff wird von einer Folge schwerer Explosionen erschüttert, dann wird es in der Mitte auseinandergerissen. Von den 1031 Besatzungsmitgliedern der *Invincible* werden nur sechs, die sich an Wrackteile geklammert haben, später von einem Zerstörer gerettet.

Beatty hat recht: Irgend etwas stimmt nicht mit den britischen Schlachtkreuzern. Fliegen die Geschütztürme in die Luft, ist der Weg frei zu den Munitionskammern, deren Explosion zum Verlust des Schiffes führt.

Doch jetzt geht es schon nicht mehr um die Schlachtkreuzer. Jellicoes Dreadnoughts haben diesen Konstruktionsmangel nicht, und sie sind dabei, sich zum T-Querstrich zu entwickeln, auf den Scheer ahnungslos zuläuft.

Die lange deutsche Kiellinie besteht aus 16 Dreadnoughts, die zum erstenmal eingesetzt werden, und 6 älteren Linienschiffen. Scheer hat alle Kräfte zusammengezogen, um die englischen Schlachtkreuzer um so sicherer zu vernichten. Statt dessen ist er selber, ohne es zu wissen, in höchster Gefahr.

Die erste Warnung kommt um 18.26 Uhr von einem seiner Torpedoboote: »Nach Aussage von Gefangenen des Zerstörers *Nomad* sind 60 große Einheiten in unserer Nähe, darunter 20 neue Linienschiffe und 6 Schlachtkreuzer.«

Dieser ungenaue Hinweis ist für Scheer ein Keulenschlag. Die ganze Schlacht besteht jetzt aus einer Folge von Bemühungen des deutschen Flottenchefs, sich aus der Schlinge zu ziehen.

Jellicoe strahlt. Er ist überzeugt, daß der Gegner ihm nicht mehr entkommen kann. Das einzige Manöver, mit dem er sich noch retten könnte, wäre eine völlige Kehrtwendung und die Flucht nach Süden. Das erscheint Jellicoe völlig ausgeschlossen: In voller Fahrt befindliche Großkampfschiffe in Kiellinie plötzlich wenden lassen, das muß zu heillosem Durcheinander, zu folgenschweren Zusammenstößen führen. Eine wohlgeordnete, gefechtsbereite Flotte würde sich in ein wirres Knäuel verwandeln. Kein englischer Offizier glaubt an die Möglichkeit eines solchen Manövers.

Und doch befiehlt Scheer im Vertrauen auf Disziplin und Ausbildungsstand seiner Leute eben diese von der deutschen Flotte geübte »Gefechtskehrtwendung«: Das Schlußschiff wendet zuerst, dann nacheinander alle übrigen, und bald brausen die riesigen Schiffe auf Gegenkurs davon.

Jetzt steht Hipper mit seinen Schlachtkreuzern allein der ganzen feindlichen Flotte gegenüber. Seine Schiffe werden schrecklich hergenommen. *Derfflinger*, mehrmals getroffen, steht in Flammen, auf *Von der Tann* ist nur noch ein Geschütz gefechtsklar, während das Flaggschiff, die *Lützow*, praktisch kampfunfähig ist: Nach etlichen Treffern kann sie, mit großen Mengen eingedrungenen Wassers im Rumpf, nur noch langsam laufen. Hipper, auf seiner legendären Zigarre kauend, gibt Befehle, die nicht mehr ausgeführt werden können. Auf der Brücke soll es zu folgendem Gespräch gekommen sein:

»Exzellenz, Sie können das Geschwader nicht länger von der *Lützow* aus führen.«

»Aber ich kann mein Schiff nicht verlassen.«

»Wir werden immer langsamer und können keine Funksprüche mehr senden.«

»Mag sein, aber mein Flaggschiff ...«

»Das Geschwader braucht Sie, Exzellenz.«

Hipper schickt sich ins Unvermeidliche. Er läßt dem Torpedoboot *G 39* signalisieren, an der *Lützow* längsseitszugehen, läßt sich an Bord nehmen und befiehlt Kurs auf *Seydlitz* zu nehmen. Er ist schon nahe herangekommen, als er erkennt, wie schwer auch die *Seydlitz* angeschlagen ist; durch ein gähnendes Leck im Vorderschiff strömt das Wasser in den Rumpf. *G 39* steuert *Von der Tann* an, die den Befehlshaber der Aufklärungsstreitkräfte aber auch nicht aufnehmen kann; bei ihr sind inzwischen alle schweren Geschütze ausgefallen. Bleibt nur *Moltke*. Hipper läßt sie anrufen, und der Kommandant erwidert:

»Habe 1000 Tonnen Wasser im Schiff, sonst verwendungsbereit.«

Inzwischen ist das Gros der deutschen Flotte außer Sicht. Doch nachdem er mit voller Kraft abgelaufen ist, läßt Scheer ein weiteres Mal eine 180°-Wendung vornehmen. Das ist ein Fehler. Er hat die Position der englischen Flotte nicht richtig eingeschätzt und meint, nach Osten ausholend auf Heimatkurs gehen zu können. Statt dessen läuft er geradewegs auf Jellicoes schräg über seinen Kurs steuernde Flotte zu.

Diesmal ist die Gefahr noch größer als beim ersten Mal, denn die Schlachtkreuzer, außer *Moltke*, können Scheer nicht mehr helfen. Mit mittlerer Fahrt marschieren die deutschen Linienschiffe ins Verderben.

Als Scheer die Situation erkennt, geht er das höchste Risiko ein. Er setzt, um das Gros zu retten, alle verfügbaren Einheiten vor seine Flotte, die Schlachtkreuzer, die Kleinen Kreuzer und die Torpedoboote: »Schlachtkreuzer ran an den Feind, voll einsetzen.« Die kleinen Schiffe und Boote werfen sich mit schäumender Bugwelle dem Feind entgegen, die angeschlagenen Riesen folgen.

Dies ist der kritischste Augenblick der ganzen Schlacht. Alles hängt davon ab, was Jellicoe jetzt befiehlt.

Zu jener Zeit gilt bei allen Flotten der Welt, daß man die Torpedos als nicht vertraute Waffe eher überschätzt. Jellicoe hat genaue Untersuchungen anstellen lassen und geht davon aus, daß ein Drittel der abgeschossenen Torpedos ihr Ziel erreichen könnten. Das ist eine erschreckende Vorstellung, denn eine entschlossen zum Angriff geführte

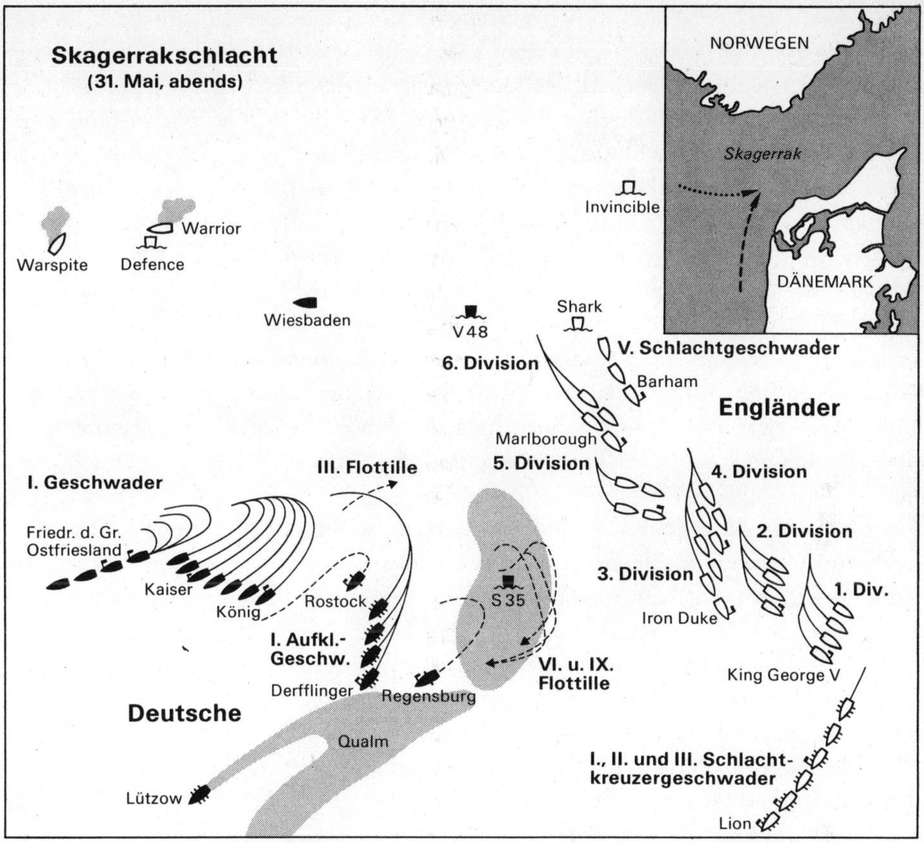

Torpedobootflottille könnte mehrere kostbare Großkampfschiffe vernichten. Jellicoe, der Techniker, hat deshalb schon im Oktober 1914 in einer Denkschrift für die Admiralität erklärt: »Bevor der Feind mit Geschützfeuer niedergekämpft ist, beabsichtige ich nicht, mich einem Angriff seiner Torpedoboote auszusetzen.«

Das ist jetzt, am Abend des 31. Mai, graue Theorie. Denn die Torpedoboote sind da und stürmen mit voller Kraft, ohne auf das dichte Abwehrfeuer zu achten, auf die Dreadnoughts zu. Jellicoe hält sich an die selbstgegebene Regel, indem er seine Flotte nach Osten abdrehen läßt. Scheer nutzt diese Chance, indem er noch einmal eine Gefechtswendung befiehlt.

Wenn man davon sprechen kann, daß die Engländer die Schlacht am Skagerrak verloren haben, dann geschah es in diesen Minuten. Hätte Jellicoe auf die feindlichen Torpedoboote zugedreht, statt nach Osten abzulaufen, wäre Scheer mit schlecht aufgestellter Flotte im Wendemanöver ein Opfer der überlegenen britischen Artillerie geworden.

Seit 1916 ist dieser Augenblick Gegenstand unzähliger marinegeschichtlicher Abhandlungen gewesen. Die einen brechen über Jellicoe den Stab, die anderen nehmen ihn in Schutz. Es ist leicht, ihn rückwirkend zu kritisieren, denn inzwischen kennt man die echte Wirkung und Treffsicherheit des Torpedos. Doch für Jellicoe sieht es anders aus. Er führt Englands einzige Flotte. Verliert er sie oder auch nur einige Dreadnoughts, so verkehrt sich Englands Überlegenheit in ihr Gegenteil. Den Torpedobooten nicht ausweichen, kann bedeuten, daß Deutschland die Seeherrschaft gewinnt. Es ist verständlich, daß der Admiral dieses Risiko nicht auf sich nehmen will.

Ebenso verständlich ist seine Entscheidung, seine kostbare Flotte nicht zu einem massiven Angriff in der Nacht einzusetzen.

Scheer jedenfalls ist jetzt entschlossen, sich aus dem Staube zu machen, geradewegs auf Südkurs Richtung Horns-Riff-Feuerschiff zu steuern und alles zu vernichten, was sich ihm in den Weg stellen sollte. Für ausgeklügelte Manöver ist jetzt keine Zeit mehr. Bei Tagesanbruch muß man in Sicherheit sein, und die Nächte sind kurz um diese Jahreszeit.

Wie soll man die Nachtkämpfe schildern? Deutsche und Engländer erinnern sich daran als an einen Alptraum. Sie durchwachen endlose Stunden, alle Augen sind auf die dunkle See gerichtet, halten Ausschau nach den Bahnen von Torpedos, nach den massigen Schatten feindlicher Schiffe oder der eigenen Kameraden, mit denen man zusammenstoßen könnte. Unvermittelt strahlt der Schein ferner Abschüsse auf. Von irgendwo hört man Rufe, verzweifelte Stimmen aus dem Wasser, wo sich Menschen an ein Wrackteil klammern, denen man nicht helfen kann, weil man sie nicht sieht und jeder Scheinwerferstrahl das feindliche Feuer auf das eigene Schiff ziehen kann.

Um 22.15 Uhr stoßen der britische Kleine Kreuzer *Castor* und die 15 Zerstörer der von ihm geführten Flottille auf die deutsche IV. Aufklärungsgruppe. Die Engländer zögern, glauben es mit eigenen Schiffen zu tun zu haben, feuern schließlich. Die Antwort läßt nicht auf sich warten. Wenige Minuten später stößt das englische II. Kreuzergeschwader dazu. An Bord der *Southampton* fallen binnen 90 Sekunden 89 Mann, aber der Kreuzer versenkt mit einem Torpedo den alten deutschen Kreuzer *Frauenlob*, der mit 319 Mann untergeht.

Um 23.15 Uhr haben die 12 Zerstörer der IV. Flottille Berührung mit den Deutschen. Auch sie zögern, schalten schließlich ihre Scheinwerfer ein. Das bekommt ihnen schlecht. Die Deutschen feuern aus allen Rohren, *Tipperary* wird zusammengeschossen, *Spitfire* gerammt. Die britischen Dreadnoughts befinden sich ganz in der Nähe, greifen aber nicht ein. Sie haben eindeutigen Befehl, keine Torpedoangriffe auf sich zu ziehen.

Um Mitternacht werden die Zerstörer *Fortune* und *Ardent* versenkt, der schon beschädigte Panzerkreuzer *Black Prince* fliegt im Feuer von fünf deutschen Linienschiffen in die Luft, bevor er auch nur einen Schuß abgeben kann.

Um 0.40 Uhr gerät der Zerstörer *Turbulent* zwischen die deutschen Linienschiffe, wird gerammt und geht mit der ganzen Besatzung unter.
Um 2.10 Uhr greift die XII. Zerstörerflottille mit 15 Booten Scheers große Schiffe an. Von den 17 abgeschossenen Torpedos trifft einer das alte Linienschiff *Pommern*, das wie eine Fackel auflodert und versinkt.
Bei den Deutschen sind die am Vorabend beschädigten Schiffe nicht in der Lage, die hohe Fahrt mitzuhalten. Die *Lützow* muß von den eigenen Begleittorpedobooten versenkt werden, die *Wiesbaden* geht unter, die *Rostock* bekommt den Fangschuß, auch die *Elbing* muß aufgegeben werden.
Endlich kommt die Morgendämmerung. Die Deutschen sehen ihr mit Schrecken entgegen. Sie sind noch 14 Seemeilen von Horns Riff entfernt, so daß die Grand Fleet sie durchaus noch abfangen könnte. Von Hase, 1. Artillerieoffizier des Schlachtkreuzers *Derfflinger*, schildert diesen erregenden Moment: »Unterdessen war die Sonne aufgegangen. Hunderte von Feldstechern und Fernrohren suchten auf allen Schiffen den Horizont ab, doch nirgends war etwas vom Feind zu entdecken.«
Tatsächlich, die See liegt verlassen da. Jellicoe, allzu vorsichtig und in ständiger Furcht vor den deutschen Torpedobooten, hat die Deutschen entkommen lassen. Die ganze Nacht hindurch ist er in weitem Abstand neben ihnen hergelaufen, um ihnen dann den Weg zu verlegen. Doch er ist zu schnell gewesen, schneller als Scheer, den seine schwer getroffenen Schlachtkreuzer an hoher Fahrt hindern. So hat der deutsche Admiral ihn unabsichtlich einen Vorsprung gewinnen lassen und ist dann knapp hinter ihm nach Süden durchgestoßen.
Viele Salonstrategen haben bei den eifernden Auseinandersetzungen um die Führung der Schlacht kein gutes Haar an Jellicoe gelassen. Dabei liegt die eigentliche Verantwortung bei der Admiralität. Hätte Jellicoe gewußt, welchen Kurs sein Gegner steuerte, hätte er ihn zum Kampf stellen können. Die Admiralität kannte Scheers Absichten. Schon früh in der Nacht hatte sie vier Funksprüche von ihm aufgefangen und entziffert; einer davon forderte Luftaufklärung im Raum Horns Riff durch Zeppeline für den Morgen des 1. Juni an. Diese Meldung hätte Jellicoes quälenden Zweifeln ein Ende gesetzt. Sie ihm zu ubermitteln, wurde in der Admiralitat schlichtweg vergessen.
Es wird Nachmittag, und die englischen Schiffe sichten noch immer keinen Gegner. An Bord der *Lion*, die schwere Schäden aufweist, begibt sich Beatty in den Kartenraum. Er ist wachsbleich, die Lider geschwollen vor Müdigkeit. Er setzt sich auf ein Klappbett, läßt sich gegen die Wand sinken und schließt die Augen. Noch einmal hören seine Offiziere ihn murmeln: »Mit unseren verdammten Schiffen stimmt etwas nicht.« Dann, im Einschlafen schon, setzt er hinzu: »Und mit unserem System.«
Die Reaktion Beattys ist bezeichnend für den kläglichen Ausgang, den die Schlacht für die Engländer genommen hat. Sie haben drei ihrer stärksten Schlachtkreuzer eingebüßt (*Indefatigable*, *Queen Mary* und *Inflexible*), drei Panzerkreuzer (*Defence*, *Black*

Prince und *Warrior*), einen Flottillenführer (*Tipperary*) und sieben Zerstörer: *Nestor, Nemrod, Shark, Turbulent, Ardent, Fortune* und *Sparrowhawk*.
Die Deutschen haben den Schlachtkreuzer *Lützow* verloren, das alte Linienschiff *Pommern*, vier Kleine Kreuzer (*Wiesbaden, Frauenlob, Elbing* und *Rostock*) und fünf Torpedoboote: *S 35, V 27, V 29, V 48* und *V 4*.
Das Tonnageverhältnis spricht eine deutliche Sprache: 112000 t britische, 59450 t deutsche Schiffe sind versunken. 98 eingesetzte deutsche Einheiten haben also fast doppelt so viel Tonnage versenkt wie 148 britische.
Schwerwiegender noch: Die deutschen Erfolge erklären sich zwar auch aus der unzulänglichen Konstruktion der britischen Schlachtkreuzer, vor allem aber aus der unbestreitbaren Überlegenheit der deutschen Schiffsartillerie. Von 3597 abgegebenen Schüssen der schweren Kaliber haben die deutschen Kanoniere 120, also 3,3 Prozent, ins Ziel gebracht, die Engländer von 4598 nur 100, also 2,2 Prozent.
Hat Wilhelm II. demnach recht, wenn er triumphiert? Es wäre wohl angemessener, von einem unentschiedenen Treffen zu sprechen. Gewiß, die Zahlen sprechen für die Deutschen, aber man darf nicht vergessen, daß Scheer im ganzen zweiten Abschnitt der Schlacht nur noch fliehen, seine Linienschiffe aus der Falle retten konnte, in die sie gelaufen waren. Das ist ihm gelungen, doch während des ganzen Krieges wagt die deutsche Hochseeflotte, der Stolz Wilhelms II., keine Schlacht mehr.
Scheer ist überzeugt, daß er die Grand Fleet im großen Schlagabtausch nicht besiegen kann. Er ist einer der ersten Admiräle der ganzen Welt, die sich darüber klargeworden sind, daß dieses erste Aufeinandertreffen der modernen Großkampfschiffe auch das letzte gewesen sein dürfte, und daß diese Seeungeheuer wie in Urzeiten die Brontosaurier oder Diplodoci zum Aussterben verurteilt sind, ein Opfer der kleinen, beweglichen Feinde: Torpedo, Unterseeboot und Flugzeug.
Zwei große Flotten haben stundenlang gegeneinander gekämpft, Menschen haben gelitten, sind gestorben. Und nichts hat sich geändert. Die deutsche Hochseeflotte ist da, sie versperrt den Zugang zur Ostsee, bedroht die alliierten Geleitzüge nach Rußland, unterstützt mit ihrem ganzen Gewicht den täglich grausamer werdenden Krieg der Unterseeboote. Die Grand Fleet ihrerseits ist zwar gedemütigt worden, doch sie bleibt Herrin der Meere und sorgt für eine lückenlose Seeblockade gegen Deutschland.
Es bleiben die gräßlichen Bilder, die den Überlebenden bis in die Träume nachgehen. Sie haben gesehen, wie *Indefatigable* und *Queen Mary* kieloben versanken, wie *Defence* und *Black Prince* untergegangen sind, ohne daß ein einziger ihrer Kameraden gerettet werden konnte. Sie haben furchtbare Schreie gehört, die der Heizer der *Warrior* zum Beispiel, die mehrere Stunden lang im Backbordmaschinenraum eingeschlossen blieben, halb erstickt, die Lungen verbrannt vom heißen Dampf, und einer nach dem anderen starben bis auf drei, die noch lebten, als es der Rettungsmannschaft endlich gelang, den verklemmten Zugang aufzubringen.

Unfaßlicher noch, was die Überlebenden der *Lützow* berichteten. Sie haben erlebt, wie 597 Kameraden im Kampf gefallen sind. Vom Zusammentreffen mit der feindlichen Schlachtflotte an sind 27 Mann unentrinnbar im Generatorenraum eingeschlossen geblieben. Alles funktioniert noch, die Generatoren, die Lüftung, das Telephon, doch den Rettungstrupps gelingt es nicht, zur verklemmten Tür vorzudringen, weil das Wasser zu weit ins Schiff gelangt ist. Die 27 bezwingen ihre panische Angst, tun weiter ihre Pflicht, liefern den Strom, den der riesige Schlachtkreuzer benötigt. Von den schweren Schlägen, die das Schiff bis ins Mark aufreißen, werden sie gegen die Wände geworfen. Durch die Sprachrohre mit der Außenwelt verbunden, erfahren sie, daß Vizeadmiral Hipper von Bord gegangen ist und 160 Verwundete durch einen Treffer ins Bordlazarett umgekommen sind. Sie melden, daß zwei Kameraden wahnsinnig geworden sind und gefesselt werden mußten. Um 1 Uhr nachts dringt der Befehl zur Räumung des Schiffes auch in ihren stählernen Kerker. Die manövrierunfähige *Lützow* könnte dem Gegner in die Hände fallen; der Kommandant hat sich zur Selbstversenkung durchgerungen.
Die Eingeschlossenen rufen um Hilfe, betteln schreiend um Rettung, aber es kommt keine Antwort mehr. Sie bleiben allein zurück, sie und die Toten. Ein deutsches Torpedoboot schickt das stählerne Ungetüm auf den Grund der dunklen See, zusammen mit den 27 vor Entsetzen heulenden Männern.
Ein schreckliches letztes Bild der größten Seeschlacht aller Zeiten. Auch sie für nichts geschlagen.

XVI. Kapitel Sommer 1916: Immer noch Verdun

Im Osten schlägt Brussilow mit unerhörter Wucht zu. Im Westen wirft Falkenhayn alle Kräfte in die Schlacht, um Verdun zu erobern, bevor er selber an der Somme angegriffen wird.

Kowno ist ein verschlafenes Städtchen, das gemütlich am Zusammenfluß von Njemen und Neris liegt. Ein Ort von Symbolwert, der in der Geschichte im so viele Generationen währenden Streit zwischen Deutschen und Slawen umkämpft und von beiden geprägt worden ist. Slawisch sind die Holzhäuser und die orthodoxe Kirche. Deutsch ist der dicke, halb zusammengebrochene Turm hoch über dem Njemen, die alte Festung, die einst dem Deutschen Orden gehörte.
Im Augenblick haben die Deutschen das Sagen. In den Diensträumen des Militärgouverneurs von Kowno haben Hindenburg und Ludendorff ihr Hauptquartier eingerichtet; riesige, triste Räume, in denen sie Bilder vom Zar, der Zarin und dem Zarewitsch an den Wänden vorgefunden haben.
Die Stimmung ist nicht besonders heiter in diesem Spätfrühjahr. Im Generalstab geht es formell und streng zu, von Lebensfreude und Zerstreuungen ist keine Rede. Am Sonntag treffen sich die beiden Generäle in der ersten Bank der ehemaligen orthodoxen Kirche, wo Feldprediger Wessel evangelischen Gottesdienst hält.
Ludendorff berichtet: »Ich hörte dort auf fremder Erde zum ersten Male als Kirchenlied die schöne, alte Weise

›Ich hab' mich ergeben
mit Herz und mit Hand
dir Land voll Lieb' und Leben
mein deutsches Vaterland.‹

Ich war tief ergriffen. Das Lied sollte jetzt sonntäglich in allen Kirchen gesungen werden und fest in jedes deutschen Mannes Herz eingegraben sein.«
Ansonsten vergeht die Zeit mit öden Verwaltungsarbeiten, denn die besetzten Gebiete wollen leben, Zivilisten und Soldaten müssen mit Lebensmitteln versorgt werden, Steuern gilt es einzutreiben, Straßen und Brücken instand zu setzen, die Bauern zur Arbeit anzuhalten.
Vom Krieg ist kaum mehr die Rede. Seit der letzten großen Schlacht stehen die Russen annähernd an den Grenzen des alten heiligen Rußland, die Front ist erstarrt, vom Baltikum bis zur rumänischen Grenze haben sich die Truppen überall eingegraben.

Hindenburg und Ludendorff sind wütend. Einmal mehr sehen sie sich von Falkenhayn im Stich gelassen. Sie haben den Eindruck, daß ihm diese Front, an der sie 1915 so großartige Siege erzielt haben, mit einemmal vollkommen gleichgültig geworden ist. Dabei müßte man weiterkämpfen, immer wieder angreifen, die angeschlagenen russischen Armeen wirklich vernichten. Das wäre längst möglich gewesen und hätte den Gegner zum Friedensschluß gezwungen. Beide haben ihren Standpunkt bei jeder passenden und unpassenden Gelegenheit mit Nachdruck vorgetragen, doch sie haben tauben Ohren gepredigt.

Der Chef des Generalstabs des Feldheeres ist nicht bereit, seine Armeen in die russische Weite zu schicken. Er bedenkt, wie Napoleon 1812 vom Feldherrnhügel bei Kowno stolz zugesehen hat, wie die *Grande Armée* den Njemen überschritt. Er will nicht, daß es seinem Heer so ergeht wie einst den Franzosen. Deshalb hat er entschieden, daß der Erfolg mit allen Kräften im Westen gesucht werden soll, damit sich der Gegner bei Verdun »ausblutet«. Während dieser Monate darf und soll die Ostfront einschlafen. Seit September 1915 hat er ständig Truppen von dort abgezogen: Zwei Armeekorps im September, mehrere Divisionen im Oktober, November, Dezember, dazu etliche Batterien schwerer Geschütze.

Jeder solchen Schwächung haben Hindenburg und Ludendorff heftig widersprochen.

»Warum«, hat Falkenhayn erwidert, »sollen an Ihrer Front so viele gute Truppen bleiben? Die Russen sind erschöpft von der Tracht Prügel, die Sie ihnen 1915 verabfolgt haben. Sie sind nicht der kleinsten Anstrengung fähig.«

Conrad von Hötzendorf bläst ins selbe Horn. Als Oberbefehlshaber des österreichischen Heeres will er Truppen vom Osten nach Italien verlegen und verkündet, die Russen seien mit ihrer Kraft am Ende. Selbst wenn sie sich doch für eine Offensive entscheiden sollten, erklärt er, »würden sie mindestens ein halbes Jahr benötigen, um ihre Truppen aufmarschieren zu lassen. Es bliebe also genügend Zeit, sich darauf einzustellen«.

Hindenburg und Ludendorff haben den Eindruck, ihr österreichischer Kollege sollte lieber etwas weniger hochmütig daherreden. Seit Kriegsbeginn haben seine Soldaten nur selten die zupackende Tapferkeit gezeigt, die allein zum Siege führen kann. Sie sagen es auch ganz offen, die deutschen Truppen seien die Stäbe des österreichischen Korsetts.

Als besonders besorgniserregend empfinden sie die Tatsache, daß die Österreicher am südlichen Teil der Ostfront zwischen Pinsk und der rumänischen Grenze höchst gefährdete Abschnitte halten und nur von der deutschen Südarmee unter General von Bothmer unterstützt werden.

Um den Norden machen sie sich weniger Gedanken. Dort stehen bewährte, schlagkräftige deutsche Armeen, die VIII. Armee (Below), die Armeegruppe Schultz, die X. und

XI. Armee sowie die Heeresgruppe Prinz Leopold von Bayern. Nein, im Süden muß die Front unverzüglich verstärkt werden! Das wiederholen sie unermüdlich.
Gewiß, der Gegner verhält sich ruhig. Doch mit dem sechsten Sinn, der sie schon aus den bedrohlichsten Lagen gerettet hat, spüren sie, daß da etwas im Gange ist.
Ihre Sorge ist berechtigt. Die angeblich völlig zerschlagenen, mutlos gewordenen Russen sind dabei, gigantische Anstrengungen zu unternehmen. Sie haben die Transsibirische Eisenbahn auf 6000 Kilometer Länge bis an den Baikalsee zweispurig ausgebaut, haben mitten im Winter eine Bahnlinie von Petrograd nach Murmansk gebaut, 1400 Kilometer lang. So können sie Waffen, Munition und Lastwagen, die von den alliierten Geleitzügen gebracht werden, rasch weitertransportieren und die in unvorstellbaren Massen ausgehobenen Rekruten einkleiden und ausrüsten. Im August 1914 ist die russische Armee 35 Korps stark gewesen, jetzt kann sie 60 einsetzen.
Unmerklich ist die 1200 Kilometer lange Front der Russen verstärkt worden. Zwischen Riga und Widzy stehen unter General Koropotkin 13 Korps, der Abschnitt zwischen Widzy und der Linie Kowel–Sarny wird von 23 Korps unter General Ewert gehalten. Für den anschließenden Südteil der Front bis hinunter zur rumänischen Grenze ist General Brussilow mit inzwischen 19 Korps verantwortlich.
Brussilow ... Sein Name ist dazu bestimmt, in die Legende einzugehen. Ein eindrucksvoller Krieger ist dieser General, der sich schon in der Mandschurei ausgezeichnet hat. Seit 1914 kämpft er in Galizien. Er ist ein »Brecher«, ein Mann von überwältigender Vitalität. Sein Gesicht, von einem mächtigen Schnurrbart beherrscht, verrät Tatkraft. Er spricht wenig, handelt lieber, und seine Soldaten vergöttern ihn geradezu. Zugleich fürchten sie ihn, denn er steht in dem Ruf, unerbittlich durchzugreifen.
Seit dem 6. April, da er zum Befehlshaber der Heeresgruppe ernannt worden ist, kennt er nur noch ein Ziel: angreifen, so bald wie möglich angreifen.
Er weiß, daß Rußland zugesagt hat, bei der in Chantilly beschlossenen Generaloffensive der Alliierten einen großen Teil der Last zu übernehmen, und er will beweisen, was sein Land zu leisten vermag. Er weiß sehr wohl, daß er seinen Leuten keine komplizierten Bewegungen zutrauen kann, und hat entschieden, jede seiner vier Armeen solle einfach geradeaus stürmen.
Sein unmittelbarer Vorgesetzter, General Alexejew, ist damit nicht einverstanden. Er möchte eine kunstvollere Offensive starten, vor allem die Kräfte vorsichtiger einsetzen, doch Brussilow läßt sich nicht überzeugen. Bei einem letzten Telephongespräch verlangt Alexejew, der Angriff solle verschoben werden, doch Brussilow tobt, droht seinen Abschied zu nehmen und verlangt, mit dem Zaren persönlich verbunden zu werden.
»Den darf ich jetzt nicht stören«, erklärt Alexejew, »er ist eben eingeschlafen.«
»Was geht mich der Schlaf des Zaren an!«

»Also tun Sie, was Sie für richtig halten. Möge Gott mit Ihnen sein.«
Die Entscheidung ist gefallen.
Das Oberkommando hat die Armeen von General Ewert als Speerspitze der Offensive vorgesehen, doch Brussilow stürmt derart rücksichtslos vor, erzielt so spektakuläre Geländegewinne, daß alle Verstärkungen zu ihm geschickt werden und die letzte große russische Angriffsbemühung von der Geschichte den Namen »Brussilow-Offensive« bekommen hat.
Am Abend des 2. Juni beginnt auf der ganzen Breite des Frontabschnitts, das sind 350 Kilometer, die Artillerievorbereitung. Noch niemals haben die Deutschen an der Ostfront einen solchen Beschuß erlebt; zum erstenmal kann man auch hier von »Trommelfeuer« sprechen. Und das 32 Stunden lang.
Am 4. Juni kommen zwischen den Pripjetsümpfen und der rumänischen Grenze die Männer der 8., 11., 7. und 9. Armee in dichten Massen aus ihren Gräben geströmt. Sie branden schnurstracks in die befohlene Richtung, bei Luzk, bei Dubno, vor Tarnopol und am Dnjestr auf den Sereth zu.
Überall weichen die österreichisch-ungarischen Truppen vor dem Ansturm. Nur die deutsche Südarmee vor Tarnopol hält stand wie ein Fels in der Brandung.
Bei Luzk setzt die österreichische IV. Armee sofort die Reserven ein, doch ihre Front bricht zusammen, und die Soldaten fliehen in völliger Auflösung Richtung Wladimir Wolynskij. Die II. Armee wird mitgerissen, die VII. zerfällt in zwei Teile und sucht weiter im Westen hinter dem Pruth erst einmal Zuflucht.
Erregende, großartige Stunden sind das für die Russen. Sie, die immer wieder zurückgeschlagen worden sind, dringen jetzt mit unwiderstehlichem Schwung vor. Drei österreichische Armeen laufen vor ihnen davon. Am 6. Juni haben sie 25 000 Gefangene gemacht, darunger 480 Offiziere. Am 7. sind es schon 40 000, darunter 980 Offiziere. An diesem Tage rückt die Armee Kaledin in Luzk ein, am 9. fällt Dubno.
Südlich des Dnjestr in der Nähe der rumänischen Grenze zersprengen die Truppen von General Letschizky bei Dobronytse die Armee Pflantzer-Baltin. Die ungeheuerlichsten Parolen gehen unter den kopflos fliehenden Österreichern um. Überall sind die Russen durchgebrochen, sie sind zahlenmäßig mindestens zehn zu eins überlegen, nichts und niemand wird sie noch aufhalten. Selbst Pflantzer-Baltin hat den Mut verloren. In der Nacht vom 17. auf den 18. Juni räumt er Czernowitz.
Ludendorff schäumt. Wieder, wie 1914 und 1915, muß er den Österreichern in höchster Not beistehen. Er findet kaum Worte, die seine Verachtung für diesen ständig versagenden Bundesgenossen ausdrücken könnten: »Die Ausbildung der Marschbataillone der Infanterie war eine recht ungenügende. Sie lieferten nur hohe Gefangenenzahlen. Der Offizier, über den die k. u. k. Armee damals noch verfügte, war weich und nicht in dem strengen Pflichtbewußtsein großgezogen, wie es bei uns deutschen Offizieren zu finden ist.«

Doch Krieg ist Krieg, und auch wenn man auf seinen Verbündeten herabblickt, muß man ihn stützen, muß deutsches Blut opfern, damit der schwere Rückschlag nicht zur verhängnisvollen Katastrophe wird.
Ludendorff hält sich an Linsingen und unterstellt ihm alles, was er zusammenkratzen kann: drei Divisionen vom Ostseeufer, vier aus Frankreich und zwei vom Trentino abgezogene österreichische Divisionen.
Auf der Landkarte stellt sich die Lage nur allzu klar dar: Brussilow hat zwei tiefe Einbrüche erzielt: im Norden in der Nähe der Pripjetsümpfe und im Süden am Dnjestr. Die Südarmee unter Bothmer steht dazwischen und hält wahrhaftig immer noch aus. Linsingen muß versuchen, den Durchbruch von der Flanke her abzuriegeln und den vorgedrungenen Gegner abzuschneiden.
Diese klassische Strategie hat gegen die Russen bis jetzt noch jedesmal großartige Ergebnisse gezeitigt. Doch diesmal sind Brussilows Leute in Hochstimmung. Sie kämpfen endlich als Sieger. Sie weichen nur schrittweise, und wenn sie in Bedrängnis geraten, kommt ihnen die Kavallerie mit wilden Attacken zu Hilfe.
Brussilow denkt nicht daran, sich vom Gegner das Heft aus der Hand nehmen zu lassen. Am 24. Juni treten seine Truppen zu einer neuen Offensive an.
Jetzt muß sich die Schlacht entscheiden. Es herrscht strahlendes Frühsommerwetter. Doch für die Soldaten im Kampf ist das eine furchtbare Belastungsprobe. Die Sonne brennt herunter. Aus den Sümpfen stürzen sich Wolken von Mücken und Bremsen auf Mensch und Pferd. Überall brennen die Dörfer. Die Österreicher verlieren diesmal jeden Zusammenhalt, und auch Bothmer, der Unerschütterliche, muß zurück, um nicht eingeschlossen zu werden. Die Russen erreichen den Stochod, der Dnjestr wird von den Kosaken durchschwommen. Die Österreicher haben schon 600 000 Mann verloren, darunter 200 000 Gefangene.
Und ein Ende ist nicht abzusehen. Selbst Ludendorff läßt sich von der allgemeinen Besorgnis anstecken. Er schreibt: »Es war klar, der Russe holte von neuem zu einem gewaltigen Schlage aus, während wir weiter an der Somme stark bluteten und die k. u. k. Armee an der italienischen Front hart bedrängt wurde. Gewitterstimmung lag in der Luft, die Nerven arbeiteten aufs äußerste.«
Da sie die ganze Bukowina schon erobert haben, wollen die Russen jetzt in Galizien zuschlagen. Die Armee Sacharow soll diesmal die Last des Angriffs tragen.
Am 15. Juli um 16 Uhr bricht heftiges Artilleriefeuer über die Stellungen zwischen Cklin und Ugrinow herein. Am 16. laufen die Österreicher in panischem Schrecken davon. 13 000 Soldaten werden von den Russen gefangengenommen, dazu 30 Geschütze erbeutet. Am 20. und 21. heben 12 000 Mann und 300 Offiziere die Hände. Am 28. zieht Sacharow in Brodny ein.
Dieser Erfolg zerstreut die letzten Bedenken der Generäle. Mit einem Schlag setzt sich die ganze russische Front in Bewegung.

Die Österreicher weichen, und auch die Deutschen halten nicht länger stand. Laut rufen Hindenburg und Ludendorff nach Verstärkungen. Eine Division kommt aus Frankreich, zweieinhalb von der Ostsee, drei aus Italien. Ludendorff wirft diese frischen Verbände an die Front, wie sie gerade kommen, in etlichen Fällen regimentsweise.

Am 2. August finden sich die Österreicher, offensichtlich angesichts ihrer kläglichen Leistungen, endlich zur Unterstellung ihrer Truppen an der Ostfront unter deutsches Kommando bereit. Allerdings fragt sich Ludendorff, ob diese Entscheidung nicht zu spät kommt.

Denn Sacharow drängt immer heftiger vorwärts. Am Tage nach der Eroberung von Brodny nimmt er 8415 Mann und 165 Offiziere gefangen.

Am 7. August greift Letschizky südlich des Dnjestr an, durchstößt im ersten Anlauf die österreichische Front und besetzt schon am 10. August Stanislau. Seine Truppen streben der ungarischen Grenze zu.

Wie weit werden die Russen noch vordringen?

Nicht sehr weit mehr. Denn inzwischen haben, wie noch zu berichten sein wird, die Rumänen den Mittelmächten den Krieg erklärt, sind gleich geschlagen worden und brauchen Hilfe.

Außerdem sind die Russen von dieser kolossalen Anstrengung erschöpft. Sie haben ihre Soldaten nicht geschont – fast eine Million sind kampfunfähig. Ihre großen Verbände brauchen nach den blindwütigen Massenangriffen eine Atempause.

Sie haben den bereitwillig gespendeten Beifall ihrer Alliierten wahrhaftig verdient: Sie sind wieder die Herren des Schlachtfeldes, haben einen breiten Streifen Land erobert, sage und schreibe 420000 Gefangene gemacht, 2500 Maschinengewehre und 600 Geschütze erbeutet. Nachdrücklich haben sie Franzosen und Engländern geholfen, ihre Offensive an der Somme vorzutragen, ohne Zweifel haben sie Italien vor schweren Einbußen bewahrt und Viktor Emanuel, wie wir noch sehen werden, die Befriedigung verschafft, als Sieger in Görz einzuziehen.

Die Mittelmächte haben die bisher düstersten Stunden dieses Krieges durchlebt. Vor Verdun sind sie gescheitert, an der Somme haben sie sich mit letzter Kraft einer Offensive erwehrt, wie sie noch nie dagewesen ist, Brussilow hat sie in die Flucht geschlagen, Rumänien wird sich noch gegen sie entscheiden …

Nach großen Rückschlägen braucht man einen Sündenbock. Falkenhayn hat sein ganzes Prestige auf die Karte Verdun gesetzt. Er ist der Verlierer. Die Stunde des Triumphs für seine überzeugten Gegner ist gekommen.

»Am 28. August«, schreibt Ludendorff in seinen Erinnerungen, »um 1 Uhr mittags übermittelte der Chef des Militärkabinetts, General v. Lyncker, durch Fernsprecher dem Generalfeldmarschall v. Hindenburg und mir den Befehl Seiner Majestät des Kaisers, unverzüglich nach Pleß zu kommen.

Am selben Tage 4 Uhr nachmittags verließen wir Brest, um nicht wieder an die Ostfront zurückzukehren.
Bei unserer Ankunft in Pleß am 29. August früh gegen 10 Uhr empfing uns General v. Lyncker. Er teilte mit, daß der Generalfeldmarschall als Chef des Generalstabes des Feldheeres ausersehen sei; ich solle zweiter Chef werden. Mir erschien die Bezeichnung ›Erster Generalquartiermeister‹ zweckmäßiger.«
Mit diesen beiden Männern, die seit 1914 Erfolg an Erfolg gereiht haben, bekommt der Krieg ein anderes Gesicht. Ihre erste Aufgabe wird es sein, die Schlacht um Verdun zu beenden, die sie nie gebilligt haben.

Berauscht von der Geschwindigkeit, der Höhe und dem aufs Gesicht drückenden Wind, vom Dröhnen des Motors, empfindet sich der Pilot der Fokker E als Herr des Himmels; er braucht nur eine Tragfläche hinunterzunehmen, schon überblickt er das ganze Schlachtfeld.
Der Anblick allerdings ist erschreckend. Die Piloten fliegen Tag für Tag ihren immer gleichen, wenige Quadratkilometer großen Abschnitt ab, und trotzdem finden sie sich nur noch mit Mühe zurecht. Hier gibt es keine Grabenlinien wie an der übrigen Front, keine Orientierungspunkte, also Kirchtürme, Wälder oder Wiesen. Man könnte meinen, ein ungeheurer Schlammstrom habe alles überflutet und sei auf einen Schlag erstarrt. Selbst die Dörfer sind völlig verschwunden. Und von den Männern, die da unten kämpfen, ist nichts zu sehen; sie sind gänzlich mit dem Erdboden eins geworden. Die einzigen Lebenszeichen sind die Granateinschläge, die stellenweise so dicht liegen, daß ihr Qualm das Land den Blicken entzieht.
Jetzt, im März 1916, sind die deutschen Piloten über Verdun die unbestrittenen Herrscher. Weit und breit läßt sich kein französisches Flugzeug blicken. Die wenigen tollkühnen Gegner, die sich in den ersten Tagen der Offensive an diese Front gewagt haben, sind sofort abgeschossen worden.
Falkenhayns Plan scheint mit unerbittlicher Folgerichtigkeit aufzugehen, am Boden und in der Luft.
Er hat sich mit Beginn der Schlacht, mit dem 21. Februar, die Luftherrschaft sichern wollen. Er hat gefordert, die französische Artillerie müsse blind gemacht, ihrer Fesselballons und Flugzeuge beraubt werden.
Dafür hat er alle verfügbaren Jagdflugzeuge hier zusammengezogen, zusammen 180 Fokker E und Pfalz E. Pausenlos patrouillieren sie zu viert oder fünft am Himmel über dem Festungsbereich.
Für die französischen Artilleristen ist das eine Katastrophe. Sie wissen nicht, wo die feindlichen Geschütze stehen, ja, sie können nicht einmal feststellen, ob ihre Schüsse getroffen haben. Sie müssen sich auf Feuer nach Sicht beschränken. Nach Zahl der Geschütze, Kaliber und Treffgenauigkeit sind sie dem Gegner hoffnungslos unterlegen.

Die Infanterie leidet und verliert den Mut. Die Männer sehen sich einem Dauerbeschuß mittlerer und schwerer Artillerie ausgesetzt und stellen verbittert fest, daß der Himmel den Deutschen gehört. Selbst der lange Dienstweg kann ihren Protest kaum abschwächen; schließlich wird er so laut, daß er den Generalissimus in Chantilly erreicht.
Der läßt nach einigem Zögern Major de Rose, den berühmtesten Kampfflieger dieser Tage, ins Hauptquartier kommen. Alles für Verdun, so lautet die Parole inzwischen auch bei den Franzosen.
Rose macht sich mit Feuereifer ans Werk. Bei Bar-le-Duc versammelt er alles, was er an Flugapparaten findet, und er läßt von allen Fronten die besten Piloten kommen: Guynemer, Navarre, Nungesser, Pigoud. So bringt er 15 Staffeln zusammen, denen er den Befehl gibt, »den Himmel leerzufegen«.
Ein phantastisches Ballett nimmt seinen Anfang. Ein mörderisches Ballett, Nieuport und Farman gegen Fokker und Pfalz. Im Mai stößt die Staffel La Fayette dazu, die sich ausschließlich aus amerikanischen Freiwilligen zusammensetzt.
Die Deutschen wehren sich ihrer Haut. Die berühmten Immelmann und Boelcke führen ihre Jagdmaschinen in starken, auf zwei Flughöhen gestaffelt angreifenden Verbänden in den Kampf. So wird Verdun, die größte Schlacht aller Zeiten, auch zur ersten Luftschlacht der Geschichte. Das Flugzeug erweist sich zum erstenmal als unentbehrlich für den Sieg.
Viele hohe Generäle wollen das im Grunde nicht wahrhaben, vor allem deshalb, weil sie bis zuletzt an den Aeroplan, diesen Eindringling, nicht glauben mochten.
»Ach, wissen Sie, das ist doch alles Spiel. Für die Armee ist der Wert der Fliegerei gleich Null«, hat Foch bei den Herbstmanövern 1910 erklärt, er, einer der glänzendsten Professoren an der Kriegsschule. Und damals haben die Träger aller großen Namen so gedacht wie er.
1910 sind überhaupt zum erstenmal Flugzeuge bei den Manövern eingesetzt worden. Sie haben viel Aufsehen erregt, aber nur General Roques hat sich als guter Prophet erwiesen. Er ist mit der Meinung unliebsam aufgefallen: »Die Aeroplane sind für die Armee so wichtig wie Kanonen und Gewehre. Das müssen wir zur Kenntnis nehmen, ob wir wollen oder nicht, sonst müssen wir die Lehre teuer bezahlen.« Auf sein Drängen hat man 20 Farman und 20 Blériot bestellt, die Blériotmaschinen vom selben Typ, den die Italiener schon 1911 zum erstenmal bei ihrem Libyenfeldzug im Kriege einsetzten.
In diesem Jahr 1911 wird auf Anweisung von General Roques das Wort *aéroplane* durch *avion* ersetzt, zu Ehren des Flugpioniers Clément Ader, der einen seiner ersten Motorflugapparate so genannt hat. Doch nach wie vor glaubt niemand wirklich an das Flugzeug als Waffe.
Noch kurz vor Kriegsausbruch wird Hauptmann Faure, der den Vorschlag eingereicht hat, auf seine Voisin eine 3,7-cm-Kanone zu montieren, hochmütig mit der Beurteilung

abgefertigt: »Sehr interessante Arbeit, die von seiten des vorschlagenden Offiziers eine lobenswerte Forschungsbemühung verrät, aber sehr viel mehr mit Jules Verne als mit der Wirklichkeit zu tun hat.«
Die Deutschen waren nicht besser dran. Moltke hatte in seinem Feldzugsplan das Flugzeug überhaupt nicht berücksichtigt, und die deutschen Flieger verfügten zwar 1914 neben 11 Luftschiffen über 232 Maschinen, doch das waren langsame, völlig kampfuntaugliche Apparate.
Frankreich ging mit 162, England mit 84, Rußland mit 190, Österreich mit 56 Flugzeugen in den Krieg. Kaum eines flog schneller als 100 Stundenkilometer, doch das war auch nicht weiter wichtig, denn in den ersten Wochen dachte kein Mensch daran, es könnte so etwas wie einen Kampf in der Luft geben. Alle waren überzeugt, das Flugzeug könne nur als Aufklärungs- und Artilleriebeobachtungshilfe dienen.
Pilot und Beobachter führten zwar Karabiner und Pistolen mit, aber damit sollten sie sich verteidigen, wenn sie hinter den feindlichen Linien heruntermußten. Immerhin begannen sie bald damit auch aufeinander zu schießen, und am 5. Oktober 1914 schoß der Beobachter Quénault auf einem von Joseph Frantz gesteuerten Flugzeug mit einem Maschinengewehr auf Drehzapfenlafette eine deutsche Aviatik ab.
Das war der erste Luftsieg. Am Tag darauf warfen entrüstete deutsche Flieger über französischen Flugplätzen Blätter ab: »Warum sollen wir denn gegeneinander kämpfen? Das Risiko ist doch ohnedies groß genug!«
Doch es war kein Halten mehr. Die Einzelkämpfe, die Duelle über den Gräben wurden immer häufiger, und schon Ende 1914 waren über 30 französische Maschinen als »Jagdflugzeuge« mit modernen Maschinengewehren ausgerüstet.
Das ist die Stunde der »Flieger-Asse«, der »Helden der Lüfte«. Die Flieger, vor allem die Jagdflieger, werden in kurzer Zeit zu den Rittern neuen Typs. Der Himmel ist der Ring, in dessen Schranken sie einander fordern. Das leidenschaftlich Anteil nehmende Publikum sind die Soldaten im Graben. Das Beste ist gerade gut genug für diese kühnen Streiter, die ihr Leben abbrennen wie eine Rakete. Hängen die Wolken zu niedrig, so daß sie nicht starten können, rasen sie im offenen Sportwagen in die nächste Stadt und lassen sich feiern wie Götter, die zu den Sterblichen herabgestiegen sind.
Das As aller Asse ist Manfred Freiherr von Richthofen, der »Rote Baron« genannt, weil sein Fokker-Dreidecker in dieser aggressiven Farbe gestrichen ist. Er ist der Inbegriff des Draufgängers. Kaum hat er am Heiligabend 1915 sein Schlußexamen als Pilot abgelegt, wirft er sich so rücksichtslos in den Kampf, daß er dem großen Boelcke auffallen muß, der ihn als Gleichberechtigten und Nachfolger durchsetzt. Am 17. September 1916 erringt er auf einer Albatros D II seinen ersten Luftsieg, den ersten von unglaublich vielen. Am 2. Juli 1917, nach dem 57. Abschuß, übernimmt er das Kommando über das »Jagdgeschwader Nr. 1«. Es entsteht ein fliegender Zirkus, ein außerordentlich eindrucksvolles Aufgebot knallig gelb, rot oder grün bemalter Flugzeuge,

die in Rotten zu fünft oder sechst fliegen. Am 21. April 1918 kehrt Manfred von Richthofen vom Feindflug nicht zurück. In weniger als zwei Jahren hat er 81 französische und englische Maschinen abgeschossen. Das ist und bleibt der Rekord dieses Krieges.

Bei den Franzosen ist René Fonck der große Fliegerheld mit 75 bestätigten Abschüssen. Er ist kein strahlender Draufgänger, sondern so etwas wie ein Ingenieur des Luftkriegs. Nichts überläßt er dem Zufall, jeden Flug bereitet er in allen Einzelheiten vor. Er gehört zu den wenigen Überlebenden der großen Kampfflieger und stirbt 1953 in seinem Bett.

Der britische Champion, Edward Marnock, ist in dieser jungen Waffe so etwas wie ein Veteran. 37 Jahre ist er alt, als es ihm 1915 gelingt, sich trotz einer Sehbehinderung zu den Fliegern versetzen zu lassen. Das hindert ihn nicht, 73 deutsche Maschinen abzuschießen, bevor er am 26. Juli 1918 von dem Geschoß einer Flugabwehrkanone tödlich getroffen wird.

Dutzende von Namen könnte man nennen, die in diesem Krieg jeder kannte: Nungesser, Madon, Boyau, Navarre, Pégou bei den Franzosen; Coppens bei den Belgiern; Udet, Boelcke, Löwenhardt, Voss, Rumey bei den Deutschen; Bishop, Collishaw, McCudden bei den Engländern; Baracca und Scaroni bei den Italienern. Bei den Franzosen allerdings ist erstaunlicherweise nicht Fonck, der Mann mit den meisten Abschüssen der bekannteste, sondern das Milchgesicht Georges Guynemer, ein so schmächtiger Knabe, daß er alle Mühe hat, bei der Musterung überhaupt für tauglich befunden zu werden.

Warum gerade er? Weil er erst 22 Jahre alt ist und alle, nicht nur bei seiner Staffel, ihn den *gosse* nennen, den »Lausebengel«. Und das ist er tatsächlich geblieben, wie es seine Briefe an die Familie beweisen.

Nach einem ersten Flug in Pau auf einer Dreizylinder-Blériot schreibt er: »Ich habe mich gut amüsiert, aber ein Glück, daß Mama nicht dabei war ... Ich glaube, ich habe nicht durch besondere Vorsicht geglänzt.«

Bald wird er nach Compiègne versetzt, wo seine Eltern wohnen. »Gestern habe ich gegen 5 Uhr überm Haus in 1700 oder 2000 Meter Höhe Kapriolen gemacht. Habt Ihr mich gesehen? Ich habe meinen Motor fünf Minuten lang auf vollen Touren laufen lassen, damit Ihr mich hört.« Und wenig später: »Nach der Landung sind wir Hauptmann Gérard begegnet, dem mein Beobachter gesagt hat, ich hätte dollen Schneid. Simbumbum!«

»Seine Taktik«, sagte einer seiner Freunde, »ist gar keine. Er versteckt sich vor der Sonne, dann stürzt er sich auf den Gegner, ohne sich um dessen Feuer zu kümmern.« So bringt er seine Maschine oft völlig zerschossen zurück.

Am 17. August 1916 schreibt er an seine Schwestern: »Durchsicht meines Vogels: Ein Einschuß voll in meine Vickers, der Motor glatt durchschlagen, der Stahlkern ist auch noch durch den Benzintank, den Patronenkasten und meine Handschuhe gegangen und im Zeigefinger steckengeblieben. Ein weiterer Schuß in den Benzintank in Richtung auf meinen linken Lungenflügel, durch vier Millimeter dickes Kupfer geschlagen, aber dann freundlicherweise verlorengegangen, keiner weiß wohin ... Ein Streifschuß an der Rückenlehne, ein Treffer im Seitenleitwerk und ein gutes Dutzend in den Tragflächen ...«

Es sieht wirklich so aus, als wolle der Tod ihn nicht haben. In ganz Frankreich ist er das Tagesgespräch. Er wirft sicht in das Himmelsballett, als gäbe es keine Gefahr über der Somme und über der Yser.

Er überfordert seine Kräfte, wird immer blasser. Doch er fliegt und fliegt. Am 11. September 1917 startet er zu einem Flug über Belgien mit seinem Kameraden Oberleutnant Bozon-Verduraz. Er greift einen Zweisitzer an, und Bozon-Verduraz verliert ihn aus den Augen. Über das Rote Kreuz teilen die Deutschen mit, daß er in 700 Meter Höhe durch einen Kopfschuß getötet worden und in der Nähe des Friedhofs von Peolkapelle abgestürzt ist. Bald darauf wird das Gelände von britischem Trommelfeuer aufgewühlt. Weder der Leichnam noch das Flugzeug von Georges Guynemer sind je aufgefunden worden.

In den folgenden Monaten hört die Jagd ohnehin auf, eine Sache schneidiger Einzelgänger zu sein. Jetzt kämpfen ganze Staffeln nach immer raffinierteren taktischen Regeln gegeneinander. Auf die Ritterturniere ist auch hier der namen- und ruhmlose Krieg gefolgt.

Beim Bombenkrieg ist das schon längst so.

Am 21. März 1915 läutet im Elyséepalast um 1 Uhr früh das Telephon im Schlafzimmer von Raymond Poincaré. Die militärischen Dienststellen melden, daß sich zwei Zeppeline im Anflug auf Paris befinden.

Der Staatspräsident stürzt ans Fenster. Eine eigenartige nächtliche Stimmung! Es wird Alarm gegeben, die Stadt regt sich. Feuerwehrwagen mit Sirenen fahren durch die Straßen. Überall gehen die Lichter aus, während die starken Scheinwerfer auf dem Eiffelturm und dem Triumphbogen den sternklaren Himmel absuchen. Poincaré berichtet: »Ein bei den Blumenrabatten aufgestellter Posten hatte uns zugerufen, ein Zeppelin komme direkt vom Faubourg Saint-Honoré auf uns zu. Daraufhin begaben wir uns in eines der Zimmer, die auf den Garten hinausgehen, und ich erblickte wenig später in dem von den Scheinwerfern bestrichenen Feld ein riesiges spindelförmiges Etwas, das langsam durch die Luft schwebte. Unsere Batterien versuchten es zu erreichen, und die leuchtenden Granaten fuhren wie ein Sternschnuppenschwarm unter ihm vorbei. Das Luftschiff schien dieser ohnmächtigen Bemühungen zu spotten; es zog mit majestätischer Ruhe seines Weges.«

Vom Elysée her kann man die Bomben nicht hören, die in dieser Nacht auf Paris fallen, in die Rue des Dames, auf das nordwestliche Stadtviertel Les Batignolles, auf Neuilly

jenseits des Triumphbogens und auf die Vororte: die Insel Grande Jatte, Courbevoie und Levallois. Etliche Bewohner werden verletzt, unter ihnen zwei Mädchen von 8 und 13 Jahren.
Wer hätte noch ein Jahr zuvor zu prophezeien gewagt, daß der Krieg sich so darstellen könnte? Niemand war auf den Gedanken gekommen, daß zum erstenmal seit Menschengedenken die Zivilisten weit hinter der Front gefährdet sein könnten.
Vor allem die Zeppeline erregen Furcht und Schrecken. Sie sind riesig groß und können erhebliche Bombenlasten tragen. Sie greifen Lüttich, London und Paris an. Doch bald erweisen sie sich als zu verletzlich. Da sie nur bis zu einer bestimmten Höhe fahren können, sind sie wegen ihrer rasch entflammbaren Wasserstoffüllung so bedroht, daß sie bald aus dem Kampf gezogen werden.
Es dauert nicht lange, und das Flugzeug, dieses seltsame Gebilde aus Holz, Leinwand und Klaviersaiten wird zum alleinigen Beherrscher des Luftraums.
Schon 1914 verfügen die Franzosen über ein Bombenflugzeug, die Voisin LA 5. Dieser Ahnherr der großen Bomber erscheint uns heute rührend mit seinen Fahrradrädern und seinem winzigen Rumpf, in dem gerade zwei Mann Platz finden. Die Gipfelsteighöhe liegt bei knapp 3000 Meter, und unter günstigsten Bedingungen erreicht der Apparat 112 Stundenkilometer. Er kann 9-cm-Granaten als Bomben mitführen, an die man ein Blechleitwerk montiert hat. Statt einer Abwurfvorrichtung hat man zum Aufhängen Nägel in den Rumpf geschlagen.
Am 27. Mai 1915 bombardieren 18 Voisins Ludwigshafen und die Fabriken der BASF, in denen Kampfgas hergestellt wird. Ein historischer Angriff, für den achteinhalb Stunden Flugzeit nötig sind. Nur eine Maschine, mit Major de Goÿs und Oberleutnant Bunau-Varilla, muß wegen Motorschadens hinter den deutschen Linien notlanden.
Am 15. Juni 1915 ist Karlsruhe das Ziel von 23 Maschinen, und am 25. August erscheinen 62 Flugzeuge, eine noch nie dagewesene Luftflotte, über der Saarstadt Dillingen und werfen ihre Bomben auf die Hüttenwerke.
Mit jedem Tag gewinnt der Einsatz der Bomber an wissenschaftlicher Präzision. Es entstehen eigene Ausbildungsstätten. André de Baillencourt, Versuchspilot bei Bréguet, berichtet: »In einem Schuppen war eine Art Turm aufgebaut worden, auf den sich der Schüler zu stellen hatte. Vor ihm waren die Instrumente: Zielgerät, Rechentafeln, Drehzahlregler, Auslöser. Unter ihm lief knapp über dem Boden eine Art Förderband, dessen Geschwindigkeit geregelt werden konnte, und auf dem alle möglichen Landschaften, Wälder, Straßen, Menschen und natürlich das zu treffende Ziel aufgemalt waren. Der Schüler befand sich in der gleichen Lage wie der Bombenschütze im Flugzeug, er sah den Boden unter sich vorbeiziehen. Von einer bestimmten angenommenen Höhe ausgehend, stellte er das Visier ein, errechnete die relative Geschwindigkeit und löste zum richtigen Zeitpunkt die Bomben aus, die in diesem Falle aus kleinen, vorn

spitz zulaufenden Bleimodellen bestanden und sich in das Gewebe des laufenden Bandes bohrten. Der Ausbilder konnte die Fehler korrigieren und die Übung wiederholen lassen, bis die gewünschten Ergebnisse erzielt waren. So wurde der Schüler nach und nach zum Bombenschützen.«

Viele Theoretiker verkünden nach wie vor, das alles sei ein überflüssiger Aufwand, da die Bombardierung aus der Luft keine Zukunft habe. Tatsächlich scheinen sie schon 1916 recht zu behalten. Die Bombenflugzeuge sind zu langsam; hilflos müssen sie sich von den immer gefährlicheren Jägern abschießen lassen. Weite Angriffsflüge werden zu verlustreich, so daß sich beide Seiten mit Attacken auf das unmittelbare Hinterland der feindlichen Front begnügen, weil man den Bombern dabei Geleitschutz geben kann.

Erst Ende 1917 bekommen die Franzosen die Bréguet XNB 2, mit der Tagesangriffe bei vertretbarem Risiko wieder möglich sind. Ein herrlicher Todesvogel ist diese Maschine. Der Doppeldecker kann bis auf 6000 Meter steigen und ist über 200 Stundenkilometer schnell. Auf einer Drehkranzlafette ruht ein Zwillings-Maschinengewehr, und die 32 8-Kilo-Bomben werden mit einer automatischen Auslösevorrichtung abgeworfen.

Im gleichen Jahr bringen auch die Deutschen einen gefährlichen Apparat heraus, den »Bombenwerfer« Gotha, einen Doppeldecker mit zwei Mercedesmotoren, die es nur auf 140 Stundenkilometer bringt, aber 400 bis 600 Kilo Bomben tragen kann. Mit dieser Maschine wagen sie es, London am hellen Tage anzugreifen.

Einige wenige Monate also hat es nur gedauert, und aus der belächelten Attraktion für sportlich ambitionierte Herrenreiter ist eine gefährliche Waffe geworden, für die ein ganzer Industriezweig entstanden ist.

Von August bis Dezember 1914 hat Frankreich 541 Maschinen gebaut, 4489 im Jahre 1915, 7549 im Jahre 1916, 14915 im Jahre 1917, 24652 im Jahre 1918. In den Flugzeugwerken ist die Zahl der Arbeiter von 12650 auf 186003 gestiegen.

Bei den Engländern, die praktisch bei Null anfangen mußten, verlief die Entwicklung ähnlich stürmisch. In Deutschland wurden während der vier Kriegsjahre 48000 Flugzeuge an die Heeresverwaltung abgeliefert.

Als es 1918 mit den Luftkämpfen vorbei ist, machen sich die besten der entlassenen Piloten auf Rekordjagd, organisieren Fernflugwettbewerbe, überqueren die Weltmeere und die höchsten Gebirge. So entsteht aus dem Krieg das große Abenteuer der Luftfahrt.

Ein Maulwurfskrieg mit unsäglichen Leiden in erstickender Hitze, eingesperrt, daß einen der Koller packt ... Manche Männer, die stundenlang still in sich gekehrt dagesessen haben, springen plötzlich auf und rennen ziellos mit irre aufgerissenen Augen in die düsteren Gänge hinein. Andere sind unansprechbar, in dumpfes Brüten versunken.

Fort Vaux liegt in den letzten Zügen. Fort Vaux, das letzte große Hindernis auf dem Weg nach Verdun, angeblich uneinnehmbar mit seinen Aufenthaltsräumen unter zweieinhalb Meter Beton, seinen Panzerkuppeln, seinen 7,5-cm-Geschützen, seinen beiden Kasematten, seinen flankierenden Artillerie- und Maschinengewehrstellungen, seinen Magazinen, seinem 3000-Liter-Wasservorrat ...

Uneinnehmbar, ja, zum Zeitpunkt der Indienststellung. Doch jetzt gehen seit vier Monaten die 30,5-cm-, 38-cm-, 42-cm-Granaten aus den gewaltigen deutschen Geschützen auf das Fort nieder, an manchen Tagen haben 8000 Einschläge die oberirdischen Anlagen erschüttert. Die Überlebenden haben später berichtet, daß sie beim Auftreffen eines schweren Geschosses das Gefühl hatten, das ganze Fort schwanke mehrere Sekunden lang wie ein Schiff; viele sind davon seekrank geworden. Unter diesem unvorstellbaren Trommelfeuer sind die Gewölbe an mehreren Stellen eingestürzt, die Außenbunker zusammengeschossen. Der Geschützturm ist außer Gefecht gesetzt. Man kann Fort Vaux zwar noch verteidigen, aber nicht mehr in dem mit Kanonen und Maschinenwaffen zu bestreichenden Vorfeld. Man muß Mann gegen Mann mit Gewehr, Maschinengewehr und Handgranaten in den Gängen kämpfen.

Am 1. Juni, während lähmende Hitze über dem Schlachtfeld lag, sind drei Armeekorps (das 20., das 10. Reservekorps und das bayerische 1.) zum Sturm auf das Fort angetreten.

Falkenhayn hatte beschlossen, ein Ende zu machen. Er wußte, daß die Alliierten im Sommeabschnitt eine nach allen Informationen gewaltige Offensive vorhatten, für deren Abwehr er alle Kräfte benötigen würde. Vorher sollte Verdun bezwungen und dem Kaiser die unerhörte Genugtuung geboten werden, als Sieger in die eroberte Stadt einzuziehen, auf die sich die Augen der ganzen Welt richteten.

Dafür hat er den Angriff wieder auf das rechte Ufer der Maas konzentriert. Der im März weit geöffnete Fächer wird ab Juni wieder auf einen schmalen Sektor geschlossen. Ganz im Osten des Schlachtfeldes wird gestürmt, auf nur 5 Kilometer Frontbreite zwischen der Damenschlucht und dem Talgrund von Beaupré.

Ganze 4 Kilometer ist der letzte Höhenzug entfernt, der mit dem Fort Saint Michel, der Kaserne Marceau und dem Bellevillewald die Angreifer von Verdun trennt. Ist man bis dorthin gelangt, kann man die Maasbrücken unter massives Artilleriefeuer nehmen und die Franzosen zum Rückzug hinter den Fluß zwingen. Vier Monate unglaublichen Einsatzes von Mensch und Material hätten Deutschland dann zwar vorerst nur die Hälfte von Verdun gebracht, doch was macht das schon! Falkenhayn ist bereit, es mit diesem endlich doch errungenen Erfolg nicht so genau zu nehmen. Gerade der verbissene Widerstand der Franzosen wird diesen Sieg zu einem unvergleichlichen Triumph machen.

Schon sind die Thiaumontferme, Cailletteschlucht und -wald, die Bazilschlucht und die lange aufopferungsvoll gehaltenen Widerstandszentren B1, B2 und B3 genommen. Die Einheiten, die diese Stützpunkte verteidigt haben, sind einfach verschwunden. Von der

Artillerie zermalmt. Von der Infanterie überrannt. Mann für Mann gräßlich umgekommen.
Fort Vaux hält sich nur noch dank der unglaublichen Tapferkeit der Besatzung. Beim ersten Ansturm sind alle vorgeschobenen Stellungen verlorengegangen. Dann haben sich Deimlings Soldaten auf die oberirdischen Anlagen geschwungen. Man sieht sie durch die gähnenden Löcher in den Gewölben. Um die schwach bemannten Kontreskarpen auszuräumen, lassen sie in der Nacht vom 1. auf den 2. Juni in Körben Handgranaten herunter, die sie vor den Schießscharten explodieren lassen, oder führen Rohre ein, durch die sie brennende Flüssigkeiten ins Innere leiten.
Die Männer ziehen sich zurück, immer weiter in die Tiefen des Forts, geschützt durch improvisierte Maschinengewehrnester hinter Sandsackbarrikaden. Dieser Kampf in den Gängen geht über Menschenkraft. Die Lüftung ist längst ausgefallen, so daß die Schuß- und Explosionsgase nicht mehr abziehen. Die Hitze wird immer schlimmer. Manche lecken die Mauern ab, um etwas Nasses zu haben.
Sie sind halbtot vor Durst. Die Zisterne mit dem letzten Wasservorrat hat Risse bekommen von den Erschütterungen durch den Beschuß. Sie ist leer bis auf einen schwärzlichen Bodensatz, ein paar Dutzend Liter einer ekligen Flüssigkeit, die mit einem chlorhaltigen Putzmittel desinfiziert werden muß. Es sind nicht zu wenige, sondern zu viele Verteidiger im Fort. Zu den 150 Mann der Garnison haben sich während der Kämpfe in den Vortagen viele Versprengte geflüchtet.
Am 4. Juni beschließt Major Raynal, sich der störenden Überzahl zu entledigen. Er will bis zuletzt durchhalten, und seine Autorität ist so groß, daß niemand über seine Befehle auch nur nachdenkt. Der kleine, massige Offizier mit den dunklen Augen ist schon dreimal verwundet worden. Er zieht ein Bein nach und stützt sich auf einen dicken Knotenstock.
An diesem 4. Juni hat er der Zitadelle von Verdun gemeldet:
»Wir halten noch aus, aber wir stehen unter einem Angriff, der durch Gas und Rauch sehr bedrohlich ist. Entsatz dringend erforderlich. Nehmen Sie sofort durch Lichtsignale über Fort Souville, das nicht mehr antwortet, Verbindung mit uns auf. Dies ist unsere letzte Brieftaube.«
Der arme Vogel schafft es bis zur Zitadelle, aber dort verendet er. Das Giftgas, das er durchfliegen mußte, ist zu stark gewesen.
Um 22 Uhr, als der Beschuß ein wenig nachzulassen scheint, sind die Männer, die das Fort verlassen sollen, bei der Panzerkuppel 3 angetreten. Es sind mehr als 500, die durch eine kleine, hastig freigeräumte Öffnung hinausmüssen. Nur ein paar hundert Meter trennen sie von den französischen Linien. Sanitäter Vannier, der den Weg kennt, springt als erster, hinter ihm Fähnrich Buffet. Noch fünf, sechs Mann schaffen es, bis einer einen Stein lostritt. Der Gegner wird aufmerksam, und die deutschen Maschinengewehre fegen den Graben ab. Die Entschlossenheit ist dahin.

Das Symbol schlechthin für den Schrecken des Krieges: Verdun. – *63* Die Kasematten von Fort Vaux, bereits nach wenigen Kampftagen stark zerstört. – *64* Die vorderste deutsche Linie – sie bestand zeitweise nur aus Einzelkämpfern in Granattrichtern.

65 Die »Knochenmühle« von Verdun war seine Idee: Erich von Falkenhayn, Generalstabschef des deutschen Heeres von 1914 bis 1916 (oben links). – *66* Der »Held von Verdun«: Philippe Pétain (oben rechts). – *67* Fort Douaumont nach der Wiedereroberung durch die Franzosen im Oktober 1916: Nur noch ein Schutthaufen.

Doch sie kommt wieder.
Kurz vor dem Morgengrauen beobachten am 5. Juni die Posten in einer Geschützkasematte im Schein einer Leuchtrakete einen einzelnen Mann, der auf sie zurennt. Ein französischer Infanterist scheint es zu sein. Sie rufen ihn an, helfen ihm herein. Es ist Fähnrich Buffet, der erregende Neuigkeiten bringt. Er hat es geschafft, er ist zum Befehlsstand des Abschnittskommandeurs durchgekommen. Dort hat man ihm nach seiner Meldung vorgeschlagen, ins Fort zurückzukehren, und er hat den Auftrag ohne Zögern übernommen.
Er kann Major Raynal mitteilen, daß ein Gegenangriff zum Entsatz des Forts erfolgen wird. Dafür ist es allerdings höchste Zeit. Viele Männer liegen im Sterben, etliche im Durstdelirium. Raynal gibt den ganzen Tag über Lichtsignale nach Fort Souville. Das letzte, um 21.15 Uhr übermittelt und um 23 Uhr wiederholt, ist ein Verzweiflungsschrei: »Ich muß noch heute abend entsetzt werden. Es muß sofort Wasser her. Ich bin bald am Ende. Die Truppe, Mannschaften und Offiziere, hat in jeder Lage bis zuletzt ihre Pflicht getan.«
In der Nacht vom 5. auf den 6. gelingt es etwa 100 Mann, hinauszugelangen. Für die Zurückgebliebenen wird das Warten unerträglich. Gegen 2 Uhr früh bricht Trommelfeuer der französischen Artillerie los. Die Männer heben die Köpfe, greifen zu den Waffen, bereit zum Ausbruch, um die Deutschen im Rücken anzugreifen. Eine halbe Stunde lang wird das Feuer immer heftiger. Leuchtkugeln steigen auf. Man hört das trockene Prasseln des Gewehrfeuers, das Knattern der Maschinengewehre, die Detonationen der Handgranaten. Der Gegenangriff läuft. Die Befreiung ist nahe.
Aber gegen 4 Uhr läßt das Feuer nach, es fallen nur noch einzelne Schüsse. Die Belagerten werden sich mit jedem Augenblick erbitterter darüber klar, daß der Versuch, ihnen zu helfen, gescheitert sein muß. Sie machen ihrer Enttäuschung Luft. Sie wissen nicht, daß das 238. und das 321. Infanterieregiment zusammengeschossen worden sind, bevor sie auch nur ein Stück weit vorankommen konnten.
Um 6.30 Uhr läßt Major Raynal ein Signal absetzen, von dem die Beobachter auf Fort Souville nur Bruchstücke aufnehmen können: »... werdet uns helfen, bevor wir völlig am Ende ... Es lebe Frankreich!«
Als der 7. Juni anbricht, versammelt Raynal seine Offiziere. Einer von ihnen, Hauptmann Roy, hat den tragischen Morgen beschrieben: »Wir blickten uns fragend an. Verzweifelt irrt der Blick von einem zum anderen ... Jeder spürt, daß der Augenblick gekommen ist, eine Entscheidung zu treffen, und jeder weiß, welche. Aber wer soll das aussprechen? Die Stunden verrinnen ... Der heftige Beschuß, der unvermindert weitergeht, ist uns gleichgültig geworden. Hier drinnen ist es still. Kein Gespräch, das dieses Schweigen brechen würde ... Plötzlich steht Allirol auf, breitet die Arme aus wie ein Gekreuzigter und sagt leise: ›Herr Major. Aber Herr Major, es bleibt uns doch nichts übrig, als uns zu ergeben.‹ Endlich, es ist heraus. Keiner sagt etwas darauf.«

Und so geschieht es. Die Lage an der Front von Verdun ist für die Franzosen nie zuvor so verzweifelt gewesen wie zu diesem Zeitpunkt. Noch nie ist das Blut so hemmungslos vergossen worden.

»Überall Blut«, schreibt Hauptmann Delvert entsetzt. »Steine und Sandsäcke, alles war mit roten Tröpfchen gepunktet; wo man hinschaute, sah man glitschige lila Flecken. Auf den Rückenwehren lagen die starren Leichen dicht an dicht, bis hinein in den Laufgraben, bedeckt mit Zeltbahnen, blutverschmiert, und darüber das Gebrumm der dicken blauen Schmeißfliegen.«

Der Befehl lautet: Durchhalten an Ort und Stelle, bis zum letzten Mann, und dieser Befehl wird mit einem Nachdruck durchgesetzt, der nichts Menschliches mehr hat. Die leiseste Schwäche, das kleinste Zurückweichen kann für den befehlshabenden Offizier die Todesstrafe bedeuten.

So ergeht es zwei Oberleutnants vom 347. Infanterieregiment. Sie liegen unter Artilleriefeuer, ihr Regiment ist nur noch 350 Mann stark. Ihre Kompanie zählt ganze 35 Mann. Seit achtundvierzig Stunden liegen sie im Gefecht und sind jetzt fast abgeschnitten. Schließlich geben sie Befehl, ein Stück zurückzugehen, und nehmen in einer neuen Linie den Kampf wieder auf.

Sie werden standrechtlich erschossen, und damit die abschreckende Wirkung noch größer ist, erschossen von einem Kommando ihrer eigenen Leute, denen nach dem Bericht eines Augenzeugen die Tränen herunterlaufen.

Gewiß, die Lage ist dramatisch. Die Deutschen stehen unmittelbar vor dem letzten Höhenzug. Sie müssen nur noch alte Befestigungswerke, die Forts Souville, Saint Michel und Belleville überwinden. Eine letzte Gewaltanstrengung, und Verdun ist in ihrer Hand.

Nachdem er den Stützpfeiler Fort Vaux besetzt hat, versucht General von Mudra auch weiter westlich voranzukommen. Die Schlacht geht um das völlig umgepflügte Gelände zwischen dem Fort Souville und den Befestigungen am Thiaumont. Unbeschreiblich hart wird gerungen um den Froideterrerücken, die Schlucht von Vignes, das Dorf Fleury-devant-Douaumont, die Wälder von Chapitre, Fumin und um bloße Punkte auf der Karte, den Befehlsstand 19, die Unterstände 118 und 120. Die abgelösten Überlebenden kommen vom gasverseuchten Schlachtfeld zurück wie gramgebeugte Greise.

Nivelle macht sich mit eindrucksvollem Schwung ans Werk. Er hat Mangin gedeckt, der wegen seines fehlgeschlagenen Rückeroberungsversuchs am Douaumont nicht etwa in Ungnade gefallen, sondern an die Spitze des XI. Korps gestellt worden ist. Die beiden Generäle riegeln jede Einbruchsstelle ab, geben nur meterweise Gelände preis, führen ihre Schlacht bataillons- und kompanienweise, fest entschlossen, die wenigen Tage noch durchzuhalten, bis die Offensive an der Somme beginnt. Nivelle hat es seinen Soldaten in einem Tagesbefehl ausdrücklich gesagt:

»Die Deutschen merken, daß sie von allen Seiten bedroht sind, und führen ihre Angriffe mit dem Mut der Verzweiflung, weil sie hoffen, an die Tore von Verdun zu gelangen, bevor sie selber angegriffen werden. Ihr aber, meine Kameraden, werdet sie nicht durchlassen!«

Der Verschleiß der Truppen in dieser letzten Phase der Schlacht wird immer aberwitziger. Im April hat das unablässig funktionierende Förderband der *Voie Sacrée* alle zwei Tage eine frische Division herangeführt, im Juni sind es zwei Divisionen in drei Tagen.

Die am 7. Juni eingesetzte 52. Infanteriedivision muß schon am 13. abgelöst werden, die 129., am 23. Juni eingesetzt, am 1. Juli, und so weiter.

Das Einvernehmen zwischen Joffre und Nivelle könnte nicht besser sein. Zwischen Joffre und Pétain dagegen bleibt das Verhältnis gespannt. Die heftigen Angriffe Anfang Juni haben den Befehlshaber der 2. Armee sehr bedenklich gemacht. Von Anfang an ist er mit stoischer Gelassenheit auf das Schlimmste gefaßt. Man hat ihm einen Geheimplan für die Räumung von Verdun ausarbeiten müssen, der nicht einmal den Herren des Armeestabs zur Kenntnis gebracht worden ist und seit März in einem Safe ruht. Vielleicht sollte man ihn jetzt herausholen?

»Ich hatte am 8. Juni abends mein Hauptquartier verlassen müssen, um mich nach London zu begeben«, berichtet Joffre. »Am 9. und 10. war ich unterwegs. So hatte General de Castelnau am Vormittag des 9. Juni die Meldungen über die genauen Ergebnisse des deutschen Angriffs vom 8. Juni entgegengenommen. Bei meiner Rückkehr hörte ich, daß diese Informationen im Hauptquartier erhebliche Unruhe ausgelöst hatten; man hatte Stunden fieberhafter Erregung durchlebt ... Tatsächlich hatte Pétain einmal mehr alles aufgescheucht. Da er nur begrenztes Vertrauen in die mögliche Dauer des Widerstands vor Verdun hatte, war er so weit gegangen, Castelnau am Telephon zu erklären, dieser Widerstand könne nicht mehr länger als acht Tage aufrechterhalten bleiben; man müsse den Rückzug der Truppen auf das linke Maasufer vorbereiten, um sich nicht der Gefahr auszusetzen, die auf dem rechten Ufer stehende Artillerie zu verlieren.«

Zu Pétains Gunsten muß man berücksichtigen, daß er im Gegensatz zu Joffre die Ereignisse aus der Nähe erlebt, und diese Ereignisse sind wahrhaftig dramatisch. Die Front ist so schmal, daß jede Krume Erdreich immer wieder vom Trommelfeuer aufgewirbelt wird. In diese Zeit fällt die berühmt gewordene Episode der *tranchée des baïonnettes*, des »Grabens der Bajonette«. In der Nacht vom 10. auf den 11. Juni hat das 137. Infanterieregiment aus der Vendée, die meisten Männer stammen aus Fontenay-le-Comte bei La Rochelle, das 337. auf dem Nordhang der Damenschlucht abgelöst. Eine besonders schlimme Ecke: Der Beschuß ist furchtbar, und bald sind von den in die Stellung eingerückten 164 Mann keine 70 mehr übrig. Am frühen Morgen wird das Trommelfeuer noch heftiger. Die letzten Soldaten werden zusammengeschossen und verschüttet. Geblieben ist von ihnen nur eine Reihe von Bajonetten, die aus dem Boden ragen.

Überall gibt die französische Front nach. Pétains Bedenken sind durchaus verständlich.

Doch Joffre, dessen Gedanken nur noch bei seiner Offensive an der Somme sind, empfindet sie als lästig: »Am 11. Juni trat Pétain neuerlich an mich heran mit dem Ansinnen, den Beginn der englischen Offensive vorzuverlegen. Er beschrieb mir die Lage in düsteren Farben, beklagte sich über seine unzureichende Artillerie, die im Verhältnis eins zu zwei unterlegen sei, und befürchtete eine plötzliche Wendung an der Front der 2. Armee ... Ich entschied mich daraufhin für die Entsendung von General de Castelnau, der in Verdun die Lage an Ort und Stelle prüfen sollte. Er kehrte in der Nacht vom 13. auf den 14. Juni zurück und berichtete mir von einem günstigen Eindruck, den er gewonnen hatte. Die Moral der Truppe war gut, der Widerstand versteifte sich ... Er war der Meinung, Verdun könne lange genug durchhalten, um unserer Offensive an der Somme die vorgesehene Entwicklung zu ermöglichen.«
Diese Sommeoffensive ist von der Schlacht vor Verdun schon bedrohlich geschwächt worden. Foch verfügt nur noch über 22 statt der vorgesehen 40 Divisionen und über 540 schwere Geschütze, von denen zwei Drittel alte Festungskanonen sind, die man bei Veränderungen des Frontverlaufs nicht rasch genug nachziehen kann. Die Munitionsvorräte entsprechen nur zwanzig Großkampftagen. Man braucht schon Joffres unerschütterliches Selbstvertrauen, um auch jetzt noch an den Erfolg des Unternehmens zu glauben.
Pétain spricht in seiner Schilderung des Ringens um Verdun mit Bewunderung von dieser großartigen Energie, dieser unbeugsamen Entschlossenheit. Joffre, weniger großmütig oder mehr auf Wahrhaftigkeit bedacht, berichtet bis zum Schluß von den Schwierigkeiten mit seinem Untergebenen.
Falkenhayn spürt, daß der Sturm nicht mehr fern ist. Die Vorbereitungen zur Offensive an der Somme sind zu gewaltig, als daß sie seiner Feindaufklärung entgehen könnten. Er weiß, daß ihm von einem Tag auf den anderen die Initiative entgleiten kann. Um so wichtiger wird es für ihn, so rasch wie möglich mit Verdun ein Ende zu machen.
Im Morgengrauen des 23. Juni läßt er seine Truppen zum letzten Stoß antreten. Dieser Angriff soll und muß die Entscheidung bringen. Ein Hagel von Gasgranaten verbreitet das sofort tödlich wirkende Grünkreuz, bevor die 50000 Deutschen des Alpenkorps und des bayerischen 1. und 3. Korps vorgehen.
Das von Tausenden von Geschossen aufgewühlte trockene Erdreich legt eine dichte Wolke über das Schlachtfeld. Die Generäle und Obersten sehen von ihren Beobachtungsständen aus nur eine von Blitzen durchzuckte undurchdringliche braune Masse. Eine Führung ist unmöglich, und wo sie versucht wird, kann sie nur aus blindlings erteilten unsinnigen Befehlen bestehen. Zum Gegenangriff eingesetzte Bataillone gehen in die falsche Richtung vor, verirren sich, verlieren den Zusammenhalt. Nie hat die Truppe mehr gelitten. Der Sommer ist noch erbarmungsloser als der Winter, der Staub schlimmer als der Schlamm. Die Männer ringen nach Luft, viele brechen zusammen, weil sie durch die am Gesicht klebenden Gasmasken nicht mehr atmen können. Quälend

ist der Durst. Manche trinken ihren Urin, andere versuchen, in Form von geschmolzenem Fett etwas Flüssiges zu bekommen und vergiften sich. Doch der Mut der Verzweiflung läßt die Kämpfer über sich hinauswachsen. An keinem Tag der Schlacht um Verdun haben die Soldaten beider Seiten solch ein Heldentum gezeigt wie an diesem 23. Juni.

Man muß die Nacht abwarten, um einen ersten Überblick zu bekommen. Zwei tiefe Einbrüche in die französischen Linien hat es gegeben. Rechts sind die Deutschen auf 500 Meter an den Tunnel von Tavannes herangekommen, wo in einer Art Vorhölle Tausende von Gesunden, Verwundeten, Sterbenden und Toten zusammengepfercht sind in einem Gestank, der jedem von draußen Kommenden den Magen umdreht.

Links ist der Geländeverlust noch bedrohlicher. Der Feind hat die Stellung Thiaumont erobert, um die seit Monaten so viele Männer in den Tod gegangen sind: Die Kuppe, wo der Ost-West-Höhenzug mit dem von Douaumont herkommenden Rücken zusammentrifft, ist der Eckpfeiler der französischen Front. Die unmittelbar dahinter liegende Stellung Froideterre ist abgeschnitten. Die Schlucht von Champitoux davor ist vom Gegner überrannt worden, das Dorf Fleury ist verlorengegangen außer dem letzten Haus, von dem wie durch ein Wunder noch eine Mauerecke stehengeblieben ist. Knapp 2 Kilometer liegen noch zwischen den deutschen Angriffsspitzen und den letzten Höhen, die ganze 1,5 Kilometer von der Stadt Verdun entfernt sind. Trotzdem ist der deutsche Sturm gescheitert!

Man findet den anschaulichen Beweis dafür bei den Gefangenen. Sie haben Skizzen und Beschreibungen der Befestigungen von Belleville, Saint Michel, Souville, Tavannes und Laufée bei sich, also von der letzten Linie vor Verdun. Neben Thiaumont ist das Fort Souville Hauptziel des Tages gewesen. Es ist fest in der Hand der Verteidiger geblieben. Verdun hat noch einen Stützpfeiler!

Einen Stützpfeiler, ja, aber nur noch diesen einen! Pétain teilt dem *Grand Quartier Général* telephonisch mit, man müsse nunmehr die Räumung des gesamten rechten Ufers ins Auge fassen, und schlägt noch einmal vor, die Offensive an der Somme vorzuverlegen, um Verdun zu entlasten. Joffre findet in dieser Krise wieder zu der majestätischen Entschlossenheit, alle Verantwortung auf sich zu nehmen; das macht bei aller Unzulänglichkeit mancher Detailentscheidungen seine Größe aus. Er lehnt beide Vorschläge Pétains ab, weigert sich, die Vorbereitungen für die Offensiven abzukürzen, und befiehlt seinen Generälen, das rechte Maasufer zu halten, »ohne sich von dem Risiko etwaiger Materialverluste beeindrucken zu lassen«.

Die breiten Schultern des Oberbefehlshabers decken die Verantwortlichen an der Front. Wenn die Schlacht um Verdun im letzten Augenblick noch eine ungünstige Wendung nimmt, hat Joffre sich selber des Rechtes beraubt, den Fehler auf andere abzuschieben. Erst später, in seinen Memoiren, läßt er seiner Kritik an Pétains Kleinmütigkeit freien Lauf: »Während dieses Angriffs rief Pétain gegen 15 Uhr von

Bar-le-Duc aus an und teilte mit, die Lage erscheine ihm bedrohlich; er erwäge die Räumung des rechten Maasufers, auf dem ein Drittel der französischen Artillerie konzentriert sei. Dagegen sandte mir General Nivelle aus Souilly beruhigende Meldungen ...«

Tatsächlich ist Nivelle nur darauf bedacht, zum Gegenangriff überzugehen, und läßt die entsprechenden Befehle den Kommandeuren zustellen. Mangin konzentriert sich ganz auf die Rückeroberung der Befestigungen am Thiaumontrücken. Acht Angriffe gegen den kläglichen Rest der Anlage werden abgeschlagen, doch sie brechen den Offensivschwung des Gegners. Die Deutschen versuchen nicht weiter vorzudringen. Am 1. Juli befinden sich die Grabenstücke und Granattrichter, in die sich die Soldaten beider Seiten geflüchtet haben, praktisch auf der gleichen Höhe wie am Abend des 23. Juni.

An diesem 1. Juli klettern die englischen und französischen Soldaten nach einer sechstägigen Artillerievorbereitung aus ihren Gräben an der Somme und stürzen sich in die andere große Schlacht dieses Jahres. Die Franzosen vor Verdun sind Sieger geblieben, sie wissen es nur noch nicht.

Falkenhayn will das Spiel des Gegners nicht mitmachen. Er weigert sich, seine Angriffstruppen vor Verdun zu schwächen, um an der Somme zu widerstehen. Die so furchtbar umkämpfte Stadt zu erobern, ist inzwischen für ihn zur fixen Idee geworden. Am 3. Juli und den folgenden Tagen wird in gräßlichen Nahkämpfen um die Stellungen auf dem Thiaumont gerungen.

Am 11. Juli um 4.30 Uhr früh ist der Augenblick des allerletzten Sturms gekommen. Alpenkorps, preußisches 140. Infanterieregiment, bayerische Garde – wieder sollen es die Elitetruppen schaffen, auf einem noch schmaleren Abschnitt von nicht einmal mehr 4 Kilometer Breite. Das Ziel ist klar: Fort Souville, die letzte Bastion der Franzosen, eine alte Befestigung, die schon zu drei Vierteln zusammengeschossen ist und von einer Handvoll Territorialsoldaten unter dem Befehl eines pensionierten Kavallerieoberstleutnants verteidigt wird, der sich mit 65 Jahren noch einmal zur Verfügung gestellt hat.

Gleich in den ersten Stunden scheint der Widerstand der Truppen, die Souville decken, zusammenzubrechen. Das 217. Infanterieregiment wird im Wald von Le Chênois aufgerieben. Der Tunnel von Tavannes quillt über von Verwundeten und Versprengten; jeden Augenblick kann er dem Gegner in die Hände fallen. Nur das 358. Infanterieregiment hält sich noch. Um 7 Uhr wird der deutsche Druck übermächtig. Zwischen der 128. und der 131. Division entsteht bei der Vignesschlucht eine Lücke in der französischen Front. Die Kampflinie verläuft jetzt über Souville.

Zu diesem Zeitpunkt erreicht die 3. Kompanie des 7. Infanterieregiments das Fort. Oberleutnant Kléber Dupuy hat Befehl, weiter vorzugehen, doch er stellt fest, daß davon keine Rede sein kann. Das Feuer ist so stark, daß ihm ohnehin nur 60 Mann und

zwei Offiziere geblieben sind. Um sie zu retten, läßt er sie hinter den Wällen Deckung nehmen.
Er geht in das Fort, wo ihn ein bestürzender Anblick erwartet. Die Anlagen sind derart zusammengeschossen, daß sie kein wirkliches Hindernis mehr bilden. Die Garnison ist zu keinem Widerstand mehr fähig. Oberstleutnant Astruc und seine beiden Offiziere Barreau und Rogès liegen am Boden, halb erstickt vom Gas, keiner Reaktion mehr fähig. Und die Deutschen sind keine 300 Meter mehr von den Befestigungen entfernt.
Dupuy verhält sich, wie es einem Soldaten geziemt. Er läßt sofort eine Meldung abgehen: »Hier alles zerschossen. Fortkommandeur gasvergiftet, Besatzung kampfunfähig. Bis auf weiteres übernehme ich Befehl und Verteidigung des Forts.«
Er nutzt eine kurze Gefechtspause, um seine Leute aufzustellen.
Am nächsten Tag haben die Deutschen in der Morgendämmerung das Wegkreuz bei der Kapelle Sainte-Fine erreicht. Um 6 Uhr strömen sie auf das Fort zu, überwinden die Gräben, klettern auf die oberirdischen Anlagen.
Dupuy und seine Leute wehren sich ihrer Haut und schlagen einen Angriff nach dem anderen zurück. Zu allem Unglück hilft ihnen die französische Artillerie nicht etwa durch Sperrfeuer, sondern beschießt das Fort selber, weil sie Deutsche darauf herumlaufen sieht.
Ein dramatischer Dialog entspinnt sich am Telephon, das erstaunlicherweise noch funktioniert.
»Hallo! Befehlsstand Tourelles?«
»Ja.«
»Hier Dupuy. Ihre Artillerie beschießt uns. Lassen Sie das Feuer vorverlegen.«
»Wo sind Sie denn?«
»Im Fort.«
»Im Fort! Und die Deutschen?«
»Haben wir rausgeworfen. Ein paar haben wir gefangengenommen ... Wir halten weiter durch! Lassen Sie das Feuer vorverlegen ... Vorverlegen!«
Noch einmal rennen die Deutschen an. Sie kommen wieder fast an ihr Ziel, doch ihre Kraft ist erschöpft. Drei von ihnen, die vordersten, heben die Hände. Die anderen fliehen. Um 9 Uhr sind die letzten, die sich noch in den Aufbauten gehalten haben, vertrieben. Um 11 Uhr hat sich ein Zug des 14. Infanterieregiments als Verstärkung zum Fort durchgekämpft.
Souville hat gehalten. Souville hält. Der 12. Juli ist der letzte Angriffstag der Deutschen gewesen.
An diesem Tag trifft Falkenhayn mit Tappen, dem Chef der Operationsabteilung des Generalstabes, in Stenay im Armeehauptquartier des Kronprinzen ein. Er befiehlt – endlich! – die Einstellung der Schlacht.

»Weil die von mir für heute gesetzten Ziele trotz des Einsatzes von Grünkreuzmunition und allen erdenklichen Mitteln nicht erreicht werden konnten, wird der Heeresgruppe Deutscher Kronprinz strikte Verteidigung vorgeschrieben.«
Er ist der Verlierer von Verdun und muß dafür bezahlen. Nicht lange mehr, und er räumt seinen Platz dem Gespann Hindenburg – Ludendorff, das sich mit bewunderungswürdiger Tatkraft und klarem Blick über zwei Jahre lang bemüht, die Niederlage vom Deutschen Reich abzuwenden.

Das Gallipoli-Unternehmen. – *68* David Lloyd George, Premierminister ab 1916 (links) mit Winston Churchill (rechts), Erster Lord der Admiralität bis zum Scheitern des von ihm geplanten Gallipoli-Unternehmens, auf dem Weg ins Parlament (oben links). – *69* Enver Pascha, deutschfreundlicher türkischer Kriegsminister (oben rechts). – *70* Eine englische Seedivision stürmt bei Aschi Baba (unten).

71 Der »Held von Anafarta«, Mustafa Kemal Pascha (3. v. l.); als Atatürk später Staatsgründer der Türkei. – *72* Auch in Griechenland wird gekämpft: Französische und griechische Soldaten auf dem Marsch bei Saloniki.

XVII. Kapitel Die Entscheidung soll erzwungen werden

Im Sommer 1916 erreicht das Ringen seinen Höhepunkt, überall wird gekämpft; an der Somme, vor Verdun, in Italien, im Osten. Und in Rumänien entsteht eine weitere Front.

Das hat es noch nie gegeben. Zehntausende sind Tag und Nacht an der Arbeit, bewegen ungeheure Massen von Erdreich. Sie legen neue Straßen an, verbreitern die bestehenden, holen aus frisch geöffneten Steinbrüchen den erforderlichen Kies, richten gewaltige Lager ein, wo sich Proviant und Munition türmen, bauen befestigte Bereitstellungsplätze und Hunderte Kilometer von sicheren Laufgräben.
Hinter der Front wird das Eisenbahnnetz immer dichter. Von Moreuil geht jetzt eine Linie zur Strecke Amiens–Chaulnes hinüber, ein neuer Verschiebebahnhof »Ramescamps« ist entstanden. Über 500 Kilometer Schmalspurgleise sind bis in die unmittelbare Nähe der Grabensysteme geführt worden. 1000 Feldtelephonsoldaten haben mehr als 20000 Kilometer Leitung ausgelegt. Durch sumpfiges Terrain ziehen sich lange Dämme.
Ab Juni 1916 bekommt die französische Armee neue Waffen: ein leichtes Maschinengewehr mit einer Feuergeschwindigkeit von 140 Schuß/Minute, eine 3,7-cm-Kanone mit 1500 Meter Reichweite und die berühmte V.B.-Gewehrgranate System Vivien-Bessière, die man aus einem becherförmigen Aufsatz auf dem Lauf verschießt und mit der man unmittelbar vor die eigenen Linien wirkungsvolles Abwehrfeuer legen kann.
Alle Soldaten, ob Franzosen oder Engländer, die durch diese Gebiete intensiver Vorbereitungen nach vorne gehen, sind begeistert. Einer, Major Duplessis de Grénédan, ruft aus: »Der Eindruck unwiderstehlicher Kraft, den dieses Schauspiel vermittelt, beseelt uns schon einen Monat vor dem Angriff mit Siegeszuversicht.«
Ja, endlich wollen sie die Sieger sein dürfen, um ein für allemal mit diesem unseligen Krieg ein Ende zu machen.
Ein Ende hat auch Falkenhayn machen wollen, als er seine Offensive auf Verdun begann. Jetzt ist Joffre von diesem Gedanken beflügelt. Alle kriegführenden Länder sind sich darin einig, daß der Krieg nicht mehr lange dauern kann. Die Völker haben ihre besten Kräfte verbraucht, sind ausgeblutet. Auch die Zivilisten empfinden die Entbehrungen, die man ihnen auferlegt, als immer unerträglicher. Überall regt sich dumpfer Unwillen. Die Politiker werden hektisch aktiv. Man spürt, wie sich die Keime der Auflösung regen, in Rußland und in Österreich, in Frankreich und Deutschland.
Ein Ende machen also. Aber wie? Man hat den Eindruck, daß die Generäle mit ihrem

Latein am Ende sind. Die Strategie hat versagt, und die Kriegsschulen wagen keine Patentrezepte mehr zu verkünden.
Tatsächlich ist die Feuerkraft einfach zu groß geworden. Geschütze und Maschinengewehre machen die Verteidigung zur Königin des Schlachtfelds. Der Angreifer ist der Verlierer. Das hat sich seit 1914 überall erwiesen.
Nur geht der Lernprozeß bei den Militärs jener Tage langsam, und wenn die Wirklichkeit noch so überzeugend ist. Joffre und die meisten seiner Generäle verharren in dem Wahn vom Durchbruch. Wenn sie es bisher nicht geschafft haben, dann kann es nur daran liegen, daß ihre Offensiven nicht gewaltig genug gewesen sind, der gewählte Abschnitt zu schmal, die Reserven des Feindes zu frisch, und nicht zuletzt der Zeitpunkt der Angriffe zwischen den Alliierten nicht abgestimmt.
Es muß also an allen Fronten zugleich gestürmt werden. Alle müssen die Kräfte zu einem letzten gemeinsamen Sturm anspannen, die Franzosen und Engländer natürlich, aber auch die Russen, die Italiener und sogar die in Saloniki eingeigelten Truppen von General Sarrail. So, nur so, kann man den »germanischen Koloß« ins Wanken bringen.
Schon am 29. Dezember 1915 hat Joffre in Chantilly ja die große Konferenz der Heerführer versammelt, um seine Vorstellung von der synchron zu führenden Offensive durchzusetzen. Enttäuscht hat ihn die mangelnde Entschlossenheit von Douglas Haig, dem neuen britischen Oberbefehlshaber, der zwar durchaus für den Angriff ist, aber weiß, daß viele englische Politiker die Westfront lieber einschlafen lassen und statt dessen auf dem Balkan zuschlagen würden. Churchill, Lloyd George, Balfour wiederholen das unablässig.
Joffres Stärke ist nach wie vor seine unbeirrbare Beharrlichkeit. Am 14. Februar nimmt er einen neuen Anlauf. Er empfängt Haig und überredet ihn zu einer gemeinsamen Offensive auf beiden Ufern der Somme.
Schon am 18. Februar geht der Plan an die Chefs der Armeegruppen hinaus. Die folgenden Tage bringen hitzige Debatten in den Stäben: Soll es eine Durchbruchs- oder eine Abnutzungsschlacht werden? Joffre erklärt: »Eine Abnutzungsschlacht, die den Durchbruch ermöglicht.« Diese akademischen Diskussionen wären eher erheiternd, wenn es nicht um das Leben von Tausenden und aber Tausenden gehen würde.
Allen ist nach den Erfahrungen der letzten Offensiven klar, daß es völlig ausgeschlossen ist, das ganze feindliche Grabensystem im ersten Stoß zu bezwingen. Es muß also in mehreren Anläufen vorgegangen, Stellung nach Stellung erobert werden. Erst wenn die deutschen Reserven abgenutzt sind, kann man auf freien Raum rechnen. Keiner wagt die Frage zu stellen, wie man den Gegner abnutzen soll, ohne sich selber abzunutzen.
Ungeheure Kräfte wird man in den Feuerofen werfen müssen. Foch, der den Oberbefehl über die französischen Truppen übernehmen soll, bekommt 39 Felddivisionen, 3 Territorialdivisionen und 1700 schwere Geschütze zugesagt. Die Angriffsbreite bei

den Franzosen wird sich über 40 Kilometer erstrecken, der anschließende Abschnitt der Engländer über 30 Kilometer.
Die Russen versprechen, schon im Juni wieder loszuschlagen, die Italiener erklären, sie seien zu einer großen Anstrengung bereit.
»An der Somme sollte die Entscheidungsschlacht geschlagen werden«, schreibt Joffre. »1916 konnte und mußte das Jahr des Sieges werden.«
Das hieß die Rechnung ohne Falkenhayn machen.
Am 21. Februar wirft der Angriff auf Verdun alle Pläne der Alliierten durcheinander. Joffre versteift sich auf sein Vorhaben, von dem er nicht abzugehen bereit ist, läßt sich sogar auf die bittere Polemik ein mit Pétain, der alle französischen Kräfte auf Verdun konzentrieren und die Engländer an der Somme allein angreifen lassen will.
Im Laufe der Wochen geht eine Division nach der anderen durch die Knochenmühle von Verdun und kommt schrecklich dezimiert heraus. Doch Joffre läßt sich in seiner Überzeugung nicht erschüttern.
Am 12. März bei einer französisch-britischen Konferenz in Chantilly, am 27. März vor den Ministern der Ententemächte legt er seinen Plan vor und betont, die Offensive werde lange, in ihren aufeinanderfolgenden Abschnitten sicherlich mehrere Monate dauern.
Am 21. Juni schickt er an Haig und Foch eine neue Anweisung.
»Diese Anweisung«, schreibt er, »war zunächst eine Darstellung meiner erklärten Absicht, eine auf einen langen Zeitraum angelegte Schlacht zu führen, die mit der Abnutzung der vom Gegner ins Feld geführten Kräfte enden würde. Das bedeutete die Ausarbeitung eines Planes für die Heranführung frischer Verbände und eines Planes für die Auffüllung der abgekämpften Einheiten.
Als strategisches Ziel hatte ich mir gesetzt, eine Manövriermasse in den Raum der wichtigsten rückwärtigen Verbindungen des Feindes gelangen zu lassen, also an die Linie Cambrai–Le Cateau–Maubeuge ...«
Nur verlangt der ehrgeizige Zweck nach entsprechenden Mitteln, und die sind seit der Schlacht um Verdun drastisch zusammengeschmolzen. Am 20. Mai erhält Foch die Mitteilung, er werde statt der zuletzt vorgesehenen 40 nur 26 Divisionen bekommen, statt 1700 nur 700 schwere Geschütze. Entsprechend schrumpft seine Frontbreite um 12 Kilometer. Trotz seines sprichwörtlichen Optimismus gerät seine Siegeszuversicht ins Wanken. Er schreibt: »Wir sind weit entfernt von einer breit angelegten, starken, lange durchzuhaltenden, auf ein erreichbares Ziel gerichteten Offensive, obwohl nur ein solcher Angriff zu einem strategischen Erfolg führen und ohnmächtiges Scheitern verhindern kann. Nach einigen taktischen Ergebnissen zu Beginn des Vorgehens müssen wir mit einem baldigen Stillstand rechnen, das heißt Verluste und Opfer ohne nennenswerten Nutzen.«
Verluste und Opfer ohne nennenswerten Nutzen! Der Satz, von einem solchen Fach-

mann gesprochen, verdient im Gedächtnis behalten zu werden. Muß man denn überhaupt um jeden Preis angreifen? Das versteht sich schon deshalb nicht von selbst, weil die deutschen Stellungen am vorgesehenen Abschnitt sehr stark sind. Die Deutschen haben das Gelände mit gewohnter Gründlichkeit genutzt. Mehrere tiefe Grabenlinien hintereinander sind gut ausgebaut und mit sicheren Unterständen und Stollen versehen worden. Die Drahtverhaue sind an den meisten Stellen in zwei Linien gezogen, zusammen bis zu 40 Meter breit. Jedes Dorf, jedes einzeln liegende Gehöft, jedes Wäldchen ist in eine kleine Festung verwandelt worden. Und in diesem Verteidigungssystem stehen 8 kampferprobte Divisionen, die II. Armee unter Below.

Fayolle soll mit seiner 6. Armee den ersten Stoß führen. Er ist, gelinde gesagt, nicht begeistert von seiner Aufgabe.

Wie Castelnau und Foch gehört er zu den katholischen Generälen, derer sich die Republik bedient, ohne sie wirklich zu mögen. Zwei seiner Onkel sind Priester, er selber ist erst im Knabenseminar, dann bei den Jesuiten erzogen worden, und er ist ein glühender Marienverehrer.

So hat er nicht die Karriere gemacht, die seinen militärischen Fähigkeiten entsprochen hätte. 1872 ist er in die Ecole Polytechnique aufgenommen worden, hat sich für die Artillerie entschieden, ist beim Tunesienfeldzug dabeigewesen und 1889 in die Kriegsschule eingetreten, wo er sieben Jahre lang gelehrt hat. 1907 hat man ihn endlich zum Oberst gemacht, 1910 zum Brigadegeneral. 1913 hat er ein Buch veröffentlicht, »Konzentration des Feuers und der Kräfte«, das als prophetisch gelten darf, denn er hat der zu jener Zeit sakrosankten Theorie des ungestümen Angriffs die Feuerkraft der modernen Waffen als Argument entgegengesetzt.

1914 ist er pensioniert, bei Kriegsausbruch als Kommandeur der 139. Reservebrigade reaktiviert worden. In Lothringen, während des Wettlaufs zum Meer und bei der Offensive im Artois hat er solche Führerqualitäten gezeigt, daß man ihn zu Pétains Nachfolger an der Spitze des XXX. Korps gemacht hat. Anfang 1916 hat er Dubois als Chef der 6. Armee abgelöst.

Fayolle ist ein besorgter, aber energischer Führer seiner Leute. Während der Offensiven im Artois und in der Champagne hat er ja ständig gegen Joffres Verblendung und Sturheit gewettert, die so sinnlos so viele tapfere Männer in den Tod stürmen ließ. Auch jetzt scheut er, der die Offensive führen soll, sich nicht vor harter Kritik.

»Foch ist gekommen und hat mir seinen Plan dargelegt«, schreibt er am 26. April. »Da ist nicht die geringste strategische Bewegung vorgesehen. Außerdem hat die Schlacht, von der er träumt, kein Ziel.«

Zum Glück ist der englische Kollege zuversichtlicher. Nachdem er sein anfängliches Zögern überwunden hat, setzt Haig alles daran, seine Offensive so nachdrücklich wie möglich zu führen. Damit die von der Schlacht um Verdun geschwächten Franzosen ihren Abschnitt verkleinern können, verbreitert er seine Front und macht die französi-

sche 10. Armee frei. Ja, er geht noch weiter: Für den Zeitraum der Sommeoffensive unterstellt er sich de facto dem Befehl Joffres.
Er glaubt an den Sieg und findet den Kampfgeist seiner Truppen »großartig«.
Am Abend des 20. Mai, nachdem er Joffre zum Wagen begleitet hat, schreibt er in sein Tagebuch: »Dieses Treffen ist ein Erfolg. Die Franzosen sind entzückt von der Art und Weise, wie ich ihre Vorschläge aufgenommen und sie selber bewirtet habe. Es ist ja tatsächlich schwer, mit ihnen zurechtzukommen! Eines steht fest: Der beste Weg, die Herzen der meisten von ihnen zu erobern, das des Generalissimus eingeschlossen, führt durch die Kehle; ein Cognac von 1840 hat auf Joffre und Castelnau eine erstaunlich beruhigende Wirkung.«
Die letzten Arbeiten stehen vor dem Abschluß. Die Truppen sind in ihre Ausgangsstellungen eingerückt, die Geschütze gerichtet. Haig, der Gentleman aus Schottland, der Erbe einer berühmten Whiskyfirma, Oxfordstudent, Kriegsteilnehmer im Sudan und in Südafrika, der unerschrocken über die Hindernisse setzende brillante Reiter, treuester aller getreuen Anhänger der schottischen evangelischen Konfession, er, den sie »Lucky Haig« nennen, weil ihm bisher alles geglückt ist, verkündet am Vorabend des Angriffs: »Ich fühle mich zuversichtlich, mit Gottes Hilfe.«
Gottes Hilfe brauchen zunächst einmal die Deutschen.
Bei Tagesanbruch beginnt am 24. Juni das ungeheure Gebrüll der Artillerievorbereitung aus allen Rohren. Kein Kaliber fehlt in dem mörderischen Geschoßhagel: 7,5 cm, 9 cm, 10,5 cm, 28 cm, Granatwerfer ... Die ersten und zweiten Gräben werden mit unerhörter Gewalt umgepflügt, aber zugleich auch das Hinterland, die Anmarschwege und Befehlsstände. Die deutsche Front ist in dichten Rauch gehüllt. Die beklagenswerten Landser können sich nur kleinmachen und warten.
Dieses Warten aber wird diesmal unerträglich lang, denn Joffre hat ganze Arbeit geleistet. Trotz Verdun ist es ihm gelungen, der 6. Armee 6 Millionen 7,5-cm-Granaten zur Verfügung zu stellen, 400000 Geschosse für die Grabenartillerie, 3100 Schuß je 9-cm- und 10,5-cm-Geschütz, 2630 für die schweren Kaliber zwischen 12 und 28 cm. Das »Trommelfeuer« hat seinen Namen noch nie so verdient wie diesmal. Es währt ohne Pause den ganzen 24. und 25. Juni. Am 26. Juni setzt Regen ein, und das Oberkommando beschließt die Verschiebung des für den 29. Juni vorgesehenen Angriffs auf den 1. Juli. Für die Deutschen heißt das zwei weitere Tage Beschuß.
Längst vorher schon sind sie offenbar vernichtet. Nichts rührt sich drüben, keine Granate geht auf die französischen Linien nieder.
Major Duplessis de Grénédan beschreibt, wie seine Leute »begeistert von dem, was die Deutschen einstecken müssen«, das Bombardement verfolgen: »Immer wieder klettern sie aus dem Graben, um besser beobachten zu können, und kein Schuß stört ihre Freudentänze. Man muß schimpfen, um sie in Deckung zurückzuholen. Kein erster Urlaubstag ist so ungeduldig herbeigesehnt worden wie der Befehl zum Angriff.«

Wieder einmal machen sie sich Illusionen, ebenso wie ihre Generäle. Trunken von der unerhörten Gewalt des Vernichtungswerks, das sie da mit eigenen Augen sehen, sind sie zutiefst überzeugt, daß diesmal wirklich alle Stellungen zerhämmert werden, daß alle Verteidiger den Tod gefunden haben. Mit umgehängtem Gewehr werden sie über das verwüstete Land vormarschieren.
Davon sind sie überzeugt. In Tausenden von Briefen und Tagebüchern haben sie es niedergeschrieben. Trotz aller Erfahrungen. Trotz Flandern, trotz Artois und Champagne, trotz Verdun.

1. Juli. Das Trommelfeuer steigert sich zu höchster Intensität. Ein regelrechter Vulkanausbruch ist das, der Erdreich und Steine, Pfähle, Gewehre und zerfetzte Menschenleiber emporschleudert. Und unmittelbar vor dem Sturm lassen die Pioniere ihre Minenstollen hochgehen, an denen sie seit Wochen gegraben haben. Mehr als zehn sind es auf der 45 Kilometer breiten Front. Einige Krater haben mehr als 50 Meter Durchmesser und bis zu 20 Meter Tiefe. Von den Verteidigern, die hier ausgeharrt haben, wird niemand mehr eine Spur finden.
Um 7.30 Uhr wird das Feuer vorverlegt. Die Männer springen aus den Gräben. Die meisten tragen Khakiuniform und Tellerhelm, denn bei dieser Offensive haben die Briten die Hauptlast übernommen.
Sie gehen ruhig hinter der Feuerwalze her. In den ersten Stunden sieht es ganz so aus, als verliefe diesmal alles nach Wunsch. Auf dem rechten Flügel nehmen sie Montauban und die Brikettfabrik, das bayerische 6. Regiment vor ihnen verliert 3000 von seinen 3500 Mann. Ihre linken Nachbarn müssen 400 Meter über freies Feld laufen, aber sie erobern Mametz und schneiden Fricourt ab. Vor Ovillers dagegen, jenseits der Straße Albert–Bapaume, werden die Angreifer zurückgeschlagen. Immer wieder stürmen sie, ein zweites, drittes, viertes Mal, doch alle Angriffe werden von den Verteidigern, einem schwäbischen Regiment, abgewehrt. Von dem gut ausgebauten Widerstandszentrum Thiepval ergeht es ihnen noch schlimmer: Im Gegenstoß zwingen die Deutschen sie in die Ausgangsstellung zurück.
Doch in den nächsten Tagen geht es weiter. Immer neue Angriffe, immer neue Verluste, und am Ende ist es ihnen gelungen, ein paar hundert Meter zu gewinnen, vier Dörfer zu erobern, 94 Offiziere und 5724 Mann gefangenzunehmen. Überall hat sich der Gegner verzweifelt zur Wehr gesetzt.
Sir Douglas, der zum erstenmal eine Großoffensive zu führen hat, wird unsicher. In zwei Tagen hat die britische Armee über 40000 Mann verloren und ist kaum vorangekommen.
Die Franzosen im rechten Angriffsabschnitt sind nördlich der Somme zur gleichen Zeit losgestürmt. Ihr XX. Korps zählt viele junge Soldaten des Rekrutenjahrgangs 1916, die noch nie im Feuer gestanden haben. Mit dem Ruf »Es lebe Frankreich!« haben sie sich

begeistert in den Kampf gestürzt. Im ersten Schwung haben sie den drei bayerischen Kompanien, die sich dort verschanzt hatten, das Dorf Curlu entrissen, und am Abend des 1. Juli stehen sie überall vor der zweiten deutschen Stellung.

Auf dem Südufer der Somme haben die Männer des Kolonialkorps und der 61. Infanteriedivision erst um 9.30 Uhr gestürmt. Über ein rauchendes Trichterfeld sind sie in wenigen Minuten ungestört an die feindlichen Gräben gelangt, haben Dompierre, Becquincourt und die Schlucht von Fay besetzt.

Am nächsten Tag ist es überall zügig weiter vorangegangen.

Nach dem Zeugnis von Jean de Pierrefeu war Joffre in seinem Hauptquartier in Chantilly am Abend des ersten Tages »ganz übermütig und redseliger als sonst«.

Tatsächlich haben seine Truppen im ersten Abschnitt der Offensive spektakulärere Erfolge errungen als die Engländer. Nicht weil sie tapferer angegriffen hätten, nein, die Engländer haben gekämpft wie die Löwen. Die Franzosen haben nur den schmaleren Frontabschnitt gehabt, vor allem aber sind die Deutschen überzeugt gewesen, es werde sich um einen rein britischen Angriff handeln, die Franzosen, allzu erschöpft vom Ringen um Verdun, würden in der Zuschauerrolle verharren.

Joffre hat keinen Anlaß, lange »übermütig« zu bleiben. Schon am 2. Juli erfährt er, daß Haig unter dem Eindruck seiner Verluste beschlossen hat, die Breite der Offensive zu reduzieren, indem er sich auf dem linken Flügel damit begnügt, die Deutschen am Gegenangriff zu hindern, und nur rechts, wo seine Truppen bisher am weitesten vorgedrungen sind, den Sturm fortzusetzen.

Diese Entscheidung kann Joffre nicht hinnehmen. Er findet, daß die Engländer wirklich zu schnell aufgeben. Bei Verdun haben sie sich herausgehalten, und jetzt wollen sie schon nach einem Tag ihre Offensive verkleinern!

Am 3. Juli um 15 Uhr trifft er in Beauquesne im britischen Hauptquartier ein. Er protestiert mit allem Nachdruck, fordert die uneingeschränkte Durchführung des Angriffsplanes. Er, der sich sonst so ruhig gibt, schlägt wütend mit der Faust auf den Tisch und verweist auf die von Frankreich für die gemeinsame Sache gebrachten Opfer.

Haig bleibt ungerührt.

»Joffre bekommt einen regelrechten Tobsuchtsanfall«, schreibt er in sein Privattagebuch. »Er befiehlt mir, Thiepval und Pozières anzugreifen ... Ich warte geduldig ab, bis er sich beruhigt hat. Er schnauft heftig, sein Gesicht ist purpurrot. Tatsächlich ist der gute Mann nicht fähig, klar zu diskutieren oder ohne weiteres eine Karte zu lesen ... Als ihm der Atem ausgeht, lege ich ihm in aller Ruhe dar, in welchem Verhältnis ich zu ihm stehe. Ich bin der britischen Regierung für die Führung unserer Armeen allein verantwortlich. Ich habe den Plan gebilligt; jetzt muß ich ihn ändern, um den Veränderungen der Lage im Verlaufe der Schlacht Rechnung zu tragen. Ich bleibe betont höflich. Joffre wird klar, daß er sich verrannt hat, und er versucht, mich mit Freundlichkeit zu gewinnen.«

Die Begegnung ist allerdings folgenreicher, als es zunächst erscheint. Hier ist die Gelegenheit versäumt worden, den Plan, auf den sich die beiden Alliierten geeinigt hatten, gemeinsam von Grund auf zu überdenken.

Wer bereit ist, aus den Ereignissen zu lernen, muß schon nach diesen ersten zwei Tagen Bedenken haben. Über eine Woche lang hat die ungeheuerlichste Artillerievorbereitung aller Zeiten gedauert, dann sind Zehntausende losgestürmt. Es ist alles getan worden, um der Offensive einen durchschlagenden Erfolg zu sichern. Die ganze Energie, alle materielle Kraft von zwei großen Nationen ist mobilisiert und auf einen Schlag eingesetzt worden.

Der ganze Aufwand hat nur zur Einnahme von einigen wenigen zerstörten Dörfern geführt, zu Geländegewinnen, die nach Hunderten von Metern berechnet werden müssen. Die geopferten Menschen türmen sich höher als die eroberten Ruinen.

Soll man nun wirklich weitermachen, obwohl die deutschen Reserven schon von allen Seiten zusammengezogen werden und die verbleibenden Stellungen stärker sind, als man gemeint hat? Viele Unterstände führen mehrere Stockwerke tief in den Boden, andere, der bei Fricourt eroberte zum Beispiel, bestehen aus neun großen Räumen mit fünf Ausgängen.

Ist man über die erste Linie hinweg, muß die zweite Stellung erstürmt werden, dann die dritte, und mancherorts ist eine vierte im Bau. Tausende und aber Tausende Menschenleben wird es kosten, diese Barrieren zu überwinden.

Allerdings ist der Wert eines Menschenlebens in diesen erregenden Stunden erschreckend gesunken.

Douglas Haig schreibt am Abend des 2. Juli: »Man meldet mir, daß die Verluste an Gefallenen und Verwundeten heute auf über 40000 geschätzt werden. Das ist nicht viel, wenn man die Stärke der eingesetzten Verbände und die Frontbreite bedenkt.«

Am Abend des 3. Juli schlägt Castelnau eine kühne Operation vor. Die Leute von Fayolle, die südlich der Somme angegriffen haben, sollen scharf nach rechts einschwenken. So wären die im Frontvorsprung von Chaulnes befindlichen Deutschen im Rücken bedroht und zwischen der 6. und 10. Armee eingeklemmt. Sie müßten sich entweder in größter Eile zurückziehen oder mindestens 50000 Gefangene in Kauf nehmen.

Das wäre ein schöner Erfolg, und Joffre gibt das auch zu. Doch er will keinen Erfolg, sondern den totalen Sieg, endlich den großen Durchbruch; um den zu erzielen, gilt es nicht kluge Manöver auszuführen, sondern geradewegs vorzudringen, die deutschen Linien immer wieder anzugreifen, bis sie endlich zerreißen.

Also geht die Offensive weiter. Am 4. Juli stürmt ein Regiment der Fremdenlegion Belloy und erobert den Ort im Häuserkampf. Am 5. nimmt das XX. Korps am Nordufer der Somme das Dorf Hem, aber inzwischen haben sich die Gegner so ineinander verbissen, daß die letzten zwei Häuser von den Deutschen gehalten werden. Am 7. werden die Engländer vor Contalmaison zurückgeworfen. Am 8. strömt der Regen,

der schon vor ein paar Tagen eingesetzt hat, heftiger. Der aufgeweichte Boden hindert die nebeneinander angreifenden Engländer und Franzosen am Weiterkommen; nur Hardecourt und der Trônewald fallen in ihre Hand.
An diesem Abend des 8. Juli gewinnt Falkenhayn die Überzeugung, daß die Alliierten nicht durchkommen werden. Sie verlieren jeden Tage so viele Soldaten, daß sie nicht mehr lange in diesem Stil weitermachen können.
Gewiß, ihre Verluste sind furchtbar, aber sie geben nicht auf. Am 9. um 15 Uhr greift das Kolonialkorps in Richtung Barleux an, wird aber in einem entfesselten Nahkampf zurückgedrängt. Am selben Tag um 14 Uhr stürmen die Infanteristen des XX. Korps auf dem Nordufer singend los. Als eine Kompanie aus dem Graben klettert, flieht ein Kaninchen vor ihr auf die deutschen Linien zu. »Das ist ein gutes Zeichen!« ruft ein Spaßmacher. Die Männer rennen dem Tier nach und erobern La Maisonnette.
Barleux im Süden hält aus. Am 10. scheitern drei Angriffe an den Stellungen vor dem Dorf. Die Soldaten, die La Maisonnette genommen haben, weisen alle Gegenstöße ab und dringen in die Außenbezirke von Péronne ein. Die anderen Verbände folgen ihnen nicht, und so müssen sie zurück, kommen unversehrt zu ihren Linien zurück, die Taschen voller Kirschen, die sie im Garten der Kirche Sainte-Radegonde gepflückt haben.
Die Franzosen begreifen nicht mehr, was da eigentlich an der Front geschieht. Jeden Tag meldet man ihnen große Erfolge, und wenn sie auf der Karte nachschauen, stellen sie fest, daß die alliierten Armeen so gut wie nicht vorankommen. Die Wortwahl im Heeresbericht ändert sich. Es ist nicht mehr von »Durchbruch« die Rede, sondern nur noch von »Druck« und »Zurückdrängen«.
Sollte Joffre die Zuversicht verloren haben? Fayolle ist davon überzeugt. Am 12. Juli vertraut er seinem Tagebuch an:
»Mit Joffre gesprochen. Er wirkt verstört. Er wünscht sich einen Sieg, besser gesagt: *den* Sieg. Er ist überzeugt, daß die Lage unerfreulich ist. In der Tat schafft die französisch-englische Anstrengung keine Entlastung vor Verdun ... Aber die Engländer haben schon 70000 Mann eingebüßt und kämpfen noch nicht einmal um die zweite Stellung! Wir, die wir uns ihrer Offensive untergeordnet haben, was sollen wir machen außer der Ausweitung unseres lokalen Erfolges? Die Schlacht ist von Anfang an eine Schlacht ohne Ziel gewesen. Von Durchbruch konnte keine Rede sein. Und wenn eine Schlacht nicht zum Durchbruch führen kann, wozu nützt sie dann?«
Tatsächlich folgt eine kurze Zeit der Unentschlossenheit. Bis zum 14. Juli.
Vor Tagesanbruch, um 3.25 Uhr, treten Engländer und Franzosen zum Angriff an. Die Franzosen kommen nicht weit, den Engländern gelingt es, Longueval und Bazentin-le-Petit mit seinem Friedhof zu erobern.
Die deutsche Oberste Heeresleitung zeigt sich erleichtert. Ihre Truppen haben zwei schwere Wochen durchgestanden. Der furchtbare Stoß hat sie ins Wanken gebracht und

ein paar Kilometer zurückweichen lassen, aber die Front hat überall gehalten, und der Schwung des Gegners ist dahin. Falkenhayn kann seine Aufstellung neu ordnen: Die II. Armee (Below) übernimmt den Abschnitt nördlich, die I. Armee (Gallwitz) die Front südlich der Somme.
Schon am 15. beginnt der massive deutsche Gegenangriff. Er wird überall zurückgeschlagen, und dann wird das Kampfgeschehen zu einer Folge blutiger Einzelaktionen. Am 16. dringen die Engländer ein Stück weit vor, bemächtigen sich der kläglichen Reste des Dorfes Ovillers und gelangen bis vor Pozières.
Am 17. prasselt dichter Regen auf das Schlachtfeld, von einem zusammenhängenden Gefecht kann keine Rede mehr sein. Die Männer leiden über die Maßen. Die Gräben verwandeln sich in Kloaken, in denen sie bis zum Bauch in Schlamm stehen, viele Verwundete ertrinken in den Granattrichtern. An solchen Tagen meldet der Heeresbericht der Franzosen *rien à signaler*, »nichts Neues«. Die Soldaten, die da unter Wind und Wetter leiden und unter ständigem Beschuß ausharren müssen, könnten heulen vor Wut.
Dabei wäre es ihnen im Grunde lieb, wenn diese relative Ruhe anhalten würde. Doch schon hat das Oberkommando für den 20. Juli die Fortsetzung der Offensive befohlen.
An diesem Tage soll die 10. Armee, die bisher noch nicht eingegriffen hat, das Blatt wenden. Die ganze Sommefront soll auf einen Schlag in einem letzten, großen Aufbäumen gegen den Feind anrennen.
Die 10. Armee, geführt von General Micheler, greift südlich der Straße Amiens–Péronne an. Sie erobert die erste deutsche Stellung, nimmt 1310 Mann und 11 Offiziere gefangen. Doch an allen anderen Abschnitten ist das Ergebnis kläglich. Die um 8.40 Uhr losstürmenden Senegalesen werden vor Baleux zusammengeschossen. Um 5 Uhr ist am Nordufer der Somme bei Hardecourt die vom Hartmannsweilerkopf in den Vogesen gekommene Division Pouydraguin aus den Gräben geklettert. Sie bleibt im Feuer liegen. Die Engländer dringen nur ein kleines Stück in den Wald von Foureaux ein.
In den folgenden Tagen allerdings gelingt es den Engländern, um den Preis hoher Verluste weiterzukommen. Am 23. Juli setzen sie sich in Guillemont fest, am 25. erobern sie Pozières, am 27. den Wald von Delville und am 30. schließlich das Dorf Guillemont. Am selben 30. Juli erreichen die Franzosen die ersten Häuserreste von Maurepas.
Ein gräßlicher Monat ist dieser Juli geworden. Ströme von Blut sind unnütz geflossen. In den Heeresberichten mag noch so oft von Siegen die Rede sein, von ein paar gewonnenen Metern hier und da. Ein Blick auf die Karte zeigt, daß die großen Hoffnungen, die man auf die Offensive an der Somme gesetzt hat, enttäuscht worden sind. Die deutsche Front hat nur ein paar Tage lang nicht ganz widerstehen können. Jetzt ist sie wieder vollkommen undurchdringlich geworden.

Und in Verdun geht das Ringen ja weiter.

Joffre im *Grand Quartier Général* hängt weiter seinen Illusionen nach. Er ist überzeugt, daß der Gegner von seinen Stößen angeschlagen ist, daß die Deutschen keine starken Reserven mehr haben und er nur noch eine, die allerletzte Anstrengung vollbringen lassen muß. Am 31. Juli bestellt er Foch nach Chantilly und erklärt lapidar: »Der Angriff muß auf breiter Front wiederaufgenommen werden.«

Anfang August richtet er einen Aufruf an die Soldaten:

»Der Augenblick ist nahe, da die militärische Macht der Deutschen unter dem gemeinsamen Ansturm zusammenbrechen wird. Soldaten Frankreichs, Ihr könnt stolz sein auf das bisher Geleistete. Ihr seid entschlossen, es zu vollenden. Der Sieg ist sicher.«

Tönende Worte, von dem sich die nüchterne Kritik eines General Fayolle in seinem Tagebuch sehr unterscheidet:

»Jetzt fangen die Engländer an, die Lust zu verlieren. Damit mußte man rechnen. Ihre Angriffstaktik ist kindisch. 120000 Mann, um drei oder vier Dörfer zu erobern, und bis zum Rhein gibt es noch viele Dörfer ...«

Joffre verlangt eine letzte Anstrengung, und den ganzen August hindurch folgt mit furchtbarer Regelmäßigkeit Angriff auf Angriff, trotz des Regens in der ersten und des ständigen Nebels in der zweiten Monatshälfte. Jeder Angriff wird mit einem Gegenangriff beantwortet, aber bei allem tapferen Einsatz ändert sich nicht viel. Guillemont bleibt heftig umkämpft. Am 25. fällt Maurepas. So weit ist es schon gekommen, daß man auf ein in einem ganzen Monat erobertes Dorf stolz ist.

In Ermangelung eines Besseren, des Sieges nämlich, hält man sich an rührend ritterliche Geschichten wie dieser:

Nach der Eroberung von Maurepas tritt Hauptmann Frère auf einen gefangenen deutschen Hauptmann zu und sagt: »Meinen Glückwunsch zu der Leistung Ihrer Leute.«

»Sie finden also, die Verteidigung war gut?«

»Sehr gut. Und wie fanden Sie den Angriff?«

»Großartig!«

Für manche gibt es einen erstaunlichen Grund zur Zufriedenheit. Ein General, der aus Nächstenliebe ungenannt bleiben soll, verkündet ein paar Monate später, die französischen Verluste der letzten Offensiven seien »unglaublich leicht« gewesen. Und er rechnet vor, daß im zweiten Halbjahr 1916 im Monatsdurchschnitt nur 70000 Tote und Schwerverwundete zu verzeichnen gewesen sind, während es von Februar bis Juni 90000 waren.

Jeder tröstet sich, wie er kann.

An der italienischen Front geht das Ringen ohne große Veränderung des Frontverlaufs weiter, was angesichts des Geländes nicht weiter erstaunlich ist: Steile, mit Befestigungen gespickte Berghänge, schwindelnd tief eingeschnittene Täler, reißend herunterrauschende Bäche, die jedes Jahr etliche Monate lang fast unüberwindliche Hindernisse darstellen. Wenige Straßen nur, so daß die Versorgung der Truppe für die Militärverwaltung oft zum kaum lösbaren Problem wird.

Um einen solchen Riegel aufzubrechen, müßten die Italiener eine ungeheure Streitmacht aufbieten. Dann, nur dann könnten sie hoffen, die österreichischen Stellungen zu durchstoßen und auf Wien zu marschieren, wie Napoleon es vor dem Friedensschluß von Campo Formio vorgehabt hat. Eine solche Leistung liegt aber gegenwärtig völlig außerhalb ihrer Möglichkeiten. Es wäre ein Gebot der Klugheit, die Front nur zu halten und sich nicht unnötig zu verausgaben. Sie haben in diesem Krieg schon dadurch eine wichtige Aufgabe übernommen, daß sie zahlreiche österreichische Divisionen an dieser Front binden.

Doch Militärs können sich nun einmal mit einer allzu lange stabilen Lage nicht abfinden. Es ist Ehrensache für sie, anzugreifen, zumal wenn sie wie die Italiener vor nicht allzu langer Zeit Gelände verloren haben.

Eben haben sie eine neue, die 5. Armee aufgestellt, fünf Korps und zwei Kavalleriedivisonen stark. Diese frischen Truppen sollen an den beiden Enden des Frontvorsprungs eingesetzt werden, den sich die Östereicher erkämpft haben.

Am 16. Juni greifen sie rechts an und erobern einige Grabenstücke, am 22. Juni stürmen sie links. Die Österreicher fühlen sich bedroht und räumen den Vorsprung.

Nur ist es auch ihnen unerträglich, daß nun sie als letztes eine Niederlage hingenommen haben. Um ihr Prestige wieder aufzupolieren, beschließen sie, ein weiteres Mal am Isonzo aktiv zu werden. Und diesmal wollen sie, um jeden Mißerfolg auszuschließen, eine Waffe einsetzen, die bisher an der italienischen Front so gut wie nicht verwendet worden ist: Kampfgas.

Davon muß man allerdings etwas verstehen. Deshalb lassen sie ihre Fachleute in Krems an der Donau von den Deutschen ausbilden, unter absoluter Geheimhaltung. Jetzt muß das Gas noch auf den Kriegsschauplatz gebracht werden. In der Nacht vom 26. auf den 27. Juni sehen die Soldaten in den Gräben des Angriffsabschnitts, wie überall entlang der Front seltsame Stahlflaschen aufgestellt werden.

Der Wind weht von der falschen Seite. Also muß man warten, bis am 9. Juli frühmorgens die Fachleute mit aufgesetzter Gasmaske die Hähne unten an den Behältern aufdrehen können. Das Gas faucht heraus und treibt in dichten Schwaden auf die Gräben des italienischen XI. Korps zu.

Es wäre tatsächlich nicht notwendig gewesen, eine so komplizierte Aktion aufzuziehen, denn die Italiener lassen sich nicht überraschen. Sie setzen einfach ihre Masken auf und verteidigen sich nicht nur, sondern gehen sogar zum Gegenangriff über und machen 403 Gefangene.

Sie sind ja selber um diese Zeit entschlossen, alles auf eine Karte zu setzen. Ihr Ziel in

diesem glühend heißen Sommer ist unverändert der Durchbruch am Isonzo und die Eroberung von Görz.
Dazu brauchen sie ein paar Tage lang eine starke zahlenmäßige Überlegenheit. Da sie nicht überall zugleich stark sein können, wollen sie den Vorteil der inneren Linie nutzen und Truppen und Waffen vom Trentino rasch an den Isonzo werfen.
Die Operation ist glänzend vorbereitet. Am 27. Juli werden Hunderte von Lastwagen und die gesamten norditalienischen Bahnen eingesetzt. Jede Einheit weiß genau, mit welchem Verkehrsmittel sie welchen Punkt an der anderen Front zu erreichen hat.
Ihre Gegner merken nichts. Sie sind um so überraschter, weil Cadorna am 4. August an der Küste bei Monfalcone nach heftiger Artillerievorbereitung einen Ablenkungsangriff führen läßt. So müssen die Österreicher Verstärkungen an die bedrohte Stelle werfen.
Das haben die Italiener gehofft. Am 6. August ab 6 Uhr früh geht ein gewaltiges Trommelfeuer auf die Front vor Görz nieder. Ein solcher Aufwand an Geschützen und Munition ist an der italienischen Front noch nicht dagewesen. Mehrmals schweigen die Rohre, gerade lang genug, um Spähtrupps an die feindlichen Stellungen zu schicken. Um 16 Uhr klettert die 45. Division aus ihren Gräben. In einem einzigen Schwung überrennt sie die zerschossenen Linien des Gegners und stürmt den berüchtigten Monte Sabotino, der vierzig Minuten später in ihrer Hand ist. Während dieser großartigen Waffentat dringen die übrigen Divisionen auf die Höhen vor Görz, und schließlich fällt auch der so oft heiß umkämpfte Monte San Michele.
Am 9. August ist Görz erobert.
Ganz Italien rast vor Begeisterung. Dieser Sieg wiegt schwer, weil die Stadt Görz längst zum Symbol geworden ist.
Ein paar Tage lang versuchen die Italiener an der ganzen Insonzofront weiter zu gelangen und nehmen auch einige Dörfer, doch bald macht sich die Anstrengung bemerkbar, die sie hinter sich haben. Außerdem ist die Aufgabe, die vor ihnen liegt, zu groß: Hinter jedem mühsam besetzten Höhenzug folgen weitere, die es zu erobern gilt.
Am 15. August erstarrt die Front.
Auf das Siegesgeschrei folgt einmal mehr die Ernüchterung.

Vor Verdun weigert sich Falkenhayn weiterhin, sein Ziel oder gar das bisher Erreichte aufzugeben. Und zwar trotz der Offensive an der Somme, trotz des Sturmlaufs der Russen und des Drucks der Italiener, trotz der immer deutlicher werdenden Gefahr, daß die Rumänen eine neue Front gegen die Mittelmächte eröffnen könnten, trotz seines eigenen Rückschlags bei Souville. Er will seinen Sieg, um jeden Preis.
So läßt er schon Anfang August vor Verdun überall angreifen: an der Höhe 304 und auf dem rechten Maasufer. Einmal mehr wühlen Zehntausende von Granaten die mit den

Leichen der furchtbaren Kämpfe durchsetzte Erde auf. Einmal mehr gehen hinter den Flammenwerfern die Stoßtrupps vor. Einmal mehr werden sie nach mörderischem Hin und Her zurückgeschlagen.

Für die Franzosen gibt es zunächst nur eines: Durchhalten. Irgendwann muß die Offensive an der Somme sich ja hier auswirken.

Nivelle spricht es in einem Tagesbefehl aus:

»Damit sich die Offensive der französischen und alliierten Armeen frei entwickeln und bald zu einem entscheidenden Sieg führen kann, werdet Ihr weiterhin dem Angriff unserer erbarmungslosen Feinde widerstehen, die trotz des Verlustes von einer halben Million Menschen, die Verdun sie schon gekostet hat, ihre trügerischen Hoffnungen nicht aufgegeben haben.

Und nicht nur widerstehen werdet Ihr, sondern selber unaufhörlich zuschlagen, um durch die ständige Drohung möglichst viele feindliche Kräfte vor Euch festzuhalten, bis der nahe Tag der Generaloffensive gekommen ist ...«

Am 1. August, nach einem Trommelfeuer, das sich würdig in die furchtbarsten Tage der Schlacht um Verdun einreiht, stürmen die Deutschen. Wieder geht es um Souville. Doch die französischen Linien halten, ja, am 3. August geht das 94. Infanterieregiment zum Gegenangriff vor und erobert den Thiaumontrücken; im Nebenabschnitt macht das 207. Regiment 1500 Gefangene.

Man hat den Eindruck, daß an der Front vor Verdun ein Gleichgewichtszustand erreicht ist. Offensichtlich beginnt auch Falkenhayn einzusehen, daß er die Stadt nicht erobern wird, denn er veröffentlicht um die gleiche Zeit einen großen Bericht, der eine einzige Siegesfanfare ist.

Tatsächlich stellt sich die Bilanz eindrucksvoll dar.

Die Mittelmächte, verkündet die Oberste Heeresleitung, halten 431000 Quadratkilometer Feindesland besetzt: 29000 in Belgien, 21000 in Frankreich, 280000 in Rußland, 87000 in Serbien, 140000 in Montenegro.

In Deutschland befinden sich 1663000 Gefangene, in Österreich 942489, in Bulgarien an die 83000, in der Türkei rund 14000, zusammen 2703283 Angehörige der Ententemächte.

Die Deutschen alleine haben 11036 Geschütze erbeutet, 1556132 Gewehre und 3400 Maschinengewehre. Die Flotte hat 49 Kriegsschiffe (562250 t) und 1303 Handelsschiffe (2574205 BRT) versenkt.

Auf der Gegenseite trumpft Joffre nicht weniger selbstbewußt auf. Am Tage nach Falkenhayns triumphierendem Bericht veröffentlicht er eine Broschüre unter dem Titel *L'usure adverse*, »Die Abnutzung des Gegners«.

Darin schreibt er von den Deutschen: »Gegenwärtig sind wir auf dem besten Wege, ihre Kräfte zu desorganisieren, sie zu schwächen, sie abzunutzen. Ist diese Abnutzung erreicht, so folgt zwangsläufig die Befreiung der besetzten Gebiete.«

So einfach ist das. Wie man den Feind abnutzen soll, ohne sich selber abzunutzen, davon läßt Joffre nichts verlauten.
Vom 4. August an taucht regelmäßig der Name des Dorfes Fleury in den Heeresberichten auf. Tausende sterben für seine kaum mehr erkennbaren Mauerreste, denn längst steht von Fleury kein Haus mehr, keine Wand, kein Schornstein. Die Ruinen sind so oft zerschossen worden, daß man nicht mehr merkt, daß da überhaupt ein Dorf war.
Die Franzosen haben Fleury zum Symbol erhoben. Dort soll der Anfang mit der Rückeroberung des seit dem 21. Februar verlorenen Geländes gemacht werden.
Am 17. August schickt Mangin seine Kolonialtruppen ins Feuer. Der Kampf geht um jeden Kellereingang, mit Handgranate und Seitengewehr. Am 18. gehört Fleury wieder den Franzosen.
Damit ist die Lage dramatisch verändert: Die Schlacht um Verdun hat die Richtung gewechselt. Jetzt ist es an den Franzosen, anzugreifen, und die Deutschen müssen sich an jede Deckung klammern und durchzuhalten versuchen.
Falkenhayn hat seine Schlacht und damit die unglaubliche Partie verloren, auf deren Ausgang er das Schicksal des deutschen Heeres und seine Karriere gesetzt hat.
Ende August gibt er den endgültigen Befehl zur Einstellung aller Angriffsaktionen gegen Verdun und zieht drei Divisionen vor der Stadt ab, um sie an der Somme einsetzen zu können.

In England hat Anfang 1915 die Jagd auf die waffenfähigen Männer begonnen. Massenversammlungen, Flugblätter, patriotische Aufrufe, große Zeitungsanzeigen – jedes Mittel ist recht gewesen, um Freiwillige zu bekommen. Die Frauen haben sich der Sache angenommen, und bei den Mädchen gehört es bald zum guten Ton, mit Kavalieren in Zivil nicht auszugehen oder zu tanzen. Ganz Hartnäckigen schicken sie empörte Briefe oder sogar zum Zeichen der Verachtung lange Damenunterhosen.
Der Krieg will seine Opfer haben, mit jedem Tag mehr.
Von Anfang an hat da ein Mißverständnis geherrscht. Die Engländer sind in die Auseinandersetzung in der festen Überzeugung eingetreten, sie würden auch diesmal ihre traditionelle Rolle spielen: den Verbündeten die Überlegenheit auf den Weltmeeren sichern, ihnen mit Geld beispringen und im übrigen ein Expeditionskorps von Berufssoldaten auf das Festland schicken. So war es jahrhundertelang gewesen, so würde es wieder sein.
In den ersten Tagen sind die Freiwilligen unter dem Eindruck der anfänglichen Begeisterung in Massen zu den Rekrutierungsbüros geströmt. Es waren so viele, monatlich über 300000 in den ersten drei Monaten, daß man sie mangels Waffen und Uniformen wieder nach Hause schicken mußte.
Inzwischen ist alles anders geworden. Was zunächst nur ein Krieg nach altem Muster zu

sein schien, ist zum totalen Krieg, zum tödlichen Kampf geworden. Bald standen das Britische Empire und seine Größe auf dem Spiel.

Um zu siegen, das wurde 1915 allen klar, mußten alle Kräfte des Landes aufgeboten werden, an Menschen und Material.

Dieser Krieg war eben nicht das schöne Abenteuer, von dem die Freiwilligen der ersten Tage geträumt hatten, sondern ein grausiges, ruhmloses, unvorstellbar mörderisches Ringen. Ein Kampf ohne Ende in Schlamm, Kälte und Todesangst.

Mit jedem Monat haben sich weniger Freiwillige gemeldet, obwohl Kitchener jetzt Hunderttausende verlangte, um die 70 bis 100 Divisionen seines neuen Heeres aufstellen zu können.

Wären die Engländer keine Engländer gewesen, hätte sich das Problem leicht lösen lassen: Man brauchte ja nur wie in allen anderen kriegführenden Staaten die allgemeine Wehrpflicht einzuführen.

Wehrpflicht! Ein verpöntes Wort, das für jeden Engländer seit jeher mit einer historisch gewachsenen Furcht besetzt ist. Stiefelschritt auf den Straßen, bewaffnete Horden, die in den Händen skrupelloser Generäle die sakrosankten Freiheitsrechte des britischen Bürgers abschaffen ... Außerdem sagte man sich zunächst ganz nüchtern: Warum solche Massen aufbieten, wenn der Krieg ohnehin in wenigen Monaten zu Ende sein würde?

Diese wenigen Monate sind verstrichen, Ströme von Blut sind geflossen, und der Krieg ist lebendiger denn je.

Schon im Januar 1915 haben weitblickende Männer wie Lord Haldane öffentlich zu erklären gewagt, man werde bald alle waffenfähigen Männer aufbieten müssen. Doch Labouranhänger, Pazifisten, Quäker, Gewissensverweigerer und Iren haben sich zu einem solchen Proteststurm zusammengefunden, daß die Frage offen geblieben ist.

Aber man braucht Männer, viele Männer, um die dezimierten Divisionen aufzufüllen und neue Armeen aufzustellen. Kitchener traut sich, »Zwangsbefugnisse« zu verlangen.

Ein erster Schritt wird am 5. Juli 1915 mit der Schaffung des »Nationalregisters« getan. Alle Männer im waffenfähigen Alter müssen sich registrieren lassen. Dabei stellt man zur eigenen Überraschung fest, daß über fünf Millionen Männer aus diesen Jahrgängen noch nicht unter den Fahnen stehen.

Fünf Millionen! Damit läßt sich Kitcheners Forderung erfüllen, reichlich sogar. Gewiß, man muß die Untauglichen, die Kranken und die in der Rüstungsindustrie Tätigen abziehen. Aber es bleiben im ungünstigsten Falle 1700000 bis 1800000 Mann, die sofort verfügbar wären. »Frische« Männer, wie man damals sagt.

Nur: Wie kann man dieser frischen Männer überhaupt habhaft werden?

Kitchener redet nicht lange um den heißen Brei herum. Am 8. Oktober 1915 schreibt er an die Regierung: »Das System der Freiwilligkeit, so wie es derzeit gehandhabt wird, bringt nicht die zur Aufrechterhaltung der Stärke unserer eingesetzten Truppen erforderliche Anzahl von Rekruten.«

Und da selbst er das Wort »Wehrpflicht« noch nicht auszusprechen wagt, schlägt er ein Losverfahren vor. Jeder Distrikt hätte entsprechend seiner Einwohnerzahl eine bestimmte Anzahl von Rekruten zu stellen. Wenn sich nicht genügend Freiwillige stellen sollten, würde gelost werden.

Der Vorschlag stößt auf flammenden Protest. Der Zufall soll den Ausschlag geben? Das ist gegen alle britische Tradition.

Doch was tun? Mit jedem Monat verlangt die Front nachdrücklicher, daß man ihr das nötige Kanonenfutter liefert.

Da hat Lord Derby eine Idee. Er ist zum »Rekrutierungsdirektor« ernannt worden und versucht es mit einem letzten Appell an die Freiwilligkeit. Jeder Mann zwischen 18 und 41 Jahren soll feierlich geloben, sich zur Truppe zu begeben, wenn er gerufen wird. Natürlich wird man zunächst die Junggesellen einziehen, bei den jüngsten beginnend. Ehemänner werden, wenn überhaupt, erst einberufen, wenn alle Junggesellen bei der Armee sind.

Ein seltsames Vorhaben, dieser Versuch, die geheiligte Freiheit des Individuums mit den Notwendigkeiten des Krieges vereinbar zu machen. Die Engländer tun denn auch nicht mit. Selbst die Junggesellen weigern sich, das Gelöbnis abzulegen. Nur 1029232 Männer sind bereit, die Uniform anzuziehen. Die anderen, mehr als eine Million, stellen sich taub. Und als man versucht, Ehemänner einzuberufen, weigern sie sich, in den Krieg zu ziehen, bevor nicht alle Unverheirateten geholt worden sind.

Die Lage ist aussichtslos. Die Regierung tagt immer häufiger, prüft alle möglichen Vorschläge. Allen ist gemeinsam, daß sie nicht genügend Rekruten bringen. Selbst die Labourpartei muß zugeben, daß es ohne radikale Maßnahmen nicht mehr geht. Langsam reift der Gedanke.

Lloyd George schreibt: »Als der Nation die Bedeutung des Kampfes bewußt wurde, die Tatsache, daß es um Leben oder Tod ging, ließ die Abneigung des Volkes gegen den Militärdienst nach, und an ihre Stelle trat ein gesunder Unwille angesichts blühender junger Männer, die zu Hause herumhingen, während Familienväter in den Schützengräben kämpften.«

Asquith nutzt diesen Umschwung in der öffentlichen Meinung und kündigt am 2. Mai 1916 die Vorlage eines Gesetzes über die »Einführung der allgemeinen, sofortigen Dienstpflicht« an.

Selbst die Labourpartei ist bereit, für dieses so lange von ihr bekämpfte Gesetz zu stimmen.

England ist in den totalen Krieg eingetreten, entschlossen, ihn durchzustehen und notfalls bis zu 100 Divisionen aufzustellen.

Doch diese Männer wollen ausgerüstet und bewaffnet sein. Lloyd George, zum »Munitionsminister« ernannt, kniet sich mit seinem ganzen feurigen Temperament in diese Aufgabe. Er nimmt keine Rücksicht auf die bestehenden Dienststellen, zieht zivile Fachleute heran. Um die traditionellen Waffenschmieden, die stur im Friedenstempo weitermachen wollen, zu umgehen, schafft er spezialisierte staatliche Fakbrikationsstätten, von denen es bei Kriegsende 218 gibt.
Die gesamte Wirtschaft wird mobilisiert.
Manche Probleme erscheinen unlösbar. Gewiß, es gelingt die Produktion von Granaten erheblich zu steigern, aber viel schwieriger ist es, genügend Sprengstoff herzustellen. 1914 hat im ganzen Vereinigten Königreich nur eine einzige Fabrik TNT hergestellt. Bei Kriegsende sind es 32 Betriebe.
Das gleiche Problem beim Schießpulver. 1914 gab es in England bei voller Auslastung aller Kapazitäten die Möglichkeit zur Produktion von wöchentlich 75 Tonnen. Schon 1917 sind es 2000 Tonnen.
Die große Revolution ist die Tatsache, daß überwiegend Arbeiterinnen beschäftigt werden, auch für beschwerliche Tätigkeiten, zum Beispiel für den Umgang mit TNT, der äußerst gefährlich ist und bei vielen zu einer gelbsuchtartigen Krankheit führt, die tödlich verlaufen kann. »Kanarienvögel« nennt man die Unglücklichen, die von dieser Krankheit befallen sind.
Frauen stellen auch die Waffen her, die Gewehre, Kanonen und Maschinengewehre. Das englische Oberkommando hat noch bei Kriegsausbruch nicht an das Maschinengewehr geglaubt. Noch 1914 sind insgesamt ganze 1792 Stück bestellt worden. Kitchener selber hatte erklärt: »Wir brauchen je Bataillon mindestens zwei, höchstens vier Maschinengewehre. Mehr wäre reiner Luxus.«
Ein seltsamer Luxus, haben die Tommys gedacht, als sie mit ansehen mußten, wie ihre Kameraden reihenweise von den deutschen Maschinengewehren niedergemäht wurden, und an der ganzen Front ertönte der Ruf: »Gebt uns Maschinengewehre!« Trotz Kitchener verfügt bei Kriegsende jedes Bataillon über 64 Maschinengewehre, und das ist durchaus nicht zu viel.
Am 2. Mai 1916, dem Tag des Wehrpflichtgesetzes, entdeckt England die wahren Dimensionen dieses Krieges und wird hart gegen sich selber, um der Bedrohung standzuhalten.
Bis jetzt sind die Kriegsdienstverweigerer, ob Quäker oder andere, immer die Lieblinge des Volkes gewesen, der lebendige Beweis, daß die Freiheit, auf die England so stolz war, wirklich galt. 1916 werden sie beschimpft, ein härteres Durchgreifen wird gefordert. Sie haben das Recht, nicht mit der Waffe in der Hand zu kämpfen, doch dafür müssen sie die gefährlichsten Aufgaben übernehmen: im feindlichen Feuer Gräben ausheben und Stacheldrahtverhaue legen, Minen suchen, Verwundete tragen, die Toten bergen und begraben.

Als der Krieg total geworden ist, kann selbst England es sich nicht mehr leisten, die Freiheitsrechte seiner Bürger zu respektieren oder Toleranz walten zu lassen.

27. August 1916. Um 21 Uhr erscheint der rumänische Botschafter in Wien am Ballhausplatz und überbringt die Kriegserklärung seines Landes an Österreich.
Am Tag darauf bringen alle Zeitungen der Welt die Nachricht in Balkenüberschriften über die ganze erste Seite. In den Hauptstädten der Entente löst diese Kriegserklärung eine Begeisterung aus, wie sie seit August 1914 nicht mehr dagewesen ist.
Jetzt, so verkünden es die Politiker und die »gewöhnlich gut informierten« Journalisten, stehen Deutschland und Österreich am Abgrund.
Schließlich ist die deutsche Armee vor Verdun gescheitert, sie leidet unsäglich an der Somme, sie hat an der Ostfront den Österreichern zu Hilfe eilen müssen, und General Brussilow, der nach seiner überwältigenden Offensive erst einmal haltgemacht hat, kann jederzeit wieder losschlagen. In Italien ist die österreichische Armee auf dem Rückzug, und die Bulgaren müssen jeden Augenblick auf einen Angriff der alliierten Armee von Saloniki her gefaßt sein.
Und jetzt wird eine neue Front im zentralen Bereich der Mittelmächte aufgerissen, eine halbe Million frischer Truppen tritt an die Seite der Alliierten, 27 Divisionen in vier Armeen. Eine solche Streitmacht könnte durchaus das Kriegsglück endgültig und bald zugunsten der Entente wenden.
Vor allem Österreich erscheint tödlich bedroht. Es sieht ganz so aus, als sei es mit der Donaumonarchie vorbei. Sie weicht überall zurück, wo sie angegriffen wird, das stolze Gebäude zeigt klaffende Risse. Graf Czernin kann noch so laut verkünden, der totgeglaubte Löwe könne durchaus mit einem Prankenstreich aus Rumänien ein zweites Serbien machen: für die Patrioten in den alliierten Ländern sind das nur hohle Phrasen, die ein kriegsmüdes Volk aufrichten sollen.
Die Überraschung ist für Wilhelm II. und Franz Joseph deshalb so bitter, weil sie bei Kriegsbeginn fest auf die stillschweigende Unterstützung Rumäniens gezählt haben.
Dafür gab es gute Gründe. Seit der Berliner Kongreßakte von 1878 war Rumänien eng mit Deutschland verbunden, und der greise König Carl aus dem Hause Hohenzollern-Sigmaringen lebte in den Jahren vor dem Kriege von einem ganz und gar deutschfreundlichen Hof umgeben.
Am 3. August 1914 hatte er den Kronrat einberufen und ihm mitgeteilt, ein Geheimvertrag binde Rumänien an die Mittelmächte, und die Ehre verlange den sofortigen Kriegseintritt. Tödliches Schweigen war auf diese Erklärung gefolgt, denn die Mehrheit der Minister war anderer Meinung. Schließlich hatte Ministerpräsident Bratianu das Wort ergriffen und gesagt, es sei besser, mit der Festlegung auf eine Seite zu warten, bis man die Entscheidung absehen könne. Schließlich hätten Deutschland und Österreich den

Krieg ohne vorherige Konsultierung Rumäniens erklärt, womit der Geheimvertrag hinfällig sei.
König Carl hatte sich beugen müssen und war so verbittert über diesen Verrat, als den er seine erzwungene Haltung empfand, daß er erkrankte und am 10. Oktober 1914 starb.
Sein Sohn Ferdinand neigte eher den Alliierten zu. Wahrscheinlich, weil er mit 17 Jahren als ein kleiner, kränklicher, schwermütiger Prinz Maria von Edinburgh geheiratet hatte, die reizende, wunderschöne, leidenschaftlich temperamentvolle Enkelin der Queen Victoria.
Von Anfang an hatte er unter dem Einfluß seiner Gemahlin gestanden, so sehr, daß er England von Herzen zugetan war und das Mißtrauen hintansetzte, das seit ewigen Zeiten zwischen Rumänien und Rußland herrschte. Seit ewigen Zeiten, vor allem aber, seit die Russen die Dobrudscha annektiert hatten, die von den Rumänen als ihre Provinz betrachtet wurde.
So war Rumänien neutral geblieben. Zwei Jahre lang hatte Bratianu mit Zustimmung des Königs eine äußerst geschickte Gleichgewichtspolitik zwischen den kriegführenden Mächten durchgehalten.
Er wußte, daß er irgendwann einmal in den Krieg eintreten mußte, wenn er die Gebietsansprüche seines Landes geltend machen wollte. Vorausgesetzt natürlich, daß er sich auf die Seite der späteren Sieger schlug.
1916 schien es sich nun immer klarer abzuzeichnen, daß die Entente die Oberhand behalten würde, ja, man mußte sich wohl schon beeilen, wenn man beim Zusammenbruch des Habsburgerreiches zur Stelle sein wollte. Brussilows siegreiche Offensive, seine 600000 Gefangenen, sein rascher Vormarsch straften die Österreicher Lügen, die immer wieder behaupteten, die Russen seien ausgeblutet und könnten sich nicht mehr aufraffen.
Man brauchte den Österreichern jetzt nur noch in den Rücken zu fallen, um Brussilows Sieg in einen überwältigenden Triumph zu verwandeln. Einen Augenblick lang sieht es tatsächlich so aus, als sollte es dazu kommen. Am 28. Juni gibt Rumänien nach endlosen Verhandlungen bekannt, daß es schon in den ersten Julitagen mobilmachen werde.
Die Alliierten atmen auf. Zu früh. Die Rumänen, von allen umworben und ihrer ausschlaggebenden Rolle bewußt, versuchen noch mehr herauszuholen. Siebenbürgen, das Banat und die Bukowina haben sie gefordert, jetzt verlangen sie die Entsendung einer russischen Verstärkungsarmee in die Dobrudscha, die Beschleunigung der Rüstungs- und Lebensmitteltransporte sowie das sofortige Eingreifen der Saloniki-Armee.
Joffre, der die Federführung bei den Alliierten übernommen hat, verspricht alles außer der Offensive der Orientarmee. Die Engländer sind einfach nicht dazu bereit. Joffre unterstellt ihnen böse Hintergedanken: Wollen sie vielleicht gar nicht, daß Bulgarien

Der Feldzug in Rumänien. – *73* Ein deutsches Maschinengewehr hat bei Kronstadt eine ganze Schwarmlinie unerfahrener rumänsicher Soldaten niedergemäht. – *74* Grundlose Wege machen das Vorwärtskommen für die Truppen der Mittelmächte äußerst schwierig.

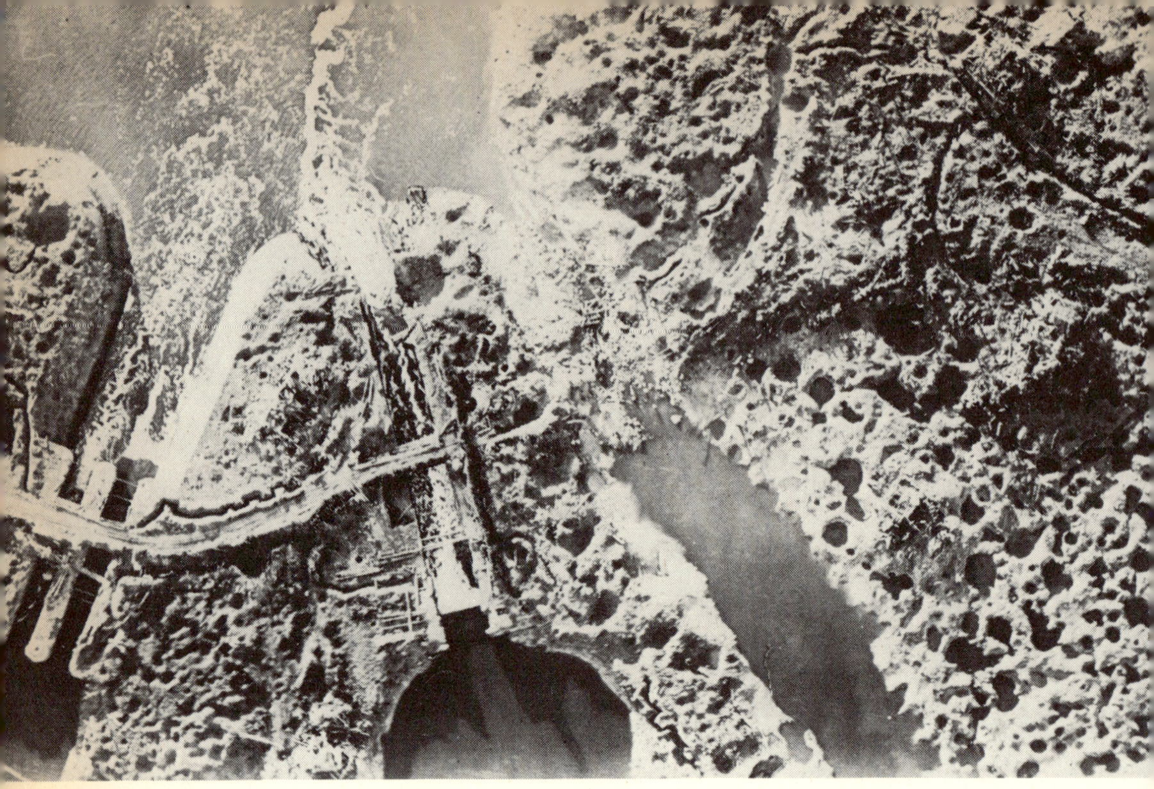

Schlachtfelder im Westen. – *75* Schleusenanlagen bei Nieuwport in Flandern, Dezember 1917. – *76* Ein zerschossener und vollgelaufener Laufgraben.

zerschlagen wird, weil es das letzte Bollwerk zwischen Rußland und Konstantinopel ist?
Schließlich lassen sie sich doch überzeugen, und am 13. Juli kann Joffre Bratianu mitteilen, daß die Orientarmee losschlagen wird.
Doch inzwischen wollen die Rumänen noch mehr. Sie schrauben ihre Forderungen immer höher.
»Diese Rumänienfrage«, stöhnt Joffre, »wurde so etwas wie ein Tuch der Penelope, das man jeden Tag neu auf den Webstuhl legen mußte.«
Jetzt geht es um Rohstoffe. Joffre hatte gemeint, sich großzügig zu geben, indem er anbot, den Rumänen monatlich 80 Tonnen Stahl und 10 Tonnen Sprengstoff zu liefern. Doch Oberst Rudeanu, der Unterhändler, reagierte scharf mit der Gegenforderung, er brauche täglich 80 Tonnen Stahl und 10 Tonnen Sprengstoff, außerdem benötige er Kupfer, Messing, Neusilber ... Schließlich einigte man sich auf monatlich 20 Tonnen Sprengstoff und 500 Tonnen Barrenstahl.
So wird geredet, geredet, und die Zeit vergeht. Schon verliert Brussilows Offensive ihren Schwung.
Briand reißt der Geduldsfaden. Er ist zu jedem Versprechen bereit: »Hauptsache, die Rumänen schlagen los. Danach können wir weitersehen.«
Inzwischen haben es aber die Russen unter dem Eindruck ihrer jüngsten Siege nicht mehr besonders eilig und verkünden lauthals, sie würden keine weitere Gebietsforderung Rumäniens akzeptieren. Man muß zum Ende kommen.
Am 8. August verlangen die Alliierten von Rumänien eine Entscheidung binnen vier Tagen. Sie geben die Zusage, daß sich die Orientarmee 72 Stunden nach Vertragsunterzeichnung in Marsch setzen werde.
Endlich, am 17. August, unterzeichnet Bratianu. Joffre gibt Sarrail am 18. den Angriffsbefehl für den 20. Doch die Angreifer werden die Bulgaren sein, so daß alle Pläne über den Haufen geworfen werden.
Am 27. August, dem Tag der Kriegserklärung, dringen die rumänische 1. und 2. Armee in Siebenbürgen ein, während zwei russische Infanteriedivisionnen und eine Kavalleriedivision über die Donau setzen, um an der Grenze zur Dobrudscha die rumänische Donauarmee zu unterstützen.
Die Würfel sind gefallen.
Noch ist sich niemand darüber klar, daß es schon zu spät ist. Brussilow kommt nicht weiter, die Front ist wieder einmal erstarrt. Österreicher und Deutsche können sich ohne allzu große anderweitige Bedrohung der neuen Gefahr entgegenstellen.
Bald wird Joffre notieren müssen:
»Die Verzögerung um zwei Monate gegenüber den ersten Versprechungen, die man uns gemacht hatte, sollte die beklagenswertesten Folgen haben.«

XVIII. Kapitel Rückschläge für die Mittelmächte

Zu spät ist Rumänien auf die Seite der Entente getreten. Auch an allen anderen Fronten wird gekämpft, ohne daß der Krieg eine Wendung nimmt. Neue Feldherren führen die Heere, doch die Völker müssen einsehen: Auch 1917 werden sie zu leiden und zu bluten haben.

28. August. Wie leicht erscheint alles an diesem gesegneten Morgen! Auf allen Maultierpfaden ziehen endlose Marschkolonnen kräftigen Schritts nach Norden. Beim Betreten von Siebenbürgen reißen die Männer an der Spitze jubelnd die Grenzpfähle mit den Eblemen der österreichisch-ungarischen Monarchie heraus.

Ein neuer Krieg im Kriege hat begonnen, und es ist hier, wie es 1914 anderswo gewesen ist: Mit flammender Begeisterung geht es in den Kampf.

Das Bergland liegt im strahlenden Sommerlicht, Hunderte von Bächen sprudeln über die Hänge und verlieren sich irgendwo in der Tiefe unter riesigen Tannen. Über 2000 Meter hoch geht es hinauf, die Luft ist von erquickender Reinheit. Das rumänische Heer weiß, daß vor ihm nur ein paar rasch zusammengeraffte österreichisch-ungarische Verbände stehen: Landsturm und notdürftig bewaffnete Arbeiter, zusammen allenfalls 25 000 Mann.

Die wird man mühelos vertreiben, und dann geht es hinunter in die Ungarische Tiefebene, vielleicht in einem Schwung bis nach Budapest, der verhaßten Hauptstadt.

Die Männer sind zu allem entschlossen. Wieder und wieder hat man ihnen eingehämmert, sie dürften ihre Brüder von einer unerträglichen Tyrannei befreien. Ihre Brüder, das sind die rumänischstämmigen Bewohner von Siebenbürgen, »Transsylvanien«, der jahrhundertelang umstrittenen Provinz, die 1867 von Ungarn annektiert worden ist. Die Bevölkerung ist einer gewaltigen Umerziehung unterworfen worden; man hat ihr verboten, ihre Gebiete zu verlassen, ihre Sprache zu sprechen und ihre Religion auszuüben.

Wirklich, es wird höchste Zeit, den Brüdern zu Hilfe zu eilen. Längst hätte man es getan, hätte man nicht den günstigen Augenblick abwarten müssen, der endlich gekommen ist. Die Mittelmächte sind mit ihrer Kraft am Ende. Überall weichen sie vor dem Ansturm ihrer Gegner: bei Verdun, an der Somme, im Osten und inzwischen auch vor Saloniki. Der Kriegseintritt Rumäniens wird ohne Zweifel das Gleichgewicht vollends zugunsten der Entente verändern. Der Sieg ist sicher, und nach wenigen Monaten tapferen Kampfes wird Rumänien groß geworden sein, wird Siebenbürgen, die Bukowina und das Banat gewonnen haben. Großrumänien wird entstanden sein, endlich.

In den folgenden Tagen wächst die Begeisterung noch. Überall ziehen sich die hoffnungslos unterlegenen Österreicher in Gewaltmärschen zurück.
Am 29. August besetzt das rumänische Heer Mühlbach und Kronstadt, am 1. September Petroseni, Hermannstadt und Sankt Georg. In den folgenden Tagen zieht es in Fogaras, in Szekeli und in das Tal am Oberlauf des Maros ein.
Schon freut sich General Illiesku, der rumänische Oberbefehlshaber, daß er offenbar recht behalten hat. Er hat Wochen quälender Ungewißheit hinter sich. Die naheliegende Lösung wäre gewesen, die leicht zu verteidigenden Pässe in den Transsylvanischen Alpen und den Karpaten zu befestigen und sich mit geballter Kraft auf Bulgarien zu stürzen. In der Zange zwischen den Rumänen und der Orientarmee wäre Bulgarien in wenigen Wochen am Ende gewesen, und damit wäre die Türkei von den Mittelmächten abgeschnitten.
Illiesku hat es vorgezogen, hinter der Donau nur schwache Deckungstruppen stehen zu lassen und mit aller Kraft in Siebenbürgen einzufallen.
Im Augenblick sieht es ganz so aus, als solle seine gewagte Rechnung aufgehen.
Ludendorff allerdings zeigt sich erleichtert, daß der von ihm befürchtete Generalangriff auf Bulgarien ausgeblieben ist.
Ein erstaunlicher Mann, dieser Ludendorff. Er hat seinen Posten als Erster Generalquartiermeister unmittelbar nach der rumänischen Kriegserklärung angetreten und ohne Zögern in dieser schwierigen Lage die Verantwortung übernommen. Überall droht ja Gefahr: vor Verdun, wo die Franzosen zum Angriff übergehen, an der Somme, wo das deutsche Heer ins Wanken geraten ist, und nicht zuletzt bei Saloniki, wo Sarrail wieder offensiv geworden ist. Jetzt entsteht eine neue Front, und zwar an einer besonders verwundbaren Stelle, dem »weichen Unterleib« Österreich-Ungarns. »Ich schloß die Augen«, soll Ludendorff später erzählt haben, »um die Gefahren nicht zu sehen, die an allen Fronten auf uns einstürmten.«
Er kann dem Schlachtengott nur tief dankbar sein, denn ein rumänischer Angriff über die Donau hinweg wäre auf eine klägliche Armee getroffen, zusammengewürfelt aus der »Heeresgruppe Mackensen«, einer bulgarischen und einer türkischen Division, einem Landsturmregiment und eben aus Makedonien gekommenen bescheidenen deutschen Einheiten.
Zum Glück stehen dort nur schlecht bewaffnete rumänische Truppen, die man sogar selber angreifen kann.
Angreifen – das ist Mackensens Metier. Er hat es ja zur Genüge bewiesen bei Tannenberg und später in Galizien, wo er die Armeen des Großfürsten Nikolaj zerschlagen und in einem gewaltigen Vormarsch bis über die Grenzen des alten Rußland zurückgetrieben hat.
Er weiß, daß seine Verbände nicht aufeinander eingespielt und schwerfällig sind. Trotzdem läßt er sie am 3. September mit aller Kraft zuschlagen.

Als Angriffspunkt hat er die Festung Tutrakan gewählt, die auf dem südlichen Donauufer liegt und von 25 000 Mann gehalten wird, die noch nicht erfahren haben, was Krieg überhaupt bedeutet. Zunächst einmal läßt er die Stadt heftig beschießen. Die Besatzung leidet, ruft nach Entsatz, und es treffen auch Teile der rumänischen 3. Armee ein, doch General Theodoresku merkt bald, daß er sich nicht halten wird. Schon am 6. September flieht er auf die andere Donauseite: 28 000 Soldaten, 480 Offiziere und 100 Geschütze fallen Mackensen in die Hände.

Und der ruht sich nicht auf seinen Lorbeeren aus. Am 10. September steht er bereits donauabwärts vor Silistra, das sich nicht lange wehrt, und rückt in die Dobrudscha ein.

Jetzt sind die Rumänen so aufgeschreckt, daß sie sich am 13. zur Einstellung der Offensive in Siebenbürgen durchringen und 6 Divisionen an die Donau schaffen.

Am 16. führen sie einen massierten Gegenangriff, erobern Cocargea, doch als die gepanzerten Flußkanonenboote der österreichischen Donauflottille eintreffen, fürchten sie um ihre rückwärtigen Verbindungen und ziehen sich auf ihre Seite des Stromes zurück.

Drei Tage später greifen die Bulgaren ihrerseits bei Cocargea und Cobadin an, werden aber nunmehr von den Rumänen zurückgeschlagen. Die Donaufront scheint sich zu stabilisieren.

Dafür ist jetzt Falkenhayn in Siebenbürgen so weit, von Norden her den Angriff zu führen, den Mackensen im Süden vorerst eingestellt hat. Gestern noch ist er Generalstabschef und Kriegsminister gewesen, jetzt hat er es mit bemerkenswerter Selbstverleugnung übernommen, unter Ludendorffs Oberbefehl die IX. Armee zu führen, die den Vormarsch der Rumänen aufhalten und das Blatt wenden soll.

Bemerkenswert ist allerdings nicht nur Falkenhayns Pflichtauffassung, sondern auch Ludendorffs Mut. Wenn er »stählerne Nerven« hat – hier beweist er es. Zu einer Zeit, da er sich von allen Seiten bedrängt sieht, da seine Truppen an der Somme nur mit Mühe aushalten und in Galizien überhaupt erst wieder zur Besinnung kommen, zieht er ohne Zögern von diesem bedrohten Frontabschnitt 12 Divisionen ab und vertraut sie zum größten Teil Falkenhayn an, der eben noch sein Widersacher gewesen ist.

Die Rumänen können einem leid tun. Sie wissen nicht, wie ihnen geschieht. Kaum haben sie mit Mühe an der Donau die Lage wiederhergestellt, werden sie in Siebenbürgen heftig attackiert.

Am 26. September startet Falkenhayn mit allen Kräften seine Offensive. Wenige Tage später hat er, von der österreichischen I. Armee unter General von Arz unterstützt, die ganzen besetzten österreichischen Gebiete zurückgewonnen. Die Städte fallen in rascher Folger: Petroseni, Fogaras, Kronstadt und vor allem das heiß umkämpfte Hermannstadt. Schon vor Beginn der Offensive ist das von Verdun abgezogene bayerische Alpenkorps in den Rücken des Gegners vorgestoßen. Die eingeschlossenen rumä-

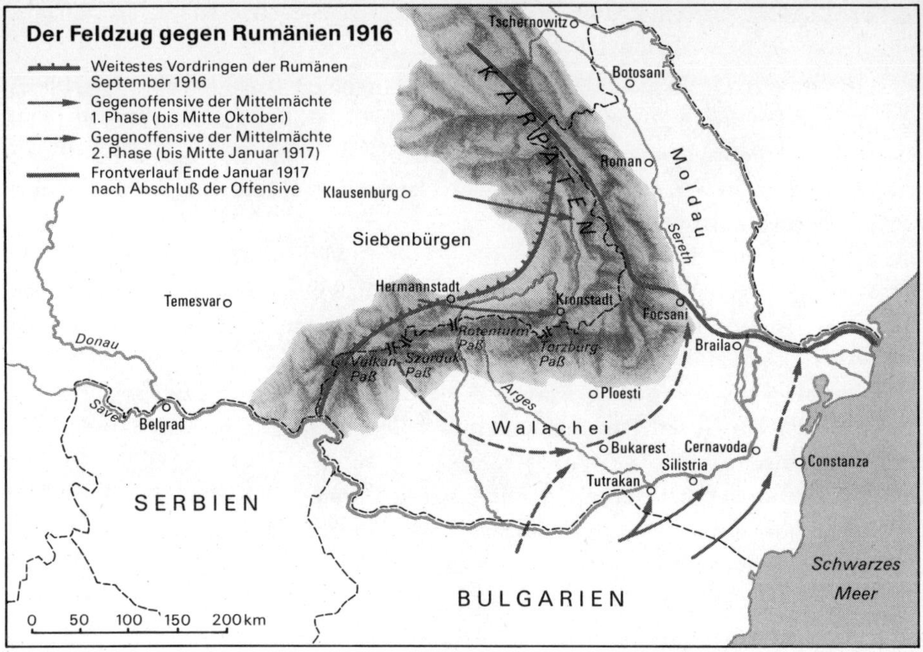

nischen Truppen werden aufgerieben. Nur ein paar Versprengte schlagen sich ins Gebirge durch. Unter großem Jubel werden auf der alten evangelischen Pfarrkirche von Hermannstadt die Fahnen Deutschlands und Österreichs aufgezogen.
Ganz Siebenbürgen ist wieder in der Hand der Mittelmächte.
Für die Rumänen ist an eine Offensive nicht mehr zu denken. Jetzt kann man nur noch versuchen, Widerstand zu leisten.
Alle blicken auf die Russen. Werden sie sich voll für die Rumänen einsetzen, die sie doch von jeher eigentlich nicht besonders lieben? Sie haben es jedenfalls nicht besonders eilig mit dem Eingreifen.
Anstatt Truppen zu schicken, gibt General Alexejew viele kluge Ratschläge. »Bukarest läßt sich nicht verteidigen«, erklärt er den Rumänen sinngemäß, »ebensowenig die ganze Walachei. Ihr müßt euer Land räumen und die Armee nach Nordosten in die Moldau zurückgehen lassen, wo euch Brussilow unterstützen kann.«
Die Hauptstadt und die reiche Kernprovinz aufgeben? Das bringen die Rumänen nicht übers Herz. Schließlich ist die Lage ja nicht ganz verzweifelt. Der Herbst ist da, und wenn es rechtzeitig schneit, werden sie die Pässe der Transsylvanischen Alpen halten können, um mit dem Gros der verbliebenen Verbände Mackensen im Süden anzugreifen.
General Avaresku schlägt sogar schon von sich aus los. Er will die Donau bei Zimnitza

überschreiten und in einer weiten Umfassungsbewegung Mackensen in den Rücken fallen.
Doch er hat Pech. Die Donau führt Hochwasser. Dreimal reißen die erdbraunen Fluten die mühsam errichteten Pontonbrücken weg, so daß nur sechs Bataillone über den Fluß gelangen, und die stürzen sich nicht auf die rückwärtigen Verbindungen der Bulgaren, sondern bleiben in den Ufersümpfen stehen und werden von den österreichischen Kanonenbooten zusammengeschossen.
Am 5. Oktober muß das Unternehmen nach schweren Verlusten aufgegeben werden.
Auf den Bergen will und will kein Schnee fallen, so daß General Illiesku vier der abgezogenen Divisionen dem armen Avaresku wieder nehmen muß, um sie in Siebenbürgen einsetzen zu können.
Das nutzt Mackensen sofort aus. Er stößt durch die Dobrudscha vor, zersprengt die vor ihm stehenden russischen Truppen und erobert Konstanza. Die ganze Dobrudscha ist wieder bulgarisch.
Erst Ende Oktober kommt der Schnee, spärlich zwar, aber er veranlaßt Falkenhayn dazu, alles auf eine Karte zu setzen. Er verschmäht die Straße über den Rotenturmpaß und stößt weiter rechts über den Szurduk- und den Vulkanpaß über das Gebirge vor.
Dieser Hochgebirgskrieg nimmt die Soldaten schrecklich mit. Sie müssen die Kanonen über schmale, kaum ausgebaute Pfade zerren, müssen endlose Umwege in Kauf nehmen, um die Verteidigungsstellungen zu umgehen, müssen im November in unaufhörlich vom Wind herangetriebenem nassen Schnee kämpfen, der allerdings zunächst nicht liegenbliebt.
Erst am 15. November hüllt ein dichter Schneesturm alles ein, aber da ist es für die Rumänen schon zu spät: Die deutsche IX. Armee ist an Targu Jiu schon vorbei, hat das Gebirge hinter sich und zieht hinunter in das so gut wie schutzlos daliegende Tiefland der Walachei.
Das ist der Anfang vom Ende. Joffre, dem der nach Rumänien entsandte Berthelot laufend Bericht erstattet, verlangt immer wieder von den Russen, sie sollten mit Macht angreifen. Die laut gegebene Antwort besteht aus der Ausrede, die unterschiedlichen Spurbreiten der russischen und rumänischen Eisenbahnen hindere sie an der raschen Heranführung von Verstärkungen, doch privatim äußert General Gurko, der soeben Alexejew abgelöst hat, er denke gar nicht daran, auch nur »einen Mann oder eine Kanone« herzugeben.
Armes Rumänien! Seine Armeen stecken jetzt in einer riesigen Zange.
Kaum hat Falkenhayn die walachische Ebene erreicht, schlägt er am 23. November die schwachen Kräfte, die man ihm entgegengeworfen hat. Mackensen überschreitet entschlossen die Donau, und bald reichen sich die Waffengefährten am Unterlauf des Alt die Hand.

Die zusammenhaltlose, erschöpfte, von jedem Munitionsnachschub abgeschnittene rumänische Armee hat Mühe, sich aus der Falle zu retten.
Am 6. Dezember fällt Bukarest, das zur offenen Stadt erklärt worden ist.
Den rumänischen Truppen ist es gelungen, unter ständigen Rückzugsgefechten den Weg in die Moldau zu nehmen, wo die Russen sich endlich bereit finden, an ihre Seite zu treten. Sie beziehen Stellungen am Lauf des Sereth und formieren sich neu. Mehr als zwei Drittel des rumänischen Staatsgebietes befinden sich in der Gewalt der Mittelmächte.
Vorbei ist es mit der Begeisterung, die noch vor einem guten Vierteljahr im alliierten Lager bei der Nachricht vom Kriegseintritt Rumäniens geherrscht hat. Die Propaganda hatte die tapfere rumänische Armee gepriesen, hatte vom Erdöl und vom Getreide geschwärmt, die den Ententemächten eine noch intensivere Kriegsführung ermöglichen würden.
Erdöl und Getreide kommen jetzt den Mittelmächten in ihrer verzweifelten Versorgungslage zugute. Und das rumänische Heer steht, noch ehe das Jahr zu Ende ist, geschlagen am äußersten Rand seines Landes.
An allen Fronten ist den Soldaten jetzt klar, daß sie nicht nur einen weiteren Winter ausharren müssen, sondern daß der Krieg noch viele Monate, vielleicht sogar Jahre dauern wird.

Gerüchte, Verleumdungen, Zeitungsenten, Kabalen ... Durch den Festungsbereich Saloniki schwirren in diesem heißen Sommer 1916 die unwahrscheinlichsten und trotzdem von vielen geglaubten Parolen.
Wie es heißt, bleibt die Armee nur deshalb Gewehr bei Fuß stehen, weil ihr Chef, General Sarrail, sich nur noch für die reizende Krankenschwester interessiert, die er demnächst heiraten wird. Die Fama weiß viel zu berichten, wie wohl er sich's ergehen läßt in seinem »salonikischen Capua«, umgeben von etlichen zwielichtigen Gestalten wie dem Leiter seines *Deuxième Bureau*, Hauptmann Mathieu, der schon an der Kriegsschule in Saint Maixent sein Günstling gewesen ist und hier gnadenlos Jagd macht auf die »Komitadschis«, die Anhänger von König Konstantin, die er foltern und diskret beseitigen läßt.
Andere sagen, General Milne, der Kommandeur des britischen Truppenkontingents, bombardiere seine Regierung mit Beschwerden über Sarrail, wie der russische und der italienische Kommandeur übrigens auch. Die auf die Zurückeroberung ihres Landes drängenden Serben seien verbittert, daß Sarrail sie nicht losschlagen lasse.
Jeden Tag heißt es, jetzt habe sich Joffre aber wirklich entschlossen, Sarrail abzuberufen. Das ist auch nicht ganz falsch. Nur steht dem Generalissimus dabei die Front der »republikanischen« Minister im Wege: Painlevé, Malvy, Bourgeois, Albert Thomas und Sembat. Erst in seinen Memoiren kann er seiner Aversion freien Lauf lassen: »Ich

habe aus den Berichten, die mir General Dubail 1915 erstattete, schon eindeutig entnommen, daß die militärischen Gaben von General Sarrail nicht der Aufgabe entsprachen, die ihm die Regierung 1915 anvertraut hatte, vor allem mit der Berufung vom Oktober des Jahres. Man ändert einen Mann nicht, indem man ihn in eine andere Weltgegend schickt.«

Immer lauter wird die Frage gestellt, wozu diese Orientarmee in Saloniki eigentlich dient, wenn sie untätig verharrt und die Soldaten sich langweilen. Die Engländer wollen sie zurückholen. Sie erklären rundheraus, es sei nur den Deutschen dadurch geholfen, daß 400000 Mann guter Truppen dem eigentlichen Kriegsgeschehen fernbleiben.

Auch das ist nicht ganz falsch. Falkenhayn und Ludendorff sagen es selber.

Eine Truppe, die nicht kämpft, muß man beschäftigen. Also läßt man sie immer neue Gräben ausheben. Jetzt sind es schon vier Stellungssysteme hintereinander auf 150 Kilometer Luftlinie, mit Stacheldrahtverhauen und betonierten Unterständen.

Im Frühjahr 1916 hat Joffre endgültig die Geduld verloren. Am 10. März befiehlt er Sarrail, eine Großoffensive vorzubereiten. Er verweist nachdrücklich darauf, daß die alliierten Armeen an allen Fronten im Kampf stehen, so daß es ein Skandal sei, wenn die in Saloniki weiterhin untätig verharre. Sarrail gibt seine stereotype Antwort: Er würde gern angreifen, aber dafür benötige er erst einmal 6 zusätzliche Divisionen.

Bald kommt der Zeitpunkt, da die Rumänen als eine der Bedingungen für ihren Kriegseintritt verlangen, daß die Orientarmee aktiv wird, und zwar nicht in der Form einer bloßen demonstrativen Operation, sondern einer echten Offensive, die möglichst viele bulgarische Divisionen bindet.

Joffre gibt Anweisung, die Vorbereitungen zu intensivieren, und er verändert die Kommandostruktur. Er findet es nicht normal, daß Sarrail als Oberbefehlshaber der alliierten Truppen in Saloniki auch direkt die französischen Streitkräfte führt. Er schickt General Cordonnier nach Griechenland, einen »Brecher« von unbestrittener persönlicher Courage und, was nicht zu verachten ist, Sarrails langjähriger Freund.

Durch den Festungsbereich geht ein Raunen: Jetzt scheint aus der Offensive wirklich Ernst zu werden. Die Serben lassen sich von der Begeisterung anstecken. Nur die Engländer wollen noch nicht recht an die Sache heran. General Milne schreibt nach London, die Bulgaren seien zu stark und hätten das Gebirge gut befestigt. Er weist darauf hin, daß die schwere Artillerie nicht ausreiche und Sarrail nicht der Mann sei, eine solche gemeinsame Offensive zu führen.

Die britische Regierung ist mit General Milne weitgehend einig, doch sie muß am Ende einsehen, daß etwas Nachdrückliches geschehen muß, wenn man Rumänien ins Lager der Entente locken will.

Als schließlich alle einig und die Forderungen der Rumänen unabweisbar geworden sind, wird der Beginn der Offensive auf den 20. April festgelegt. Die Ziele sind sehr weit

gesteckt. Man will das Zentrum des Gegners angreifen, die bulgarische Front aufbrechen, die feindliche Armee zersprengen und auf Sofia marschieren. So wird, wenn alles nach Plan verläuft, Bulgarien erledigt, die Türkei von ihren Verbündeten abgeschnitten. Selbst die Engländer beginnen daran zu glauben.
Doch eine solche Offensive läßt sich nicht vorbereiten, ohne daß der Gegner etwas davon merkt, zumal es in Saloniki und Umgebung von Spionen nur so wimmelt.
So schlagen die Bulgaren als erste zu, am 17. August, und zwar auf den beiden Flügeln, von denen sie wissen, daß sie sehr geschwächt worden sind. Der Erfolg ist erschrekkend. Die Serben, bei Florina in den nordgriechischen Bergen angegriffen, lassen sich in drei Tagen 45 Kilometer weit zurückdrängen und leisten erst am Bergmassiv des über 2500 Meter hohen Kaimaktsalan ernsthaften Widerstand.
Am 18. fallen die Bulgaren in Makedonien ein und kommen rasch voran, weil die Griechen offensichtlich Anweisung haben, keinen ernsthaften Widerstand zu leisten. Das griechische IV. Korps ergibt sich kampflos mit Waffen und Ausrüstung.
Diese Kapitulation führt zu bürgerkriegsähnlichen Zuständen. Am 30. August stellt sich Venizelos, der ehemalige Premierminister Konstantins, der inzwischen dessen Todfeind geworden ist, an die Spitze derer, die dieses Verhalten als Verrat ansehen. Er bildet einen Wohlfahrtsausschuß und proklamiert die Unabhängigkeit des griechischen Makedonien. Die von ihm gebildete Regierung hält zu den Alliierten, und außer Saloniki schließen sich ihm viele Inseln, darunter seine Heimat Kreta, Chios, Mytilene, Korfu, Lemnos und Samos an. Sarrail nutzt die Gunst der Stunde, um alle erklärten Königstreuen verhaften und nach Athen abschieben zu lassen.
An der Front hat sich die Lage inzwischen stabilisiert. Die Bulgaren haben die alliierte Offensive vereitelt, sind aber selber nicht mehr vorgedrungen.
Sarrail, der aus Chantilly dringend dazu aufgefordert wird, muß möglichst rasch einen Angriff vorzeigen können. Er will den Engländern die Flankendeckung nach rechts überlassen und auf Florina marschieren. Doch Cordonnier ist damit nicht einverstanden. Er hat hochfliegendere Pläne, möchte eine weite Umfassungsbewegung ausführen, um den rechten Flügel der Bulgaren bei Kastoria abzuschneiden. Sarrail beharrt auf seinem Standpunkt, und Cordonnier gibt nur widerstrebend nach. Damit steht die Offensive von vornherein unter einem schlechten Stern.
Am 10. September setzen sich die Truppen, vor allem Franzosen und Serben, in Bewegung.
Am 12. erobert die 156. Infanteriedivision Rudnik, am 14. erstürmen die Serben Gornicevo, und die Russen besetzen das Dorf Vlapokissara bei Kastoria. Am 17. fällt Florina.
Ein schöner Erfolg, dessen man allerdings erst sicher sein kann, wenn die befestigten beherrschenden Höhen über dem Städtchen besetzt sind. Sarrail verlangt den sofortigen Angriff, doch Cordonnier zögert. Er weiß aus Erfahrung von der französischen

Front, wie teuer die Eroberung einer solchen Stellung ist. Er erlaubt sich, seinen Chef, mit dem er sich längst nicht mehr so gut versteht, darauf hinzuweisen. Sarrail wiederholt schroff seinen Befehl.

»Schön«, erwidert Cordonnier, »dann lassen wir uns an dem von Ihnen gewünschten Termin zusammenschießen.«

Die Lage ist alles andere als ermutigend. Die Truppe leidet schrecklich, zumal Malaria ausgebrochen ist und keine Verpflegung nachkommt. Für die Versorgung von 8 Divisionen steht nur eine Bahnlinie zur Verfügung.

Am 6. Oktober werden Franzosen und Serben vor Kenali zurückgeschlagen. Sarrail verliert die Geduld, tobt, velangt einen neuerlichen Angriff am 14.

Ein denkwürdiger Tag. Um 6.30 Uhr eröffnet die Artillerie das Feuer, ab 8 Uhr werden aus den 7,5-cm-Feldgeschützen Gasgranaten verschossen. Um die Mittagszeit stürmen Serben und Franzosen, doch sie gelangen nicht einmal an die bulgarischen Stellungen heran.

Um 15 Uhr trifft Sarrail im Sonderzug ein und begibt sich wutschnaubend auf den Hügel von Sakulewo, wo Cordonnier seinen Befehlsstand eingerichtet hat. Hinter ihm stolziert eine Suite von englischen, russischen und serbischen Offizieren. Als er Cordonnier erblickt, faucht er ihn an: »Sie haben nur einen Scheinangriff geführt. Sie haben Ihre Artillerie in die leere Luft feuern lassen. Ihre Truppen haben nicht einmal den Graben verlassen.«

Cordonnier, bleich vor Wut, bäumt sich auf: »Sie erhalten heute abend die Meldung mit der Anzahl meiner Gefallenen. Dann sehen Sie ja, ob meine Truppen den Graben verlassen haben.«

»Nur die serbische Armee greift an. Die anderen tun überhaupt nichts.«

»Beim Vergleich der Gefallenenzahlen werden Sie sehen, wer angegriffen hat.«

»Die Serben haben 800 Gefangene gemacht, die anderen keinen einzigen.«

Eine unglaubliche Auseinandersetzung vor alliierten Offizieren, die ihren Augen und Ohren nicht trauen. Als man am Abend erfährt, daß Cordonnier seines Postens enthoben worden ist, wundert das niemanden mehr. General Leblois wird sein Nachfolger.

Am 28. Oktober werden die Soldaten zu einem neuen Anlauf ins Feuer geschickt. Der lange Landregen hat das Gefechtsfeld in eine Schlammwüste verwandelt. Diesmal setzt Sarrail alles auf eine Karte. Den Alliierten gelingt der Durchbruch; am 17. November fällt Monastir.

Wieder, wie bei Florina, ist es ein Erfolg, kein wirklicher Sieg, denn rings um die Stadt auf den Bergen, die sich als uneinnehmbar erweisen, stehen die Bulgaren und halten das Tal unter Artilleriebeschuß.

Die Großoffensive der Orientarmee wird eingestellt; der Winter verhindert weitere Kampfhandlungen.

»Am 11. Dezember«, heißt es bei Joffre, »schloß ich mich der Auffassung von General

Sarrail an, der den Feldzug als beendet betrachtete, und gab den Befehl zum Aufhören.«

In Paris und Chantilly ist jetzt die hohe Zeit der Intrigen. Cordonnier erzählt jedem, der ihn anhören mag, Sarrail sei verrückt geworden und führe die Orientarmee ins Verderben.

Joffre benutzt die Gelegenheit, einen General, den er nie geliebt hat, loszuwerden.

Er schlägt vor, zur Klärung des Sachverhalts Castelnau in amtlicher Mission nach Saloniki zu entsenden. Die Wahl bietet sich an: Castelnau kennt die Orientarmee gut, die er bereits 1915 inspiziert hat. Besser als jeder andere wird er Dichtung und Wahrheit auseinanderhalten können und einen präzisen, unparteiischen Bericht geben.

Die Regierung, unter deren Mitgliedern sich viele Parteigänger Sarrails befinden, ist anderer Meinung. Zum erstenmal zieht Joffre in der Kabinettsrunde den kürzeren. Er mag noch sosehr drängen, nachdrücklich auf seine alleinige Zuständigkeit in dieser Sache verweisen – die Regierung will ihm nicht folgen und schickt statt Castelnau General Roques, den Kriegsminister, der am 2. November abreist.

Am 18. übermittelt er seinen Bericht, der Joffre in helle Wut versetzt. In seinen Augen steht alles zum besten. Sarrails einziger Fehler ist, daß er seine Verwaltungsangelegenheiten nicht streng nach den Vorschriften führen läßt und zu viele mündliche Anordnungen gibt.

»General Sarrail«, heißt es in der Depesche, »ist nach wie vor der Mann, als den wir ihn seit jeher kennen, temperamentvoll, aktiv, klug, aber sehr persönlich. Er handelt häufig eigenmächtig und spricht lieber mit den Chefs der alliierten Kontingente, als schriftlich mit ihnen zu verkehren.«

Mit solchen Gründen kann man keinen vor dem Feind kommandierenden General seines Postens entheben.

Joffre muß den Affront schweigend schlucken, und er weiß, was die Auguren hinter vorgehaltener Hand sagen, daß er aus dieser selbstverschuldeten Krise erheblich geschwächt hervorgeht.

Mit rotem Pompon auf der Mütze und blauem Matrosenkragen marschieren 1200 Marinesoldaten unbesorgt an diesem strahlenden Vormittag des 2. Dezember durch die Straßen von Athen. Ihre Aufgabe, so meinen sie, sei nicht weiter schwierig.

Wieder einmal hat König Konstantin nicht zu seinem Wort gestanden. Um die Ententemächte zu beruhigen, hat er nach der kampflosen Kapitulation seines IV. Korps vor den Bulgaren versprochen, einen Teil seiner Armee zu demobilisieren, Thessalien zu räumen und Sarrail seine überflüssig gewordenen Geschütze zu überlassen.

Mit der Erfüllung seines Versprechens läßt er sich so viel Zeit, daß die Alliierten die Geduld verlieren. Am 2. Dezember hat Admiral Dartige du Fournet, der das französische Geschwader in diesem Bereich führt, ein regelrechtes Ultimatum gestellt und die

sofortige Ablieferung der zugesagten 16 Batterien verlangt. Konstantin hat diese Kränkung nicht hingenommen.
»Selbst wenn ich nachgebe«, hat er ausgerufen, »werden mein Volk und meine Armee die Herausgabe ihrer Waffen verweigern.«
Ein Ultimatum ist leicht gestellt, aber man muß es auch durchsetzen.
Deshalb hat Admiral Dartige du Fournet die 1200 Marinesoldaten in Piräus an Land gehen lassen mit dem Befehl, die strategischen Punkte in Athen zu besetzen. Jetzt sind sie arglos im Sonnenschein unterwegs.
Eine Gruppe hat schon im Museumsbau des Zappeion Stellung bezogen. Plötzlich hört man Gewehrschüsse. Soldaten und Heckenschützen tauchen aus den engen Nebenstraßen auf. Die Operation ist exzellent vorbereitet. Der Admiral, der um 9 Uhr vom Linienschiff *Provence* gekommen ist, findet sich im Zappeion eingeschlossen; zugleich werden alle diplomatischen Vertretungen der Entente angegriffen.
Dutzende von Marinesoldaten fallen. Dartige du Fournet merkt, daß er in eine wohlvorbereitete Falle gegangen ist. Der Ausgang könnte tragisch werden. Zu seinem Glück hat er Funkverbindung mit der *Provence*. Ohne Zögern gibt er Befehl, die Stadt zu beschießen.
Wenige Minuten später feuern die 30,5-cm-Schiffsgeschütze ihre gewaltigen Granaten. Eine schlägt in den Gärten des Königlichen Palastes ein.
Mit einem Schlage ist das Blatt gewendet. Um seine Stadt zu retten, erklärt sich Konstantin zu Verhandlungen bereit. Er befiehlt, sofort von den alliierten Gebäuden abzulassen, und führt Gespräche mit den Botschaftern Guillemin, Sir Francis Elliot und Fürst Demidow.
In der gespannten Situation, unter Zeitdruck stehend, einigt man sich übereilt. Konstantin läßt sich dazu herab, 6 Batterien auszuliefern. Mehr verlangt man auch nicht von ihm, und die Ententediplomaten, von griechischen Gendarmen eskortiert, begeben sich persönlich zum Zappeion, um den Admiral zu befreien.
Am Tag darauf kann er an Bord zurück, mehr als ruhmlos: Er hat seine Verwundeten zurückgelassen, und die ungefähr 100 Toten werden ohne militärische Ehren unauffällig begraben.
Die Demütigung ist so groß, daß Dartige du Fournet abgelöst werden muß. Am 8. Dezember verkünden die alliierten Regierungen die Blockade der griechischen Küsten.
Ein halbes Jahr später, am 26. Juni 1917, muß Konstantin zugunsten seines Sohnes Alexander abdanken.
Die Orientarmee fällt bald wieder in ihren Garnisonstrott zurück.
Clemenceau erklärt mit schneidender Schärfe: »Sarrail ist der typische Vertreter dieser Orientarmee, die vor lauter Untätigkeit und Selbstzweifeln melancholisch wird.«

Die Hacken knallen zusammen, die Blicke sind starr geradeaus gerichtet. Die Ehrenformation, vom berühmten Sturmbataillon Rohr gestellt, steht eindrucksvoll stramm da. Doch bei aller eingedrillter Unbeweglichkeit der Soldaten spürt man, daß sie neugierig sind:

Sie kommen! »Sie«, das sind die neuen Feldherren des deutschen Heeres, die »Unzertrennlichen«, die »Dioskuren«, wie sie in der Presse heißen – Hindenburg und Ludendorff. Zum erstenmal, seit sie an der Spitze stehen, statten sie der Westfront einen Besuch ab.

Gemessenen Schrittes gehen sie die Front der Ehrenformation ab, die den neuen, an der Ostfront noch unbekannten Stahlhelm trägt.

Die beiden Generäle strahlen Ruhe und Kraft aus, jeder in seiner Weise. Hindenburg, straff und kräftig wie ein Eichbaum, erscheint um eine Spur selbstgewisser und unendlich abgeklärt. Ludendorff, massig und stiernackig, wirkt genauso, wie er ist: als ein Mann ohne Humor, arbeitsbesessen, vor keiner Schwierigkeit zurückschreckend.

Gastgeber ist der deutsche Kronprinz. Er macht einen geradezu gelösten Eindruck, nicht zuletzt, weil ihm die Zusammenarbeit mit Falkenhayn zuletzt fast unerträglich geworden ist. Seit Monaten hat er in jeder Tonlage gefordert, die Operationen vor Verdun einzustellen, und jedesmal ist er an Falkenhayns unerschütterlicher Entschlossenheit gescheitert, die Festung um jeden Preis zu erobern. Als Chef der V. Armee hat sich der Kronprinz den Anweisungen, die er für falsch hielt, beugen müssen; er war längst überzeugt, daß hier Deutschlands beste Kraft verschwendet wurde. Diese von ihm immer wieder verlangte Einstellung der Angriffe wird ihm jetzt von Hindenburg und Ludendorff ohne Einschränkung gewährt.

Ein paar Tage später sind die beiden in Charleville, wo sich der für die Westfront verantwortliche Teil der Obersten Heeresleitung befindet. Sie machen klar, daß die Befehlsgewalt gestrafft werden soll. Nur noch ihr eigenes Hauptquartier in Pleß wird fortan für die Führung der Operationen zuständig sein.

Um das zu ermöglichen, muß vor allem die Front in Frankreich reorganisiert werden. In Zukunft gibt es drei ihnen unmittelbar unterstellte Heerführer: dem deutschen Kronprinzen werden in der Champagne und vor Verdun, Kronprinz Rupprecht von Bayern bei Lille, Arras und an der Somme, Herzog Albrecht von Württemberg in Flandern und an der Küste jeweils eine Heeresgruppe, aus mehreren Armeen und Armeegruppen bestehend, unterstellt.

Am 7. September 1916 treffen in Cambrai, wo Kronprinz Rupprecht von Bayern sein Hauptquartier eingerichtet hat, die leitenden Männer der Westfront mit der neuen Spitze der Obersten Heeresleitung zusammen.

Hindenburg und Ludendorff haben eine in diesem Metier seltene Eigenschaft: sie können zuhören. Das tun sie den ganzen Vormittag. Nacheinander sprechen der deutsche

und der bayerische Kronprinz, der Herzog von Württemberg, die Generäle Ilse, von Kuhl und von Lüttwitz, die Obersten von Lossberg und Bronsart von Schellendorf über die Sommeschlacht, die vor vier Tagen neu aufgeflammt ist.
Die Lage stellt sich dramatisch dar. Seit dem 3. September dringen Franzosen und Engländer auf den beiden Ufern des Flusses mit gleichem Nachdruck vor. Mannschaftsersatz muß herangeführt, die Einbrüche müssen abgeriegelt, die Verteidigung gestärkt werden. Die beiden Feldherren stimmen den inzwischen ergriffenen Maßnahmen zu. Doch Ludendorff besteht darauf, daß die Kampfmethoden geändert werden.
Das alte Dogma, dem sich alles unterzuordenen hatte, lautete: keinen Fußbreit Boden aufgeben, die vordersten Gräben stark besetzen und mit tiefen Stollen ausbauen, damit die Männer sich vor dem Trommelfeuer in Sicherheit bringen können, um dann an ihre Gefechtsplätze zu stürzen. Doch inzwischen haben die Franzosen die Feuerwalze erfunden, hinter der die Angreifer vorgehen und schon am Graben stehen, bevor die Verteidiger aus ihren Unterständen heraus sind. Die Anzahl der Gefangenen ist in letzter Zeit erheblich gestiegen.
Ludendorff betont, diese tiefen Stollen seien jetzt Menschenfallen geworden. Er verlangt, daß sie zugeschüttet werden. Er hält es für sinnlos, die vorderste Linie mit starken Kräften besetzt zu halten. Worauf es ankommt, ist, daß die betonierten Maschinengewehrnester erhalten bleiben. Als man ihm entgegenhält, solche entblößten Gräben seien leicht zu erobern, erklärt er, das sei nicht weiter wichtig. Man könne es sich schließlich erlauben, hier und da ein paar Dutzend Meter zu verlieren, die man ja bald zurückgewonnen hätte. Wichtig sei vor allem, die Verteidigung elastischer zu machen und dadurch Menschenleben zu sparen.
Man darf nicht vergessen, daß Hindenburg und Ludendorff von der Ostfront kommen, wo in weiten Räumen gekämpft wird. So kann das Vordringen der Engländer und Franzosen in den letzten Tagen sie auch nicht weiter beeindrucken.
»Der bisherige Geländeverlust als solcher«, schreibt Ludendorff, »schien mir von geringerer Bedeutung; er konnte noch ertragen werden.«
Geradezu revolutionär ist das für die Westfront, wo seit 22 Monaten um jeden Quadratmeter auf Leben und Tod gekämpft worden ist.
Am 9. September sind Hindenburg und Ludendorff wieder in Pleß. Ihr Besuch ist kurz gewesen, doch er hat die Zuversicht der Generalität und der Truppe gestärkt. Die Soldaten haben das Gefühl, von Männern geführt zu werden, die wissen, was sie wollen, und nicht so schnell die Nerven verlieren werden.
Erst viel später gibt Ludendorff zu, daß sein Optimismus im Grunde von einer falschen Lagebeurteilung herrührte. Er schreibt: »Die Verhältnisse an der Westfront waren in einer Weise gespannt, wie ich es nicht vermutet hatte, aber ich übersah sie nicht einmal in ihrer vollen Schärfe. Das war gut. Der wichtige Entschluß, noch mehr Divisionen dem schwer ringenden Westen zu nehmen und dem Osten zuzuführen, um

hier die Lage in einem offensiven Sinn wiederherzustellen, wäre sonst zu schwer geworden.«

Zum Optimismus besteht jetzt, Anfang September 1916, wirklich kein Anlaß.

Am 3. sind die britische 4. und die französische 6. Armee nach einer fünftägigen Artillerievorbereitung erneut zum Angriff angetreten, am selben Tage, da die Rumänen in Siebenbürgen eingefallen sind. Die Alliierten haben Geländegewinne erzielt wie seit langem nicht mehr. Die irischen Truppen haben das bei den bisherigen Kämpfen so heiß umstrittene Guillemont erobert und stehen vor Ginchy.

Die Franzosen rücken auf breiter Front vor. In einer guten Viertelstunde hat das 127. Infanterieregiment 1200 Meter gewonnen, das 43. einen Kilometer. Im ersten Schwung ist die 46. Infanteriedivision über mehrere Gräben hinweg nach Cléry eingedrungen.

Fayolle, der sonst so pessimistische Chef der 6. Armee, schreibt am Morgen des 4. September in sein Tagebuch: »Gestern Sieg auf der ganzen Linie, gegen alle Erwartungen ... Das I. Korps erobert Leforest, beim VII. erreichen sie Cléry. Insgesamt 2000 Gefangene und 12 7,5-cm- und 10,5-cm-Geschütze. Papa Joffre strahlt. Foch, der nach dem Abendessen auch noch vorbeikommt, ist ruhig. Dank, Jungfrau Maria!«

Am 4. versteift sich der deutsche Widerstand.

Die 6. Armee kommt nicht weiter, die Engländer erobern die Ferme Falfemont. Die eigentliche Überraschung meldet ein anderer Frontabschnitt: Um 14 Uhr beginnt der Angriff der 10. Armee südlich der Somme. Diese nach dem Schreckensvokabular der Militärs noch ganz »unverbrauchte« Armee mit ihren vier Korps (dem II. Kolonialkorps, dem II., XXXV. und X.) unter General Micheler dringt wohl gerade deshalb so ungestüm vor, weil sie lange nicht im Feuer gestanden hat. Sie überrennt die vorderen Stellungen der Deutschen, erobert das in ihre Linien ragende Soyécourt, dringt in Vermandovillers und Chilly ein, nimmt 4585 Mann und 62 Offiziere gefangen, erobert 4 schwere Geschütze und über 100 Maschinengewehre.

Am 5. beginnt es zu regnen. Zum erstenmal, seit die Offensive wiederaufgenommen worden ist, führen die Deutschen Gegenangriffe, doch sie werden zurückgeschlagen. Jetzt macht sich die Anstrengung bemerkbar. Die Engländer nehmen nur noch eine Grabenlinie, das französische VII. Korps sichert sich endgültig Cléry, die 1. und die 2. Division erreichen Combles und den Wald von Anderlu.

Am 6. gewinnt Fayolle den Eindruck, daß die vor ihm stehenden Deutschen mit ihrer Kraft am Ende sind. Trotz des strömenden Regens und des Schlamms gibt er Befehl, den Kampf mit aller Intensität wieder aufzunehmen. Er läßt die 45. Division gegen den Wald von Anderlu stürmen, doch es gelingt ihr nicht, in ihn einzudringen. Die 10. Armee kommt vor Berny nicht weiter.

Die Schlacht ebbt ab. Der Regen hat eher noch zugenommen. Überall herrscht völliges Durcheinander, Fuhrwerke und Sanitätswagen sind rettungslos ineinander verkeilt.

Verstärkungen kommen nur in kleinsten Verbänden durch. Man muß den Männern eine Atempause gönnen. In den folgenden Tagen gelingt es nur den Engländern, durch einen Vorstoß auf schmaler Front über Ginchy hinaus weiterzukommen.
Joffre allerdings ist entschlossen, den Gegner nicht zur Besinnung kommen zu lassen. Der nächste allgemeine Großangriff wird auf den 12. September angesetzt.
Wieder geht vom 11. an ein verheerendes Trommelfeuer aus Hunderten von Geschützen auf die deutschen Linien herunter. Im Kriegstagebuch des französischen I. Korps heißt es: »Über unseren Köpfen spannte sich ein Gewölbe aus nicht zu unterscheidenden Geräuschen, ein ungeheures, von hinten kommendes stählernes Rauschen, ohne Unterbrechung, nicht auf- und abschwellend, gnadenlos gleichmäßig dem Gelände vor uns zustrebend.«
Am 12. um 12.30 Uhr hat der Regen zwar immer noch nicht aufgehört, doch die 6. Armee stürmt los. Die Männer sind jetzt auf die Feuerwalze eingespielt. Alle zwei Minuten gehen sie unmittelbar hinter den Einschlägen hundert Meter vor. Dies ist der Ehrentag der 6. Jägerbrigade unter der Führung von Messimy, dem ehemaligen Kriegsminister. Am Abend erobert sie nach unaufhaltsamem Vordringen die Trümmer des Dorfes Bouchavesnes. Als der Mond aufgegangen ist, tanzen die begeisterten Soldaten auf dem Kirchplatz und entzünden Freudenfeuer, um ihren Sieg zu feiern.
Fayolle jubelt: »Angriff auf die letzte ernstzunehmende deutsche Stellung ... Die feindlichen Truppen haben unter dem gestrigen Beschuß sehr gelitten ... Ergebnis: Auf 5 Kilometer Breite die ganze Linie aufgerollt, 10 Geschütze, 2000 Gefangene ... Messimy war großartig. Joffre hat gestrahlt und mich umarmt.«
Tatsächlich ist die Einnahme von Bouchavesnes ein großer Erfolg. Die 6. Armee ist seit dem 3. September 9 Kilometer tief in die deutsche Aufstellung eingedrungen. Vielleicht könnte sie diesmal wirklich durchbrechen. Die französischen Generäle, bei denen wie schon allzu oft der Wunsch der Vater des Gedankens ist, verkünden, diesmal werde die deutsche Front nachgeben. Joffre läßt die Kavallerie in Alarmbereitschaft versetzen.
Doch das VII. Korps, die Speerspitze des Angriffs, hat keine Kraft mehr. Es hat 17000 Mann eingebüßt. Und es regnet weiter wie aus Kübeln, was die Deutschen nicht an Gegenstößen hindert. Der Sieg vom 12. September bleibt ungenutzt.
Die Franzosen haben an ein Wunder geglaubt. Jetzt sind sie um so enttäuschter.
Eine Sensation bieten dagegen die Engländer. Und was für eine!
Am 15. September liegen als Vorboten eines strahlenden Tages dünne Nebelschwaden über dem Gefechtsfeld. Seit drei Tagen werden die deutschen Gräben mit allen Kalibern eingedeckt; die Flieger haben alle Fesselballone und alle feindlichen Maschinen vom Himmel geholt.
Als um 6.20 Uhr das Feuer vorverlegt wird, stürzen die deutschen Soldaten in ihre Gräben. Was diesmal auf sie zukommt, erfüllt sie mit Grauen.

Seltsame Riesenkästen nähern sich schwankend über das Trichterfeld. Gepanzerte Urwelttiere, die mit weit übermannshohen Kettenbändern alles niederwalzen und sich von keinem Hindernis aufhalten lassen. Sie klettern über die steilsten Böschungen, zermalmen die Drahtverhaue, rollen über die Gräben und speien dabei Feuer, nach vorne und nach den Seiten.

Die Panzer, damals nannte man sie Tanks, treten an diesem Tage in die Geschichte ein.

Um 8.40 Uhr rasseln sie schon in das Dorf Flers, hinter ihnen dichtgedrängt die Infanteristen. Auf 9 Kilometer Breite bricht die deutsche Front zusammen. Rawlinson nimmt Flers und Martinpuich, Gough stößt durch Courcelette vor. An einem Tag sind die Engländer, vom Überraschungseffekt begünstigt, 10 Kilometer weit gelangt, haben 3875 Mann und 125 Offiziere gefangengenommen.

»Einige dieser Fahrzeuge«, erklärt Haig, »haben offensichtlich Wunder gewirkt und unseren Angriff erstaunlich weit vorangetrieben.«

Ein Tag des Sieges könnte der 15. September sein, doch am Abend ist die Enttäuschung größer als die Freude, und etliche Generäle protestieren sogar heftig: So dürfe man die neue Waffe nicht einsetzen, meinen sie. Man hätte sich noch etwas gedulden sollen, bis die Fabriken Hunderte und aber Hunderte dieser Tanks produziert hätten, um einen Masseneinsatz zu ermöglichen, der die völlige Eroberung der feindlichen Stellungen und den großen Durchbruch bedeuten würde.

Tatsächlich ist die zur Verfügung stehende Anzahl lächerlich gering gewesen: alles in allem 89 Tanks. Davon haben es nur 32 bis in die Ausgangsstellung geschafft, und von diesen sind 9 mit Panne liegengeblieben, 5 haben sich im Schlamm festgefahren. Ganze 18 also sind an den Kämpfen beteiligt gewesen.

Es wäre wohl wirklich besser gewesen, abzuwarten, denn beim nächstenmal wird die Überraschung schon nicht mehr so groß sein.

Besonders enttäuscht und wütend ist Winston Churchill. Er darf seinem Zorn auch freien Lauf lassen, weil er an der Entwicklung der neuen Waffe erheblichen Anteil hat.

In seinem Amt als Erster Lord der Admiralität ist er bei Kriegsbeginn für die Verteidigung Englands gegen Luftangriffe zuständig gewesen. Auch diese ganz neue Aufgabe ist er mit seinem ganzen Schwung und seiner stets wachen Wißbegier angegangen.

Sehr bald ist ihm klargeworden, daß er Flugzeugstaffeln auf den Kontinent verlegen müsse, um die Flugplätze der deutschen Bomber und Zeppeline zerstören zu können. Damit diese Verbände eine möglichst große Eindringtiefe hätten, mußte man sie ganz nahe an die deutschen Linien heranbringen und entsprechend schützen.

Eben hatten die Belgier gegen die Deutschen, die ihr Land überrannten, mit gutem Erfolg eine neue Waffe eingesetzt: gepanzerte Automobile mit aufmontiertem Maschinengewehr.

Churchill hatte solche Wagen ausrüsten lassen und seinen Staffeln zugeteilt, doch die Deutschen hatten sich ihrer erwehrt, indem sie einfach Gräben quer über die Straße aushoben.

Was tun? Es lag nahe, Panzerautos zu bauen, die solche Gräben überwinden konnten.

Um diese Zeit erfuhr Churchill, daß die Engländer für die eben fertiggestellten überschweren Mörser den Bau riesiger Raupenschlepper erwogen.

Er ließ den für das Vorhaben zuständigen Lord Bacon kommen und fragte ihn, ob für solche Schlepper auch Gräben kein Hindernis wären. Auf die uneingeschränkte Zusicherung hin bestellte er aus eigener Machtvollkommenheit 30 solcher Fahrzeuge. Das war im Februar 1915. Im Mai konnte man sie schon erproben, aber die Bewaffnungskommission des Heeres lehnte sie rundweg ab: Nach Meinung der Fachleute waren sie nicht beweglich genug, vor allem aber konnten sie bei einer Schlamm- oder Wassertiefe von einem Meter nicht mehr fahren.

Doch der Gedanke war allzu naheliegend. Schon Ende 1914 hatte Oberst Swinton, Verbindungsoffizier im *Grand Quartier Général*, an so einen gepanzerten Traktor gedacht. Er hatte sich sogar mit Oberst Hankey vom War Council darüber unterhalten, der bei den zuständigen Ministerien eine Denkschrift in Umlauf gesetzt hatte.

Churchill, ständig auf der Suche, hatte auch diese Gelegenheit beim Schopfe gefaßt und Asquith vorgeschlagen, gepanzerte Raupenfahrzeuge entwickeln zu lassen, die Infanteristen und Maschinengewehre tragen könnten.

Kitchener, dem man das Projekt unterbreitet hatte, war nicht davon angetan, und zwar aus drei Hauptgründen:

1. Der Bau solcher Gefährte würde zu lange dauern.
2. Sie wären zu schwer.
3. Sie würden keinen Schutz gegen Artilleriebeschuß bieten.

Doch ein Winston Spencer Churchill läßt nicht so schnell locker.

Am 17. Februar 1915 ist er zum Abendessen beim Herzog von Westminster eingeladen, der spontan eine Schwadron solcher Panzerfahrzeuge bestellt.

Bei dem Dîner ist auch ein Major Hetherington zugegen, der auf die Nachteile der bisher eingesetzten Panzerautos hinweist und nachdrücklich versichert, was das Heer benötige, seien »Panzerkreuzer zu Lande«, die tief in die feindlichen Linien eindringen könnten.

Gleich für den nächsten Tag bestellt Churchill den Major zu sich in die Admiralität. Er schaut sich Hetheringtons Pläne an und begeistert sich an dem gepanzerten Ungetüm auf riesigen Rädern.

Am 20. Februar schon gründet Churchill, ohne irgend jemanden zu fragen, einen Ausschuß für den Bau des »Panzerkreuzers zu Lande«. Am 20. März beschließt er ebenso selbstherrlich, zwei Typen nebeneinander entwickeln zu lassen: Hetheringtons Radfahrzeug und einen Raupenpanzerwagen. Es sollen jeweils gleich sechs Stück gebaut werden. Das bedeutet die Festlegung von 70000 Pfund Sterling, doch selbst eine solche Ausgabe nimmt er ohne Rückfrage bei den Militärs oder beim Finanzminister auf seine Kappe, so riskant das im Falle eines Fehlschlags für ihn werden kann. So etwas schreckt ihn nicht. Man muß auch einige Verantwortung auf sich nehmen!

Das ganze Projekt wird einem talentierten Ingenieur, Tennyson d'Eyncourt, anvertraut.

Doch bald spricht sich herum, was da im Gange ist, die Fachministerien werden wach, und Balfour entscheidet, es dürfe nur ein Exemplar, und zwar vom Raupentyp, gebaut werden.

Im Januar 1916 wird es im Park von Schloß Hatfield vorgeführt. Selbst die Militärs müssen zugeben, daß es gute Dienste leisten könnte.

Der »Panzerkreuzer zu Lande« ist geboren. Doch wie soll man ihn nun wirklich nennen? Man muß ja damit rechnen, daß er bei der Bereitstellung vor der Offensive den deutschen Fliegern auffällt. Also sprengt man das Gerücht aus, es handele sich um große fahrbare Treibstoffbehälter, um »Tanks«.

Bei ihrem ersten Einsatz hat diese Waffe zwar Eindruck gemacht, aber keinen durchschlagenden Erfolg gebracht. Ein glücklicher Umstand, denn die Deutschen kommen zu dem Schluß, es lohne sich nicht, selber solche gepanzerten Sturmwagen zu bauen.

Diese Entscheidung werden sie noch bitter bereuen.

Die Schlacht jedenfalls geht weiter, wenn auch nicht mit der gleichen Intensität wie in den ersten Wochen. Angriff und Gegenangriff folgen aufeinander. Am 17. September sichert die 10. Armee die eroberten Orte Vermandovillers und Berny, am 18. bemächtigen sich die Engländer der stark befestigten »Vierecks«-Stellung.

Immer wieder regnet es. Der Schlamm läßt schon an Herbst und Winter denken. Bald werden die Heere feststecken.

Joffre paßt das gar nicht. Er befiehlt eine weitere Generaloffensive, läßt genaue Anweisungen für den vorgesehenen Angriffstermin, den 25. September, hinausgehen.

Es ist wie ein Wunder: Die Sonne geht strahlend auf. Die Artillerievorbereitung hat verheerend gewirkt, zumal die deutschen Batteriestellungen mit Gasgranaten eingedeckt worden sind.

Um 12.35 Uhr klettern Franzosen und Engländer aus ihren Gräben. Die 42. Division nimmt Rancourt, doch einmal mehr sind die Engländer erfolgreich. Bald haben sie Morval und Lesbœufs besetzt und stehen vor Gueudecourt. Haig ist fest überzeugt, daß seine Männer durchstoßen werden; er zieht schon die Kavallerie heran. Doch gegen Abend hat sich der deutsche Widerstand versteift, so daß die Schwadronen zurückreiten müssen.

Aufgeschoben ist nicht aufgehoben. Einmal mehr sind Joffre und Haig überzeugt, daß die Deutschen am Ende sind. Offenbar haben sie nur noch zwei »unverbrauchte« Divisionen, die 51. und die bayerische 6.

Am 26. September wird also wieder angegriffen. Diesmal, das glauben die Soldaten fest, geht es wirklich um die letzte große Anstrengung. Sie geben alles her. In großartigem Schwung erobern die Franzosen Combles, die Engländer Frégicourt und Gueudecourt. Am 27. erreicht das V. Korps den Wald von St. Pierre Vaast. Die Engländer besetzen das lang begehrte Dorf Thiepval. In drei Tagen sind sie auf 6 Kilometer Frontbreite über 600 Meter weit vorgedrungen.

Das ist ein eindrucksvolles Ergebnis, aber nicht der Durchbruch.

Ludendorff schreibt im Rückblick über diese Kämpfe: »Die Schlachten, die jetzt geschlagen wurden, gehören zu den gewaltigsten des ganzen Krieges und übertrafen an Gerät- und Menscheneinsatz alle bisherigen Angriffe.

Divisionen und sonstige Truppen mußten in schnellerer Folge an die Sommefront geworfen werden und dort länger aushalten. Die Truppen verbrauchten sich. Alles stand auf des Messers Schneide! Unsere Nervenanspannung in Pleß war gewaltig, immer wieder mußten Aushilfsmittel ersonnen und durchgeführt werden.«

Während die Nerven in Pleß gespannt sind, herrscht in Chantilly trotz aller lauten Siegesmeldungen eine seltsame Beklommenheit. Gewiß, die Alliierten sind vorgedrungen, sie haben, wie Joffre in einem Aufruf schreibt, »dem Gegner Schläge zugefügt, von denen er sich nur mit Mühe aufrafft«. Gewiß, sie haben 25 Dörfer erobert, 35 000 Gefangene gemacht und 150 Geschütze erbeutet. Doch aus dem seit Juli so fest erwarteten Durchbruch ist immer noch nichts geworden, und der Herbst ist da. Man träumt vom Hineinstoßen in den freien Raum, doch überall folgt die Schlacht dem gnadenlosen Gesetz des Grabenkampfs.

Für Joffre gibt es keinen Zweifel: Man muß noch mehr aufwenden, alles einsetzen, um die deutsche Front im Oktober zu zerreißen.

Schon am 1. Oktober um 16.40 Uhr wird von neuem gestürmt, dann wieder am 4., am 7., am 8., und so geht es weiter. Die Deutschen halten allen Angriffen mit verzweifeltem Ingrimm stand. Sie verlieren noch etliche Gräben und befestigte Dörfer, darunter Eaucourt, L'Abbaye, Morval, Bovent, Alaincourt, und vor allem am 8. Sailly-Saillisel. Sie leiden, lassen sich schrittweise zurückdrängen, doch sie geben nicht auf, weil sie wissen, daß die Zeit für sie arbeitet.

Schon jetzt, im Oktober, hemmt das Wetter alle Operationen. Ständig regnet es, die Kampfgräben rutschen zusammen, die Laufgräben saufen ab, die Straßen bekommen tiefe, weiche Spurrinnen, in denen weder Pferd und Wagen noch Automobile weiterkommen.

Bei der Ablösung müssen stellenweise eigene Gruppen gebildet werden, die den im Morast Steckengebliebenen heraushelfen. Wieder ertrinken Verwundete in den Trichtern. Für die Angreifenden wird jeder Schritt zur Qual. Grippe, Rippenfell- und Lun-

77 »Ihr seid wieder zu Hause, wenn das Laub fällt«, hatte der Kaiser versprochen – aber dies ist schon das zweite Weihnachten (1915) im Unterstand. – *78* Schon lange besteht kein Haß mehr zwischen den Soldaten der gegnerischen Armeen: Französische Soldaten bieten eben gefangengenommenen deutschen Soldaten zu trinken an.

79 Das Schlachtfeld zwischen Passendale und Boezinge nach den Juli- und Augustkämpfen des Jahres 1917. – *80* Ein Schwerverwundeter wird in einer Zeltplane nach hinten gebracht.

genentzündungen zwingen viele, sich krank zu melden, und die vorne bleiben, sind geschwächt. Der Nebel hindert die Flieger am Aufsteigen, so daß die Artillerie ihre Geschütze nicht mehr richten kann.

Es wäre das klügste, die Offensive einzustellen, den Männern Ruhe zu gönnen, doch Joffre will seinen Durchbruch haben, und er ist mehr denn je davon überzeugt, daß er ihn jetzt, gerade jetzt erzwingen kann. Alle, die ihn bestürmen, er solle darauf verzichten, bekommen zu hören, wenn es sein müsse, werde er den ganzen Winter hindurch angreifen.

»Joffre strahlt wegen Sailly«, schreibt Fayolle am 10. Oktober. »Er will die Schlacht den ganzen Winter über fortsetzen. Weiß er eigentlich, was überhaupt möglich ist? Sicherlich nicht.«

Haig ist realistischer. Schon in den ersten Novembertagen beginnt er sich zu sträuben. Er weiß, daß man sich in England zu fragen beginnt, ob es vernünftig ist, so viele Menschen für ein paar Dörfer in den Tod zu schicken. Schließlich haben die Engländer an der Somme schon über eine halbe Million Mann verloren, mehr als die Franzosen vor Verdun.

Joffre bemüht sich trotzdem, seinen britischen Kollegen anzufeuern. Das Schreiben, mit dem er ihn zu überzeugen versucht, spricht Bände: »In dem Augenblick, da die am 1. Juli unternommene englische Offensive die bekannten glänzenden Ergebnisse gebracht hat, da Ihre starken Armeen reichlich mit Artillerie und Munition versehen sind und der Feind unverkennbare Anzeichen der Desorganisation bietet, könnte es die öffentliche Meinung nur schwer verstehen, wenn diese Offensive, die den stets geringer werdenden feindlichen Widerstand immer wieder gebrochen hat, verlangsamt oder eingestellt würde, zumal gerade jetzt noch größere als die bereits errungenen Erfolge abzusehen sind. Außerdem sind Sie, lieber Herr General, sicherlich mit mir der Meinung, daß die Gesamtlage, in der sich die Entente befindet, immer nachdrücklicher von uns fordert, daß wir ohne Zeitverlust mit allen Mitteln angreifen, um über das bereits Errungene hinauszugelangen.«

Der liebe Herr General läßt sich bitten. Er ist durchaus bereit, noch einmal anzugreifen, wenn das Wetter es zuläßt, aber nicht irgendwie. Er zögert durchaus nicht, sich in seiner Antwort unmißverständlich auszudrücken: »Ich muß Sie allerdings darauf hinweisen, daß es allein meine Sache ist, zu erwägen, was ich unternehmen will und wann ich es zu tun habe.«

In Wirklichkeit sind die Ansichten der beiden Generäle einander diametral entgegengesetzt. Haig weiß, daß die britische Öffentlichkeit eher für eine Verlangsamung der Operationen ist, während Joffre unbedingt einen Erfolg braucht. Nicht einen Teilerfolg wie die Eroberung von Sailly-Saillisel, sondern einen großen Sieg, den Durchbruch und seine strategische Ausnutzung. Er weiß, daß seine Gegner hinter seinem Rücken intrigieren, daß ihre Zahl ständig zunimmt, und daß die Parlamentsabgeordneten jetzt

zum Kampf bereit sind. Ein eindrucksvoller Sieg, und sie würden die Köpfe einziehen.
Deshalb läßt er nicht locker. Für den 5. November hat er eine französisch-britische Großoffensive angesetzt, doch am 4. teilt ihm General Kiggel, der britische Generalstabschef trocken mit, das englische XIV. Korps sei »außerstande, am Angriff teilzunehmen«.
Dann eben nicht! Trotz dieser Schwächung in letzter Minute bleibt Joffre bei seiner Absicht. Am 6. November greift die 6. Armee alleine an. Ein böser Tag. Der Wind pfeift über das Land. Die Infanteristen rennen geduckt gegen die von der unzureichenden Artillerievorbereitung kaum beschädigten deutschen Gräben an und werden überall zusammengeschossen. Am 12. müssen sie noch einmal los, sichern zwar das eroberte Sailly-Saillisel, aber dann bleiben sie erschöpft stecken.
Fayolle weiß, daß sich seine Leute bis an die Grenzen ihrer Kraft verausgabt haben. Er schreibt: »Besprechung mit Foch. Er will durch den Wald von St. Pierre Vaast hindurch, statt ihn zu umgehen. ›Der Boche ist angeschlagen‹, sagt er. Das erklärt er schon seit Beginn des Krieges ... Für ihn sind die Truppen beliebig oft zum Angriff bereit. Er versteht nichts von der Praxis des Krieges. Irgendwann macht er mich auch noch fertig ...«
Fayolle sieht die Dinge nüchterner als Foch. Tatsächlich sind die Deutschen durchaus nicht so »angeschlagen«, und wenn, sind es die Männer der französischen 6. Armee zumindest ebensosehr.
Diese Erschöpfung auf beiden Seiten und das immer scheußlichere Wetter gebieten der Sommeoffensive Einhalt.
Die Bilanz ist furchtbar. Die Deutschen haben einige dramatische Tage durchlebt, aber sie haben widerstanden. Hunderttausende sind gefallen, und der Krieg hat das gleiche Gesicht behalten. Und jetzt steht wieder ein Kriegswinter bevor, der dritte schon, tragisch und erbärmlich wie seine Vorgänger.
Selbst Joffre muß einsehen, daß es höchste Zeit ist, seinen Truppen Erholung zu gönnen. Er schiebt alles auf den Regen, den Schlamm, den Nebel, die zu kurz werdenden Tage ...
»Vor allem aber«, schreibt er in seinen Memoiren, »hatten die Deutschen seit einiger Zeit eine neue Taktik eingeführt, die mit der Übernahme des Oberbefehls durch den neuen Generalstabschef des feindlichen Heeres, Hindenburg, und seinen Generalquartiermeister Ludendorff zusammenfiel. Anstatt die Abwehr in bis zum äußersten verteidigten Gräben zu konzentrieren, die von unserer Artillerie verheerend getroffen werden konnten, hielt sich die deutsche Infanterie nunmehr tief gestaffelt in Granattrichtern, gestützt auf kleine Maschinengewehrgruppen. Wenn wir angriffen, verlor der Feind Gelände, das in seinen Augen keinen Wert hatte, aber er verlor wenig und begrenzte seine Verluste an Menschen auf ein Mindestmaß.«
Ganz offensichtlich muß sich in naher Zukunft die Taktik der alliierten Armeen darauf

einstellen. Joffre läßt davon nichts verlauten. Er begnügt sich mit der nachdrücklichen Feststellung, die Einstellung der Kämpfe sei nur eine kurze Unterbrechung; schon Anfang Februar 1917 werde er alle seine Truppen auf demselben Gelände wieder stürmen lassen.
Eine gewagte Behauptung! Im Februar wird er sein Kommando längst verloren haben.

Klaustrophobie und Todesangst. Im Fort Douaumont wird die Spannung mit jedem Augenblick furchtbarer. Am 23. Oktober 1916 gegen Mittag scheint es nicht mehr schlimmer werden zu können. Nur die eiserne Manneszucht des deutschen Militärs hindert die Besatzung daran, vor Entsetzen zu brüllen und einfach loszurennen, zum nächstbesten Ausgang zu stürzen, um ins Freie zu gelangen und der Hölle zu entkommen.
Seit 48 Stunden währt der Beschuß schon, ohne die kleinste Pause. Und jetzt wird er noch intensiver. Die riesigen Granaten der Kaliber 27 cm, 28 cm, 37 cm und 40 cm hämmern auf das Gewölbe ein, das einzustürzen droht und die gequälten Männer mit Steinbrocken überschüttet. Ein seltsames Gefühl, wenn wieder so ein dicker Brocken auf dem Douaumont einschlägt: Ein paar Sekunden lang scheint das ganze Fort zu schwanken wie ein Schiff im Seegang. Rauch und Staub haben sich so dicht um das Bauwerk ausgebreitet, daß man durch die wenigen freigebliebenen Scharten keine zwei Meter weit sehen kann.
Die in den Gängen dicht beieinander hockenden Männer können nur den Kopf einziehen und ihre Panik zu beherrschen versuchen, wenn ein besonders heftiger Schlag den Betonbau erschüttert, in dem sie eingeschlossen sind. Unglaublich fest muß dieser Beton sein, daß er einem solchen Bombardement standhält. Wie lange noch?
12.30 Uhr. Erst ein gräßlicher Knall, gleich darauf ein Donnern, als brausten mehrere Schnellzüge zugleich durch das Fort. Die alten Hasen erkennen sogleich, daß dies ein 40-cm-Volltreffer sein muß. Diesmal ist das Gewölbe tatsächlich durchschlagen worden, und die Explosion hat im Lazarett das halbe Hundert Verwundete und das gesamte Pflegepersonal zerrissen. Der Geruch von verbranntem Fleisch ist so gräßlich, daß die Männer aus der Nähe des Lazaretts tiefer in das Fort zurück müssen. An der Einschlagstelle gähnt ein Loch in der Decke, und der bisher gedämpfte Lärm vom Schlachtfeld dringt jetzt mit voller Lautstärke zu den Verteidigern herein.
Der Douaumont ist tödlich getroffen.
12.40 Uhr. Eine weitere 40-cm-Granate trifft voll auf die oberirdischen Bauten. Die Kasematte VIII stürzt ein.
Die Verteidiger haben geglaubt, schlimmer könne es nicht kommen. Doch der Schrekken steigert sich noch. Alle zehn Minuten schlägt jetzt eine 40-cm-Granate ein. Die Kasematten X, XI und XVII brechen zusammen und begraben ihre Verteidiger unter sich.

Bataillonskommandeur Rosendahl versammelt seine Offiziere um sich. Alle stimmen darin überein, daß sich die Männer in den oberen Gängen in unmittelbarer Todesgefahr befinden und in den unteren Gang zurückgenommen werden müssen. Da kauern sie nun beieinander im verpesteten Dunsthauch und wissen genau, daß sie jeden Augenblick verschüttet werden und den gräßlichsten Tod sterben können, fern von Luft und Licht. Ein Geschoß schlägt durch die klaffende Kuppel tief ins Fort und explodiert im Hauptpionierdepot, das sofort in Flammen steht; dicker schwarzer Rauch zieht durch die Gänge. Die Leuchtraketen geraten in Brand, stapelweise, die Maschinengewehrmunition prasselt in alle Richtungen, an die 50 Pioniere verwandeln sich in lebende Fackeln.

Jetzt können viele ihren panischen Schrecken nicht mehr meistern. Sie sind überzeugt, daß alles zerstört ist, alle Zugänge verschüttet sind. Sie laufen kopflos davon. Nein, die Zugänge sind nicht verschüttet, doch die französischen Kanoniere sind so teuflisch präzise geworden, daß sie ihre Gasgranaten genau dort einschlagen lassen. Die Soldaten, die nach frischer Luft gerannt sind, drängen zurück, husten, ringen nach Atem.

Langsam dringt das Gas durch die Gänge herein. Man muß die Maske aufsetzen, eine weitere Qual zu allen, die sie schon erdulden.

Jetzt ist die Lage wirklich hoffnungslos. Der Kommandeur entschließt sich zur Räumung von Fort Douaumont. Er läßt nur gut 100 Pioniere zurück, die unter Befehl von Hauptmann Soltau die Brände bekämpfen sollen. Um 18 Uhr ist die Räumung abgeschlossen.

Um 4 Uhr früh am 24. Oktober nutzt Soltau ein kurzes Abflauen des Feuers, um die besonders schwer Verwundeten wegschaffen zu lassen. Es ist ihm klar, daß er nicht mehr lange auszuharren haben wird.

Um 7.30 Uhr heben sich vom blassen Morgenhimmel seltsame Gestalten ab. Der Schriftsteller Werner Beumelburg schildert als Augenzeuge die Szene: »Ein seltsamer Zug aus dem Nordwestausgang des Douaumont: Immer zwei Gestalten tragen zwischen sich eine Bahre. Stolpern ... setzen ab ... verschnaufen ... erbrechen sich ... fassen wieder zu und wanken weiter. Alle Hände sind nötig zum Tragen der Verwundeten. Man hat die Gewehre unzerstört im Fort gelassen. Denn noch hofft man, daß das Fort wieder von den Deutschen besetzt werden wird.«

Im Douaumont, dem Fort, das für die ganze Welt zum Inbegriff geworden ist, liegen jetzt nur noch Tote.

Allerdings auch das nicht für lange, denn das Trommelfeuer auf die ganze deutsche Linie ist so verheerend, daß Versprengte, die es aufgegeben haben, ihre Einheit wiederzufinden, sich durch die verbliebenen Öffnungen schutzsuchend hereindrängen. Einer von ihnen ist Hauptmann Prollius. Um 9 Uhr verfügt er über 20 Mann und übernimmt das Kommando über das Fort. Der optische Telegraph funktioniert nicht mehr, so daß er einen Mann nach hinten schicken muß, um Verstärkungen anzufordern.

Gegen Mittag gelingt es Oberleutnant Schurz, sich zu ihm durchzuschlagen. Er teilt ihm mit, es könne jetzt jeden Augenblick der Sturm erfolgen.

Tatsächlich sind die Franzosen schon seit zehn Minuten unterwegs, unter dem Kommando von Mangin, diesem Energiebündel, von dem man stets das Beste und das Schlimmste zu gewärtigen hat. Seine Leute sagen von ihm: »Ein doller Kerl. Steckt man in der Scheiße, holt er einen raus; steckt man nicht drin, bringt er einen hinein.«

Jetzt will er den Douaumont zurückerobern. Er ist schon einmal an dieser Aufgabe gescheitert, doch diesmal, das spürt er, ist ihm der Sieg sicher.

Er hat auch alles Menschenmögliche dafür getan.

Schon am 15. September hat er Nivelle seinen Plan unterbreitet und uneingeschränkte Zustimmung gefunden. Am 9. Oktober hat er die Parole ausgegeben: »Der Feind muß bis hinter den Douaumont zurückgeworfen werden!« Er hat nichts unberücksichtigt gelassen. Er hat drei Stoßdivisionen ausgewählt: die 38. (Guyot de Salins), verstärkt um das 11. Regiment der 33., sowie die 133. (Passaga) und die 74. (Lardemelle).

Diese drei Divisionen hat er für volle sechs Wochen zu einem »Erholungslehrgang« in die Etappe verlegt. Von Erholung ist dabei allerdings wenig die Rede gewesen. Tag für Tag ist den Männern das Gelände eingeprägt worden, das sie zu überwinden haben werden, sind große Übungsangriffe geführt worden, die den echten Bedingungen möglichst nahekommen sollten. Sie sind zu allem entschlossen, als ihnen am 17. Oktober Nivelles mitreißender Aufruf verlesen wird:

»Siebenundzwanzig Monate Krieg, acht Monate Schlacht von Verdun haben bis zum heutigen Tage immer wieder die Überlegenheit des französischen Soldaten über den deutschen Soldaten bewiesen ... Der Augenblick könnte nicht günstiger sein, um den Feind anzugreifen, ihm viele Gefangene abzunehmen, Verdun ein für allemal seinem Zugriff zu entziehen und die Kampfmoral des feindlichen Volkes und seines Heeres zu dämpfen ...«

Ja, sie sind die Besten. Sie müssen es einfach glauben. Und unterstützt werden sie von einem gewaltigen Artillerieaufgebot: 289 Feldgeschütze und 314 schwere Kaliber. Beim Kampf um die Rückeroberung des Douaumont sind am Ende 790 200 Granaten verfeuert worden, so daß jeder Quadratmeter dieses schon so schrecklich durchgepflügten Bodens wieder und wieder aufgewühlt wird.

Das »Einrahmen« der gegnerischen Linien ist inzwischen zu einer hervorragend beherrschten Technik geworden. Man legt ein dichtes 7,5-cm-Sperrfeuer hinter die feindlichen Gräben, die man selber mit »dicken Koffern« eindeckt. So bleibt den Verteidigern, wenn sie dem sicheren Tod entgehen wollen, nur die Flucht nach vorn in die Gefangenschaft.

Schon Mitte Oktober beginnt die Artillerievorbereitung. Mit jedem Tag wird sie gesteigert.

Am 22. um 14 Uhr wird bei strahlendem Wetter das Feuer vorverlegt. Die Deutschen

sind überzeugt, der Angriff sei endlich da, und enttarnen ihre 158 Batterien, die sofort von der französischen Artillerie unter Feuer genommen werden. Nach kurzer Zeit sind über 90 Batterien zusammengeschossen.
Und die Vorbereitung geht weiter, den ganzen 22., den 23. und die Nacht vom 23. auf den 24. Oktober.
Die Deutschen machen Furchtbares durch, doch sie nehmen alle Kraft zusammen, um dem Ansturm zu widerstehen. Die 10 Divisionen der Armeegruppe auf dem rechten Maasufer unterstehen General von Lochow. Sieben halten die Front und benutzen jede Pause im Trommelfeuer, um die Stellungen notdürftig wieder herzurichten. Am 23. befiehlt General von Zwehl, daß die Kampfstellung *unbedingt* gehalten werden muß. Infanterie und Maschinengewehre sollten jederzeit einsatzbereit sein (Ladegurte und Handgranaten bereithalten). Möglichst viele Handgranaten müßten nach vorne geschafft werden. Die Reserven sollten mit ihren Maschinengewehrkompanien zum sofortigen Einrücken in die Linie bereit stehen. Jeder Gewehrführer müsse wissen, wo er in Stellung zu gehen habe. Probeschießen sei durchzuführen.
Schließlich dämmert der Angriffstag, der 24. Oktober 1916. Während in den letzten Tagen klares Wetter geherrscht hat, liegt heute dichter Bodennebel über dem Gefechtsfeld. Mangin befiehlt, trotzdem zu stürmen. Der Nebel behindert ja auch die Deutschen. Vor allem aber sind die Männer bereit und in Hochstimmung. Ab 9.40 Uhr geht noch einmal dichtes Minenwerferfeuer auf die vordersten deutschen Linien nieder. Um 11.40 Uhr beginnt der Angriff.

Einmal mehr blickt Major Nicolaï auf seinen Kompaß. Der Schrecken, der in ihm aufsteigt, wird jedesmal schlimmer. Es ist 14.30 Uhr vorbei. Längst sollte er sein Ziel erreicht haben. Dabei hat er sich strikt an die Marschzahl gehalten, wie sie ihm die Magnetnadel gewiesen hat. Aber sie irren durch einen so dichten Nebel, daß man keine fünf Meter weit sieht. Ein bedrückendes Herumziehen auf völlig zerwühltem Gelände ist das, von Granattrichter zu Granattrichter, vorbei an zerfetzten Leichen, ständig aufgehalten von Hindernissen und herausgerissenen Drahtverhauen.
Major Nicolaï muß sich eingestehen, daß er sich verirrt hat. Er ist ausgezogen, den Douaumont zurückzuerobern, er hat sechs Wochen lang das Gelände studiert, und jetzt tastet er sich mit seinen Leuten durch den Nebel und ahnt nicht einmal mehr, wo er sich befinden könnte.
Was tun? Plötzlich ist an der Flanke der Truppe eine Bewegung zu bemerken. Eine der seitlichen Deckungspatrouillen ist auf einen Deutschen gestoßen, der sich auch verirrt hat. Mit erhobenen Armen läßt sich der Ärmste zu dem französischen Major führen. Es ist wie ein Wunder: Er spricht Französisch, mit Pariser Vorortakzent sogar. Er ist mehrere Jahre lang Kellner in einem Café in der Hauptstadt gewesen. Er erklärt, man befinde sich hier auf der Seite zum Thiaumont, also weit westlich vom Douaumont. Für

Major Nicolaï ist das die Bestätigung dafür, daß sein Helm oder seine Gasmaskenbüchse die Kompaßnadel abgelenkt haben. Er zieht die Abweichung ab und führt seine Männer in die Richtung auf das Fort. Dieser Nebel, in dem er sich beinahe verlaufen hätte, hat ihm aber auch das Leben gerettet, weil das deutsche Sperrfeuer erstaunlich ungenau liegt und diesen ganzen Raum ausgespart hat.
15 Uhr. Plötzlich reißt der Nebel auf, und ganz nahe vor ihnen liegt die gewaltige Masse des Forts, in Rauch gehüllt und von Zerstörungen gezeichnet. Flugzeuge mit der Kokarde überfliegen in wenigen Metern Höhe die Marschkolonne. Man sieht die Piloten ermutigende Zeichen machen.
Die Männer klettern in den Festungsgraben hinunter und beginnen sich zum 15,5-cm-Geschützturm hinaufzuhangeln, der beherrschend auf dem Fort thront. Auf dem Weg kommen sie an Schießscharten mit einsatzbereit aufgestellten Maschinengewehren vorbei – und es geschieht nichts. Im Vorbeigehen werfen sie vorsichtshalber Handgranaten in die Lüftungsschächte. Sie klettern, klettern, erreichen die Panzerkuppel. Sie reißen die Arme hoch und stimmen die Marseillaise an.
Der Gesang bricht allerdings bald ab, denn als die Deutschen sie auf den oberirdischen Bauwerken ausmachen, feuern sie mit Artillerie und zwingen sie in Deckung.
Unterdessen sind die Pioniere ins Kernwerk eingedrungen. Oberpionier Dumont ist als erster drin, und ihm ergibt sich Hauptmann Prollius mit seinem kläglichen Häufchen von 24 Mann. Für diese Waffentat wird Dumont als einer der ersten und sehr wenigen Mannschaftsdienstgrade mit dem Kreuz der Ehrenlegion ausgezeichnet.
Bald darauf kommt Major Nicolaï dazu. Prollius tritt auf ihn zu, grüßt und bietet an, ihn durch das Fort zu führen. Beim Lazarett ist der Gestank nach wie vor unerträglich, und im Pionierdepot wüten noch die Flammen, die sich nur ersticken lassen, indem man alle Zugänge verschließt.
Der Douaumont ist zurückerobert! Die Nachricht versetzt ganz Frankreich in Erregung. Der Name des Forts ist auf allen Lippen. Auch im letzten Dorf weiß jeder, daß 978 schwere Granaten dort eingeschlagen sind, daß die Befestigungen aber noch stehen, mehr denn je ein Symbol des französischen Widerstandes.
Nivelle verkündet seinen Truppen am Abend dieses glorreichen 24. Oktober: »In einem großartigen Angriff von wenigen Stunden habt Ihr einem mächtigen Feind im ersten Anlauf das mit Hindernissen und Befestigungen gespickte Gelände nordwestlich von Verdun entrissen, für dessen stückweise Eroberung er acht Monate verbissener Anstrengung und beträchtliche Opfer auf sich genommen hat.
Ihr habt neue strahlende Ruhmestaten denen hinzugefügt, die schon an die Fahnen der Verdunarmee geheftet sind. Im Namen dieser Armee danke ich Euch.
Ihr habt Euch um das Vaterland hoch verdient gemacht.«
Bleibt Fort Vaux. Bei Tag und Nacht beschossen, von mehr als 400 schweren Granaten

getroffen, zu einem guten Teil eingestürzt, hält es stand, und die 74. Division unter Lardemelle, die es erstürmen soll, erleidet schwere Verluste, ohne voranzukommen. Die Grabensysteme um das Kernwerk erweisen sich als uneinnehmbar.
Am 25. Oktober gelangen ungefähr 30 Mann unter der Führung des Offiziersanwärters Néris bis auf wenige Meter an den Bau heran und werfen Handgranaten in die Schießscharten, um die Maschinengewehre zum Schweigen zu bringen. Zwei Soldaten erklettern sogar das Fort, doch sie verschwinden im Rauch der Einschläge. Man hat nie wieder etwas von ihnen gesehen.
Man muß sich damit abfinden: Fort Vaux läßt sich nicht im Sturm nehmen. Man muß sich schrittweise vorarbeiten, noch viele Menschenleben opfern. Die Division Lardemelle ist zu dezimiert; am 1. November wird sie durch die Division Andlauer abgelöst. Die Neuankömmlinge bereiten sich auf den letzten Angriff vor.
Am 2. fällt den Beobachtern eine eigenartige Unruhe rings um das Fort auf. Viele Deutsche scheinen abzuziehen, während heftige Detonationen die Kasematten erschüttern. Die Männer jubeln: Die Deutschen machen sich aus dem Staube!
Wirklich? Wollen sie nicht die Angreifer in eine Falle locken? Eine beklemmende Situation.
Um sich Klarheit zu verschaffen, schickt Hauptmann Fouache am 3. November um 1 Uhr früh Feldwebel Leli und Sergeant Cheylan auf Spähtrupp. Cheylan, ein Priester, gibt zu erkennen, daß er nicht gerade begeistert ist von diesem Himmelfahrtskommando, so ehrenvoll es sein mag.
Die beiden verschwinden in der Dunkelheit. Sie sollen möglichst viel Lärm machen, um das Feuer verbliebener deutscher Soldaten auf sich zu ziehen. Sie springen von Trichter zu Trichter, lassen sich in den Festungsgraben rutschen, verharren lauschend, weil sie Stimmen hören. Zu ihrer Erleichterung sind es Kameraden vom 298. Regiment, die auch auf Spähtrupp unterwegs sind.
Das Fort schweigt immer noch. Die Männer fassen Mut, treten absichtlich Steine los. Sie klettern über den Ziegel- und Betonschutt, gelangen ans Tor. Es ist 2.40 Uhr. Fort Vaux ist wieder in französischer Hand.
Mit einem Schlage sind Nivelle und Mangin die volkstümlichsten Generäle des französischen Heeres, die Helden des Tages. Überall kann man hören, daß sie eisern zusammenhalten, daß sie neue Kampfmethoden entwickelt haben, daß sie alle Möglichkeiten der Artillerie auszuschöpfen wissen. Jedermann ist überzeugt, daß sie kühner sind als Pétain und sparsamer mit dem Blut ihrer Soldaten umgehen als Foch. Ihr Stern geht auf.
Doch dieser Ruhm läßt sich noch steigern. Am 15. Dezember, auf dem Schlachtfeld liegt schon Schnee, schickt Mangin überraschend vier Divisionen nördlich des Douaumont vor. Die Deutschen verlieren kurz nacheinander Bezonvaux, Louvemont und den Caurièreswald. Das sind Namen, die alle Franzosen monatelang in den Heeresberich-

ten gelesen haben. Dieser spektakuläre Erfolg bringt den beiden Generälen noch mehr Prestige ein. Die Folgen werden nicht lange auf sich warten lassen.
Ludendorff zeigt offen seine Bestürzung. Er hat nicht geglaubt, daß die Franzosen in diesem Stadium des Krieges solcher Leistungen fähig wären. Er gibt zu, daß die Lage bedrohlich ist, daß seine Truppen an der Westfront total erschöpft sind.
Der Kronprinz, der zehn Monate lang den Angriff auf Verdun geführt hat, schreibt im Rückblick:
»Zum ersten Male kam mit zu Bewußtsein, was es heißt, eine Schlacht zu verlieren. Zweifel am eigenen Können, Selbstanklagen, bittere Gefühle, ungerechte Gefühle gegen andere durchwogten das Herz und legten sich wie eine schwere Hemmung auf das Hirn. Ich gestehe offen, ich bedurfte einiger Zeit, bis ich meinen Gleichmut wiederfand und innerlich zu neuem, festen Glauben erstarkte.«

Er steht über allen, macht die Vorschläge, entscheidet ... Diese Konferenz, die da am 15. März 1916 beginnt, ist so etwas wie seine Apotheose. Alle umgeben sie ihn seit 10 Uhr mit Ehrerbietung, ihn, Joseph Jacques Césaire Joffre. Ein Hofstaat von Generälen, beinahe so eindrucksvoll wie der Hofstaat von Königen, den der Kaiser gewordene Napoleon einst aus eigener Machtvollkommenheit um sich versammelte.
Der Belgier Wielemans, die Engländer Robertson, Haig und Maurice, die Italiener Porro und Tellini, die Rumänen Rudeanu und Raskanu, die Russen Palitzin und Dessino, die Serben Rachitsch und Pachitsch sind gekommen, ja sogar von der anderen Seite der Erdkugel der Japaner Nagai.
Alle halten eine Denkschrift in der Hand, die Joffre für sie geschrieben hat. Auf wenigen Seiten sind da in großen Zügen die für das Jahr 1917 vorgesehenen Operationen dargestellt.
Schon in den ersten Zeilen kommt Joffres unvergleichlicher Optimismus zum Ausdruck. Es steht alles zum besten: Die Schläge, die 1916 die Mittelmächte getroffen haben, sind das Ende ihrer Offensivbereitschaft gewesen. 1917 kann nur »ihren Zusammenbruch besiegeln«.
Er ist seiner Sache so sicher, daß er auch die Widerstrebendsten überzeugt. An allen Fronten, wenn man vom fernen Rumänien einmal absieht, sind die Deutschen und ihre Verbündeten in die Verteidigung gedrängt. Um sie vollends in die Knie zu zwingen, ist nur noch eine präzise aufeinander abgestimmte Aktion der Alliierten an allen Fronten erforderlich.
Diese Aktion legt Joffre seinen Gesprächspartnern in wenigen Sätzen dar.
Vor allem muß Bulgarien aus der gegnerischen Phalanx herausgebrochen werden. Um das zu erreichen, müssen die Orientarmee und die rumänischen Armeen, von den Russen unterstützt, gleichzeitig angreifen. Bulgarien wird dann wie ein Ei zerbrechen. Und die Türkei wäre endlich von ihren Verbündeten abgeschnitten.

Ist das geschehen, wird man an der Front in Frankreich eine gemeinsame Großoffensive unternehmen, Belgier, Engländer und Franzosen, eine ins ungeheure gesteigerte Sommeschlacht, die diesmal angesichts der Erschöpfung der Deutschen zum Erfolg führen *muß*.
Gleichzeitig sollen die Heere der Italiener und Russen mit aller Kraft angreifen. Man kann davon ausgehen, daß Österreich nach wenigen Monaten heftiger Kämpfe zusammenbrechen wird, und bald nach ihm Deutschland.
Dieser Plan kann einfach nicht fehlschlagen, vor allem, wenn man bedenkt, daß die Mittelmächte allerhöchstens 9120000 Mann aufbieten können, die Alliierten dagegen 13838000. Und bei den Reserven sieht das Zahlenverhältnis noch günstiger aus: Die Alliierten haben 8937000 Mann, Deutsche und Österreicher allenfalls 2750000.
Vor allem darf man den Deutschen an der Westfront keine Atempause gönnen. Es muß also schon im Februar kräftig angegriffen werden.
Die Orientarmee soll nach Joffres Vorstellungen auf 23 Divisionen verstärkt werden: 7 englische, 6 französische, 3 italienische, 6 serbische und eine russische.
Die um 12.30 Uhr unterbrochene Sitzung wird um 14 Uhr wiederaufgenommen und am folgenden Tage fortgesetzt, doch im Grunde ist alles gesagt: Joffre hat gesprochen, alle haben ihm zugestimmt. Nur die Rumänen, deren Heer gerade furchtbar zerschlagen wird, haben es gewagt, sich zu Wort zu melden und gegen die unzureichende Versorgung mit Waffen und Munition zu protestieren.
Als alle Teilnehmer abgereist sind, nachdem der Staatspräsident sie noch im Elysée empfangen hat, kann Joffre schreiben: »Ich verhehlte meine Befriedigung über die erreichten bedeutenden Ergebnisse nicht. Dank der *einstimmigen* Bereitwilligkeit, die ich auch hier ehrend hervorheben möchte, bestand kein Zweifel, daß wir die Frucht, die wir durch unsere gemeinsamen Aktionen von 1916 zum Reifen gebracht hatten, im Jahre 1917 pflücken würden.«
Nie zuvor hat er so groß dagestanden. Er ist die Triebfeder einer Koalition, wie sie in der Geschichte ihresgleichen nicht hat. Er lenkt einen Krieg, in dessen Dienst mächtige Nationen ihre ganze Kraft gestellt haben. Alle, die ihn um diese Zeit erleben, sind von seinem außerordentlichen Selbstvertrauen beeindruckt.
Doch eben das ist sein Verderben.
Denn er hat Feinde, viele und mächtige Feinde.
Zahlreiche Abgeordnete finden sich in den Wandelgängen des Palais-Bourbon in gemeinsamer Abneigung zusammen. Sie fühlen sich zurückgesetzt, weil sie seit Kriegsbeginn an den Entscheidungen nicht so teilhaben, wie sie das für angebracht halten. Man verlangt ihre Zustimmung zu den Militärausgaben, aber das Kontrollrecht des Parlaments über diese Haushaltsmittel ist so gut wie aufgehoben. Vor allem jedoch sind sie gekränkt, daß sie vom Kriegsgeschehen nur aus den Zeitungen erfahren.
Tatsächlich hält sich Joffre die Abgeordneten vom Halse. In Chantilly empfängt er sie

ohnehin nicht, und seinen Generälen hat er Anweisung gegeben, ihre Hauptquartiere vor ihnen zu verschließen. Er weiß zu gut, daß geheime Militärangelegenheiten, wenn sie einmal Abgeordneten oder Senatoren zu Ohren gekommen sind, zu Gemeinplätzen werden.

Bislang haben sich die Mitglieder der Abgeordnetenkammer vor der überwältigenden Volkstümlichkeit des Generalissimus ducken müssen. Doch jetzt scheint die Öffentlichkeit von dem großen Mann nicht mehr ganz so angetan zu sein.

Die Franzosen sind müde geworden. Sie finden, der Krieg dauere schon reichlich lange, und es seien viele Fehler gemacht worden. Die Offensiven im Artois und in der Champagne sind nicht groß genug aufgezogen gewesen, die Befestigungen von Verdun vernachlässigt ... Und die Offensive an der Somme, von der man sich so viel versprochen hat, ist ohne besonders eindrucksvolle Erfolge zu Ende gegangen. Rumänien ist zum ungünstigsten Zeitpunkt in den Krieg eingetreten und bricht unter den Schlägen von Falkenhayn und Mackensen zusammen. Die Gefallenenlisten werden immer länger. Angst und Wut machen sich breit, und zwar in allen Schichten der Bevölkerung. Das macht den Abgeordneten Mut.

Vielleicht könnten sie es doch schaffen, den Koloß zu stürzen? Schon Ende Juli bilden sich im Senat und im Palais-Bourbon vertrauliche Zirkel, die auf die Wiederherstellung der parlamentarischen Kontrolle über die Armee drängen.

Joffre weiß das, aber es scheint ihn nicht sonderlich zu beeindrucken. Er hält sich noch für unangreifbar.

Spürbar wird die Gefahr für ihn erst um die Zeit der »zweiten Sarrailaffäre«.

Seit der Übernahme des Oberbefehls hat er stets darauf bestanden, allein über seine Untergebenen urteilen zu dürfen, und bislang hat er das auch durchgesetzt. Er hat Dutzende von Generälen nach Gutdünken in die Etappe strafversetzt und hat statt ihrer Männer ernannt, die ihm geeignet erschienen, ohne daß ihm jemand hineinreden durfte.

Sarrail ist ihm zuwider. Er wirft ihm Untätigkeit und schlechten Führungsstil vor. Er weiß, daß die Engländer immer wieder auf seine Ablösung drängen. Er möchte ihn seines Kommandos entheben. Statt dessen hat man General Roques gegen seinen erklärten Wunsch nach Saloniki geschickt, und dessen Bericht läuft darauf hinaus, daß General Sarrail keine ernstlichen Vorwürfe gemacht werden können. Joffre hat sich desavouiert gefühlt, eines seiner wichtigsten Rechte beraubt. Das bohrt in ihm.

Seither ist das Intrigenspiel in der kleinen Welt des Parlaments immer intensiver geworden.

Ministerpräsident Briand sieht sich ohnehin bedroht. Seine Regierung hat keinen rechten Schwung mehr; sie kann jeden Tag auseinanderbrechen. Doch selbst er, der gerissene Taktiker, weiß nicht recht, wie er sich verhalten soll. Er muß Ballast abwerfen, um die Abgeordneten zu beruhigen. Lieb ist ihm das nicht, doch ihm bleibt keine Wahl.

Joffre zu opfern, der als unbestrittener Führer der Koalition dasteht, das erscheint unmöglich. Doch ihn nicht opfern, das bedeutet aller Wahrscheinlichkeit nach den baldigen Verlust der Regierungsmehrheit im Parlament.

Einmal mehr versucht er sich durchzuwinden, mit Halbheiten alle einigermaßen zufriedenzustellen. Ideal wäre es, wenn man Joffre seine Vorrechte, die das Hohe Haus so irritieren, nehmen und dabei den Eindruck erwecken könnte, daß man ihn noch befördert.

Ende November glaubt Briand die Lösung gefunden zu haben: Joffre soll Chantilly verlassen und in Paris residieren. Offiziell wäre er der Oberbefehlshaber aller französischen Armeen und würde sogar den Marschallstab entgegennehmen dürfen. Unter seinem Kommando würde Nivelle arbeiten, der von der Vorsehung Erwählte, und statt Joffre die Armeen an der Westfront führen. Sarrail könnte in Saloniki bleiben.

Joffre ist zu schlau, als daß er nicht merken würde, daß dies eine ehrenvoll verpackte Abhalfterung wäre. Er weiß: Wenn er erst einmal in Paris ist, arbeitet er unter den Augen von Regierung und Parlament und kann den Krieg nicht nach Gutdünken führen. Er stemmt sich mit aller Kraft gegen eine solche Lösung.

Briand drängt, bringt die Angelegenheit bei jeder passenden und unpassenden Gelegenheit zur Sprache und malt das Gespenst einer so gut wie unlösbaren Regierungskrise an die Wand. Am 25. November, bei einem Gespräch am Quai d'Orsay, weigert sich Joffre noch einmal. Die Abgeordneten werden ungeduldig. Am 26. hagelt es bei einer geheimen Sitzung eines Ausschusses der Kammer 26 Anfragen an die Regierung. Am 27. zieht Briand im Elysée in Anwesenheit von General Roques alle Register, um den Widerstrebenden doch noch umzustimmen.

Doch Joffre beharrt trotzig auf seinem Standpunkt. Am 29. versammelt er sogar in Chantilly die Befehlshaber seiner Armeegruppen und teilt ihnen mit, im Februar würden sie eine Großoffensive zu führen haben.

Endlich, am 3. Dezember, muß er dem gemeinsamen Druck von Briand und Poincaré nachgeben. Am Abend kehrt er nach Chantilly zurück und schließt sich, für niemanden zu sprechen, in seinem Schlafzimmer ein.

Die Götterdämmerung ist gekommen. Der Generalissimus spürt, wie ihm mit jedem Tag weitere Machtbefugnisse entzogen werden.

Am 13. Dezember erfährt er, daß der neue Kriegsminister Lyautey unmittelbar in die Führung der Operationen eingreifen will. Er, Joffre, soll nur noch »Fachberater des Nationalen Verteidigungsausschusses« sein. Man verspricht ihm Amtsräume in Neuilly, aber mit einem winzigen Stab von ganzen drei Offizieren.

Am 22. schart er in seinen Privaträumen in der Villa Poiret alle Mitglieder seines Generalstabes um sich, die Treuesten der Treuen. Drei sollen sich freiwillig melden, um ihm in seiner neuen Funktion zur Seite zu stehen. Ein einziger tritt vor, der, den er seit jeher den »wackeren Thouzelier« genannt hat. Die anderen blicken einander betreten an.

Joffre scheint für einen Augenblick geradezu verstört. Da geht Gamelin zu ihm und sagt leise: »Herr General, haben Sie Verständnis für Leute, die an ihre Karriere denken müssen.«
Der General seufzt, klopft Thouzelier auf die Schulter, streicht sich nach seiner Gewohnheit über den Schädel und murmelt: »Armer Joffre! Braver Thouzelier!«
Mit schweren Schritten geht er zum Wagen hinaus, der sofort davonbraust. Bei der Ortsdurchfahrt in Saint-Denis, dicht vor Paris, kommt ein anderer Wagen ebenso schnell in Gegenrichtung vorbei, an dem der Stander des Oberbefehlshabers prangt. Das ist Nivelle, der nach Chantilly unterwegs ist. Nivelle, der Wundermann, der neue Stern am Kriegshimmel. Der General, der die »Taktik des Zuschlagens« erfunden und sich die drei Wörter *Violence, Brutalité, Rapideté* zur Richtschnur genommen hat.
Der neue Mann weiß, wie man Menschen gewinnt. Die Abgeordneten hat er schon in der Tasche. Im Gegensatz zu Joffre empfängt er sie höchst bereitwillig und führt nach einem guten, reichlich begossenen Mittagessen lange vertrauliche Gespräche mit ihnen. Nicht einmal die Engländer können seinem Charme widerstehen. Allerdings ist seine Mutter Engländerin, und sie hat ihn ihre Muttersprache mit allen Feinheiten gelehrt. Lloyd George, der als Nachfolger von Asquith Premierminister geworden ist, zeigt sich entzückt, und Haig, der ruppige Haig, kann gar nicht genug Lobesworte finden. Am Abend ihrer ersten Begegnung notiert er in seinem Tagebuch: »Alles in allem gefällt mir Nivelle. Er ist 61 Jahre alt, hat eine wache Intelligenz und große Erfahrung ... Der alte Joffre tut mir leid, aber ich finde Nivelle sehr viel energischer.«
Wirklich, armer alter Joffre. Er bekommt nicht einmal seine Villa in Neuilly, sondern muß sich mit Diensträumen in der Kriegsschule begnügen, wo er seine Zeit damit verbringt, unwichtige Berichte zu studieren und über die Unbeständigkeit der Menschen und die Zerbrechlichkeit des Glücks zu meditieren. Seinen Marschallstab überreicht ihm Poincaré fast verstohlen in seinem Amtszimmer im Elysée.

Das Jahr 1916 geht zu Ende. In Strömen ist das Blut geflossen, und die Gegner sind an allen Fronten in einen aussichtslos erscheinenden Kampf verbissen.
Trotzdem spürt man auf beiden Seiten so etwas wie eine dumpfe Erregung, ein Hoffen auf baldige Erlösung, auf einen möglichen Sieg im heraufziehenden Jahr 1917. Trotz aller Enttäuschungen.
Bei den Deutschen weckt die Übernahme des Kommandos durch Hindenburg und Ludendorff eine Begeisterung, die durch den Blitzsieg in Rumänien noch geschürt wird.
Bei den Engländern verspricht der strahlend temperamentvolle Lloyd George, der so ganz anders wirkt als der unscheinbare Asquith, die ganze Kraft der Nation aufzubieten, um den Krieg zu gewinnen.

Und in Frankreich, in den Städten und Dörfern, aber auch an der Front, schwören alle auf Nivelle.
Er hat die Deutschen vor Verdun geschlagen, hat ihnen Douaumont und Fort Vaux wieder entrissen. 1917 wird er die Deutschen endlich, endlich aus dem Lande treiben.

XIX. Kapitel Ein folgenschwerer Entschluß: Jetzt sollen die U-Boote den Krieg gewinnen

Die Deutschen, durch die Blockade geschwächt, sehen nur noch einen Ausweg: den unbeschränkten Unterseebootkrieg. Sie machen sich Admiral von Capelles Ansicht zu eigen: Militärisch gesehen ist Amerika »gleich Null«.

Grau ist der Himmel, grau sind die Rümpfe der Schiffe, die durch das graue Meer stampfen und rollen. Der Wind bläst in scharfen Böen, die den Nebel über dem Wasser zu langen Streifen ziehen. Alle Geräusche wirken gedämpft. Die Feuchtigkeit dringt bis in den letzten Winkel, und die Männer der Wache, die bei Tag und Nacht mit ihren Gläsern das Meer absuchen, wirken in ihrem nassen Ölzeug wie Käfer in einem klebrig glänzenden Panzer. Ächzend bahnen sich die Schiffe ihren Weg über die kurzen Wellen der Nordsee.

Seltsame Fahrzeuge sind das, grau gestrichen und mit ragenden Geschützrohren, aber sie haben nicht die kühnen, schlanken Formen der Kreuzer und Zerstörer. Schaut man genauer hin, so erkennt man in ihnen die schmucken Passagierdampfer, die in den gesegneten Tagen des Friedens mit begüterten Touristen in sonnige Breiten gefahren sind.

Jetzt sind sie, umgestrichen und bewaffnet, als Hilfskreuzer Englands Wachhunde geworden. Sie sollen den Würgegriff um Deutschland legen, und sie sind schon gefährlich erfolgreich dabei.

Im August 1914 hatte Wilhelm II. seinen Soldaten zugerufen, sie würden wieder zu Hause sein, wenn das Laub fällt. Das war durchaus nicht nur so dahingesagt: Der Kaiser war überzeugt, einen raschen Sieg erringen zu können. So hatte Deutschland auch seine strategischen Reserven im Hinblick auf einen kurzen Krieg bemessen. Schon im ersten Winter sind sie bedenklich geschrumpft. Kohle, Kupfer, Nickel, Rohbaumwolle, Erdöl, Getreide, Kraftfutter, Düngemittel sind knapp geworden, und im Frühjahr 1915 haben Industrie und Landwirtschaft verzweifelt geklagt.

Um diese Verknappung noch zu beschleunigen, haben die Engländer sich zur feinmaschigen Fernblockade Deutschlands entschlossen. Jede Zufuhr kriegswichtiger Rohstoffe in seine Häfen soll unterbunden werden. Um die Blockade wirksam zu machen, müssen auch die Schiffe der Neutralen durchsucht und dürfen nur durchgelassen werden, wenn sie keine Konterbande an Bord haben, sprich: Rohstoffe für Deutschland. Eine harte und undankbare Aufgabe. Die Blockadeschiffe müssen bei jedem Wetter in einer höchst unwirtlichen Gegend kreuzen, müssen Wind und Stürmen trotzen, ohne die Möglichkeit, den nächsten Hafen anzulaufen. Sie müssen ihren Abschnitt bewachen, bis die Ablösung da ist.

Für diesen Auftrag hat England seine Passagierdampfer beschlagnahmt.

Der schönste ist die *Alsatian*, das Flaggschiff des Geschwaders: Ein Vierschraubendampfer mit zwei hohen Masten und zwei gewaltigen Schornsteinen. Dank seiner 23 Knoten Höchstgeschwindigkeit kann der Achtzehntausendtonner selbst die schnellsten Blockadebrecher einholen, mit seinen 15,2-cm- und 12-cm-Geschützen ist er nicht nur als U-Boot-Jäger geeignet, sondern kann sogar einem Kleinen Kreuzer gefährlich werden. Die Kohlenbunker sind auf 6000 t Fassungsvermögen vergrößert worden, so daß er 42 Tage in See bleiben kann.

Er trägt den Wimpel von Konteradmiral Dudley R. S. de Chair, einem ehemaligen Mitarbeiter Churchills in der Admiralität, einem hervorragenden Artillerie- und Torpedospezialisten, einem jener Seeleute, deren Zähigkeit und Mut von jeher Englands wirksamster Schutz gewesen sind. Er hat das schwierige Kommando ohne Zögern übernommen und befehligt jetzt eine Flotte, wie man sie sich zusammengewürfelter nicht vorstellen kann: 24 Passagierdampfer, unter denen zwischen 18486 BRT und 5836 BRT alle Größen vertreten sind; der schnellste läuft bis zu 23 Knoten, der langsamste 11 Knoten.

Nur eine lückenlose Blockade kann ihren Zweck erfüllen. Deshalb hat Chair seit Januar 1915 vier Sperrlinien aufgebaut, auf denen ständig patrouilliert wird: *Patrol A* von den Färöer-Inseln nordwestlich nach Island hinauf, *Patrol B* von den Shetland-Inseln nach Norden, *Patrol C* von den Hebriden zu den Färöer-Inseln und *Patrol D* parallel dazu weiter im Westen.

Shetland-Inseln, Färöer-Inseln, Hebriden, Island ... Jeder Seemann weiß, daß mit dem Wetter in diesen Breiten nicht zu spaßen ist. Es gibt Jahreszeiten, zu denen sie es mit den berüchtigten *Roaring Forties* auf der Südhalbkugel aufnehmen können.

An Sturmtagen wird die Aufgabe der Patrouillenschiffe fast unlösbar. Hat der angehaltene Dampfer gestoppt, muß ein Boot ausgesetzt werden. Das winzige Fahrzeug tanzt vor der himmelhohen Stahlwand, gegen die es jeden Augenblick geschmettert werden kann. Außerdem dauert die Durchsuchung zuweilen geraume Zeit, weil bis in die untersten Laderäume alles geprüft und jeder Passagier befragt werden muß, um sicherzugehen, daß kein Deutscher an Bord ist. Der Kapitän des Dampfers hat allen Grund zum Protest: Wenn man in schwerem Wetter die Fahrt aus dem Schiff nimmt, werden die Bewegungen unkontrollierbar und Havarien sind durchaus nicht auszuschließen.

Sehr bald verwahren sich die Neutralen gegen ein solches Vorgehen, besonders heftig die Amerikaner, die laut verkünden, ihre britischen Vettern verstießen gegen das geheiligte Gesetz der Freiheit der Meere. Dagegen verstoßen sie, das ist wahr. Es ist auch wahr, daß bedrängende Notwendigkeit sie dazu veranlaßt. Doch es stellt sich bald her-

aus, daß trotzdem etwas geschehen muß, um die Unzufriedenheit der Neutralen zu besänftigen.
Die britische Regierung verfällt auf einen Ausweg. Am 1. März 1915 gibt sie im Unterhaus bekannt, daß neutrale Schiffe in Zukunft zum Anlaufen eines Hafens gezwungen werden sollen, um dort ohne Gefahr für Schiff und Besatzung durchsucht zu werden. Einige Tage später wird mitgeteilt, daß Kirkwall auf den Orkney-Inseln nördlich von Schottland dieser Hafen sein soll. Damit ist das Verfahren völlig verändert:
Der Mann im Krähennest erblickt im dämmerigen Frühlicht eine Rauchfahne am Horizont. Sofort starren die Seeoffiziere durch ihre Gläser in die angegebene Richtung. Auch wenn man nicht weiß, wer da unterwegs ist, muß die Jagd sofort beginnen, denn die Blockadebrecher sind oft schnelle Schiffe, und ihre Kapitäne nehmen erhebliche Risiken in Kauf, um mit dem Durchbringen einer kostbaren Ladung das Geschäft ihres Lebens zu machen.
An Bord wird Klarschiff zum Gefecht angeschlagen. Oft dauert es lange, bis der andere eingeholt ist. Beide Schiffe laufen mit hoher Fahrt nebeneinander her. Der Verfolger fordert mit Flaggensignal zum Stoppen auf, und wenn seiner Anweisung nicht Folge geleistert wird, gibt er einen Schuß vor den Bug ab. Die Geschütze sind feuerbereit auf ihr Ziel gerichtet. Es könnte sich ja um einen gut getarnten Hilfskreuzer handeln.
Jetzt muß ein Boot hinüber. Diese bei hohem Seegang außerordentlich gefährliche Maßnahme läßt sich nicht vermeiden. Die Nußschale wippt auf den Wellen, entschwindet zeitweise den Blicken, legt endlich an dem Koloß an. Die Ruderer sind zumeist ehemalige Neufundlandfischer, die es gewohnt sind, ihre flachen Boote bei jedem Wetter zu beherrschen. Ihre Geschicklichkeit ist verblüffend.
Das Prisenkommando klettert an Bord. Es besteht aus einem Offizier und sechs Mann. Während der ganzen Fahrt nach Kirkwall sind sie die absoluten Herren an Bord. Als erstes wird die Funkanlage des angehaltenen Schiffes außer Betrieb gesetzt, ein Mann kommt ans Ruder, einer als Ausguck auf den Mast. Der Offizier bleibt auf der Brücke und läßt den Kapitän nicht aus den Augen. Das Prisenkommando hat Essen und Trinken mitgenommen.
Die beiden Schiffe steuern hintereinander nach Kirkwall. Dort gehen sofort Spezialeinheiten unter Korvettenkapitän Down an Bord. Sie sollen so schnell wie möglich und trotzdem gründlich arbeiten, etliche Tonnen Fracht umstapeln, Verpackungen öffnen, jede noch so raffiniert versteckte Bannware entdecken. Oft müssen sie Stammholz öffnen, um zu sehen, ob es nicht mit Schokolade gefüllt ist. Sie müssen an den Ankern kratzen, ob sie nicht aus Kupfer gegossen sind, was tatsächlich schon vorgekommen ist, müssen Proben ziehen, um festzustellen, ob die Ladung Zwiebeln nicht zum größten Teil aus Kautschukknollen besteht, was ebenfalls versucht worden ist.
Natürlich protestieren Besatzung und Passagiere heftig. Auch sie werden ja auf Herz und Nieren geprüft. Zwei Tage kann eine solche Untersuchung dauern. Dann erst darf

das Schiff wieder auslaufen, und damit es auf derselben Reise nicht noch einmal angehalten wird, bekommt es die Erkennungsflaggen der Blockadeflotte für die nächsten drei Tage mitgeteilt.
Bände könnte man füllen mit den Geschichten von der Blockade, und bei den aufregendsten geht es durchaus nicht immer um Bannware. Denn die Durchsuchungskommandos suchen ja nicht nur nach Rohgummi und Kupfer, sondern auch nach Spionen. Mehr als einmal werden sie fündig. In den Vereinigten Staaten wimmelt es von Agenten aller Spielarten. Seit Kriegsbeginn bemühen sich die Deutschen mit erheblichem Erfolg um die Pflege der heimattreuen Gesinnung der großen deutschen Kolonie in Amerika. Sie geben sich sogar der Illusion hin, den Einfluß ihrer Landsleute für so groß halten zu dürfen, daß er eine amerikanische Kriegserklärung verhindern könnte. In der Umgebung von Botschafter Graf Bernstorff in Washington sind viele Pseudo-Diplomaten mit Spionageaufgaben betraut. Besonders aktiv ist ein Hauptmann von Papen, der es noch weitbringen wird; zu seinen Mitarbeitern zählt Oberleutnant Hans von Wedell, ein Fachmann für Paßfälschungen, der auch Kurierdienste zwischen den Vereinigten Staaten und Deutschland übernimmt.
Um die Weihnachtszeit 1915 macht er sich auf den Weg in die Heimat. Mit einem falschen US-Reisepaß auf den Namen Spero schifft er sich am 26. Dezember auf der *Bergensfjord* ein, einem der berühmtesten norwegischen Blockadebrecher.
Doch die Engländer sind informiert. Sie wissen, daß Wedell und mehrere deutsche Reservisten an Bord sind. Die Blockadeflotte wird zu besonderer Wachsamkeit angehalten, und obwohl die schnelle *Bergensfjord* auf dem nördlichsten Kurs bis an den Rand des Packeises ausweicht, kommt sie nicht durch. Wedell muß das Kriegsende hinter Gittern abwarten.
Admiral de Chair wird vom Erfolg verwöhnt. Menschen und Waren, immer mehr Angehörige von Feindstaaten, immer mehr Konterbande falle ihm in die Hände, und laufend werden ihm weitere Schiffe unterstellt, so daß er die Maschen seines Netzes immer dichter knüpfen kann. Schwierigkeiten machen nur die Amerikaner. Sie halten die Blockade für völkerrechtswidrig und sagen das um so lauter, als sie den Interessen der Vereinigten Staaten schweren Schaden zufügt. Sie protestieren und veröffentlichen schließlich sogar ein regierungsamtliches Weißbuch, in dem wörtlich zu lesen steht:
»Die Regierung Großbritanniens hat gleichsam mitten auf den befahrensten Seewegen ein willkürlich urteilendes Gericht geschaffen, das sich unerhörte Vollmachten anmaßt und eine tyrannische Ordnung übt.«
Vor allem die Baumwollfarmer laufen Sturm gegen die Blockade. Die Deutschen sind seit langem ihre besten Kunden, und jetzt, im Krieg, ist der Bedarf an Rohbaumwolle bei den Mittelmächten ins unermeßliche gestiegen: Die Soldaten brauchen Uniformen, die Kanonen Munition, die Automobile Reifen, die Maschinen Transmissionsriemen, die Kabel Ummantelungen ... Seit der Zugang zu ihren Häfen blockiert ist, haben die

Deutschen auf dem Umweg über neutrale Länder eingekauft, in Holland zum Beispiel, das vor dem Kriege jährlich 105 000 t Rohbaumwolle bezogen hat und allein in den ersten neun Kriegsmonaten 419 370 t importiert. Die schwedischen Einfuhren steigen um 100 000 auf 747 630 t, die norwegischen von 13 689 auf 125 510 t, die dänischen von 27 500 auf 65 830 t.

Die Engländer sind in einer Zwickmühle. Es ist ihnen klar, daß sie unbedingt den direkten und den indirekten Strom der Baumwolle nach Deutschland aufhalten müssen, aber es ist ihnen ebenso klar, daß sie es sich auf die Dauer mit den Vereinigten Staaten verderben würden.

Zu Kriegsbeginn finden sie sich bereit, Rohbaumwolle nicht auf die Liste der strategischen Güter zu setzen, doch schon am 22. August 1915 erklären sie sie zur Bannware. Die Neutralen werden einer Kontingentierung unterworfen; sie dürfen an »strategischen Gütern« fortan nur noch so viel einführen wie vor dem Kriege.

Natürlich wehren sie sich, und die Vereinigten Staaten drohen sogar mit dem Abbruch der diplomatischen Beziehungen. Doch England bleibt bei seiner Entscheidung.

Bestärkt wird es in diesem Verhalten durch die rasche Wirkung, die seine Blockade zeigt. Die Deutschen leiden. Ihre Reserven sind bald am Ende, auffüllen kann man die Lager nicht mehr. Und der Krieg verschlingt mehr, als man es sich je vorgestellt hat. Deutschland braucht unbedingt Nickel, Kupfer, Blei, Kautschuk, pflanzliche und tierische Fette, Weizen, Gerste, Roggen, Fleisch, Futtermittel, Stickstoff, Phosphatdüngemittel. 1913 noch hat es alle diese Produkte in gewaltigen Mengen importiert, dazu Baumwolle und Leder aus den Vereinigten Staaten, Weizen aus Rußland, Wolle aus Argentinien und so weiter.

Schon Anfang 1915 meldet James W. Gerard, US-Botschafter in Berlin, in seinen Depeschen die ersten einschneidenden Rationierungsmaßnahmen. Und mit jedem Monat wird die Stadt trister. Um Kohle zu sparen, müssen Theater, Filmbühnen, Museen, Gemäldegalerien ihre Pforten schließen, die Schaufenster werden nicht mehr beleuchtet, und auf den Straßen brennt nur noch jede dritte Laterne. Auch der Einsatz von Zirkuselefanten zum Ziehen von Kohlenwagen kann die Berliner nicht erheitern.

Das Brot, aus Roggen und Kartoffelmehl gebacken, liegt schwer im Magen. Man kann es nur gegen die kleinen Abschnitte einer Brotkarte kaufen, die jeden Montag ausgegeben wird und nicht nur beim Bäcker, sondern auch in der Gastwirtschaft verlangt wird. Bald gibt es auch Kartoffeln, Butter, Fleisch und Seife nur noch »auf Marken«. Frei verkäuflich – soweit vorrätig und zu immer höheren Preisen – bleiben schließlich nur frisches Gemüse, Geflügel und Wild. Milch bekommen nur Kinder; wer älter als sechs Jahre ist, braucht für eine Milchzuteilung ein ärztliches Attest.

Vor allem 1915 haben die Deutschen den Eindruck, mit jedem Tag ein wenig tiefer ins Elend zu geraten. Da die deutsche Industrie von vielen ihrer traditionellen Lieferanten

abgeschnitten ist, muß Altmaterial eingesetzt werden. Alle Bürger müssen die in ihrem Besitz befindlichen Buntmetallgegenstände melden und bald darauf bei einer gigantischen nationalen Sammelaktion abgeben. Alles geht den Weg in die Schmelze: Leuchter, Töpfe, Türklinken und sogar Orgelpfeifen. Die Kirchtürme verstummen in rascher Folge, Pferdemist muß gesammelt werden, weil kein Dünger ins Land kommt.
Besonders gravierend ist die Kupferknappheit. 1913 hat Deutschland 40000 t produziert und 220000 t importiert. 1915 ist die Eigenproduktion auf 65000 t erhöht worden, doch vom Ausland kommt so gut wie gar nichts mehr herein. Kupfer darf nur noch für Rüstungszwecke verwendet werden. Für zivile Anwendungen sind die Deutschen auf die bewährte Erfindungskraft ihrer Ingenieure angewiesen, die Ersatzstoffe entwikkeln.
Eisen ist reichlicher vorhanden, doch bald wird die Kohle zum Engpaß.
»Die Kohlennot in der Heimat«, schreibt Ludendorff, »nahm im Winter 1916/17 erheblich zu; sie drückte stark auf die Stimmung und nötigte zu entscheidenden Maßnahmen.«
Erdöldestillate sind in so geringen Mengen verfügbar, daß man die Benutzung von Privatautomobilen verbieten muß und die Bauern mangels Petroleum für ihre Lampen mit den Hühnern schlafengehen müssen.
Die große, bedrängende Sorge aber ist die Ernährung, und die Alliierten vertrauen darauf, daß der Hunger Deutschland in die Knie zwingen wird.
Schon seit Januar 1915, als die Brotration noch bei 225 Gramm lag, erscheinen Aufrufe, wie die »Zehn Gebote der Ernährung«:
1. Der Feind will uns aushungern, doch das wird ihm nicht gelingen, weil wir genügend Getreide haben, um bis zur nächsten Ernte auszukommen. Du sollst auch nicht das kleinste Stückchen Lebensmittel vergeuden.
2. Du sollst kein Korn verfüttern.
3. Du sollst Brot sparen, auf daß unsere Feinde das Nachsehen haben.
4. Wenn du das Brot achtest, wirst du bis zum Ende des Krieges welches haben.
5. Du sollst diese Regeln deinen Kindern einschärfen.
6. Du sollst auch den kleinsten Bissen Brot nicht verachten, selbst wenn er alt geworden ist.
7. Du sollst nur so viele Scheiben abschneiden, wie du wirklich brauchst. Du sollst immer an unsere Frontsoldaten denken, die froh wären, das Brot zu haben, das du vergeudest.
8. Du sollst Kriegsbrot essen. Du erkennst es an dem Buchstaben K. Es ernährt dich so gut wie jedes andere.
9. Du sollst die Kartoffeln nicht schälen, bevor du sie kochst.
10. Du sollst Kartoffelschalen, Fleisch- und Gemüseabfälle usw. aufbewahren. Sie sind Viehfutter.

Natürlich steigen die Preise unaufhaltsam, und die Minderbemittelten müssen den Gürtel als erste enger schnallen. Im Mai 1915 sind die Lebensmittel bereits um 65 Prozent teurer geworden. Im Juni kostet Mais viermal soviel wie vor dem Kriege, Petroleum doppelt soviel. Und für viele wackere Deutsche eine schreckliche Entbehrung: Der Bierausstoß ist um 40 Prozent gesunken!

Die Menschen werden immer niedergeschlagener, und die Fachleute sind um so pessimistischer, als die Blockade ständig wirksamer wird. Ende 1915 meldet die Admiralität, daß 3108 Schiffe angehalten und 743 besonders verdächtige zur Untersuchung nach Kirkwall umgeleitet worden sind. 63 britische Seeoffiziere und 800 Matrosen haben dieses eindrucksvolle Ergebnis mit ihrem Leben bezahlt.

Ständig verschlechtert sich die Lage, und 1916 steht Deutschland am Rande der Hungersnot. Die letzte Kartoffelernte ist schlecht ausgefallen. Alles ist rationiert, Schweinefleisch kaum mehr zu bekommen. Schlangestehen wird im ganzen Land zur Hauptbeschäftigung. Oft muß man stundenlang ausharren, um seine winzige Zuteilung zu bekommen. Die Frauen beginnen aufzubegehren, und wenn sie mit leeren Händen abziehen müssen, schimpfen sie laut auf Regierung und Generalität. In Berlin dringen einige mit Gewalt ins Luxushotel »Esplanade« ein und holen sich das Brot aus der Küche. In Düsseldorf werfen sie Steine in die Rathausfenster. In Hamburg grölen sie: »Nieder mit dem Kaiser!«

Im September gibt es nur noch zwei Eier pro Woche, im Dezember zwei für den ganzen Monat. Ersatz ist Trumpf. Die Chemiker überbieten einander. Sie erfinden Kunsthonig, Kuchen aus Roßkastinienmehl, Eichelkaffee.

An den Häuserwänden kleben Plakate, die John Bull zeigen mit der Unterschrift: »Er ist schuld an Eurem Hunger!« In den Zeitungen verkünden ernsthafte Artikel, zu reichliches Essen verursache Haarausfall.

Auch wenn nur wenige es laut zu sagen wagen, sind doch viele überzeugt, daß Deutschland den Krieg wegen des Hungers verlieren wird. Ende 1916 sind fast nur noch Steckrüben frei verkäuflich. Wegen der fehlenden Arbeitskräfte und Kunstdüngerimporte ist die Kartoffelernte auf 25000000 t zurückgegangen; das ist die Hälfte einer durchschnittlichen Vorkriegsernte. Beim Weizen sind es 2999000 statt 4400000 t, beim Roggen 8900000 statt 11200000 t. Natürlich leidet der Viehbestand, denn vor dem Kriege hat Deutschland erhebliche Mengen Kraftfutter eingeführt. Die Fleischzuteilung wird auf 250 g pro Woche reduziert, Milch gibt es so gut wie keine mehr.

Was 1914 unvorstellbar war, geschieht: Überall finden sich Männer und Frauen, die gegen den Krieg protestieren. Die meisten Verantwortlichen hören nicht hin, doch der stets aufmerksame Ludendorff behält die Hand am Puls des Landes: »Das Nachlassen der Stimmung im deutschen Volke hing sehr wesentlich mit der Ernährung zusammen. Der Körper bekam in seiner täglichen Zuführung, namentlich an Eiweiß und Fetten, nicht das, was zur Erhaltung der leiblichen und geistigen Kräfte notwendig ist. Es war

in weiten Kreisen ein gewisser Verfall der körperlichen und seelischen Widerstandskraft eingetreten, der eine unmännliche, hysterische Stimmung hervorrief ...«
Jetzt, Ende 1916, wird es ganz deutlich, daß die 7000 Seeleute von Admiral de Chair drauf und dran sind, dem deutschen Riesen die Luft abzudrücken.

Die sieben Herren erheben sich absolut gleichzeitig, nehmen laut die Absätze zusammen und verneigen sich steif in dem Augenblick, da hinter einem livrierten Diener Seine Majestät der Kaiser und König den Raum betritt.
Was ist geblieben von dem strahlenden Monarchen des Jahres 1914, dem Gottgleichen, der seine Truppen mit so selbstsicheren Reden in den Krieg schickte? Unruhig wirkt er jetzt, besorgt, vor allem aber schrecklich gealtert und abgespannt, als habe jeder Tag dieses Krieges ihn ein Quentchen seiner Lebenskraft gekostet.
Er hatte seinen Soldaten gesagt, sie würden wieder zu Hause sein, ehe noch das Laub von den Bäumen fällt; er hatte von einem Feldzug geträumt, der in wenigen Wochen das morsche Reich des heiligen Rußland und die wurmstichige Republik der Franzosen in die Knie zwingen würde. Er hatte England dazu bringen wollen, die Welt mit ihm zu teilen. Statt dessen währt der Krieg nun schon über zwei Jahre, hat sich festgefahren in Schlamm und Blut. Und aus der Tiefe Deutschlands stöhnt es vernehmlich. Es wird einfach zu viel, das Elend, die Trauer, der Haß ... Längst ist die Begeisterung der ersten Tage verflogen, und eine Frage, die bisher als unvorstellbares Sakrileg gegolten hat, hört man überall im Reich: Verliert Deutschland diesen Krieg?
Bei dieser Tragödie hat Wilhelm II. zur allgemeinen Überraschung eine seltsam unauffällige Rolle gespielt. Man hatte erwartet, ihn immer im Rampenlicht zu erblicken, hochfahrend, selbstbewußt tönend wie früher. Statt dessen ist es, als halte er sich in den Kulissen versteckt. Er, der immer geredet hat, mit Vorliebe das Falsche im falschen Augenblick, schweigt, seit die Waffen sprechen. Als habe er Angst, als sei ihm alles über den Kopf gewachsen.
Gewiß, er hört zu, wenn seine Generäle Bericht erstatten. Er kommt oft nach Pleß an der polnischen Grenze in das riesige weiße Dreihundertzimmerschloß, wo das deutsche Hauptquartier eingerichtet ist. Es kommt auch noch vor, daß er herrisch seinen Willen bekundet, aber für etliche Beobachter immer weniger überzeugend, zumal seit er den Titanen Hindenburg und Ludendorff die absolute Gewalt anvertraut hat.
Die beiden sind zugegen an dem kalten Morgen des 9. Januar 1917, als der Kaiser im riesigen Speisesaal des Schlosses am oberen Ende des Tisches Platz nimmt. Außer ihnen sind General von Valentini, Chef des kaiserlichen Zivilkabinetts, General von Lyncker, Chef seines Militärkabinetts, Admiral von Müller, Chef seines Marinekabinetts, sowie Admiralstabschef von Holtzendorff anwesend.
Als einziger dunkler Fleck inmitten der lamettatrotzenden Uniformen sitzt Reichskanzler Bethmann Hollweg da, der Mann, den es heute zu überzeugen oder zu stürzen

gilt. Er weiß, daß er allein gegen alle steht, und blickt nachdenklich durch die hohen Fenster in den weiten winterlichen Park hinaus.

Die Atmosphäre ist gespannt. Alle spüren, daß sie an einem entscheidenden Augenblick dieses Krieges stehen. Vielleicht dem entscheidenden schlechthin.

Als erster spricht Admiral von Holtzendorff. Seine Hände ruhen auf einem über zweihundert Seiten starken Aktenstück voller Karten, Skizzen und Schaubildern.

Er spricht mit leidenschaftlichem Engagement, als wolle er die Zuhörer um jeden Preis überzeugen.

Er erklärt dem Sinne nach, es müsse nunmehr zum unbeschränkten U-Boot-Krieg übergegangen werden. Alle im Kriegsgebiet angetroffenen Schiffe, feindliche oder neutrale, müßten warnungslos versenkt werden können. Das sei das Mittel, um England niederzuringen, ein anderes gebe es nicht. Man dürfe nicht vergessen, daß die engliche Flotte durch ihre immer strengere Blockade Deutschland zu erwürgen drohe; das gleiche Schicksal müsse man England bereiten. Deutschlands 120 moderne Unterseeboote könnten monatlich 600000 BRT Schiffsraum versenken, also sehr viel mehr, als England durch Neubauten ersetzen könne. Bei dieser Versenkungsrate werde Englands Kriegswille mit mathematischer Folgerichtigkeit in einem knappen halben Jahr gebrochen sein.

Indem er Bethmann Hollweg scharf ins Auge faßt, zitiert der Admiral, jedes Wort betonend, seine Denkschrift vom Dezember 1916: »Nutzen wir diese nach menschlichem Ermessen letzte Gelegenheit nicht aus, so sehe ich keine andere Möglichkeit als die der gegenseitigen Erschöpfung, ohne daß es uns dabei gelingen kann, den Krieg zu beenden, daß unsere Zukunft als Weltmacht gesichert wird.«

Der arme Bethmann Hollweg! Er muß eine aussichtslose These vertreten vor diesen Männern, die im voraus davon überzeugt sind, daß er unrecht hat, und die ihn noch nicht einmal persönlich schätzen. Er ist gegen den unbeschränkten U-Boot-Krieg, und zwar seit jeher. Als Mann des Gesetzes sagen ihm Herz und Verstand, daß man Regeln, die bis zu diesem Zeitpunkt weltweit anerkannt sind, nicht umstürzen darf. Er weiß, daß sich alle gegen Deutschland stellen werden, vor allem, daß die Vereinigten Staaten von Amerika in den Krieg eintreten und mit ihrer unerschöpflichen Wirtschaftskraft der Entente zu Hilfe kommen könnten. Er sagt das auch, doch ohne rechten Nachdruck. Eine Stunde lang spricht er, obwohl er spürt, wie Wilhelm II., der lange Reden haßt, immer nervöser wird.

Es ist ihm klar, daß er eigentlich hier vor diesem illustren Kreis seinen Rücktritt anbieten müßte, aber wie so viele, die lange an der Macht gewesen sind, empfindet er sich als unentbehrlich und sieht Deutschland, kaum daß er den Rücken gedreht hätte, gefährlichen Zauberlehrlingen ausgeliefert.

So kapituliert er, ruhmlos, mit matter Stimme: »Der Entschluß zum Eintritt in den rücksichtslosen U-Boot-Krieg ist also abhängig von der Wirkung, die wir erwarten können. Admiral von Holtzendorff stellt in Aussicht, bis zur nächsten Ernte England klein zu haben ... Der U-Boot-Krieg ist ›die letzte Karte‹. Wenn aber die militärischen Stellen den U-Boot-Krieg für notwendig halten, so bin ich nicht in der Lage, zu widersprechen.«

Die Würfel sind gefallen, und Holtzendorff kann begeistert ausrufen: »Ich verbürge mich mit meinem Seeoffizierswort, daß kein Amerikaner das Festland betreten wird.«

Ein gewagtes Versprechen!

Hindenburg und Ludendorff geben mit ernster Miene ihre Zustimmung, und Wilhelm II. kann die schicksalsschwere Anordnung unterzeichnen, von der wir heute wissen, daß sie Deutschland in den Untergang geführt hat: »Ich befehle, daß der uneingeschränkte Unterwasserkrieg am 1. Februar mit voller Energie einsetzt.«

Er atmet auf. Er scheint eine schwere Last abzuschütteln. Das ständige Hin und Her ist zuviel für ihn gewesen.

Denn der unbeschränkte U-Boot-Krieg wird ja nicht erst seit gestern erwogen. Viele haben ihn schon bei Kriegsbeginn gefordert, doch damals waren die Nachteile eindeutig größer als die Vorteile. Es gab noch zu wenige frontbereite Boote. Man hätte die Gefahr in Kauf nehmen müssen, daß die USA in den Krieg eintreten, ohne daß man England die Zufuhren wirklich hätte abschneiden können.

Am 5. Juni 1915, nach der Torpedierung der *Lusitania*, hatte Wilhelm II. seinen U-Booten verboten, große Passagierdampfer zu versenken, und hatte seine Entscheidung auch aufrechterhalten, als Großadmiral von Tirpitz daraufhin mit seinem Rücktritt gedroht hatte.

Mit einem Schlage mußten die U-Boote selber eine tödliche Gefahr auf sich nehmen. Wenn sie die Entscheidung des Kaisers und die völkerrechtlichen Vorschriften über den Handelskrieg respektieren wollten, mußten sie die verdächtigen Schiffe anhalten und sich ihrer Identität vergewissern, bevor sie zur Versenkung schritten. Sie mußten also auftauchen und längere Zeit schutzlos daliegen. Gerieten sie an eine U-Boot-Falle, also an ein Handelsschiff, das plötzlich seine Kanonen enttarnte, mußten sie selber mit Vernichtung rechnen.

So konnten Zwischenfälle nicht ausbleiben. Schon am 19. August 1915 war es soweit. *U 24* versenkte die *Arabic*, einen englischen 1580-BRT-Frachtdampfer, der auch Passagiere an Bord hatte und nach Amerika unterwegs war.

Wilhelm II. und Bethmann Hollweg hatten getobt und ein für allemal Angriffe auf Passagierschiffe und Neutrale verboten.

Tirpitz, der wieder erfolglos seinen Rücktritt angeboten hatte, hatte nur murren können:

»Ordre, Controrde, Désordre. Man versteht die Verwirrung und Verzweiflung unserer Seeleute angesichts der einander widersprechenden Interventionen der politischen Führung.«

Bald war es Falkenhayn gewesen, der die Frage wieder aufgebracht hatte. Er war mit der Vorbereitung der Schlacht um Verdun beschäftigt, in der sich, wie er meinte, die französische Armee verbluten würde. Doch er wollte auch England zum Einlenken zwingen und sah nur einen Weg: den unbeschränkten U-Boot-Krieg. Er war überzeugt, daß die Amerikaner nicht eingreifen würden. Und selbst wenn, so würde ihr Eingreifen nach seinen Worten »nicht so schnell entscheidende Wirkung üben, daß es England, welches das Gespenst des Hungers und viele andere Nöte auf seiner Insel auftauchen sieht, zum Weiterkämpfen bewegen könnte.«

Holtzendorff war derselben Meinung gewesen, auch Tirpitz, und mit ihnen alle großen Namen der militärischen Führung.

Nur Bethmann Hollweg hatte ihnen entgegengestanden. Und Wilhelm II., der sich zwischen den beiden Polen hin- und hergezogen sah, hatte sich nicht zu einer endgültigen Entscheidung durchringen können.

Für die Deutschen war die Bilanz des Handelskrieges im Jahr 1915 enttäuschend ausgefallen. Sie hatten 18 Boote verloren und im ganzen Jahr nur 780000 BRT Schiffsraum versenkt, während allein die Engländer 655000 BRT gebaut hatten.

Der Kaiser, immer ratloser, handelte ohne Entschiedenheit. Am 24. Februar 1916 hatte er den »verschärften U-Boot-Krieg« erklärt, wonach Truppentransporter und bewaffnete Frachtschiffe versenkt werden dürften, doch die U-Boot-Kommandanten hatten darauf hingewiesen, daß man, um zu wissen, ob Soldaten oder Kanonen an Bord seien, erst einmal auftauchen und sich dem Feuer des Gegners aussetzen müsse. Am 1. März hatte der Kaiser seinen Befehl noch einmal geändert. Die Schiffe durften warnungslos versenkt werden, aber Neutrale waren zu schonen. »Unmöglich!« hatten die U-Boot-Leute erklärt. »Alle britischen Schiffe setzen eine neutrale Flagge, sobald sie in die gefährdeten Gewässer einlaufen.« Großadmiral von Tirpitz hatte an seiner Meinung festgehalten, und als er den Kaiser nicht umstimmen konnte, hatte er sein Abschiedsgesuch eingereicht, das diesmal angenommen worden war.

Am 24. März 1916 war die ganze Frage durch einen dramatischen Zwischenfall noch mehr kompliziert worden. In der Straße von Dover hatte *U 29* ohne Warnung den französischen Kanaldampfer *Sussex* torpediert, der auf der Linie Folkestone–Dieppe verkehrte. An Bord befanden sich 325 Passagiere, darunter mehrere Amerikaner und der berühmte spanische Komponist Granados. Das Schiff war in zwei Teile zerbrochen; eine der Hälften war, da die Schotten hielten, nach Boulogne gelangt. An die hundert Zivilisten waren umgekommen, und die Tochter von Dr. J. M. Baldwin, einem berühmten Psychologieprofessor von der Universität Princeton, war schwer verletzt worden.

Ein Aufschrei der Entrüstung war durch die Vereinigten Staaten gegangen, lauter noch als nach der Versenkung der *Lusitania*. Am 20. April hatte Präsident Wilson ein regelrechtes Ultimatum an Berlin gerichtet:

»Sofern die Kaiserliche Regierung nicht jetzt unverzüglich ein Aufgeben ihrer gegenwärtigen Methoden des Unterseebootkrieges gegen Passagier- und Frachtschiffe erklären und bewirken sollte, kann die Regierung der Vereinigten Staaten keine andere Wahl haben, als die diplomatischen Beziehungen zur deutschen Regierung ganz zu lösen.«

Wilhelm II. hatte sofort nachgegeben und erkennen müssen, daß sich Bethmann Hollwegs Prophezeiungen als richtig erwiesen hatten. Schon am 4. Mai hatte Graf Bernstorff Präsident Wilson eine Note übergeben, in der Deutschland versicherte, den verschärften U-Boot-Krieg sofort einzustellen, außer im Mittelmeer. In allen anderen Gewässern würden nur noch alliierte Kriegsfahrzeuge angegriffen werden.

Falkenhayn hatte bei seinem Herrn und Meister nicht einmal mehr zu protestieren gewagt. Er durchlebte in diesem Mai 1916 furchtbare Tage. Seine Offensive vor Verdun kam nicht voran, sie kostete Deutschland längst ebensoviel Blut wie Frankreich. Und jetzt sollten die Engländer auch noch ungestraft die Meere befahren dürfen ... Der Sieg war weit weg, weiter denn je.

Jetzt, um die Jahreswende 1916/17, standen die Völker an einem Wendepunkt in ihrem ungeheuren Ringen. Die Begeisterung war verflogen. Ratlosigkeit war an ihre Stelle getreten. Die Fronten lagen fest. Trotzdem starben die jungen Menschen weiter zu Tausenden, und so viele andere hatten sich längst damit abfinden müssen, daß sie in einen sinnlosen Tod gingen. Einen Ausweg sah niemand. Der Krieg führte sein Eigenleben. An die Stelle von Mut und Schwung war eine allgemeine Mattigkeit getreten.

Das Wort »Sieg« hatte seinen Klang verloren. Nur mit einem Wort verbanden sich noch Hoffnungen, mit dem Wort »Frieden«.

Tatsächlich war Anfang 1917 auch nur von Frieden die Rede. In den Ministerien und in den Generalstäben. In den Unterständen der Soldaten und den bescheidensten Behausungen in der Heimat. Es gab ja kein Dorf mehr, das nicht Dutzende von Gefallenen und mindestens ebenso viele Verwundete beklagte. Das Gewicht der Tränen wurde zu schwer.

Es ist viel Abträgliches über Reichskanzler Bethmann Hollweg gesagt worden. Man hat seine Willensschwäche kritisiert, sein Schwanken, sein vorsichtiges Taktieren angesichts der gigantischen Ereignisse, mit denen er sich konfrontiert sah, seine Unterwürfigkeit gegenüber Wilhelm II. Man hat ihm vorgeworfen, und das wird ihm vor der Geschichte bleiben, daß er die deutsche Verpflichtung zur Respektierung der belgischen Neutralität als einen »Fetzen Papier« abgetan hat.

Doch er ist in diesen schrecklichen Wochen der erste von allen Staatsmännern der kriegführenden Mächte gewesen, der es gewagt hat, von Frieden zu sprechen. Und wir haben keinen Grund, seine Aufrichtigkeit zu bezweifeln, denn seine Gründe lagen auf der Hand. Er war einer der wenigen, die erkannt hatten, daß der unbeschränkte U-Boot-Krieg sein Land in die Niederlage führen würde, und ließ sich von allen Generälen und

Admirälen nicht vom Gegenteil überzeugen. Er kannte die ungeheuren Reserven der Vereinigten Staaten, er wußte, daß die Amerikaner ein deutsches »Diktat« niemals hinnehmen und alles in die Schlacht werfen würden, ihr Gold und ihre Soldaten.
Sein neuer Außenminister Arthur Zimmermann dagegen wollte diese Zwangsläufigkeit nicht wahrhaben. Er zeigte sich zuversichtlich, daß die halbe Million in Deutschland geborener amerikanischer Staatsbürger sich weigern würden, gegen ihre alte Heimat zu kämpfen, ja, daß sie sich offen auflehnen würden. Er hatte das sogar gegenüber James W. Gerard geäußert, dem US-Botschafter in Berlin, und dieser hatte ihm scharf erwidert: »Wir werden schon eine halbe Million Laternenpfähle finden, um die 500000 Aufrührer daran aufzuhängen.«
Zimmermann hatte darin nur eine schlagfertige Redensart erblickt, doch Bethmann Hollweg war überzeugt, daß sie genau der amerikanischen Realität entsprach.
Da alle hochdekorierten Großsprecher in seiner Umgebung sich weigerten, dieser Realität ins Auge zu blicken, und statt dessen immer nur verkündeten, es werde kein amerikanischer Soldat seinen Fuß nach Europa setzen, blieb ihm nur eine Möglichkeit, die unausweichlich drohende Niederlage abzuwenden: Frieden schließen, ehe es zu spät war. Und was er tat, war keine bloße Propagendamaßnahme. Er wollte diesen Frieden und tat wirklich alles, um ihn herbeizuführen.
Der Unglückliche! Er brachte sich in eine unhaltbare Lage zwischen den deutschen Militärs und den alliierten Militärs, die alle, in der gleichen Tonart und mit fast den gleichen Argumenten, einen vollkommenen Sieg haben wollten.
Dieser Mann, von so vielen als kleinmütig verlacht, hatte Mut. Am 12. Dezember 1916 veröffentlichte er eine Erklärung, in der es hieß:
»Der furchtbarste Krieg, den die Geschichte je gesehen hat, wütet seit bald zweieinhalb Jahren in einem großen Teile der Welt. Diese Katastrophe droht den geistigen und materiellen Fortschritt, der den Stolz Europas zu Beginn des 20. Jahrhunderts bildete, in Trümmer zu legen ...«
Der Text ging absichtlich nicht auf Einzelheiten ein. Bethmann Hollweg wußte nur zu gut, daß es in diesem Klima entfesselter Leidenschaften für jeden Anspruch und jedes Zugeständnis zu früh war. Worauf es ankam, war das Anknüpfen eines Gesprächs.
Präsident Wilson war der gleichen Meinung. Auch er wollte den Frieden. Auch er wußte, daß die Zeit drängte. Die Amerikaner hatten ihn wiedergewählt, weil er ihnen bislang den Krieg erspart hatte. Er beruhigte sie auch durchaus noch mit isolationistischen Grundsatzerklärungen, aber er war Realist genug, um die Gefahren zu sehen, und er fürchtete von Tag zu Tag mehr, daß er sein Land bald nicht mehr aus dem Konflikt heraushalten könnte.
Als Neutraler, der sich auch durchaus herauszuhalten wünschte, konnte er natürlich keine Friedensvorschläge machen, doch er konnte jedenfalls versuchen, die Gegner an den Verhandlungstisch zu bringen. Dafür brauchte man eine Diskussionsgrundlage,

und sei sie noch so allgemein. So beschloß er, die kriegführenden Mächte aufzufordern, sie sollten offen darlegen, zu welchen Bedingungen sie zum Friedensschluß bereit wären.
Seine Note vom 18. Dezember liest sich ein wenig unentschlossen. Bethmann Hollweg war ihm mit seinem Friedensangebot zuvorgekommen. Jetzt wollte er vermeiden, daß man ein Zusammenspiel zwischen den USA und Deutschland in sein Verhalten hineininterpretieren könnte. Was er wünschte, ohne es klar zu sagen, war ein Pattfrieden, ein Frieden ohne Sieg. Nur er konnte Bestand haben, das war ihm klar. Ein vom Sieger diktierter Frieden dagegen mußte den Keim zum Haß und damit zum nächsten Konflikt in sich tragen. Hier kann man dem amerikanischen Präsidenten die Prophetengabe nicht absprechen.
Die wichtigsten Abschnitte seiner Note lauteten:
»Der Präsident regt an, daß baldigst Gelegenheit genommen werde, von allen jetzt kriegführenden Staaten ihre Ansichten über die Bedingungen zu erfahren, unter denen der Krieg zum Abschluß gebracht werden könnte, und über die Vorkehrungen, die als Gewähr gegen seine Erneuerung oder die Wiederholung eines ähnlichen Konfliktes in Zukunft für hinreichend gelten könnten, so daß sich die Möglichkeit böte, sie offen zu vergleichen.
Die Führer der verschiedenen kriegführenden Mächte haben, wie gesagt, diese Ziele in allgemeinen Wendungen aufgestellt. Aber in allgemeinen Ausdrücken gehalten, scheinen sie die gleichen auf beiden Seiten.
Vielleicht ist der Friede näher als wir glauben, vielleicht sind die Bedingungen, auf denen die beiden kriegführenden Parteien bestehen zu müssen glauben, nicht so unvereinbar, als manche fürchten; vielleicht könnte ein Meinungsaustausch wenigstens den Weg zu einer Konferenz ebnen, vielleicht könnte so schon die nächste Zukunft auf ein dauerndes Einvernehmen der Nationen hoffen lassen und eine Verständigung der Nationen sich alsbald verwirklichen.«
Schöne Worte, die vergebliche Hoffnungen weckten. Offenbar war noch nicht genügend Blut geflossen. Selbst bei den außerordentlich diskreten Friedensfühlern von Kaiser Karl I., dem Nachfolger Franz Josephs, über die Herzöge von Bourbon-Parma, kam nichts heraus.
Die Zeit war noch nicht reif. Das Mißtrauen war zu groß und die Ansprüche der kriegführenden Mächte unvereinbar.
Am 30. Dezember 1916 antworteten die Ententemächte auf die Erklärung von Bethmann Hollweg. Sie sprachen von »angeblichen Friedensvorschlägen«, wiesen jede Verantwortung für den Krieg weit von sich und waren nicht bereit, sich mit einem »Vorschlag ohne Aufrichtigkeit und ohne Bedeutung« zu befassen.
Die gleiche Antwort, nur in diplomatisch höflicher Form, bekommt Präsident Wilson. Die gleiche Ablehnung jeder Verantwortung für den Krieg. Eine freundschaftliche,

aber eindeutig erklärte Entrüstung »über die in der amerikanischen Note erfolgte Gleichstellung der beiden Gruppen von kriegführenden Staaten«.
Wilson hatte die Alliierten nach ihren Kriegszielen gefragt, und aus der Antwort wurde deutlich, daß diese Ziele jede Verhandlung unmöglich machten. Die Ententemächte verlangten alle etwas, über das es nichts zu diskutieren gab, die Wiederherstellung Belgiens, Serbiens und Montenegros, die Rückgabe von Elsaß-Lothringen an Frankreich, die Vertreibung der »blutigen Tyrannei der Türken« aus Europa, die Befreiung der unter der Doppelmonarchie lebenden Italiener, Slawen, Rumänen und Tschechoslowaken, mit anderen Worten: die Zerschlagung von Österreich-Ungarn.
Die Deutschen reagierten ebenso schroff, und Ludendorff sprach Deutschlands Forderungen offen aus. Bevor man sich an den Konferenztisch setzen könne, müsse der kleine Zipfel von Elsaß-Lothringen, der von den Franzosen besetzt war, zurückgegeben, alle deutschen Kolonien wiedererrichtet, ein Teil Belgiens und vielleicht ein Stück von Nordfrankreich abgetreten werden.
Unter diesen Umständen blieb nur Weiterkämpfen bis zum Letzten. Und diesen Durchhaltekampf wird Ludendorff nun führen. Von Tag zu Tag mehr erweist er sich als der eigentliche Herr Deutschlands. Der Kaiser, der privat von ihm sagt, er habe »einen scheußlichen Feldwebelschädel«, verstummt in seiner Gegenwart, und Bethmann Hollweg wird von der Koalition der Militärs zum Rücktritt gedrängt.
Ludendorff ist es auch, der dem Kaiser Wort für Wort den großspurigen Aufruf an sein Volk diktiert. Ein Aufruf, der wie eine neue Kriegserklärung klingt, die Erklärung des totalen Krieges:
»An Mein Heer und Meine Marine.
Im Verein mit den Mir verbündeten Herrschern hatte ich unseren Feinden vorgeschlagen, alsbald in Friedensverhandlungen einzutreten. Die Feinde haben Meinen Vorschlag abgelehnt. Ihr Machthunger will Deutschlands Vernichtung.
Der Krieg nimmt seinen Fortgang.
Vor Gott und der Menschheit fällt den feindlichen Regierungen die schwere Verantwortung für alle weiteren furchtbaren Opfer zu, die Mein Wille Euch hat ersparen wollen.
In der gerechten Erregung über der Feinde anmaßenden Frevel, in dem Willen, unsere heiligsten Güter zu verteidigen und dem Vaterlande eine glückliche Zukunft zu sichern, werdet Ihr zu Stahl werden.
Unsere Feinde haben die von Mir angebotene Verständigung nicht gewollt. Mit Gottes Hilfe werden unsere Waffen sie dazu zwingen.«
Die Waffen, von denen Wilhelm II. in dieser entscheidenden Stunde vor allem spricht, sind die U-Boote. Was Deutschland jetzt auf die Meere sendet, hat nichts mehr gemein mit den rührenden Badewannen der Vorkriegszeit. Das U-Boot ist zu einem furchtbaren Kampfmittel geworden, bis zu 1100 t verdrängend, mit einem 9-cm- oder sogar

15-cm-Geschütz bewaffnet; die modernsten Boote können bis zu 24 Torpedos mitführen. Deutschland verfügt über insgesamt 120 Boote, seine Werften liefern monatlich acht Neubauten ab.
Für den Durchschnittsbürger und seine Führer bedeuten diese langen Stahlzylinder die heilbringende Waffe, die einzige, die den britischen Blockadering sprengen und durch einen totalen Sieg den Frieden bringen kann. Über Nacht sind die U-Boot-Kommandanten, fast mehr noch als die Jagdflieger, die bewunderten Ritter dieses Krieges. Die Propaganda läuft auf höchsten Touren, von allen Schichten der Bevölkerung begierig aufgenommen und lawinenartig sich verstärkend. Eine Welle der Hoffnung geht durchs ganze Land.
Die Rechnung ist ja so einleuchtend; 1915 und 1916 haben die U-Boote schon 4525000 BRT versenkt. Jetzt, da sie ohne Warnung alles angreifen dürfen, was ihnen vor die Rohre kommt, werden sie verheerend aufräumen. Die von den Admirälen versprochene Zahl von monatlich 600000 BRT beflügelt die Phantasie. Da man weiß, daß die Engländer nur ungefähr 10000000 BRT Schiffsraum haben, kann man sich ausrechnen, daß sie nicht lange durchhalten werden. Gewiß, das Völkerrecht wird nicht respektiert, aber es geht um das Überleben des Landes. Und Ludendorff hat ja gesagt, die Unterseeboote seien Deutschlands letzter Trumpf, und diesen Trumpf muß man jetzt ausspielen, so wie Friedrich der Große seine letzten Reserven in die Schlacht von Leuthen geworfen hat.
Kleinmütige Zeitgenossen behaupten zwar, jetzt werde den USA nichts übrigbleiben, als den Krieg zu erklären, doch jeder kennt den Satz des Staatssekretärs von Capelle vor dem Reichstag, die Bedeutung einer militärischen Kriegsteilnahme der Vereinigten Staaten sei »gleich Null«.
Außerdem ist ein Feind mit offenem Visier besser als ein verkappter. Die USA haben sich trotz ihrer ständig zur Schau getragenen moralischen Vorbildlichkeit nicht wirklich neutral verhalten. Während sie Deutschland alles abschlagen, liefern sie den Ententemächten, was immer sie brauchen: Baumwolle, Getreide, alle erdenklichen Rohstoffe und sogar Schiffe und Kriegsmaterial. Selbst die amerikanischen Passagierdampfer führen ja, das ist inzwischen durch die *Lusitania* erwiesen, in ihren Laderäumen Munition mit.
Eine schöne Neutralität ist das, den einen abwürgen zu lassen und dem anderen zu helfen, wo es nur geht!
Da kann man wirklich nicht auf die amerikanischen Schiffe Rücksicht nehmen. Eines oder zwei pro Woche läßt man durch, wenn sie eindeutig kenntlich gemacht und bei Dunkelheit hell beleuchtet sind. Alle anderen, wenn sie sich überhaupt hinauswagen, werden auf den Meeresgrund geschickt. So lautet der Einsatzbefehl an die U-Boot-Kommandanten. Ergänzt wird er durch die eindeutige Anweisung: Lieber ein großes Handelsschiff als ein Kriegsschiff versenken.

Alles ist bereit. Die Gemüter sind aufgeputscht. Die Boote liegen klar zum Auslaufen oder sind schon in See. Jetzt müssen nur die Vereinigten Staaten noch unterrichtet werden.

Am 31. Januar 1917, also am Vortage des festgesetzten Termins, fährt Graf Bernstorff am State Department vor. Er ist zutiefst erschüttert, weil er bis zuletzt alles getan hat, den unbeschränkten U-Boot-Krieg abzuwenden. Er kennt die USA gut, hat viele Freunde und Bekannte in den einflußreichen Kreisen des Landes, in der Geschäftswelt ebenso wie in der Politik. Er weiß, daß die Amerikaner, wenn sie sich einmal für den Krieg entschieden haben, sich bis zum Äußersten engagieren werden, bis zum Sieg.

So verliest er mit tonloser Stimme vor Außenminister Lansing die mühsam formulierte und auch bei wohlwollender Betrachtung eher scheinheilige deutsche Note:

»Jeder Tag, den das furchtbare Ringen andauert, bringt neue Verwüstungen, neue Not und neuen Tod. Jeder Tag, um den der Krieg abgekürzt wird, erhält auf beiden Seiten Tausenden von tapferen Kämpfern das Leben und ist eine Wohltat für die gepeinigte Menschheit. Nachdem der Versuch zur Verständigung von den Gegnern mit verstärkter Kampfansage beantwortet worden ist, muß die Kaiserliche Regierung, wenn sie in höherem Sinne der Menschheit dienen und sich an den eigenen Volksgenossen nicht versündigen will, den ihr von neuem aufgedrungenen Kampf ums Dasein nunmehr unter vollem Einsatz aller Waffen fortführen. Sie muß daher auch die Beschränkungen fallenlassen, die sie sich bisher in der Verwendung ihrer Kampfmittel auf See auferlegt hat.

Im Vertrauen darauf, daß das amerikanische Volk und seine Regierung sich den Gründen dieses Entschlusses und seiner Notwendigkeit nicht verschließen werden, hofft die Kaiserliche Regierung, daß die Vereinigten Staaten die neue Sachlage von der hohen Warte der Unparteilichkeit würdigen und auch an ihrem Teil mithelfen werden, weiteres Elend und vermeidbare Opfer an Menschenleben zu verhüten.«

Lansing läßt den Botschafter stehen und die Note sofort ins Weiße Haus bringen. So unglaublich es klingt – sie geht auf dem Wege verloren. So erfährt Präsident Wilson die Nachricht erst zusammen mit Tausenden von Journalisten durch eine Pressemitteilung.

Die Männer seiner Umgebung hören, wie er leise sagt: »Das bedeutet Krieg.«

Man kann diesen Satz verschieden deuten, was die Kommentatoren auch prompt tun. Die einen sehen darin eine energische, unzweideutige Entscheidung für den Krieg, die anderen eine resignierende Feststellung mit der verborgenen schwachen Hoffnung, das Unvermeidliche könnte vielleicht doch noch abgewendet werden.

Zunächst jedenfalls weiß niemand, wohin die Reise gehen wird.

Auf jeden Fall, das ist allen klar, muß Wilson die diplomatischen Beziehungen mit Deutschland abbrechen.

Das tut er auch, und zwar schon am 3. Februar, aber den Krieg hofft er offenbar noch vermeiden zu können.

»Ich weigere mich zu glauben«, erklärt er, als er dem Kongreß von der deutschen Note Mitteilung macht, »daß es in der Absicht der deutschen Führung liegt, die Drohung, zu deren Verwirklichung sie sich berechtigt fühlt, wirklich in die Tat umzusetzen ... Heute können nur konkrete, eindeutige Handlungen ihrerseits mich von dieser Absicht überzeugen.«

Das sind keine frommen Worte, mit denen er vor der Nachwelt das Recht auf seiner Seite haben will.

Noch am Tag zuvor hat er seinen Ministern erklärt, er könne nicht einem der Lager den Sieg wünschen, nur ein Frieden ohne Sieg sei wünschenswert, und auch wenn man ihn der Schwäche oder Feigheit zeihen sollte, würde er nichts tun, ohne dazu von außen gezwungen zu sein. Theodore Roosevelt kommentiert: »Ich glaube nicht, daß Wilson in den Krieg zieht, solange Deutschland ihn nicht mit Fußtritten in den Hintern hineintreibt.«

Doch zum Handeln zwingen ihn die Engländer, die dafür eine alles stechende Karte bereithalten.

Um den jetzt folgenden Vorgang zu verstehen, muß man den Mann näher betrachten, der die Hauptrolle in dem Drama spielt: Arthur Zimmermann, den deutschen Außenminister.

Er ist geradezu die Karikatur des jovialen, lebenslustigen Deutschen, eine massige, breitschultrige Gestalt von 58 Jahren, rothaarig, der Stiernacken nur mühsam vom steifen Kragen gebändigt. Er trägt einen dicken Schnurrbart und einen breiten Schmiß zur Schau; der gesellschaftliche Schliff über seiner Brutalität ist jüngeren Datums, und er ist stolz darauf, ein Sohn des Volkes zu sein. Vielleicht verdankt er dieser Tatsache mehr, als er zugeben würde. Es gibt reichlich viele »von und zu« unter den hohen Staatsdienern; von Zeit zu Zeit läßt man gern einmal einen Bürgerlichen auf einen wichtigen Posten.

Die Amerikaner jedenfalls sind im November 1916 höchst angetan gewesen von seiner Ernennung, und er hat auch alles getan, um sie für sich einzunehmen. US-Botschafter Gerard erblickt in ihm »einen persönlichen Freund von großer Herzlichkeit, den Vereinigten Staaten durchaus fair und freundschaftlich gesonnen«. Die *Evening Post* überschreibt sogar einen Artikel mit *Our Friend Zimmermann*. Man sagt ihm nach, er sei liberal gesonnen, wahrscheinlich einfach deshalb, weil er kein monokeltragender Adliger ist, und dieser Ruf, zusammen mit dem eines Lebemannes, macht ihn zu einem sehr geeigneten Diplomaten, der auch die Journalisten für sich einnimmt. So schreiben manche von ihm, im Grunde seines Herzens sei er ein echter Demokrat.

Er bezeichnet sich als Freund Amerikas, aber er hat gegen seine amerikanischen Freunde einen machiavellistischen Plan in der Tasche.

Sein Gedankengang ist ganz einfach: Will man verhindern, daß sie in Europa eingreifen, muß man sie anderweitig beschäftigen, muß an ihren eigenen Grenzen einen Krieg anzetteln, der ihre Kräfte bindet.

Seit ein paar Jahren ist das Verhältnis zwischen den USA und Mexiko getrübt. Wilson, der sich als bedingungsloser Vorkämpfer der Demokratie versteht, hat Schwierigkeiten mit den Diktatoren dieses Landes gehabt, vor allem mit General Victoriano Huerta, der 1913 an die Macht gelangt war, indem er seinen Vorgänger ermorden ließ. Wilson hatte sich geweigert, ihn anzuerkennen, und hatte einen seiner Rivalen, General Carranza, unterstützt. Er hatte sogar Marineinfanterie nach Veracruz Llave geschickt, um die Lieferung deutscher Munition zu verhindern, doch Huertas Soldaten hatten Widerstand geleistet, so daß 19 Amerikaner und 126 Mexikaner ums Leben gekommen waren.

Seither war die Lage immer verworrener geworden. Carranza hatte zwar die Macht übernommen, aber er mußte sich des legendären Rebellen Pancho Villa erwehren. Die USA hatten eingegriffen und gegen ihn eine Expedition über den Rio Grande geschickt unter der Führung eines Generals, dessen Name bald berühmt werden sollte: John Pershing.

Die Beziehungen sind also mehr als gespannt zwischen den beiden Staaten, aber auch mit Japan stehen sie nicht zum besten, seit der Bundesstaat Kalifornien ein Gesetz erlassen hat, das japanischen Staatsbürgern den Erwerb und sogar die Pacht von Grund und Boden untersagt. Hinzu kommt, daß man mit Japan auch wegen der Philippinen in Streit liegt. Das Inselreich hält deshalb betont zu Mexiko und hat in der Vergangenheit sogar Kriegsschiffe in die Gewässer vor Acapulco entsandt.

Zimmermann hat diese Vorgänge mit leidenschaftlichem Interesse verfolgt und ist bald zu dem Schluß gekommen, man müsse Mexiko und Japan gegen die USA aufhetzen. Schon am 16. Januar 1916, noch als Unterstaatssekretär, hat er ein Telegramm an den deutschen Botschafter in Mexiko aufgesetzt.

Diese »Zimmermann-Depesche« wird eine solche Rolle spielen, daß man ihren vollen Wortlaut hören muß:

»Wir beabsichtigen, am 1. Februar uneingeschränkt U-Boot-Krieg zu beginnen. Es wird versucht werden, Vereinigte Staaten trotzdem neutral zu halten. Für den Fall, daß dies nicht gelingen sollte, schlagen wir Mexiko auf folgender Grundlage Bündnis vor: Gemeinsam Krieg führen. Gemeinsam Friedenschluß. Reichlich finanzielle Unterstützung und Einverständnis unsererseits, daß Mexiko in Texas, New Mexiko, Arizona früher verlorenes Gebiet zurückerobert. Regelung im einzelnen Euer Hochwohlgeboren überlassen.

Sie wollen Vorstehendes dem Präsidenten streng geheim eröffnen, sobald Kriegsausbruch mit Vereinigten Staaten feststeht und Anregung hinzufügen, Japan von sich aus zu sofortigem Beitritt einzuladen und gleichzeitig zwischen uns und Japan zu vermitteln. Bitte den Präsidenten darauf hinweisen, daß rücksichtslose Anwendung unserer U-Boote jetzt Aussicht bietet, England in wenigen Monaten zum Frieden zu zwingen. Empfang bestätigen. Zimmermann.«

Jetzt muß dieses historische Telegramm allerdings noch zum Empfänger gelangen, was nicht einfach ist, weil England schon am 4. August 1914 die deutschen Transatlantikkabel unterbrochen hat.
Zimmermann hat die Unverfrorenheit, das amerikanische Kabel zu benutzen, das Wilson den Deutschen entgegenkommenderweise zur Verfügung gestellt hat, damit der deutsche Botschafter in Washington mit Berlin in Verbindung bleiben kann. Graf Bernstorff muß also von dem Telegramm Kenntnis nehmen und es an seinen Kollegen in Mexiko weiterleiten, sobald der Kriegseintritt der Vereinigten Staaten feststeht.
Was Zimmermann nicht weiß, und das wird sein Verderben, ist die Kenntnis der Engländer vom deutschen Code.
Jetzt bekommt die Angelegenheit Züge eines phantasievollen Spionageromans.
Schon bei Kriegsbeginn hat der britische Geheimdienst sich die Mitarbeit von Professor Alfred Ewing gesichert, einem Genie der Verschlüsselungstechnik, und der wiederum hat etliche begeisterte Amateure gewonnen.
Das kleine Team ist mit Feuereifer ans Werk gegangen. Die Leitung der Operation hat Admiral William Reginald Hall. Zunächst haben die verschiedenen Codes allen Bemühungen getrotzt. Allerdings waren die Schwierigkeiten enorm, denn die Deutschen hatten ganze Arbeit geleistet. Sie waren allerdings auch so überzeugt davon, ihr Code sei nicht zu knacken, daß sie ihn von 1914 bis 1917 unverändert ließen.
Halls Männer begannen schon zu verzweifeln, als der russische Außenminister am 14. Oktober 1914 der Admiralität ein seltsames, bleibeschwertes Kästchen übersandte. Es war im August bei einem nach der Torpedierung des Kreuzers *Magdeburg* in der Ostsee ertrunkenen Besatzungsmitglied gefunden worden. Es enthielt den Code der deutschen Marine.
Das war ein sensationeller Fund, ein erster Einbruch in die deutschen Codes.
Ein weiterer, noch aufregenderer folgte im Dezember 1914. Ein britischer Fischkutter hatte auf dem Meeresgrund einen Behälter gefunden, der von einem am 13. Oktober versenkten Torpedoboot stammte und zwei Monate im Wasser gelegen hatte. Inhalt: Der Code für den Verkehr mit den Marineattachés bei den Botschaften im neutralen Ausland.
Das Team von Admiral Hall umfaßte damals 800 Funker und 80 Dechiffrierer. Jeder, der frei war, beschäftigte sich fieberhaft mit diesen und etlichen weiteren Unterlagen, darunter einem Code, den ein Funker in Brüssel geliefert hatte, und einem weiteren, der im Gepäck eines Agenten in Bagdad gefunden worden war.
So sehen sich die Briten schon 1915 mit großem Glück und nach erheblichem Arbeitsaufwand in die Lage versetzt, alle von der deutschen Großfunkstelle Nauen in die Welt gesendeten Funksprüche zu entziffern, aber eben auch, und zwar noch vor Graf Bernstorff, die per Kabel übermittelte Depesche des Außenministers Zimmermann.
Für Admiral Hall bedeutet das einen schweren inneren Konflikt. Seine erste Reaktion

ist gewesen, sofort die Vereinigten Staaten zu informieren und Präsident Wilson damit zu beweisen, daß die so eifrig ihre Friedensliebe beteuernden Deutschen hinter seinem Rücken Mexiko und Japan gegen sein Land aufwiegelten.
Doch damit hätte er den Deutschen verraten, daß er ihren Code entschlüsselt hat; es wäre vorbei mit der Möglichkeit, in ihren Mitteilungen wie in einem offenen Buch zu lesen.
Der hin- und hergerissene Hall hat das entzifferte Telegramm erst einmal in seinen Safe geschlossen. Es wäre ja immerhin möglich, daß schon die Ankündigung des unbeschränkten U-Boot-Krieges die Vereinigten Staaten zum Kriegseintritt veranlaßt. Dann braucht er sein Telegramm nicht einzusetzen, das Problem hätte sich von selber gelöst.
Doch diese Hoffnung muß er begraben. Wilson hat die diplomatischen Beziehungen abgebrochen, und dabei bleibt es vorerst. England, am Rande des Bankrotts und von der neuen Form des Handelskrieges tödlich bedroht, kann nicht länger warten.
Am 5. Februar entschließt sich Hall, Außenminister Balfour ins Vertrauen zu ziehen. Zugleich fordert er seine Agenten in Mexiko auf, alles zu tun, um sich dort eine Kopie der Zimmermann-Depesche zu verschaffen. So würden die Deutschen vielleicht nicht vermuten, daß ihr Code entschlüsselt ist.
Dann spitzt sich alles rasch zu. Am 23. Februar übergibt Hall die Depesche US-Botschafter Page. Dieser, ganz auf seiten der Alliierten stehend, erkennt sofort, was für eine Waffe ihm hier gegeben wird. Am 24. Februar um 2 Uhr früh kabelt er nach Washington: »In etwa drei Stunden schicke ich Telegramm höchster Bedeutung an Präsident und Außenminister.«
Ein bewährter Trick, um die Neugier zu kitzeln.
Am Samstag, 24. Februar, 20.30 Uhr Ortszeit trifft das Telegramm schließlich im State Department ein. Außenminister Lansing ist nicht zugegen. Sein Stellvertreter Polk liest den Text und eilt wutentbrannt hinüber ins Weiße Haus.
Wilson fallen die Schuppen von den Augen. Hintergangen hat man ihn. Er hat vom Frieden ohne Sieg gesprochen, von gutem Willen auf beiden Seiten, von einem Völkerbund hat er geträumt, der alle zwischenstaatlichen Auseinandersetzungen schlichten sollte ... Und währenddessen hat Deutschland Komplotte geschmiedet, um den Krieg an die Grenzen der USA zu tragen. Der Präsident ist besonders darüber entrüstet, daß dieses diabolische Telegramm über das Kabel gegangen ist, das er den Deutschen zur Verfügung gestellt hat.
Mit seinem Zögern, seinen Friedensträumen ist es auf einen Schlag vorbei. Schon am 12. März ordnet er die Bewaffnung der amerikanischen Handelsschiffe an, eine Maßnahme, gegen die er sich bisher heftig gesträubt hat.
Das ist der erste Schritt zur endgültigen Entscheidung der Vereinigten Staaten.

Vielleicht ist es schon zu spät. Seit dem 1. Februar ist England tödlich bedroht. Die Zahlen der ersten Monate des Jahres 1917 sind erschreckend.
Im Februar sind 540000 BRT versenkt worden, im März 593 000, im April 881 000. Das ist mehr, viel mehr, als die englischen Werften schaffen können; hinzu kommt, daß sich die verschreckten Neutralen weigern, ihre Schiffe weiterhin auslaufen zu lassen.
Die Engländer setzen alles ein, was einigermaßen fahren kann, uralte Seelenverkäufer, ja sogar Segler, die seit zehn Jahren still vor sich hin verrotten.
Es scheint, daß Capelles und Holtzendorffs Berechnungen aufgehen: Wenn es so weitergeht, kann England allenfalls fünf, sechs Monate durchhalten.
Selbst Admiral Jellicoe erklärt düster: »Die U-Boote sind dabei, den Krieg zu gewinnen.«
Ein paar tausend tapfere Männer in ihren grauen Stahlbooten sind offenbar drauf und dran, den Gang der Geschichte völlig zu verändern.

XX. Kapitel Frühjahr 1917: Die »Wahnsinnsoffensive« General Nivelles und der Kriegseintritt Amerikas

Der neue Generalissimus Nivelle gibt sich überzeugt, die deutsche Front binnen vierundzwanzig Stunden zu durchstoßen, doch Ludendorff zieht seine Truppen zurück und läßt ihn ins Leere laufen. Die Offensive am Chemin des Dames wird zum furchtbarsten Gemetzel des Krieges. Das revolutionsgeschüttelte Rußland zieht sich aus dem Kampf zurück, die USA treten in ihn ein.

Chantilly. Im *Grand Quartier Général* summt es wie in einem Bienenkorb an einem Gewitterabend. Die unwahrscheinlichsten Gerüchte zirkulieren in den endlosen Korridoren des »Hôtel du Grand Condé« und finden ihren Weg in die Stadt, wo die Geschäftsleute in Panik geraten. Jeder Wachtposten wird zum gläubig befragten Orakel.
Nivelle schweigt, und mit ihm die Generalität, doch die Anzeichen werden immer zahlreicher: Etliche Offiziere verschwinden einfach von der Bildfläche, andere lassen ihre Sachen vorzeitig aus der Wäscherei holen oder befehlen ihren Burschen, die Gepäckkiste herzurichten. Binnen weniger Tage ist es ein offenes Geheimnis: das *Grand Quartier Général* zieht um.
Viele fragen sich, ob der neue Oberbefehlshaber wirklich der willensstarke Mann ist, für den man ihn gehalten hat.
Er hat sich wohl gefühlt in diesem Hauptquartier und sagt das auch immer wieder. Was ihn beeindruckte, war die Tatsache, daß dieser guteingespielte Apparat ohne Reibungsverluste funktionierte. Alle, die einen Umzug befürchtet hatten, waren erleichtert gewesen. Und jetzt hat ein Besuch von Senator Germain alles geändert. Der einflußreiche und offensichtlich von etlichen Kollegen unterstützte Parlamentarier hat angedeutet, Chantilly, das Symbol von Joffres Allmacht, müsse aufgegeben werden. So und nur so lasse sich der Vorrang der politischen vor der militärischen Macht demonstrieren.
Nivelle hat sich gebeugt, ohne sich auch nur einen Augenblick lang zu sträuben.
Wenige Tage später weicht die Spannung der Bestürzung, als man erfährt, daß das *Grand Quartier Général* nach Beauvais verlegt werden soll. Das ist völlig unsinnig. Beauvais ist ganze 40 Kilometer von Chantilly entfernt und liegt noch weiter in der Etappe. Das ist wirklich ein Umzug um des Umzugs willen, murren die Betroffenen. Außerdem ein teurer Spaß, denn seit den ersten Wochen in Chantilly hat sich das Hauptquartier zu einem gewaltigen Apparat ausgewachsen: 450 Offiziere, 800 Sekretäre, Bewachungsmannschaften, Burschen, Fahrer, Reinigungskräfte.

Für die Beförderung sind Hunderte von Lastkraftwagen und zwei Sonderzüge erforderlich. Denn es wird alles mitgenommen. Nicht nur die Akten, sondern auch das Material aller Dienststellen, selbst solcher, die man bei dieser Gelegenheit ausgliedern könnte. Dazu ein großer Teil des Mobiliars, die Vorhänge und Teppiche, und natürlich der große Safe, in dem die Operationspläne liegen; das Ungetüm muß sogar unbedingt im Chefzug mitreisen.

In Beauvais folgt eine Enttäuschung auf die andere. Um zu dem neuen *Grand Quartier Général* zu gelangen, muß man sich erst einmal durch etliche verwinkelte Gassen durchfinden, und dann steht man vor einem großen, altersschwachen, abweisenden Gebäude, dem *Institut Agronomique*.

Der erste Schreck beim Eintreten ist für die »republikanischen« Offiziere der Wandschmuck. Wohin man schaut, fromme Bilder und lateinische Sinnsprüche. Nivelle, der Protestant, merkt erst jetzt, daß er in einer katholischen Lehranstalt residieren soll. So haben seine Offiziere zum erstenmal Gelegenheit, ihn wütend zu erleben, so wütend, daß er Befehl gibt, sofort ins staatliche Gymnasium umzuziehen. Doch dazu ist es zu spät. Die wichtigsten Dienststellen sind schon an die Arbeit gegangen, Tausende Meter Telephonkabel verlegt. So bleibt man einstweilen da und begnügt sich damit, die Heiligenbilder abzuhängen.

Offenbar sind die frommen Patres gegen Kälte unempfindlich gewesen: Die Zentralheizung weigert sich, normal zu funktionieren, die Heizkörper zischen, aber sie werden nicht richtig warm. Man hat allen Anlaß, sich nach Chantilly zurückzusehnen. Schließlich wird die Verdrossenheit zu groß. Nivelle ordnet an, das ganze Hauptquartier nach Compiègne zu verlegen, wo das Schloß und zahlreiche Villen alle Annehmlichkeiten modernen Komforts bieten. Der Generalissimus übernimmt ohne Scheu die Gemächer von Kaiser und Kaiserin. Die Abteilungsleiter können es gar nicht schön genug bekommen, berichtet der aufmerksame Jean de Pierrefeu: »Einer von ihnen nahm sich eine Mosesstatue, die auf dem Kaminsims in einem Durchgangssaal stehengeblieben war, ohne den Konservator unterrichten zu lassen. Für eine Marmorbüste der Kaiserin Eugénie gab es gleich mehrere Anwärter. Oberstleutnant Toutain, ein gewichtiges Mannsbild, erhob sogar Anspruch auf das Bett der Kaiserin, weil das in seinem Zimmer unter ihm zusammengebrochen war.«

Alle diese Umzüge hindern General Nivelle nicht, sich an die Arbeit zu machen. Seine erste Maßnahme ist natürlich die Absage der von Joffre für Februar vorgesehenen Offensive. Er hat andere Vorstellungen.

Er kommt mit dem frischen Ruhm, die Wende in Verdun erzwungen und Fort Douaumont zurückerobert zu haben. Man sagt von ihm, und er läßt es auch sagen, daß er eine neue Kampfmethode erfunden habe: die »Faustschlagmethode«.

Joffre bereitete lang durchzuhaltende Offensiven vor, die den Gegner abnutzen sollten, aber so gut wie nie spektakuläre Erfolge brachten. Wochenlang wurde auf demselben

Schlachtfeld gekämpft. Auf den Angriff folgte der Gegenangriff, dann wurde wieder angegriffen. So wurde bestenfalls eine Stellung nach der anderen erobert.
Joffre hielt sich an die Vorstellungen von Oberst de Grandmaison, dem Propheten des Angriffs um jeden Preis. Auch Nivelle hat seinen Vordenker, nämlich Oberstleutnant d'Alenson, den er zu seinem Kabinettschef gemacht hat. Eine eigenartige Gestalt, zerfressen von der Schwindsucht und einem unglaublichen Fanatismus, dabei von grenzenlosem Vertrauen in seine eigenen Ideen. Dieser baumlange Mensch mit knochigem, hohlwangigem Gesicht, in dem manche einen Erleuchteten sehen, träumt von einem raschen, endgültigen Sieg, von einer ungeheuerlichen Aufwallung entfesselter Energie, die alles vor sich wegfegen soll.
Er ist der eigentliche Schöpfer des Nivelle-Plans, der geheimnisumwitterten Strategie, von der ganz Frankreich Wunderdinge erwartet.
Der Plan beruht auf vier Grundsätzen:
1. Die Entscheidung muß binnen 48 Stunden erzwungen werden.
2. Es muß auf möglichst breiter Front angegriffen werden, damit der Feind die aufgerissene Bresche nicht sogleich wieder schließen kann.
3. Der Sturm muß in einem einzigen Schwung bis zu den deutschen Artilleriestellungen vorgetragen werden, um sie auszuschalten.
4. In den zwei Tagen muß Angriff auf Angriff geführt werden, wie im Boxring, wo Schlag auf Schlag dicht folgen muß, bis der Gegner benommen zusammenbricht.
Ein eindrucksvolles Vorhaben, zu dem man aber die Kraft haben muß. Deshalb stellt Nivelle eine Offensivstreitmacht zusammen, wie sie noch nicht dagewesen ist: die *Groupe d'Armées de Réserve* (GAR), 600000 Mann stark, die den Durchbruch schaffen soll. Die GAR umfaßt unter dem Kommando von General Micheler drei Armeen: die 5. (Mazel), die 6. (Mangin) und die 10. (Duchêne).
Dieser gigantische Rammbock soll an der Aisne eine besonders gefürchtete Stellung zum Einsturz bringen, den Chemin des Dames. Wenn man ihm entgegenhält, das sei doch ein schwieriges Gelände, erklärt Nivelle, der Stoß werde furchtbar genug sein, um alle Verteidigungsanlagen des Gegners zu vernichten. Er schreibt: »Ich bestehe auf heftigem, brutalem, raschem Einsatz ... Man muß sich die Eroberung der feindlichen Gräben und Artilleriestellungen auf den ersten Schlag vornehmen.«
Vor allem aber muß man den Plan den Engländern schmackhaft machen, denn ohne ihre Hilfe ist nichts auszurichten.
Schon am 15. Januar reist Nivelle nach London. Eine triumphale Reise! Er ist ein schöner Mann, wirkt jünger als er mit seinen 61 Jahren ist, strahlt Schwung und Kraft aus. Mit seinem guten, ja, vorzüglichen Englisch, das er seiner Mutter verdankt, und seiner klaren Logik nimmt er alle Gesprächspartner für sich ein. Sie geben ihm recht: Die von Joffre für Februar geplante Offensive muß abgesagt werden, um das neue französische Angriffskonzept einführen zu können. Vorläufig wird der 1. April ins Auge gefaßt. Zur

allgemeinen Überraschung akzeptieren sie sogar, daß, jedenfalls für die Dauer der Offensive, Haig seinem Kommando unterstellt wird.
Ja, Robert Nivelle ist wirklich der Wundermann, und selbst der kühle Douglas Haig erliegt seinem Charme.
Die am 26. und 27. Februar in Calais stattfindende Sitzung bestätigt diesen vorteilhaften Eindruck. Alle sind sich darin einig, Nivelle – wenn auch ohne den Titel – zum Oberfefehlshaber aller alliierten Truppen zu machen. In der Schlußvereinbarung heißt es: »Das britische Kriegskabinett erkennt an, daß die allgemeine Führung des Feldzugs beim Oberbefehlshaber des französischen Heeres liegen muß.«
Nivelle ist auf dem Höhepunkt seiner Erfolgsbahn! Doch was folgt, sind nur noch Kränkungen, Enttäuschungen und Katastrophen.
Das Ende der französisch-britischen Flitterwochen führt er mit seinem ersten schweren Fehler selber herbei. Im Bewußtsein seiner frischen Autorität schreibt er an Haig im Kommandoton, der englische Plan für den Angriff auf die Höhen von Vimy sei nicht gut; Haig müsse südlich von Arras stürmen.
Der Engländer macht das nicht mit. Er ist es nicht gewohnt, daß man so mit ihm umspringt, und protestiert bei seiner Regierung: Soll er sich von diesem Neuling ein solches Verhalten gefallen lassen?
Von beiden Seiten geschieht alles, um den Streit beizulegen, doch das Vertrauen ist zutiefst erschüttert.
Der zweite Schlag kommt aus Frankreich. Briand fühlt sich geschwächt, geradezu bedroht, und um an der Regierung zu bleiben, wechselt er einige Kabinettsmitglieder aus. Das Kriegsministerium vertraut er einem bewährten Mann an, dem General, der Marokko für Frankreich erobert und gewonnen hat: Hubert Liautey.
Liautey ist durchaus nicht davon angetan, seinen Posten zu verlassen, auf dem er über Marokko herrscht wie ein römischer Prokonsul. Er stellt Bedingungen: Wenn er die Aufgabe übernehmen soll, will er nicht Statist sein, sondern mitverantwortlich für die Führung der Operationen. Kaum ist er eingetroffen, verlangt er die Übermittlung des Nivelle-Plans. Der Generalissimus schickt widerstrebend seinen Stabschef, Oberst Renouard, ins Kriegsministerium.
Das Gespräch ist oft geschildert worden, aber es ist zu dramatisch und bezeichnend, als daß man es unterschlagen dürfte.
Renouard kennt Liautey gut; er hat unter ihm gedient. Aber er wirkt befangen. Er beschreibt die vorgesehene Operation mit eintöniger Stimme, als sage er etwas auswendig Gelerntes auf. Liautey wird unruhig, stellt Fragen und ruft plötzlich aus: »Aber das ist doch ein Plan für die Operettenarmee der Großherzogin von Gerolstein!«
Renouard fährt gleichmütig in seinem Vortrag fort, doch Liautey unterbricht ihn. Der folgende Dialog ist von André Maurois in seiner Liautey-Biographie wiedergegeben worden:

»Renouard, ich verlange, daß du mir antwortest. Ich bin jetzt nicht Kriegsminister. Du bist nicht Oberst Renouard. Wir sind zwei Franzosen, die einander gegenüberstehen, und es geht um das Schicksal Frankreichs. Was hältst du von dem Plan, den du mir da bringst?«

»Herr General, ich glaube, es steht mir nicht zu, Ihnen meine Meinung zu sagen. Ich bin hier als Untergebener und Sprecher von General Nivelle. Ich habe nicht das Recht, meinen Vorgesetzten zu kritisieren.«

Liautey packt ihn an den Schultern und schüttelt ihn.

»Jetzt hör mal zu, mein alter Georges«, sagt er erregt, »sieh in mir die Augen ... Denke für einen Moment, du wärest noch der Offizier meines Vertrauens in Aïn-Sefra, und sag mir die Wahrheit. Was hältst du von der Sache?«

Für einen Augenblick läßt der Oberst die Maske fallen. Tränen treten ihm in die Augen.

»Herr General«, sagt er, »ich denke wie Sie, das Ganze ist Wahnsinn.«

Liautey ist erschüttert und ratlos. Was soll er tun? In der Überzeugung, daß der Nivelle-Plan die französische Armee in die Katastrophe führt, könnte er die Politiker alarmieren, aber denen traut er nicht. Zwingen kann er Nivelle zur Änderung seines Plans auf keinen Fall. So benutzt er eine Affäre im Parlament, um unter dramatischen Umständen von seinem Amt zurückzutreten.

Die Regierung Briand überlebt diese Krise nicht. Es folgt das Kabinett Ribot; Kriegsminister wird Paul Prudent Painlevé, ein großer Mathematiker und zugleich ein Mann von Herz und Gemüt.

Das ist ein weiterer schwerer Schlag für Nivelle. Painlevé ist zeitlebens ein Friedensfreund gewesen und leidet zutiefst unter dem Krieg und der Not des Landes. Er spürt, daß sich Frankreich verausgabt, daß die Verluste nicht so hoch bleiben dürfen, Offensiven also unterbleiben müssen. Er möchte die Front »einfrieren«, sich ganz auf die Defensive beschränken, bis das massive Eingreifen der Amerikaner das Kriegsglück endgültig auf die Seite der Alliierten treten läßt. Am liebsten wäre ihm Pétain als Führer der französischen Armeen, weil er in ihm den Mann erblickt, der mit Menschenleben sparsam umgeht.

Statt dessen soll er Nivelle und seinen groß angelegten Plan decken. Ein großes Ereignis wird ihm, so meint er, bei der Forderung nach einer Änderung dieses Planes zu Hilfe kommen.

Seit den ersten Februartagen schon werden die Vorposten entlang den 70 Kilometer langen Stellungen an dem breit vorgewölbten deutschen Frontbogen zwischen Arras und Soissons immer nervöser. Bei den Deutschen ist etwas im Gange, etwas Unerklärliches. Keine Angriffsvorbereitungen, die hat man längst zu erkennen gelernt. Nein, ein seltsam eifriges Arbeiten, ein Kommen und Gehen, Getrampel im Gelände. Von den Ausblickhügeln und aus den Fesselballons sehen die Beobachter überall in der Ebene den Rauch von Bränden. Manchmal hört man sogar dumpfe Detonationen. An den folgenden Tagen gelangen Spähtrupps ungestört in die vordersten feindlichen Gräben, und Gefangene und Überläufer berichten, daß ganze Dörfer im Hinterland von den Deutschen zwangsevakuiert und eine große Anzahl von Arbeitern für den Bau neuer Befestigungen rekrutiert werden.

Mit der üblichen Verzögerung gelangen diese überraschenden Meldungen nach und nach über den endlosen Dienstweg nach oben.

Die Engländer sind als erste davon überzeugt: Der Feind zieht ab. Am 27. Februar schickt auch Franchet d'Esperey Oberst Desticker ins *Grand Quartier Général* mit der Mitteilung, die Deutschen zögen sich zurück. Er bitte um die Erlaubnis, mit aller Kraft in ihren Abmarsch hineinstoßen zu dürfen.

Nivelle weigert sich, daran zu glauben. Er erwidert nur trocken: »Es erscheint wenig wahrscheinlich, daß der Feind kampflos oder auch nur ohne erbitterten Widerstand eines der wichtigsten Gebiete räumt, das er auf unserem Boden hält, die Paris nächstliegende Linie über Roye, Noyon und Soissons.«

Wie sollte man ihm nicht recht geben?

Über zwei Jahre lang ist in diesem Gebiet um jeden Fußbreit Gelände gerungen, jeder Quadratmeter ist mit Blut aufgewogen worden. Und diesen strategisch wichtigen Landstrich sollten die Deutschen von sich aus preisgeben?

Gewiß, das klingt unglaublich. Und doch ist es so. Ludendorff hat die Räumung befohlen, und zwar nach sorgfältiger Prüfung des Für und Wider.

Drei Hauptgründe sprechen für die Räumung:

1. Derzeit, also Anfang Februar, setzt er ganz auf den U-Boot-Krieg. Wird dieser mit Nachdruck geführt, so ist Englang in fünf, sechs Monaten am Ende. Englands Ausscheiden bedeutet den Zusammenbruch Frankreichs. Man muß sich also bis dahin strikt defensiv verhalten und möglichst viele Divisionen sparen.

2. Diese Erwägung wird noch gestützt dadurch, daß der russische Koloß wankt. Ist er vollends zu Fall gebracht, was nicht mehr lange dauern kann, so können die Streitkräfte von der Ostfront sofort nach Frankreich verlegt werden.

3. Nicht zuletzt profitiert Ludendorff von einer unglaublichen Leichtfertigkeit Nivelles. Damit seine Anweisungen wirklich verstanden werden, hat der französische Oberbefehlshaber seinen Operationsplan bis auf die Ebene der Bataillonskommandeure hinunter verteilen lassen. Was kommen mußte, ist geschehen: Eines dieser Exemplare ist von einer deutschen Patrouille bei einem toten französischen Offizier gefunden worden. Ludendorff weiß also, daß die nächste alliierte Offensive gewaltig sein wird und bei Arras und Soissons gegen die Ansatzstellen der großen Ausbuchtung gerichtet sein soll. Das ist deshalb so bedrohlich, weil gegenwärtig an der Westfront die Alliierten an

Truppenstärke weit überlegen sind. Will man das Gelände also wie bisher Meter für Meter verteidigen, so bedeutet das, etliche Divisionen zu opfern.
Diese Divisionen will Ludendorff sparen. Deshalb räumt er den bedrohten Frontvorsprung, begradigt die Frontlinie, indem er sich auf eine Stellung zurückzieht, die sorgfältig ausgebaut und mit unzähligen betonierten Unterständen und Maschinengewehrnestern versehen worden ist. Die Frontlänge wird um über 50 Kilometer reduziert, was die Möglichkeit gibt, mindestens 11 Divisionen als Reserve in den rückwärtigen Raum zu verlegen. Die Aktion bekommt den Namen »Alberich« nach dem bösen Zwerg aus der Nibelungensage.
Aber es ist schwierig, eine solche Operation reibungslos durchzuführen. Man muß die Verfolgung und die geplante Offensive zunächst einmal unmöglich machen, das heißt, das geräumte Gebiet systematisch verwüsten, damit die Alliierten nichts vorfinden, was eine Armee im Felde benötigt.
Zunächst wird das Material nach hinten geschafft, dann die Artillerie, dann die Infanterie. Die ganze Gegend wird der Vernichtung anheimgegeben. Wie immer und überall, braucht man der Zerstörungslust der Soldaten nur freien Lauf zu lassen, ihnen zu erlauben, zu plündern und alles zu zerschlagen, und kann sicher sein, eifrigen Gehorsam zu finden.
Nichts wird ausgelassen. Die Brunnen werden zugeschüttet, die Häuser zerstört, die Obstbäume abgesägt, die arbeitsfähige Bevölkerung zum Bau der Befestigungen der neuen »Siegfriedstellung« geschafft. Die unnützen Esser läßt man in den Städten zurück, um die Nachschubprobleme der Alliierten zu verschärfen. Unzählige Fallen und Zeitzünderbomben werden verlegt, überall: hinter den Türen, unter allen erdenklichen Gegenständen und sogar unter den Leichen.
Ernst Jünger, der dabeigewesen ist, hat den Rausch, der seine Kameraden ergriff, offen geschildert: »Ganze Kompanien stießen und rissen Mauern um oder saßen auf den Dächern und zertrümmerten die Ziegel. Bäume wurden gefällt, Scheiben zerschlagen; rings stiegen von gewaltigen Schutthaufen Rauch- und Staubwolken auf. Man sah Leute in den von den Einwohnern zurückgelassenen Anzügen und Frauenkleidern, Zylinderhüte auf den Köpfen, umherrasen. Sie fanden mit zerstörerischem Scharfsinn die Hauptbalken der Häuser heraus, befestigten Seile daran und zogen mit taktmäßigem Geschrei so lange, bis alles zusammenprasselte. Andere schwangen gewaltige Hämmer und zerschmetterten damit, was ihnen in den Weg kam vom Blumentopf vorm Fensterbrett bis zur kunstvollen Glaskonstruktion eines Wintergartens.
Bis zur Siegfriedstellung war jedes Dorf ein Trümmerhaufen, jeder Baum gefällt, jede Straße unterminiert, jeder Brunnen verseucht, jeder Flußlauf abgedämmt, jeder Keller gesprengt oder durch versteckte Bomben gefährdet, jede Schiene abgeschraubt, jeder Telefondraht abgerollt, alles Brennbare verbrannt; kurz, wir verwandelten das Land, das den vordringenden Gegner erwartete, in eine Wüstenei.«

Nichts könnte den Haß mehr anfachen. Am 18. März muß Nivelle einsehen, daß die Deutschen wirklich abziehen, und gibt den Verfolgungsbefehl. Alle Soldaten, ob Engländer oder Franzosen, heulen vor Wut beim Anblick der Verwüstung. In Péronne sind alle Bücher der Bibliothek zerfetzt, in Crécy-sur-Mont hat man sich sogar an den Gräbern vergriffen.
Ludendorff hat versucht, diese Untaten zu rechtfertigen. Es sei keine andere Wahl geblieben, sagt er in seinen Erinnerungen. Außerdem seien »viele Kunstschätze geborgen und nach den Bestimmungen der Haager Landkriegsordnung in dem besetzten Gebiet aufbewahrt« worden.
Die Operation ist mit einer unglaublichen Präzision abgelaufen. Nivelle hat nicht viel tun können, um sie zu stören. Da er lange Zeit skeptisch gewesen ist, hat er Franchet d'Esperey verboten, mit aller Kraft nachzusetzen. Der Mont Saint-Quentin, um den so erbittert gerungen worden ist, wird jetzt kampflos von den Engländern besetzt, die Stadt Péronne, dann Noyon und dazu reichlich 60 Dörfer.
Die französischen Heeresberichte sind ein einziges Siegesgeschrei. Jean de Pierrefeu, der sie abzufassen hat, bekommt Befehl, den Vorgang so darzustellen, als ob die Deutschen sich nur »unter ständigem Druck« der Alliierten zurückgezogen hätten. Er muß aus diesem deutschen Manöver um jeden Preis einen großen Sieg machen. Doch die besser informierten Leute lassen sich nicht täuschen. Fayolle hält in seinem Tagebuch mit seiner Bewunderung für Ludendorff nicht hinter dem Berge. Die Operation ist nach seiner Meinung ein wahres Meisterstück.
»Jedenfalls«, schreibt er, »stößt unsere Offensive jetzt ins Leere.«
Zu diesem Schluß kommen mit ihm alle hohen Militärs. Der Nivelle-Plan sah vor, die beiden Ansatzpunkte des Frontvorsprungs flankierend anzugreifen. Da der Frontvorsprung nicht mehr da ist, sind auch keine Flanken mehr da. Also kann man sie nicht angreifen. Das ist so klar wie nur etwas.
Zum allgemeinen Entsetzen will Nivelle das nicht wahrhaben. Er mag seine Offensive nicht aufgeben. Wenn keine Flanken mehr da sind, dann muß man eben die deutschen Verteidigungslinien frontal angreifen. Unmittelbar neben dem Beginn der Siegfriedstellung, am gefürchtetsten aller Abschnitte, am Chemin des Dames.
Der Grundsatz bleibt der gleiche: mit ungeheurer Wucht zuschlagen, binnen 24 Stunden durchbrechen und den großen Erfolg sofort ausnutzen. Was sich am Douaumont bewährt hat, wird auch hier unfehlbar wirken.
Jetzt faßt Poincaré echte Verzweiflung. Auf seinem Schreibtisch sammeln sich alarmierende Berichte. General Messimy, der Kriegsminister von 1914, bezeichnet den Nivelle-Plan als Flickwerk und erklärt, der deutsche Rückzug habe der vorgesehenen Operation jede Berechtigung genommen. Pétain läßt Painlevé wissen, daß er nicht an einen Erfolg des Unternehmens glaubt, und Micheler, der den Befehl dabei führen soll, hat ganz erhebliche Vorbehalte.

Nur Nivelle steht unerschütterlich im Sturm der Zweifel und der Kleinmütigkeit. Am 3. April verkündet er einmal mehr, daß er fest an den Sieg glaubt, an einen durchschlagenden, raschen Sieg, der endgültig mit der deutschen Militärmacht aufräumen wird.

Der arme Painlevé ... Er möchte ja gern an diesen Sieg glauben, aber er kann es nicht, und er fragt sich, was die Pflicht ihm befiehlt. Er erwägt sogar, von Ministerpräsident Ribot die Ablösung des Generalissimus zu verlangen, doch er schreckt vor dem beispiellosen Skandal zurück. Und er muß sich rasch entscheiden.

Schließlich beruft er eine Sitzung der wichtigsten Minister und Armeebefehlshaber nach Compiègne ein.

Eine unerhörte Initiative! Man stelle sich vor, wie Joffre getobt hätte, wenn man auf eine solche Demütigung verfallen wäre: Am Vorabend einer Offensive soll der Plan des Generalissimus von Politikern und von den Generälen, die ihn durchzuführen haben, beurteilt werden!

Doch Nivelle ist nicht aus dem gleichen Holz geschnitzt wie Joffre. Außerdem ist er seiner Sache derart sicher, setzt ein solches Vertrauen in seine Methode, sieht so sehr nur noch den Sieg vor sich, daß er die Sitzung sogar begrüßt, weil sie ihm Gelegenheit gibt, endlich alle Skeptiker zu überzeugen.

Für den 6. April, den Karfreitag, hat der Chefkoch des Elysée Anweisung bekommen, an Bord des Präsidentenzuges zwei Speisefolgen bereitzuhalten, mit und ohne Fleisch. Die zum Mittagessen eingeladenen Generäle, vor allem Castelnau, sind für ihre strenge Frömmigkeit bekannt; zugleich will der Präsident der Republik es vermeiden, die kirchenkritischen Überzeugungen seiner Minister zu verletzen. Solche Dinge spielen noch eine Rolle nach 32 Monaten Krieg, die eine Million Franzosen das Leben gekostet haben.

Die Sitzung findet im Salonwagen des Präsidenten im Bahnhof von Compiègne statt. Etliche Fliegerstaffeln ziehen über die Stadt nach Osten, um zur Vorbereitung der Offensive über dem Chemin des Dames die deutschen Artilleriebeobachtungsballons abzuschießen.

In Zivil sind außer Staatspräsident Poincaré der fünfundsiebzigjährige Ministerpräsident Alexandre Ribot mit schlohweißem Haar und den lockeren Handbewegungen des einstmals erfolgreichen Pianisten, der löwenmähnige Sozialist Albert Thomas als Rüstungsminister, und der Mathematiker und Kriegsminister Paul Prudent Painlevé. Den Übergang zu den Uniformierten bildet Marie Lucien Lacaze, Admiral und Marineminister. Die Militärs sind Oberbefehlshaber Nivelle und die Befehlshaber seiner vier Armeegruppen: der hagere Micheler, der vierschrötige Castelnau, der stiernackige Franchet d'Esperey und der marmorglatte Pétain. Zwei weitere, nachgeordnete Generäle sind noch hinauskomplimentiert worden. Die große Auseinandersetzung kann beginnen.

Auch wenn es nicht laut ausgesprochen wird, ist doch deutlich zu spüren, daß Pétain der entschlossenste Gegner des Nivelle-Plans ist.
Pétain läßt sich in keine Manöver hineinziehen. Er hat nichts übrig für die Abgeordneten. Das beruht auf Gegenseitigkeit. Als es um die Nachfolge von Joffre ging, haben viele ihn aus dem Kreis der möglichen Kandidaten gedrängt, indem sie seine Treue zu den republikanischen Institutionen in Zweifel zogen und seine abfälligen Bemerkungen über die Politiker zitierten. Im Gegensatz zu den meisten anderen ist Pétains Hauptquartier für Besucher aus Paris kein gastfreier Ort. Der General bemüht sich, sie außen vorzulassen, und wenn er sie in seinem Dienstzimmer oder zu Tisch empfangen muß, gibt er sich wortkarg und abweisend.
Doch zugleich ist er, ohne sich darum bemüht zu haben, zum Begründer einer »Schule« geworden. Die von ihm vertretenen Grundsätze haben schon zu Auseinandersetzungen mit Joffre geführt; von dessen Nachfolger unterscheidet er sich noch eindeutiger.
Zeit gewinnen, Verluste vermeiden, keinen allzu simplen Theorien anhängen, auf berauschende Hoffnungen nicht hereinfallen, niemals das Unmögliche erzwingen wollen – das ist Pétain. Seine Vorlesung über Infanterietaktik aus dem Jahre 1911 wird wie ein prophetisches Buch zitiert und der Theorie von der Offensive um jeden Preis entgegengehalten. Viele Franzosen, auch wenn sie es nicht laut sagen, sind entsetzt von dem Blutvergießen, von einem Krieg, der ohne Rücksicht auf Menschenverluste geführt wird, obwohl Frankreichs Bevölkerung seit vielen Jahren nicht mehr wächst. Pétains Grundsätze kommen ihrer klar begründeten oder bloß gefühlsmäßigen Besorgnis entgegen. Was nützt der Sieg, wenn das Land darüber zugrunde geht?
Der rundlich joviale zuständige Mann im Präsidentensonderzug, Kriegsminister Painlevé, wird von dieser aller Ehren werten Besorgnis besonders umgetrieben. In der vorhergehenden Regierung ist er für das Unterrichtswesen und damit nach dem Geschäftsplan des Kabinetts auch für die kriegswichtigen Erfindungen zuständig gewesen. Diese Aufgabe hat ihn veranlaßt, sich mit den Kampfmethoden zu beschäftigen und sich eine Meinung über die verschiedenen von den Generalstäblern vertretenen Thesen zu bilden. General Pétain, dessen harte Arbeitsdisziplin in krassem Gegensatz zu seiner eigenen legendären Zerstreutheit eines in die Politik verschlagenen Wissenschaftlers steht, kennt er kaum. Trotzdem ist er ein entschlossener Anhänger der »Methode Pétain« geworden; er ist einer der wenigen gewesen, die sich für ihn als Nachfolger Joffres eingesetzt haben.
Poincaré eröffnet die Sitzung und erteilt sogleich seinem Kriegsminister das Wort. Wie unsicher sich der Staatspräsident fühlt, spürt man noch aus seinen Memoiren, die von dieser skandalös denkwürdigen Sitzung einen vor lauter nichtssagender Diskretion völlig falschen Eindruck vermitteln.
Painlevé legt dar, daß eine der Bedingungen für die Offensive, der gleichzeitige Angriff der alliierten Streitkräfte, nicht mehr gegeben sei; außerdem habe der deutsche Rück-

zug die Umstände der Schlacht zum Schlechten verändert. Er schlägt deshalb vor, auf jeden Angriff zu verzichten und sich strikt defensiv zu verhalten, bis das Eingreifen der Amerikaner die Wende zugunsten der Entente bringe.
Nivelle erwidert. Er sagt noch einmal mit schöner Unvorsichtigkeit, der Durchbruch sei überhaupt kein Problem, er beschäftige sich längst nur noch mit der strategischen Auswertung des großen Anfangserfolges. Er weist darauf hin, daß Franzosen und Engländer an der Westfront zahlenmäßig und materiell weit überlegen sind, daß sich diese Lage aber durch die russische Revolution und die zu erwartende Freisetzung der deutschen Truppen an der Ostfront schon bald umkehren werde. Er zeigt auf der Karte seine Ziele, vertraute Namen, die so viel Ruhm und Blutvergießen bedeuten: die Hochflächen von Braye und Craonne, die Höhen von Brimont, Berry und Moronvilliers, die Städte Saint-Quentin und Laon. Das wird er alles zurückerobern, dessen ist er ganz sicher, und er wird noch viel weiter vordringen. Binnen 24, höchstens 48 Stunden. Wenn er nach 48 Stunden keinen Erfolg gehabt hat, wird er die ganze Offensive einstellen, das verspricht er. Er betont, daß er über die erforderlichen Kräfte für sein Vorhaben verfügt: 850000 Mann, 2700 Feldgeschütze 7,5 cm, 2300 schwere Geschütze, 200 Panzerwagen. Jetzt oder nie könnte ein einzigartiger Sieg errungen werden. Soll man diese Möglichkeit vorübergehen lassen?
»Gestatten Sie, Herr General«, sagt Poincaré, »daß wir die Befehlshaber der Armeegruppen um ihre Stellungnahme ersuchen?«
Nivelle weiß genau, daß deren Meinung längst hinter seinem Rücken eingeholt worden ist. Er legt Wert darauf, das spüren zu lassen: »Wenn meine Generäle in meiner Gegenwart sprechen, könnte das nicht« (er sagt nicht »diesmal«, aber er denkt es so laut, daß alle es zu hören meinen) »einen Verstoß gegen die Disziplin darstellen?«
Als erster erhält Castelnau das Wort. Als Befehlshaber der Armeegruppe Ost ist er an der Offensive nicht beteiligt; außerdem ist er eben erst von einer Dienstreise nach Rußland zurückgekehrt. Er bleibt also allgemein: Der Einsatz der Streitkräfte ist allein Sache des Oberbefehlshabers. Entweder setzt die Regierung volles Vertrauen in ihn, daß er die Schlacht richtig führt, und darf ihm dann keinerlei Hindernisse in den Weg legen, oder sie hat kein Vertrauen in seine Fähigkeiten und wäre damit verpflichtet, ihn sofort durch einen anderen zu ersetzen. Die Antwort ist jedenfalls klar und eindeutig.
Franchet d'Esperey, dem das eigenartige Verfahren sichtlich peinlich ist, beschränkt sich auf die Erklärung, daß er mit erheblichem Widerstand an der Front der Armeegruppe Nord rechnet.
Dramatisch spitzt sich die Situation erst zu, als Alfred Micheler das Wort ergreift, der große, hagere dunkelbärtige Mann, der beim Sprechen mit dem Kneifer fuchtelt, um seine Sätze wie ein Südländer zu unterstreichen. Man sagt von ihm, er sei ein »politischer« General, und tatsächlich verdankt er seine Karriere jedenfalls teilweise der Pro-

tektion durch hochgestellte Politiker, vor allem durch Antonin Dubost, den großen weisen Mann der Republik, der seit ewigen Zeiten Präsident des Senats ist. Als Kriegsschulabsolvent ist er 1914 mit dem Rang eines Obersten an die Front gegangen und hat es in einem Jahr vom Brigade- zum Armeegeneral gebracht.

Jetzt ist ihm von Nivelle die Führung der Offensive anvertraut worden. Den Regierungsmitgliedern hat er schon gestanden, daß er jedes Vertrauen in die Operation verloren hat, doch im Beisein von Nivelle hält er mit seiner Meinung so betont hinter dem Berge, daß Poincaré ihn geradezu bedrängen muß, bis er widerstrebend zu erkennen gibt, daß er nicht glaubt, in einem Anlauf die drei feindlichen Stellungssysteme überwinden zu können. Eines bestimmt, vielleicht auch zwei, aber für das dritte braucht er, wie er schließlich einräumt, eine neuerliche Artillerievorbereitung von drei bis vier Tagen Dauer.

Damit hat er seinem Chef direkt widersprochen. Nivelle fühlt sich herausgefordert und erklärt, die Deutschen würden »die Flucht ergreifen«; seinem Untergebenen hält er Napoleons Maxime entgegen: »Wenn man vor der Aktion so viel Selbstvertrauen gezeigt hat, darf man sich nicht verhalten wie das Pferd, das nach schwungvollem Start vor dem Hindernis scheut.«

Micheler läßt sich das gesagt sein.

Jetzt ist Pétain mit seiner Stellungnahme an der Reihe.

Was er sagt, ist nur in großen Zügen überliefert. Im Gegensatz zu denen von Castelnau sind seine Worte nicht sofort aufgezeichnet worden, und sein offizieller Biograph zur Zeit seiner Vichy-Regierung, General Laure, vermeidet es, auf die Sitzung in Compiègne einzugehen. Er schreibt: »Wir können unterstellen, daß Pétain als disziplinierter Soldat lieber nicht um seine Meinung befragt worden wäre, um nicht durch die so erzwungene Stellungnahme die Autorität des verantwortlichen Oberbefehlshabers in Frage zu stellen.« Doch Staatspräsident, Ministerpräsident und Kriegsminister bedrängen ihn. Wie könnte er sich dieser nachdrücklichen Aufforderung entziehen?

Pétain erklärt, er sei grundsätzlich für die Offensive. Seiner Meinung nach reichen die Kräfte aus, um die vordersten Stellungen des Gegners zu überwinden. Eine Weiterführung der Operation dagegen erscheint ihm ausgeschlossen. Die Divisionen, die Nivelle für die strategische Auswertung des Erfolges bereitgestellt hat, sind für Pétain als Ablösung und Verstärkung erforderlich. Mit anderen Worten, Pétain hält sich an das Schema, nach dem Nivelles eigene Angriffe bei Verdun Ende vergangenen Jahres abgelaufen sind. Doch der Oberbefehlshaber ist unerschütterlich überzeugt, daß die Schlachten von Vaux-Douaumont und Louvemont-Bezonvaux nur Erfahrungen waren, aus denen man die Regeln für den endgültigen Sieg erst abzuleiten hat. General Pétain dagegen geht davon aus, daß sie ihren Zweck in sich trugen und daß es über die Kräfte des französischen Heeres geht, sie auf einen viel größeren Maßstab zu übertragen.

Seit 1917 werden immer mehr Tanks eingesetzt. – *81* Englischer Tank überwindet einen Graben. – *82* Die deutsche Seite verfügte über wesentlich weniger Panzer. Hier ist ein erbeuteter englischer Tank für das deutsche Heer umgerüstet worden.

83 Die Feldartillerie wird immer beweglicher, die Feuerkraft immer größer: Abfeuern eines schweren Geschützes auf einer Lafette. – *84* Die Wirkung war furchtbar: Gelände am Chemin des Dames.

Pétain ist fertig. Nivelle erhebt sich.

Er erklärt: »Die Regierung kennt nunmehr die Auffassung meiner Generäle. Ich lege meinerseits Wert auf folgende Feststellung: Ist die Regierung der Ansicht, daß neue Faktoren eine grundsätzliche Änderung in der Art der Kriegsführung erforderlich machen, so muß sie es sagen! Das ist ihre Aufgabe, die nur sie erfüllen kann. Da jedoch unter so bedeutungsvollen Umständen die Entscheidungen in aller Freiheit getroffen werden müssen, habe ich die Ehre, meine Berufung als Befehlshaber der Armeen im Norden und Nordosten in die Hände des Herrn Präsidenten der Republik zurückzulegen.«

Alle reißt es von den Sitzen. Vor Arras donnern längst die englischen Geschütze für die große Offensive. Auch am französischen Frontabschnitt hat die Artillerievorbereitung heute begonnen. Das ganze Heer, das ganze Land weiß, daß die Befreiungsschlacht beginnen soll. Aus Mangins Tagesbefehl ist der Satz »Wir haben die Methode, und wir haben den Führer dazu« gerade noch von der Zensur gestrichen worden, aber er hat sich trotzdem herumgesprochen. Zum dritten- oder viertenmal in diesem Kriege ist die Nation von einer überwältigenden, fieberhaften Hoffnung beseelt. Und jetzt soll man ihr sagen, daß dieser Führer, der das Siegesrezept in der Tasche hat, am Vorabend der Schlacht seinen Rücktritt erklärt hat, weil die Regierung ihm nicht das nötige Vertrauen schenkt?

Durch das Stimmengewirr dringt der trockene Satz von Raymond Poincaré: »Herr General, erforderlichenfalls werde ich Ihnen den Befehl erteilen, auf Ihrem Posten zu bleiben.«

Doch Nivelle bleibt unbeugsam.

»Das unbedingt erforderliche Vertrauensverhältnis zwischen meinen Untergebenen und mir ist durch die zahlreichen Interventionen, denen sie ausgesetzt gewesen sind, erheblich gestört worden. Ich selber fühle mich nicht mehr vom einhelligen Vertrauen der Regierung getragen. Unter solchen Umständen kann man den Oberbefehl nicht führen.«

Die Generäle fühlen sich von dieser Auseinandersetzung überfordert. Die Politiker versuchen Nivelle in einer Ecke des Wagens zu besänftigen. Sie sprechen leise. Man hört, wie der scharfe Aprilwind an den Fenstern rüttelt.

Plötzlich verkündet Poincaré: »Gehen wir essen, meine Herren.«

Und Pétain hört man halblaut sagen: »Ja, und? Ist das alles?«

Ist das wirklich alles? Das Déjeuner, fleischlos oder nicht, verläuft in betonter Harmonie. Nach den Spirituosen machen Minister und Generäle mit großem Gefolge wie brave Touristen einen Rundgang durch das Schloß von Compiègne.

»Im zweiten Stockwerk angelangt«, berichtet Oberst Herbillon, »nimmt mich General Nivelle am Arm und flüstert mir zu: ›Ich habe meinen Rücktritt erklärt.‹ Ich starre ihn ungläubig an. Auf dem Bahnhof unterhält er sich noch mit dem Staatspräsidenten und mit Ribot, der Abschied ist herzlich ... Er hat mir sagen lassen, ich solle mit ihm ins *Grand Quartier Général* zurückfahren. Kaum sitzen wir im Wagen, sagt er: ›Ja, ich habe meinen Rücktritt angeboten. Staats- und Ministerpräsident haben mir erklärt, sie nähmen ihn nicht an und setzten nach wie vor volles Vertrauen in mich. Noch habe ich den Rücktritt nicht zurückgenommen. Ich werde es mir noch einmal überlegen.‹«

Am Tag darauf hat sich sein Entschluß zum Rücktritt eher noch verstärkt. Er versammelt einige Offiziere um sich, die er besonders schätzt, darunter Oberst d'Alenson, der jetzt ganz allgemein als seine »graue Eminenz« gilt. Er bleibt bei seiner Haltung vom Vorabend und setzt sein ausführlich begründetes Rücktrittsgesuch auf.

Am 8. April vormittags ist das Schreiben noch nicht abgegangen. Morgen früh werden die Engländer an der Somme angreifen, Franchet d'Esperey in fünf Tagen vor Saint-Quentin. Die Armeegruppe Micheler soll unmittelbar darauf stürmen. Und Oberbefehlshaber Nivelle zögert. Hat er das Recht, seinen Posten zu verlassen, da der schicksalsschwere Augenblick, Triumph oder Katastrophe, so nahe ist?

Einer der Sitzungsteilnehmer von Compiègne, der beredte Sozialist Albert Thomas, läßt seinen Besuch ankündigen. Er kommt, um Nivelle zu sagen, daß die Regierung ihm uneingeschränkt vertraut und völlige Handlungsfreiheit läßt. Das Wetter ist triste geworden, Nordfrankreich liegt unter eiskalten Regenschauern, überall donnern die Kanonen, und von der Champagne bis hinauf zum Artois haben die Infanteristen ihren Opfergang angetreten. General Nivelle zerreißt sein Rücktrittsgesuch.

Um das Bild abzurunden und die Atmosphäre zu charakterisieren, die bei der hohen Generalität am Vorabend der Wahnsinnsoffensive herrscht, muß man in Fayolles ätzend scharfem Tagebuch nachlesen:

»Micheler hat kein wirkliches Vertrauen mehr in die Sache ... Er glaubt nicht, daß Mangin durchkommt ... Nivelle sieht alles durch die Brille von Mangin. ›Dies ist Mangins Schlacht‹, sagt Micheler. Aber nach seinem Dafürhalten ist Mangin unfähig, eine Armee zu führen; was er sich ausgedacht hat, kann nicht klappen ... Er hält sich nicht an das, was möglich ist ... Er will am ersten Tag 21 Kilometer weit kommen, kämpfend! Dabei wäre das schon in feindfreiem Gelände nicht zu schaffen. Er will einfach nichts hören, tut nur, was ihm richtig erscheint, und Nivelle hört auf ihn und unterstützt ihn. Micheler hat zeitweise überlegt, ob er nicht lieber seinen Posten aufgeben soll.«

Zum Verständnis dessen, was jetzt geschieht, ist eine Betrachtung des Schlachtfeldes angezeigt. Man fragt sich, wie ein seiner Sinne mächtiger General darauf verfallen konnte, ausgerechnet den Chemin des Dames frontal anzugreifen. Selbst Joffre, dem es an Kühnheit wahrhaftig nicht mangelte, hatte diese Stellung für unbezwingbar gehalten und war überzeugt, man könne sie nur von den Flügeln her umfassend erobern.

Die Franzosen müssen aus der Ebene angreifen; schon nach ein paar hundert Metern

geht es bergan. Sie müssen einen steilen Hang voller Hindernisse überwinden. Überall auf der fast 60 Kilometer breiten Angriffsfront zwischen dem Massiv von Saint-Gobin und dem Massiv von Brimont ist das Gelände äußerst schwierig. Von Craonne bis Laffaux zieht sich ein Hügelkamm, auf dem eine alte Straße verläuft, die, niemand weiß woher, den Namen »Chemin des Dames« hat. Der Kamm stellt sich wie ein Festungswall jedem Angriff von Süden her entgegen, und er ist zusätzlich verstärkt durch ideale natürliche und inzwischen ausgebaute Bastionen, das Plateau von Malmaison, das Plateau von Vauclerc, das Plateau von Californie zum Beispiel. Unterirdische Steinbrüche, die *creutes*, aus denen das Baumaterial für die Kathedralen von Reims und Laon stammt, bieten den Verteidigern absolut sichere Schutzräume, und vielerorts ermöglichen es ihnen die alten Stollensysteme, vorgestoßene Angreifer im Rücken zu fassen.
Natürlich haben die Deutschen den ganzen Raum im Lichte ihrer Erfahrungen nach allen Regeln der Kunst befestigt. Die Dörfer sind zu Verteidigungszentren ausgebaut, die Höhlen abgestützt, die Maschinengewehrnester an allen beherrschenden Stellen betoniert.

Ludendorff macht sich keine Sorgen. Er weiß, daß seine Leute diese Stellung halten können. Außerdem hat er allen Anlaß zur Selbstsicherheit, weil er das Vorhaben seines Gegners genau kennt. Das verdankt er wiederum Nivelle und dessen Überzeugung, man müsse allen Verantwortlichen seine Methode einbleuen; so hat der Generalissimus bis zu den niedrigsten Offiziersrängen hinunter allgemeine Pläne verteilen lassen, die sonst Stabsgeheimnis bleiben. Gewiß, auch Napoleon hat am Vorabend der Schlacht von Austerlitz den Soldaten seinen Schlachtplan auseinandergesetzt. Aber erstens geschah das wenige Stunden vor Beginn des Kampfes, und zweitens gab der Kaiser diese Erklärungen nicht schriftlich.

Ein Teil des Planes ist ja schon im Februar bei der Leiche eines Offiziers gefunden worden. Am 4. April um 19.30 Uhr unternehmen die Deutschen bei Sapigneul einen starken Vorstoß gegen die Front der 5. Armee. Sie durchbrechen die erste und zweite Stellung, töten 800 Mann, machen viele Gefangene und finden die jüngsten vom *Grand Quartier Général* eingetroffenen Dokumente bei einem toten Feldwebel vom 3. Zuavenregiment, dem sein Hauptmann sie mit dem Befehl gegeben hat, sie in Sicherheit zu bringen.

Jetzt weiß Ludendorff alles: Die für den Angriff bestimmten Einheiten, die Nahziele und die Tagesziele. Er ersieht daraus, daß Nivelle überzeugt ist, das Abwehrfeuer der deutschen Artillerie werde zu Beginn der Offensive so schwach sein, daß es überflüssig ist, die Bereitstellungen der Sturmtruppen besonders tief auszuheben. Ludendorff beschließt also, sein Feuer vom ersten Augenblick an auf diese Bereitstellungen zu konzentrieren.

Außerdem ist die Offensive für niemanden im Lande ein Geheimnis. In allen Cafés Frankreichs ist davon die Rede. Der Plan wird in den Vorzimmern der Ministerien und

den Wandelgängen des Palais-Bourbon diskutiert. Und natürlich will die Regierung nicht zurückstehen. Unter Joffre wußte sie nichts von den militärischen Operationen; unter Nivelle weiß sie vieles und möchte alles wissen.
Die Engländer haben versucht, ihre Verbündeten zur Vernunft zu bringen. Lloyd George schreibt: »Es ist uns lieber, wenn die Generäle alles für sich behalten, was die Ausführung ihrer Pläne betrifft. Gibt man solche Informationen an die Minister weiter, ist es selten, daß nur die Minister davon erfahren.« Bei der Konferenz in Calais hat Schatzkanzler Bonar Law an Nivelle und Haig die Frage gerichtet, ob sie miteinander einig seien, und auf die bejahende Antwort hin hat er erklärt: »Gut, alles übrige geht uns dann nichts an.« Doch der alte Ribot, die würdige, aber leichtfertige weißhaarige Vatergestalt, hat sofort protestiert: »Die Regierung hat das Recht, alles zu wissen.«
Am Vorabend der Offensive weiß die französische Regierung alles. Aber Ludendorff auch.

Das große Barometer ist jetzt der beherrschende Gegenstand gegenüber der Apollo-Treppe in der Galerie im ersten Stockwerk des *Grand Quartier Général*: Ständig stehen etliche Offiziere davor und besprechen die Lage.
Das Wetter, vor allem das der nächsten Tage, ist der Gegenstand großer Sorge. An einen so scheußlichen April kann sich niemand erinnern. Der Regen will nicht aufhören, er strömt und peitscht auf das Land, eiskalt, oft noch mit Schneeflocken vermischt. An manchen Tagen steigert sich der Wind zum Sturm.
Man kann gar nicht anders als immer wieder an die armen Soldaten zu denken, die schon im Angriffssektor ihre Bereitstellungen erreicht haben. Man malt sich aus, wie sie in Kälte und Nässe den Mut sinken lassen.
Davon kann keine Rede sein. Sie hocken schlotternd da, das stimmt, aber sie sind voller Hoffnung, ja, voller Siegeszuversicht. Das ist Nivelles großes Verdienst. Seit der Übernahme des Oberbefehls hat er alles getan, um die Männer zu überzeugen. Er hat seinen Plan erklärt, hat mehrere der Einheiten, die er in den Höllenschlund schicken will, selber aufgesucht. Überall hat er den Soldaten gesagt, sie würden zur letzten Offensive antreten, über völlig zerstörte Stellungen vorstürmen. Der Durchbruch ist sowieso gesichert, erst jenseits der deutschen Linien wird die wirkliche Schlacht beginnen, wenn die Deutschen mit Pauken und Trompeten an die Grenze zurückgeworfen werden.
Die Männer wollen das ja auch glauben, weil sie genug haben von diesem Maulwurfskrieg, zu dem sie seit bald drei Jahren verurteilt sind. Es ist keine Übertreibung: Viele fiebern dem Tag des großen Sturms mit ergreifender Ungeduld entgegen.
Einer dieser Soldaten, J. Tézenas du Montcel, schreibt am 3. April: »Immerhin, wenn man erst einmal hier ist, atmet man eine andere, freiere Luft. Es geht nicht mehr um die monatelang mit hochmütiger Verbohrtheit am selben Punkt wiederholten Angriffe, das

›Anknabbern‹, an das wir uns mit Schaudern erinnern. Wir setzen Vertrauen, grenzenloses Vertrauen in unsere Führer, vor allem in Mangin.«
Es sieht ganz danach aus, als hätten sie noch nie so siegesgewiß sein dürfen. Die Zahl der Geschütze, die Fähigkeiten der Generäle, die 200 Tanks, vor denen die Deutschen in panischem Schrecken fliehen werden, vor allem aber eine Vorbereitung, bei der an alles gedacht ist.
Die Männer der ersten Sturmwelle haben große weiße Wachstuchbahnen bekommen, die sie im Vorgehen auslegen sollen, damit die Flieger sehen, wie weit sie gelangt sind.
Jeder ist davon durchdrungen, daß es diesmal vor allem auf die Schnelligkeit ankommt, daß Mangin erklärt hat, er werde noch vor dem Abendessen zum Aperitif in Laon sein, das 20 Kilometer entfernt hinter den feindlichen Höhenstellungen liegt. Um schnell voranzukommen, darf man nur leicht bepackt sein. So bleiben die Tornister zurück. Die verbleibende »leichte« Last ist immer noch schwer genug. Man muß schließlich nicht nur das Gewehr, 80 Patronen, ein klappbares Vielzweckwerkzeug, Gasmaske und Zweiliterfeldflasche mitnehmen, sondern dazu drei Tragbeutel, im einen ein Laib Brot, im zweiten Lebensmittel und einige persönliche Habseligkeiten. Der dritte ist für die Handgranaten bestimmt, die erst kurz vor dem Sturm ausgegeben werden.
Man kann nur staunen über den französischen Soldaten. Trotz der furchtbaren Erfahrungen, trotz so vieler im Feuer zusammengebrochener Angriffe läßt er sich immer noch von ein paar eindrucksvollen Phrasen zu begeisterter Hoffnung bewegen.

Den Engländern ergeht es ebenso. Auch sie sind in diesen ersten Apriltagen von zuversichtlichem Schwung beseelt. Sie werden ihn bitter nötig haben.
Bei dieser Offensive ist ihnen nicht wie an der Somme die Hauptrolle zugefallen, aber sie sollen schon am 9. April angreifen, um die Reserven des Gegners auf sich zu ziehen und zu binden. Manche Strategen sprechen von einer »Ablenkungsoffensive«, aber dafür ist sie zu groß angelegt.
Zwei britische Armeen sollen zwischen den nördlich und südlich von Arras gelegenen Orten Loos und Croisilles auf 24 Kilometer Frontbreite mit vollem Einsatz angreifen.
In der Nacht vom 8. auf den 9. April kommt ein orkanartiger Sturm auf. Der Wind entwurzelt Bäume, treibt Regen und Schnee scharf über das Schlachtfeld.
Das hält die Kanadier der 1. Armee unter General Horne nicht davon ab, um 5.30 Uhr noch vor Tagesanbruch in Richtung Lens zu stürmen.
Ein glorreicher Tag! Sie überrennen die erste Linie, dringen in die zweite Stellung ein. General von Falkenhausens neun Divisionen werden geworfen, und was der Schauplatz einer Nebenoffensive sein sollte, wird dank der schneidigen Kanadier zum Ort eines

großen Sieges. Die Höhe von Vimy, um die nun schon so lange und erbittert gerungen worden ist, wird im ersten Anlauf erobert und liegt bald hinter den Angreifern. Dörfer, deren Namen nur allzu oft im Heeresbericht genannt worden sind, fallen schon in den ersten Stunden: Givenchy, Bailleul, Monchyle-Preux ... 10000 Gefangene, 100 Geschütze, Hunderte von Maschinengewehren werden von den Siegern bei diesem spektakulären Einbruch eingebracht, und die Erfolge können in den folgenden Tagen gesichert werden, in denen auch Allenby mit der 3. Armee Gelände gewinnt. Haig triumphiert. Er schreibt an seine Frau: »Unser Sieg wird große Auswirkungen haben. Der Feind beginnt sich nördlich von Vimy schon zurückzuziehen ... Ich bin außerordentlich angetan von diesen großartigen Jungens, die jederzeit bereit sind, ihr Leben für unser altes Land zu geben. Oft bin ich sehr traurig, wenn ich sie an mir vorbeimarschieren sehe und bedenke, daß viele dieses höchste Opfer zu bringen haben werden, bis wir den Frieden erreichen.«

Ludendorff im Kreuznacher Hauptquartier zeigt deutlich seine Beunruhigung. Er macht sich sein Bild nach den telephonischen Meldungen und muß feststellen, daß sogar seine Artilleriestellungen erobert worden sind, daß die Eingreifdivisionen zu weit vom Gefechtsfeld entfernt waren: »Es war eine ungemein kritische Lage, die für das Ganze gefahrvoll werden konnte, wenn der Gegner weiterstieß.«

An den folgenden Tagen bemüht er sich, die klaffende Lücke zu stopfen, die sich da aufgetan hat. Nach seiner eigenen Aussage hat das Geschehen vom 9. April alle seine Berechnungen über den Haufen geworfen.

Zu seinem Glück läßt der englische Druck bald nach.

Die französische 3. Armee unter General Humbert greift bereits am 13. April am rechten Flügel der Engländer an. Doch sie kommt nicht weit, und um das Gesicht zu wahren, muß Nivelle sie ausdrücklich beglückwünschen für ihr »brillantes Erkundungsvorgehen gegen die Stellungen bei Saint-Quentin«.

Ludendorff ist inzwischen schon beruhigt. Die beiden Offensiven haben seine Front für einen Augenblick ins Wanken gebracht, aber nicht allzu stark eingedrückt. Er kann mit Gelassenheit der französischen Großoffensive entgegensehen, von der er auf den Tag genau alles weiß.

10. April. 5000 Geschütze aller Kaliber brüllen los. Die Männer in den französischen Gräben haben wieder das Gefühl, als donnerten unzählige Schnellzüge über sie hinweg in Richtung Feind, und wieder sind sie guten Mutes.

Die deutsche Front vor ihnen liegt unter dichtem Rauch. Sie dürfen wirklich Vertrauen haben. Nivelle hat sein Wort gehalten. Und so geht es Tag und Nacht weiter, ohne Unterbrechung, so daß man vor nervöser Erregung nur mit Mühe Schlaf findet.

11. April. Die Einheiten rücken in die Bereitschaftstellungen ein. Schneematsch klatscht ihnen entgegen, die Laufgräben sind übervoll mit Truppen, bis an die Knie

waten sie im breiigen Erdreich. Zehntausende sind unterwegs nach vorne. Kälte, Schlamm und Angst haben sie nur ihre Zuversicht entgegenzusetzen, die Gewißheit, daß dies der allerletzte Angriff ist, daß es sich lohnt, sich rückhaltlos einzusetzen.
Nur die Senegalesen teilen diese Begeisterung nicht. Sie sind steif und grau vor Kälte, viele brechen zusammen auf diesem Marsch, der ihnen endlos vorkommt, und weigern sich aufzustehen. Das Klima ist für sie noch mörderischer als die Granaten.
Endlich geht es aus dem Laufgraben hinaus in die Sturmausgangsstellungen. Die Männer stolpern in die Stollen hinunter, die von den Pionieren für sie angelegt worden sind. Sie drängen sich zusammen, suchen sich, so gut es geht, einen Platz, zumeist auf der nackten Erde. Ein seltsames Gefühl: Das Artilleriefeuer, das ihnen eben noch beinahe das Trommelfell zerrissen hat, klingt jetzt ganz fern. Einer notiert: »Das Bombardement dringt zu uns gerade noch wie gedämpfter Trommelwirbel; nur die Kerzen flakkern davon.«
Angenehm ist die Situation nicht. Niemand sagt ihnen, wie lange sie in diesen dunklen Höhlen ausharren müssen. Sie wissen nur, daß sie hier sind, um an der Siegesoffensive teilzunehmen. Wann es losgeht, werden sie wohl noch früh genug erfahren. Sicher ist, daß der Termin wegen des schlechten Wetters schon mehrmals verschoben worden ist.
Am 12. April um 9 Uhr werden die Zugführer zu ihren Kompaniechefs gerufen. Die Befehle sind da. Die Organisation hat noch nie so gut geklappt. Jeder bekommt einen blauen Plan des zu erobernden Abschnitts. Alles ist genau eingetragen: die feindlichen Stellungen, die Laufgräben, die Drahtverhaue, die Maschinengewehrnester. Der Zeitablauf ist präzise festgelegt. Bestimmte Einheiten brechen zur Angriffszeit H auf, andere um H + 10, die nächsten um H + 20. Jeder weiß genau, was er zu tun hat. Und jeder kann feststellen, daß die Gerüchte wahr gewesen sind: In einem einzigen Schwung muß alles geschafft werden, denn das Tagesziel ist Laon, 20 Kilometer weit entfernt.
An diesem Morgen erscheint ihnen nichts unmöglich. Der Himmel gehört den Franzosen. Die Flugzeuge mit den Kokarden sind überall. Wie es heißt, soll auch die berühmte Storchenstaffel mit Georges Guynemer dabei sein. Von den Deutschen hört man überhaupt nichts, als seien sie schon besiegt. Diesem apokalyptischen Beschuß, unter dem sie seit vorgestern liegen, haben sie offenbar nur von Zeit zu Zeit eine eher symbolische Granate entgegenzusetzen.
Am 13. April könnte man meinen, in einen ruhigen Abschnitt geraten zu sein, wenn nicht weiterhin die Geschosse zu Tausenden nach Norden unterwegs wären. Die Männer, von der ausbleibenden Reaktion der Deutschen ermutigt, haben die Stollen verlassen, wo es wirklich zu eng zugeht. Sie reden und reden, rauchen, stellen sich zur Essensausgabe an. Einige wagen sich sogar ins Niemandsland zwischen den Linien. Sie kommen unbehelligt zurück und rufen, die vorderste Stellung sei offenbar leergefegt.

Seit dem frühen Morgen sind Kampf- und Laufgräben voller kistenschleppender Territorialsoldaten und Telephonisten, die endlose Leitungen ausrollen.
Bis auf wenige notorische Schwarzseher sind die »Poilus« noch nie so optimistisch gewesen. Wirklich, Nivelle hält, was er versprochen hat. Er läßt die deutschen Stellungen so zusammentrommeln, daß bei Angriffsbeginn drüben nichts mehr da sein kann.
J. Tézenas du Montcel schreibt in sein Tagebuch: »Ich glaube, seit Kriegsbeginn ist die Kampfmoral einer Angriffsarmee tatsächlich noch nie so glänzend gewesen.«
Dieser Eindruck verstärkt sich am 14. noch. Die Organisation ist untadelig. Auf die Stunde genau kommt die Marschverpflegung. Jeder Mann erhält Rationen für drei Tage zugeteilt.
Aber beschwerlich wird es doch, in diesen Stollen zu hausen, wo die meisten nicht einmal Platz finden, um die Beine auszustrecken.
Am 15. April werden im ersten Morgenlicht die Zugführer wieder gerufen. Vor ihren Augen öffnet der Hauptmann feierlich einen versiegelten Umschlag. Der Inhalt ist von bemerkenswerter Knappheit, nur ein paar Worte, die tief ins Gemüt dringen: »Tag J: 16. April. Stunde H: 6 Uhr.«
Jetzt mischt sich doch Furcht in das gespannte Warten. Fast alle nutzen den Tag, um nach Hause zu schreiben. Viele haben das Gefühl, daß es ihr letzter Brief ist. Das hindert sie untereinander nicht an kindischen Scherzworten, als könnte man das Schicksal damit abwenden.
16. April. Schon um 3.30 Uhr werden die Kerzen angezündet. Die Männer recken sich. Viele wundern sich, daß sie so gut geschlafen haben. Das verschafft ihnen eine Art Befriedigung, denn Schlafenkönnen in der Nacht vor der Schlacht ist von jeher ein Zeichen von tapferem Gleichmut gewesen.
Offiziere und Unteroffiziere stellen ihre Uhren, denn an diesem Morgen muß alles auf die Minute klappen.
Inzwischen ist bei den Stollenkommandanten durch Meldegänger der Tagesbefehl von General Nivelle eingetroffen. Sie versammeln die Männer um sich und verlesen mit lauter Stimme den lakonischen Text:
»An die Offiziere,
Unteroffiziere und
Soldaten
der französischen Armeen:
Die Stunde ist gekommen.
Vertrauen und Mut!
Es lebe Frankreich!«
Eigentlich ein bißchen kurz, aber besser als hochtrabende Phrasen. Davon haben sie genug. Sie machen sich in aller Ruhe fertig, während nach wie vor die Granaten zum

Feind hinüberdonnern. Einige fügen ihrem Brief von gestern noch ein paar Worte hinzu, andere schärfen ihrem besten Kameraden noch einmal ein, was er tun soll, wenn ...

An den Tod, der auf viele von ihnen wartet, denken sie alle. Im Grunde denken sie an nichts anderes, aber es wäre ungehörig, unverblümt davon zu sprechen. Allenfalls eine schnodderige Anspielung ist erlaubt, trotz der Beklemmung, der feuchten Hände und dem seltsam sauren Geschmack im Mund. Darin besteht der eigentliche Mut der alten Fronthasen, daß sie ihre Angst nicht zeigen.

Schon bringen die Essenholer den Kaffee und die doppelte Schnapsration, die am frühen Morgen des Angriffstages immer hochwillkommen ist.

Um 5 Uhr werden die Handgranaten verteilt, mindestens sechs pro Mann, die in den besonderen Tragbeutel kommen.

5.20 Uhr. Jetzt heißt es die Stollen und Unterstände verlassen. Draußen, hinter der Wolldecke am Eingang, schlägt einem der Höllenlärm entgegen. Das Donnern der Flachbahngeschosse läßt den ganzen Körper mitzittern. Eisiger Nebel liegt gespenstisch über dem Land. Der Tag dämmert herauf, als könnte er sich nicht entschließen, das Licht ist fahl und kalt wie der Tod. Im Gänsemarsch trotten die Männer durch den Schlamm, ein beschwerlicher Marsch, bis sie in ihre Angriffsstellung gelangt sind. Dort kommt der Befehl zum Aufpflanzen der Bajonette, und ein letztes Mal wird durchgezählt.

Ein paar deutsche Granaten schlagen ein. Das wundert niemanden, doch eine unangenehme Überraschung sind die Maschinengewehrgarben, die gegen die Grabenböschung klatschen. Sind sie doch nicht alle zerstört worden, diese mörderischen Nähmaschinen, an denen schon so viele Offensiven gescheitert sind? Man tröstet sich mit dem Gedanken, daß es wohl nur einzelne sind, die bald zum Schweigen gebracht sein werden. Nach einem solchen Beschuß kann drüben doch so gut wie nichts mehr am Leben sein.

5.50 Uhr. Noch zehn Minuten. Die Männer bekommen Befehl, alles noch einmal zu überprüfen, das Gewehr, die Decke, die umgelegt sein muß, den Helmriemen. Inzwischen ist es auch ganz hell geworden. Die Bajonette glänzen im grauen Morgenlicht, die Gesichter sind jetzt zu erkennen, blaß und verkniffen. Jeder vermeidet den Blick des anderen, um seine Angst nicht zu zeigen. Einige zählen die Sekunden. Andere tasten unter dem Hemd nach der Medaille, die eine fromme Mutter ihnen beim Abschied gegeben hat. »Gut, daß meine Mutter mich hier nicht sieht!« sagt ein Spaßmacher.

6 Uhr. Die Trillerpfeifen der Unteroffiziere ertönen. Jetzt heißt es hinaus, über die Böschung klettern und dann den Hang hinauf zu der Höhe dort oben, die in einem Anlauf genommen werden soll. Ganz knapp hinter der Feuerwalze her, die den letzten Widerstand bricht.

Doch die Generäle haben zu großzügig gerechnet. Sie haben die Schwierigkeiten des Geländes nicht genügend berücksichtigt, die Tausende von breiigen, rutschigen Granattrichtern und den steilen Hang. An einigen Stellen, und das ist eine böse Überraschung, sind die Drahtverhaue so gut wie unbeschädigt. Die Männer ballen sich an den wenigen zerschossenen Stellen zusammen, um durchzukommen, und bieten den deutschen Kanonieren ein ideales Ziel.

Aber es geht voran, in lockerer Schützenkette, die Augen auf die Kammlinie gerichtet, die so nahe ist und doch noch so schrecklich fern.

Plötzlich wird es dramatisch. Ein deutsches Maschinengewehr eröffnet das Feuer, dann noch eins, und noch eins. Sie sollten doch alle zerstört sein! Offenbar sind sie fast alle noch einsatzfähig.

Schlagartig geraten die Reihen der Angreifer ins Stocken. Die Männer werfen sich hin, am besten in den nächstbesten Trichter, versuchen sich so eng wie möglich an die Erde zu schmiegen.

Gewiß, sie dringen noch vor, springen von Trichter zu Trichter, greifen die Maschinengewehrnester mit Handgranaten an. Doch die von Mangin erträumte Offensive, der stolze Angriff im Sturmschritt, ist schon in diesen Minuten gescheitert. Denn das haben die Soldaten in bald drei Jahren alle gelernt: durch das Feuer von Maschinengewehren ist kein Durchkommen.

Der Zusammenhalt der Einheiten löst sich auf, man liegt in den Trichtern, wie der Zufall einen hergeführt hat, die Offiziere wissen nicht, wo sie ihre Leute suchen sollen. Das Vordringen muß jetzt meterweise mit unerhört schweren Verlusten bezahlt werden.

Der ganze Morgen vergeht über diesem schaurigen Versteckspiel mit dem Tod. Am Nachmittag, das berichten alle Überlebenden, tritt enttäuschte Gleichgültigkeit an die Stelle des begeisterten Elans. Nach den Vorausberechnungen sollten sie schon nach Laon unterwegs sein, die deutschen Batteriestellungen längst hinter sich haben. Statt dessen liegen sie 200, 300 Meter vom eigenen Graben entfernt im Dreck, und wenn sie auch nur den Kopf heben, spritzen rings die Kugeln auf.

»Jede Stunde, die verstreicht«, schreibt einer, »läßt es uns immer klarer werden: Es ist schon vorbei, an Vorwärtskommen ist nicht zu denken. So etwas kann man aber nicht einfach zur Kenntnis nehmen. Unser Angriffsgeist ist gebrochen.«

Noch fehlt etwas, um das Martyrium dieser Männer vollständig zu machen. Bislang ist die deutsche Artillerie nicht mit der gewohnten Intensität in Aktion getreten. Dafür feuern jetzt die französischen Geschütze auf die eigenen Angriffstruppen. Das Wetter hat sich noch verschlechtert, der Wind pfeift in heftigen Böen, treibt Regen und nassen Schnee über die Hänge. Die schönen Wachstuchbahnen, mit denen das Vordringen markiert werden sollte, sind nutzlos, weil die Flieger nicht mehr starten können. So entfällt die Artilleriebeobachtung. Die französischen Kanoniere sind blind. Man hat ihnen gemeldet, der Angriff sei steckengeblieben, es feuerten noch zahlreiche Maschi-

nengewehre. Also nehmen sie, was die Rohre hergeben, diese Maschinengewehre unter Beschuß. Das Wetter ist so erbärmlich schlecht, daß sie die weißen Leuchtkugeln nicht sehen, mit denen die vorgedrungene Truppe sie auffordert, das Feuer vorzuverlegen.
Ein Mann verfolgt mit Ingrimm dieses traurige Schauspiel. Oberleutnant Ybarnegaray gehört zu den wenigen Parlamentsabgeordneten, die es für ihre Pflicht gehalten haben, an die Front zu gehen. Man hat ihn dem Stab des XVIII. Korps (General Hirschauer) zugeteilt, und er ist zu den Vorposten bei der Ferme Hurtebise vorgegangen, um zu sehen, wie die große Offensive abläuft.
Er wird von der Begeisterung, mit der sich die Männer gegen den Feind stürzen, angesteckt. Er sieht, wie die vordersten Gräben der Deutschen überrannt werden, und wie gleich darauf der ganze Angriff im Feuer der Maschinengewehre liegenbleibt. Dann muß er miterleben, wie die eigenen 7,5-cm-Granaten zwischen den Senegalesen einschlagen.
Er hat nur einen kleinen Ausschnitt des Schlachtfeldes vor sich und darf noch hoffen, daß sich anderswo schon der Sieg abzeichnet.
Er weiß nicht, daß es überall gleich aussieht.
Zwei Armeen bilden die Stoßstreitmacht; die 6. (Mangin) und die 5. (Mazel). Eine dritte, die 10. (Duchêne) soll sich zwischen den beiden einschieben, sobald der Durchbruch erzielt ist.
Es ist in letzter Zeit so viel von Mangin die Rede gewesen, von seiner Kraft, seinem Mut, seinem Weitblick, daß man meint, alles zu wissen. Eine Legende hat man um ihn gewoben. Das ganze Land sieht in ihm den Helden des Tages, den unwiderstehlichen Rammbock, der den Weg zum Sieg freimachen wird.
Sein Angriffsplan ist von schöner Klarheit und Eindeutigkeit: Er läßt in der Mitte seiner Sturmfront eine »passive Zone«, wo nicht angegriffen wird, und will den Feind über die Flügel packen. Links wird das I. Kolonialkorps zwischen Vauxaillon und Laffaux antreten, rechts, zwischen Soupir und Hurtebise, sollen drei weitere Korps (das VI., das XX. sowie das II. Kolonialkorps) frontal stürmen, immer wieder und immer weiter stürmen, ohne auf die Nachbarverbände zu achten. Diese Offensive muß ein einziges entfesseltes Überrennen des Feindes werden.
Das II. Kolonialkorps wird von General Blondlat geführt, der sich durch seine Zähigkeit einen Namen gemacht hat. Er hat wohl die schwierigste Aufgabe. Sein Korps soll geradewegs den Hang hinauf zum Kamm vordringen. Statt dessen wird es von den Maschinengewehren niedergehalten, und plötzlich greifen es im Rücken ganze deutsche Bataillone an, die aus dem Höhlen- und Gängesystem kommen, an dem seine Leute vorbeigelaufen sind, weil die Eingänge sorgfältig getarnt waren. Die 10. Division, vom berühmten Marchand geführt, der 1898 als Hauptmann in Faschoda vor Kitchener kapitulieren mußte, erleidet ein besonders tragisches Schicksal. Die Senegalesen, die sehr unter der Kälte gelitten haben, verlieren den Mut und stürzen den Hang

hinunter zurück, wobei sie andere Einheiten mit ihrer Panik anstecken. 6300 Mann fallen. Am Morgen sind sie 10000 gewesen.
Das XX. Korps darf einen Augenblick lang glauben, durchgekommen zu sein. Die Marokkaner gelangen sogar in den Talgrund der Ailette jenseits des Chemin des Dames, doch dann geraten sie ins konzentrierte Feuer der französischen Artillerie und müssen sich überstürzt zurückziehen. Das VI. Korps, das bei Les Eparges so tapfer gekämpft hat, kommt überhaupt nicht voran.
Das I. Kolonialkorps auf dem äußersten linken Flügel gelangt kaum aus seinen Gräben hinaus.
Am rechten Flügel der Offensive, zwischen Craonne und Reims, ergeht es Mazel mit seiner Armee nicht besser als Mangin. Er hat fünf Korps, und alle bleiben stecken. Das I. Korps nimmt der Preußischen Garde den »Lüttwitzgraben« ab, aber weiter gelangt es nicht. Das V. besetzt ein paar Gräben, überschreitet die Straße Laon–Reims und erbeutet einige deutsche Geschütze, doch der Durchbruch bleibt ihm versagt. Das XXXII. erobert das »Römerlager«, dann ist es vorbei mit dem Angriff. Dem VII. gelingt es nicht, das Fort Brimont zu überwinden. Das XXXVIII. erstürmt die Redoute von Courcy, dann ist auch hier alles vorbei.
Die 5. Armee hat überall die erste deutsche Stellung erobert und ist mancherorts in die zweite eingedrungen. Sie hat 7000 Gefangene gemacht, doch mindestens drei ihrer Divisionen sind so dezimiert, daß sie aus der Front herausgezogen werden müssen.
Viel hat man sich von den Tanks versprochen, den nagelneuen Modellen Schneider und Saint-Chamond, die hier ihre Feuertaufe erleben sollten. Von insgesamt 132 werden 57 durch Artillerietreffer zerstört, 64 fahren sich fest und werden später vernichtet, ganze 11 Stück bleiben intakt. 31 Panzermänner fallen, 109 werden verwundet.
Die Enttäuschung ist furchtbar. Vom Aperitif in Laon kann keine Rede sein, jedenfalls heute nicht. Sie haben sich vorgestellt, daß sie fröhlich durch die zerschossenen deutschen Stellungssysteme marschieren würden, 10, vielleicht 20 Kilometer weit. Statt dessen liegen sie in ihren Granattrichtern und dürfen nicht einmal den Kopf über die rasch improvisierte Brustwehr stecken.
Sie haben geglaubt, die Artillerievorbereitung habe alles zermalmt, und müssen feststellen, daß die deutschen Stellungen intakt sind, zumindest die betonierten Unterstände und Maschinengewehrnester.
So packt sie die Wut, als bei Dunkelwerden die Meldeläufer mit den Befehlen kommen. Die Nachricht läuft von Trichter zu Trichter: »Morgen um sechs wird noch mal angegriffen!«

In Compiègne wird in den endlosen Korridoren, auf den Treppen und vor dem Barometer, das einen Rekordtiefstand erreicht hat, den Eingeweihten schon am späten Vormittag des 16. April klar, daß die Offensive gescheitert ist. Die Bedauernswerten, die am Abend den Heeresbericht formulieren müssen, haben nicht ein einziges erobertes Dorf zu melden. Sie trösten sich mit 10000 Gefangenen, doch selbst das ist wenig, wenn man bedenkt, daß Nivelle 100000 versprochen hatte.

Der Oberbefehlshaber weigert sich, seinen Traum verfliegen zu lassen. Gewiß, der Durchbruch ist ausgeblieben, aber man hat den Feind an der Kehle. Jetzt gilt es weiterzumachen, anzugreifen und nochmals anzugreifen, vom frühen Morgen des 17. April an. Mag sein, daß die Männer nicht mehr können, daß sie durchnäßt sind, vor Angst und Kälte unter dem Feuer der Maschinengewehre zitternd in ihren Trichtern hocken und vergebens auf warmes Essen hoffen. Sie müssen sich bei Tagesanbruch aufraffen und stürmen. Das ist nun einmal der Preis des Sieges!

Nivelle will der Wahrheit nicht ins Gesicht sehen.

Am Abend diktiert er seine Befehle. Da Mangin offenbar auf unüberwindliche Hindernisse gestoßen ist, soll er sich ruhig verhalten und seine bescheidenen Geländegewinne verteidigen. Rechts, bei der Armee Mazel, muß der Sieg errungen werden, und noch weiter rechts durch den massierten Angriff der 4. Armee (General Anthoine), die in der Champagne östlich von Reims die Höhen von Moronvilliers erobern soll.

Natürlich ist das schon nicht mehr der gewaltige Durchbruch, mit dem ganz Frankreich gerechnet hat. Da man den Erfolg nicht auf einen Schlag schafft, kann er eben nur in mehreren Anläufen errungen werden, durch ständigen Druck, Tag für Tag wiederholten Druck, der sich irgendwann auswirken muß. Ohne es zu merken, ist Nivelle schon dabei, in Joffres »Anknabbern« zu verfallen, das er eben noch so scharf kritisiert hat.

Ach – die Ergebnisse am 17. April sind eher noch enttäuschender als die vom 16. Die Angreifer kommen nicht von der Stelle und erleiden schwere Verluste. Selbst in der Champagne wird die 4. Armee von den wenigen eroberten Höhen gleich wieder vertrieben.

Am 18. werden die Deutschen an mehreren Stellen vom Kamm des Chemin des Dames zurückgedrängt, aber weiter gelangen die Franzosen nicht, weil die Stellungen auf dem Gegenhang intakt geblieben sind.

Zum erstenmal seit Kriegsbeginn fangen die Männer an zu murren. Sie weigern sich zwar nicht, vorzugehen. Noch nicht. Doch sie haben das Gefühl, nicht geführt zu werden. Hinzu kommt, daß die Angriffswellen sich vermischt haben, daß viele Gräben überfüllt sind und hervorragende Ziele für die feindliche Artillerie bieten.

Einer schreibt verzweifelt: »Wir wollen von Männern geführt werden und nicht von anonymen Stäben, die nichts als Rechenmaschinen sind; von Männern, die nicht nur Willen und Verstand haben, sondern auch ein Herz, die uns verstehen, die bereit sind, sich um diese gequälte Infanterie zu kümmern und ihre Leiden wenigstens etwas zu lindern.«

Besonders verbittert sind alle, die beim Marsch nach vorn an den Verbandsplätzen und Feldlazaretten vorbeigekommen sind.

Erwartet hat man 15000 Verwundete. Schon am ersten Tag, dem 16. April, sind 96000 gekommen. Auch die Ärzte sind so fest vom Sieg überzeugt gewesen, daß sie mit unglaublicher Leichtfertigkeit in ihre Berechnungen die Krankenhauskapazität der erst zu erobernden Städte Laon und Saint-Quentin einbezogen haben. Diese Krankenhäuser bleiben in deutscher Hand, und die 96000 Verwundeten durchleiden ein furchtbares Martyrium.
Die Verbandsplätze in unmittelbarer Nähe der Front sind völlig überfüllt. Die Verwundeten liegen im Regen, oft auf dem nackten Boden, und müssen stundenlang warten, bis sich überhaupt jemand um sie kümmert. Über 5000 sterben, verbluten, weil kein Arzt da ist, sie zu behandeln. Schlimmer noch: Die Schwerstverwundeten werden gar nicht erst berücksichtigt, man läßt sie liegen. Alle Kraft muß auf die verwendet werden, die vielleicht noch gerettet werden können.
Die Leichtverwundeten, also die Gehfähigen, müssen sehen, wie sie nach hinten kommen. Ein schrecklicher Anblick für die nach vorn Marschierenden, wie ihre Kameraden blutend und stöhnend an ihnen vorbeiwanken.
Und hinten sieht es nicht besser aus. Der Sanitätsdienst ist dem Ansturm nicht gewachsen. In den Lazaretten sind die Ärzte überfordert, die Säle überfüllt. Es fehlt an Lazarettzügen, und die wenigen eingesetzten kommen vorwärts wie die Schnecken. Ein Zug braucht für die 10 Kilometer von Fismes nach Prouilly sage und schreibe über zehn Stunden. Das ist ein Extremfall, aber viele Verwundete berichten von ihrer Verzweiflung, endlos unterwegs gewesen zu sein. Die naive Ahnungslosigkeit der Zivilisten in der Heimat macht sie rasend. Sie könnten heulen vor Wut, wenn man ihnen bei der Durchfahrt durch Paris Zeitungen in den Zug reicht, wo auf der ersten Seite ein strahlender französischer Soldat zu sehen ist, der mit der Pfeife im Mund und umgehängtem Gewehr fröhlich über einen Graben voller toter Deutscher marschiert.
Aber in ganz Frankreich, bis hinunter nach Lourdes und Nizza, wirken die durchfahrenden Züge mit den Verwundeten wie ein Schock. Und das Land schreit entrüstet auf, als schließlich bekanntgegeben wird, daß die französische Armee 135324 Mann an Toten und Verwundeten verloren hat.
Schon am 19. April ist Painlevé in Compiègne. Er erinnert Nivelle daran, daß er für den Fall eines Mißerfolges versprochen hat, die Offensive nach 48 Stunden einzustellen. Doch der Oberbefehlshaber weist das vehement von sich. Er führt den Minister in den Kartenraum des *Troisième Bureau*, erklärt ihm, die Schlacht sei so gut wie gewonnen, nur noch kurze Zeit müsse man durchhalten.
Painlevé, den die furchtbaren Gerüchte, die in den Gängen des Ministeriums und des Parlaments umgehen, zutiefst verstört haben, läßt sich nicht überzeugen und beruft für den nächsten Tag eine große Konferenz in den Elyséepalast ein.
Die Sitzung bringt nichts Neues. Es werden die gleichen Argumente vorgetragen, von

denen sich niemand beeindrucken läßt. Nivelle verlangt, daß man ihm vertraut, ihm noch etwas Zeit läßt. Niemand hat den Mut, eine klare Entscheidung zu treffen. Die Offensive geht weiter.
Am 22. April meldet sich ein Infanterieoberleutnant im Elysée. Er wird vom Staatspräsidenten empfangen und erklärt, er komme vom Kommandierenden General des XVIII. Korps, um zu melden, daß Nivelle befohlen habe, den am 16. April gescheiterten Angriff gegen die Hochflächen von Vauclair und Craonne wiederaufzunehmen. Die Ausführenden sind überzeugt, daß er wieder scheitern wird, und hoffen, daß der Präsident eingreift, um ihn zu verhindern. Der Kommandierende General des XVIII. Korps ist Hirschauer. Der Oberleutnant, zugleich Soldat und Mitglied des Parlaments, ist Jean Ybarnegaray, Abgeordneter des Departements Basses-Pyrénées, der bei der ersten Offensive in der Nähe der Ferme von Hurtebise dabeigewesen ist.
In seinen Memoiren spricht Poincaré, die Wahrheit durch Weglassung verfälschend, mit keinem Wort von diesem unerhörten Vorgang, und ebensowenig von dem Schreiben, das er an Nivelle richtet mit der Aufforderung, vor der Offensive General Hirschauer und dessen Armeebefehlshaber General Duchêne anzuhören.
Nivelle, mit Recht erbost, erwidert, daß die beiden Generäle »unverzüglich von ihrem Kommando entbunden werden, wenn sie bei dieser Disziplinwidrigkeit in irgendeiner Weise beteiligt gewesen sind«. Am nächsten Tag schreibt er Poincaré, nachdem er sie befragt hat, sie hätten »auf Ehrenwort erklärt«, nicht das geringste mit der Angelegenheit zu tun zu haben, und seien »zu Tränen entrüstet«.
Die Affäre ist nie ganz geklärt worden, aber wie viele andere mit ihm hat Raymond Cartier sich genau daran erinnert, wie »Ybar« eindrucksvoll berichtete, daß ihn Hirschauer, Duchêne und ein weiterer General bearbeiteten und nach langer Diskussion Hirschauer schließlich seinen Operationsbefehl herauszog: »Da. Bringen Sie das zu Poincaré. Es geht nicht anders.« Ob er seine Erinnerungen dramatisierte? Heute kann das niemand mehr sagen.
Jedenfalls steht fest, daß die mühsam erhaltenen Strukturen der Zusammenarbeit zwischen Regierung und Oberkommando zusammenbrachen. Am 29. April, als die Artillerievorbereitung schon im Gange war, erhielt Nivelle vom Kriegsministerium eine telephonische Nachricht mit der Anweisung, den Angriff auf Fort und Massiv Brimont vorläufig nicht durchzuführen: Painlevé, der ständig von einem Armee- und Korpskommando zum nächsten unterwegs war, hatte von General Mazel gehört, daß zwei Korps, insgesamt 60000 Mann, an dem Sturm teilnehmen sollten. Verstanden hatte er, die Eroberung von Brimont werde 60000 Mann kosten, und hatte daraufhin sofort mit seiner Anweisung reagiert.
Nivelle hätte durchaus das Recht gehabt, sich aufzulehnen, sich über die Anweisung hinwegzusetzen, seine Befugnisse als Oberbefehlshaber gegen diese unerträgliche Einmischung der Regierung zu stellen. Doch er zog es vor, nachzugeben, befahl den Ge-

schützen vor Brimont zu schweigen und überließ es Oberst Herbillon, einen blassen Protest zu verfassen.

»Man behandelt mich wie ein Kind oder einen Schuldigen. Wenn ich nicht mehr allein über meine Operationen bestimmen kann, was für eine erbärmliche Rolle soll ich dann spielen? Noch nie ist ein Oberkommandierender in einer so peinlichen Lage gewesen. Und trotzdem, was die Politiker auch sagen mögen, ich bin der Sieger ...«

Vergebliche Mühe. Nichts kann den Sturm des Hasses beschwichtigen oder abwenden, der sich gegen Nivelle erhoben hat. Der will die Katastrophe nicht wahrhaben, und um zu vermeiden, daß er gestürzt wird, zögert er nicht, die Schuld auf seine Untergebenen zu schieben.

Der erste Sündenbock ist Mangin, sein alter Waffengefährte, über den er an Poincaré in einem Bericht schreibt: »Indem er der Heftigkeit eines im übrigen bemerkenswert soldatischen Temperaments nachgab, hat General Mangin es unterlassen, an die Berechnung der Vorbereitungen dieser Aktion so methodisch und genau heranzugehen, wie es für einen Armeebefehlshaber unerläßlich gewesen wäre.«

Mangin ist nicht der Mann, sich abservieren zu lassen, ohne lautstark zu protestieren. Sein Wutausbruch läßt im Kriegsministerium die Wände wackeln. Er tobt derart, daß die Regierung beschließt, ihn seines Kommandos zu entheben und ihm zugleich Aufenthaltsverbot für die Hauptstadtdepartements Seine und Seine-et-Oise zu erteilen. So behandelt man sonst nur Schwerverbrecher, die nach Verbüßung ihrer Strafe auch nicht nach Paris zurückdürfen.

Das nächste Opfer soll Micheler sein. Doch der ist gerissener als Mangin. Da er weiß, daß Nivelle zu ihm in sein Armeehauptquartier nach Dormans kommen will, läßt er die Fenstertüren seines Dienstzimmers öffnen. Der Auftritt ist tausendmal dargestellt worden, doch man darf ihn nicht auslassen, weil er ein bezeichnendes Licht auf die Persönlichkeit des Generals Nivelle wirft.

Kaum ist er bei Micheler eingetreten, macht er ihm scharfe Vorwürfe und gibt ihm die ganze Schuld an dem Mißerfolg. Micheler, absichtlich die Stimme erhebend, widerspricht ihm nachdrücklich. Und die Offiziere, die vom Garten aus zuhören, vernehmen die unglaublichen Worte, die hier ein General seinem Oberbefehlshaber entgegenschleudert: »Sie wollen mir die Verantwortung für diesen Fehler zuschieben, mir, der ich Sie immer wieder gewarnt habe ... Wissen Sie, wie man so etwas nennt? Eine Niederträchtigkeit.«

Die Augenzeugen haben berichtet, Nivelle habe das Armeehauptquartier schwankend vor Beschämung verlassen.

Dank seiner politischen Verbindungen gelingt es Micheler, das Kommando über seine Armee zu behalten.

Nivelle erringt noch einige lokale Erfolge, erobert das Plateau von Craonne und die Mühle von Laffaux, macht noch mehrere tausend Gefangene. Doch er kann sich an-

strengen, wie er will, um andere – und sich selbst – vom Erfolg seines Plans zu überzeugen: Er ist gescheitert.
Die Enttäuschung im Lande dramatisiert den Mißerfolg und übertreibt ihn ins ungeheure. Außerdem ist die französische Armee von 1917, das ist unverkennbar, trotz des Elans vom 16. April nicht ganz dieselbe wie im Jahr zuvor oder im Jahr darauf. Nivelle, der den Politikern entgegenkommen wollte, hat die Zügel der Disziplin schleifen lassen, und die Revolution in Rußland ist nicht ohne Echo bei den Soldaten geblieben. Noch hat Clemenceau nicht die glühenden Worte gesprochen, die er wenige Monate später vor der Kammer fallen lassen wird: »Kein Verrat und kein halber Verrat! Recht wird Recht bleiben. Das Land soll wissen, daß es verteidigt wird.«
Nivelle muß abtreten! Die Zähigkeit, mit der er sich an seinen Posten klammert, wirft einen Schatten auf seinen Charakter. Da ihn der mittelmäßige und schwache, aber aufrichtig patriotische Politiker Painlevé angreift, sucht er Zuflucht und Hilfe ausgerechnet bei dem Gewährsmann der Defätisten, dem bald darauf vom Staatsgerichtshof verurteilten Innenminister Malvy. So gewinnt er ein paar Tage. Was können sie ihm nützen?
Die französische Armee ruft nach einem einzigen Mann: Pétain. Die Fähigkeiten eines Foch, die Charakterstärke eines Castelnau sind im Jahr zuvor, als es um die Nachfolge von Joffre ging, noch ein Argument gewesen. Jetzt ist davon keine Rede mehr. Nicht ein großer Stratege oder ein stoisch gelassener Christ sind gefragt, sondern ein Mann des Vertrauens für das Heer, ein Weiser, ein menschlicher General, Pétain eben, nur Pétain.
Am 16. Mai findet in Compiègne eine kurze, würdige Feierstunde statt. Robert Nivelle, der vor gar nicht so langer Zeit noch Oberst in Besançon gewesen ist, wird in Ungnaden von seinem Kommando entbunden und verschwindet in der Versenkung. Philippe Pétain, der Oberst aus Saint-Omer, übernimmt die Führung eines Heeres, das trotz der Verluste noch drei Millionen Mann an der Front, anderthalb Millionen in der Etappe und über eine Million Dienstverpflichtete in der Rüstungsindustrie umfaßt. Eine ungeheure, allzu große Leistung für dieses Land.

Stundenlang muß man anstehen, um ein Pfund Schwarzbrot zu ergattern, und alle anderen Lebensmittel sind schon zu teuer für das einfache Volk. In wenigen Tagen ist der Preis für eine Schütte Kartoffeln von 25 Kopeken auf 5 Rubel gestiegen. Die Behörden sind völlig überfordert und wissen nicht mehr weiter.
Die Menschen begehren auf, schwenken rote Fahnen, plündern Läden, ziehen mit dem Ruf nach Brot durch die Straßen. Hier und da singen sie die Marseillaise.
Im Innenministerium gibt man sich noch gelassen. Gewiß, das Volk ist kriegsmüde, es hat genug von Gefallenenlisten und Entbehrungen. Vom Anstehen, um dann oft doch mit leeren Händen heimzugehen. Und weil es dieses Krieges überdrüssig ist, rebelliert

es, streikt, brüllt seine Wut hinaus. Doch solange das Heer ihr die Stange hält, kann die Regierung sicher sein, die Lage zu meistern.

Nur: Kann man sich auf das Heer noch verlassen? Am 25. Februar 1917, dem 10. März nach dem westeuropäischen Kalender, hören die verängstigten Bürger im Kasernenviertel von Petrograd, wie St. Petersburg seit 1914 heißt, Schüsse und stürzen ans Fenster. Sie sehen Züge disziplinloser Soldaten, die über die ganze Straßenbreite daherkommen. Die Männer sind offensichtlich betrunken. Rechts und links räumen sie die Läden aus. Am Abend verbrennen etliche bei lebendigem Leibe, als ein großes Weinlager in Flammen aufgeht.

Am selben 25. Februar geschieht, was manche gefürchtet haben: Die Garnison der Hauptstadt macht mit dem Pöbel gemeinsame Sache. Eine dichte Menschenmenge ist auf den Newski-Prospekt geströmt. Ein Bataillon der Semionowski-Garde rückt an, um sie zu zerstreuen. Doch es stößt auf ein Bataillon des berühmten Wolinski-Regiments, das zu den Aufrührern hält. Gewehre werden geschwungen, man beschimpft einander, jeden Augenblick kann es zum Kampf kommen. Da tritt ein weißhaariger Offizier vor, der Kommandeur des Gardebataillons, und ruft: »Soldaten! Ich kann euch nicht befehlen, auf eure Brüder zu schießen. Aber ich bin zu alt, meinem Fahneneid untreu zu werden.« Bei den letzten Worten hat er schon seine Pistole gezogen und nimmt sich mit einem Schuß das Leben.

Das ist eine noble, wahrhaft russische Geste. Doch wenn der Offizier damit die Meuterer in die Pflicht nehmen wollte, ist sein Opfer sinnlos gewesen. Im Gegenteil, die Männer, die er eben noch geführt hat, schließen sich dem Aufstand an.

Jetzt ist die Revolution nicht mehr aufzuhalten.

Natürlich ist sie nicht Gegenstand dieses Buches. Doch sie darf nicht weggelassen werden, weil sie in dem Völkerringen eine entscheidende Rolle gespielt hat.

Am Sonntag, 26. Februar, hört man nicht mehr vereinzelte Schüsse, sondern ein ständiges Geknalle, unter das sich nun auch das Knattern von Maschinengewehren mischt. Selbst die Kosaken, die doch bisher die unerschütterlich treuen Verteidiger des Zarenregimes gewesen sind, beginnen überzulaufen. Einer spaltet sogar einem Gendarmerieoffizier, der auf das Volk schießen lassen will, mit einem Säbelhieb den Schädel.

Am Montag, 27. Februar, haben sich schon an die 25 000 Soldaten auf die Seite des demonstrierenden Volkes geschlagen. Beim Wolinski-Regiment wird Hauptmann Lachkewitsch von seinen Soldaten ermordet. Das Preobraschenski-Regiment, das angesehenste wohl von allen, läßt sich mitreißen, dazu etliche Pioniereinheiten. Das Moskowski-Regiment stößt mit seinen maschinengewehrbestückten Automobilen dazu.

In der ganzen Stadt geht es wild zu auf den Straßen. Die Zeughäuser werden gestürmt und ausgeräumt, die drei Hauptgefängnisse müssen ihre Tore öffnen und die Häftlinge freilassen. Die berühmte Peter-und-Pauls-Festung fällt, alle Polizeireviere stehen in Flammen, ebenso der Justizpalast. Die Akten werden in alle Winde verstreut.

Überall ist die Jagd nach den Polizisten im Gange. Viele werden gleich erschossen, andere am Strick durch die Straßen geschleift, einige lebendig verbrannt.

Der Soldat ist der Held der Stunde. Muriel Buchanan, die Tochter des britischen Botschafters, beschreibt ihn so: »Schon schienen die Soldaten ihr strammes, martialisches Gebaren abgelegt zu haben. Sie wirkten unordentlich und waren verdreckt. Sie hielten sich schlecht, gingen mit schweren Schritten durch die Stadt, den Hemdkragen offen, die Uniformmütze irgendwie aufgestülpt. Sie trugen alle möglichen Waffen an Stricken, Bindfäden oder rotem Litzenband. Alle hatten sie das Seitengewehr aufgepflanzt. Etliche hatten Offizierskoppel und -degen umgeschnallt, andere hatten zwei oder drei Pistolen in den Taschen stecken oder am Band um den Hals hängen.«

So aufgeputzt marschieren viele Soldaten jetzt zum Taurischen Palast, wo die Duma ihren Sitz hat, das an diesem Tage vom Zaren heimgeschickte Parlament.

In wenigen Minuten ist der Saal voller Uniformen. Vor den Augen der Abgeordneten konstituiert sich ein Exekutivausschuß der Sowjets, der Soldatenräte, und verlangt, daß man ihm einen Raum zuweist. Kaum zusammengetreten, beschließt er die Aufstellung von Arbeitermilizen; zu diesem Zweck sollen zehn Prozent der Petrograder Arbeiter bewaffnet werden.

Im großen Sitzungssaal der Duma herrscht völlige Verwirrung. Da stürzt ein Mann ans Rednerpult.

»Was hier geschehen ist«, ruft er, »ist der Beweis, daß kein Augenblick mehr zu verlieren bleibt. Ich werde mich unverzüglich in die Kasernen begeben. Aber ich muß wissen, was ich den Soldaten sagen kann. Darf ich ihnen mitteilen, daß die Duma auf ihrer Seite ist, daß sie sich an die Spitze der Bewegung stellt?«

Der feurige junge Redner heißt Kerenski. Er ist Rechtsanwalt und hat sich als Verteidiger der Revolutionäre um 1905 einen Namen gemacht. Ganze 38 Jahre ist er alt und sieht noch jünger aus. Jeder ist zunächst von seinem jungenhaften Charme beeindruckt und findet ihn spontan sympathisch.

Am 28. Februar fällt der Winterpalast. Am 29. bildet Fürst Lwow die erste Provisorische Regierung.

Und was tut Nikolaj II.? An ihn denkt in dem allgemeinen Durcheinander erstaunlicherweise kaum jemand.

Am Abend des 14. Juli 1789 hat Ludwig XVI. in sein Tagebuch nur ein einziges Wort eingetragen: »Nichts.« Der Zar, der sich im Hauptquartier in Mogilew befindet, schreibt über den 27. Februar:

»In Petrograd ist es vor einigen Tagen zu Unruhen gekommen, und zu meinem großen Kummer hat sich auch die Truppe daran beteiligt. Wie schrecklich, so weit entfernt zu sein und die schlechten Nachrichten nur bruchstückhaft zu bekommen! Ich bin nicht lange beim Lagevortrag geblieben. Am Nachmittag bin ich auf der Straße nach Orcha spazierengegangen. Es war schöner Sonnenschein. Nach dem Abendessen habe ich

beschlossen, mich so rasch wie möglich nach Zarskoje-Selo zu begeben, und bin um 1 Uhr früh in meinen Zug zurückgekehrt.«
Nikolaj II. ist besser informiert als Ludwig XVI., aber auch er durchschaut nicht, was gespielt wird. Jedenfalls ist ihm nicht klar, daß er die Lage schon nicht mehr in der Hand hat, ja, daß er zwei Tage später abdanken muß.
Die militärischen Führer versetzen ihm den letzten Stoß. Sie leben offensichtlich in dem Wahn, der bei den Privilegierten zu Beginn jeder Revolution so verbreitet ist, daß sie nämlich die Ereignisse steuern könnten, wenn sie sich anschließen würden. Alexejew, Russki, alle Armeebefehlshaber decken den Zaren mit Depeschen ein, in denen sie ihn zur Abdankung auffordern.
Nikolaj ist mit dem Zug Richtung Petrograd unterwegs. Er empfängt etliche Generäle, und plötzlich wird ihm der ganze Umfang der Katastrophe bewußt. Am 2. März um 15 Uhr verkündet er: »Ich habe mich entschlossen. Ich danke zugunsten meines Sohnes ab.«
Eine letzte Illusion, die Hoffnung, daß doch noch nicht alles verloren ist, daß der Thron noch gerettet werden kann. Dabei ist an diesem Tage für alle, die in der Hauptstadt Geschichte machen, das Zarenregime längst erledigt. Fürst Lwow führt die Provisorische Regierung, doch jeder weiß, daß der starke, der kommende Mann Justizminister Kerenski ist.
Der Zar ist schon ein Gefangener. Selbst die Alliierten lassen ihn im Stich, voran die Engländer, die sich geradezu erleichtert geben. Endlich, so sagen sie, ist Rußland so weit, daß es sich eine demokratische Regierung gibt. Sir George Buchanan, ihr Botschafter, scheut sich nicht, schon am 23. März öffentlich den Verbündeten, den er eben noch so beweihräuchert hat, mit einem Fußtritt seinem Schicksal zu überlassen: »Der Sturmwind der Freiheit hat das alte russische Regime weggefegt und das letzte Hindernis beseitig, das der Annäherung der beiden Völker, des russischen und des englischen, im Wege stand.
Deshalb hat das ganze Britische Empire die Provisorische Regierung so aufrichtig begrüßt.«
In Paris erblickt man in der jungen Revolution die kleine Schwester der »Großen Französischen Revolution«. Ihre Führer gelten unbesehen als Brüder von Robespierre, Danton und Saint-Just. Schlechthin paradox ist die Reaktion im Allerheiligsten des Kapitalismus, der Börse, und bei der Geschäftswelt überhaupt: Die Begeisterung über die Vorgänge in Rußland ist allgemein. Die Kurse des Rubels und der russischen Papiere steigen.
Nicht für lange allerdings.

Dienstag, 2. April 1917. Um Punkt 20.30 Uhr betritt Präsident Wilson das Repräsentantenhaus, in das er den Kongreß einberufen hat. Der überfüllte Saal und die Tribünen

empfangen ihn mit donnerndem Applaus. Die Senatoren und die Mitglieder des Repräsentantenhauses sind da, außerdem der Oberste Gerichtshof, die Regierung und das Diplomatische Korps. In die verbleibenden Plätze teilen sich einige wenige Auserwählte. Noch nie ist Wilson so begeistert aufgenommen worden. Dabei hat sein langes Gesicht noch nie so tieftraurig dreingeschaut.
Er muß heute abend eine schicksalsschwere Handlung vollziehen, die seinem ganzen Wesen zuwider ist. In wenigen Sätzen soll er alles verleugnen, wofür er bis zu dieser Stunde gelebt hat. Er wollte immer ein Mann des Friedens sein. Seine Gegner, allen voran der temperamentvolle Theodore Roosevelt, haben ihm ja oft genug vorgeworfen, er sei nichts weiter als ein intellektueller Idealist. Als Professor und später als Präsident der angesehenen Princeton-Universität hat er immer wieder von der anzustrebenden Harmonie in der Welt gesprochen, von der idealen Gesellschaft, aus der jede Gewalt auf alle Zeiten verbannt wäre. Und er hat wieder und wieder betont, der Krieg wecke im Menschen die mühsam unterdrückten bestialischen Instinkte, er zersetze auch die bestgeordneten Staatswesen, er sei der Keim und Wegbereiter der hassenswertesten Diktaturen. Seit August 1914 hat er ständig versichert, er werde alles daransetzen, die Vereinigten Staaten aus dem unsinnigen Krieg herauszuhalten, der den europäischen Kontinent verheere. Und dieser Pazifismus, dieses tausendmal wiederholte Versprechen, dem Land den Frieden zu erhalten, hat wesentlich zu seiner triumphalen Wiederwahl beigetragen. Und jetzt schickt er sich an, die Jugend seines Landes in den blutigsten aller Kriege zu schicken!
Es bleibt ihm nichts anderes übrig. Nachdem er sich lange gesträubt hat, der Wahrheit ins Gesicht zu sehen, muß er feststellen, daß der U-Boot-Krieg für die USA eine wirkliche Katastrophe bedeutet. Und zwar nicht, weil er gegen den geheiligten Grundsatz der Freiheit der Meere verstößt, sondern weil das Wirtschaftsleben der Vereinigten Staaten schwer unter ihm leidet. Der ganze Außenhandel droht zusammenzubrechen. Schon weigern sich etliche Reedereien, ihre Schiffe in die gefährlichen europäischen Gewässer zu entsenden. In den Häfen türmen sich die Waren. Noch ein paar Monate, vielleicht nur Wochen, und viele Fabriken werden ihre Tore schließen müssen.
Wilson weiß, daß Amerika nicht für sich leben kann. Außerdem ist er überzeugt, daß ein totaler Sieg der Deutschen und Österreicher eine tödliche Bedrohung für die Demokratien sein würde.
Er hat seine Rede selber geschrieben. In Morgenrock und Pantoffeln hat er bis in die frühen Morgenstunden an seiner alten Schreibmaschine gesessen. Viel mühsam erarbeitete Überzeugung, viel moralische Skrupel, viele Gewissensqualen stecken in den Blättern, die er in der Hand hält.
Nachdem der blinde Kongreßpfarrer das Gebet gesprochen hat, kündigt »Speaker« Champ Clark mit feierlicher Stimme das Ereignis an: »Der Präsident der Vereinigten Staaten.«

Wilson faltet sein Manuskript auseinander, rückt den Kneifer zurecht, läßt lange den Blick über seine Zuhörer schweifen, die alle, mit Ausnahme weniger unverbesserlicher Pazifisten, das Sternenbanner im Knopfloch tragen.
Er spricht mit tiefer, tragender Stimme.
»Neutralität ist nicht mehr möglich und nicht einmal erstrebenswert, wenn Frieden und Freiheit der Völker bedroht sind.«
Er beschuldigt Deutschland mit einer Heftigkeit, die man nicht von ihm erwartet hätte. Er spricht vom U-Boot-Krieg, der das Leben Unbeteiligter bedrohe, von den deutschen Spionen, den Diplomaten, deren einzige Aufgabe darin bestehe, die amerikanische Industrie zu sabotieren, die Bürger deutscher Herkunft gegen ihren Staat aufzuwiegeln und zum Krieg gegen Mexiko und Japan zu hetzen.
Rußland kommt nur in einer kurzen Passage vor, der einzigen, die noch seinen Idealismus verrät: »Unsere Hoffnung auf einen zukünftigen Frieden ist gestärkt worden durch die wunderbaren Nachrichten, die aus Rußland zu uns gelangen, aus diesem Rußland, das für die, welche es gut kennen, von jeher zutiefst demokratisch gesonnen gewesen ist.«
Abschließend unterbreitet er dem Kongreß den so lange erwarteten Gesetzentwurf: »Der Kriegszustand zwischen den Vereinigten Staaten und der Kaiserlich-deutschen Regierung, der den Vereinigten Staaten aufgezwungen worden ist, wird hiermit formell erklärt.«
Eine ungeheure Ovation schlägt ihm von den Tribünen entgegen. Auch die Amerikaner bilden keine Ausnahme von der Regel; sie ziehen mit Begeisterung in den Krieg. Der Gesetzentwurf wird vom Senat mit 42 gegen 6 Stimmen, vom Repräsentantenhaus mit 373 gegen 50 Stimmen angenommen.
Die Würfel sind gefallen. Am 5. April sind die letzten Formalitäten abgeschlossen, die USA sind entschlossen und mit aller Kraft in den Krieg eingetreten.
Aus den Tiefen des riesigen Landes dringt eine ungeheure Welle der Entrüstung über die »Hunnen«. Auch die Einwanderer deutscher Herkunft, auf die Zimmermann so fest gerechnet hat, erklären sich in ihrer großen Mehrheit als treue Bürger ihrer neuen Heimat.
Von einem Tag auf den anderen stellt sich die Wirtschaftsmacht Amerika auf den Krieg um. Ein Kriegskabinett wird gebildet und tritt wöchentlich zusammen, überall entstehen Ausschüsse, um die Beschaffung von allem zu improvisieren, was jetzt gebraucht wird. Hunderte von Schiffen und Tausende von Flugzeugen wollen gebaut sein, die Kapazität der Geschütz- und Munitionsfabriken muß ins Gigantische gesteigert werden. Die Eisenbahnen gilt es zu reorganisieren, die Industrie- und Agrarproduktion anzukurbeln, eine wirkungsvolle Propagandamaschinerie zu schaffen.
Am Geld, dem nervus rerum, fehlt es nicht. Die große »Freiheitsanleihe« wird begeistert gezeichnet, die Bankhäuser gewähren den Alliierten einen Kredit von 25 Milliar-

den Dollar. Auch Männer stehen genügend zur Verfügung, weil schon in den ersten Kriegstagen die allgemeine Dienstpflicht verkündet worden ist.
Um sein Gewissen zu beruhigen, macht Wilson einen feinen Unterschied zwischen dem kaiserlichen Deutschland und dem deutschen Volk. Das Kaiserreich ist grausam, brutal und auf Länderraub aus; sein Sieg würde die Welt in die Barbarei stürzen. Das Volk dagegen ist ein Opfer des preußischen Militarismus. Im Grunde ist es wie alle Völker gutwillig und sehnt sich, vielleicht ohne es zu wissen, nach der Freiheit, die ihm das siegreiche Amerika bringen wird.
So sieht der Präsident den aufflammenden Deutschenhaß in seinem Lande mit Unbehagen. Schon vor der offiziellen Kriegserklärung muß der berühmte, aus Wien stammende Geiger Fritz Kreisler seine Konzerte absagen, und viele Schulen schaffen den Deutschunterricht ab. Die Amerikaner gehen nicht so weit, auch kein Sauerkraut mehr zu essen, aber sie nehmen ihm seinen germanischen Namen und nennen es »Freiheitskohl«.
Der Haß ist furchtbar und allgegenwärtig, und viele meinen sogar, das sei gut so. Denn auch wenn Wilson es nicht wahrhaben will – man kann nicht kämpfen, wenn man dem Feind Sympathie entgegenbringt. Man muß hassen, um zu töten. Das ist nun einmal, so sagen sie, die bittere Lektion aller Kriege.

In Italien schickt General Cadorna seine Soldaten am 12. Mai 1917 in die zehnte Isonzoschlacht.
Eine Zahl, die sich leichthin ausspricht. Doch sie bedeutet, daß schon neunmal auf demselben Schlachtfeld an den Ufern eines bis dahin unbekannten Flüßchens Österreicher und Italiener einander an die Gurgel gegangen sind. Neunmal haben sie gestürmt, jedesmal in der Hoffnung, jetzt würden sie den großen Erfolg erringen, der endlich den Gang des Krieges verändern werde. Neunmal sind die Angreifer zu Boden gezwungen worden, nach ein paar hundert Metern oder bestenfalls nach der Eroberung eines einzigen Gipfels in diesem Land, wo sich Gipfel hinter Gipfel türmt. Neunmal sind Tausende umgekommen, haben Tausende von Frauen ihre Söhne oder Ehemänner beweint, ohne zu begreifen, warum dieses grausame Spiel die Männer so leidenschaftlich in seinen Bann zieht.
Und nun geht es wieder los!
Ewig gleich sind diese Schlachten, schrecklich gleich: Die Gefallenen liegen verkrümmt auf der gequälten Erde, die zwischen den Linien zurückgebliebenen Verwundeten schreien ihren Schmerz heraus, überall stürzen sich die Soldaten mit immer neu angefachtem Haß auf die anderen, auf die da gegenüber, um sie mit allen Mitteln zu töten. Am Isonzo wie überall zeigt der Krieg das häßliche Gesicht seiner Sinnlosigkeit.
Diesmal hat sich General Cadorna besonders viel vorgenommen. Er will endlich auf Triest marschieren, die heiß ersehnte, so nahe und doch seit Kriegsbeginn nicht zu

erreichende Stadt. Dafür hat er umfassende Vorbereitungen getroffen. Eine Entlastungsoffensive nördlich von Görz soll den Gegner täuschen, dann soll die Hauptoffensive in der Küstenebene an der Straße nach Triest folgen.
General Cadorna zieht nicht in Triest ein. Es gelingt ihm nicht einmal, die österreichische Front zu erschüttern. Aber er kann Erfolge melden: Zwei Berge sind von den Italienern besetzt worden, die vordersten Stellungen der Österreicher auf 10 Kilometer Länge erobert, 24000 Gefangene eingebracht. Die Österreicher haben sich dafür Lorbeeren geholt, indem sie einen Angriff der italienischen 6. Armee an der Brenta zurückgeschlagen und den früher verlorenen Berg Ortigasa wiedererobert haben.
Wieder ein unentschiedener Ausgang. Die elfte Isonzoschlacht kann vorbereitet werden.

XXI. Kapitel Stehen die Mittelmächte vor dem Sieg?

Frühjahr und Sommer 1917. Für die Ententemächte sind dies die schwärzesten Monate. Verratsaffären in Paris, Meutereien bei der Truppe. Im Juni stehen nur noch zwei zuverlässige Divisionen zwischen Soissons und Paris. Mit seiner Flandernoffensive hofft Haig den Krieg zu entscheiden. Er gewinnt nur ein paar Kilometer, während die U-Boote England beinahe in die Knie zwingen.

Bleich, die Hände zusammengekrampft, geht Oberst Dussange den Meuterern entgegen. Er bleibt stehen, mitten auf der Straße. Das soll sein Regiment sein, seine tapferen 370er, die da auf ihn zukommen? Die Männer marschieren in unordentlichen Haufen, schreiend und die Fäuste reckend. Einige geben sogar Schüsse in die Luft ab.
Ein dramatisches Aufeinandertreffen! Die Vordersten haben ihren Oberst erkannt, der als einsame Gestalt vor dem nahenden Sturm steht. Sie schlagen die Augen nieder, aber sie gehen unbeirrt weiter. Man spürt, daß er nicht im letzten Augenblick zur Seite treten, sich lieber zertrampeln lassen wird. Vielleicht wünscht er sogar den Tod herbei, so furchtbar trifft dieser Vorgang einen Offizier, der geglaubt hat, seine Leute hingen an ihm.
Aber es gibt keinen Zusammenprall, nicht die Andeutung eines Übergriffs. Die Männer gehen links und rechts an ihrem Regimentskommandeur vorbei, so wie ein Fluß sich teilt, um eine Insel zu umströmen. Ein paar Minuten lang verschwindet das Offizierskäppi zwischen den Stahlhelmen. Dann steht der Oberst wieder allein da. Er hat nicht einmal versucht, eine Geste zu machen oder ein Wort zu sagen, um seine Soldaten zur Pflicht zu mahnen. Wozu auch?
Seit Tagen schon hat er gespürt, daß etwas geschehen würde, daß ihm seine Leute entglitten. Dabei war das 370. Regiment eine festgefügte, in vielen Kämpfen und vor allem bei Verdun bewährte Truppe. Überall hat es, ohne Schwächen zu zeigen, seine Pflicht getan. Es hat nicht an der tragischen Offensive am Chemin des Dames teilgenommen, doch wie alle Einheiten der französischen Armee hat es die Niederlage als einen Schock empfunden. Seither ist der Geist der Truppe angeschlagen, hat das große Lamentieren angefangen über die Unfähigkeit der Generäle, das Martyrium der Sturmregimenter, die Tausende von Verwundeten, die mangels Pflege gestorben sind. Vor allem haben die Männer, wenn keine Offiziere in Hörweite waren, leidenschaftlich über die unglaublichen Nachrichten diskutiert, die von überallher durchsickerten: Im Mai haben sich etliche Regimenter geweigert, an die Front zu gehen, ja, sie haben sogar nach dem Vorbild ihrer russischen Kameraden Soldatenräte gebildet!

Seit Mitte Mai hat das 370. Regiment in dem Dorf Cœuvres in Ruhestellung gelegen. Die Männer wußten, daß sie demnächst in den mörderischen Abschnitt am Chemin des Dames vorrücken würden. Sie wären sicherlich auch diesmal widerspruchslos marschiert, wenn sich die Disziplin bei den Nachbareinheiten nicht schon gelockert hätte. Gleich nebenan hat das 298. Infanterieregiment sich mit kompromißloser Entschlossenheit aufgelehnt. 700 Mann haben sich in einem nahen Wald verschanzt und erklärt, sie würden lieber ihr Leben teuer verkaufen, als an die Front zu gehen. Die rebellisch gewordenen 36er und 129er haben auf der Fahrt durch Cœuvres die »Internationale« gesungen und von den Lastwagen herunter die Kameraden vom 370. Regiment aufgefordert, sie sollten sich ihnen anschließen. Sie wollten auf Soissons marschieren, einen Zug beschlagnahmen und nach Paris fahren, damit dort endlich die Revolution beginnt.

So ist das 370. Regiment angesteckt worden und ist zu den 298ern in den Wald marschiert, die schon dabei waren, Soldatenräte, »Sowjets« zu bilden. Die Meuterer hoffen, daß noch weitere Verbände zu ihnen stoßen werden und mit ihnen ein Revolutionskorps bilden, das dann die ganze französische Armee mitreißt. In diesen ersten Junitagen 1917 ist eine solche Vorstellung gar nicht so abwegig, wie sie im Rückblick erscheinen mag.

Wer Gelegenheit hat, sich ein wenig umzuhören, weiß, daß von der Nordsee bis zur Schweiz das französische Heer in voller Auflösung ist. An etlichen Frontabschnitten hat es schon jeden Kampfwert verloren.

Von diesen Meutereien des Jahres 1917 nach authentischen Dokumenten einen Gesamteindruck geben zu wollen, ist noch heute nicht möglich. Die Unterlagen ruhen in Geheimarchiven oder sind vielleicht längst vernichtet. Nach wie vor gibt es mächtige Behörden, die unter Berufung auf uralte Bestimmungen den Franzosen den Zugang zu vielen Quellen ihrer Geschichte, zu den Schwächen und Ruhmestaten ihrer Väter verwehren. Viele Autoren haben in oft nur allzu deutlicher tendenziöser Absicht Bruchstücke zusammengefügt. Nimmt man sie zusammen, so bekommt man ein annäherndes Bild, doch kein Historiker kann sich seiner Sache sicher sein.

Die Wurzeln des Übels jedenfalls sind schon im Herbst 1916 zu suchen. Die Berichte über die Moral der Truppe wurden um diese Zeit immer alarmierender. Das Ende des Burgfriedens zwischen den Parteien, der 1914 beschworenen *Union sacrée*, fand seinen Widerhall bei der Armee. Pazifistische und revolutionäre Propaganda machte die Soldaten nachdenklich, die überhaupt kein Ende dieses Krieges mehr vor sich sahen, in den sie einmal in der Überzeugung gezogen waren, er werde allenfalls ein Vierteljahr dauern. Die Länge der furchtbaren Prüfung hatte selbst den harten Repressalien ihren Schrecken genommen, der der menschlichen Schwäche dadurch entgegenwirken sollte, daß ständig eine Gefahr drohte, die gnadenloser war als das feindliche Feuer. Am 18. Dezember 1915 hatte Joffre noch geschrieben: »Es gibt Augenblicke, da nur die

Eine neue, schreckliche Waffe: Gas. – *85* Eine deutsche Schützenlinie hinter einer Gaswolke, die auf die feindlichen Linien zutreibt.– *86* Englische Soldaten mit Gasmasken.

87 Ein deutscher Sturmtrupp ist in eine Gaswolke geraten. – *88* Ganze Gebiete und Ortschaften wurden durch Giftgase verseucht.

Furcht vor einer schrecklichen, sofortigen Strafe ein Versagen verhindern kann. Der Mann, der seinen Posten verläßt, der vor dem Feinde den Befehl verweigert, der seinen Vorgesetzten beleidigt oder schlägt, muß auf der Stelle bestraft werden, damit keiner seiner Kamerade es ihm gleichzutun wagt.«

Trotz dieser Mahnung an eine Notwendigkeit, die gilt, solange es Kriege gibt, hatte man die Standgerichte der Anfangszeit aufgelöst und das Verfahren vor Kriegsgerichten mit der Möglichkeit des Gnadengesuchs an den Staatspräsidenten wieder eingeführt. Ebenso war die Verbüßung der Zwangsarbeitsstrafen ausgesetzt worden, angeblich weil man den Verurteilten Gelegenheit zur Bewährung vor dem Feinde geben wollte, in Wirklichkeit aber, damit den Soldaten nicht die Wahl zwischen Strafkolonie und Schützengraben eröffnet würde. So blieben die Feiglinge und Aufsässigen bei ihren Einheiten wie Krebszellen in einem gesunden Gewebe.

Am 28. Februar 1917 hatte Nivelle dem Kriegsminister mit der Bitte um Unterrichtung des Innenministers einen anklagenden Bericht zugestellt. Darin verwies er auf die rasch wachsende Zahl der pazifistischen Zeitungen und Flugblätter, auf die Verhetzung der Urlauber, die Verbitterung der Soldaten angesichts der hohen Löhne der Dienstverpflichteten in den Fabriken und die schädlichen Folgen der Streiks. Er nannte ein halbes Dutzend Syndikalisten und Anarchisten beim Namen und verlangte die Unterbindung ihrer Machenschaften.

Tatsächlich zeigt die Propaganda erhebliche Wirkungen, und viele sind der Meinung, daß die Katastrophe am Chemin des Dames einen Prozeß, der ohnehin im Gang war, nur beschleunigt hat. Ob dem so war, läßt sich nicht mehr sagen. Sicher aber ist, daß die Armee ihren Führern erst unmittelbar nach der Wahnsinnsoffensive entglitten ist.

Der »schlechte Geist« ist allgegenwärtig. Unzählige Geschichten gehen um über die Unmenschlichkeit der Generäle, über die Rüstungsindustriellen, die Gewinne scheffeln, während die Soldaten verrecken, über die Drückeberger, die sich ein schönes Leben machen.

Ein beliebtes Wortspiel lautet: Was ist der Unterschied zwischen einem Generalstäbler und einer chinesischen Vase? Antwort: Keiner. Beide werden dekoriert, bevor sie das Feuer gesehen haben.

Und viel zitiert wird der Satz von Anatole France, der im Zenit seines Dichterruhmes steht: »Man meint, man stirbt fürs Vaterland, und dabei stirbt man für die Industriellen.«

Eine schrecklich einprägsame Formulierung, die sich auf vielen der pazifistischen Flugblätter wiederfindet, die mit der Feldpost an die Front kommen oder in den Bahnhöfen an die Urlauber verteilt werden.

Die Urlauber sind besonders dankbare Opfer. Für wenige Stunden der Hölle entronnen, entdecken sie eine Welt, in der niemand sie versteht. Und auf Schritt und Tritt begegnen ihnen skandalöse Zustände. Sie, die einer eisernen Disziplin unterworfen sind

und 1,25 Francs Sold pro Tag beziehen, sehen, daß Arbeiter, die an der Front sein sollten, 10 bis 15 Francs bekommen und die Stirn haben, wegen irgendwelcher Lappalien zu streiken. Die Metallarbeitergewerkschaft unter ihrem Führer Merrheim, dessen Namen inzwischen jedes Kind kennt, läßt einen Streikaufruf nach dem anderen hinausgehen. So treten im Laufe des Juni 1917 über 70000 Arbeiter in den Rüstungsfabriken des Großraums Paris in den Ausstand. Auch in der Provinz stehen Werke still, in Marseille, Saint-Etienne, Bordeaux und Toulouse.
Das größte Echo findet paradoxerweise der Näherinnen- und Putzmacherinnenstreik, *la grève des midinettes*. 15000 Frauen ziehen von der Oper zur Städtischen Arbeitsvermittlung. Sie fordern eine Erhöhung des Tageslohns um einen Franken. Die Polizei ist unschlüssig, zumal verdächtige Individuen sich in den heiter anzusehenden Zug mischen und zu pazifistischen Sprechchören animieren. Man kann schließlich nicht auf Frauen schießen. Am Ende wird ein in Paris stationiertes Regiment angefordert; die Soldaten, in der Mehrzahl aus Indochina, wissen sich nur durch Schüsse zu helfen und töten dabei, so heißt es jedenfalls, eine junge Frau. Das ist ein gefundenes Fressen für die pazifistischen Blätter, vor allem *Le Bonnet Rouge*, »Die Jakobinermütze«, in dem Almeyreda schreibt:
»Werden diese brutalen Männer nun zum Anstand angehalten oder möchte man lieber, daß unsere friedlichen Midinetten die Trikolore, die sie mitführten, durch die rote Fahne des Aufstands ersetzen und unsere Marseillaise durch die aufrührerischen Refrains der Vorkriegszeit?«
Auch die pazifistischen Flugblätter nutzen den Vorfall, so daß die Soldaten zu lesen bekommen, daß mitten in Paris ihre Frauen und Schwestern von Indochinesen abgeschlachtet werden.
Dabei sind die Frauen in der Heimat für viele wackere Urlauber ein Stein des Anstoßes. Nie sind sie so elegant gekleidet gewesen, und wie es heißt, genießen sie das Leben mit den Daheimgebliebenen in vollen Zügen. Man braucht ja nur hinzuschauen, wie aufreizend sie sich im Bois de Boulogne in prächtigen Kutschen und auf den Terrassen der großen Cafés zur Schau stellen. In etlichen Zeitungen wird ausführlich über die sexuelle Befreiung der Frau berichtet. »Der Krieg bringt die Zerbrechlichkeit der Ehe erst an den Tag«, schreibt ein Kommentator. Derart ins Bild gesetzt, haben die Soldaten genügend Stoff, um sich über die Treue ihrer Frauen Gedanken zu machen. Für den Geist der Truppe könnte nichts gefährlicher sein.
Die Sommersaison in Deauville ist so brillant wie nie, und ein Hotel am Genfer See macht Reklame mit dem Argument: »Da Evian in der neutralen Zone liegt, ist das Hôtel Royal von der Verpflichtung befreit, Verwundete aufzunehmen. Die Sommersaison behält damit ihren ganzen Charme.«
Wenn man einen Arm oder ein Bein verloren hat, können einen solche Sätze zur Weißglut bringen. Allerdings machen sich die Verwundeten ohnehin keine großen Illusionen

mehr; die allgemein akzeptierte Weisheit lautet: »Heute bin ich ein Held, morgen nur noch ein Krüppel.«
Ja, dieses Jahr 1917 verdient wirklich den Namen *année trouble,* »Jahr der Wirrungen«, den ihm Poincaré gegeben hat. Und diese Verunsicherung, dieses Gefühl bedrückender Ausweglosigkeit herrscht an der Front und in der Heimat.
Die Menschen haben den Eindruck, daß die Welt aus den Fugen gerät, daß alle Werte, an die sie sich so überzeugt gehalten haben, die herkömmliche Moral, die Vaterlandsliebe, die Ehrlichkeit plötzlich keine Gültigkeit mehr haben. So als vergifte der Krieg nach und nach alle beteiligten Völker. Es ist zuviel gewesen für drei kurze Jahre, zuviel Blut, zuviel Ungerechtigkeit, zuviel Angst. Die aufs äußerste gespannte Feder verliert an Kraft.
Die meisten Historiker lassen das 20. Jahrhundert mit dem Jahre 1914 beginnen. Vielleicht wäre es richtiger, den Anfang dieses Jahrhunderts, das an nichts mehr glaubt, dieses Jahrhunderts ohne Sicherheit und Stabilität, auf 1917 zu verlegen?
Dieser Zustand der Demoralisierung, der Abrüstung aller geistigen Kräfte ist auch eine Erklärung für die erstaunliche Wirkung der Russischen Revolution auf die Frontsoldaten. Die Nachrichten aus Petrograd werden mit leidenschaftlichem Interesse gelesen und diskutiert. Die Bildung der Provisorischen Regierung wird von vielen als ein großer Sieg der Demokratie begrüßt. Die sozialistische Propaganda taucht alle Vorgänge im fernen Rußland in ein traumhaftes Licht. Der Name Lenin ist wenig später in aller Munde.
Ausführlich kommentieren die Männer an der Front zunächst den berühmten »Ersten Prikas«, den der Sowjet von Petrograd schon am 1. (14.) März erlassen hat. Ein eindrucksvolles Dokument: Soldatenräte werden gebildet und erhalten das Recht, ihre Offiziere zu wählen, für Disziplin zu sorgen, wobei sie die Dienstgrade völlig ignorieren, Waffen, Munition und Fahrzeuge in eigener Verantwortung zu verwalten. Der Soldat ist offenbar in Rußland jetzt *citoyen*, darf Versammlungen abhalten und braucht die Offiziere nicht zu grüßen.
»Warum machen wir es nicht auch so«, flüstern die Agitatoren. »Die russischen Soldaten sind auf dem besten Wege, dem Blutvergießen Einhalt zu gebieten. Sie haben jetzt die Verantwortung und werden für Frieden sorgen. Sie verbrüdern sich sogar ohne weiteres mit den deutschen Soldaten, die ja auch nur arme Schweine sind, die für die Kapitalisten den Kopf hinhalten ...«
Auf Männer, denen noch die Schreckensbilder der letzten Kämpfe vor den Augen stehen, auf Soldaten, die unmutig, müde, enttäuscht und über so viele kleine und große Ungerechtigkeiten erbittert sind, muß eine solche Propaganda verheerend wirken.
In der Nacht vom 21. auf den 22. April kommt die 1. Kolonialinfanteriedivision von der Front zurück, Mangins Lieblingsdivision, die er einsetzt, wenn es hart auf hart geht,

weil er weiß, daß sie durchhält. Doch diesmal, am Chemin des Dames, ist offenbar alles anders gewesen. Die Männer kommen aus einer Hölle, wie sie keiner von ihnen kannte. Auf den Lastwagen, mit denen sie nach hinten gefahren werden, lassen sie ihrer Entrüstung freien Lauf. Sie rufen »Es lebe der Frieden!« und beschimpfen ihre Offiziere als »Schlächter«.

Das sind erste beunruhigende Symptome. Ernster wird es am 29. April. Das 2. Bataillon des 18. Infanterieregiments hat bei dem unsinnigen Sturm wohl am meisten gelitten. Es ist in die Feuerstöße der deutschen Maschinengewehre geraten, hat im Niemandsland gelegen, hat 400 von seinen 600 Mann verloren. Die Männer, die in die Ruhestellung kommen, sind menschliche Wracks.

In den folgenden Tagen wird das Bataillon mit Mannschaften aus dem Ersatz aufgefüllt. Es ist aber nach wie vor nicht wirklich einsatzfähig, und man hört, es soll ins Elsaß gehen, an den ruhigsten Abschnitt der ganzen Front. Eine wohlverdiente Erholung!

Da erfahren die Männer am 29. April, daß sie sich fertigmachen sollen, um genau an der Stelle zu kämpfen, wo sie so gelitten haben. Mit einem Schlag ist der Teufel los. In Gruppen ziehen sie durch die Quartiere und brüllen: »Nieder mit dem Krieg!«

Das ist zweifellos Meuterei. Die Offiziere wissen nicht, was sie tun sollen. Natürlich darf ein solches Verhalten nicht unbestraft bleiben, man muß die Rädelsführer fassen und sofort bestrafen. Aber wie soll man sie herausfinden? In der Nacht führt die Gendarmerie ihre Untersuchung durch und verhaftet zwölf Mann, eher willkürlich.

Am nächsten Tag bereits tritt das Kriegsgericht zusammen und verurteilt die minder belastet Erscheinenden zur Deportation in die Strafkolonie nach Französisch-Guyana. Die Hauptschuldigen, fünf Angeklagte, werden zum Tode verurteilt.

Am 12. Juni werden vier der Delinquenten zur Exekution geführt: die Soldaten Didier, Garrel und Laplacette sowie der Gefreite Moulia. Die drei Soldaten werden vorschriftsmäßig erschossen. Jetzt ist der Gefreite Moulia an der Reihe. Er geht zwischen zwei Gendarmen auf den vom Blut seiner Kameraden befleckten Pfahl zu. In diesem Augenblick schlägt, wahrhaftig vom Himmel gesandt, eine Granate ein. Die beiden Gendarmen sind auf der Stelle tot. Moulia wird zu Boden geschleudert, aber er kommt gleich wieder zu sich und rennt instinktiv weg. Er ist nie wiedergefunden worden. Zwanzig Jahre später hört man, er habe in Südamerika Zuflucht gefunden.

Am 3. Mai weigert sich bei Soissons die 2. Kolonialdivision, zum zweitenmal gegen Laffaux zu stürmen, wo das Massaker besonders furchtbar gewesen ist. Auch hier hört man die Rufe: »Es lebe der Frieden!« Die Gendarmen sorgen für Ordnung, aber der Schrecken ist den Offizieren in die Knochen gefahren.

Von allen Frontabschnitten werden Aufsässigkeit, widerwillige Ausführung der Befehle, aufrührerische Parolen und wütende Äußerungen über die mißlungene Offensive und die verantwortlichen Generäle gemeldet.

Pétain hat über diese beunruhigenden Tage einen Bericht angefertigt, den sein Bio-

graph, General Laure, zum Teil übernommen hat. Jeden Abend kommen neue Meldungen über immer zahlreichere und bedrohlichere Disziplinlosigkeiten.
Am 20. Mai meutert das 128. Infanterieregiment in Prouilly. Es gehört zur 10. Armee unter General Duchêne, die den Durchbruch ausnutzen sollte und statt dessen zum Ausgleich der Verluste eingesetzt worden ist. Beim Sturm auf völlig intakt gebliebene Stellungen ist das Regiment erheblich mitgenommen worden, und dann haben die Männer acht Tage im Artilleriefeuer auf dem Bauch in schlammigen Granattrichtern ausharren müssen. Am 16. Mai hat man sie zurückbefohlen, nachdem sie die erreichten Positionen mit so verbissener Entschlossenheit gehalten haben. Sie haben das Gefühl, vergebens gekämpft zu haben. Nach dem Abtransport hat man sie mangels geeigneter Quartiere unter freiem Himmel schlafen lassen, bei strömendem Regen. Die Männer haben erst gemurrt, dann aber, am Morgen des 20. Mai, den Befehl verweigert, als man ihnen gesagt hat, sie müßten am Abend nach vorn gehen und am anderen Morgen stürmen.
An diesem Tage ist überall aufrührerisches Geschrei zu hören gewesen, Beschimpfungen der unfähigen Generäle, Aufrufe, es den Russen gleichzutun und Soldatenräte zu bilden. Doch ihr Kommandeur de Cadoudal hat den Schneid gehabt, allein vor sie hinzutreten, und es ist ihm gelungen, sie zur Pflicht zurückzuführen.
Andere Generäle ziehen es vor, mit grausamer Härte durchzugreifen; General Duchêne zum Beispiel befiehlt als Reaktion auf eine Meuterei im 66. Infanterieregiment, aufs Geratewohl Soldaten herausgreifen zu lassen und sie zur Abschreckung zu erschießen.
»Zur Abschreckung erschossen«, *fusillé pour l'exemple* – der Ausdruck wird zum geflügelten Wort. Doch die statuierten Exempel schrecken durchaus nicht ab: Je härter die Strafen, um so heißer flammt die Revolte auf.
Am 21. und 22. Mai wählen die in Ville-en-Tardenois in Ruhe liegenden Soldaten Sprecher, die ihre Klagen dem Kommandeur vortragen sollen, und vertreiben die Offiziere, die ihnen gut zureden wollen, mit Steinwürfen.
Am 26. Mai meutern drei Regimenter der 158. Infanteriedivision. Auch hier, weil man sie ohne längere Pause in die vorderste Linie zurückschicken will.
Am 28. Mai, einem schwülen, gewittrigen Tag, kommt es im Bahnhof von Fère-en-Tardenois zu einem Handgemenge zwischen aufgebrachten Soldaten und Gendarmen. Eilig müssen Senegalschützen herangeholt werden, um die Revolte niederzuschlagen.
Am selben 28. Mai weigern sich bei Soissons das 111. und das 258. Infanterieregiment, nach vorn zu gehen. Am folgenden Tage ist das 109. an der Reihe.
Der Aufruhr nimmt erschreckende Ausmaße an. Am 29., 30. und 31. Mai haben sich schon acht Divisionen anstecken lassen, und allein am 2. Juni melden 17 Korps, daß die Soldaten nicht länger bereit sind, ihre Pflicht zu tun. Bedrohlich ist, daß sich die Meuterer inzwischen zu organisieren gelernt und zum Äußersten entschlossene Führer gefun-

den haben. Manche Gruppen erlegen sich eine straffe Disziplin auf. Viele marschieren in Richtung auf den nächsten Bahnhof, um einen Zug zu stürmen und nach Paris zu fahren.

Zu den meisten Zwischenfällen kommt es im Hinterland des Chemin des Dames, im Umkreis von Soissons. Doch Befehlsverweigerungen und Disziplinlosigkeiten gibt es auch an ruhigen Frontabschnitten und sogar bei den Ersatztruppenteilen in der Heimat. Die französische Armee ist dabei, wie die russische in bedrohlichem Tempo auseinanderzufallen.

Und nicht nur die Anzahl der Zwischenfälle nimmt zu, auch ihre Schwere und Tragweite. Anfänglich haben die Soldaten gegen den Befehl protestiert, an die Front zu gehen, haben gerufen, man schicke sie auf die Schlachtbank, haben sich geweigert, ihre Ausrüstung anzulegen und anzutreten, aber letzten Endes haben sie sich vom guten Zureden oder von den Drohungen ihrer Offiziere beeindrucken lassen. In den letzten Maitagen wird aus Disziplinlosigkeit Meuterei, und Anfang Juni aus der Meuterei ein regelrechter Aufstand.

Das 370. Infanterieregiment des Oberst Dussange verläßt den Wald, in dem es sich verschanzt hat, knüpft drei Gendarmen auf, steinigt einen Oberstabsarzt, bemächtigt sich eines Zuges und braust ab Richtung Paris, um die Regierung zu stürzen und dem Krieg ein Ende zu setzen. Im Wald von Villers-Cotterets wird der Zug durch über die Gleise gefällte Bäume angehalten und von Kavallerieschwadronen mit Maschinengewehren umstellt. Mehrere Rädelsführer werden erschossen.

Das 310. Infanterieregiment verläßt seine Ruhestellung, versammelt sich ebenfalls in einem Wald und wählt Anführer, die straff Disziplin halten und jeden Alkoholgenuß verbieten. Obwohl das Waldstück von einer Kavalleriedivision umstellt worden ist, kommen die Männer erst nach viertägigen Verhandlungen heraus, im Gleichschritt, alle rasiert, Tornister und Ausrüstung vorschriftsmäßig angelegt.

In jedem anderen westlichen Land außer Frankreich wären die Akten über diese unglaublichen, längst Geschichte gewordenen Vorgänge der Öffentlichkeit längst zugänglich. Nur die Franzosen werden in dieser Hinsicht noch heute wie Kinder behandelt, so wie auch den Familien damals nach Möglichkeit die Wahrheit verschwiegen wurde.

Pétains großartige Haltung in diesen bedrohlichen Tagen würde schon ausreichen, um ihn zum Helden zu machen. Niemand weiß, was er im tiefsten Innern befürchtet; seine Größe wäre noch bewundernswerter, wenn man unterstellt, daß sein eher pessimistisches Naturell ihn im Grunde damit rechnen ließ, die nicht mehr zu verhindernde Auflösung des eben übernommenen französischen Heeres ins Auge fassen zu müssen.

Er stand da als einer, der eine Niederlage auszubaden hatte, die Regierung war völlig verstört, die Revolution in Rußland hatte die Menschen zutiefst erschüttert, und sein Kriegsminister (und bald darauf Ministerpräsident) scheint rückblickend geradezu prädestiniert gewesen zu sein, ein französischer Kerenski zu werden. Er mußte mit Painlevé ringen, um die unerläßliche Niederwerfung der Meuterei durchzusetzen; mußte zum Beispiel die Erschießung eines Gefreiten erzwingen, der auf seinen Hauptmann angelegt hatte, oder, in diesem Falle ohne Erfolg, die Hinrichtung eines syndikalistischen Volksschullehrers fordern, den die äußerste Linke zum Märtyrer hochstilisiert hatte. Sein Leben lang hat Pétain nichts mit Politik zu tun gehabt. Als Oberbefehlshaber wird er zum erstenmal mit ihr konfrontiert.

Er geht unverdrossen und mit einer nüchternen Entschlossenheit an die Arbeit, die von dem Schwanken der Regierungsmitglieder vorteilhaft absticht.

Poincaré schreibt: »31. Mai. Ich stelle General Pétain die Frage: ›Wenn in Stockholm ein internationaler Kongreß stattfindet und die Franzosen dort Deutsche treffen, um über die Friedensbedingungen zu sprechen, würden Sie dann für Ihre Armee geradestehen können? Würden Sie erreichen können, daß sie weiterkämpft?‹

Pétain erwidert eindeutig: ›Nein.‹ Diese eine Silbe, laut und klar ausgesprochen, machte starken Eindruck auf die Mitglieder des Ausschusses.

Painlevé allerdings gibt zu bedenken, daß die Gefahr eine doppelte ist. Wenn der Kongreß stattfindet, kämpft das französische Heer nicht. Wenn die russische Einladung abgelehnt wird, kämpft das russische Heer nicht, und 75 freigewordene deutsche Divisionen kommen an unsere Front. ›Ja‹, sagt Pétain. ›Aber die Bedrohung durch 75 deutsche Divisionen, die uns angreifen, ist weniger groß als die Demoralisierung unseres Heeres.‹«

Zwei Tage zuvor hat Pétain dem Kriegsminister einen Bericht über die Krise und ihre Ursachen vorgelegt. Darin wird sein Vorgänger zugleich gerügt und in Schutz genommen. Die Enttäuschung der von Nivelle unsinnig aufgeputschten Erwartungen und vielleicht mehr noch die Unentschlossenheit nach dem 16. April seien ohne Zweifel der unmittelbare Anlaß für die Meutereien gewesen, aber die Presse trage einen erheblichen Teil der Verantwortung.

»Wenn man systematisch und vorsätzlich Disziplin und Moral der Armee und des Volkes hätte untergraben wollen, hätte sie so und nicht anders handeln müssen.«

Die pazifistische Propaganda, der offene Verrat, die Nivelle am 28. Februar angeprangert hat, werden von Pétain bestätigt. Und die Abgeordneten, die im Kampfgebiet herumreisen, haben sich mitschuldig gemacht.

»Anstatt sich nur zu informieren und ihre Nachforschungen auf den genau begrenzten Gegenstand ihres Auftrags zu beschränken, verlangen viele von den Generälen weitere Auskünfte aller Art, fordern zu Kritik und Vorwürfen an die Adresse des Oberkommandos heraus, verschaffen sich sogar Einsicht in Geheimdokumente, weil die verantwortlichen Militärs häufig zu schwach oder über ihre Rechte zu wenig unterrichtet sind, sie ihnen vorzuenthalten. Dann sprechen sie mit Korpskommandeuren, subalternen Offizieren und sogar einfachen Soldaten und machen sich unterschiedslos und ungeprüft alles zu eigen, was an Klagen vorgebracht wird. Schlimmer noch: Zuweilen versprechen sie den Soldaten, sich höheren Orts für sie zu verwenden ... Jedenfalls sorgt die Anwesenheit dieser Herren an der Front für eine Stimmung, die der Disziplin in keiner Weise förderlich ist ... Die Abgeordneten werden je nach Laune der Soldaten mit Beifall oder Pfiffen empfangen, und keine der beiden Reaktionen tut der Disziplin gut.«

Die Fehler der militärischen Führung wiegen nicht weniger schwer. Tatsächlich werden die uniformierten Bürger in diesem furchtbaren Krieg nicht wie Vieh, sondern noch schlechter behandelt. Die Ruhestellungen sind unzumutbare Löcher. Das Essen ist irgendwie zusammengekocht. Die Soldaten sind den raffgierigen Geschäftsleuten der Etappenorte ausgeliefert. Die Urlauber werden so, wie sie aus dem Schützengraben kommen, nach Hause geschickt, ohne eine Zwischenstation, wo sie sich waschen und etwas erholen können. Wenn Innenminister Malvy behauptet, die Armee untergrabe die Moral der Heimat, so ist an dieser polemischen Feststellung durchaus etwas daran. Ständig sind Bahnhöfe und Züge Schauplatz häßlicher Szenen mit betrunkenen Soldaten. Man hat zwar den Absinth, die Geißel Frankreichs, endlich verboten, doch dafür fließt der fälschlich gepriesene Rotwein in Strömen.

Pétain nennt das Kind beim Namen. Die Offiziere, erklärt er, gehen beim unmäßigen Trinken mit schlechtem Beispiel voran. Unteroffiziere und Mannschaften tun es ihnen nach. In den Ruhestellungen ist reichlich Geld da, weil eine Frontzulage gewährt wird, die natürlich in Alkohol umgesetzt wird. Pétain beweist, wie wenig es ihm darauf ankommt, sich bei den Soldaten beliebt zu machen, indem er sich auf dem Verordnungswege das Recht zuerkennen läßt, die gesamte Frontzulage nicht auszuzahlen, sondern als zusätzliches Entlassungsgeld für den Tag der Demobilisierung einzubehalten. Er läßt von der Intendantur die zivilen Weintransporte in das Kampfgebiet beschlagnahmen und befiehlt die Schließung aller Kantinen, Schankstätten und Einkaufsgenossenschaften am Vortage des Abrückens aus der Ruhestellung: »Wir müssen den Kampf gegen die Trunkenheit mit aller Kraft führen.« Es war wahrhaftig Zeit.

Höchste Zeit aber ist es vor allem, dem Blutvergießen Einhalt zu gebieten, das die französische Armee dezimiert. Mit dem Tage der Übernahme des Oberbefehls gibt Pétain zu erkennen, daß er keine Großoffensive beabsichtigt. »Feindfeuer ist tödlich«, erklärt er, und hinter dieser Binsenweisheit steht seine Entschlossenheit, nur noch zu reagieren. Offensive um jeden Preis, Durchbruchschlachten ohne Rücksicht auf Verluste, das gehört für ihn in den Bereich mörderischer Mystik. Vor allem in der gegenwärtigen Lage.

Alle Kämpfe seit August 1914 haben gezeigt, daß bei annähernd gleichen Kräften die Verteidigung unfehlbar stärker ist als der Angriff. Man muß also mit der großen Schlußoffensive, die Frankreichs Befreiung und den endgültigen Sieg bringen soll, so lange warten, bis man zahlenmäßig wirklich überlegen ist. Und diese zahlenmäßige Überlegenheit werden die Amerikaner bringen.

Warten ... Das ist die neue Parole. Sparen. »Verschwenderisch umgehen mit Stahl, geizen mit Blut.«
Diese Notwendigkeit drängt sich schon deshalb auf, weil der Mannschaftsbestand des französischen Heeres mit jedem Tag abnimmt und die Verluste längst nicht mehr ausgeglichen werden können. Die Ersatztruppenteile können nur noch wenige Männer schicken, man wird mindestens zehn Divisionen auflösen müssen. Die Front in Rußland ist am Zusammenbrechen. In kürzester Frist können über 50 zusätzliche kampferprobte Divisionen an der deutschen Westfront auftauchen. Da gibt es nur eines: sich eingraben und auf Verteidigung einrichten.
Um eindeutig zu zeigen, daß dies nicht bloßes Gerede ist, sondern eine klare Doktrin, verfaßt Pétain schon am 19. Mai ein Dokument mit dem Titel »Direktive 1«. Dazu gehört eine »Anweisung für die Truppenführung«.
»In diesem Kriege«, heißt es da, »läßt die mörderisch gesteigerte Feuerkraft keine Experimente zu ... Es muß auf jeden Durchbruchversuch verzichtet werden, tiefgestaffelte Großangriffe dürfen nicht durchgeführt werden. Wenn angegriffen werden muß, so hat das punktuell zu geschehen, und es ist sicherzustellen, daß man an der gewählten Stelle eindeutig überlegen ist.
Das Gleichgewicht der einander an der Nordostfront gegenüberstehenden Kräfte gestattet es derzeit nicht, einen Durchbruch durch die gegnerische Front mit anschließender strategischer Ausnutzung vorzusehen.«
Bald darauf ordnet Pétain Umschulungskurse für die Offiziere an (in der »Direktive 2«) und bemüht sich, das »bewegliche Abwehrverfahren« durchzusetzen, das sich für Ludendorff so ausgezahlt hat.
Alle diese Maßnahmen haben nur ein Ziel: Blut zu sparen. Und die Soldaten merken das sehr bald.
Alles kommt wieder in die Reihe. Auf ausdrücklichen Befehl des Oberbefehlshabers werden die an der Front abgelösten Einheiten unter allen Umständen in Ruhestellungen außerhalb der Reichweite der deutschen Artillerie gebracht. Vier Tage lang hat man die Männer vollkommen in Ruhe zu lassen. Dann werden sie zu Übungen herangezogen, aber möglichst viele sollen in Urlaub fahren. Um die Urlauberbetreuung kümmert sich Pétain persönlich. Er läßt einen Führer für Fronturlauber drucken, neue Streckenführungen ausarbeiten, in oder bei den Umsteigebahnhöfen Soldatenheime mit Kantinen, Duschanlagen, Einkaufsgenossenschaften und Postämtern einrichten.
Er gibt Anweisung, daß die Korpskommandeure sich besonders um die ständige Beaufsichtigung des Verpflegungswesens zu kümmern haben. Und er nimmt eine Sisyphusarbeit auf sich: Nacheinander inspiziert er jede Division des französischen Heeres. Hunderttausende von Soldaten bekommen ihren Oberbefehlshaber zu sehen. Tausende von Offizieren und Unteroffizieren, ja sogar einfache Soldaten versammelt er im Kreise um sich und fordert sie auf, freimütig ihre Anliegen vorzubringen.

Ein gewagtes Vorgehen, dem Pétains Persönlichkeit jedoch jede Gefahr nimmt. Er ist kein Demagoge, der den Frontsoldaten schöntun will. Er bleibt distanziert, hält keine großen Reden, bremst schon durch seine Haltung jede unangemessene Ausdrucksweise oder übertriebene Beschwerde. Wenn er spricht, weicht er nicht aus. Jedesmal weist er darauf hin, daß die Manneszucht mit aller Strenge und unter allen Umständen aufrechterhalten werden muß. Wenn er, was oft der Fall ist, vor Einheiten das Wort ergreift, in denen es zu Meutereien gekommen ist, tut er nicht so, als sei alles vergeben und vergessen. Er nennt die Vorfälle hart und scharf beim Namen, tadelt die Verantwortlichen und läßt keinen Zweifel daran, daß jede Wiederholung erbarmungslos niedergeschlagen würde. Pétains Menschlichkeit ist keine weichliche Sentimentalität und noch viel weniger ein Verzicht auf Autorität; er weiß, was der Mann an der Front auszustehen hat, und erwägt realistisch alle Möglichkeiten, sein Los zu erleichtern.

Dabei vergreift er sich auch gelegentlich. Zu Offizieren des II. Kolonialkorps sagt er: »Meine Herren, wenn Sie sich an die Vorschriften gehalten hätten, die ich Ihnen soeben noch einmal in Erinnerung gerufen habe, wäre es zu den bedauerlichen Vorfällen bei Ihnen nicht gekommen.« Der Korpskommendeur, General Marchand, reagiert heftig: »Herr General, Sie irren sich, beim II. Kolonialkorps ist keinerlei Disziplinlosigkeit vorgefallen. Niemals! Absolut niemals!« Es ist typisch für Pétain, der Widerspruch schlecht verträgt, daß er sich nicht für seinen Fehlgriff entschuldigt, sondern das Thema wechselt und fragt, ob das II. Korps bei Verdun gekämpft hat. »Nein«, erwidert Marchand, der meistverwundete General des ganzen französischen Heeres, »aber da dieser Name auf unserer Liste offenbar fehlt, bitte ich Sie nachdrücklich, uns dort hinzuschicken.« Vor Verdun wird »Johannes der Täufer«, wie ihn seine Leute mit seinem Vornamen Jean-Baptiste nennen, ein weiteres Mal verwundet.

Die Welle der Meutereien ebbt schnell ab. Vom 1. bis 10. Juni sind es im Durchschnitt sieben Fälle pro Tag gewesen. Ein Fall pro Tag wird im restlichen Monat gemeldet, im ganzen Juli sind es nur noch sieben, im August vier, im September einer, im Oktober keiner mehr. Das französische Heer tut wieder seine Pflicht.

Die Anzahl der Bestrafungen ist nicht mit letzter Sicherheit zu ermitteln. Von den Kriegsgerichten wurden etwa 400 Todesurteile gesprochen, aber nur ein geringer Bruchteil vollzogen: 25 nach Angaben Painlevés, 53 nach Laure, davon 7 Erschießungen auf Befehl eines Kommandierenden Generals und 46 nach Kriegsgerichtsurteil und Ablehnung des Gnadengesuchs durch das Staatsoberhaupt.

Das sind außerordentlich niedrige Zahlen angesichts der 151 Meutereien bei 110 Einheiten in 54 verschiedenen Divisionen, also der Hälfte der französischen Armee. Doch die ganze Wahrheit wird nicht mehr ans Licht zu bringen sein, weil es nach Augenzeugenberichten auf Divisions- und sogar Regimentsebene zu sofortigen Hinrichtungen gekommen ist, die bei den amtlichen Zahlen nicht berücksichtigt sind.

Etliche Generäle, und zwar gerade besonders tüchtige und berühmte, haben verlangt, man solle aus allen schuldigen Einheiten nach altrömischem Vorbild wahllos Männer erschießen. Diesem Rückgriff auf die Geschichte, der auf den ersten Blick sogar notwendig erscheinen mag, setzt Pétain seine Auffassung entgegen: »Ich habe getan, was zur Niederschlagung der Disziplinlosigkeiten unbedingt erforderlich war ... Ich werde mit Festigkeit bei dieser Repression bleiben, aber nicht vergessen, daß es sich um Soldaten handelt, die seit drei Jahren im Schützengraben stehen und ›unsere‹ Soldaten sind.«

Wäre das französische Heer auch ohne Pétain gerettet worden? Eine solche Frage ist sinnlos, weil es keine Antwort darauf geben kann. Dagegen darf man mit Fug und Recht sagen, daß im ganzen Ersten Weltkrieg niemand Frankreich einen wertvolleren Dienst erwiesen hat als Pétain im Jahre 1917. Er ist niemals größer gewesen.

Er selbst hat seine Rolle mit bemerkenswerter Klarheit gesehen. Während der düsteren letzten Tage seines Vichy-Regimes hat er gegenüber dem Chef seines Militärkabinetts, Kapitän zur See Tracou, geäußert:

»In Verdun habe ich meine persönliche Schlacht gegen das *Grand Quartier Général* zu führen gehabt. Man verweigerte mir die erforderlichen Verstärkungen ... Aber mein echter Ruhmestitel, die einzige Operation, bei der ich persönlich eine Rolle gespielt habe, ist die Wiederaufrichtung des französischen Heeres im Jahre 1917. Ich, ich allein habe alles getan ... Man hat mich oft gefragt, wie ich das geschafft hätte. Das Verfahren hat nichts Geheimnisvolles. Ich liebte meine Soldaten, und sie wußten es.«

Keine fünfzig erschossen ... Eine bedenkenswerte Zahl. Ja, sie ist nicht hoch, wenn man an die Ausmaße des Dramas denkt. Doch darf man nicht vergessen, daß jede Verurteilung eine Tragödie für sich war.

Will man das ermessen, so muß man an Einzelfällen die Zweifel und Gewissensqualen der Richter ebenso nachzuempfinden versuchen wie den gräßlichen Leidensweg der Delinquenten.

Nehmen wir den Fall des Gefreiten Lefèvre, eines wahrhaft vorbildlichen Soldaten. Er hatte mehr Veranlassung als seine Kameraden, die Deutschen zu hassen und bis zum äußersten gegen sie zu kämpfen. Er stammte aus Morfontaine in Ostfrankreich. 1914 war er erst 17 Jahre alt gewesen und hatte mitansehen müssen, wie seine Eltern von den Besatzungstruppen erschossen wurden. Es war ihm gelungen, sich durchzuschlagen, und er hatte sich sofort freiwillig gemeldet.

Was ist in ihm vorgegangen? Welche Vorfälle haben ihn zum Meuterer gemacht? Das Kriegsgericht hat nicht die Zeit gefunden, sich bei seiner Vorgeschichte aufzuhalten. Es hat den Tatbestand gewürdigt, und der ist schlimm: Gefreiter Lefèvre ist an der Meuterei beim 109. Infanterieregiment beteiligt gewesen und hat sogar einen Offizier geschlagen.

Am 30. Mai hat man ihn verhaftet, kurz darauf ist er zum Tode verurteilt worden, am 8. Juni soll er erschossen werden.

Um diese Zeit läßt sich Painlevé noch alle Akten der zum Tode Verurteilten vorlegen. Der arme Painlevé mit seinem für so grausame Zeiten zu weichen Gemüt! Vom jugendlichen Alter und dem tragischen Vorleben des Gefreiten Lefèvre erschüttert, will er ihn unbedingt retten. Mehrmals verlangt er von Pétain die Aussetzung der Hinrichtung. In der Nacht vom 7. auf den 8., der letzten Nacht des Delinquenten, findet er keinen Schlaf. Um 3 Uhr früh hält er es nicht mehr aus. Er greift zum Telephon, läßt Pétain wecken und plädiert mit aller Verve, deren er fähig ist. Doch Pétain läßt sich nicht umstimmen: Die Dinge sind so weit gediehen, daß unbedingt ein Exempel statuiert werden muß. Eine Begnadigung würde als Schwächezeichen ausgelegt werden. Painlevé legt bekümmert den Hörer auf. Der Gefreite Lefèvre wird im Morgengrauen erschossen.

In einigen Fällen mußte man sogar besonders tüchtige Soldaten hinrichten, denn oft sind ja die Aufsässigen und Hitzköpfe im Kriege besonders gute Kämpfer. Jäger Brunet ist im Armeebefehl lobend erwähnt worden, weil er an einem einzigen Tage 61 Gefangene gemacht hat. Das rettet ihn nicht vor dem Erschießungskommando, nachdem er sich an die Spitze der Meuterer seines Regiments gestellt hat.

Das Schreckliche bei diesen Vorgängen ist, daß viele Meutereien ihren Grund haben: Fehler der Truppenführung, sinnlose Angriffsbefehle, vermeidbare Verluste, zu lasche Disziplin oder im Gegenteil übertrieben strenge Behandlung. Viele Offiziere haben bei den ersten Zwischenfällen den Kopf verloren und falsch reagiert. Andere haben die Lage nur durch unglaublich grausame Maßnahmen zu retten gewußt. Wieder andere allerdings haben sich unter Einsatz ihrer Person Gehorsam verschafft.

Dem Kommandeur des XXXVII. Korps, General Taufflieb, wird eines Morgens gemeldet, eines seiner Bataillone sei in vollem Aufruhr. Die Männer haben sich geweigert, wieder in die Gräben zu gehen, und sind weggelaufen. Taufflieb erfährt, daß die meisten in einer *creute,* einer der tiefen, leicht zu verteidigenden Höhlen Zuflucht gesucht haben. Hinter sich die Divisionsschwadron, begibt er sich sofort an den Ort der Handlung.

Er tritt allein in die Höhle und brüllt: »Achtung! Stillgestanden!« Die 700 Meuterer erheben sich instinktiv. Ihr General schreit sie an: »Morgen um acht Uhr früh bin ich wieder da, und wenn ihr dann noch hier seid, wird durchgegriffen.«

Am nächsten Tag um 7 Uhr sind alle Männer in ihre Unterkünfte zurückgekehrt. Taufflieb befiehlt den Hauptleuten, ihm die fünf schlimmsten Aufrührer ihrer Kompanie zu nennen. Um 8.30 Uhr tritt er vor die Front der Truppe und läßt die 20 Mann aus den vier Kompanien des Bataillons vortreten. Sie werden alle vor das Kriegsgericht gestellt, aber keiner wird zum Tode verurteilt. Bald darauf melden sie sich am Mont des Singes freiwillig für einen gefährlichen Auftrag.

Ein Kapitel für sich wäre die seltsamste dieser Meutereien wert, die der beiden russischen Brigaden, die an der französischen Front eingesetzt und an der Offensive am Chemin des Dames beteiligt gewesen waren. Diese Brigaden waren inzwischen alles andere als zuverlässig. Von Agitatoren aufgehetzt, erregt von dem, was sie aus Rußland hörten, überzeugt, sie seien von Nivelle absichtlich an den schlimmsten Platz gestellt worden, hatten sie gleich nach der Offensive alle Anzeichen nachlassender Disziplin gezeigt. Pétain, der die Ansteckung fürchtete, hatte sie aus der Front genommen, doch da die subversive Propaganda offensichtlich immer mehr Wirkung zeigte, war er zu dem Entschluß gelangt, sie nach La Courtine zu schicken.

Schlimmer konnte es für die armen Russen nicht kommen. La Courtine ist ein riesiger Truppenübungsplatz im Zentralmassiv auf halbem Wege zwischen Limoges und Clermont-Ferrand, in einer tristen, abgelegenen Gegend.

Die russische 1. Brigade trifft am 26. Juni ein, die 3. zehn Tage später. Bald langweilen sich die Männer so, daß sie nur noch an ihr Heimweh denken können. Die Disziplin läßt von Tag zu Tag nach. Sie wollen nach Hause, doch man erklärt ihnen, das sei nicht möglich, alle Schiffe müßten für das Heranschaffen der Amerikaner eingesetzt werden. Man wagt ihnen nicht zu sagen, daß ihre eigene Regierung sie nicht haben will. Kerenski hat schon genug mit dem Bolschewiki in seinem Lande zu tun, er will nicht noch Verstärkung für sie kommen lassen.

Einmal weigern sich die Soldaten, ihren Offizieren zu gehorchen, dann wieder beschließen sie, keinen Dienst mehr mitzumachen. Sie verbringen ihre Zeit damit, zu saufen und sich zu langweilen. Und sich zu streiten, denn die beiden Brigaden hassen einander. Es kommt zu Schlägereien, die immer mehr ausarten, so daß die Männer der 1. Brigade, weil sie zahlenmäßig unterlegen sind und sich bedroht fühlen, eines schönen Sommertages das Lager verlassen. Sie schlagen ihre Zelte ein paar Kilometer weiter bei dem Dorf Felletin auf. Ein seltsamer Ausflug ins Grüne.

In La Courtine wird die Lage dadurch nicht besser. Die Soldaten der 3. Brigade, die meisten sind Moskauer Arbeiter, erklären sich offen für die Bolschewiki. Sie weigern sich, Abgesandte der Kerenski-Regierung auch nur anzuhören. Die Rebellion ist da.

Es muß etwas geschehen, weil inzwischen auch die Zeitungen aufmerksam geworden sind und das Land unruhig wird.

General Comby als Chef der Militärregion nimmt die Sache in die Hand. Mit der 1. Brigade hat er leichtes Spiel; sie ist bereit, sich in ein Lager bei Bordeaux verlegen zu lassen. Doch die Meuterer der 3. Brigade weigern sich, ihre Unterkünfte zu verlassen. Sie verkünden, sie würden sich bis zum letzten Mann ihrer Haut wehren.

Um die 8000 Starrköpfe zu überwältigen, müßte General Comby mindestens eine Division einsetzen, und die hat er nicht. Außerdem wäre ausgerechnet jetzt, da die Regierung in Petrograd wackelt, eine Schlacht zwischen Verbündeten höchst unerwünscht. Man muß dafür sorgen, daß die Russen ihre Angelegenheiten unter sich ausmachen.

Viele Männer der 1. Brigade werden zurückgeholt und entsprechend indoktriniert, weitere russische Truppen eigens aus Saloniki herangeschafft. Der Truppenübungsplatz La Courtine wird umstellt, ein Ultimatum geht an die Eingeschlossenen.

So unglaublich es klingt: Mitten in Frankreich sollen jetzt russische Soldaten auf Leben und Tod miteinander kämpfen. Am 14. September läßt General Comby das Dorf La Courtine räumen, bringt 7,5-cm-Geschütze in Stellung und schickt den Meuterern eine letzte Aufforderung: Wenn sie sich bis zum 16. um 10 Uhr nicht ergeben haben, werden sie angegriffen und mit Gewalt zur Räson gebracht.

Die Frist verstreicht, die Rebellen antworten nicht.

Der Pfarrer des Dorfes, Pater Laliron, bietet seine Vermittlerdienste an und geht ins Lager. Aber er erreicht nichts. Der Anführer der Meuterer, ein gewisser Globa, der mit einer Frau aus der Gegend zusammenlebt, hält seine Leute mit eiserner Faust bei der Stange. Keiner wagt es, ihm auch nur zu widersprechen.

Am 16. September um 10 Uhr fällt der erste Schuß der Schlacht von La Courtine. Man hat blind geladen. Drei scharfe Granaten schlagen in einiger Entfernung von den Baracken ein, aus denen die Marseillaise erklingt und dann ein Lied auf die Melodie des Trauermarsches von Chopin.

General Comby, sosehr es ihm widerstrebt, muß das Lager beschießen. Die Einschläge liegen dicht bei den Unterkünften. Keine Reaktion. Daraufhin werden Schrapnells verfeuert. Jetzt gibt es Verwundete, und in Feuerpausen bringen die Aufständischen sie an den Lagereingang, damit sie von Sanitätswagen abgeholt werden können. Die ganze Nacht geht die Schießerei weiter. Das Lager erwidert das Feuer.

Am 17. September gegen 10 Uhr zeigen sich die ersten weißen Fahnen an den Fenstern. Sofort wird der Beschuß eingestellt, und 7500 Lagerinsassen benutzen die Gelegenheit zur Flucht nach draußen.

Es bleiben aber 500 ergebene Anhänger von Globa. Sie haben geschworen, bis zum Tode auszuharren. Man muß das Lager stürmen. In der Nacht vom 17. auf den 18. greifen die bündnistreuen Russen an. Der letzte Widerstand wird mit dem Bajonett gebrochen.

Die Bestrafung fällt erbarmungslos hart aus. 81 Meuterer, die als Rädelsführer gelten, werden nach Bordeaux gebracht und den Behörden der Kerenski-Regierung übergeben. Man hat nie wieder etwas von ihnen gehört; wahrscheinlich sind sie heimlich erschossen worden. 549 weitere werden in die *Bat d'Af* geschickt, die berüchtigten Strafbataillone in Afrika. Alle übrigen müssen in das Lager La Courtine zurück. Natürlich kommt es bald wieder zum Aufruhr, woraufhin man sie in kleinen Gruppen in Rüstungsfabriken oder nach Nordafrika bringt.

800 Granaten sind verfeuert worden, um mit diesem Aufstand fertig zu werden.

Viele, vor allem aus der 1. Brigade, melden sich aus Überdruß mit ihrem Eingesperrtsein bei der Fremdenlegion und kämpfen bis zum Tage des Sieges unter der französischen Fahne.

Es ist sinnlos, sich mit dem »Was wäre, wenn« in der Geschichte zu beschäftigen. Doch der Gedanke liegt nahe, daß Ludendorff im Mai/Juni 1917 die größte Chance zum Sieg in diesem Kriege verpaßt hat. Auf einer erheblichen Länge der französischen Front hatte er nur noch in Auflösung begriffene Einheiten vor sich, die einem entschlossenen Angriff nicht lange widerstanden hätten.

Warum hat er das nicht ausgenutzt? Es ist kaum zu glauben aber wahr: Er wußte nichts davon.

Das wirft ein ganz anderes Licht auf die Meutereien.

Zu Frankreichs großem Glück war selbst in den besonders betroffenen Einheiten der Patriotismus nicht erloschen. Den Deutschen gegenüber blieben die Schützengräben stets besetzt, und von wenigen dramatischen Ausnahmen abgesehen haben die Soldaten sich nicht geweigert, ihre Pflicht zu tun. Sie waren bereit, auszuharren und sich zu wehren. Ja, wenn sie sich als Opfer ungerechter Behandlung empfanden und nicht bereit waren, nach vorn zu gehen, war das überzeugendste Argument stets, daß ihre Kameraden im Graben ungeduldig auf die Ablösung warteten.

Was sie nicht wollten, war angreifen, sich ungeschützt dem Feind entgegenwerfen bei großen Offensiven, von denen sie wußten, daß sie aussichtslos waren. Einhellig lehnten sie den Angriff um jeden Preis ab, die hysterische Vorstellung vom Durchbruch, alle diese hochtrabenden Vorstellungen, für die das Blut in Strömen geflossen war, ohne daß mehr als die Eroberung eines Hügels oder einiger Grabenstücke dabei herausgekommen wäre. Das ist der tiefere Grund für Pétains Erfolg. Er war der gleichen Meinung und zögerte nicht, sie laut auszusprechen. Ohne sich anzubiedern, aber mit aller Klarheit. Seine Vaterlandsliebe war die gleiche wie die seiner Soldaten, der Patriotismus des Bauern, der sein Land verteidigt und bereit ist, bis zum letzten durchzuhalten, vorausgesetzt, man begegnet ihm und den Opfern, die er bringt, mit einem Mindestmaß von Achtung. Dieser Patriotismus war der Grund, daß Ludendorff nichts erfuhr.

Weil die Gräben immer gehalten wurden.

Weil kein französischer Gefangener in dieser langen Zeit der Wirrungen bei der Vernehmung aussagte, was sich hinter der Front tat.

Dieses Schweigen hat Frankreich gerettet

In Saloniki geht das Leben seinen mühsamen Gang. Es besteht aus Heimweh, Langeweile und Erd- und Schanzarbeiten. Vor allem weiß die Orientarmee nicht mehr, wozu sie eigentlich da ist.

Bei den Soldaten an der Westfront gehört es zum guten Ton, die Kameraden in Griechenlad um ihr Los zu beneiden. Man malt sich aus, wie sie in einer Art Paradies leben; sich in der Sonne räkeln, während andere auf den Schlachtfeldern vor Verdun und an der Somme ihre Haut zu Markte tragen.

Ein seltsames Paradies! Im Winter 1916/17 fällt das Thermometer im Bergland bis auf minus 36 Grad. Und die endlos langen Verteidigungsstellungen des weiten Festungsbereichs wollen gehalten sein. Der Sommer ist alles andere als ein Vergnügen mit seiner drückenden Hitze, den unzähligen Fliegen, den nicht zu vertreibenden Mücken. Und Mücken bedeuten Malaria, die schwerste Belastung für die alliierten Truppen in Nordgriechenland. Die sanitären Verhältnisse spotten jeder Beschreibung.

Heimaturlaub ist hier in der Ferne ein Fremdwort, was die von vielen Beobachtern beschriebene »allgemeine Unzufriedenheit« erklärt. Erste Anzeichen drohender Meuterei in der Form einzelner Fälle von Ungehorsam erzwingen nach 20 Monaten Anwesenheit einige wenige Urlaube.

Sarrail protestiert ebenso wie seine Leute. »Wir sind doch kein Mädchen für alles«, schreibt er am 15. Juli 1917. Er ist jetzt vollends zum Prokonsul geworden. Seine Hauptaufgabe besteht darin, das Land zu verwalten. Es ist alles andere als einfach, eine Armee von 300000 Mann in dieser Gegend zu versorgen, wo so gut wie nichts da ist. Außerdem zeigen sich die örtlichen Behörden häufig nicht besonders kooperativ, was durchaus verständlich ist: Griechenland ist schließlich ein neutraler Staat.

Allein für die französische Armee sind täglich 260000 Brotrationen erforderlich. Clemenceau macht sich gern über »Sarrails Gärtner« lustig, aber diese Gärtner haben 1000 Hektar kultiviert, bauen alle möglichen Gemüse an und kümmern sich um das Vieh. Wasser wird gebraucht, viel Wasser, so daß mehr als 200 Brunnen gegraben und Hunderte von Quellen gefaßt werden müssen. Bei ihrem Abzug hinterläßt die Orientarmee außerdem mehr als 500 Kilometer neu angelegter Straßen.

Die blutigen Zwischenfälle in Athen haben für die Regierungen der Entente die schwierige Frage nach der richtigen Reaktion aufgeworfen. Natürlich darf man »Konstantins Heimtücke«, wie sein Verhalten allgemein genannt wird, nicht ungestraft lassen. Aber man muß eine Sanktion finden, die nicht alle Griechen gegen die Alliierten aufbringt.

Endlich, am 8. Dezember 1916 ringt man sich zur scharfen Blockade der griechischen Küste durch. Am 31. stellen die Alliierten der Athener Regierung ihre ultimativen Forderungen zu. Sie verlangen die Reduzierung der griechischen Streitkräfte auf dem Festland, die Ablösung des Kommandeurs des I. Korps und eine »ausdrückliche Entschuldigung«. Die Fahnen Großbritanniens, Frankreichs, Italiens und Rußlands sollen auf einem öffentlichen Platz gehißt und vom Kriegsminister feierlich gegrüßt werden.

Die griechische Regierung berät noch über diese Forderungen, als am 5. Januar 1917 die Konferenz von Rom beginnt. Sarrail ist dazu eingeladen worden und gewinnt sofort Lloyd George für sich, der zugibt, von der »außerordentlichen Schönheit« des Generals beeindruckt gewesen zu sein.

Man beschließt, zwei weitere französische Divisionen als Verstärkung zu entsenden und auf die baldige Durchführung der im Ultimatum vom 31. Dezember geforderten

Maßnahmen zu dringen. Zusätzlich verlangt man die Freilassung der verhafteten Venizelos-Anhänger.
Konstantin bleibt keine Wahl. Am 9. Januar akzeptiert er das Ultimatum. Am 29. findet die von den Alliierten gewünschte Zeremonie statt. Unter Führung von Prinz Andreas senken die griechischen Soldaten ihre Fahnen vor denen der Ententemächte.
So behält der König um den Preis einer Demütigung seinen Thron, doch wie es scheint, nicht für lange: Der kleinste Zwischenfall kann jetzt seinen Sturz bedeuten.
Schon am 17. Februar ist es offenbar so weit. In der Stadt gehen wilde Gerüchte um. Venizelostreue Soldaten sollen landen, und mit ihnen französische Truppen. Die Königstreuen gehen auf die Straße. Alles macht sich auf einen Kampf gefaßt.
Schon richten die französischen Kriegsschiffe ihre Kanonen auf Athen, und diese schreckliche Drohung genügt, um die Gemüter zu beruhigen. Konstantin gelingt es noch einmal, Zeit zu gewinnen. Erst am 12. Juni 1917 muß er schließlich dem Druck der Entente nachgeben und zugunsten seines zweiten Sohnes, des Prinzen Alexander, abdanken.
Der französiche Botschafter Jonnart hat die Entscheidung herbeigeführt. Auf das alliierte Geschwader deutend, das vor Athen lag, hat er dem König erklärt: »Sire, ich stamme aus einer kleinen Stadt, Arras, die von den Deutschen mitsamt allem, an dem mein Herz hing, in Schutt und Asche gelegt worden ist. Ich versichere Ihnen, wenn ich mich dazu gezwungen sehe, werde ich nicht zögern, aus Ihrem herrlichen Athen, der Schatzkammer der Menschheit, ein weiteres Arras zu machen.«
Doch der eigentliche Sieger ist Venizelos. Schon am 22. Juni steht seine Regierung, und am 28. erklärt er den Mittelmächten den Krieg.
Mit ihm steigt ein neuer Stern am Firmament der internationalen Politik auf. Venizelos ist eine legendäre Gestalt, ein Held des griechischen Unabhängigkeitskrieges, der Befreier seiner Heimatinsel Kreta, eine Kämpfernatur, dabei ein Mann von klassischer Bildung; seine Vorbilder sind Leonidas, Themistokles und Perikles. Es wird behauptet, er habe wegen der Attentatspläne seiner vielen Feinde einen Doppelgänger engagiert, der statt seiner in Griechenland herumfährt und sogar ins Ausland reist. Das mag eine böse Verleumdung sein, aber sicher ist, daß dieser Erfolgsmensch ein Energiebündel und zugleich ein undurchschaubarer Taktiker ist.
Der Schriftsteller Georges Suarès hat ein nicht sehr schmeichelhaftes Bild von ihm gezeichnet: »Er war von gewinnender Freundlichkeit und Wärme der Rede und des Verhaltens. Sein Lächeln war wohlwollend und bescheiden. Seine Stimme klang liebenswürdig und voller Charme. Er schien in einer Welt tugendhafter Gedanken und guter Absichten zu leben. Er war stets bereit, Opfer zu bringen und sich selber hintanzusetzen. Er wirkte im Grunde wie der geduldige Märtyrer für eine große Sache … Seine Persönlichkeit war in jeder Hinsicht das Gegenteil von dem, was seine Taten ein Leben lang von ihm bewiesen haben.«

Sarrail triumphiert. Er nimmt das Verdienst für die Wendung ganz für sich in Anspruch: »Herr Jonnart kam aus Frankreich, um in die Scheuer zu fahren, was längst gesät und geerntet war.«
Offenbar weiß er nicht, daß er bald einer wahren Verschwörung zum Opfer fallen wird.
Lloyd George hat sich nicht lange von ihm beeindrucken lassen. Alle Berichte aus Saloniki stimmen darin überein, daß Sarrail mit seiner Starrköpfigkeit, seinen Landesherrnallüren, seiner Neigung zu absoluter Herrschaft den Bogen überspannt. So fordert der britische Premierminister schließlich die sofortige Absetzung des Generals. Am 10. Dezember 1917 wird sie vollzogen.

Was als erstes auffällt, ist ihr frisches, jugendliches Aussehen. Ihre Gesichter sind völlig bartlos, sie tragen nicht einmal den Schnurrbart, ohne den der Poilu nicht denkbar wäre. Ihr federnder Schritt läßt eher an Sportler denken, ihre knapp sitzenden Uniformen sind von fremdartiger Eleganz, und vor allem an den breitkrempigen Hut wird man sich erst gewöhnen müssen.
Überall werden sie mit Jubel empfangen. Frisches Blut kommt in diesen alten Krieg, und mit ihm die Gewißheit, daß der Sieg nahe ist. Und doch ist auch etwas traurig Herzbewegendes an dieser Begegnung zwischen der Alten und der Neuen Welt, und viele Frauen, vor allem die Witwen und die Mütter, die ihren Sohn verloren haben, können sich der Tränen nicht erwehren, wenn sie diese strahlend zuversichtlichen Soldaten vorbeiziehen sehen. Die Ärmsten haben ja offensichtlich keine Vorstellung von der Gräßlichkeit des Krieges, in den sie marschieren; sie betrachten ihn eher als eine Art gefährlichen Sport. Man spürt, daß sie sich tollkühn auf den Feind stürzen werden, und man fragt sich, wie viele dieser Jungen schon in wenigen Wochen als schrecklich verstümmelte Leichen auf dem Schlachtfeld verwesen werden.
Tatsächlich gehen die Boys geradezu begeistert in diesen Krieg. Die Freiwilligen strömen in solchen Mengen zu den Rekrutierungsbüros, daß um die Chance des Mitmachendürfens gelost werden muß. Die ganze Werbeindustrie des großen Landes hat sich auf einen Schlag in den Dienst des Krieges gestellt. Man läßt die Stummfilmstars Reden halten, und auf Tausenden von Plakaten erblickt man ein hinreißend schönes Mädchen, das verkündet: »Wenn ich doch bloß ein Mann wäre! Ich würde mich sofort zu den *Marines* melden!« Bei einer Großkundgebung ruft der Bürgermeister von New York den Anwesenden zu: »Schämt euch, denn seit drei Jahren blutet Frankreich für euch!«
Die Begeisterung, mit der die Männer in den Kampf ziehen, ist eine bemerkenswerte, allen Ländern gemeinsame Erscheinung in diesem Kriege.
Dabei ist Amerika nicht auf seine Aufgabe vorbereitet. Bis zum letzten Augenblick hat man an Wilsons Versprechungen geglaubt, hat gemeint, man werde sich aus dem Konflikt heraushalten können und brauche sich nicht darauf einzustellen. Die Armee, in

geringem Ansehen und schlecht ausgebildet, zählt ganze 150000 Mann. Kriegsmaterial ist so gut wie keines da, die strategischen Vorstellungen sind eher rührend.
Die ersten gelandeten Truppen kommen in ihre Unterkünfte nur mit ihrem persönlichen Gepäck, ohne Werkzeug, ohne Küchengerät, ohne Marschverpflegung, ohne Sanitätsdienst. Alles muß improvisiert werden, und die Offiziere müssen erst einmal zur Ausbildung in britische und französische Lager. Nach ein paar Wochen haben sie selber schon als Ausbilder zu fungieren.
Die Franzosen kommen aus dem Staunen nicht heraus, als sie sehen, daß diese Armee alles aus der Heimat kommen läßt; man rechnet je Mann 7 bis 8 Tonnen Material. Eine Luxusarmee mit ihrer Dosenmilch aus dem Middle West, ihrem Gefrierfleisch und, man höre und staune, eigenem Mehl für ein schneeweißes Brot, um das sogar die in dieser Hinsicht verwöhnten Poilus sie beneiden.
Jetzt, im Juni, sind es erst 30000 Mann, und die eigentliche Frage ist, wie viele wann nachkommen werden. Die französischen Generäle wünschen sich monatlich 300000 Mann, aber dafür reicht schon der Schiffsraum nicht.
Ihr Befehlshaber, John Joseph Pershing, ist schon am 13. Juni in Boulogne eingetroffen. Für die Amerikaner ist dieser West-Point-Absolvent so etwas wie ein Westernheld. Er hat an mehreren Feldzügen gegen die Indianer teilgenommen und überall gekämpft, wo es überhaupt möglich war: auf Kuba beim Krieg gegen Spanien, auf den Philippinen und gegen die Moros auf Mindanao. Als Militärattaché in Japan hat er den Russisch-Japanischen Krieg in allen Phasen verfolgt und seine Lehren daraus gezogen. Eben erst ist er in Mexiko hinter dem legendären Pancho Villa hergewesen, und bei der Rückkehr von dieser spektakulären Unternehmung hat er vom Kriegsminister das lakonische Telegramm bekommen:
»Können Sie Französisch lesen und sprechen?«
»Habe mehrere Monate in Frankreich verbracht Stop Beherrsche die Sprache«, hat er zurückgedrahtet. Nicht ein Wort spricht er, aber die Chance, die hinter der Anfrage stand, wollte er sich auf keinen Fall entgehen lassen.
Groß und drahtig ist er, und er wirkt sehr eindrucksvoll, weil er sich durchaus distanziert gibt. Damit paßt er zu Haig, der auch ein eher unterkühltes Naturell hat und am Abend nach der ersten Begegnung notiert: »Er hat zu meiner Überraschung das in Amerika so seltene Benehmen eines Gentleman. Er ist sehr darauf bedacht, zu lernen, und ist sich der Bedeutung seiner Aufgabe bewußt. Er hat schon gemerkt, daß die Franzosen ein geknicktes Rohr sind ... Sein Adjutant, Hauptmann Patton, scheint ein Eisenfresser zu sein, der ungeduldig aufs Losschlagen wartet.«
Der brillante Hauptmann Patton, der zukünftige Held des Zweiten Weltkriegs, muß sich noch eine ganze Weile gedulden, bis es losgeht, denn Pershing steht auf dem Standpunkt, daß seine Armee erst im Sommer 1918 wirklich einsatzbereit sein wird. Tatsächlich muß sie ja erst alles lernen.

Die Franzosen finden diese Frist zu lang, und Pétain würde die US-Einheiten am liebsten in der Reihenfolge ihres Eintreffens so rasch wie möglich einsetzen. Deshalb schlägt er vor, sie in englische und französische Verbände einzugliedern. Das ist in seinen Augen das einzige Mittel, der zu geringen Truppenstärke der Alliierten aufzuhelfen. Doch Pershing läßt sich nicht umstimmen. Er will nicht eine Vielzahl kleiner Einheiten in etlichen verbündeten Korps befehligen, sondern eine richtige, hundertprozentig amerikanische Armee. Und er setzt sich durch, auch wenn seine Starrköpfigkeit viele in ihrer Eitelkeit trifft.

»Pershing«, sagt Pétain zu Poincaré, »hat eine Leuchtkugel mit Zeitzünder im Kopf.«

Aber was machen solche Mißhelligkeiten schon. Worauf es ankommt, ist einzig und allein, daß die Amerikaner da sind, daß sie zu Zehn-, zu Hunderttausenden kommen und daß die U-Boote diesen Zustrom frischer Kraft nicht im geringsten beeinträchtigen können. Die Männer von drüben sind gekommen, um zu siegen. Daran lassen sie nicht den geringsten Zweifel. Als die Deutschen hören müssen, daß sich bald 1500000 in der Gefechtsausbildung befinden, gerät die Überheblichkeit ins Wanken, mit der sie so stolz verkündet haben, Amerika sei militärisch gesehen »gleich Null«.

Die Juninacht ist warm und still. Der Mond hüllt das Niemandsland in trügerische Helligkeit. Man hört nur noch die Bäche murmeln und von Zeit zu Zeit eine Nachtigall schlagen. Diese Anhänglichkeit der Vögel an das schrecklich verwüstete Land, das sie auch dann nicht verlassen, wenn der Schlachtenlärm tobt, ist für die Soldaten ein Gegenstand immer neuer Verwunderung. Man könnte meinen, sie wollten Zeugnis ablegen für den Frieden in dieser haßerfüllten Welt, für die Freude auf dieser angstgeschüttelten Erde.

Bald wird der Tag da sein, der 7. Juni 1917.

3.10 Uhr. Plötzlich erdröhnen Erde und Himmel von ungeheuren Detonationen. Einen solchen ohrenbetäubenden Lärm hat es noch nicht gegeben, seit dieser Krieg tobt. 19 ungeheure unterirdische Minen sind auf einen Schlag gezündet worden – 500000 Kilogramm Sprengstoff! Kaum sind die letzten Erdbrocken zu Boden zurückgefallen, setzen 2500 Geschütze mit ihrem Feuer ein, und die kanadische, australische und britische Infanterie schwingt sich aus ihren Gräben. Das ist der Anfang der großen Sommeroffensive in Flandern, die sieben Monate dauern und England mehr als 500000 Menschen kosten wird.

Ein erstaunlicher Umschwung! Bisher haben Öffentlichkeit und Regierung in England für Großangriffe wenig übrig gehabt. Lloyd George hat immer wieder erklärt, man müsse die Front einfrieren und warten, bis die Amerikaner da seien.

Doch Douglas Haig, der starrköpfige Douglas Haig, hat sich schließlich doch mit seiner Absicht durchgesetzt und die Offensive zugestanden bekommen, von der er seit

Monaten träumt. Die Fehlschläge der Franzosen haben ihm die Überzeugung vermittelt, daß es sinnlos ist, irgendwo in der Mitte der Front anzugreifen, weil man bestenfalls einen vorspringenden Bogen erkämpft, der dann schwer zu verteidigen ist. Ganz anders sähe es aus, wenn man in Flandern stürmen würde, am Meer. Dort, nachhaltig unterstützt von der Flotte, könnte man zu den belgischen Häfen vordringen und den Deutschen ihre besten U-Boot-Stützpunkte nehmen. Das wäre ein Riesenschritt auf dem Wege zum Endsieg.
Bisher ist dieses grandiose Vorhaben für Haig nicht realisierbar gewesen. Er hat auf die Franzosen Rücksicht nehmen müssen, die andere Vorstellungen hatten. Seit dem 16. April ist nun alles anders geworden. Das französische Heer hat nach dem Scheitern seiner Offensive genug mit den Meutereien zu tun, die ihm vorerst jeden Kampfeswert nehmen. Für den britischen Befehlshaber ist der Zeitpunkt gekommen, selber die Initiative zu ergreifen, und das tut er mit spürbarer Erleichterung: »Endlich konnte ich meine ganze Aufmerksamkeit und den größten Teil meiner Ressourcen auf die Entwicklung meines Operationsplans für den Norden verwenden.«
Die Vorbereitungen sind beeindruckend. Straßen werden angelegt, Bahnlinien, riesige Materiallager. Problem Nummer eins ist das Wasser. Die Ingenieure haben ein Leitungssystem entwickelt, mit dem man den Angriffstruppen unmittelbar folgen kann, und tatsächlich arbeiten die Pumpen an einigen Stellen schon vier Minuten nach der Eroberung eines feindlichen Grabens.
Ein wesentlicher Bestandteil des Haigschen Planes sind die Minenstollen. Seit über einem Jahr wird an ihnen gebaut. Monatelang hat unter der Erde ein erbittertes Ringen stattgefunden. Die Deutschen haben Galerien vorgetrieben, um die Arbeiten zu stören, und immer wieder ist es im Dunkel zum Nahkampf mit Schaufel und Spaten gekommen. 24 Minen sollten es sein. Eine ist von den Deutschen entschärft worden, bevor sie gezündet werden konnte, 4 weitere sind durch eine Verschiebung der Front überflüssig geworden. Doch die 19 verbliebenen haben eine furchtbare Wirkung.
»Die moralische Wirkung der Sprengung«, schreibt Ludendorff, »war ungemein groß: unsere Truppe gab an verschiedenen Punkten dem feindlichen Infanterieansturm nach.«
An diesem Morgen des 7. Juni bleibt ihnen gar nichts anderes übrig, weil die vorderen Stellungen so gut wie alle zerstört sind.
Die Offensive läßt sich also gut an, besser gesagt, die Voroffensive. Denn es geht zunächst einmal nur darum, den Weg nach Ypern von Süden her freizumachen und das Gebiet der Gemeinden Wijtschate und Mesen zu erobern. Erst in einem zweiten Anlauf soll nach Norden auf die Linie Diksmuide–Werken–Staden–Roeselare vorgedrungen werden. Dann wird man drei riesige Pontons mit jeweils 4500 Mann hinter der deutschen Front zwischen Westende und Middelkerke von Kanonenbooten an den Strand schleppen lassen, und wenn alles so läuft, wie es geplant ist, wird man Ostende errei-

chen. Die westbelgischen Nordseehäfen wären keine Gefahr mehr, ein Teil des Landes befreit.

Wenn alles so läuft ...

Am 7. Juni darf Haig noch strahlen. Er hat recht behalten: Genau hier mußte man angreifen. Die Siegesmeldungen jagen einander. Schon um 5.30 Uhr fällt Wijtschate, um 7 Uhr Mesen, um 15.45 Uhr Oosttaverne. Am Abend sind 7500 Gefangene gemacht, 67 Geschütze, 9 Minenwerfer und 294 Maschinengewehre erbeutet. Alle Tagesziele sind erreicht, und die Deutschen räumen ihre Frontvorsprünge zwischen der Lys und St. Yves.

Mit ruhiger Zuversicht geht Haig an die zweite Phase. Für den Angriff hat er die 1. Armee unter General Gough bestimmt, unterstützt durch die französische 1. Armee (General Anthoine).

Doch diesmal sind die Deutschen vorgewarnt. Die IV. Armee unter General Sixt von Arnim umfaßt 10 Divisionen in Stellung und 7 in Bereitschaft. Das Gelände ist durch zahlreiche kleine Betonbunker verstärkt, die mit Maschinengewehren bestückt sind und sogar Volltreffer der mittleren Artillerie aushalten.

Am 31. Juli beginnt der zweite Sturm. Die Engländer schlagen sich großartig. In einem Schwung gehen sie auf 12 Kilometer Frontbreite zwischen der Straße von Zillebeke nach Zandvoorde und Boezinge los. Die erste deutsche Linie wird fast überall durchstoßen. Schon stehen Engländer und Franzosen vor der zweiten. 6100 Gefangene werden abgeführt, 25 Geschütze sind den Angreifern in die Hände gefallen.

Nichts erscheint mehr unmöglich. Douglas Haig darf unterstellen, daß seine Rechnung aufgeht: Seine 40 Divisionen sind auf dem Marsch Richtung Ostende.

Doch dann geht es nicht weiter. Weil der Gegner sich tapfer wehrt, vor allem aber wegen des plötzlich einsetzenden Regens, eines sommerlichen Wolkenbruchs, der alles wegzuschwemmen scheint.

Mit einem Schlage verwandelt sich das Schlachtfeld in einen einzigen Sumpf. Die Sturmwellen geraten ins Stocken, quälen sich durch den tiefen Schlamm. Der Kampf wird zur Hölle. In dem brettebenen Gelände sind die Angreifer dem deutschen Artilleriefeuer schutzlos preisgegeben. Sie können nicht einmal Notgräben oder Schützenlöcher ausheben, denn schon auf Spatentiefe steht das Grundwasser. Viele sind nicht einmal mehr in der Lage zu schießen, weil ihre Gewehre dreckverkrustet sind. Selbst Männer, die in Verdun dabeiwaren, müssen zugeben, daß sie etwas so Furchtbares noch nicht erlebt haben.

»Was der deutsche Soldat in der Flandernschlacht geleistet, erlebt und gelitten«, schreibt Ludendorff später, »wird für ihn zu allen Zeiten ein ehernes Denkmal sein, das er sich selbst auf feindlichem Boden errichtet hat.«

Da Haig seinen im Schlamm versunkenen Leuten nichts mehr abverlangen kann, beschließt er, die Offensive – jedenfalls vorläufig – einzustellen.

Am 16. August, als der Boden einigermaßen trocken ist, nimmt er sie wieder auf. An diesem Tage fallen Langemark und mehrere für uneinnehmbar gehaltene Verteidigungswerke. Doch mit dem ersten begeisterten Schwung ist es vorbei. Man fällt zurück in die Routine, ins alte System à la Joffre. Man stürmt, aber ohne die Aussicht, weit zu kommen. Den Durchbruch wird man ja ohnehin nicht erzielen.
Den ganzen September hindurch wird noch angegriffen, doch ohne rechten Nachdruck.

Montag, 14. Mai 1917. Der Schnellzug Genf–Paris hält im Grenzbahnhof Bellegarde. Polizisten prüfen in den Wagen die Papiere der Fahrgäste. Sie verhaften ein kleines, dürres Männlein mit Glatze und Seehundsbart.
Sie fordern ihn auf, mitzukommen. Der Reisende gibt sich entrüstet. Er heißt Emile-Joseph Duval und ist Chefredakteur eines Blattes, das viel von sich reden macht: *Le Bonnet rouge*. Er versichert, »das werden Sie noch bereuen« und »ich bin in der Lage, Sie für Ihre Unverschämtheit teuer bezahlen zu lassen«. Doch die Polizisten lassen sich nicht beirren. In Duvals Brieftasche finden sie einen Scheck über 150837,70 Schweizer Franken, eine enorme Summe, die etwa 600000 französischen Francs heutigen Wertes entspricht.
Duval kann noch so lauthals seinen Scheck zurückverlangen, behaupten, es handele sich dabei um den Anteil der französischen Aktionäre an einem aufgelösten türkischen Unternehmen – die Polizisten geben ihn nicht her und erklären, sie schickten ihn nach Paris an die Fahndungsabteilung der Kontrollbehörde.
Diese banale Zollkontrolle ist der Auslöser für einen Skandal, der Frankreich zutiefst erschüttert und die überzeugtesten Patrioten verunsichert.
Duval hat recht gehabt mit seiner Behauptung, er sei nicht irgendwer. Am 29. Mai gibt ihm Leymarie, der Kabinettschef des Innenministers, seinen Scheck zurück.
Die Eingeweihten flüstern sich zu, damit habe Miguel Almeyreda einen weiteren Sieg errungen.
Eine schillernde Persönlichkeit ist dieser Almeyreda, der sich als Spanier ausgibt. Offenbar kann er aus den Kulissen sogar den Innenminister steuern. Wie es heißt, soll er sogar auf die Ernennung der Präfekten erheblichen Einfluß haben.
Sein wirklicher Name ist Eugène Bonaventura Vigo. Geboren ist er vor 31 Jahren in Béziers. Mit seinem gepflegten wallenden Haar, seinem steil aufgezwirbelten Schnurrbart und seinen großen dunklen Augen sieht er aus wie der romantische Erste Liebhaber eines Theaters. Er ist ein Mann der Linken, der äußersten Linken sogar, aber man trifft ihn immer dort, wo es besonders fein zugeht, stets von einer seiner beiden Mätressen beleitet. Er ist heroinsüchtig, zahlt für seine Stadtwohnung eine Miete von 24000 Francs, hat ein Haus auf dem Lande und zwei Automobile. Er läßt sein Lebenslicht von beiden Seiten abbrennen; seine Gesundheit verschlechtert sich offensichtlich von Tag zu Tag.

Die Geschichte seines Lebens könnte ein Rührstück abgeben. Als uneheliches Kind von der Mutter abgelehnt, wird er mit 16 Jahren wegen eines Bagatelldiebstahls zu zwei Monaten Gefängnis verurteilt. Er kommt zutiefst verstört zurück in die Freiheit und ist überzeugt, daß er alles daranzusetzen hat, gegen die ungerechte Gesellschaftsordnung zu kämpfen. So betätigt er sich als Anarchist, und zwar nicht als Mann großer Worte, sondern der Tat. Man braucht nur in seinem Strafregister nachzulesen: Ein Jahr Gefängnis wegen Herstellung von Sprengstoffen, drei Jahre wegen Anstiftung zu Mord und Landfriedensbruch, sechs Wochen wegen Beleidigung und Widerstands gegen die Staatsgewalt, ein Jahr wegen Verunglimpfung der Armee, zwei Monate wegen Körperverletzung.
Er empfindet sich in erster Linie als Pazifist. Er ist gegen das Militär und die Pfaffen. Sehr bald hat er sich einen Namen gemacht, und es gelingt ihm, eine Art Miliz um sich zu scharen, die sich mit den rechtsextremen *Camelots du Roi* und den Mitgliedern der patriotischen Ligen herumprügelt.
1913 gründet er mit Geldern unklarer Herkunft *Le Bonnet Rouge.* Er wird zu einer angesehenen Persönlichkeit, zügelt seinen wilden Redefluß und hält zu Joseph Caillaux, für den er Achtung empfindet, weil er die Einkommensteuer durchgesetzt und zur Zeit der Agadirkrise den Krieg verhindert hat. Er nimmt sogar beim Prozeß von Frau Caillaux für ihn Partei, wofür er vom ehemaligen Ministerpräsidenten einen Scheck über 40000 Franken erhält. Er verkehrt bei Malvy, dem zukünftigen Innenminister, von dem es damals heißt, er sei die graue Eminenz hinter Caillaux.
In der Erregung der letzten Tage vor der Kriegserklärung bedrängt er Malvy, er solle die auf den Fahndungslisten des Innenministeriums geführten Agitatoren und Anarchisten nicht festnehmen lassen. Als Gegenleistung verspricht er, sich zu mäßigen und die Regierung nicht zu scharf anzugreifen.
Doch mit jedem Kriegsmonat werden die Gemüter leidenschaftlicher und unversöhnlicher. *Le Bonnet Rouge* gibt sich immer pazifistischer. So sehr, daß Malvy 1916 die Subvention streichen muß, von der das Blatt, wie er meint, abhängig ist.
Die Maßnahme hat keinen Erfolg. Im Gegenteil: Anstatt einzugehen, scheint *Le Bonnet Rouge* immer besser zu florieren. Die Redaktionsräume werden modernisiert, und Almeyredas Lebensstil wird eher noch aufwendiger. Man fragt sich, woher das Geld kommen mag, da die Auflage nur bei 16000 liegt.
Jede Nummer des Blattes ist jetzt eine Beleidigung für die Patrioten. Die Diktion ist so diabolisch geschickt, daß sich sogar die Zensur daran die Zähne ausbeißt. Da wird zum Beispiel gefordert, die Haushaltsmittel des Kriegsministeriums aufzustocken, weil die Deutschen so unvergleichlich viel stärker seien als die Franzosen. Ständig wird gegen die Kriegsgewinnler und gegen die Feigheit der englischen Soldaten polemisiert; es erscheinen Artikel von Merrheim, dem berühmten Vorsitzenden der Metallarbeitergewerkschaft, in denen die Werktätigen zum Streik aufgerufen werden. Merrheims

Artikel von der Zensur unterdrücken zu lassen, würde die Gefahr mit sich bringen, daß die Rüstungsfabriken still stehen. Malvy weiß das und verhält sich ruhig.
Außerdem ist Almeyreda bei ihm nach wie vor so gut angeschrieben, daß er es wagen kann, von der Zensur gekürzte Artikel in voller Länge abzudrucken. Bringt er sie nicht in *Le Bonnet Rouge*, so verschickt er sie im geschlossenen Umschlag an seine Abonnenten. Er gründet die Wochenschrift *La Tranchée Républicaine*, »Der republikanische Schützengraben«, und läßt sie gratis an die Urlauber und sogar in den Kasernen verteilen, wo die Exemplare mit den Wagen des »Caiffa« ausgeliefert werden, einer Lebensmittelkette, die praktisch das Monopol für den Kantinenverkauf an die Truppe hat.
Generäle, Abgeordnete und patriotische Ligen können noch so heftig protestieren – *Le Bonnet Rouge* scheint unangreifbar zu sein. Die Verhaftung von Duval allerdings verschärft die Polemik. Politiker und Schriftsteller wie Léon Daudet, Clemenceau und Barrès äußern ihren Abscheu in der Öffentlichkeit.
Am 7. Juli geht es mit Barrès durch. Als ihn der sozialistische Abgeordnete Mayeras beschuldigt, einem österreichischen Jesuiten zur Rückkehr in seine Heimat verholfen zu haben, ruft er in den Saal, wobei er Malvy voll anblickt: »Da mir ein Kollege Gelegenheit gibt, das Wort zu ergreifen, benutze ich sie, um den Herrn Innenminister zu fragen, welche Maßnahmen er gegen das Gesindel vom *Bonnet Rouge* zu ergreifen gedenkt.« Ministerpräsident Ribot kommt seinem Minister zu Hilfe, äußert aber dabei: »Es ist an der Grenze ein Scheck gefunden worden bei einer Person, die zu einem Blatt gehört, das ich nicht nennen werde.«
Er nennt es nicht, aber alle im Hohen Hause wissen, welches Blatt gemeint ist.
Am 8. Juli wird Duval verhaftet. Die Ergebnisse der eingeleiteten Untersuchung sind erschütternd. Duval ist ein kleiner Angestellter, der es auf nicht recht geklärte Weise zum Journalisten gebracht hat und mit dem Pseudonym Bodin Artikel zeichnet, die Taktik und Strategie der Generäle scharf kritisieren. Er lebt bescheiden in einer kleinen Wohnung. Seine Frau, die nicht lesen und schreiben kann, arbeitet als Wäscherin in einem Krankenhaus. Trotzdem geht er mit großen Summen um. Mindestens dreimal ist er in der Schweiz gewesen, wo er sich mit einem gewissen Marx getroffen hat, einem Mannheimer Bankier, der augenblicklich Handelsattaché an der Deutschen Botschaft in Bern ist. Der zunächst beschlagnahmte und zahlreiche weitere Schecks tragen die Unterschrift dieses Marx.
So kommt die Wahrheit ans Licht: *Le Bonnet Rouge* hat im Solde der Deutschen gestanden. Almeyreda ist ein Verräter, und trotzdem ist er ein Freund, vielleicht sogar die graue Eminenz von Innenminister André Malvy. Man fragt sich entsetzt, bis in welche Kreise die Korruption reichen mag.
Am 13. Juli wird das Erscheinen von *Le Bonnet Rouge* bis auf weiteres untersagt. Am 7. August wird Almeyreda verhaftet. Von seinem Prozeß erwartet man spektakuläre Enthüllungen, doch es kommt nicht dazu: Am 14. August findet man Almeyreda er-

drosselt in seiner Zelle. Ein eigenartiger Selbstmord, der sicher vielen Leuten gelegen kommt! Er soll sich mit einem Schnürsenkel am Bettpfosten erhängt haben, angeblich in einer Entzugskrise, weil er kein Heroin bekam. Natürlich glaubt niemand an diese Geschichte. Der Skandal weitet sich aus, um so mehr, als man im Safe des Blattes Geheimdokumente gefunden hat, die insbesondere die Orientarmee kompromittieren. Am 15. Mai 1918 wird Duval zum Tode verurteilt, am 17. hingerichtet. Weitere Mitarbeiter des *Bonnet Rouge* erhalten Gefängnisstrafen, ebenso Leymarie, Malvys Kabinettschef, der Duval damals den verräterischen Scheck zurückgegeben hat und inzwischen, man höre und staune, Direktor des Geheimdienstes gewesen ist.
Natürlich gerät jetzt Malvy selber in die Schußlinie. Die Rechte greift ihn scharf an. Man spricht noch nicht offen von Verrat, aber man wirft ihm vor, zu nachsichtig gewesen zu sein mit den Agitatoren aller Art, den Pazifisten, Syndikalisten, Anarchisten und Befehlsverweigerern. Am 22. Juli greift ihn Clemenceau in einer unglaublich heftigen Rede an. Seine Freunde gehen auf Distanz, etliche seiner Ministerkollegen lehnen es ab, ihm noch die Hand zu geben. Am 31. August tritt er zurück.
Am 30. September beschuldigt ihn Léon Daudet in dem Blatt der Rechten, *L'Action Française,* den Deutschen Geheimdokumente zugespielt und die Soldaten zur Meuterei angestiftet zu haben. Um seine Ehre wiederherzustellen, beantragt Malvy ein Verfahren gegen sich selbst vor dem Staatsgerichtshof. Der Spruch lautet auf fünf Jahre Verbannung.
Ein unerhörter Skandal! Mitten im Kriege wird ein Innenminister wegen Hoch- und Landesverrats verurteilt!
Das vermittelt eine Vorstellung von dem Zustand der Demoralisierung, in dem sich Frankreich befindet. Und es folgen weitere Affären, noch bedrückendere, in diesem Jahr 1917, das Poincaré mit Recht als das »Jahr der Wirrungen« bezeichnet hat.

Triest ... Immer wieder und noch einmal Triest, das begehrte und so verzweiflungsvoll unerreichbare Ziel, Cadornas fixe Idee. Um die symbolträchtige Stadt einzunehmen, hat er schon so viele Offensiven angeordnet, die jedesmal so viel Blut gekostet und so wenig Erfolg gebracht haben, und doch läßt er am 18. August 1917 seine Truppen von neuem stürmen. Für die Geschichtsschreibung ist das die elfte Isonzoschlacht. Die elfte!
Wie die meisten seiner Kollegen an allen Fronten ist Cadorna überzeugt, daß er bisher nur deshalb gescheitert ist, weil er nicht genügend Kräfte in die Waagschale geworfen hat. Diesmal verfügt er über eine Streitmacht, wie sie an der Italienfront noch nie versammelt gewesen ist: 6800 Geschütze und zwei bergkriegserfahrene Armeen. Damit kann er auf 70 Kilometer Frontbreite angreifen und neben der Hauptoffensive zwei Entlastungsstöße führen.
Die Italiener schlagen sich großartig. Am ersten Tag gelangen sie stellenweise 7 Kilometer weit und machen 13000 Gefangene. Doch sie haben ihre Mühe mit der neuen

Taktik der Österreicher, dem von Ludendorff eingeführten »beweglichen Abwehrverfahren«. Kein Kampf mehr um jeden Fußbreit Boden. Man nimmt Geländeverluste hin und holt sich das verlorene Stück anschließend in konzentrierten Gegenangriffen zurück.

Trotzdem dringt die italienische 2. Armee an einigen Abschnitten noch weiter vor, bis an den Fuß des Monte San Gabriele. Am 20. September muß die Schlacht beendet werden. Triest hat man wieder nicht erreicht. Doch der Erfolg ist trotzdem groß: 30000 Gefangene und 150 Geschütze.

Die Österreicher sind also offensichtlich am Ende. Tatsächlich macht sich ihr Oberkommando schwere Sorgen, zumal man mit dem Rücken zur Wand kämpft, weil ein weiteres Zurückgehen ohne die Gefahr der Umfassung über die Flügel kaum mehr möglich ist.

Der einzige Ausweg liegt nahe: Man muß die Deutschen zu Hilfe rufen und mit ihnen zusammen die Offensive der letzten Chance führen.

Die *Olive Branch* bahnt sich mühsam ihren Weg durch die kurzen Wellen des Nordmeers. Im Mannschaftslogis beginnt sich die Stimmung zu bessern. Nach der Anspannung der letzten Tage hört man erste Scherzworte. Die gefährlichsten Gewässer liegen hinter dem Schiff. Der Polarkreis ist längst überquert, bald wird man auf der Höhe des Nordkaps angelangt sein. Offenbar wird der Dampfer ein weiteres Mal den U-Booten entkommen, zum Glück, denn die Fracht ist ein einziges Pulverfaß: Die Laderäume sind voll mit Munition und Kriegsmaterial für den Bestimmungshafen Murmansk.

Doch die Männer haben sich zu früh gefreut. Aus der Tiefe taucht ein langer grauer Schiffsleib auf: *U 28.* Das Boot hat es nicht eilig; es weiß, daß die Beute ihm nicht entrinnen kann. Mit oft geübten Handgriffen nehmen die Kanoniere den Schutzbezug vom Geschütz.

An Bord der *Olive Branch* hat man schon das Signal zum Verlassen des Schiffes gegeben. Die Männer steigen in ein großes Rettungsboot und rudern mit kräftigen Schlägen davon, um möglichst weit vom Schiff wegzukommen.

U 28, ohne sich weiter um sie zu kümmern, eröffnet das Feuer. Der erste Schuß liegt etwas kurz, schon der zweite schlägt in die Munition ein. Eine ungeheure Explosion zerreißt den Dampfer. Hoch fliegen Trümmer und Ladung, darunter ein Lastwagen. Ein unglaublicher Zufall will es, daß er im weiten Bogen auf das U-Boot zufällt und krachend die empfindliche Schiffshaut zerschlägt.

Die Besatzung der *Olive Branch* hat von ihrem Rettungsboot aus alles beobachtet und hört das Signal: »Alle Mann von Bord.« Sie sehen die Matrosen aus dem Turm klettern, ins Meer springen und aus Leibeskräften durch das eiskalte Wasser dem einzigen Punkt zuschwimmen, der sich bietet, dem schon gut besetzten Rettungsboot. Die Deutschen erreichen es, flehen, an Bord gezogen zu werden, versuchen sich am Rand festzuhalten, doch die Engländer vertreiben sie mit Riemenschlägen und entfernen sich schleunigst. Von *U 28* bleiben keine Überlebenden.

Eine unerträgliche Vorstellung, wie hier Schiffsbrüchige den hilflosen Gegner mit Gewalt dem Tod überantworten. Haß, blanker Haß ist an die Stelle der alterprobten Kameradschaft zur See getreten.

Seit er rücksichtslos geführt wird, ist der U-Boot-Krieg zu einer gnadenlosen Angelegenheit geworden. Jede Reise ist ein Alptraum. Die Angst ist stets gegenwärtig. Jeden Augenblick kann man unerwartet torpediert werden, von der Explosion zerrissen werden oder sich im kalten Meer wiederfinden. Engländer, Franzosen, Italiener, Neutrale, Passagierdampfer, Segler, Frachter, Lazarettschiffe, alle müssen auf das Schlimmste gefaßt sein. Auf dem Ozean herrscht die Furcht.

Im großen Saal der britischen Admiralität sind die Gesichter noch nie so düster gewesen, die Gespräche noch nie so pessimistisch. Schon Ende Februar 1917 wird erkennbar, daß die U-Boote drauf und dran sind, den Krieg zu entscheiden. Sie bilden ein mörderisches Rudel, an die 200 moderne Fahrzeuge, die 4 bis 5 Wochen unterwegs sein und 8 bis 24 Torpedos mitführen können. Mit diesen Torpedos und seinem Geschütz vermag jedes U-Boot an einem Tag mehrere Schiffe zu vernichten. Es kann aufgetaucht schneller laufen als die Dampfer; die meisten Boote sind inzwischen 16 bis 17 Knoten schnell, was nur wenige Frachter schaffen.

Die Zahlen sind bestürzend: Im Februar sind 259 Schiffe versenkt worden, insgesamt 468 000 BRT. Im März waren es 327 (500 000 BRT), im April sind es 425 (849 000 BRT). 849 000 BRT in einem Monat! Die Deutschen sind davon ausgegangen, daß sie 600 000 BRT pro Monat versenken müßten, um England in einem halben Jahr in die Knie zu zwingen. Jetzt sind es schon mehr. Rein rechnerisch müssen sie also gewinnen, und zwar auch deshalb, weil England sich auf seine eigenen Kräfte angewiesen sieht. Die verschreckten Neutralen weigern sich, ihre Häfen zu verlassen. Die Werften arbeiten rund um die Uhr, aber diesem Tempo sind sie nicht gewachsen. Im ganzen Jahr 1916 haben sie 608 000 BRT gebaut, 1917 bringen sie es auf 1 163 000 BRT. Das ist gewaltig viel, aber völlig unzureichend.

Großbritannien zeigt sich von seiner besten Seite. Mit dieser tödlichen Bedrohung, der bis dahin schlimmsten Tragödie seiner Geschichte konfrontiert, bringt es bewundernswerten Mut und erstaunliche Phantasie auf. Es sucht nach der Gegenwaffe in diesem neuartigen Krieg, und es findet sie.

Zunächst einmal werden die klassischen Mittel massiv eingesetzt. Der Gegner wird mit Minenfeldern von nie gekannter Größe eingeschnürt. Allein 1917 legen die Engländer in der Deutschen Bucht 15 700 Minen. 45 Unterseeboote fallen Minentreffern zum Opfer. Die Straße von Dover wird mit Netzen an großen Glaskugeln abgeriegelt, die von einer ganzen Armada überwacht werden.

Schon seit Kriegsanfang hat die britische Marine alles daran gesetzt, den Feind zu zwingen, unter Wasser zu bleiben. Damit wäre seine Vernichtungskapazität erheblich reduziert, weil er das Bordgeschütz nicht einsetzen kann und auf die mitgeführten Torpedos angewiesen ist.

Zunächst werden die Handelsschiffe bewaffnet. So können sie sich gegen Überwasserangriffe verteidigen. Die Geschütze allerdings sind knapp, und bis 1916 müssen die einlaufenden Dampfer ihre bescheidene Kanone an die zum Auslaufen bereiten abgeben.

Die zweite, wirkungsvollere Maßnahme ist die Aussendung von immer mehr *Q-ships*, »U-Boot-Fallen«, die wie harmlose Frachter aussehen, aber im Augenblick des Angegriffenwerdens eine starke, gut getarnte Artillerie einsetzen können. Die Besatzungen dieser Schiffe sind besonders ausgewählte Seeleute, und die britischen Zeitungen sind stolz auf ihre Taten.

Churchill beschreibt ausführlich die Schicksalsfahrt von H.M.S. *Dunravon*. Zickzackkurse laufend, um die Aufmerksamkeit noch mehr auf sich zu lenken, wird das Schiff am 8. August 1917 um 11.43 Uhr von *U 61* mit dem Bordgeschütz angegriffen. Kommandant Gordon Campbell erwidert das Feuer zunächst nur mit einer kleinen Kanone, um den Eindruck zu erwecken, die *Dunravon* sei nur ein kläglich bewaffneter Frachter. Außerdem läßt er absichtlich zu kurz schießen, um den Gegner näher heran zu locken. Der U-Boot-Kommandant geht in die Falle. Um 12.25 Uhr ist er nur noch 800 Meter entfernt. Um 12.40 Uhr läßt Campbell, Panik an Bord vortäuschend, einen Teil der Besatzung demonstrativ die Boote herunterlassen.

U 61 fühlt sich sicher und kommt noch näher. Campbell wartet mit stoischer Ruhe weiter. Er will seine schwere Artillerie erst mit absoluter Sicherheit einsetzen, wenn der Gegner auf Kernschußweite heran ist. Doch um 12.58 Uhr wird eines seiner Geschütze durch einen Volltreffer demaskiert. Der U-Boot-Kommandant merkt, was hier gespielt wird, und es gelingt ihm, unbeschädigt unter Wasser zu kommen.

Um 13.20 Uhr trifft ein Torpedo die *Dunravon*, die in Brand gerät. Jetzt muß das Schiff wegen Explosionsgefahr wirklich geräumt werden. Doch Campbell gibt nicht auf und bleibt gut versteckt mit einigen Kanonieren an Bord.

Er beobachtet, wie *U 61*, inzwischen wieder aufgetaucht, das Schiff umkreist. Seine Artillerie kann Campbell schon nicht mehr einsetzen, aber es bleibt ihm ein Torpedorohr. Um 14.55 Uhr schießt er einen Torpedo, der das Boot ganz knapp verfehlt. Um 15.20 Uhr gelingt es ihm, noch einen zu lösen, doch das U-Boot kann ihm ausweichen und zieht es vor, das sinkende Schiff seinem Schicksal zu überlassen. Kommandant Campbell muß schließlich auch von Bord gehen. Er hat fünf Stunden lang gekämpft und bekommt für diese Waffentat das begehrte Victoria Cross.

Statistisch gesehen ist der Erfolg der U-Boot-Fallen eher enttäuschend. Während des ganzen Krieges versenken sie nur 15 Boote. Doch ihre Wirkung ist ganz erheblich.

Weil die U-Boot-Kommandanten sie fürchten und bei einer Begegnung nicht wissen, ob

sie es nicht mit einem solchen *Q-ship* zu tun haben, bleiben sie lieber getaucht und verlassen sich auf ihre Torpedos. Doch damit ist ihnen die Möglichkeit genommen, zuverlässig zwischen einem neutralen und einem feindlichen Schiff zu unterscheiden, und es kann nicht ausbleiben, daß Deutschland bei allen seefahrenden Nationen verhaßt wird.
Dieser indirekte Erfolg der U-Boot-Fallen birgt allerdings einen Nachteil: Da die U-Boote in Feindnähe nur noch nachts über Wasser operieren, sind sie schlechter aufzuspüren. Die Wissenschaftler entwickeln Horchgeräte, mit denen man die Schraubengeräusche eines U-Boots auf mehr als drei Seemeilen Entfernung erfassen kann. Geschieht das, so beginnt die Jagd, zumal wenn weitere Zerstörer oder schnelle Geleitfahrzeuge herangezogen werden können, die mit der anderen neuen, mit jedem Monat wirksamer gestalteten Waffe ausgerüstet sind, der Wasserbombe. Detoniert sie unter Wasser in der Nähe des Gegners, ist die Druckwelle so stark, daß der Bootskörper aufgerissen wird.
Jetzt kommt für die U-Boot-Männer die Zeit der quälenden, stundenlangen »Wasserbombenverfolgung«. Immer wieder werden sie hilflos von den lauten, harten Schlägen durchgeschüttelt, und jedesmal müssen sie damit rechnen, tödlich getroffen zu sein. Um den Jägern zu entkommen, stoßen die Boote Wrackteile und Öl aus, doch die Zerstörerkommandanten lassen sich davon sehr bald nicht mehr bluffen und geben die Verfolgung nicht auf.
So gerät die ungleiche Auseinandersetzung Woche für Woche mehr zum echten Kampf. Doch zunächst bleibt der Vorteil auf seiten der Angreifer. Die Zahlen beweisen es nur zu deutlich: 550000 BRT im Mai, 630000 BRT im Juni, 505000 BRT im Juli. Alle Maßnahmen der Admiralität, so scheint es, sind unzureichend. Der Aderlaß geht weiter und droht England tödlich zu schwächen.
Zu ihrem Glück finden die Alliierten doch noch die Wunderwaffe: den Geleitzug. Schon im Mai ordnet die Admiralität an, daß Handelsschiffe in Zukunft nicht mehr einzeln fahren dürfen, sondern nur noch in Geleitzügen von 40 bis 50 Frachtern unter dem Schutz von mitlaufenden Zerstörern.
Die Handelsschiffskapitäne protestieren. Sie erklären, das sei heller Wahnsinn, eine solche Masse von Frachtern würde den Unterseebooten ein viel zu bequemes Ziel bieten, bei dem sie sicher sein könnten, daß jeder Torpedo treffe. Außerdem seien die schnellen Schiffe bei diesem System benachteiligt. Selbst die französischen und amerikanischen Kapitäne geben sich entschlossen, sich ihre Freiheit nicht nehmen zu lassen.
Doch die Admiralität bleibt bei ihrer Methode. Ihre Sprecher erklären, das Meer sei so groß, daß ein Geleitzug kaum auffallender sei als ein Einzelfahrer. Und wenn die U-Boote jetzt angreifen, müssen sie mit den gut ausgerüsteten Zerstörern rechnen; in Küstennähe können die Wasserflugzeuge bei guten Wetterbedingungen sogar getauchte Boote ausmachen.

Widerstrebend fügen sich Reedereien und Kapitäne. Der erste Geleitzug verläßt Gibraltar am 10. Mai, ein weiterer die amerikanische Ostküste am 4. Juni. Die Zerstörer umkreisen die Dampfer wie die Wachhunde, sie orten die Unterseeboote, jagen sie, berücksichtigen das geringste Anzeichen, jede Blasenspur auf der Wasseroberfläche, jeden Ölfleck auf den Wellen.

Schon im Juli gehen die Zahlen herunter, im August sind es noch 490000 BRT, im September 320000 BRT, im Oktober noch einmal 430000 BRT, doch im November nur noch 270000 BRT. Das ist noch erschreckend genug, aber man weiß jetzt, daß man durchhalten wird, nicht zuletzt, weil die amerikanischen Werften mit Hochdruck an die Arbeit gegangen sind. Die Waage neigt sich den Alliierten zu. Jetzt sind die U-Boote immer häufiger die Gejagten.

Für Deutschland ist das eine bittere Enttäuschung. Der U-Boot-Krieg war die Waffe, auf die man gesetzt hat. Er sollte binnen weniger Monate den Siegfrieden bringen. Im Juli, spätestens im August müssen Ludendorff und die deutschen Admiräle erkennen, daß sie sich verrechnet haben.

Eine Fehlentscheidung von dramatischer Tragweite! Der Preis, den Deutschland gezahlt hat, ist der Kriegseintritt der Vereinigten Staaten gewesen. Die Admiräle haben ihr Wort gegeben, daß dank ihrer U-Boote kein Amerikaner »das Festland betreten wird«.

Zu Hunderttausenden landen sie jetzt in Frankreich, und das Geleitzugsystem sorgt dafür, daß nicht ein einziges Truppentransportschiff versenkt wird.

Der unbeschränkte U-Boot-Krieg hat sich gegen seine Erfinder gewendet.

XXII. Kapitel Herbst 1917: Revolutionswirren in Rußland

Kerenskis Aufstieg und Sturz in Petrograd. Mata Hari, Bolo Pascha sterben in Vincennes unter den Kugeln des Hinrichtungspelotons, und große politische Prozesse erschüttern Frankreich. Die Engländer greifen einmal mehr in Flandern an, Pétain bekommt seine Armee in den Griff, und Ludendorff zerschlägt bei Caporetto den Widerstand der Italiener.

Ist er ein Prophet oder nichts weiter als ein Volkstribun, wie schon so viele dagewesen sind? Ein Staatsmann oder ein naiver Ideologe? Von der Antwort auf diese Fragen, die sich alle stellen, hängt vielleicht Europas Schicksal ab.

Man hat den Eindruck, daß seine Worte unmittelbar aus tiefster Seele dringen. Er spricht mit geschlossenen Augen, geballten Fäusten und angespanntem Gesichtsausdruck. Zuweilen könnte man meinen, er träume. Sein außerordentlich jugendliches Aussehen, vor allem aber sein offenbar grenzenloses Sendungsbewußtsein machen ihn sympathisch.

Oft hat man die Soldaten mit Gewalt zusammentreiben müssen, damit sie ihm überhaupt zuhören, ihrem Kriegsminister Alexander Fjodorowitsch Kerenski, von dem ihnen viele einflüstern, er sei ein »Reaktionär«. Doch dann hängen sie an seinen Lippen, sind begeistert und feiern ihn geradezu.

Die Sätze kommen stoßweise, eine Folge glühender Aufrufe, wie sie seit langem niemand mehr zu äußern gewagt hat: »Russische Soldaten! Ich bringe Euch die Disziplin … Seite an Seite mit unseren Verbündeten werden wir Europa eine neue Ordnung bringen … Im Schatten der Fahne unserer Revolution werden wir für die Verteidigung des Volkes unser Leben geben, unsere ganze Kraft, unseren letzten Blutstropfen!«

Aus dem Rechtsanwalt, dem Mann der Kanzleien, ist über Nacht ein Krieger geworden. Er verbringt die meiste Zeit an der Front. Er redet, verleiht Orden, läßt sich besonders tapfere Soldaten vorstellen, belobigt die Mutigen, verneigt sich vor den Gefallenen. Es braucht ihm nur zu Ohren zu kommen, eine Einheit zeigt Auflösungserscheinungen, schon sitzt er im Wagen und verlangt von seinem Fahrer, das Äußerste aus dem Motor herauszuholen. Überall taucht er auf, und sein rastloser Einsatz läßt schon Legenden entstehen: Viele behaupten steif und fest, sie hätten ihn mit dem Gewehr in der Hand oder im Panzerauto gegen den Feind stürmen gesehen.

Er hat gemerkt, daß es darauf ankommt, alle Kräfte neu zu entflammen und den russischen Soldaten jedenfalls ein wenig von der Begeisterung einzuimpfen, die ihnen so offensichtlich abhanden gekommen ist.

Vor allem will Kerenski, daß weitergekämpft wird: »Nur weil Rußland die Dynastie beseitigt hat, die es erdrückte, muß es nicht den Kreis der angesehenen Nationen verlassen, seine Bündnisse aufkündigen und feierliche Verpflichtungen verleugnen. Im Gegenteil, es muß noch entschlossener kämpfen im Lager der Demokratien, zu denen es jetzt gehört.«

Armer Kerenski! Er gehört zu den Ideologen, die sich voll guten Willens berufen fühlen, der Menschheit das Glück zu bringen. Wenn man den Gang früherer Revolutionen auch nur ein wenig verfolgt hat, spürt man schon, daß dieser Mann bald mißbraucht werden wird. Aufrechte Idealisten, die sich noch dazu ans Gesetz halten wollen, werden nach einem kurzen Frühling überwältigender Beliebtheit mit absoluter Sicherheit von den Extremisten der einen oder der anderen Seite verdrängt. Mit ihnen beginnt jede Revolution voller Begeisterung, aber sie endet in Blut und Diktatur, sobald die Skrupellosen an die Macht gelangt sind. Das ist leider eine Konstante in der Geschichte.

Im Augenblick ist Kerenski ganz auf die Großoffensive fixiert, an deren Vorbereitung er fieberhaft arbeitet. Zu ihrer Führung hat er Brussilow bestimmt, den Helden der gewaltigsten Angriffe des russischen Heeres, den General, von dem es heißt, das Glück sei mit ihm im Bunde. Brussilow verfügt über drei Armeen, denen er Befehl gibt, mit aller Kraft auf Lemberg vorzustoßen.

Das ist ein gewagtes Unterfangen, wenn man bedenkt, wie das russische Heer seit Beginn der Revolution zersetzt worden ist und täglich weiter verfällt. Von Disziplin ist kaum mehr die Rede, und die Agitatoren der Bolschewiki predigen überall die totale Gehorsamsverweigerung. Demoralisierte, von ständiger Beeinflussung verwirrte Männer sollen nun gegen die Stellungen der Deutschen und Österreicher anrennen. Es steht zu befürchten, daß der Strom der fulminanten Beredsamkeit Kerenskis eine allenfalls kurzlebige Begeisterung geweckt hat.

Am 1. Juli greift die Armee Gutor an. Der Überraschungseffekt ist so groß, daß sie trotz unzureichender Artillerievorbereitung die österreichische II. Armee zurückdrängt. Doch diese Anstrengung ist schon zu viel für sie gewesen. Sie marschiert nicht weiter. Am 4. Juli ist die Armee Bitzkowitsch an der Reihe, doch auch sie kommt nicht weit.

Erst Kornilows Armee schafft die Sensation. Sie greift am 6. Juli beiderseits Stanislau an, die Verteidiger machen sich in panischem Schrecken aus dem Staube, so daß die Russen auf 32 Kilometer Frontbreite 30 Kilometer weit vordringen können. Selbst Ludendorff gibt zu, damit nicht gerechnet zu haben, und ist außerordentlich beunruhigt, weil jetzt an dieser Front, von der er gemeint hat, sie sei ein für allemal eingeschlafen, noch einmal ein echter Krieg beginnt.

Wieder muß er den Österreichern zu Hilfe eilen, sogar Reserven aus dem Westen abziehen. Am 15. geht er an allen bedrohten Stellen zum Gegenangriff über. Kerenski kann noch so schöne Reden halten, an allen gefährdeten Abschnitten selber nach dem Rech-

ten sehen – sein Heer, das er noch einmal zu einem trügerischen Kraftakt aufgerüttelt hat, verfällt jetzt immer rascher. Die russischen Truppen ziehen ab, und nicht einmal besonders günstige Stellungen verteidigen sie. Die Soldatenräte diskutieren endlos, ob ein Gegenangriff geführt werden soll oder nicht, und in so gut wie allen Fällen entscheiden sie sich dagegen. Die Deutschen wollten den Gegner eigentlich nur zum Stehen bringen, aber da sie schon bald keinen Widerstand mehr finden, marschieren sie weiter und besetzen bis Anfang August Tarnopol und Czernowitz. So bewahrheitet sich Pétains Prophezeiung: »Die Revolutionsarmee ist eine bloße Fassade; bei der geringsten Erschütterung wird sie zusammenbrechen.«
Kerenski ist inzwischen eilig nach Petrograd zurückgerufen worden. Während er an der Front gegen den äußeren Feind gekämpft hat, haben die Feinde im Innern seinen Sturz betrieben. Lenin ist überzeugt, daß der große Augenblick gekommen ist, und hat seine Leute für die letzte Schlacht auf die Straße geschickt.
Die Alliierten verfolgen das Auf und Ab dieses Kampfes mit Besorgnis. Sie wissen, daß ein Sieg der Bolschewiki das Ausscheiden Rußlands aus dem Krieg und damit den Einsatz aller deutschen Ostfronttruppen im Westen bedeuten würde. Kerenski ist ihre letzte Hoffnung, der Mann der Vorsehung, den man nach Kräften unterstützen muß. Selbst der inhaftierte Nikolaj II. schreibt in sein Tagebuch: »Dieser Mann ist wirklich der Mann der Stunde; je mehr Macht er bekommt, um so besser.«
Dabei muß Kerenski schon mit dem Mute der Verzweiflung kämpfen.
Bereits am 3. (16.) Juli herrscht in Petrograd wieder Aufruhr. Man hat das Gefühl, daß die Szenen der Februarrevolution noch einmal gespielt werden. Mit höchster Geschwindigkeit rasen von Gewehren und Maschinengewehren starrende Lastkraftwagen durch die Stadt. Demonstranten ziehen mit Transparenten herum: »Nieder mit dem Krieg! Gebt uns Brot! Nieder mit den kapitalistischen Ministern!«
Am Tag darauf treffen mehrere tausend Matrosen aus Kronstadt ein. Sie sind die ganz Unerschütterlichen, wie anno 1792 die Männer aus Marseille am Abend vor dem Sturm auf die Tuilerien, und ihr Ruf ist ihnen längst vorausgeeilt: In Kronstadt draußen haben Arbeiter, Soldaten und Matrosen die Macht in die Hand genommen, in die harte Hand der Revolution. 200 Offiziere und Matrosen sind in Kasematten gefangen, wo es ihnen schrecklich ergeht, weil die ungezügelte Soldateska ständig mit dem Erschießen droht. In den letzten Tagen haben die Revolutionäre sogar eine »Autonome Republik« gegründet.
Jetzt sind sie in die Hauptstadt gekommen. Auf sie zählen Lenin und seine Freunde besonders.
Kerenski verläßt sich dafür auf die Kosaken. Sie gelten als reaktionäre Soldaten, und tatsächlich besitzt jeder von ihnen 40 Dessiatinen, an die 44 Hektar, ein Reichtum, den zu verteidigen sich lohnt. Auf ihren kleinen Pferden hoch in den Steigbügeln aufgerichtet, die Lanze eingelegt, sprengen sie auf die Helden von Kronstadt zu, die dem Anprall

89 An der mazedonischen Front: Eine bulgarische Schützenlinie geht in schwierigem Gelände vor. –
90 Im Bergland von Montenegro schaffen österreichische Artilleristen ihre Geschütze vorwärts.

91 Nach der Eroberung Rumäniens: Soldaten der vier verbündeten Mittelmächte beim Einkauf in Bukarest. V.l.n.r.: Ein türkischer, ein deutscher, ein österreichischer und ein bulgarischer Soldat.
92 Eine seltene Aufnahme: Ein deutsches Kampfflugzeug über den Pyramiden.

nicht standhalten. Binnen weniger Stunden ist der Kampf zugunsten der Regierung entschieden. Der Zufluchtsort der Bolschewiki, das Palais Kschessinskaja, wird erobert. Lenin kann gerade noch mit Sinowjew nach Finnland entkommen.
Ein zweites Mal ist Kerenski der Mann der Stunde. Seine Popularität wächst ins Unermeßliche. Die Armee hält zu ihm. Nach dem Rücktritt des Fürsten Lwow wird er Ministerpräsident, behält aber das Kriegsministerium. Die Bolschewiki sind völlig zerschlagen, Trotzki, Kamenew, Lunatscharski und Alexandra Kollontaj im Gefängnis.
Die Alliierten sind begeistert. Viele zeigen offen ihre Erleichterung, daß sie nun mit einer demokratischen Regierung und nicht mehr mit einem autokratischen Herrscher zusammenarbeiten.
Doch ihre Siegesgesänge sind fehl am Platze. Von jetzt an macht Kerenski einen Fehler nach dem anderen.
Er hat die Oberhand behalten, aber er weiß mit der Macht nichts anzufangen. Er wagt es nicht, mit den Bolschewiki wirklich aufzuräumen, und begnügt sich mit Halbheiten. Er läßt die Kronstadter Matrosen entwaffnen, schickt sie aber zurück, ohne sie zu bestrafen. Er entdeckt in den Redaktionsräumen der *Prawda* Dokumente, die eine Zusammenarbeit zwischen den Deutschen und Lenins Leuten beweisen, doch er veröffentlicht diese Schriftstücke nicht, sondern läßt sie sogar ihren Besitzern zustellen. Er geht zu Trotzki ins Gefängnis, um mit ihm zu diskutieren, und ordnet schließlich an, ihn zu entlassen. Vor allem aber läßt er nicht nach Lenin suchen.
Während er Reden hält und die Wahlen zur Verfassunggebenden Versammlung vorbereitet, arbeiten seine Gegner an ihren Komplotten und bauen ihre zerschlagene Organisation wieder auf. Er tut nichts, sieht nichts. Allerdings wird er auch bald durch andere Sorgen abgelenkt.
Ludendorff hat beschlossen, mit Rußland ein Ende zu machen. Er spürt, wie mutlos das Land ist, nur allzu bereit zum Einlenken. Jetzt oder nie muß der große Schlag geführt werden. Er will Riga erobern, damit er für die unvermeidlich bevorstehenden Verhandlungen ein Faustpfand hat. Und sollten die Russen dann immer noch nicht genug haben, kann er an der Küste entlang in Richtung Petrograd vorstoßen und die Entscheidung erzwingen.
Doch das Unternehmen ist höchst riskant. Nördlich und südlich von Riga bildet die mindestens 200000 Mann starke russische 12. Armee einen durch drei Befestigungslinien gesicherten Brückenkopf.
Die VIII. Armee, die ruhmreichste des deutschen Heeres, die Armee von Tannenberg und etlichen anderen siegreichen Schlachten, bekommt den Auftrag zum Marsch auf Riga. Ihr Chef, General von Hutier, überläßt nichts dem Zufall und führt seinen Feldzug so, als habe er es noch mit den tapferen Russen von 1914 zu tun.
Einen über 300 Meter breiten Fluß wie die Düna vor den Augen des Feindes zu über-

winden, ist eine mörderische Aufgabe. Vorbedingung für das Gelingen ist absolute Geheimhaltung.
Hutier trifft alle seine Vorbereitungen 120 Kilometer hinter der Front. Er befiehlt den Kolonnen, nur bei Nacht und allenfalls im Morgennebel zu fahren. Die Artillerie darf sich nicht einschießen, selbst telephoniert werden darf nur bei über 800 Meter Entfernung vom Gegner. In eigens eingerichteten Schulungskursen üben die Männer das lautlose Besteigen und Verlassen von Booten. Die Artillerie soll erst wenige Stunden vor Angriffsbeginn in die endgültigen Stellungen einrücken. Am Vorabend der Offensive soll der Frontabschnitt den Russen so ruhig vorkommen wie in den Wochen zuvor.
Der Aufmarsch beginnt am 22. August, die Artillerievorbereitung am 1. September um 4 Uhr früh. Sie dauert nur drei Stunden und zehn Minuten, doch sie ist von höchster Intensität: Minenwerfer, Giftgas, Rauch- und Nebelgranaten, es wird an nichts gespart.
Um 8.40 Uhr werden im Schutze eines Rauchvorhangs die Boote zu Wasser gelassen. Um 9.10 Uhr sind die ersten Infanteristen auf dem anderen Ufer der Düna und stürzen sich auf die vom unerwarteten Beschuß noch benommenen Russen. Während drei Brücken über den Strom geschlagen werden, haben sie die vorderste gegnerische Linie längst hinter sich.
Um 11 Uhr ist die erste Stellung genommen, um die Mittagszeit fällt Lublin, um 15.40 Uhr ist die zweite Stellung überwunden, um 17 Uhr machen die Deutschen halt. Am Morgen des 2. September geht es weiter bis Taegel, von wo nach einer Nordschwenkung in Richtung Riga marschiert wird. Schon am 3. ist die Stadt in deutscher Hand.
Ein eindrucksvoller Sieg, der im Oktober durch die Besetzung der vorgelagerten Inseln des Rigaischen Meerbusens gekrönt wird. Jetzt ist Petrograd tatsächlich unmittelbar bedroht.
Die alliierten Generäle hätten gut daran getan, diese mustergültige Operation genau zu studieren. Noch weiß nur Ludendorff, daß sie für ihn die Generalprobe gewesen ist: außergewöhnliche Geheimhaltungsmaßnahmen, kurze Artillerievorbereitung mit allen zur Verfügung stehenden Mitteln, Angriff auf einen schmalen Frontabschnitt, der in wenigen Stunden durchstoßen sein muß, unermüdliches Vordringen der Armee, die sich jenseits der Bresche in konzentrischen Wellen auszubreiten hat.
Das ist neu, auf Anhieb erfolgreich, genau die Methode, die Ludendorff am 21. März 1918 bei der gigantischen Offensive verwenden wird, die ihn an den Rand des Sieges führt.

In diesen chaotischen Monaten, in denen alle Beteiligten am politischen Spiel zum verzweifelten Einsatz von Gewalt neigen, weiß Kerenski nicht mehr, wo ihm der Kopf steht. Kaum darf er sich freuen, einen Brandherd gelöscht zu haben, schlagen die Flammen anderswo um so heftiger auf. Er ist ständig von der Front in die Hauptstadt und von der Hauptstadt an die Front unterwegs.

Nachdem der Aufstand der Bolschewiki niedergeschlagen ist, hat er sich in Sicherheit gewähnt. Da startet Ludendorff seinen Blitzfeldzug nach Riga. Kaum ist diese Offensive vorbei, bekommt er es mit einer neuen Revolte zu tun, diesmal von rechts statt von links.

Allerdings muß man zugeben, daß sein Unglück zu einem guten Teil selbstverschuldet ist. Als Nachfolger für Brussilow hat er nach dessen mißlungener Offensive höchstpersönlich General Kornilow zum Oberbefehlshaber gemacht.

Zwei verschiedenere Menschen als den Ministerpräsidenten und den neuen Generalissimus kann man sich nicht vorstellen. Der idealistische Träumer bekommt es mit einem schneidigen, temperamentvollen Kriegsmann zu tun, der Gesetzestreue mit einem Haudegen, der bereit ist, auf alle Legalität zu pfeifen, um Rußland zu retten.

Alle Russen kennen Kornilow. Seine Legende ist bis ins letzte Dorf gedrungen. Er ist ein Kosak aus Turkestan, der sich ohne Rücksicht auf sich und andere seinen Weg nach oben gebahnt hat. Er hat die Kadettenanstalt, später die Artillerieschule besucht und in Persien und China gekämpft. Als geborener Abenteurer ist er verkleidet nach Afghanistan gegangen und hat dieses verbotene Land so lange durchstreift, bis er einen wertvollen Bericht verfassen konnte. Und als reiche das noch nicht für seinen Ruhm, ist er, diesmal als Mandarin verkleidet, auch nach China gereist, wobei ihm seine außerordentliche Sprachenbegabung zugute gekommen ist. Seine Flucht aus einem Gefangenenlager im Jahre 1915 hat ihn vollends berühmt gemacht.

Erstaunlicherweise hat er die Revolution mit Sympathie verfolgt. Die Schwächlichkeit des Zaren, die Herrschaft des Mönchs Rasputin am Hofe, die Absetzung des Großherzogs haben ihn so erbittert, daß er einen Augenblick lang gehofft hat, Kerenski und seine Gesinnungsgenossen würden Rußland neue Kraft schöpfen lassen.

Die Ernüchterung hat nicht auf sich warten lassen. Als Militärgouverneur von Petrograd und später als Chef der 8. Armee ist er in dieser Zeit des Schleifenlassens aller Zügel durch seine außerordentliche Strenge aufgefallen. Ständig hat er auf die Wiederherstellung der Disziplin gepocht, ja, er hat gegen die Bestimmungen der neuen Gesetze Meuterer erschießen lassen. Er ist der Säbel, und in der Stunde der größten Gefahr hat Kerenski nach ihm gegriffen.

Eine Zeitlang weiß man nicht recht, wie die beiden Männer miteinander auskommen und umgehen. Ende August allerdings wird deutlich, daß Kornilow entschlossen ist, um jeden Preis und endgültig die Ordnung wiederherzustellen.

Ihm untersteht auch die berüchtigte »Wilde Division«. Die Männer sind Kosaken wie er selber, und er glaubt, sich auf sie verlassen zu können. Er unterstellt sie General Krymow und befiehlt den Marsch auf Petrograd.

Wieder gerät die Stadt in wilde Erregung. Alle möglichen Gerüchte gehen um. Korni-

low soll vorhaben, Petrograd mit seiner schweren Artillerie beschießen zu lassen, Gas will er einsetzen, seinen Kosaken hat er versprochen, sie dürften plündern. Man könnte meinen, die Zeit der Mongoleneinfälle sei zurückgekehrt.
Die Befürchtungen nehmen noch zu, als die Proklamation des Oberbefehlshabers bekanntgegeben wird. Sie klingt stolz, aber zugleich beängstigend:
»Russen, unser Land stirbt, die Stunde seines Todes ist nahe. Ich muß jetzt offen handeln. Ich, General Kornilow, erkläre, daß die Provisorische Regierung unter dem Druck der bolschewistischen Mehrheit des Sowjets im Einverständnis mit dem deutschen Generalstab steht. Sie ist drauf und dran, die Armee zu morden und das Land in den Ruin zu stürzen.«
Schon steht die »Wilde Division« nur noch 40 Kilometer von Petrograd entfernt. Doch auch die Kosaken sind nicht mehr das, was sie einmal waren. Auch sie hat die subversive Propaganda erreicht.
Alles hängt von ihnen ab, und jetzt, vor dem letzten Tagesmarsch bis Petrograd, werden sie unschlüssig, bilden Soldatenräte, lassen Disziplin Disziplin sein und weigern sich schließlich, in die Stadt einzurücken, ja, sie machen kehrt und ziehen ab.
Krymow, von seinen Leuten im Stich gelassen, läßt sich nach Petrograd fahren, wo er sich nach einem lautstarken Auftritt mit Kerenski eine Kugel durch den Kopf jagt. Kornilow wird verhaftet, und mit ihm alle, die bei seinem gewagten Abenteuer mitgemacht haben.
Doch der eigentliche Verlierer ist der Mann, der noch einmal davongekommen ist: Kerenski. Angesichts von Kornilows Putsch hat er sich mit den Bolschewiki geeinigt, damit sie ihn unterstützen. Er hat Trotzki und etliche weitere Agitatoren aus der Haft entlassen; vor allem aber hat er die Arbeiter bewaffnet, damit sie den befürchteten »Kosakenhorden« Widerstand leisten könnten.
Die Kosakenhorden sind ausgeblieben, aber die Arbeiter haben ihre Waffen behalten, und mit diesen Waffen werden sie in der Oktoberrevolution Kerenski stürzen, den Mann, der sie ihnen gegeben hat.

Das Photo ist um die Welt gegangen und noch jetzt vielen gegenwärtig. Da steht eine schwarzgekleidete Gestalt, eine Frau mit großem Hut, wie man ihn damals trug. Ihr gegenüber 12 Mann in Uniform, Gewehr bei Fuß. An der Seite einige Offiziere, zwei Zivilisten und eine Nonne.
Der Photograph hat seine Aufnahme in dem Augenblick gemacht, da der Offizier des Erschießungskommandos der Frau in Schwarz anbietet, ihr die Augen zu verbinden. Sie lehnt das stolz ab und stellt sich selber an den Pfahl.
Nur noch wenige Sekunden, und Mata Hari wird nicht mehr leben.
Mata Hari! Es ist noch nicht lange her, da drängte sich Tout-Paris, sie zu sehen. Sie war schön und geheimnisvoll, die Eingeweihten strömten ins Orientmuseum Guimet, wo

sie ihre betörenden exotischen Tänze vorführte. Eine Legende hatte sich um sie gewoben. Es hieß, sie stamme von der Malabarküste, von einem Brahmanen und einer Bajadere ... Dabei war das alles erfunden!
Sie hieß ganz prosaisch Margaretha Geertruida Zelle, war Holländerin, hatte einen Herrn MacLeod geheiratet, trotz des Namens ebenfalls ein Holländer, und war mit ihm nach Java ausgewandert. Nach der bald folgenden Scheidung mittellos dastehend, war sie nach Paris gegangen und darauf verfallen, zum Broterwerb indische Tänze auf die Bühne zu bringen, die sie im Orient gesehen hatte. Man darf nicht vergessen, daß die Franzosen damals herzlich wenig von fernen Ländern wußten. Selbst der ehrenwerte Monsieur Guimet, der Orientalistenpapst, war darauf hereingefallen und hatte erheblich zum raschen Aufstieg der exotischen Dame beigetragen.
Folies-Bergère, Théâtre Marigny, vornehme Salons im Faubourg Saint-Germain: Die Stationen des Erfolges der Mata Hari sind eindrucksvoll. Ihre schönste Nummer war der Tanz der sieben Schleier, bei dem sie als Schiwapriesterin verkleidet einen hinreißenden Strip-tease bot. Jeden Morgen begab sie sich aus ihrer großartigen Villa in Neuilly zur Promenade in den nahen Bois de Boulogne, wo die eleganten Pariser sich bemühten, einen Blick von ihr zu erhaschen. Oft sah man sie mit Kriegsminister Adolphe Messimy ausreiten. Bei ihren häufigen Deutschlandreisen begegnete sie hochgestellten Persönlichkeiten mit guten Verbindungen zu Diplomatie, Politik oder Militär.
War sie wirklich eine Spionin? Es steht fest, daß die britische Spionageabwehr die französischen Kollegen auf sie hingewiesen hat, von denen einer, Hauptmann Ladoux, der Spur nachgegangen ist und ihr vorgeschlagen hat, in die Dienste der französischen Gegenspionage zu treten. Kaum hatte sie zugesagt, hat er ihr beiläufig den Namen eines in Belgien tätigen französischen Agenten genannt, eines Doppelagenten, den er loszuwerden wünschte. Tatsächlich ist dieser Mann kurz darauf von den Deutschen verhaftet und hingerichtet worden. Er konnte nur von Mata Hari verraten worden sein.
Der furchtbare Verdacht war sehr bald durch Informationen aus den verschiedensten Quellen bestätigt worden. Die Franzosen, die einen deutschen Code entziffert hatten, mußten feststellen, daß sie als Agent H 25 geführt wurde und erhebliche Zuwendungen erhielt. Was sie dafür leistete, weiß man bis heute nicht und wird es erst erfahren, wenn die französischen Behörden die Prozeßunterlagen endlich der Forschung zugänglich machen.
Vor ihren Richtern stehend bewahrt sie bis zuletzt die Hoffnung. »Ich verlasse mich auf die Großmut der französischen Offiziere«, erklärt sie vor dem Kriegsgericht. Die französischen Offiziere verurteilen sie zum Tode. Als man sie am 15. Oktober 1917 im Morgengrauen weckt, verbirgt sie einen Augenblick lang den Kopf in den Händen. Das ist ihre einzige kurze Schwächeanwandlung. Gleich darauf sagt sie zu der Nonne, die ihr beisteht: »Haben Sie keine Angst, Sie werden einen schönen Tod erleben.«

Der Offizier, der das Erschießungskommando führt, berichtet: »Als ich den Säbel hob, blickte sie mich voll an und sagte: ›Monsieur, ich danke Ihnen.‹«
Ein paar Jahre später äußerte der unerbittliche Mornet, der als Staatsanwalt die Todesstrafe für sie beantragt hatte, gegenüber dem Journalisten Paul Guimard mit schöner Gelassenheit: »Unter uns gesagt, an der Anklage war wirklich nicht viel dran.«
Zu einem anderen Zeitpunkt hätte man sie sicherlich nicht erschossen. Doch damals herrschte gerade eine aberwitzige Spionenpsychose in Frankreich. Tatsächlich kamen ja Tag für Tag neue Verratsfälle, neue unsaubere Geschäfte ans Licht, und zwar bis in die höchsten Kreise hinein, sogar auf Regierungsebene.
Am 6. Juli 1916 notiert Raymond Poincaré in sein Tagebuch: »Ein unerwarteter Besuch. Ein Bekannter, ein ehemaliger Mitschüler vom Lycée Louis-le-Grand, ein höchst ehrenwerter Mann, der sich aber zuweilen von seiner Gutmütigkeit und seinen Neigungen als Ästhet und Poet hinreißen läßt, stellt mir Bolo Pascha vor, den Abenteurer, von dem es heißt, daß er als Strohmann für den Khedive fungiert und damit indirekt für die Deutschen. Er ist noch jung, sehr beredt, von vollendeten Umgangsformen, aber er wirkt trotzdem auf mich wie ein halbseidener Zeitgenosse, eben wie ein Abenteurer. Er sagt, er habe die Aktienmehrheit des *Journal* erworben, damit Charles Humbert seine undurchsichtigen Geldgeber loswird ... Ich habe bei alledem den Eindruck, daß der Mann nicht sehr empfehlenswert ist. Er ist aber Franzose, und er hat einen Bruder, der Priester, ich glaube sogar Titularbischof ist.«
Bei allem Respekt für den Staatspräsidenten kann man nicht umhin, diese Seite seines Tagebuchs als nachträglich geschönt zu empfinden. Die betretene Verwirrung allerdings ist immer noch spürbar.
Bolo Pascha im Elyséepalast empfangen, Bolo, der König der Hochstapler!
»Er wirkt auf mich wie ein Abenteurer«, schreibt Poincaré.
Das ist sehr diskret ausgedrückt. Bolos Biographie ist so unscharf, wie es sich für Leute gehört, die nicht gerne Spuren hinterlassen. Man weiß, daß er in Marseille geboren und allen möglichen Beschäftigungen nachgegangen ist. Er hat Schwindelfirmen aufgezogen, bei gutgläubigen Geldgebern abgesahnt und sich jeweils rechtzeitig aus dem Staube gemacht. Einmal ist er sogar zu einem Monat Gefängnis verurteilt worden, weil er seine Putzfrau betrogen hatte. Das hat ihn aber nicht daran gehindert, nacheinander als Zahnarzt, ohne Ausbildung natürlich, als Importeur, als Gründer einer »Katholischen Universalbank«, eines Kakaotrusts, einer Kautschukfirma und als Geschäftsführer eines Winzerverbandes der Champagne tätig zu werden.
Wer sich so durchschlägt, muß von Zeit zu Zeit außer Landes gehen, um in Vergessenheit zu geraten. So taucht Bolo, man weiß nicht recht wieso gerade dort, in Valparaiso auf, wo er eine Gefängnisstrafe verbüßt und eine Sängerin heiratet, die ihn eine Zeitlang durchfüttert, bis er sich diskret aus dem Staube macht.
1905, bei seiner Rückkehr nach Frankreich, heiratet er die Witwe eines Großkaufmanns

aus Bordeaux. Das bedeutet Bigamie, aber deswegen läßt er sich keine grauen Haare wachsen, denn er besitzt jetzt zum erstenmal ein kleines Vermögen. Er lebt auf großem Fuß, verschafft sich Zugang zur Geschäftswelt, wird zum engen Freund eines hohen Richters, der gar nicht genug Lobesworte für ihn finden kann. Er macht die Bekanntschaft von Abbas Hilmi, dem ehemaligen Vizekönig oder »Khediven« von Ägypten, der in seinem Exil von mehr oder weniger stubenreinen Geschäften mit Deutschland lebt. Dieser Khedive verleiht ihm auch feierlich den Titel »Pascha«, mit dem er schamlos hausieren geht und naive Zeitgenossen hereinlegt.

Mit einem so klingenden Namen hat er überall Zutritt. Aber er ist auch ein bestrickender Charmeur. Hauptmann Bouchardon, der die Untersuchung gegen Bolo geführt hat, beschreibt ihn: »Groß, blond, schlank, langer seidiger Schnurrbart, gewinnender Blick, überzeugende Stimme, immer das richtige Wort zur rechten Zeit, das gerissene Auftreten des perfekten Bluffers.«

Das Problem solcher Leute ist es, daß sie irgendwann ihre Grenzen nicht mehr erkennen.

Er verkehrt viel in Pazifistenkreisen, lernt Caillaux kennen, mit dem er in einen ausführlichen Briefwechsel eintritt. Seine Geschäfte werden immer anrüchiger. Trotzdem wird er am 7. November 1916 von Poincaré ein zweitesmal empfangen. Bolo ist voller grandioser Projekte. Er behauptet, vom König von Spanien persönlich erfahren zu haben, daß dieser bereit sei, den Alliierten vier Millionen Mann zur Verfügung zu stellen und Kanonen zu liefern. Nach diesem Gespräch fragt sich Poincaré:

»Wer ist dieser Mann? Er brüstet sich, mit Caillaux befreundet zu sein. Aber wovon lebt er? Und worauf hat er es abgesehen?«

Tatsächlich hat er durch die Vermittlung des Khediven mit den deutschen Behörden Kontakt aufgenommen. Die Deutschen wissen, daß sie vor allem Frankreichs patriotischen Kampfgeist brechen müssen. Ganz sicher ist der beste Weg dahin die Wiedererweckung des alten Traumes vom Frieden, der in vielen Franzosen schlummert. Dazu muß man Einfluß auf Zeitungen gewinnen. Bolo bietet sich als Mittelsmann an. Doch er arbeitet ungeschickt; zunächst mißlingt ihm alles.

Er versucht *Le Radical* zu kaufen, dann 100 Aktien des *Figaro*. Ohne Erfolg. Schließlich versucht er es beim *Journal*. Die Umstände sind günstig. Der Besitzer Charles Humbert, Senator des Departements Meuse, hat Schwierigkeiten mit seinen Kommanditisten. Um sie sich vom Halse zu schaffen, braucht er einen erheblichen Geldbetrag.

Bolo fährt in die USA, trifft dort Botschafter Bernstorff, malt ihm die Chance in leuchtenden Farben und bekommt tatsächlich 9 Millionen, von denen er die eine Hälfte Charles Humbert gibt, die andere für sich behält. Die Deutschen gewinnen außerdem den Eindruck, ihr ganzes Geld verloren zu haben, denn das traditionell höchst patriotische *Journal* ändert seine Linie nur unmerklich.

Zu Bolos Pech treten die Vereinigten Staaten in den Krieg ein, und seine Geschäfte mit Bernstorff und den amerikanischen Banken kommen ans Licht.
Poincaré fordert seinen Kopf, und alle, die eben noch seine Freunde waren, weisen mit dem Finger auf ihn. Am 29. Dezember 1917 wird er verhaftet. Auf Betreiben Clemenceaus wird die Untersuchung im Eilverfahren durchgezogen, und schon im Februar 1918 steht Bolo vor Gericht.
Er verteidigt sich mit Unterstützung seines Bischofsbruders mit verbissener Entschlossenheit. Er gibt zu, daß er kein Tugendbold ist, ja sogar ein Betrüger, aber er hat eben gerade die Deutschen betrogen. Er hat ihnen einen enormen Betrag abgenommen, ohne ihnen auch nur den geringsten Gegendienst zu leisten.
An der Argumentation ist durchaus etwas Wahres, doch dies ist nicht die Stunde für milde Urteilssprüche. Clemenceau hat geschworen, er werde die Verräter ans Licht zerren, wenn es sein muß, auch aus der Sphäre der Macht. Seine Reden entflammen den Patriotismus. Am 14. Februar 1918 wird Bolo zum Tode verurteilt. Er ist in diesen schicksalsschweren Monaten zweifellos der meistgehaßte Mann Frankreichs. Es ist zwar nicht bewiesen, aber kaum jemand zweifelt an dem Gerücht, daß bei seiner Hinrichtung die Soldaten des Pelotons die Strafe von sich aus verschärft haben, indem sie auf den Kopf gezielt haben, um den Schädel zu zerschmettern und das Opfer zu entstellen.
Charles Humbert, elf Tage nach Bolos Hinrichtung verhaftet, hat das Glück, erst kurz nach dem Siege abgeurteilt zu werden. Er wird freigesprochen.
Bolo, Almeyreda, Mata Hari ... Man hat den Eindruck, daß überall Verräter am Werke sind. Dabei sind das nur die kleinen Fische.
Clemenceau verkündet es immer wieder: Die wahren Verantwortlichen haben sich allzu lange dem Zugriff der Gerechtigkeit entzogen. Und er nennt Namen: Malvy, der geraume Zeit Innenminister gewesen ist, und vor allem Caillaux, der ehemalige Ministerpräsident, der Mann, der die Einkommensteuer durchgesetzt und im Augenblick der Agadirkrise den Ausbruch des Krieges verhindert hat.
Ihn beschuldigt man insgeheim schon seit langem des Verrats, und jetzt wagt man es auch offen zu sagen. Tatsächlich haßt er die Engländer und hat von jeher große Achtung für die Deutschen gezeigt. Es ist unbestritten, daß er dem *Bonnet Rouge* Geld gegeben hat, allerdings um die Unterstützung des Blattes beim Prozeß gegen seine Frau zu erkaufen. Bei Bolo hat man Briefe von ihm gefunden. Bei Gelegenheit einer Romreise hat er sich nicht gescheut, mit den deutschlandfreundlichen und pazifistischen Kreisen des Vatikan Verbindung aufzunehmen. In Rio soll er sich mit einem Agenten der deutschen diplomatischen Vertretung in Brasilien getroffen haben. Außerdem zeigen die Deutschen ganz offen ihre Sympathie für ihn und erklären, der Krieg könne bald zu Ende sein, wenn er wieder an die Macht käme.
In dem erregten Klima jener Tage genügen solche Gerüchte, auch wenn sie noch so unbeweisbar sind, um einen Politiker in Frankreich an den Pranger zu stellen.

Am 11. Dezember 1917 beantragt General Dubail, der Militärgouverneur von Paris, beim Parlamentspräsidenten Paul Deschanel die Einleitung eines Verfahrens gegen Caillaux. Clemenceau wirft sein ganzes Gewicht in die Waagschale, damit die Untersuchung unverzüglich beginnt, und droht sogar mit dem Rücktritt.
Am 22. Dezember berät die Abgeordnetenkammer. Caillaux verteidigt sich leidenschaftlich, doch er kann nicht verhindern, daß die Kollegen seine parlamentarische Immunität aufheben. Drei Wochen später wird er in das Santé-Gefängnis eingeliefert. Die Untersuchungshaft wird zwar bald darauf ausgesetzt, doch im Februar 1920 wird er zu drei Jahren Freiheitsstrafe und zehn Jahren Aufenthaltsverbot verurteilt. Nach einer Amnestie am 1. Januar 1925 bringt er es im Kabinett Painlevé noch einmal zum Finanzminister.
Malvy wird zu fünf Jahren Verbannung verurteilt.
Diese Zeit der Verratsprozesse ist für Frankreich eine schwere Prüfung. Die Männer an der Front sind zutiefst empört, auf diese Weise zu erfahren, daß einflußreiche Politiker, daß Minister, Abgeordnete und Senatoren hinter ihrem Rücken beschämende Geschäfte machen, ja, Hoch- und Landesverrat begehen. Es ist wie ein Trauma für das ganze Land.
Während die Armee sich eben vom Schock der Meutereien erholt, meint man in diesem »Jahr der Wirrungen« zu spüren, daß bis in die eindrucksvollsten Amtsgebäude hinein dunkle Kräfte am Werk sind, das Vaterland zu verderben.

Donnerstag, 20. September 1917, gegen Mitternacht. Douglas Haig ist hin- und hergerissen. Er muß jetzt unbedingt eine Entscheidung treffen. Der Sturm heult ums Haus, der Regen prasselt gegen die Scheiben. Kann man bei solchem Wetter angreifen? General Gough ist dafür, alles anzuhalten, doch Plumer protestiert heftig: Alles ist bereit, die Artillerievorbereitung war verheerend, die Deutschen müssen zerschlagen sein. Diese Überzeugung paßt zu Plumer, der seit Kriegsbeginn in Flandern kommandiert. Plumer, der Lieblingsgeneral der »Tommys« mit seinen schlohweißen Haaren über dem Babyface.
Am Ende wird die Stunde H auf 5.40 Uhr festgelegt.
Wieder einmal geht die Truppe ins Niemandsland vor. Zwischen Langemark im Norden und Hollebeke im Süden auf 12 Kilometer Frontbreite.
Der Krieg hier in der weiten belgischen Ebene bezieht seinen Schrecken aus der unerhörten Monotonie. Alle Angriffe gleichen einander, nur das Trommelfeuer vorher ist jedesmal furchtbarer. Immer wieder sind die Infanteristen überzeugt, diesmal sei drüben wirklich nichts mehr da, und dann merken sie schon nach wenigen Metern, daß der Granathagel Widerstandsnester gelassen hat und die feindlichen Maschinengewehre knattern. Jedesmal fallen Hunderte und Tausende, ein paar Gräben werden im ersten Ansturm genommen, ein paar hundert Gefangene gemacht und ein paar Feldgeschütze

erobert. Dann versteift sich der Widerstand, und die Front stabilisiert sich. In den Drahtverhauen hängen die toten Kameraden.
So geht es in Flandern seit dem Beginn der Offensive, so endet auch dieser Angriff im September.
Schon am 4. Oktober läßt der methodisch zähe Douglas Haig wieder stürmen. Das Wetter ist noch scheußlicher als zwei Wochen zuvor. In den letzten 24 Stunden ist das Barometer um 20 Millibar gefallen; der Schiffsverkehr über den Ärmelkanal ist wegen des orkanartigen Windes eingestellt.
Aber es finden sich Generäle, die in ihrem gemütlichen Stabsquartier zu dem Schluß gelangen, das seien genau die richtigen Voraussetzungen, weil der Überraschungseffekt um so größer sei.
Um 6 Uhr früh gehen acht Divisionen der 2. Armee (Plumer) und vier der 5. Armee (Gough) vor. Diese Männer, die sich in Regen und Wind durch den Morast quälen, muß man wirklich bewundern. Schon am ersten Tag machen sie 3000 Gefangene und erobern sechs Geschütze. Haig strahlt. Er hat den Eindruck, daß der Sieg zum Greifen nahe ist. Er hofft sogar, endlich zu den Nordseehäfen durchstoßen zu können.
Selbst Ludendorff muß zugeben, daß der Kampf auf des Messers Schneide steht. Vor allem hat ihn die Artillerievorbereitung beeindruckt. Er schreibt: »Ungeheure Munitionsmengen, wie sie Menschenverstand vor dem Kriege nie erdacht hatte, wurden gegen Menschenleiber geschleudert, die, in tiefverschlammten Geschoßtrichtern zerstreut, ihr Leben notdürftig fristeten. Der Schrecken des Trichterfeldes vor Verdun wurde noch übertroffen.«
Doch trotz erbitterter Gefechte, trotz der Tapferkeit seiner Leute muß Haig seine Hoffnungen begraben. Die Deutschen halten stand. Wieder einmal wird er nach den strahlenden Nachrichten der ersten Tage London einen Fehlschlag melden müssen.
Um nicht ganz so schlecht dazustehen, versucht er einen Teil der Verantwortung der Armee Anthoine zuzuschieben, die ihn seiner Meinung nach nicht so unterstützt hat, wie es ihre Pflicht gewesen wäre. Er fügt hinzu, die Franzosen hätten ihren soldatischen Geist verloren, »wenn es den außer in unseren Märchenbüchern überhaupt je gegeben hat«. Außerdem gibt er dem Wetter die Schuld, und damit hat er sicherlich recht. Am 13. Oktober hat der Leiter des Transportwesens, ein gewisser Mr. Nash, ihm melden müssen, daß die Lokomotive einer Feldbahn bis auf halbe Kesselhöhe eingesunken ist. Der ganze Schienenstrang ist im Schlamm verschwunden.
So kann man nicht weiterkämpfen. Die Offensive kommt von selbst zum Stillstand. Von einem Vormarsch zu den von den Deutschen benutzten Nordseehäfen kann keine Rede sein.
Ludendorff kann seine Schlüsse aus diesem Kampf ziehen. Angesichts der immer ungeheuerlicheren Intensität des Trommelfeuers erscheint es ihm absurd, überhaupt nen-

nenswerte Einheiten in den vorderen Gräben zu belassen, weil die Männer in jedem Fall dem Tode geweiht sind.
Er sorgt dafür, daß jetzt überall die besonders exponierten Stellungssysteme so gut wie unbesetzt bleiben, und schafft dahinter eine Kampfzone, die vor allem mit betonierten Maschinengewehrstellungen bestückt ist, während die eigentliche Hauptkampflinie noch weiter zurückverlegt wird.
Er hat das schon lange erwogen, doch jetzt beschließt er, »nach eigenem Urteil« vorzugehen, »ohne weiter zu fragen«.

Auch Pétain arbeitet an neuen Kampfverfahren, denn er muß jetzt in der Praxis anwenden, was er in seinen ersten drei Direktiven so eindrucksvoll verkündet hat.
Gewiß, die allgemeine Parole lautet »Defensive«, doch eine Armee muß von Zeit zu Zeit angreifen, wenn sie nicht rosten soll. Man muß also Offensiven vorsehen, allerdings neuer Art.
Pétain wünscht keine endlosen Kämpfe, wie Joffre und Falkenhayn sie geführt haben. Sie kosten zuviel Blut. Auch tiefgestaffelte Großoffensiven sind zu verlustreich. Der neue Generalissimus schreibt: »An die Stelle der Bemühung um tiefe Einbrüche müssen Angriffe mit begrenzter Zielsetzung treten, die überraschend auf einer Frontbreite vorgetragen werden, wie die Zahl der Geschütze und die übrige Ausrüstung der vorhandenen Artillerie sie ermöglichen.«
Noch im Sommer soll vor Verdun angegriffen werden, vor allem um festzustellen, ob die neuen Grundsätze der rauhen Wirklichkeit standhalten.
Am 13. August 1917 beginnt die Artillerievorbereitung. Pétain, das ist bekannt, spart nicht an Munition. Auf diesem wieder und wieder umgepflügten Schlachtfeld brüllen sechs Tage lang 2500 Geschütze.
Am 20. stürmt die 2. Armee schon um 4.40 Uhr auf 20 Kilometer Breite zwischen dem Wald von Avocourt weit westlich der Maas und Bezonvaux im Osten.
Schon der erste Tag bringt einen ungeheuerlichen Erfolg. Die Franzosen drängen die vom Trommelfeuer vollkommen verstörten Überlebenden zwei Kilometer weit zurück, machen 4000 Gefangene und erobern Stellungen, die durch die ständige Erwähnung im Heeresbericht des Vorjahres geradezu Mythen geworden sind: den Toten Mann, die Wälder von Avocourt und Cumières und den berüchtigten Rabenwald. Zwei Tage später fällt die heiß umkämpfte Höhe 304.
Am 25. August darf General Guillaumat feststellen, daß er alle vorgesehenen Ziele erreicht hat. Die Deutschen sind auf ihre Ausgangsstellungen vor Falkenhayns großem Sturm vom Februar 1916 zurückgeworfen. Er hat 10300 Gefangene gemacht, hat 30 Geschütze und 203 Maschinengewehre erbeutet.
Zu einem anderen Zeitpunkt und unter einem anderen Oberbefehlshaber hätte man sich bemüht, diesen Erfolg auszunutzen. Man hätte Tiefe zu gewinnen versucht, hätte damit

einen zum Gegenangriff einladenden Frontvorsprung gebildet und wäre auf rasch herbeigeführte starke Reserven gestoßen. Jetzt befiehlt Pétain mit dem Augenblick, da die gesteckten Ziele erreicht sind, die Einstellung der Offensive.

Das französische Heer faßt neuen Mut. Die Männer haben den Eindruck, daß man mit ihrem Leben nicht mehr verschwenderisch umgeht. Sie wollen ja kämpfen, und sie haben es nun auch bewiesen, aber nur dann, wenn die Generäle dafür sorgen, daß sinnlose Verluste vermieden werden.

Pétains Stern nähert sich dem Zenit. Er erreicht ihn vollends nach der Schlacht von La Malmaison.

Diese Operation plant der Oberbefehlshaber seit langem. Noch mehr als der Kampf vor Verdun soll dieser Angriff zum Prüfstein werden und beweisen, daß man Großes erreichen kann, ohne die furchtbaren Aderlässe der Vergangenheit in Kauf nehmen zu müssen.

Das Gefechtsfeld hat Symbolwert. Es geht um den schrecklichen Chemin des Dames, an dem Nivelles Heer und seine Karriere zerbrochen sind. Für den Angriff ist die ehemalige Armee Mangin vorgesehen, die jetzt von General Maistre geführte 6. Doch sie soll die unüberwindlichen Stellungen jetzt nicht frontal angreifen, soll nicht den Durchbruch zu erzwingen suchen, sondern sich auf drei Ziele beschränken: die Eroberung des Forts Malmaison, des »Schutzengel-Plateaus« und des deutschen Frontvorsprungs an der sogenannten Laffaux-Ecke.

Nach Pétains Auffassung hat die Artillerie das Gelände zu erobern. Auf jeweils sechs Meter kommt ein Geschütz: 1674 Feldgeschütze, 105 schwere Kaliber von 15 cm bis sage und schreibe 50 cm. Zwischen dem 16. und 26. Oktober verschießen die Batterien zwei Millionen 7,5-cm- und 850000 schwere Granaten. Das bedeutet 120000 Tonnen Munition, die in 400 Zügen zu je 30 Waggons herangeschafft worden sind. Das übersteigt die Vorstellungskraft, wenn man bedenkt, daß die Angriffsfront nur 12 Kilometer breit ist. Etliche »Spezialisten« haben Pétain vorgeworfen, er sei zu verschwenderisch gewesen, und tatsächlich sind bei dieser Gelegenheit über 600 Millionen Francs im wahrsten Sinne des Wortes verpulvert worden. Doch um diese Zeit sind Soldaten längst wertvoller als Gold.

Die Deutschen jedenfalls machen furchtbare Tage und Nächte durch. Eine solche Feuerdichte je Quadratmeter ist noch nie und nirgends dagewesen, auch nicht bei Verdun.

Am 23. Oktober um 5.15 Uhr wird gestürmt. Es ist noch dunkel und neblig. Die Sturmkolonnen führen 3,7-cm-Kanonen und Stokes-Granatwerfer mit, um noch nicht zerstörte Maschinengewehrnester vernichten zu können. Die Männer kennen das Gelände genau, auf dem sie vorgehen sollen. Alle Hindernisse sind ihnen beschrieben, alle Aufgaben genau zugeteilt worden.

Unter diesen Umständen kann nichts die Franzosen aufhalten. Schon um 6.30 Uhr fällt Fort Malmaison. Um 9.15 Uhr ist die zweite deutsche Stellung erreicht, am Abend

stehen die Angreifer überall am vorgesehenen Tagesziel. Die Laffaux-Ecke, von beiden Seiten angegriffen, ist eingedrückt.
Die Generäle triumphieren. Einen solchen Sieg haben sie seit langem nicht melden können. Einige wollen instinktiv weitermachen, »gnadenlos nachstoßen«, »den Erfolg nutzen«. Pétain hält dem begeisterten Tatendrang stand. Er erklärt wieder und wieder, es gehe nicht um eine Durchbruchsoffensive, sondern um einen begrenzten Angriff. Er befiehlt, den Sturm einzustellen.
Was er vorausgesehen hat, geschieht. Die Deutschen sehen sich durch den Verlust der Laffaux-Ecke in der rechten Flanke unhaltbar bedroht und handeln entsprechend. Ohne daß ein weiterer Angriff erforderlich wäre, räumen sie von sich aus die Stellungen, um die sie so sehr gekämpft haben. Der Chemin des Dames ist wieder in französischer Hand; die Rückeroberung des schaurigen Höhenzuges, um den Zehntausende sinnlos gefallen sind, hat 14000 Mann gekostet, bei denen jeder Leichtverwundete mitgezählt ist. Die Deutschen haben 8000 Tote, 32000 Verwundete und 11500 Gefangene verloren.
Der Beweis ist erbracht: Man kann siegen, ohne Menschenleben zu verschwenden. Vor allem dank des massiven Einsatzes der Artillerie haben die Angreifer zum erstenmal weniger Verluste gehabt als die Verteidiger. Ganz Frankreich umjubelt Pétain. Die französische Armee ist von der furchtbaren Krise der Meutereien genesen.
Ludendorff gesteht seine Niederlage ein: »Aus dieser Zurückversetzung unserer Verteidigungslinie ergab sich mit Zwang die Räumung des Höhenrückens des Chemin des Dames ... An und für sich war es gleichgültig, ob wir südlich oder nördlich der Ailette standen, nachdem wir aber den Sommer über um den Chemin des Dames gekämpft hatten, wurde mir der Befehl, ihn aufzugeben, sehr schwer. Ein Stehenbleiben aber hätte nur dauernde Verluste gefordert.«
Allzu große Sorgen muß sich Ludendorff allerdings nicht machen. Für ihn läuft jetzt alles nach Wunsch. Während die französische Truppenstärke im Jahre 1917 von 2802000 auf 2261000 zurückgegangen ist, so daß Pétain die Anzahl seiner Divisionen von 109 auf 87 verkleinern mußte, weiß er, daß er bald seine Divisionen von der Ostfront abziehen kann und dann in Frankreich zahlenmäßig eindeutig überlegen sein wird.
Außerdem erreicht ihn im Augenblick seines Rückzuges am Chemin des Dames die Nachricht von der katastrophalen Niederlage der italienischen Armee.

Eine seltsame Karawane schleppt sich über den steilen Hang. Jeder Mann hat 40 Kilo zu tragen. Nur so kann man das für die Offensive erforderliche Material in die Höhe befördern. Gewiß, es sind auch Pferde da, doch allein tausend Zugtiere braucht man für jede Division, um Geschütze und Munition nach vorne zu bringen. Zu allem Überfluß regnet es in Strömen.

Wieder einmal hat sich Ludendorff fürs Zuschlagen entschieden. Seit langem schon rufen die Österreicher um Hilfe für ihre Italienfront. Ihr Heer ist ausgeblutet, mutlos, von der Dauer und Härte des Kampfes erschöpft. In den letzten Monaten ist immer mehr Gelände verlorengegangen, vor allem seit der italienischen Offensive vom 19. Mai. Arz, der an dieser Stelle den Befehl führt, hat sogar erklärt, seine Armee werde nicht bis zum Winter durchhalten.
Zunächst hat sich Ludendorff taub gestellt, doch am Ende ist ihm nichts anderes übriggeblieben, als einzugreifen. Er kann die Österreicher schon deshalb nicht allein weiterkämpfen lassen, weil sie sich als immer unzuverlässigere Verbündete erweisen und bei einem militärischen Desaster durchaus einen Separatfrieden anbieten könnten.
Mit dem Herbst ist der Augenblick des Handelns gekommen. Die Umstände sind günstig. Die Westfront steht. Im Osten bildet Rußland keine Bedrohung mehr, so daß man von dort Truppen abziehen und gegen die Italiener verwenden kann. So werden die Österreicher bei der Stange gehalten, und vielleicht gelingt es sogar, Italien kampfunfähig zu machen und eine zweite Front gegen Frankreich zu bilden, für die es keine Truppen hätte.
Das ist um so verlockender, als Italien kaum stärker ist als Österreich. Eine Welle pazifistischer Agitation hat die Armee schon angesteckt. Etliche Einheiten sind nur durch brutales Durchgreifen am Aufstand gehindert worden. Die Soldaten rufen: »Es lebe der Frieden!« Im Lande halten sich 48000 Einberufene und 66000 Fahnenflüchtige versteckt. 20000 Sizilianer sind in kleinen Gruppen auf ihre Heimatinsel zurückgekehrt und verstecken sich, für die Carabinieri unerreichbar, im Bergland. Das Oberkommando ist desorganisiert. General Cadorna, ein Mann unbedachter Entschlüsse, hat 307 Generäle und Obersten ihres Kommandos enthoben. Traurig berühmt ist das 144. Regiment, das schon seinen 31. Oberst hat.
Nein, für Ludendorff ist die Gelegenheit nie so großartig gewesen, und er beschließt anzugreifen, wo niemand es erwartet, am schwierigsten Frontabschnitt bei Tolmein. Die Gebirge steigen dort auf über 2000 Meter an. Bis hoch hinauf müssen Menschen und Material in einer Gegend nach vorne gebracht werden, wo es ganze zwei schmale, nur einbahnig zu benutzende Straßen gibt. Dann muß man steil hinunter auf Hängen, die vom Gegner voll eingesehen und unter Beschuß genommen werden können.
Für ein solches Vorhaben braucht man ausgesuchte Truppen. Ludendorff weiß, wo er sie finden kann. Er läßt aus der Bukowina die 117. und die 200. Division kommen, die für den Kampf im Gebirge ausgebildet und gerüstet sind, außerdem wird das Alpenkorps herangeführt und aus Frankreich die 5., 12. und 26. Division. Hinzu kommt eine Jägerdivision, so daß er dem tüchtigen General Otto von Below sieben Divisionen als XIV. Armee unterstellen kann. Sieben österreichische Divisionen sollen die Offensive unterstützen.
Der als unbezwinglich geltende Frontabschnitt wird von der italienischen 2. Armee unter

General Capello gehalten. Eine gute Armee zweifellos, die sich bisher tapfer geschlagen hat. Doch sie vertraut so sehr auf die natürlichen Hindernisse in diesem Teil der Julischen Alpen, daß sie es versäumt hat, ihre Verteidigungsanlagen tief zu staffeln.
Da Ludendorff das weiß, besteht er darauf, daß der Aufmarsch, so schwierig er ist, unter größter Geheimhaltung vor sich geht. Die beklagenswerten Landser müssen mit ihrer unglaublichen Last nachts auf den Maultierpfaden marschieren. Als Elitesoldaten murren sie nicht, sondern sind sogar stolz, daß man ihnen eine solche Leistung zutraut. Sie werden den Österreichern schon zeigen, was deutsche Krieger vermögen.
Die erste Glanzleistung ist es, ohne mechanische Hilfe 3302 Geschütze auf Höhen zu schaffen, von denen man gemeint hat, sie seien unbezwinglich. Der Sieg, das ist allen klar, kann nicht durch die bloße Tapferkeit der Männer, sondern nur durch ein furchtbares Artilleriefeuer vor dem Sturm erzwungen werden.
Volle sechs Tage lang gehen dann die Granaten auf die italienischen Gräben herunter, die nicht so tief ausgehoben sind wie an der Westfront und deshalb wenig Schutz bieten.
Doch das ist nur ein Anfang. Am 24. Oktober um 2 Uhr früh wird der Beschuß zum Trommelfeuer. Die italienische Artillerie antwortet kaum noch. Um 6.30 Uhr treten die Minenwerfer gegen die vorderste Linie in Aktion. Zwischen 7.30 Uhr und 8 Uhr ist die Hölle los. Die unglücklichen Italiener, die einen solchen Granathagel noch nicht erlebt haben, schmiegen sich an die Erde und ziehen den Kopf ein. So sehen sie nicht, als das Feuer vorverlegt wird, die deutsche Infanterie heranstürmen und werden gefangengenommen, ehe sie sich überhaupt aufgerafft haben.
Um 10.30 Uhr sehen die entgeisterten Geschützbedienungen der schweren italienischen Artillerie den Feind vor ihren Batteriestellungen auftauchen. Es bleibt ihnen nichts übrig, als alles stehen- und liegenzulassen und ihr Heil in der Flucht zu suchen. Die Katastrophe nimmt ihren Lauf. Das Durcheinander wird noch vergrößert durch die Zivilbevölkerung, die mit allem, was sie auf Karren und Pferden fortbringen kann, die wenigen Straßen verstopft. Die Panik pflanzt sich von Dorf zu Dorf fort. Um 15.40 Uhr fällt Caporetto, der Ort, nach dem die Schlacht später benannt wird. Dort gerät General Farisaglio, der Chef der 43. Division, mit seinem Stab in Gefangenschaft. Die Front ist durchbrochen. Am Abend steht die deutsche 12. Division schon 27 Kilometer hinter der vordersten Linie. Sie allein hat 15000 Gefangene gemacht. Tolmein, das Hauptziel, ist bereits eingeschlossen.
Am 25. Oktober versucht das italienische Oberkommando Reserven heranzuführen. Doch sie stehen am Fuß des Gebirges und müßten über die stellenweise außerordentlich steilen Hänge hinauf. Die meisten Einheiten sind zu spät alarmiert worden und lassen sich von den fliehenden Kameraden mitreißen. Die 2. Armee ist nur noch ein ungeordneter Strom von Flüchtlingen. Die 3. und 4., die neben ihr stehen, müssen jetzt auch zurück. Die Hochebene von Bainsizza geht verloren.

Below verschärft das Angriffstempo noch und läßt seine vordersten Abteilungen zu einer weiten Umfassungsbewegung einschwenken. Er hofft die ganze 2. Armee einschließen und zur Kapitulation zwingen zu können. Fast gelingt es ihm: Nach einer Woche Kampf hat die 2. Armee 250000 Mann und 2000 ihrer 2400 Geschütze verloren.

Und die Situation wird noch dramatischer. Von den nachsetzenden Deutschen und bald auch von den Österreichern unbarmherzig verfolgt, finden die Italiener nirgends mehr Halt. In den flachen Teilen von Friaul hoffen sie hinter dem Tagliamiento noch einmal Widerstand leisten zu können, doch sie werden überrannt, bevor sie überhaupt in Stellung gehen können. Sie müssen weiter und weiter zurück. Ganz Norditalien ist unmittelbar bedroht.

In Paris sind Militärs und Politiker angesichts dieser Katastrophe höchst beunruhigt. Ein besiegtes Italien könnte Frieden schließen müssen, und plötzlich hätte Frankreich eine zweite Front aufzubauen, mit der es nicht gerechnet hat.

Am 26. Oktober tritt in Panikstimmung auf Einladung von Painlevé ein alliierter Kriegsrat zusammen. Pétain findet sich bereit, sechs Divisionen abzutreten, und der zunächst widerstrebende Robertson läßt sich von der Notwendigkeit überzeugen, eine gleiche Anzahl zu stellen. Man beschließt, Foch zur Prüfung der Lage an Ort und Stelle zu entsenden.

Er verläßt Paris am 28., trifft am frühen Morgen des 30. in Treviso ein und konferiert sofort mit General Cadorna. Wie an der Yser weckt er die letzten Kräfte, bleibt dabei, die Front müsse um jeden Preis gehalten werden, wo sie jetzt verläuft, am Piave nämlich, über den sich die Italiener schon zurückziehen.

Bald treffen die ersten alliierten Truppen ein. Vom 30. Oktober an fahren täglich 18 Züge über Ventimiglia, 24 über den Mont Cenis. Die Ententeverbände sammeln sich im Raum Brescia, während die Italiener sich ermannen und die Front entlang des Piave halten und mit provisorischen Stellungen ausbauen.

Ludendorff steht vor einer schwierigen Entscheidung. Er könnte seinen großartigen Erfolg ausnützen, weitere Truppen heranziehen, den Übergang über den Piave erzwingen, in die Lombardei einmarschieren und die Italiener ein für allemal schlagen. Dafür müßte er allerdings auf die gigantische Offensive verzichten, die er in Frankreich plant. Sie soll den Sieg bringen.

Doch die Dinge sind ohnehin zu rasant abgelaufen. Seine Männer sind mit ihrer Kraft völlig am Ende. Am Grappa-Massiv, dem letzten Bollwerk vor der Ebene, verteidigen sich die Italiener mit bewundernswerter Tapferkeit. Die deutschen und österreichischen Verbindungslinien sind zu weit auseinandergezogen, der Nachschub kommt nicht mehr nach vorne. Wollte man sich zur Schlacht im offenen Land entschließen, müßte man erst einmal das Eisenbahnwesen von Grund auf neu organisieren.

»Anfang Dezember«, schreibt Ludendorff, »gewann ich nach Rücksprache mit General v. Krafft den Eindruck, daß von einer Fortsetzung der Operation über den Piave nichts mehr zu erwarten sei. Wir schlugen daher dem General v. Arz vor, den Befehl zum Einstellen der Operationen zu geben und deutsche Truppen zum Abtransport nach dem Westen bereitzustellen.«

Ist das seine ehrliche Überzeugung? Auf der einen Seite hat er eine großartige Ernte eingebracht. In 18 Tagen haben die Italiener 120 Quadratkilometer ihres Staatsgebietes aufgeben müssen. Sie haben 650000 Mann verloren – eine ungeheure Zahl. Gefallen oder verwundet sind davon nur 40000, während 260000 in Gefangenschaft geraten sind. Über 350000 Soldaten haben sich schlicht und einfach davongemacht, und es wird monatelanger Anstrengungen bedürfen, sie wieder in den Kampf zu führen. 3000 Geschütze, die Hälfte der gesamten italienischen Artillerie, sind den Siegern unbeschädigt in die Hände gefallen.

Eine eindrucksvolle Bilanz! Und dennoch hat der Generalquartiermeister den Eindruck, nicht erreicht zu haben, was er eigentlich wollte. Es ist immer das gleiche: Man dringt vor, noch weiter vor, und der Sieg ist doch nie vollständig. Der Feind bringt wieder Ordnung in seine Reihen, baut neue Stellungen aus. Alles geht wieder von vorn los.

Den Ententemächten ist der Schrecken in die Glieder gefahren. Nach Caporetto wird es ihnen zum Bedürfnis, ihre Aktionen ständig aufeinander abzustimmen.

Am 5. November begeben sich die Regierungschefs Frankreichs, Englands und Italiens nach Rapallo. Sie beschließen die Schaffung eines Obersten Kriegsrates, der regelmäßig in Versailles zusammentreten soll. Das ist der erste, zögernde Schritt zur Zusammenfassung des Oberkommandos, die kluge Beobachter als eine immer drängendere Notwendigkeit empfinden.

Doch bis es dazu kommt, müssen erst weitere Katastrophen eintreten.

XXIII. Kapitel Der Tiger kommt an die Regierung. Der Friede von Brest-Litowsk

Herbst / Winter 1917. Im November weckt der Amtsantritt von Georges Clemenceau in Frankreich neuen patriotischen Schwung. »Die Gerechtigkeit geht ihren Gang! Das Land wird sehen, daß man es verteidigt!« – Vor Cambrai erfolgt der erste Panzerdurchbruch der Geschichte. – In Brest-Litowsk unterzeichnet Rußland einen Frieden, der es 26 Prozent seiner Bevölkerung kostet.

2. November 1917, Allerseelen und Totengedenktag. General Mordacq, Kommandeur der 24. Division, macht die Runde durch die Unterkunftsorte. Bei allen Einheiten feiern die Feldgeistlichen Messen für die Gefallenen der Division. Viele Soldaten sind gekommen, darunter etliche, die sich sonst betont atheistisch geben. Kann man denn den Kameraden die letzte Ehre versagen, deren Gesichter man, wenn die Erinnerungen einen bedrängen, so deutlich vor sich sieht? Es geht ja auch bald wieder nach vorn, nachdem die Division zwei Wochen in Ruhestellung gelegen hat.

Gegen Mittag kehrt der General in sein Hauptquartier in Romigny zurück und findet zu seiner Überraschung Georges Clemenceau vor, der seit fast zwei Stunden auf ihn wartet.

Der »Tiger« blickt triumphierend. Im Gespräch während des Essens im Kasino beschränkt er sich auf Gemeinplätze, doch kaum ist er mit dem General in dessen Dienstzimmer allein, platzt er heraus: »Jetzt ist es soweit!«

Er reibt die Hände in den grauen Zwirnhandschuhen gegeneinander: »Ich komme an die Macht. Der Staatspräsident ist sich endlich im klaren über die Bedenklichkeit der Lage und über die Folgen für das Land und ihn selber, wenn er mir die Führung nicht übergibt ...«

Clemenceau ist zu dem schlichten Divisionskommandeur Mordacq gefahren, weil er ihn gut kennt, seine Tatkraft und seinen scharfen Verstand schätzt und entschlossen ist, ihn als Kabinettschef zu gewinnen.

In wenigen Worten stellt er die dramatische Lage dar, mit der er es zu tun bekommen wird. Seit den Tagen der Marneschlacht sind die Alliierten offenbar der Niederlage nicht mehr so nahe gewesen:

Rußland, das bisher einen so großen Teil der Last dieses Krieges getragen hat, ist drauf und dran, einen Separatfrieden zu schließen. Rumänien wird nichts anderes übrigbleiben, als seinem Beispiel zu folgen. So wird Ludendorff bald an die 60 Divisionen an die

französische Front verlegen können und zum erstenmal zahlenmäßig weit überlegen sein.
Italien hat die Katastrophe von Caporetto noch längst nicht überwunden und muß sich auf die Defensive beschränken.
England hat eine immer größere Rolle im Kampf übernommen, doch es hat 1917 furchtbare Verluste erlitten, nach den Schätzungen der Fachleute über 800000 Mann. Dabei hat es seine Kraft für gewaltige Aufgaben einzusetzen: Es muß sich der Unterseeboote erwehren, das unruhige Irland unter Kontrolle halten und den Weg nach Indien verteidigen, was etliche Divisionen im Nahen Osten bindet, deren Fehlen an der Hauptfront schmerzlich zu spüren ist.
Die französische Armee ist ausgeblutet. Statt 110 zählt sie nur noch 99 Divisionen, und man erwägt, den Rekrutenjahrgang 1919 vorfristig einzuberufen, um die Lükken zu füllen. Niemand weiß, ob diese Jungen im Feuer standhalten werden. Selbst der immer zum Angreifen bereite Clemenceau muß zugeben, daß bis zum Eintreffen der Amerikaner nur das Halten der Front möglich ist. Die Frage ist nur, ob die Truppen des neuen Verbündeten rechtzeitig eingreifen können. Die Frage stellt sich auch deshalb, weil die Völker der Entente dieses Krieges zutiefst überdrüssig sind, der seit so langer Zeit Entbehrungen, Leid und Tod bringt. Man sieht ja, wie in Frankreich die defätistischen Parolen Nahrung finden und der Verrat bis in die Ministerien reicht.
In England vergiftet das Irlandproblem das Klima. Die Rekrutenaushebung geht schleppend, und es wird deutlich, daß gewisse irische Kreise mit den Deutschen Fühlung aufgenommen und ihnen sogar U-Boot-Stützpunkte angeboten haben. In Italien ist der Kampfeswille gänzlich geschwunden; überall halten sich Fahnenflüchtige versteckt.
Angesichts eines so düsteren Bildes kann nur ein unbezähmbarer Feuerkopf noch mit 76 Jahren die Bürde der Verantwortung auf sich nehmen wollen. Doch Clemenceau erklärt, er sei dazu bereit und fähig.
Allerdings, bisher hat man ihm die Aufgabe nicht angetragen. Er weiß nur, daß der Staatspräsident ihn früher oder später rufen muß, weil ihm einfach nichts anderes mehr übrigbleibt.
Der unglückliche Painlevé weiß keinen Ausweg mehr. Er könnte seine Regierung noch einmal umbilden, doch es fehlt ihm einfach der Mut. Er möchte den alten Ribot loswerden, doch der weigert sich zu gehen, weil das den Sozialisten zugute kommen würde, mit denen er nichts im Sinn hat.
Am 21. Oktober 1917 findet sich Painlevé um 10 Uhr beim Staatspräsidenten ein und erklärt, er überbringe den Rücktritt seines Kabinetts. Poincaré lehnt das mit allem Nachdruck ab, denn nichts könnte ihm ungelegener kommen als eine Regierungskrise. Alle Politiker, an die er sich wenden könnte, sind verbraucht. Es bleiben nur Caillaux,

der Friedensapostel, und Clemenceau, der Mann des Durchhaltens um jeden Preis. Eine wahrhaft beklemmende Entscheidung!
Painlevé zögert. Er fragt sich, ob er den Sozialisten entgegenkommen, Ribot durch Barthou ersetzen soll ... Um Mitternacht ist er soweit, daß er versuchen will, weiterzumachen.
Man kann allenfalls Zeit gewinnen. Poincaré weiß sehr wohl, daß die Regierung Painlevé nicht mehr wirklich funktionsfähig ist. Er zögert noch, doch wenn man seine Memoiren liest, so spürt man, wie er nach und nach der Lösung Clemenceau zuneigt.
»So wie die Dinge liegen«, schreibt er am 26. Oktober, »ist Clemenceau ohne Zweifel der Mann, der sich am ehesten aufdrängt. Er hat Qualitäten, die in unserer schwierigen Lage seine Fehler mehr als aufwiegen. Vor allem ist er patriotisch gesonnen.«
Es ist dem Staatspräsidenten hoch anzurechnen, daß er überhaupt erwägt, den Tiger an die Regierung zu lassen. Jedermann weiß, wie sehr die beiden Männer sich verabscheuen. Man könnte eine traurig erheiternde Sammlung mit Clemenceaus taktlosen Ausfällen gegen Poincaré herausbringen. Einmal hat er hämisch verkündet: »Im Grunde gibt es nur zwei überflüssige Organe: Die Prostata und den Staatspräsidenten.« Dann wieder ist ihm eingefallen, daß Frau Poincaré in erster Ehe mit einem Taxichauffeur verheiratet gewesen ist, und als der Präsident mit einer seltsamen Mütze an die Front fuhr, hat der Tiger geäußert: »Dieser Poincaré verkleidet sich für seinen Frontbesuch als Chauffeur, wahrscheinlich, um seine Frau an ihren ersten Mann zu erinnern.«
Solche Worte schluckt man nicht einfach herunter. Trotzdem ringt sich Poincaré dazu durch, die Vaterlandsliebe über die Eigenliebe zu stellen. Allerdings bleibt ihm kaum eine andere Wahl. So gut wie alle Politiker, Abgeordnete und Minister, haben gemeint, im Kriege ihre Spielchen aus den ersten Jahrzehnten der Dritten Republik weiterspielen zu dürfen. Nachdem die erste Begeisterung der *Union Sacrée* verflogen war, haben sie mit Genuß die politischen Intrigen wiederaufgenommen, die kluge Dosierung der Beziehungen, die subtilen Salonstrategien, die kleinen Nadelstiche und Hintergedanken, aus denen das öffentliche Leben gewebt ist. Die Regierungen haben gewechselt wie in der guten alten Zeit unter den Staatspräsidenten Loubet oder Fallières. Und immer größer ist die Entrüstung des Landes geworden, das unterdessen im schwersten Ringen seiner Geschichte stand.
Am 13. November 1917 wird wegen eines sozialistischen Hinterbänklers namens Accambray, dem Feigheit vor dem Feind vorgeworfen wird, der Regierung Painlevé endlich durch eine Koalition von links und rechts das Vertrauen entzogen.
Jetzt muß Poincaré handeln.
Er beginnt mit den »Konsultationen«, die seit Bestehen der Republik die großen Manöver der Politik darstellen. Mit schöner Selbstverständlichkeit bittet er auch Clemenceau zu sich. Eine Komödienszene läuft ab. Beide wissen, wie sie in der Meinung des

anderen dastehen, doch sie tun, als sei dies eine Routinekonsultation wie alle anderen.
Poincaré schreibt: »Der Tiger kommt. Er ist dicker geworden. Seine Schwerhörigkeit hat sich verschlimmert. Der Verstand ist intakt. Aber wie steht es mit der Gesundheit? Mit der Willenskraft? Ich fürchte, beide könnten gelitten haben, und es wird mir immer klarer, wie riskant das Abenteuer ist. Doch der Teufelskerl hat die patriotische Öffentlichkeit hinter sich, und wenn ich ihn nicht mit der Regierungsbildung beauftrage, wird seine legendäre Kraft die Schwäche jedes anderen Kabinetts bedeuten ... Ich mache ihm kein Angebot, aber ich sage, daß ich unter Umständen noch einmal mit ihm zu sprechen haben werde. Er glaubt, daß man den Krieg so führen muß, daß man die Amerikaner abwartet und sich bis zu ihrem Eintreffen nicht abnutzt.«
Am Tag darauf, dem 14. November, entscheidet sich der Staatspräsident, nachdem er die verschiedenen Parteiführer konsultiert hat, trotz der ablehnenden Haltung der Sozialisten dafür, den großen Schritt zu tun. Er schreibt: »Um 3 Uhr kommt Clemenceau, ein wenig kurzatmig und sehr erkältet, aber schwungvoll und gut aufgelegt. Ich erkläre ihm: ›Aus den Konsultationen, die ich geführt habe, entnehme ich, daß ich Sie mit der Regierungsbildung beauftragen kann. Ich schlage Ihnen für die Zukunft zwischen uns folgenden Modus vivendi vor: Ich sage Ihnen alles, was ich weiß und was ich denke. Ich gebe Ihnen meine Ansicht in aller Offenheit; Sie entscheiden dann in eigener Verantwortung.‹«
Clemenceau, den Erfolg vor Augen, sagt zu allem ja und amen. Er hat seine Ministerliste schon in der Tasche. Von der neuen Regierung werden die Journalisten prompt schreiben, sie zähle nur einen Mann: Clemenceau. Tatsächlich hat er Minister ausgewählt, die ihn nicht in den Schatten zu stellen vermögen, und er ist entschlossen, alle Fäden selber in der Hand zu behalten, weshalb er auch außer dem Amt des Ministerpräsidenten das Kriegsministerium selber übernimmt.
Gegen Ende des Gesprächs gibt er sich liebenswürdig. Er verspricht sogar, keine Entscheidung zu treffen, ohne das Staatsoberhaupt zu befragen. Das ist natürlich wieder Komödie, denn er weiß genau, daß er nichts dergleichen tun wird. Poincaré macht sich auch keine Illusionen. Schon am 21. November notiert er: »Um 11 Uhr der Tiger. Er strahlt und zeigt Samtpfötchen. Er bleibt fast eine Stunde bei mir und erstattet seinen ›Bericht‹, wie er das nennt. Er läßt mich kaum ein Wort einflechten. Er zählt mir eine Fülle von Entscheidungen auf, die er schon getroffen hat, fragt mich nicht um meine Meinung und hört auf keinen meiner Einwände.«
Bisher hat man vom Frankreich Poincarés gesprochen. Von jetzt an ist nur noch vom Frankreich Clemenceaus die Rede. Die Abgeordneten, die ihn am 20. November mit 418 gegen 65 Stimmen akzeptiert haben, sind sich völlig darüber im klaren, daß sie sich einen Herrn und Meister gegeben haben, aber dieser Herr und Meister ist Frankreichs letzter Trumpf.

Seine Antrittsrede ist ein Lehrbuchtext, eine Meisterleistung politischer Rede, die über das so schwer geprüfte alte Land einen reinigenden Sturm brausen läßt. Alle bekommen ihren Teil: die Politiker, die Franzosen in der Heimat, die Kriegsgewinnler, die Verräter. Doch Clemenceau wendet sich vor allem an die Frontsoldaten: »Meine Herren! Wir haben die Regierungsverantwortung übernommen, um den Krieg mit verdoppelter Kraft zu führen, damit alle unsere Energien den größtmöglichen Erfolg bringen. Wir stehen vor Ihnen mit der alleinigen Absicht, einen umfassenden Krieg zu führen ...
Diese Franzosen, die wir in die Schlacht werfen mußten, haben Ansprüche gegen uns erworben. Sie wollen, daß keiner unserer Gedanken nicht ihnen gilt, daß keine unserer Handlungen sie unberücksichtigt läßt. Wir verdanken ihnen alles, ohne jede Einschränkung ... Eine einzige, sehr einfache Pflicht: Bei dem Soldaten sein, mit ihm leben, leiden, kämpfen. Alles beiseite lassen, was nicht dem Vaterlande dient. Die Stunde ist gekommen, da wir Franzosen zu sein haben und stolz sein dürfen, uns zu sagen, daß dies genügt ...
Keine pazifistischen Kampagnen mehr, keine deutschen Machenschaften. Weder Verrat noch halber Verrat: Krieg! Nur Krieg! Unsere Armeen werden nicht zwischen zwei Feuern stehen. Die Gerechtigkeit geht ihren Gang! Das Land wird sehen, daß man es verteidigt!«
Die Nation erschauert beim Lesen dieser glühenden Sätze. Die Kraft des Wortes ist kein leerer Wahn! Der Patriotismus, von dem man eben noch meinte, er liege in den letzten Zügen, flammt auf wie in den begeisterndsten Tagen des Jahres 1914. Alle üblen Dünste des Jahres der Wirrungen scheinen verflogen. Der Eindruck auf die Frontsoldaten ist außerordentlich groß, und Pétain konstatiert schon im November eine deutliche Verbesserung der Moral der Truppe.
Eine Heldenlegende, eine blauweißrote Legende entsteht. Dieser Clemenceau, den man im Grunde nicht kannte und für einen eher kuriosen, ein wenig täppischen Berufspolitiker hielt, wird mit einem Schlage zum großen Mann. Ganz Frankreich will plötzlich wissen, woher er eigentlich kommt.
Daß man seine republikanische Gesinnung rühmt, ist offenbar kein Zufall: Schon sein Vater, der Arzt Benjamin Clemenceau, hat unter dem Zweiten Kaiserreich in Nantes in Haft gesessen und ist nach Algerien deportiert worden. Der junge Georges hat ihn im Gefängnis besucht und dabei eine Lektion in republikanischer Standhaftigkeit bekommen. Sein Weg hat fortan für ihn festgestanden: Er wird Republikaner und Positivist sein, und damit sich niemand in ihm täuscht, schwört er als Student mit ein paar Kommilitonen feierlich, »niemals irgendein Sakrament irgendeiner Religion zu empfangen; kein Priester bei der Geburt, kein Priester bei der Hochzeit, kein Priester beim Tode«. Diesen Schwur hat er getreulich gehalten.
Als Medizinstudent wird er bald journalistischer Mitarbeiter von *Le Travail*, einem Blatt, das so unregelmäßig herauskommt, daß unter der Kopfzeile steht: »Le Travail

erscheint, wenn es geht.« Im März 1862 wird er für einen besonders scharfen Artikel zu einem Monat Gefängnis verurteilt. Er verbüßt die Strafe in Mazas, was ihm Gelegenheit gibt, den Helden seiner Jugendjahre, den immer wieder in Haft genommenen Sozialisten und »Berufsrevolutionär« Blanqui kennenzulernen. Ein Jahr lang besucht er ihn danach jeden Morgen.

Alle diese Beschäftigungen und Neigungen hindern ihn nicht, am 13. Juni 1865 seinen medizinischen Doktor zu machen. Im Sommer des folgenden Jahres schifft er sich auf der *Etna* nach Amerika ein. Der eben zu Ende gegangene Sezessionskrieg erregt noch die Gemüter, das Leben in New York fasziniert den jungen Clemenceau.

Er lernt einflußreiche Journalisten kennen, Horace Greeley zum Beispiel, den Chefredakteur der *New York Herald Tribune*, und liefert der Pariser Tageszeitung *Le Temps* ausführliche und präzise Artikel über das amerikanische politische Leben.

Es sieht so aus, als wolle er sich bei diesem Aufenthalt an allem versuchen. In dem New Yorker Vorort Standford läßt er sich bei einer Schule für höhere Töchter als Französisch- und Reitlehrer anstellen. Er verliebt sich sogar in eine der Schülerinnen, Mary Plumer, und verspricht ihr die Ehe. Doch, o Schreck, die Schöne besteht auf einer kirchlichen Trauung. Er schwankt keinen Augenblick, sondern weist das weit von sich und kehrt nach Frankreich zurück. Dort hört er, daß ein junger Arzt, ein gewisser Prompt, in beleidigender Weise von ihm gesprochen hat. Er fordert ihn zum Duell und die beiden treten einander auch wirklich im Wald von Clamart gegenüber, doch es geht ohne Blutvergießen ab.

Seine kleine Verlobte ist untröstlich und schreibt ihm, er solle doch in die Vereinigten Staaten zurückkehren, sie sei auch mit einer Ziviltrauung einverstanden. Schon ist er auf dem Schiff. In New York, noch in den Flitterwochen, kommt die Nachricht, daß Krieg zwischen Frankreich und Preußen ausgebrochen ist.

Gleich ist er wieder unterwegs. Doch die Ereignisse sind schneller als er. Bei seiner Ankunft ist die französische Armee längst geschlagen, bald darauf beginnt die Belagerung von Paris. Er beteiligt sich an der Revolution, die zum Sturz des Kaiserreichs führt, macht auf sich aufmerksam und hat es bald darauf zum Bürgermeister des 18. Arrondissements und wenig später zum Pariser Abgeordneten gebracht.

Die Würfel sind gefallen: Er wird seinen Arztberuf nicht ausüben, sondern sich ganz der Politik verschreiben. Bürgermeister eines so unruhigen Pariser Stadtteils zu sein, ist keine Kleinigkeit, zumal bald darauf die Pariser Kommune dort ihren Anfang nimmt. Sein Leben lang sind ihm diese Aufstandswochen in schrecklicher Erinnerung geblieben; vor allen Volksbewegungen hat er fortan einen Horror.

»Ich werde das niemals vergessen«, schreibt er. »Man kann sich so etwas einfach nicht vorstellen. Männer, Frauen und Kinder, trunken von Blut und wütender Erregung, tanzten brüllend um die Leichen: In keinem Alptraum kann man erleben, was damals wirklich geschah.«

Endlich entsteht die Republik! Seit seiner Kindheit hat er sie herbeigesehnt. Er wirft sich mit Leib und Seele auf die Politik. Als »Radikaler« wird er 1876 zum Abgeordneten des Stadtviertels Clignancourt gewählt. Zugleich ist er einer der schärfsten Journalisten in einer Zeit, in der es daran wahrhaftig nicht mangelt. Am 15. Juli 1880 gründet er *La Justice* und macht aus dem Blatt eine wirkungsvolle Waffe gegen einen seiner Hauptfeinde, den Apostel des Kolonialgedankens Jules Ferry.

Clemenceau ist gegen Abenteuer in Übersee. Anstatt Frankreichs Lebenskraft zu zersplittern, will er sie auf das einzige Ziel gerichtet sehen, das seiner Meinung nach überhaupt zählt: die Revanche, die Zurückeroberung Elsaß-Lothringens. In Europa liegt das Schlachtfeld, nicht irgendwo in Afrika oder Asien.

So läßt er keine Gelegenheit aus, Jules Ferry anzugreifen. Er tut das mit einer wilden Streitlust und anmaßenden Heftigkeit, die selbst seinen politischen Freunden oft zu weit geht. Niemand formuliert schlagender als er, niemand verfügt über eine derart beißende Ironie. Sein Kollege Léon Daudet, der weiß Gott auch kein Blatt vor den Mund nimmt, sagt von ihm: »Er wirkt wie ein Menschenfresser, der das Feuer unter seinem Kessel schürt.« Kein Rededuell, aus dem er nicht als Sieger hervorginge.

Das gleiche gilt übrigens für andere Zweikämpfe. Seine Waffe ist ebenso gefürchtet wie sein Hohn. Seine Gegner wissen, daß ein deplaziertes Wort die Forderung zum Duell bedeuten kann, bei dem sie damit rechnen müssen, den kürzeren zu ziehen. Jede Woche begibt er sich mehrmals zum Schießstand von Gastine Reinette, um zu trainieren. Jeder Schuß trifft. Wenn es ernst wird, gehen ihm allerdings manchmal die Nerven durch, zum Beispiel beim Duell mit Paul Déroulède, als er drei Schüsse auf seinen Gegner abgibt, ohne ihm auch nur einen Kratzer zuzufügen. Déroulède kann danach stolz verkünden: »Ich habe Herrn Clemenceau nicht aus der Welt geschafft, aber seine Pistole.«

Die Karriere des temperamentvollen Politikers leidet darunter nicht. Nach einem ruhigeren Zwischenspiel zur Zeit des Panamaskandals kämpft er wieder mit aller Kraft. Keine der dramatischen Stationen der Dritten Republik ohne Clemenceau ganz vorne auf der Bühne; in der Dreyfus-Affäre steht er mit aller Verve auf der Seite Zolas.

1903 wird er zum Senator des Departements Var gewählt. Senator ... Ist er dabei, in ein ruhigeres Fahrwasser einzulaufen? Er schafft das Paradox: Aus der Sinekure, die der Sitz im Senat üblicherweise bedeutet, macht er das Sprungbrett, um wieder ganz nach vorn zu gelangen.

Paradox allerdings ist vieles an ihm. George Suarès schreibt von ihm: »Zugleich Jakobiner und Aristokrat, ein Verfechter der Gleichheit und nur mühsam in der Lage, jemanden als ihm gleich anzusehen, demokratisch und autoritär, Anhänger kühnster Reformen und Gegner der Sozialisten, Atheist und Apostel einer Art von revolutionärer Mystik, sein Land zutiefst liebend und bis zur Ungerechtigkeit hart gegen dessen beste Diener, auf die Verteidigung des Vaterlandes bedacht und voller Mißtrauen gegen die militärischen Führer, immer brillant, immer auf Kampf gestimmt, hatte dieser Mann mit sechzig Jahren alle Prüfungen durchgestanden, alle starken Gefühle genossen, außer dem der Macht.«

Die Macht ist sein Leben lang vor ihm geflohen. Endlich, 1906, hat er sie eingeholt. Er wird Innenminister im Kabinett Sarrien. Allerdings hat er Pech, weil überall im Lande Streiks ausbrechen. Er tritt allein vor die Bergarbeiter in Nordfrankreich, lehnt Polizeischutz ab, geht auf die Gefahr hin, als Geisel genommen zu werden, in die Versammlungen der Arbeiter.

Er beeindruckt seine Kollegen so sehr, daß er am 25. Oktober Ministerpräsident wird. Er muß den furchtbaren Aufstand der südfranzösischen Weinbauern unter ihrem Anführer Marcellin Albert niederschlagen. Ständig kreuzt er die Klingen mit Jaurès, den er bewundert, sosehr er ihn bekämpft. Eines Tages kommt es zu einem erstaunlichen Dialog, bei dem Jaurès ihm zuruft:

»Sie sind nicht allein der liebe Gott!«

»Und Sie sind nicht der Teufel.«

»Woher wissen Sie das?«

Doch die Regierungen jener Zeit haben ein kurzes Leben, und 1909 stürzt Clemenceau.

Jetzt, acht Jahre später, ist er unter dramatischen Umständen wieder an der Macht und wird vom ersten Tage an zur Symbolfigur für den Widerstand. Seine großen Reden bringen das Blut der Franzosen zum Wallen, besonders die berühmte vom 8. März 1918:

»Mein Rezept ist überall das gleiche, meine Herren. Innenpolitik? Ich führe Krieg. Außenpolitik? Ich führe Krieg. Ich führe immer Krieg ... Rußland läßt uns im Stich? Ich führe weiter Krieg. Das unglückliche Rumänien sieht sich zur Kapitulation gezwungen? Ich führe weiter Krieg und werde ihn weiterführen bis zur letzten Viertelstunde, denn diese letzte Viertelstunde wird unsere sein.«

Die Franzosen allerdings haben bekanntlich vor nichts Respekt, und der Humorist H. P. Gassier schreibt seinen berühmten Vierzeiler:

Déjà drapé dans son linceul,
Clemenceau dit: »Je fais la guerre!«
Hélas! pleure un humanitaire,
C'est qu'il ne la fait pas tout seul.

Obwohl schon in sein Leichentuch gehüllt,
hat Clemenceau »Ich führe Krieg!« gebrüllt.
Schön wär's, fällt manchem Menschenfreund da ein,
Herr Clemenceau führt' diesen Krieg allein.

Unter ihm beginnt der Kampf gegen die Drückeberger. Überall stecken sie, in den Stäben, den unzähligen Dienststellen der Etappe und in den Ministerien. Alle klammern sie sich an ihre Posten und sind grundsätzlich unabkömmlich. Sie lassen schamlos ihre politischen Verbindungen spielen. Clemenceau macht sich ohne Rücksicht auf die Jagd und schickt sie an die Front.

General Mordacq berichtet: »Besonders fündig wurden wir in den französischen Verbindungsstäben, die bei der englischen, amerikanischen und belgischen Armee tätig waren. Diese Militärmissionen hatten sich immer mehr aufgebläht und waren Ende 1917 ganz außerordentlich, ja skandalös groß geworden. Vor allem bei der englischen Armee gab es unzählige Dolmetscher, die so gut wie alle zu den Kreisen des Hochadels oder der Hochfinanz gehörten. Es erschien sogar eine Schmähschrift auf sie: ›Die Kunst, die Hochroßkastanien aus dem Feuer zu holen.‹«

Gegen Ende des Jahres 1917 wird die Lage der Staatsfinanzen geradezu katastrophal. Das einzige Mittel, sie zu sanieren, wäre eine Anleihe. Doch die Kriegsmüdigkeit des Landes ist so groß, daß ein solches Vorhaben höchst riskant wäre. Clemenceau zögert nicht einen Augenblick. Er weiß, daß seit seinem Amtsantritt die Entschlossenheit der Franzosen immens gewachsen ist, und ruft schon am 26. November zur 3. Kriegsanleihe auf. Seine Rechnung geht auf: Innerhalb eines Monats nimmt die Staatskasse 10. Milliarden Franc ein.

Viele sehen in diesem Erfolg das Zeichen der großen Wende.

Die Nacht kommt früh im November, und kaum ist sie da, hören die vorgeschobenen Feldwachen der deutschen 20. und 54. Division seltsame Geräusche, ganz fern und dumpf. Man kann sich keinen Reim darauf machen. Manchmal klingt dieses Dröhnen wie Motorenlärm. Vielleicht sind es Flugzeugtriebwerke, die am Boden Probeläufe machen.

General von der Marwitz, Befehlshaber der II. Armee, ordnet Stoßtruppunternehmen an, um Gefangene zu machen, die man befragen könnte. Das ist ein Routinebefehl, denn an eine echte Gefahr vermag er nicht zu glauben.

Sein Frontabschnitt zwischen Saint-Quentin und dem Flüßchen Scarpe, ungefähr 10 Kilometer vor Cambrai, ist einer der ruhigsten im Westen. Es geht dort so friedlich zu, daß beide Seiten ihre abgekämpften Divisionen dort einsetzen. Wenn die Schützengräben nicht wären, die sich im Zickzack durch das Land ziehen, könnte man vergessen, daß überhaupt Krieg ist. Ganz selten fällt ein Schuß, die Dörfer stehen noch, die Wälder haben noch Bäume, und das Niemandsland zwischen den britischen und deutschen Gräben ist so grün und glatt wie ein englischer Rasen. Ja, von einem solchen Abschnitt kann man nur träumen. Die Deutschen sprechen geradezu vom »Flandernsanatorium«. Außerdem haben sie hier im Zuge der Siegfriedstellung besonders starke Befestigungen gebaut: drei mit Betonbunkern gespickte Verteidigungslinien, zwischen denen sich auf 1500 Meter Tiefe so breite und dichte Drahtverhaue erstrecken, daß keine Artillerievorbereitung sie ganz aus dem Wege räumen könnte.

Warum sollten sich die Engländer gerade an einem solchen Hindernis die Zähne ausbeißen wollen? Ihre letzte Offensive in Nordflandern ist sie teuer zu stehen gekommen, und die Eroberung der Trümmer des großen Dorfes Passendale an der Straße nach Roeselare am 6. November hat sie noch einmal schwere Verluste gekostet. Haig hatte sich geschworen, diesen Ort zu nehmen, und es ist ihm auch gelungen, doch in London hat das viel böses Blut gemacht. Wie es heißt, soll Lloyd George, der die öffentliche Meinung hinter sich weiß, immer eindeutiger gegen jede Offensive eingestellt sein. Er schickt dem britischen Befehlshaber ja schon seit einiger Zeit längst nicht mehr so viele Truppen, wie er anfordert.

Immerhin läßt Marwitz vorsichtshalber die von der Ostfront eintreffende 107. Division beschleunigt ausladen. Die Stoßtrupps haben an die 40 Gefangene eingebracht, doch entweder verweigern die Tommys die Aussage, oder sie geben Auskünfte, mit denen man nichts anfangen kann. Offensichtlich wird drüben eine Offensive vorbereitet, aber doch wohl nicht für die allernächste Zeit. Ein letzter Gefangener, den man in der Nacht vom 19. auf den 20. November bei Villers-Plouich gemacht hat, vergrößert eigentlich nur die Ungewißheit.

Marwitz entscheidet sich fürs Abwarten. Maßnahmen ergreifen, Reserven heranziehen kann er ja immer noch, wenn die Artillerievorbereitung begonnen hat, die angesichts der zu zerstörenden Befestigungen etliche Tage in Anspruch nehmen muß.

Tatsächlich geht es am 20. November um 7.15 Uhr ohne langes Einschießen los. Tausende von Granaten explodieren in den deutschen Linien. Sprenggranaten, aber auch Brand- und vor allem Rauchmunition. Während sich ein undurchdringlicher Vorhang über das Schlachtfeld legt, suchen die bedauernswerten deutschen Soldaten Deckung, so gut sie können. Sie wissen ja aus der Erfahrung so vieler Offensiven, daß sie noch stundenlang, vielleicht tagelang in der Hölle des Trommelfeuers ausharren müssen. Doch es kommt ganz anders.

Hinter der künstlichen Rauch- und Nebelwand hören sie ein ungewohntes Geräusch. Es ist der gleiche Motorenlärm, der sie in den Tagen zuvor schon beunruhigt hat. Nur ist er diesmal so unheimlich nahe, daß sie den Kopf hochnehmen und fassungslos auf ein erschreckendes Schauspiel starren. Da kommen Eisenkolosse auf sie zugerollt, wälzen sich über die Gräben, drücken Mauern und Bäume einfach weg, fahren ohne Halt nach allen Seiten feuernd durch die Drahtverhaue. Fast alle haben sie schon einmal einen Tank gesehen, doch noch niemals in so großer Zahl und aus solcher Nähe.

Ein Augenblick noch, und sie sind zermalmt. Es kann ja gar nicht anders sein. Da springen auch die Mutigsten auf und beginnen davonzulaufen. Noch niemals hat es beim deutschen Heer eine solche Panik gegeben. Hier und da finden sich unter den kopflos Fliehenden ein paar Helden, die sich um ein Feldgeschütz scharen und Widerstand zu leisten versuchen. Einigen gelingt es sogar, eines oder mehrere der Ungetüme abzuschießen, doch dann ist auch schon alles vorbei, die folgenden Tanks rollen an

ihnen vorbei oder zerschmettern sie. Der Strom der gepanzerten Sturmwagen bewegt sich unaufhaltsam vorwärts.
Schon um 8 Uhr ist Ludendorff alarmiert worden. Angesichts des noch nie Dagewesenen kann er nur Verstärkungen zusammenraffen, wo er sie gerade findet: zwei Divisionen, die in Ruhe gelegen haben, ein paar Einheiten von der Armee des bayerischen Kronprinzen. Doch dem deutschen Heer fehlt es an Lastkraftwagen, so daß diese Verstärkungen frühestens am 23. November eingreifen können. Der Überraschungseffekt ist diesmal total.
Douglas Haig darf triumphieren. Diese Operation ist ganz und gar sein Werk. Er hat sie gewollt und gegen alle Widerstände durchgesetzt. Er, der Kavallerist, glaubt an die Möglichkeiten der Panzerwaffe als moderne Neuauflage der Kavallerie. Nur mit den Tanks kann man im jetzigen Stadium des Krieges bei massiertem Einsatz auf nicht zu sehr von Granattrichtern zerwühltem Gelände einen Durchbruch erzielen. Die langen Artillerievorbereitungen à la Joffre bringen nichts mehr ein. Sie geben dem Feind Gelegenheit, seine Eingreifdivisionen heranzuziehen. Der Tank verschafft die Möglichkeit zur Überraschung, dem Trumpf in jedem Kriege.
Infanteristen und sogar Reiter der Armee Byng folgen den 400 Stahlkolossen unmittelbar. Innerhalb weniger Stunden haben sie befestigte Dörfer erobert wie Lateau, La Vacquerie und Havrincourt. An einigen Stellen wird die Schelde überschritten, Marcoing fällt. Vor Flesquières finden sie Widerstand, doch der Ort kann sich nur bis zum andern Morgen halten. Innerhalb von 24 Stunden haben die Engländer auf 12 Kilometer Frontbreite einen Einbruch von 7 Kilometer Tiefe erzielt.
Das ist ein großer Erfolg. Doch schon am 21. November beginnt Haig sich Sorgen zu machen. Dieser vermaledeite Lloyd George hat mit seinen spärlich zugeteilten Verstärkungen die Offensive zu einer halben Sache gemacht. Haig verfügt einfach nicht über genügend Reserven, um den Frontvorsprung auszuweiten, den er gewonnen hat, und die deutschen Stellungen vollends aufzubrechen. Es reicht nicht einmal, um Cambrai zu erobern, das doch unmittelbar vor seinen weit vorgedrungenen Soldaten liegt.
Er schreibt: »Die Lage ist für uns wirklich äußerst günstig. Leider fehlt es mir an Truppen, um unseren Erfolg zu nutzen. Zwei frische Divisionen nur, und wir könnten bei Marcoing nach Nordosten durchstoßen.«
Bereits am 23. November ist Ludendorff so weit, daß er an die Vorbereitung des Gegenangriffs gehen kann. Die Engländer haben einen schmalen Frontbogen erobert. Die Gegenmaßnahme drängt sich von selber auf: Man muß mit Elitetruppen von den Flanken her kommen.
Am 30. um 9 Uhr dringen die deutschen Stoßverbände in die neuen britischen Linien ein. Byngs Männer werden zur geheiligten Breakfast-Stunde gestört. Nur wenige Tage, und die Engländer sind fast auf ihre Ausgangsstellungen zurückgeworfen.
Also ein großer Schlag, der nichts gebracht hat? Das momentane Ergebnis ist tatsäch-

lich gering. Doch obwohl sich alles in so kurzer Zeit und auf so engem Raum abgespielt hat, ist die Tankschlacht von Cambrai eines der wichtigsten Ereignisse des Krieges.
Sie beweist, daß eine große Anzahl von überraschend angreifenden Panzerwagen selbst die stärkste Front durchstoßen kann. In wenigen Stunden ist das gesamte deutsche Stellungssystem überrollt worden, und bei geringen eigenen Verlusten haben die Engländer 10000 Gefangene gemacht und 200 Geschütze erbeutet. Daß die Reserven nicht schnell genug nachgekommen und zu schwach gewesen sind, steht auf einem anderen Blatt. Entscheidend ist die Tatsache des Durchbruchs und des unwiderstehlichen Überraschungseffekts. Endlich ist das Rezept gefunden für diesen berühmten »Durchbruch«, für den jahrelang so viel Tinte und Blut geflossen sind.
Churchill strahlt. Er ist ja einer der ersten gewesen, der an die Tankwaffe geglaubt hat. Gleich nach der Schlacht schreibt er: »Wenn jemand wie ich ausnahmslos sämtliche alliierten Großoffensiven der Jahre 1915, 1916 und 1917 scharf kritisiert und sie als überflüssig, falsch angelegt und viel zu verlustreich bezeichnet hat, muß er sich der Frage stellen: ›Was hätte man sonst tun sollen?‹ Jetzt ist es klar, was wir hätten tun sollen.«
Er ist einer der ganz wenigen, die alle Folgerungen aus dieser exemplarischen Schlacht ziehen. Die Tatsache, daß sie so schnell zu Ende ging und keinen wirklichen Erfolg brachte, hat ihre wahre Bedeutung verschleiert.
Besonders uneinsichtig zeigt sich Ludendorff. Für ihn ist der Tank eine gegen Artilleriebeschuß viel zu empfindliche Waffe; sie kann nicht wirklich wirksam sein. Bei den bevorstehenden Großkämpfen werden die Tanks den Deutschen bitter fehlen.
Erst einmal beginnt jetzt der vierte Kriegswinter. Auf beiden Seiten sind die Kämpfer mit ihrer Kraft am Ende. Die Front versinkt in einer sibirischen Kälte, wie sie in Nord- und Ostfrankreich selten vorkommt. Die Russen sind außer Gefecht, und alle blicken auf die Amerikaner und fragen sich, wann sie eingreifen werden. Die Alliierten sind sich darin einig, sich passiv zu verhalten, bis sie genügend Truppen haben, um die deutsche zahlenmäßige Überlegenheit auszugleichen. Und Erich Ludendorff bereitet in der Stille seines Arbeitszimmers die letzte, die entscheidende Offensive vor, die er unbedingt führen muß, solange die Zahlen noch für ihn sind.
»Engländer und Franzosen« schreibt er, »griffen in Frankreich nicht weiter an ... Sie mußten sich sogar entschließen, Divisionen nach Italien ihrem geschlagenem Bundesgenossen zu Hilfe zu senden. Die Ruhe im Westen, die wir in unserer Erschöpfung so dringend brauchten, trat endlich ein.«

Seine Königliche Hoheit Prinz Leopold von Bayern ist ein alter, sehr distinguierter Aristokrat, der Sproß einer der ältesten, titelreichsten Familien Europas. Die Ironie der Geschichte will es, daß ausgerechnet er am 2. Dezember 1917 die sowjetischen Bevollmächtigten zu empfangen hat, die den Waffenstillstand abzuschließen bereit sind.

Warum gerade er? Er ist der Befehlshaber der deutschen und österreichischen Armeen im Osten, jedenfalls dem Namen nach; die tatsächliche Führung liegt in den fest zupakkenden Händen von General Max Hoffmann, dem Chef des »Generalstabs Ober-Ost« als direktem Nachfolger Ludendorffs auf diesem Posten.
Zwei Welten stehen einander gegenüber, fremder, als seien sie durch tausend Lichtjahre getrennt. Der alte Adel, der Europa jahrhundertelang beherrscht hat, und die Revolutionäre, die eben erst eine der ehrwürdigsten Dynastien vom Thron gestoßen haben. Auf der einen Seite ein Prinz, auf der anderen eine Delegation von Unbekannten, von denen mindestens zwei, Joffe und Kamenew, Jahre in den Kerkern des Zaren verbracht haben. Zwei Welten, die einander hassen und nur darauf bedacht sind, die andere zu vernichten, die sich aber verständigen müssen, um zum Friedensschluß zu gelangen.
Die Sitzungen finden im ersten Stockwerk des einstigen Spielkasinos von Brest-Litowsk statt. Es ist noch gar nicht lange her, daß in diesem Saal Theater gespielt und konzertiert wurde. Die Bevollmächtigten arbeiten an einem riesigen, mit dickem grünem Filz bezogenen, hufeisenförmigen Tisch.
Seltsame Verhandlungen sind das! Schon nach wenigen Stunden könnte man sich fragen, wer hier eigentlich der Sieger und wer der Besiegte ist. Die Russen treten laut und fordernd auf. Sie verlangen von vornherein, daß alle kriegführenden Länder zu der Konferenz geladen werden. Denn sie wollen, so erklären sie, keinen Sonderfrieden, sondern einen allgemeinen Frieden abschließen.
Das ist nur ein taktischer Schachzug. Sie wissen genau, daß die Alliierten ihr Angebot nur ablehnen können. Doch sie hoffen, daß die Proletarier dieser Länder sich dann gegen ihre Regierungen erheben und Frieden erzwingen würden. Außerdem sind sie überzeugt, daß die Mittelmächte gar nicht die Möglichkeit haben, nach einem Scheitern der Verhandlungen die Kampfhandlungen im Osten noch einmal aufzunehmen. Tatsächlich ist Österreich keiner Anstrengung mehr fähig, und in den deutschen Industriestädten beginnt es zu gären. Die *Prawda* verkündet denn auch bald darauf: »Der Kopf des deutschen Imperialismus liegt auf dem Block.«
Im Augenblick ist der Kopf des deutschen Imperialismus der von General Hoffmann. Ein eindrucksvoller »Bismarckkopf« mit buschigen, stets zusammengezogenen Brauen. Hoffmann ist ein Hüne, der fest entschlossen ist, sich durch die revolutionäre Propaganda nicht vom Wege abbringen zu lassen. Er macht seinen Gesprächspartnern bald klar, daß sie eindeutig die Besiegten sind und daß ihre Rhetorik gegen Kanonen nichts ausrichten kann.
Schon am 7. Dezember wird eine Waffenruhe von zehn Tagen vereinbart. Sie gilt für alle Streitkräfte zu Lande, zu Wasser und in der Luft vom Schwarzen Meer bis zur Ostsee. Die Truppen sollen in den derzeitigen Stellungen verbleiben. Die Kriegsschiffe haben sich jeder Aktion zu enthalten. Die Russen haben den Eindruck, einen großen Erfolg errungen zu haben, weil die Soldaten der drei Nationen über das Niemandsland hinweg

93 Generalfeldmarschall von Mackensen, Oberbefehlshaber in Rumänien (oben links). – *94* A. Kerenski (stehend) nimmt eine Parade ab. Noch einmal versucht er, die Kräfte des russischen Heeres zu mobilisieren (oben rechts). – *95* Gegen das immer mehr sich auflösende russische Heer haben die Truppen der Mittelmächte Ende 1917/Anfang 1918 relativ leichtes Spiel. Hier überschreitet deutsche Infanterie auf einer notdürftig reparierten Brücke die Düna (September 1917).

96 Der nominelle Oberbefehlshaber der deutschen Armee, Kaiser Wilhelm II., mit seiner dritten OHL. Während der Kaiser seit Beginn des Krieges praktisch vom Geschehen ausgeschlossen war, besaßen Hindenburg (links im Bild) und Ludendorff (rechts) eine diktatorenähnliche Stellung. – *97* Sein einziges Ziel war ein baldiger Frieden für Österreich: Kaiser Karl I., seit 1916 Nachfolger Franz Josephs, hier beim Abschreiten einer deutschen Ehrenkompanie im Mai 1917.

Kontakt aufnehmen dürfen. So hoffen sie ihre Propaganda in die deutschen und österreichischen Gemüter tragen zu können. Doch Hoffmann ist überzeugt, daß er seine Truppen bei der Stange halten kann.

Am 22. Dezember tritt die Friedenskonferenz zusammen.

Die deutsche Delegation steht unter der Leitung von Richard von Kühlmann, Staatssekretär des Auswärtigen, die österreichische wird von Außenminister Graf Czernin geführt, der seinen Orden vom Goldenen Vlies trägt. Bulgaren und Türken sind gekommen. Bei den Russen steht wiederum Joffe, der Gründer der *Prawda*, an der Spitze der Delegation. Mehr als 400 Personen drängen sich in dem großen Saal.

Schon in den ersten Tagen kommt es zu Zwischenfällen. Alle hatten sich auf einen »Frieden ohne Annexionen« geeinigt, doch das ist offensichtlich ein Mißverständnis gewesen. Die Russen waren überzeugt, das bedeute, daß sie ihr Gebiet ungeschmälert behalten würden. Hoffmann macht ihnen bald klar, daß die verschiedenen Nationalitäten des einstigen Zarenreiches das Selbstbestimmungsrecht bekommen müßten, sich also auch für die Unabhängigkeit entscheiden könnten. Joffe widerspricht dieser Interpretation nachdrücklich und beschließt, mit seiner Delegation nach Petrograd zurückzukehren.

Lenin, der nur zu gut weiß, daß Rußland unter allen Umständen Frieden braucht, hat schon für den 15. Januar der Wiederaufnahme der Verhandlungen zugestimmt, doch diesmal kommt an der Spitze der Abordnung ein Stern erster Größe, Leo Trotzki, die Nummer zwei der Revolution, der Eiserne, ein glänzender Redner und eindrucksvoller Dialektiker.

Kaum ist er eingetroffen, führt er eine strenge Trennung der Delegationen ein. Bisher ist der Umgang miteinander eher entspannt gewesen, und die beiden Lager sind sogar dazu übergegangen, die Mahlzeiten gemeinsam im Kasino der Garnison einzunehmen. Es haben sich persönliche Beziehungen angesponnen.

Damit macht Trotzki Schluß. Außerhalb der Sitzungen gibt es fortan keinen Kontakt mehr zwischen den Delegationen. Die Stimmung wird unversöhnlicher, bald kommt eine Atmosphäre des kalten Krieges auf, und zwar nicht zuletzt deswegen, weil jetzt auch die Delegierten der Ukraine eingetroffen sind und in eigener Sache zu verhandeln wünschen. Trotzki will davon nichts wissen: Die Ukraine gehört zu Rußland und kann keinen Separatfrieden schließen. Die Friedenskonferenz ist in einer Sackgasse. Der Konflikt scheint unlösbar. Trotzki kehrt nach Petrograd zurück, um sich mit Lenin abzustimmen. Als er wiederkommt, hat er seine Taktik noch einmal geändert. Er erklärt:

»Wir ziehen uns aus dem Krieg zurück. Wir erklären dies allen Völkern und allen Regierungen. Wir ordnen die allgemeine Demobilisierung unserer Armee an ... Wir erklären, daß die uns angebotenen Bedingungen in völligem Gegensatz zu den Interessen der Völker stehen.«

Für ihn gibt es nichts mehr zu verhandeln. Er kann nach Petrograd abreisen. Er ist überzeugt, daß seine »Erklärung des Weltfriedens« überall begeisterte Zustimmung finden wird und das deutsche Volk seine Regierung jetzt zwingen wird, dem Krieg ein Ende zu machen. Dann werden Engländer, Franzosen und Italiener diesem Beispiel folgen. Daran glaubt er fest. Sollte er sich doch täuschen, so könnten die Sowjets zum »revolutionären Krieg« aufrufen, zu einem umfassenden Partisanenkrieg also, der die deutschen und österreichischen Armeen bald lähmen würde.

Tatsächlich zögern die Mittelmächte angesichts dieser neuen Lage. Militärs und Politiker können sich nicht einigen. Czernin verlangt Frieden um jeden Preis, notfalls sogar zu Trotzkis Bedingungen. Doch der eigentlich Ausschlaggebende ist Ludendorff, und für den ist die Sache ganz einfach: Durch ihren Abzug vom Verhandlungstisch haben die Russen den Waffenstillstand gebrochen. Der Krieg geht weiter.

Er hat zwar seine besten Truppen schon an die Westfront verlegt und verfügt nur noch über Landwehrverbände mit begrenzter Kampfbereitschaft. Doch er zögert nicht, ihnen den Befehl zum Angriff zu erteilen.

Gleich die ersten Tage geben ihm recht. Die russische Armee ist so heruntergekommen, daß sie überhaupt keinen Widerstand leistet. Was folgt, ist kein Krieg, sondern ein Spaziergang, bei dem man sich nur um den Abtransport der Gefangenen kümmern muß. Die russische Front bricht völlig zusammen. Minsk, Dünaburg, Plotik, Lutsk und Pleskau werden besetzt. Sogar die Türken wachen auf und marschieren auf Trapezunt.

In Petrograd gibt es ein böses Erwachen aus den Träumen. Die deutschen und österreichischen Soldaten haben nicht gemeutert, und die Proletarier der Ententestaaten kämpfen weiter.

Selbst Lenin läßt sich von der Erregung anstecken. Er zögert, fragt sich, ob er den revolutionären Krieg ausrufen soll, fragt bei den Franzosen an, ob er auf ihre Hilfe rechnen kann. Er gibt Trotzki sogar Vollmacht, nach seinen eigenen Worten, »die Hilfe der französischen imperialistischen Räuber gegen die deutschen Räuber anzunehmen«.

Doch die Zeit drängt. Schon sind Livland und Estland verloren. Lenin ist jetzt überzeugt, daß sich Entente und Mittelmächte zusammengetan haben, um die Roten zu vernichten. Er denkt nur noch an eines: die Revolution zu retten. Er ringt sich dazu durch, die deutschen Friedensbedingungen zu akzeptieren.

Am 24. Februar nennt Ludendorff seine Bedingungen. Sie sind unglaublich hart: Rußland verliert Kurland, Litauen und Polen, Finnland und die Ukraine werden unabhängige Staaten, Estland und Livland bleiben bis auf weiteres von den Deutschen besetzt. Die Türken bekommen Baku und Kars. Die Bedingungen müssen binnen 48 Stunden angenommen sein.

Lenin erkennt, daß ihm keine Wahl bleibt: »Jeder Gedanke an einen revolutionären

Krieg muß ein für allemal aufgegeben werden. Zum Kriegführen braucht man eine Armee, und es ist keine da. Also müssen die Bedingungen angenommen werden. Nehmen Sie nicht an, unterschreiben Sie das Todesurteil der Revolution. Den Vertrag hingegen kann man immer noch auslegen, und wir werden ihn auslegen.«
Am 28. Februar trifft die russische Delegation wieder in Brest-Litowsk ein. Am 3. März wird der Frieden unterzeichnet. Am 6. wird er von einem außerordentlichen Parteikongreß ratifiziert. Rußland verliert 26 Prozent seiner Bevölkerung, 27 Prozent seiner landwirtschaftlichen Nutzfläche und 37 Prozent seiner Industrie.

Ludendorff darf aufatmen: »Ich erwartete mit größter Spannung den Tag, an dem die russische Regierung uns um Waffenstillstand bitten würde.«
Jetzt ist es soweit. Der Frieden ist unter Dach und Fach. Ludendorff hat den Rücken frei. Mindestens 40 Divisionen werden die Westfront verstärken, und mit ihnen, davon ist er überzeugt, wird er den Krieg gewinnen. Die Russen spielen keine Rolle mehr, die im Stich gelassenen Rumänen werden um Frieden bitten müssen, die bei Caporetto so furchtbar geschlagenen Italiener können vorerst keine Offensive mehr führen. Die Entscheidung kann und muß also jetzt in Frankreich fallen.
Der Generalquartiermeister hat große Pläne:
»Die Rücksicht auf die amerikanische Gefahr ließ es geboten erscheinen, im Westen so früh wie möglich zuzuschlagen. Die Ausbildung der Armee für den Angriff ermöglichte es, die Märzmitte hierfür in Aussicht zu nehmen. Die Pferde fanden dann auch wenigstens etwas auf der Weide zu fressen vor. Auch hieran war bei unserem Futtermangel zu denken.«
So wird im März 1918 der letzte Akt des ungeheuren Ringens beginnen.

XXIV. Kapitel Deutschlands letzter Versuch: Die »Ludendorff-Offensive«

21. März 1918. Hindenburg und Ludendorff führen das deutsche Heer in die gewaltigste Offensive des ganzen Krieges. Sie soll die Entscheidung bringen. Als ihre Front zusammenbricht, schaffen die Alliierten den gemeinsamen Oberbefehl. Foch gelingt es, die Bresche zu schließen. Alles muß von vorn begonnen werden.

11. November 1917. Die kleine belgische Bergwerksstadt Mons zwischen ihren Flüßchen Trouille und Haine ist unter dickem Rauhreif aufgewacht. Ein weiterer Kriegswinter kündigt sich an, ein vierter Hungerwinter unter deutscher Besetzung. Die Front ist weit, aber die Kriegslasten sind schwer und die Anordnungen der Militärverwaltung streng. Mons, das alte, strategisch günstig gelegene Städtchen, ist nicht ein einfacher Etappenort, sondern das Hauptquartier des Kronprinzen Rupprecht von Bayern, dessen Heeresgruppe die Front zwischen dem Hügelland von Saint-Gobain vor Laon und der Nordseeküste hält.

Der Kronprinz hat sich zunächst draußen im Schloß Herdepont eingerichtet, doch dann ist er angesichts der exponierten Lage, die Bombenangriffe anziehen könnte, in die Stadt in die schöne neue Villa von Madame Loisseau, Hausnummer 26 in der Rue de Nimy, umgezogen.

Eine kluge Maßnahme, denn ein paar Tage nach der Verlegung hat ein englischer Flieger zwölf kleine Bomben auf das Schloß abgeworfen. Den Einwohnern von Mons, denen man kollektiv unterstellte, sie hätten den Feind informiert, ist eine Geldstrafe von einer halben Million auferlegt worden, außerdem zwei Wochen verschärftes nächtliches Ausgangsverbot.

Die Dienststellen der Heeresgruppe haben reichlich Platz in den drei Stockwerken des *Institut Supérieur Commercial et Consulaire* gefunden. In dieser Lehranstalt tagen an diesem kalten Vormittag des 11. November die wichtigsten Stabschefs des deutschen Feldheeres. Thema der Sitzung ist die Festlegung der Strategie für den deutschen Sieg, für den Feldzug des Jahres 1918.

Oberst Friedrich Graf von der Schulenburg vertritt als Stabschef seiner Heeresgruppe den deutschen Kronprinzen. Er erklärt, man müsse zuerst die französische Armee als die stärkste der Koalition zerschlagen, und spricht sich für eine Neuauflage der Schlacht von Verdun aus. Die Franzosen würden alle Kräfte dorthin werfen, um dieses Symbol ihres Widerstandes zu retten. So könnte man sie zwischen Champagne und Woëvre-

Ebene in die Zange nehmen und ihnen eine Niederlage zufügen, von der sie sich nicht wieder erholen würden.
General von Kuhl erwidert Schulenburg. Er war Klucks Stabschef während der Marneschlacht und ist inzwischen Chef des Stabes der Heeresgruppe Kronprinz von Bayern geworden. Er bestreitet die Vorteile einer Offensive abseits der Hauptfront, und sei es vor Verdun. Er schlägt vor, in Flandern anzugreifen, und zwar zwischen Armentières und Lens mit Stoßrichtung auf Calais und Boulogne. Ein siegreiches Vordringen würde die zwei Millionen in Frankreich kämpfenden Engländer von ihrer Basis abschneiden und ihnen nur die Wahl zwischen Flucht über den Ärmelkanal und Kapitulation lassen. Anschließend könnte man die französische Armee vernichtend schlagen und den Frieden diktieren.
Die Entscheidung liegt bei Paul von Beneckendorff und von Hindenburg, Chef des Generalstabes des Feldheeres. Diesen relativ bescheidenen Titel trägt er, weil der Oberbefehl beim Allerhöchsten Kriegsherrn Wilhelm II. liegt. Doch der deutsche Kaiser und König von Preußen ist bloßer Statist. Der wahre Oberbefehlshaber ist Hindenburg. Das deutsche Volk setzt sein Vertrauen auf den alten Soldaten, den man 1914 aus dem Pensionistendasein gerissen hat, um Ostpreußen vor den anbrandenden Russen zu retten, und der seit 1916 die höchste Verantwortung trägt. Man hat ihm ein großes Holzstandbild errichtet, in das die Berliner für ein paar Mark zugunsten der Verwundeten einen Nagel schlagen dürfen.
Hindenburg ist ein Siebzigjähriger von ähnlich massiger Statur wie Joffre, aber Joffre ist rund, während Hindenburg kantig wirkt. Preußen ist ihm wichtiger als Deutschland, und seine Hingabe an die preußische Monarchie wird durch sein persönliches Urteil über Wilhelm II. nicht beeinträchtigt. Er ist ein wahrhaft bescheidener Mann. Er sagt: »Nach Friedensschluß reite ich mit meinem Kaiser durchs Brandenburger Tor nach dem Schloß, wo ich mitfeiern will. Dann setze ich mich in die nächste Droschke, fahre zu meiner guten alten Frau, und dann sieht mich nie jemand wieder.«
Die Vorsehung hat mit dem Generalfeldmarschall von Hindenburg anderes im Sinn. Er ist in Mons nicht dabei. Die Oberste Heeresleitung ist durch Ludendorff vertreten.
An diesem 11. November 1917 gibt die allgemeine Lage Deutschlands Anlaß zu gedämpftem Optimismus. Die französische Armee ist mit ihrer Frühjahrsoffensive völlig gescheitert, die britische Armee hat sich fünf Monate lang beim furchtbaren Ringen um Passendale verblutet. Dieser Kampf ist ebenso heftig und mörderisch gewesen wie die Schlacht von Verdun, wegen der chauvinistischen Färbung ihrer Geschichtsschreibung kennen die Franzosen sie allerdings kaum dem Namen nach. Italien hat bei Caporetto seine militärische Kraft eingebüßt, und Rumänien ist dabei, überhaupt aus dem Kampf auszuscheiden. Die russische Armee fällt auseinander. Der Augenblick, da Deutschland sich endlich vom Alpdruck des Zweifrontenkrieges befreit sieht, ist zum Greifen nahe.
Es wurde wahrhaftig Zeit! Seit dem 1. August 1914 kämpft Deutschland gegen eine

vielfache Übermacht: das Britische Empire, Frankreich, Rußland, Serbien, Rumänien, Italien, Belgien, Portugal, Japan. Es hat selber Verbündete, aber die sind schwach, und dauernd muß man sie unterstützen.

Die Türken sind noch am brauchbarsten. Sie haben den britisch-französischen Angriff auf die Dardanellen hervorragend abgewehrt, in Mesopotamien eine englisch-indische Armee gefangengenommen, den Russen in Armenien standgehalten und die Engländer gezwungen, eine Million Mann für die Verteidigung des Suezkanals aufzubieten. Doch Unfähigkeit und Korruption nagen an dem Land. Das Osmanische Reich ist ein brüchiges Monument. Die arabischen Provinzen sind in vollem Aufruhr. General Allenby steht mit seiner Armee vor Jerusalem, und General Marshall marschiert auf Mossul. Konstantinopel ist ein Wespennest antideutscher Intrigen. Jeden Augenblick kann die Türkei vom Bündnis abfallen.

Die Bulgaren kämpfen seit dem Herbst 1915. Sie sind erschöpft, und Zar Ferdinand hat seinem Vetter Wilhelm II. kürzlich bei einem Besuch erklärt, die Balkanfront werde zusammenbrechen, wenn die Oberste Heeresleitung bei ihrer Absicht bleibe, die dort stehenden Verbände abzuziehen. Ludendorff hat ihm erwidern lassen, er brauche jeden Mann für die Schlacht in Frankreich; außerdem sei die inzwischen von dem französischen General Guillaumat geführte italienisch-serbisch-englisch-französisch-griechische Armee dort keiner ernsthaften Anstrengung fähig.

Österreich-Ungarn hat Deutschland wegen der Ermordung seines Thronfolgers in diesen Krieg hineingezogen. Es versucht jetzt durch einen Separatfrieden ungeschoren davonzukommen. Der alte Kaiser Franz Joseph ist gestorben; die Last der Jahre und der Niederlagen ist zu groß geworden. Der junge Kaiser Karl wird von drei deutschfeindlichen Frauen beherrscht, seiner Mutter, seiner Schwiegermutter und seiner Gemahlin, die diese wurmstichige, auseinanderfallende Doppelmonarchie durch rechtzeitiges Ausscheiden aus dem Kriege retten wollen. Die österreichisch-ungarische Armee, immer wieder geschlagen, hat inzwischen zwei Millionen Gefangene in den Händen der Russen gelassen, darunter viele Überläufer aus den völkischen Minderheiten Böhmens und Mährens, der Slowakei, Transsylvaniens, Kroatiens und Sloweniens. Die Ungarn tun nur noch das Allernötigste und verweigern Österreich sogar Lebensmittellieferungen. Das Habsburgerreich ist am Ende.

Auch an Deutschlands Entschlossenheit sind 39 Monate Krieg nicht spurlos vorübergegangen. In Kiel haben U-Boot-Besatzungen gemeutert; sie wissen, daß nur jedes zweite auslaufende Boot zurückkehrt. Die Arbeiter, die man zu Hunderttausenden für die Kriegswirtschaft »zurückgestellt« hat, strengen sich nicht mehr besonders an: Je weniger Rüstungsmaterial sie produzieren, um so länger bleiben sie unabkömmlich. Rußlands Zusammenbruch bedeutet einen unschätzbaren militärischen Vorteil, doch die Revolution hat alarmierende Vorbildwirkung. Schon hat man einen nach dem Muster der Sowjets gebildeten Arbeiter-und-Soldaten-Rat ausgehoben.

Die Wirtschaftslage ist nicht mehr schlecht, sondern verzweifelt. Um den Anschluß an die Ernte 1917 sicherzustellen, hat man Militärbestände für die Ernährung der Zivilbevölkerung herangezogen und die Brotration der Frontsoldaten auf 50 Gramm gekürzt. Da es an Rohgummi fehlt, müssen Fahrräder und Automobile auf eisernen Felgen mit Spiralfedern rollen. Die von dem späteren Nobelpreisträger Fritz Haber entwickelte Ammoniaksynthese gibt Deutschland die Möglichkeit, Sprengstoff in ausreichender Menge herzustellen, doch keinen Ersatz gibt es für den Treibstoff, den die zunehmende Motorisierung des Krieges erforderlich macht. Der Generalstab behauptet, daß sich der Tank trotz des Durchbruchs bei Cambrai nicht bewährt hat. Es fehlt allerdings auch an Stahl, um das deutsche Heer damit auszurüsten.
Totaler Krieg. Ludendorff muß sich ebenso viele Nächte über Versorgungsprobleme und Fragen der Kriegsmüdigkeit der Heimat den Kopf zerbrechen wie über Taktik und Strategie. Er hofft, Korn aus der Ukraine und Erdöl aus dem Kaukasus beziehen zu können, aber an eine politische Führung, die der Gefahr für das Vaterland gewachsen wäre, glaubt er nicht mehr.
Als neuen Reichskanzler hat Ludendorff mit Erfolg den bayerischen Ministerpräsidenten Graf Georg von Hertling favorisiert. Doch nach wenigen Tagen muß er enttäuscht erkennen, daß der alte, gehbehinderte Hertling keinen Funken Energie aufbringt und kein »Kriegskanzler« ist. Deutschland, so findet er, bräuchte einen Mann vom Schlage Clemenceaus als Kanzler.
Dabei ist der Sieg zum Greifen nahe! Der schrittweise Abbau der russischen Front setzt immer stärkere Kräfte frei. Eine letzte Anstrengung, eine Generaloffensive muß Frankreich und England zum Einlenken zwingen.
Natürlich sind da noch die Amerikaner. Ist ihr Eingreifen wirklich so bedrohlich? Ludendorff glaubt das nicht. Wie alle europäischen Militärs ist er überzeugt, daß eine Nation in Waffen einen festen Stamm von Berufssoldaten brauche. Die Amerikaner haben davon ganze 125 000, und Bewaffnung und Taktik dieser Männer mit den breitkrempigen Hüten eignen sich nur für Indianerkriege. In einer deutschen Denkschrift wird festgestellt, daß rein miltärisch gesehen die amerikanische Intervention die Entente sogar schwächt, weil das an unfähige Freiwillige gelieferte Material den Engländern und Franzosen entzogen wird. Auf jeden Fall können die Amerikaner allenfalls 15 Divisionen bis August 1918 in Europa haben. Bis dahin hat Deutschland den Krieg gewonnen.
Auf der Anreise zu der Sitzung sind die Stabschefs über das Schlachtfeld von Mons gefahren. Vor über drei Jahren, am 20. August 1914, ist hier die kleine Berufsarmee des Königs von England von Klucks Divisionen weggefegt worden. Alle Deutschen haben damals geglaubt, der Sieg sei ihrer. Aber es hat nicht sollen sein. Jetzt ist es wieder soweit, und diesmal wird man ihn sich nicht nehmen lassen!
Ludendorff ergreift das Wort zur Zusammenfassung und Entscheidung. Im Frühjahr

1918 werden, so erklärt er, 200 deutsche Divisionen an der Westfront 175 französischen, englischen und belgischen gegenüberstehen. Diese Überlegenheit ist zu gering, als daß man mehrere Großoffensiven gleichzeitig führen könnte. Man darf also, um stark zuschlagen zu können, nur an einer Stelle zuschlagen. Gegen wen? Oberst von der Schulenburg meint: gegen die Franzosen. Ludendorff gibt zu bedenken, daß die Engländer, wenn die Franzosen besiegt sind, nicht unbedingt Frieden schließen werden, während das Umgekehrte zutrifft. Außerdem ist die französische Armee beweglicher, für einen Großkampf auf weitem Raum geeigneter als die englische. Also muß man zunächst die Engländer außer Gefecht setzen.
Die Frage ist nun: Wie? Ludendorff gibt zu, daß Kuhls Vorschlag einer Offensive in Flandern verlockend unkompliziert ist. Dagegen sprechen der flandrische Schlamm, die Sümpfe des Lys-Tals, die einen Angriff erst im April zulassen, wenn der Boden einigermaßen fest geworden ist. Er, Ludendorff, hat sich für eine größer angelegte Operation auf günstigerem Gelände entschieden. Angegriffen werden soll weiter südlich zwischen der Oise und der Scarpe, zwischen La Fère und Arras. Die XVIII. Armee unter Hutier soll an der Somme vorstoßen und die Engländer von den Franzosen trennen. Die II. und XVII. Armee unter Marwitz und Below werden nach Nordwesten schwenkend die britischen Armeen einschließen und vernichten.
Es bleibt beim Termin für den großen Sturmlauf zum Siege: Mitte März.

20. März 1918. Die kleine ostfranzösische Stadt Avesnes-sur-Helpe zwischen Maubeuge und Vervins erlebt eine seltsame Betriebsamkeit. Große Stabswagen quälen sich durch die engen Gassen. Pioniere entrollen Telephonleitungen. Etliche Honoratioren müssen ihre schönen Häuser räumen, und das »Hôtel Terminus« wird als Offizierskasino hergerichtet. Die Leute flüstern einander zu, ein prächtiger blau-goldener Sonderzug stehe im Bahnhof, von einem starken Truppenaufgebot bewacht. Phantasiebegabte Einwohner haben keinen Zweifel an dem Sinn dieses Aufwands: »Der Kaiser (sie sagen *le Kehsär*) ist in Avesnes!« Die Skeptiker halten ihnen achselzuckend entgegen, was der Kaiser wohl ausgerechnet in Avesnes zu suchen haben sollte. Doch die Phantasiebegabten haben recht: Wilhelm II. ist für ein paar Stunden nach Avesnes gekommen, um in höchsteigener Person den Beginn der großen Offensive zu befehlen, an die das Schicksal der Krone der Hohenzollern geknüpft ist.
Alles ist bereit. Das Große Hauptquartier ist von Kreuznach nach Spa in Belgien vorverlegt worden, und um den Armeen noch näher zu sein, haben Hindenburg und Ludendorff hier in Avesnes die Operationsabteilung eingerichtet, die Seine Majestät als Oberster Kriegsherr mit seinem Besuch zu beehren geruhen.
Drei Armeen mit 69 Angriffsdivisionen – vor Verdun waren es nur 19 – führen die Offensive. Die XVII. (Below) greift südlich von Arras in südwestlicher Richtung an, die II. (Marwitz) südlich von Cambrai und die XVIII. (Hutier) nördlich und südlich

von Saint-Quentin in westlicher Richtung. Ludendorff rechnet damit, daß Below und Marwitz die englische 3. Armee (Byng) in ihrem Frontbogen vor Cambrai abschneiden werden. Hutier soll, nachdem er die englische 5. Armee (Gough) geworfen hat, nach Süden einschwenken, um das gewaltige Schlachtfeld gegen jedes Eingreifen der Franzosen zu decken. Vor Ende April hofft man Abbeville erreicht zu haben.
Die letzten Stunden vergehen in der Erregung, wie sie vor allen großen militärischen Unternehmungen herrscht. Es ist alles getan worden, um den Gegner zu überrumpeln, doch die Vorbereitungen waren so gewaltig (allein für den Munitionstransport sind 1900 Züge erforderlich gewesen), daß eine vollständige Geheimhaltung wohl nicht gegeben ist. Die XVII. Armee hat gemeldet, zwei Soldaten einer Minenwerferkompanie seien zum Feind übergelaufen.
Die Wetterbedingungen sind nicht ideal. Zwar ist es für die Jahreszeit sehr trocken gewesen, so daß die Sümpfe an Somme und Oise jedenfalls teilweise abgetrocknet sind, doch die Windrichtung ist nicht sehr günstig für den unerhört massiven Einsatz von Gasgranaten, den Ludendorff vorgesehen hat. Soll er deswegen noch einen oder zwei Tage warten? Nein! Die beiden Überläufer, die Schufte, haben bestimmt den Mund nicht gehalten. Angriffstermin, »Tag X«, bleibt der 21. März.

In dieser Nacht vom 20. auf den 21. März herrscht im Angriffsabschnitt zwischen Croisilles und La Fère eine seltsam nervöse Stimmung, stellenweise sogar echte Furcht. Die Unterstände und Gräben sind gedrängt voll, man kann sich kaum rühren. Alles, was jetzt noch bleibt, ist der Weg nach vorn, auf die englischen Linien mit ihren Maschinengewehren und Geschützen zu.
Seit mehreren Nächten sind die Männer marschiert. Nur in der Dunkelheit, denn bei Tage durfte keine Bewegung sichtbar werden. Sie haben sich, sobald es hell wurde, in Häusern, Kirchen und Wäldern versteckt, sich flach auf den Boden gelegt, um von den Artilleriebeobachtern und Aufklärern nicht gesehen zu werden. Immer wieder haben ihre Offiziere ihnen eingeschärft, daß die Geheimhaltung der Angriffsvorbereitungen der Schlüssel zum Erfolg sei. Mit dem letzten Tageslicht ging es dann weiter auf unendlich lange Märsche. In der Nähe der vorderen Linien galt es Tonnen und Abertonnen von Material und Munition mitzuschleppen.
Eine unerhörte Anstrengung. Doch sie haben sie bereitwillig auf sich genommen, weil man ihnen ständig gesagt hat, es sei die letzte. Die Offensive werde den Sieg bringen. Die Osterglocken würden den Frieden einläuten, hat der Kronprinz in seinem Tagesbefehl verkündet. Und sie sind entschlossen, diesmal ihr Bestes zu geben. Für den Sieg und für den Frieden.
Es regnet. Die Nacht will kein Ende nehmen. Nur wenige finden Schlaf. Mit jeder Stunde steigt die Spannung und die Angst, denn es ist wirklich etwas Unfaßliches, daß hier in Schußweite der feindlichen Geschütze eine solche Menschenmasse dichtge-

drängt wartet. Gewiß, man hat sich bemüht, die Vorbereitungen geheimzuhalten, aber ein einziger redseliger Überläufer oder Gefangener könnte die Engländer aus ihrem unbegreiflichen Phlegma wecken. Sie brauchen ja nur ihre Artillerie einzusetzen, um die Offensive im Keim zu ersticken.

Tatsächlich schlagen gegen Mitternacht ein paar Granaten in den Graben ein; jede kostet Dutzende von Toten. Ist das der Anfang eines Gegenvorbereitungsfeuers? Nein, es wird schon wieder still. Offenbar war es nur ein Routinebeschuß, der unter den zusammengepreßten Männern ungewöhnlich viele Opfer gefordert hat.

3 Uhr. Endlich hat der Regen aufgehört. Über der Ebene liegen Dunstschleier, die sich rasch zu einem richtigen Nebel verdichten.

4 Uhr. Eine Nachricht wird flüsternd durchgegeben: »S. M. der Kaiser und Hindenburg haben sich an den Schauplatz der Operationen begeben.« Viele Soldaten haben später gesagt, das habe sie ermutigt.

Die Kanoniere weiter hinten haben gearbeitet wie besessen. 6000 Geschütze aller Kaliber und 1000 Minenwerfer stehen bereit, ihre tödlichen Salven abzugeben. Der Organisator dieser Apokalypse ist Oberstleutnant Georg Bruchmüller, genannt »Durchbruchmüller«. Offiziell untersteht ihm nur die Artillerie der XVIII. Armee, doch Ludendorff setzt solches Vertrauen in ihn, daß er ihm für heute nacht die gesamte Artillerievorbereitung unterstellt hat. Sein großes Wissen und Können, schreibt er, seine Hingebung an den Beruf und an seine Waffe, sein warmes Soldatenblut machten ihn zu einem der hervorragendsten Soldaten dieses Krieges.

Ganz gewiß versteht er sein Metier. Noch niemals hat es in diesem Kriege eine so gewaltige Artilleriemassierung gegeben, nicht vor Verdun, nicht an der Somme.

Ernst Jünger hat in dieser Nacht bei den vordersten Sturmtruppen gestanden. Er erinnert sich mit Begeisterung des ungeheuren Feuers der deutschen Geschütze:

»Ein flammender Vorhang fuhr hoch, von jähem, nie gehörtem Aufbrüllen gefolgt. Ein rasender Donner, der auch die schwersten Abschüsse in seinen Rohren verschlang, ließ die Erde erzittern ...

Was wir nicht gewagt hatten zu hoffen, geschah: Die feindliche Artillerie blieb stumm; sie war mit einem Riesenschlag zu Boden gestreckt.«

Die Soldaten sind geradezu trunken. Sie steigen aus den Unterständen, stellen sich auf die Grabenböschung und verfolgen mit großen Augen das unglaubliche Schauspiel. Am meisten beeindruckt es sie, daß die englischen Linien in einer durchgehenden, lückenlosen Feuerwand zu verschwinden scheinen.

Winston Churchill, der gerade an der britischen Front auf Inspektionsreise unterwegs ist, hat den gleichen Eindruck. Er schreibt: »Man hätte meinen können, daß die ungeheuren Explosionen auf unseren Gräben einander berührten, ohne Abstand, weder räumlich noch zeitlich. Zwischen den Granateinschlägen sprühten fast unablässig die noch leuchtenderen Flammen unserer hochgehenden Munitionslager.«

8.25 Uhr. Jetzt läßt Oberstleutnant Bruchmüller seine Minenwerfer in Aktion treten. Man sieht ganz deutlich, wie die einen Doppelzentner schweren Geschosse schwerfällig gen Himmel steigen, einen schönen Bogen beschreiben und mit schrecklicher Wirkung in den vorderen Gräben des Gegners zerbersten. Die Deutschen brüllen vor Begeisterung. Sie laufen auf das freie Feld, besetzen jede kleine Erhebung, um den phantastischen Anblick zu genießen.

Um 9.10 Uhr robben die Vorausabteilungen durchs Niemandsland. Im Schutze des Feuervorhangs sollen sie möglichst nahe an die englischen Linien gelangen, um beim Aussetzen des Beschusses sofort am Feind zu sein.

Die Männer sind geradezu entfesselt. Darin stimmen alle Augenzeugen überein. In dieser Ausnahmesituation, völlig außer sich von der Gewalt, die über ihren Köpfen den Gegner gepackt hält, ist ihnen selbst die Angst vor dem Tode vergangen. Jünger schreibt: »Hier wurde das Schicksal von Völkern zum Austrag gebracht, es ging um die Zukunft der Welt ... Ich glaube, daß jeder das Persönliche sich auflösen fühlte und daß die Furcht ihn verließ.«

Um 9.40 Uhr begibt sich die Sturminfanterie, an die 200000 Mann, in den Nebel, der seit Tagesanbruch noch dichter geworden ist. Sie geht im Schritt durch das Gelände, das derart aufgewühlt ist, daß viele gar nicht merken, wie bald sie schon die vordersten Gräben der Engländer hinter sich haben. An der Spitze befinden sich besonders ausgebildete Einheiten. Aber was hier geschieht, ist gar kein furchtbarer Ansturm, sondern eher ein Einsickern. Es ist ausdrücklich befohlen worden, sich von Widerstandsnestern nicht aufhalten zu lassen. Man umgeht sie und zwingt die abgeschnittenen Gegner, irgendwann aufzugeben.

Die Engländer, das wissen alle, sind zähe Kämpfer. Doch heute behindert sie der Nebel. Oft sehen sie die Angreifer erst, wenn es zu spät ist. Schon sind sie eingeschlossen. Die Leuchtkugeln, mit der sie das Sperrfeuer der Artillerie anfordern, sind von hinten nicht auszumachen. Trotzdem halten sich etliche Einheiten völlig auf sich gestellt stundenlang, ohne auf Entsatz hoffen zu können. Aber im ganzen gesehen sind die ersten Stunden für die Deutschen ein Vormarsch mit der ruhigen, unwiderstehlichen Kraft der auflaufenden Flut.

Im Norden, zwischen der Scarpe und Saint-Quentin, wird die Armee Below allerdings von Byngs 3. Armee aufgehalten. Im Süden nutzt Hutiers XVIII. Armee die Tragfähigkeit der ausgetrockneten Sümpfe und wirft die englische 5. Armee unter Gough zurück, ja, deren rechter Flügel, das III. Korps, beginnt bald zu fliehen. Das ist besonders schlimm, weil hier die Nahtstelle zwischen den französischen und den britischen Verbänden ist. Gough muß bis hinter den Crozat-Kanal ausweichen. Seine Leute, die von dem Trommelfeuer schrecklich mitgenommen sind, kämpfen gegen eine dreifache Übermacht.

Der alarmierte Haig wendet sich an Pétain um Hilfe. Doch dafür muß erst Zeit gewon-

nen werden. Am Abend des 21. trifft General Humbert, der Chef der französischen 3. Armee, bei Gough ein. Aber er erklärt bedauernd: »Ich bringe nur den Stander an meinem Wagen.«
Am zweiten Tag der Offensive, dem 22. März, werden die Angreifer noch einmal vom Nebel begünstigt. Angesichts der Ereignisse des Vortages hat Ludendorff seinen Plan geändert. Er hat gehofft, die Front der 3. Armee durchstoßen und die 5. Armee am Eingreifen hindern zu können. Das Gegenteil ist eingetreten: Die 3. hat standgehalten, die 5. ist in sich zusammengebrochen. Also muß jetzt am schwächsten Punkt zugeschlagen werden.
Schon am frühen Morgen setzen Hutiers Leute über den Crozat-Kanal. Das britische III. Korps reißt seine Nachbarn mit in die Flucht. Jetzt ist das ganze Heer auf dem Rückzug, und zwischen den beiden englischen Armeen beginnt eine Lücke zu entstehen. Das französische Korps von General Pellé wird ohne Vorbereitung in die Schlacht geworfen und in den Strudel der Niederlage hineingezogen. Die Lage spitzt sich dramatisch zu.
Pétain erklärt sich bereit, die britische 5. Armee abzulösen, und unterstellt General Fayolle eine Entsatzarmee, die den Deutschen zwischen den Tälern von Somme und Oise Widerstand leisten soll.
Auch am 23. März können die Deutschen im Schutz des Morgennebels ungesehen an die rasch aufgeworfenen englischen Gräben gelangen. Schon am Vormittag muß General Gough erkennen, daß die Stadt Péronne nicht zu halten ist. Er entscheidet sich für den Rückzug hinter die Somme. Das zwingt Byng zur Zurücknahme seines rechten Flügelkorps. Die englische Armee fällt auseinander, und die Deutschen drängen heftig nach, vor allem im leer gewordenen Raum zwischen der 3. und 5. Armee. Sie überrennen auch die vordersten Einheiten des unter General Pellé herangeeilten französischen V. Korps.
Ludendorff spürt, daß er auf der Siegerstraße ist. Um überall voranzukommen, ändert er den Vormarschplan. Die XVII. Armee im Norden, unterstützt von der VI. und IV., soll die englischen Armeen umfassen und zum Ärmelkanal drängen. Die II. Armee im Zentrum soll die Bresche erweitern, die zwischen Engländern und Franzosen inzwischen klafft, und die XVIII. die zur Verstärkung eintreffenden französischen Verbände sofort angreifen, damit sie sich gar nicht erst entfalten können. Für ihn ist es ein großer Tag gewesen.
Für Haig und Pétain dagegen war er tragisch. Die Trennung ihrer Armeen ist so gut wie vollzogen. Um 16 Uhr treffen sie sich in Dury bei Amiens. Haig vertritt mit allem Temperament, dessen er fähig ist, die Sache der englischen Armeen. Er erkennt an, daß Pétain die zugesagten Verstärkungen in Marsch gesetzt hat, versichert aber, sie reichten nicht aus. Er benötigt nicht 6, sondern mindestens 20 Divisionen.
Pétain schlägt ihm das rundweg ab. Er erklärt, er müsse mit einer deutschen Offensive

in der Champagne rechnen. Zwei Divisionen schicke er noch, aber mehr auf gar keinen Fall. Haig ist verzweifelt. Er hat den Eindruck, daß seine Armeen jetzt ins Meer getrieben werden.

Am selben 23. März wird Präsident Poincaré um 7 Uhr von einer lauten Explosion aus dem Schlaf gerrssen. Er ist nicht sonderlich verwundert, weil die deutschen Flieger schon seit langem Bomben auf die Hauptstadt werfen. Wenn es irgend geht, begibt er sich stets an den Ort der Handlung, inspiziert die Schäden, verneigt sich vor den Toten und besucht die Verletzten in den Krankenhäusern. So läßt er auch diesmal bei der Polizeipräfektur und bei der Militärverwaltung anfragen. Man teilt ihm mit, eine Bombe sei auf den Boulevard de Strasbourg gefallen. Er eilt ins Ostbahnhofsviertel und besucht die Verletzten, die man ins Krankenhaus in der Rue des Recollets gebracht hat.

Er ist noch dort, als ihm der Polizeipräfekt mitteilt, eine weitere Bombe sei in der Rue Château-Landon niedergegangen. Er macht sich sogleich auf den Weg und stellt fest, daß ein zweistöckiges Haus eingestürzt ist. Eine Frau ist getötet worden, eine von Priestern gemietete Wohnung völlig zerstört. Ein alter Abbé erklärt ihm: »Es ist nur recht und billig, daß wir dem Vaterland unsere Schuld abstatten.«

Gerade will er ins Elysée zurück, zerreißt eine weitere Explosion in der Nähe ein altes Patrizierhaus.

Die Fachleute im Gefolge des Präsidenten sind perplex. Diese regelmäßigen Einschläge sind erstaunlich. Außerdem hat man kein Flugzeug am Himmel gesehen oder gehört. Ein Offizier weist darauf hin, daß die Spuren auf eine schräge Flugbahn hindeuten.

Die Feuerwerker der Militärverwaltung gelangen zu der unfaßlichen Erkenntnis, daß es sich nicht um Fliegerbomben, sondern um Granaten handelt, offenbar um 21-cm-Geschosse, die von einem Monstergeschütz abgefeuert worden sein müssen. Das ist so erschreckend, daß Clemenceau sich weigert, daran zu glauben, und dem Staatspräsidenten höchst respektlos erklärt, er renne einer verrückten fixen Idee nach.

Doch am Abend ist nicht mehr daran zu zweifeln: Die Hauptstadt liegt unter dem Feuer eines Geschützes nie gekannter Leistung, das von den Parisern bald wie die ganz anders konstruierten Riesenmörser von Lüttich in nicht sehr galanter Anspielung auf die Tochter des Erbauers Krupp als die »Dicke Berta« bezeichnet wird. »Dieses Geschütz«, schreibt Ludendorff, »war ein Wunderwerk der Technik und der Wissenschaft, ein Meisterwerk des Hauses Krupp.«

An der Front wird die Lage für die Alliierten mit jedem Tage kritischer.

Am 24. März läßt es sich nicht mehr leugnen, daß die Armee Gough völlig zerschlagen ist. Sie hat gemeint, hinter der Somme Zeit zur Neuaufstellung zu finden, doch die Deutschen haben ihr keinen Augenblick Ruhe gelassen. Wie am Tag zuvor sind die französischen Verstärkungen so in die Schlacht geworfen worden, wie sie aus den Zügen und Lastkraftwagen kamen. Sie geraten in ein vollständiges Chaos, haben keine Gelegenheit, eine feste Front zu bilden, und werden einfach mitgerissen.

Nichts scheint dem *furor teutonicus* noch widerstehen zu können. Wilhelm II. eilt hochbeglückt nach Avesnes, um Hindenburg mit dem Eisernen Kreuz mit goldenen Strahlen zu dekorieren, einer Auszeichnung, die zuletzt Marschall Blücher nach der Schlacht von Waterloo bekommen hat.
Pétain sieht schwarz. Höchst widerstrebend läßt er sich erweichen und wirft weitere 10 Divisionen in den Glutofen der Schlacht, doch alle, die ihn an diesem Vormittag erleben, haben den Eindruck, daß er alle Zuversicht verloren hat und überzeugt ist, die französische und die britische Armee würden immer weiter auseinandergedrückt werden. So will er seine Truppen zusammenhalten, um Paris zu decken.
Foch ist ganz anderer Ansicht. Als Militärberater der Regierung betrachtet er es als seine Pflicht, in diesen entscheidenden Stunden Clemenceau vor der passiven Hinnahme der Situation, wie sie sich jetzt entwickelt, zu warnen. In einer Note, die er dem Ministerpräsidenten übermitteln läßt, schreibt er, man müsse unbedingt den Zusammenhalt zwischen Franzosen und Engländern aufrechterhalten. Lassen sie sich auseinanderreißen, sind sie unrettbar verloren. Die einzig mögliche Maßnahme ist die Entsendung zahlreicher französischer Divisionen in den Raum Amiens. An einen Angriff der Deutschen in der Champagne glaubt Foch nicht. Er ist überzeugt, daß der Gegner entschlossen ist, die englische Armee zu vernichten und sich erst dann gegen die Franzosen zu wenden. Das muß um jeden Preis vermieden werden, und damit die Schlacht endlich richtig koordiniert werden kann, schlägt er die Bildung eines »zentralen kriegführenden Organs« vor. Damit ist Pétains Aufgabenbereich unmittelbar betroffen.
Clemenceau wird wütend:
»Sie werden mich doch wohl nicht im Stich lassen, Sie!« brüllt er. »Ich bin mit Pétain und Haig einig. Was kann man mehr verlangen?«
»Nein, Herr Ministerpräsident, ich lasse Sie nicht im Stich. Ich habe noch nie jemanden im Stich gelassen. Doch es ist höchste Zeit, daß jeder seine Verantwortung wahrnimmt. Deshalb habe ich Ihnen diese Note übermittelt.«
Es ist tatsächlich höchste, allerhöchste Zeit. Inzwischen hat Pétain nämlich am Abend des 23. März entschieden, daß die dringlichste Aufgabe nicht die Aufrechterhaltung der Verbindung mit den Engländern, sondern der Schutz von Paris ist.
Das teilt er den Chefs der Armeegruppen ganz klar mit:
»Absichten des Oberbefehlhabers:
... Vor allem die französische Armee als ein Ganzes fest zusammenhalten, insbesondere die Reserve-Armeegruppe nicht von unseren übrigen Streitkräften trennen lassen.
Außerdem wenn möglich die Verbindung mit den britischen Streitkräften aufrechterhalten.«
Die ausdrückliche Erwähnung der Reserve-Armeegruppe gibt dem Text seine ganze Bedeutung. Fayolle wird den Engländern an einer Leine geschickt. Er soll sich mit ständigem Blick nach hinten in die Schlacht begeben, so wie sein Oberbefehlshaber.

Pétain informiert selber im Laufe der Nacht Haig von seinen Absichten.
Der traut zunächst seinen Ohren nicht und ruft aus: »Aber Ihre Entscheidung bedeutet, daß die französische Armee von meinem rechten Flügel getrennt wird und die Deutschen zwischen Ihnen und mir durchstoßen können.«
Pétain läßt sich nicht aus der Ruhe bringen und erwidert kühl: »Das ist tatsächlich unvermeidlich, wenn der Feind weiter vordrängt.«
Jetzt ist Haig völlig verstört. Er weiß, daß das britische Heer, bleibt es allein, dem Untergang geweiht ist. Es wird ihm klar, daß die nationale Eigensucht der Alliierten den Deutschen den Sieg zuzuspielen droht. Nur ein Führer, der über den eigentlichen Kampfhandlungen und dem instinktiven Egoismus der Völker steht, könnte die zerbrechende Koalition retten. Er, der sich stets so nachdrücklich gegen ein gemeinsames Oberkommando gesperrt hat, sehnt es jetzt herbei, und er weiß auch, wem er sich unterzuordnen bereit wäre: Ferdinand Foch.
Er telephoniert sofort mit Kriegsminister Lord Milner und Generalstabschef Wilson und bittet sie, nach Frankreich zu kommen. Spät in der Nacht erst legt er sich schlafen mit der schrecklichen Ungewißheit, ob es nicht schon zu spät ist.
Der 25. März verstärkt seine Befürchtungen geradezu unerträglich. Die Armee Gough besteht nur noch aus unzusammenhängenden Grüppchen, die sich nach Kräften irgendwo im Gelände zu halten versuchen. Die Frontlücke zwischen den Alliierten wird immer breiter, und die Franzosen räumen Noyon.
Wilson, kaum auf dem Festland eingetroffen, eilt nach Abbeville, wo er lange mit Haig und mit Weygand als Vertreter von Foch verhandelt. Haig verlangt in aller Offenheit die Ernennung von Foch zum gemeinsamen Oberbefehlshaber.
Unterdessen konferiert Milner mit Clemenceau, Poincaré und Foch in Compiègne. Pétain ist pessimistischer denn je. Er befürchtet immer noch einen Angriff in der Champagne und weigert sich, den Engländern mehr als insgesamt 15 Divisionen zu geben. Man beschließt, am nächsten Tag in Doullens zu einer gemeinsamen Sitzung zusammenzutreten.

Doullens, nördlich von Arras, ist ebenso groß wie Avesnes. Der kleine Fluß durch den Ort heißt hier nicht Helpe, sondern Authie. Das Rathaus, ein nichtssagendes Gebäude, hat einen winzigen Vorgarten, der noch nichts vom Frühling gemerkt hat. An diesem 26. März, kurz vor 12 Uhr, vertreten sich die bedeutendsten Persönlichkeiten der Französischen Republik dort die Füße.
Poincaré mit seiner Chauffeursmütze hat General Duparge, den Chef seines Militärkabinetts, mitgebracht, Clemenceau mit seinem unbeschreiblichen Schlapphut, den er bei Frontbesuchen mit Vorliebe trägt, ist in Begleitung von General Mordacq und eines mondgesichtigen Mannes, des freundlich redseligen Rüstungsministers Louis Loucheur gekommen. General Foch, Chef des Generalstabs und Militärberater der Regie-

rung, hat sich zu den Herren gesellt. Der Himmel ist trübe, die Luft noch recht kalt. Der ferne Kanonendonner ist deutlich zu hören. Foch spricht mit geradezu beschwörenden Handbewegungen: »Mein Plan ist nicht weiter kompliziert. Ich will kämpfen. Ich werde überall kämpfen. Wenn ich lange genug auf die Boches eindresche, werde ich sie am Ende schon kleinkriegen ...«
Clemenceau lauscht dieser Tirade mit schwer durchschaubarer Miene; der Mund unter dem weißen Schnurrbart lächelt, doch die Augen unter den buschigen Brauen blicken eher spöttisch.
Als Pétain eintrifft, wird es einen Augenblick lang still. Er grüßt, steif, kühl, blaß und schön.
Pétains Mutlosigkeit ist eine Sorge, die alle Männer teilen, die da in dem morastigen Gärtchen von Doullens auf und ab gehen. Eben hat Clemenceau noch Poincaré auf die Seite genommen: »Pétain mit seinem Pessimismus fällt einem auf die Nerven. Stellen Sie sich vor, was er gesagt hat; außer Ihnen braucht es niemand zu erfahren. Er hat gemeint: Die Deutschen werden die Engländer in offener Feldschlacht schlagen, und danach werden sie uns schlagen. Darf ein General so sprechen oder auch nur denken?«
Der Gegensatz ist tatsächlich frappierend: Der Mann, der in den bedrohlichen Stunden des Jahres 1917 das Selbstvertrauen der französischen Soldaten wiederhergestellt hat, ist jetzt, Anfang 1918, geradezu ansteckend depressiv.
12 Uhr. Die Rathaustür geht auf. Etliche englische Generäle kommen heraus und begeben sich zu ihren Automobilen. Haig erscheint, der die kurze Vorbesprechung mit seinen Armeechefs beendet hat, für die er bei seinen Partnern um Verständnis gebeten hat. Die französisch-britische Konferenz schließt sich sogleich im selben Saale an. Clemenceau greift scharf an, fragt, ob es zutrifft, daß die englische Armee dabei ist, sich an Arras vorbei nach Westen zurückzuziehen. Lord Milner kommt Haigs Antwort zuvor und erklärt, daß die englischen Generäle, die soeben Doullens verlassen haben, im Gegenteil den Befehl erhalten haben, mit letzter Kraft ihre derzeitigen Positionen zu verteidigen.
Dann sprechen Haig und Pétain, beide mit dem Gesicht und der Ausdrucksweise von Besiegten. Haig räumt ein, er habe eine Note herausgegeben, die sich inzwischen als unangebracht erwiesen habe; darin sei tatsächlich von der Möglichkeit eines Rückzugs auf die Kanalhäfen die Rede gewesen. Er rechtfertigt dieses Verhalten mit Pétains Weigerung, das gesamte Schlachtfeld südlich der Somme zu übernehmen. Pétain erwidert, er müsse darauf bedacht sein, den Zugang nach Paris zu versperren, das durch den unbegreiflich raschen Zusammenbruch der Armee Gough in Gefahr geraten sei. Pessimismus, Gereiztheit, gegenseitige Vorwürfe kennzeichnen die Worte der beiden Generäle.
Jetzt bittet Milner um ein Gespräch unter vier Augen mit Clemenceau.
Sie begeben sich in eine Ecke des Raumes. Nach einer Weile ruft Clemenceau Pétain und

Grabenkrieg. – *98* Ein französischer Pionieroffizier hört Bewegungen im Erdreich ab: Wie weit ist der feindliche Stollen schon vorangetrieben? – *99* Auch Tiere werden im Graben eingesetzt: Ein Meldehund beim Legen einer Telefonleitung.

Im Frühjahr 1918 bringt die Ludendorff-Offensive die deutschen Truppen noch einmal, wie schon im September 1914, bis an die Marne. – *100* Ein Sturmbataillon greift zwischen Aisne und Marne an. – *101* Infanteristen stehen an der Marne im Laufgraben zum Angriff bereit.

redet leise auf ihn ein. Pétain nickt zustimmend. Clemenceau reißt ein Blatt aus seinem Notizbuch und wirft mit der Krakelschrift, die ihm als ehemaligem Arzt geblieben ist, ein paar Zeilen aufs Papier. Alle nehmen wieder am Tisch Platz und Clemenceau liest seine Hieroglyphen vor: »General Foch wird von den Regierungen Großbritanniens und Frankreichs beauftragt, den Einsatz der alliierten Streitkräfte vor Amiens zu koordonnieren.«

Während der ganzen Konferenz hat Foch bisher geschwiegen. Doch am Vortag bei der Sitzung in Compiègne hatte er energisch gesprochen. Der ehemalige Direktor der Kriegsschule hatte mit seiner Klarheit und Entschiedenheit großen Eindruck gemacht. Er hatte Pétains Direktiven abgelehnt und dargelegt, daß alles der Aufrechterhaltung der Verbindung zwischen der französischen und britischen Armee untergeordnet und notfalls geopfert werden müsse. Pétain hatte erklärt, die Deutschen würden in der Champagne angreifen, das Tal der Oise liege offen vor ihnen, Paris sei gefährdet. Foch war dabei geblieben, man müsse alle diese Risiken und notfalls noch bedrohlichere in Kauf nehmen. Nur zusammen könne man sich retten. Getrennt bleibe nur der Untergang ... Eine Stunde später hatte Milner mit London telephoniert und von seinem Premierminister, David Lloyd George, die Zustimmung eingeholt, Haig für die in Gang befindliche Schlacht Foch zu unterstellen.

Am 26. März, hier in Doullens, erklärt Foch jetzt, die Formulierung »vor Amiens« sei zu eng. Man ersetzt sie daraufhin durch »an der Westfront«. Auch so erweitert ist die Vereinbarung noch weit vom gemeinsamen Oberbefehl entfernt, doch alle Anwesenden haben das Gefühl, daß ein großer Schritt auf den Sieg hin getan ist. Haig wirkt um zehn Jahre verjüngt. Generalstabschef Wilson, ein alter Freund Fochs und der Franzosen, strahlt vor Befriedigung. Selbst Pétain scheint erleichtert. Nur der unverbesserliche Clemenceau bringt es nicht fertig, seiner tiefen Genugtuung freien Lauf zu lassen.

Die Engländer fahren ab. Die Franzosen gehen zum Mittagessen ins »Hôtel des Quatre Fils Aymon«. Clemenceau, der unter Magenschmerzen leidet und jede halbe Minute gähnt, verzehrt nur eine Pellkartoffel. Er ruft Foch über den Tisch hinweg zu: »Na, Foch, jetzt können Sie ja zufrieden sein. Sie haben den Posten, den Sie sich schon so lange gewünscht haben!« Statt des verdutzten Foch erwidert Loucheur, es gehöre ziemlich viel Selbstverleugnung dazu, die Leitung einer Schlacht zu übernehmen, bei der man seit sechs Tagen auf der Verliererstraße sei.

Zwei Monate sind vergangen. Amiens ist gerettet. An Fochs Entschlossenheit hat sich Ludendorffs Offensive festgefahren. Vom 21. März bis zum 8. April hat das deutsche Heer einen riesigen Frontbogen erobert, der von Noyon im Süden über Lassigny, Cantigny, Hangard-en-Santerre, Villers-Bretonneux bis hinauf nach Albert und Puisieux reicht. Doch der Zusammenhalt der Briten und Franzosen ist nicht gesprengt, die Straße nach Paris nicht geöffnet worden.

Eine zweite, von Ludendorff am 9. April ausgelöste Offensive ist bald auf unüberwindlichen französischen Widerstand gestoßen. Drei in Ablösung befindliche portugiesiche Brigaden ließen sich überrennen, die englische Front wankte eine Zeitlang, Armentières, Bailleul, der Kemmelberg fielen in deutsche Hand, doch dieser Raumgewinn war von geringem strategischem Wert. Deutschland brauchte nicht Siege, sondern *den* Sieg. Im März ist es ihm nahe gewesen, im April scheint er in weite Ferne zu rücken.
In Frankreich sind die Menschen wieder optimistisch. Stärker als die gelegentlichen Feuerüberfälle der deutschen Ferngeschütze, die nächtlichen Bombenabwürfe der »Gotha«-Flugzeuge, die 75 Toten am Karfreitag in der von einer Granate getroffenen Kirche Saint-Gervais ist der Frühling, der Paris hell und jung erscheinen läßt. Der Krieg macht die Frauen noch verlockender. Er läßt Röcke und Haare kürzer werden. Er sorgt für die Emanzipation des schönen Geschlechts, das eben noch durch strenge Fesseln gebunden war, indem er ihm die vielen von den eingezogenen Männern freigemachten Arbeitsplätze überläßt.
Die deutsche Presse beschreibt Paris als eine Stadt in Furcht, aus der die Hälfte der Einwohner vor dem zu erwartenden Sturm mit Bomben und Granaten geflohen ist. Doch die Korrespondenten der neutralen Presse widerlegen dieses düstere Bild. Die Boulevards, die Champs-Elysées, die großen Avenuen im Bois de Boulogne sind heiter belebt wie im tiefsten Frieden. Bezeichnender noch: Auch die Provinz ist gelassener als im vergangenen Jahr. Die Armee steht trotz der schweren Kämpfe und des ungewissen Ausgangs der Schlacht fest geeint. Für die Soldaten ist es schon eine Erlösung, endlich an einem großen Teil der Front aus den bedrückenden Schützengräben herausgekommen zu sein. Jetzt wird auf offenem Felde gekämpft, man hat das Gefühl, endlich einmal tief durchatmen zu können.
Das Eintreffen der Amerikaner trägt erheblich zu dieser neuen Zuversicht bei. Noch beneidet man sie nicht, sondern ist voller naiver Bewunderung. Man ist geblendet von ihrer Frische, ihrem Übermut und dem Schauspiel unendlichen Überflusses, das sie einem Volke bieten, das gar nicht gemerkt hat, wie elend und matt es schon geworden ist. Unzählig viele scheinen es zu sein, denn sie sind dauernd unterwegs. Die Franzosen wissen nicht, daß ihre Regierung und ihre Militärs Präsident Wilson immer wieder auffordern, rascher weitere Truppen zu schicken, vor allem Infanterie und Maschinengewehrkompanien. Wie Deutschland, das den Jahrgang 1900 einberufen hat, hat auch Frankreich keine Menschenreserven mehr. Allerdings macht sich noch kaum jemand klar, daß dieser schon beinahe gewonnene Krieg in jedem Falle ein verlorener Krieg sein wird, weil er die Nation schrecklich geschwächt hat.
Und noch etwas läßt die Franzosen den Kopf höher tragen: der Stolz. Im März ist die englische Armee zusammengebrochen. Wer hat sie gerettet? Die französische Armee. Im April sind die Engländer wieder ins Wanken geraten. Wer hat ihnen den Rücken gesteift? Der französische Soldat. Die Folge dieser Überlegenheit ist das Kommuniqué

vom 14. April gewesen: General Foch ist jetzt Oberkommandierender der alliierten Streitkräfte in Frankreich. Das ist eine erhebliche Ausweitung des Beschlusses von Doullens, der seinerzeit nicht öffentlich bekanntgemacht worden ist. Frankreich führt die Schlacht. Deutschland hat nach der Lektion, die ihm vor Verdun erteilt worden ist, die Franzosen nicht mehr anzugreifen gewagt. Es hat die Russen, die Rumänen, die Italiener und die Engländer geschlagen; es wird sein blaues Wunder erleben, wenn es auf die Franzosen trifft!

Die chauvinistische Aufwallung wird bald einen furchtbaren Dämpfer bekommen. Ludendorff muß nach seinen beiden Fehlschlägen bestimmen, wei es weitergehen soll. Seine Offensive gegen die Engländer hat nicht die erhoffte Entscheidung gebracht. Er ist damit gescheitert, weil er die Möglichkeiten und die Entschlossenheit der Franzosen, dem bedrängten Verbündeten zu Hilfe zu kommen, unterschätzt hat. Er bleibt dabei, daß die Engländer als erste geschlagen werden müßten, doch es ist ihm jetzt klar, daß dies nur möglich ist, wenn die Franzosen am Eingreifen gehindert werden. Also wird die Entscheidungsschlacht gegen die Engländer wiederaufzunehmen sein, aber vorher sollen die Franzosen durch eine Entlastungsoffensive gebunden werden. Erst wenn die französischen Reserven eingesetzt und nach Möglichkeit schon abgekämpft sind, wird der letzte Akt des Krieges im Westen beginnen.

XXV. Kapitel »Ich schlage mich vor Paris, in Paris, hinter Paris ...«

Mit seinem Angriff auf den Chemin des Dames will Ludendorff eigentlich nur die Franzosen binden, bevor er noch einmal gegen die Engländer losschlägt. Doch seine Erfolge veranlassen ihn, die Offensive fortzusetzen. Die Deutschen stehen wieder an der Marne. Paris ist bedroht. Die Entente scheint am Rande der Niederlage.

Zwischen Coucy und Craonne verläuft die Front an der Ailette, einem Flüßchen mit sumpfigen Ufern. Die französischen Stellungen umfassen das Plateau von Laffaux, auf dessen höchstem Punkt einmal als Landmarke eine inzwischen längst zerschossene Windmühle gestanden hat, und daran anschließend den Chemin des Dames, der wie die Wirbelsäule eines langen Rückens von Westen nach Osten verläuft. In Craonne knickt die Front nach Südosten ab, überschreitet bei Berry-au-Bac die Aisne und geht nördlich von Reims weiter.

Am 26. Mai 1918 wird dieser 92 Kilometer breite Abschnitt zwischen den Einzugsgebieten von Oise und Aisne von 11 Kampfdivisionen der französischen 6. Armee gehalten. Sie gehören zum XXX. Korps (General Chrétien), zum XI. Korps (General de Maud'huy) sowie zum unterstellten britischen IX. Korps (General Hamilton-Gordon). 27 Maschinengewehrkompanien und 23 Territorialbataillone verstärken die Abwehr. Die Verteidigungsanlagen sind beruhigend stark. Steinbrüche und die natürlichen Höhlen, die *creutes*, bilden ideale Befestigungen, und unterirdische Gänge geben Gelegenheit zum Gegenangriff. Allerdings ist die Abschnittsbreite jeder Division hier mit 8 bis 12 Kilometer doppelt so groß wie üblich, und einige Divisionen, darunter alle englischen, sind bei den Kämpfen im März und April erheblich dezimiert worden. Noch mehr als die blutigen Verluste hat die grassierende »spanische Grippe« den Mannschaftsbestand schrumpfen lassen. Allein vom XI. Korps liegen 2500 Mann krank im Lazarett.

Kommandierender General der Armee ist Duchêne, genannt, der »Tiger«, aber ohne die liebevolle Bedeutung, die bei Clemenceau im Spitznamen mitschwingt. Er ist ein harter, von seinen Leuten gehaßter Vorgesetzter, und entsprechend verschüchtert oder widerspenstig verhalten sich seine Stabsoffiziere. Als Untergebener ist er nicht weniger starrköpfig. Er bildet sich etwas darauf ein, sich gegen Pétain durchgesetzt zu haben. Sehr zu unrecht, wie sich noch zeigen wird.

Pétain, Oberbefehlshaber der französischen Streitkräfte, hat seine Armeen auf das für

1918 zu erwartende Fegefeuer mit pessimistischer Grundeinstellung, aber mit aller Intensität vorbereitet. Seine Direktive Nr. 4 vom 8. Februar bemüht sich, eine neue Form des Verteidigungskampfes einzuführen. Man soll nicht mehr unbedingt im feindlichen Trommelfeuer durchhalten. Die vorübergehende Räumung der vordersten Stellungen und die Verteidigung in einer der massiven Artillerievorbereitung entzogenen Kampflinie soll vorbereitet werden. Der Feind erobert dann ein Gelände, das er selber zerschossen und vergast hat, und stößt auf Verteidiger, deren Nerven nicht angeschlagen sind und die über intakte Waffen verfügen.

In den Augen vieler Soldaten ist dieses Konzept ein Sakrileg. Drei Jahre lang hat man um jede Scholle des Heimatbodens gerungen, und jetzt empfiehlt der französische Oberbefehlsaber einen mehrere Kilometer tiefen Raum kampflos zu räumen! General Roques, für die Verteidigungsstellungen zuständig, protestiert als ehemaliger Kriegsminister bei seinem Ex-Kollegen Clemenceau, der Pétain tatsächlich mit Nachdruck ermahnt: »Wie ich höre, hätte der von Ihnen befürwortete Grundsatz zur Folge, daß die Truppe zu schwachem Widerstand in der vordersten Stellung veranlaßt wird. Allzu viele werden diese nunmehr als eine bloße Deckungs- oder gar Beobachtungslinie ansehen ... Indem ich Sie auf diese mögliche Auslegung Ihrer Anweisung aufmerksam mache, weise ich Sie auf die Notwendigkeit hin, sie unverzüglich richtigzustellen und zugleich von der für die einzelnen Frontabschnitte zuständigen Führung einen Schlachtplan ausarbeiten zu lassen, der dem Fortschritt der Befestigungsarbeiten entspricht.«

Pétain protestiert und bittet um seine Ablösung. Clemenceau nimmt sein Schreiben zurück, doch der Zwischenfall ermutigt die vielen Generäle, die mit der Direktive Nr. 4 nicht einverstanden sind, vor allem Duchêne.

Für ihn ist es ganz klar, wie das von Pétain aufgeworfene Problem zu lösen ist. Hinter seiner Front, zwischen 4 und 7 Kilometer von der vordersten Linie auf den Höhen entfernt, fließt die Aisne. Das ansteigende Südufer des Flusses beherrscht die gegenüberliegenden Südhänge des Chemin des Dames und bildet eine hervorragende Stellung. Doch damit müßte man den legendär gewordenen Chemin des Dames aufgeben, der um den Preis so vieler Opfer wieder in französischer Hand ist! »Der Eindruck seiner Räumung auf die Öffentlichkeit wäre katastrophal«, schreibt Duchêne.

Das Argument hat mit der Gefechtsführung nichts zu tun, doch Franchet d'Esperey als Chef der Armeegruppe gibt das Memorandum seines Untergebenen mit ausdrücklicher Billigung weiter. Foch, der seine Schlachten an der Marne und in Flandern gewonnen hat, indem er sich an Ort und Stelle festgebissen hat, ist von Pétains flexibler Verteidigung auch nicht besonders angetan. Er verbietet ihre Anwendung im Norden, wo nicht genügend Gelände zum Aufgeben zur Verfügung steht. Duchêne erreicht, daß sein Abschnitt dieser Zone zugerechnet wird, wo die Verteidiger am vordersten Drahtverhau zu kämpfen haben. Er wird die Deutschen, wenn sie kommen sollten, auf dem zum Chemin des Dames aufsteigenden Hang des Ailettetales mit Sicherheit aufhalten ...

Am Abend des 26. Mai ist alles still an dieser Front. Die französische Artillerie beschränkt sich auf das übliche Streufeuer, die deutsche schießt so gut wie nicht zurück. Wie in jeder Nacht steigen einzelne Leuchtkugeln über den Ufern der Ailette auf und tauchen die zerfetzten Wälder in kalkweises Licht. Es ist warm. Die Männer stehen vor ihren Unterständen, rauchend und plaudernd. Der Krieg ist ja nicht immer eine Tragödie. Manchmal ist er eher eine langweilige, aber nicht weiter bedrohliche Angelegenheit.

Doch im Laufe der Nacht springt die Erregung, die schon seit einigen Stunden bei den Stäben herrscht, auf die Fronttruppe über. Verschlüsselte Anweisungen kommen über das Telephon. In den Artilleriestellungen werden die Kanoniere an die Geschütze gerufen. In den Gräben kommen die Zugführer aus den Gefechtsständen und geben hastig Befehle. Handgranatenkisten werden nach vorne geschleppt. Die Patronengurte werden in die Maschinengewehre eingeführt. Gasmasken und Leuchtpistolen werden überprüft. Die Männer stellen sich auf den Schützenauftritt am Grabenrand. Allerdings sind sie eher ungläubig als erschrocken. Großalarm? In diesem Abschnitt? In einer solchen Nacht? Warum denn das?

Am Tag zuvor haben die Engländer bei Juvincourt einen Offiziersanwärter gefangengenommen. Seine Einheit, das 41. Feldartillerieregiment, ist vor der Front der 6. Armee bisher nicht festgestellt worden. Er hat ausgesagt, er sei mit Reserveverbänden gekommen, weil das deutsche Oberkommando, so habe er jedenfalls gehört, mit einem französischen Angriff nordwestlich von Reims rechne. Die Frage, ob Angriffsvorbereitungen auf deutscher Seite zu bemerken seien, hat er verneint.

Am frühen Morgen des 26. Mai hat ein anderer Deutscher vom 13. Jägerbataillon zu Fuß sich im Epinewald, 40 Kilometer von Juvincourt entfernt, gefangennehmen lassen. General Renouard, der Chef der 22. Infanteriedivision, verhört ihn selber. Angriffsvorbereitungen? O ja. Vor zwei Tagen ist der Befehl gekommen. Die Artillerievorbereitung soll am 27. Mai um 2 Uhr früh beginnen, der Sturm schon anderthalb Stunden später. Der beste Beweis ist die Ausgabe der reichlichen »Offensivekost« seit vier Tagen. Die Gardedivisionen sind schon mit abgedeckten Schulterstücken und Rangabzeichen in die Ausgangsstellungen gerückt. Sie haben den Chemin des Dames im vergangenen Jahr aufgegeben; jetzt sollen sie ihn zurückerobern, was nach Aussage des Jägers selbst bei diesen Elitesoldaten durchaus keine Begeisterung hervorgerufen hat. Viele Batterien sind zur Verstärkung der Abschnittsartillerie herangeführt worden. Der Angriff soll so rasch und so weit wie möglich vorgetragen werden. Mehr weiß der Gefangene nicht.

Der Artillerist, der von Angriffsvorbereitungen nichts zu wissen vorgab, ist schon zur Gefangenensammelstelle der Armee abgeführt worden. Man macht ihn schleunigst

wieder ausfindig und bringt ihn zum *Deuxième Bureau*, wo die Vernehmungsoffiziere ihm ohne Umschweife erklären, er werde erschossen: Nach Kriegsrecht muß ein Gefangener nur seinen Namen und seine Einheit angeben, alles übrige darf er verschweigen. Falsche Angaben dagegen sind wie Spionage strafbar, und auf Spionage steht der Tod, es sei denn, der Gefangene entschließt sich, doch noch die Wahrheit zu sagen...
Der Name des Offiziersanwärters ist nicht überliefert. Der Vorfall als solcher ist jedoch in der Aktennotiz 6335/2 des Ic des Stabes der 6. Armee festgehalten, wo es mit schöner Nüchternheit heißt, der deutsche Artillerist sei »von seiner zunächst gemachten Aussage abgerückt« und habe zugegeben, daß die Absicht zum Angriff bestehe. Die Vorbereitungen sind offenbar gigantisch. Oberstleutnant Bruchmüller, der Wundermann, ist von der Armee Hutier zur Armee Boehn versetzt worden, die vor dem Chemin des Dames steht. Das ist ein genauso klarer Hinweis auf die bevorstehende Offensive wie ein Generalstabsdokument.
Um 17.40 Uhr ordnet General Duchêne Alarmbereitschaft für 19 Uhr an. Um 18.40 Uhr trifft eine Fliegermeldung im Armeehauptquartier ein: »Beim Feind alles ruhig. Keinerlei Truppenbewegungen im Raum Lizy, Chaillevoix, Urcel, Lierval, Colligis.« Um 20.45 Uhr folgt eine weitere, noch eindeutigere: »Aktivität null auf den Straßen zur Ailette (zwei Wagen gesehen)... Die Gegend wirkt verlassen. Absolute Ruhe, keine Truppen, keine Kolonnen, keine Feuer, keine Leuchtkugeln, keine Biwaks, keine Fuhrparks. Gesamteindruck: Keinerlei Anzeichen für einen Angriff.« Duchêne wird unsicher. Die übliche Maßnahme, falls ein Angriff bevorstünde, wäre jetzt Vernichtungsfeuer auf feindliche Gräben, die gedrängt voller Sturmtruppen sein müßten, und auf Batterien, die den Feuerbefehl erwarten. Aber es wäre ja nicht das erstemal, daß Gefangene etwas von Angriffsvorbereitungen phantasieren. Duchêne beschränkt sich darauf, seiner Artillerie Anweisung zu geben, »den ersten Schuß eines heftigen Artilleriefeuers so massiv wie möglich zu erwidern.«
Die Nacht rückt vor. Genau zu der vom Jäger des 13. Bataillons genannten Stunde brüllt auf zwei Dritteln der Frontbreite vor der 6. Armee das Trommelfeuer los. Bruchmüller läßt eine raffinierte Mischung von Explosivgeschossen und Gasgranaten verschießen, nicht nur Gelbkreuz, sondern auch Blaukreuz, das die Verteidiger zwingt, die Maske herunterzureißen, und tödlich auf die Atmungsorgane wirkendes Grünkreuz.
Die Absicht ist, die Verteidiger kampfunfähig zu machen, weniger, die Stellungen zu zerschlagen. Unter dem Hagel von Stahl und mörderischen Chemikalien, blind gemacht und um Atem ringend, wird der einzelne Soldat zum gehetzten Wild, das sich verzweifelt an die Erde drückt. Die französischen Geschütze sind fünf- oder sechsfach in der Minderzahl, und der »erste Schuß«, von dem die unsinnige Anweisung des Generals Duchêne spricht, ist gleich eine wahre Lawine, von der die französische Artillerie begraben wird. Die vom heftigen Beschuß abgeschnittenen vorderen Linien haben zunächst eher weniger zu leiden, doch dann springt das Feuer nach Bruchmüllers Partitur

plötzlich auf die erste Stellung. Minenwerfer und Geschütze hämmern nur noch hierher. Zehn schreckliche Minuten lang springt über den französischen Gräben eine Feuerwand auf, in deren Schutz die Angreifer ihre Sturmausgangsstellungen verlassen und sich im Niemandsland hinwerfen. Gleich darauf ist der entscheidende Augenblick da. Die Walze des Trommelfeuers setzt sich in Bewegung und unmittelbar dahinter die Infanterie.

Für Ludendorff hat diese Offensive ein ganz klares Ziel. Sie soll die französischen Reserven aus Flandern hierher zwingen, damit der Kronprinz von Bayern die Engländer vollends schlagen kann. Mehr soll sie nicht bringen. Doch er weiß, daß ein bloßes Ablenkungsmanöver diese Wirkung nicht haben kann. Daher der große Aufwand an Menschen und Material für diese Entlastungsoperation: Zunächst sollen die VII. Armee (Boehn) und der rechte Flügel der I. Armee (Below) zwischen Leuilly-sous-Coucy und Brimont angreifen (»Blücher« und »Goertz« heißen diese Unternehmen), den Chemin des Dames erobern, die Aisne überschreiten und bis zur Vesle, aber nicht weiter, vordringen.

Drei Tage später soll sich der linke Flügel von Hutiers XVIII. Armee im anschließenden Abschnitt zwischen Oise und Aisne in Bewegung setzen (»Yorck«), und anschließend die ganze XVIII. Armee noch weiter westlich zwischen Noyon und Montdidier (»Gneisenau«). Die drei Offensiven stellen sich als ein auf Paris weisender konzentrischer Stoß dar. Das französische Oberkommando wird nicht umhin können, gegen diese Bedrohung der Hauptstadt den letzten Mann, die letzte Kanone einzusetzen.

Noch Ende April haben vor dem Chemin des Dames nur 7 deutsche Divisionen gestanden. Doch hinter der Front sind 29 frisch aufgefüllte Divisionen zusammengezogen worden. Seit dem 20. Mai sind sie unterwegs, um in fünf Marschetappen ihre Ausgangspositionen zu erreichen. Die Artillerie umfaßt 5263 Geschütze, davon 1631 schwere und schwerste Kaliber, und 1233 Minenwerfer, davon 831 schwere. Sie stehen noch dichter als im März, stellenweise kommen 110 Rohre auf einen Kilometer. Alle Truppenbewegungen finden bei Nacht statt. Bei Tagesanbruch verschwinden Männer und Fahrzeuge in den Wäldern oder in Gebäuden. Deshalb haben die französischen Flieger, die man unbehelligt ihre Aufklärungsflüge machen läßt, alles menschenleer gefunden. Trotzdem ist die Wachsamkeit der Franzosen offensichtlich nicht besonders groß gewesen, wenn 600000 Mann und 6000 Pferde unbemerkt nach vorn gelangt sind.

Schon die ersten Meldungen lassen die Führung in Avesnes aufhorchen. Gewiß, auf dem linken Flügel der Franzosen hält die bretonische 61. Division bewundernswert stand, verteidigt hartnäckig das Dorf Vauxaillon, den Wald von Pinon, den Mühlenhügel von Laffaux. Der Stoß in Richtung Soissons kommt nicht recht vorwärts. Doch an allen anderen Stellen werden Engländer und Franzosen einfach überrannt. Schon

um 5.30 Uhr geht es vom eroberten Chemin des Dames hinunter ins Tal der Aisne, um 9 Uhr erreichen die ersten Infanteristen der Gruppen Larisch und Wichura den Fluß. Die Brücken sind nicht gesprengt. Auf den Fersen der fliehenden Franzosen stürmen die Deutschen hinüber. Am frühen Nachmittag sind die hochgelegenen Stellungen der zweiten französischen Linie am Südufer schon erobert. Die Schlacht wird zur atemlosen Verfolgung. Am Abend kämpfen die deutschen Vorausabteilungen schon am Ufer der Vesle: Sie haben die Front breit durchstoßen, sind 16 Kilometer weit vorgedrungen, haben am ersten Tag der Schlacht das Ziel der ganzen Offensive erreicht.
Am Tag darauf trifft Ludendorff schon um 7 Uhr im Hauptquartier der VII. Armee ein, wo gleich darauf der deutsche Kronprinz mit seinem Generalstabschef von der Schulenburg zu ihm stößt. Boehn erstattet Bericht über die Lage, die noch unübersichtlich ist, doch der große Erfolg ist unverkennbar. Boehn hat den Armeekorps seines Zentrums auf eigene Verantwortung befohlen, die Vesle zu überschreiten, um dem Gegner keine Zeit zu lassen, auf den Höhen südlich von Fismes eine Verteidigungslinie zu bilden. Ludendorff nimmt sich Bedenkzeit, bevor er dieses Vorgehen billigt, das die Operation über das vorgesehene Ziel hinaustreibt. Er kehrt nach Avesnes zurück. Um die Mittagsstunde hat er seine Entscheidung getroffen: Die Heeresgruppe Deutscher Kronprinz darf ihren Vormarsch bis an die Straße von Hartennes (13 Kilometer südlich von Soissons) nach Fère-en-Tardenois fortsetzen. Um 14.35 Uhr gibt die Heeresgruppenführung den Befehl weiter, doch der Kronprinz hat noch eine eigenmächtige Ergänzung vorgenommen: »Ob ein weiteres Vordringen gegen die Linie Compiègne–Dormans–Epernay möglich sein wird, ist zur Stunde noch nicht zu übersehen; es kann aber im günstigsten Fall ins Auge gefaßt werden.«
Epernay und Dormans, das ist die Marne! Die deutschen Militärs lassen sich vom Erfolg mitreißen.
Und tatsächlich geht es am ganzen 28. Mai in unvermindertem Tempo weiter. Die drei französischen und die britische Division, Duchênes Armeereserve, werden in den Kampf geworfen und sofort in die allgemeine Flucht mitgerissen. Alle Verbindungen sind unterbrochen, die Schlacht ist ohne Führung. Die ersten Verstärkungen geraten schon in eine Frontlücke von 30 Kilometer Breite, ohne jede Kenntnis vom Frontverlauf, mit gänzlich unausführbaren Befehlen, die mit dem rasend schnell wechselnden Gang der Gefechte nichts mehr zu tun haben. Eine unermeßliche Beute, vor allem Proviantlager, die der ausgehungerten deutschen Armee mehr als willkommen sind, fallen den Angreifern in die Hände. Im deutschen Heeresbericht vom 28. Mai ist von 25 000 Gefangenen die Rede, und das ist durchaus nicht übertrieben.
Hinter der französischen Front füllen sich Straßen und Schienenstränge mit Transporten, die der Schlacht zustreben. Sobald er vom deutschen Angriff in Kenntnis gesetzt worden ist, hat der Chef der Armeegruppe, Franchet d'Esperey, drei Infanteriedivisionen zu Duchêne in Marsch gesetzt. Am Tag darauf schickt Pétain vier weitere Divisio-

nen und den Stab der 5. Armee ins Zentrum des angegriffenen Raumes, wo sie sich zwischen die 6. und 4. Armee einschieben. Doch die Masse der großen strategischen Reserven untersteht dem Oberkommandierenden der alliierten Streitkräfte. Er sieht sich mit verzweifelten Hilferufen eingedeckt.

Foch hat sein Hauptquartier im Schloß Sarcous zwischen Beauvais und Amiens aufgeschlagen, in der Nähe des von ihm nach wie vor mit besonderer Sorge betrachteten Abschnittes, wo die englischen und französischen Verbände aneinander stoßen. Schon tauchen Clemenceaus zornig gesträubter Schnurrbart und seine seltsame Frontkopfbedeckung auf. Was ist hier los? Eine entscheidende Schlacht ist im Gange! Warum weigert sich Foch, ohne Zögern die benötigten Reserven zu schicken? Warum gibt er Pétain nicht die Armee Maistre, die untätig hinter der englischen Front verharrt? Warum wirft er nicht alles, was ein Gewehr halten kann, in die Bresche, durch welche die Invasion ins Herz des Vaterlandes brandet?

Foch erklärt sein Verhalten. Er ist der Oberkommandierende. Er muß das Ganze sehen. Er bemüht sich, Ludendorffs Gedanken nachzuvollziehen. Was würde er tun, wenn er die Engländer tödlich treffen wollte? Er würde zunächst die alliierten Reserven an einen anderen Teil der Front locken. Gewiß, die Schlacht zwischen Soissons und Reims ist beängstigend, der Gegner ist dabei, einen großen taktischen Erfolg zu erringen, im Augenblick ist die Front zusammengebrochen. Doch der Kronprinz von Bayern hat noch 30 frische Divisionen in Reserve. Er, Foch, muß sicher sein, daß die strategische Offensive nicht an einer anderen Stelle losbricht, bevor er weitere Verbände an die Marne schicken kann.

Der Tiger geht, ohne recht überzeugt zu sein. Er macht sich auf den Weg nach Belleu, Duchênes Armeehauptquartier. Er wird unterwegs aufgehalten. Belleu ist schon vom Gegner eingenommen, um ein Haar wäre Duchêne in Gefangenschaft geraten. Er hat sich nach Oulchy-le-Château zurückgezogen. Clemenceau fährt hin. Der bemitleidenswerte Duchêne, das Gesicht vor Müdigkeit und Kummer verschwollen, wirkt wie ein angeschlagener Boxer. Clemenceau hält sich zurück, richtet ihn auf, doch bei den folgenden Besuchen wird ihm klar, wie vollständig die Führung auf französischer Seite das Heft aus der Hand gegeben hat. General Chrétien jammert nur über sein Pech. Sein XXX. Korps hat in Verdun den ersten Anprall auffangen müssen, und jetzt diese Niederlage ... In Provins, im *Grand Quartier Général*, beklagt man sich über Foch: Pétain hat doch ausdrücklich die Entsendung französischer Reserven nach Nordfrankreich abgelehnt, und hat er etwa nicht recht behalten? Der einzige General, der Clemenceau gefällt, ist Degoutte, dessen XXXI. Korps sich eben an der Marne formiert. »Er wirkt wie ein kleiner chinesischer Koch«, sagt er zu Foch, »aber er versteht sein Metier und fällt durch seine Ruhe angenehm auf.« Die Niederlage weckt Hader und Zwietracht. Und die Ratlosigkeit bei den Armeen ist noch harmlos im Vergleich zu der Panik, die Clemenceau bei der Rückkehr nach Paris empfängt.

Noch am Abend des 28. Mai sind die Deutschen in Soissons eingedrungen. Am andern Morgen wollen sie beim ersten Tageslicht weiterstürmen, doch die Hartnäckigkeit der marokkanischen Division unter General Daugan, die man in aller Eile in die Schlacht geworfen hat, hält sie auf. Am andern Ende der Front verteidigt sich Micheler nach wie vor erfolgreich in der »Montagne«, dem Hügelland südlich von Reims. Der deutsche Vormarsch geht nur im Zentrum der Schlacht in atemberaubendem Tempo weiter, da, wo vorgestern gleich der erste Schlag das ganze Verteidigungssystem zerstört hat. Zwischen den beiden Flügeln dehnt sich das durchströmende deutsche Heer aus wie ein Ballon.
Doch der Kampf hat ein anderes Gesicht bekommen. Er hat die Schreckenszone der Gräben verlassen und findet in einem unberührten Lande statt. Das Getreide steht prächtig. Die Soldaten fechten im Grünen, graben sich mit dem Klappspaten ein eigenes flaches Loch oder begnügen sich mit der Deckung, die ihnen eine Bodenwelle bietet. Die scheußlichen Drahtverhaue haben keine Zeit, wieder aus dem Boden zu wachsen. Bei den Deutschen hat die Masse der Artillerie, die am Chemin des Dames die erste Bresche geschlagen hat, den Anschluß an die vorstürmende Infanterie verloren. Um mit 4 Divisionen auf 9 Kilometer Frontbreite vorzudringen, kann Larisch ganze 33 Batterien einsetzen, also 15 Geschütze je Kilometer statt 100. Die Munition wird knapp. Die von General Duval aufgestellte französische 1. Fliegerdivision greift die Straßen mit Maschinengewehrfeuer an. Es wird Zeit, diese Operation ausklingen zu lassen, die das strategische Ziel voll erreicht hat, indem sie 40 französische Divisionen auf sich gezogen hat, von den 45000 eingebrachten Gefangenen, 1000 eroberten Maschinengewehren und 400 Geschützen ganz zu schweigen.
Ludendorff ist wieder in Avesnes. Die Einwohner stellen betrübt fest, daß der Feind offenbar dabei ist, einen großen Sieg zu erringen. Lange Lazarettzüge mit unzähligen Verwundeten passieren den Bahnhof, doch die hohen Herren des Kaiserlichen Hauptquartiers lassen das schöne Anwesen Dubois-Ravaux als Sommerkasino für die gehobenen Militärs herrichten. Ein Gärtner und ein Waggon voller Blumen sind aus Deutschland eingetroffen, um Park und Wintergarten zu schmücken. Wilhelm II. lädt zum Eröffnungsdiner mit siebzig Gedecken.
Ludendorff hat von Hindenburg eine neue Anweisung für die Fortsetzung der Schlacht unterzeichnen lassen. Der Kronprinz hat durchaus richtig gehandelt, als er die Marne als äußerstes Ziel setzte. Ludendorff geht weiter, indem er anordnet, auf der Strecke zwischen Château-Thierry und Epernay den Fluß zu erreichen. Zugleich befiehlt er allerdings auch, die beiden Eckpfeiler zum Einsturz zu bringen, die das weit vorgedrungene Zentrum der Deutschen von den Flanken her bedrohen. Der Pfeiler Compiègne soll unter dem gemeinsamen Anprall der XVIII. und VII. Armee fallen, der Pfeiler Reims durch eine Zangenoffensive der III. Armee. Es wird ausdrücklich darauf hingewiesen, daß Reims unbedingt erobert werden muß, um eine Eisenbahnverbin-

dung in den weit vorspringenden Frontbogen hinein zu bekommen, wo Boehns Divisionen immer noch mit Macht vordringen.
Fast wäre Reims den Deutschen kampflos in die Hände gefallen. Franchet d'Esperey befiehlt die Räumung der Stadt, doch Micheler führt den Befehl nicht aus. Pétain weist zur gleichen Zeit General de Castelnau an, den Plan für einen allgemeinen Rückzug der Armeegruppe in Ostfrankreich auszuarbeiten, also der 2., 6. und 7. Armee »nach Zerstörung des für den Bewegungskrieg nicht zu verwendenden Materials«. Verdun, Nancy, Toul, Epinal würden geräumt! Foch fängt die Anweisung ab und annulliert sie. Er verwahrt sich entrüstet gegen das mangelnde Selbstvertrauen, mit dem das *Grand Quartier Général* handelt.
Am 30. Mai erreicht eine Vorausabteilung des 444. Infanterieregiments bei Jaulgonne zwischen Château-Thierry und Dormans die Marne. Die Nachricht, sofort von den Deutschen in alle Welt gefunkt, macht sensationellen Eindruck. Die Tage von 1914 sind offenbar wiedergekommen. Vier Jahre Krieg und Millionen Tote haben den deutschen Sieg nur hinausschieben können. Die ruhige Gefaßtheit der Pariser fällt ab wie eine Maske. Droschken und Taxis, auf denen sich die Gepäckstücke türmen, strömen zu den Bahnhöfen, vor allem zur Gare de Lyon und zur Gare d'Austerlitz. Die Regierung entschließt sich zur Abreise an die Loire. Der Präsident der Republik wird im Schloß Cheverny Zuflucht finden, der Ministerpräsident in Les Grouets bei Blois, die Abgeordnetenkammer wird im Theater, der Senat im Rathaus von Tours zusammentreten. Man hofft, ein Viertel der in den Rüstungsfabriken von Paris tätigen 450000 Arbeiter in der Provinz einsetzen zu können. Doch unermeßliche Vorräte und entscheidend wichtige Produktionsanlagen werden verlorengehen.
Amerika muß damit rechnen, sein in Aufstellung befindliches Expeditionskorps zu verlieren. Die US-Regierung faßt diese erschreckende Eventualität ins Auge und entscheidet, daß auch dann der Kampf bis zum Siege fortgesetzt werden soll. Die Vereinigten Staaten würden ohne Frankreich weiterkämpfen, im schlimmsten Falle sogar ohne Großbritannien.
In Paris beginnt sogleich die Suche nach dem Schuldigen. Eine so brutale, durch nichts zu beschönigende Niederlage des französischen Heeres, das seit August 1914 niemals und nirgends mehr gewichen ist, kann nur auf die Unfähigkeit der Generäle zurückzuführen sein. Foch ist das bevorzugte Ziel der Angriffe. Man weiß, daß er die Reserven in Nordfrankreich zurückgehalten hat, daß ihm die Bedeutung des Angriffs am Chemin des Dames entgangen ist. Die Abgeordneten haben zwar nur eine sehr blasse Ahnung von den militärischen Erfordernissen, doch sie werfen ihm vor, er verliere sich in strategischen Träumen, wisse nichts vom Frontsoldaten, ja, vom eigentlichen Kampf. Nie hat man ihn in einer Truppenunterkunft, geschweige denn im Schützengraben gesehen. Der Krieg, so sagen die Kritiker, ist für ihn jetzt ein Leben im Schloß, nachdem er bis dahin eine abstrakte Kunst gewesen ist, die man an der Kriegs-

schule lehrt. Der Schulmeister hat sich gründlich geirrt und das Vaterland in die Katastrophe geführt.
Diese ungerechte, von der Leidenschaft getrübte Anklage ist nicht ganz abwegig. Auch Clemenceau ist sich dessen durchaus bewußt. Aber es geht jetzt nicht um Schuldzuweisungen, um die Untersuchung, wer welche Fehler gemacht hat. Man kann bewährte Führer nicht mitten in der Schlacht ablösen. Noch viel weniger kann man sie vor einen parlamentarischen Untersuchungsausschuß laden, wie es ein Abgeordneter namens Jobert tatsächlich beantragt. Clemenceau ist zwar die alte antimilitaristische Redensart noch einmal herausgerutscht, die des Ministerpräsidenten würdig ist, der 1907 zur Entrüstung der ganzen Armee einem zwanzigjährigen Unterpräfekten den Vortritt vor gesetzten Obersten gegeben hat: »Der Krieg ist eine zu ernste Sache, als daß man ihn den Generälen überlassen dürfte.« Dennoch: Die militärische Führung und ihr notwendiges Ansehen würden unerträglich beschädigt, wollte man die großen Befehlshaber vor ein Tribunal von böswilligen Laien zerren, damit sie Punkt für Punkt und Stunde für Stunde ihr Tun und Lassen in der Schlacht, im unübersichtlichen Kampfgetümmel rechtfertigen.
Clemenceau, die Hände in den Zwirnhandschuhen auf dem Rednerpult, zeigt der Kammer sein asiatisch distanziertes Gesicht und läßt seine rauhe, ein wenig kehlig kratzige Stimme über die angesichts der historischen Bedeutung des Augenblicks atemlos lauschende Versammlung erschallen: »Unsere Soldaten, unsere großartigen Soldaten, haben gute Führer, großartige Führer, die ihrer würdig sind ... Ich habe diese Führer am Werk gesehen. Sie liefern die härteste Schlacht dieses Krieges mit einer Unerschrokkenheit, für die ich keinen würdigen Ausdruck finde ... Und wir sollten jetzt, mitten in der Schlacht, von diesen Männern Erklärungen fordern? Wenn Sie das von mir verlangen, so verjagen Sie mich von dieser Tribüne. Ich werde es nicht tun!«
Die Kammer erzittert vom tosenden Beifall. Foch ist gerettet.

Am 4. Juni gelangt die Schlacht ins Gleichgewicht. An den zwei Tagen zuvor hat es Gefechte im Marnetal und am Rande des großen Waldes von Villers-Cotterêts gegeben, doch deutsche Angriffe und französische Gegenangriffe haben einander die Waage gehalten. Ludendorff muß erkennen, daß seine am 27. Mai am Chemin des Dames begonnene und so unerwartet erfolgreiche Offensive ihren Schwung verloren hat. Er befiehlt, nicht weiter zu stürmen.
Doch von dem am 15. April festgelegten Ablauf bleibt noch eines: das Unternehmen »Gneisenau«, der Angriff zwischen Montdidier und Noyon, um die Wälder von Compiègne und Villers-Cotterêts zu erobern. Dann würde die Front von Montdidier über Verberie bis Château-Thierry verlaufen, die Täler von Oise und Marne lägen offen da, Paris wäre nur noch 60 Kilometer entfernt. Wie sollten die Franzosen es über sich gewinnen, nicht alle ihre Kräfte als Schild vor ihrer Hauptstadt einzusetzen? Luden-

dorffs strategisches Ziel, die totale Bindung der Franzosen, um den Engländern den Todesstoß versetzen zu können, wäre tatsächlich erreicht.
Vor der Kammer hat Clemenceau seine berühmten Worte gesprochen: »Ich schlage mich vor Paris. Ich schlage mich in Paris. Ich schlage mich hinter Paris.« Er hat die Verlegung der Regierung nach Tours vorbereiten lassen. »Sie und ich«, hat er zu dem Chef seines Militärkabinetts, General Mordacq, gesagt, »bleiben bis zum letzten Augenblick in Paris. Dann besteigen wir ein Flugzeug und begeben uns zur Armee.« Der eisern entschlossene alte Mann denkt weder daran, sich in der Hauptstadt einschließen zu lassen, noch die Waffen zu strecken. Selbst die gänzliche Besetzung Frankreichs wäre kein Grund zur Kapitulation. Es bleiben ja die beiden angelsächsischen Großmächte, die unangreifbar jenseits des Wassers liegen. Und es bleiben die Kolonien, gegen deren Erwerb er, Clemenceau, so verbissen gekämpft hat, weil er fürchtete, Frankreich könnte gegenüber Deutschland zu schwach werden. Jetzt sollen sie dem Vaterland jedenfalls als Schutz- und Fliehburg dienen.
Eine solche ingrimmige Entschlossenheit, ein solcher Wille zum totalen Sieg beseelt durchaus nicht alle verantwortlichen französischen Politiker. Daß der deutsche Angriff an der Marne zum Stehen gekommen ist, hat den plötzlich aufgebrochenen Defätismus nicht beseitigt. Aristide Briand schüttelt sein schönes Künstlerhaupt: »Ach, hätte man doch auf mich gehört! Hätte man Frieden geschlossen, solange wir noch siegreich waren!« Der Sozialist von der äußersten Linken, Pierre Laval, Abgeordneter des nördlichen Industrievororts Aubervilliers, fordert so lautstark den sofortigen Friedensschluß, daß Clemenceau sich vor ihn hinstellt und drohend sagt: »Junger Mann, Sie haben zuviel Temperament! Mäßigen Sie es!« Doch auch Sozialisten, die sich wie Pierre Renaudel stets für die Verteidigung des Vaterlandes eingesetzt haben, verlangen, daß der Krieg beendet werden soll. Staatspräsident Raymond Poincaré wird von etlichen Abgeordneten und Senatoren aufgesucht, die ihm erklären, Clemenceau habe den Verstand verloren, eine Fortsetzung des Krieges nach der Eroberung von Paris sei unmöglich. Der Verteidigungsausschuß des Festungsbereichs Paris bewirkt die grundsätzliche Entscheidung, daß alle Feldarmeen in 45 Kilometer Umkreis der Militärverwaltung von Paris unterstellt werden, falls die Deutschen weiter vordringen sollten. Die Einheit der militärischen Führung ist bedroht.
Am 4. Juni hat Clemenceau vor der Kammer diese Einheit verteidigt, doch auch sein Vertrauen in Foch ist erschüttert. Pétains Pessimismus geht ihm auf die Nerven, und daß auf den verschiedenen Ebenen der Kommandostruktur schwere Fehler gemacht worden sind, ist ihm völlig klar. Es werden Sanktionen ergriffen, harmlose, wenn man bedenkt, welchen Preis die Soldaten für diese Versäumnisse bezahlen mußten. Duchêne wird als Kommandierender General der 6. Armee durch den bulligen Berthelot ersetzt. Statt Micheler, der immerhin Reims gerettet hat, übernimmt Buat die 5. Armee. Und Franchet d'Esperey muß das Kommando über die Armeegruppe Mitte an Maistre ab-

geben. Nur wird ein Franchet d'Esperey, einer der Väter des »Marnewunders« von 1914, nicht bloßgestellt, sondern stante pede nach Saloniki geschickt und übernimmt den Befehl über die Orientarmee. Guillaumat, durch ein Blitztelegramm nach Frankreich zurückgerufen, ist zum Militärgouverneur von Paris ernannt. Wer Ohren hat zu hören, hört sehr genau: Die Ablösung von Foch oder die von Pétain oder von beiden ist vorbereitet. Sie dürfen keine Schlacht mehr verlieren.

Inzwischen sind die Deutschen wieder aktiv geworden. Das Unternehmen »Gneisenau« läuft an. Nach der Ailette tritt ein anderes Flüßchen, eigentlich eher ein Bach, in die Geschichte ein: der Matz. Er entspringt irgendwo südlich von Lassigny und mündet auf halbem Wege zwischen Noyon und Compiègne in die Oise. Er bildet die Grenzlinie zwischen den beiden natürlichen Regionen, gegen die Hutiers XVIII. Armee jetzt anrennt, dem bewaldeten Hügelland der »kleinen Schweiz« im Osten und der brettflachen Ebene der Picardie im Westen.

Der Angriff beginnt am 9. Juni. Der Angegriffene ist General Humbert, der Chef der 3. Armee. Im Gegensatz zum 27. Mai ist von einem Überraschungseffekt keine Rede. Zwei Tage zuvor hat Clemenceau die vier Korps der 3. Armee noch besucht: das XXXV. (Jacquot), das XXXIV. (Nudant), das II. (Cadoudal) und das XVIII. (Puydraguin). Überall wartete die Truppenführung nur auf das Losbrechen der Offensive. Auch Pétain ist gekommen und hat sich bemüht, seine Direktive Nr. 4 über die Preisgabe der vordersten Stellung bei einem Großangriff durchzusetzen. Bei der Infanterie gelingt ihm das nur unvollständig, doch die gesamte Artillerie, die hinter der eigentlichen Verteidigungsstellung aufgefahren ist, entgeht dem gegen Mitternacht beginnenden schweren Trommelfeuer der Deutschen.

Der 9. Juni ist weder der 21. März noch der 27. Mai. Hutier, ein Nachfahre von Hugenotten wie fast alle deutschen Generäle mit französischen Namen, ist anerkanntermaßen der beste Taktiker des deutschen Heeres. Er greift in der Mitte durch den »Korridor« des Matztales an, um die »kleine Schweiz« zu seiner Rechten abzuschneiden und damit für die Franzosen unhaltbar zu machen. Doch Ludendorff hat ihm nur 12 Divisionen und 625 Batterien zur Verfügung gestellt. Das Kräfteverhältnis ist annähernd ausgeglichen. Schon am zweiten Tag geht es nicht mehr recht weiter. Die Deutschen sind zwar über den Matz gelangt, aber in die »kleine Schweiz« dringen sie nicht ein.

Im Schloß Pronleroy zwischen Saint-Just-en-Chaussée und Estrées-Saint-Denis, 20 Kilometer westlich von Compiègne, sind auf dem Billardtisch die Meßtischblätter 1:20000 ausgebreitet. Die Generäle, die sich darüber beugen, heißen Corn, Andrieu, Caron und Prax; es sind die Kommandeure der 129., 152., 165. und 48. Division. Zwischen ihnen steht ihr Vorgesetzter – ein Gespenst aus vergangenen Tagen: Mangin.

Mangin. Seit dem blutigen Desaster von 1917 trägt er einen schrecklichen Spitznamen: »Mangin, der Schlächter«. Andere nennen ihn: »Mangin, der Negertod«. Stolz und hochfahrend hat er seine Bitterkeit über die Ungnade, in die er für acht Monate gefallen ist, klaglos heruntergeschluckt. Als man ihm ein Korps angeboten hat, ist ihm keine andere Antwort eingefallen als die Weigerung, sich herabstufen zu lassen. Schließlich habe er sich nichts vorzuwerfen. Dann hat er doch das Kommando über das IX. Korps übernommen, das der 1. Armee unterstellt ist. Das bis zum verzerrten Grinsen angespannte Gesicht kennzeichnet den Mann: Ein abweisendes Naturell, ein rücksichtsloser Charakter, ein herausfordernder Willensmensch, eine Kampfmaschine.

Fayolle, der Befehlshaber der Armeegruppe Nord, hat einen Gegenangriff vorgeschlagen. Foch hat ihm nachdrücklich zugestimmt. Pétain ist eher dagegen, hält sich aber zurück. Fünf Divisionen und vier Tankbataillone sollen Hutier mit Stoßrichtung auf Ressons-sur-Matz in der rechten Flanke packen. Fayolle fragt Mangin, der den Angriff führen soll: »Wann sind Sie bereit?« Antwort: »Morgen.«

Das ist ein Wagnis. Von den fünf Divisionen, die Mangin anvertraut worden sind, wird eine, die 133. unter General Valentin, gerade erst in La-Ferté-sous-Jouarre ausgeladen. Bei zwei weiteren ist die Artillerie noch nicht eingetroffen. Trotzdem gibt Mangin vor dem Billardtisch in Schloß Pronleroy scharfe Befehle, ohne Widerspruch zu dulden: Morgen, am 11. Juni um 9 Uhr müssen die Angriffstruppen in ihren Ausgangsstellungen auf der Linie Coivrel–Montgérain–Saint-Martin-au-Bois–Montiers bereitstehen. Das bedeutet für die Infanterie einen langen Nachtmarsch zum Gefechtsfeld, wie für Napoleons Soldaten vor der Schlacht von Austerlitz.

Schweigen. Die Generäle blicken einander an. Einer, Corn, stellt schließlich die Frage: »Und wann soll Angriffsbeginn sein?«

Mangin zwingt seine Stimme zu freundlich vertraulichem Ton: »10 Uhr.« Wieder blicken die Generäle einander an. Seit vier Jahren bedeutet ein solcher Angriff lange Vorbereitungen, unendlich viele Einzelbefehle, genaue Zeitpläne, tagelanges Trommelfeuer. Morgen sollen die Soldaten sich aus dem reifenden Getreide erheben, ohne daß ein Kanonenschuß gefallen wäre, ganz auf die Überraschung und die Tanks vertrauend ... Mangins Stimme bleibt freundlich, als er erklärt: »Ich hoffe sehr, meine Herren, daß Ihre Infanterie sich nicht von den Tanks überholen läßt.«

In der gewaltigen Schlacht um Frankreich ist die so beginnende Gegenoffensive am Matz nur eine kleine Episode: drei, vier eroberte Dörfer, tausend Gefangene, zehn erbeutete Geschütze. Sie wird auch auf höheren Befehl schon am zweiten Tage eingestellt, weil das Ziel erreicht, der Vormarsch des Feindes aufgehalten ist. Aber zum erstenmal seit 1917 hat die französische Armee wieder die Initiative übernommen, den Gegner zum Weichen gebracht.

Am 12. Juni gibt Ludendorff den Befehl zur endgültigen Einstellung der am 27. Mai begonnenen Offensive. Von der Schweiz bis an die Nordsee kehrt an der ganzen Front wieder Ruhe ein.

XXVI. Kapitel Die Wende des Krieges

Frühjahr und Sommer 1918. Die Österreicher versuchen eine letzte Offensive. Sie kommen nicht weit. Am 15. Juli greift Ludendorff bei Reims an, um die französischen Reserven endgültig zu binden. Doch Foch ist auf der Hut und läßt Mangin den Gegenschlag führen. Die große Wende des Krieges ist gekommen: Das deutsche Heer teilt die Schläge nicht mehr aus, sondern muß sie einstecken.

»Soldaten! Es mangelt Euch an allem ... Die Republik kann Euch nichts geben. Ich werde Euch in die reichsten Ebenen der Welt führen. Soldaten der Italienarmee! Wollt Ihr es an Mut fehlen lassen?« So hat einst Bonaparte gesprochen. Feldmarschall Conrad von Hötzendorf folgt dem illustren Vorbild: »In allen Stürmen des Winters habt Ihr in treuer Pflichterfüllung hinabgeblickt auf die sonnigen Ebenen Italiens. Der ersehnte Moment ist nun da ... Im festen Vertrauen auf Euch rufe ich Euch zu: Jetzt vorwärts!« Mit diesem Aufruf schwimmt ein Deserteur des österreichischen 3. Infanterieregiments über den Piave und informiert das italienische Oberkommando.

Der Proviantmangel ist erschreckend bei der österreich-ungarischen Armee. Die Soldaten sind im wahrsten Sinne ausgehungert. Und sie haben nichts anzuziehen. Inzwischen sind sie dem Gegner nicht einmal mehr zahlenmäßig überlegen: 47 Divisionen und 6833 Geschütze gegen 56 Divisionen, darunter 4 englische und 2 französische, und 7750 Geschütze.

Der Kampf beginnt am 15. Juni, vom Tal des Astico in den südlichen Dolomiten bis zur Lagune von Venedig. Die Österreicher gelangen über den Piave, doch gegen heftige Gegenangriffe schaffen sie es nicht, ihre Brückenköpfe zu behaupten. Am 25. Juni müssen sie über den Fluß zurück. 30000 Gefangene bleiben in den Händen der Italiener. Das Haus Habsburg hat seine letzte Schlacht geliefert.

Ludendorff hatte diese verzweifelte Offensive durchgesetzt. Jetzt zieht er prompt die Folgerung aus dem Debakel und schlägt vor, daß die österreichische Armee, die in Italien nur mehr verteidigen könne, so viele Divisionen wie möglich an die Westfront abgeben solle.

Viel größere Schwierigkeiten zerren an den Nerven des Ersten Generalquartiermeisters.

Als er die Schlacht am Matz eingestellt hat, ist er mit einem Siegesbericht an die Öffentlichkeit getreten: »Drei Monate deutsche Offensive im Westen.« Vom 21. März bis 15. Juni haben die deutschen Armeen 212000 französische und englische Gefangene gemacht. Sie haben 2800 Geschütze und 8000 Maschinengewehre erbeutet. Sie haben reiches Ackerland erobert, auf dem die Ernte bald reif ist, und haben Lebensmittellager gefunden, die dem deutschen Heer endlich einmal wieder Proviant im Überfluß bescheren. Sie haben bewiesen, daß der deutsche Soldat seinem Gegner nach wie vor überlegen ist.

Das alles läßt sich hören. Doch das deutsche Volk hat von Ludendorff das erwartet, was er ihm nicht gebracht hat: das Ende des Krieges. Es hat darauf vertraut, als seine Soldaten die Engländer überwältigten und sich den Kanalhäfen näherten. Es hat darauf vertraut, als sie die französische Front durchbrachen und auf Paris marschierten. Ludendorffs Bericht beweist, daß die Siege dieses Vierteljahrs nutzlos waren, weil das Ende der furchtbaren Prüfung noch immer nicht abzusehen ist.

Im Gegensatz zum deutschen Kronprinzen ist Kronprinz Rupprecht von Bayern ein weitblickender Mann und ein guter Heerführer. Die große Rolle, die ihm Ludendorff für den Endkampf zugestanden hat, ist die Vernichtung der Engländer. Am 1. Juni, als der Sieg greifbar scheint, schreibt er an Reichskanzler Hertling, er sei überzeugt, ein Siegfrieden sei für Deutschland nicht mehr erreichbar: »Ich selbst vertrat einst den Gedanken der Angliederung Belgien in irgendeiner Form ... Auch selbst ein Friede, der uns im Westen keinerlei Gewinn brächte, wäre ein siegreicher Friede. Ich hätte nicht geschrieben, würde ich nicht Eile für geboten halten, und jede Woche ist kostbar.« Mit Sorge nimmt Ludendorff diese Mutlosigkeit eines fast gekrönten Hauptes zur Kenntnis.

Nicht lange danach spricht Richard von Kühlmann, Zimmermanns Nachfolger, vor dem Reichstag über die deutsche Außenpolitik. Es gibt genügend Gründe zur Befriedigung: Die Revolution in Rußland geht weiter. Die Hauptstadt ist von Petrograd nach Moskau verlegt worden. Der Zar und seine Familie sind mit unbekanntem Ziel und Schicksal weggeführt worden. Die Randgebiete des großen Reiches bröckeln ab: Marschall Mannerheim vertreibt mit Unterstützung eines deutschen Truppenkontingents die Kommunisten aus Finnland. Kurland, das alte Land des Deutschen Ordens, ist dabei, sich zu lösen. Zwischen der unabhängigen Republik Ukraine und Deutschland ist ein Sonderfrieden geschlossen worden, ein weiterer mit der unabhängigen Republik Georgien ist in Vorbereitung. Die große Umwälzung im Osten bedeutet für Deutschland eine Verbesserung seines Grenzverlaufs und die Entstehung eines Glacis von Staaten unter seinem Einfluß. Kühlmann hat das Gefühl, Bismarcks Erbe würdig zu wahren.

Doch ein Satz läßt die Abgeordneten aufhorchen: »Bei der ungeheuren Größe dieses Koalitionskrieges«, sagt der Augenminister, »... wird durch rein militärische Entscheidungen allein ohne alle diplomatischen Verhandlungen ein absolutes Ende kaum erwartet werden können.« Die Führer der großen Fraktionen des Reichstags, der Sozialdemokrat Scheidemann, der Zentrumsmann Erzberger, der Nationalliberale Stresemann, geben ihre Zustimmung zu erkennen. Graf von Westarp dagegen, der Fraktionsvorsitzende der Deutschkonservativen, erhebt sich von seinem Sitz, protestiert, rennt aus dem Saal, ruft in Spa an, verlangt sofort Ludendorff zu sprechen und beklagt sich über Kühlmanns Defätismus. Einen Augenblick herrscht Schweigen in der Leitung. Erst dann ertönt die Stimme des Ersten Generalquartiermeisters: »Denken kann man das, aber man hat nicht das Recht, es zu sagen, schon gar nicht als Außenminister des Reiches.«

Wenige Tage später ist der greise Reichskanzler in Spa. Welch ein Gegensatz! In Frankreich zitiert Clemenceau die Generäle zu sich oder, wenn er sich zu ihnen begibt, verhält er sich eindeutig als der Vorgesetzte. Hertling kommt, um in aller Bescheidenheit für Kühlmann zu sprechen, der »keine Zeit zum Frühstücken« gehabt habe; daraus erkläre sich die Tatsache, daß er im zweiten Teil der Rede seine Gedanken nicht mehr im Zaume gehabt habe. Hindenburg und Ludendorff, der eine höflich, der andere von oben herab, erklären Hertling, daß die Worte, mit denen die Fähigkeit zum Sieg bezweifelt worden ist, der Moral des Heeres schweren Schaden zugefügt haben. So ist Staatssekretär des Auswärtigen Richard von Kühlmann untragbar geworden. Er wird schon eine Woche später durch Ex-Admiral von Hintze ersetzt. Die Oberste Heeresleitung diktiert nach wie vor die politischen Entscheidungen in Deutschland.

Die beiden großen Männer wollen noch Anfang Juli nicht den leisesten Zweifel am deutschen Sieg nach außen dringen lassen. Die Entscheidung soll allein auf dem Schlachtfeld fallen. Es *muß* gesiegt werden. Aber wie?

Die Offensiven im März und April haben in der Picardie und in Flandern zwei Frontbögen mit langen Flanken entstehen lassen. Die Maioffensive hat zwischen Aisne und Marne einen tiefen, schmalen Vorsprung gebracht. Da trotz der Befehle der Obersten Heeresleitung Reims nicht erobert worden ist, können die Divisionen in dieser »Tasche«, diesem »Sack« nur über eine einzige Bahnlinie von Laon her, die bei Soissons sogar in Reichweite der feindlichen Artillerie liegt, Nachschub bekommen. Die Lage ist unhaltbar. Korrigieren kann man sie nur, indem man weiter vordringt oder zurückgeht.

Ludendorff hat die Zurücknahme der Truppen erwogen. Das gewaltige Hindenburgprogramm hat dafür gesorgt, daß es dem deutschen Heer vorerst nicht an Material fehlt. Zöge es sich auf eine verkürzte und befestigte Linie zurück, könnte es die Angriffe abprallen lassen wie ein Fels die Brandung, bis sich die Flut verläuft.

Eine solche Strategie verwirft Ludendorff, und zwar nicht zuletzt aus Prestigeerwägungen. Die Aufgabe der in der großen Frühjahrsschlacht eroberten Gebiete würde Deutschland und seinen Verbündeten einen schweren moralischen Schock versetzen. Außerdem gibt es für den Ersten Generalquartiermeister auch militärische Gründe, die es verbieten, dem Gegner die Initiative zu überlassen. Das Jahr 1917 ist an der Westfront ein Jahr der Abwehrsiege gewesen: Chemin des Dames, Cambrai, Passendale ... Und dieses Jahr 1917 hat das deutsche Heer mehr mitgenommen als 1916, das

Jahr des fehlgeschlagenen Sturms auf Verdun. Die Defensive ist inzwischen materiell und moralisch teurer als die Offensive. Für die Verteidigung braucht man solidere, standfestere Truppen. Das deutsche Heer ist zu sehr geschwächt, als daß man ihm die ständige Abwehr von Angriffen zumuten könnte, die mit der Zunahme der amerikanischen Mannschaftsstärke immer massiver zu werden versprechen. Defensive, das bedeutet auf längere Sicht die Niederlage. Die Offensive läßt jedenfalls eine Chance für den Sieg.
In Spa und Avesnes folgt eine Sitzung auf die andere. Die Schwächung des Feldheeres ist an den Zahlen deutlich abzulesen: 4227000 Mann im Vergleich zu 5190000 Anfang März, fast 1000000 Verluste. Gefallen sind 106000, vermißt 58000, verwundet 631000. Der schlechte Gesundheitszustand zeigt sich an 685000 Krankmeldungen, darunter sind 399000 Grippefälle. Der Rekrutenjahrgang 1919 ist bereits eingesetzt, die im Jahre 1900 Geborenen, also die Achtzehnjährigen, sind schon eingezogen. Das reicht aber nicht mehr, um die Lücken zu füllen. 1914 schien das in Saft und Kraft stehende Deutschland über unerschöpfliche Menschenreserven zu verfügen. Davon ist jetzt keine Rede mehr.
Tröstlich ist allenfalls ein Blick auf die Gegenseite. Von März bis Juli hat das britische Heer 14800 Offiziere und 288000 Mann verloren, das französiche 10800 Offiziere und 380000 Mann. Doch die Franzosen schöpfen ihr Potential inzwischen besser aus, so daß die Mannschaftsstärke der Feldarmeen annähernd gleich geblieben ist, und die Engländer, seit drei Monaten nicht mehr angegriffen, haben ihre Verbände wieder aufgefüllt. Vor allem aber verschafft der Zustrom der Amerikaner der Entente wieder die zahlenmäßige Überlegenheit. Es treffen jetzt monatlich 300000 Mann ein. 7 US-Divisionen, jede doppelt so stark wie eine deutsche oder französische, stehen schon an der Front, 10 sind auf französischen Truppenübungsplätzen in der Ausbildung, 6 nach Europa unterwegs. Das bedeutet: Der Sieg muß so rasch wie möglich erzwungen werden.
Am 15. Juni faßt Oberstleutnant Wetzell, Chef der Operationsabteilung des Generalstabs, Ludendorffs Erkenntnisse in einer Denkschrift zusammen. Er stellt fest, daß der größte Teil der französischen Reserven ins Zentrum der Front abgezogen worden und Foch zweifellos nicht mehr in der Lage ist, den Engländern so entscheidend beizustehen wie im April. Trotzdem muß dem tödlichen Stoß gegen die Engländer, dem Unternehmen »Hagen«, ein weiterer Angriff auf die Franzosen vorausgehen. Die vorgesehene Operation ist laut Wetzell »kühn«, aber nicht »schwierig«. Sie besteht darin, Reims zu erobern, um ausreichende Verbindungen mit den weit im Südwesten an der Marne stehenden Truppen herzustellen. Der rechte Flügel der VII. Armee soll die Marne überschreiten und nach Osten einschwenkend auf Epernay vorstoßen. Nördlich des Flusses greifen die übrigen Verbände der VII. Armee und der rechte Flügel der I. das Hügelland der Montagne von Reims im Süden der Stadt an und schneiden die Straße

Epernay–Reims ab. Im Osten geht die III. Armee auf breiter Front vor und vereinigt sich mit den von Westen kommenden Sturmtruppen.

Sobald Reims eingeschlossen und erobert ist, können Minenwerfer und Flieger an die Flandernfront geworfen werden, damit die Operation »Hagen« beginnen kann. Ludendorff will die Offensive dort im Norden knapp zwei Wochen nach den Ende des Angriffs in der Champagne führen.

Das ist nicht nur gewagt, es ist absurd. Die Strategie soll sich der Taktik unterordnen. Die Kriegskunst wird der Verteidigung des gewonnenen Raumes geopfert. Ludendorff muß jetzt für den Fehler vom Mai büßen, weil er die Entlastungsoffensive gegen die Franzosen über ihre vorgesehenen Ziele hinausgeführt hat. Statt an der Vesle halt zu machen, ist man bis an die Marne weitergestürmt. Hätte er selber und hätte sein Heer die nötige innere Kraft, würde er den Raum zwischen Château-Thierry, Dormans und Fismes aufgeben und so rasch wie möglich in Flandern zuschlagen. Das kann er nicht wagen, weil dies eine Wort, »die Marne«, für Front und Heimat zu viel bedeutet. So läßt er sich, obwohl Deutschlands Kraft schon erlahmt, in eine weitere Offensive treiben, bevor er die eigentliche Entscheidung im Norden suchen kann.

Zudem läßt Ludendorff zu, daß sich ein Mißverständnis einschleicht. Diese Offensive, die bei Reims losbrechen soll, taufen die Feldgrauen spontan auf den Namen »Friedenssturm«. Sie sind überzeugt, daß es jetzt schon in den letzten großen Kampf geht.

Die militärische Feindaufklärung ist ein mühsames, vor allem langwieriges Geschäft. Und diesmal darf man sich auch nicht auf sie verlassen, denn es geht ums Ganze. Die englische Armee ist am 21. März in der Picardie überrascht worden, die französische am 27. Mai am Chemin des Dames. Beide Überraschungen haben zu weiten Rückzügen und furchtbaren Verlusten geführt. Noch eine Überraschung dieses Ausmaßes, und die französischen und englischen Heere würden auseinandergerissen, die endgültige Niederlage wäre da.

Am 1. Juli entscheidet sich Foch. Die Deutschen stehen 30 Kilometer vor Dünkirchen, 60 vor Calais, 70 vor Boulogne, 60 vor Abbeville, 70 vor Paris, 25 vor Châlons. Unter diesen sechs möglichen Zielen sind zwei von unvergleichlicher Bedeutung. Kommt der Gegner 40 Kilometer in Richtung Abbeville weiter, sind Engländer und Franzosen getrennt. Gelingt ihm ein weiterer Vormarsch auf Paris, so wird die allgemeine Erregung unwiderstehlich die Art der Kriegsführung ändern und ebenfalls zum Zerbrechen der Koalition führen.

Deshalb stellt Foch seine Reserven so auf, daß der Weg nach Abbeville und Paris versperrt bleibt. Doch der Generalissimus eines Bündnisses ist kein Hauptmann, der die Züge seiner Kompanie einsetzen kann, wie er es für richtig hält. Die Vereinbarung von Beauvais hat den Oberbefehlshabern der nationalen Streitkräfte das Recht belassen, sich an ihre Regierung zu wenden, wenn sie der Auffassung sind, daß eine Entschei-

dung des gemeinsamen Oberkommandos ihre Armee in Gefahr bringt. Foch lenkt also ein mißtrauisch widerstrebendes Gespann, ohne daß man ihm Zügel und Kandare gegeben hätte, um seine Pferde zum Gehorsam zu zwingen.
Da sind zunächst einmal die Belgier. Trotz der Schwierigkeiten der Rekrutierung haben sie ihre Armee auf 12 starke Divisionen gebracht. Die buchstabengetreue Auslegung der Verfassung erlaubt es dem König, der zugleich der Oberbefehlshaber des Heeres ist, allerdings nicht, sich einem Ausländer unterzuordnen. Foch hat sich bemüht, die Belgier an der Ablösung britischer Einheiten auf französischem Boden zu beteiligen. Die Ablehnung war kategorisch: Die belgische Armee ist nur dazu bestimmt, das eigene Hoheitsgebiet zu verteidigen. Sie kann nicht außerhalb des kleinen Dreiecks eingesetzt werden, das in Belgien von den Deutschen unbesetzt geblieben ist.
Da sind die Italiener. Foch weist Diaz an, seinen Abwehrerfolg vom Juni zu nutzen und zum Angriff überzugehen. Diaz erwidert, er benötige Renault-Tanks und Gelbkreuzgranaten. Foch sagt sie ihm zu. Doch Diaz verlangt daraufhin auch noch die Entsendung eines Teils der amerikanischen Truppen an die italienische Front. Fochs Befehlsgewalt über die italienische Armee steht auf dem Papier. Er muß verhandeln, statt anzuordnen.
Da sind die Amerikaner. Sie kommen in Massen, trauen sich alles zu. Am 23. Juni 1918 richten Clemenceau und Foch aus Pershings Hauptquartier in Clermont ein Memorandum an Präsident Wilson, in dem sie ein amerikanisches Heer von 100 Divisionen bis zum Sommer 1919 verlangen. Antwort: »Einverstanden.« Doch die Amerikaner bestehen darauf, daß ihre Verbände so rasch wie möglich zu Korps und Armeen unter eigenen Kommandierenden Generälen zusammengefaßt werden. Franzosen und Engländer dagegen, die vor allem Infanterie brauchen, bemühen sich, die neuen Verbündeten im Rahmen ihrer eigenen Armeen zu behalten. Pershing wird ungeduldig, er legt sich mit Pétain an, der die Amerikaner allzu offen als Amateure behandelt, die einem ernsthaften Krieg nicht gewachsen sind. Foch muß schlichten, gut zureden, taktieren.
Da sind die Engländer. Ihr Oberbefehlshaber, Feldmarschall Sir Douglas Haig, hat sich jahrelang mit Händen und Füßen gegen ein gemeinsames Oberkommando gesträubt und ist erst anderen Sinnes geworden, als die Katastrophe über sein Heer hereinbrach und auch seinen Feldherrnruf gefährdete. Der Mann ist mit Vorsicht zu genießen. Er läßt seiner Gehässigkeit allerdings nur in seinem privaten Tagebuch und seinen Briefen an Lady Haig freien Lauf, die eine Folge abschätziger, ja, beleidigender Bemerkungen über seine Kampfgefährten sind. Obwohl Foch so sehr auf die Solidarität der Verbündeten setzt, daß man ihm oft vorwirft, er sei schon mehr britisch als französisch gesonnen, ist Haig davon überzeugt, die Briten trügen die ganze Last des Krieges, die Franzosen kämpften nicht wirklich, sie hielten im Feuer nicht stand, weil sie von ihrer Führung »verzärtelt« würden. Die Franzosen halten 670 Kilometer Frontlänge mit 81

eingesetzten und 19 Divisionen in Reserve. Die Engländer haben für 150 Kilometer 37 Divisionen im Einsatz und 18 in Reserve. Wenn man ihn auf dieses Mißverhältnis hinweist, erklärt Douglas Haig entrüstet, fast die ganze französische Front bestehe aus ruhigen Abschnitten, während die britische Front auf voller Länge heiß umkämpft sei. Fochs Bemühungen, die Reserven entsprechend der strategischen Lage aufzustellen, werden immer wieder von Haigs Protesten und seinen ständigen Klagen bei seiner Regierung durchkreuzt.

Chef dieser britischen Regierung ist seit 1916 David Lloyd George. Er hat auffallend viel mit Clemenceau gemeinsam. Beide sind Nonkonformisten, geprägt durch ihre nach Geographie und Gesinnung hauptstadtfernen Elternhäuser in der Vendée und in Wales. Wie Clemenceau hat Lloyd George seine Politikerkarriere als Mann des Protestes gegen die etablierte Ordnung und später als Bürgerschreck gemacht. 1914 hat er mit seinem Freund Winston Churchill gebrochen und sich gegen den Kriegseintritt Großbritanniens gewandt; bald darauf ist er zum eindrucksvollen Fürsprecher des Krieges bis zum Äußersten geworden. Er hat mehr Verständnis für die Franzosen als Haig, läßt ihnen auch mehr Gerechtigkeit widerfahren, doch er will auf gar keinen Fall, daß sie die Führung des Krieges an sich reißen und Großbritannien in den Hintergrund drängen.

Am 2. Juli tritt der Oberste Kriegsrat der Alliierten im Grand Trianon zu Versailles zusammen. Die Stimmung ist gespannt. Italiener und Engländer können ihre Befriedigung nicht tanz verhehlen, daß nun auch die Franzosen geschlagen worden sind. Lloyd George verhält sich betont aggressiv. Er greift Clemenceau an und wirft ihm vor, er habe Franchet d'Esperey nach Saloniki beordert, ohne London zu informieren, geschweige denn zu konsultieren: »Es ist unerhört, daß Sie die Orientarmee einem General anvertraut haben, der eben die schwerste Niederlage des ganzen Krieges erlitten hat.« Man versöhnt sich schließlich wieder und einigt sich darauf, die Generalstäbe sollten einen Feldzugsplan für 1918/19 ausarbeiten. Dann verliest Lloyd George als Sitzungspräsident den Text einer Entschließung, die er für angenommen erklärt, nachdem er die Delegationsleiter fragend angeblickt hat und eine Reaktion ausgeblieben ist. Gleich darauf wird die Sitzung aufgehoben. Alle Teilnehmer verlassen den Raum.

Nur General Weygand, Fochs Generalstabschef, verlangt den Text der Entschließung, läßt ihn sich übersetzen, rennt Foch nach, der sofort nach Paris zu dem in sein Arbeitszimmer in der Rue Saint-Dominique zurückgekehrten Clemenceau eilt. Die Entschließung, die in der Aufbruchsstimmung des Sitzungsendes untergegangen ist, unterstellt den Oberkommandierenden der alliierten Streitkräfte dem Obersten Kriegsrat und sieht eine kollegiale Führung der Kampfhandlungen vor. Foch erklärt, unter solchen Umständen sei er nicht bereit, weiterzumachen.

Zunächst läßt Clemenceau ihn schroff abblitzen: Er sei Soldat und habe zu gehorchen, weiter nichts. Foch versteift sich, fuchtelt mit der Entschließung herum und bleibt dabei, man könne niemandem zumuten, ein solches Amt weiterzuführen, wenn man ihm die nötigen Befugnisse vorenthalte. Plötzlich steht Clemenceau auf und nimmt seinen Strohhut vom Haken. »Tatsächlich, Sie haben recht. Gehen wir gleich zu den Engländern.«

Lloyd George ist in Versailles in der »Römischen Villa« untergebracht, der fürstlichen Residenz des Friseurs Georges. Er ist gerade dabei, sich zum Abendessen umzukleiden, als Clemenceau und Foch ankommen, und kommt so erregt in den Salon gestürzt, daß er seine Pyjamajacke über die Smokinghose gezogen hat. Er brüllt mit Waliser Temperament, die Franzosen wollten alles, dabei sei das Britische Empire so gut wie alles, auf den Herrn General Foch könne man getrost verzichten, seine Führung seit der Konferenz von Doullens sei ja wirklich alles andere als befriedigend ... Clemenceau, der nicht immer so standhaft ist, wie er sich gibt, bringt vorsichtig Fochs Argumente ins Spiel und erreicht schließlich, daß die Entscheidung vom Nachmittag jedenfalls abgemildert wird. Der Zwischenfall ist bezeichnend für die Schwierigkeiten, unter denen das Oberkommando über die verbündeten Streitkräfte ausgeübt werden muß, vor allem dann, wenn die Dinge nicht nach Wunsch laufen.

Und da sind, nicht zu vergessen, die Franzosen! Der glühende Foch und der kühle Pétain sind wie Feuer und Wasser. Pétain ist überzeugt, daß die französische Armee genug gelitten hat und jetzt in der Defensive bleiben, ihre Kräfte schonen muß, bis die Amerikaner voll einsatzfähig sind. Fochs strategische Vorstellungen erscheinen ihm nebulös, er hält ihn für ein Theoretiker, der nie einen Graben, eine Truppenunterkunft oder ein Lazarett gesehen hat und seinen Krieg ohne eine Ahnung von den Männern führt, die ihn auszubaden haben. Für ihn gibt es nur eine wirklich bedrohliche Stoßrichtung der Deutschen: den Marsch auf Paris. Foch hat mit seinem hartnäckigen Festhalten an der Unterstützung der Engländer durch die französischen Reserven die Katastrophe am Chemin des Dames verschuldet. Und jetzt will er den gleichen Fehler noch einmal machen.

Der Konflikt läßt sich nicht lange verbergen. Foch läßt eine Anweisung über die Führung des Verteidigungskampfes hinausgehen. Pétain weigert sich, sie an die ihm unterstellten Armeen weiterzugeben und erklärt, sie stehe im Widerspruch zu den von ihm selber verkündeten Grundsätzen. Zugleich macht er von dem Recht Gebrauch, das ihm als dem Verantwortlichen für die französischen Streitkräfte nach dem Protokoll von Beauvais zusteht, und informiert die Regierung in Paris über die Gefahr, die diese Anweisung des Generals Foch für das französische Heer bedeute. Clemenceau reagiert, indem er Pétain uneingeschränkt Foch unterstellt. Pétain nimmt das hin.

Der Sommer ist da, mit herrlichem Wetter. Paris wimmelt von Uniformierten. Die Parks sind voller spielender Kinder. Von Evakuierung spricht niemand mehr. In den

Pavillons von Bagatelle am Bois de Boulogne findet die Preisverleihung eines Rosenwettbewerbs statt. Die deutschen Ferngeschütze schießen von Zeit zu Zeit auf die Hauptstadt, doch die Zensurbehörde hat den Zeitungen verboten, die Einschlagsstelle zu melden oder über die Schäden zu berichten. Die feindlichen Bombenflieger, die »Gothas«, zwingen Paris zum Verdunkeln und sorgen dafür, daß es fast Nacht für Nacht Alarm gibt, doch ein starker Abwehrring bewirkt, daß sie das Stadtzentrum selten erreichen. Außerdem versucht man sie zu täuschen: Draußen hinter Courbevoie hat man in der Seineschleife ein falsches Paris mit beleuchteten Eisenbahnsignalen und offenbar schlecht abgedunkelten Bahnhöfen aufgebaut. Zu wenige Menschen fallen den Angriffen zum Opfer, als daß die Stimmung darunter leiden könnte; sie ist unvergleichlich besser als im Frühjahr. Die Franzosen sind geradezu entschlossen, mit Vertrauen in die Zukunft zu blicken.

Foch, der Mann des Angriffs, sehnt sich längst nach einer Offensive. Schon im Januar hat er Ludendorff zuvorkommen und ihm seine Truppen entgegenwerfen wollen. Jetzt, Mitte Juni, muß er wieder eine Abwehrschlacht vorbereiten, bei der nicht er, sondern der Gegner Zeitpunkt und Ort bestimmt. Doch zugleich rüstet er zu einem Angriff, um die seit dem letzten Jahr verlorene Initiative wieder an sich reißen zu können.

General Maistre mit seinem Kosakenschnauzbart und dem eingebeulten Käppi, trotz seiner Feldwebelallüren ein hervorragender Heerführer, hat als Nachfolger von Franchet d'Esperey die Armeegruppe Mitte übernommen. Mangin, im frischen Glanze seines Erfolges am Matz, ist als Chef der 10. Armee sein Nachfolger geworden. Zwei Tage nach der Übernahme des Kommandos erhält er über Fayolle den Befehl, eine Operation zur Zurückeroberung der Höhen im Westen von Soissons auszuarbeiten, mit der die einzige Eisenbahnverbindung der Deutschen unterbrochen werden soll. Er kann mit schöner Gelassenheit erklären, die Vorbereitungen seien bereits seit vorgestern im Gange. 48 Stunden später hält Fayolle den Plan in Händen.

Dieser Plan vom 20. Juni entspricht ganz dem Gegenangriff vom 14. Auch hier setzt Mangin ganz auf Überraschung. Der Wald von Villers-Cotterêts wird die Bereitstellung bis zum letzten Augenblick verborgen halten. Der Sturm soll ohne jede Artillerievorbereitung erfolgen. Mangin verlangt 6 zusätzliche Divisionen, 50 schwere Batterien und zwei Tankregimenter. Er besteht darauf, daß der Vormarsch nicht auf vorgegebene Ziele beschränkt wird: »Der Angriff wird so weit vorgetragen, wie es der Truppe irgend möglich ist.«

Bei der französischen Führung ist schon wieder eine Änderung eingetreten. Buat, Duchênes Nachfolger, ist zum Oberquartiermeister gemacht worden und hat seine 6. Armee an Degoutte, Clemenceaus »kleinen chinesischen Koch« übergeben. Die Front dieser Armee läuft quer vor den am weitesten vorgedrungenen deutschen Verbänden bei Château-Thierry nach Osten an die Marne bei Dormans und im Westen bis hinauf an den Ourcq nach La Ferté-Milon an der Oise. Er verlangt, sich mit seinem linken Flügel

an Mangins Offensive beteiligen zu dürfen, wenn es sein muß, ohne zusätzliche Kräfte. Für diesen Gegenangriff der 10. und 6. Armee auf den 50 Kilometern zwischen dem flachen Land vor Soissons und dem Raum Château-Thierry können 14 Infanteriedivisionen, 3 Kavalleriedivisionen, 2000 Geschütze und 520 Tanks eingesetzt werden. Pétain bestimmt als Termin den 18. Juli fest.
Gleichzeitig bereitet sich das französische Heer darauf vor, den zu erwartenden deutschen Ansturm abzuwehren.
Zunächst ist die Unsicherheit, wo er stattfinden wird, geradezu quälend. Die Geheimdienstmeldungen aus der ganzen Welt haben mit den dramatischen Hinweisen schon so gut wie alle Frontabschnitte für diese Schlacht genannt. Erst am 28. Juni lichten sich die nebulösen Vorstellungen, als eine Nachrichtensynthese des zentralen Dienstes in Vitry einen Doppelschlag im Osten und Westen von Reims als wahrscheinlich bezeichnet. Durch den Vergleich aller eingegangenen Mitteilungen der Spionage, der Fliegeraufklärung, der Gefangenenverhöre und der Aussagen fahnenflüchtiger Elsaß-Lothringer wird Ludendorffs Plan erkennbar. Am 9. Juli kann Pétain mit dem Schreiben 9056-2 des *Grand Quartier Général* einen Angriff von 28 Divisionen zwischen Jaulgonne und Vrigny im Südosten von Reims und von 14 Divisionen zwischen Fort Pompelle und Massiges als »sehr wahrscheinlich« bezeichnen.
Der Schlag wird im Osten Reims Gourauds 4. Armee treffen, die in der »Läusechampagne« steht, dem Staub- und Durstland des weißen Kalkbodens, das seit vier Jahren ohne nenneswerte Frontveränderungen immer weiter befestigt worden ist. Die Champagnehügel, die Erhebung des Mont Cornillet, das Dorf Moronvilliers, das Gehöft Navarin sind geradezu Zitadellen geworden. Trotzdem hat sich Gouraud nach anfänglichem Zögern inzwischen Pétains Vorstellungen von der Führung der Abwehrschlacht zu eigen gemacht. Er opfert berühmte Orte, die viel Blut und Schweiß gekostet haben. Er nimmt seine Artillerie hinter die eigentliche Verteidigungslinie zurück und läßt nur einige Batterien vorne, die durch ständigen Stellungswechsel den Gegner täuschen. Die Infanterie in den ersten Gräben wird so verdünnt, daß sie gerade noch ausreicht, Stoßtruppunternehmen zurückzuschlagen. Die Sprengung und Vergasung der vorgeschobenen Verteidigungswerke wird vorbereitet. Dies alles bemerkt der Gegner nicht, weil er sich selber so still wie möglich verhält, damit die Franzosen, wie er meint, ahnungslos bleiben und vollständig überrumpelt werden können.
Im Westen von Reims sieht es ganz anders aus. Die allmählich zur Montagne de Reims aufsteigende Landschaft ist bewaldet und hügelig, eingesprengt liegen Dörfer und Weinberge. Die 5. Armee (Berthelot) steht nördlich der Marne, der rechte Flügel der 6. Armee (Degoutte) südlich des Flusses. Die eben erst entstandenen Fronten sind noch nicht ausgebaut, die Verteidigungs- und Sperrstellungen erst im Entstehen. Die Kommandeure sind von Pétains Abwehrmethode nicht überzeugt. Das gilt insbesondere für das von General Albricci befehligte italienische Korps, das bei der 5. Armee zu beiden

Seiten des Flüßchens Ardre eingeschoben worden ist. Die Soldaten sind gut, aber sie kennen das Trommelfeuer, wie es an der Westfront tobt, noch nicht.
Als Angriffstermin der Deutschen wird zunächst der 6. Juli angenommen. Gouraud läßt beim VIII. und XXI. Korps die vordersten Verbände zurückgehen, doch als nichts geschieht, schickt er sie wieder nach vorne. Maistre beschwert sich, daß die Truppen seiner Armeegruppe durch solche blinden Alarme ständig in Unruhe gehalten werden. Beim Gegner ist es noch nie so ruhig gewesen. Seine Einheiten in der ersten Linie vermeiden jeden Kontakt. Man kann nicht einmal die für die Aufklärung unentbehrlichen Gefangenen einbringen. So befiehlt Gouraud ein Stoßtruppunternehmen tief ins gegnerische Grabensystem, um endlich wieder Deutsche verhören zu können. Für einen Handstreich gegen die »Cubitus«-Stellung am Mont-Sans-Nom werden zwei Züge des 366. Infanterieregiments eingesetzt, geführt von Oberleutnant Balestie (der vor der Geschichte von einem seiner Leute, Hauptfeldwebel Joseph Darnand, in den Schatten gestellt worden ist). Die Grenadiere haben einen ganz unverhofften Erfolg. Das IV. Korps kann am 14. Juli um 22 Uhr melden: 2 Mann gefallen, 3 Mann verwundet, keine Vermißten, 27 Gefangene. Die Gefangenen sind sehr nervös, haben flehentlich gebeten, sofort abtransportiert zu werden, und einer, der seine Gasmaske verloren hat, wollte unbedingt gleich eine bekommen.
27 Gefangene wenige Stunden vor einem Großangriff: Die Dokumente zeigen, daß die deutsche Führung von dieser bösen Panne nichts erfahren hat. Allerdings wäre es auch nicht mehr möglich gewesen, den Sturm abzublasen. Alles war im letzten Stadium angelangt, die Sturmdivisionen drängten sich schon in den Ausgangsstelltungen. Die Nacht war stockdunkel. Über der Champagne ballten sich Sommergewitter zusammen. Klatschende Regenschauer gingen auf die mit Waffen und Handgranaten schwer beladenen Feldgrauen nieder, die darauf brannten, daß es endlich losginge. Und bei Ménil-Lépinois hatte Ludendorff einen Aussichtsturm errichten lassen, damit der Kaiser in höchsteigener Person den dritten großen Sieg seines Heeres in diesem Jahr 1918 verfolgen könne.

Diese Nacht des Kaisers hat Karl Rössner in seinem Buch »Der König« beschrieben. Die romanhafte Darstellung nimmt der Schilderung nichts von der Präzision im Atmosphärischen. Wilhelm und die Offiziere seiner Umgebung waren überrascht, als die französischen Geschütze gegen 1 Uhr früh als erste das Feuer eröffneten und zehn Minuten lang unbehelligt die mit Männern vollgestopften Gräben beschossen und etliche Munitionslager mit leuchtenden Stichflammen in die Luft gehen ließen. Erst dann trat von Jaulgonne bis Massiges, von der Marne bis an den Rand des Argonnerwaldes bis auf einen ausgesparten Abschnitt im Umkreis von Reims die deutsche Artillerie mit Macht in Aktion.
Der Vormittag verläuft dramatisch. Vor der Armee Gouraud überrennen die Deutschen

die erste Stellung, merken aber bald, daß sie von den Franzosen nicht gehalten werden sollte. Vor der intakt gebliebenen eigentlichen Verteidigungslinie laufen sie sich fest. Am anderen Flügel der Offensive dagegen gelingt es dem 23., 8. und 4. Reservekorps, das französische V. und das italienische II. Korps zurückzudrängen. Der Eindruck in Pétains Befehlsstand ist so verheerend, daß um 9.30 Uhr eine telephonische Mitteilung an die Armeegruppe Fayolle geht: »Angesichts soeben eingetretener Ereignisse südlich der Marne Ihr offensives Vorgehen bis auf weiteres verschieben.« In Einzelbefehlen wird angeordnet, das II. Kavalleriekorps, die 168. Infanteriedivision und die schon auf dem Wege nach Villers-Cotterêts befindliche amerikanische 2. Infanteriedivision an die Marne in Marsch zu setzen. Die Offensive Mangin-Degoutte wird von Pétain abgeblasen! Er begründet sein Verhalten in einem Bericht über die Operationen des Jahres 1918: »Villers-Cotterêts war der Hammer, Reims der Amboß. Ich mußte dafür sorgen, daß der Amboß fest stand, ehe ich den Hammer benutzen konnte.«
Etwa zur gleichen Stunde steigt der Kronprinz die Leiter zur Beobachtungsplattform hinauf, wo der Kaiser das erregende Schauspiel mit Artillerievorbereitung und losstürmenden Truppen begeistert verfolgt hat. Die Schlacht scheint sich über die triste Läusechampagne in Richtung Châlons zu entfernen. Nach den ersten Berichten sind die Anfangsziele erreicht worden. Die Offensive hat also gut begonnen. Ein neuer Sieg kündigt sich an. Der 15. Juli wird für die Deutschen ein großer Tag werden.
Der Sohn läßt den enthusiastischen Vater ausreden. Groß, schlank, ein wenig schlaksig steht er in seiner knapp sitzenden Totenkopfhusarenuniform da. Nicht vermöge besonderer Intelligenz, sondern aus erworbener Skepsis sieht er klarer. Er kommt von einer Rundfahrt zu den Armeekommandos und hat den Eindruck, in der Champagne habe man sich festgefahren. Im Wortsinn ist das nicht richtig, denn es ist kein Schlamm da, nur ätzender, trockener Staub, der die Kehle ausdorrt, einen geradezu schmerzhaften Durst verursacht und die Soldaten schlapp macht. »Festgefahren« ist aber ein gutes Bild. Gouraud hat mit der Abwehrmethode, für die Pétain so hartnäckig gekämpft hat, die feindliche Kriegsmaschine in eine tiefe Radspur geraten lassen, aus der sie nicht wieder herauskommt. Überall liegt die deutsche Infanterie im französischen Sperrfeuer vor der eigentlichen Verteidigungsstellung. Die Chefs der I. und III. Armee, Mudra und Einem, verlangen von Ludendorff die Erlaubnis zur vorläufigen Einstellung der Offensive, um den Angriff neu vorbereiten zu können.
Ebenfalls um diese Zeit, gegen 9.30 Uhr, verläßt Foch sein Schloß Bombon und fährt nach Mouchy-le-Châtel. Dort ist er mit Douglas Haig verabredet.
Bombon liegt bei Melun. Die Straße gibt an einer Stelle den Blick auf den Eiffelturm frei: So nahe ist die Front dem Herzen Frankreichs gerückt. Doch Foch ist in glänzender Stimmung. Vor der Abfahrt hat er die erste Zusammenfassung der Meldungen über die Kämpfe seit dem frühen Morgen zur Kenntnis genommen. Er ist schon jetzt überzeugt, daß die Schlacht gewonnen ist. Im Osten von Reims ist die deutsche Offensive

vorerst gescheitert. Im Westen ist das deutsche Vordringen nur von taktischer Bedeutung. Die Reserven sind unterwegs, von Überraschung oder Durchbruch ist nicht die Rede. In ein paar Tagen, nicht wie im März oder im Juni erst nach Wochen, wird das Gleichgewicht wieder hergestellt sein. Und der Gegenschlag ist bereit wie eine geladene Pistole in den ruhigen Händen von Degoutte und den zupackenden Fäusten von Mangin.

Man ist zu früh dran. Das Treffen mit Haig soll bei einem Mittagessen stattfinden, für das Foch alles in einem Begleitfahrzeug mitführt, denn er ist durchaus kein Kostverächter. Noailles, Fayolles Hauptquartier, liegt nur 4 Kilometer von Mouchy entfernt. So kann Foch noch seinen alten Kameraden von der Kriegsschule besuchen, der 1914 erst Brigadegeneral gewesen ist und jetzt, vier Jahre später, die Verantwortung für 500000 Mann hat.

Fayolle ist mißmutig. Foch faßt ihn unter.

»Und dein Angriff? Alles in bester Ordnung?«

»Eben nicht! Vor zwei Stunden habe ich von Pétain eine Mitteilung bekommen, daß die Boches südlich der Marne einen Brückenkopf gebildet haben. Jetzt soll ich die Operation Mangin verschieben. Ich muß meine Reserven an Berthelot abgeben.«

Entrüstete Ausrufe. Wildes Gestikulieren. »Weygand!« Foch diktiert: »Falls nicht ein neues Ereignis eintritt, von dem Sie mich gegebenenfalls unterrichten wollen, kann selbstverständlich keine Rede davon sein, Mangins Vorbereitungen zu verlangsamen, geschweige denn einzustellen.« Die Mitteilung, von Oberst Desticker telephonisch durchgegeben, liegt eine halbe Stunde später auf Pétains Schreibtisch. Seinem schönen Gesicht ist nichts anzusehen. Alle Befehle über die Umleitung der für die Offensive am 18. Juli bestimmten Reserven werden widerrufen.

Die Schlacht geht weiter. Im Osten von Reims greift die Armee Einem noch einmal an und scheitert wieder an den französischen Hauptstellungen. Im Süden der Stadt kommen die Deutschen nicht mehr weiter. Im Marnetal geht das I. Kavalleriekorps, das 80 Kilometer hinter sich hat, sofort bei seinem Eintreffen zum Gegenangriff über und schlägt den auf Epernay marschierenden Gegner zurück. Die Lage der Deutschen südlich des Flusses wird kritisch. Alle Brücken liegen unter dem Feuer der französischen Artillerie. Die Bomber der 1. Fliegerdivision greifen Brücken und Straßen rastlos an. Wilhelm II., der am 16. wieder auf seinen Beobachtungsturm bei Ménil-Lépinois gestiegen ist, erfährt, daß die Räumung des Südufers der Marne wahrscheinlich nicht zu vermeiden sein wird. Er gibt zu bedenken, die moralische Wirkung werde nach der triumphalen Meldung vom Übergang über den historischen Fluß erheblich sein. Man erwidert ihm, der Angriff auf Reims gehe weiter, die Stadt sei schon fast abgeschnitten, ihre Eroberung werde das strategische Scheitern der Offensive vergessen machen. Der wieder zuversichtlich gestimmte Kaiser begibt sich nach Brimont, um die versprochene Beute zu betrachten. Von einem Hügel aus, wo eben noch gekämpft worden ist, sieht er

Reims vor sich liegen: den Bahnhof, die Kasernen, sogar die Schäden an der Kathedrale kann man erkennen. Tatsächlich, niemand wird an das Scheitern an der Marne denken, wenn der Kaiser in Reims einziehen kann.
Ludendorff verschwendet keinen Gedanken an Reims. Ihm kommt es vor allem darauf an, sich nach diesem Rückschlag die Initiative nicht entreißen zu lassen. So soll jetzt der Kronprinz von Bayern wie vorgesehen angreifen. Schon am 17. Juli gehen Geschütze und schwere Minenwerfer von der I. und III. Armee nach Norden ab, und einen Tag später trifft er sich mit Rupprecht in Mons zur letzten Vorbesprechung vor der Offensive.
Er macht sich keine besonderen Sorgen. Natürlich ist es zutiefst bedauerlich, daß das Doppelunternehmen gegen Reims fehlgeschlagen ist. Doch der Gegner kann nicht selber zur Offensive übergehen. Das dürfte nach den Schätzungen des Ersten Generalquartiermeisters frühestens in einem Vierteljahr der Fall sein.
Die Besprechung in Mons hat kaum begonnen, als ein Adjutant um die Erlaubnis bittet, unterbrechen zu dürfen. Von der VII. Armee sind beunruhigende Meldungen eingetroffen. Die Franzosen haben zwischen Aisne und Marne mit Unterstützung ganzer Geschwader leichter Tanks überraschend angegriffen. Die Front ist durchbrochen. Es scheint, als tue ein Teil der deutschen Truppen nicht mehr seine Pflicht...

Mangin hat ganz auf den Überraschungseffekt gesetzt. Die Artillerie hat sich nicht einschießen dürfen. Die Tätigkeit der Flieger ist auf ein Minimum reduziert worden. Der Aufmarsch der Sturmdivisionen hat erst in der Nacht vom 15. auf den 16. Juli begonnen und ist in der Nacht vor dem Angriff in der Frühe abgeschlossen worden. Der General hat seinen Befehlsstand in Bonneuil-en-Valois am jenseitigen Waldrand eingerichtet. Während er mit seinen Offizieren am Vorabend des Angriffs speist, dringt von draußen ununterbrochener Lärm herein. Die Massen von Männern, Pferden, Geschützen und Tanks strömen in das Waldgebiet. Am Morgen werden die 10. Armee (I., XX., XXX. und XI. Korps) zwischen Aisne und Ourcq angreifen, die Armee Degoutte gleichzeitig bis zur Marne hinunter mit ihren II. und VII. Korps. Vier amerikanische Divisionen und eine schottische Division werden Seite an Seite mit den Franzosen kämpfen.
Und der Gegner? Der Gegner ist bei der Ernte. Zahlreiche Arbeitstrupps sind beobachtet worden, die auf der fruchtbaren Ebene um Soissons mit Mähen und Garbenbinden beschäftigt sind. Von militärischer Aktivität kann keine Rede sein. Vor Mangin und Degoutte stehen von insgesamt 10 Divisionen nur 2, die von der deutschen Obersten Heeresleitung als »voll kampfkräftig« eingestuft werden. Bei den übrigen ist der durchschnittliche Mannschaftsstand der Kompanien auf 50 statt 150 gesunken, und viele Soldaten leiden noch an Grippe. Sie wären auch schon nicht mehr da, wenn die Truppenärzte nicht Anweisung bekommen hätten, die Männer nur im äußersten Notfall als

nicht mehr frontverwendungsfähig krankzuschreiben. Mehrere Generäle haben nachdrücklich darauf hingewiesen, daß die lange Flanke des deutschen Frontvorsprungs bis zur Marne viel zu schwach besetzt ist. Doch Ludendorff ist der Überzeugung, die Franzosen seien zu sehr durch die Schlacht um Reims absorbiert, als daß sie anderswo aktiv werden könnten.

Der Lärm der in die Ausgangsstellungen rückenden Truppen ist beängstigend. 321 eben von den Renaultwerken gelieferte Fünftonnentanks sind auf Lastkraftwagen herangeschafft worden, und obwohl sie mit ganzen 1,5 Stundenkilometern zu ihren Startplätzen kriechen, klappern ihre Ketten wie Kastagnetten durch die Nacht. Das Dröhnen der Motoren, das Quietschen der Kanonen und Protzen, das Schnauben der Pferde, der Marschtritt der Infanterie vermischen sich zu einem dumpfen, weithin hörbaren Geräusch. Eigentlich ist es unmöglich, daß die Deutschen nichts davon gemerkt haben sollen.

Doch ein Gewitter kommt den Franzosen zu Hilfe, ja, eine ganze Folge von Gewittern tobt ringsum am Horizont. Der Regen übertönt das Geräusch der vorrückenden Armee noch besser als die Donnerschläge. Natürlich muß man diese Hilfe teuer bezahlen, weil die Wege tief und rutschig werden. Überall im Wald kommt es zu Stockungen. Oberst Hergault, Stabschef der 10. Armee, hat recht gehabt, Mangin zu raten, unbedingt in seinem Befehlsstand in Bonneuil zu bleiben. Aber nein, der ungestüme Armeeführer will sich um jeden Preis zu dem Aussichtsturm begeben, der auf der Höhe 255 beim Forsthaus Puiseux für ihn errichtet worden ist. Um rascher voranzukommen, verläßt er sein Automobil, stapft durch den nassen Wald, schnappt sich einen Trainwagen, gerät in die nächste Straßenverstopfung, muß wieder zu Fuß weiter und gelangt erst bei Sonnenaufgang zum Turm.

Der Angriff ist um diese Zeit schon angelaufen. Die Artillerie hat um 4.45 Uhr das Feuer eröffnet. Im gleichen Augenblick sind Männer und Tanks losgestürmt. Der Himmel ist bedeckt geblieben, und über dem feuchten Boden liegt Dunst, der im Laufe der Vormittagsstunden noch dichter wird.

Eine Stunde vor dem Angriff haben sich zwei Überläufer beim deutschen 3. Infanterieregiment in Dommiers gemeldet. Doch die Deutschen haben Pech. Durch das Gewitter ist die Telephonvermittlung des Regiments ausgefallen. Ein paar nahe Infanterieeinheiten können gerade noch durch Melder alarmiert werden, doch Divisionsstab und vor allem die Batterien lassen sich nicht mehr rechtzeitig von dem unmittelbar bevorstehenden Schlag informieren. Und nicht ein Schuß fällt, während die Franzosen sich leise zum Sturm aufstellen, der sie hinter der plötzlich einsetzenden Feuerwalze zum ersehnten Sieg führen soll.

Die ersten Meldungen, die auf Mangins Feldherrnhügel eintreffen, sind überwältigend. Der Gegner ist vollständig überrascht worden. Vor Soissons rückt das I. Korps auf beiden Ufern der Aisne auf die Stadt. Nach rechts anschließend haben die marokkanische und die beiden amerikanischen Divisionen der 10. Armee die Deutschen im Schlaf überrascht; zwei Obersten werden im Nachthemd angetroffen und mit Hunderten von Gefangenen, die dem Befehl nur allzu gern folgen, nach hinten geschickt. Beim XI. Korps ist die Artillerie wie in den Kriegen des vorigen Jahrhunderts im Galopp nach vorn unterwegs. Degoutte, obwohl er schwächer ist als die Nachbararmee, ist schon dabei, zwischen Ourcq und Marne die zweite deutsche Stellung zu erobern.

Die Deutschen setzen erst am Nachmittag der 6. und 10. Armee überhaupt nennenswerten Widerstand entgegen.

Mangin fiebert vor Angriffslust. Doch da kommt Pétain. Die beiden Männer trennen die Vorgänge von 1917. Inzwischen hat der nicht mehr in Ungnade stehende Mangin gegenüber Foch und Poincaré erklärt, Pétain sei im tiefsten Herzen ein Defätist, der durch einen Heerführer ersetzt werden müsse, der an den Sieg glaubt. Am Fuße des Aussichtsturms kommt es zu einer lautstarken Auseinandersetzung zwischen den beiden Generälen. Mangin verlangt weitere Divisionen, um den Erfolg vom Vormittag zu nutzen. Er erklärt, die Eroberung von Soissons und ein rasches Vordringen südlich der Aisne würden bedeuten, daß sich alle deutschen Truppen im Marnebogen ergeben müßten. Pétain erwidert, die Offensive sei auf begrenzte Ziele gerichtet, die 10. Armee müsse sich mit den erheblichen ihr unterstellten Kräften begnügen, und eine unbedachte Verfolgung des nur durch die Überraschung geworfenen Gegners wäre eine Rückkehr zu der abenteuerlichen Strategie von 1914 und 1917, die furchtbare Folgen haben könnte.

Noch lange nach Pétains Abfahrt schäumt Mangin vor Enttäuschung und Wut.

Hindenburg hat den aus Mons zurückkehrenden Ludendorff am Bahnhof von Avesnes abgeholt. Die beiden Feldherren haben sich zunächst in die Unterpräfektur auf einer der Bastionen der Stadtbefestigung zurückgezogen. Dann sind sie zum gemeinsamen Mittagessen mit den Stabsoffizieren ins Sommerkasino gegangen.

Gegen seine Gewohnheit hat der Generalfeldmarschall bei Tisch von den in Gang befindlichen Operationen gesprochen. Zu Oberst Mertz von Quirnheim, dem Chef der Operationsabteilung, hat er gesagt, die einfachste und gründlichste Lösung der durch den Einbruch der Franzosen am Vormittag entstandenen Krisis sei, alle zur Verfügung stehenden Truppen nördlich von Soissons zusammenzuziehen und nach Süden zum Gegenangriff antreten zu lassen. Ludendorff ist zornrot geworden. Er hat geradezu entrüstet erklärt, er habe dem Herrn Generalfeldmarschall doch wohl hinreichend deutlich gemacht, daß so etwas gänzlich unausführbar sei. Hindenburg hat ohne ein Wort der Erwiderung die Tafel aufgehoben, und Ludendorff hat schweigend hinter ihm den Raum verlassen.

Die Abendmeldungen sind äußerst bedenklich. Franzosen und Amerikaner sind 8 Kilometer weit vorgedrungen, haben 10000 Gefangene gemacht und 400 Geschütze erbeutet. Die deutschen Truppen haben sich nicht nur unachtsam, sondern, schlimmer noch, nicht kampfwillig gezeigt. Eintreffende Verstärkungen sind von den zurückgehenden Kameraden sogar beschimpft worden: »Ihr verlängert doch nur den Krieg! Geht nicht nach vorne!«

Nach einem Abendessen in bedrückter Stimmung versammelt man sich vor der Karte. Hindenburg legt seine Hand mit gespreizten Fingern über die Höhen nordwestlich von Soissons und erklärt noch einmal, so müsse der deutsche Gegenstoß erfolgen. Zum zweitenmal gehen die Nerven mit Ludendorff durch. Er spricht von »Unsinn« und geht wütend zur Tür. Hindenburg folgt ihm und sagt: »Ich möchte Sie noch sprechen.« Vor den Augen ihrer fassungslosen Offiziere verschwinden die beiden in Ludendorffs Arbeitszimmer.

Am Tag darauf ist die Eintracht jedenfalls nach außen wieder hergestellt. Hindenburg unterzeichnet die von Ludendorff vorbereiteten Befehle. Die Angriffe auf Reims werden endgültig eingestellt. Das Südufer der Marne wird geräumt. Ein weiterer Rückzug soll auf eine neue Linie zwischen Fére-en-Tardenois und Ville-en-Tardenois stattfinden, und anschließend hinter die Vesle. Vor allem aber wird die Offensive der Heeresgruppe Kronprinz Rupprecht vorläufig aufgegeben. Das deutsche Heer ist nach seinen großen Angriffen vom März und Mai zum Abwehrkampf gezwungen, den Ludendorff so sehr fürchtet. Es schlägt nicht mehr, es wird geschlagen.

XXVII. Kapitel Der schwarze 8. August des deutschen Heeres

Foch hat die Initiative übernommen und will sie nicht mehr verlieren. Am 8. August greift er auf breiter Front an. Dieser 8. August wird für Ludendorff zum »schwarzen Tag« des deutschen Heeres. Wilhelm II. spürt, daß seine Armee zerfällt und seine Verbündeten ihn verlassen. Er beginnt von Frieden zu sprechen. An der vergessenen Balkanfront bereitet Franchet d'Esperey die Siegesoffensive vor.

»Die alliierten Armeen sind am Wendepunkt angelangt ... Der Augenblick ist gekommen, das allgemein defensive Verhalten, das uns bislang durch die zahlenmäßige Unterlegenheit aufgezwungen worden ist, aufzugeben und zur Offensive überzugehen ...«
Der große Salon von Schloß Bombon ist dreißig Meter lang, zehn Meter breit, die Vertäfelung besteht aus hellem Eichenholz, die Balkendecke ist mit Arabesken geschmückt. Eine Karte des Frontverlaufs hat man auf einem flandrischen Wandteppich festgesteckt, der Judith mit dem Haupt des Holofernes zeigt. Weitere Karten sind auf dem Billardtisch ausgebreitet. Fenstertüren führen auf 1000 Hektar Park und Wald mit uralten Bäumen, darunter eine Eiche, von der es heißt, sie habe noch den Renaissancekönig Franz I. erlebt. Foch hat sich hier auf dem Besitz eines Mitglieds der Familie Segonzac häuslich niedergelassen, weil er abseits der großen Durchgangsstraßen und damit der Truppentransporte sein möchte. Der Oberkommandierende glaubt an den Segen des gelassenen Entscheidens; er hat seinen Stab auf das unbedingt erforderliche Minimum verkleinert und kümmert sich so gut wie nie um Einzelheiten.
Weygand liest mit seiner klaren, ein wenig schrillen Stimme vor. Foch, das Kinn auf die Hand gestützt, hört seinen eigenen Gedanken zu, wie sie sich in der Prosa seines Stabschefs geklärt und geläutert ausmachen. Die weiteren Zuhörer sind Haig, Pétain und Pershing. Der amerikanische Oberbefehlshaber hat an Gewicht gewonnen, weil inzwischen eine amerikanische Armee steht und eine weitere sich in Aufstellung befindet. Trotzdem arbeitet Pershing nach wie vor unter Pétains Kommando und tut sich schwer in dieser Situation. Er sehnt den Augenblick herbei, da er Foch unmittelbar unterstellt wird.
Die am 18. Juli von Mangin und Degoutte begonnene Offensive bringt seit sechs Tagen erhebliche Erfolge. Der Gegner hat die Marne aufgegeben. Château-Thierry ist befreit, Paris nicht mehr bedroht. Doch Mangin schafft es nicht, Soissons zu nehmen, und Degouttes Hoffnungen, die sich in seinen Anweisungen für eine »heftige Verfolgung,

um die Niederlage des Gegners zur Flucht werden zu lassen«, niedergeschlagen haben, sind enttäuscht worden. Wie die Entente im März und Mai haben nun die Deutschen ihre Reserven eingesetzt. Es ist ihnen gelungen, durch die hartnäckige Verteidigung der Flanken aus dem Marnesack herauszukommen, in dem die Franzosen sie einschließen wollten. Auf französischer Seite sind bei den Befehlen und ihrer Ausführung viele Fehler gemacht worden. Man schickt ein ganzes Heer nicht vier Jahre lang in die Schützengräben, ohne daß es seine Beweglichkeit und vor allem den Blick für die Möglichkeiten des Gefechtsfelds verliert.

Foch spricht mit den Oberbefehlshabern der nationalen Streitkräfte von zukünftigen Offensiven. Sein unmittelbares Ziel ist die Verstärkung der Truppentransport- und Nachschublinien, wobei zugleich die Lage der französichen Wirtschaft verbessert werden soll. Er plant eine Operation gegen den deutschen Frontbogen bei Montdidier, um die Eisenbahnlinie Paris–Amiens freizukämpfen, und das Verdrängen der Deutschen aus ihrem Frontvorsprung bei Saint-Mihiel, um den direkten Schienenstrang Paris–Nancy benutzen zu können. Eine dritte Offensive soll den Feind aus dem nordfranzösischen Kohlerevier vertreiben.

»Wenn die mit diesen Operationen angestrebten Ziele erreicht sind, bevor die Jahreszeit zu weit fortgeschritten ist«, liest Weygand weiter vor, »ist für Spätsommer oder Herbst eine Generaloffensive vorzusehen, um unsere günstige Situation noch zu verbessern und dem Gegner keine Ruhe zu lassen ...«

Das ist alles. Der Oberkommandierende der alliierten Streitkräfte denkt nicht an einen Sieg vor 1919. In einem Fragebogen, den er den nationalen Oberbefehlshabern übergibt, heißt es ausdrücklich: »Um zu einem möglichst frühen Zeitpunkt im Jahre 1919 zu einer endgültigen Entscheidung des Krieges zu gelangen, muß jede der alliierten Nationen für Anfang nächsten Jahres die größtmöglichen Anstrengungen vorsehen.«

1919. Niemand widerspricht. Pétain antwortet auf Fochs Fragebogen, daß die beiden Unternehmen für die Gewinnung der Bahnlinien nach Amiens und Nancy in seinen Augen das äußerste sind, was der Armee im laufenden Jahr zugemutet werden kann. Lloyd George, der sich auf Haigs Urteil allein nicht verlassen mag, verlangt eine Studie vom Chef des Empire-Generalstabs. Sir Henry Wilson prüft als günstigste von fünf Hypothesen die, bei welcher die Deutschen im Jahre 1918 keinen großen Erfolg mehr erringen. In diesem Falle könnten die Alliierten im Juli 1919 die Initiative ergreifen und den Krieg 1920 gewinnen. Im ungünstigsten Fall allerdings muß damit gerechnet werden, daß Frankreich zusammenbricht, die Seemächte den Kampf fortsetzen und Amerika im Fernen Osten eine neue Front gegen die Bolschewiken als Bundesgenossen der Deutschen eröffnen muß!

Am 31. Juli werden die Zweifel der Briten am Kriegsausgang noch einmal deutlich. Bei der Dominions-Konferenz erklärt Kriegsminister Lord Milner, er sehe keine Möglichkeit, mit Deutschland fertigzuwerden. Der Südafrikaner Smuts verlangt einen Ver-

ständigungsfrieden. Der Kanadier Borden schlägt vor, auf den Kampf zu Lande zu verzichten, Frankreich preiszugeben, die Blockade zu verschärfen und Tausende von Flugzeugen zu bauen, um Deutschland zu zerschlagen.
Lloyd George bekämpft diese aus der Nervosität der Stunde geborenen Vorstellungen temperamentvoll, aber ohne großen Erfolg.
1918, das fünfte Kriegsjahr, ist schon mehr als halb vorüber. Die Front in Frankreich hat schon 3 Millionen Menschen das Leben gekostet. Auf beiden Seiten sind die Heere jeweils ebenfalls 3 Millionen stark, und sie ringen so wütend miteinander wie eh und je. Ludendorff muß sich auf den Abwehrkampf beschränken, doch selbst die größten Optimisten unter den führenden Militärs der Entente sind überzeugt, daß bis zum Tedeum des Sieges noch mindestens ein Jahr Krieg geführt werden muß.

»Die stille Sternennacht ließ auf beiden Seiten der Somme die schwach erhellten Ebenen im Dunst verschwimmen. Das sanfte Mondlicht spielte auf den Pappeln und Erlen im Tal. Der Wind flüsterte in den Zweigen, und durch das Gras ging ein Wispern ...«
So beschreibt einer im Graben diese schöne Augustnacht. Der Krieg ist eingeschlafen. Selbst die Schüsse bei den Vorposten klingen nicht ernst gemeint. Von Zeit zu Zeit eine Leuchtkugel, die sich vom Dunkel schlucken läßt. Irgendwo klagt ein Käuzchen. In der Batteriestellung lehnen die Kanoniere mit qualmender Pfeife an den Geschützrohren. Der Himmel im Osten, wo die deutsche Heimat ist, wird milchig hell. Der Nebel wird dichter. Die ersten Hähne krähen ... Und plötzlich ist die Hölle los.
Diese Überraschung vom 8. August ist noch vollständiger als die vom 18. Juli. Die feindlichen Vorbereitungen sind nicht durch das kleinste Anzeichen verraten worden. Erst vor zwei Tagen hat General von Kuhl die II. und XVIII. Armee inspiziert. In seinem Bericht schreibt er, an diesem Frontabschnitt herrsche völlige Ruhe. Zwischen Aisne und Marne wird heftig gekämpft, englische Divisionen sind den Franzosen und Amerikanern zu Hilfe gekommen. Der deutsche Generalstab ist überzeugt, daß diese Anstrengung Foch keine Kräfte läßt, um an einer anderen Stelle anzugreifen.
Dabei hat Foch keinen Tag verloren, sondern hat sofort die zweite der im Memorandum vom 24. Juli vorgesehenen Offensiven vorbereitet. Die Bahnlinie nach Amiens soll freigekämpft werden. Schon am 28. Juli wird das Vorhaben in einer eigenen Anweisung dargestellt. Der Gegner soll vor Amiens zurückgedrängt werden, zugleich soll weiter südlich der Frontbogen von Montdidier eingedrückt werden. Die erste Aufgabe fällt den Engländern zu, die zweite den Franzosen.
Der General, dem die Engländer den Angriff anvertrauen, ist Sir Henry Seymour Rawlinson. Im März hat er mitten in der Katastrophe den Befehl über die Armee Gough übernommen und sie tatsächlich gerettet. Haig mag ihn zwar nicht, aber es ist ihm nichts anderes übriggeblieben, als ihm die 4. Armee zu übergeben, die vor Amiens steht. Als Sir Henry erfährt, daß er an einer gemeinsamen britisch-französischen Of-

fensive teilnehmen soll, erklärt er erst einmal laut und deutlich, daß er die Sache lieber allein übernehmen würde. Daraufhin überläßt Foch die Gesamtleitung der Operation Haig und unterstellt ihm die französische 1. Armee. Rawlinson bleibt nichts übrig, als seine Einwände herunterzuschlucken und an die Vorbereitung zu gehen.
Seine Stärke sind die Tanks. Die englischen Fabriken haben zwei neue Sturmwagen herausgebracht: einen »Rennhund«, den leichten *Whippet*, der die unerhörte Geschwindigkeit von 12,5 Stundenkilometern erreicht, und einen schweren »Keiler«, den 32-Tonner *Mark V Star*. Die Männer in dem großen Tank leben in einer Hölle, meinen oft zu ersticken. Nur das Riechsalz, das sie in einem Säckchen um den Hals tragen, hilft ihnen gegen das Ohnmächtigwerden. Doch das Fahrzeug hat eine Reichweite von 120 Kilometern, kann auf der Stelle drehen, 2,50 Meter breite Gräben und 80 Zentimeter hohe Mauern überwinden. Es ist mit zwei 5,7-cm-Kanonen und vier Maschinengewehren bestückt. Rawlinson hat 96 *Whippets* und 360 *Mark V Star*, die er auf seine 3 Korps (das III., das kanadische und das australische) verteilt.
Debeney und seine französische 1. Armee verfügen nur über 90 Renault-Fünftonner. Doch sie können eine andere Wunderwaffe einsetzen: 1025 Flugzeuge, von denen 600 die 1. Fliegerdivision bilden, die bis dato einzige große Luftwaffeneinheit der Welt. In knapp vier Jahren sind aus den Holz- und Drahtkisten der Anfangszeit robuste, leistungsfähige Maschinen geworden. Bei den Franzosen sind die beiden verbreitetsten Typen über dem Gefechtsfeld der Spad-Jäger und der Tagesbomber Bréguet. Die Kavallerie hat trotz schneidigen Einsatzes in diesem Krieg ihren Platz verloren. Der pfeifende, heulende Angriff aus der Luft verbreitet jetzt den Schrecken, den einst die anstürmenden Panzerreiter in die Reihen des Fußvolks trugen.
Der englische Angriff beginnt um 4.20 Uhr, wiederum ohne Artillerievorbereitung, zwischen Albert und Hangard-en-Santerre auf 18 Kilometer Frontbreite. Wieder einmal verändert die Schlacht ihr Gesicht. Die deutschen Linien werden von den Tanks buchstäblich durchlöchert. Die Hindernisse, die vier Jahre lang dem Vordringen der Infanterie im Wege gestanden haben, Drahtverhaue, Spanische Reiter, Gräben, können den Angreifer nicht mehr aufhalten. Nach langem Abwägen des Für und Wider hat Rawlinson vor dem Sturm künstlichen Nebel abblasen lassen, der sich mit dem Frühdunst zu einer gespenstischen Stimmung mischt. Die *Mark V Star* tauchen als ungeheure Silhouetten auf, und die Flammen, die sie speien, wirken um so furchtbarer und unfaßbarer. Die tauben und kurzsichtigen Ungetüme führen bald Krieg auf eigene Faust, rollen kreuz und quer über das flache Land und stürzen sich wie die Nashörner auf jedes Widerstandsnest, das sie entdecken. Im Tagebuch eines englischen Tankkommandanten heißt es lapidar: »Ein abgeerntetes Feld. In der Ecke ein Heuhaufen, der mir verdächtig vorkommt. Ein Kanonenschuß mitten hinein, und ein halbes Dutzend Deutsche rennt weg wie die Ratten.«
Nachdem die deutsche Infanterie überrollt ist, muß sich die Artillerie im direkten

Schuß ihrer Haut wehren, jedes Geschütz für sich: »Da, ein Tank, direkt vor uns ... Ein, zwei Schuß gehen hinaus ... Da vorne kracht es gewaltig. Eine haushohe schwarze Wolke ... Eine blendende Stichflamme, der Benzinbehälter explodiert. Stahlstücke und zerfetzte Menschen werden hochgewirbelt.« Doch es hilft nichts, die englischen, kanadischen, australischen Infanteristen sind den Tanks auf den Fersen geblieben und stehen tief in den deutschen Stellungen. Die Deutschen heben die Hände, erst zu Hunderten, dann zu Tausenden.

Neben Rawlinsons rechtem Flügel kann Debeney nur 15 Divisionen auf 35 Kilometer Breite zwischen dem Tal des Luce-Baches und dem Höhenrücken von Boulogne-la-Grasse aufbieten. So erfolgt der Angriff der französischen 1. Armee nicht auf einen Schlag. Nur die beiden linken Flügelkorps stürmen schon am 8. August wie ihre britischen Waffengefährten. Erst später verlängern die beiden rechten Korps und Humberts 3. Armee die Offensive bis zur Linie Compiègne–Noyon.

Debeney hat den Kommandeuren seiner Korps versichert: »Ich decke jedes noch so gewagte Vorgehen.« Toulorge beim IX. Korps hat das an die Chefs seiner Divisionen weitergegeben, und Deville, Kommandeur der 42. Infanteriedivision, der unmittelbar neben den Kanadiern stürmt, nimmt das Risiko auf sich, seine Infanterie bis 200 Meter an die von der bayerischen 2. Division gehaltenen Gräben vorgehen zu lassen. Dort warten sie, leise an den Boden gedrückt, aber voller Zuversicht. Vom anderen Ufer der Luce hören sie ganz deutlich die Karren aus dem stattlichen Dorf Berteaucourt. Und die Bayern schlafen, schlafen, schlafen ... Geweckt werden sie Punkt 4.20 Uhr durch 200 Geschütze, die auf 1200 Meter Breite vor der 42. Division ihre Feuerwalze in Gang setzen. Der erste Graben der überraschten Bayern ist rasch gestürmt, und jetzt wartet die Elitedivision auf die Wirkung der Hunderten von Tonnen Stahl, die auf die Gräben Nassau, Fiume und Danzig, auf den Wald von Moreuil, die Batteriestellungen und Befehlsstände niedergehen. Um 5.05 Uhr läuft sie mit ihren Schwesterdivisionen, der 37. und 66., los. Um 8.20 Uhr schließt sich das ganze IX. Korps an. 35 britische und französische Divisionen haben mit gewaltigem Materialeinsatz die deutsche Front zwischen Albert und Montdidier im ersten Stoß zum Einsturz gebracht.

Als der Nebel sich endlich im warmen Sonnenlicht aufgelöst hat, bietet sich den alliierten Fliegern, denen niemand den Luftraum streitig macht, ein erregender Anblick. Überall sprengt der Gegner seine Munitionslager. Die fliehenden Truppen strömen zusammen mit rasch gebildeten Materialkolonnen in Richtung Bapaume, Combles und Péronne. Vor den Sommebrücken ballen sie sich zu bewegungsunfähigen Knäueln. Es gibt keine Kampflinie mehr, sondern nur noch einen breiten Geländestreifen, in dem sich eingeschlossene deutsche Widerstandsnester tapfer zu halten versuchen. Überall sind Tanks unterwegs. Reiterabteilungen sprengen über die Ebene, wie vor vier Jahren, vor vier Jahrhunderten. Auf der Straße nach Péronne ist ein gepanzertes Maschinengewehrautomobil der Engländer hinter einem Stabswagen her, in dem ein General sitzt, und erwischt ihn beinahe ... Wer hätte in den tragischen Wochen des Ringens um Les Eparges und um Vauquois geglaubt, daß so etwas noch einmal möglich sein würde? Wer hätte zu hoffen gewagt, daß es so etwas geben könnte wie den Wortwechsel in Thiepval zwischen dem britischen Verbindungsoffizier Neville-Lytton und einem ungefähr zwanzigjährigen Gefangenen: »Wie sind Sie in Gefangenschaft geraten?« – »Ich habe mich ergeben.« – »Sind Sie froh, gefangen zu sein?« – »Und wie. Kein deutscher Soldat, der nicht lieber Gefangener wäre.«

Jeden Morgen sägt der deutsche Kaiser und König von Preußen Holz oder arbeitet mit der Schaufel an der Umleitung des Bächleins, das durch den Park fließt. Man hat die beiden Anwesen für ihn beschlagnahmt, die der reichen Familie Peltzer aus Clermont in dem Kurort Spa gehören: das Schloß Fraineuse und das Schloß Neubois. Er bevorzugt das letztere, weil es auf einer Erhöhung liegt, so daß ein Luftschutzbunker angelegt werden konnte: Ein gewölbter Raum unter einer sechs Meter dicken Erd- und Betondecke, abgeschlossen durch zwei eigens bei Krupp gegossene Panzertüren, ausgestattet mit einem Tisch, zwei Korbsesseln und einem Wandtelefon. Sobald feindliche Flieger in der Gegend gemeldet werden, geht Wilhelm II. in diesen Schutzraum hinunter.
Eine seltsame Persönlichkeit, ein seltsames Geschick. Hunderte von Millionen Menschen sind überzeugt, daß der Kaiser der Hauptverantwortliche für das Blutbad ist, an dem die Welt seit Jahren verzweifelt. Er weist das entrüstet von sich. »Ich habe es nicht gewollt.« Tatsächlich hat er nicht wegen der Ermordung eines Erzherzogs einen Weltkrieg gewollt, und am 31. Juli 1914 hat er schaudernd vor dem katastrophalen Ergebnis der diplomatischen Verhandlungen erlebt. Man muß die Geschichte schon über die Maßen vereinfachen, wenn man ihm die Verantwortung für ein Drama zuschieben will, dessen Gründe einander so vielfach überlagern und eher in der historischen Fatalität als im Willen eines Mannes gelegen haben. Doch ebenso wahr ist, daß Wilhelm II. fünfundzwanzig Jahre zu denen gehört hat, die dazu beigetragen haben, aus Europa ein Pulverfaß zu machen. Geradezu besessen vom Vorbild des großen Preußenkönigs, hingerissen von jeder Militärparade, von autoritären Vorstellungen an vernünftigem Handeln gehindert, allzu oft ein Opfer des eigenen forschen Auftretens, hat dieser Mann gemeint, zu einer großen geschichtlichen Aufgabe berufen zu sein. In seiner Vorstellung und Selbstdarstellung ist er ein Kriegsherr gewesen. Und am Ende dieses Krieges, der sein Kaiser- und Königtum, sein Land und sein Volk in höchste Gefahr gebracht hat, steht er stundenlang im Park und sägt Holz!
Am Abend dieses schwarzen 8. August kommt ein neuer Verbindungsoffizier, Oberstleutnant Alfred Niemann, zum Abendrapport. Das Sprechen fällt ihm schwer, der Hals ist ihm wie zugeschnürt. Der Kaiser erblaßt und beißt sich die Lippen bis aufs Blut. Er stöhnt. Das hat er ja gleich gesagt, das ist ja schrecklich, das ist ja unmöglich! Die beiden Männer vor Avesnes haben ihn getäuscht! Er wird an der Spitze einer Division den Tod

suchen! An der Spitze eines Bataillons! Schon morgen fährt er nach Avesnes, und dann an die Front!
Statt der Front bleibt es bei einem in der Nähe von Valenciennes in Ruhe liegenden Bataillon. Und in Avesnes steht der alte Hindenburg auf dem schmalen abgetretenen Bürgersteig vor dem Tor des Sparkassengebäudes und verneigt den schweren Körper vor seinem Herrscher. Er führt Wilhelm in den Kartenraum, wo Ludendorff wartet, die Gesichtszüge undurchschaubar verkniffen. Ein Sessel wird herangeschoben. Wilhelm winkt ab. Stehend will er den Bericht über die Katastrophe hören!
Ludendorff hat den gescheiterten Angriff vom 15. und die böse Überraschung vom 18. Juli noch nicht verwunden. Seine Mitarbeiter flüstern einander zu, er habe die Selbstbeherrschung und die Fähigkeit zur raschen Entscheidung verloren, sei reizbar, kleinlich und ungerecht geworden. Der französisch-britische Angriff vom 8. August, dieser massive Ansturm eines völlig unterschätzten Gegners, trifft ihn in seiner Berufsehre. Der Offizier, den er zur II. und VIII. Armee geschickt hat, Oberst Mertz von Quirnheim, hat soeben von bestürzenden Vorgängen Mitteilung machen müssen. Es läßt sich nicht leugnen, daß die Truppe nicht standgehalten hat. Engländer und Franzosen sind zahlenmäßig durchaus nicht drückend überlegen gewesen; trotzdem sind mehrere deutsche Divisionen geflohen. Hunderte haben sich kampflos ergeben, an etlichen Stellen einzelnen Reitern. Verstärkungen sind mit Rufen wie »Streikbrecher« oder »Kriegsverlängerer« beschimpft worden. Soldaten haben Lastkraftwagen geentert und sich mit Schüssen und Handgranaten den Fluchtweg gebahnt. Anzeichen für mangelnde Disziplin, für ein Nachlassen der Kampfmoral hat es schon seit einiger Zeit beim deutschen Heer gegeben, aber man konnte die Augen davor verschließen, sich an die Fiktion klammern, der deutsche Soldat stehe blind zu seinem Fahneneid. Damit ist es vorbei. Ludendorff murmelt nur wieder vor sich hin, was der 8. August 1918 vor Amiens, dieser Tag des »Niedergangs unserer Kampfkraft« für ihn bedeutet: den »schwarzen Tag«.
Wilhelm II. steht schweigend da und hört sich den furchtbaren Bericht an. Abschließend erklärt Ludendorff: »Ich habe keine Hoffnung mehr, eine strategische Aushilfe zu finden, welche die Lage wieder zu unseren Gunsten festigt ... Das Kriegsführen nimmt damit den Charakter eines unverantwortlichen Hasardspiels an. Das Schicksal des deutschen Volkes ist mir für ein Glücksspiel zu hoch. Der Krieg ist zu beendigen.«
Der gelehrige Wilhelm stammelt: »Ich sehe ein, wir müssen die Bilanz ziehen. Wir sind an der Grenze unserer Leistungsfähigkeit. Der Krieg muß beendigt werden.«
Am 9. und 10. August weitet sich die Schlacht durch das Losschlagen der britischen 3. Armee im Norden und der französischen 3. Armee im Süden erheblich aus. Montdidier und die Höhen von Boulogne-la-Grasse werden zurückerobert. Das von Foch gesetzte unmittelbare Ziel, die Besetzung und Sicherung der Bahnlinie nach Amiens, ist bald erreicht. Die Deutschen haben Zehntausende von Gefangenen verloren und Hunderte von Geschützen stehengelassen.

Trotzdem sind wie im Juli die angesichts des überwältigenden Überraschungserfolges möglich erscheinenden Ergebnisse nicht erzielt worden. Franzosen und Engländer haben es an Angriffsgeist fehlen lassen, haben die Panik nicht benutzt, in die sie den Feind versetzt hatten. Ihre Armeen sind nicht wirklich in Bewegung gekommen; der lange Grabenkrieg steckt ihnen noch in den Knochen. Die deutsche Führung hat nach schlimmsten Befürchtungen wieder aufatmen dürfen. Ihr Heer ist besiegt, nicht geschlagen. Es zieht sich kämpfend auf die Stellungen vom März 1918 zurück, aus denen es zu seiner großen Offensive angetreten ist.
Trotzdem hat der Schlag vom 8. August eine furchtbare Wirkung gehabt. Wer bei den Mittelmächten noch an den Sieg geglaubt hat, muß diesen Traum jetzt begraben.

Spa, die altberühmte Kurstadt, ist in diesen Tagen, so prächtig alles im Sommerflor grünt, ein melancholischer Ort. Der Kaiser ist am Sonnabend, 10. August, von seinen schmerzlichen Gesprächen aus Avesnes zurückgekehrt. Der Kronprinz von Bulgarien, der deutsche diplomatische Vertreter in Moskau, Hellferich, und der Außenminister des Vasallenstaates Polen, Fürst Radziwill, treffen zwei Tage später ein. Am 13. August müssen die Anwohner des Bahnhofsplatzes von 15 bis 16 Uhr ihre Häuser verlassen. An der Place du Marteau, an der Place Royale und in der Rue de la Sauvenière werden sie aufgefordert, ihre Fenster geschlossen zu halten. Kaiser Karl trifft ein, der durch etliche Depeschen schon seiner und Österreichs Bestürzung über die deutsche Niederlage vom 8. August Ausdruck verliehen hat. Bald darauf halten schwere Automobile vor dem »Hôtel Britannique«. Die Dioskuren sind aus Avesnes zurück. Die Bewohner von Spa merken, daß ihre Stadt Schauplatz von Besprechungen größter Bedeutung ist.
Die wichtigste Sitzung findet am 14. August im Arbeitszimmer von Generalfeldmarschall Hindenburg statt. Wilhelm II. führt den Vorsitz, zu seiner Rechten hat der Kronprinz, zu seiner Linken der Reichskanzler Platz genommen. Hindenburg sitzt ihm gegenüber zwischen Ludendorff und dem Staatssekretär des Äußeren, Hintze. Drei unentbehrliche alte Höflinge, Marschall und Berg als Chefs des Kaiserlichen Militär- und Zivilkabinetts sowie Generaladjutant von Plessen vervollständigen die erlauchte Runde. Bisher hat General von Plessen den Verbindungsoffizieren immer wieder eingeschärft: »Wenn Sie schlechte Nachrichten bringen, verbiete ich Ihnen, sie Seiner Majestät mitzuteilen. Ich bin für seine Nerven verantwortlich. Er darf nur Erfolge zur Kenntnis nehmen.«
An diesem 14. August werden die Nerven Seiner Majestät nicht geschont. Reichskanzler Graf Hertling entwirft ein düsteres Bild der Lage in der Heimat. Die Hungersnot wird immer schlimmer, Fett ist kaum mehr zu haben. Kleidung ist noch knapper als Lebensmittel. Die Aussicht auf einen weiteren Kriegswinter erschreckt die Menschen. Sodann nimmt Hintze zur Kenntnis, daß diplomatische Verhandlungen unvermeidlich

geworden sind, da der Chef des Generalstabs den Kriegswillen der Feinde nicht mehr zu brechen hoffe ... Vor einem Monat ist Staatssekretär von Kühlmann in die Wüste geschickt und durch eben diesen Hintze ersetzt worden, weil er daran zu zweifeln gewagt hat, daß man den Gegner in die Knie zwingen könnte!
Vor der Sitzung hat Wilhelm II. den Rücktritt, den ihm Ludendorff angeboten hat, abgelehnt. Der stolze Generalquartiermeister ist mit seiner Kraft am Ende. Seit Monaten hat er sich keine Bewegung mehr verschafft und schläft nur noch drei oder vier Stunden pro Nacht. Die Offiziere seiner Umgebung haben von sich aus einen berühmten Nervenarzt, Dr. Hochheimer, kommen lassen, doch die Behandlung, die er durchgesetzt hat, kann noch nicht wirken. Ludendorff macht nervöse Depressionen durch und bekommt Wutanfälle, bei denen er blindlings auf alle schimpft, die er für das Scheitern seiner Hoffnungen verantwortlich macht. Seinen besten Mitarbeiter, Oberstleutnant Wetzell, hat er weggejagt. Seine militärische Urteilskraft ist ebenso in Mitleidenschaft gezogen wie seine Gesundheit und seine Stimmung. Er will von Rückzug auf die Linie Antwerpen–Maas, wie General von Lossberg ihn empfiehlt, nichts hören, ja, er hofft sogar, das deutsche Heer werde sich noch vor der Siegfriedstellung (die von den Alliierten »Hindenburglinie« genannt wird) halten können. Seine Befehle laufen alle aufs gleiche hinaus: Kein freiwilliges Zurückgehen, das Gelände muß überall Schritt für Schritt verteidigt werden.
In dieser Runde äußert Ludendorff nur wenige bittere Worte. Die Heimat unterstützt die Front nicht. Die Etappe demoralisiert die kämpfende Truppe. Die Regierung greift gegen Disziplinlosigkeit und Defätismus nicht durch. Ein ehemaliger deutscher Botschafter in London, Fürst Lichnowsky, hat die Stirn gehabt, eine Broschüre verbreiten zu lassen, nach der Deutschland am Ausbruch des Krieges schuld sei. Der Bericht ist irgendwie dem Feind in die Hände geraten, der ihn in seiner Propaganda weidlich ausschlachtet. Und Fürst Lichnowsky wird nicht einmal belangt! »Kein Wunder, wenn der Mann im Schützengraben an allem irre wird, da Fürst Lichnowsky frei herumgeht.«
Nichts sagt Ludendorff zur militärischen Lage. Dazu spricht allein Hindenburg, mit bebendem Schnurrbart. Wenige Männer in der Geschichte haben den Menschen ein solches Vertrauen eingeflößt, bei wenigen hat man wie bei ihm auf jedes Wort gebaut.
»Es wird gelingen«, sagt er, »auf französischem Boden stehen zu bleiben und dadurch schließlich den Feinden unseren Willen aufzuzwingen.«
Ein Hoffnungsschimmer. Vergessen sind die düsteren Betrachtungen Hertlings und Hintzes, der Zerfall im Innern, die auf einen Separatfrieden sinnenden Bulgaren, Türken und Österreicher, die von einem Deutschland auf der Verliererstraße sich abwendenden Neutralen, das plötzlich wegen des U-Boot-Krieges mit Kriegserklärung drohende Spanien ... Wenn das deutsche Heer den Feind von den deutschen Grenzen fernhalten kann, dann muß der Feind sich zu einem Frieden bereitfinden, der im Westen den *status quo ante bellum* wiederherstellt und die Gewinne im Osten ungeschmälert läßt.

Wilhelm II. bleiben die abschließenden Worte. Sein leicht beweglicher, oberflächlicher Geist hat die Mutlosigkeit der Vorwoche schon überwunden. Er erinnert daran, daß auch der Feind schrecklich leidet, daß seine Handelsschiffstonnage geschrumpft ist, seine Verluste ungeheuer groß sind. Die englische Ernte ist katastrophal. Der Augenblick zum Verhandeln ist gekommen. Die Königin der Niederlande oder der König von Spanien sind die gegebenen Vermittler. Er, Wilhelm, wird ihre Intentionen in Erfahrung bringen.

Krieg und Frieden sind dynastische Angelegenheiten. Anfang des Jahres hat Präsident Woodrow Wilson vor dem Kongreß der Vereinigten Staaten die 14 Punkte genannt, die einem gerechten und dauerhaften Frieden zugrunde liegen sollten. In beiden kriegführenden Lagern hat man sie als ideologische Spielereien abgetan. In Spa werden sie auch jetzt bei den Sitzungen von niemandem erwähnt.

Saloniki. Die Franzosen erinnert das Wort an einen fernen, unguten Krieg, den man weder in seinen Zielen noch in seinem Ablauf so recht versteht. Nach dem katastrophalen Ende des Dardanellenunternehmens sind die Anhänger einer »peripheren Stategie«, also des Umgehens der unbezwinglichen deutschen Stellungen in Frankreich, für diesen Krieg gewesen. Umgekehrt haben die Befürworter einer Entscheidungsschlacht an der Westfront immer wieder darauf hingewiesen, der Balkankriegsschauplatz sei eine einzige Kraft- und Kräfteverschwendung.

Zu den letzteren gehört Clemenceau. Sein Blatt, *L'Homme Enchaîné*, ist gespickt mit Ausfällen gegen diese Armee am Rande Europas, die er mit glühender Ungerechtigkeit als lauter Drückeberger empfindet. Eine Reportage über den Blumenschmuck an den Befestigungen hat ihm den Anlaß für den schlagenden Spitznamen gegeben, mit dem er die Poilus der Orientarmee bedenkt: »Sarrails Gärtner«. Die Ärmsten werden im Tal des Wardar vom Fieber geschüttelt oder zittern vor Kälte im makedonischen Bergland. Sie bekommen keinen Urlaub, weil es an Transportmitteln fehlt, und erhalten knappes, eintöniges Essen. Sie erleiden in wenigen großen Schlachten und vielen kleinen Gefechten schwere Verluste. Trotzdem betrachtet man sie als Leute, die einen Druckposten im Exil haben, statt vor Verdun oder an der Somme zu bluten. Sarrails Gärtner!

Als Clemenceau an die Regierung gelangt, ist eine seiner ersten Maßnahmen die Abberufung dieses Sarrail, dessen militärischen Talente von allzu auffallenden Charakterschwächen in den Schatten gestellt werden. Nachdem er den Chef los ist, könnte er eigentlich auch die Armee auflösen. Die Engländer haben sowieso nichts mit ihr im Sinn. Schon 1916 hat Briand sich sehr energisch dagegen wehren müssen, daß sie alle ihre Truppen abzogen, und jetzt, 1918, wollen sie im Hinblick auf die zu erwartende letzte große deutsche Kraftanstrengung zwölf Bataillone heimholen, auch wenn die Front dann auf den unmittelbaren Bereich der Stadt Saloniki zurückgenommen werden muß. Außerdem ist ihnen ihr Kampf gegen die Türkei in Palästina, in Mesopotamien

und im Kaukasus viel wichtiger; gegen Bulgarien auf dem Balkan braucht man sich ihrer Meinung nach nicht mehr viel Mühe zu geben.
Als er Sarrail abberufen hat, ist Clemenceau noch der Ansicht gewesen: »Man darf keine guten Generäle nach Saloniki schicken.« Trotzdem schickt er einen seiner besten, Guillaumat, den er schon wenige Monate später zurückkommen läßt, um ihn als eventuellen Nachfolger für Foch in Bereitschaft zu haben. Der neue Mann ist Franchet d'Esperey, der eben am Chemin des Dames gescheitert ist. Das ist eine vorzügliche Wahl. Schon im Januar 1915 hat Franchet dem Staatspräsidenten eine Denkschrift zugehen lassen, in der er die Entsendung einer alliierten Armee auf den Balkan vorschlug mit dem Ziel, Österreich im Rücken zu packen und durch Rumänien die unmittelbare Verbindung mit den Russen herzustellen. Damals hatten die Serben eben die österreichische Offensive abgewehrt, waren wieder in Belgrad einmarschiert und hatten sich an der Donau festgesetzt. Doch Joffre und Kitchener, die unbedingten Verfechter der Frankreichfront, haben den Vorschlag seinerzeit gar nicht erst ernsthaft erwogen.
Inzwischen ist die Orientarmee immer mehr gewachsen. Die Franzosen haben nicht weniger als 8 Divisionen dort stehen, 209 000 Mann unter General Henrys; die Engländer sind mit 4 Divisionen vertreten, 138 000 Mann unter General Milne. Die Serben sind seit ihrem furchtbaren Rückzug durch Albanien nach Korfu wieder auf dem Festland und haben 6 schwache Divisionen gebildet, insgesamt 119 000 Mann unter dem Befehl von Kronprinz Alexander und dem Woiwoden Mitschitsch. Die Italiener haben in Albanien im Verband der alliierten Armee eine Riesendivision von 44 000 Mann. Die Griechen, die am Ende doch ihren König, den Schwager Wilhelms II., weggejagt haben, stellen 9 Divisionen mit 157 000 Mann unter den Generälen Condylis und Paraskewopulos. Franchet d'Esperey verfügt also über 28 Divisionen, sage und schreibe 670 000 Mann – die untätig verharren.
Das ist nicht ihre und schon gar nicht Franchets Schuld. Der kleine, untersetzte, hart durchgreifende Mann, der nie ein Blatt vor den Mund nimmt und seine Intelligenz und Einfühlungsgabe großartig zu verbergen weiß, ist fester denn je davon überzeugt, daß der Krieg auf dem Balkan gewonnen werden muß. Nur lassen ihm seine Instruktionen keine wirkliche Bewegungsfreiheit. Er kann seine militärische Überlegenheit nicht ins Spiel bringen.
In Albanien liegt ein österreichisches Armeekorps den Italienern gegenüber. Im Zentrum der Front, in Makedonien, steht die »deutsche« XI. Armee; nur noch ihr Chef, General von Steuben, und ein paar Maschinengewehrabteilungen sind Deutsche. Die 6 Divisionen bestehen ausschließlich aus Bulgaren. Weiter im Osten sperrt die bulgarische I. Armee (Nerazow) das Wardartal, und die II. Armee unter General Petrow bewacht die den Griechen an der Ägäis abgenommenen Gebiete. Insgesamt sind 14 Divisionen da, 400 000 Soldempfänger, die ungefähr 140 000 Mann Kampftruppen stellen.

Das bulgarische Heer ist der Orientarmee also zahlenmäßig, aber auch hinsichtlich seiner Bewaffnung deutlich unterlegen.
Der König oder »Zar« der Bulgaren, Ferdinand I., ist aus der Linie Sachsen-Coburg und durch seine Mutter, die Prinzessin Clémentine d'Orléans, ein Enkel des »Bürgerkönigs« Louis Philippe. Als Politiker und Familienvater ein autoritärer, eitler Tyrann, ein fanatischer Anhänger strikter Etikette, bis zur Lächerlichkeit von seiner Bedeutung als kleiner Balkanmonarch durchdrungen, hat er sich begeistert auf die deutsche Seite geschlagen. Immerhin ist der Druck im Innern im Juni 1918 so groß geworden, daß er seinen deutschfreundlichen Premierminister Radoslawow durch Malinow, den Führer der Liberalen, ersetzen mußte. Land und Heer sind zutiefst unzufrieden. Seit 1912 ist fast ununterbrochen Krieg, die Bauernsoldaten wollen auf ihre Höfe zurück. Die wirtschaftliche Situation ist katastrophal, Zivilisten und Soldaten gehen in Lumpen, gehungert wird in der Heimat und an der Front. Die militärische Lage ist nur durch die Untätigkeit der Gegenseite einigermaßen erträglich. Doch durch die Abberufung der drei Divisionen und der vielen Spezialeinheiten, die sie noch im Frühjahr hier gehalten hatten, haben die Deutschen der Balkanfront das Rückgrat genommen. Ferdinand von Bulgarien ist darüber verzweifelt, und Franchet weiß es sehr gut.
Angesichts der Passivität an dieser Front hat Clemenceau zunächst erwogen, ob er nicht alle Kräfte abziehen und in die Schlacht um Frankreich werfen sollte. Er ist davon abgekommen, weil es unmöglich wäre, Männer und Waffen schnell genug zu transportieren. Also soll die Orientarmee am großen Ringen teilnehmen, indem sie angreift. Große strategische Erfolge verspricht sich Clemenceau von einem solchen Unternehmen nicht. Er erwägt weder die Eroberung von Sofia, das ihm völlig gleichgültig ist, noch einen Marsch auf Konstantinopel, der seit der russischen Kapitulation nicht mehr sinnvoll wäre, und schon gar nicht ein Eindringen nach Österreich durch die Hintertür. Aber wenn Franchet d'Esperey vorankommt, könnte er die deutsche Führung damit zur Entsendung mehrerer Divisionen nach dem Balkan veranlassen. Nur diese Entlastung der Front in Frankreich erwartet den Tiger von »Sarrails Gärtnern«.
Am 22. Juli trifft der Plan, den man Franchet abverlangt hat, im Kriegsministerium ein. Guillaumat soll dazu Stellung nehmen. Er konstatiert, daß sein Nachfolger die Offensive, die er fertig ausgearbeitet im Panzerschrank des Hauptquartiers in Saloniki vorgefunden hat, völlig verändert hat. Er, Guillaumat, hatte eine Offensive mit begrenzter Zielsetzung vorgesehen, ein frontales Vorrücken am Wardar entlang. Auch Franchet d'Esperey hat es auf das Wardartal, die Verkehrsachse Makedoniens, abgesehen, doch er will durch die Mitte der Front brechen, um dorthin zu gelangen. Er will an der höchsten und schwierigsten Stelle angreifen, am Sokol und Dobropolje, Bergstöcken von über 1800 Meter Höhe, die Bulgaren und Deutsche stark befestigt haben. Er will versuchen, die Kammlinie zwischen den Tälern von Crna und Wardar zu gewinnen und dann über Negotin, Gradsko und Veles vorzustoßen. Gelingt ihm das, so hält er das

Zentrum aller Verbindungen des Gegners, kann dessen Front aus den Angeln heben und den Marsch auf Belgrad und Sofia antreten ...
Guillaumat ist kein kleinlicher Mann. Er empfiehlt diesen eigenwilligen, kühnen Plan seines Nachfolgers mit Nachdruck. Clemenceau gibt seine Zustimmung. Franchet wird aufgefordert, die Ausführung vorzubereiten.
Doch die Politik hat ihr Wort mitzureden. Die Italiener sehen keinen Grund, einem Unternehmen günstig gesonnen zu sein, das Serbien und damit ein gemeinsames Reich der Serben, Kroaten und Slowenen sowie der Südslawen, also ein Jugoslawien schaffen könnte, das ihnen Dalmatien und Fiume streitig machen könnte. Die Engländer sind grundsätzlich gegen eine Operation, bei der sie nur eine Nebenrolle spielen. Beim Obersten Kriegsrat vom 3. Juli hat Lloyd George eine Entschließung billigen lassen, daß auf dem Balkan keine Offensive stattfinden wird, bevor ein gemeinsamer Bericht der militärischen und diplomatischen Vertreter der Ententemächte sie als sinnvoll bezeichnet. Franchet wird gewarnt, er werde Unannehmlichkeiten bekommen, wenn er es wagen sollte, ohne ausdrückliche Erlaubnis anzugreifen.
Um diese Erlaubnis kämpft Clemenceau für ihn. Am 3. August erhält er die grundsätzliche Zustimmung, doch die Italiener sammeln weiter Gegenargumente. Der Tiger schäumt. Am 23. August überreicht Poincaré vor der langen Louis-XIII-Fassade von Schloß Bombon General Foch den Marschallstab. Clemenceau wohnt der Zeremonie wütend auf dem Schnurrbart kauend bei, und kaum sitzt er zur Rückfahrt im Wagen, schüttet er dem Staatspräsidenten sein Herz aus: »Ha, diese Italiener! Der Krieg wird nicht zu Ende gehen, ohne daß wir uns mit ihnen auch noch schlagen!« Guillaumat, als sachkundiger Fürsprecher der Balkanoffensive nach Rom entsandt, findet bei Außenminister Sonnino kein Gehör, und dabei deckt ihn Franchet mit Telegrammen ein: Die Bulgaren merken, daß ein Angriff bevorsteht, und vor allem schreitet die Jahreszeit vor. Die Herbstregen, die früh in den ersten Schnee übergehen, sind nicht mehr fern. Es wird spät, bald zu spät.
Endlich, am 10. September, einigen sich die Alliierten. Clemenceau übermittelt Franchet die Erlaubnis, zu jedem beliebigen Zeitpunkt anzugreifen. Der General antwortet, in drei Tagen werde er losschlagen.
Am 7. September verlassen Hindenburg und Ludendorff endgültig Avesnes und ziehen zurück nach Spa. Der Erste Generalquartiermeister hat sein eindrucksvoll selbstsicheres Auftreten wiedergefunden, doch seine Offiziere wissen nur zu gut, wie verzweifelt er sich selber etwas vorzumachen sucht. Er zitiert Generalstabsarzt von Schjerning zu sich und teilt ihm mit, er habe soeben erfahren, bei der französischen Armee sei die spanische Grippe ausgebrochen. »Das kommt mir sehr unwahrscheinlich vor«, sagt Schjerning, worauf Ludendorff erwidert: »Ein Ertrinkender klammert sich an jeden Strohhalm.«
Foch zieht seine Offensiven anders auf als Ludendorff. Er läßt nicht einen gewaltigen

Stoß führen, sondern eine Folge zeitlich aufeinander abgestimmter Schläge. Der Oberkommandierende der alliierten Streitkräfte will die einmal ergriffene Initiative nicht mehr aus der Hand geben. Am unangenehmsten wäre ihm ein allgemeiner freiwilliger Rückzug der Deutschen auf eine Frontlinie Antwerpen–Brüssel–Namur–Maastal–Chierstal–Metz–Straßburg, mit anderen Worten genau die Lösung, die General von Lossberg gerade erst Ludendorff vorgeschlagen hat. Die Armeen der Entente müßten dann eine lange Vorbereitung vor der Wiederaufnahme der Offensive in Kauf nehmen, die feindlichen Linien wären kürzer, die Deutschen wären den Quellen ihrer Kraft näher. Zum Glück für die Entente nimmt Ludendorff aus Prestigegründen diesen Vorteil nicht wahr, den er mit der Aufgabe der im Westen eroberten Gebiete bezahlen müßte.

In der zweiten Augusthälfte haben die Alliierten unablässig angegriffen. Die Franzosen haben die Vesle-Linie durchbrochen, Soissons und das Bergland von Lassigny erobert, die Ailette erreicht und die Deutschen damit auf die Stellung zurückgeworfen, in der sie vor einem Vierteljahr standen. Die Engländer besetzen den Lysbogen wieder, holen sich den Kemmelberg und die Städtchen Bapaume und Péronne zurück und stehen unmittelbar vor der Siegfriedstellung. Die vielen Teiloffensiven sind mehr oder weniger erfolgreich, doch wegen der materiellen Überlegenheit der Angreifer schlägt keine ganz fehl. Andererseits gelingt es nirgends, den Zusammenhalt der Deutschen zu zerbrechen. Marschall Foch treibt das deutsche Heer vor sich her. Er beabsichtigt nicht, es zu zerschlagen, geschweige denn zu vernichten.

XXVIII. Kapitel September 1918. Die Lage wird hoffnungslos, sogar Ludendorff drängt auf Frieden

Die Amerikaner glänzen mit einer großen ersten Waffentat: Sie erobern den Frontvorsprung von Saint-Mihiel. Gleichzeitig läßt Franchet d'Esperey seine Truppen gegen die Bulgaren marschieren. Üsküb wird von der Kavallerie erstürmt. Bulgarien kapituliert, die Entente greift an allen Fronten an, den Deutschen bleibt nur die Hoffnung auf Wilson und seine 14 Punkte.

Der Frontvorsprung von Saint-Mihiel zwischen Nancy und Verdun ragt 18 Kilometer tief in das französische Stellungssystem. Er ist an der Basis 20 Kilometer breit, auf beiden Seiten der kleinen Stadt über die Maas hinwegreichend. Er hat seit dem Winter 1914/15 eine der Bahnlinien nach Verdun unbenutzbar gemacht, was bei der Entscheidung für den Großangriff auf die Festung 1916 eine Rolle gespielt hat. Bei einigen der furchtbarsten Kämpfe im Grabenkrieg, dem Ringen um Les Eparges, Apremont und den Priesterwald, ging es um diesen so außerordentlich lästigen Pfahl im Fleische. Den Franzosen ist es nie gelungen, mehr als wenige hundert Meter weit zu kommen. Die Frontecke ist mit allen Raffinessen der Feldbefestigungskunst ausgebaut, vor allem ziehen sich unendlich breite Drahtverhaufelder über die Hügel, wo die Bäume längst von der Artillerie weggeschossen sind. In Saint-Mihiel selber liegen Franzosen und Deutsche einander in den Ruinen der großen Kasernen auf dem linken Ufer der Maas gegenüber.

Am 12. September geht gleichzeitig am Südrand des Vorsprungs zwischen Reignéville und Richecourt und am Nordrand bei Les Eparges ein ungeheures Stahlgewitter auf die deutschen Stellungen nieder. Um 5 Uhr branden die Sturmwellen gegen die von 7 Landwehrdivisionen gehaltenen Linien. Das Trommelfeuer hat furchtbar gewirkt. Am Abend des ersten Tages ist schon die Hälfte des Frontvorsprungs erobert, am Tag darauf ist er beseitigt. Vier Jahre lang hat dieser Keil von Saint-Mihiel gegen alle Angriffe gehalten, jetzt hat seine Eroberung ganze zwei Tage gedauert.

Sieger sind die Amerikaner. Die 1. US-Armee mit ihren drei Korps, unterstützt von einem französischen Kolonialkorps, hat zum erstenmal als selbständiger Verband gekämpft. Ludendorff muß von einer weiteren Illusion Abschied nehmen. Er ist überzeugt gewesen, die unerfahrene amerikanische Armee werde mindestens anderthalb Jahre benötigen, bis sie einen echten Kampfwert hätte. Er räumt seinen Irrtum ein: »Es fiel schwer ins Gewicht, daß die neu eintreffenden amerikanischen Verstärkungen fran-

zösische oder englische Verbände an ruhigen Fronten freimachen konnten. Hierin lag eine Tatsache von ungeheurer Bedeutung ... Amerika wurde damit kriegsentscheidende Macht.« Nach den Berechnungen des deutschen Generalstabes sind jetzt schon über eine Million Amerikaner in Frankreich eingetroffen. 24 ausgebildete Divisionen stehen im Kampf oder in Reserve. Nach Mannschaftsstärke und Bewaffnung entspricht das 45 deutschen Divisionen. Aus der Überlegenheit vom Frühjahr ist eine deutliche Unterlegenheit geworden.
Doch weder Foch noch Haig noch Pershing und schon gar nicht Pétain glauben, daß man den Krieg noch in diesem Jahr gewinnen könnte. Auch die Deutschen sind überzeugt, genügend Zeit vor sich zu haben. Entsprechend den Beschlüssen vom 14. August bemüht sich Außenminister Hintze um die Anknüpfung von Kontakten im Hinblick auf die Aufnahme von Verhandlungen mit den Ententemächten. Doch er tut das ohne Übereilung. Das deutsche Heer hat die Initiative verloren, doch noch ist es nicht einmal überall auf die Stellungen von 1917 zurückgegangen. Es hält nach wie vor Lüttich, Brüssel, Antwerpen, Ostende, Lille, Saint-Quentin, Laon und Mézières. Es steht noch in Warschau, Wilna, Riga, Lemberg, Kiew, Tiflis, Odessa, Bukarest, Belgrad und Nisch. Mit einer solchen Landkarte in der Hand kann man Verhandlungen anbieten, ohne den Eindruck zu erwecken, zum Aufgeben gezwungen zu sein. Der König von Spanien, der König von Schweden, die Königin der Niederlande haben es abgelehnt, als Mittelspersonen zwischen den Mittelmächten und den Ententestaaten und ihren Verbündeten zu fungieren. Hintze versucht es noch einmal in Den Haag und weist darauf hin, Deutschland befürchte durchaus nicht besiegt zu werden, sei aber aus Gründen der Menschlichkeit gewillt, dem großen Morden Einhalt zu gebieten.
Da kommt der Paukenschlag vom Balkan.

Um sich eine Übersicht über das Schlachtfeld zu verschaffen, ist Franchet d'Esperey auf den 1800 Meter hohen Jelakberg gestiegen. Dort oben hat Prinz Alexander, Oberbefehlshaber der serbischen Armee und inzwischen statt seines greisen Vaters Regent des Königreichs Serbien, in einer Bretterhütte seinen Befehlsstand aufgeschlagen. Der Blick schweift weit über das blendend helle Meer von Bergen. Die bulgarischen Linien liegen auf halbem Hang am Wetrenik, Dobropolje und Sokol, deren Kalkabbrüche man gut erkennen kann. An dieser Bergfront will Franchet d'Esperey durchbrechen, um wie ein Adler in die Täler von Crna und Wardar hinunterzustoßen.
Bis in die späte Nacht haben der serbische Prinz und der französische General beim Scheine einer Sturmlaterne miteinander konferiert. Als Franchet d'Esperey am andern Morgen nach Saloniki zurückfährt, steht sein Entschluß fest: Er wird dem serbischen Heer eine Schlüsselrolle in der Schlacht anvertrauen, von der er den vollständigen Sieg erwartet. Im Gegensatz zu vielen anderen Oberbefehlshabern macht es ihm nichts aus, große Verbände seiner eigenen Nationalität einem verbündeten Kommandeur zu unter-

stellen. Seine 122. Infanteriedivision und seine 17. Kolonialdivision werden der serbischen 2. Armee unter dem Woiwoden Stefanowitsch eingegliedert. Mit einer Division sollen sie die bulgarische Front zu beiden Seiten des Dobropolje aufbrechen. Die übrigen Divisionen der serbischen 2. Armee und die ganze 1. Armee unter dem Woiwoden Bojowitsch werden dann in die geschaffene Lücke stoßen und den Durchbruch nutzen.

Am 15. September beginnt auf 16 Kilometer Breite der Angriff. Die Serben erstürmen den Berg Wetrenik, die Senegalesen der 17. Kolonialdivision den Kamen links daneben. das 148. Infanterieregiment nimmt sich die Stellungen des Sokol vor; die Franzosen müssen sich mit Leitern hinaufarbeiten, die Bulgaren lassen ihre Handgranaten auf die Angreifer hinunterrollen. Erst bei Dunkelwerden ist die Gebirgskette ganz erobert. Alle Kämpfer sind von dem glühend heißen Tag erschöpft. Der Widerstand der Bulgaren ist ungleich gewesen; manche Einheiten sind sofort geflohen, andere haben sich ihrer Haut gewehrt und sogar Gegenangriffe geführt. Die deutschen Maschinengewehrnester haben sich mit äußerstem Einsatz geschlagen. Doch die ganze vorderste Stellung ist besetzt worden. Steuben, der Führer der Armee, und Scholz, der Führer der Heeresgruppe, haben den Angriff weiter westlich erwartet und ihre Reserven im Raum Monastir bereitgehalten. Jetzt ist es zu spät, sie noch in den bedrohten Abschnitt zu bringen.

Schon am nächsten Tag, dem 16., überholt Stefanowitsch' zweite Angriffsstaffel, die Timuk-Division und die Jugoslawische Division, die erste Welle. Die Soldaten sind von wildem Kampfgeist beseelt. Die Männer der Jugoslawischen Division haben sich als Gefangene oder Überläufer von der k. u. k. Armee freiwillig zum Dienst im andern Lager gemeldet; sie sind durch Sibirien und über Singapur und Suez nach Europa geschafft worden. Sie vervollständigen den Durchbruch, indem sie den Koziakberg gegen den heftigen Widerstand des 6. Bataillons der Sächsischen Jäger erstürmen. Die ganze Kammlinie zwischen den Tälern von Crna und Wardar ist in alliierter Hand.

Scholz wird unruhig. Die Bulgaren halten nicht stand, sie fliehen in völliger Auflösung Richtung Wardartal. Vor der Brücke von Krivolak drängt sich schon eine nicht mehr zu entwirrende Menge versprengter Soldaten, Frauen und Fahrzeuge. General von Reuter rafft alle deutschen Soldaten zusammen, die er in der Etappe findet, und versucht die Bulgaren aufzufangen und in den Kampf zurück zu führen, doch die Massen strömen an ihm vorbei. General von Steuben und der bulgarische Oberbefehlshaber Todorow halten in Prilep Kriegsrat, doch die Maßnahmen, die sie improvisieren wollen, werden gleich wieder hinfällig, als ihnen gemeldet wird, daß die 2. und 3. Division ihre Stellungen sang- und klanglos geräumt haben. Scholz schickt einen Hilferuf nach Spa. Die Balkanfront bricht zusammen. Er verlangt dringend Truppen, um sie zu halten.

In Spa hat man keine Gedanken für den Balkan übrig. Ludendorff hat eine weitere böse Überraschung erleben müssen. Nach der Aufgabe des Saint-Mihiel-Vorsprungs ist er auf einen Angriff der Amerikaner in der nördlich angrenzenden Woëvre-Ebene gefaßt gewesen, nicht aber auf die englische Offensive, die schon am 18. September zwischen Cambrai und Saint-Quentin beginnt. Gleich am ersten Tag sind 10000 Deutsche in Gefangenschaft gegangen, 150 Geschütze sind verloren. Die Alliierten scheinen über unerschöpfliche Kräfte zu verfügen. Außerdem sind sie jetzt so gut ausgerüstet, daß sie ihre Verbände völlig überraschend von einem Ende der Westfront ans andere werfen können. Den Deutschen dagegen geht der Atem aus, und ihre Verbündeten möchten ganz offensichtlich lieber heute als morgen aufgeben.
Anfang September hat der deutsche Außenminister von Hintze sich eilends nach Wien begeben müssen, um ein Friedensangebot seines österreichischen Kollegen, Graf Burian, zu verhindern. Trotzdem geht ein paar Tage später ohne nochmalige Konsultation Burians Note hinaus. Sie ist ein einziger Verzweiflungsschrei. Das von Präsident Wilson verfochtene Selbstbestimmungsrecht der Völker ist gleichbedeutend mit der Auflösung des Vielvölkerstaats Österreich-Ungarn. Trotzdem erkennt Burian es ausdrücklich an und verlangt nur seine Anpassung an die Realitäten. Er schlägt vor, in ein neutrales Land eine Konferenz aller kriegführenden Staaten einzuberufen, um zu einem sofortigen Waffenstillstand und zu grundsätzlichen Absprachen für die eigentlichen Friedensverhandlungen zu gelangen. Die Entente weist den Vorschlag verächtlich zurück. Die deutsche Regierung kann noch einmal das Gesicht wahren, indem sie erklärt, die Weigerung beweise, daß die Gegner den Frieden nicht wollten, doch Verbitterung und Wut im Lande sind groß. In Spa und Berlin rechnet man ganz offen mit der Kapitulation Österreichs.
Scholz kann in dieser verzweifelten militärischen und diplomatischen Situation kein Gehör finden, zumal er sich nicht als einziger meldet. Auch die Türken rufen um Hilfe, weil die Engländer in Palästina jetzt nachdrücklich angreifen. Das arme osmanische Heer, unsäglich schlecht versorgt und des Krieges längst müde, leistet nicht einmal der Form nach Widerstand. Nazareth und Tiberias fallen am selben Tag. Die Straße nach Damaskus ist offen. Eine französische Abteilung, die im Verbande der Armee kämpft, sorgt dafür, daß die französischen Ansprüche auf Syrien gewahrt bleiben, während in Palästina die britische Verwaltung mit der Anwendung der Balfour-Erklärung beginnt, die den Juden eine »nationale Heimstatt« zusichert. Die Geschichte ist ein ständiges Aufpfropfen neuer auf alte ungelöste Konflikte.

In Serbien geht jetzt alles ganz schnell. Die serbische Armee des Woiwoden Bojowitsch und die französische Armee unter General Henrys weiten den Angriffsraum nach Westen aus. Milnes mit seiner britischen Armee und die griechischen Divisionen drängen nach Osten. Die Speerspitze aber bleibt die französisch-serbische Armee des Woiwoden Stafanowitsch. Schon am 22. September erreicht sie, hinter der Durchbruchstelle sich fächerförmig ausbreitend, Crna und Wardar. Die deutschen Troß- und Etappeneinheiten versuchen Gradsko, das Versorgungszentrum der Armee Steuben, zu verteidigen. Es gelingt ihnen nur, einen Teil der Lagerbestände zu verbrennen. Was den Angreifern in die Hände fällt, ist immer noch eine Himmelsgabe für die Sieger, die seit einer Woche ohne jeden Nachschub unterwegs sind. Der Durst ist noch schlimmer als der Hunger. Die Männer, die bei Negotin, Krivolak, Gradsko den mageren Wardar erreichen, wälzen sich jauchzend im Wasser.

Die französische Kavalleriebrigade, die der serbischen 2. Armee unterstellt worden ist, besteht aus dem 1. und 4. Afrikaschützenregiment und sechs Schwadronen marokkanischer Spahis. Fünf Tage lang hat sie in Florina den Ausgang des Infanterieangriffs auf die Berge abgewartet. Nach dem Durchbruch ist sie ins Crnatal vorgerückt. In Drobusewo wird sie auf einer Marschpause von einem staubbedeckten Automobil eingeholt. Franchet d'Esperey hat es geschafft, mit General Henrys auf der von der Schlacht heftig mitgenommenen Straße bis ganz nach vorn zu gelangen. Er fragt den Kommandeur der Brigade, General Jouinot-Gambetta, nach seinen Befehlen. Was, er soll nach Osten einschwenken und die fliehenden feindlichen Kolonnen abfangen? Kommt nicht in Frage! Franchet d'Esperey deutet auf der Karte auf ein ganz anderes Ziel: Üsküb.

Üsküb, das die Serben Skopje nennen, ist die große Stadt im Wardartal. Von hier geht eine Abzweigstrecke des Orientexpreß nach Athen. Alle Verkehrs- und Nachrichtenverbindungen der Gegend laufen hier zusammen. Üsküb erobern heißt allen deutschen und bulgarischen Verbänden, die sich westlich des Längengrades von Monastir befinden, den Rückweg abschneiden, bedeutet, daß der Gegner sich in Südserbien nicht mehr halten kann.

Eine Kavalleriebrigade, knapp 3000 Mann mit leichten Waffen, das ist nicht viel. Franchet d'Esperey zieht alles zusammen, was er zur Unterstützung findet: Links die griechische 3. Division, rechts einen rasch gebildeten Verband aus 7 Infanteriebataillonen, einem Kavallerieregiment und zehn Artillerieabteilungen unter der Führung des Generals der Kolonialinfanterie Auguste Tranié. Der Einsatzbefehl besteht nur aus einem Wort: Üsküb.

Um abzukürzen, nimmt Jouinot-Gambetta den Ritt über die Berge auf sich. Der »Fahrweg«, den die 200000er-Karte des österreichischen Generalstabs, die beste für den Balkan, ihm anbietet, ist ein bloßer Ziegenpfad. Die Reiter müssen ihre Pferde im Gänsemarsch am Zügel über den Babunapaß führen. Der schwächste Gegner könnte die Brigade aufhalten. Doch das Gebirge ist leer. Drüben geht es ins Wardartal hinunter und hinter Veles vorbei, das noch von der bulgarischen 4. Division gegen die serbische 1. Armee verteidigt wird. Jouinot-Gambetta widersteht der Versuchung, in den Kampf einzugreifen. Sein Ziel heißt Üsküb.

Um dorthin zu gelangen, geht es noch einmal ins Gebirge. Diese Goletsina Planina ist noch schluchtenreicher, noch »balkanischer« als das Bergland, das sie seit Prilep hinter sich gebracht haben. Der Marsch wird äußerst mühsam. Dauernd muß halt gemacht werden, damit die Schwadronen sich wieder formieren können. Die Reiter haben keine Verpflegung, die Offiziere keine Verbindung. Am Vormittag des dritten Tages muß, keine 10 Kilometer vor Üsküb, eine mehrstündige Pause eingelegt werden, damit sich Männer und Tiere ein wenig erholen können. Es wird schon dunkel, als man ins Wardartal zieht. Es ist leer, wie die Berge! Der Schienenstrang, die Lebensader, ist nicht bewacht. Spahis und Afrikaschützen verbringen die Nacht mit absolutem Schweigebefehl in unmittelbarer Nähe der Gleise. Vor ihnen glitzern die Lichter von Üsküb, bis sie vom Herbstnebel geschluckt werden. Die Männer schlottern in ihrer Sommeruniform.
Um 8 Uhr löst sich der Nebel auf. Mit gezogenem Säbel führen die Oberstleutnants Labaune und Guespereau das 4. Afrikaschützenregiment und das Marschregiment der Spahis im Galopp nach Üsküp hinein. Die Verwirrung ist ungeheuer. Kopflos flüchten die Bulgaren nach allen Seiten. Die Munitionslager fliegen in die Luft; wie riesige Zypressen stehen die Rauchwolken vor dem ruhigen Himmel. Die Deutschen sind überzeugt gewesen, der Gegner sei noch 50 Kilometer entfernt. Im Bahnhof steht ein Panzerzug, den sie von Gradsko und Veles zurückbeordert haben. Es gelingt ihm, im Kugelhagel auszufahren. Das 1. Afrikaschützenregiment, das die Stadt umgeht, kommt zu spät, um ihn noch abzufangen.
Jouinot-Gambetta richtet sich in der eroberten Stadt häuslich ein. Er gibt sich durch Signale einem französischen Flieger zu erkennen, der die erstaunliche Meldung nach Saloniki bringt: Üsküb durch einen Handstreich der Kavallerie genommen! Der Verband Tranié vollbringt eine ähnlich großartige Leistung: 35 Stunden nach den Reitern ist er aufgebrochen, 39 Stunden nach ihnen erreicht er Üsküb, obwohl er den längeren Weg und mehrere Gefechte zu bestehen gehabt hat. Mit seinem Eintreffen ist Jouinot-Gambetta der Stadt sicher. Die Hälfte der deutsch-bulgarischen II. Armee ist in den Schluchten westlich von Üsküb abgeschnitten.
Mit diesem Tage, dem 29. September, ist das bulgarische Zwischenspiel im Großen Kriege abgeschlossen.
Als erste Ententesoldaten hatten am Morgen des 25. September schon die Reiter der Derbyshire Royal Yeomanry bei dem Dorfe Kosturino bulgarischen Boden betreten. Bald war ihnen auf der verlassenen Straße ein riesiger Mercedes-Benz entgegengekommen, an dem ein Bettuch als weiße Fahne flatterte. Zwei Offiziere des bulgarischen Generalstabs überbrachten ein Schreiben ihres Oberbefehlshabers Todorow, mit dem General Milne ersucht wurde, sich bei Franchet d'Esperey für eine achtundvierzigstündige Waffenruhe zu verwenden. Noch am gleichen Tage hat man die Herren mit der kategorischen Ablehnung wieder zu ihren Linien geführt.

Schon bald nach dem Zusammenbrechen der Front ist es im bulgarischen Heer zu Meutereien gekommen. Geführt von einem gewissen Oberleutnant Dimitrow, haben aufständische Soldaten das Große Hauptquartier in Kustendil besetzt und den ganzen Generalstab gefangen weggeführt. Die Unruhen gleichen aufs Haar den Vorgängen bei der Revolution im letzten Jahr in Rußland. Die Bauernsoldaten, von denen etliche seit 1912 unter Waffen gehalten worden sind, wollen nach Hause und den Großgrundbesitz aufteilen. Agitatoren bilden Soldatenräte und lassen nach der Republik schreien. Zar Ferdinand irrt noch eine Zeitlang im Hinterland seiner geschlagenen Armee herum, in Üsküb, Gradsko, Veles, Kumanovo; dann kehrt er nach Sofia zurück und beruft sich auf seine Zugehörigkeit zum Hause Coburg, um sich unter den Schutz des deutschen Heeres zu stellen. Die von der Krim zurückgerufene 267. Infanteriedivision wird gerade in Varna ausgeschifft. Etliche deutsche Bataillone werden um die Hauptstadt zusammengezogen. Militärattaché General von Massow erklärt Ferdinand, der deutsche Sieg sei so sicher wie eh und je. Ferdinand gibt sich den Anschein, als glaube er daran, läßt aber unter der Hand den Bauernführer Stambulisky aus dem Gefängnis holen und fordert ihn auf, im Interesse des Vaterlandes die Unruhen zu dämpfen. Seit 30 Jahren hat dieser Coburg erst als Fürst, dann als König über die Bulgaren geherrscht. Die Vorstellung, er könnte seinen Thron verlieren, ist ihm nicht nur schrecklich, sondern im Grunde unbegreiflich.
Schon am 27. September wird in Radomir, einem Städtchen unweit von Sofia, die Republik ausgerufen. Stambulisky hat nach kurzen Aussöhnungsbemühungen wieder zu seiner Revolutionärsrolle gefunden und sich zu den Aufständischen geschlagen. Die deutschen Verbände und die Kadetten der Kriegsschule halten die Schlucht von Vladeja besetzt und verhindern den Marsch auf Sofia. Doch von der bulgarischen Armee ist nichts mehr geblieben. Die 6 Divisionen, die Deutschland und Österreich auf den Balkan schicken wollen, können erst in mehreren Wochen eingreifen. Man hört in Sofia den Lärm des Bürgerkrieges und der Kämpfe bei Vladeja. Die Regierung beschließt einstimmig, eine Delegation nach Saloniki zu entsenden mit allen Vollmachten zur Vereinbarung eines Waffenstillstandes zu den Bedingungen der Sieger. Der niedergeschlagene Zar läßt es geschehen.
Eine schwierige Aufgabe ist das. Natürlich hat man Frankophile geschickt. Finanzminister Liaptschew ist gegen den Kriegseintritt auf Seiten der Mittelmächte gewesen, und General Lukow ist ein Absolvent der Pariser Kriegsschule. Völlig übermüdet erreichen sie Saloniki am 28. September um 15 Uhr. Das alliierte Hauptquartier ist im ehemaligen bulgarischen Generalkonsulat untergebracht. Die Waffenstillstandsbedingungen werden übergeben, dann führt man die Unterhändler zur Nachtruhe in eine komfortable Villa.
Am anderen Morgen versuchen die Bulgaren durch Freundlichkeit noch etwas herauszuholen. Franchet d'Esperey empfängt sie in seiner Residenz vor den Fenstern mit dem

weiten Blick über die im strahlenden Sonnenlicht liegende Bucht von Saloniki. Liaptschew erklärt, der Eintritt Bulgariens in den Krieg sei die Folge eines furchtbaren Mißverständnisses; sein Land wünsche wieder neutral zu sein. Franchet d'Esperey unterbricht ihn: »Sie sind keine Neutralen, Sie sind Besiegte.« Das bulgarische Heer hat die Waffen zu strecken; nur 3 Infanteriedivisionen und 4 Kavallerieregimenter dürfen zum Schutz der Ostgrenze bestehen bleiben. Bulgarien räumt alle besetzten Gebiete und öffnet sein Staatsgebiet dem Sieger zu beliebigem Einmarsch, wobei lediglich zugesichert wird, daß sich keine griechischen und serbischen Truppen an der Besetzung beteiligen werden. Auf so harte Bedingungen sind Liaptschew und Lukow nicht gefaßt gewesen. Dabei werden sie noch verschärft, als die Meldung von der Eroberung von Üsküb eintrifft und Franchet d'Esperey die Bestimmung anfügen läßt, daß alle bulgarischen Truppen westlich des Längengrads von Monastir sich gefangen geben. Den beiden Bulgaren bleibt keine Wahl. Um 22.20 Uhr unterzeichnen sie den Waffenstillstand. Der erste Verbündete Deutschlands ist geschlagen.
Er ist der kleinste Bundesgenosse mit seinen 4,5 Millionen Einwohnern. Vielleicht ein Hundertstel der deutschen Machtmittel. Und doch wirkt der Vorgang auf die Deutschen bestürzend. Das große Halali hat begonnen.

Kaiserbesuch bei der Flotte in Kiel. Ein Ereignis, bei dem die Gedanken höchst melancholisch zu friedlichen, strahlenden Zeiten zurückgehen. Bis zur Narretei ist Wilhelm II. in diese ganz auf sein Betreiben geschaffene deutsche Flotte verliebt gewesen. Immer wieder hat er von Bord seiner Jacht, der strahlend weißen *Hohenzollern*, die Parade abgenommen. Die *Hohenzollern* ist jetzt Lazarettschiff. Und die gewaltigen Stahlkolosse haben den Schutz der Küste nicht mehr verlassen, seit sie am Skagerrak die Granaten der Home Fleet geschmeckt haben. Wilhelm ist an Bord eines einfachen Torpedoboots gegangen, um noch einmal diese herrlichen Schiffe zu betrachten, an denen seine Großmachtträume sich immer wieder entzündet haben. Ihre schnittigen Linien sind seltsam verunstaltet durch die Tarnbemalung. Das Empfangszeremoniell ist stark vereinfacht. Die Besatzungen sind wie vorgeschrieben auf ihren Stationen, doch die für die Moral der Matrosen zuständigen Dienststellen haben darauf hingewiesen, die Stimmung sei außerordentlich schlecht, und ein Besuch Seiner Majestät werde gewiß eine positive Wirkung haben.
Nicht nur bei der Marine herrschen Mutlosigkeit und Unlust. Erst vor ein paar Tagen ist Generalfeldmarschall Hindenburg in Mons von Soldaten beschimpft worden. Deutlich hat man eine laute Stimme im ganzen Bahnhof gehört: »Bringt ihn um! Wir wollen Frieden!«
Oberstleutnant Niemann, Verbindungsoffizier beim Kaiser, wird ein Funkspruch gebracht. Er soll sich sofort für eine wichtige Mitteilung mit Spa in Verbindung setzen. Er läßt ausrichten, er befinde sich auf See und verlange die Weitergabe der Mitteilung an

Bord. Man erklärt ihm, das sei unmöglich, er müsse Seine Majestät bitten, sich sofort an Land zu begeben.
Die Mitteilung, die Wilhelm von seinen geliebten Schiffen abruft, ist die Kapitulation Bulgariens. Der Generalfeldmarschall ist der Auffassung, die Anwesenheit Seiner Majestät in Spa sei unerläßlich, und bittet um Verzeihung für sein Drängen.
Tatsächlich ist das Ausscheiden der Bulgaren nicht der einzige Grund zur Besorgnis für die Oberste Heeresleitung. Foch läßt immer noch angreifen, schärfer denn je. Nachdem die in seiner Direktive vom 24. Juli genannten Operationen mit vollem Erfolg durchgeführt worden sind, geht er zur Generaloffensive über, die er vorgesehen hat, »um unsere günstige Situation noch zu verbessern und dem Gegner keine Atempause zu gönnen«. Der 26. September ist als Termin für diese gemeinsame Anstrengung vorgesehen. Sie soll aus einer Reihe konzentrischer Angriffe bestehen, um die Deutschen ins Bergland der Ardennen zurückzuwerfen. Dabei hat Hindenburg der Entente gar keine Angriffshandlung im Jahre 1918 mehr zugetraut, und auch Ludendorff, nicht ganz so verblendet, hat größere Operationen allenfalls an einem Frontabschnitt für möglich gehalten.
Am 26. September greift die französische 4. Armee zwischen Suippes und dem Argonnerwald, die amerikanische 1. Armee zwischen Argonnerwald und Maas an. Die Einseitigkeit der nationalen Geschichtsschreibung kommt in den Darstellungen dieser Offensive besonders deutlich heraus. Die angelsächsischen Autoren stellen fest, daß der Schwung der Amerikaner durch den mangelnden Kampfgeist der Franzosen gebremst worden ist, wobei man dafür nach vier Jahren furchtbarer Kämpfe durchaus Verständnis zeigt. Auf französischer Seite wird der Unerfahrenheit des amerikanischen Stabes und seiner Weigerung, sich von den Franzosen helfen zu lassen, die Schuld an den heillos verstopften Straßen im Hinterland gegeben, die Gourauds Soldaten am Vorrükken gehindert haben. Jedenfalls stehen den Angreifern nur wenige, bis zur Erschöpfung abgekämpfte Divisionen gegenüber, und trotzdem gelingt es ihnen nicht, die Deutschen zu fesseln und ihre verzweifelten Truppenverschiebungen zu unterbinden.
24 Stunden nach den Franzosen und Amerikanern treten die Engländer mit ihrer 1. und 3. Armee (Horne und Byng) vor Douai und Cambrai an. Die 4. Armee (Rawlinson) verlängert den Angriffsabschnitt bis nach Saint-Quentin. Der Erfolg ist überwältigend. 36 500 Gefangene und 380 Geschütze in drei Tagen! Die so sehr gefürchtete »Hindenburg«-Linie ist durchbrochen.
Foch hat von der belgischen Armee verlangt, daß sie sich an der Generaloffensive beteiligt. Ihr Generalstabschef Gillain lehnt ab. Foch begibt sich nach De Panne, überzeugt König Albert und schafft für ihn eine Armeegruppe, indem er die britische 2. Armee und zwei französische Korps seinem Befehl unterstellt. Zwei Tage später kommt der König am Steuer seines großen grauen Stromlinienautomobils nach Bombon. Er erklärt Foch, er habe in seiner Armee keinen General, der über genügend Erfahrung verfüge,

um die Gesamtleitung einer solchen Großoperation zu übernehmen, bei der in drei Phasen die Städte Roeselare, Brügge und Gent zurückerobert werden sollen. Foch schlägt ihm Clemenceaus »kleinen chinesischen Koch« Degoutte vor. Die Vorbereitung der Offensive beginnt sofort, und schon am 28. September geht es los. Im flandrischen Regen ziehen Belgier, Engländer und Franzosen über das von so vielen Schlachten zerwühlte Land, vorbei an Tausenden und aber Tausenden verschlammter Granattrichter zur Befreiung Belgiens.

Am selben 28. September, an dem auch die bulgarischen Unterhändler in Saloniki eintreffen, begibt sich General Ludendorff in das Arbeitszimmer von Generalfeldmarschall Hindenburg in der Beletage des »Hôtel Britannique«. Die Lagebeurteilung läßt keinerlei Illusionen mehr zu. Bulgarien kapituliert. Österreich und die Türkei sind drauf und dran, seinem Beispiel zu folgen. Die deutsche Armee ist wie ein geschwächter Organismus vom Virus der sozialistischen und kommunistischen Agitation bedroht. Die Unwilligen ergeben sich oder melden sich aus dem Urlaub nicht zurück. Die guten Soldaten werden in aussichtslosen Rückzugsgefechten dezimiert. Etliche Divisionen sind nur noch 1000 Mann stark. Das Risiko einer militärischen Katastrophe wird mit jedem Tag größer. Der wachsende Druck der frischen amerikanischen Kräfte kann zu einem Einbruch der Front führen, zum Vorstoß an den Rhein, zum Einmarsch in Deutschland und zur Revolution. Das sind die militärischen Fakten in ihrer brutalen Nüchternheit. Die Niederlage ist noch nicht ganz da, aber sie ist jetzt völlig unvermeidlich geworden. Man kann nicht einmal mehr auf den Winter hoffen, um sie noch eine Zeitlang abzuwenden.

Ludendorff erklärt, diese Erkenntnisse hätten schon am 8. August vorgelegen, doch aus irgendwelchen Gründen sei die damals getroffene Entscheidung, über einen neutralen Herrscher zu Verhandlungen zu kommen, ohne Wirkung geblieben. Jetzt kann man nicht mehr auf ein so unsicheres Verfahren setzen. Es gibt nur eine Möglichkeit, die Feindseligkeiten vor dem unvermeidlichen Zusammenbruch des deutschen Heeres zu beenden: die Annahme von Wilsons 14 Punkten.

Wilson, das ist für die zwei preußischen Generäle, vor allem für Hindenburg, nur eine sehr vage Vorstellung. Keiner der beiden ist in Amerika gewesen. Ihre Welt von Macht, Säbel, Pickelhaube und Absatzknallen ist das schiere Gegenteil der friedlichen, efeubewachsenen Universität Princeton. Clemenceau können sie sich vorstellen, indem sie seinen vierschrötigen Patriotismus mit ihrer Vaterlandsliebe vergleichen. Schwieriger ergeht es ihnen schon mit Lloyd George, doch sie wissen oder glauben zu wissen, daß er ein unbarmherziger Mann ist, daß er den Kaiser aufhängen und Deutschland einer ewig denkwürdigen Rache ausliefern will. Wilson, das ist doch wohl ein ganz anderer Mensch. Ein Idealist. Ein Utopist. Man kann seine Vorstellungen als bedrohlich empfinden, wenn man eine Nation ist, die rücksichtslos andere zu unterwerfen bereit gewesen ist. Doch jetzt kann man hoffen, daß er die Wolken der Revanche von Deutschland abwenden wird, die sich in vier Jahren gräßlichen Ringens zusammengezogen haben. Selbst zu Elsaß-Lothringen, stellt Ludendorff fest, bezieht Wilson nicht eindeutig Stellung. Er spricht nur von der »Wiedergutmachung des Frankreich 1871 zugefügten Unrechts«. Das kann auch eine Volksabstimmung bedeuten, vielleicht sogar nur ein Autonomiestatut.

Also: Wilson. Er ist ja gegen Ende dieses Krieges, der die seit 1914 kämpfenden Länder so sehr erschöpft hat, ohnehin die höchste Instanz. Den Frieden diktiert man nicht unter Hinweis auf die Opfer der Vergangenheit, sondern mit den intakten Kräften der Gegenwart. Amerika vermag alles. Seine Bundesgenossen schwenken auf seine Grundsätze ein, wenn auch mit dem Hintergedanken, sie später umgehen zu können. Es bleibt ihnen ja nichts anderes übrig, selbst wenn sie diese Grundsätze für utopisch und den eigenen Interessen abträglich halten. Und den Besiegten bleibt ohnehin keine andere Wahl. Die Oberste Heeresleitung, die so lange für eine autoritäre Staatsführung Krieg geführt hat, rät Seiner Majestät, Wilson entgegenzukommen. Man braucht nur den greisen Reichskanzler Hertling zu entlassen und eine dem Reichstag verantwortliche Regierung unter Einschluß der Demokraten und Sozialisten in den Sattel zu heben, schon kann man Wilson sagen: »Deutschland ist bereit, auf der Grundlage der von Ihnen proklamierten Grundsätze zu verhandeln.«

»Die Generalfeldmarschall und ich trennten uns mit festem Händedruck wie Männer, die Liebes zu Grabe getragen haben und die nicht nur in guten, sondern auch in den schwersten Stunden des Lebens zusammenstehen wollen. Unsere Namen waren mit den größten Siegen des Weltkriegs verknüpft; jetzt waren wir uns in der Auffassung einig, daß es unsere Pflicht war, unsere Namen für diesen Schritt herzugeben, den zu vermeiden wir alles Erdenkliche getan hatten.«

Es beginnt der letzte, schicksalsschwere Akt dieses ersten Weltkriegs.

XXIX. Kapitel Das Ende

Oktober/November 1918. Während die Alliierten über die Waffenstillstandsbedingungen streiten, wird Mangin von Foch nach Lothringen geschickt, um die Entscheidungsoffensive vorzubreiten. Prinz Max von Baden bildet eine parlamentarische Regierung. Die deutschen Matrosen weigern sich, für die Ehre der Fahne zu sterben. Die Revolution breitet sich aus. Der Kaiser geht außer Landes. Die Bevollmächtigten bei Foch.

Der überwältigende Sieg auf dem Balkan, so eindeutig und vollständig er ist, wird doch zum Zankapfel. Er schafft Verstimmung zwischen Frankreich und England, vor allem aber zwischen den drei großen Männern, die für Frankreich den Krieg führen: Clemenceau, Foch und Poincaré.

Die Kapitulation Bulgariens hat Deutschland erschüttert, hat zu einer Änderung des Regimes geführt und die Oberste Heeresleitung veranlaßt, Wilsons 14 Punkte als Ausweg hinzunehmen. In Frankreich ist dieses Ereignis nicht als besonders einschneidend empfunden und dargestellt worden. Die Orientarmee bleibt so verkannt und vergessen, wie sie es seit ihrer Aufstellung gewesen ist.

Franchet d'Esperey träumt davon, seine Vorstellungen von 1915 jetzt endlich zu verwirklichen: Deutschland von hinten packen und auf München und Dresden marschieren. Die Anweisungen aus Paris beschneiden ihm die Flügel. Seine Armee wird aufgeteilt. Ein Teil unter dem englischen General Milne soll Konstantinopel erobern, ein weiterer Teil unter dem französischen General Berthelot in Rumänien, das seit seiner Niederlage von 1916 aus dem aktiven Kampf ausgeschieden ist, den Krieg neu entfachen. Nur das verbleibende Drittel soll Serbien befreien und dann an der Donau eine »Verteidigungsfront« aufbauen.

Franchet d'Esperey ist wütend. Er hat den einzigen wirklichen Sieg errungen, den die Entente nach 51 Kriegsmonaten aufzuweisen hat. Jetzt darf er ihn nicht ausnützen. Man läßt ihn spüren, daß man seine Aufgabe als erfüllt ansieht.

Er weiß nichts von dem Streit um die Orientarmee, der zwischen Lloyd George und Clemenceau und daraufhin auch zwischen Clemenceau und Foch entbrannt ist. Der Waliser hat den auf Konstantinopel marschierenden Milne dem aus Palästina nahenden Allenby unterstellen wollen. Der Mann aus der Vendée protestiert, doch Foch gibt aus rein militärischen Erwägungen Lloyd George recht. Clemenceau ist empört. Er äußert gegenüber Poincaré: »Ich bin mit Foch sehr unzufrieden. Er hat mir einen bösen Streich gespielt. Er hat sich gegen mich gestellt, indem er sich Lloyd Georges These zu eigen gemacht hat. Er hat mich verraten. Ich werde es bis zum Kriegsende mit ihm aushalten,

weil mir nichts anderes übrigbleibt, aber ich werde es ihm nie vergessen.« Tatsächlich schließt sich die Kluft zwischen den beiden großen Männern niemals wieder.
Zwischen Clemenceau und Poincaré braucht sie gar nicht erst aufzubrechen. Sie können einander von jeher nicht ausstehen.
Ein größerer Gegensatz ist allerdings auch kaum vorstellbar. Der eine ist ganz Feuer, der andere ganz Eis. Beide sind bewundernswert in ihrer Vaterlandsliebe und Entschlossenheit, doch bei dem einen äußert sich das mit wildem Temperament, beim anderen in nüchterner Berechnung. Die persönliche Abneigung kommt bei Clemenceau verächtlich laut heraus, während sich Poincaré mit gespieltem Gleichmut überlegen gibt. Nur die Gefahr, in der Frankreich sich befand, hat sie zusammengezwungen. Jetzt, da die Bedrohung abgewendet ist, kommt die alte Animosität wieder zum Vorschein.
Es geht um den Waffenstillstand. Poincaré steht auf dem Standpunkt, von irgendwelchen Gesprächen mit dem Gegner dürfe keine Rede sein. Die Deutschen müssen mit der Waffe in der Hand aus dem Lande gejagt und zur Kapitulation auf ihrem eigenen Staatsgebiet gezwungen werden. Clemenceau läßt sich von seinem unbezähmbaren Widerspruchsgeist hinreißen. Er erklärt dem Staatspräsidenten rundheraus, man könne sich auf seine Festigkeit verlassen, sobald es um die Friedensverhandlungen gehe, doch beim Waffenstillstand sei er entschlossen, sich »vorsichtig und zurückhaltend« zu verhalten: »Unsere Soldaten sind müde. Gestern erst hat Gouraud das zu Mordacq gesagt. Man darf nicht zu fordernd auftreten ...« Poincaré traut seinen Ohren nicht: »Ich frage mich bestürzt, ob da nicht Briand vor mir steht. Oder ein Greis, der an sein Alter denkt und möglichst rasch ein Ende machen will.«
Der Zwist zieht sich hin. Poincaré läßt sich von seiner Beamtenseele zum Schreiben verführen. Er warnt Clemenceau vor einem Waffenstillstand, der »selbst, wenn er kurz ist, unseren Soldaten den Kampfgeist nehmen würde«. Er kommt noch einmal auf die Vorgänge vom März und vom Mai zurück, erinnert Clemenceau an seine pessimistischen Äußerungen, an seinen Rat, Paris nicht zu verteidigen, sondern zu räumen ... Die Antwort kommt wie aus der Pistole geschossen: »Herr Präsident, ich kann es nicht hinnehmen, daß Sie ... es wagen, mir zu empfehlen, unseren Soldaten nicht den Kampfgeist zu nehmen. Wenn Sie Ihr Schreiben, das Sie für Ihr Bild vor der Geschichte verfaßt haben, nicht zurücknehmen, habe ich die Ehre, Ihnen meinen Rücktritt zu erklären. Hochachtungsvoll. Clemenceau.«
Am Mittwoch, 8. Oktober, um 10.10 Uhr warten die Regierungsmitglieder im Elysée für die wöchentliche Kabinettssitzung auf Staats- und Ministerpräsidenten. Es kommt nur Außenminister Stephen Pichon mit der Mitteilung, die Sitzung finde nicht statt. Sogleich schwirren Krisengerüchte durch die Stadt. Clemenceau versammelt in der Rue Saint-Dominique seine Paladine Jeanneney, Loucheur, Mandel und Mordacq um sich. Loucheur notiert: »Clemenceau ist ganz außer sich. Er brüllt: ›Poincaré kann es nicht

lassen. Er hat mich beleidigt. Mir reicht es jetzt. Er widert mich an.‹« Dann verlangt der Tiger von seinen Getreuen, die bei den Ereignissen im Frühjahr dabeigewesen sind, ihm schriftlich zu bestätigen, daß er niemals in seinem Entschluß wankend geworden ist, den Kampf unter allen Umständen und bis zum Ende fortzusetzen.

Die Affäre verläuft im Sande. Von Poincarés ungeschicktem Brief wird nicht mehr gesprochen. Clemenceau hält sein Rücktrittsangebot 24 Stunden lang aufrecht, dann vergißt er es. Die Regierung arbeitet weiter, als sei nichts geschehen. Der Groll bleibt.

Auch zwischen den Alliierten geht nicht alles ohne Mühe. Engländer und Franzosen protestieren gemeinsam gegen die Unbekümmertheit, mit der Präsident Wilson einen Notenwechsel mit den Deutschen über die Grundlagen des Friedens führt, ohne sie auch nur zu konsultieren. Zugleich allerdings lassen dieselben Franzosen und Engländer alte Rivalitäten wieder aufkommen, die während des grausamen Kampfes vergessen schienen, und finden neue Streitpunkte. Auf der Karte einer Welt, in der noch blutig gerungen wird, zeichnen sich schon unzählige zukünftige Konflikte ab:

Die Türkei ist am Ende und verhandelt. Als Mittelsmann fungiert der englische General Townshend, der 1916 in Kut el-Amara von den Türken gefangengenommen und auf der schönsten der Prinzeninseln, Prinkipo, von ihnen sehr nobel untergebracht worden ist. Sie wollen Großbritannien zu ihrem Beschützer machen, das daran interessiert sein müßte, wenn schon nicht das ganze Riesengebilde, so doch zumindest das Osmanische Reich als solches bestehen zu lassen. So fährt Townshend in geheimer Mission nach Mudros auf der Insel Limnos zu Admiral S. A. Gough Calthorpe. Admiral Amet führt das französische Ägäis-Geschwader, Admiral Gauchet ist Oberkommandierender der alliierten Seestreitkräfte im Mittelmeer. Beide werden in die Verhandlungen nicht einbezogen. Der Waffenstillstand wird ihnen als vollendete Tatsache einfach mitgeteilt. Auf Clemenceaus Protest hin erklärt Lloyd George gelassen, Großbritannien habe vier Fünftel der zur Niederringung der Türkei erforderlichen Anstrengungen getragen, so daß es ihm zustehe, seine Bedingungen für die Einstellung der Kampfhandlungen zu diktieren.

Syrien, Palästina, der Panarabismus, das Öl von Mossul, die Kontrolle über die Meerengen, der türkische Nationalismus, das Schicksal der Griechen in Kleinasien ... Eine komplizierte und vollkommen absurde französisch-britische Kontroverse auf einem neuen Felde. Doch auch in Europa zeichnen sich Konflikte ab. Der Sieg der Alliierten, das ist allen Beteiligten klar, wird die politische Landkarte stark verändern. England hat gekämpft und kämpft noch unter großen Opfern dafür, daß Europa der deutschen Vorherrschaft entrissen wird. Jetzt befürchtet es eine französische Vorherrschaft über ein besiegtes Deutschland, ein wiederhergestelltes Polen und die zu größerer Selbständigkeit gelangenden Donaustaaten. Es macht sich darauf gefaßt, diesen neuen Gefahren entgegentreten zu müssen.

Am 8. Oktober hat Foch die Bedingungen für einen Waffenstillstand mit Deutschland schriftlich niedergelegt. Er verlangt, daß das deutsche Heer einen erheblichen Teil seines Kriegsmaterials abliefert, ohne Gegenseitigkeit die alliierten Gefangenen herausgibt, die französischen und belgischen Gebiete, Elsaß-Lothringen und das linke Rheinufer räumt und den Alliierten mehrere Brückenköpfe von jeweils 50 Kilometer Radius auf dem rechten Ufer überläßt. Für England ist dieser Plan der Anfang zu einer auf Dauer angelegten französischen Präsenz im Rheinland. Er ist ein Mittel zur Beherrschung Deutschlands und zugleich eine ausgestreckte Hand zu den mitteleuropäischen Völkern, ja, auf lange Sicht sogar die Möglichkeit, Belgien zu schlucken. So etwas wie der erste Schritt zur Wiederherstellung des Napoleonischen Reiches ...
Am 19. Oktober versammelt Lloyd George in Downing Street 10 seine wichtigsten politischen und militärischen Berater: Balfour, Bonar Law, Hankey, Haig und Wilson, der wie üblich als einziger die französischen Vorschläge gutheißt. Die übrigen, und mit ihnen Lloyd George, finden die Forderungen viel zu hart und angesichts der bisherigen, relativ geringen Erfolge der Alliierten an der Westfront völlig unangemessen. Sie laufen, so Bonar Law, auf eine bedingungslose Kapitulation hinaus, nur daß die Offiziere ihre Pistole und die Soldaten ihr Gewehr mitnehmen dürfen. Die Deutschen werden zu einem verzweifelten Widerstand gedrängt, so daß der Krieg erst 1919, vielleicht erst 1920 zu Ende ist.
Douglas Haig ist zu einem geradezu fanatischen Franzosenfresser geworden. Er hat sich gerade mit Foch angelegt, der nicht bereit gewesen ist, die britische 2. Armee der Armeegruppe Belgien wieder zu nehmen und unmittelbar seinem Kommando zu unterstellen. In seinem Privattagebuch, in dem er nicht vergißt, den Jahrestag der Seeschlacht von Trafalgar zu erwähnen, schreibt er: »Was Foch wirklich will, ist der Einsatz meiner 2. Armee, um den Weg nach Brüssel für die minderwertigen Divisionen freizukämpfen, die mit ihr zusammen marschieren. Dann könnte sich Frankreich damit brüsten, Brüssel befreit und dem König seinen Thron wiedergegeben zu haben ... Diese geradezu heimtückische Art der Franzosen, einen Teil der britischen Truppen zu behalten, empfinde ich als abstoßend. Man kann tun und sagen, was man will, die britische Armee hat in diesem Jahr die Deutschen besiegt, und ich bin als Oberbefehlshaber allein für die Führung meiner Truppen verantwortlich. Nicht Foch.« Das gemeinsame Oberkommando ist eine Lösung für eine unglückliche Lage gewesen. Jetzt, da die dunklen Wolken der Niederlage sich verzogen haben, wird mit Gehässigkeit an ihren Grundsätzen gerüttelt.
Vor der illustren Versammlung in der Downing Street geht Haig noch weiter: Das französische Heer ist völlig erschöpft. Seit sechs Wochen hat es keine nennenswerten Anstrengungen mehr unternommen, und schon im Juli an der Marne haben die britischen und amerikanischen Armeen es zum Sieg mitreißen müssen. Die Amerikaner brennen auf den Kampf, doch es fehlt ihnen an Erfahrung, so daß sie Fehler machen, die den

Wert ihres Beistands mindern. Er, Haig, steht an der Spitze der einzigen Streitmacht, die Deutschland in die Knie zwingen kann. Doch warum soll man das Leben von Engländern opfern, um völlig abwegige, von politischen Hintergedanken bestimmte Waffenstillstandsbedingungen durchzusetzen? Noch kämpft Deutschland mit aller Kraft. Erst vorgestern hat es an mehreren Abschnitten der britischen Front heftige Gegenangriffe geführt. Das Äußerste, was man von ihm verlangen kann, ist die Räumung von Frankreich und Belgien, allenfalls auch noch von Elsaß-Lothringen, doch die Vorstellung, es könnte den Gegner in sein Land einmarschieren lassen, ist einfach aberwitzig.

Haigs Beurteilung des französischen Heeres ist objektiv falsch. Sicher, es hat furchtbar gelitten und zeigt eine Ermüdung, die am körperlichen Zustand, am Alter, am mangelnden Schwung, an den geringen Erfolgen etlicher Einheiten abzulesen ist. Doch es kämpft unverdrossen. Lloyd George selber korrigiert seinen Oberbefehlshaber, indem er ihm vorrechnet, daß die Franzosen seit Juni 531 000 Mann an Toten, Verwundeten und Vermißten verloren haben, die zu den 2 157000 bis dahin kampfunfähig Gewordenen hinzukommen. Die britischen Verluste im gleichen Zeitraum seit dem Frühsommer 1918 betragen 431 000 Mann. Angesichts der größeren französischen Truppenstärke ist der Blutzoll, den die beiden verbündeten Nationen für den Sieg entrichtet haben, gleich.

Wenige Tage später treffen sich Foch, Haig, Pétain und Pershing im Rathaus von Senlis. Haig wiederholt seine Darlegungen und erklärt, man müsse noch zwei Jahre kämpfen, um Deutschland zur Annahme von Fochs erdrückenden und demütigenden Bedingungen zu zwingen. Foch bleibt bei seiner Meinung. Er gibt zu, daß die Heere der Entente erschöpft sind. »Kurz vor dem Sieg ist man immer erschöpft.« Doch Deutschland hat seit Juli 250000 Gefangene, 4000 Geschütze und 23 000 Maschinengewehre verloren. Es hat nicht eine frische Division mehr in Reserve. Die zahlenmäßige und materielle Überlegenheit der Alliierten wird schon geradezu erdrückend. Das Ende ist in Sicht, vielleicht schon 1918! Der Rhein und die Brückenköpfe jenseits des Rheins sind notwendig, damit der Gegner rasch niedergeworfen werden kann, wenn er bei Ablauf des Waffenstillstands den Kampf noch einmal aufnehmen sollte.

Pétain hält Disziplin und spricht sich für Fochs Vorschlag aus. Pershing, den Haig überzeugt zu haben glaubt, schließt sich an. Der Engländer steht allein. Er ist starrköpfig genug, deutlich zu erklären, seine Meinung bleibe unverändert. Am Abend vertraut er seinem Tagebuch an, die Franzosen gelüste es offenbar nach der Pfalz und nach der Saar; sie würden eine so ungeheure Kriegsentschädigung verlangen, daß die Unmöglichkeit, sie zu zahlen, ihnen einen Vorwand bieten werde, auf alle Ewigkeit das linke Rheinufer besetzt zu halten.

Die Front kommt noch einmal in Bewegung. Am 9. Oktober ist das italienische Korps über den Chemin des Dames vorgedrungen, das vom Gegner geräumte Laon ist am 13. wieder in französische Hand gefallen. Mangin hat, das Offiziersstöckchen in der Hand, an der Spitze seiner Truppen in der Stadt Einzug gehalten. Am selben Tage sind die Kanadier nach der Eroberung von Cambrai vollends durch die Siegfriedstellung vorgestoßen. Am 14. wird die Flandernoffensive wiederaufgenommen. Der Wind fegt über das Land, es regnet in Strömen. Die weichenden Deutschen sprengen ihre Vorratslager, zünden die Dörfer an, verminen die Straßenkreuzungen, fällen die Bäume, jagen die Fabriken in die Luft, lassen die Bergwerke absaufen, indem sie die Entwässerungspumpen zerstören, und verlassen das Gebiet jeweils erst dann, wenn die Sieger dort nur unter größten Schwierigkeiten vorrücken und sich versorgen können. Angst vor einer späteren Sühne für diese Zerstörungen in letzter Stunde scheinen sie nicht zu kennen.
Am 17. Oktober sind Ostende, Douai und Lille befreit, am Tag darauf Brügge, Roubaix und Tourcoing. Die Bevölkerung des Industriegebiets hat in vier Jahren Besatzungszeit sehr gelitten. Fast überall hat Arbeitslosigkeit geherrscht. Die Bewohner gehen in Lumpen. Die Kinder sind erbarmungswürdig anzuschauen. Der passive Widerstand, die Weigerung, für den Feind zu arbeiten, ist mit wenigen Ausnahmen durchgehalten worden. Verhaftungen und Deportationen sind die Antwort auf diese Haltung gewesen. Lille ist heil, doch viele Städte, vor allem Douai, Lens, La Bassée und Armentières haben schwere Zerstörungen erlitten.
Trotz der erheblichen Raumgewinne der Alliierten hat sich am Gang des Krieges seit September nicht viel geändert. Die Deutschen leisten Widerstand, so tapfer, so entschlossen und so geschickt, daß ihre Gegner nicht umhin können, sie zu bewundern. Wie so oft gegen Ende eines großen Krieges raffen sich die so gut wie Geschlagenen noch einmal zu heldenhafter Gegenwehr auf. Im August, nach der furchtbaren Enttäuschung des fehlgeschlagenen Friedenssturms, hat das deutsche Heer am Rande des Zusammenbruchs gestanden. Im Oktober, als jede vernünftige Hoffnung auf den Sieg erloschen ist, ja, die Niederlage so gut wie sicher, als Ludendorff geradezu um den Waffenstillstand fleht, findet der deutsche Frontsoldat zu einer verbissenen Haltung von erhabener Größe.
Eine oder anderthalb Millionen deutscher Soldaten haben sich die nachlassende Disziplin und das Durcheinander in der Etappe zunutze gemacht und sind mehr oder weniger offen desertiert. Allein in Maubeuge werden bei einer großen Razzia der Feldgendarmerie Tausende aufgestöbert. Die meisten sind Urlauber, die auf jede erdenkliche Weise versucht haben, ihre Einheit nicht wiederzufinden. Dieser Aderlaß aus Feigheit hat den Mannschaftsbestand drastisch reduziert; die Infanteriedivisionen sind noch 800 bis 1200 Mann stark, die Kompanien 50, manche nur noch 30 Mann. Doch diese Soldaten, die durchhalten, sind unerschütterliche Kämpfer. Sie schlagen sich unter schrecklichen äußeren Bedingungen. Es fehlt an Medikamenten, an Verbandspäckchen,

an Ausrüstung aller Art, an Kleidung, an Brot. Einer berichtet: »Wir kämpfen in einem Zustand ständigen Hungers. Die Proviantzuteilung besteht aus einer dünnen Suppe ein- oder zweimal täglich. Die Gegenangriffe sind uns willkommen, weil sie uns Gelegenheit geben, Lebensmittel zu erbeuten. In welchem Überfluß leben die Männer auf der anderen Seite! Wenn wir nur die Hälfte von dem bekämen, was die Amerikaner erhalten!«

Foch ist sich bewußt, daß es darauf ankommt, den Auflösungsprozeß beim Gegner zu beschleunigen. Er läßt sich von seiner eigenen Siegesgewißheit durchaus nicht blenden. Er fürchtet, Winter und Ermüdung könnten den Schwung seiner Armeen ermatten lassen, so daß der große Triumph, den er inzwischen schon 1918 nicht mehr für ausgeschlossen hält, erst 1919 kommen könnte.

In seiner Direktive vom 19. Oktober stellt er fest, daß die am 26. September begonnene Offensive nicht die erwarteten Ergebnisse gebracht hat. Er legt neue Stoßrichtungen fest und vor allem eine Verbreiterung des Raums, auf dem entschlossenes Angreifen den Weg zur letzten siegreichen Schlacht freimachen soll.

In Lothringen ist das erste Blut des großen Ringens zwischen Franzosen und Deutschen geflossen. Schreckliche und sinnlose Schlachten sind im August 1914 zwischen Metz und Straßburg auf den Höhen von Morhange und dem flachen Seenland bei Dieuze ausgefochten worden. Dort hat Foch selber als Kommandeur des XX. Korps unter Castelnau, dem Chef der 2. Armee, gekämpft. Jetzt, vier Jahre später, ist Castelnau nach einer langen Zeit als Mitarbeiter Joffres im *Grand Quartier Général* wieder in Lothringen, als Befehlshaber der Armeegruppe Ost. Die Front, dieseits der Grenze verlaufend, ist völlig eingeschlafen. Die Gräben sind weit voneinander entfernt. Die Artillerie hält sich zurück. Selbst Stoßtruppunternehmen oder die Begegnungen zweier Patrouillen im Niemandsland sind Ausnahmen. Die Soldaten leben in unversehrten, von ihren Bewohnern nicht verlassenen Dörfern. Lothringen, das klingt nach Kampfeslärm, und doch ist hier der ruhigste Abschnitt der Westfront.

Im September hat sich die Vorstellung, man müsse in Lothringen angreifen, immer mehr verdichtet. Im Oktober ist auch Foch dafür gewonnen, und er verlangt von Pétain und Castelnau einen Plan für eine solche Offensive. Sie soll südlich von Metz auf Saargemünd (Sarreguemines), die Grenzstadt zwischen dem von Deutschland annektierten Lothringen und der Pfalz, vorgetragen werden. Der Einbruch nach Deutschland ist das Ziel. Der Krieg sucht seinen Schluß, wo sein Prolog stattgefunden hat. Das deutsche Heer ist nur noch ein Schatten seiner selbst. Die französische Armee ist trotz ihrer im Verhältnis zur Bevölkerungszahl schwereren Verluste stärker geworden, weil sie sich auf die großen Seemächte und damit auf alle Reichtümer der Welt stützen kann. 1914 hat sie in Lothringen tollkühn als die Schwächere angegriffen; 1918 wird sie dort als die Stärkere antreten.

Zwischen Noményy und dem Wald von Parroy steht die Heeresgruppe Herzog von

Württemberg mit ganzen 8 schwachen, weit auseinandergezogenen Divisionen. Der Herzog weist die Oberste Heeresleitung in Spa immer wieder darauf hin, wie dünn seine Linien besetzt, wie unzureichend seine Artillerieverbände seien. Doch Spa hat ganz andere Sorgen als dieses Lothringen, wo seit vier Jahren nichts mehr geschehen ist.

Mangin ist unauffällig aus dem Raum Laon abgezogen und nach Tantonville südlich von Nancy gegangen, und um sein Vorhaben möglichst lange geheimzuhalten, ist von einem Hauptquartier keine Rede. Die seit langem dort in Stellung liegende 8. Armee (Gérard) soll bis zum Vorabend des Angriffs die Front halten. Erst dann wird die 10. Armee mit ihrem Chef, dessen Name zum Inbegriff raschen Zuschlagens geworden ist, in Erscheinung treten. Sie soll die Hauptlast der Offensive tragen, während sich die 8. Armee auf ihrem linken Flügel in Bewegung setzt. Die amerikanische 2. Armee wird das Vordringen gegen die Festung Metz abschirmen.

Gewaltige Truppen- und Materialtransporte rollen nach Lothringen. Die Fliegerdivision wird dorthin verlegt, 200 schwere Batterien gehen in Stellung. Großkalibrige Eisenbahngeschütze werden auf eigens angelegten Nebengleisen sorgfältig getarnt. Drei Regimenter leichter Renault-Tanks und zwei Gruppen mittlerer Schneider- und Saint-Chamond-Tanks verstecken sich in den Wäldern. 20 Angriffsdivisionen sollen den ersten Stoß führen. In den deutschen Militärarchiven haben sich keine Dokumente gefunden, die darauf hinweisen würden, daß die französischen Absichten erkannt worden wären. Ludendorff allerdings hat am 17. Oktober die bemerkenswerte Feststellung getroffen, daß die Lage ernst werden würde, wenn die deutsche Armee bei Verdun eine Niederlage hinnehmen müßte. Es liegt auch ein Räumungsbefehl für den Raum Metz–Diedenhofen (Thionville) bereit, den am stärksten befestigten Bereich der Welt. Das deutsche Oberkommando ist überzeugt, eine so komplizierte und riesige Stellung sei gegen einen massiven Angriff der Entente nicht zu halten.

Mangin bebt vor Ungeduld. Castelnau und Pétain haben es nicht so eilig. Die Vorbereitungen gehen mit aller Ruhe und Sorgfalt weiter. Foch verlangt mehrfach, sie zu beschleunigen. Die Armeegruppe Ost meldet, sie rechne damit, wenn alles nach Plan verlaufe, um die Mitte des Monats November angriffsbereit zu sein.

»Ihr könnt von mir alles eher erwarten als ein Friedensangebot.« Mit diesem Satz reagiert Prinz Max, als er hört, man habe ihn zum Reichskanzler gemacht mit dem Auftrag, zu kapitulieren.

Der alte Graf Hertling zieht sich zurück. Der Kaiser hat sich zur Bildung einer parlamentarischen Regierung bereitgefunden, an der Sozialdemokraten und Zentrum beteiligt sein sollen. Diese neue Fassade ist notwendig, damit Verhandlungen auf der Grundlage von Wilsons 14 Punkten überhaupt beginnen können. Fast einmütig hat man sich für Max von Baden als Leiter des neuen Kabinetts entschieden. Nur die Sozialdemokra-

ten haben grundsätzliche Einwendungen gegen ihn als den Erben eines Großherzogtums erhoben, doch ihre Führer, Ebert und Scheidemann, haben sie ohne große Mühe davon abgebracht. »Badenmax« ist der Mann für diese Wende.
In den deutschen Heereslisten wird Prinz Max von Baden als General der Kavallerie geführt, was ein fiktiver Rang ist: Seine militärischen Meriten sind gering. In diesem Krieg hat er kein Kommando innegehabt. Der einundfünfzigjährige, große, kahlköpfige Süddeutsche ist in der unmartialischen Atmosphäre des liberal eingestellten Karlsruher Hofes aufgewachsen. Mütterlicherseits stammt er von Eugène de Beauharnais, Napoleons Schwiegersohn, ab. Er soll einmal von einem kinderlosen Vetter das Großherzogtum Baden erben, doch er hat sich unbeirrbar zu Überzeugungen bekannt, die ihm bei den Konservativen den Beinamen »der rote Prinz« eingetragen haben. Das heißt ganz einfach, daß Max ein Liberaler ist. Mit erheblichem utopistischem Einschlag.
Als designierter Reichskanzler hat Max von Baden die Absicht gehabt, eine umfassende Verfassungsreform vorzunehmen und dann, aber erst dann, sich um einen Friedensschluß zu bemühen. Ein Offizier Ludendorffs, Major von dem Bussche, kommt aus Spa, um ihn über die militärische Lage aufzuklären: Es ist völlig ausgeschlossen, den Eintritt in Unterhandlungen mit der Entente noch länger aufzuschrieben. Max will das nicht wahrhaben. Von dem Bussche bleibt dabei, daß die Truppe zwar noch standhalte, aber niemand vorhersagen könne, was anderntags geschehe. Die Front könne jeden Augenblick durchbrochen werden. Dann verliest er ein Telegramm Hindenburgs, in dem der Feldmarschall das Waffenstillstandsangebot für spätestens den nächsten Tag fordert.
Nachdem er dem Reichskanzler ins Gewissen geredet hat, stellt sich der Abgesandte der Obersten Heeresleitung den Fraktionsführern des Reichstags. An die zwanzig sind es: Sozialdemokraten, Zentrumsleute, Nationalliberale, Konservative, sogar ein polnischer Abgeordneter ist dabei, der die Minderheit in Oberschlesien vertritt. Von dem Bussche ist ein überzeugend beredter Mann. Er erklärt später, er habe die Abgeordneten beeindrucken wollen, damit sie die Bildung der neuen Regierung beschleunigten. Das gelingt ihm über alles Erwarten. Die Zivilisten da vor ihm wissen, daß die Lage für Deutschland nicht mehr günstig ist, aber sie haben geglaubt, die Krise sei überwunden und ein günstiger Frieden könne den Kampfhandlungen ein Ende setzen. Von dem Bussche räumt mit solchen Illusionen auf. Er schildert, wie die Front wankt. Er betont, die Reserven seien erschöpft, frisches Blut für die männerverschlingende Schlacht sei nicht mehr da. Er gibt bekannt, die Oberste Heeresleitung habe 22 Divisionen, 66 Regimenter auflösen müssen; die durchschnittliche Stärke eines Bataillons sei auf 240 Mann gesunken. Er beschreibt den Zustrom frischer amerikanischer Truppen und vor allem das massenhafte Auftreten der Tanks, das bei der Infanterie Panik hervorrufe. »Diese Erkenntnisse und Ereignisse ließen in dem Herrn Generalfeldmarschall und General Ludendorff den Entschluß reifen, Seiner Majestät dem Kaiser vorzuschlagen,

zu versuchen, den Kampf abzubrechen, um dem deutschen Volk und seinen Verbündeten weitere Opfer zu ersparen. Jede 24 Stunden können die Lage verschlechtern und den Feind unsere eigentliche Schwäche erkennen lassen.«

Max von Baden sträubt sich noch. Er verlangt die Anwesenheit Hindenburgs im Kronrat und schlägt vor, dem Gegner nicht ein Ersuchen um Waffenstillstand zu unterbreiten, sondern Friedensvorschläge zu machen. Der Generalfeldmarschall erwidert, eine sofortige Einstellung der Kampfhandlungen sei unerläßlich. Der Entwurf der Friedensnote, die am 4. Oktober an Wilson hinausgeht, wird von Ludendorff selber geschrieben. In dem Text wird der US-Präsident »ersucht, den sofortigen Abschluß eines allgemeinen Waffenstillstands zu Lande, zu Wasser und in der Luft herbeizuführen«.

Die Antwort trifft am 9. Oktober ein, dem Tag, da Mangin in Laon einzieht. Wilson wünscht zu erfahren, von welchen Gewalten des Reiches das Waffenstillstandsersuchen ausgehe und ob das deutsche Heer bereit sei, die besetzten Gebiete zu räumen. Max von Baden bejaht die zweite Frage, auf die erste antwortet er, seine Regierung spreche im Namen des deutschen Volkes.

An dem Tag, da die Note dem Schweizer diplomatischen Vertreter zur Weiterleitung an die Regierung der Vereinigten Staaten übergeben wird, ist ein U-Boot in der Irischen See unterwegs. Noch gelten die Anweisungen für den uneingeschränkten U-Boot-Krieg. Der kleine japanische Passagierdampfer *Hiromo Maru* fährt auf Torpedoschußweite vorbei und wird mit 292 der 320 an Bord befindlichen Menschen auf den Grund geschickt. Wenige Stunden später wird das Dubliner Postschiff *Leinster* von einem ersten Torpedo getroffen, der im Vorschiff 22 mit Sortieren beschäftigte Postbeamte tötet. Das Schiff beginnt zu sinken; ein zweiter Torpedo vollendet das Werk. Von 790 Passagieren und Besatzungsmitgliedern werden nur 193 gerettet. Der U-Boot-Krieg hat in einem einzigen Seegebiet und an einem einzigen Tage noch einmal 900 Zivilisten das Leben gekostet!

Die Versenkung dieser beiden Schiffe trägt zur Verschärfung von Wilsons zweiter Antwortnote bei. Sie ist wie die erste sehr vieldeutig formuliert, doch der hochtrabende Predigtton und die professorale Rhetorik können über die Unversöhnlichkeit in der Sache nicht hinwegtäuschen. Die Waffenstillstandsbedingungen sind vom Oberkommandierenden der alliierten und assoziierten Streitkräfte einzuholen, doch vorher muß der »unrechtmäßige und unmenschliche« U-Boot-Krieg bedingungslos eingestellt werden. Außerdem erklärt Wilson, »die Macht, die bis jetzt das Schicksal der deutschen Nation bestimmt hat, ist eine von denjenigen, die es in der Hand haben, nach eigener Willensbestimmung den Weltfrieden zu stören. Die deutsche Nation hat die Wahl, dies zu ändern.«

Der Kaiser, aus Spa zurück, residiert im Neuen Palais zu Potsdam. Er liest, eher niedergeschlagen als sich aufbäumend, den verschlungenen Satz, mit dem der erste Mann der amerikanischen Demokratie ihn absetzt. Die Kaiserin Augusta dagegen tobt geradezu entfesselt gegen den »Parvenü von jenseits des Atlantik«, der es wagt, eines der vornehmsten Herrscherhäuser der Welt anzugreifen. Sie hat sich nie in die Politik eingemischt, doch der dynastische Stolz geht mit ihr durch. Leidenschaftlich klagt sie Max von Baden an, der mit den inneren und äußeren Feinden des Hauses Hohenzollern gemeinsame Sache mache.

Lange kann es nicht mehr gehen. Frieden um jeden Preis – der Gedanke bricht sich Bahn. Bei den Soldaten heißt es lapidar: »Lieber ein Ende mit Schrecken als ein Schrecken ohne Ende.« Die pessimistischen Darlegungen des Majors von dem Bussche sind aus den Regierungskreisen, für die sie bestimmt waren, hinausgedrungen. Sie verstärken noch die Stimmung, daß sofort und um jeden Preis Schluß sein muß.

Max von Baden stellt Ludendorff eine Reihe von Fragen. Um eine Antwort zu bekommen, fordert er ihn auf, nach Berlin zur Sitzung des Kriegskabinetts zu kommen. Wilhelm II. verlangt, daß auch die übrigen Heerführer kommen sollen, doch Ludendorff erklärt, wenn es bei dieser Forderung bleibe, würden der Generalfeldmarschall und er selber ihren Abschied nehmen. Am 17. Oktober, dem Tag der Räumung von Lille, trifft er im Sonderzug des Großen Hauptquartiers ein. Gleich darauf beginnt in der Reichskanzlei die Sitzung.

Eine erstaunliche Sitzung wird das. Vor wenigen Tagen noch hat der Mann, der sich hier der Regierung stellt, selbst ein Hinauszögern des Waffenstillstandsersuchens um 24 Stunden für unmöglich erklärt. Jetzt redet er ganz anders. Die etwas naiven Fragen, die ihm Max von Baden stellt (»Wird die Front halten?«) schiebt er beiseite mit der Erklärung, der Krieg sei kein Rechenexempel. Der Krieg sei eine Wahrscheinlichkeitsrechnung. Er, Ludendorff, könne nur versichern, daß sich die allgemeine Lage gebessert habe. Unter Generalfeldmarschall von Mackensen sei eine Donaufront im Entstehen. Der Kriegsminister, General von Schëuch, habe 60000 Mann Ersatz aus der Heimat zu beschaffen versprochen, mit denen die schlimmsten Lücken im Heer geschlossen werden könnten. In Belgien und Frankreich werde Gelände aufgegeben, doch es handele sich um Feindesland, wo man unbedenklich die für das Verzögern des gegnerischen Vormarsches notwendigen Zerstörungen vornehmen könne. Außerdem versteife sich der deutsche Widerstand. Die feindlichen Angriffe hätten weniger Erfolg, die Frontsoldaten ihre Furcht vor den Tanks überwunden. Vor den Amerikanern hätten sie keine Angst. Sie stellten fest, daß Franzosen und Engländer ebenso abgekämpft sind wie sie. Der Winter stehe vor der Tür. Wenn man noch vier Wochen durchhalte, sei man bis zum Frühjahr gerettet. Der Frieden hönne dann unter wesentlich günstigeren Bedingungen ausgehandelt werden als jetzt.

Französische Militärfachleute wie General Tournès haben sich über diese erstaunliche Kehrtwendung Ludendorffs ihre Gedanken gemacht. Die günstige Entwicklung der Lage an der Westfront hat ihnen den Schlüssel geliefert. Doch für die Männer, zu denen der Generalquartiermeister an diesem 17. Oktober spricht und die noch im Ohr haben, was er am 29. September gesagt hat, ist der Vorgang ungeheuerlich. Außenminister Wilhelm Solz erklärt unverblümt, er stehe vor einem Rätsel. Dem wackeren Max von Baden hat es die Stimme verschlagen. Er spürt die ersten Anzeichen der spanischen Grippe, und in einem solchen Gespräch ist er Ludendorff ohnehin nicht gewachsen. Durch sein Verhalten und einige Zwischenbemerkungen gibt er allerdings zu erkennen, daß der Mann aus Spa ihm Widerwillen einflößt. Man geht äußerst kühl auseinander.

Wilhelm II. hat in Schloß Bellevue gewartet. Er hat seine Angst vor Ansteckung überwunden, weil er Ludendorffs Bericht hören will. Als dieser ihn verläßt, um vom Potsdamer Bahnhof sofort ins Große Hauptquartier zurückzukehren, ist er wieder so optimistisch wie früher und überzeugt, daß mit Gottes Hilfe doch noch alles gut werden könne.

Einige Tage vergehen. In Paris steht die Place de la Concorde voller feindlicher Geschütze, und unter der Statue der Stadt Lille, die vor Blumen und Fahnen kaum mehr zu sehen ist, zeichnen die Leute die »Siegesanleihe«. An der Front allerdings geht es nicht recht voran. Die Franzosen haben sich bei Laon festgerannt, die Amerikaner in den Argonnen. Nur aus Belgien kommen erfreuliche Nachrichten. Die Alliierten haben Ypern, Brügge und Roeselare befreit und die ganze Küste bis zur holländischen Grenze besetzt. Doch dieser Rückzug der Deutschen in Belgien ist ein Schwenkmanöver zur Verkürzung der Front auf eilig ausgebaute neue Stellungen. Es steht zu befürchten, daß noch den ganzen Winter hindurch weitergekämpft werden muß, trotz der Noten, die jetzt wie eine regelmäßige Korrespondenz zwischen Prinz Max von Baden und Präsident Wilson ausgetauscht werden.

Am 20. Oktober hat der Reichskanzler erklärt, er verzichte auf den U-Boot-Krieg. Eine Verfassungsreform soll das Kaiserreich zu einer vorbildlichen parlamentarischen Demokratie machen. Woodrow Wilsons Antwort vom 23. Oktober trifft in Berlin erst am 24. ein, doch die Presseagenturen geben sie schon heraus, bevor der eigentliche Adressat sie erhält. Das Große Hauptquartier in Spa erfährt davon gleichzeitig mit dem Reichskanzler. Hindenburg greift zur Feder und läßt einen Armeebefehl hinausgehen, in dem er feststellt, die Forderungen des Präsidenten der Vereinigten Staaten kämen einer Kapitulation gleich. »Wilsons Antwort kann daher für uns Soldaten nur die Aufforderung sein, den Widerstand mit äußersten Kräften fortzusetzen.« Ludenforff zeichnet gegen, und das Telegramm wird sofort »zur Bekanntgabe an alle Truppen« an die Kommandostellen gegeben. Vor der Schelde bis zur Donau erfahren die deutschen Soldaten, daß sie ihre Hoffnung auf Frieden begraben und bis zum bitteren Ende weiter kämpfen und sterben sollen.

Am 25. Oktober mittags weiß Berlin, daß das deutsche Heer durch seine angesehensten Führer den Kampf bis zum Äußersten ausgerufen hat. Diese sensationelle Nachricht läßt die gleichzeitig eintreffende Meldung in den Schatten treten, daß die italienische

Armee den Piave überschritten hat und zu beiden Seiten der kleinen Stadt Vittorio Veneto zur Offensive angetreten ist.
Die Reaktion des Generalfeldmarschalls ist bezeichnend. Aus Wilsons dritter Note geht hervor, daß die Waffenstillstandsbedingungen eine Wiederaufnahme der Kampfhandlungen durch Deutschland unmöglich machen werden. Und es wird festgestellt, daß die Monarchie abgeschafft werden muß, wenn das deutsche Volk nicht schrecklich büßen soll: »Wenn die Vereinigten Staaten jetzt mit den militärischen Beherrschern und monarchischen Autokraten Deutschlands verhandeln sollen, müssen sie nicht Friedensverhandlungen, sondern Übergabe verlangen.«
Am frühen Nachmittag treffen Hindenburg und Ludendorff in der Hauptstadt ein. Sie haben Spa verlassen, ohne dazu vom Kaiser oder vom Reichskanzler aufgefordert zu sein oder ihre Zustimmung eingeholt zu haben. Max von Baden liegt mit seiner Grippe, die sich verschlimmert hat, zu Bett. Er beauftragt Vizekanzler Friedrich von Payer, dem Kaiser mitzuteilen, er könne das Verhalten der beiden höchsten Heerführer nicht hinnehmen. Er werde nicht im Amt bleiben, wenn General Erich Ludendorff nicht entlassen werde.
So haben sich die Dinge gewandelt. Vor wenigen Monaten noch genügte eine Rücktrittsdrohung des Ersten Generalquartiermeisters, um die Entlassung der Reichskanzler Bethmann Hollweg und Michaelis zu erzwingen. Jetzt setzt Reichskanzler Max von Baden mit dem gleichen Druckmittel die Abberufung des Ersten Generalquartiermeisters Ludendorff durch.
Der Abend vergeht mit Sitzungen im Innenministerium. Ludendorff wird davon in Kenntnis gesetzt, daß der Kanzler und der Staatssekretär des Auswärtigen sein Abtreten verlangen. Als er sich zur Nachtruhe zurückzieht, sagt er: »Es ist nichts mehr zu erhoffen, Deutschland ist verloren.« Am anderen Morgen um 8 Uhr schreibt er im Gebäude des Generalstabs sein Abschiedsgesuch.
Etwa zur gleichen Zeit verläßt Kaiser Wilhelm das Potsdamer Neue Palais. Wilsons dritte Note hat weder bei ihm noch bei der Kaiserin die gleiche Entrüstung wie die zweite hervorgerufen. Im Gewande der Verachtung ist die Resignation gekommen. Die letzten Blitze des kaiserlichen Zorns richten sich in dem Wagen, der den Herrscher zum Schloß Bellevue bringt, gegen Ludendorff.
9 Uhr. Wie jeden Tag trifft sich der pünktliche Hindenburg mit Ludendorff, der ihm von seinem Abschiedsgesuch berichtet. Hindenburg bittet seinen Kameraden, es zurückzunehmen, Kaiser und Heer in dieser dramatischen Lage nicht zu verlassen. Der verunsicherte Ludendorff schlägt ein offenes Gespräch mit Max von Baden vor. Es wird telephoniert. Antwort: Der Reichskanzler empfängt nicht.
Doch es kommt eine unerwartete Einladung. Der Kaiser, der am Vormittag sonst niemals Audienzen gibt, ersucht Generalfeldmarschall Hindenburg und General Ludendorff um ihr alsbaldiges Erscheinen in Schloß Bellevue. Es ist ruhiges, warmes Herbst-

wetter. Die Spree glänzt im Sonnenlicht am Rande des Parks, in dem sich Wilhelm mit seinen Offizieren ergeht. Als ihm die beiden Besucher gemeldet werden, geht er ins Schloß. Eine halbe Stunde später ist er wieder da mit den Worten: »Ich habe dem General Ludendorff ... den Abschied bewilligt.«

Erst Bismarck. Dann Bülow. Jetzt Ludendorff. Die Entlassung ist die kaiserliche und königliche Geste dieses Herrschers. Doch in den ersten beiden Fällen war er der von Macht und Jugend Strahlende. Jetzt ist es ein Vorgang in Niederlage und Verzweiflung. Der Entlassende ist selber schon so gut wie entlassen. Aus allen Parteien, allen Klassen des Reiches dringt die Bitte und bald die Forderung: Er soll abdanken! Und sein Kronprinz mit ihm! Den Kaiser, das Kaiserreich behalten wollen, heißt den Krieg sinnlos verlängern und furchtbare Sühne auf sich nehmen. Wilson hat den Sturz der Hohenzollern verlangt – sein Wille ist Gesetz.

Hindenburg hat dem Auftritt zwischen Ludendorff und dem Kaiser beigewohnt. Als der Herrscher das Abschiedsgesuch angenommen hat, ist der Generalfeldmarschall vorgetreten und hat erklärt, er stehe zu seinem Mitarbeiter und bitte deshalb Seine Majestät ebenfalls um seine Entlassung. Wilhelm II. hat erwidert: »Sie sind das Palladium des deutschen Volkes. Sie dürfen es in äußerster Not nicht verlassen.« Zum erstenmal unterschreibt Hindenburg das Abendkommuniqué allein.

Nach der Überwindung des Piave wird die Offensive zum beinahe ungehinderten Vormarsch. Drei italienische Armeen, eine unter dem englischen General Cavan, eine unter dem französischen General Graziani, ziehen durch die Ebenen Venetiens und die ersten Hänge des Trentino nach Norden. Am 29. Oktober verlängert die Armee des Herzogs von Aosta die Front bis an die Adria. Am 30. setzen sich am linken Flügel drei weitere italienische Armeen zwischen Brenta und Gardasee in Bewegung. Wochenlang hat Foch das italienische Oberkommando bearbeitet, das einen Mißerfolg, ja sogar einen Rückschlag befürchtete. Jetzt wird es klar, daß die Offensive auf ein in völliger Auflösung befindliches Heer stößt.

Dieses Heer ist nur ein Spiegelbild des auseinanderfallenden Habsburgerreiches. Anfang Oktober hat Kaiser Karl seinen »lieben Völkern« verkündet, daß er die Monarchie in einen Bundesstaat umzuwandeln gedenke. Die »lieben Völker« reagieren mit der Weigerung, weiterzukämpfen. Alle ungarischen Divisionen verlassen die Front unter dem Vorwand, sie müßten ihr von Franchet d'Esperey bedrohtes Land verteidigen. Alle slawischen Soldaten werfen ihre Waffen weg. Im Innern geht der Zusammenbruch mit dem Einsturz der militärischen Fassade Hand in Hand. In Prag proklamiert ein Kongreß die Unabhängigkeit Böhmens und seine Vereinigung mit der Slowakei. In Agram (das sich ans andere Ende des Alphabets begibt und bald Zagreb heißt) gründet ein weiterer Kongreß den Staat der Serben, Kroaten und Slowenen. Das Habsburgerreich ist ein für Europas Zusammenhalt entscheidendes Gebilde gewesen. In ihm war das

bunte Völkergemisch der Donaustaaten politisch und wirtschaftlich eingebunden. Es beherrschte sie weniger durch unmittelbaren Druck als durch das Ausspielen gegeneinander. Dieses Reich wird zerrissen durch den Sprengstoff des »Selbstbestimmungsrechts der Völker«. Erst als es zu spät ist, merken die Politiker, daß es leichter war, zu zerstören, als etwas Sinnvolles an seine Stelle zu setzen.
Kaiser Karl ist durch die verhängnisvollen Schüsse von Sarajevo, die seinen Onkel, den Thronerben Erzherzog Franz Ferdinand, das Leben gekostet haben, an die Spitze dieses Reiches gelangt. Schon 1917 hat er versucht, das Schicksal seiner Monarchie von dem Deutschlands zu trennen. Jetzt meint er, zu einer letzten ritterlichen Geste verpflichtet zu sein, und schreibt Wilhelm II., den er duzt, wie es sich unter Kaisern geziemt, er sei zwar genötigt, die Italiener um Waffenstillstand zu bitten, weil die meisten seiner Untertanen nicht mehr zu kämpfen bereit seien, doch er sei bereit, sich »an die Spitze Meiner Deutsch-Österreicher zu stellen« und die deutsche Südgrenze zu verteidigen. Sein Schreiben weckt in Potsdam nur Hohn. Kaiserin Augusta läßt ihrem Haß auf Kaiserin Zita freien Lauf. Der Kaiser reagiert mit Verbitterung: Er hat das Schwert gezogen, hat in seiner Nibelungentreue die schimmernde Rüstung Siegfrieds angelegt. Der Dank ist niederträchtiger Verrat.
Die deutsche Skepsis hinsichtlich der Absichten Kaiser Karls ist durchaus berechtigt. Der am 2. November in Padua geschlossene Waffenstillstand gestattet den Alliierten die Benutzung aller Straßen und Eisenbahnen auf dem Gebiet der Doppelmonarchie. In den letzten Stunden der Feindseligkeiten bringen die Italiener die größte Ernte an Gefangenen ein, die es je in einem Kriege gegeben hat: 400000 Mann an einem Tag.
Deutschland steht allein. Und die Männer, die jetzt die Verantwortung übernommen haben, sehen sich einer neuen, quälenden Situation gegenüber: Präsident Wilson antwortet nicht mehr!

Am 27. Oktober hat die deutsche Regierung erklärt, sie nehme alle vom Präsidenten der Vereinigten Staaten gestellten Bedingungen für die Waffenstillstandsverhandlungen an. Eine dieser Bedingungen ist die Abdankung des Kaisers gewesen. Auch in dieser Hinsicht werden keine Vorbehalte gemacht.
Wilhelm hat plötzlich erklärt, er werde sich zur Armee begeben. Am 29. Oktober verläßt sein dunkelgrüner Zug Potsdam. Die Kaiserin ist erst im letzten Augenblick von dem Entschluß ihres Gemahls in Kenntnis gesetzt worden. Sie bleibt im abendlichen Dämmerlicht kerzengerade aufgerichtet auf dem Bahnsteig zurück und starrt auf die Schienen, über die das Glück des Hauses Hohenzollern davongerollt ist.
In Belgien und Frankreich geht der Kampf weiter. Tausende finden noch den Tod. Die deutsche Front gibt überall nach, doch sie zerbricht nirgends. Foch bemüht sich, den letzten Ansturm zu beschleunigen. Er arbeitet einen Plan zum Einmarsch nach Deutschland aus: Die Truppen sollen über die seit dem Abfall der Verbündeten offen-

stehende Südgrenze einmarschieren. Zwei italienische Armeegruppen sollen vorstoßen, die eine über Innsbruck, die andere über Salzburg. Franchet d'Esperey soll sich anschließen, indem er durch Ungarn und die Slowakei auf Deutschland vorrückt. Clemenceau tut in dem Schreiben, mit dem er Franchet den Plan übermittelt, eine bemerkenswerte Äußerung, wenn man bedenkt, wie sehr er die Orientarmee geschmäht hat: »Dies ist die entscheidende Operation.« Doch die jeden Tag zu erwartenden ersten Schneefälle in den Alpen lassen es ausgeschlossen erscheinen, die Großoffensive von Süden her vor dem Frühjahr 1919 durchzuführen.
In Spa hat ein Fachmann für das Feldeisenbahnwesen, General Wilhelm Groener, den Strategen Ludendorff abgelöst. Die Rückverlegung des Großen Hauptquartiers ist bereits im Gange. Da deshalb Schloß Neubois unbewohnbar ist, wird Wilhelm II. in der Villa Fraineuse untergebracht, doch er zieht es vor, in seinem sorgfältig getarnten Zug zu speisen und zu schlafen. Ein kurzer Ausflug in Richtung Front zeigt ihm, wie in der Etappe alles drunter und drüber geht und wie undiszipliniert die Soldaten sich dort verhalten. Nach Spa zurückgekehrt, setzt er sich in seinem Speisewagen mit dem Gefolge zu Tisch. Detonationen lassen das Licht flackern und die Scheiben erzittern. Die alliierten Flieger werfen Bomben ab. Die Gesichter der Höflinge erbleichen. Wilhelm II. zeigt sich der Situation gewachsen und zitiert Shakespeares Worte aus dem »Julius Caesar«: »Der Feige stirbt schon vielmal, eh er stirbt. Die Tapfern kosten einmal nur den Tod.«
Seit der letzten Note an Präsident Wilson sind schon fünf Tage vergangen. Max von Baden hat bereits seine Waffenstillstandsdelegation zusammengestellt und Matthias Erzberger, einen der Führer des Zentrums, zum Vorsitzenden berufen. Wilson braucht nur noch die Bedingungen mitzuteilen, unter denen die Gespräche beginnen können. Er schweigt.
Der November ist da. Der preußische Innenminister Wilhelm Drews trifft in Spa ein. Er überbringt die Ergebnisse einer Kabinettssitzung: Der Kaiser soll abdanken, der Kronprinz auf den Thron verzichten. Wilhelm weist das Ansinnen entrüstet von sich.
Die Lage von Kanzler und Regierung wird tragisch. Die Abfuhr, die Drews erteilt worden ist, die Sprache, die General Groener führt, lassen aktiven Widerstand des Heeres gegen die Abdankung seines Obersten Kriegsherrn befürchten. Zugleich entwickelt sich die zunächst beinahe unbemerkt gebliebene Meuterei der Flotte zum nicht mehr zu unterdrückenden Aufruhr.
Für Admiral Hipper ist die Erinnerung an die Skagerrakschlacht immer bedrückender geworden. Er hat die Schlachtkreuzer in diesen denkwürdigen Kampf geführt, bei dem sich vor den Engländern das Gespenst eines diesmal verlorenen Trafalgar erhoben hat. Als eben ernannter Chef der Hochseestreitkräfte leidet er noch mehr als in den Jahren seit 1916 unter der traurigen Untätigkeit der großen Überwasserschiffe. Die Soldaten zu Lande haben Siege errungen, die Besatzungen der U-Boote unvorstellbare Leistun-

gen vollbracht. Die Linienschiffe dagegen liegen tatenlos in Wilhelmshaven und Kiel. Jetzt, da sich das Kriegsglück gegen Deutschland gewendet hat und die U-Boote nicht mehr eingesetzt werden dürfen, sollte die Hochseeflotte mit wehender Fahne gegen den schon beinahe siegreichen Gegner die letzte Chance nutzen. So stellt Admiral Baron von Hipper sich den tapferen Opfergang vor.
Die Mannschaften denken ganz anders. Als das 3. Geschwader den Befehl zum Auslaufen erhält, weigern sich die Besatzungen der Linienschiffe *Helgoland* und *Thüringen*, Dampf aufzumachen. Sie werfen die Munition über Bord. Der Admiral droht, die Schiffe von den treu gebliebenen Torpedobooten versenken zu lassen und läßt an die hundert Meuterer von einem Bataillon Marineinfanterie gefangennehmen. Doch von einem heldenhaften Kampf in der Nordsee ist keine Rede mehr. Das 1. und 3. Geschwader verlassen Wilhelmshaven und laufen durch den Kaiser-Wilhelm-Kanal nach Kiel.
In Kiel ist Großadmiral Prinz Heinrich von Preußen, der einzige Bruder des Kaisers, nominell die höchste militärische Autorität. Stationschef ist ein Admiral, der 1914 zu Ruhm gekommen ist, als er *Goeben* und *Breslau* nach Konstantinopel geführt hat: Wilhelm Souchon. Die Moral bei den Matrosen und Werftarbeitern ist längst auf dem Tiefpunkt angelangt. Alle rufen sie nach Frieden. Fast alle sind sie begeistert von der Befehlsverweigerung des 3. Geschwaders und fordern die Freilassung der verhafteten Matrosen. Am Sonntag, dem 3. November, kommt es zu einer Schießerei, ironischerweise ausgerechnet vor dem »Kaisercafé«, die 8 Tote und 22 Verletzte fordert. Da die Behörden nicht scharf durchgreifen, weht am Tag darauf die rote Fahne über Kiel. Admiral Souchon wird von den Meuterern als Geisel festgehalten.
In dieser Stimmung, angesichts dieser Bedrohung warten der Reichskanzler und seine Mitarbeiter auf den erlösenden Waffenstillstand. Und Wilson antwortet nicht!
Andere dagegen schöpfen wieder Hoffnung. Wilsons Schweigen kann doch nur bedeuten, daß die Entente Deutschland furchtbare Bedingungen stellen oder sogar ins Reich eindringen will, um es auszuplündern. Darauf wird die Nation mit einem gewaltigen Aufbäumen antworten und das Blatt des nicht ganz verlorenen Krieges noch wenden. Andere wollen wissen, daß Wilson nicht antwortet, weil tiefe Zerwürfnisse zwischen den Alliierten entstanden sind. Amerika will seinen Frieden diktieren, seine Vorherrschaft auf Europa ausdehnen, England die Seeherrschaft streitig machen. Die Franzosen wollen Deutschland vernichten, doch die Engländer wenden sich dagegen, weil sie fürchten, das europäische Festland könnte zum Machtbereich ihrer Erbfeinde werden, mit denen sie sich nur vorübergehend verbündet haben. In Frankreich sind blutige Unruhen ausgebrochen. Das französische Heer meutert. Franzosen und Amerikaner sind schon handgreiflich geworden. Deshalb schweigt sich der redselige Präsident Wilson aus ...
Diese Hoffnungen, an die man sich angesichts der immer deutlicher drohenden Niederlage klammert, sind absurd. Die Meinungsverschiedenheiten unter den Alliierten über

die Bedingungen, die man Deutschland diktieren soll, sind kaum größer als etliche Wochen zuvor. Haig und Lloyd George fürchten nach wir vor, allzu drakonische Bedingungen könnten von den Deutschen abgelehnt werden. Wilson läßt mitteilen, er halte die von Marschall Foch geforderten Brückenköpfe auf dem rechten Rheinufer nicht für notwendig. Clemenceau sträubt sich gegen die angloamerikanische Zurückhaltung, schreibt aber zugleich an Lloyd George, er rate von allzu scharfen Bestimmungen über die Seestreitkräfte ab, weil das zu einer unnötigen Verlängerung der Kampfhandlungen zu Lande führen könnte. Zwischen den Ententemächten herrscht kein völliges Einverständnis, aber es gibt auch keine wirklich gravierenden Meinungsverschiedenheiten. Mehr kann man von einer Koalition wohl nicht erwarten.
Nein, die Alliierten lassen sich einfach Zeit. Während Marschall Foch an den militärischen Bestimmungen feilt, tagt der Oberste Rat vom 31. Oktober bis 5. November in Versailles und berät über die politischen Auswirkungen des Waffenstillstands. Von den revolutionären Vorgängen in Deutschland weiß niemand etwas. Von den Ereignissen bei der Flotte ist nichts hierher gedrungen. Die Sitzungsteilnehmer ahnen nicht, daß zwei Beauftragte von Max von Baden, einer von ihnen der preußische Sozialdemokrat Noske, in Kiel mit dem Matrosen- und Soldatenrat verhandeln, daß die Disziplinwidrigkeiten bei den Heimatgarnisonen rasend um sich greifen, daß in Lübeck, Hamburg, Hannover, Braunschweig, Stettin, Dresden, Stuttgart und sogar Berlin die ersten Räte gebildet und rote Fahnen aufgetaucht sind, daß bald die Könige, Großherzöge und Herzöge der Reihe nach fliehen oder abdanken werden, daß der Lehrer Kurt Eisner sich anschickt, in Bayern, der Hochburg monarchischer Gesinnung, die Republik auszurufen. Die Bewegung greift schon auf die Städte am Rhein über, auf Köln, Düsseldorf, Koblenz und Mainz, so daß die Brücken über den Strom, Verbindung zwischen Heimat und Feldheer, den Aufständischen in die Hände zu fallen drohen. In Spa ist das Bataillon Rohr, das Leib und Leben des Kaisers schützen soll, nicht mehr unbedingt zuverlässig. Der Kaiser verkriecht sich vor Demütigung und Scham. Berlin besteht auf unverzüglicher Abdankung. Die Höflinge haben Tränen in den Augen. Wilhelm und einige Generäle seiner Umgebung klammern sich an die Hoffnung, nach dem Waffenstillstand könnte man die ihrem Fahneneid getreuen Frontkämpfer gegen die Revolutionäre führen und den Bolschewismus zerschlagen, der von Rußland auf Deutschland und Europa überzuspringen droht, was die Ententemächte zu einer nachsichtigeren Haltung veranlassen könnte. Diese katastrophale Wendung, die Aufgabe des Kampfes zu den vom Gegner diktierten Bedingungen, sehnen der Kaiser und seine letzten Getreuen jetzt geradezu fieberhaft herbei. Und Wilson antwortet nicht!
All das wissen die Alliierten nicht. Sie sehen von Deutschland nur die harte Schale, die Front.

Fochs Armeen greifen unablässig an und rücken immer weiter vor. Die Armeegruppe in Flandern unter König Albert setzt ihre Offensive zwischen Lys und Schelde fort, dringt in die Vororte von Gent ein. Vier britische Armeen greifen auf einer Frontbreite von 48 Kilometern beiderseits des Waldes von Mormal an, erobern Valenciennes, Landrecies, Hautmont, Fourmies und rücken auf Maubeuge vor. In den Argonnen überwinden die französische 4. Armee (Gouraud) und die amerikanische 1. Armee (Ligget) schwieriges Gelände und schneiden die letzte Eisenbahnverbindung der Deutschen auf französischem Boden ab. Doch keiner dieser Erfolge fällt ihnen in den Schoß. Die Heeresberichte sprechen von harten Kämpfen, erbittertem Widerstand, verzweifelter Gegenwehr. Fast überall finden sich kleine Gruppen, eine Handvoll Soldaten um ein Maschinengewehr, einzelne Batterien, die gegen den vielfach überlegenen Gegner ausharren. Keiner kann seine Bewunderung für diese tapferen Männer verhehlen.

Bei den Alliierten ist man natürlich über dieses langsame Vorwärtskommen auf breiter Front enttäuscht. Dem Kriegsende fehlt ein durchschlagender strategischer Erfolg, der den Feind zerschlägt und den Rückzug zur Flucht, das Weggedrücktwerden zur Einschließung werden läßt.

In Lothringen ist jetzt alles dafür bereit. Gewaltige Materialmassen hat man herangeschafft. Die Ziele der Offensive sind inzwischen noch ehrgeiziger geworden. Gegen die zweitklassigen Verbände, gegen einen Feind, dessen Reserven erschöpft sind und der keine funktionierenden rückwärtigen Verbindungen mehr hat, sollen die französische 8. und 10. Armee nicht mehr zur Saar, sondern gleich zum Rhein durchstoßen. Doch die Zurüstungen wollen kein Ende nehmen. Vier Jahre lang hat man sich an stabile Fronten gewöhnt und begreift einfach nicht, daß der Krieg wieder eine Angelegenheit kühner Entschlüsse geworden ist. Mangin, der unter abenteuerlichen Bedingungen seinen berühmten Gegenangriff vom 18. Juli improvisiert hat, sieht sich in ein administratives Korsett gesperrt und einem von Jahren und Leid gezeichneten Chef unterstellt. Sosehr er aufs Losschlagen brennt – er muß warten.

Endlich, am 9. November, erklärt Castelnau, er sei bereit. Er verständigt sich mit Pétain auf den 14. für die Großoffensive in Lothringen. Ein Drittel des französischen Heeres, das seit drei Wochen an den übrigen Frontabschnitten so sehr gefehlt hat, wird östlich von Metz über die Deutschen hereinbrechen.

An diesem 9. November allerdings sind schon die Waffenstillstandsverhandlungen im Gange. Endlich ist der vom quälenden Warten wie gelähmten Reichsregierung Präsident Wilsons letzte Antwort zugegangen: Sie soll ihre Bevollmächtigten zu Marschall Foch, dem Oberkommandierenden der alliierten und assoziierten Streitkräfte, entsenden, um die Waffenstillstandsbedingungen zur Kenntnis zu nehmen. Zwei Stunden später ist Staatssekretär Erzberger nach Spa unterwegs, begleitet von Graf Oberndorff, General von Winterfeldt und Kapitän zur See Vanselow. Am 7. November gegen Mittag verläßt er Spa, fährt um 21 Uhr über die Linien und trifft am 8. auf der Lichtung von

Rethondes im Wald bei Compiègne ein. Noch niemals hat eine Regierung sich so spornstreichs zur Kapitulation begeben.
Unterdessen gelingt es Hindenburg und Groener an diesem 9. November nach dramatischen Szenen, Wilhelm zur Abdankung als deutscher Kaiser zu veranlassen. Als König von Preußen will er noch nicht abtreten. Max von Baden kürzt das Verfahren ab, indem er durch das Amtliche Wolffsche Telegraphenbüro die Meldung verbreiten läßt, der Kaiser und König habe sich entschlossen, dem Throne zu entsagen.
Noch in der Nacht geht er nach Holland ins Exil.

Der Waffenstillstand, die Verhandlungen, die Einwendungen, die Unterzeichnung ... Diese Vorgänge sind so oft geschildert worden, daß man es nicht noch einmal unternehmen mag.
Die dramatische Atmosphäre paßt zu der Bedeutung des Augenblicks. Feiner Nieselregen, schwere deutsche Automobile, die aus dem Dunkel auf der von Granattrichtern übersäten Straße nahen, die schmetternden Signale des deutschen Trompeters, der auf dem Trittbrett des Wagens an der Spitze steht, neben ihm die wehende weiße Fahne ...
Die Fahrt über die Frontlinie, Trompetergefreiter Sellier, der den Deutschen auf dem Trittbrett ablöst. Das Signal zur Feuereinstellung, daß sich erregend über die Gräben fortpflanzt ...
Die Ankunft auf der Lichtung bei Compiègne am 8. November um 3 Uhr früh, die erste Arbeitssitzung am selben Tage um 8 Uhr, die knappe Frage Fochs, ob die Deutschen »um Waffenstillstand bitten«, das heißt, ob sie zugeben, besiegt zu sein, dann die Verlesung der Bedingungen ...
Diese Bedingungen sind über die Maßen hart. Sie sollen Deutschland jede Möglichkeit zur Wiederaufnahme des Kampfes nach einem Scheitern der Friedensverhandlungen nehmen. Belgien, Frankreich, Elsaß-Lothringen und Luxemburg sind sofort zu räumen, gewaltige Mengen Kriegsmaterials sind abzuliefern: 5000 Geschütze, 25000 Maschinengewehre, 3000 Minenwerfer, 1700 Flugzeuge, 5000 Lokomotiven, 150000 Waggons, alle U-Boote, 6 Schlachtkreuzer, 10 Linienschiffe, 8 Kleine Kreuzer, 50 Torpedoboote. Die Gefangenen aus den Siegerstaaten sind ohne Verpflichtung zur Gegenseitigkeit sofort zu entlassen ...
Bis zum Montag, 11. November, 11 Uhr, sollen sich die Deutschen entscheiden.
Die letzte Sitzung findet in der Nacht vom 10. auf den 11. November statt, die Unterzeichnung erfolgt um 5 Uhr früh, der Waffenstillstand tritt um 11 Uhr in Kraft.
In den Hauptstädten der Entente herrscht ein Freudentaumel, der nur mit der Begeisterung bei Kriegsausbruch zu vergleichen ist.
52 Monate liegen zwischen diesen beiden Ausbrüchen des Massenenthusiasmus. 52 Monate, in denen 1800000 Deutsche, 1700000 Russen, 1400000 Franzosen, 950000

Briten, 1 300 000 Österreicher, 460 000 Italiener, 40 000 Belgier und 115 000 Amerikaner ihr Leben verloren haben.
8 Millionen Tote allein aus diesen Ländern, und hinzu kommen die Türken, die Bulgaren, die Serben, die Griechen und so viele, die offenbar niemand gezählt hat. Und die Opfer unter der Zivilbevölkerung, die Zehntausende, die ihre Heimat verloren haben, die furchtbaren Verwüstungen, das unvorstellbare Volksvermögen, das für die Werkzeuge des Todes verschleudert worden ist. Ein schrecklicher Aderlaß, eine Bilanz des Wahnsinns.
Im Verhältnis zur Bevölkerungszahl hat Frankreich am meisten gelitten. Es hat 10 Prozent der Männer im waffenfähigen Alter verloren. In Deutschland sind es 8 Prozent, in Großbritannien 5 Prozent, in Rußland 4,5 Prozent.
11. November 1918. Nichts kann je den Glanz dieses Tages verdunkeln, der das Ende eines furchtbaren Ringens bezeichnet. So wie in Amerika die Erinnerung an die Schlacht von Gettysburg, den dramatischen Kulminationspunkt eines anderen Bürgerkrieges, von Siegern und Besiegten wachgehalten wird, könnte auch dieser Tag von allen bedacht und begangen werden, weil sie an Tapferkeit und Opfermut einander nicht nachgestanden haben.
Der Historiker allerdings wird sich fragen müssen, ob Raymond Poincaré nicht recht hatte, ob die Alliierten wirklich klug handelten, als sie einer Nation, deren Kampfkraft noch nicht gebrochen war und deren Truppen noch überall auf dem Boden des Gegners standen, den Waffenstillstand gewährten. Die nationalistische Legende bei den Deutschen, nach der das Heer, im Felde unbesiegt, nur durch Verrat, durch einen Dolchstoß in den Rücken, zu Fall gebracht wurde, ist falsch, wenn man die verzweifelte militärische Lage betrachtet, die in allernächster Zukunft zur absoluten Niederlage führen mußte. Sie hat aber eine furchtbare Wirkung auf die Gemüter gehabt. Auf sie konnte Hitler sich stützen.
Bis zu seinem letzten Lebenstage ist Marschall Foch dabeigeblieben, er habe nicht das Recht gehabt, auch nur einen Tropfen Blut vergießen zu lassen, sobald er überzeugt sein durfte, Deutschland die Möglichkeit genommen zu haben, die Kampfhandlungen wieder aufzunehmen, und mit der ständigen militärischen Präsenz am Rhein die Grundlagen für einen »Sicherheitsfrieden« geschaffen zu haben.
Zu diesem ehrenwerten Argument kommt ein weiteres hinzu. Die Verbündeten Frankreichs, die mächtiger waren, zumal sie nicht so große Opfer gebracht hatten, wollten Deutschland weniger rigorose Bedingungen auferlegen als Foch. Der Marschall, aber auch Clemenceau hätten keinen Erfolg gehabt, wenn sie versucht hätten, die Fortsetzung des Krieges bis zum Marsch auf Berlin, ja auch nur an den Rhein durchzusetzen. Es gibt keinen einzelnen Verantwortlichen, weder in Frankreich noch anderswo. Der historische Weitblick kommt nun einmal in der Regel erst später.
Heute, im Lichte dessen, was inzwischen geschehen ist, darf man feststellen, daß

Deutschland sehr viel eindeutiger hätte besiegt werden müssen, indem man den Krieg auf sein Gebiet getragen und den Frieden in Berlin geschlossen hätte, um dann aber sofort eine Politik der Versöhnung und der Bemühung um den Bau eines neuen Europa zu führen.

Geschehen ist das Gegenteil. Auf einen nicht eindeutig genug ausgefallenen Sieg hat man einen Frieden härtesten Zwanges und tiefster Erniedrigung auf ewige Zeiten aufbauen wollen.

Die Verhandlungen, die zum Versailler Friedensvertrag führten, sind ein trauriges Kapitel. Nationale Eigensucht, Haß und Furcht, haben dabei eine unheilvolle Rolle gespielt. Man hat Deutschland Bedingungen aufgezwungen, die kein großes Volk ohne Hintergedanken und Rachegelüste annehmen konnte.

Der Versailler Vertrag trug vom Tage der Unterzeichnung an den Keim zum Zweiten Weltkrieg in sich.

Man hat sich weidlich mokiert über Wilson, über sein pazifistisches Geschwätz, seine utopischen Vorstellungen von einer harmonisch zusammenlebenden Völkerfamilie. Doch dieser Mann hat jedenfalls gewußt, daß ein Frieden, der nur Verbitterung und Frustration bringen konnte, ein kurzlebiger Frieden sein würde.

Ein anderer hat schon damals erkannt, worauf es ankam. Wir haben in diesem Buch oft genug auf die Fehler und Fehleinschätzungen des Marschalls Joffre hingewiesen. Jetzt sind wir ihm eine Rechtfertigung schuldig. Als ihn Clemenceau der Form halber um seine Meinung zu den Friedensverhandlungen befragte, hat er erklärt: »Die Bedingungen müssen hart sein für die deutsche Armee, unbarmherzig hart sogar, aber erträglich für das Volk, das ebenso gelitten hat wie unser Volk.«

Hätte man nur auf ihn gehört!

Doch um einen dauerhaften und gerechten Frieden zu schließen, hätten Männer dasein müssen, die weitblickend genug gewesen wären, sich ein anderes Europa vorzustellen, ihre Leidenschaften und ihre Furcht zu vergessen. Solche Männer haben sich leider nicht gefunden.

Das letzte Wort soll Winston Churchill haben.

Angesichts des Trauerspiels der Friedenskonferenz ist ihm die bitter verächtliche Äußerung herausgerutscht: »Das Zeitalter der Giganten ist vorbei; jetzt beginnt das Zeitalter der Zwerge.«

Zeittafel

	Politische Ereignisse 1914	Westfront 1914
Juni	28. Erzherzog Franz Ferdinand in Sarajevo ermordet	
Juli	23. Österreichisches Ultimatum an Serbien 28. Österreich erklärt Serbien den Krieg 30. Generalmobilmachung in Rußland	
Aug.	1. Generalmobilmachung in Deutschland; gleichzeitig Kriegserklärung an Rußland Generalmobilmachung in Frankreich 2. Deutsches Ultimatum an Belgien, in dem freies Durchmarschrecht für die deutschen Truppen gefordert wird 3. Ablehnende belgische Antwortnote Nachmittags deutsche Kriegserklärung an Frankreich 4. Ultimatum und Kriegserklärung Großbritanniens an Deutschland Kriegszustand zwischen Belgien und Deutschland 6. Kriegserklärung Österreich-Ungarns an Rußland 11./12. Kriegserklärungen Englands und Frankreichs an Österreich-Ungarn 23. Kriegserklärung Japans an Deutschland	3.–17. Deutscher Aufmarsch nach Schlieffenplan, Besetzung Luxemburgs, Einmarsch nach Belgien 16. Fall Lüttichs 20. Deutsche Truppen besetzen Brüssel 20.–22. Französische Gegenoffensive im Elsaß, scheitert. Weiteres deutsches Vordringen in Belgien: Namur (25.), Longwy (26.), Montmedy (28.) werden eingenommen.
Sept.	5. Entente-Mächte verpflichten sich im Londoner Abkommen, keinen Separatfrieden zu schließen 18. Vertrag zwischen Rußland und Rumänien	1.–5. Deutsche Truppen dringen bis an die Marne vor; Paris ist bedroht 3. Französische Regierung flüchtet nach Bordeaux 5.–10. Marneschlacht 10.–12. Rückzug der deutschen Truppen hinter die Aisne 9.–15. Antwerpen, Brügge, Ostende von deutschen Truppen erobert Sept. – Nov. Wettlauf zum Meer
Okt.	10. Tod König Karols von Rumänien	Erste Ypern-Schlacht
Nov.	2. Großbritannien erklärt die Nordsee zum Kriegsgebiet 12. Die Türkei erklärt Großbritannien, Frankreich und Rußland den Krieg 25. Reichsgetreidestelle in Deutschland eingerichtet	
Dez.	17. Englisches Protektorat über Ägypten	Erfolglose Durchbruchsversuche der Alliierten. Die Front ist erstarrt

Ostfront 1914	Sonstige Kriegsschauplätze 1914
	Beschießung Belgrads durch österreichische Truppen
Russen dringen in Ostpreußen ein 26.–30. Schlacht bei Tannenberg	4.–11. Die deutschen Kreuzer *Goeben* und *Breslau* brechen nach Konstantinopel durch 28. Seegefecht bei Helgoland
6.–15. Schlacht bei den Masurischen Seen 12. Schlachten bei Lemberg (seit 26. August): Österreicher müssen sich aus Ostgalizien zurückziehen 28. Beginn des Vormarsches der Mittelmächte in Südpolen	22. *U 9* unter Otto Weddigen versenkt drei britische Kreuzer
9.–20. Schlachten bei Iwangorod und Warschau	Erste österreichische Offensive gegen Serbien (seit 6.)
Seit 16. Deutsche Offensive (bis 15. Dezember); Schlacht bei Lodz	1. Seeschlacht bei Coronel
	8. Seeschlacht bei den Falkland-Inseln

	Politische Ereignisse 1915	Westfront 1915
Jan.	12. Burian löst Berchtold als österreichischer Außenminister ab	
Feb.	4. Deutschland erklärt die Gewässer um Großbritannien zum Kriegsgebiet	Febr./März. Winterschlacht in der Champagne
März	Verhandlungen zwischen Italien und Österreich-Ungarn; gleichzeitig verhandelt Italien mit der Entente	
Apr.	26. Italien und Ententemächte schließen Bündnisvertrag	April/Mai zweite Ypern-Schlacht. Erster Einsatz von Giftgas April–Juli Kämpfe zwischen Maas und Mosel
Mai	4. Italien kündigt Dreibundvertrag 15. Erste Lusitania-Note der USA 23. Italien erklärt Österreich-Ungarn den Krieg	Mai–Juli Loretto-Schlacht
Juni	10. Zweite Lusitania-Note der USA	Juni–Sept. Schlacht in den Argonnen
Juli	22. USA drohen Deutschland wegen des U-Boot-Krieges	
Aug.	17. Italien erklärt der Türkei den Krieg	
Sept.	6. Bündnisvertrag zwischen Bulgarien und der Türkei	Sept.–Nov. Herbstschlacht im Artois und in der Champagne
Okt.	12. Delcassé tritt als französischer Außenminister zurück. Sein Nachfolger wird Viviani 14. Kriegszustand zwischen Bulgarien und den Ententemächten	
Nov.	30. Erweitertes Abkommen der Ententemächte über Separatfrieden	
Dez.		

Ostfront 1915	Sonstige Kriegsschauplätze 1915
Winterschlacht in den Karpaten. Die nach Ungarn eindringenden russischen Truppen werden zurückgedrängt	18. Erster Zeppelinangriff auf England 24. Seegefecht an der Doggerbank
Winterschlacht in Masuren; endgültige Befreiung Ostpreußens	19. Ein britisch-französisches Expeditionskorps landet auf der Halbinsel Gallipoli. Erbitterte Kämpfe mit türkischen Truppen (bis 9. Jan. 1916) Febr.–Sept. U-Boot-Handelskrieg in den Gewässern um Großbritannien
Mai–Okt. Offensiven der Mittelmächte bringen großen Raumgewinn 1.–5. Durchbruchsschlacht von Gorlice-Tarnow, Rückzug der russischen Armee	7. Versenkung der *Lusitania*
22. Lemberg von den Mittelmächten besetzt	
13.–23. Narew-Linie durchbrochen	Erste und zweite Isonzo-Schlacht
5. Warschau, 18. Kowno, 19. Modlin, 25. Brest-Litowsk,	
3. Grodno, 18. Wilna werden von den Mittelmächten besetzt. Zar Nikolaj II. löst Großfürst Nikolaj ab und übernimmt selber das Amt des Oberbefehlshabers Sept.–Nov. Russische Gegenangriffe an Styr und Strypa	
	5. Beginn der Truppenlandungen der Entente in Saloniki Okt./Nov. Zweiter Feldzug gegen Serbien (seit 6.); endet mit der Niederwerfung Serbiens Okt.–Dez. Dritte und vierte Isonzo-Schlacht
»Neujahrsschlacht« in Ostgalizien (bis 15. Jan.)	

	Politische Ereignisse 1916	Westfront 1916
Jan.	26. Großbritannien führt die Wehrpflicht ein	
Feb.		21. Beginn der Schlacht von Verdun 25. Douaumont von deutschen Truppen eingenommen. Pétain mit Verteidigung Verduns betraut
März	15. Admiral Tirpitz tritt zurück	6. Deutsche Offensive auf dem Westufer der Maas
Apr.	Apr./Mai Osteraufstand in Irland	30. Pétain übernimmt Oberbefehl über die Heeresgruppe Mitte Nivelle Oberbefehlshaber der 2. Armee
Mai		8. Explosion in Fort Douaumont 20. »Toter Mann« von deutschen Truppen besetzt 22. Französischer Gegenstoß erreicht Douaumont
Juni	6.–22. »Friedensblockade« der griechischen Küste durch die Entente 7. Großbritannien hebt die Londoner Seerechtserklärung auf	7. Fort Vaux kapituliert Juni–Nov. Somme-Schlacht 21.–23. Einnahme von Fleury und Thiaumont
Juli	6. Lloyd George wird britischer Kriegsminister	Weiteres deutsches Vordringen auf dem Ostufer der Maas (bis Fort Souville)
Aug.	27. Rumänien erklärt Österreich-Ungarn den Krieg 29. Hindenburg löst Falkenhayn als Generalstabschef ab; Ludendorff wird sein »Erster Generalquartiermeister«	
Sept.	16. Blockade der griechischen Küste durch die Entente	2. Befehl zur Einstellung der Schlacht von Verdun
Okt.	11. Ultimatum der Entente an Griechenland	
Nov.	5. »Königreich Polen« gegründet 21. Franz Joseph von Österreich gestorben; sein Großneffe besteigt als Karl I. den Thron 25. Zimmermann dt. Außenminister	
Dez.	7. Lloyd George löst Asquith als britischen Premierminister ab 12. Friedensangebot der Mittelmächte 21. Friedensnote Präsident Wilsons 22. Graf Czernin wird neuer österreichischer Außenminister	

Ostfront 1916	Sonstige Kriegsschauplätze 1916
	9. Entente-Mächte ziehen sich von der Halbinsel Gallipoli zurück
	Febr.–Mai »Verschärfter U-Boot-Krieg«
	Fünfte Isonzo-Schlacht
Schlacht am Narocz-See	26. Übergabe von Kut el-Amara an die Türken
	Österreichische Offensive an der Italienfront zwischen Etsch und Brenta 31. Seeschlacht am Skagerrak
Juni–Aug. Erste Brussilow-Offensive: Russen dringen in die Bukowina vor	
Aug.–Dez. Feldzug der Mittelmächte gegen Rumänien	1. Sechste Isonzo-Schlacht Görz von den Italienern eingenommen
Zweite Brussilow-Offensive in der Bukowina und in Ostgalizien 26.–29. Rumänische Armee wird in der Schlacht von Hermannstadt entscheidend geschlagen	Sep./Okt. Siebte, achte, neunte Isonzo-Schlacht
Okt.–Dez. Dritte Brussilow-Offensive in Wolhynien und in den Karpaten	
23. Dobrudscha-Armee (Mackensen) und dt. IX. Armee (Falkenhayn) vereinigen sich zum Vorstoß auf Bukarest	
6. Einnahme von Bukarest durch die Truppen der Mittelmächte	

	Politische Ereignisse 1917	Westfront 1917
Jan.	9. Kriegsrat; Entschluß zum uneingeschränkten U-Boot-Krieg	
Febr.	1. Deutschland proklamiert den uneingeschränkten U-Boot-Krieg 3. Die USA brechen die Beziehungen zum Deutschen Reich ab	
März	14. Revolution in Petrograd 16. Abdankung des Zaren	Rückzug des deutschen Heeres in die »Siegfriedstellung«
Apr.	4. Die USA treten in den Krieg ein 7. Osterbotschaft Wilhelms II. 13. Streiks in mehreren deutschen Großstädten 16. Lenin trifft in Petrograd ein	Apr./Mai Offensive der Engländer bei Arras Offensive der Franzosen an der Aisne (Chemin des Dames) und in der Champagne Meutereien im französischen Heer 15. Pétain löst Nivelle als Oberbefehlshaber ab
Mai		Mai–Dez. Vergebliche englische Durchbruchsoffensiven in Flandern
Juni	12. Auf Druck der Entente-Mächte muß König Konstantin von Griechenland ins Exil gehen 30. Griechenland bricht Beziehungen zu den Mittelmächten ab	
Juli	11. Reichskanzler Bethmann Hollweg tritt zurück. Nachfolger wird Graf Michaelis 19. Friedensresolution des Deutschen Reichstags 22. Kerenski wird russischer Ministerpräsident	
Aug.		20.–22. Franzosen erobern die Höhe 304 und den »Toten Mann« zurück
Sept.	7. Painlevè wird französischer Ministerpräsident	
Okt.		
Nov.	1. Graf Hertling löst Michaelis als Reichskanzler ab 6./7. Bolschewisten übernehmen Macht in Rußland (»Oktoberrevolution«) 13. Clemenceau neuer französischer Ministerpräsident	
Dez.	7. USA erklären Österreich den Krieg 22. In Brest-Litowsk beginnen die Friedensverhandlungen zwischen Rußland und den Mittelmächten	

Ostfront 1917	Sonstige Kriegsschauplätze 1917
Jan.–März Örtliche Kampfhandlungen	Jan.–März Nach dem Rückzug der Russen besetzen britische Truppen Bagdad, Teheran und ganz Persien
	Kut el-Amara von den Engländern zurückerobert
März–Juni Stillstand der Kämpfe	Schlacht bei Monastir
	Maischlacht in Mazedonien
30.–11. Juli Kerenski-Offensive mit Anfangserfolgen in Galizien	Mai/Juni Zehnte Isonzo-Schlacht
Juli/Aug. Eroberung fast ganz Galiziens und der Bukowina durch Truppen der Mittelmächte	
	Aug./Sept. Elfte Isonzo-Schlacht
1–5. Schlacht um Riga; Riga wird von deutschen Truppen eingenommen	
12.–20. Deutsche Truppen besetzen die Inseln Dagö, Moon und Ösel	Deutsche und österreichische Truppen brechen am oberen Isonzo zwischen Flitsch und Tolmein durch
	6. Übergang über den Tagliamento 16. an der Piave-Linie kommt der Vormarsch zum Stillstand 17. Englischer Flottenvorstoß in die Deutsche Bucht Nov./Dez. Britische Offensive in Palästina
15. Waffenstillstand zwischen Rußland und den Mittelmächten	8. Einnahme Jerusalems

	Politische Ereignisse 1918	Westfront 1918
Jan.	8. Präsident Wilson veröffentlicht seine »14 Punkte«	
Feb.	5. Vorfriede zwischen Rumänien und den Mittelmächten	
März	3. Friedensschluß von Brest-Litowsk 7. Finnland schließt Sonderfrieden mit dem Deutschen Reich	21.März – 6. April Beginn der »Ludendorff-Offensive« in der Picardie
Apr.		Schlacht an der Lys, Angriff auf Calais, Erstürmung des Kemmelbergs 14. Foch wird neuer französischer Oberbefehlshaber
Mai	7. Friedensvertrag zwischen den Mittelmächten und Rumänien	
Juni		Mai/Juni Schlachten bei Soissons und Reims, Überwindung des Chemin des Dames
Juli	9. Rücktritt des deutschen Außenstaatssekretärs Kühlmann	Deutscher Vorstoß über die Marne 18. Französische Gegenoffensive
Aug.	14. Krisensitzung der deutschen Führung in Spa. Kaiser Karl trifft in Spa mit Kaiser Wilhelm zusammen	2. Räumung des Marnebogens durch die deutschen Truppen 8. Tiefer Einbruch der Engländer bei Amiens: »Schwarzer Tag des deutschen Heeres« 12. Deutsche Niederlage im Mihiel-Bogen
Sept.	14. Österreichische Note mit Anregung einer allgemeinen Friedenskonferenz wird von Präsident Wilson abgelehnt 29. Hindenburg und Ludendorff fordern sofortigen Waffenstillstand 30. Entlassung von Reichskanzler Hertling 30. Bulgarien schließt Waffenstillstand mit Entente	Sept./Okt. Rücknahme der deutschen Front in die Siegfriedstellung
Okt.	3. Prinz Max von Baden neuer Reichskanzler 3./4. Waffenstillstandsersuchen der deutschen Regierung an Präsident Wilson 4. Ferdinand von Bulgarien dankt zugunsten seines Sohnes ab 17. Manifest Kaiser Karls an die Völker der Monarchie 20. Amerikanische Note an Österreich; fordert die Auflösung der Donaumonarchie 21. Revolution in Wien	Langsamer Rückzug des deutschen Heeres

Ostfront 1918	Sonstige Kriegsschauplätze 1918
	15. Deutscher Flottenvorstoß gegen die Themse
Wiederbeginn der Kampfhandlungen (18.); Vormarsch der Mittelmächte (bis 3. März) Febr.–Dez. Besetzung der Krim, der Ukraine und des Kaukasus durch die Mittelmächte	
	Apr./Mai Britische Vorstöße auf Ostende und Zebrügge
	25. Österreichische Offensive in Italien scheitert
	15.–24. Erfolgreicher Durchbruch der alliierten Orientarmee in Makedonien und Serbien. Rückzug der Türken aus Palästina
	Militärischer Zusammenbruch der Türkei 24. Beginn der italienischen Offensive; Rückzug und Zusammenbruch des österreichischen Heeres; Massengefangennahme durch die Italiener

	Politische Ereignisse 1918	Westfront 1918
Okt.	26. Entlassung Ludendorffs 27. Waffenstillstandsersuchen der österreichischen Regierung 28. Beginn der Meutereien in der deutschen Flotte	
Nov.	28./29. Okt./1. Nov. Tschechoslowakei, Ungarn, Jugoslawien erklären Unabhängigkeit 3. Waffenstillstand zwischen Österreich und den Alliierten 3. Aufstand der Matrosen in Kiel beginnt 7./8. Revolution in München 9. Bekanntgabe des Thronverzichts Kaiser Wilhelms durch Prinz Max; Übergabe der Regierungsgewalt an Ebert 8.–11. Waffenstillstandsverhandlungen 11. Deutschland und Alliierte schließen Waffenstillstand	

Literaturhinweise

Bei der Fülle der Werke über den Ersten Weltkrieg versteht es sich von selbst, daß es sich hier nicht um eine vollständige Bibliographie, sondern nur um Hinweise handeln kann. Dem Charakter des Buches entsprechend wurde besonderes Gewicht auf autobiographisches und biographisches Material gelegt.

A) *Bibliographie*

Wer sich umfassend über den Ersten Weltkrieg informieren will, sei verwiesen auf: Dahlmann / Waitz, Quellenkunde zur deutschen Geschichte, neu hrsg. von Hermann Heimpel und Herbert Geuss, Stuttgart 1965, Bd. 5, Abschnitt 394.

Die Neuerscheinungen der Jahre danach sind in der Bibliographie der »Vierteljahreshefte für Zeitgeschichte« zu finden.

B) *Amtliche Generalstabs- bzw. Admiralstabswerke*

Der Weltkrieg 1914–1918, bearb. im Reichsarchiv, 1925–44, (14 Bde.), Bd. 13 und 14 1956.

Der Krieg zur See 1914–1918, hrsg. vom Marinearchiv, 23 Bde. 1920–38 / 1964–66.

(Aus dem gleichen Material, aber für ein breiteres Publikum: Reichsarchiv (Hrsg.), Schlachten des Weltkrieges in Einzeldarstellungen, 1921 ff.

Marinearchiv (Hrsg.), Einzeldarstellungen des Seekrieges 1914–18, 1931.)

Österreich-Ungarns letzter Krieg, hrsg. vom Österreichischen Bundesministerium für das Heerwesen und vom österreichischen Kriegsarchiv, 7 Bde. 1929–38.

History of the Great War, Based on official documents by direction of the historial section of the Comittee of Imperial Defence, 33 Bde. 1920–35.

Les armées françaises dans la Grande Guerre, hrsg. v. Ministère de la Guerre, 11 Bde. 1922–39.

C) *Erinnerungen*

H. H. Asquith, The Genesis of War, London.

J. H. Graf von Bernstorff, Deutschland und Amerika, Erinnerungen aus dem fünfjährigen Kriege, Berlin 1920.

Th. von Bethmann Hollweg, Betrachtungen zum Weltkriege, Berlin / Stuttgart 1920.

A. A. Brussilow, Mémoires, Guerre 1914–18, Paris 1929.

Bernhard Fürst von Bülow, Denkwürdigkeiten, 4 Bde. Berlin 1930/31.

St. Graf Burian, Drei Jahre aus der Zeit meiner Amtsführung im Kriege, Berlin 1923.

W. Churchill, The World Crisis 1911–18, 5 Bde. London 1923–29.

G. Clemenceau, Größe und Tragik eines Sieges, Stuttgart 1930.

M. Erzberger, Erlebnisse im Weltkriege, Berlin / Stuttgart 1920.

E. von Falkenhayn, Die Oberste Heeresleitung 1914–16 in ihren wichtigsten Entschließungen, Berlin 1920.

A. Fayolle, Cahiers secret de la Grande Guerre, Paris 1964.

F. Foch, Meine Kriegserinnerungen 1914–18, Leipzig 1931.

Lord E. Grey, 25 Jahre Politik, 1892–1916, München 1926.

P. von Hindenburg, Mein Leben, Leipzig 1920.

F. Freiherr Conrad von Hötzendorf, Aus meiner Dienstzeit 1906–18, 5 Bde. Wien u. a. 1921–25.

J. Joffre, Mémoires du Marechal du Joffre, 2 Bde., Paris 1932.

M. Kemal Pascha, Erinnerungen eines türkischen Staatsmannes, München 1922.

A. Kerenski, Die Kerenski-Memoiren, Rußland und der Wendepunkt der Geschichte, Wien / Hamburg 1966.

D. Lloyd George, Mein Anteil am Weltkrieg, 3 Bde. Berlin 1933–35.

E. Ludendorff, Meine Kriegserinnerungen, Berlin 1919.

Prinz Max von Baden, Erinnerungen und Dokumente, Stuttgart 1927.
H. von Moltke, Erinnerungen, Briefe, Dokumente 1877, Stuttgart 1922.
M. Paléologue, Am Zarenhof während des Weltkrieges, Tagebücher und Betrachtungen, München 1925.
Ph. Pétain, La bataille de Verdun, Paris 1929.
R. Poincaré, Au service de la France, 10 Bde. Paris 1926–33.
A. Ribot, Journal et Correspondances inédites, 1914–22, Paris 1936.
S. D. Sasonow, Sechs schwere Jahre, Berlin 1927.
R. Scheer, Deutschlands Hochseeflotte im Weltkrieg, Berlin 1920.
A. von Tirpitz, Erinnerungen, Leipzig 1919.

D) *Darstellungen*
L. Albertini, The Origins of the War, 2. Bde., New York 1930.
C. Barnett, Anatomie eines Krieges, München 1966.
W. Baumgart, Deutschlands Ostpolitik im Sommer 1918, zwischen Brest-Litowsk und Compiègne, Wien und München 1966.
G. Bonnefous, Histoire Politique de la 3ème Republique, Bd. 2, Paris 1957
A. H. Farrar-Fockley, The Battle of the Somme, London 1964.
F. Fischer, Griff nach der Weltmacht, Düsseldorf 1961.
I. Geiss, Julikrise und Kriegsausbruch 1914, Eine Dokumentensammlung, 2 Bde., Hannover 1963/64.
ders. (Hrsg.), Juli 1914, Die europäische Krise und der Ausbruch des Ersten Weltkrieges, München 1980.
G. Girard, La bataille de la Somme en 1916, Paris 1937.
H. Herzfeld, Der Erste Weltkrieg, München 1968.
T. Higgins, Winston Churchill and the Dardanelles, London 1963.
W. Hubatsch, Deutschland im Weltkrieg 1914–18, Frankfurt/Main 1966.
K. H. Janßen, Der Kanzler und der General, Die Führungskrise um Bethmann Hollweg und Falkenhayn, Göttingen 1967.
P. Graf Kielmansegg, Deutschland und der Erste Weltkrieg, Frankfurt 1968.
B. H. Liddel Hart, A History of the First World War, London 1934.
E. Matthias/R. Morsey, Die Regierung des Prinzen Max von Baden, Düsseldorf 1962.
A. Moorehead, Gallipoli, New York 1957.
G. Ritter, Der Schlieffenplan, München 1967.
B. E. Schmitt, The Coming of War, 2 Bde., New York 1930.
B. Tuchmann, August 1914, Bonn 1964.
dies., The Zimmermann-Telegram, London 1958
G. Weerth, Verdun, Die Schlacht und der Mythos, Bergisch-Gladbach 1982.
J. Williams, Mutiny 1917, London 1962.
L. Woodward, Great Britain and the War of 1914–18, London 1967.
E. Zechlin, Kriegsschuld und Kriegsrisiko, Düsseldorf 1979
Z. A. B. Zeman, Germany and the Revolution in Russia, London 1958.

Register

Abbas Hilmi 581
Abbeville 613, 619, 641
Ablain-Saint-Nazaire 262, 294, 297f.
Aboukir 214
Acy-en-Multien 168, 170
Ader, Clément 411
Adria 91, 692
Ägypten 16, 348f., 351
Aehrenthal, Aloys Graf Lexa von 31ff.
Äthiopien 307
Agadir 18ff., 30
Agamemnon 275, 281
Ailette 526, 624, 626, 635, 667
Aisne 150, 193, 195f., 265, 319, 381, 505, 624f., 628f., 639, 650ff., 656
Alaincourt 466
Albanien 35, 307, 335, 664
Albert 657f.
Albert I. von Belgien 77f., 80, 83, 105, 110, 225, 227ff., 676, 697
Albert, Marcellin 599
Albion 219, 275
Albrecht, Herzog von Württemberg 111, 148, 166, 178, 182, 192, 459
Albricci, General 646
Alenson, Oberstleutnant d' 505, 516
Alexander, Kronprinz von Griechenland 557, 664
Alexander, Prinz von Serbien 669
Alexandrette 336
Alexejew, General 304, 406, 451f., 534
Algeciras-Vertrag 17f.
Allanson, Oberst Cecil 315f.
Allenburg 132, 202
Allenby, General 120, 520, 610, 679
Allenstein 131, 134f., 141
Almeyrada, Miguel 542, 563ff.
Alsatian 482
Amade, General d' 108, 143, 146, 284
Amara 389
Amerika siehe Vereinigte Staaten
Amet, Admiral 681
Amethyst 280
Amiens 143f., 149, 151, 197f., 385, 436, 616, 618, 621, 630, 655f., 660
Andrieu, General 635
Angerburg 202
Annunzio, Gabriele d' 307
Anthoine, General 527, 562, 584
Antwerpen 53, 103, 110, 148, 200, 223ff., 227, 353, 358, 669
Anzacs 286f., 310ff., 314, 316, 349ff.
Aosta, Herzog von 308, 692
Apremont 668
Archangelsk 93
Ardennen 112, 117, 676
Ardent 400, 402
Ardre 647
Arethusa 215
Argonnen 181, 265, 267, 298, 697
Argueyrolles, Oberst 134
Ariadne 215
Ark Royal 282
Arlon 114, 116
Armeen siehe gesonderte Aufstellung der einzelnen Heere
Armentiéres 609, 622, 684
Arrancy 116
Arras 198ff., 261, 294, 296, 318, 385, 459, 506ff., 515, 519, 612, 620
Arsimont 114
Artamanow, General 134f., 137
Artillerie 28f., 50, 58, 97, 99, 106, 112, 114, 118, 120, 124, 135, 138, 144, 166f., 169, 178, 187f., 197, 233, 239f., 242, 262ff., 293ff., 298, 300, 308, 315, 317, 320f., 323f., 326, 329f., 332, 358, 362f., 366ff., 372, 375ff., 383, 387, 402, 407, 410f., 417f., 421, 424f., 431, 434, 456, 465, 468, 471f., 515, 517, 521, 526, 560, 562, 576, 583, 585ff., 589, 602, 614, 624, 627f., 631, 635f., 645f., 649ff., 657
Artois 200, 262, 265, 267, 298, 318, 329, 332, 355, 363, 365, 380, 430, 477, 516
Arz, General 450, 588, 591
Aschi Baba 286f., 311, 316, 351
Aspinall, Oberst 314
Asquith, Herbert Henry 66, 74, 348, 443, 479
Astico 637
Athen 457, 556
Attigny 261
Auberive 320, 369
Aubigny 199
Auffenberg, General 204
Augusta, Kaiserin 688, 693
Auslandskreuzer 216
Auvelais 114
Auxerres 46

Avaresku, General 451 f.
Avesnes-sur-Helpe 612, 618, 628 f., 631, 640, 652, 660 f., 666
Avocourt 371, 585
Avricour 98
Aylmer, General 388 ff.
Azazia 389

B 109 391
Babunapaß 672
Baccarat 98
Bacchante 286
Bacon, Lord 464
Bagdad 388 f.
Baillencourt, André de 415
Bailleul 293, 295, 520, 622
Bailloud, General 344
Baleux 436
Balfour, Außenminister 348, 428, 465, 501, 682
Balfourier, General 323, 367, 369, 371
Balkan 15, 31, 33, 35 f., 664, 666, 671, 679
Balkanbund 339
Balkankriege 335
Ballin, Albert 22
Banat 446, 448
Bapaume 432, 658, 667
Bapst, General 360
Baracca, Flieger 413
Baranowitschi 121
Barbot, General 198 f., 296
Barbusse, Henri 243
Barescut, Oberst de 371 f.
Barham 392
Bar-le-Duc 196, 368 f., 375, 380, 411, 424
Barleux 435 f.
Barnot, General 323
Barrès, Maurice 250, 565
Bar-sur-Aube 147, 157
Barthas, Louis 244, 253, 331 f.
Barthou 594
Bartlett, Ashmead 290, 315, 317
Basra 389
Baumgarten, General 323
Baumwolle 484 f.
Bazelaire, General de 359, 371
Bazentin-le-Petit 435
Beatty, Admiral David 215, 391–396, 401
Beaumont 120, 367
Beauséjour 263
Beauquesne 433
Beauvais 503 f., 630
Becquincourt 433
Bel, Oberstleutnant 257
Belfort 46, 51, 82, 95, 355, 361, 383
Belgien 19, 46, 53, 57, 66, 68, 75, 77, 80–85, 101 f., 105, 111, 114, 638, 677, 682 f., 689 f., 698
Belgrad 32, 38, 40, 42, 62, 64, 664, 666, 669
Bellen 630
Belleville 423
Belloy 434
Below, General Otto von 135, 303 f., 405, 430, 436, 588, 590, 612 f., 615
Below-Saleske, Botschafter 77 ff., 83
Berchtold, Graf 38, 40, 61 f.
Berdoulat, General 322
Bergensfjord 484
Berlin 13, 71
Berliner Lokalanzeiger 63
Berliner Tageblatt 86
Berliner Vertrag von 1878 32, 445
Berny 461, 465
Bernsdorff 98
Bernstorff, Graf 484, 497, 500, 581 f.
Berthelot, General 157 f., 191, 452, 634, 649, 679
Berry 513
Berry-an-Bac 624
Berteaucourt 658
Bertie, Sir Francis 71
Bertrix 115
Berwick 219
Bethmann Hollweg, Theobald von 14, 31, 61, 64, 67, 79, 84 ff., 488 ff., 491–495, 691
Béthonsart 296
Béthune 200
Beumelburg, Werner 470
Beuthen 207
Bezonvaux 474, 514
Bialla 203
Bialystock 272 f.
Birdwood, General 282, 286 f., 311 f., 315, 350
Bischofsburg 132, 134
Bishop, Flieger 413
Bismarck, Fürst Otto von 16, 22 f., 30
Bitzkowitsch, General 573
Bjoerkoe 25
Black Prince 91, 400 ff.
Blagoweschtschensky, General 135 f.
Blangui 597
Bloch, General 365
Blockade 481 f., 484, 487, 489
Blockadebrecher 482 ff.
Blondlat, General 296, 525
Bobr 273

Böhm-Ermolli, General 271
Boehn, General 627ff.
Boelcke, Flieger 411ff.
Boelle, General 164
Boezinge 562
Bojadiew, General 344
Bolo Pascha 580ff.
Bolschewiki 573ff., 577f.
Bombon, Schloß 654
Bombenflugzeuge 415f.
Bombenkrieg 414
Bone 90
Bonneau, General 95f.
Bonneuil-en-Valois 650f.
Bonneval, General de 370
Bordeaux 153, 553f.
Boroević, General 269, 271, 299
Bosnien-Herzegowina 31ff.
Bothmer, General von 405, 408
Bouchavesnes 462
Bouilancy 168
Boulogne 20, 109, 609, 641
Boulogne-la-Grasse 658, 660
Bourgeois, Minister 453
Bouvet 275ff., 281ff.
Bovent 466
Boxeraufstand 21
Boyau, Flieger 413
Boylesve, René 250
Bozon-Verduraz, Oberstleutnant 414
Brabant 363, 367
Braithwaite, General 282
Brandis, Oberleutnant von 370
Bratianu, Ministerpräsident 445ff.
Braye 513
Bray-sur-Seine 156
Bredow, General von 207
Bréguet 415
Brenta 387, 692
Brescia 590
Breslau 206
Breslau 88, 90, 93, 279, 695
Brest 410
Brest-Litowsk 304, 604, 607
Breteuil 198
Brialmont, Henry 102
Briand, Aristide 336, 341, 348, 447f., 477f., 506f., 634, 663, 680
Brimont 513, 517, 526, 529f., 628, 649
Brindisi 89
Brocqueville 78
Brodny 408f.
Bruchmüller, Oberstleutnant Georg 614f., 627
Brudermann, General 204f.
Brügge 228, 677, 684, 690
Brüssel 83, 105, 111, 117, 162, 669, 682
Brugères, General 196f.
Brussilow, General 204, 385, 406, 408f., 445ff., 451, 573, 577
Brzeziny 211
Buat, General 634, 645
Buchanan, George, Botschafter 13, 337, 543
Buchanan, Muriel 533
Budapest 448
Bülow, Bernhard Fürst von 15f., 19, 22, 24f., 30, 46f., 76, 85, 172
Bülow, Generalfeldmarschall Karl von 96, 108, 113f., 117f., 127, 146–149, 152, 158, 165, 170, 172ff., 178, 182ff., 193f., 200
Buffet, Fähnrich 418f.
Bukarest 451, 453, 669
Bukowina 269, 408, 446, 448
Bulgarien 23, 33ff., 38, 335–339, 449, 455, 475, 610, 664, 677
Burenkrieg 26
Burian, Graf 671
Burns, John 77, 81
Bussche, Major von dem 687, 689
Byng, General 351, 602, 616, 676
Bzura 210

Cadorna, General 307f., 387, 439, 537f., 566, 588, 590
Cadoudal, General 635
Calais 117, 226, 348, 506, 609, 641
Caillaux, Joseph 16, 18, 54, 343, 564, 581ff., 593
Cailette 382
Calmette, Gaston 39
Cambon, Paul 74, 77
Cambrai 196, 261, 330, 429, 459, 600, 602f., 613, 639, 671, 676, 684
Campbell, Gordon 569
Canopus 217–220
Canterbury 396
Cantigny 621
Capelle, von 496
Capello, General 589
Caporetto 589, 591, 593, 607, 609
Carency 262f., 293f., 296
Carl, König von Rumänien 445f.
Carnot, Präsident 24
Caron, General 635
Carranca, General 499
Cassel 198

Castelnau, General Edouard de 57, 96, 98f., 142, 145, 166, 171, 178, 195–199, 294, 317, 319, 325–329, 357f., 364, 366, 369f., 382, 421f., 430f., 434, 457, 511, 513, 531, 632, 685f., 697
Castor 400
Caurières 474
Cavan, General 692
Cernay (Sennheim) 95
Chaillevoix 627
Chair, Konteradmiral Dudley R. S. de 482, 484, 488
Chalons 182, 366, 641, 648
Chambrey 99
Champagne 148, 152, 165, 182, 187f., 261–265, 267, 292, 318f., 329, 332, 355, 363, 366, 380, 430, 459, 477, 516, 608, 617f., 621, 641, 647f.
Champitoux 423
Changis-sur-Marne 164
Chantilly 256f., 262, 332, 363f., 380, 433, 437, 466, 476, 478, 503
Champès, Oberst 115
Chapitre 382
Charlemagne 275
Charleroi 112, 114, 118, 148, 166, 185, 190, 381
Charleville 459
Charmes 51, 100
Chateau-Salins 57, 96, 98ff.
Chateau-Thierry 152, 154, 169, 182, 184, 631ff., 641, 645f., 654
Chatfield, Captain 394
Chatillon-sur-Seine 160, 191, 193, 256, 359
Chaulnes 434
Chaumont 46
Chemin des Dames 194, 505, 510f., 526f., 539, 541, 544, 546, 586f., 624–629, 631ff., 639, 641, 644, 684
Cherfils, General de 50
Chester 396
Cherylan, Sergeant 171
Chimay 114, 119
Chilly 461
Chrétien, General 359, 369, 624, 630
Cholm 204, 303f.
Christiania 40
Churchill, Winston 18, 81, 88f., 92, 216, 219, 224f., 227f., 280, 283, 288, 336f., 393, 428, 463f., 482, 569, 603, 614, 700
Cklin 408
Claudel, Major 366
Clemenceau, Georges 17, 39, 347f., 458, 531, 556, 565f., 582f., 592–596, 598ff., 617–621, 624f., 630, 633f., 639, 642ff., 663–666, 677, 679ff., 694, 696, 699f.
Clermont 642
Clery 461
Cobadin 450
Cocargea 450
Code 500, 579
Cöln 215
Coeuvres 540
Colligis 627
Collishaw, Flieger 413
Combles 461, 466, 658
Comby, General 553f.
Compiègne 150, 413, 504, 511, 526, 528, 619, 621, 629, 631, 633, 635, 658, 698
Condé 219
Condylis, General 664
Conflans 356
Connantre 189
Conneau, General 196
Contalmaison 434
Coppens, Flieger 413
Cordonnier, General 454–457
Corn, General 635f.
Coulommiers 161, 164
Courcelette 463
Courcy 526, 624
Courgiraux 171
Courtisols 182
Cradock, Konteradmiral 216ff.
Craonne 194, 513, 526, 529f., 624
Crécy-sur-Mont 510
Crégy-lès-Meaux 163
Cressy 214
Crentes 517, 624
Crna 669f., 672
Croisilles 519, 613
Crony 173
Cumières 585
Curé, General 298
Curlu 433
Czernin, Graf 445, 605f.
Czernowitz 269, 407, 574

Dänemark 37, 41
Daily Telegraph 26
Dalmatien 306
Dammartin-en-Goele 162
Dankl, General 204f., 387
Dannemarie (Dammerkirch) 95
Dardanellen 93, 275–280, 283, 289f., 310, 336f., 340, 349

Dartige du Fournet, Admiral 257f.
Dartmouth 290
Daudet, Léon 342, 565f., 598
Daugan, General 631
Davignon 77ff.
Deauville 542
Debeney, General 658
Defence 91, 219, 401f.
Degoutte, General 630, 645f., 648f., 652, 654, 677
Deimling, General 418
Delcassé, Théophile 16f., 339
Deleye, Georges 375
Demidow, Fürst 458
De Panne 676
Derfflinger 393f., 397f., 401
Déroulède, Paul 598
Deschanel, Paul 583
Dessino, General 475
Desticker, Oberst 508, 649
Deutsch-Eylau 128
Deutschland 19, 21–24, 29, 32, 34, 36, 40, 42, 57, 64, 66, 70f., 74ff., 78, 85
Deuxième Bureau 93, 257, 359, 453, 627
Deveaux, Oberstleutnant 175
Diaz, General 642
Didier, Emile 360
Dieuze 685
Diksmuide 227–231, 233, 236, 561
Dillingen 415
Dimitrijew, General Radko 301
Dinant 108
Direktive 1 549
Direktive 2 549
Direktive 4 625, 635
Dnjestr 269, 407ff.
Dobropolje 665, 669f.
Dobrudscha 35, 339, 446f., 450, 452
Dombe 211
Dommiers 651
Dompierre 433
Donau 344, 450ff.
Dormans 629, 632, 641, 645
Douai 261f., 293, 365, 675, 684
Doullens 619ff., 623, 644
Doumer 343
Douy 162
Dreadnought 27ff., 37, 92
Dreibund 23f., 68, 305
Dresden 217f., 222
Drews, Wilhelm 694
Driant, Oberstleutnant 352f., 360, 362, 367
Drina 206
Drude, General 164
Dubail, General Augustin 56, 58, 82, 96, 98, 166, 196, 342, 454
Dubois, General 430
Dubno, 204, 407
Dubost, Antonin 514
Duchêne, General 505, 525, 529, 545, 624f., 627, 629f., 634, 645
Düna 575f.
Dünaburg 606
Dünkirchen 117, 226, 641
Dugny 366, 369, 371
Duke of Edinburgh 91
Dukla 300
Duma 533
Duparge, General 619
Duplessis de Grénédan, Major 427, 431
Dupuy, Oberleutnant Kléber 424f.
Durchbruch 260f., 265, 296, 298, 317f., 324, 326, 328, 388, 466f., 527
Dussange, Oberst 546
Duval, Emile-Joseph 563, 565f.
Duval, General 631
Dwinsk 304

Eaucort 466
Ebener, General 70, 164
Echo de Paris 51, 250
Eclair 39, 52
Eduard VII. 25, 30
Eichhorn, Generaloberst von 268, 272f.
Einem, General von 182, 263f., 320, 323, 325, 327ff., 648f.
Eisner, Kurt 696
Elbing 401f.
Elliot, Sir Francis 458
Elsaß-Lothringen 14ff., 22, 46, 94, 678, 682f., 698
Emden 216f.
Emmich, General von 83, 101–104, 106, 299f.
England 16f., 20, 23, 25ff., 29f., 32, 36, 61, 66, 72, 74, 77, 79f., 83, 85, 92, 441ff., 593
Entente 306, 338, 352, 389, 445f., 448, 457, 495f., 591, 606, 655f., 667, 671, 676, 695f.
Epernay 170, 182, 631, 640f., 649
Epinal 46, 51, 56, 101, 632
Eritrea 307
Erzberger, Matthias 638, 694, 697
Esch 112
Essenholer 241, 247, 254, 523
Estaires 198

Esternay 164
Estland 606
Etain 357, 359
Etappe 251
Etrépilly 162, 169, 185
Etsch 387
Euphrat 389
Evan-Thomas, Konteradmiral 391, 394f.
Evening Post 498
Ewert, General 204f., 406f.
Ewing, Alfred 500
Eyncourt, Tennyson d' 465

Fagalde, Hauptmann 151
Falkenhausen, General 519
Falkenhayn, General Erich von 42, 196, 206, 210, 226, 228, 235f., 238, 259, 268, 271, 299–305, 331, 340f., 352, 354, 360ff., 369, 372f., 383f., 405, 409, 422, 424, 429, 435f., 439, 441, 450, 452, 459, 477, 491f., 585
Falklandinseln 217, 220
Fallières, Armand 49
Farisaglio, General 589
Faröer 482
Fay 433
Fayolle, General 198f., 254, 256, 263f., 292, 294, 296ff., 317, 331, 430, 434f., 437, 461f., 467f., 510, 616, 618, 645, 648f.
Feldküchen 189, 247
Ferdinand, Fürst von Bulgarien = Ferdinand I. 32, 34f., 339ff., 610, 665, 674
Fère-Champenoise 178, 180, 188
Fère-en-Tardenois 183, 545, 629, 653
Ferry, General 178
Ferry, Jules 598
Figaro 39, 581
Finnland 606, 638
Fisher, Admiral John Arbuthnot 27ff., 219f., 278f., 282f., 288f., 310
Fismes 183, 185, 629, 641
Flandern 195, 210, 226, 232f., 236, 265, 268, 561f., 584, 612, 625, 628, 639
Flers 463
Flesquières 602
Fleury 376, 441
Flieger siehe Flugzeuge
Florina 455
Flotte, deutsche 26f., 215f., 440, 694ff.
Flotte, englische 27ff., 77, 89, 214f.
Flottengesetze 27
Flugzeuge 82, 254, 356, 359f., 385, 410–416, 462f., 521, 617, 628, 645f., 650
Flugzeugbau 416
Foch, Marschall Ferdinand 19, 55, 61, 99f., 146, 150, 165, 171, 174ff., 180 f., 187f., 190f., 195, 198ff., 226f., 229, 234, 262, 292, 295, 297, 317, 319, 330, 365, 378, 380, 411, 428ff., 437, 461, 468, 474, 531, 590, 619ff., 623, 625, 632–636, 640–645, 648f., 652, 654ff., 664, 666f., 669, 676f., 679, 682f., 685f., 693, 696–699
Fogaras 449f.
Fonck, René 413
Fort Barchon 103
Fort Belleville 420, 423
Fort Breedouk 224
Fort Brimont 529f.
Fort Camp des Romains 196
Fort Chaudfontaine 103, 107
Fort Douaumont 51, 367, 369–372, 375, 381 bis 384, 420, 423, 469–473, 480, 514
Fort Evagnée 103, 107
Fort Fléron 103, 107
Fort Laufée 423
Fort Liers 107
Fort Loncin 103, 107
Fort Malmaison 586
Fort Namazieh 277
Fort Pompelle 646
Fort Pontisse 103, 106f.
Fort Saint-Michel 196, 417, 420, 423
Fort Seddul-Bar 283, 285
Fort Sint-Katelijne-Waver 224
Fort Souville 384, 418ff., 423ff., 440
Fort Tavannes 423
Fort Thiaumont 420, 423, 472
Fort Troyon 196, 353
Fort Vaux 383, 417f., 420. 473f., 480, 514
Fort Walem 224
Fortune 400, 402
Fosse, Martin 168
Fouache, Hauptmann 474
Fourmies 697
France 37, 39ff.
France, Anatole 541
Franchet d'Esperey, General 119, 153, 157, 159, 164f., 171, 174f., 188, 191, 193, 317, 337, 508, 510f., 513, 516, 629, 632, 634f., 645, 664ff., 669, 672–675, 679, 692, 694
François, General von 123ff., 128, 135–139, 202f., 209
Frankenau 131
Frankreich 16f., 20, 22–25, 39, 41–45, 49, 66, 71, 81, 83
Franz Ferdinand, Erzherzog 30f., 39, 693

Franz Joseph, Kaiser 38, 121, 208, 270, 306, 445, 494, 610
Frauenlob 400, 402
Frégicourt 466
Fremdenlegion 554
French, Marschall Sir John 108f., 177, 120, 143f., 147, 149, 155f., 159f., 164, 174, 177, 186, 191, 200, 225, 228f., 233ff., 238, 278, 318f., 330
Frieden 492ff., 592, 604, 671, 689f.
Friedenskonferenz von London 1912 34
Friedensverhandlungen 495, 605, 700

G 39 398
Gaba Tepe 286f., 289
Galatea 391f.
Galbert, Hauptmann de 159f., 173, 258
Gallieni, General Joseph 145, 149, 153ff., 157ff., 163, 166, 176, 260, 299, 337, 343, 348, 352ff., 357
Galizien 202, 204f., 226, 272, 285, 408
Gallipoli 279, 283, 285f., 289f., 311, 351
Gallwitz, General von 273, 303f., 344f., 383, 436
Gamelin, General 157, 257, 479
GAR 505, 618
Gardasee 692
Gas 378, 422, 438, 456, 465, 470, 613, 627, 642
Gauchet, Admiral 681
Gaulois 50, 275, 277
Gefechtskehrtwendung 397f.
Gefechtsmelder 376
Geleitzug 570f.
General 90f.
Generalinstruktion 8 261
Gent 226, 228, 677
Georg V., König von England 72, 109
Georg von Griechenland 34
Georgien 638
Gerard, James W. 36, 485, 493, 498
Gerdauen 132, 202f.
Germain, Senator 503
Gilgenburg 136
Gimmendorf 134
Ginchy 296, 461f.
Gironde, Oberstleutnant Gaston de 179
Givenchy 262, 331, 520
Givet 120
Glasgow 217–220, 222
Gloucester 91
Gneisenau 216, 218, 220ff.
Goeben 88ff., 92f., 279, 695
Görz 308, 386, 409, 439, 538
Goldap 123f.
Goletsina Planina 673
Goliath 288
Good Hope 216ff., 222
Gorlice 300
Gornicevo 455
Gorringe, General 390
Goschen, Sir Edward 36, 75, 85f.
Gosselming 98
Gough, General 463, 562, 583f., 615ff., 619, 656
Gouraud, General 366, 647f., 676, 680, 697
Gourgançon 189
Gradsko 665, 672, 674
Grand Couronné 100f., 142, 145, 166, 171, 178
Grandmaison, Oberst Louis de 48ff., 53, 100, 108, 193, 504
Grand Morin 165, 171, 177
Grand Quartier Général 93f., 105, 120, 147, 153, 155ff., 159f., 190f., 194, 196, 256f., 264, 318, 323, 355, 366, 423, 437, 464, 503f., 508, 516f., 551, 630, 632, 646, 685
Graudenz 128
Greeley, Horace 597
Grey, Sir Edward 61, 64, 66, 70f., 73f., 77, 80f.
Griechenland 33ff., 38, 335–340
Grodek 302
Groener, General Wilhelm 694, 698
Gronau, General von 158, 162–165
Grossetti, General 188ff., 227, 230, 234f., 264
Groß Gardiennen 134
Großes Hauptquartier 121
Grünert, General 125f.
Guépratte, Admiral 275ff., 280f.
Guespereau, Oberstleutnant 275ff., 280f.
Gueudecourt 465f.
Guillaumat, General 585, 610, 635, 664ff.
Guillemin, Botschafter 346, 458
Guillemont 436f., 461
Guimard, Paul 580
Guise, Herzog von 340
Gumbinnen 123ff., 132
Gurko, General 123, 452
Gustav V. Adolf, König von Schweden 41
Gutor 573
Guynemer, Georges 41, 413f., 521

Haber, Fritz 611
Haig, General Douglas 120, 330, 428–434, 465, 467, 475, 506, 520, 559f., 562, 583f., 601f., 615–621, 642f., 648f., 654–657, 669, 682f., 696
Haine 608

Haldane, Lord 29, 80, 442
Hall, Admiral William Reginald 500
Hamilton, General Ian 282f., 285ff., 290, 310 bis 314, 316f., 350
Hamilton-Gordon, General 624
Handgranate 242
Hand von Massiges 322, 324f.
Hangard-en-Santerre 657
Hankey, Oberst 464, 682
Hardecourt 435f.
Hart, Liddell 260, 354
Hartmannsweilerkopf 266, 298, 333
Hastière 120
Hausen, General von 96, 108, 118f., 146, 148, 154, 172, 182, 190, 192, 200
Haumont 367
Hazebrouck 198
Havrincourt 602
Hebriden 602
Heeringen, General Josias von 95, 166, 194
Heinrich, Prinz von Preußen 695
Helgoland 212, 215
Helgoland 695
Hem 434
Henrys, General 664, 671f.
Hentsch, Oberstleutnant 158, 181ff., 185, 190, 192f.
Herbebois 363, 367
Herbillon, Oberst 515, 530
Hergault, Oberst 651
Hermannstadt 449ff.
Herr, General 356, 358f., 366, 368
Herrick, Myron T. 81
Hertling, Graf Georg von 611, 638f., 661f., 678, 686
Hetherington, Major 464
Herve 101
Heuvel, van der 79
Heymann, Oberstleutnant 384
Hilfskreuzer 481
Hindenburg, Paul von Beneckendorff und von 127ff., 133f., 136ff., 141, 204, 206–209, 212, 268, 271ff., 300, 302f., 305, 404f., 409, 426, 459f., 468, 479, 488, 490, 609, 618, 631, 652f., 660f., 666, 675f., 687, 691f., 698
Hintze, Admiral von 639, 661f., 669, 671
Hipper, Admiral 391, 393ff., 397f., 403, 694
Hiromo Maru 688
Hirschauer, General 525, 529
Hitler 699
Höhe 10 312
Höhe 70 330
Höhe 125 365
Höhe 140 296f.
Höhe 201 324ff.
Höhe 304 373, 383, 439
Hötzendorf, Feldmarschall Conrad von 204f., 208, 405, 637
Hoffmann, General Max 125f., 133, 604f.
Hogue 214
Hohenlohe-Langenberg, Fürst zu 340
Hohenstein 138
Hohenzollern 25, 31, 675
Holland 102
Hollebeke 235, 583
Holtzendorf, Admiral von 488–491
Homme Libre 39
Hood, Admiral 396f.
Horchposten 241
Horne, General 676
Huerta, General Victoriano 499
Huguet, Oberst 144, 154
Hulluch 330
Humanité 68
Humbert, Senator Charles 366, 580ff.
Humbert, General 342, 520, 616, 635, 658
Hüningen (Huningue) 95
Hurtebise 525
Hutier, General von 575f., 612f., 615f., 627f., 636
Huy 110
Hymans, Minister 79

Igney 99
Illiesku, General 449, 452
Illustration 52
Ilse, General 460
Immelmann, Flieger 411
Implacable 285
Indefatigable 89f., 393f., 401f.
Indomitable 89f., 396
Inflexible 89f., 220, 275, 281ff., 396, 401
Insterburg 206, 273
Invencible 215, 220f., 396f.
Iron Duke 395
Irresistible 275, 282
Island 482
Isles-les-Meldeuses 167
Isonzo 307, 438f.
Isonzoschlachten 333, 537f., 566
Istrien 306
Iswolski, Alexander 32, 75f.
Italien 16, 23f., 30, 33, 68, 90, 268, 305, 333, 405, 590f., 593, 637

Italienisch-Türkischer Krieg 33
Iwangorod 208, 303 f.
Iwanow, General 122, 204 f.

Jacquard, Oberstleutnant 327
Jacquot, General 635
Jagow, Gottlieb von 63, 75
Januschkewitsch, Nikolaj 63
Japan 32, 499, 501, 536
Jaulgonne 647
Jauréguibarry 284
Jaurès, Jean 16, 75, 83, 599
Jean Bart 37
Jeanneney, Minister 680
Jekow, General 344
Jelakberg 669
Jellicoe, Admiral 214, 391, 395–401, 502
Jemeppe 114
Jilinski, General 122, 129 ff., 134, 136 f., 139, 203
Joffe 604 f.
Joffre, General Joseph Jacques Césaire 18, 42 f., 50, 54–58, 65 f., 69 f., 76, 82 ff., 93–98, 105 bis 112, 114 ff., 119, 121, 142–160, 164, 171, 173, 175 f., 191–194, 197 ff., 225, 233 f., 238, 242, 256–264, 278, 290, 292 f., 298 f., 318, 321 f., 329, 332 f., 336 f., 341 ff., 347 f., 352 ff., 357 ff., 364, 368, 370, 381 ff., 385, 421 ff., 427–431, 433 ff., 437, 440 f., 446 f., 452, 454, 456 f., 461 f., 465–468, 475–479, 504, 512, 518, 527, 540, 585, 609, 664, 685, 700
Johannisburg 273
Jonchery 150 f.
Jonnart, Botschafter 557
Jonquil 312 ff.
Joseph Ferdinand, Erzherzog 304
Jouhaux, Léon 84
Jouinot-Gambetta, General 672 f.
Journal 580 f.
Judet, Ernest 39
Jünger, Ernst 246, 252, 509, 614 f.
Jütland 392
Jugoslawien 666
Juvincourt 626

Kaaskerke 231
Kaimaktsalan 455
Kamen 670
Kamenev 575, 604
Kap Helles 283, 285, 287, 290, 310, 349 ff.
Kap Tekke 285
Karl I., Kaiser von Österreich 494, 610, 661, 692 f.
Karlsruhe 415
Karpaten 205, 267–271, 299 ff., 449
Kastoria 455
Kauschen 124
Kelly, W. A. Howard 92
Kemal, Mustafa 287, 314 ff.
Kemmelberg 235, 622, 667
Kephez 276, 281
Kerenski, Alexander Fjodorowitsch 533 f., 553, 572–576, 578
Kescha Schemen Tepe 312
Kiderlen-Waechter, Alfred 18 f.
Kiel 675
Kiew 669
Kiggel, General 468
Kilid-Bar 286, 311, 316, 351
Kirkwall 483, 487
Kitchener, Lord Horatio 61, 109, 117, 149 f., 159, 225, 260, 268, 278 f., 317 f., 336, 344, 348, 350 f., 442, 444, 464, 664
Kluck, General Alexander von 96, 108, 113 f., 117 f., 120, 142 ff., 148 f., 151–156, 158 f., 162 f., 165 f., 168 ff., 172 ff., 176–180, 182, 184 ff., 194, 200, 383, 609
Kluge, General von 185
Köln 102
Kölnische Volkszeitung 18
Köveß, General 204, 344 f., 387
Kollontaj, Alexandra 575
Kolmar 298
Konferenz von Algeciras 17
Konferenz von Rom 1917 556 f.
Kongo 18
Konstantin I., König von Griechenland 337 f., 346, 453, 457 f., 557
Konstantinopel 34, 90–93, 261, 276, 278, 281 f., 286, 311 f., 338 f., 610, 665, 679
Konstanza 452
Kopenhagen 40
Korfu 345
Kornilow, General 301, 573, 577 f.
Koropotkin, General 406
Kosaken 574, 577 f.
Kowel 406
Kowno 203, 273, 303, 404 f.
Krafft, General von 591
Krasnostow 304
Krasnik 205
Krems 438
Kriegserklärung 42, 60, 73, 76, 79, 86, 92 f., 307, 344, 409, 445, 447, 449, 536, 557
Kriegsgericht 541, 544, 550

Krithia 287, 311 f.
Krivolak 672
Kronstadt 449 f., 574
Krüger, Ohm 26
Krymow 577 f.
Krasnoje Selo 37
Ktesiphon 389
Kühlmann, Richard von 605, 638 f., 662
Kuhl, General von 174, 184 ff., 460, 609, 612, 656
Kulm 128
Kumanovo 674
Kum Kale 285, 287
Kurken 134
Kurland 303, 305, 606
Kusmanek, General 270
Kut el-Amara 389 f., 681
Kutno 211

La Bassée 330, 684
Labaune, Oberstleutnant 673
L'Abbaye 466
Lacaze, Marie Lucien 511
Lachaussée, Hauptmann 113, 254
La Courtine 553 f.
La Fère 143
La Ferté-sous-Jouarre 154, 170, 636
La Ferté-Milon 173 f., 178, 645
Laffaux 544, 586 f.
Lahna 131, 139
La Justice 598
Lala Baba 311 f.
La Maisonette 435
Lamaze, General de 168
Lamsdorf, Graf 25
Lancaster 219
Langemark 233, 378, 563, 583
Langle de Cary, General de 57, 112, 114, 116, 166, 178, 188, 262 ff., 325 ff., 329, 364, 366, 368, 370, 382
Langres 46
Lanrezac, General Charles 50, 57, 75, 82, 105 bis 110, 117–120, 143 f., 146 f., 150 f., 153, 365
Lansing, Außenminister 497, 501
Laon 144, 151, 513, 521, 524, 528, 608, 639, 669, 684, 686, 690
Lapeyrére, Admiral Bouc de 90
Lardemelle, Oberst 337
Lardemelle-Plan 337, 341
La Remée 162
La Rochelle 159
Lartigue, General de 177
Lassigny 196 f., 635
La Targette 296
Lateau 602
La Tranchée Republicaine 565
Lauenstein, Generalleutnant von 183, 300
Laure, General 545
La Vacquerie 602
Laval, Pierre 634
Leblois, General 456
Le Bonnet Rouge 542, 563–566, 582
Le Cateau 144, 429
Le Ferté-sous-Jouarre 184
Lefèvre, Gefreiter 551 f.
Leforest 461
Le Gué-à-Tresmes 169
Le Havre 20, 109
Leichen 245 f.
Leinster 688
Leipzig 216, 218, 222
Leli, Feldwebel 474
Leman, General 102 f., 107
Lemberg 204 f., 302, 573, 669
Le Mesnil 323
Lenin 543, 574 f., 605 f.
Lens 330, 519, 609, 684
Leopold, Prinz von Bayern 603
Lepic, Rittmeister 149
Le Plessis-Belleville 163
Le-Point-du-Jour 295
Le Radical 581
Les Eparges 246, 266, 292, 355, 367, 526, 659, 668
Les Monts 116
Les Tilleuls 331
Le Temps 597
Le Travail 596
Letschizky 407, 409
Leymarie 563
L'Homme Enchaîné 663
Liaptschew, Minister 674 f.
Liautey, Hubert 343, 478, 506 f.
Libyen 307
Lichnowsky, Fürst 71, 73, 662
Lille 51, 669, 684
Liman von Sanders, General Otto 36, 312 f., 314
Linsingen, General von 168, 170, 269, 271, 303, 408
Lion 220, 391–396, 401
Litauen 606
Litschinski, General 205
Litzmann, General 272 f.
Livland 606
Lizy 185, 627

Lloyd George, David 42, 61, 77, 80, 85f., 288f., 336, 341, 347f., 428, 443, 479, 518, 556, 558, 601f., 621, 643f., 656, 666, 677, 679, 681ff., 696
Lochow, General von 173, 384, 472
Lodz 204, 212
Lötzen 135f., 202
Löwen 224
Löwenhardt, Flieger 413
Lombardei 590
Lombardsijde 228
Lomscha 273
London 14, 86, 415f.
Londoner Vertrag von 1867 77
Longueval 435
Longueville 142
Longwy 111f.
Loos 330, 519
Lord Nelson 275, 281
Lorettohöhe 200, 262, 294f.
Lorettokapelle 297f.
Lossberg, General von 662, 667
Lothringen 48, 107f., 111f., 685f.
Loucheur, Louis 619, 621, 680
Louvemont 370, 514
Lowicz 208
Lublin 204f., 303, 576
Ludendorff, General Erich 47, 103f., 127ff., 132–136, 138, 141, 148, 200, 202ff., 206, 208ff., 212, 226, 268, 270–274, 300, 303f., 404f., 407ff., 449f., 459f., 466, 468, 475, 479, 486, 488, 490, 495f., 508, 510, 518, 520, 555, 561ff., 571, 573, 575ff., 584, 588f., 592, 602f., 606f., 611– 614, 621ff., 666ff., 671, 676ff., 684, 687–692
Ludwig, Emil 25
Ludwigshafen 415
Lüttich 83, 86, 102–108, 127, 147, 353, 358, 415, 669
Lützow 391, 393, 397f., 401ff.
Lukow, General 674f.
Lunatscharski 575
Lunéville 98
Lusitania 291f., 490f., 496
Luxemburg 72, 76, 84, 108, 147, 152, 154, 698
Luzk 407
Lwow, Fürst 534, 575
Lyncker, General von 409f., 488
Lys 697
Maas 102, 104, 108, 110f., 192, 355, 361f., 367, 369f., 372f., 380, 383, 385, 417, 421, 424, 472, 585, 676
Macdonough, Oberst 156
Mackensen, General August von 125, 135, 138f., 203, 207, 209, 274, 299–304, 344f., 449–452, 477, 689
Maerker, Kapitän zur See 220f.
Magierow 301
Maison-de-Champagne 323ff.
Maidos 311, 316
Mainz 215
Maimbray, General de 169
Maissin 115
Maistre, Joseph de 33
Maistre, General 586, 630, 634, 645, 647
Maizières 99f.
Majestic 275, 286, 289
Makedonien 33f., 339f., 344, 455, 665
Malaya 392
Malinow 665
Malleterre, General 116
Malmédy 105
Malvy, Innenminister André 343, 453, 531, 548, 564ff., 582f.
Mametz 432
Mangin, General Charles 119, 164, 171, 381ff., 424, 441, 471f., 474, 505, 515, 519, 524f., 527, 530, 543, 586, 635f., 645f., 648–652, 654, 684, 686, 688, 697
Mannerheim, Marschall 638
Mareuil-sur-Ourcq 183
Mariembourg 108
Marienburg 128
Marmiès, Major de 326f.
Marne 152, 154, 157, 162, 165, 168f., 174, 178, 182f., 185, 187, 258, 260, 625, 629–634, 639ff., 645f., 648–654, 656, 682
Marneschlacht 158, 163, 166, 170, 173ff., 186f., 383
Marnock, Edward 413
Marokko 15–18
Marshall 610
Martinpuich 463
Martos, General 130f., 139
Marwitz, General von der 299, 600f., 612f.
Maschinengewehr 243, 427, 444, 524
Massiges 646f.
Massow, General von 674
Masuren 123
Mathieu, Hauptmann 453
Matz 635, 637, 645

Maubeuge 20, 118, 194, 358, 429, 612, 684, 697
Maud'huy, General de 197–200, 262, 624
Maunoury, General 110, 143f., 149, 151, 153, 155, 159, 163f., 166f., 174, 176ff., 180, 191, 193f., 265
Maurepas 436f.
Maurice, General 475
Maurin, Oberst 156f.
Maurois, André 506
Max von Baden, Prinz 686–691, 694, 696, 698
Mayeras, Abgeordneter 565
Mazel, General 505, 525ff., 529
McCudden, Flieger 413
Meaux 161f.
Melun 156, 648
Memel 203f.
Ménil-Lépinois 647, 649
Merrheim, Gewerkschaftsführer 542, 564
Méry 154
Merville 198
Mesen 234f., 561f.
Meslin-Amelot 167
Messimy, Adolphe 19, 42, 51f., 64f., 69f., 105, 142, 462, 510, 579
Messina 90
Metz 98f., 112, 116, 685f., 697
Meutereien 540, 544, 546f., 550, 552f., 555f., 694
Mexiko 499, 501, 536, 559
Mézières 57, 669
Michalken 134
Michel, General 52f., 56
Micheler, General 436, 461, 505, 510f., 513, 516, 530, 631f., 634
Midilli 93
Militärgesetze 42f.
Millerand, Minister 318, 343
Milne, General 453f., 664, 671, 673, 679
Milne, Sir Berkeley 89f., 92
Milner, Lord 619f., 655
Minerva 280
Minsk 302, 606
Mittelmächte 340, 409, 448, 475f., 606, 661, 674
Mobilmachung 24, 62–66, 68–73, 76f., 340
Mogilew 305
Moldau 453
Moltke 393, 398
Moltke, Generalfeldmarschall Helmuth Graf von 45
Moltke, Helmuth von 46, 48, 56, 58, 71ff., 79f., 99, 101, 104, 123, 125–128, 147ff., 152–155, 165, 170f., 181, 192, 195, 206, 360, 412
Momeny 100
Monastir 34, 456, 670, 672, 675
Monchyle-Preux 520
Mondement 165, 188ff.
Monfalcone 439
Monmouth 216f., 219, 222
Monroe, General 350
Mons 117, 148, 611, 650, 652
Montagne 631, 640, 646, 675
Mont Août 188
Montauban 432
Mont Cornilett 646
Mont des Singes 552
Montdidier 628, 633, 655f., 658, 660
Monte Compomolon 388
Montenegro 33ff.
Monte Sabotino 439
Monte San Michele 308, 439
Montgé 163
Montgérain 636
Montgivroux 165
Monthyon 162f., 167
Montiers 636
Montigny-l'Engrain 180
Montmédy 111
Montmirail 154, 164, 174, 177, 182
Montmort 182f.
Montolivet 154
Mont-Sans-Nom 647
Mordacq, General 592, 600, 619, 634, 680
Morhange (Mörchingen) 57, 98, 100f., 190, 198, 685
Morley, Lord 77, 81
Moronvilliers 319, 513, 527, 646
Morval 465f.
Moschopulos, General 347
Moskau 638
Mouacourt 99
Moussey 99
Mouchy-le-Châtel 648f.
Mudra, General von 265f., 383, 420, 648
Mühlbach 449
Mühlen 137
Müller, Major 50
Müller, Admiral von 488
Mulhouse (Mühlhausen) 95
Murmansk 406
Murray, Sir Archibald 147, 159
Muschaken 140

Nachitschewan, General 124
Nadrau 134, 139
Namur 53, 103, 105, 112, 119f., 353, 358

Nancy 98, 100, 142, 145, 637, 655, 668
Nanteuil-le-Haudouin 162, 176f., 184ff.
Nantillois 356
Napier, General 285
Narew 303
Nationalregister 442
Navarre, Flieger 411, 413
Negotin 665, 672
Neidenburg 130, 136–140
Nemrod 402
Nestor 402
Neufchâteau 75, 105, 108, 111, 115
Neuilly-St. Front 183, 479
Neutralität 75, 77–81
Neuve-Chapelle (Nieuw Kapelle) 233, 292
Neuville-Saint-Vaast 294, 296, 331
New York Herald Tribune 597
New Zealand 215, 220, 393
Niemann, Oberstleutnant Alfred 659, 675
Nieuwpoort 227f., 233f.
Nikolaj II. 24f., 63f., 68, 305, 533f., 574
Nikolaj Nikolajewitsch, Großfürst 121, 130, 203ff., 208, 211, 269, 271f., 301, 304f.
Nimy 120
Nivelle, General Robert 114, 381ff., 420f., 424, 440, 471, 473f., 478f., 503–508, 510f., 513 bis 518, 520, 522, 527ff., 531, 541, 553, 586
Nivelle-Plan 505ff., 510ff.
Njemen 404f.
N.J. Fjord 390f.
Noailles 649
Nogent-l'Arthaud 154, 174
Noisy-le-Sec 167, 177
Nomad 397
Nomény 685
Norwegen 37, 41
Nowa Alexandria 208
Nowo Georgiewsk 304
Noworossisk 93
Noyon 146, 510, 619, 621, 628, 633, 635, 658
Nürnberg 218, 220, 222
Nungesser, Flieger 411

Oberndorff, Graf 697
Oberste Heeresleitung 147, 152, 154f., 158, 170, 173, 182f., 185f., 193, 234, 435, 440, 459, 609f., 639, 650, 676, 678f., 686f.
Oberster Kriegsrat 591, 643, 666
Obrenowitsch, Alexander 335
Ocean 275, 282
Odessa 93, 669
Österreich (-Ungarn) 23f., 30, 32, 34f., 38–41, 45, 62ff., 66, 68ff., 74, 92, 340, 445, 495, 610, 677
Offensive 48ff., 55f., 94f., 99, 107, 122, 148, 158, 254, 265, 293, 298, 300, 307, 316, 318, 328, 354, 380, 383, 407f., 417, 422, 428f., 519, 560, 584, 586, 621ff., 644, 671, 684
Oidtmann, Major von 230f.
Oise 146ff., 152, 194, 196, 612f., 621, 628, 633, 635, 645
Onhaye 119f.
Oosttaverne 562
Oranowski, General 203
Orkney-Inseln 483
Orlau 140
Orne 362
Ornes 367
Ortelsburg 130
Ossowietz 273
Ostende 117, 561f., 669, 684
Osterode 131, 134
Ostpreußen 45, 48, 123, 125, 128, 202, 267f., 272, 274, 305
Ostroleka 273
Otranto 217f.
Oude Barreel 235
Oudekapelle 235
Oulchy-le-Château 179, 630
Ourcq 160, 162f., 168, 170f., 173f., 178, 185f., 193, 645, 652
Oven, Oberst von 104
Ovillers 436
Ozoir-la-Ferrière 159

Pachitsch, Ministerpräsident 345, 475
Padua 693
Page, US-Botschafter 501
Painlevé, Paul Prudent 343, 453, 507, 510ff., 528f., 531, 547, 550, 552, 583, 590, 593
Palazzo 308
Palästina 671, 681
Palitzin 475
Pantelleria 90
Panther 18, 30
Panzer siehe Tanks
Paraskewopulos, General 664
Parey 99
Paris 13, 46, 69, 83, 145, 148f., 152f., 160, 193, 358, 414, 620f., 628, 632ff., 638, 641, 643f., 654
Passendale 601, 609, 639
Patton, Hauptmann 559
Pau, General Paul Marie 96
Paulsgat 134

Payer, Friedrich von 691
Pégou, Flieger 413
Péguy, Charles 163, 167
Pellé, General 616
Penchard 162f.
Pénelon, General 233
Péronne 146, 196f., 435f., 510, 616, 658, 667
Pershing, General John 499, 559f., 642, 654, 669, 683
Perthes-les-Hurlus 263f.
Petard 395
Pétain, Philippe 164, 262, 296, 298, 317, 322 bis 327, 329, 364, 366, 368, 370–373, 379–384, 421ff., 430, 474, 507, 510ff., 514f., 531, 544, 546–553, 560, 574, 585ff., 590, 596, 615, 618 bis 621, 624f., 629f., 634ff., 642, 644, 646, 648f., 652, 654f., 669, 683f., 686, 697
Peter I. von Serbien 334f., 340, 345
Petrograd 406, 532, 543, 574, 576, 578, 606, 638
Petroseni 449f.
Petrow, General 664
Pflantzer-Baltin, General 407
Philippeville 90, 108, 119
Philippinen 499
Piave 590f., 637, 691f.
Picardie 195f., 200, 635, 639, 641
Pichon, Stephen 680
Pierrefeu, Jean de 257f., 433, 504, 510
Pierry 326
Pigoud, Flieger 411
Pinsk 405
Pleschen 207
Pleskau 606
Pleß 301, 340, 409f., 460, 466, 488
Plessen, Generaladjutant 195, 661
Plotik 606
Plumer, General 583f.
Poelkapelle 233, 414
Poincaré, Raymond 30, 33, 35, 37, 39–42, 59ff., 70, 75f., 84, 105, 121, 149, 265, 292f., 298, 306f., 318, 340, 414, 478f., 510–515, 529f., 543, 547, 560, 566, 580, 582, 593, 595, 617, 619, 634, 652, 666, 678, 680f., 699
Pola 88, 91
Polen 305, 606, 681
Poliwanow, General 305
Pommern 401f.
Porro 475
Port Stanley 220
Posen 302
Potowski, General 141
Pourtalès, Friedrich Graf von 62, 67f., 73f.
Pozières 433, 435
Prassnytsch (Prasnysz) 274, 303
Prax 635
Prawda 575, 604f.
Premier Bureau 257
Prilep 673
Prince George 275, 281, 286
Prince of Wales 286
Princess Royal 220, 393
Prinkipo 681
Pripjetsümpfe 407f.
Prittwitz, General von 122–126, 128, 135
Prollius, Hauptmann 470, 473
Prouilly 545
Provence 458
Provins 161, 630
Przemysl 204f., 207, 268ff., 301
Puisieux 162, 621
Putz, General 378

Quast, General von 173, 185f.
Queen 286
Queen Elizabeth 275, 280ff.
Queen Mary 220, 393f., 401f.
Queue-du-Bois 104
Quirnheim, Oberst Mertz von 652, 660
Q-ships (U-Boot-Fallen) 569f.

Rachitsch 475
Radomir 674
Radoslawow, Premierminister 665
Radziwill, Fürst 661
Rambault, Marie-Paul 254
Ramskapelle 234
Rancourt 465
Raskanu 475
Rasputin 305
Rastenburg 136
Ratten 244f.
Rawa 208
Rawlinson, Sir Henry Seymour 235, 463, 656ff., 676
Raynal, Major 418f.
Rebais 154
Redipuglia 308
Regensburg 394
Regret 375
Reigneville 668
Reims 154, 526f., 630ff., 634, 638, 640f., 646, 649ff., 653
Renaudel, Pierre 634

Rennenkampf, General Paul Karlowitz, Edler von 123–126, 128, 130ff., 134, 136, 138f., 148, 201, 203f.
Renouard, General Georges 211, 506f., 626
Reschad V. 92
Ressons-sur-Marne 636
Rethel 109
Retinne 103
Reuter, General 670
Revolution 532, 573, 577, 638, 674
Rhein 683, 697, 699
Ribot, Alexandre 507, 511, 516, 518, 565, 593f.
Richecourt 668
Richthofen, Manfred Freiherr von 412f.
Riesenburg 133
Riga 406, 575ff., 669
River Clyde 283ff.
Robeck, Admiral John Michael de 218, 275, 281ff.
Robertson, General 475, 590
Rocroi 146
Roeselare 561, 677
Rossner, Karl 647
Romager 356
Romain, Rolland 14
Romilly 256
Ronarc'h, Admiral 225, 227, 229ff., 236
Roosevelt, Theodore 498, 535
Roques, General 266, 411, 457, 477f., 625
Rose, Major de 411
Roselies 114
Rostock 401f.
Rothfließ 134
Roubaix 684
Rouen 148
Rowno 304
Roy, General 225
Rudeanu, Oberst 475
Rudnik 455
Rückversicherungsvertrag 23
Rüstungsindustrie 380, 416, 542
Ruffey, General 57, 112, 114, 116
Rumänien 35, 38, 268, 335ff., 339, 409, 439, 447, 451, 454, 475, 592, 607
Rumey, Flieger 413
Rupprecht von Bayern, Kronprinz 96f., 99ff., 112, 166, 232, 294, 459, 608f., 628, 630, 638, 640
Russki, General 534
Rußland 23f., 30, 32f., 36f., 39, 44f., 62, 64, 66, 70, 73f., 76, 80, 93, 446, 536, 543, 592
S 35 402
Saarburg 96ff.
Saargemünd (Sarreguemines) 685
Sacharow, General 408f.
Saddek 140
Sailly-Saillisel 466ff.
Saint-Blaise (St. Blasien) 97
Sainte-Marie-aux-Mines (Markirch) 97
Sainte-Menehould 193, 265, 342
Saint-Gobain 517, 608
Saint-Just-en-Chaussée 635
Saint-Martin 114
Saint-Omer 234, 318
Saint-Quentin 196, 513, 516, 520, 528, 600, 613, 615, 669, 671, 676
Sakulewo 456
Saloniki 34, 336f., 341, 343, 345ff., 350, 428, 445, 453ff., 477, 555, 558, 635, 643, 663f., 673
Sambre 117, 127
Samsonow, General Alexander Wassiljewitsch 124, 126, 128–141, 200f.
San 205, 207, 270, 301
San Giuliano, Marchese di 68
Sanitäter 377, 528
San Martino 308
Sapigneul 517
Sarajevo 30f., 38
Sari Bahir 311
Sarny 406
Sarrail, General Maurice Paul Emmanuel 116, 178, 196, 341, 346ff., 428, 447, 449, 453–457, 477f., 556, 558, 664
Sarrien, Ministerpräsident 599
Sasonow, Sergej Dmitrijewitsch 33, 62ff., 69, 73f., 337f.
Save 344
Scaroni, Flieger 413
Scarpe 612, 615
Scimitar Hill 314ff.
Sedan 118f.
Seddul-Bar 285
Seeckt, General von 265
Seine 119, 154f., 157, 165
Sejny 272
Sembat 343, 453
Senlis 155, 683
Serbien 33–36, 38–41, 62, 66, 68f., 205, 306, 334f., 338ff., 454, 679
Séré de Rivière 51, 55
Sereth 453
Serres 99
Serrigny, Major 364, 371f.

Sewastopol 93
Seydlitz 393ff., 398
Sézanne 153
Shark 402
Shetland-Inseln 482
Siebenbürgen 446–451
Siegfriedstellung 509f., 600, 662, 667, 684
Siewers, General 272
Silistra 450
Skagerrak 399, 675
Skierniewice 208
Skopje 672
Skuludis, Premierminister 346
Skutari 35
Smith-Dorrien, General 120, 144
Sofia 340, 344, 455, 665f., 674
Soignies 117
Soissons 179, 185, 265, 267, 507f., 540, 544, 628, 630f., 638, 645f., 650– 654, 667
Sokol 665, 669f.
Soldatenräte 533, 696
Soldau 134, 137
Soltau, Hauptmann 470
Solz, Wilhelm 690
Somalien 307
Somme 196ff., 380f., 385, 408f., 417, 420, 422ff., 428f., 431, 433f., 436, 440f., 445, 449, 459f., 466, 477, 516, 519, 612f., 616f., 656, 658
Somme-Py 329
Sommesous 165
Sompuis 165
Sonnino, Außenminister 306f., 666
Sontag, General 138
Souchez 267, 298, 331
Souchon, Admiral 88–93, 695
Souilly 370f., 378, 382, 424
Southampton 395, 400
Sowjets 533, 543
Soyécourt 461
Spa 612, 639f., 663, 666, 670f., 675, 688, 696
Spanien 16f.
Sparrowhawk 402
Spears, General 54, 110, 143, 151
Spee, Maximilian Reichsgraf von 216, 219, 221
Spitfire 400
Suarès, Georges 557, 598
Suchomlinow, General Wladimir 58, 63f.
Sudan 55
Südtirol 307
Suffren 275ff., 281
Suippes 193, 676
Sultan Oman 92
Sussex 491
Suwalki 272
Suwlabucht 310ff., 314, 316, 340, 349ff.
Swerbejew, Sergej 63
Swiftsure 275, 281, 285
Swinton, Oberst 464
Syrien 671, 681
Szécsen, Graf 30
Szurdukpaß 452

Schanak Bahir 312, 315
Scharnhorst 216, 218, 220f.
Schatt al-Arab 389
Scheer, Vizeadmiral 391, 393, 395–402
Scheidemann, Philipp 638, 687
Schelde 224
Schëuch, General von 689
Schlachtkreuzer 29
Schlamm 243f.
Schlesien 208
Schlieffen, Alfred Graf von 43–46, 61, 102f., 148
Schlieffenplan 45, 48, 53, 57, 96, 118, 122, 125, 148, 172
Schmidt von Knobelsdorf, General 384
Schoen, Baron von 18, 65, 67f., 70, 76, 81f.
Scholtz, General von 125, 130ff., 137
Scholz, General 670f.
Schubert, General von 206
Schulenburg, Oberst von der 384, 608, 612, 629
Schurz, Oberleutnant 471
Schuwalow, General 270
Schweden 37
Schwieger, Kapitänleutnant Walter 290ff.

Staden 561
Stallupönen 123f.
Stambulisky, Bauernführer 674
Stanford, General 168f.
Stanislau 204, 409
Stawka 121, 305
Steenstraete 378
Stefanowitsch, Woiwode 670
Stellungskrieg 237f., 242f., 294
Stenay 51, 118, 425
Steuben, General von 664, 670
St. Gond 165, 171, 174, 180, 198
Stochod 408
Stockholm 40
Stopford, General 312ff., 316
St. Petersburg 13, 73
St. Pierre Vaast 466, 468

St. Quentin 143, 146f.
Strand S 285f.
Strand V 285
Strand W 285
Strand X 285
Strand Y 285
Straßburg 96f., 685
Streik 542
Stresemann, Gustav 638
Stryj 301
St. Soupplets 162f.
Stuivekenskerke 229f.
Sturdee, Admiral 220f.

Tagliamiento 590
Tahure 323, 325, 328
Tanger 15
Tanks 463, 465, 519, 526, 602f., 611, 636, 645, 650f., 658, 686f., 689
Tannenberg 134, 148f.
Tappen, Oberstleutnant 425
Tardieu, André 175
Targu Jiu 452
Tarnopol 204, 407, 574
Tatischtschew, General Ilja 63
Taufflieb, General 552
Tekke Tepe 314
Tellini 475
Thann 95
Theodoresku, General 450
Theodorow, General 344
Thérouanne 162, 164
Thessalien 457
Thiepval 432f., 659
Thionville (Diedenhofen) 57, 112, 116
Thomas, Albert 511, 516
Thouzelier, Major 258, 478f.
Thüringen 695
Tielt 234
Tiger 393
Tigris 388f.
Tilsit 272
Tipperary 400, 402
Tirpitz, Großadmiral Alfred von 27, 79, 89f., 215, 219, 490f.
Todorow, General 670
Tolmein 386, 588f.
Torpedoboote 398ff.
Toter Mann 372f., 383, 585
Toul 46, 51, 67, 632
Toulon-la-Montagne 165
Tourcoing 684
Tours 632, 634
Tournan-en-Brie 159
Townshend, General 388ff., 681
Tranchée des Tantes 325ff.
Tranié, General Auguste 672
Transsibirische Eisenbahn 406
Trentinian, General de 177
Trentino 305f., 387, 439, 692
Treviso 590
Trient 385
Triest 305–308, 385, 537f., 566f.
Tripolis 16
Triumph 275, 286, 289
Troisième Bureau 93, 257, 359, 528
Trotzki, Leo 575, 578, 605f.
Troubridge, Admiral 91f.
Troyes 46, 154, 166
Tschanak Kale 280
Tschataldscha 34
Tschenstochau 210
Tsushima 28
Türkei 33f., 38, 270, 340, 455, 475, 610, 677, 681
Turbulent 401f.
Turner, Kapitän 291
Tutrakan 450

U 9 212f.
U 20 290f.
U 24 490
U 28 567f.
U 29 491
U 61 569
U-Boote 352, 495f.
U-Boot-Krieg 489–492, 497, 499, 501, 508, 535f., 568, 571, 662, 688, 690
Udet, Flieger 413
Üsküb 345, 672f., 675
Ugrinow 408
Ukraine 605f., 638
Ungarische Tiefebene 268, 299, 448
Ungarn 305
Uniform 51f.
Urbal, General d' 230, 233, 293, 296f., 330f.
Urcel 627
Urlaub 249, 252, 549, 556
USA siehe Vereinigte Staaten
Usdau 135ff.
Uszokerpaß 268

V 4 402
V 27 402
V 29 395, 402

V 48 402
Valenciennes 142, 330, 660, 697
Valentini, General von 488
Valiant 392
Vanselow, Kapitän zur See 697
Vareddes 167ff., 185
Vauclair 529
Vauquois 267, 355, 659
Vauxaillon 628
Vaux-le-Pénil 159
Veles 665, 672, 674
Vendeuvre 166
Venedig 387, 637
Vengeance 275
Venizelos, Premierminister 338, 346, 455, 557
Verberie 633
Verdun 7f., 46, 51, 53, 57, 67, 148, 151, 160, 210, 246, 266, 342, 352–364, 366, 368ff., 372f., 375f., 378–382, 384f., 405, 409, 417, 420 bis 423, 426f., 429, 435, 437, 439f., 445, 449, 459, 471, 473, 475, 477, 480, 491, 504, 551, 585f., 608, 632, 668, 686
Vereinigte Staaten (Amerika, USA) 489, 493, 496f., 499ff., 535f., 632
Vermandovillers 461, 465
Verrier, General 365
Versailles 643f.
Versailler Vertrag 700
Vervins 612
Vesle 181, 629, 641
Vicenza 388
Viktor Emanuel 409
Viktoria, Prinzessin 20
Villa, Pancho 499, 559
Villain, Raoul 68
Ville-en-Tardenois 545
Villers-Bretonneaux 621
Villers-Cotterêts 179, 546, 633, 645, 648
Villers-Plouich 601
Viloono 356
Vimy 199, 262, 293, 506, 520
Virton 111
Visé 102
Vitry-le-François 93f., 142, 145, 161, 256
Vittorio Veneto 691
Viviani, René 40, 60f., 65, 67f., 75f., 81f., 84, 343
Vladeja 674
Vogesen 266
Volkszählung 42
Von der Thann 393f., 398
Voss, Flieger 413
Vouziers 323
Vulkanpaß 452

Waffenstillstand 34, 603f., 606f., 671, 673ff., 680–684, 687f., 691, 693, 696–699
Walachei 452
Walcourt 120
Waldersee, General Alfred von 22, 44, 125
Wardar 345f., 663, 665, 669f., 672
Warrior 91, 402
Warschau 207f., 304, 669
Warspite 392
Wasserbombe 570
Wedell, Oberleutnant von 484
Weddigen, Otto 212f.
Wehrle, Oberst 279
Wehrpflicht 442f.
Wetrenik 669f.
Weichsel 126, 208
Wemyss, Admiral 282
Westarp, Graf von 638
Wettrüsten 42f.
Wetzell, Oberstleutnant 640, 662
Weygand, General 175, 181, 619, 643, 649, 654
Wiart, de 79
Wiesbaden 401f.
Wijtschate 235, 561f.
Wilhelmshafen 392, 695
Wilhelm von Preußen, Kronprinz 111f., 116, 166, 178, 192, 361, 369, 373, 384, 459, 475, 608, 629, 631, 638, 648
Wilhelm II. 15f., 18, 20–27, 29, 31, 36, 38f., 41, 47, 53, 61, 63f., 66, 69, 72f., 80, 84f., 102, 104, 106, 121, 125f., 128, 161, 172, 178, 190, 195, 208f., 214, 226, 234, 236, 259, 292, 301ff., 306, 346, 360, 384, 389, 391, 395, 402, 445, 481, 488–492, 495, 609, 612, 616, 631, 647ff., 659, 661, 663, 687–694, 696
Willenberg 130, 140
Wilna 302, 669
Wilson, General Henry 19f., 143, 156, 159f., 619, 621, 655
Wilson, Woodrow 10, 491ff., 497–501, 534 bis 537, 622, 671, 677f., 681f., 688, 690f., 693 bis 697, 700
Wilsons 14 Punkte 663, 677, 679, 686
Winterfeldt, General von 697
Woëvre 367f., 671
Wladimir Wolinskij 407
Wladiwostok 93
Wlanow, Oberst 140
Wlozlawek 211

Wollfsches Telegraphenbüro 698
Wussow, General von 103

Xanrey 99

Yavuz Sultan Selim 93
Ybarnegaray, Oberleutnant Jean 525, 529
Yonne 165
Ypern 228f., 234ff., 378, 561, 690
Yser 209, 226f., 229, 233f., 236, 292

Zagreb 692
Zandvoorde 562
Zelle, Margaretha Geertruida (Mata Hari) 578f.
Zeppeline 102, 414f.
Zillebeke 562
Zimmermann, Arthur 493, 498ff., 638
Zimnitza 451

Aufstellung der erwähnten Heere und Heeresteile

Amerikanische Armee
allgemein 559f., 611, 622, 640, 682
1. Armee 668, 676, 697
2. Armee 686
2. Infanteriedivision 648

Belgische Armee
allgemein 102f., 111, 198, 224–227, 642, 676
3. Division 102ff.

Bulgarische Armee
allgemein 665, 674f.
I. Armee 344, 664
II. Armee 344, 664
2. Division 670
3. Division 670
4. Division 672

Deutsche Armee
allgemein 45f., 69, 105, 193, 292, 354, 445, 449, 629, 637–640, 660, 667, 669, 677, 682, 688, 690
I. Armee 108, 111, 114, 117, 120, 142f., 148f., 151f., 156–159, 162f., 165, 173f., 176f., 180 bis 186, 192ff., 436, 628, 648, 650
II. Armee 101, 103f., 117, 120f., 127, 141f., 147ff., 152, 154, 156, 165, 170, 172ff., 181, 183ff., 190, 192ff., 430, 436, 600, 612, 616, 656, 660
III. Armee 118, 142, 146, 148, 154, 165, 172, 174, 182, 190, 192, 263, 320, 631, 640, 648, 650
IV. Armee 111, 119, 148, 166, 171, 178, 182, 192, 226, 562, 616
V. Armee 97, 111, 116, 119, 148, 166, 171, 178, 182, 192, 298, 384, 459
VI. Armee 96f., 111, 166, 193f., 197, 294, 616
VII. Armee 95f., 111, 166, 194, 631, 638f., 640, 650
VIII. Armee 122–126, 128, 131f., 136, 200, 202f., 206, 209f., 272, 405, 575, 660
IX. Armee 206–211, 273, 300, 450, 452
X. Armee 268, 272f., 300, 302, 405
XI. Armee 299, 303, 344, 405, 664
XII. Armee 303
XIV. Armee 588
XVII. Armee 612f., 616
XVIII. Armee 612, 614ff., 618, 631, 635, 656

1. Armeekorps 122f., 125f., 128, 135ff., 202
2. AK 154, 165, 170, 173, 180, 211
3. AK 99, 120, 154, 172, 178, 180, 228, 367
4. AK 120, 128, 144, 154, 164, 170, 199
5. AK 196
6. AK 115
7. AK 182, 294
8. AK 263, 297
9. AK 170, 172, 174, 178, 180, 184, 186, 211
10. AK 175, 182, 299, 328
11. AK 148, 200, 202, 207f., 272
12. AK 180, 328
13. AK 116, 202, 211, 234, 328
14. AK 95, 98, 296, 328
15. AK 95, 98, 184, 234, 358
16. AK 265
17. AK 122, 125f., 128, 135f., 207, 211
18. AK 115, 199, 367
20. AK 122f., 125f., 128, 130ff., 137, 202, 207, 211, 273, 417
21. AK 99f., 199, 268, 272
22. AK 226, 228
23. AK 226, 228
24. AK 226
25. AK 226
26. AK 226, 228
27. AK 226, 228

28. AK 272
39. AK 272
bayer. 1. AK 97, 99, 417, 422
bayer. 2. AK. 234
bayer. 3. AK. 100, 196, 422
Alpenkorps 422, 424, 450, 588
Beskidenkorps 271, 299
Gardekorps 299, 526
Kavalleriekorps Marvitz 144, 174
Kavalleriekorps Richthofen 211

1. Reservekorps 122, 128, 135 f., 138, 202 f.
3. RK 211, 234
4. RK 158, 162, 165, 170, 648
7. RK 163, 367
8. RK 172, 263, 648
9. RK 172
10. RK 417
12. RK 263
18. RK 199, 263, 328
22. RK 234
23. RK 234
26. RK 234
27. RK 234
37. RK 268
38. RK 268
39. RK 268
40. RK 268
41. RK 268
bayer. 1. RK 99, 296
bayer. 2. RK 294

1. Division 123 f.
2. Division 123 f., 138, 272
3. Division 169, 211
5. Division 588
6. Division 466
16. Division 72 f., 76
18. Division 185
20. Division 600
21. Division 115
26. Division 588
28. Division 194
37. Division 131
38. Division 211
41. Division 138 f., 211
51. Division 466
54. Division 600
107. Division 601
117. Division 588
200. Division 588
267. Division 674
bayer. 2. Division 658

2. Gardedivision 127
3. Gardedivision 211
1. Kavalleriedivision 124, 202
4. Kav. Div. 163, 272
8. Kav. Div. 200, 202, 207
11. Kav. Div. 300
Landwehrdivision Bredow 207
Landwehrdivision Von der Goltz 132, 138, 202
1. Reservedivision 273
3. Res. Div. 202
4. Res. Div. 228
35. Res. Div. 207

14. Brigade 103
70. Brigade 122
2. Landwehrbrigade 124
5. Landwehrbrigade 137

5. Jägerregiment 76
3. Infanterieregiment 651
24. Inf. Reg. 370
90. Inf. Reg. 179
98. Inf. Reg. 358
140. Inf. Reg. 424
237. Inf. Reg. 235
444. Inf. Reg. 632
41. Feldartillerieregiment 626

Englische Armee
(Britische Armee, Expeditionskorps)
allgemein 108, 110, 113, 117 f., 120, 142, 144, 146, 149, 154, 157, 159, 164, 260, 432, 462, 609 bis 612, 616, 618, 620, 622, 640, 643, 682, 697
1. Armee 329, 519, 562, 676
2. Armee 584, 656, 682
3. Armee 520, 613, 615 f., 660, 676
4. Armee 461, 656, 676
5. Armee 584, 613, 615 ff., 620

III. Korps 615 f.
IX. Korps 314, 624
XIV. Korps 468

2. Division 346
4. Division 117
7. Division 235
10. Division 312 f., 346
11. Division 311, 313
53. Division 314, 316
54. Division 314, 316
3. Kav. Div. 225
7. Kav. Div. 225

Französische Armee
allgemein 49–53, 56, 65, 82, 148, 161, 165, 181, 193, 259, 298, 354, 358, 361f., 440, 507, 531, 540, 546–551, 561, 586f., 593, 608f., 612, 618, 622, 632, 636, 640, 644, 682f., 685
1. Armee 56, 82, 94, 96, 98, 101, 118, 166, 261, 266, 562, 636, 657f.
2. Armee 57, 94, 96, 98f., 101, 166, 171, 178, 195–199, 322, 324f., 328f., 364, 366, 380, 382, 421f., 585, 632, 685
3. Armee 57, 110ff., 114, 116, 118f., 142, 145f., 166, 171, 194, 261, 266, 318, 342f., 520, 616, 635, 658, 660
4. Armee 57, 111f., 114ff., 118ff., 142, 145f., 165f., 171, 188, 194, 261f., 318, 323, 325, 329, 366, 527, 630, 646, 676, 697
5. Armee 57, 75, 82, 105, 107–112, 114, 117f., 142, 146f., 149ff., 153f., 156f., 164f., 171f., 177, 197, 365, 505, 517, 525ff., 630, 632, 646
6. Armee 143, 147, 149, 151f., 154–158, 164, 168f., 176, 186, 193, 197, 430f., 434, 461f., 468, 505, 525, 586, 624ff., 630, 632, 634, 645f., 650ff.
7. Armee 632
8. Armee 686, 697
9. Armee 146, 157, 171f., 175f., 180, 187ff., 197, 227
10. Armee 198f., 261f., 293, 329f., 434, 436, 461, 465, 505, 525, 545, 645f., 650ff., 686, 697
Elsaß-Armee 96
Lothringen-Armee 110
Orientarmee 343, 346, 348, 446f., 449, 454, 456ff., 475f., 555f., 635, 643, 663ff., 679, 694

I. Korps 119, 147, 153, 164, 171, 264, 365, 461f., 526, 650f.
II. Korps 180, 461, 635, 650
III. Korps 117f., 120, 147, 164, 171, 365, 382, 657
IV. Korps 116, 164, 176f., 195, 647
V. Korps 116, 266, 298, 342, 466, 526, 616, 648
VI. Korps 116, 167, 325, 525f.
VII. Korps 57, 82, 94ff., 143, 163, 168, 170, 200, 227, 323, 325f., 383, 461f., 526, 650
VIII. Korps 96f., 647
IX. Korps 175, 188f., 233, 298, 636, 658
X. Korps 117ff., 146f., 164, 171, 177, 181, 197, 461
XI. Korps 98, 115, 175, 188, 197, 323, 329, 420, 624, 650f.
XII. Korps 115, 331
XIII. Korps 96f., 195
XIV. Korps 96f., 323–326
XV. Korps 99f.
XVI. Korps 98f., 329
XVII. Korps 115, 263f.
XVIII. Korps 98, 147, 164, 194, 525, 529, 635
XX. Korps 98f., 165, 195, 323f., 367–370, 432, 434f., 525f., 650, 685
XXI. Korps 96f., 197, 200, 262, 647
XXX. Korps 359, 367, 430, 624, 630, 650
XXXI. Korps 630
XXXII. Korps 298, 323, 325, 526
XXXIII. Korps 262, 295f., 331, 365
XXXIV. Korps 635
XXXV. Korps 461, 635
XXXVII. Korps 55, 552
XXXVIII. Korps 526
I. Kolonialkorps 115, 263, 322, 324, 433, 525f.
II. Kolonialkorps 325, 461, 525, 550
Kavalleriekorps Conneau 200
Kavalleriekorps Sordet 105, 118, 145, 176, 178, 262, 648
II. Kavalleriekorps 164, 187, 323, 327, 648

1. Division 461
2. Division 323, 461
3. Division 323
5. Division 381, 383
6. Division 55
7. Division 177
8. Division 176f., 186
10. Division 525
11. Division 100
12. Division 266
14. Division 325
15. Division 344
21. Division 323
22. Division 115, 626
24. Division 592
32. Division 234
33. Division 471
37. Division 186, 367, 658
38. Division 471
39. Division 100, 296
42. Division 175, 188, 190, 227–230, 234, 465, 658
44. Division 96
45. Division 164, 166, 461
46. Division 461
48. Division 635
51. Division 232, 367
52. Division 421
56. Division 163
57. Division 346

61. Division 433, 628
66. Division 658
70. Division 296f.
72. Division 360, 367
74. Division 471, 474
77. Division 296
122. Division 346, 670
128. Division 424
129. Division 421, 635
131. Division 424
133. Division 471, 636
152. Division 635
156. Division 455
158. Division 545
165. Division 635
168. Division 648
Alpenjägerdivision 298
1. Fliegerdivision 631, 648, 657, 686
4. Kavalleriedivision 197
7. Kav. Div. 116
8. Kav. Div. 94ff., 197
1. Kolonialdivision 534
2. Kol. Div. 544
17. Kol. Div. 670
5. Reservedivision 164
6. Res. Div. 164, 167
55. Res. Div. 168f.
56. Res. Div. 163, 168f.
61. Res. Div. 167, 176, 186
66. Res. Div. 96

13. Brigade 177
105. Brigade 323
106. Brigade 323
109. Brigade 169
110. Brigade 169
248. Brigade 327
314. Brigade 326f.
6. Jägerbrigade 462
Marinefüsilierbrigade 225, 228ff., 236

18. Infanterieregiment 544
29. Inf. Reg. 98
33. Inf. Reg. 375
36. Inf. Reg. 540
43. Inf. Reg. 461
56. Inf. Reg. 98
66. Inf. Reg. 545
70. Inf. Reg. 114
71. Inf. Reg. 114
77. Inf. Reg. 189
94. Inf. Reg. 440
95. Inf. Reg. 97f., 370
96. Inf. Reg. 329
109. Inf. Reg. 545, 551
111. Inf. Reg. 545
127. Inf. Reg. 461
128. Inf. Reg. 545
129. Inf. Reg. 540
134. Inf. Reg. 98
137. Inf. Reg. 421
148. Inf. Reg. 670
151. Inf. Reg. 175
207. Inf. Reg. 440
208. Inf. Reg. 370
217. Inf. Reg. 424
238. Inf. Reg. 419
246. Inf. Reg. 163, 168f.
258. Inf. Reg. 545
298. Inf. Reg. 474, 540
310. Inf. Reg. 151, 546
321. Inf. Reg. 419
337. Inf. Reg. 421
347. Inf. Reg. 420
358. Inf. Reg. 424
366. Inf. Reg. 647
370. Inf. Reg. 539f., 546
402. Inf. Reg. 327
1. Afrikaschützenregiment 118, 672f.
4. Afrikaschützenregiment 672f.
5. Artillerieregiment 383
16. Dragonerregiment 179
14. Husarenregiment 116
70. Husarenregiment 188

Griechische Armee
allgemein 556, 664
I. Korps 556
IV. Korps 455f.
3. Division 672

Italienische Armee
allgemein 307, 387, 566, 587, 642, 692
1. Armee 387
2. Armee 307, 567, 588ff.
3. Armee 307f., 589
4. Armee 589
5. Armee 438
6. Armee 538

II. Korps 648
XI. Korps 438

43. Division 589
54. Division 439
144. Regiment 588

Österreichische Armee
(Österreichisch-ungarische Armee, k. u. k. Armee)
allgemein 62, 260, 268, 299, 344, 388, 405, 407ff., 438, 445, 538, 588, 610, 637
I. Armee 204f., 304, 387, 450
II. Armee 204, 207, 271, 301, 387, 407, 573
III. Armee 204f., 207, 269, 271, 344
IV. Armee 204, 207, 301, 303f., 407
V. Armee 206
VI. Armee 206

6. Armeekorps 300
8. Armeekorps 206
8. Reservekorps 344
17. Reservekorps 344

2. Division 271
24. Division 271

3. Infanterieregiment 637

Rumänische Armee
allgemein 447–453, 475f.
1. Armee 447
2. Armee 447
3. Armee 450

Russische Armee
allgemein 56, 58, 122, 268, 299, 301f., 405ff., 547, 573, 606, 609
1. Armee (Njemen-Armee) 122, 126, 132, 204
2. Armee (Narew-Armee) 122–125, 128–132, 134, 139, 202, 211
3. Armee 204f., 301
4. Armee 204
5. Armee 204, 211
7. Armee 407
8. Armee 204f., 269, 301, 407, 577
9. Armee 205, 407
10. Armee 202f., 272f.
11. Armee 270, 407
12. Armee 575

I. Korps 130, 134f., 137, 140f.
II. Korps 124, 130f., 136
VI. Korps 130ff., 134f., 137, 139f.
VII. Korps 269
IX. Korps 300
X. Korps 300
XII. Korps 269
XIII. Korps 130f., 134, 137ff.
XV. Korps 130f., 134, 137ff.
XXIII. Korps 129ff., 134f., 138
XXIV. Korps 269
XXX. Korps 269

2. Division 129
4. Division 135f.
16. Division 135f.
27. Division 124f.
28. Division 124
40. Division 125
48. Division 300
4. Kavalleriedivision 131

1. Brigade 553f.
2. Brigade 553

Moskowski-Regiment 532
Preobraschenski-Regiment 532
Seminowski-Garderegiment 532
Wolinski-Regiment 532

Serbische Armee
allgemein 206, 336, 344ff., 456, 664, 669, 671
1. Armee 344, 670ff.
2. Armee 344, 670, 672
3. Armee 344

Türkische Armee
VI. Armee 389
12. Armeekorps 389
13. Armeekorps 389
7. Division 312f.
12. Division 312f.

Bildnachweis

Bayerisches Hauptstaatsarchiv, Abteilung IV Kriegsarchiv (Staudinger-Sammlung) 18, 23, 24, 25, 26, 27, 29, 31, 40, 42, 43, 44, 58, 61, 62, 63, 64, 76, 77, 82, 85, 86, 87, 99
Bilderdienst Süddeutscher Verlag 1, 2, 3, 4, 5, 8, 9, 10, 11, 12, 13, 17, 21, 28, 33, 34, 35, 36, 37, 48, 49, 50, 54, 57, 59, 60, 66, 68, 71, 73, 74, 75, 90, 91, 94, 96, 97
Der Weltkrieg im Bild, Band I, Originalaufnahmen des Kriegs-Bild- und Filmamtes aus der modernen Materialschlacht, Berlin 1930 19, 20, 30, 45, 46, 47, 80, 83, 84, 88, 89, 92, 95, 101
Der Weltkrieg im Bild, Band II, Frontaufnahmen aus den Archiven der Entente, Berlin 1930 (Bestand Bayerisches Hauptstaatsarchiv, Abteilung IV Kriegsarchiv) 22, 41, 52, 53, 67, 70, 72, 78, 79, 81, 98, 100
Große Männer im Großen Kriege, Köln o. J., (Bestand Bayerisches Hauptstaatsarchiv, Abteilung IV Kriegsarchiv) 6, 7, 14, 15, 16, 32, 38, 56, 65, 69, 93
N. Perscheid, Berlin 55
L. Tegtmeyer, Wilhelmshaven 39, 51

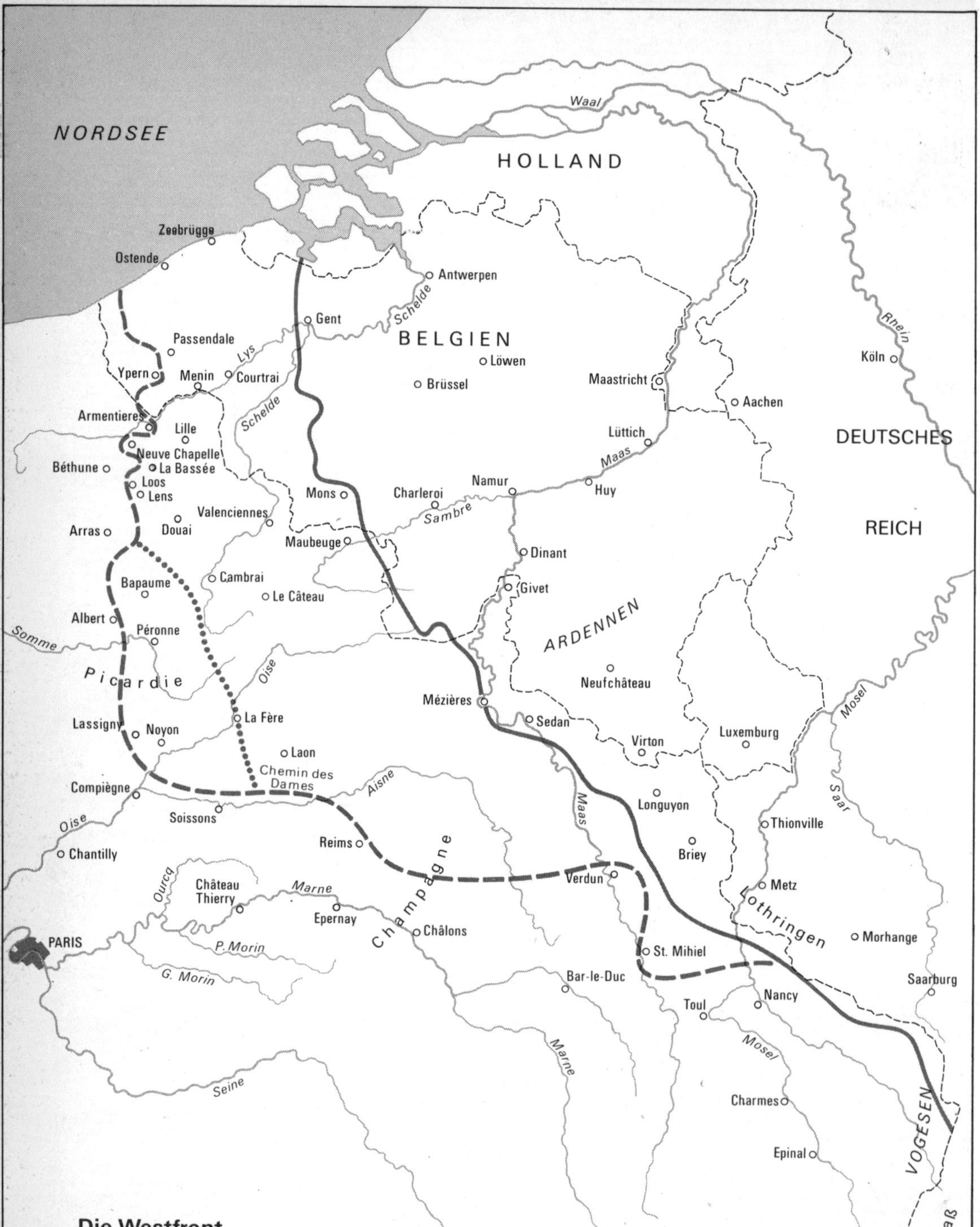
NORDSEE
HOLLAND
BELGIEN
DEUTSCHES REICH
ARDENNEN
Picardie
Champagne
Lothringen
VOGESEN
Elsaß
Waal
Rhein
Schelde
Lys
Maas
Sambre
Somme
Oise
Aisne
Marne
Ourcq
P. Morin
G. Morin
Seine
Mosel
Saar
Zeebrügge
Ostende
Antwerpen
Gent
Passendale
Ypern
Menin
Courtrai
Löwen
Brüssel
Köln
Maastricht
Aachen
Armentieres
Lille
Lüttich
Neuve Chapelle
Béthune
La Bassée
Loos
Lens
Mons
Charleroi
Namur
Huy
Valenciennes
Douai
Arras
Maubeuge
Dinant
Cambrai
Bapaume
Le Câteau
Givet
Albert
Péronne
Neufchâteau
Mézières
Sedan
La Fère
Lassigny
Noyon
Virton
Luxemburg
Laon
Chemin des Dames
Compiègne
Soissons
Longuyon
Thionville
Reims
Briey
Chantilly
Château Thierry
Verdun
Metz
Epernay
Châlons
PARIS
Morhange
St. Mihiel
Bar-le-Duc
Saarburg
Toul
Nancy
Charmes
Epinal
Belfort
Die Westfront
Frontverlauf Ende 1914
„Siegfriedstellung"
Frontverlauf bei Waffenstillstand 1918
0
20
40
60
80
100 km